공정거래 주요 쟁점 및 이슈 36선

이 동 규

박영사

서 문

1995년 9월 "독점규제 및 공정거래에 관한 법률 개론"이라는 이론서를 처음 출간하고 2년뒤인 1997년 10월 개정판을 낸 후 이번에 책을 출간하게 되어 감개가 무량하다. 1997년 개정판을 낸 이후 계속 추가 개정판을 출간하자는 요청을 끈질기게 하셨던 당시 "행정경영자료사"의 김영산 사장님의 말씀이 아직도 귀에 생생하다. 이미 고인이 되셨지만 결국 약속을 못지킨 셈이 되어서 고인께 죄송스러운 마음을 지금도 금할 수 없다.

공정거래법은 1980.12.31. 제정, 1981.4.1. 시행된 이후 거의 연례행사처럼 법이 개정되어 2023.6.20. 제32차 개정까지 이루어졌다. 1997년 개정판이 나온 당시 제5차 개정 공정거래법이 시행되고 있었는데 그동안 공정거래법 규정 및 제도에 많은 변화가 있었을 뿐만 아니라 공정거래위원회의 활발한 법집행과 법원 판례도 축적되었다. 그리고 대학 및 로스쿨에서의 경제법 및 공정거래법 강좌나 과정, 학회·연구회·포럼 등을 통한 관련 연구도 활발하게 진행되었고 연구논문이나 책도 많이 나왔다.

이러한 상황에서 저자는 기존 이론서의 개정판이나 새로운 이론서보다는 그동안 공정거래법 집행을 둘러싸고 제기되어 왔던 이슈 및 쟁점을 중심으로 공정위 심결사례와 법원 판례를 중심으로 살펴보면서 보다 심층적인 내용을 다루어보는 쪽으로 방향을 잡았다. 이제 근 26년만에 새로운 모습으로 "공정거래 주요 쟁점 및 이슈 36선"이라는 제목의 저서가 출간되었다.

저자는 이 책을 쓰면서 다음과 같은 사항에 특히 중점을 두었다.

첫째, 책을 집필하면서 어떠한 쟁점 및 이슈를 뽑을 것인지, 또 몇 개나 선정할 것인지를 두고 많은 고심을 하였고 가장 많은 공을 들였다. 일단 이번에는 36개의 주요 쟁점 및 이슈를 선정했고, 쟁점 및 이슈에 따라서는 소주제로 다시 분류하여 다루었다. 예를 들어 이슈 8(공정거래법의 형사적 집행 관련 몇 가지 이슈)은 양벌규정, 전속고발제, 고발요건 등 3개 소주제, 이슈 20(공정거래법상 단독행위 중 가격 관련 위법행위)은 시장지배적지위 남용행위 중 가격의 부당한 결정·유지·변경행위, 시장지배적지위 남용행위 중 부당하게 통상거래가격에 비하여 낮은 가격으로 공급하거나 높은 가격으로 구입하여 경쟁사업자를 배제시킬 우려가 있는 행위, 불공정거래행위 중 부당염매행위 등 3개 소주제, 그리고 이슈 30(부당한 공동행위 성립요건의 하나인 "합의"의 존재)은 합의의 추정조항, 합의를 '하도록 하는' 행위, 수직적 합의 등 소주제 3개를 다루고 있다.

둘째, 대상 쟁점 및 이슈별로 관련 법리를 중심으로 케이스의 구체적 사실관계도 다루면서 공정위 심결사례, 서울고등법원 및 대법원의 판결사례를 가급적 많이 소개, 분석하였다. 또 대상 쟁점이나 이슈와 관련되는 민사 및 형사 소송 사례, 그리고 헌법재판소의 결정 사례들도 추가하였다. 그리고 최신 사례들도 가급적 많이 포함시켰다.

셋째, 관련 공정거래제도 및 법령 등 규정을 다루면서 그 취지, 내용, 변경 경위 등도 살펴봄으로써 이해가 쉽게 되도록 하였다.

끝으로 새로운 방식의 책으로서 부족하거나 놓친 내용이 많을 것 같다고 생각하며, 계속 업데이트되고 보완될 수 있도록 공정거래법, 경제법에 관심을 갖고 있는 많은 분들의 조언과 비판을 부탁드리고 싶다. 그리고 이 책을 계기로 공정거래법 집행 및 정책·제도에 대한 보다 적극적이고 활발한 연구, 논의와 집필이 이루어졌으면 하는 바람이다.

2023년 10월

저 자 씀

차 례

이슈 6 공정거래법상 시정조치 및 그 한계

이슈 7 공정거래법 위반행위의 사법상 효력

이슈 11 공정거래법 집행에서의 절차적 정당성

이슈 12 공정거래법 집행과 내부지침

이슈 13 과징금 납부명령의 재량권 일탈·남용 여부

이슈 14 과징금 부과에 있어서 위반행위의 중대성 판단 및 부과기준율(기본 산정기준)

이슈 24 불공정거래행위 중 사업활동방해행위

이슈 25 부당지원행위의 위법성 요건 중 '부당성' 요건

이슈 26 상당한 규모에 의한 거래행위와 지원행위의 성립

공정거래법의 기초개념: '사업자(단체)', '일정한 거래분야', '거래(거래관계의 존재, 거래 상대방)'

Ⅰ. 개요

공정거래법은 제1조(목적)에 규정된 입법목적의 달성을 위하여 제2장 시장지배적지위의 남용금지, 제3장 기업결합의 제한, 제4장 경제력집중의 억제, 제5장 부당한 공동행위의 제한, 제6장 불공정거래행위, 재판매가격유지행위 및 특수관계인에 대한 부당한 이익제공의 금지, 제7장 사업자단체 등 다양한 금지 및 제한규정을 두고 있다. 그리고 공정거래법 집행에 있어서 이러한 규제수단에 공통적으로 적용되는 기본개념들은 다른 법들과 마찬가지로 제2조(정의)에 규정되어 있다.

1981.4.1. 공정거래법 제정·시행시에는 6개, 그 이후 1987.4.1. 대기업집단 지정 및 경제력집중 억제시책의 도입, 1999.4.1. 지주회사 제한적 허용 등으로 늘어나 현재 20개의 정의 조항이 규정되어 있다.

본 이슈에서는 법 제2조 정의규정 중에서 공정거래법 제정시부터 규정되었으며 특히 중요한 기본개념에 해당하는 '사업자', '일정한 거래분야' 등 2개, 그리고 종종 쟁점이 되고 있는 '거래', '거래관계의 존재', '거래상대방'의 개념도 같이 살펴보기로 한다.

Ⅱ. 사업자

1. 사업자의 개념

법 제2조(정의) 제1호는 "'사업자'란 제조업, 서비스업 또는 그 밖의 사업을 하는 자를 말한다. 이 경우 사업자의 이익을 위한 행위를 하는 임원, 종업원, 대리인 및 그 밖의 자는 사업자단체에 관한 규정을 적용할 때에는 사업자로 본다."고 규정하고 있다.

공정거래법이 규제대상으로 하고 있는 것은 '사업'을 '하는' "자", 즉 사업자의 일정한 행위이다. 여기서 '사업'이란 어떠한 경제적 이익의 교환을 반복적·계속적으로 행하는 경제활동으로 해석할 수 있다. 따라서 자선행위, 단순한 기부행위 등은 반대급부를 받지 않는 행위로서 사업에 해당되지 않는다. 그리고 사업을 '하는'의 의미는 자기의 계산하에 사업을 경영한다는 것이며 사업자의 경제활동이 반드시 영리를 요건으로 하지는 않는다. 또 여기서 사업을 하는 '자'를 사업자로 하고 있으며, 사업을 영위하는 자가 자연인, 법인, 법인격 없는 사단 등인지는 불문한다.

참고로 우리의 공정거래법은 적용대상이 되는 사업의 범위와 관련하여 다른 나라와 달리 한국표준산업분류를 기준으로 열거주의 방식을 채택하고 있었으나 공정거래법의 적용을 제한적으로 만든다는 비판에 따라 1999.4.1. 법 개정·시행으로 현행과 같이 변경되었다.

그리고 사업자의 이익을 위한 행위를 하는 임원, 종업원, 대리인 및 그 밖의 자는 사업자단체에 관한 규정을 적용할 때에는 사업자로 본다는 법 제2조 제1호 후문의 규정은 회사의 임원 등의 개인명의로 단체를 구성하거나 참여하면서 실질적으로는 사업자인 회사의 이익을 위하여 활동하는 경우 이를 규제할 필요가 있기 때문이다.

2. 관련 공정위 심결사례 및 법원 판결례

가. 대한건축사협회의 이의신청 건(1987.3.25. 공정위 의결)

이의신청인(대한건축사협회)은 협회는 법정공익의무자인 건축사를 법률상 당연구성원으로 하고, 건축사의 품위보전, 업무개선, 기술개발연구등 공익을 법정목적으로 하여, 강제 설립된 특수공법인이므로 이를 가입·탈퇴가 자유롭고, 민법준칙에 따라 임의설립된 사단법인으로 보는 것은 사실을 오인한 것으로서 건축사는 그 의무내용과 공익의무과 법정되어 있기 때문에 의무수행상 최소비용으로 최대이윤을 추구하는 기업활동이 아니므로 공정거래법상 사업자에 해당되지 않는데도 이를 오인하여 사업자로 인정하였다고 주장하였다.

이에 대하여 공정위는 "공정거래법상 '사업자'라 함은 제조업, 도·소매업, 운수·창고업, 건축업, 부동산업 및 사업서비스업, 사회 및 개인서비스업등의 사업을 영위하는 자를 말하는데 '사업'이라 함은 통계법에 의하여 경제기획원장관이 고시하는 한국표준산업분류중 위의 업에 해당하는 경제행위를 계속하여 반복적으로 행하는 것을 의미하며 이는 어떤 경제적 이익의 공급에 대하여 그것에 대응하는 경제적 이익의 반대급부를 받는 행위를 말하고, 반드시 영리를 목적으로 하지 않아도 되며, '영위'한다는 것은 자기 계산하에 사업을 경영한다는 의미이고, 사업자의 업무가 법령에 의하여 규정되어 있는지의 여부 및 그 목적의 공익성 여부는 사업자성 판단과는 관계 없다. 건축사법상의 건축사는 건축물의 설계와 공사 감리에 관한 업무, 건축물의 조사 또는 감정에 관한 업무, 건축에 관한 법령에 의한 절차 이행 대리 등에 관한 업무를 행하며 그 실무수행의 대가로 건설부장관의 인가를 받은 기준에 따라 업무위탁자로부터 일정한 보수를 받는데 이와 같이 건축물의 설계, 공사감리등의 서비스를 제공하고 그 대가로 보수를 받는 행위를 계속적, 반복적으로 행하는 건축사의 업은 경제적 이익을 공급하고 그것에 대응하는 경제적 이익의 반대급부를 받는 경제행위에 해당되는 것으로 건축사의 산업활동은 한국표준산업분류 대분류(8), 금융보험, 부동산 및 사업서비스업 중 세세분류(84212), 건축설계 및 기타관련 서비스업에 해당하므로 공정거래법 제2조 제1항 및 동법 시행령 제2조 제1항 제5호에 의거 건축사의 업은 공정거래법 적용대상이다."라고 결정하였다.

나. 대법원 1990.11.23. 선고 90다카3659 판결

감액조항의 특수조건이 공정거래법에 반한다는 원고의 주장에 대하여 원심은 특별한 이유 설시도 없이 피고와 같은 지방자치단체에는 적용되지 아니한다고 판단하였는바 이는 잘못된 견해이다. 원심은 계약당시의 피고와 같은 지방자치단체는 법 제2조 1항(현행 제2조 제1호)의 사업자에 포함되지 않는 것으로 보았는지 모르나 국가나 지방자치단체도 사경제의 주체로서 타인과 거래행위를 하는 경우에는 그 범위 내에서 공정거래법 소정의 사업자에 포함된다고 보아야 하는 것이다.

다. 서울고등법원 1996.7.9. 선고 95구32169 판결

원고(사단법인 한국마주협회)는 공정거래법 제2조는 적용대상인 사업자의 사업종류를 열거하고 있고 같은법 시행령 제2조 제1항은 같은법 제2조 제1호의 각목의 사업의 분류는 통계법 제11조 제1항 제5호의 규정에 의하여 통계청장이 고시하는 한국표준산업분류에 의한다고 규정하고 있는데, 원고가 영위하고 있는 사업은 법 제2조나 위 한국표준산업분류의 어느 항목에도 해당하지 아니하므로 피고(공정위)가 원고를 위 법의 적용대상 사업자로 보고 한 이 사건 처분은 위법하다고 주장하였다.

이에 대하여 서울고등법원은 "국내경마산업은 1992.12.30. 문화체육부로부터 승인받은 개인마주제 전환 세부시행계획에 의하여 1993.8.14.자로 마사회 단일마주제에서 다수의 개인마주제로 전환됨에 따라 경마시행총괄은 마사회가, 경주마의 조달·소유와 경주출주는 마주가, 경주마 조교와 기승관리는 조교사와 기수가 각 담당하는 상호분담체계로 바뀌게 된 사실이 인정되는 바, 이에 의하면 경마는 구 공정거래법 제2조 제1호 카목 소정의 기타 공공

·사회서비스업 또는 한국표준산업분류표상의 이른바 축산관련서비스업에 속하는 것이라 하겠고, 마주는 경마와 관련하여 위와 같이 독립하여 경주마의 조달·소유와 경주출주를 업으로 하는 자로서 위의 기타 공공·사회서비스업 또는 축산관련서비스업을 영위하는 사업자라고 아니할 수 없으며, 따라서 원고협회는 위의 사업자인 마주들로 구성된 사업자단체로서 같은법의 적용을 받는다 할 것이다."라고 판결하였다[1]

라. 서울고등법원 2007.1.11 선고 2006누653 판결[2]

원고(대구유치원연합회)는 정관에서 대한민국 교육헌장의 실천과 어린이헌장의 준수 및 회원 상호간의 유대를 강화하고 유치원의 운영관리에 관한 연구 및 유치원의 건전한 육성과 교육증진에 기여함을 목적으로 내세우는 한편, 원고의 사업으로 회원 상호간의 유대강화를 위한 사업 등을 규정한 후 위와 같은 입학금 공동 결정행위 및 홍보방법 등 제한행위를 한 점 등을 종합하여 보면, 원고는 서비스업 기타 사업을 행하는 사업자인 대구지역 사립유치원 운영자(원장 및 설립자)들이 구성원이 되어 공동의 이익을 증진할 목적 등을 가지고 조직된 단체이므로, 법의 적용대상인 사업자단체에 해당한다고 볼 것이다. 비록 원고 및 구성사업자들이 관할 교육장 등의 지도·감독을 받고 있다거나 원고의 구성원들이 유아교육이라는 공익적 임무를 수행하고, 원고는 그들이 결성한 단체로서 그 기본적 속성에 비영리적인 점이 있다고 하더라도 입학금 등을 받고 그 대가로 교육에 임하는 기능 및 행위와 관련하여서는 '사업자' 및 '사업자단체'로서의 특성 및 측면이 있다고 보아야 할 것이다.

마. 전국건설노동조합 부산건설기계지부의 사업자단체 금지행위 건
(2023.2.28. 공정위 의결)

피심인은 건설기계 운행중단, 현장집회 등의 방법을 행사함으로써 건설업자로 하여금 피심인의 구성사업자가 아닌 건설기계대여업자와의 거래를 중단하도록 하거나 거래를 개시하지 않도록 하였다.

피심인은 이 사건 행위가 노동조합법상 정당한 단체교섭 및 단체행동이므로 공정거래법 제58조(현행 제116조)에 따른 정당한 행위라고 주장하였으나, 공정위는 "피심인은 건설기계대여업을 영위하는 사업자들로 구성된 사업자단체로서 법적용 대상이다. 설사 피심인이 노

---

1) 원고가 법정기간내에 상고이유서를 제출하지 아니하여 상고심법에 따라 변론없이 대법원 1996. 10.1. 선고 96누11839 판결로 상고를 기각하였다.
2) 대법원 2007.4.27. 선고 2007두3985 판결로 심리를 하지 아니하고 상고를 기각하였다.

동조합의 성격을 일부 가지고 있다고 하더라도 피심인의 행위는 근로조건의 유지·개선 등과 같은 노동조합법의 목적이나 취지에도 벗어나는 행위이다."라고 판단하였다.

바. 대법원 2023.7.13. 선고 2022두62888 판결(울산항운노동조합의 사업활동방해행위 건, 2021.3.25. 공정위 의결)

본건의 경우 공정위 및 서울고등법원 단계에서는 노동조합의 사업자 여부는 다투어지지 않았으나 대법원 상고심에서 원고가 주장함에 따라 대법원은 다음과 같이 판결하였다.

원고는 공정거래법 제2조 제1호의 사업자에 해당하지 않는다고 주장하나, 이는 원고가 원심 변론종결시까지 주장하지 않다가 상고심에 이르러 비로소 주장하는 것으로서 적법한 상고이유가 될 수 없다(대법원 1987.2.24. 선고 86누325 판결 등 참조).

그뿐만 아니라, 공정거래법 제2조 제1호는 불공정거래행위의 주체인 사업자를 '제조업, 서비스업, 기타 사업을 행하는 자'로 규정하고 있을 뿐 그 범위에 관하여 아무런 제한을 두고 있지 않은 점, 국내 근로자공급사업의 경우 노동조합법에 따른 노동조합만 그 사업의 허가를 받을 수 있는바(직업안정법 제33조 제3항 제1호 참조), 근로자공급사업 허가를 받은 노동조합은 노동조합의 지위와 사업자의 지위를 겸하게 되는 점, 불공정거래행위 등을 규제하여 공정하고 자유로운 경쟁을 촉진하고자 하는 공정거래법의 입법목적을 달성하기 위해서는 근로자공급사업 허가를 받은 노동조합도 공정거래법의 적용대상으로 삼을 필요성이 있는 점 등을 고려해 보면, 적어도 노동조합이 직업안정법에 따라 근로자공급사업 허가를 받아 이를 영위하는 범위 내에서는 공정거래법의 적용대상인 '사업자'에 해당한다고 봄이 타당하다.

Ⅲ. 일정한 거래분야

1. 일정한 거래분야의 개념

법 제2조(정의) 제4호는 "'일정한 거래분야'란 거래의 객체별·단계별 또는 지역별로 경쟁관계에 있거나 경쟁관계가 성립될 수 있는 분야를 말한다."고 규정하고 있다. 법 제2조 4호의 '일정한 거래분야'는 공정거래법 내에서 제2조 제3호의 '시장지배적사업자' 해당여부, 제2조 제5호의 '경쟁을 실질적으로 제한하는 행위'인지의 판단, 제6조 시장지배적사업자의 추정, 제9조 제1항의 경쟁제한적 기업결합에 해당하는지 여부, 제40조 제1항의 부당한 공동행위의 한 유형인 제9호, 제51조 제1항의 사업자단체의 금지행위의 한 유형인 제2호 등에도 명문으로 규정되어 있다.

공정거래법 집행에 있어서 위와 같이 '일정한 거래분야'가 직접 규정되어 있는 조항과 관련된 해석 및 해당여부 판단뿐만 아니라 법 제40조 제1항의 부당한 공동행위의 위법성 요건인 '부당한 경쟁제한', 법 제45조 제1항의 불공정거래행위의 위법성 요건인 '공정거래저해성', 법 제51조 제1항 제1호의 사업자단체의 금지행위의 위법성 요건인 '부당한 경쟁제한', 나아가서는 이러한 명문의 별도 위법성 요건이 규정되어 있지 않은 법 제5조 제1항의 시장지배적지위 남용행위, 법 제46조의 재판매가격유지행위, 법 제51조 제1항 제3호의 해석 및 집행 관련하여서도 통상 그 전제로서 일정한 거래분야의 획정이 이루어지게 된다.

2. 공정위의 내부지침상 일정한 거래분야의 판단기준

공정위는 위 1.과 관련하여 금지행위의 유형별로 '시장지배적지위 남용행위 심사기준', '기업결합 심사기준', '공동행위 심사기준', '불공정거래행위 심사지침' 등 4개 내부지침에서 일정한 거래분야의 판단기준을 규정하고 있다. 시장지배적지위 남용행위 심사기준과 기업결합 심사기준은 유사한 내용으로 구체적인 판단기준을 두고 있다(각 II. 및 V. 참조). 공동행위 심사기준은 공동행위의 경쟁제한효과를 분석하는 과정의 첫 단계로 관련시장을 획정하면서 기업결합 심사기준에 규정된 'V. 일정한 거래분야의 판단기준'을 참고하도록 규정하고 있으며(V. 2. 나. (1)), 불공정거래행위 심사지침 역시 불공정거래행위의 경쟁제한효과를 분석함에 있어 관련시장 획정은 중요한 의미를 갖는다고 하면서 구체적으로는 기업결합 심사기준을 준용한다고 규정하고 있다(IV.).

아래에서는 기업결합 심사기준에서 규정하고 있는 일정한 거래분야, 즉 관련시장 획정의 판단기준을 살펴보기로 한다. 심사기준은 글로벌하게 일관된 시장획정 방법을 사용하여 경쟁관계가 성립될 수 있는 거래분야를 상품시장(거래대상)과 지역시장(거래지역)으로 구분하고 있다.

관련 상품시장의 획정에 있어서, 일정한 거래분야는 거래되는 특정 상품의 가격이 상당기간 어느 정도 의미있는 수준으로 인상될 경우 동 상품의 구매자 상당수가 이에 대응하여 구매를 전환할 수 있는 상품의 집합으로 정의하고, 특정 상품이 동일한 거래분야에 속하는지 여부에 대한 판단시 고려사항으로서 ① 상품의 기능 및 효용의 유사성, ② 상품의 가격의 유사성, ③ 구매자들의 대체가능성에 대한 인식 및 그와 관련한 구매행태, ④ 판매자들의 대체가능성에 대한 인식 및 그와 관련한 경영의사결정 행태, ⑤ 통계청장이 고시하는 한국표준산업분류, ⑥ 거래단계(제조, 도매, 소매 등), ⑦ 거래상대방 등을 들고 있다. 또 결합당사회사가 속한 산업 특성상 연구개발 등 혁신활동이 필수적이거나 지속적인 혁신경쟁이 이루어지고, 결합당사회사 중 한 쪽 이상이 그 경쟁에서 중요한 사업자인 경우 근접한 혁신활동이 이루어지는 분야(이하, 혁신시장)를 별도로 획정하거나 제조판매 시장 등과 포괄하여 획정할 수 있다고 규정하고 있다. 이는 2019.2월 반도체, IT 기기 등 혁신기반 산업에서 이루어지는 M&A의 혁신경쟁 저해효과 판단을 위하여 관련시장을 획정하는 방식을 보완한 것이다.

심사기준은 관련 지역시장의 획정 관련하여, 일정한 거래분야는 다른 모든 지역에서의 당해 상품의 가격은 일정하나 특정지역에서만 상당기간 어느 정도 의미있는 가격인상이 이루어질 경우 당해 지역의 구매자 상당수가 이에 대응하여 구매를 전환할 수 있는 지역전체라고 정의하고, 특정지역이 동일한 거래분야에 속하는지 여부 판단시 고려사항으로서 ① 상품의 특성(상품의 부패성, 변질성, 파손성 등) 및 판매자의 사업능력(생산능력, 판매망의 범위 등), ② 구매자의 구매지역 전환가능성에 대한 인식 및 그와 관련한 구매자들의 구매지역 전환행태, ③ 판매자의 구매지역 전환가능성에 대한 인식 및 그와 관련한 경영의사결정 행태, ④ 시간적, 경제적, 법제적 측면에서의 구매지역 전환의 용이성 등을 열거하고 있다.

3. 관련 법원 판결례

아래에서는 위와 같이 공정거래법 집행에서 기초개념이 되는 일정한 거래분야, 즉 관련시장 획정의 판단에 관한 기본법리를 구체적으로 설시한 대법원 판결 몇 개를 소개하기로 한다. 다만 본 이슈에서는 실제 구체적인 관련시장 획정이 다투어진 케이스에 대해서는 별도로 다루지 않기로 한다.[3]

가. 대법원 2007.11.22. 선고 2002두8626 전원합의체 판결(포항종합제철(주)의 시장지배적지위 남용행위 건, 2001.4.12. 공정위 의결)

(1) 특정 사업자가 시장지배적지위에 있는지 여부를 판단하기 위해서는 경쟁관계가 문제될 수 있는 일정한 거래 분야에 관하여 거래의 객체인 관련상품에 따른 시장(이하 '관련상품시장'이라 한다)과 거래의 지리적 범위인 관련지역에 따른 시장(이하 '관련지역시장'이라 한다) 등을 구체적으로 정하고 그 시장에서 지배가능성이 인정되어야 한다.

---

3) 이슈 31: 부당한 공동행위의 성립요건의 하나인 '부당한 경쟁제한' Ⅱ. 관련시장의 획정과 경쟁제한성 판단에서 구체적인 케이스를 다루고 있다.

관련상품시장은 일반적으로 시장지배적사업자가 시장지배력을 행사하는 것을 억제하여 줄 경쟁관계에 있는 상품들의 범위를 말하는 것으로서, 구체적으로는 거래되는 상품의 가격이 상당기간 어느 정도 의미 있는 수준으로 인상 또는 인하될 경우 그 상품의 대표적 구매자 또는 판매자가 이에 대응하여 구매 또는 판매를 전환할 수 있는 상품의 집합을 의미하고, 그 시장의 범위는 거래에 관련된 상품의 가격, 기능 및 효용의 유사성, 구매자들의 대체가능성에 대한 인식 및 그와 관련한 구매행태는 물론 판매자들의 대체가능성에 대한 인식 및 그와 관련한 경영의사결정 형태, 사회적 · 경제적으로 인정되는 업종의 동질성 및 유사성 등을 종합적으로 고려하여 판단하여야 할 것이며, 그 외에도 기술발전의 속도, 그 상품의 생산을 위하여 필요한 다른 상품 및 그 상품을 기초로 생산되는 다른 상품에 관한 시장의 상황, 시간적 · 경제적 · 법적 측면에서의 대체의 용이성 등도 함께 고려하여야 할 것이다.

또한, 관련지역시장은 일반적으로 서로 경쟁관계에 있는 사업자들이 위치한 지리적 범위를 말하는 것으로서, 구체적으로는 다른 모든 지역에서의 가격은 일정하나 특정 지역에서만 상당기간 어느 정도 의미 있는 가격인상 또는 가격인하가 이루어질 경우 당해 지역의 대표적 구매자 또는 판매자가 이에 대응하여 구매 또는 판매를 전환할 수 있는 지역 전체를 의미하고, 그 시장의 범위는 거래에 관련된 상품의 가격과 특성 및 판매자의 생산량, 사업능력, 운송비용, 구매자의 구매지역 전환가능성에 대한 인식 및 그와 관련한 구매자들의 구매지역 전환행태, 판매자의 구매지역 전환가능성에 대한 인식 및 그와 관련한 경영의사결정 행태, 시간적 · 경제적 · 법적 측면에서의 구매지역 전환의 용이성 등을 종합적으로 고려하여 판단하여야 할 것이며, 그 외에 기술발전의 속도, 관련 상품의 생산을 위하여 필요한 다른 상품 및 관련 상품을 기초로 생산되는 다른 상품에 관한 시장의 상황 등도 함께 고려하여야 할 것이다.

그리고 무역자유화 및 세계화 추세 등에 따라 자유로운 수출입이 이루어지고 있어 국내시장에서 유통되는 관련 상품에는 국내 생산품 외에 외국 수입품도 포함되어 있을 뿐 아니라 또한 외국으로부터의 관련 상품 수입이 그다지 큰 어려움 없이 이루어질 수 있는 경우에는 관련 상품의 수입 가능성도 고려하여 사업자의 시장지배 가능성을 판단하여야 한다. 따라서 이와 같이 현재 및 장래의 수입 가능성이 미치는 범위 내에서는 국외에 소재하는 사업자들도 경쟁관계에 있는 것으로 보아 그들을 포함시켜 시장지배 여부를 정함이 상당한바, 이러한 경우에는 위에서 본 관련지역시장 판단에 관한 여러 고려 요소들을 비롯하여 특히 관련상품시장의 국내외 사업자 구성, 국외 사업자가 자신의 생산량 중 국내로 공급하거나 국내 사업자가 국외로 공급하는 물량의 비율, 수출입의 용이성 · 안정성 · 지속성 여부, 유 · 무형의 수출입장벽, 국내외 가격의 차이 및 연동성 여부 등을 감안하여야 할 것이다.

(2) 위 법리에 비추어 원심판결이유를 살펴보면, 원심이 관련상품시장에 관하여 '원고가 생산하고 있는 열연코일 중 자동차냉연강판용 열연코일을 구분하여 이를 거래대상이 아닌 공정 중에 있는 물품이라고 할 수 없다'고 보는 한편, 나아가 '열연코일의 기능 및 효용의 측면, 수요대체성의 측면, 공급대체성의 측면 및 한국산업표준산업분류 등을 참작하여 열연코일 전체를 거래대상으로 삼는 이외에 이를 세분하여 그 중 자동차냉연강판용 열연코일만을 거래대상으로 삼는 별도의 시장을 상정할 수는 없다'고 인정한 것은 정당하며, 또한 관련 지역시장에 관하여 열연코일의 국내가격과 수출가격 사이의 관계를 판단하는 전제로서 열연코일의 국내가격은 원화가격으로, 수출가격은 미국 달러화가격으로 비교함으로써 환율을 고려하지 아니하였을 뿐만 아니라 열연코일의 국내판매가격은 표준가격으로, 수출가격은 실거래가격의 평균가격으로 비교함으로써 등가성을 확보하지 아니한 채 비교한 잘못은 있으나, 그밖에 원심 판시와 같은 사유로 국내에서 열연코일의 가격이 상당기간 어느 정도 인상되더라도 이에 대응하여 국내 구매자들이 동북아시아 지역으로 열연코일의 구매를 전환할 가능성은 없다는 이유에서 열연코일에 관한 동북아시아시장을 관련지역시장에 포함시킬 수 없다고 인정한 결론은 옳고, 나아가 이에 기초하여 원고가 위 시장들에 관하여 시장지배적 지위에 있다고 판단한 것은 정당하다. 원심판결에는 상고이유에서 주장하는 바와 같은 관련상품시장, 관련지역시장 및 시장지배적 지위에 관한 법리오해 또는 채증법칙 위배의 위법이 없다.

나. 대법원 2008.5.29. 선고 2006두6659 판결((주)삼익악기 및 삼송공업(주)의 기업결합제한규정 위반행위 건, 2004.9.24. 공정위 의결)

공정거래법 제7조(현행법 제9조)에 규정된 기업결합의 제한에 해당되는지 여부를 판단하기 위해서는 그 경쟁관계가 문제될 수 있는 일정한 거래분야에 관하여 거래의 객체인 관련 상품에 따른 시장('관련 상품시장') 등을 획정하는 것이 선행되어야 한다.

관련 상품시장은 일반적으로 서로 경쟁관계에 있는 상품들의 범위를 말하는 것으로서, 구체적으로는 거래되는 상품의 가격이 상당 기간 어느 정도 의미 있는 수준으로 인상될 경우 그 상품의 대표적 구매자가 이에 대응하여 구매를 전환할 수 있는 상품의 집합을 의미하고, 그 시장의 범위는 거래에 관련된 상품의 가격, 기능 및 효용의 유사성, 구매자들의 대체가능성에 대한 인식 및 그와 관련한 구매행태는 물론, 판매자들의 대체가능성에 대한 인식 및 그와 관련한 경영의사의 결정행태, 사회적·경제적으로 인정되는 업종의 동질성 및 유사성 등을 종합적으로 고려하여 판단하여야 할 것이며, 그 이외에도 기술발전의 속도, 그 상품의 생산을 위하여 필요한 다른 상품 및 그 상품을 기초로 생산되는 다른 상품에 관한 시장의 상황, 시간적·경제적·법적 측면에서의 대체의 용이성 등도 함께 고려하여야 한다.

원심은 채택 증거를 종합하여 판시와 같은 사실을 인정한 다음, 공급측면의 경우 중고 피아노는 신품 피아노와 달리 가격이 상승하더라도 공급량이 크게 증가될 수 없다고 보이는 점, 수요측면의 경우에도 가격과 구매수량에 더 민감한 수요층(중고 피아노)과 제품 이미지, 품질, 사용기간 등에 더 민감한 수요층(신품 피아노)으로 그 대표적 수요층이 구분되어 신품 피아노의 가격이 상승하더라도 신품 피아노를 구입하려는 소비자들이 그 의사결정을 바꿔 중고 피아노로 수요를 전환할 가능성은 크지 않다고 보이는 점, 원고들이 그동안 신품 피아노의 가격결정, 마케팅 등과 같은 영업전략을 수립함에 있어 중고 피아노의 시장규모 등을 고려했다는 자료가 없는 점 등에 비추어 중고 피아노는 신품 피아노와 상품용도, 가격, 판매자와 구매자층, 거래행태, 영업전략 등에서 차이가 있고 상호간 대체가능성을 인정하기 어렵다는 이유로, 피고가 이 사건 기업결합의 관련 시장을 국내의 업라이트 피아노, 그랜드 피아노, 디지털 피아노의 각 신품 피아노 시장으로 획정한 것은 정당하다고 판단하였으며, 아울러 거래의 지리적 범위인 관련 지역시장의 획정 문제와 실질적 경쟁제한성 판단의 한 요소인 해외 경쟁의 도입수준 등의 문제를 별도로 판단하였다.

위 법리와 기록에 비추어 보면, 원심의 이러한 조치는 정당하고, 거기에 상고이유와 같은 관련 상품시장의 획정에 관한 법리오해, 관련 지역시장의 획정과 실질적 경쟁제한성 판단의 한 요소인 해외 경쟁의 도입수준 등의 오인·혼동으로 인한 법리오해 등의 위법이 없다.

다. 대법원 2008.12.11. 선고 2007두25183 판결((주)티브로드 강서방송의 시장지배적지위 남용행위 건. 2007.3.28. 공정위 의결)

특정 사업자가 시장지배적지위에 있는지 여부를 판단하기 위해서는, 우선 경쟁관계가 문제될 수 있는 일정한 거래분야에 관하여 관련 상품시장과 관련 지역시장이 구체적으로 정하여져야 하고, 그 다음에 그 시장에서 지배가능성이 인정되어야 한다.

관련 상품시장은 일반적으로 시장지배적사업자가 시장지배력을 행사하는 것을 억제하여 줄 경쟁관계에 있는 상품들의 범위를 말하는 것으로서, 구체적으로는 거래되는 상품의 가격이 상당기간 어느 정도 의미 있는 수준으로 인상 또는 인하될 경우 그 상품의 대표적 구매자 또는 판매자가 이에 대응하여 구매 또는 판매를 전환할 수 있는 상품의 집합을 의미하고, 그 시장의 범위는 거래에 관련된 상품의 가격, 기능 및 효용의 유사성, 구매자들의 대체가능성에 대한 인식 및 그와 관련한 구매행태는 물론, 판매자들의 대체가능성에 대한 인식 및 그와 관련한 경영의사의 결정행태, 사회적·경제적으로 인정되는 업종의 동질성 및 유사성 등을 종합적으로 고려하여 판단하여야 할 것이며, 그 외에도 기술발전의 속도, 그 상품의 생산을 위하여 필요한 다른 상품 및 그 상품을 기초로 생산되는 다른 상품에 관한 시장의 상황, 시간적·경제적·법적 측면에서의 대체의 용이성 등도 함께 고려하여야 할 것이다. 또한, 관련 지역시장은 일반적으로 서로 경쟁관계에 있는 사업자들이 위치한 지리적 범위를 말하는 것으로서, 구체적으로는 다른 모든 지역에서의 가격은 일정하나 특정 지역에서만 상당기간 어느 정도 의미 있는 가격인상 또는 가격인하가 이루어질 경우 당해 지역의 대표적 구매자 또는 판매자가 이에 대응하여 구매 또는 판매를 전환할 수 있는 지역 전체를 의미하고, 그 시장의 범위는 거래에 관련된 상품의 가격과 특성 및 판매자의 생산량, 사업능력, 운송비용, 구매자의 구매지역 전환가능성에 대한 인식 및 그와 관련한 구매자들의 구매지역 전환행태, 판매자의 구매지역 전환가능성에 대한 인식 및 그와 관련한 경영의사의 결정행태, 시간적·경제적·법적 측면에서의 구매지역 전환의 용이성 등을 종합적으로 고려하여 판단하여야 할 것이며, 그 외에 기술발전의 속도, 관련 상품의 생산을 위하여 필요한 다른 상품 및 관련 상품을 기초로 생산되는 다른 상품에 관한 시장의 상황 등도 함께 고려하여야 할 것이다(대법원 2007.11.22. 선고 2002두8626 전원합의체 판결 참조).

라. 대법원 2012.4.26. 선고 2010두18703 판결(7개 비엠더블유자동차 딜러의 부당한 공동행위 건, 2008.12.15. 공정위 의결)

공정거래법 제19조 제1항(현행법 제40조 제1항) 제1호 소정의 부당한 공동행위에 해당하는지 여부를 판단함에 있어서는 먼저 그 전제가 되는 관련시장을 획정하여야 하고, 관련시장을 획정함에 있어서는 거래대상인 상품의 기능 및 효용의 유사성, 구매자들의 대체가능성에 대한 인식 및 그와 관련한 경영의사 결정형태 등을 종합적으로 고려하여야 한다(대법원 2006.11.9. 선고 2004두14564 판결, 대법원 2009.4.9. 선고 2007두6793 판결 등 참조).

원심판결 이유에 의하면 원심은, 관련시장의 획정은 공정거래법상 관련시장의 획정을 필요로 하는 당해 행위가 무엇인지에 따라 달리 취급되어야 한다는 전제 아래, 이 사건 공동행위의 관련시장을 획정함에 있어서는 다른 무엇보다도 공동행위의 대상 및 사업자의 의도, 공동행위가 이루어진 영역 또는 분야, 공동행위의 수단과 방법, 그 영향 내지 파급효과 등 이 사건 공동행위 자체에 존재하는 특성들을 고려해야 할 필요가 있다고 판단하였다. 그에 따라 원심은, ① 공동행위의 대상 및 사업자의 의도 면에서, 원고들은 비엠더블유자동차 딜러들로서 그들 사이에서 자신들 몫으로 주어지는 판매마진을 극대화하기 위한 목적으로 비엠더블유자동차의 가격할인 한도 및 판매조건에 대한 제한을 직접적인 담합의 대상 및 내용으로 삼은 점, ② 공동행위가 이루어진 영역 또는 분야 면에서, 이 사건 공동행위가 원고들 간의 브랜드 내(intra-brand) 경쟁을 넘어서 다른 수입자동차와의 브랜드 간(inter-brand) 경쟁에까지 영향을 미치기는 어렵다고 보이는 점, ③ 공동행위의 수단 및 방법 면에서, 이 사건 공동행위는 최종 소비자가격에 대한 직접적인 통제가 아니라 원고들이 취득할 수 있는 판매마진의 범위 내에서 판매마진을 조절하는 매우 제한적인 방법으로 이루어질 수밖에 없는 점, ④ 공동행위의 영향 내지 파급효과 면에서, 이 사건 공동행위로 인하여 원고들 간의 브랜드 내(intra-brand) 경쟁, 특히 가격경쟁이 즉각적으로 영향을 받게 되는 점 등에 비추어 보면, 이 사건 공동행위의 관련시장은 국내에서 판매되는 비엠더블유자동차의 모든 신차종의 판매시장이라고 봄이 상당하다고 판단하였다. 그러나 이 사건 공동행위의 관련시장을 획정함에 있어서 원심이 고려해야 한다고 들고 있는 것들은 주로 관련시장 획정 그 자체를 위한 고려요소라기보다 관련시장 획정을 전제로 한 부당한 공동행위의 경쟁제한성을 평가하는 요소들에 해당하므로, 만약 원심과 같은 방식으로 관련시장을 획정하게 되면 관련시장을 획정한 다음 경쟁제한성을 평가하는 것이 아니라 거꾸로 경쟁제한 효과가 미치는 범위를 관련시장으로 보게 되는 결과가 되어 부당하다.

따라서 원심으로서는 앞서 본 법리에 따라 이 사건 공동행위의 거래대상인 상품의 기능 및 효용의 유사성, 구매자들의 대체가능성에 대한 인식 및 그와 관련한 경영의사 결정형태 등을 종합적으로 고려하여 이 사건 공동행위의 전제가 되는 관련시장을 획정하였어야 함에도 불구하고, 그 판시와 같은 이유만을 들어 이와 달리 판단하였으니, 이러한 원심판결에는 관련시장의 획정에 관한 법리를 오해함으로써 필요한 심리를 다하지 아니한 나머지 판결 결과에 영향을 미친 위법이 있다.

그러므로 나머지 상고이유에 대한 판단을 생략한 채 원심판결을 파기하고, 사건을 다시 심리·판단하게 하기 위하여 원심법원에 환송하기로 한다.

IV. 거래(거래관계의 존재, 거래상대방)

1. 개요

공정거래법상 매우 다양한 조항들에서 규정되어 있는 '거래'란 상품, 용역, 자금 등 경제적 이익을 그 대상으로 하며 공급, 구입 등 매매뿐만 아니라 임대차 등도 포함되며 그 형태를 불문한다. 거래의 주된 대상이 아닌 부수적인 것이라도 주된 거래와 관련이 있는 경우에는 해당된다.[4] 판매업장의 점포개설에 있어서 가전사의 자금지원이 당해업계의 관행으로 되어 있을 경우 자금지원이 없어 사실상 점포개설을 포기하는 경우에 자금지원의 거절은 불공정거래행위의 하나인 거래거절에 해당된다(일본 공정취인위원회의 심결사례, 동경도 전기소매상조합 옥천지부사건, 1976.1.16.)

공정위의 법집행에 있어서 보험자(자동차보험회사)와 피보험자(보험계약자)의 피해차주 간의 관계가 공정거래법상 '거래관계'에 해당되는지 여부가 문제된 적이 있었다. 공정위는 피심인인 자동차보험회사들이 보험계약자의 자동차사고를 처리함에 있어 피해차주들에게 자동차보험약관상 대차료(휴차료) 등을 지급하지 않은 행위를 불공정거래행위의 하나인 거래상지위 남용행위(불이익제공행위)로 제재하면서, "보험회사와 피해자와는 보험계약자(피보험자)를 매개로 하는 실질적 거래관계가 존재하며, 공정거래법의 취지에 비추어 볼 때 '거래관계'란 반드시 당사자의 의사에 의해 형성되는 재화나 용역의 교환단계에 국한시키는 것은 타당하지 않다."고 거래관계를 넓게 인정하였다.[5]

대법원은 제3자를 매개하여 상품거래나 자금거래행위가 이루어지고 이로써 지원객체에게 실질적인 경제상 이익이 귀속되는 경우에는 부당지원행위(법 제45조 제1항 제9호)에 해당한다는 법리를 제시하였다(대법원 2004.10.14. 선고 2001두2881 판결. 아래 2. 나. 참조). 또한 '자기가 공급하는 상품 등의 거래조건'에 해당하는 여부가 쟁점이 된 사건에서 불공정거래행위에 관한 공정거래법령의 관련 규정과 입법 취지 등에 의하면 불공정거래행위에서의 '거래'란 통상의 매매와 같은 개별적인 계약 자체를 가리키는 것이 아니라 그보다 넓은 의미로서 사업활동을 위한 수단 일반 또는 거래질서를 뜻하는 것으로 보아야 한다는 법리를 제시하였다(대법원 2010.1.14. 선고 2008두14739 판결, 대법원 2019.9.26. 선고 2014두15740 판결 참조. 자세한 내용은 2.에서 참조).

아래에서 그동안 관련 법집행 사례들을 망라하여 소개, 살펴본다.

2. 관련 공정위 심결사례 및 법원 판결례

가. 8개 손해보험사의 거래상지위 남용행위 건(2008.1.10. 공정위 의결)

(1) 공정위 의결

피심인들은 자동차보험 피보험자(보험계약자)가 야기한 대물배상사고를 처리함에 있어 피

---

4) 이동규, 독점규제 및 공정거래에 관한 법률 개론(개정판), 1997, 396면 참조.
5) 법원 판결을 포함한 자세한 내용은 아래 2. 가. 참조.

해차주들에게 자동차보험약관상 대차료(휴차료) 및 시세하락손해 보험금을 지급할 의무가 있음에도 불구하고 해당 보험금을 지급하지 않았다.

피심인들은 거래관계는 당사자의 의사에 의하여 형성되는 법률관계라는 전제에서 이 사건에서 문제가 되는 각 피심인인 보험사와 피해차주 사이의 관계는 보험사가 피보험자의 가해차주에 대한 손해배상채무를 병존적 인수한 성격을 지니는 상법상의 직접청구권 행사에 대한 보험금을 지급하는 것으로 법률규정에 의해 형성되는 법률관계일 뿐 당사자의 의사에 의해 형성되는 법률관계인 거래관계가 아니라고 주장하였다.

이에 대하여 공정위는 "보험사와 피해자와는 보험계약자(피보험자)를 매개로 하는 실질적 거래관계가 존재한다고 할 것이다. 이렇듯 피심인인 보험사와 피해차주와의 관계는 대물보험금에 대한 직접청구권 행사와 이에 대한 보험금 지급이라는 법률에 의해 규정된 관계이지만 그러한 경우에도 거래상지위의 우월성 및 남용행위 문제는 발생할 수 있을 것이므로 이 법의 취지에 비추어 볼 때 '거래관계'란 반드시 당사자의 의사에 의해 형성되는 재화나 용역의 교환단계에 국한시키는 것은 타당하지 않다 할 것이다."라고 판단하였다.

(2) 서울고등법원 2008.7.24. 선고 2008누4567 판결

서울고등법원은 법률행위와 그에 수반하는 행위는 거래에 포함되나 불법행위와 그에 수반하는 행위는 거래에 포함되지 않는다고 봄이 타당하다는 판단을 내리면서, 피해차주들과 피보험자들의 관계가 대물사고라는 불법행위에 근거한 관계이므로 원고들이 피보험자들과 사이에 보험계약관계가 있다고 하여 원고들과 이 사건 피해차주들 사이에 피보험자들을 매개로 한 거래관계가 있다고 볼 수도 없다면서 아래와 같이 판시하였다.

① '거래'라는 용어는 종래 일반적인 생활용어로 널리 사용되어 왔을 뿐 특유한 법률적 의미를 내포한 용어로는 사용되지 않았는데, '거래를 트다', '거래가 활발하다' 등 거래라는 용어의 일상적인 사용례와 '주고 받음', '사고 파는 일' 등 거래의 사전적 정의에 비추어 보면, 거래라는 용어에는 어떠한 법적 효과의 발생을 목적으로 어떠한 행위를 하려고 하는 행위자의 의사가 전제되어 있다고 보이는 점, ② 공정거래법 제11조의2 제1항에서 대규모내부거래란 ㉮ 가지급금 또는 대여금 등의 자금을 제공 또는 거래하는 행위, ㉯ 주식 또는 회사채 등의 유가증권을 제공 또는 거래하는 행위, ㉰ 부동산 또는 무체재산권 등의 자산을 제공 또는 거래하는 행위, ㉱ 주주의 구성 등을 고려하여 대통령령으로 정하는 계열회사를 상대방으로 하거나 동 계열회사를 위하여 상품 또는 용역을 제공 또는 거래하는 행위라고 규정하고, 공정거래법 제23조 제1항 제7호에서 불공정거래행위의 하나로 ㉲ 부당하게 특수관계인 또는 다른 회사에 대하여 가지급금·대여금·인력·부동산·유가증권·상품·용역·무체재산

권 등을 제공하거나 현저히 유리한 조건으로 거래하여 특수관계인 또는 다른 회사를 지원하는 행위를 규정함으로써, 공정거래법에서는 상품이나 용역 등의 '제공'도 거래에 포함되는 것으로 보고 있는데, 위 규정 내용에 비추어 보면 '제공'은 상대방으로부터 반대급부를 받지 않고 주는 행위를 의미하고 '거래'는 상대방으로부터 반대급부를 받고 주는 행위를 의미한다고 보아야 하나, 제공이라는 용어에도 어떠한 법적 효과의 발생을 목적으로 어떠한 행위를 하려고 하는 행위자의 의사가 전제되어 있다고 보이기는 마찬가지인 점, ③ 민법에서는 어떠한 법적 효과의 발생을 목적으로 어떠한 행위를 하려고 하는 행위자의 의사를 '의사표시'라는 개념으로 추상화한 다음 행위자의 의사표시가 있어야 성립하는 '법률행위'를 행위자의 의사표시 없이 성립하는 '불법행위' 등과 구별하고 있는 점, ④ 상법 제24조는 "타인에게 자기의 성명 또는 상호를 사용하여 영업을 할 것을 허락한 자는 자기를 영업주로 오인하여 거래한 제3자에 대하여 그 타인과 연대하여 변제할 책임이 있다"고 규정하고 있고, 대법원은 상법 제24조 소정의 명의대여자 책임은 명의차용인과 그 상대방의 거래행위에 의하여 생긴 채무에 관하여 명의대여자를 진실한 상대방으로 오인하고 그 신용·명의 등을 신뢰한 제3자를 보호하기 위한 것으로, 불법행위의 경우에는 설령 피해자가 명의대여자를 영업주로 오인하고 있었더라도 그와 같은 오인과 피해의 발생 사이에 아무런 인과관계가 없다고 판단했는데(대법원 1998.3.24. 선고 97다55621 판결 참조), 위와 같은 대법원의 판단은 불법행위는 거래행위에 포함되지 않는다는 것을 전제로 하고 있는 점 등을 고려해 보면, 거래라는 용어에는 행위자의 의사표시가 전제되어 있다고 보아야 하므로, 법률행위와 그에 수반하는 행위는 거래에 포함되나 불법행위와 그에 수반하는 행위는 거래에 포함되지 않는다고 봄이 타당하다.

이 사건에서 원고들은 피보험자들과 사이에 보험계약관계가 있을 뿐 이 사건 피해차주들과 사이에 어떤 법률행위를 한 적은 없고, 이 사건 피해차주들은 상법 제724조 제2항에 의하여 피보험자들이 책임을 질 사고로 입은 손해에 대하여 보험자인 원고들에게 직접 보상을 청구할 수 있는 관계에 있을 뿐이다. 그런데 이 사건 피해차주들의 원고들에 대한 위와 같은 직접청구권은 피보험자들의 원고들에 대한 보험금청구권의 변형 내지는 이에 준하는 권리가 아니고, 이 사건 피해차주들이 피보험자들의 대물사고라는 불법행위에 의해 보험자인 원고들에 대하여 가지는 손해배상청구권에 불과하다(대법원 1999.2.12. 선고 98다44956 판결 참조). 따라서 원고들과 이 사건 피해차주들의 관계는 불법행위에 근거한 관계일 뿐이므로 원고들과 이 사건 피해차주들 사이에 직접적인 거래관계가 있다고 볼 수는 없다. 또한 이 사건 피해차주들과 피보험자들의 관계가 대물사고라는 불법행위에 근거한 관계인 이상, 원고들이 피보험자들과 사이에 보험계약관계가 있다고 하여 원고들과 이 사건 피해차주들 사이에 피보험자들을 매개로 한 거래관계가 있다고 볼 수도 없다. 결국 원고들과 이 사건 피해차주들 사이에 거래관계가 있음을 전제로 한 이 사건 처분은 위법하므로 더 나아가 살펴 볼 필요 없이 취소되어야 한다.

(3) 대법원 2010.1.14. 선고 2008두14739 판결

대법원은 상고심에서 아래와 같이 판단한 다음에 원심판결에는 공정거래법상의 불공정거래행위에서의 거래의 개념에 관한 법리를 오해하여 판결에 영향을 미친 잘못이 있다고 하면서 원심판결을 파기하고, 사건을 다시 심리·판단하게 하기 위하여 원심법원에 환송하였다.

① 불공정거래행위에 관한 공정거래법상의 관련 규정과 입법 취지 등에 의하면 불공정거래행위에서의 '거래'란 통상의 매매와 같은 개별적인 계약 자체를 가리키는 것이 아니라 그보다 넓은 의미로서 사업활동을 위한 수단 일반 또는 거래질서를 뜻하는 것으로 보아야 하는 점, ② 비록 피해차주의 보험회사에 대한 직접청구권이 피보험자의 불법행위에 의하여 발생한다고 하더라도 보험회사 및 피보험자는 바로 그러한 경우를 위하여 보험계약을 체결하는 것이고, 피해차주는 자동차손해보험의 특성상 보험계약 성립 당시에 미리 확정될 수 없을 따름이지 그 출현이 이미 예정되어 있는 것이며, 그에 따라 보험회사가 피해차주에게 대물손해를 배상하여야 할 의무도 위 보험계약에 근거하고 있는 것인 점(보험회사는 피보험자의 피해차주에 대한 손해배상채무를 병존적으로 인수하는 것이다. 대법원 2005.10.7. 선고 2003다6774판결 참조), ③ 불법행위로 인한 손해배상채무가 이행되는 과정에서도 채무자에 의한 불공정거래행위가 얼마든지 발생할 여지가 있는 점(예컨대, 보험회사가 피해차의 수리비용을 일시불로 즉시 지급하지 아니하고 장기간에 걸쳐 소액으로 분할지급한다거나, 아예 상당한 기간이 경과한 후에야 수리비용을 지급하는 것 등) 등에 비추어 볼 때, 원고들과 피해차주들 사이에는 피보험자들을 매개로 한 거래관계가 존재한다고 봄이 상당하다.

나. 「대우」 기업집단 계열회사의 부당한 지원행위 건(1998.8.5. 공정위 의결)

공정위는 피심인들이 임직원의 ㈜대우자판 판매의 대우자동차 구입대금 무이자 융자를 지원한 것과 관련하여, 피심인들의 행위는 ㈜대우자판이 무이자 분할상환조건으로 자동차를 판매함에 따른 이자부담을 피심인들이 대신 부담함으로써 ㈜대우자판의 자동차판매를 지원한 것이고, 이는 ㈜대우자판에 대하여 52,466백만원에 대한 적정 이자상당액 만큼의 경제상 이익을 제공한 행위로 인정하였다.

이에 대하여 서울고등법원 2001.3.8 선고 98누13180 판결은 원고들과 대우자판 사이에 직접적으로 자동차매매라는 거래행위가 있지는 않았지만, 위 원고들이 대우자판으로부터 대우자동차를 구입하는 임직원에 대하여만 무이자 36개월 분할상환조건으로 자동차구입대금을 대출하거나 그 이자 상당액을 대신 부담한 것은 대우자판이 동일한 조건으로 자동차를 판매한 것과 동일하고 결국 위 원고들은 대우자판에 대하여 524억 6600만 원의 이자 상당액인 101억 700만 원의 경제상 이익을 간접적으로 제공한 것이라고 판시하였다.

대법원은 2004.10.14. 선고 2001두2881 판결에서 부당한 자금지원행위에서 자금의 제공 또는 거래방법이 직접적이든 간접적이든 묻지 아니하므로, 지원주체가 지원객체를 지원하기 위한 목적으로서 지원행위를 하되 지원주체와 지원객체와 사이의 직접적이고 현실적인 상품 거래나 자금거래행위라는 형식을 회피하기 위한 방편으로 제3자를 매개하여 상품거래나 자금거래행위가 이루어지고 그로 인하여 지원객체에게 실질적으로 경제상 이익이 귀속되는 경우에는 자금지원행위에 해당한다는 법리를 설시하였다.

다. 엘지전자(주)의 부당한 고객유인행위 건(2012.7.10. 공정위 의결)

(1) 공정위 의결

피심인은 이동통신사와 협의하여 소비자에게 지급하는 이동전화 단말기 보조금을 반영하여 이동전화 단말기의 공급가 또는 출고가를 높게 책정하고 이를 이동통신서비스에 가입하는 소비자에게 지급하거나 지급하도록 함으로써, 소비자가 이동통신서비스에 가입할 때 이동전화 단말기를 할인받아 실제보다 저렴하게 구입하는 것처럼 소비자를 오인시켜 자기와 거래하도록 유인하는 행위를 하였다.

공정위는 '자기가 공급하는 상품 또는 용역의 거래조건인지 여부' 관련하여 "법상 자기가 공급하는 상품의 거래조건이란 자기가 공급하는 상품에 대한 것이면 직접 공급하는 단계에서의 거래조건뿐 아니라 이후 유통단계를 포함하여 그 형성에 책임이 있는 거래조건까지를 의미하는바, 소비자는 통신대리점에서 단말기를 구입하면서 이동통신 서비스에 함께 가입하는 경우 통신대리점으로부터 단말기 보조금을 받게 된다. 따라서 소비자가 받게 되는 보조금은 단말기와 이동통신 서비스를 함께 구매하는 경우에만 지급되는 것으로 보조금 지급은 제조사가 공급하는 단말기의 거래조건이라 할 것이다(대법원 2010.1.14. 선고 2008두14739 판결 참조)."라고 대법원에서 제시했던 법리를 활용, 판단하였다.

(2) 서울고등법원 2014.11.21. 선고 2012누33869 판결

서울고등법원은 이에 대하여 "불공정거래행위에 관한 법 상의 관련 규정과 입법 취지 등에 의하면 불공정거래행위에서의 '거래'란 통상의 매매와 같은 개별적인 계약 자체를 가리키는 것이 아니라 그보다 넓은 의미로서 사업활동을 위한 수단 일반 또는 거래질서를 뜻하는 것으로 보아야 한다(대법원 2010.1.14 선고 2008두14739 판결). 따라서 법 상 자기가 공급하는 상품의 거래조건이란 자기가 공급하는 상품에 대한 것이면 직접 공급하는 단계에서의 거래조건 뿐만 아니라 이후 유통단계에서의 거래조건 형성에 책임이 있는 부분도 포함한다고 할 것이다. 위 인정 사실에 의하면, 소비자는 대리점에서 단말기를 구입하면서 이동통신 서비스에 함께 가입하는 경우 대리점으로부터 약정외 보조금을 받게 되므로, 소비자가 받게 되는 약정외 보조금은 단말기와 이동통신 서비스를 함께 구매하는 경우에만 지급되는 것으로서, 대리점에서의 약정외 보조금 지급은 제조사가 공급하는 단말기의 거래조건이라 할 수 있고, 원고와 이동통신 3사가 약정외 보조금의 재원이 되는 장려금의 지급에 관하여 한 협의는 원고의 사업활동을 위한 수단이라고 평가할 수 있다. 따라서 원고와 소비자 사이에는 사업자모델의 단말기에 관하여 이통통신 3사와 대리점을 매개로 한 거래관계가 존재한다고 봄이 상당하다."고 판결하였다.

(3) 대법원 2019.9.26. 선고 2014두15740 판결

대법원은 원심과 마찬가지로 불공정거래행위에서의 '거래'란 통상의 매매와 같은 개별적인 계약 자체를 가리키는 것이 아니라 그보다 넓은 의미로서 사업활동을 위한 수단 일반 또는 거래질서를 뜻하는 것으로 보아야 한다는 대법원 2010.1.14. 선고 2008두14739 판결에서 제시된 기본법리를 다시 확인하였다.

이어서 대법원은 "원고가 이동통신 3사에 자신의 단말기(사업자모델)를 판매하면서 소비자에게 지급될 것을 전제로 하는 약정외 보조금의 재원이 되는 장려금 지급에 관하여 한 협의는 단말기 제조사인 원고의 사업활동을 위한 수단이라고 평가할 수 있으므로, 원고가 이동통신사와 대리점을 매개로 하여 단말기를 구입하는 소비자와 사이에 거래관계가 존재한다고 볼 수 있다."는 원심판단은 이러한 법리에 기초한 것으로서, 거기에 상고이유 주장과 같이 '자기가 공급하는 상품 등의 거래조건'에 관한 법리를 오해하는 등의 잘못이 없다고 판결하였다.

라. 영화상영업자가 영화배급업자에 대해 거래상지위의 남용행위(불이익제공)를 한 경우 영화상영업자와 직접적인 계약관계가 없는 영화제작업자 간에는 불공정거래행행위 성립의 전제가 되는 거래관계가 존재한다고 볼 수 없다는 판결례

공정위는 2008.2.21. 영화상영업자들이 영화배급사들과 사전협의 없이 무료 초대권을 발급함으로써 영화배급사에게 손해를 야기한 행위에 대하여 불공정거래행위의 하나인 거래상지위의 남용행위로 제재하였다. 한편 영화제작업자들은 공정거래법 제56조(손해배상책임, 현행법

제109조)를 근거로 불공정거래행위를 한 영화상영업자들을 상대로 손해배상을 청구하였다.

서울고등법원 2015.1.9. 선고 2013나74846 판결은 원고(영화제작업자)들과 피고(영화상영업자)들 사이에 거래관계가 있는지 여부(원고들을 거래의 상대방으로 볼 수 있는지 여부) 관련하여 "공정거래법령의 내용 및 입법취지 등에 비추어 보면, 공정거래법은 거래관계의 존재를 전제로 우월한 지위를 이용하여 거래의 상대방에 대하여 불이익을 주는 행위를 불공정거래행위로 금지하고 있는 것으로 보아야 하고, 거래관계가 없는 자에 대해서까지 그 적용범위를 확대할 수는 없다. 그런데 원고들과 피고들 사이에는 아무런 계약관계가 없고, 단지 원고들은 배급사 등과의 계약에 따라 배급사가 피고들로부터 영화상영계약에 따라 지급받게 되는 수익 중 일부를 배급사로부터 지급받는 지위에 있을 뿐이다. 즉 피고들이 배급사와 체결한 영화상영계약의 이행이 원고들이 얻게 되는 최종 수익에 영향을 미치게 되는 것은 사실이나, 원고들의 수익은 결국 배급사 등과 체결한 별도의 계약에 따라 정해지게 되는 것이고, 원고들은 피고들과 배급사 사이에 체결된 영화상영계약에 따라 정해지는 구체적인 영화상영의 조건 및 그 수익 지급 과정에 아무런 영향을 미칠 수 없다. 그렇다면 원고들과 피고들 사이에 불공정거래행위 성립의 전제가 되는 거래관계가 존재한다고 볼 수 없고, 원고들을 피고들의 거래상대방으로 볼 수도 없다. 공정위도 피고들이 영화배급사와 사전 협의 없이 무료입장권을 발급한 행위가 공정거래법 제23조 제1항 제4호와 시행령 제36조 제1항, [별표 1] 제6호 라.목의 불이익제공행위에 해당함을 이유로, 피고들에게 자기의 거래상지위를 이용하여 '영화배급사'와 사전 협의 없이 무료입장권을 발급함으로써 '영화배급사'에게 부당하게 불이익을 주는 행위를 다시 해서는 안된다고 의결한 것이다. 즉 원고들도 거래상대방에 해당함을 전제로 '원고들'과 사전 협의 없이 무료입장권을 발급한 점을 문제 삼은 것이 아니다. 나아가 공정거래법 제67조 제2호는 '공정거래법 제23조 제1항의 규정에 위반하여 불공정거래행위를 한 자는 2년 이하의 징역 또는 1억 5,000만 원 이하의 벌금에 처한다'고 규정하고 있는바, 원고들 주장과 같이 '거래' 내지 '거래상대방'의 의미를 확대하여 해석할 경우, 죄형법정주의의 원칙에 반하게 될 소지가 있고, 특히 영화제작업자들도 아닌 투자자들에게까지 거래상대방의 지위를 인정하는 것은 공정거래법 적용의 외연을 지나치게 확장하는 것으로 허용될 수 없다."고 판결하였다.

그리고 불공정거래행위에서의 '거래'를 넓게 해석하고 있는 위 대법원 2010.1.14. 선고 2008두14739 판결 관련하여, 대법원 판결이 단순히 경제적으로 영향을 받는 지위에 있기만 하면 곧바로 불공정거래행위에서의 거래관계가 존재하는 것으로 보아야 한다거나, 동 사건에서처럼 특별한 사정이 없는 경우에도 통상의 계약 관계 밖에 있는 제3자에게까지 '거래상대방'의 범위를 확장한 취지로 해석할 수는 없어, 이를 이 사건에 그대로 적용할 수는 없다고 설시하였다. 또한 부당한 공동행위를 한 사업자로부터 직접 상품을 구입한 직접구매자뿐만 아니라 그로부터 다시 그 상품 또는 그 상품을 원재료로 한 상품을 구입한 이른바 간접구매자도 부당한 공동행위와 자신의 손해 사이에 상당인과관계가 인정되는 한 부당한 공동행위를 한 사업자에 대하여 손해배상청구를 할 수 있고, 이러한 법리는 부당한 공동행위를 한 사업자에게 용역을 공급하는 자를 상대로 다시 그 용역의 일부를 공급하는 이른바 간접적인 용역공급자에게도 마찬가지로 적용되는 것이지만(대법원 2014.9.4. 선고 2013다215843 판결), 이 또한 일단 부당공동행위라는 공정거래법위반 행위가 성립함을 전제로 한 것으로, 앞서 본 바와 같이 원고들을 거래의 상대방으로 볼 수 없어 불공정거래행위 자체가 성립하지 아니한다고 보아야 하는 이상 이러한 법리를 이 사건에 그대로 적용할 수 없다고 설시하였다.

그리고 대법원 2017.5.31. 선고 2015다17975 판결은 "공정거래법에 따른 손해배상청구에 대하여 원고는 피고들과 아무런 계약관계가 없고, 단지 배급사가 피고들로부터 영화상영계약에 따라 지급받는 수익 중 일부를 배급사로부터 지급받는 지위에 있을 뿐이어서, 피고들의 무료입장권 발급행위가 공정거래법에서 정한 '거래상대방에 대한 불공정거래행위'인지 여부를 판단함에 있어서의 '거래상대방'으로 볼 수 없다."는 원심판단을 지지하였다.

마. 롯데쇼핑(주)의 시장지배적지위 남용행위 등 건(2015.3.6. 공정위 의결)

(1) 공정위 의결

공정위는 2015.3.6. 피심인(피심인 소속으로 부가가치세법상 영화상영업을 영위하는 것으로 사업자등록이 되어 있는 롯데시네마)이 롯데엔터테인먼트(피심인 소속으로 부가가치세법상 영화배급업을 영위하는 것으로 사업자등록이 되어 있지만 별도의 대표 없이 롯데시네마가 지휘·감독) 외 다른 배급사의 영화에 대하여 흥행예상 순위나 주말관람객수 순위와 다르게 롯데엔터테인먼트가 배급하는 영화보다 더 적은 상영회차나 더 작은 상영관을 배정하고 영화전단 등 선전재료물을 롯데엔터테인먼트가 배급하는 영화보다 더 나쁜 위치에 배치하는 등 행위를 한 사실에 대하여 불공정거래행위 중 차별적 취급행위(현행법 제45조 제1항 제2호)로 제재하였다.

피심인은 "롯데시네마와 롯데엔터테인먼트가 하나의 법인 내 사업부에 불과하므로 차별행위가 성립할 수 없다. 거래조건 차별에 해당하기 위하여는 특정사업자에 대한 거래조건이나 거래내용이 다른 사업자에 대한 것보다 유리 또는 불리하여야 하므로 필연적으로 둘 이상의 거래상대방이 있어야 하고, 이 사건에서와 같이 특정사업자에 대한 거래조건이나 거래내용을 자기 자신에 대한 것과 다르게 적용한 경우에는 거래조건 차별이 적용될 수 없다."고 주

장하였으며, 이에 대해 공정위는 "다음과 같은 점을 고려할 때 실질적으로 둘 이상의 거래상
대방이 있는 것으로 판단된다. ① 롯데시네마와 롯데엔터테인먼트는 각각 사업자등록을 하
여 영화상영업 시장과 영화배급업 시장에서 독립적인 주체로 활동하고 있고, 롯데시네마는
롯데엔터테인먼트 영화에 대해서도 다른 배급사의 영화와 동일한 기준으로 흥행도를 평가하
여 상영회차나 상영관을 배정한다. 따라서 롯데엔터테인먼트는 롯데시네마의 거래상대방으
로 볼 수 있다. ② 일반적인 상품의 경우 유통단계별 거래조건은 각 단계의 거래당사자에게
만 영향을 주지만, 영화 상품의 경우 최종적인 입장료 수익을 상영관, 배급사, 투자사, 제작
사가 나눠 가지므로 상영관과 배급사 간 거래조건은 투자사, 제작사에 직접적인 영향을 준
다. 이러한 영화산업의 특성상 피심인과 영화 투자사, 제작사는 배급사를 매개로 한 '거래관
계'가 존재한다고 봄이 상당하므로 투자사, 제작사도 피심인의 거래상대방이라 할 수 있다
(대법원은 불공정거래행위에서의 '거래'란 개별적인 계약자체를 가리키는 것이 아니라 그보다 넓은 의
미로서 사업활동을 위한 수단 일반 또는 거래질서를 뜻한다고 하며. 피보험자가 책임질 사고로 대물손
해를 입은 피해차주와 손해보험회사 사이에 '거래관계'가 존재한다고 보았다(대법원 2010.1.14. 선고
2008두14739 판결)."고 판단하였다.

(2) 서울고등법원 2017.2.15. 선고 2015누39165 판결

이에 대하여 서울고등법원은 "앞서 살핀 바와 같이 거래조건 차별에 해당하기 위해서는
특정사업자에 대한 거래조건이나 거래내용이 다른 사업자에 대한 것보다 유리 또는 불리하
여야 하는 것이 전제되어야 할 것인데(대법원 2006.5.26. 선고 2004두3014 판결 참조), 이 사건
의결서에 따르면 원고가 다른 배급사들에 대하여 설정한 거래조건이 원고의 사업부인 롯데
엔터테인먼트에 대한 것보다 불리하다는 것이 처분사유로 되어 있어서 문제된다. 롯데시네
마와 롯데엔터테인먼트가 각각 영화상영업과 영화배급업을 영위하는 것으로 부가가치세법상
사업자등록이 되어 있는 것은 사실이다. 그러나 갑 제164 내지 170호증의 각 기재에 의하면
다음과 같은 사정이 인정된다. 원고는 산하에 시네마사업본부를 두면서 여기에 영화사업 관
련 상표인 '롯데시네마'를 부여하였고, 본부장을 전무급 미등기 임원으로 보하였고, 시네마사
업본부는 다시 내부에 경영 전략 부문, 신규 사업 부문, 경영지원 부문, 영업 부문, 영화사업
부문을 두었는데, 영화사업 부문에 영화 배급사업 관련 상표인 '롯데엔터테인먼트'를 부여하
였다. 2015년 말을 기준으로 원고는 롯데엔터테인먼트에는 별도의 대표를 임명하지 않고 상
무급 책임자를 두면서 시네마사업 본부의 지휘·감독에 따르도록 하고 있는 것으로 보인다.
이에 의하면 롯데시네마와 롯데엔터테인먼트는 근본적으로 원고에 소속된 하나의 사업부 또
는 그 내부 조직에 불과하므로 롯데엔터테인먼트가 원고에 대한 독자적인 거래상대방이 된

다고 보기는 어렵다. 따라서 피고가 들고 있는 사유만으로 의결서에 기재된 처분사유가 공정거래법 제23조 제1항 제1호에 정해진 거래조건 차별의 요건을 충족한다고 보기는 어렵다. 이러한 점에서도 이 부분 처분사유는 성립되지 않는다."고 판결하였다.

상고심에서 대법원은 심리불속행 사유에 해당한다는 이유로 상고를 기각하였다(대법원 2017.7.11. 선고 2017두39372 판결).

바. 네이버(주)[쇼핑 부문]의 시장지배적지위 남용행위 등 건(2021.1.27. 공정위 의결)

(1) 공정위 의결

공정위는 피심인이 가격비교사이트인 네이버쇼핑 검색결과에서 자신의 오픈마켓서비스(스마트스토어)를 이용하는 사업자의 상품이 상위에 노출되기 유리하도록 검색 알고리즘을 설계하고 적용한 행위에 대하여 시장지배적지위 남용행위 중 부당한 사업활동 방해행위(현행법 제5조 제1항 제3호), 불공정거래행위 중 부당한 차별취급행위(현행법 제45조 제1항 제2호), 불공정거래행위 중 부당한 고객유인행위(현행법 제45조 제1항 제4호)에 해당한다고 결정하였다.

공정위는 거래상대방에게 거래조건을 차별하였는지 여부에 대한 판단에 있어서 '거래상대방' 관련하여 "피심인과 제휴계약을 체결하는 스마트스토어(피심인의 오픈마켓) 입점사업자는 피심인의 거래상대방에 해당한다. 마찬가지로 스마트스토어의 경쟁 오픈마켓의 입점사업자도 피심인의 제휴계약 체결 상대방은 경쟁 오픈마켓이지만 다음과 같은 점을 고려할 때 네이버쇼핑(피심인의 가격비교사이트)에 상품 노출을 원하는 11번가 등 경쟁 오픈마켓의 입점사업자와 피심인 간에도 오픈마켓을 매개로 한 실질적 거래관계가 존재한다고 하면서 피심인의 거래상대방에 해당한다."는 법리를 제시하였다.[6] ① 경쟁 오픈마켓의 입점사업자는 네이버쇼핑을 비롯한 비교쇼핑서비스에 상품을 노출할지 여부를 스스로 선택한다, ② 경쟁 오픈마켓의 입점사업자가 네이버쇼핑에 지불하는 중개수수료 등 비용을 실질적으로 부담한다, ③ 오픈마켓들이 비교쇼핑서비스(네이버쇼핑)와 제휴관계를 맺는 것은 네이버쇼핑에 상품을 노출하고자 하는 입점업체의 수요에 기인한다. 실제로 네이버쇼핑과의 제휴에 대한 입점사업자의 높은 수요로 인해 현재 11번가, 지마켓, 옥션, 인터파크 등 경쟁 오픈마켓은 네이버쇼핑과 모두 제휴관계를 맺고 있다.

공정위는 또 법원이 '직접 계약관계가 존재하지 않는' 비계열 할부금융사와 자동차 제조사

---

6) 의결서 110~115면 참조. 각주 58) 대법원은 불공정거래행위에서의 '거래'란 통상 매매와 같은 개별적인 계약 자체를 가리키는 것이 아니라 그보다 넓은 의미로서 사업활동을 위한 수단 일반 또는 거래질서를 뜻하는 것으로 보아야 한다고 판시하였다(대법원 2010.1.14. 선고 2008두14739 판결).

간에도 '고객을 매개로 한 실질적 거래관계'가 존재함을 전제로 하여 대상행위가 계열회사를 유리하게 하는 차별적 취급행위에 해당한다고 판단한 사례를 들고 있다(각주 59). 즉 원고(현대자동차, 기아자동차)들과 비계열 할부금융사 사이에 오토할부약정이 체결되지 아니함으로써 원고들과 비계열 할부금융사 사이에 직접적인 거래관계는 존재하지 않는다고 하더라도, 자동차 할부금융상품을 취급하는 할부금융사들은 원고들과 관련하여서는 원고들이 제조·판매하는 자동차를 할부로 구매하려고 하는 고객들을 상대로 자신들의 할부금융상품을 판매하는 것이므로 원고들과 자동차 할부금융상품을 취급하는 현대캐피탈 및 비계열 할부금융사 사이에는 위 고객들을 매개로 하는 실질적 거래관계가 존재한다고 할 것이므로 이와 같은 상황에서 원고들이 현대캐피탈과의 오토할부약정에 기하여 오토할부의 금리를 인하하는 것은 원고들이 제조, 판매하는 자동차를 할부로 구매하려고 하는 고객들 중 현대캐피탈을 이용 또는 이용하려고 하는 고객들과 현대캐피탈이 아닌 비계열 할부금융사를 이용 또는 이용하려고 하는 고객들을 차별하는 행위라고 할 것이다(대법원 2007.2.23. 선고 2004두14052 판결).

(2) 서울고등법원 2022.12.14. 선고 2021누36129 판결

서울고등법원은 '거래상대방' 이슈와 관련하여 법 제5조 제1항 제3호, 시행령 제9조 제3항 제4호 및 시장지배적지위 남용행위 심사기준에 따른 시장지배적사업자의 거래조건 차별행위와 법 제45조 제1항 제2호, 시행령 제52조 [별표 2] 2. 나.의 거래조건 차별행위의 문언에는 별다른 차이가 없으므로, 위 두 규정의 '거래' 또는 '거래상대방'은 통일적으로 해석한다는 전제를 달았다.[7]

그리고 판단 법리로서 위에서 살펴본 것처럼 대법원 2010.1.14. 선고 2008두14739 판결, 대법원 2019.9.26. 선고 2014두15740 판결 등 2개의 판결에서 제시되었던 법리를 그대로 확인하면서, 피고의 판단을 인정하였다. 즉 공정거래법상의 관련 규정과 입법취지 등에 의하면 불공정거래행위에서의 '거래'란 통상적인 매매와 같은 개별적인 계약 자체를 가리키는 것이 아니라 그보다 넓은 의미로서 사업활동을 위한 수단 일반 또는 거래질서를 뜻하는 것으로 보아야 하고, 단순히 경제적 이해관계가 있다는 이유로 거래상대방으로 볼 수 없음은 물론이나, 거래상대방이 무한정 확장될 우려가 있더라도 이는 '사업활동을 위한 수단 일반 또는 거래질서'의 관계에 있는지를 신중하게 해석함으로써 불식시킬 일이고, 그렇다고 하여 언제나 직접적인 계약관계에 있는 경우에만 거래상대방이 될 수 있다고 볼 것은 아니라고 설시하였다.

---

7) 다만 시장지배적지위 남용행위로서의 거래조건 차별행위는 시장지배적사업자의 행위일 것을 요한다고 설시하였다.

사. 기업집단 「효성」 소속 계열회사들의 특수관계인에 대한 부당이익제공행위 건 (2018.5.21. 공정위 의결)

(1) 서울고등법원 2021.1.28. 선고 2018누52497 판결

원고들은 "법 제23조의2(현행법 제47조) 제1항은 법 제23조 제1항 제7호(현행법 제45조 제1항 제9호)가 지원행위의 상대방을 '특수관계인 또는 다른 사업자'로 규정하고 있는 것과는 달리 거래상대방을 '특수관계인이나 특수관계인이 일정한 비율 이상의 주식을 보유한 계열회사'로 제한하고 있기 때문에 특수관계인이나 특수관계인이 일정한 비율 이상의 주식을 보유한 계열회사가 아닌 다른 회사를 통한 간접거래에는 적용되지 않는다. 이 사건 TRS 계약은 원고 효성투자개발이 아무런 특수관계가 없는 SPC와 체결한 거래에 불과하므로, 법 제23조의2 제1항이 적용될 여지가 없다."면서 거래상대방 요건의 불충족을 주장하였다.

이에 대하여 서울고등법원은 "피고는 의결서에서 이 사건 거래가 3개의 계약, 즉 원고 효성투자개발(지원주체)과 SPC 사이에 체결된 이 사건 TRS 계약, SPC와 대주단 사이에 체결된 이 사건 대출 약정, SPC와 원고 GE(지원객체) 사이에 체결된 이 사건 GE발행 CB 인수계약이 전체적으로 SPC를 중심으로 연결된 하나의 단일한 목적으로 만들어낸 하나의 거래행위라고 기술하기도 하였다. 그러나 이는 원고 효성투자개발, 대주단, 원고 GE가 재무상황이 부실한 원고 GE의 자금 조달을 위한 목적을 달성하기 위해 이 사건 거래를 고안하였음을 표현한 것일 뿐, 의결서의 전체적인 내용 및 피고의 이 법원에서의 주장 등에 종합하면, 피고도 전체적으로 이 사건 지원행위의 구조를 간접지원의 형태로 파악하고 있는 것으로 보이고, 실제로도 원고 효성투자개발이 이 사건 TRS 계약 및 이 사건 담보제공을 통하여 원고 GE로 하여금 대주단이 설립한 SPC에 이 사건 CB를 유리한 조건으로 발행할 수 있도록 함으로써 자금을 차용할 수 있도록 한 것이어서 이 사건 거래의 구조는 간접지원의 형태로 볼 수 있다."고 판단하였다.

(2) 대법원 2022.11.10. 선고 2021두35759 판결

대법원은 "법 제23조의2의 규정 내용, 입법 경위 및 입법 취지 등을 고려하면, 법 제23조의2 제1항 제1호에서 금지하는 자금거래를 통한 특수관계인에 대한 이익제공행위는 자금의 제공 또는 거래방법이 직접적이든 간접적이든 묻지 아니하므로, 행위주체가 행위객체에 부당한 이익을 귀속시킬 목적으로 제3자를 매개하여 자금거래행위가 이루어지고 그로 인하여 행위객체에 실질적으로 이익이 귀속되는 경우에도 행위 요건을 충족한다."고 판시하였다.

I. 개요

국제적 거래에 있어서 당해행위가 국외에서 행해지거나 당사자의 전부 또는 일부가 외국사업자로서 국외에 존재하는 경우 당해 행위를 우리나라 공정거래법으로 규제할 수 있는지가 문제로 된다. 이 경우에 당해행위가 실체적으로 우리나라법의 관할에 속하는가라는 입법관할권(사물관할권), 그리고 당해사업자에 대해 우리나라법의 적용을 강제할 수 있는가라는 집행관할권의 두 가지 문제가 있다. 이론적으로 볼 때 외국에서 당해행위가 이루어진 경우 집행관할권은 설사 없다 하더라도, 입법관할권에 있어서는 그 행위의 효과가 우리나라의 경쟁질서에 영향을 미친 경우에는 우리나라법이 적용된다고 보아야 될 것이다.[1]

비록 타국에서 발생한 행위라 하더라도 그 반경쟁적 효과가 국내에까지 미치는 경우에는 그 효과만으로 관할의 기초가 성립한다고 하고 국내의 경쟁법(공정거래법)을 적용하려는 것이 소위 경쟁법의 역외적용(extraterritorial application) 이슈이다. 우리나라의 공정거래법은 국내시장의 경쟁에 영향을 미치는 행위뿐만 아니라 우리나라의 수출거래, 우리나라으로의 수입거래에 관하여 경쟁에 영향을 미치는 경우에도 적용되는 것으로, 당사자의 일방이 국외에 존재하거나 당해행위가 국외에서 행해지는 경우에도 적용된다고 해석해야 할 것이다. 결국은 법해석과 입법취지, 글로벌 법집행 및 국제법체계 등을 감안하여 해결해 나가야 할 문제이지만 이제 세계 각국은 이러한 경우 자국시장에 영향을 미치는 경우 공정거래법을 적용하는 것이 일반적 추세이다.

우리나라의 경우 공정위는 2002년 공정거래법에 역외적용의 근거가 없었던 당시 흑연전극봉 국제카르텔 사건에서 외국사업자들의 외국에서 행한 가격담합행위에 대하여 최초로 역외적용을 하였고, 서울고등법원과 대법원은 공정위의 처분을 인정하였다. 그리고 2004.12.31 공정거래법 개정시(2005.4.1. 시행) 제2조의2(국외행위에 대한 적용)를 신설하여 "이 법은 국외에서 이루어진 행위라도 국내시장에 영향을 미치는 경우에는 적용한다."는 역외적용의 법적

---

[1] 이동규, 독점규제 및 공정거래에 관한 법률 개론(개정판), 1997, 667~668면.

근거를 마련하였다.[2] 당시 국가법령정보센터에 게재된 법 개정이유는 외국사업자의 행위로부터 국내시장의 경쟁질서를 효과적으로 유지할 수 있도록 국외에서 이루어진 행위라 하더라도 국내시장에 영향을 미치는 경우에 대해서는 이 법이 적용되도록 함이었다.

본 이슈에서는 먼저 우리나라 최초의 공정거래법 역외적용 사건인 흑연전극봉 국제카르텔 사건에 대한 공정위의 심결 및 법원 판결례를 살펴보기로 한다. 그리고 역외적용 여부의 판단기준인 '국내시장에 미치는 영향' 관련 법리, 외국사업자를 피심인으로 볼 것인지 아니면 외국사업자의 지점(또는 대리점)을 피심인으로 볼 수 있는지 여부, 카르텔 외에 다른 법위반 행위에 대한 역외적용 등 3가지 쟁점에 대하여 선례를 통하여 검토해 보고자 한다.

II. 6개 흑연전극봉 생산업체들의 부당한 공동행위 건(2002.4.4. 공정위 의결)

1. 공정위 의결

공정위는 관할권의 존재 관련하여 "외국법에 의해 설립된 사업자들간의 합의가 비록 외국에서 이루어졌더라도, 합의의 실행이 대한민국에서 이루어지고 대한민국시장에 영향을 미칠 경우에 공정거래위원회는 이들 사업자에 대해 관할권을 행사할 수 있다고 할 것인 바, 피심인들이 비록 외국법에 의해 설립된 사업자들이고 외국에서 판매가격 등을 합의하였지만, 1992. 5월부터 1998. 2월까지 약 553백만불의 흑연전극봉을 피심인 자신 또는 여타 판매망을 통하여 대한민국시장에 합의된 가격으로 판매하여 부당한 공동행위의 실행행위가 대한민국에서 이루어졌고, 피심인들이 생산한 흑연전극봉의 가격이 1992년 톤당평균 2,255불에서 1997년 톤당평균 3,356불로 약 48.9% 상승하는 등 피심인들의 합의 및 실행행위에 따른 영향이 대한민국시장에 미쳤으므로 피심인들에 대해서는 법을 적용할 수 있다고 할 것이다."라고 결정하였다.

2. 서울고등법원 2004.8.19. 선고 2002누6110 판결

원고는 "국제법상 재판관할권의 확실한 기초는 국적(속인주의)과 속지성(속지주의)이고 대

---

2) 현행법상으로는 제3조(국외에서의 행위에 대한 적용) 국외에서 이루어진 행위라도 그 행위가 국내시장에 영향을 미치는 경우에는 이 법을 적용한다고 되어 있다.

한민국에서 제정, 공포된 각종 법규 또한 원칙적으로 위 속인주의와 속지주의에 의하여 그 효력범위가 정해진다 할 것인데, 원고는 일본국 법에 의하여 설립된 외국법인이고, 피고(공정위)는 원고가 대한민국 시장에 소외 회사들과 합의된 가격으로 흑연전극봉을 수출한 행위가 공정거래법 제19조 제1항에서 규정하고 있는 부당공동행위에 해당한다는 이유로 이 사건 시정명령 및 과징금 부과명령을 하였으나, 위 규정에서 정한 행위는 실행행위를 포함하지 않은 합의만을 의미하고 이러한 합의가 모두 대한민국 내에서 이루어진 것이 아님은 피고 스스로 인정하는 바이므로, 현행 공정거래법에 외국인이 외국에서 행한 행위에 대해서도 적용된다는 명문의 규정을 두고 있지 않은 이상 피고로서는 외국법인에 의하여 외국에서 행하여진 위 행위에 대하여 대한민국의 공정거래법을 적용하여 심판할 관할권이 존재하지 아니한다. 따라서 피고의 이 사건 처분에는 하자가 있으므로 무효이거나 그렇지 않더라도 취소되어야 한다."고 주장하였다.

이에 대하여 서울고등법원은 "(1) 공정거래법은 사업자의 부당한 공동행위 등을 규제하여 공정하고 자유로운 경쟁을 촉진함으로써 국민경제의 균형있는 발전을 도모함을 그 목적으로 하고 있고(공정거래법 제1조 참조), 그 적용대상인 사업자를 "제조업, 서비스업, 기타 사업을 행하는 자"로 규정하고 있을 뿐 내국사업자로 한정하고 있지 아니하고 대상으로 삼는 거래분야 또한 "거래의 객체별, 단계별 또는 지역별로 경쟁관계에 있거나 경쟁관계가 성립될 수 있는 분야"로 규정하고 있을 뿐 국내에서의 거래시장에 한정하고 있지 아니하며(공정거래법 제2조 참조), 공정거래법 제19조(현행법 제40조) 제1항에서도 위반행위의 주체를 "사업자"로 규정하고 있을 뿐 내국사업자로 한정하고 있지 않다. (2) 오늘날 세계경제는 각국의 내부거래 못지 않게 국제거래에 의존하는 정도가 클 뿐 아니라 더욱 커지고 있는 실정이고, 국제거래에서의 경쟁관계는 세계시장을 대상으로 한 거대기업, 다국적 기업이 주도하는 경우가 많을 뿐 아니라 이들의 행위가 특히 수출입 등 무역을 통하여 개별국가의 경제에 직접 영향을 미치는 경우가 적지 아니하다. 우리 경제 또한 수출입 등 국제거래에 의존하는 정도가 날로 심화되고 있어 국제거래를 주도하고 있는 거대기업, 다국적 기업들의 가격결정 등의 행위가 우리 경제에 직접 영향을 미치는 경우가 적지 아니하고, 또 국외에서 이루어진 기업간의 담합 등 경쟁제한행위에 의한 영향이 증대되어 국내시장에서의 경쟁여건이 왜곡되는 현상이 빈번하게 발생할 여지가 있다. (3) 살피건대, 공정거래법에 외국사업자의 외국에서의 행위에 대해서도 이 법을 적용할 것인지 여부에 관하여 명시적인 규정은 없으나 내국사업자에 한한다거나 국내에서의 행위에 한정되는 것으로 해석할 만한 규정도 없고, 국민경제의 균형 있는 발전이라는 공정거래법의 목적을 달성하기 위해서는 국내에서의 거래관계뿐만 아니라 수

출입 등 국제거래에 있어서도 공정하고 자유로운 경쟁을 촉진할 필요가 있으며, 만일 공정
거래법에 의한 부당공동행위의 규제가 그 행위(공정거래법 제19조에 의하면 합의를 의미한다.)가
이루어진 장소에만 의존하여 국제거래에 있어서 부당한 공동행위가 있었고 이로 인한 부정
적인 효과가 국민경제에도 미쳤음에도 불구하고 그 행위가 외국에서 이루어졌다는 점만으로
공정거래법을 적용할 수 없게 된다면 사업자들이 그 행위의 장소를 외국으로 선택함으로써
공정거래법상의 각종 규제를 용이하게 잠탈할 수 있게 되어 공정거래법이 추구하는 목적을
달성하기 어렵게 된다는 점 등을 고려해 보면, 외국사업자가 다른 사업자와 공동으로 경쟁
을 제한하는 합의를 하고, 그 합의의 대상에 대한민국의 시장이 포함되어 있다면 그 행위가
국내에서 행하여졌는지 국외에서 행하여졌는지 여부에 불구하고 위와 같은 합의가 대한민국
의 시장에 직접 영향을 미친 한도 내에서 대한민국의 공정거래법을 적용하여 심판할 수 있
는 관할권이 있다고 봄이 상당하다. (4) 따라서 앞서 인정한 사실관계에 의하면, 이 사건에서
원고가 소외 회사들과 비록 외국에서 각종 회합을 가지고, 흑연전극봉의 판매가격을 결정하
는 등의 합의를 하였으나, 그 판매대상이 되는 시장에 대한민국의 흑연전극봉 수입시장도
포함되어 있어 대한민국의 흑연전극봉 수입시장에 직접 영향을 미쳤다고 할 것이므로, 피고
는 위 합의가 대한민국의 시장에 영향을 미친 한도 내에서 원고에 대하여 대한민국의 공정
거래법을 적용하여 심판할 수 있는 관할권이 있다고 할 것이다."라고 판결하였다.

3. 대법원 2006.3.24. 선고 2004두11275 판결

대법원은 "공정거래법은 사업자의 부당한 공동행위 등을 규제하여 공정하고 자유로운 경
쟁을 촉진함으로써 창의적인 기업활동을 조장하고 소비자를 보호함과 아울러 국민경제의 균
형 있는 발전을 도모함을 그 목적으로 하고 있고(제1조), 부당한 공동행위의 주체인 사업자
를 '제조업, 서비스업, 기타 사업을 행하는 자'로 규정하고 있을 뿐 내국사업자로 한정하고
있지 않은 점(제2조), 외국사업자가 외국에서 부당한 공동행위를 함으로 인한 영향이 국내시
장에 미치는 경우에도 공정거래법의 목적을 달성하기 위하여 이를 공정거래법의 적용대상으
로 삼을 필요성이 있는 점 등을 고려해 보면, 외국사업자가 외국에서 다른 사업자와 공동으
로 경쟁을 제한하는 합의를 하였더라도, 그 합의의 대상에 국내시장이 포함되어 있어서 그
로 인한 영향이 국내시장에 미쳤다면 그 합의가 국내시장에 영향을 미친 한도 내에서 공정
거래법이 적용된다고 할 것이다. 원심은 그 판결에서 채용하고 있는 증거들을 종합하여, 흑
연전극봉 제조·판매업을 영위하는 사업자인 원고가 같은 사업자인 소외 회사들과 공동하여

1992.5.21.부터 1997. 말경까지 사이에 외국에서 국내시장을 포함한 세계시장을 대상으로 하여 흑연전극봉의 가격을 결정, 유지하기로 하는 합의 및 그에 기한 실행행위를 하였고, 그로 인하여 원고와 소외 회사들이 생산한 흑연전극봉의 수입가격이 위 합의에 따라 결정되는 등 국내시장에 영향을 미친 사실을 인정한 다음, 원고가 소외 회사들과 공동으로 흑연전극봉의 판매가격을 결정하는 등의 합의를 하였고, 그로 인한 영향이 국내시장에 미쳤다고 할 것이므로, 위 합의가 국내시장에 영향을 미친 한도 내에서 공정거래법이 적용된다고 판단하였는바, 앞서 본 법리에 비추어 기록을 살펴보면, 원심의 이러한 인정 및 판단은 정당한 것으로 수긍이 가고, 거기에 상고이유에서 주장하는 바와 같은 채증법칙 위배에 의한 사실오인, 공정거래법의 적용 범위, 입증책임분배에 관한 법리오해의 위법이 없다."고 최종 판결하였다.

Ⅲ. 역외적용에 있어서의 쟁점

1. '국내시장에 미치는 영향'

가. 관련 기본법리

공정거래법상 역외적용의 근거가 신설되기 이전의 위 2002년 흑연전극봉 카르텔 사건에서 살펴 보았듯이 관할권 존재여부의 판단기준은 '국내시장에 미치는 영향'이었고 이를 반영하여 2004년 법개정시 "이 법은 국외에서 이루어진 행위라도 국내시장에 영향을 미치는 경우에는 적용한다."는 역외적용의 법적근거규정을 신설하였다. 그리고 2010년 항공화물운송사업자의 유류할증료 국제카르텔 사건에 대한 대법원 판결에서 '국내시장에 미치는 영향'에 대한 구체적인 판단기준이 제시되었다.[3] 즉 공정거래법 제2조의2(현행법 제3조)에서 말하는 '국내시장에 영향을 미치는 경우'는 문제된 국외행위로 인하여 국내시장에 직접적이고 상당하며 합리적으로 예측 가능한 영향을 미치는 경우로 제한 해석해야 하고, 그 해당 행위의 내용·의도, 행위의 대상인 재화 또는 용역의 특성, 거래 구조 및 그로 인하여 국내시장에 미치는 영향의 내용과 정도 등을 종합적으로 고려하여 구체적·개별적으로 판단하여야 한다고 전제하면서, 다만 국외에서 사업자들이 공동으로 한 경쟁을 제한하는 합의의 대상에 국내시

---

3) '직접적이고 상당하며 합리적으로 예측가능한 영향'으로 해석해야 한다는 것으로 이는 미국의 역외적용 요건인 'direct, substantial and reasonably foreseeable effect'와 같다. 2021.1.26. 공정위 의결, 주한미군용 유류공급 관련 6개 사업자의 부당한 공동행위 건, 7면 주 12) 참조.

장이 포함되어 있다면, 특별한 사정이 없는 한 그 합의가 국내시장에 영향을 미친다고 보아야 한다는 법리를 제시하였다(대법원 2014.5.16. 선고 2012두13665 판결, 대법원 2014.5.16. 선고 2012두14545 판결, 대법원 2014.5.29. 선고 2012두25132 판결, 대법원 2014.12.24. 선고 2012두6216 판결 등 참조).

　한편 본 사건에서 일본발 한국행 항공화물노선의 경우 일본 항공법 및 한국－일본항공협정에 따른 협의·합의로 한국 공정거래법의 적용이 배제된다는 주장이 있었다. 이에 대해 공정위는 "항공협정상의 운임 협의·합의에 해당되기 위해서는 항공협정을 체결한 양국가의 지정항공사들만 참여하여야 하고 지정항공사들이 항공협정상 인정된 특정 노선들의 운임에 대해서만 합의하여야 하는데, 피심인들은 해당 노선 이외의 항공사들도 참여하는 형태로 유류할증료를 협의하였는바, 이는 항공협정에서 허용된 것으로 볼 수 없다."고 판단하였다(공정위 의결 제2010－145호, 2010.11.29.). 대법원은 최종적으로 "국외에서 이루어진 외국 사업자의 행위가 국내시장에 영향을 미치는 경우에는 공정거래법 제2조의2의 요건을 충족하므로, 당해 행위에 대한 외국 법률 또는 외국 정부의 정책이 국내 법률과 상이하여 외국 법률 등에 따라 허용되는 행위라고 하더라도 그러한 사정만으로 당연히 공정거래법의 적용이 제한된다고 볼 수는 없다. 다만 동일한 행위에 대하여 국내 법률과 외국의 법률 등이 충돌되어 사업자에게 적법한 행위를 선택할 수 없게 하는 정도에 이른다면 그러한 경우에도 국내 법률의 적용만을 강제할 수는 없으므로, 당해 행위에 대하여 공정거래법 적용에 의한 규제의 요청에 비하여 외국 법률 등을 존중해야 할 요청이 현저히 우월한 경우에는 공정거래법의 적용이 제한될 수 있다고 보아야 할 것이고, 그러한 경우에 해당하는지는 당해 행위가 국내 시장에 미치는 영향, 당해 행위에 대한 외국 정부의 관여 정도, 국내 법률과 외국 법률 등이 상충되는 정도, 이로 인하여 당해 행위에 대하여 국내 법률을 적용할 경우 외국 사업자에게 미치는 불이익 및 외국 정부가 가지는 정당한 이익을 저해하는 정도 등을 종합적으로 고려하여 판단하여야 한다. 다음과 같은 사정, 즉 ① 일본발 국내행 항공화물운송운임의 체계를 변경하고 그 운임 중 주요 구성 부분에 관한 할인을 제한하는 내용의 이 사건 합의가 국내 시장에 미치는 영향이 작다고 볼 수 없는 점, ② 이 사건 합의에 관하여 일본국 정부는 원고 등의 신청에 따라 그 결과를 인가하였을 뿐이어서 합의에 대한 관여 정도가 높다고 볼 수 없는 점, ③ 일본국 항공법 제110조가 국토교통성의 인가를 받은 운임협정 등에 대하여 일본국 독점금지법의 적용을 제외하고 있으나, 일정한 거래분야에서 경쟁을 실질적으로 제한하는 경우는 그 예외로 규정하고 있으므로 일본국 법률과 국내 법률 자체가 서로 충돌된다고 보기 어렵고, 원고가 일본국 법률과 국내 법률을 동시에 준수하는 것이 불가능하다고 볼 수도 없는 점 등을 앞서 본 법리에 비추어 보면, 이 사건 합의가 공정거래법의 적용이 제한되어야 하는 경우에 해당한다고 볼 수 없다."고 판단하였다(대법원 2014.5.16. 선고 2012두13665 판결, 2014.5.29. 선고 2012두25132 판결 참조).

나. 실제 적용 사례

(1) 비타민 생산 6개 업체들의 부당한 공동행위 건(2003.4.29. 공정위 의결)

공정위는 최초의 역외적용 케이스였던 6개 흑연전극봉 생산업체들의 부당한 공동행위 건(2002.4.4. 의결)에서처럼 "외국법에 의하여 설립된 피심인들간의 합의행위가 외국에서 이루어졌더라도, 동 합의의 실행이 한국에서 이루어지거나 한국시장에 영향을 미칠 경우 한국법이 적용된다."는 법리를 전제로, "피심인들의 행위사실 및 한국시장에 대한 영향에 대한 판단에서 보는 바와 같이 외국에서 전세계 시장을 대상으로 비타민 A, E, B5, D3, Beta Carotene의 판매량 할당과 판매가격의 인상·유지에 합의를 하였고 위 비타민들을 한국시장에 판매하여 각 비타민별 공동행위 기간동안 한국시장에서의 가격에 영향을 미친 점이 인정되므로 공정위가 법을 적용할 수 있다."고 결정하였다.

(2) 6개 마린호스 제조·판매업체들의 부당한 공동행위 건(2009.7.3. 공정위 의결)

공정위는 법 위반행위가 국외에서 이루어진 경우 법 적용을 위해서는 관할권의 존재를 입증하여야 하며, 당해 부당한 공동행위가 종료되던 2006년 6월 당시 시행되고 있던 법 제2조의2(국외행위에 대한 적용)에 국외에서 이루어진 행위라도 국내시장에 영향을 미치는 경우에는 적용한다고 규정하고 있고, 한편 위 조항이 발효되기 전인 2002.4월 시정조치한 흑연전극봉 생산 6개 사업자들의 부당한 공동행위 건(전원회의 의결 제2002-077호 2002.4.4.)에 대한 행정소송에서 대법원은 '외국 사업자가 외국에서 다른 사업자와 공동으로 경쟁을 제한하는 합의를 하였더라도, 그 합의 대상에 국내시장이 포함되어 있어서 그로 인한 영향이 국내시장에 미쳤다면 그 합의가 국내시장에 영향을 미친 한도 내에서 공정거래법이 적용된다'고 판시하였다고 지적하였다.

그리고 관할권의 존부 판단 관련하여 "이 사건 피심인들은 한국시장을 대상으로 마린호스 입찰건에 대해 담합하고 합의의 대상인 마린호스를 한국시장에 판매하여 이 사건 부당한 공동행위가 국내 시장에 영향을 미친 사실이 있으므로 이 사건 부당한 공동행위에 대한 공정거래위원회의 관할권이 인정된다. ① 우선 이 사건 합의의 대상에 한국시장이 포함되어 있다는 것은 피심인들이 합의한 시장점유율에 한국시장도 포함되어 있다는 사실로부터 명백하게 확인된다. 또한 이를 유지하기 위하여 한국시장을 포함한 세계시장에서의 구매 입찰정보와 수주실적을 코디네이터에게 보고하고 코디네이터의 결정에 따라 한국시장을 포함한 세계시장에서의 입찰에 참가하기로 합의하였다. ② 합의에 따른 영향이 한국시장에 미친 것도 명백하다. 피심인들은 상기 합의에 따라 한국 수요업체로부터 받은 입찰참가요청을 코디네이터에게 보고하였고 코디네이터는 한국 수요업체의 구매입찰건에 대해 낙찰예정자와 입찰가격을 피심인들에게 통지하였다. 피심인들은 이러한 코디네이터의 통지에 따라 한국 수요업체의 구매입찰에 참가하였고 그에 따른 수주실적을 코디네이터에게 보고해왔다. 이 사건 부당한 공동행위가 국내시장에 미친 구체적인 영향을 보면 1999년 1월부터 2006년 6월까지 기간 동안 한국 수요업체를 대상으로 적어도 총 29건의 마린호스 구매입찰에서 담합을 하였고 담합에 따라 낙찰자가 결정된 건의 총규모는 원화 환산시 약 22,794백만 원으로 국내시장에 상당한 정도의 영향을 미친 사실이 인정된다."고 판단하였다.

(3) BHP빌리턴과 리오틴토의 조인트벤처 설립 건

사건의 개요를 설명하면, 세계 2, 3위 철광석 공급업체인 호주의 리오틴토와 영국의 BHP빌리턴은 2009년 12월 5일 생산 조인트벤처(JV) 설립계약을 체결하고 2009년 12월 28일 공정거래위원회에 기업결합 신고를 하였다.[4] 구체적으로 양 사는 50 : 50의 지분비율로 조인트벤처를 설립하여 호주 서부 필바라(Pilbara) 지역의 철광석 광산 및 철도·항만 등 생산 기반시설을 결합하고자 하였으며 그에 따른 결합금액은 약 130조 원(미화 1,160억 달러)이었는데 이는 호주 M&A 사상 최대 규모였다. 세계 철광석 공급 시장은 발레(브라질), 리오틴토, BHP빌리턴 등 3대 메이저가 지배하는 과점시장(3사 점유율 합계: 73%)이며, 양 사는 결합 시 세계 1위의(점유율: 37%) 철광석 공급업체가 되며, 수요업체는 동아시아와 서유럽 지역을 중심으로 분산된 상황으로 동아시아는 호주에서, 서유럽은 브라질에서 주로 수입하고 있으며, 중국이 국가 차원에서의 구매력(Buying Power)을 어느 정도 갖고 있으나, 개별 철강업체의 입장에서는 구매력이 미약한 것으로 나타났다. 우리나라의 경우 철광석을 해외로부터 전량 수입하고 있으며, 특히 BHP빌리턴과 리오틴토에 대한 의존도가 매우 높으며, 포스코의 경우 매년 양 사로부터 3천만 톤가량(약 3조 원 상당)을 수입함으로써 총 수입의 67% 이상을 양 사에게 의존하는 상태였고, 2010.4월 현대제철이 일관제철소를 개소함에 따라 향후 국내 수입물량은 더욱 많아질 것으로 예상되고 있었다.

공정위는 먼저, 이 건 기업결합이 외형상 생산부문에 한정된 조인트벤처라도 공동 생산으로 인해 양 사간 비용, 물량, 품질 등이 동일해져 경쟁의 유인 및 능력이 구조적으로 소멸하고, 조인트벤처가 모회사의 실질적인 지배하에 있으므로 판매부문간 정보교환을 차단하는

---

4) 양 사는 우리나라 뿐 아니라 일본, EU, 중국, 독일, 호주 등에도 신고하였다.

방화벽이 실효성 있게 작동하기 곤란하므로 실질적으로는 완전한 M&A(full merger)와 동일한 효과를 가진다고 보았다. 그리고 경쟁제한성 판단에 있어서 시장별 집중도 분석, 계량 경제분석을 통한 단독효과 입증, 부당한 공동행위 발생 가능성 증대 등 경쟁제한의 우려가 크다고 판단하여 2010.10.1. 심사보고서를 전원회의에 상정하고 당사회사에 송부하였으나, 당사회사는 2010.10.18. 조인트벤처 계약을 철회하기로 합의하고 다음날 기업결합 신고를 철회하였다.

이에 대하여 공정위는 이 건 기업결합은 외국에서 발생한 M&A에 공정거래법 제7조(현행법 제9조)를 적용(역외적용)한 최초의 사례로서 비록 전원회의 심의에 이르지는 못하였지만 양 사의 계약철회를 유도함으로써 사실상 금지조치와 같은 효과를 거둔데 그 의의가 있다고 발표하였다.[5]

(4) 26개 항공화물운송사업자의 부당한 공동행위 건(2010.11.29. 공정위 의결)

일련의 대법원 판결들은 국외에서 이루어진 부당한 공동행위에 대한 공정거래법 적용 관련 2006년 흑연전극봉 국제카르텔 건에서와 동일한 기본법리를 적용하면서 국내시장에 미치는 영향에 대한 구체적인 판단기준을 추가로 제시하였다. 이와 함께 운임의 지급방식 특히 외국발 출발지불 거래(유럽발·일본발·홍콩발 한국행 노선)인 경우에도 이에 대한 국내시장이 존재하고, 따라서 국내시장에 영향을 미치는 경우로 볼 수 있다는 주목할 만한 판단을 내렸다. 즉 예를 들어 일본발 국내행 노선 관련 대법원은 "이러한 사실관계에 의하여 알 수 있는 다음과 같은 사정, 즉 ① 일본발 국내행 항공화물운송계약이 출발지인 일본에서 운송주선인과 항공사 사이에 체결된다고 하더라도, 운송주선인은 화주의 의뢰에 따라 그 계약을 체결한 것에 불과하므로 항공화물운송계약에서 운임의 부담자는 화주인 일본의 송하인 또는 국내 수하인으로 보아야 하고, 송하인과 수하인 중 누가 운임의 부담자로 될 것인지는 이들 사이의 약정에 따라 정해지는 점, ② 국내 수하인이 도착지불 거래에 의하여 스스로 항공화물운송에 관한 운임을 부담할 것인지 또는 출발지불 거래에 의하여 송하인을 통하여 전가된 운임을 부담할 것인지는 거래 형태에 따라 선택하는 것에 불과하므로, 출발지불 거래에서도 국내 수하인을 항공화물운송의 수요자로 볼 수 있는 점, ③ 일본발 국내행 항공화물운송은 출발지인 일본으로부터 도착지인 국내에 이르기까지 제공되는 일련의 역무의 총합으로서, 도착지인 국내에서도 화물의 하역이나 추적 등 그 역무의 일부가 이루어지는 점 등에 비추어 보면, 일본발 국내행 항공화물운송 중 운임의 지급방식이 도착지불 거래인 경우는 물론 출발지불 거래인 경우에도 이에 대한 국내시장이 존재한다고 볼 것이다. 따라서 일본발 국

---

5) 공정위, 2011년판 공정거래백서, 2011, 156면.

내행 항공화물운송에 유류할증료를 도입·변경하기로 하는 이 사건 합의의 대상에 국내시장이 포함되어 있다고 할 것이어서 이 사건 합의가 국내시장에 영향을 미치는 경우에 해당하므로, 이에 대하여는 공정거래법 제19조(현행법 제40조) 제1항 등을 적용할 수 있다고 할 것이다."라고 판결하였다.

(5) 4개 브라운관(CRT) 유리 제조·판매사업자의 부당한 공동행위 건(2012.1.18. 공정위 의결)

공정위는 피심인 적격성 관련하여 "피심인 삼성코닝정밀소재와 피심인 한국전기초자는 대한민국 법에 따라 설립되고 주된 사무소가 대한민국에 소재하는 국내 사업자들이나, 피심인 일본전기초자는 일본법에 따라 설립되고 주된 사무소가 일본에 소재하고 있으며, 피심인 일본전기초자 말레이시아는 말레이시아 법에 따라 설립되고 주된 사무소가 말레이시아에 소재하고 있어 외국법에 따라 설립되고 주된 사무소가 외국에 소재하는 외국사업자들인바, 법 제2조 제1호, 법 제19조 제1항 및 법 제2조의2의 규정 취지에 의하면 국외에서 다른 사업자와 부당한 공동행위를 함으로 인한 영향이 국내시장에 영향을 미친 한도 내에서 외국사업자라고 하더라도 이 법의 적용을 받는 사업자라고 할 것이다(대법원 2006.3.23. 선고 2003두11124 판결 참조). 그러므로 최대 1999.3.2.부터 시작되어 2007.1.23.까지 컴퓨터용 및 TV용 컬러모니터 브라운관인 CRT 유리제품의 판매가격 설정, 고객별 점유율 할당, 생산량 제한 등 부당한 공동행위를 하여 한국시장에 판매하는 등 국내시장에 영향을 미친 이 사건 피심인들은 법 제2조 제1호, 법 제2조의2의 각 규정에 의하여 모두 공정거래법의 적용을 받는 사업자에 해당된다."고 결정하였다.

(6) 한국–동남아 항로 컨테이너 해상화물운송 서비스 운임 관련 23개 사업자의 부당한 공동행위 건(2022.4.11. 공정위 의결)

공정위는 본건에서 관할권 관련 법리와 구체적인 관할권의 존부에 대한 판단에 있어서 흑연전극봉 국제카르텔 사건에서 처음 확립된 2006년 대법원 판결과 특히 '국내시장에 미치는 영향'에 대한 구체적인 판단기준이 제시되었던 2014년의 항공화물운송사업자의 유류할증료 국제카르텔 사건에 대한 대법원 판결들의 판시내용을 그대로 따랐다. 즉 "공정거래법 제2조의2(현행법 제3조)에서 말하는 '국내시장에 영향을 미치는 경우'는 문제된 국외행위로 인하여 국내시장에 직접적이고 상당하며 합리적으로 예측가능한 영향을 미치는 경우로 제한하여 해석하여야 하고, 그 해당 여부는 문제된 행위의 내용·의도, 행위의 대상인 재화 또는 용역의 특성, 거래 구조 및 그로 인하여 국내시장에 미치는 영향의 내용과 정도 등을 종합적으로 고려하여 구체적·개별적으로 판단하여야 한다. 다만 국외에서 사업자들이 공동으로 한 경쟁을 제한하는 합의의 대상에 국내시장이 포함되어 있다면, 특별한 사정이 없는 한 그 합의가 국내시장에 영향을 미친다고 할 것이어서 이러한 국외행위에 대하여는 공정거래법 제19조(현행법 제40조) 제1항 등을 적용할 수 있다."는 법리를 확인하였다.

그리고 관할권의 존부에 대한 구체적 판단에 있어서 "피심인들이 한국발 동남아착 수출 항로 및 동남아발 한국착 수입 항로의 컨테이너 해상화물운송 서비스에 대한 운임을 합의하고 이를 실행하여 온 행위는 그 행위가 국내에서 이루어졌거나, 해외에서 이루어졌더라도 국내시장에 영향을 미치는 행위에 해당하므로 관할권이 인정된다. 먼저 국내에서 동남아 국가로 수출되는 컨테이너 해상화물운송 서비스에 대하여 살펴보면, 해당 서비스는 출발지인 국내에서부터 도착지인 동남아 국가에 이르기까지 제공되는 일련의 역무의 총합으로 정의될 수 있으며, 여기에는 출발지인 국내에서 행하여지는 컨테이너의 하역이나 추적 등의 역무가 포함되어 있다. 이는 운임의 지급방식이 출발지불 거래인 경우는 물론 도착지불 거래인 경우에도 마찬가지이므로 피심인들의 행위는 명확히 국내시장에 영향을 미치는 행위에 해당된다(대법원 2014.5.16. 선고 2012두18158 판결 참조). 또한 도착지불 거래라고 하더라도 공동행위로 인하여 운임이 인상되면, 인상된 운임은 국내 화주의 부담으로 귀속되거나 화물의 수출 가격에 전가될 것이므로 국내시장에 영향을 미친다고 보아야 한다. 다음으로 동남아 국가에서 국내로 수입되는 컨테이너 해상화물운송 서비스에 대하여 살펴보면, 해당 서비스는 출발지인 동남아로부터 도착지인 국내에 이르기까지 제공되는 일련의 역무의 총합으로 정의될 수 있으며, 여기에는 도착지인 국내에서 행하여지는 컨테이너의 하역이나 추적 등 그 역무가 포함되어 있다. 이는 운임의 지급방식이 도착지불 거래인 경우는 물론 출발지불 거래인 경우에도 마찬가지이므로 피심인들의 행위는 명확히 국내시장에 영향을 미치는 행위에 해당된다. 또한 출발지불 거래라고 하더라도 공동행위로 인하여 운임이 인상되면, 화주는 화물의 해상운송 운임을 고려하여 화물의 가격을 결정하고자 할 것이므로 인상된 운임은 화물의 수입 가격에 영향을 주게 되어 결국 국내시장에 영향을 미친다고 보아야 한다."고 판단하였다.

(7) 5개 휘발유 승용차 및 4개 경유 승용차 제조판매 사업자의 부당한 공동행위 건
     (2023.4.5. 공정위 의결)

공정위는 관할권에 관하여 대법원 2006.3.24. 선고 2004두11275 판결, 대법원 2014.5.16. 선고 2012두5466 판결 등을 참고 판례로 하여 확립된 기본법리를 먼저 제시한 다음에 관할권의 존부를 판단하였다.

공정위는 "이 사건 SCR 소프트웨어 합의는 아래와 같은 점을 고려할 때 합의대상에 국내

시장이 포함되어 있고, 그 행위가 실행되어 국내시장에 영향을 미치는 행위에 해당하므로 관할권이 인정된다. 첫째, 피심인들은 전 세계에 수출하는 승용차의 공통 설계에 대해서 합의한 사실이 인정된다. 피심인들이 SCR 장치에 대한 논의를 시작한 배경은 세계 각국에서 경유 승용차 규제 수준이 강화됨에 따른 것이다. 우리나라 경유 승용차 배출가스규제는 EU의 Euro 기준을 따르고 있고, 피심인들 또한 아래 <표 23>과 같이 SCR 시스템을 전 세계적 적용을 위해 설계하였다고 언급하고 있는 점 등을 고려할 때 피심인들 합의의 대상에 국내시장이 포함되었거나 적어도 피심인들의 행위가 국내시장에 영향을 미칠 것을 합리적으로 예측할 수 있었다고 인정된다. 이에 대해 피심인은 <표 23>의 자료는 '요소수 탱크크기'와 관련된 논의자료로서 SCR 소프트웨어 합의와는 다른 맥락에서 이루어진 자료라고 주장하나 SCR 소프트웨어 및 탱크는 모두 SCR 장치의 일부분으로 탱크크기만 분리하여 공통의 솔루션으로 접근하였다는 주장은 타당하지 않다. 둘째, 피심인들의 합의에 따라 설계된 SCR 소프트웨어는 그 이후 피심인들이 제조 및 판매하는 경유 승용차에 그대로 장착되었는데 이렇게 제조된 승용차들은 국내에 직접 판매되었으므로 피심인들의 행위로 인한 결과가 국내시장에 직접적이고 상당한 영향을 미친 것이다."라고 판단하였다.

2. 외국사업자를 피심인으로 볼 것인지 아니면 외국사업자의 지점(또는 대리점)을 피심인으로 볼 수 있는지 여부

가. 돌비 래버러토리즈 인크 등의 거래상지위 남용행위 건(2021.8.19. 공정위 의결)

공정위는 돌비 래버러토리즈 인크(돌비본사: 캘리포니아주 법 적용), 돌비 래버러토리즈 라이선싱 코퍼레이션(DLLC, 뉴욕주 법), 돌비 인터내셔널 에이비(DIAB, 스웨덴법)와 함께 미국 캘리포니아주법에 따라 설립된 돌비 래버러토리즈 인터내셔널 서비시즈 인크의 해외지사로서 2006년 설립되어 대한민국 서울특별시에 소재하고 있는 한국지점(돌비코리아)도 독립적 법인격을 갖는 법인에 해당하지는 않지만 상법 제614조에 의거 국내에서 사업등기를 하고 국내 거래상대방을 대상으로 독자적으로 영업활동을 하는 사업자로서 피심인 적격성을 갖는다고 판단하였다.

그리고 피심인들 중 DLLC와 DIAB가 실시권자들과 라이선스 계약을 체결하는 당사자이며, 피심인 돌비본사와 돌비코리아는 대한민국 영토 내에서 실시권자들에 대한 주기적인 실시료 감사를 통해 실시료 의무를 제대로 이행하였는지를 점검하고 있는바 공정위는 피심인들이 국내사업자와 라이선스 계약을 체결하고 실시료 감사를 수행하는 행위 등에 대해 관할권을 갖는다고 판단하였다.

공정위는 본건 처분 관련하여, 피심인들 4개사의 행위 경위 및 상호 지분관계를 고려하여 사실상 하나의 사업자로서 경제적 동일체에 해당한다고 보고 4개사 모두에 대해 시정조치를 부과하는 한편 과징금 부과에 있어서는 피심인 DLLC 및 피심인 DIAB는 위반행위로 인해 실시료 수취와 같은 직접적 이익의 발생 여부가 명확하지 않은 점을 감안하여 피심인 돌비본사와 피심인 돌비코리아 2개사가 상호 연대하여 납부하도록 명령하였다.

나. 한국-동남아 항로 컨테이너 해상화물운송 서비스 운임 관련 23개 사업자의 부당한 공동행위 건(2022.4.11. 공정위 의결)

2022년 한국-동남아 항로 컨테이너 해상화물운송 서비스 운임 국제카르텔 사건 관련 공정위 심결 과정에서, 대한민국에서 실제 영업활동을 수행하면서 공동행위 관련 회합에도 그 소속 임직원들이 참석했던 외국사업자들의 대한민국 내 지점 또는 대리점을 피심인으로 볼 수 있는지 쟁점에 대한 검토가 있었다. 공정위는 한국-동남아 항로 컨테이너 해상화물운송 서비스 운임 관련 23개 사업자의 부당한 공동행위 건(2022.4.11. 의결)을 통하여 다음과 같은 판단논거를 제시하면서, 피심인은 외국사업자들의 대한민국 내 지점 또는 대리점이 아니라 주된 사무소를 외국에 둔 외국사업자들로 보는 것이 타당하다고 결정하였다. ① 이 사건 공동행위의 대상이 된 대한민국발 동남아착 항로 및 대한민국착 동남아발 항로 해상화물 운송 서비스의 매출액은 지점 또는 대리점이 아닌 외국사업자에 귀속되며, 지점 또는 대리점은 외국사업자를 대신하여 영업활동을 수행하고 이에 대한 대가를 받는 지위에 있을 뿐이었다. ② 컨테이너 해상화물운송 서비스의 운임에 대한 최종적인 결정 권한 및 대한민국 내 대리점 또는 지점의 대표이사 등 주요 임원에 대한 인사 권한은 외국사업자에 있었다. ③ 외국사업자는 대한민국 내 지점 또는 대리점 소속 임직원이 대한민국에서 열리는 회합에 참여하여 운임 등에 대하여 논의하는 것을 인지하고 있었고, 자신의 대한민국 내 지점 또는 대리점으로부터 회합에서 논의 및 합의된 내용을 보고 받았으며, 대한민국 내 시장상황 파악을 위하여 자신의 대한민국 내 지점 또는 대리점으로 하여금 이러한 회합의 참여를 독려하였다. ④ 회합의 결과를 정리한 회의록에는 참석자로 지점 또는 대리점의 이름이 아니라 외국사업자의 이름 또는 약자가 기재되어 있었으며, 참석한 지점 또는 대리점 소속 임직원도 당해 외국사업자 이름으로 발언하였고, 다른 참석자들도 이 지점 또는 대리점 소속 임직원이 해당 외국사업자를 대표하여 발언하고 결정할 수 있는 것으로 인식하였다. ⑤ 이 사건 피심인들 회합의 매개체 역할을 하였던 사업자들의 협회인 IADA(Intra Asia Discussion Agreement: 아시아역내항로운임협정)에 가입한 것도 대한민국 내 지점 또는 대리점이 아닌 외국사업자이며, IADA에 회비 또는 관리비를 납부한 것도 대한민국 내 지점 또는 대리점이 아닌 외국사업자이다.

3. 카르텔 외에 다른 법위반행위에 대한 역외적용

공정위는 2002년 흑연전극봉 국제카르텔 사건(6개 흑연전극봉 생산업체들의 부당한 공동행위 건, 2002.4.4.), 2003년 비타민 국제카르텔 사건(비타민 생산 6개 업체들의 부당한 공동행위 건, 2003.4.29. 의결) 등 2개의 대형 국제카르텔 사건을 처리하였다. 그리고 이러한 공정위의 역외적용 확대 노력은 향후 외국사업자들이 국제카르텔 뿐만 아니라 기업결합 또는 불공정거래행위 등을 통해 국내시장에 반경쟁적인 영향을 미치려는 시도를 사전에 억제하는 효과를 거둘 수 있을 것으로 기대되며 이로써 우리 기업과 소비자들을 적극적으로 보호할 수 있는 길을 열었다고 볼 것으로 평가하였다.[6]

역외적용은 법 제3조의 규정대로 외국사업자가 국외에서 행한 행위를 대상으로 하는 것이므로 외국사업자의 행위가 직접 또는 국내 지사(또는 대리점)를 매개하여 국내에서 행해진 행위만 있는 경우에는 엄밀한 의미의 역외적용이 아니다. 다만 이 경우에도 관할권 및 피심인 적격성 판단을 하게 되며 앞의 Ⅲ. 2. 가. 돌비 사례처럼 통상 외국사업자, 외국사업자의 한국지사 등은 경제적 동일체로 간주되어 피심인에 포섭되고 있다.[7]

이러한 측면에서 공정거래법 적용 대상행위 중에서 역외적용이 가장 활발하게 이루어지거나 실제로도 일어나는 것은 부당한 공동행위와 기업결합이 된다고 본다. 공정위는 외국기업 간 기업결합으로 인하여 국내시장에 미치는 반경쟁적인 영향을 차단하기 위하여 2003년 7월부터 일정한 신고기준 및 심사기준을 마련하여 심사하는 제도를 도입했으며 현재 활발한 심사가 이루어지고 있다.

한편 2022년 8월 하도급법에 공정거래법과 같이 국외에서 이루어진 행위라도 국내시장에 영향을 미치는 경우에는 법적용을 한다는 역외적용 근거규정을 신설하는 내용의 의원입법 개정안(2022.8.12. 김정호 의원 대표발의)이 발의되었다. 초국적기업 혹은 외국기업이 국내기업

---

6) 공정위, 2003년 공정거래백서, 2003.11, 401면.
7) 2006.2.24. 마이크로소프트 코퍼레이션 및 한국마이크로소프트 유한회사의 시장지배적지위 남용행위등 건. 2008.11.5. 인텔코퍼레이션, 인텔세미콘덕터리미티드 및 ㈜인텔코리아의 시장지배적지위남용행위 건 등 참조.

을 수급사업자로 하여 하도급거래를 하고, 거래대행사를 통하여 직접 도급 관련 지시를 하는 사례가 일어나고 있는바, 이와 관련하여 공정위는 현행법에 근거규정이 없으므로 초국적 기업 또는 외국기업에 대하여 법적용을 할 수 없다는 견해를 밝히고 있다는 것이 개정배경으로 되어 있다. 개정안과 관련하여 공정위는 국내법은 영토 내에서만 적용되는 것이 원칙으로 국제적으로 통용되는 경우에 한해 역외적용하는 것이 바람직한데 하도급법의 경우 일본 외에는 유사 법제가 없어 국제적 규범이라고 보기 어려우며, 외국기업이 국내기업과 거래하지 않으려는 부작용 발생 가능성 등에 따라 신중한 검토가 필요하다는 의견을 제시하였다. 또 국회 전문위원은 검토보고를 통해 국제적으로 역외적용이 보편화되어 있는 경쟁법(국내 공정거래법, 미국 반독점법 등)과 달리 하도급법은 유사 법제사례가 일본 정도에만 존재하며 역외적용의 사례가 없어 국제관할 상 충돌이 발생할 가능성이 있음을 지적하였다.[8]

가. 퀄컴 인코포레이티드 등의 시장지배적지위 남용행위 건(2017.1.20. 공정위 의결)

공정위는 "피심인들의 모뎀칩셋 제조 및 판매, 소프트웨어 판매, 특허 라이선스 및 실시료 징수와 관련된 행위는 일관된 사업정책에 따라 국내외에서 이루어지고 있고, 이러한 피심인들의 행위는 국내 사업자의 사업활동에 영향을 주거나 궁극적으로 국내 소비자에 영향을 주는 등 국내시장에 영향을 미치므로 공정거래법 제2조의2(현행 제3조)에 따른 규율대상이며 공정위는 피심인들에 대한 관할권을 가진다(쇼와덴코 등 6개 사업자의 흑연전극봉 가격공동결정 행위 건(대법원 2006.3.24. 선고 2004두11275, 서울고법 2004.8.19. 선고 2002누6110), Hartford Fire Ins. v. California, 509U.S.764(1993) 등)."고 판단하였다.

이에 대하여 서울고등법원은 2019.12.4. 선고 2017누48 판결에서 역외적용, 예양의 법칙 관련 법리로서 앞에서 살펴보았던 대법원 2014.5.16. 선고 2012두13689 판결, 대법원 2014.5.16. 선고 2012두13665 판결 등 항공화물운송사업자의 유류할증료 국제카르텔 사건에 대한 대법원 판결들을 참조판례로 하면서 그 판시내용을 그대로 제시하였다. 그리고 관련시장인 이 사건 표준필수특허 라이선스 시장과 표준별 모뎀칩셋 시장의 지리적 범위는 세계시장이고, 원고들의 행위지와 관계없이 세계시장과 이에 포함된 국내시장에 경쟁제한의 영향을 미치며 이로 말미암아 국내시장에도 영향이 있을 것이라 합리적으로 예측이 가능하며, 시정 명령의 적용대상도 한정하여 국내시장에 직접적이고 상당한 영향을 미치는 경우로 제한하였는바 원고들의 이 부분 주장은 이유 없다고 판시하였다. 또 미국, 유럽연합, 중국 등 외국 법

---

8) 하도급거래 공정화에 관한 법률 일부개정법률안 검토보고, 2022.11., 정무위원회 전문위원 곽현준 참조.

원과 집행당국의 결정 사례들을 법리에 비추어 살펴보고 공정거래법 적용에 의한 규제의 요청에 비하여 외국 법률 등을 존중해야 할 요청이 현저히 우월하다고 보기 어렵다고 설시하였다.

최종심인 대법원은 2023.4.13. 선고 2020두31897 판결을 통하여 "원심은 그 행위가 국내시장에 직접적이고 상당하며 합리적으로 예측 가능한 영향을 미친다고 볼 수 있으므로, 이는 국외행위에 관하여 공정거래법을 적용하기 위한 요건인 법 제2조의2(현행 제3조)에서 정한 '국내시장에 영향을 미치는 경우'에 해당하고 공정거래법 적용에 의한 규제의 요청에 비하여 외국 법률 등을 존중해야 할 요청이 현저히 우월하다고 보기 어려운 이상 예외적으로 공정거래법의 적용이 제한되는 경우에 해당한다고 볼 수 없다. 관련 법리와 기록에 비추어 보면 원심 판단에 공정거래법 적용에 관한 법리를 오해하는 등으로 판결에 영향을 미친 위법이 없다."고 판결하였다.

나. 가즈트랑스포르 에 떼끄니가즈의 시장지배적지위 남용행위 등 건(2020.12.2. 공정위 의결)

공정위는 피심인에 대한 관할권 관련하여 "피심인의 라이선스 및 엔지니어링 서비스에 관한 계약체결과 그에 따른 실시료 징수 및 서비스 제공과 관련된 행위는 일관된 사업정책에 따라 국내외에서 이루어지고 있고, 이러한 피심인의 행위는 국내 사업자의 사업활동에 영향을 주거나 궁극적으로 국내 소비자에 영향을 주는 등 국내시장에 영향을 미치므로 공정거래법 제2조의2에 따른 규율대상이며 공정위는 피심인에 대한 관할권을 가진다(쇼와덴코 등 6개 사업자의 흑연전극봉 가격공동결정행위 건(대법원 2006.3.24. 선고 2004두11275 판결, 서울고등법원 2004.8.19. 선고 2002누6110 판결))."고 판단하였다.

공정거래법 집행과 법률해석의 원칙

I. 개요

　각 행정기관의 법집행작용은 구체적 사실을 확인하고 해당 사실에 적용될 법령의 의미와 내용을 해석하여 해당 사실에 적용하는 일련의 과정을 거치게 된다. 즉 법률(법령)해석은 법령의 적용을 위하여 법령의 의미를 체계적으로 이해하고 그 제정목적에 따라 규범의 의미를 명확히 하는 이론적·기술적인 작업을 말한다. 공정위의 처분에 해당하는 의결서를 보면 통상 기초사실, 위법성 판단(인정 행위사실, 관련 법규정, 위법성 판단), 처분으로 구성되어 있다. '공정위 회의 운영 및 사건절차 등에 관한 규칙(공정위 고시)'에서는 심사관이 위원회 심의를 위하여 제출하는 심사보고서에 사건의 개요, 사실의 인정, 위법성 판단 및 법령의 적용 등 사항을 기재하도록 규정하고 있다(제25조(심의절차의 개시 및 심사보고서의 작성·제출 및 송부) 제1항 참조).

　아래에서는 그동안 공정거래법 집행과정에서 법령해석과 관련하여 활용되었거나 나왔던 주요 법원판례들을 중심으로 법률해석에 관한 법리를 살펴보기로 한다.

II. 법률해석 원칙 관련 법리

1. 문언해석이 기본적인 법률해석 원칙이라는 판례

가. 대법원 2009.4.23. 선고 2006다81035 판결

　법은 원칙적으로 불특정 다수인에 대하여 동일한 구속력을 갖는 사회의 보편타당한 규범이므로 이를 해석함에 있어서는 법의 표준적 의미를 밝혀 객관적 타당성이 있도록 하여야 하고, 가급적 모든 사람이 수긍할 수 있는 일관성을 유지함으로써 법적 안정성이 손상되지 않도록 하여야 한다. 그리고 실정법이란 보편적이고 전형적인 사안을 염두에 두고 규정되기 마련이므로 사회현실에서 일어나는 다양한 사안에서 그 법을 적용함에 있어서는 구체적 사안에 맞는 가장 타당한 해결이 될 수 있도록, 즉 구체적 타당성을 가지도록 해석할 것도 또한 요구된다. 요컨대, 법해석의 목표는 어디까지나 법적 안정성을 저해하지 않는 범위 내에서 구체적 타당성을 찾는 데에 두어야 할 것이다. 그리고 그 과정에서 가능한 한 법률에 사용된 문언의 통상적인 의미에 충실하게 해석하는 것을 원칙으로 하고, 나아가 법률의 입법 취지와 목적, 그 제·개정 연혁, 법질서 전체와의 조화, 다른 법령과의 관계 등을 고려하는 체계적·논리적 해석방법을 추가적으로 동원함으로써, 앞서 본 법해석의 요청에 부응하는 타당한 해석이 되도록 하여야 할 것이다.

한편, 법률의 문언 자체가 비교적 명확한 개념으로 구성되어 있다면 원칙적으로 더 이상 다른 해석방법은 활용할 필요가 없거나 제한될 수밖에 없고, 어떠한 법률의 규정에서 사용된 용어에 관하여 그 법률 및 규정의 입법 취지와 목적을 중시하여 문언의 통상적 의미와 다르게 해석하려 하더라도 당해 법률 내의 다른 규정들 및 다른 법률과의 체계적 관련성 내지 전체 법체계와의 조화를 무시할 수 없으므로, 거기에는 일정한 한계가 있을 수밖에 없다.

나. 대법원 2010.12.23. 선고 2010다81254 판결

법해석의 목표는 어디까지나 법적 안정성을 저해하지 않는 범위 내에서 구체적 타당성을 찾는 데 두어야 한다. 그리고 그 과정에서 가능한 한 법률에 사용된 문언의 통상적인 의미에 충실하게 해석하는 것을 원칙으로 하고, 나아가 법률의 입법 취지와 목적, 그 제·개정 연혁, 법질서 전체와의 조화, 다른 법령과의 관계 등을 고려하는 체계적·논리적 해석방법을 추가적으로 동원함으로써, 위와 같은 법해석의 요청에 부응하는 타당한 해석이 되도록 하여야 한다(대법원 2009.4.23. 선고 2006다81035 판결 참조).

2. 침익적 행정행위의 근거가 되는 행정법규는 엄격하게 해석·적용해야 한다는 판례

가. 대법원 2008.2.28. 선고 2007두13791,13807 판결

침익적 행정처분의 근거가 되는 행정법규는 엄격하게 해석·적용하여야 하고 행정처분의 상대방에게 불리한 방향으로 지나치게 확장해석 하거나 유추해석 하여서는 안 되며, 그 입법 취지와 목적 등을 고려한 목적론적 해석이 전적으로 배제되는 것은 아니라 하더라도 그 해석이 문언의 통상적인 의미를 벗어나서는 안 될 것인바, 국가계약법 시행령 제76조 제1항 본문이 입찰참가자격 제한의 대상을 '계약상대자 또는 입찰자'로 정하고 있는 점 등에 비추어 보면, 같은 항 제7호에 규정된 '특정인의 낙찰을 위하여 담합한 자'는 '당해 경쟁입찰에 참가한 자'로서 당해 입찰에서 특정인이 낙찰되도록 하기 위한 목적으로 담합한 자를 의미한다고 봄이 상당하고, 당해 경쟁입찰에 참가하지 아니함으로써 경쟁입찰의 성립 자체를 방해하는 담합행위는 설사 그 경쟁입찰을 유찰시켜 수의계약이 체결되도록 하기 위한 목적에서 비롯된 것이라 하더라도 위 '계약상대자 또는 입찰자'에 해당한다고 할 수 없다.

나. 대법원 2013.12.12. 선고 2011두3388 판결

어느 행정행위가 기속행위인지 재량행위인지 여부는 이를 일률적으로 규정지을 수는 없는 것이고, 당해 처분의 근거가 된 규정의 형식이나 체재 또는 문언에 따라 개별적으로 판단하여야 한다(대법원 2001.2.9. 선고 98두17593 판결, 대법원 2011.7.14. 선고 2011두5490 판결 등 참조). 또한 침익적 행정행위의 근거가 되는 행정법규는 엄격하게 해석·적용하여야 하고 그 행정행위의 상대방에게 불리한 방향으로 지나치게 확장해석하거나 유추해석하여서는 안 되며, 그 입법 취지와 목적 등을 고려한 목적론적 해석이 전적으로 배제되는 것은 아니라 하더라도 그 해석이 문언의 통상적인 의미를 벗어나서는 아니 된다(대법원 2008.2.28. 선고 2007두13791, 13807 판결 등 참조).

다. 대법원 2016.11.24. 선고 2014두47686 판결

침익적 행정처분의 근거가 되는 행정법규는 엄격하게 해석·적용하여야 하고, 행정처분의 상대방에게 불리한 방향으로 지나치게 확장해석하거나 유추해석하여서는 아니 되며, 그 행정법규의 입법 취지와 목적 등을 고려한 목적론적 해석이 허용되는 경우에도 그 문언의 통상적인 의미를 벗어나지 아니하여야 한다.

라. 대법원 2017.6.29. 선고 2017두33824 판결

침익적 행정행위의 근거가 되는 행정법규는 엄격하게 해석·적용하여야 하고 그 행정행위의 상대방에게 불리한 방향으로 지나치게 확장해석하거나 유추해석해서는 안 되며, 그 입법 취지와 목적 등을 고려한 목적론적 해석이 전적으로 배제되는 것은 아니라고 하더라도 그 해석이 문언의 통상적인 의미를 벗어나서는 아니 된다(대법원 2013.12.12. 선고 2011두3388 판결 등 참조).

사회복지사업법 제40조 제1항 제4호에 의하면 후원금의 용도 외 사용에 대하여는 개선명령 등 침익적 처분을 할 수 있고, 같은 법 제54조 제5호에 의하면 이러한 개선명령 등을 받은 자가 이를 이행하지 아니하면 형사처벌까지 받게 되므로, 용도 외 사용에 관한 규정은 엄격하게 해석하여야 하고, 상대방에게 불리한 방향으로 확장해석하여서는 아니 된다.

3. 형벌법규는 엄격하게 해석·적용하는 것이 원칙이라는 판례

가. 분당지역 13개 부동산중개업자친목회 및 ㈜텐커뮤니티의 사업자단체금지행위 등 건(2003.1.15. 공정위 의결)

피심인 ㈜텐커뮤니티는 자신의 부동산거래정보망을 이용하는 부동산친목회 회원들을 확보할 목적으로 정보차단장치를 설치하여 비회원에 대한 배제효과가 있으면서 공정거래법 위반을 회피할 수 있다는 홍보를 하였는바, 공정위는 법 제23조(불공정거래행위의 금지) 제1항 제8호(제1호 내지 제7호 이외의 행위로서 공정한 거래를 저해할 우려가 있는 행위)[1]에 위반된다고 결정하였다.

서울고등법원은 2004.10.21. 선고 2003누12693 판결에서 "법 제23조 제1항 제8호는 같은 항 제1호 내지 제7호 이외의 행위로서 복잡·다양한 경제활동 또는 시장상황에서 발생할 수 있는 불공정거래행위 유형을 포괄하고 있는 규정이라고 할 것이고, 원고 텐커뮤니티가 정보차단장치를 설치하는 것 자체는 법 위반이 아니라 할지라도 위와 같은 부동산거래정보망을 이용하여 적극적으로 공정거래법 위반에 따른 제재를 회피 또는 면탈할 수 있다는 홍보를 함으로써 사용자들로 하여금 회원들만의 정보공유를 통하여 비회원들과의 부동산거래 정보를 차단하도록 이용하게 하였다면 이는 공정한 거래를 저해한 행위라고 할 것이다."라고 판결하였다.

이에 대하여 대법원은 2008.2.14. 선고 2005두1879 판결에서 "법 제23조 제1항 제8호에서는 '제1호 내지 제7호 이외의 행위로서 공정한 거래를 저해할 우려가 있는 행위'를 불공정거래행위의 하나로 규정하고 있다. 그리고 같은 조 제2항은 '불공정거래행위의 유형 또는 기준은 대통령령으로 정한다'라고 규정하고 있으며, 이에 따라 법 시행령 제36조 제1항은 불공정거래행위들의 구체적 유형 또는 기준을 정하고 있는데, 거기에는 법 제23조 제1항 제1호 내지 제7호와 관련된 불공정거래행위들의 유형 또는 기준만이 규정되어 있을 뿐 그 제8호와 관련된 규정은 없다. 한편, 공정거래법은 법 제23조 제1항에 위반하여 불공정거래행위를 한 사업자에 대하여 시정조치(법 제24조), 과징금(법 제24조의2), 형벌(법 제67조 제2호) 등의 제재를 가할 수 있도록 규정하고 있다. 그런데 법 제23조 제1항 제8호가 복잡·다양한 경제활동

---

1) 현행법은 제45조 제1항 제10호로서 '그 밖의 행위로서 공정한 거래를 저해할 우려가 있는 행위'로 규정되어 있나.

또는 시장상황에서 발생할 수 있는 불공정거래행위 전부를 법률에 규정하는 것이 입법기술상 어려운 상황에서 공정거래저해성에 있어서 그 제1호 내지 제7호와 유사한 행위를 규제하기 위한 것이라고 하더라도, 위 제8호에서는 제1호 내지 제7호와 달리 그 기본적 행위유형이나 이를 가늠할 대강의 기준조차도 전혀 제시되어 있지 아니한 관계로 수범자인 사업자의 입장에서 구체적으로 통상의 사업활동 중에 행하여지는 어떤 행위가 위 제8호에서 규정한 '공정한 거래를 저해할 우려가 있는 행위'에 해당하는 것으로서 금지되는지 여부를 예측하기가 매우 어렵다. 더욱이 앞서 본 바와 같이 공정거래법은 법 제23조 제1항에 위반하여 불공정거래행위를 한 사업자에 대하여 행정적 제재뿐만 아니라 형사처벌까지 가능하도록 하고 있는 점을 감안하면, 법 제23조 제1항 제8호는 행위의 작용 내지 효과 등이 그 제1호 내지 제7호와 유사한 유형의 불공정거래행위를 규제할 필요가 있는 경우에 이를 대통령령으로 정하여 규제하도록 한 수권규정이라고 해석함이 상당하다. 따라서 공정거래법 시행령에 법 제23조 제1항 제8호와 관련된 불공정거래행위의 유형 또는 기준이 정하여져 있지 아니한 이상 문제된 행위가 공정한 거래를 저해할 우려가 있는 행위라고 하여 이를 공정거래법 제23조 제1항 제8호의 불공정거래행위로 의율하여 제재를 가할 수는 없다고 할 것이다."라는 법리를 제시하였다.

그리고 나서 "피고는 원고의 이 사건 홍보행위를 공정거래법 제23조 제1항 제8호의 불공정거래행위로 의율하여 시정명령 등 이 사건 처분을 하였고, 이에 대하여 원심은 법 시행령에 법 제23조 제1항 제8호와 관련된 불정거래행위의 유형 또는 기준에 관한 규정이 없더라도 원고의 이 사건 홍보행위를 법 제23조 제1항 제8호의 불공정거래행위로 의율할 수 있다는 전제하에 피고의 이 사건 처분은 적법하다고 판단하였다. 그러나 앞서 본 법리에 비추어 보면 위와 같은 원심판결에는 위 규정의 해석·적용과 관련한 법리를 오해하여 판결에 영향을 미친 위법이 있다."고 판결하였다.

나. 대법원 2020.2.27. 선고 2016도9287 판결[2]

이러한 공정거래법 제23조(현행법 제45조) 제1항, 제67조 제2호(현행법 제125조 제4호)와 관련 법률조항 문언의 해석, 입법 취지와 개정 경위, 형벌법규는 문언에 따라 엄격하게 해석·적용하는 것이 원칙인 점, 공정거래법 제23조 제1항 위반에 대한 벌칙규정인 제67조 제2호는 사업자를 위해 그 위반행위를 한 자연인만이 처벌대상이 되고 법인인 사업자는 이 사건에서처럼 양벌규정인 제70조(현행법 제128조)에 따른 별도의 요건을 갖춘 때에만 처벌대상

2) 이슈 8: 공정거래법의 형사적 집행 관련 몇 가지 이슈 Ⅱ. 3. 가. 참조.

이 되는 등 과징금 부과에 관한 규정과는 규율의 대상자나 적용요건에서 구별되어 위 규정들의 해석이나 적용이 반드시 일치할 필요가 없다는 점 등을 종합하면, 공정거래법 제67조 제2호에 관한 이 사건 쟁점에 관하여 다음과 같은 결론을 도출할 수 있다.

사업자가 거래상대방에게 '직접 거래상 지위남용행위를 한 경우'가 아닌 '계열회사 또는 다른 사업자로 하여금 이를 하도록 한 경우'는 공정거래법 제23조 제1항 제4호(현행법 제45조 제1항 제6호)의 금지규정을 위반한 것으로서 과징금 부과 등 공정거래법이 정한 별도의 제재대상이 될 수 있음은 별론으로 하고, 이를 이유로 같은 법 제67조 제2호에 따른 형사처벌의 대상이 되지는 않는다고 보아야 한다.

다. 대법원 2010.9.30. 선고 2008도4762 판결[3]

형벌법규의 해석에 있어서 법규정 문언의 가능한 의미를 벗어나는 경우에는 유추해석으로서 죄형법정주의에 위반하게 되고, 이러한 유추해석금지의 원칙은 모든 형벌법규의 구성요건과 가벌성에 관한 규정에 준용되는데, 위법성 및 책임의 조각사유나 소추조건 또는 처벌조각사유인 형면제 사유에 관하여도 그 범위를 제한적으로 유추적용하게 되면 행위자의 가벌성의 범위는 확대되어 행위자에게 불리하게 되는바, 이는 가능한 문언의 의미를 넘어 범죄구성요건을 유추적용하는 것과 같은 결과가 초래되므로 죄형법정주의의 파생원칙인 유추해석금지의 원칙에 위반하여 허용될 수 없다(대법원 1997.3.20. 선고 96도1167 전원합의체 판결 참조).

공정거래법 제71조(현행법 제129조) 제1항은 '법 제66조(현행법 제124조) 제1항 제9호 소정의 부당한 공동행위를 한 죄는 공정거래위원회의 고발이 있어야 공소를 제기할 수 있다'고 규정함으로써 그 소추조건을 명시하고 있다. 반면에 법은 공정거래위원회가 법 위반행위자 중 일부에 대하여만 고발을 한 경우에 그 고발의 효력이 나머지 법 위반행위자에게도 미치는지 여부, 즉 고발의 주관적 불가분원칙의 적용 여부에 관하여는 명시적으로 규정하고 있지 아니하고, 형사소송법도 제233조에서 친고죄에 관한 고소의 주관적 불가분원칙을 규정하고 있을 뿐 고발에 대하여 그 주관적 불가분의 원칙에 관한 규정을 두고 있지 않고 또한 형사소송법 제233조를 준용하고 있지도 아니하다.

이와 같이 명문의 근거규정이 없을 뿐만 아니라 소추요건이라는 성질상의 공통점 외에 그 고소·고발의 주체와 제도적 취지 등이 상이함에도 불구하고 친고죄에 관한 고소의 주관적 불가분원칙을 규정하고 있는 형사소송법 제233조가 공정거래위원회의 고발에도 유추적용된

---

3) 이슈 8: Ⅲ. 3. 나. 참조.

다고 해석한다면 이는 공정거래위원회의 고발이 없는 행위자에 대해서까지 형사처벌의 범위를 확장하는 것으로서, 결국 피고인에게 불리하게 형벌법규의 문언을 유추해석한 경우에 해당하므로 죄형법정주의에 반하여 허용될 수 없다.

라. 대법원 2011.8.25. 선고 2011도7725 판결

죄형법정주의는 국가형벌권의 자의적인 행사로부터 개인의 자유와 권리를 보호하기 위하여 범죄와 형벌을 법률로 정할 것을 요구한다. 그러한 취지에 비추어 보면 형벌법규의 해석은 엄격하여야 하고, 명문의 형벌법규의 의미를 피고인에게 불리한 방향으로 지나치게 확장해석하거나 유추해석하는 것은 죄형법정주의의 원칙에 어긋나는 것으로서 허용되지 아니한다(대법원 1992.10.13. 선고 92도1428 전원합의체 판결, 대법원 2004.2.27. 선고 2003도6535 판결 등 참조).

그런데 자동차의 무면허운전과 관련하여서는 도로교통법 제152조 제1호 및 제2호가 운전면허의 효력이 정지된 경우도 운전면허를 애초 받지 아니한 경우와 마찬가지로 형사처벌된다는 것을 명문으로 정하고 있는 반면, 원동기장치자전거의 무면허운전죄에 대하여 규정하는 제154조 제2호는 그 처벌의 대상으로 "제43조의 규정을 위반하여 제80조의 규정에 의한 원동기장치자전거면허를 받지 아니하고 원동기장치자전거를 운전한 사람"을 정하고 있을 뿐이고, 운전면허의 효력이 정지된 상태에서 원동기장치자전거를 운전한 경우에 대하여는 아무런 언급이 없다는 것이다. 그렇다면 원동기장치자전거면허 관련하여 '운전면허를 받지 아니하고'라는 법률문언의 통상적인 의미에 '운전면허를 받았으나 그 후 운전면허의 효력이 정지된 경우'가 당연히 포함된다고는 해석할 수 없다.

4. 공정거래법령상 '통상거래가격' 해석 관련 대법원 2021.6.30. 선고 2018두 37700 판결((주)엘지유플러스의 시장지배적지위 남용행위 건, 2015.2.23. 공정위 의결)

법 제5조(시장지배적지위의 남용금지) 제1항 제5호 전단은 부당하게 경쟁사업자를 배제하기 위하여 거래하는 행위를 규제대상으로 하고 있으며, 시행령 제9조(남용행위의 유형 또는 기준) 제5항은 제1호에서 부당하게 '통상거래가격'에 비하여 낮은 가격으로 공급하거나 높은 가격으로 구입하여 경쟁사업자를 배제시킬 우려가 있는 행위를 규정하고 있다. 그리고 불공정거래행위 중 경쟁사업자 배제행위의 하나인 부당고가매입의 경우 법 제45조(불공정거래행위의 금지) 제1항 제3호 및 이에 따른 시행령 제52조 [별표 2] 제3호 나목(부당고가매입)에서도 비교가격을 '통상거래가격'으로 규정하고 있고 이에 따른 내부지침인 '불공정거래행위 심사지침'은 통상거래가격을 당시의 시장에서 사업자간에 정상적으로 이루어지는 거래에서 적용되는 가격수준을 말한다고 규정하고 있다(심사지침 Ⅴ. 3. 나. (1) (가) 참조).

시행령 제9조 제5항 제1호(시장지배적지위 남용행위 중 부당하게 통상거래가격에 비하여 낮은 가격으로 공급하거나 높은 가격으로 구입하여 경쟁사업자를 배제시킬 우려가 있는 행위)를 적용한 케이스는 단 1건[4])이며, 대법원 판결까지 나온 상태인 바, '통상거래가격'의 해석 관련 공정위, 서울고등법원, 대법원의 입장을 정리, 비교해 본다(동 케이스에 대한 자세한 내용은 이슈 20: 공정거래법상 단독행위 중 가격 관련 위법행위 Ⅲ. 참조).

공정위는 2015.2.23. ㈜엘지유플러스의 시장지배적지위 남용행위 건에서 '통상거래가격'의 해석 관련하여, "관련 규정에서는 통상거래가격에 대하여 특별히 정의한 바 없으나, 공정한 경쟁 촉진이라는 법 목적 등을 고려할 때 공정한 기회가 보장되는 시장 환경에서 정상적으로 이루어지는 거래에서 적용되는 가격수준으로 보는 것이 타당하다(불공정거래행위 심사지침 (2012.4.25. 공정위 예규 제134호) Ⅴ. 3. 나. (1) (가) 참조). 이것은 특정 시점에서 사업자간에 형성되는 실제 거래가격과는 다른 개념으로, 특히 독점적인 시장구조 하에서 시장지배적사업자에 의해 형성되는 가격수준은 통상거래가격으로 보기에 부적합할 가능성이 많다. 어떤 시장에서 통상거래가격의 수준은 해당 시장의 구조, 거래 행태 및 환경, 가격 결정방법 및 변화 추이 등을 종합적으로 고려하여 판단하여야 한다."는 법리를 제시하였다.

서울고등법원은 2018.1.31. 선고 2015누38278 판결에서 "공정거래법과 그 시행령에서는 통상거래가격의 개념을 구체적으로 규정하고 있지 않다. 시장지배적사업자의 가격경쟁을 직접적으로 규제하고 있는 공정거래법 시행령 제5조(현행 제9조) 제5항 제1호의 통상거래가격은, ㉠ 위 규정에 따른 규제가 일정범위 내에서 가격경쟁이 위축되는 결과를 초래할 수 있는 점, ㉡ 시장에서 가격을 통한 경쟁은 공정거래법이 보호하고 촉진하고자 하는 경쟁의 기본적이고 본질적 모습인 점, ㉢ 판매가격의 인하는 소비자 후생에 기여하는 측면이 있는 점, ㉣ 이 사건 처분의 근거규정인 공정거래법 제3조의2(현행 제5조) 제1항 제5호는 제재적 행정처분(공정거래법 제5, 6조)의 근거가 될 수 있는 점 등을 고려하여 해석해야 한다. 나아가 이 사건 처분의 근거규정인 공정거래법 제3조의2 제1항 제5호는 형사처벌(공정거래법 제66조 제1항 제1호)의 근거가 된다. 그런데 통상거래가격의 개념이 불명확하거나 처분 기관에서 자의

---

4) 의결서는 ㈜엘지유플러스, ㈜케이티 2개 피심인별로 2개이지만 이동통신사업자의 무선통신망을 통한 기업메시징서비스 시장에서의 농일한 위반행위이다.

적으로 정할 수 있는 경우에는 일반국민이 어떠한 행위가 형사처벌을 받게 될지 여부를 예측할 수 없어 죄형법정주의에 반하는 결과가 된다. 따라서 공정거래법 시행령이 규정한 통상거래가격은, 위와 같은 취지와 법령의 입법목적을 참작하여, 효율적인 경쟁자가 당해 거래 당시의 경제 및 경영상황과 해당 시장의 구조, 장래 예측의 불확실성 등을 고려하여 일반적으로 선택하였을 때 시장에서 형성되는 현실적인 가격이라고 봄이 상당하다.”고 설시하였다. 그러면서 기업메시징서비스의 통상거래가격에 대한 입증책임은 피고(공정위)에 있는바, 피고가 전송서비스의 평균 최저 이용요금 단가를 기준으로 기업메시징서비스의 통상거래가격을 산정한 방식은 정당하다고 할 수 없다고 판결하였다.

이에 대하여 대법원은 “‘통상거래가격’은 시장지배적사업자의 가격과 관련된 배제남용행위를 판단하기 위한 도구 개념이므로 그 의미는 모법 조항의 의미와 내용, 그리고 입법 목적에 합치하도록 해석하여야 한다. 통상거래가격은 자유롭고 공정한 경쟁이 이루어지고 있는 시장에서 정상적으로 이루어지는 거래의 경우 일반적으로 형성될 수 있는 가격, 좀 더 구체적으로는 시장지배적사업자가 부당하게 경쟁사업자를 배제하기 위하여 거래함으로써 시장지배적 지위를 남용하는 행위가 존재하지 않는 정상적인 거래에서 일반적으로 형성되었을 가격을 뜻한다고 보아야 한다. 통상거래가격은 위와 같이 문언의 가능한 범위에서 모법 조항과의 체계적·목적론적 해석을 통하여 그 의미와 내용을 충분히 알 수 있다. 또한 그 수범자는 시장지배적사업자이므로 상대적으로 규제대상 행위에 대한 예측가능성이 크다. 시장지배적사업자의 거래행위가 형식적으로 공정거래법 시행령 제5조 제5항 제1호의 통상거래가격보다 낮은 수준으로 공급하는 행위에 해당하더라도 그 행위의 부당성이 인정되어야만 시장지배적지위 남용행위가 성립할 수 있다. 따라서 공정거래법 시행령 제5조 제5항 제1호의 ‘통상거래가격’이 시장지배적사업자의 가격설정을 직접 규제하는 내용으로 제재적 행정처분인 시정명령이나 과징금 부과처분의 형식적 성립요건이 될 수 있다는 점을 고려하더라도 통상거래가격의 의미를 위와 같이 새기는 것이 침익적 행정처분 근거 규정에 관한 엄격해석 원칙에 반하는 것이 아니다. 공정위는 시정명령 등 처분의 적법성에 대한 증명책임을 부담하므로, 시장지배적지위 남용행위의 유형적 특징이나 구체적인 모습, 관련 시장의 구조, 가격결정방법과 변화 추이, 공급 또는 구입의 수량과 기간, 해당 상품이나 용역의 특성과 수급상황 등을 종합적으로 고려하여 합리적인 방법으로 시장지배적사업자가 설정한 특정 공급이나 구입의 대가가 공정거래법 시행령 제5조 제5항 제1호에서 정한 통상거래가격에 비하여 낮거나 높은 수준으로서 부당하게 경쟁자를 배제시킬 우려가 있는지를 증명하면 된다.”고 판시하면서, “위와 같은 통상거래가격에 관한 법리에 비추어 살펴보면, 원고의 이 사건 행위는

'상품 또는 용역을 통상거래가격에 비하여 낮은 대가로 공급한 행위'에 해당한다고 볼 수 있다."고 판결하였다.

일반법과 특별법의 관계

I. 특별법 우선의 원칙

법률 상호간의 관계에 있어서는 원칙적으로 우열이 없다. 다만 법률간의 내용에 상호 모순이 있을 때에는 신법이 구법을 우선하며(신법 우선의 원칙), 또 일반법과 특별법의 관계에 있을 때에는 특별법이 일반법보다 우선하여 적용된다(특별법 우선의 원칙). 통상 특별법은 일반법에서 그 적용범위를 한정하거나 내용을 특별히 정해 놓은 법을 말한다. 일반법이 말 그대로 일반적으로 적용되는 법이라면, 특별법은 특정한 사람, 사물, 행위나 지역에 국한하여 적용된다. 다만 일반법과 특별법의 구분은 절대적인 개념이 아니라 상대적인 개념이다. 그리고 다른 법률과의 관계가 아닌 동일한 한 법률 내에서 다른 조항들간에 일반조항과 특별조항의 관계가 성립될 수도 있다.

대법원은 동일한 형식의 성문법규인 법률이 상호 모순, 저촉되는 경우에는 특별법이 일반법에 우선하며, 법률이 상호 모순되는지 여부는 각 법률의 입법목적, 규정사항 및 그 적용범위 등을 종합적으로 검토하여 판단하다는 일관된 법리를 확립하였다(1989.9.12. 선고 88누6856 판결, 1990.3.13. 선고 89다카24780 판결, 1997.7.22. 선고 96다38995 판결, 1998.11.27. 선고 98다32564 판결 등 참조). 이 중 1998.11.27. 선고 98다32564 판결을 보면 "일반적으로 특별법이 일반법에 우선한다는 원칙은 동일한 형식의 성문법규인 법률이 상호 모순·저촉되는 경우에 적용되는 것이고 법률이 상호 모순·저촉되는지 여부는 법률의 입법목적, 적용범위 및 규정사항 등을 종합적으로 검토하여 판단하여야 하는데(대법원 1989.9.12. 선고 88누6856 판결, 1997.7.22. 선고 96다38995 판결 등 참조), 약관법 제30조 제3항에서 다른 법률에 특별한 규정이 있는 경우에 그 규정이 우선 적용되는 것으로 규정[1]하고 있는 것도 위와 같은 법률의 상호 모순·저촉시의 특별법 우선 적용의 원칙이 약관에 관하여도 적용됨을 밝히고 있는 것이라고 할 것이다."라고 법리를 확인하였다.

그리고 특별법의 위치에 있는 법률은 당해 법률 내에 '다른 법률과의 관계' 조항을 별도로

---

[1] 현행 약관법 제30조 제2항에 해당되는데 '특정한 거래분야의 약관에 대하여 다른 법률에 특별한 규정이 있는 경우를 제외하고는 이 법에 따른다'라고 규정하고 있다.

두는 방식 등으로 규정하고 있는 경우가 많다. 식품표시광고법은 제3조(다른 법률과의 관계)에서 "식품등의 표시 또는 광고에 관하여 다른 법률에 우선하여 이 법을 적용한다."고 법률 전체의 우선 원칙을 규정하고 있다. 마찬가지로 상법 제1조(상사적용법규)는 "상사에 관하여 본법에 규정이 없으면 상관습법에 의하고 상관습법이 없으면 민법의 규정에 의한다."고 규정하고 있다.

또 일부 조항의 우선 적용을 규정하는 사례도 있는데 공정위가 집행하고 있는 소관 법률들에서 많다. 하도급법은 제28조(공정거래법과의 관계)에서 "하도급거래에 관하여 이 법의 적용을 받은 사항에 대하여는 공정거래법 제45조(불공정거래행위의 금지) 제1항 제6호를 적용하지 아니한다."고 규정하고 있으며, 가맹사업법은 제38조(공정거래법과의 관계)에서 "가맹사업거래에 관하여 이 법의 적용을 받는 사항에 대하여는 공정거래법 제45조 제1항 제1호·제4호·제6호·제7호 및 같은 법 제46조(재판매가격유지행위의 금지)를 적용하지 아니한다."고 규정하고 있다. 그리고 대리점법은 제4조(다른 법률과의 관계)에서 "이 법은 공급업자와 대리점 간의 대리점거래에 관하여 공정거래법 제45조 제1항 제6호에 우선하여 적용한다."고 규정하고 있다. 또 대규모유통업법 제4조(다른 법률과의 관계)는 "이 법은 대규모유통업자와 납품업자등 사이의 거래에 관하여 공정거래법 제45조 제1항 제6호 및 제7호에 우선하여 적용한다. 다만, 대규모유통업자와 납품업자등 사이의 거래가 하도급법 제2조(정의) 제6항에 따른 제조위탁에 해당하는 경우에는 같은 법을 이 법에 우선하여 적용한다."고 규정하고 있다. 전자상거래법 제4조(다른 법률과의 관계)는 "전자상거래 또는 통신판매에서의 소비자보호에 관하여 이 법과 다른 법률이 경합하는 경우에는 이 법을 우선 적용한다. 다만, 다른 법률을 적용하는 것이 소비자에게 유리한 경우에는 그 법을 적용한다."고 규정하고 있다. 약관법은 제30조(적용 범위) 제1항에서 "약관이 「상법」 제3편, 「근로기준법」 또는 그 밖에 대통령령으로 정하는 비영리사업의 분야에 속하는 계약에 관한 것일 경우에는 이 법을 적용하지 아니한다.", 그리고 제2항에서 "특정한 거래 분야의 약관에 대하여 다른 법률에 특별한 규정이 있는 경우를 제외하고는 이 법에 따른다."고 규정하고 있다.

실제 공정위 및 법원의 집행 과정에서 일반법과 특별법의 관계, 특별법 우선 적용 이슈가 제기되기도 하는데 아래에서 쟁점 사례를 살펴본다. 공정위 심결 사례들이 많은데 일반법과 특별법의 관계 관련 대법원의 일관된 법리를 적용하여 판단하고 있다.

II. 공정위 및 법원 집행과정에서 쟁점 사례

1. 서울고등법원 1993.7.21. 선고 91구2986 판결(파스퇴르유업(주)의 허위·과장·비방광고행위 건, 1990.11.12. 공정위 의결)

원고는 "식품에 관한 광고가 허위, 과대광고일 경우 이에 대한 시정명령은 식품위생법 제11조, 제55조에 의하여 보건사회부장관이나 시, 도지사가 그 권한을 가지도록 되어 있고 위 식품위생법의 규정은 피고(공정위)가 이 사건 시정명령의 근거로 삼은 공정거래법의 특칙규정이라 할 것인바, 피고가 위 공정거래법에 의한 시정명령을 할 수는 없는 것이므로, 이 사건 시정명령은 권한없는 자에 의하여 이루어진 것이다."라고 주장하였다.

이에 대하여 서울고등법원은 "공정거래법에서 상품 등에 관하여 허위 또는 과장된 표시 또는 광고를 금지하고 이에 위반된 경우 그 시정명령을 하도록 규정하고 있는 것은 그 법의 목적인 사업자의 시장지배적 지위의 남용과 경제력의 집중을 방지하고 부당한 공동행위 및 불공정거래행위를 규제하여 공정하고 자유로운 경쟁을 촉진하기 위한 것이고(법 제1조 참조), 한편 식품위생법이 식품 등의 허위표시 또는 과대광고 등을 금지하고 이에 위반한 경우 시정명령을 할 수 있도록 한 것은 그 법의 목적이 식품으로 인한 위생상의 위해를 방지하고 식품영양의 질적 향상을 도모함으로써 국민보건의 증진에 이바지하기 위한 것이므로, 위 양자는 그 목적 및 제도의 취지가 상이한 것이다. 따라서, 식품위생법 제11조 및 제55조는 위 구 공정거래법 제15조, 제16조의 특별규정이라고 할 수 없는 것이므로, 식품의 품질에 관한 허위표시나 과대광고로 인하여 이를 오인한 소비자의 위생상의 위해를 방지할 필요가 있을 때에는 식품위생법에 의한 시정명령을 발할 수 있고, 동시에 그 광고가 경쟁사업자간의 공정거래를 해하는 것일 때에는 사업자간의 자유로운 경쟁의 촉진을 위하여 공정거래법에 의한 시정명령을 할 수 있는 것이다. 그렇다면, 이 사건 광고가 식품인 우유에 관한 것으로서 이에 대하여는 식품위생법에 의한 보건사회부장관 또는 시, 도지사의 시정명령만이 가능하다는 전제에서 하는 원고의 위 주장은 더 나아가 살필 것도 없이 이유없다."고 판시하였다.

2. 서울고등법원 2007.9.5. 선고 2006누25089 판결((주)한국씨티은행의 거래상 지위 남용행위 건, 2006.9.15. 공정위 의결)

공정위는 피심인이 금감원의 권고로 대출상품 금리를 인하하고 보상조치를 하였으며, 금감원으로부터 추가적인 조치를 곧 받을 예정인 바, 공정위가 동일한 행위에 대하여 또 제재를 하는 것은 이중처벌로서 과잉규제에 해당한다고 주장하였지만, 공정거래법과 은행법의 입법목적 및 취지가 달라 이중처벌 또는 과잉규제에 해당하지 않는다고 판단하였다.

서울고등법원은 "(1) 공정거래법은 사업자의 불공정거래행위 일반을 규제하는 일반법으로서 특정한 사업자에 대하여 적용되는 특별법에서 공정거래법의 적용을 배제한다는 특별규정(전기통신사업법 제37조의 3(현행법 제54조) 참조)을 두고 있는 경우 또는 두 법률이 상호 모순, 저촉되는 경우를 제외하고는 모든 사업자의 불공정거래행위에 공정거래법이 적용되는 것이 일반법과 특별법의 관계에 관하여 타당한 법리이고, 한편 법률이 상호 모순, 저촉되는지 여부는 법률의 입법목적, 적용범위 및 규정사항 등을 종합적으로 검토하여 판단하여야 할 것이다(대법원 1998.11.27. 선고 98다32564 판결, 1997.7.22. 선고 96다38995 판결 및 1989.9.12. 선고 88누6856 판결 등 참조). (2) 이 사건에 관하여 보건대, 우선 은행법에는 전기통신사업법 제37조의3과 같은 공정거래법 적용 배제 조항이 존재하지 않는다. 또한, 공정거래법상 사업자의 거래상 지위의 남용행위를 불공정거래행위의 한 유형으로 규정하여 규제하는 취지는, 현실의 거래관계에서 경제력에 차이가 있는 거래주체 간에도 상호 대등한 지위에서 법이 보장하고자 하는 공정한 거래를 할 수 있게 하기 위하여 상대적으로 우월한 지위의 사업자가 그 지위를 남용하여 거래상대방에게 불이익을 주는 행위를 금지시키고자 하는 것임(즉, 거래상대방의 보호라는 사익을 목적으로 하는 것이 아니라 공정한 거래질서의 확립이라는 공익을 목적으로 함. 대법원 2006.9.8. 선고 2003두7859 판결 및 2002.9.27. 선고 2000두3801 판결 등 참조)에 반하여, 은행법 제52조는 구체적인 금융기관 이용자의 권익을 보호하는 것을 그 입법목적 및 취지로 하고 있으므로(은행법 제52조 제1항 "금융기관은 이 법에 의한 업무를 취급함에 있어서 금융기관 이용자의 권익을 보호하여야 하며" 부분 참조) 양 법률의 입법목적과 취지가 서로 다를 뿐만 아니라, 거래상 지위 남용 행위를 금지하는 공정거래법 제23조 제1항 제4호와 금융기관의 약관 보고 및 계약조건 공시의무를 규정하고 있는 은행법 제52조는 각 그 요건 및 효과를 달리하고 있음도 분명하다. 위와 같은 점 등을 고려할 때, 공정거래법과 은행법 사이에는 상호 모순, 저촉이 있다고 할 수 없을 것인바, 이와 같이 입법목적, 그 요건 및 효과에 차이가 있는 양 법률에 각 근거하여 적법하게 처분이 행하여진 경우 이를 두고 중복규제 또는 이중처벌이라고 할 수는 없다 할 것이다."라고 판시하였다. 한편 상고심인 대법원 2009.10.29. 선고 2007두20812 판결에서는 이 부분에 대한 별도의 판단은 없었다.

3. 대법원 2010.5.27. 선고 2009두1983 판결((주)티브로드강서방송의 시장지배적지위 남용행위 건, 2007.10.8. 공정위 의결)

대법원은 "원심은, 공정거래법은 사업자의 시장지배적지위의 남용 등을 규제하여 공정하고 자유로운 경쟁을 촉진함으로써 창의적인 기업활동을 조장하고 소비자를 보호함과 아울러 국민경제의 균형있는 발전을 도모함을 목적으로 하고 있는 반면(공정거래법 제1조), 구 방송법(2008. 2. 29. 법률 제8867호로 개정되기 이전의 것, 이하 같다)은 방송의 자유와 독립을 보장하고 방송의 공적 책임을 높임으로써 시청자의 권익보호와 민주적 여론형성 및 국민문화의 향상을 도모하고 방송의 발전과 공공복리의 증진에 이바지함을 목적으로 하는 것으로서(구 방송법 제1조) 서로 그 입법 목적을 달리하고 있는 점 등을 고려한다면 구 방송법과 공정거래법이 서로 특별법과 일반법의 관계에 있다고 볼 수 없다고 판단하였는바, 원심의 이러한 판단은 정당한 것으로서 수긍할 수 있고, 거기에 상고이유에서 지적하는 바와 같은 구 방송법과 공정거래법의 법적 효력 관계에 관한 법리오해 등의 위법이 없다."고 판결하였다.

4. 신한카드(주)의 기업결합 신고규정 위반행위 건(2009.1.12. 공정위 의결)

피심인은 신법 우선의 원칙, 특별법 우선의 원칙을 들어 금융지주회사법이 공정거래법에 우선 적용되어 기업결합 신고의무는 면제되었다고 주장하였다.

이에 대하여 공정위는 "금융지주회사법이 공정거래법에 대하여 신법이며 특별법인지는 별론으로 하고, 본건 사항은 신법 우선, 특별법 우선의 원칙이 적용될 여지가 없다. 법률해석의 일반원칙인 신법 우선의 원칙과 특별법 우선의 원칙이란 구법과 신법, 일반법과 특별법 간에 모순되거나 충돌되는 규정이 있을 때 신법과 특별법이 우선한다는 것인데, 금융지주회사법이 이 법 제18조 제2항에 의한 협의시 공정거래법상의 신고의무를 면제하거나 신고시기를 늦춘다는 규정을 두고 있지 않는 이상 양 법이 모순되거나 충돌한다고 볼 수 없다. 즉, 법 제12조의 기업결합 신고제도에 관하여서는 피심인이 주장하는 특별조항 자체가 존재하지 않는다. 따라서 금융지주회사법이 특별법이거나 신법이므로 이 법에 의하여 기업결합 사전 신고의무가 면제되었다는 피심인의 주장도 받아들이지 아니한다."고 결정하였다.

5. 미러스 등 4개 발주처의 컨베이어벨트 구매 입찰 관련 3개 사업자의 부당한 공동행위 건(2017.7.27. 공정위 의결)

일부 피심인들은 이 사건 입찰에 대한 공동행위가 각 발주처별로 공급물량을 일정비율로 배분하기로 합의하여 실행한 행위에 해당하므로 법 제19조(현행법 제40조) 제1항 제3호(물량 배분담합)만 적용되어야 한다고 주장하였다.

이에 대하여 공정위는 "다음과 같은 점을 고려할 때 피심인들의 행위는 각 입찰별 전체 품목에 대한 물량배분 합의가 있었고, 상대방의 낙찰예정품목에 대한 들러리 합의도 있었다는 점에서 각 행위별로 물량배분담합과 입찰담합이 모두 인정되어 법 제19조 제1항 제3호와 제8호를 중첩적으로 적용함이 타당하므로 일부 피심인들의 이 부분 주장은 이유 없다. ① 법 제19조 제1항 제3호와 제8호는 배타적 규정이 아니므로 중첩적용이 가능하고, 법 제19조 제1항의 구성을 구체적으로 살펴보면 제1호 내지 제7호는 그 내용을 중심으로 공동행위를 규정한 반면, 제8호는 그 형식을 중심으로 공동행위를 규정하고 있어 제8호의 행위는 이 사건 입찰에 대한 공동행위처럼 제1호 내지 제7호의 행위와 중첩적으로 발생할 수 있다. ② 입찰담합행위가 법 제19조 제1항 제1호 내지 제7호의 담합행위보다 위법성의 정도가 큰 것을 감안하여 입찰담합행위를 더 중하게 제재하기 위해 법 제19조 제1항 제8호를 신설하였다는 점에서 법 제19조 제1항 제8호는 특별법 성격을 지니므로 입찰담합행위가 성립함에도 불구하고 법 제19조 제1항 제8호의 적용을 배제하는 것은 타당하지 않다."고 결정하였다.

한편 공정위는 2018.1.17. 현대건설(주) 등 3개사 발주 케이블 구매입찰 관련 7개 사업자의 부당한 공동행위 건에서도 피심인 일부의 이와 같은 동일한 주장에 대해 동일한 법리를 적용, 판단하였다.

6. 쿠팡(주)의 대규모유통업법 등 위반행위에 대한 건 관련 이의신청 건(2022.1. 21. 공정위 재결)

이의신청인은 경쟁 온라인몰에서의 판매가격 인상을 요구한 행위 관련 다음과 같은 점에서 본건 행위에 대해 공정거래법이 아니라 대규모유통업법이 적용되어야 한다고 주장하였다. ① 대규모유통업법 제4조는 "이 법은 대규모유통업자와 납품업자등 사이의 거래에 관하여 공정거래법 제23조 제1항 제4호 및 제5호(다른 사업자의 사업활동을 방해하는 행위는 제외한다)에 우선하여 적용"한다고 규정하고 있는바, 본건은 대규모유통업자인 이의신청인과 납품

이슈 4: 일반법과 특별법의 관계 57
이슈 4: 일반법과 특별법의 관계 57

업자들과의 거래 중에 발생한 행위이므로 법 문언상으로도 대규모유통업법이 공정거래법보다 우선 적용되어야 한다. ② 본건은 이의신청인이 상품 판매 손실을 보전하기 위한 목적으로 납품업자에게 의무 없는 일을 요청했다는 것인바, 대규모유통업법 제17조 제6호의 행위와 '사실적·경제적으로 동일 또는 유사'하다고 볼 수 있으므로 일반 조항인 대규모유통업법 제17조 제10호상 기타 불이익 제공행위로 보는 것이 타당하다. 즉, 본건 행위는 마진 손실을 보전하기 위해 광고 게재를 요구한 행위와 동일한 목적과 의사로 이루어진 행위이며 동일한 '상품 납품거래'에서 발생한 현상으로, 단지 요청 내용만 '상품 가격 요청'인지 '광고 요청'인지 차이가 있을 뿐임에도 이와 같이 사회적, 경제적 사실관계가 사실상 동일한 행위에 대해 어느 하나는 대규모유통업법을 적용하고, 다른 하나는 공정거래법을 적용하는 것은 지나치게 기교적, 형식적으로 법률을 적용하는 것이라 할 것이다.

이에 대하여 공정위는 "대규모유통업법이 제4조에서 대규모유통업법은 공정거래법 제23조 제1항 제4호 및 제5호(다른 사업자의 사업활동을 방해하는 행위는 제외한다)에 우선하여 적용한다고 규정하고 있는 것은 사실이다. 그러나, 대규모유통업법 제4조는 대규모유통업자와 납품업자 사이의 거래에 대해서는 언제나 공정거래법 제23조 제1항 제4호의 적용이 배제되어야 함을 의미하는 것이 아니다. 즉, 특정 행위가 대규모유통업법이 규제하고 있는 행위인 동시에 공정거래법이 규제하고 있는 행위라면 대규모유통업법이 우선 적용되어야 하지만, 대규모유통업법 적용이 타당하지 않은 공정거래법상의 거래상지위 남용행위에 대해서는 공정거래법을 적용하는 것이 타당한바, 아래와 같은 점을 고려할 때 본건 행위에 대해 공정거래법 제23조 제1항 제4호를 적용하는 것이 타당하므로 따라서 이의신청인의 이 부분 주장은 이유 없다. ① 대규모유통업법 제17조 제10호에 해당하기 위해서는 동조 제1호에서 9호까지의 행위에 준하는 것이어야 하는데, 이에 해당하는지에 대한 판단은 행위의 태양으로 판단하여야 한다. 그런데 본건 '납품업자등에게 경쟁온라인몰에서의 판매가격 인상을 요구한 행위'는 행위의 태양면에서 동조 제1호에서 9호까지의 행위와는 달라 그에 준하는 것으로 볼 수 없다. ② 이의신청인은 본건 행위와 광고 게재를 요구한 행위가 행위의 목적 및 경제적 효과 등이 동일 또는 유사하므로 사실적·경제적으로 동일 또는 유사한 행위라고 주장하나, 본건 행위는 납품업자를 통해 이의신청인의 경쟁사업자의 판매 가격을 올림으로써 이의신청인이 운용하는 최저가 매칭시스템에 따라 이의신청인의 판매가격 역시 올라가게 함으로써 장래의 마진 손실을 방지하는 것을 목적으로 하는 반면, 광고 게재를 요구한 행위는 납품업자에게 직접적으로 추가적인 금전을 취득하여 과거의 손실을 보전하고자 하는 것이므로 그 행위의 방식, 목적이 동일하다고 볼 수 없고, 설사 행위의 목적 및 경제적 효과 등이 동일 또는 유사하다 하더라도 본건 행위와 광고 게재를 요구한 행위는 행위의 태양이 전혀 다른 행위이므로 동일 또는 유사하다고 볼 수 없다. ③ 본건 행위는 이의신청인이 자신의 경쟁 온라인몰에서의 납품업자등의 판매가격 설정 과정에 간섭함으로써 납품업자의 자유로운 의사결정을 제한하였다는 점에서 원심결에서 적용한 공정거래법상 거래상지위남용행위 중 경영간섭에 해당함은 명백한 반면, 동 행위로 인한 납품업자별 불이익의 내용이 명확하지 않아 일률적으로 대규모유통업법 제17조의 불이익 제공행위로 규율하는 것은 타당하지 않다." 고 결정하였다.

7. 나산관광개발(주)등 3개 골프장사업자의 회칙상 불공정약관조항에 대한 건 (1994.3.17. 공정위 의결), 경원건설(주)등 16개 골프장사업자의 회칙상 불공정약관조항에 대한 건(1994.3.17. 공정위 의결) 등

피심인들은 체육시설법은 회원의 권익 보호에 관한 사항을 규정하고 있으므로, 체육시설업자와 그 이용자 사이의 관계를 규율하는 특별법이므로 회칙이 가사 약관법에 저촉되어 무효부분이 있다고 가정하더라도 약관법의 적용을 배제하고 특별법인 체육시설법에 의하여 규율되어야 할 것이라고 주장하였다.

이에 대하여 공정위는 "특별법과 일반법의 관계는 동일한 성질과 적용범위를 지니는 2개 법 사이에서 생겨나는 것(예컨대 군사사고의 경우 일반 형법을 적용받지 않고 군형법이 우선 적용됨)이나, 체육시설법은 단속규정이고 약관법은 효력규정으로서 단속법규로는 볼 수 없으며 따라서 특별법과 일반법의 관계가 성립될 수 없다. 다시말해 체육시설법은 체육시설업의 시설설치등에 관한 허가 절차를 간소화하고, 체육시설업에 대한 사업계획의 승인 및 그 시설설치공사로 인한 재해예방 등에 필요한 사항을 정하는 것을 그 입법취지로 하고 있고, 그리고 이 법의 실효성을 위해 위법자에 대해 사업계획승인의 취소, 등록취소, 영업정지, 벌금, 과태료 등을 부과할 수 있게 하고 있으며, 이러한 체육시설법의 취지와 제재수단을 고려할 때 이 법은 국가 또는 지방자치단체와 체육시설업자 사이의 감독을 그 본질로 하는 절차규정 내지 단속법규라고 할 것이다. 이에 반해, 약관법은 사업자와 고객간의 권리, 의무관계의 규율을 그 본질로 하는 사법임과 동시에 그 규율절차를 규정하고 있는 점에서 공법이기도 한 공사혼합법이며, 사인과 사인간의 공정한 권리의무관계의 확립을 그 본질로 하고 있으므로 이를 단속법규로는 볼 수 없고 이처럼 양법은 그 성질과 적용범위를 달리 하므로 특별법과 일반법의 관계가 성립될 수 없는 것이다. 또한, 양법이 특별법과 일반법의 관계에 있다고 하더라도, 체육시설법에 명의개서료에 관한 규정이 없으므로 약관법 제30조 제3항2)이 적용될 여지가 없는 것이다. 더욱이, 약관법을 적용하여 시정조치해야 하는 다른 이유로는 비록 체육시설법 시행령(안)에서 규정하고 있는 명의개서료 명목의 금액을 상한선으로 규제하더라도 사업자에게 면책을 부여해 줄 우려가 있으며, 당위원회(공정위)에서는 가격수준 자체를 문제삼지 않고 존속하는 회칙을 근거로 상당한 이유없이 사업자의 일방적인 급부결정권을 시정코자 하는 것이므로 약관법을 적용하여 무효조치코자 하는 것이다."라고 결정하였다.

8. 시장지배적지위의 남용금지(공정거래법 제5조)와 불공정거래행위의 금지(공정거래법 제45조)와의 관계3)

공정위 심결사례들을 보면 시장지배적지위 남용행위와 불공정거래행위를 금지하는 입법목적과 보호 법익이 각기 다르고, 불공정거래행위의 행위 태양이 시장지배적지위 남용행위의 행위 태양에 모두 포섭될 수 있는 것이 아니므로 이 두 규정은 원칙적으로 경합 적용될 수 있다는 입장이다. 그리고 법원 판결례들을 보면 대법원 2007.11.22. 선고 2002두8626 전원합의체 판결(포항종합제철(주)의 시장지배적지위 남용행위 건, 2001.4.12. 공정위 의결) 등 다수의 판결에서 양 규정의 부당성을 별개로 판단해야 된다는 일관된 법리를 제시함으로써 공정위와 같은 입장을 취하고 있다.

9. 한국지엠(주)의 대리점법 등 위반행위 건(2022.7.10. 공정위 의결)

공정위는 피심인이 자기의 대리점들의 온라인 광고활동을 제한하는 경영활동 간섭행위를 확인하고 다음과 같이 공정거래법과 대리점법의 적용범위를 검토한 다음에 당해 행위의 즉시 중지 및 향후 부작위 명령 처분을 하였다.

대리점법 제4조에 따라 대리점거래에 관하여 대리점법이 공정거래법 제23조 제1항 제4호(현행법 제45조 제1항 제6호, 거래상지위남용)에 우선하여 적용되는바, 대리점법 제10조 제1항 및 같은 법 시행령 제7조의 경영활동 간섭 금지 규정과 공정거래법 제23조 제1항 제4호 및 같은 법 시행령 [별표1의2] 제6호 마목의 경영간섭 금지 규정이 경합하는 경우 대리

---

2) 당시 약관법 제30조 제3항은 '특정한 거래분야의 약관에 대하여 다른 법률에 특별한 규정이 있는 경우에는 이 법의 규정에 우선한다'고 되어 있었다.
3) 자세한 내용은 이슈 18: 시장지배적지위의 남용과 불공정거래행위 금지 규정의 동시 적용 참조.

점법상 경영활동 간섭 금지 규정이 우선하여 적용된다. 또한, 대리점법 부칙(부칙 제2조(적용례) 이 법은 이 법 시행 당시 공급업자와 대리점 사이에 체결된 계약에도 적용한다.)에 따라 대리점법은 대리점법 시행(2016.12.23.) 이후의 행위에 대해 적용할 수 있다.

따라서, 2016.4.1.부터 심의일 현재(2022.5.20.)까지 이루어진 피심인의 행위 중 2016.4.1. 부터 2016.12.22.까지의 행위에 대해서는 공정거래법을 적용하고, 2016.12.23.부터 심의일 현재까지의 행위에 대해서는 대리점법을 적용하여 법위반 여부를 검토한다.

공정거래법 집행상 책임성 판단과 '고의나 과실' 유무의 관련성

I. 개요

1. 관련 법리

공정거래법을 포함한 행정법규 위반에 대한 행정적 제재조치에 있어서 위반자의 고의나 과실은 요건이 아니라는 것은 법원 판결들의 일관된 법리로 정립되어 있다. 시정조치 명령과 함께 공정거래법 위반행위에 대한 행정적 제재 수단의 하나인 과징금은 법 및 시행령 규정을 근거로 위반행위 유형에 따른 기본 산정기준에 위반행위의 기간 및 횟수 등에 따른 조정, 위반사업자의 고의·과실 등에 따른 조정을 거쳐 산정하도록 하고 있는바(법 제102조 제1항, 시행령 제84조(과징금의 부과기준) 및 별표 6), 이는 고의나 과실이 위법성 요건 자체는 아니라는 것을 말해주고 있다(이슈 13: Ⅲ. 2. 과징금의 산정 참조).

한편 공정거래법 위반행위에 대한 민사적 제재 수단에 해당하는 공정거래법상 위반사업자의 손해배상 책임과 관련하여 공정거래법 제109조(손해배상책임) 제1항은 사업자 또는 사업자단체가 법위반을 하여 피해를 입은 자에 대하여 손해배상의 책임을 지도록 규정하고 있는데 고의 또는 과실에 대한 입증을 원고가 하도록 되어 있는 민법 제750조(불법행위의 내용)와 달리 행위자인 피고(사업자 또는 사업자단체)가 고의 또는 과실이 없음을 입증하도록 피해자(원고)의 입증책임 부담을 완화하고 있다.

그리고 공정거래법 위반행위에 대한 형사적 제재 중 행정형벌(법 제124조 내지 제126조)의 집행에서 적용되는 형법 제13조(고의)는 "죄의 성립요소인 사실을 인식하지 못한 행위는 벌하지 아니한다. 다만, 법률에 특별한 규정이 있는 경우에는 예외로 한다."고 규정하고 있다.[1] 즉 원칙적으로 모든 형사범죄에는 고의가 있어야 처벌하고 고의가 없을 때에는 벌하지

---

[1] 여기서 죄의 성립요소인 사실의 인식이란 형사벌 각 본조에 규정되어 있는 구성요건적 사실에 대한 인식을 말한다. 그리고 인식에 대하여는 인식만으로 족하다는 인식설, 인식만으로는 부족하고 그 결과의 발생을 인용하여야 한다는 인용설, 인식이나 인용만으로는 부족하고 결과발생을 의욕하는 의사가 있어야 한다는 의사설 등이 있는데, 인식만으로는 부족하되, 그렇다고 의욕하는 의사까지는 불필요하며, 인용하는 상태면 족하다는 인용설이 통설이다.

아니하되, 다만 예외적으로 과실범을 처벌하는 규정이 있을 때에만 처벌할 것을 명백히 하고 있다. 한편 공정거래법 제124조(벌칙) 제1항 제13호에서는 조사 시 고의적인 현장진입 저지를 해당죄의 구성요건으로 명시하고 있으며, '공정거래법 등의 위반행위의 고발에 관한 공정위의 지침(공정위 예규)'에서는 법 위반 동기가 고의적인 탈법행위 등을 원칙 고발대상으로 규정하고 있다.

한편 형사상과 민사상 불법행위의 구성요건 관련하여서는 양자를 별개의 관점에서 검토해야 한다는 법리가 제시되어 있다. 대법원은 2008.2.1. 선고 2006다6713 판결에서 "불법행위에 따른 형사책임은 사회의 법질서를 위반한 행위에 대한 책임을 묻는 것으로서 행위자에 대한 공적인 제재(형벌)를 그 내용으로 함에 비하여, 민사책임은 타인의 법익을 침해한 데 대하여 행위자의 개인적 책임을 묻는 것으로서 피해자에게 발생된 손해의 전보를 그 내용으로 하는 것이고 따라서 손해배상제도는 손해의 공평·타당한 부담을 그 지도원리로 하는 것이므로, 형사상 범죄를 구성하지 아니하는 침해행위라고 하더라도 그것이 민사상 불법행위를 구성하는지 여부는 형사책임과 별개의 관점에서 검토되어야 할 것이다(대법원 1971.11.15. 선고 71다1985 판결, 대법원 1999.10.22. 선고 99다35799 판결 등 참조)."라고 설시하였다.

2. '고의', '인식가능성' 및 '의도와 목적'

공정거래법 집행 과정에서 공정거래법령, 내부지침, 공정위 심결 및 법원 판결 등을 통하여 '고의', '인식가능성' 및 '의도와 목적'은 위법성이나 책임성 판단, 제재 수준 및 고발 여부의 결정 관련하여 중요한 해석 및 판단기준이 되고 있다. 필자는 '고의'는 '인식가능성'을 한 요소로 하는 특히 행정형벌의 적용과 관련되는 좁은 의미의 판단기준으로, 그리고 '의도와 목적'은 이 2가지 기준과는 성격이나 결은 다소 상이하지만 역시 관련성을 갖고 있다고 본다.[2]

---

2) 동일인의 기업집단 지정자료 허위제출행위를 심의한 2021.5.21. 공정위의 제13회 제1소회의시 심의속기록을 보면, "(위원 000) (중략) 이 앞 부분에, 지금 피심인 대리인이 계속 디펜스를 했던 인식가능성이라는 건 기본적으로 과실적 요소인 거고, 중앙지법에서 얘기한 것은 고의적인 측면인 것이기 때문이다. (피심인 대리인 000) 그 앞부분 설명은 고발지침에서는 인식가능성과 중대성 요소를 고려하도록 돼 있어서 그 고발지침에 입각해서 저희가 인식가능성에 대한 평가, 의견을 말씀드린 거고요. 두 번째, 서울중앙지법 판결은 허위자료 제출행위가 고의범이기 때문에 고의가 필요하다는 판단입니다. 그래서 그 두 가지를 각각 말씀드린 겁니다. 우선은 고의가 증명이 돼야 될 거고요. 그 전 단계로 고발지침에 따른 인식가능성에 대한 평가가 있어야 되겠죠."라고 되어 있다.

가. '고의' 및 '인식가능성'

공정거래법 위반행위에 대한 행정형벌의 적용에 있어서 필요한 고의 관련 법리는 앞에서 살펴본 것처럼 해당 벌칙조항 소정의 죄에 해당된다는 인식 또는 그 '가능성에 대한 인식'과 용인이 필요하며, 유죄의 인정은 법관으로 하여금 합리적인 의심을 할 여지가 없을 정도로 공소사실이 진실한 것이라는 확신을 가지게 하는 증명력을 가진 증거에 의하여야 한다는 것이다.

공정위의 내부지침으로서 고발 대상이 되는 유형 및 기준을 제시하고 있는 '공정거래법 등의 위반행위의 고발에 관한 공정위의 지침'은 [별표 1] 개인의 법위반행위 세부평가기준표에서 참작사항의 하나로 '위법성 인식정도'를 삼으면서 상·중·하 3단계로 구분하고 있다. 또다른 고발 관련 내부지침인 '기업집단 관련 신고 및 자료제출의무 위반행위에 대한 고발지침(2020.9.8. 시행 공정위 예규)'은 고발 여부를 원칙적으로 행위자의 의무위반에 대한 인식가능성 및 의무위반의 중대성 등 2개 기준에 따라 정하도록 규정하고, 인식가능성은 행위 당시 위반에 대한 인식 여부, 행위의 내용·정황·반복성 등에 따른 인식가능성의 정도를 고려하여 판단한다고 하면서 '인식가능성'의 정도를 현저한 경우(상), 상당한 경우(중), 경미한 경우(하) 등 3단계로 구분한다.[3]

나. '의도와 목적'

행위의 의도와 목적은 위법성 판단, 제재수준의 결정 등 공정거래법 집행에 있어서 고려해야 하는 중요한 판단요소의 하나이다. 법 제45조(불공정거래행위의 금지) 제1항의 불공정거래행위에 대한 위법성 심사기준 등을 정하고 있는 내부지침인 '불공정거래행위 심사지침(공정위 예규)'은 위법성 판단 관련하여 "원칙적으로 공정거래저해성은 당해 행위의 효과를 기준으로 판단한다. 사업자의 의도나 거래상대방의 주관적 예측은 공정거래저해성을 입증하기 위한 정황증거로서의 의미를 갖는다."고 규정하고 있다(심사지침 Ⅲ. 1. 나.). 그리고 '부당한 지원행위의 심사지침(공정위 예규)'은 지원행위의 부당성 판단 관련하여 "원칙적으로 지원주체와 지원객체의 관계, 지원행위의 목적과 의도, 지원객체가 속한 시장의 구조와 특성, 지원성거래규모와 지원행위로 인한 경제상 이익, 지원기간, 지원횟수, 지원시기, 지원행위 당시 지원객체의 경제적 상황, 중소기업 및 여타 경쟁사업자의 경쟁능력과 경쟁여건의 변화정도, 지원행위 전후의 지원객체의 시장점유율 추이 및 신용등급의 변화정도, 시장개방의 정도 등

---

3) 자세한 내용은 이슈 8: 공정거래법의 형사적 집행 관련 몇 가지 이슈 Ⅳ. 참조.

을 종합적으로 고려하여 해당 지원행위로 인하여 지원객체가 직접 또는 간접적으로 속한 시장(따라서 지원객체가 일정한 거래분야에서 시장에 직접 참여하고 있는 사업자일 필요는 없다)에서 경쟁이 저해되거나 경제력 집중이 야기되는 등으로 공정한 거래를 저해할 우려가 있는지 여부에 따라 판단한다."고 법원의 일관된 법리에 맞추어 규정하고 있다(심사지침 Ⅳ. 1. 가.). 이는 '과징금부과 세부기준 등에 관한 고시'에서 과징금 산정의 기준이 되는 위반행위의 내용 및 정도를 판단함에 있어서 불공정거래행위 및 재판매가격유지행위, 부당한 지원행위, 특수관계인에 대한 부당한 이익 제공행위 등의 경우에 행위의 의도·목적, 지원의도를 고려요소로 삼고 있는 것과 일맥상통하는 것이다.

다만 시장지배적지위의 남용행위의 위법성 판단 관련하여 대법원은 2007.11.22. 선고 2002두8626 전원합의체 판결(소위 포스코 판결)에서 "시장지배적사업자의 거래거절행위가 공정거래법 제3조의2(현행법 제5조) 제1항 제3호의 그 지위남용행위에 해당한다고 주장하는 피고(공정위)로서는 그 거래거절이 상품의 가격상승, 산출량 감소, 혁신 저해, 유력한 경쟁사업자의 수의 감소, 다양성 감소 등과 같은 경쟁제한의 효과가 생길 만한 우려가 있는 행위로서 그에 대한 의도와 목적이 있었다는 점을 입증하여야 할 것이고, 거래거절행위로 인하여 현실적으로 위와 같은 효과가 나타났음이 입증된 경우에는 그 행위 당시에 경쟁제한을 초래할 우려가 있었고 또한 그에 대한 의도나 목적이 있었음을 사실상 추정할 수 있다 할 것이지만, 그렇지 않은 경우에는 거래거절의 경위 및 동기, 거래거절행위의 태양, 관련시장의 특성, 거래거절로 인하여 그 거래상대방이 입은 불이익의 정도, 관련시장에서의 가격 및 산출량의 변화 여부, 혁신 저해 및 다양성 감소 여부 등 여러 사정을 종합적으로 고려하여 거래거절행위가 위에서 본 경쟁제한의 효과가 생길 만한 우려가 있는 행위로서 그에 대한 의도나 목적이 있었는지를 판단하여야 할 것이다."라는 법리를 제시하였다. 이 판결을 둘러싸고 상당한 논란이 제기되었지만 어쨌든 그 이후 기본법리로 확립되었고 각급 법원의 판결, 공정위의 심결에 참조판례로 되고 있다(이슈 16: 시장지배적지위 남용행위의 부당성 판단 기준 Ⅱ., Ⅲ. 참조).

Ⅱ. 관련 법원 판결례 소개

1. 고의나 과실은 공정거래법 위반의 요건이 아니라는 법원 판결

대법원은 2009.6.11. 선고 2009두4272 판결에서 "행정법규 위반에 대하여 가하는 제재조치는 행정목적의 달성을 위하여 행정법규 위반이라는 객관적 사실에 착안하여 가하는 제재이므로 위반자의 의무 해태를 탓할 수 없는 정당한 사유가 있는 등의 특별한 사정이 없는 한 위반자에게 고의나 과실이 없다고 하더라도 부과될 수 있다(대법원 2000.5.26. 선고 98두 5972 판결, 대법원 2003.9.2. 선고 2002두5177 판결 등 참조)."고 판결한 바 있다. 그리고 대법원 1997.5.16. 선고 95누14602 판결은 "세법상 가산세는 과세권의 행사 및 조세채권의 실현을 용이하게 하기 위하여 납세자가 정당한 이유 없이 법에 규정된 신고, 납세 등 각종 의무를 위반한 경우에 개별세법이 정하는 바에 따라 부과되는 행정상의 제재로서 납세자의 고의, 과실은 고려되지 않는 것이고, 다만 납세의무자가 그 의무를 알지 못한 것이 무리가 아니었 다거나 그 의무의 이행을 당사자에게 기대하는 것이 무리라고 하는 사정이 있을 때 등 그 의무해태를 탓할 수 없는 정당한 사유가 있는 경우에는 이를 부과할 수 없는 것이다(대법원 1993.11.23. 선고 93누15939 판결 등 참조)."라는 법리를 제시하였다. 또 대법원은 2000.5.26. 선고 98두5972 판결에서 "과태료와 같은 행정질서벌은 행정질서유지를 위한 의무의 위반이 라는 객관적 사실에 대하여 과하는 제재이므로 반드시 현실적인 행위자가 아니라도 법령상 책임자로 규정된 자에게 부과되고 원칙적으로 위반자의 고의·과실을 요하지 아니하나, 위 반자가 그 의무를 알지 못하는 것이 무리가 아니었다고 할 수 있어 그것을 정당시할 수 있 는 사정이 있을 때 또는 그 의무의 이행을 그 당사자에게 기대하는 것이 무리라고 하는 사 정이 있을 때 등 그 의무 해태를 탓할 수 없는 정당한 사유가 있는 때에는 이를 부과할 수 없다고 보아야 할 것이다.", 1979.2.13. 선고 78누92 판결에서는 "행정질서벌은 행정질서유 지를 위하여 행정법규 위반이란 객관적 사실에 착안하여 과하는 제재이므로 특별한 규정이 없는 한 원칙적으로 고의나 과실을 요하지 아니한다(당원 1970.10.31.자, 70마703 결정 참조)." 고 판결하였다.

대법원은 2012.6.28. 선고 2010두24371 판결((주)옥션의 전자상거래소비자보호법 위반행위 건, 2009.4.13. 공정위 의결)에서 "행정법규 위반에 대하여 가하는 제재조치는 행정목적의 달 성을 위하여 행정법규 위반이라는 객관적 사실에 착안하여 가하는 제재이므로, 위반자가 그 의무를 알지 못하는 것이 무리가 아니었다고 할 수 있어 그것을 정당시할 수 있는 사정이 있을 때 또는 그 의무의 이행을 그 당사자에게 기대하는 것이 무리라고 하는 사정이 있을 때 등 그 의무 해태를 탓할 수 없는 정당한 사유가 있는 경우 등의 특별한 사정이 없는 한 위반자에게 고의나 과실이 없다고 하더라도 부과될 수 있다(대법원 1980.5.13. 선고 79누251 판결, 대법원 2009.6.11. 선고 2009두4272 판결 등 참조)."는 위법성 판단에 있어서 고의나 과실 유무의 관련성에 대한 법리를 확인하였다. 그리고 사건 판단 관련하여 "원심은 이러한 인정 사실을 전제로, 배너광고의 경우는 처음부터 허위의 사실을 알려 소비자를 유인하는 행위에 해당한다고 보아야 하고, 단지 원고가 위 배너광고를 직접 제작하지 않았다는 사정만으로 그 광고내용이 허위임을 알지 못하였다거나 허위광고를 한 것이 정당화된다고 보기는 어려우며, 사업자가 전자상거래법 소정의 허위·과장광고를 함에 있어서 반드시 그 행위에 대한 주관적인 인식을 가지고 있어야 하는 것은 아니라고 판단하였다. 위 법리 및 기록에 비추어 보면 이러한 원심의 판단은 정당하고, 거기에 상고이유에서 주장하는 바와 같이 전자상거래 법상 허위광고행위에 있어 허위사실에 대한 인식의 필요성 또는 위반행위나 의무해태를 탓할 수 없는 정당한 사유에 관한 법리를 오해한 위법이 없다."고 판시하였다. 한편 원심판결인 서울고등법원 2010.10.7. 선고 2009누27642 판결에서 원고는 "전자상거래법 제21조 제1항 제1호 소정의 허위·과장광고에 해당하기 위해서는 행위자에게 그러한 허위·과장성에 대한 주관적 인식이 있어야 할 것인데, 원고와 광고대행사가 전혀 예기치 못한 우연하고도 돌발적인 상황으로 인하여 이 사건 배너광고가 프로모션이벤트 페이지나 상품상세정보화면의 내용과 불일치하게 된 점, 원고가 소비자를 유인하기 위하여 낚시광고를 할 경제적 동기가 없고 이 사건 발생 이후 많은 비용과 노력을 들여 재발방지 조치를 취한 점 등에 비추어 원고가 이 사건 배너광고의 허위·과장성을 주관적으로 인식하고 광고행위를 하였다고 볼 수 없고, 설사 그렇지 않더라도 이 사건의 경우 앞서 본 사유로 원고의 의무해태를 탓할 수 없는 정당한 사유가 있는 특별한 사정에 해당하므로 제재의 대상이 될 수 없으므로 전자상 거래법 위반행위가 성립함을 전제로 한 이 사건 처분은 위법하다."고 주장하였다.

한편 대법원은 2014.12.24. 선고 2010두6700 판결에서는 "행정법규 위반에 대하여 가하는 제재조치는 행정목적의 달성을 위하여 행정법규 위반이라는 객관적 사실에 착안하여 가하는 제재이므로 위반자의 고의·과실이 있어야만 하는 것은 아니나, 그렇다고 하여 위반자의 의무 해태를 탓할 수 없는 정당한 사유가 있는 경우까지 부과할 수 있는 것은 아니다(대법원 1976. 9. 14. 선고 75누255 판결, 대법원 2003. 9. 2. 선고 2002두5177 판결 등 참조)."라고 판결하였다.

2. 동일인의 기업집단 지정 자료 허위제출행위의 형사벌 적용 판단시 고의 입증이 필요하다는 판결

법 제125조(벌칙) 제2호에 따라 형사벌이 적용되는 법 제31조(상호출자제한기업집단 등의 지정 등) 제4항에 따른 기업집단 지정 자료의 허위자료 제출행위 관련하여, 서울중앙지방법원 2019.5.14. 선고 2018고정2887(분리) 판결은 "행정상의 단속을 주안으로 하는 법규라 하더라도 명문규정이 있거나 해석상 과실범도 벌할 뜻이 명확한 경우를 제외하고는 형법의 원칙에 따라 고의가 있어야 벌할 수 있다(대법원 2010.2.11. 선고 2009도9807 판결 참고). 한편 범죄구성요건의 주관적 요소로서 미필적 고의라 함은 범죄사실의 발생 가능성을 불확실한 것으로 표상하면서 이를 용인하고 있는 경우를 말하고, 미필적 고의가 있었다고 하려면 범죄사실의 발생 가능성에 대한 인식이 있음은 물론 나아가 범죄사실이 발생할 위험을 용인하는 내심의 의사가 있어야 하며, 그 행위자가 범죄사실이 발생할 가능성을 용인하고 있었는지의 여부는 행위자의 진술에 의존하지 아니하고 외부에 나타난 행위의 형태와 행위의 상황 등 구체적인 사정을 기초로 하여 일반인이라면 당해 범죄사실이 발생할 가능성을 어떻게 평가할 것인가를 고려하면서 행위자의 입장에서 그 심리상태를 추인하여야 하고, 이와 같은 경우에도 공소가 제기된 범죄사실의 주관적 요소인 미필적 고의의 존재에 대한 입증책임은 검사에게 있는 것이며, 한편 유죄의 인정은 법관으로 하여금 합리적인 의심을 할 여지가 없을 정도로 공소사실이 진실한 것이라는 확신을 가지게 하는 증명력을 가진 증거에 의하여야 하므로, 그와 같은 증거가 없다면 설령 피고인에게 유죄의 의심이 간다고 하더라도 피고인의 이익으로 판단할 수밖에 없다(대법원 2004.5.14. 선고 2004도74 판결 참조). 그런데 이 사건의 적용법조인 구법 68조 제4호 소정의 죄는 제출된 지정자료가 허위라는 것이 구성요건의 내용을 이루는 것이기 때문에 행위자의 고의의 내용으로서 그 제출된 지정 자료가 허위라는 것의 인식(일반적 고의) 또는 허위일 가능성에 대한 인식과 용인(미필적 고의)이 필요하다."는 법리를 제시하였다. 그리고 일반적 고의 내지 미필적 고의가 있었는지 여부에 관한 판단에 있어서, "피고인은 적어도 공정위에 허위의 자료가 제출될 가능성에 대한 인식은 있었다고 판단되며, 그러나 피고인이 허위의 자료가 제출될 가능성에 대한 인식을 넘어 허위의 자료가 제출되었다는 사실 자체를 인식하였다거나, 허위의 자료가 제출될 가능성에 대한 인식 이외에 추가적으로 그와 같은 사정을 용인하였다는 점이 합리적 의심의 여지없이 증명되었다고 인정하기에 부족하다."고 판결하였다.[4]

---

4) 판결문을 보면 10가지의 사정들을 종합하여 판단하였는데, 예를 들면 '여러 해에 걸쳐 지정 자료를 제출해 온 경우로서 이전에 허위의 지정 자료 제출행위도 있었던 경우라면, 허위의 지정 자료 제출을 용인하였다고 볼 유력한 표시가 될 수 있으나, 본 기업집단은 2015.1.경 처음 지정 자료 제출을 요구받고 당시에는 상호출자제한기업집단등으로 지정되지 않았으며 또한 당시 계열회사를 누락하는 등 허위자료를 제출하였다고 볼 자료도 없다.'고 되어 있다. 동 법원은 "지정 자료 제출의무자인 피고인이 허위의 지정 자료가 제출되지 않도록 스스로 확인, 조사하여야 할 의무가 있음에도 이를 이행하지 않았는 바 이는 법률상 과실로 평가되며, 허위자료 제출에 관하여 동일인의 과실이 있는 경우에도 이를 처벌할 필요성이 적지 않으나 이는 입법을 통하여 해결할 문제이다. 그렇다면 이 사건 공소사실은 범죄의 증명이 없는 경우로서 형사소송법

이에 대하여 항소심인 서울중앙지방법원 제8-1형사부 2019.11.8. 선고 2019노1527 판결은 "원심은 피고인에게 공정위에 허위의 지정 자료가 제출될 가능성에 대한 '인식'은 있었으나 허위의 지정 자료가 제출되었다는 사실 자체를 인식하였다거나 허위의 지정 자료가 제출될 가능성에 대한 인식을 넘어 그와 같은 사정을 '용인'까지 하였다는 점이 합리적 의심의 여지없이 증명되었다고 볼 수 없다는 이유로 무죄를 선고하였다. 기록에 의하면 원심의 위와 같은 판단은 정당한 것으로 수긍할 수 있고, 거기에 검사가 주장하는 바와 같은 사실오인 내지 법리오해의 위법이 없다."고 판결하였으며, 대법원은 2020.2.27. 선고 2019도17190 판결을 통하여 원심은 공정거래법 제14조(현행법 제31조) 제4항 위반죄의 성립에 관한 법리를 오해하고 판단누락으로 판결에 영향을 미친 잘못이 없다면서 검사의 상고를 기각하였다.

3. 불공정거래행위의 부당성 내지 공정거래저해성 판단시 형사적 제재와 행정적 제재시 차이 관련 판결

대법원은 2018.7.12. 선고 2017두51365 판결(케이엔엔라이프(주)의 부당한 고객유인행위 건, 2015.8.7. 공정위 의결)에서 "공정거래법 제23조 제1항 제3호(현행법 제45조 제1항 제4호)에서 부당한 이익에 의한 고객유인 행위를 금지하는 취지는 부당한 이익제공으로 인하여 가격, 품질, 서비스 비교를 통한 소비자의 합리적인 상품 선택을 침해하는 것을 방지하는 한편, 해당 업계 사업자 간의 가격 등에 관한 경쟁을 통하여 공정한 경쟁질서 내지 거래질서를 유지하기 위한 데에 있다. 따라서 사업자의 행위가 불공정거래행위로서 부당한 이익에 의한 고객유인 행위에 해당하는지를 판단할 때에는, 그 행위로 인하여 경쟁사업자들 사이의 상품가격 등 비교를 통한 소비자의 합리적인 선택이 저해되거나 다수 소비자들이 궁극적으로 피해를 볼 우려가 있게 되는 등 널리 거래질서에 대해 미칠 파급효과의 유무 및 정도, 문제된 행위를 영업전략으로 채택한 사업자들의 수나 규모, 경쟁사업자들이 모방할 우려가 있는지, 관련되는 거래의 규모 등에 비추어 해당 행위가 널리 업계 전체의 공정한 경쟁질서나 거래질서에 미치게 될 영향 등과 함께 사업자가 제공하는 경제적 이익의 내용과 정도, 그 제공의 방법, 제공기간, 이익제공이 계속적·반복적인지 여부, 업계의 거래 관행 및 관련 규제의 유무 및 정도 등을 종합적으로 고려하여야 한다(대법원 2013.11.14. 선고 2011두16667 판결, 대법원 2014.3.27. 선고 2013다212066 판결 등 참조). 한편 부당한 고객유인 행위와 관련하여 공정거래법은 형사처벌 조항도 함께 두고 있으므로, 행정 제재처분의 취소를 구하는 소송에서

제325조 후단에 의하여 피고인에게 무죄를 선고한다."고 판결하였다.

그 부당성 내지 공정거래저해성을 판단할 때에도 엄격해석의 원칙을 관철할 필요성이 있기는 하다. 공정거래법령이 '공정거래저해성'이라는 '불확정개념'을 사용하여 그 의미가 다소 명확하지 않기 때문에 수범자가 그 의미를 명확하게 알기 어려울 수 있고, 경우에 따라 복잡한 법률적 또는 경제적 분석과 평가가 필요한 경우도 있게 된다. 반면, 자유롭고 공정한 거래질서를 확립하려는 공정거래법의 입법목적을 달성하기 위하여 다양한 행위 유형에 대하여 실효적인 행정 제재처분을 하기 위해서는 불가피하게 일정한 불확정개념을 사용할 필요성 역시 인정된다. 그런데 불공정거래행위에서의 '공정거래저해성' 역시 형벌의 객관적 구성요건에 해당하므로 행위자가 인식해야 할 대상으로서 '고의'의 내용을 구성한다. 따라서 불공정거래행위의 유형 중, 제반 사정의 형량과 분석을 거쳐 경쟁에 미치는 효과에 관한 판단까지도 요구되는 경우나 사용된 수단의 성격과 실질이 가격할인과 유사한 측면이 있어 경쟁질서 내지 거래질서 전반에 미치는 파급효과까지 종합적으로 고려해야 하는 경우 등 복잡한 규범적·경제적 분석과 판단이 필요한 경우에는, 행위자에게 범죄의 구성요건인 '공정거래저해성'에 관한 '고의'를 인정하는 데 신중해야 한다. 이처럼 고의의 증명이 제대로 되었는지 여부를 명확하게 심사함으로써 형사절차에서 수범자가 예측하기 어려운 처벌을 받을 우려를 제거할 수 있다. 그러나 형사처벌과 달리 제재적 처분의 경우에는 원칙적으로 행위자에게 그 임무 해태를 정당화할 사정이 없는 이상 그 처분이 가능하다. 따라서 불공정거래행위를 원인으로 한 제재처분을 다투는 행정소송에서는 앞서 본 바와 같이 거래질서 전반에 미치는 영향 등 다양한 사정을 종합적으로 고려하여 부당성 내지 공정거래저해성을 판단할 수 있고, 이를 제재적 처분에 관한 엄격해석 원칙, 책임주의 원칙이나 죄형법정주의에 어긋난다고 볼 수는 없다."고 판결하였다.

4. 상법상 사외이사의 고의 또는 과실로 인한 감시의무 위반에 따라 손해배상책임을 물은 판결

공정위는 4대강 사업 입찰담합(2012.8.31. 의결), 영주다목적댐 입찰담합(2013.3.18. 의결), 인천도시철도 2호선 입찰담합(2014.2.25. 의결) 관련하여 대우건설 등 건설업체들에 대하여 각각 시정명령, 과징금 납부명령, 고발 등 조치를 하였다. 이에 대우건설의 소수주주들이 위 담합행위 당시 대우건설의 대표이사 및 이사 등을 상대로 손해배상을 구하는 대표소송을 제기하였는데 본건은 사외이사에 대한 책임 여부도 쟁점으로서 관심을 끌었다. 필자는 아래 소개하는 관련 대법원 판결, 그리고 이 판결에서 참조판례로 인용하고 있는 대법원 2021.11.

11. 선고 2017다222368 판결(2013.4.29. 공정위 의결의 6개 칼라강판 제조·판매사업자의 부당한 공동행위 건 관련하여 제기된 손해배상청구 소송) 등은 상법상 이사의 고의 또는 과실로 인한 책임과 관련되는 것이지만 구체적인 판결내용은 형사상 행위자 및 사업자에 대한 양벌규정의 적용 관련하여 시사하는 점도 많다고 생각한다.

대법원은 2022.5.12. 선고 2021다279347 판결에서 "이사가 고의 또는 과실로 법령 또는 정관에 위반한 행위를 하거나 그 임무를 게을리한 경우에는 그 이사는 회사에 대하여 연대하여 손해를 배상할 책임이 있다(상법 제399조 제1항). 주식회사의 이사는 담당업무는 물론 대표이사나 업무담당이사의 업무집행을 감시할 의무가 있으므로 스스로 법령을 준수해야 할 뿐 아니라 대표이사나 다른 업무담당이사도 법령을 준수하여 업무를 수행하도록 감시·감독하여야 할 의무를 부담한다. 이러한 감시·감독 의무는 사외이사 등 회사의 상무에 종사하지 않는 이사라고 하여 달리 볼 것이 아니다. 따라서 주식회사의 이사가 대표이사나 업무담당이사의 업무집행이 위법하다고 의심할 만한 사유가 있음에도 고의 또는 과실로 인하여 감시의무를 위반하여 이를 방치한 때에는 이로 말미암아 회사가 입은 손해에 대하여 상법 제399조 제1항에 따른 배상책임을 진다. 이사의 감시의무의 구체적인 내용은 회사의 규모나 조직, 업종, 법령의 규제, 영업상황 및 재무상태에 따라 크게 다를 수 있다. 특히 고도로 분업화되고 전문화된 대규모 회사에서 대표이사나 일부 이사들만이 내부적인 사무분장에 따라 각자의 전문 분야를 전담하여 처리하는 것이 불가피한 경우에도, 모든 이사는 적어도 회사의 목적이나 규모, 영업의 성격 및 법령의 규제 등에 비추어 높은 법적 위험이 예상되는 업무와 관련해서는 제반 법규를 체계적으로 파악하여 그 준수 여부를 관리하고 위반사실을 발견한 경우 즉시 신고 또는 보고하여 시정조치를 강구할 수 있는 형태의 내부통제시스템을 구축하여 작동되도록 하는 방식으로 감시의무를 이행하여야 한다(대법원 2021.11.11. 선고 2017다222368 판결 등 참조). 다만 회사의 업무집행을 담당하지 않는 사외이사 등은 내부통제시스템이 전혀 구축되어 있지 않은데도 내부통제시스템 구축을 촉구하는 등의 노력을 하지 않거나 내부통제시스템이 구축되어 있더라도 제대로 운영되고 있지 않다고 의심할 만한 사유가 있는데도 이를 외면하고 방치하는 등의 경우에 감시의무 위반으로 인정될 수 있다."는 관련 법리를 제시하였다.

그리고 대법원은 이러한 법리와 기록에 비추어 피고들의 이 사건 입찰담합 관련 감시의무 위반에 따른 손해배상책임 발생 관련한 원심의 판단에 이사의 감시의무 등에 관한 법리를 오해한 잘못이 없다고 판결하였는바, 원심이 구체적으로 판단한 사정들은 다음과 같다. ① 대우건설의 이사인 피고들이 개별 공사에 관한 입찰 업무에 관여하거나 보고받은 사실이 없어 이 사건 입찰담합에 관하여 알지 못하였고 알 수도 없었으며 이를 의심할 만한 사정 또한 전혀 없었다고 하더라도, 피고들은 이 사건 입찰담합 등 임직원의 위법행위에 관하여 합리적인 정보 및 보고시스템과 내부통제시스템을 구축하고 그것이 제대로 작동하도록 관리할 의무를 이행하지 않음으로써 이사의 감시의무를 위반하였다. ② 이 사건 입찰담합 당시 대우건설은 윤리강령, 윤리세칙, 기업행동강령 등을 제정해 시행한 상태였고, 임직원을 대상으로 윤리경영교육, 건설 하도급 공정거래법 교육 등을 시행하였으나, 이는 단지 임직원의 직무수행에 관한 추상적이고 포괄적 지침 또는 사전 교육에 불과할 뿐, 입찰담합 등의 위법행위가 의심되거나 확인되는 경우 이에 관한 정보를 수집하여 보고하고 나아가 위법행위를 통제하는 장치라고는 볼 수 없고, 당시 내부적으로 임직원의 입찰담합 시도를 방지, 차단하기 위하여 그 어떤 합리적인 정보 및 보고시스템이나 내부통제시스템도 갖추지 못한 것으로 보인다. ③ 피고들의 주장 등에 의하면 이 사건 입찰담합을 비롯한 대우건설이 관련된 입찰담합은 모두 이사 또는 이사회에 보고되지 않고 담당 본부장의 책임 아래 개별 본부(국내영업본부, 토목사업본부 등)에 소속된 임직원에 의하여 행하여졌다는 것이므로, 결국 이 사건 입찰담합에 관여한 대우건설의 임직원은 피고들을 비롯한 이사들로부터 아무런 제지나 견제를 받지 않았다는 것과 다름없고, 대우건설은 입찰담합에 관여한 임직원들에 대하여 독립적인 조사절차 또는 징계절차도 전혀 운용하지 않은 것으로 보이며, 대우건설의 임직원들은 수사기관에서의 진술에서 입찰담합 등의 위법행위가 관행적으로 이루어진 측면이 있다고 진술하였을 뿐만 아니라, 입찰담합을 주도한 직원이 오히려 임원으로 승진하기도 하였는바, 이러한 사정들도 이 사건 입찰담합 당시 대우건설의 내부통제시스템이 부재하였다는 점을 뒷받침한다. ④ 대우건설은 피고들의 전부 또는 일부가 대우건설의 이사로 재직하던 2006년부터 2013년 사이에 일어난 입찰담합을 이유로 공정거래위원회로부터 다수의 과징금 부과명령을 받은 사실이 있다. 더욱이 대우건설이 2004.8. 무렵 관여한 서울지하철 7호선 건설공사 입찰담합과 관련하여 공정거래위원회가 2007.7.25. 시정명령과 과징금 부과명령, 고발 결정을 하였고, 이에 따라 대우건설에 대하여 공정거래법 위반죄 등으로 공소가 제기되어 2008.2.14. 제1심에서 벌금형의 유죄판결이 선고되었으며, 피고들이 대우건설의 이사로 재직 중일 때에도 그 사건이 항소심 또는 상고심에 계속 중이었다. 피고들의 이사 취임 이전에 발생한 것을 포함하여 대우건설의 입찰담합 관여 사실은 대부분 언론에 보도되어 일반에 알려졌고, 국가나 지방자치단체, 공공기관이 발주하는 대규모 공사의 경우 이를 수행할 수 있는 건설회사는 대우건설과 같은 토건 시공능력 평가액 상위권에 있는 대형 건설회사로 한정되므로 대형 건설회사들 사이에 입찰담합 등 부당한 공동행위의 가능성이 상시 존재한다고도 볼 수 있다. 그럼에도 불구하고, 피고들을 비롯한 대우건설의 이사들은 임직원의 입찰담합 시도를 방지, 차단하기 위한 어떠한 보고 또는 조치도 요구하지 않았고, 이와 관련한 내부통제시스템의 구축 또는 운용에 관하여도 전혀 주의를 기울이지 않았다. ⑤ 대법원은 이미 2008년에 대규모 주식회사의 이사에 대하여 합리적인 정보 및 보고시스템과 내부통제시스템을 구축하고 그것이 제대로 작동하도록 관리할 의무가 있다고 선언하였음에도(대법원 2008.9.11. 선고 2006다68636 판결 등 참조), 피고들을 비롯한 대우건설의 이사들은 이와 관련한 어떠한 조치도 하지 않았다. 대우건설이 이른바 컴플라이언스팀이라는 준법감시기구를 신설한 것은 피고들이 모두 퇴임하고 다수의 입찰담합이 공정거래위원회에 적발된 2014년 이후의 일이다. ⑥ 피고들은 대우건설의 이사로 재직하는 동안 이사회에 상정된 의안에만 관여하였을 뿐, 상법 제393조가 정한 이사회의 권한 등을 행사하여 회사의 전반적인 업무집행에 대한 감시·감독 등을 전혀 하지 않은 것으로 보인다.

공정거래법상 시정조치 및 그 한계

I. 개요

공정거래법 위반행위에 대한 공정위의 행정적 규제의 수단은 시정조치, 과징금 부과이다. 이 중에서 시정조치는 법위반행위가 있는 경우 당해 위법상태를 제거함으로써 경쟁질서를 회복시키고 위반의 억지력을 확보하기 위한 가장 기본적인 수단이 된다. 공정거래법은 위반행위의 유형별로 이를 위해 필요한 시정조치의 수단을 규정하고 있다.

현행 공정거래법은 제7조(제5조 시장지배적지위의 남용금지 관련), 제14조(제9조 기업결합의 제한 관련), 제37조(제18조, 제19조, 제20조, 제21조부터 제29조 등 제4장 경제력집중의 억제 관련), 제42조(제40조 부당한 공동행위의 금지 관련), 제49조(제45조 불공정거래행위의 금지, 제46조 재판매가격유지행위의 금지, 제47조 특수관계인에 대한 부당한 이익제공 등 금지 관련), 제52조(제51조 사업자단체의 금지행위 관련) 등에 시정조치에 관한 규정을 두고 있다.

위반행위 유형별로 공정거래법에 규정되어 있는 시정조치의 내용을 정리하면 아래 <표>와 같다.

☼ **공정거래법상 위반행위 유형별 시정조치의 규정내용**

금지 또는 제한 행위 유형	시정조치의 규정내용
시장지배적지위의 남용금지(법 제5조 제1항)	가격의 인하, 해당 행위의 중지, 시정명령을 받은 사실의 공표 또는 그 밖에 필요한 시정조치(법 제7조 제1항)
기업결합의 제한(법 제9조 제1항), 탈법행위의 금지(법 제13조)	해당 행위의 중지, 주식의 전부 또는 일부의 처분, 임원의 사임, 영업의 양도, 시정명령을 받은 사실의 공표, 기업결합에 따른 경쟁제한의 폐해를 방지할 수 있는 영업방식 또는 영업범위의 제한, 그 밖에 법 위반상태를 시정하기 위하여 필요한 조치(법 제14조 제1항)
지주회사등의 행위제한(법 제18조 제2	해당 행위의 중지, 주식의 전부 또는 일부의 처분, 임원의

항부터 제5항까지), 상호출자제한기업 집단의 지주회사 설립제한(법 제19조), 일반지주회사의 금융회사 주식 소유제한에 관한 특례(법 제20조 제2항부터 제5항까지), 상호출자의 금지·순환출자의 금지·순환출자에 대한 의결권 제한·계열회사에 대한 채무보증의 금지·금융회사·보험회사 및 공익법인의 의결권 제한·대규모내부거래의 이사회 의결 및 공시·비상장회사 등의 중요사항 공시·기업집단현황 등에 관한 공시·특수관계인인 공익법인의 이사회 의결 및 공시(법 제21조부터 제29조까지), 탈법행위의 금지(법 제36조)	사임, 영업의 양도, 채무보증의 취소, 시정명령을 받은 사실의 공표, 공시의무의 이행 또는 공시내용의 정정, 그 밖에 법 위반상태를 시정하기 위하여 필요한 조치(법 제37조 제1항)
부당한 공동행위의 금지(법 제40조 제1항)	해당 행위의 중지, 시정명령을 받은 사실의 공표 또는 그 밖에 필요한 시정조치(법 제42조)
불공정거래행위의 금지(법 제45조 제1항, 제2항), 재판매가격유지행위의 금지(법 제46조), 특수관계인에 대한 부당한 이익제공등 금지(법 제47조), 보복조치의 금지(법 제48조)	해당 불공정거래행위, 재판매가격유지행위 또는 특수관계인에 대한 부당한 이익제공행위의 중지 및 재발방지를 위한 조치, 해당 보복조치의 금지, 계약조항의 삭제, 시정명령을 받은 사실의 공표, 그 밖에 필요한 시정조치(법 제49조 제1항)
사업자단체의 금지행위(법 제51조)	해당 행위의 중지, 시정명령을 받은 사실의 공표, 그 밖에 필요한 시정조치(법 제52조 제1항)

한편 공정위는 시정조치를 명함에 있어 시정조치의 원칙과 시정조치 주요 유형별 기준 및 예시를 제시함으로써 당해 위반행위의 시정에 가장 적절하고 효율적인 시정조치를 발굴하여 시정조치의 실효성을 제고하기 위하여 내부지침으로 2005년 11월 '공정거래위원회의 시정조치 운영지침'을 제정하여 운영하고 있다. 운영지침은 시정조치의 방법으로 위반행위의 중

지나 금지 등 부작위명령을 기본으로 하되 위반행위에 비례하여 합리적으로 필요한 범위내에서 이용강제·거래개시·거래재개, 합의파기, 계약조항의 수정 또는 삭제, 독자적 가격재결정, 분리판매, 정보공개, 절차이행 등 작위명령, 그리고 통지 또는 교부, 보고, 교육실시, 점검활동 보장, 자료 보관 등 보조적 명령을 위반행위에 따라 적절하게 선택하여 명할 수 있다고 규정하고 있다.

Ⅱ. 시정조치명령의 한계

1. 그 밖에 필요한 시정조치

시정조치의 명령은 앞 Ⅰ. <표>에서 살펴본 바와 같이 시정조치 관련 법규정에 명시되어 있는 내용, 특히 공통적으로 들어가 있는 '그 밖에 필요한 시정조치'에 근거를 두고 다양한 조치가 가능한 것이며, 실제 공정위의 시정조치도 사안에 따라 이러한 방향으로 취해지고 있다.

다만 공정위의 시정조치도 무한정 행사가 가능한 것은 아니며 법 제1조의 입법목적과 시정조치에 관한 개별규정들을 근거로 하여 일정한 한계를 갖고 있는 것이다. 즉 공정하고 자유로운 경쟁의 촉진이라는 입법목적의 달성을 위한 범위내에서 법상 열거되어 있는 시정조치와 유사한 조치만을 할 수 있다고 해석해야 할 것이며, 재량권의 범위를 일탈하거나 남용해서는 안 될 것이다.

대법원의 법리도 이러한 취지로 정립되어 있다. 대법원은 부당한 공동행위에 대한 시정조치 중 정보교환 금지 명령과 관련하여 2009.5.28. 선고 2007두24616 판결, 2009.5.28. 선고 2008두549 판결, 2009.6.11. 선고 2007두25138 판결에서 "공정거래법 제21조(현행법 제42조)는 '공정위는 제19조(부당한 공동행위의 금지, 현행법 제40조) 제1항의 규정을 위반하는 행위가 있을 때에는 당해 사업자에 대하여 당해 행위의 중지, 시정명령을 받은 사실의 공표 기타 시정을 위한 필요한 조치를 명할 수 있다'고 규정하고 있다. 위 조항의 문언 내용, 나아가 공정거래법에 의한 시정명령이 지나치게 구체적이면 날마다 다소간의 변형을 거치면서 행하여지는 수많은 거래에 대한 대응성이 떨어져 결국 무의미한 시정명령이 되므로 그 시정명령의 속성상 다소간 포괄성·추상성을 띨 수밖에 없다는 점 및 시정명령제도를 둔 취지에 비추어 시정명령의 내용은 과거의 위반행위에 대한 중지는 물론 가까운 장래에 반복될 우려가 있는 동일한 유형의 행위에 대한 반복금지까지 명할 수 있는 것으로 해석함이 상당한 점(대법원

2003.2.20. 선고 2001두5347 전원합의체 판결 등 참조) 등에 비추어 보면, 위 조항에 정한 '기타 시정을 위한 필요한 조치'에는 행위의 중지뿐만 아니라 그 위법을 시정하기 위하여 필요하다고 인정되는 제반 조치가 포함된다고 할 것이다. 따라서 이 사건에서와 같이 사업자들이 상호 정보교환을 통하여 부당한 공동행위를 하기에 이른 경우에 공정위는 그것이 부당한 공동행위의 시정을 위하여 필요하다면 그 사업자들에 대하여 정보교환 금지명령을 할 수 있다. 다만 그와 같은 정보교환 금지명령이 공정거래법 제21조에서 정한 필요한 조치로서 허용되는지는 그 정보교환의 목적, 관련시장의 구조 및 특성, 정보교환의 방식, 교환된 정보의 내용, 성질 및 시간적 범위 등을 종합적으로 고려하여 판단하여야 한다. 나아가 시정명령의 속성상 다소간 포괄성·추상성을 띨 수밖에 없다 하더라도, 정보교환 금지명령은 금지되어야 하는 정보교환의 내용이 무엇인지 알 수 있게 명확하고 구체적이어야 하며, 당해 위반행위의 내용과 정도에 비례하여야 한다."는 법리를 제시하였다.

2. 시정명령을 받은 사실의 공표조치

시정조치 중에서 시정명령을 받은 사실의 공표는 위반사업자가 불특정다수에게 공정위로부터 시정조치를 받았다는 사실을 공적으로 표시하게 함으로써 당해 법위반행위를 시정시키는 실효성을 확보함과 동시에 그 재발을 방지하는데 목적이 있다. 현재 공정위는 '공정위로부터 시정명령을 받은 사실의 공표에 관한 운영지침'을 내부지침으로 제정하여 운영하고 있다.

한편 공정위가 법위반으로 결정한 사건에 대해서는 통상적으로 정식 행정처분인 의결서를 송부하기 전에 언론보도의 방식으로 외부에 알리고 있음에도 별도로 시정명령을 받은 사실을 공표토록 하는 것은 과도한 규제이며 헌법 제19조의 양심의 자유를 침해하는 것이라는 주장이 제기될 수 있는데, 동 공표조치의 내용이 사죄나 사과광고의 형식을 띠지 않는 한 적법하다고 본다. 대법원은 1994.3.11. 선고 93누19719 판결에서 "원심판결 이유에 의하면 원심은, 피고의 이 사건 시정명령이 '원고는 허위, 과장, 비방광고행위를 중지하고 이 사건 광고가 구 공정거래법에 위반되어 피고로부터 시정명령을 받았다는 사실을 신문에 게재하여 공표하라'는 것으로서, 이는 원고로 하여금 그 양심이나 확신에 반하여 사죄 또는 사과를 하라거나 기존우유가 원고우유보다 품질이 더 우수하다는 의사표시를 하라는 것이 아니라 원고의 이 사건 광고가 법률 및 고시에서 정한 불공정거래행위에 해당한다는 이유로 피고로부터 시정명령을 받았다는 객관적 사실을 신문에 게재하라는 것에 불과하고, 따라서 이 사건 시정명령의 취지를 오해한 결과 그 근거법률의 규정이 헌법 제19조에 위반된다는 원고의 주장은 더 나아가 살필 것도 없이 이유 없다고 판단하고 있는바, 원심의 위와 같은 판단은 정당한 것으로 수긍이 되고 거기에 소론과 같은 헌법 제19조를 위배한 위법이 있다 할 수 없다.”고 판시하였다.

또 대법원 2006.5.12. 선고 2004두12315 판결은 “공정거래법 제24조(현행법 제49조)가 시정조치의 하나로서 시정명령을 받은 사실의 공표를 규정하고 있는 목적은 일반 공중이나 관련 사업자들이 법위반 여부에 대한 정보와 인식의 부족으로 피고의 시정조치에도 불구하고, 위법사실의 효과가 지속되고 피해가 계속되는 사례가 발생할 수 있으므로 조속히 법위반에 관한 중요 정보를 공개하는 등의 방법으로 일반 공중이나 관련 사업자들에게 널리 경고함으로써 계속되는 공공의 손해를 종식시키고 위법행위가 재발하는 것을 방지하고자 함에 있는바, 이러한 제도목적과 기록에 나타난 여러 사정에 비추어 보면, 원고에 대하여 피고로부터 시정명령을 받은 사실을 공표하도록 한, 피고의 공표명령이 비례원칙상의 한계를 벗어났다거나 재량권을 일탈·남용하였다고 볼 수 없다.”고 판결하였다.

3. 가격의 원상회복명령 문제

공정거래법은 부당한 공동행위에 의한 경쟁제한에 대해 법위반 이전의 경쟁상태, 즉 경쟁을 회복시키는 수단을 명하는 제도로서 시정조치에 관한 규정을 두고 있다(법 제42조). 다만 시장지배적지위의 남용행위에 대한 시정조치의 수단으로 가격의 인하명령을 규정하고 있는 법 제7조(시정조치)와 달리 가격 조정에 대한 명문의 규정은 두고 있지 않다.

이와 관련하여 부당한 공동행위에 대한 시정조치로서 카르텔에 의해 형성되어 유지되고 있는 가격수준을 카르텔 이전의 가격으로 원상회복하는 명령, 즉 가격인하명령이 가능한지에 대한 문제가 있다. 필자는 간접규제를 원칙으로 하는 공정거래법의 적용에 있어서 사업자의 가격결정자체에 개입하지 않는다는 측면, 공정거래법상 시정조치는 공정하고 자유로운 경쟁의 촉진이라는 입법목적의 달성을 위한 범위내에서 법상 열거되어 있는 시정조치와 유사한 조치만을 할 수 있는 것으로 즉 재량권의 일탈이나 남용이 있어서는 안된다는 한계를 갖고 있는 점 등을 고려하면 가격원상회복명령은 곤란하다고 생각한다. 현재 위반행위로 인한 가격상승폭 대비 자진 시정 정도에 따른 과징금 감경제도(과징금고시 Ⅳ. 3. 다. 4) 참조), 위반행위의 종기를 인정받기 위한 가격 조정 등에 따라 간접적인 가격인하나 조정을 가져올 수는 있다.

다만 현행법의 규정에서도 카르텔가격의 개정이나 자율적인 가격결정 및 결과보고를 명령하는 것은 가능하다고 보나, 현실적으로 어느 정도가 적정한 가격수준인지를 판단하는 것은 곤란하다는 문제는 남아있다.[1] 현행 '공정위의 시정조치 운영지침'에는 향후 공동행위의 재발가능성이 크며 가격공동행위의 기간이 장기간에 걸쳐 있어, 합의에 의한 가격결정·유지·변경행위의 중지를 구체적인 작위명령으로 명할 필요가 있는 경우에 '독자적 가격재결정명령'을 명할 수 있으며, 그 방식은 행위중지명령 또는 합의파기명령과 함께 피심인에게 합의에 의해 결정한 가격을 철회하고 새로이 독립적인 판단에 따라 각자 가격을 결정하여 서면보고하도록 한다고 규정하고 있다. 공정위의 몇건 되지 않은 심결 케이스를 소개하면 다음과 같다. 공정위는 1993.4.20. 32개 은행의 부당한 공동행위 건에서 은행수수료를 공동으로 인상하거나 신설한 합의사항의 즉시 파기, 은행수수료의 징수여부 및 수준은 각자의 판단에 따라 자율적으로 결정, 은행수수료항목의 월별 수수료율 및 수수료수입액을 공정위가 지정하는 양식에 따라 매익월 15일까지 앞으로 3개월 동안 공정위 보고 등 시정조치명령을 의결하였다.

그리고 공정위는 2006.4.13. 8개 밀가루 제조업체의 부당한 공동행위 건에서 정보교환 금지명령, 가격 재결정 및 보고명령을 의결하였는데, 서울고등법원은 2007.10.25. 선고 2006누22288 판결에서 "정보교환 금지명령은 과잉금지의 원칙에 어긋날 뿐만 아니라 위 협회의 존속 여부에도 중대한 영향을 미치므로, 법 제21조(현행법 제42조) 소정의 '필요한 조치'에는 포함되지 않는다. 다만, 위 가격 재결정 및 보고명령은 위 합의에 참가한 당사자들이 위 합의의 효력이 상실된 후에도 여전히 합의된 가격을 유지하는 경우를 대비한 것으로 보여지는바, 이는 법의 취지에 비추어 적절하다고 보여진다."고 판결하였다. 이에 대해 대법원은 2009.5.28. 선고 2007두24616 판결 등을 통하여 공정위의 시정조치 명령 중에서 원심의 정보교환 금지명령에 대한 판결은 파기하였지만, 가격 재결정 및 보고명령은 최종 인정되었다.[2]

III. 관련 공정위 심결 및 법원 판결 사례

1. 시정조치명령의 속성상 다소간 포괄성·추상성을 띨 수밖에 없다는 취지의 판결

가. 대한의사협회의 구성사업자에 대한 사업활동제한행위 건(2000.2.24. 공정위 의결)

공정위는 시정조치로서 '피심인은 구성사업자들로 하여금 휴업 또는 휴진을 하도록 함으로써 구성사업자의 사업내용 또는 활동을 부당하게 제한하는 행위를 하여서는 아니 된다'는

---

1) 이동규, 독점규제 및 공정거래에 관한 법률 개론(개정판), 1997, 306면.
2) 정보교환 금지명령의 위법성 이슈에 대한 자세한 내용은 아래 III. 2. 참조.

부작위명령을 의결하였다.

나. 서울고등법원 2001.5.17. 선고 2000누3278 판결

원고는 이 사건 처분 중 제1항 부분은 공정거래법 제26, 27조(현행법 제51, 52조)의 규정을 그대로 옮겨 놓은 것으로서 아무런 의미가 없을 뿐만 아니라, 구체적인 행위의 금지나 시정을 명하지 아니하고 막연히 부당하게 제한하는 행위의 금지를 명하여 그 의미가 불명확한 위법한 처분이라고 주장하였다.

서울고등법원은 이에 대해 "이 사건 처분에서는 구성사업자들로 하여금 휴업 또는 휴진을 하도록 함으로써 라고 하여 행위유형을 명시하였을 뿐만 아니라, 이 사건 처분은 원고가 행한 위와 같은 부당한 제한행위를 확인하고 장래 동일한 유형의 행위의 반복금지와 그 법률위반사실의 공표를 명한 것이고, 반복금지를 명한 행위의 상대방과 내용이 원고의 구성사업자들인 의사들로 하여금, 그들의 의사에 반하여, 진찰, 투약, 시술 등 의료행위 전반에 걸친 휴업 또는 휴진임은 이 사건 처분에 명시된 법령의 규정이나 이유 등에 비추어 분명하므로, 결국 이 사건 처분은 그 행위유형, 상대방, 품목 등에 있어서 관계인들이 인식할 수 있는 정도로 명확한 것이어서, 이 사건 처분이 아무런 의미가 없는 것이라거나 불명확하여 위법하다는 원고의 주장도 이유없다."고 판단하였다.

다. 대법원 2003.2.20. 선고 2001두5347 전원합의체 판결

대법원은 "공정거래법에 의한 시정명령이 지나치게 구체적인 경우 매일 매일 다소간의 변형을 거치면서 행해지는 수많은 거래에서 정합성이 떨어져 결국 무의미한 시정명령이 되므로 그 본질적인 속성상 다소간의 포괄성·추상성을 띨 수밖에 없다 할 것이고, 한편 시정명령 제도를 둔 취지에 비추어 시정명령의 내용은 과거의 위반행위에 대한 중지는 물론 가까운 장래에 반복될 우려가 있는 동일한 유형의 행위의 반복금지까지 명할 수는 있는 것으로 해석함이 상당하다 할 것이다. 원심은, 이 사건 시정명령은 '구성사업자들로 하여금 휴업 또는 휴진을 하도록 함으로써'라고 하여 행위유형을 명시하면서 원고가 행한 위와 같은 부당한 제한행위를 확인하고 장래 동일한 유형의 행위의 반복금지를 명한 것이고, 반복금지를 명한 행위의 상대방과 내용이 '원고의 구성사업자들인 의사들로 하여금, 그들의 의사에 반하여, 진찰, 투약, 시술 등 의료행위 전반에 걸친 휴업 또는 휴진을 하게 하는 것'임은 이 사건 시정명령에 명시된 법령의 규정이나 이유 등에 비추어 분명하므로, 이 사건 시정명령은 그 행위유형, 상대방, 품목 등에 있어서 관계인들이 인식할 수 있는 정도로 명확하다는 이유로,

이 사건 시정명령이 아무런 의미가 없는 것이라거나 불명확하여 위법하다는 원고의 주장을 배척하였는바, 기록과 관계 법령의 규정 및 위 법리에 비추어 살펴보면, 이러한 원심의 조치는 정당하고 거기에 상고이유의 주장과 같은 위법이 없다."고 판결하였다.

2. 부당한 공동행위에 대한 시정조치로서 정보교환 금지명령의 위법성 관련

가. 8개 밀가루 제조업체의 부당한 공동행위 건(2006.4.13. 공정위 의결)

공정위는 시정명령으로서 정보교환 금지명령, 가격 재결정 및 보고명령을 의결하였다.

나. 서울고등법원 2007.10.25. 선고 2006누22288 판결

원고는 "피고(공정위)가 이 사건 시정명령의 일부로서 한 별지 목록 제4항 기재 정보교환 금지명령 및 같은 목록 제5항 기재 가격 재결정 및 보고명령은 법 제21조(현행법 제42조) 소정의 '기타 필요한 조치'에 해당하지 아니하고, 특히 위 정보교환 금지명령은 ●●제분공업협회의 존재의의를 부정하고 기업활동의 자유와 결사의 자유를 현저히 침해하며 과잉금지의 원칙에도 위배되므로 위법하다."고 주장하였다.

이에 대해 서울고등법원은 "법 제21조는 공정위는 제19조(부당한 공동행위의 금지) 제1항의 규정을 위반하는 행위가 있을 때에는 당해 사업자에 대하여 당해 행위의 중지, 시정명령을 받은 사실의 공표 기타 시정을 위한 필요한 조치를 명할 수 있다고 규정하고 있고, 여기서의 '필요한 조치'에는 '행위 중지'의 정도를 넘어서는 조치는 포함되지 않는다고 해석된다. 이에 따라, 피고의 이 사건 처분 중 별지 목록 제4항 기재 정보교환 금지명령과 제5항 기재 가격 재결정 및 보고명령이 법 제21조 소정의 '필요한 조치'에 해당되는지 여부에 관하여 살피건대, 갑 제5, 6호증의 각 기재에 변론 전체의 취지를 종합하면, 사단법인 ●●제분공업협회는 1956.에 설립되어 원고들을 포함한 제분업체들이 양곡관리법에 의하여 가입하여 왔고 오랫동안 원맥 수입 추천 및 배정업무, 정부에 대한 각종 보고업무, 수입 금융자금의 배정업무 등과 회원사 상호간의 친목도모 등을 수행해 온 사실을 인정할 수 있고, 또한 위 정보교환 금지명령은 원고들이 위 협회를 통하여 회원사 상호간의 밀가루 가격이나 생산량(판매량) 등에 관한 일체의 정보를 교환하는 것을 금지하고 있는바, 비록 원고들을 포함한 제분업체들이 위 협회에서의 모임이나 업무연락 등의 기회에 밀가루의 향후 가격이나 생산량 등에 관한 정보교환을 빌미로 하여 명시적·묵시적인 합의에 이르는 것을 사전에 차단할 필요성이 있고, 또한 시정명령이 그 본질적인 속성상 다소 포괄적이고 추상적이 될 수밖에 없다고 하더라도, 위 명령에서 교환금지 대상 정보인 기존의 밀가루 가격이나 생산량 등에 관한 정보는 기업활동에 관한 중요한 정보로서 이를 교환하는 것조차 금지하는 내용의 명령은 행위중지의 정도를 넘는 것으로서 시정명령의 합리적인 범위를 벗어나 있고 원고들 등 제분업체들의 기업활동의 자유를 과도하게 제한하는 것으로서 과잉금지의 원칙에 어긋날 뿐만 아니라 위 협회의 존속 여부에도 중대한 영향을 미치므로, 법 제21조 소정의 '필요한 조치'에는 포함되지 않는다. 다만, 위 가격 재결정 및 보고명령은 위 합의에 참가한 당사자들이 위 합의의 효력이 상실된 후에도 여전히 합의된 가격을 유지하는 경우를 대비한 것으로 보여지는 바, 이는 법의 취지에 비추어 적절하다고 보여진다. 따라서, 원고들의 위 주장은 위 인정범위 내에서 이유 있다."고 판결하였다.

다. 대법원 2009.5.28. 선고 2007두24616 판결, 2009.5.28. 선고 2008두549 판결, 2009.6.11. 선고 2007두25138 판결

대법원은 "원심판결 및 원심이 적법하게 조사한 증거 등에 의하면, 원고들을 비롯한 8개사는 수시로 밀가루 가격, 판매량 또는 생산량에 대한 정보(이하 '이 사건 정보'라 한다)를 교환함으로써 밀가루 가격, 판매량 또는 생산량을 합의하여 결정하는 등 이 사건 부당공동행위를 한 사실, 원고들이 이 사건 정보를 교환한 목적은 이 사건 부당공동행위를 쉽게 실행하려는 데 있는 사실, 국내 밀가루 시장은 상위 3개사의 시장점유율이 75%에 이르는 과점적 시장이고 밀가루는 제품 간 차이가 크지 아니하여 가격담합이 쉽게 이루어질 수 있는 사실, 이 사건 정보는 소비자, 행정기관 등 제3자에게 공개되지 않고 제분협회 회원사 내부에서만 주기적으로 교환되었던 사실, 이 사건 정보는 제분협회 회원사들의 가격·판매량·생산량 등에 관한 세부 정보로서 일반적으로 영업활동에서 비밀로 취급되고 경쟁에 영향을 미칠 수 있는 성질의 정보이며, 이를 통하여 정보를 제공한 개별 회원사를 특정할 수 있는 사실, 이 사건 정보는 정보교환시점을 기준으로 최근, 현재 또는 장래의 가격 및 생산량 등에 관한 정보를 내용으로 하고 있는 사실 등을 알 수 있다. 이러한 사정들에 비추어 보면, 원고들의 이 사건 정보교환행위는 공정거래법 제19조 소정의 부당공동행위를 목적으로 하는 것으로서 그 금지명령은 공정거래법 제21조에서 정하는 '시정을 위한 필요한 조치'에 해당한다고 할 것이다. 나아가 원심판결 이유에 의하면, 피고가 "8개사는 시장을 통한 정보수집의 경우를 제외하고 직접 또는 협회를 통하는 방법, 기타 여하한 방법으로 상호 간의 가격, 밀가루 판매량 또는 생산량에 관한 정보를 교환하여서는 아니된다"는 정보교환 금지명령을 한 사실을 알 수 있는데, 위 "시장을 통한 정보수집의 경우를 제외하고"라는 문구 및 위 시정명령 전체의 취지에 비추어 보면, 이 사건 정보교환 금지명령은 현재 또는 장래에 관한 공개되지 아니한 정보의 교환만을 금지하는 것임을 알 수 있으므로 명확성과 구체성의 원칙이나 비례의 원칙에 위반되지 아니한다고 할 것이다. 그럼에도 불구하고 원심은, 공정거래법 제21조 소정의 '기타 시정을 위한 필요한 조치'에는 행위 중지의 정도를 넘어서는 조치는 포함되지 않는다고 전제한 다음, 이 사건 정보는 기업활동에 관한 중요한 정보로서 이를 교환하는 것조차 금지하는 내용의 명령은 행위 중지의 정도를 넘는 것으로서 시정명령의 합리적인 범위를 벗어났고 과잉금지의 원칙에 위반한 것이라고 판단하였다. 그러므로 원심판결에는 공정거래법상의 시정명령에 관한 법리를 오해하여 판결에 영향을 미친 위법이 있다."고 판결하였다.

3. 공개명령과 보고명령이 비례원칙에 위반하여 위법하다고 판단한 판결

가. 에스케이텔레콤(주)의 부당한 고객유인행위 건(2012.7.10. 공정위 의결)

공정위는 "피심인은 이동전화 단말기 제조사와 협의하여 소비자에게 지급하는 이동전화 단말기 보조금을 반영하여 이동전화 단말기의 공급가 또는 출고가를 높게 책정하고, 이를 이동통신 서비스에 가입하는 소비자에게 지급하거나 지급하도록 함으로써, 소비자가 이동통신 서비스에 가입할 때 이동전화 단말기를 할인받아 실제보다 저렴하게 구입하는 것처럼 소비자를 오인시켜 자기와 거래하도록 유인하는 행위를 하여서는 아니 된다. 다만, 피심인이 공급가와 출고가의 차이 내역을 <별지1>의 양식에 따라 피심인의 홈페이지에 매월 공개하는 경우에는 위 시정명령을 이행한 것으로 본다. 피심인은 시정명령을 받은 날로부터 2년간 매 반기 종료일부터 30일 이내에 <별지 2>의 양식에 따라 작성된 판매장려금 내역을 공정거래위원회에 보고하여야 한다."는 시정조치명령을 의결하였다.

나. 서울고등법원 2014.10.29. 선고 2012누22999 판결

서울고등법원은 "① 비계약모델에 대한 공개명령 관련, 이 사건 공개명령에 따라 공개되는 정보는 출고가와 공급가의 차액이다. 따라서 설령 원고가 향후 제조사와의 협의를 통하여 공급가를 부풀린다고 하더라도 이 사건 공개명령만으로는 이를 도저히 알 수 없으므로, 공개명령의 목적인 소비자의 오인 제거 역시 전혀 달성되지 않는다. 오히려 원고로서는 이 사건 위반행위와 아무런 관련이 없는 정당한 물류비용, 단말기 유통 이윤 등에 대한 공개의무를 부담하게 될 뿐이므로(이 사건 위반행위의 대상이 된 120개 모델 중 비계약모델은 94개로서 그 비율이 78%에 이르는 점에 비추어 볼 때, 원고는 자신이 유통에 관여하는 단말기 중 결코 적지 않은 비중을 차지하는 단말기의 유통 이윤 등을 공개하여야 하는 의무를 부담하게 될 것으로 보인다), 이를 두고 위반행위의 시정을 위하여 필요한 조치에 해당한다고 볼 수 없다. 결국 비계약모델에 대한 공개명령은 수단의 적합성이 인정되지 않는다. ② 계약모델에 대한 공개명령 관련, 피고는 원고가 제조사와의 '협의'를 통하여 장차 이동통신 서비스에 가입하는 소비자에게 지급될 약정외 보조금의 재원을 마련하기 위해서 사전 장려금 상당을 미리 단말기의 공급가 또는 출고가에 반영한 행위를 위법하다고 보았을 뿐 모든 장려금의 조성 및 지급행위가 위법하다고 본 것은 아니다(피고는 원고가 단말기 제조사와의 협의 없이 장려금을 조성하고 집행하는 것은 금지되지 않는다고 주장하고 있다). 그런데 이 사건 공개명령은 원고와 제조사 사이에 출고가에 관한 협의가 있었는지 여부를 전혀 고려하지 않은 채 모든 계약모델을 그 대상으로 하였고, 이로 말미암아 원고로서는 이 사건 위반행위와 무관하게 자신이 독자적으로 출고가를 결정한 경우까지 출고가와 공급가의 차액을 공개하여야 하는 의무를 부담하게 되었다. 물론 이 사건 공개명령의 대상을 이 사건 위반행위와 일치시켜 '원고와 제조사가 협의하여 약정외 보조금의 재원 마련을 위한 사전 장려금 규모를 정한 후 이를 반영하여 출고가를 부풀린 경우'로 제한하게 되면 원고로 하여금 자신의 위법행위를 공개하도록 명하는 셈이 되어 그 자체가 부적법하다. 따라서 피고로서는 이 사건 위반행위보다 그 외연이 더 넓은 행위를 전제로 하여 공개명령을 할 수밖에 없는 불가피한 측면이 있기는 하다. 그러나 이러한 특수성을 감안하더라도, 피고로서는 '계약모델 중 원고와 제조사 사이에 출고가에 대한 협의가 있었던 경우' 등과 같이 공개명령이 적용되는 대상 단말기를 이 사건 위반행위의 시정을 위하여 필요·최소한의 범위로 제한함으로써 이를 통하여 달성하려는 공익과 침해되는 사익 사이의 합리적인 비례관계를 유지하였어야 한다. 결국 계약모델에 대한 공개명령은 비례원칙을 위반하였다. ③ 보고명령 관련, 앞서 본 것처럼, 비계약모델에 대한 보고명령의 경우 피고가 원고로부터 공급가, 출고가를 보고받더라도 공급가가 부풀려졌는지를 알 수 없고, 나아가 공급가나 출고가의 변동은 사후 장려금과 관련될 여지가 있을 뿐 사전 장려금과는 무관하므로, 수단의 적합성이 인정되지 않는다. 또 계약모델에 대한 보고명령의 경우 모든 단말기를 보고 대상으로 한 탓에 이 사건 위반행위와 아무런 관련성이 없는 지나치게 넓은 범위의 단말기까지 보고 대상에 포함되게 함으로써 비례원칙을 위반하였다. 결국 이 사건 시정명령 중 금지명령은 적법하나, 공개명령과 보고명령은 위법하다."고 판결하였다.

다. 대법원 2019.9.26. 선고 2014두15047 판결

대법원은 공개명령과 보고명령의 위법 여부(피고의 상고이유) 관련하여 "공정거래법 제24

조는 '공정거래위원회는 제23조(불공정거래행위의 금지) 제1항의 규정에 위반하는 행위가 있을 때에는 당해 사업자에 대하여 당해 불공정거래행위의 중지, 계약조항의 삭제, 시정명령을 받은 사실의 공표 기타 시정을 위한 필요한 조치를 명할 수 있다.'라고 규정하고 있다. 이러한 규정의 문언, 시정명령 제도의 취지와 실효성 확보 필요 등에 비추어 보면, 위 조항에 정한 '기타 시정을 위한 필요한 조치'에는 위반행위의 중지뿐만 아니라 그 위법을 시정하기 위하여 필요하다고 인정되는 제반 조치가 포함된다. 따라서 공정거래위원회는 개별 구체적인 위반행위의 형태나 관련시장의 구조 및 특성 등을 고려하여 위반행위의 위법을 시정하기 위하여 필요하다고 인정되는 조치를 할 수 있다. 다만 이러한 조치는 위반행위를 시정하기 위해 필요한 경우에 한하여 명할 수 있는 것이므로, 그 내용은 위반행위에 의하여 저해된 공정한 경쟁질서를 회복하거나 유지하기 위해서 필요한 범위로 한정되고, 위반행위와 실질적 관련성이 인정되지 않는 조치는 허용되지 않으며, 나아가 해당 위반행위의 내용과 정도에 비례하여야 한다."는 일관된 법리를 제시하면서 "원심이 이 사건 공개명령과 보고명령은 비례원칙을 위반하여 위법하다고 판단한 것은 본 법리에 기초한 것으로서, 거기에 상고이유 주장과 같이 공개명령 및 보고명령이 재량권을 일탈·남용하였는지 여부에 관하여 '수단의 적합성', '비례의 원칙' 등에 관한 법리를 오해하는 등의 잘못이 없다."고 상고를 기각하였다.

4. 의결서상 구체적으로 지적받지 아니한 동일한 유형의 행위에 대해서도 반복금지명령의 대상이 될 수 있다는 취지의 판결

가. ㈜유한양행의 부당한 고객유인행위 건(2007.12.20. 공정위 의결)

공정위는 시정조치로서 의료기관과 그들의 임원, 의료담당자, 기타 종업원 등에게 현금상품권 및 회식비 등의 지원, 골프·식사비 지원, 학회나 세미나 참가자에 대한 지원, 시판 후 조사를 통한 자금지원, 피심인이 주최하는 제품설명회 등에서의 비용지원 등에 있어서 정상적인 거래관행에 비추어 부당하거나 과대한 이익을 제공하여 경쟁사업자의 고객을 자기와 거래하도록 유인하는 행위를 다시 하여서는 아니 된다는 부작위명령을 의결하였다.

나. 서울고등법원 2008.11.20. 선고 2008누2790 판결

원고는 "이 사건 시정명령에는 원고가 주최하는 제품설명회 등에서의 비용지원과 관련한 시정명령이 포함되어 있으나 이 사건 의결서의 이유에는 이 부분 시정명령의 근거가 나타나 있지 않으므로, 원고가 주최하는 제품설명회 등에서의 비용지원과 관련한 시정명령은 위법하다."고 주장하였다.

이에 대하여 서울고등법원은 "피고(공정위)는 이 사건 시정명령을 할 때 원고가 주최하는 제품설명회 등에서의 비용지원과 관련해서는 아무런 법위반행위를 인정하지 않은 채 원고에게 원고가 주최하는 제품설명회 등에서의 비용지원과 관련하여 부당하게 고객을 유인하는 행위를 다시 하여서는 안 된다는 시정명령을 한 사실을 인정할 수 있다. 위 인정사실과 같이 원고가 주최하는 제품설명회 등에서의 비용지원과 관련하여 아무런 법위반행위가 인정되지 않는 이상 피고는 원고가 주최하는 제품설명회 등에서의 비용지원과 관련한 시정명령을 할 수 없다고 봄이 타당하다."고 판결하였다.

다. 대법원 2010.11.25. 선고 2008두23177 판결

대법원은 "공정거래법에서 시정명령 제도를 둔 취지에 비추어 시정명령의 내용은 가까운 장래에 반복될 우려가 있는 동일한 유형의 행위의 반복금지까지 명할 수 있는 것으로 해석함이 상당하다(대법원 2003.2.20. 선고 2001두5347 전원합의체 판결, 대법원 2009.5.28. 선고 2007두24616 판결 참조). 그런데 피고는 위 시정명령 중 원고가 주최하는 제품설명회 등에서의 비용지원과 관련하여서는 구체적인 공정거래법 위반행위를 지적하지 아니한 채 그러한 비용지원에 있어서 부당하게 고객을 유인하는 행위를 다시 하여서는 아니 된다는 시정명령을 한 점, 한편 제품설명회 등에서의 비용지원행위는 원고와 같은 제약회사가 의약품의 판매를 위하여 거래처 병·의원을 상대로 공정거래법 제23조 제1항 제3호(현행 제45조 제1항 제4호)에 정한 부당한 고객유인행위를 하는 대표적 수단의 하나인 점 등을 알 수 있다. 이러한 사정을 위 법리에 비추어 보면, 원고가 주최하는 제품설명회 등에서의 비용지원은 비용지원을 통한 이익제공으로서의 고객유인행위이므로, 원고의 공정거래법 위반행위로 인정된 회식비 등의 지원, 골프·식사비 지원, 학회나 세미나 참가자에 대한 지원 등과 동일한 유형의 행위로서 가까운 장래에 반복될 우려가 있다고 할 것이어서, 피고는 시정명령으로 이러한 유형의 행위의 반복금지까지 명할 수 있다고 봄이 상당하다. 그럼에도 불구하고, 원심은 원고가 주최하는 제품설명회 등에서의 비용지원과 관련하여 공정거래법 위반행위가 인정되지 않는 이상 피고는 이와 관련한 시정명령을 할 수 없다고 보았으니, 이러한 원심판결에는 시정명령에 관한 법리를 오해하여 판결 결과에 영향을 미친 위법이 있다."고 판결하였다.

5. 통지명령의 상대방의 범위 관련, 당해 위반행위로 직접 영향을 받았던 자로 한 정하지 않아도 된다는 취지의 판결

가. 에스케이브로드밴드(주)의 대리점법 등 위반행위 건(2020.10.16. 공정위 의결)

공정위는 시정조치로서 부작위명령들과 함께 공정위로부터 시정명령을 받았다는 사실을 이 시정명령을 받은 날 현재 자신과 거래하고 있는 모든 대리점에게 서면으로 통지하여야 한다는 통지명령을 의결하였다.

나. 서울고등법원 2021.12.9. 선고 2020누62299 판결

원고는 "통지명령의 경우 관련자에 대한 피해구제가 목적이 아니고 향후 동일 또는 유사 행위의 재발을 방지하고자 하는 것이 주된 목적이므로, 정상적인 거래관계에 대해서까지 불필요한 오해와 불신을 초래하여 사업자의 정상적인 사업을 방해할 정도가 되지 않도록 통지 또는 교부의 범위를 명확히 할 필요가 있는데, 이 사건 통지명령의 대상은 '현재 원고들과 거래하고 있는 모든 대리점'으로 1,250여 개에 달하는 반면, 그중 합병 전 티브로드의 대리점은 약 20개에 불과한 점, 이 사건 위반행위는 원고 에스케이브로드밴드가 합병 전 티브로드를 합병하기 전 발생한 것으로 현재 원고들과 거래하고 있는 대리점들 중 과거 합병 전 티브로드와 거래한 사업자들만 관련이 있는 점 등을 고려할 때, 이 사건 통지명령은 그 대상을 부당하게 확장하여 원고들의 정상적인 사업을 방해할 우려가 있다. 더욱이 합병 전 티브로드는 이미 합병으로 소멸했고, 원고 에스케이브로드밴드는 합병 이후 다른 방식으로 사업을 영위하고 있으므로, 위와 같은 행위가 재발할 우려도 없다. 따라서 이 사건 통지명령은 시정조치로서 필요한 범위를 벗어나 비례의 원칙을 위반하여 위법하다."고 주장하였다.

이에 대하여 서울고등법원은 "공정거래법 제24조(현행법 제49조)는 '불공정거래행위가 있을 때에는 해당 사업자에 대하여 해당 불공정거래행위의 중지 및 재발방지를 위한 조치, 해당 보복조치의 중지, 계약조항의 삭제, 시정명령을 받은 사실의 공표 기타 시정을 위한 필요한 조치를 명할 수 있다.'고 규정하고 있고, 대리점법 제23조도 '경제상 이익제공 강요행위, 불이익 제공행위 등이 있을 때에는 해당 사업자에 대하여 해당 행위의 중지, 시정명령을 받은 사실의 공표, 그 밖에 위반행위의 시정에 필요한 조치를 명할 수 있다.'고 규정하고 있다. 한편 구 「공정거래위원회의 시정조치 운영지침」(2021.8.17. 공정거래위원회예규 제372호로 개정되기 전의 것, 이하 '시정조치 운영지침'이라 한다)은 시정조치의 목적으로 '시정조치는 현재의 공정거래법 위반행위를 중단시키고, 향후 유사행위의 재발을 방지·억지하며, 왜곡된 경쟁질서를 회복시키고, 공정하고 자유로운 경쟁을 촉진시키는 것을 목적으로 한다.'고 규정하고 있고(시정조치 운영지침 Ⅳ.), '공정거래위원회는 예를 들어 거래상대방, 입찰실시기관, 구성사업자, 신규가입자 등 당해 위반행위에 의해 영향을 받았거나 향후 영향을 받을 가능성이 큰 자(이하 '관련자'라 한다)에게 공정거래위원회로부터 시정조치를 받았다는 사실, 합의를 파기했다는 사실 등을 일정기간 동안 통지하도록 통지명령을 명하거나, 공정거래위원회로부터 처분받은 명령서 사본을 교부하도록 교부명령을 명할 수 있다.'고 규정하고 있으며[시정조치 운영지침 Ⅶ. 3. 가. (1)], '통지명령 또는 교부명령은 관련자에게 피심인에 대한 시정조치와 관련된 사실이 직접 통지 또는 교부되게 함으로써 관련자가 피심인의 공정거래법 위반행위를 명확히 인식하게 되고, 피심인은 관련자가 지속적으로 피심인의 행위를 감시할 것이라는 것을 의식하여 향후 동일 또는 유사행위를 하지 못하게 하는 목적이 있다.'고 밝히고 있다[시정조치 운영지침 Ⅶ. 3. 가. (2)]. 흡수합병 당시 합병 전 티브로드와 거래하던 대리점으로서 이 사건 시정명령을 받은 날 현재도 원고 에스케이브로드밴드와 거래하고 있는 대리점을 통지 상대방으로 한 통지명령 여부 관련하여, 앞서 인정한 사실에 앞서 든 증거들과 변론 전체의 취지를 종합하여 인정되는 다음과 같은 사정들, 즉 ① 합병 전 티브로드가 흡수합병될 당시 합병 전 티브로드와 거래하였고, 이 사건 시정명령을 받은 현재도 원고 에스케이브로드밴드와 거래하는 대리점들에게 이 사건 시정명령을 받은 사실을 통지함으로써 이 사건 위반행위의 가능성을 원천적으로 차단하고 재발을 방지하기 위해 동일 또는 유사한 행위를 하는지 여부를 감시할 필요성이 있는 점, ② 원고 에스케이브로드밴드가 이 사건 시정명령을 받은 사실을 위 대리점들에게 통지하면 같은 내용의 위반행위가 재발하는 것을 방지하는 효과가 있는 점 등을 위 관련 규정에 비추어 보면, 원고 에스케이브로드밴드에 대하여 위 대리점들에게 이 사건 시정명령을 받은 사실을 통지하도록 명하는 것이 지나치게 가혹하여 비례의 원칙을 위반하였다고 볼 수 없다. 그러나 흡수합병 당시 합병 전 티브로드와 거래하지 않던 대리점으로서 이 사건 시정명령을 받은 날 현재 원고 에스케이브로드밴드와 거래하고 있는 대리점을 통지 상대방으로 한 통지명령 여부 관련하여서는, 앞서 인정한 사실에 앞서 든 증거들과 변론 전체의 취지를 종합하여 인정되는 다음과 같은 사정들, 즉 ① 합병 전 티브로드가 이 사건 위반행위를 한 후 수년이 경과하여 원고 에스케이브로드밴드에 합병되었는데, 이 사건 위반행위는 현재 원고 에스케이브로드밴드와 거래하는 대리점들 중 과거 합병 전 티브로드와 거래한 대리점들만 관련되는 점, ② 현재 원고 에스케이브로드밴드와 거래하는 대리점들은 약 1,250개에 이르는 반면, 그중 이 사건 위반행위가 문제되는 합병 전 티브로드의 대리점은 약 20개에 불과하고, 원고 에스케이브로드밴드가 합병 전 티브로드와 같은 방식으로 대리점들과 거래하고 있다고 보기 어려운 점, ③ 만일 합병 전 티브로드와 거래하지 않은 대리점들에게까지 서면 통지를 할 경우 그 대상이 부당하게 확장되어 원고 에스케이브로드밴드의 정상적인 거래관계에 대해서도 불필요한 오해와 불신이 초래될 우려가 있는 점 등을 고려하면, 원고 에스케이브로드밴드에 대하여 흡수합병 당시 합병 전 티브로드와 거래하지 않았고, 이 사건 시정명령을 받은 날 현재 원고 에스케이브로드밴드와 거래하고 있는 대리점들에게까지 이 사건 시정명령을 받은 사실을 통지하도록 명하는 것은 지나치게 가혹하여 비례의 원칙을 위반하였다고 봄이 타당하다."고 판결하였다.

다. 대법원 2022.5.12. 선고 2022두31433 판결

대법원은 "공정거래법 제24조 및 대리점법 제23조에서 규정된 문언 내용에 비추어 보면, 피고(공정위)는 공정거래법 제23조 제1항 또는 제2항, 제23조의2 또는 제23조의3, 대리점법 제6조부터 제12조를 위반한 사업자에 대하여 그 위반행위를 시정하기 위하여 필요하다고 인정되는 제반 조치를 할 수 있고, 이러한 시정의 필요성 및 시정에 필요한 조치의 내용에 관하여는 피고에게 그 판단에 관한 재량이 인정된다(대법원 2009.6.11. 선고 2007두25138 판결, 대법원 2010.11.25. 선고 2008두23177 판결 등 참조). 피고는 공정거래법 제24조, 대리점법 제23조에 따라 위반행위를 시정하기 위하여 필요하다고 인정되는 조치의 하나로 이 사건 통지명령을 하였다. 이러한 시정조치는 현재의 법 위반행위를 중단시키고, 향후 유사행위의 재발을 방지·억지하며, 왜곡된 경쟁질서를 회복시키고, 공정하고 자유로운 경쟁을 촉진시키는 데에 그 취지가 있는 것으로, 그중 통지명령은 통지명령의 상대방에 대한 피해구제가 목적이 아니고, 통지명령의 상대방으로 하여금 해당 사업자의 위반행위를 명확히 인식하도록 함과 동시에 해당 사업자로 하여금 통지명령의 상대방이 지속적으로 위반행위 여부를 감시할 것이라는 것을 의식하게 하여 향후 유사행위의 재발 방지·억지를 보다 효율적으로 하기 위한 것이다. 따라서 통지명령의 상대방은 반드시 당해 위반행위에 의하여 직접 영향을 받았던 자로 한정되어야 하는 것은 아니고, 그 취지와 필요성 등을 고려하여 향후 영향을 받을 가능성이 큰 자도 이에 포함될 수 있다. 원고 에스케이브로드밴드는 흡수합병으로 인하여 그 성질상 이전이 허용되지 않는 것이 아닌 한 합병 전 티브로드의 권리·의무 전부를 포괄적으로 승계한 회사로, 합병 전후에 걸쳐 동일성을 유지한 채 기존 사업 및 거래를 계속하는 이상, 현재 또는 가까운 장래에 이 사건 위반행위와 같거나 유사한 유형의 위반행위가 되풀이될 가능성도 충분히 예상된다. 따라서 설령 흡수합병 당시 합병 전 티브로드와 거래하지 않던 대리점이라 해도 이 사건 시정명령을 받은 날 현재 원고 에스케이브로드밴드와 거래하고 있는 대리점이라면, 이 사건 위반행위와 같거나 유사한 위반행위에 의해 향후 영향을 받을 가능성이 적지 않다. 이러한 사정에다가 이 사건 위반행위의 경위 및 내용 등을 더하여 보면, 원고 에스케이브로드밴드가 이 사건 위반행위로 인하여 피고로부터 시정명령을 받은 사실을 이 사건 시정명령을 받은 날 현재 자신과 거래하고 있는 모든 대리점에 통지함으로써 같은 유형의 위반행위의 재발을 효율적으로 방지하는 효과를 기대할 수 있고, 달리 이로 인하여 원고 에스케이브로드밴드의 현재 혹은 장래의 정상적인 거래관계에 대해서까지 불필요한 오해와 불신이 초래될 우려가 있다거나 비례의 원칙을 위반하는 등 재량권을 일탈·남용한 위법이 있다고 보기 어렵다. 그런데도 원심은 이 사건 통지명령 중 원고 에스케이브로드밴드에 대하여 '흡수합병 당시 합병 전 티브로드와 거래하지 않던 대리점으로서 이 사건 시정명령을 받은 날 현재 합병 후 존속회사인 원고 에스케이브로드밴드와 거래하고 있는 대리점'에 통지를 명한 부분은 비례의 원칙에 위배된다고 판단한 다음, 그 부분을 취소하는 판결을 선고하였다. 이러한 원심의 판단에는 시정조치에 관한 법리를 오해하는 등 판결에 영향을 미친 잘못이 있다."고 판결하였다.

6. 부당표시 및 허위·과장광고행위에 대한 시정조치로서 용기 표시 삭제명령의 위법성 관련

가. ㈜초정약수의 부당표시 및 허위·과장광고행위 건(1988.5.4. 공정위 의결)

공정위는 시정명령으로서 천연사이다라고 한글로 크게 표시하고 '(泉淵)'이라고 한자로 작게 병기하거나 병기하지 않음으로써 소비자로 하여금 '天然사이다'로 오인케하는 행위를 하지 말아야 한다는 행위중지명령을 내리면서 용기의 표시는 시정명령이 있은 날로부터 1년이내에 시정토록 의결하였다.

나. 서울고등법원 1989.9.5. 선고 88구9482 판결

서울고등법원은 "원고의 등록상표는 천연이라는 글자와 물방울 모양의 형상으로 이루어져 있으며 "천연"이란 한글보다 "泉淵"이란 한자가 다소 크게 표시되어 있으나 그 주된 구성요소는 한글과 한자가 병기된 "천연, 泉淵"이라 할 것이므로 비록 한자 "泉淵"이 한글 "천연"보다 작게 표시되었다고 하더라도 이는 상표권의 정당한 권리행사범위내이므로 이를 가르켜 위 불공정거래행위지정고시 제7호(부당표시), 제12호(허위,과장, 비방광고행위)에 해당하는 행위라고 할 수 없다."고 판결하였다.

다. 대법원 1990.2.9. 선고 89누6860 판결

대법원은 이에 대하여 "원고가 상품명을 '천연사이다'로 한 청량음료제조업허가를 받고 '천연'이란 연합상표등록을 받은 이상 그 상품을 천연사이다라고 표시하여 광고하는 행위는 상표권의 정당한 권리행사가 될 수 있으나, 상품용기인 유리병에 한글로 크게 천연사이다라고 표시하면서 한글 '천연' 다음에 바로 한자 泉淵을 써 넣지 않고 다른 줄에 작은 한문자로 泉淵이라고 기재하였다면 그것이 천연적으로 생산된 사이다라고 오해되기를 바라고 한 것이라고 볼 여지가 충분하다. 위 일련의 상품선전 내지 광고행위는 특단의 사정이 없는 한 허위 과장광고행위에 해당하지 아니한다고 하기 어렵다. 이에 원심판결을 파기하여 사건을 원심법원에 환송하기로 관여 법관의 의견이 일치되어 주문과 같이 판결한다."고 판단하였다.

라. 파기 환송 후 서울고등법원 판결(1990.11.7.)

원고는 가사 위 일련의 행위가 부당표시 또는 허위·과장광고행위에 해당한다 하더라도 원고회사의 총자산 50억 9천만원중 용기자산이 무려 42억원에 이르는 바, 사이다의 성분자체에 흠이 있는 것도 아닌데 용기의 표시에 사소한 하자가 있다고 하여 이를 1년내에 모두 없애라고 하는 것은 재량권의 남용에 해당한다고 주장하였다.

이에 대하여 서울고등법원은 "물론 원고의 용기자산은 42억원을 넘고 천연사이다라고 병에 쓴 상표의 표기는 제조과정에서 특수페인트로 인쇄되어 나오기 때문에 그 부분을 지우는데 드는 비용이 새로 병을 만드는 비용과 맞먹음으로써 이 사건 시정조치대로 하면 원고회사가 도산에 이를 위험성도 없지 않은 사실을 인정할 수 있고 반증도 없으나, 위 시정조치의 관철로 인하여 원고가 입게 될 불이익의 정도가 그와 같은 불공정거래행위의 시정으로 인하여 이룩될 사회정의의 정도보다 크다고는 할 수 없으므로 위 주장은 이유없으며, 결국 이 사건 시정조치처분은 정당하다."고 판결하였다.

7. 경고를 시정조치로 볼 수 있는지 여부 관련

가. 공정위 의결(2010.5.7.)

공정위는 ㈜청원건설 등 3개 주택건설업자들의 표시광고법 위반행위에 대하여 주택분양계약 당사자에 대한 피해구제적인 성격이 강하고 광고효과가 고양시에 한정되는 등 법 위반의 정도가 경미한 점을 감안하여 경고를 의결하였다.

나. 서울고등법원 2011.1.12. 선고 2010누17344 판결

피고(공정위)는 본안전 항변으로, 이 사건 경고가 행정소송의 대상이 되는 처분이라고 할 수 없으므로 그 취소를 구하는 원고의 이 사건 소는 부적법하다고 주장하였다.

이에 대하여 서울고등법원은 "행정청의 어떤 행위를 행정처분으로 볼 것이냐의 문제는 추상적, 일반적으로 결정할 수 없고, 구체적인 경우 행정처분은 행정청이 공권력의 주체로서 행하는 구체적 사실에 관한 법집행으로서 국민의 권리의무에 직접적으로 영향을 미치는 행위라는 점을 염두에 두고, 관련 법령의 내용 및 취지와 그 행위가 주체·내용·형식·절차 등에 있어서 어느 정도로 행정처분으로서의 성립 내지 효력요건을 충족하고 있는지 여부, 그 행위와 상대방 등 이해관계인이 입는 불이익과의 실질적 견련성, 그리고 법치행정의 원리와 당해 행위에 관련한 행정청 및 이해관계인의 태도 등을 참작하여 개별적으로 결정하여야 할 것이다(대법원 2007.6.14. 선고 2005두4397 판결 참조). 살피건대, 이 사건 경고는 표시광고법 제16조 제1항이 준용하고 있는 구 공정거래법 제55조의2(현행법 제101조)를 근거로 법 규정에 위반하는 사건의 처리절차 등에 대하여 피고가 정하여 고시한 공정거래위원회 회의 운영 및 사건절차 등에 관한 규칙 제50조(현행 제57조)에 의한 의결이고, 이 사건 경고에서 원고들이 표시광고법을 위반한 것으로 인정하고 있어 향후 원고들이 표시광고법 위반행위를 하였을 경우에 피고로부터 받게 될 과징금 부과에 있어 표시광고법 제9조 제3항 제2호 소정의 '위반행위의 횟수'와 관련하여, 또는 3년간 3회 이상 표시광고법 또는 공정거래법 위반으로 경고(벌점 0.5점) 이상의 조치를 받고 벌점 누산점수가 5점 이상인 경우에는 원칙적으로 과징금이 부과되고, 4회 조치부터 기본과징금이 가중되도록 규정하고 있는 과징금부과 세부기준 등에 관한 고시(2008.11.10. 공정거래위원회 고시 제2008－18호로 개정된 것)에 의한 과징금 부과에 있어서, 원고들이 이 사건 경고를 받은 전력이 참작사유에 해당하는 법률상 효과를 발생하게 하는 등 이 사건 경고가 원고들의 권리의무에 직접 영향을 미치는 행위로서 행정소송의 대상이 되는 처분(이하 '이 사건 처분'이라 한다)이라고 할 것이므로, 피고의 본안전 항변은 이유 없다."고 판단하였다.

다. 대법원 2013.12.26. 선고 2011두4930 판결

한편 대법원은 "헌법상 법치국가 원리에서 비롯된 법률유보의 원칙은 행정이 법률에 근거하여 이루어져야 한다는 것이고, 헌법 제37조 제2항은 국민의 모든 자유와 권리는 국가안전보장·질서유지 또는 공공복리를 위하여 필요한 경우에 한하여 법률로써 제한할 수 있다고 규정하고 있으므로 국민의 자유와 권리를 제한하는 행정처분은 법률에 근거하여야만 한다. 구 표시광고법 위반을 이유로 한 공정위 경고의결은 당해 표시·광고의 위법을 확인하되 구체적인 조치까지는 명하지 아니하는 것으로 사업자가 장래 다시 표시광고법 위반행위를 할 경우 과징금 부과 여부나 그 정도에 영향을 주는 고려사항이 되어 사업자의 자유와 권리를 제한하는 행정처분에 해당한다. 구 표시광고법 제7조에 따르면, 공정위는 사업자 등이 부당한 표시·광고행위를 하는 때에는 그 시정을 위하여 '당해 위반행위의 중지(제1호), 시정명령을 받은 사실의 공표(제2호), 정정광고(제3호), 기타 위반행위의 시정을 위하여 필요한 조치(제4호)'를 명할 수 있다. 여기서 '기타 위반행위의 시정을 위하여 필요한 조치'란 '당해 위반행위의 중지 명령' 등 제1호에서 제3호까지 규정한 시정조치 외에 위반행위를 시정하기 위하여 필요하고 적절하다고 인정되는 제반 조치를 말하는 것이고, 표시광고법 위반행위에 따른 과징금 부과 여부나 그 정도에 영향을 미칠 수 있는 경고처분도 이에 해당한다고 볼 수 있다. 따라서 피고의 경고처분이 구 표시광고법에 근거한 시정조치에 해당한다는 점을 전제로 한 원심판결은 위 법리에 비추어 정당하고, 거기에 법률유보에 관한 법리오해 등의 위법이 없다."고 판단하였다.

라. 사견

필자는 공정거래법 등에 의한 경고는 공정거래법 제101조(사건처리절차 등), 표시광고법 제16조(공정거래법의 준용)의 위임에 따른 공정위 고시인 '공정거래위원회 회의 운영 및 사건절차 등에 관한 규칙' 제57조(경고) 및 제61조(심사관의 전결 등)를 근거로 하고 있다. 동 규칙 제57조 제1항은 공정거래법 등 위반의 정도가 경미한 경우(제1호), 위반행위를 한 피심인이 사건의 심사 또는 심의과정에서 해당 위반행위를 스스로 시정하여 시정조치의 실익이 없다고 인정하는 경우(제2호), 위반행위를 한 피심인이 위원회의 시정조치 또는 금지명령에 응하지 않아 심사관이 심사절차를 개시하였으나 사건의 심사 또는 심의과정에서 시정조치 또는 금지명령을 이행한 경우(제3호)에 경고를 의결할 수 있도록 규정하고 있다. 즉 위반행위에 대한 제재조치의 성격을 가지는 것으로서 위반의 정도나 위반의 해소 상태 등을 감안하는 시정조치와 병렬적인 성격을 가지는 것이며, 기본적으로 법위반상태를 해소하기 위한 수단은 아니다. 따라서 시정조치 관련된 규정들에 공통적으로 들어가 있는 '그 밖에 필요한 시정조치'에 해당하는 것은 아니라고 본다.[3]

---

3) 다만 경고 조치는 위 서울고등법원 및 대법원 판결에서 설시한 것처럼 처분대상자의 권리의무에 직접 영향을 미친다는 점에서 이의신청이나 행정소송의 대상이 되는 행정처분에 해당된다.

마찬가지로 법 제88조(위반행위의 시정권고)에 규정된 '시정권고'는 동조 제3항에 따라 시정권고를 받은 자가 해당 권고를 수락한 때에는 이 법에 따른 시정조치가 명하여진 것으로 본다고 규정함으로써 개념적으로 시정조치와 구별하여 사용하고 있는바 법상 시정조치에는 해당하지 않는 것으로 보아야 할 것이다.

이슈 7

공정거래법 위반행위의 사법상 효력

I. 개요

공정거래법 위반행위의 사법상 효력과 관련하여 공정거래법은 "부당한 공동행위를 할 것을 약정하는 계약 등은 해당 사업자 간에는 그 효력을 무효로 한다"(제40조 제4항), "공정위는 제9조(기업결합의 제한) 제1항 또는 제11조(기업결합의 신고) 제8항, 제19조(상호출자제한기업집단의 지주회사 설립제한)를 위반한 회사의 합병 또는 설립이 있는 경우에는 해당 회사의 합병 또는 설립 무효의 소를 제기할 수 있다"(제14조 제2항 및 제37조 제2항)는 규정 외에는 특별히 규정하고 있지 않다.

우리나라의 경우 공정거래법 위반행위의 사법상 효력 문제에 대해서는 그 사례가 많지 않았고 학설이 정립되어 있지 않은 상태였으나, 외국의 경우를 보면 무효설, 원칙유효설, 상대무효설 등의 대립이 있다가 최근에는 추상적·획일적으로 판단할 것이 아니라 구제적 분쟁에 있어서 개별적으로 해결되어야 한다는 개별적 해결설이 유력하게 대두되어 있다. 이들 학설의 대립은 공정거래법 위반행위를 사법상무효로 함으로써 법목적을 유효하게 달성해야 한다는 요청, 사법상무효로 할 경우 발생되는 사법상 법률관계의 혼란을 방지해야 한다는 요청 중에서 어느 것을 중시하느냐에 달려 있는 것으로 볼 수 있다.[1]

우리나라의 경우 판례도 정립되어 있지 않은 상태였다가 1995년에 정유사들의 석유류제품판매대리점 및 주유소 확보경쟁을 둘러싼 공정거래법 위반행위에 대하여 당시 주목할 만한 판결(서울고등법원 1995.1.12. 선고 94라186 결정)이 내려진 바 있는데 동판결은 개별적 해결설의 입장을 취하고 있다고 볼 수 있다. 그리고 이제는 공정거래법 위반행위의 사법상 효력 관련하여 적지 않은 판결들을 통해 법리도 정립되었다고 할 수 있으며, 아래에서는 법원의 관련 판결례들을 정리해 본다.

---

1) 이동규, 독점규제 및 공정거래에 관한 법률 개론(개정판), 1997, 155~157면.

Ⅱ. 관련 법원 판결례

1. 서울고등법원 1995.1.12자 94라186 결정(상표등사용금지가처분)

석유류제품판매대리점인 ㈜미륭상사가 정유사인 현대정유㈜로부터 지원약속을 받고 오랫동안 거래관계를 맺고 있던 ㈜유공과의 거래를 중단하였고, 이에 대해 공정위는 현대정유에 대해서는 '부당한 고객유인행위'로서 당해행위의 중지 및 법위반사실의 공표 등 시정조치와 과징금부과 처분을 내리고, 미륭상사에 대해서는 '거래거절행위'로서 다만, 거래가 계속 이루어지고 있는 점을 감안하여 경고조치하였다. 한편 유공은 미륭상사 및 현대정유를 상대로 상표등사용금지가처분, 매입및판매금지가처분을 법원에 신청하였다.

서울고등법원은 "불공정거래행위에 해당하는 법률행위 또는 이와 불가분의 관계에 있는 법률행위를 모두 사법상 유효하다고 인정하여 위반당사자에게 그 법률효과를 누리게 한다면 공정거래법의 금지의 취지 및 입법목적의 달성을 불가능하게 하는 반면, 이를 전면적으로 무효라고 한다면 그로 인한 광범위한 사법관계의 혼란을 초래할 위험이 있다. 따라서 공정거래법 위반행위의 사법상 효력에 관해서는 이를 추상적, 획일적으로 판단할 것이 아니라 개개의 구체적인 불공정거래행위에 대하여 공정거래법의 입법취지, 각 금지규정의 내용, 위반의 정도, 무효로 할 경우 사법상 혼란의 정도 등을 종합적으로 고려하여 이를 정의와 형평의 관념 내지는 신의칙에 비추어 개별적으로 판단해야 할 것이다. 위와 같은 자금지원에 의한 기존 석유류판매대리점과 주유소의 침탈을 방치하면 앞으로 국내석유판매업계에 그로 인한 상당한 혼란이 야기될 것이 예상되므로 그 사법상의 효력을 부인하여야만 불공정거래행위를 규제하여 공정하고 자유로운 경쟁을 촉진하려는 공정거래법의 입법취지를 달성할 수 있는 점과 위와 같은 부당한 자금지원에 의한 기존 대리점 등의 침탈행위에 대한 사법상 효력을 부인한다 하더라도 거래의 안전에 혼란을 초래할 것으로는 보이지 아니하는 점 등을 종합적으로 고려하면, 피신청인 현대정유의 위와 같은 부당한 고객유인의 불공정거래행위와 불가분의 관계에 있는 피신청인 미륭상사의 신청인에 대한 이건 1994. 7. 18.자 계약갱신거절의 의사표시는 이를 무효로 함이 정의와 형평의 관념 내지는 신의칙에 비추어 상당하다고 할 것이다."라고 결정하였다.

2. 서울고등법원 1999.10.22. 선고 99나17540 판결(매매대금반환)

공정위는 피고의 허위·과장 분양광고에 대해 시정조치 처분을 내렸으며, 이에 대해 원고는 이 사건 분양계약은 공정거래법 제23조 제1항 제6호(부당한 표시·광고)의 규정에 위반되어 무효라고 주장하였다.

이에 대해 서울고등법원은 피고가 이 사건 분양계약과 관련하여 공정거래법 규정에 위반되는 허위광고행위를 한 것만으로는 행정상, 형벌상 제재는 별론으로 하고 이 사건 분양계약의 사법적 효력까지 부인된다고 볼 수 없다고 판단하였다.

3. 대법원 2017.9.7. 선고 2017다229048 판결

거래상 지위의 남용행위가 공정거래법상 불공정거래행위에 해당하는 것과 별개로 위와 같은 행위를 실현시키고자 하는 사업자와 상대방 사이의 약정이 경제력의 차이로 인하여 우월한 지위에 있는 사업자가 그 지위를 이용하여 자기는 부당한 이득을 얻고 상대방에게는 과도한 반대급부 또는 기타의 부당한 부담을 지우는 것으로 평가할 수 있는 경우에는 선량한 풍속 기타 사회질서에 위반한 법률행위로서 무효라고 할 것이다.

원심판결 이유에 의하면, 원심은 판시와 같은 이유로, 백화점을 운영하는 대규모 소매업자인 원고와 원고에게 의류를 납품하는 피고 사이에 2012.9.1. 원고가 피고로부터 납품받은 상품을 매입하여 그 대금을 지급하고 피고의 책임하에 상품을 판매한 후 재고품을 반품하는 조건으로 거래하는 내용의 특정매입거래계약(이하 '이 사건 계약'이라고 한다)을 체결하고 지속적으로 거래해 오다가 2014.9.25. 피고가 원고에게 재고품에 관한 상품대금 반환채무 232,225,685원이 있음을 확인하면서 이를 2014.12.31.부터 2015.9.30.까지 4회에 걸쳐 분할 상환하기로 하는 '상품대금 반환에 관한 확약서'(이하 '이 사건 확약서' 또는 '이 사건 확약'이라고 한다)를 작성한 것과 관련하여, 이 사건 계약의 실질은 특정매입거래가 아닌 직매입거래이고, 직매입거래에 있어 대규모 소매업자인 원고가 납품업자인 피고에게 상품의 전부 또는 일부를 반품하는 행위는 공정거래법 제23조 제1항 제4호가 금지하는 불공정거래행위 중 거래상 지위의 남용행위로서 불법행위에 해당하며, 이 사건 확약은 이러한 불법행위를 실현하는 내용으로서 선량한 풍속 기타 사회질서에 위반한 사항을 내용으로 하는 법률행위에 해당하여 무효라고 보아, 이 사건 확약에 따라 미지급 재고물품 대금 81,843,690원과 이에 대한 지연손해금의 지급을 구하는 원고의 청구를 배척하였다.

이와 같이 원고는 피고와 이 사건 계약을 특정매입거래계약인 것처럼 체결하고도 직매입 거래 방식으로 의류를 납품받아 수익의 극대화를 도모하는 한편, 그 실질이 직매입거래임에 도 피고의 부담으로 매장에 판촉사원을 파견받고 특정매입거래계약인 경우에나 가능한 재고 품의 반품을 위하여, 그것도 유행에 민감한 의류를 이 사건 계약일로부터 2년이나 지난 시점에 반품하는 내용의 이 사건 확약서를 작성하는 등 특정매입거래 방식의 유리한 점 역시 함께 취하려고 함으로써 원고에게는 특히 유리하고 피고에게는 지나치게 불리한 내용의 거래를 주도하였는데, 이러한 거래관계가 형성될 수 있었던 것은 대규모 소매업자인 원고와 의류납품업자에 불과한 피고 사이의 경제력 차이에서 연유하는 원고의 우월한 지위 때문이라고 하지 않을 수 없다.

위와 같은 사정을 앞에서 본 법리에 비추어 살펴보면, 이 사건 확약의 목적 내지 내용은 원고가 납품받은 상품의 반품과 피고가 지급받은 대금의 반환에 관한 것으로서 그 자체가 반사회질서적인 것이라고 할 수는 없으나, 이 사건 계약의 실질과 함께 이 사건 확약을 들여다보면 원고는 피고로부터 의류를 직접 매입한 것처럼 임의로 판매하고 정해진 마진율도 철저히 지키지 않았으면서 이 사건 계약이 반품이 전제된 특정매입거래계약으로 체결된 것을 기화로 일거에 재고를 반품하는 내용으로 이 사건 확약서를 작성하였는바, 이 사건 확약은 원고가 우월한 지위를 이용하여 자기는 부당한 이득을 얻고 피고에게는 과도한 반대급부 내지 부당한 부담을 지우는 법률행위로 평가할 수 있고, 이를 강제하는 것은 사회적 타당성이 없어 사회질서에 반한다고 봄이 상당하다. 같은 취지의 원심판결은 정당한 것으로 수긍이 되고, 거기에 상고이유 주장과 같이 처분문서의 해석, 거래상 지위의 남용행위와 증명책임의 분배, 이 사건 확약서의 사법상 효력에 관한 법리를 오해하는 등의 잘못이 없다.

4. 대법원 2018.10.12. 선고 2015다256794 판결

대법원은 공정거래법 위반행위를 포함한 전반적인 법률행위의 사법상 효력과 관련하여 매우 구체적인 법리를 확인하였다. 즉 대법원은 "계약 등 법률행위의 당사자들에게 일정한 의무를 부과하거나 일정한 행위를 금지하는 법규에서 이를 위반한 법률행위의 효력을 명시적으로 정하고 있는 경우에는 그 규정에 따라 법률행위의 유·무효를 판단하면 된다. 법률에서 해당 규정을 위반한 법률행위를 무효라고 정하고 있거나 해당 규정이 효력규정이나 강행규정이라고 명시하고 있으면 그러한 규정을 위반한 법률행위는 무효이다. 이와 달리 금지 규정 등을 위반한 법률행위의 효력에 관하여 명확하게 정하지 않은 경우에는 그 규정의 입법

배경과 취지, 보호법익, 위반의 중대성, 당사자에게 법규정을 위반하려는 의도가 있었는지 여부, 규정 위반이 법률행위의 당사자나 제3자에게 미치는 영향, 위반행위에 대한 사회적·경제적·윤리적 가치평가, 이와 유사하거나 밀접한 관련이 있는 행위에 대한 법의 태도 등 여러 사정을 종합적으로 고려해서 그 효력을 판단하여야 한다."고 판시하였다.

5. 대법원 2019.1.17. 선고 2015다227000 판결

대법원은 경제력집중 억제시책의 하나인 계열회사에 대한 채무보증의 금지(법 제24조) 및 이를 회피하려는 탈법행위(법 제36조 관련)에 대하여 여러 측면에서의 깊은 검토를 통하여 사법상 당연 무효라고 볼 수는 없다고 판결하였다.

대법원은 "계약 등 법률행위의 당사자에게 일정한 의무를 부과하거나 일정한 행위를 금지하는 법규에서 이를 위반한 법률행위의 효력을 명시적으로 정하고 있는 경우에는 그 규정에 따라 법률행위의 유·무효를 판단하면 된다. 법률에서 해당 규정을 위반한 법률행위를 무효라고 정하고 있거나 해당 규정이 효력규정이나 강행규정이라고 명시하고 있으면 그러한 규정을 위반한 법률행위는 무효이다. 이와 달리 금지 규정 등을 위반한 법률행위의 효력에 관하여 명확하게 정하지 않은 경우에는 그 규정의 입법 배경과 취지, 보호법익, 위반의 중대성, 당사자에게 법규정을 위반하려는 의도가 있었는지 여부, 규정 위반이 법률행위의 당사자나 제3자에게 미치는 영향, 위반행위에 대한 사회적·경제적·윤리적 가치평가, 이와 유사하거나 밀접한 관련이 있는 행위에 대한 법의 태도 등 여러 사정을 종합적으로 고려해서 그 효력을 판단하여야 한다(대법원 2010.12.23. 선고 2008다75119 판결, 대법원 2018.10.12. 선고 2015다256794 판결 등 참조). 공정거래법은 제10조의2(현행 제24조) 제1항과 제15조(현행 제36조)를 위반한 경우 시정조치를 명하거나(제16조 제1항), 과징금(제17조 제2항) 또는 형벌(제66조 제1항 제6호, 제8호)을 부과할 수 있다고 정하면서도, 제10조의2 제1항과 제15조를 위반한 행위의 사법상 효력에 관해서 직접 명시하고 있지는 않다. 그러나 공정거래법은 그 문언상 제10조의2 제1항을 위반한 행위가 일단 사법상 효력을 가짐을 전제로 하는 비교적 명확한 규정을 두고 있다. 즉, 공정거래법은 제10조의2 제1항을 위반한 행위가 있는 때에는 공정거래위원회가 시정조치로서 채무보증의 취소를 명할 수 있다고 정하고 있다(제16조 제1항 제5호). 이는 공정거래법 제10조의2 제1항을 위반한 채무보증이 사법상 유효함을 전제로 한 것이고, 그 채무보증이 공정거래위원회의 재량에 따라 취소가 가능하다고 정한 것이다. 공정거래법이 위와 같은 채무보증을 사법상 무효라고 보았다면 굳이 시정조치로 그 취소를 명할 수 있다는 규정을 둘 이유가 없다. 따라서 공정거래법의 문언해석상 공정거래위원회의 시정명령으로 취소되기 전까지는 공정거래법 제10조의2 제1항을 위반한 채무보증은 일단 사법상 유효하다고 보아야 한다. 마찬가지로 공정거래법 제10조의2 제1항의 적용을 면탈하려는 제15조를 위반한 탈법행위도 사법상 유효하다고 볼 수 있다. 이러한 결론은 공정거래법이 다른 금지대상 행위에 대해서는 사법상 무효라거나 그 무효의 소를 제기할 수 있다는 명문의 규정을 두고 있는 것에 의해서도 뒷받침된다. 공정거래법 제19조(현행 제40조) 제4항은 '부당한 공동행위를 할 것을 약정하는 계약 등은 사업자 간에 있어 이를 무효로 한다.'고 정하고, 제16조 제2항은 '기업결합의 제한, 채무보증제한기업집단의 지주회사 설립제한 등을 위반한 회사의 합병 또는 설립이 있는 때에는 공정거래위원회가 회사의 합병 또는 설립무효의 소를 제기할 수 있다.'고 정하고 있다. 공정거래법 제10조의2 제1항, 제15조는 일정 규모 이상의 기업집단에 속하는 회사의 국내계열회사에 대한 채무보증이나 그 탈법행위를 금지하여 과도한 경제력 집중을 방지하고 공정하고 자유로운 경쟁을 촉진하여 국민경제의 균형 있는 발전을 도모하는 데 그 입법 취지가 있다. 이를 달성하기 위해서 반드시 위 채무보증이나 탈법행위의 효력을 부정해야 할 필요는 없다. 만일 공정거래법 제10조의2 제1항, 제15조를 위반한 채무보증이나 탈법행위의 사법상 효력을 무효로 본다면, 국내계열회사에 대하여 이러한 행위를 한 회사는 그로 인한 이득을 얻고도 아무런 대가 없이 보증채무 등 그 채무를 면한다. 반면 그 거래상대방인 금융기관은 인적 담보를 상실하고 채권 미회수 위험이 증가하는 피해를 본다. 나아가 국제경쟁력 강화를 위해 필요한 경우와 같이 공정거래법 관련 규정에 따라 채무보증이 허용되는 경우에도 금융기관이 이를 받아들이지 않을 위험도 있다. 공정거래법 제10조의2 제1항 단서와 공정거래법 시행령 제17조의5(현행 제31조)는 계열회사에 대한 채무보증이 허용되는 예외사유를 비교적 넓게 정하고 있다. 이처럼 공정거래법이 계열회사에 대한 채무보증을 원칙적으로 금지하면서도 넓은 예외사유를 두고 있는 것을 보면, 공정거래법 제10조의2 제1항, 제15조를 위반한 채무보증이나 탈법행위가 그 자체로 사법상 효력을 부인하여야 할 만큼 현저히 반사회성이나 반도덕성을 지닌 것이라고 볼 수 없다."고 판단하였다.

6. 대법원 2019.6.13. 선고 2018다258562 판결

대법원은 자본시장법상 투자일임업 등록 없이 이루어진 일임매매 약정의 효력에 관하여 "사법상의 계약 기타 법률행위가 일정한 행위를 금지하는 구체적 법규정을 위반하여 행하여진 경우에 그 법률행위가 무효인가 또는 법원이 법률행위 내용의 실현에 대한 조력을 거부하거나 기타 다른 내용으로 그 효력이 제한되는가의 여부는 당해 법규정이 가지는 넓은 의미에서의 법률효과에 관한 문제의 일환으로서, 그 법규정의 해석 여하에 의하여 정하여진다. 따라서 그 점에 관한 명문의 정함이 있다면 당연히 이에 따라야 할 것이고, 그러한 정함이 없는 때에는 종국적으로 그 금지규정의 목적과 의미에 비추어 그에 반하는 법률행위의 무효 기타 효력 제한이 요구되는지를 검토하여 이를 정할 것이다(대법원 2010.12.23. 선고 2008다 75119 판결 등 참조). 자본시장법 제17조가 금융투자업등록을 하지 않은 투자일임업을 금지하는 취지는 고객인 투자자를 보호하고 금융투자업을 건전하게 육성하고자 함에 있는바, 위 규정을 위반하여 체결한 투자일임계약 자체가 그 사법상의 효력까지도 부인하지 않으면 안 될 정도로 현저히 반사회성, 반도덕성을 지닌 것이라고 할 수 없을 뿐만 아니라 그 행위의 사법상의 효력을 부인하여야만 비로소 입법 목적을 달성할 수 있다고 볼 수 없고, 오히려 위 규정을 효력규정으로 보아 이를 위반한 행위를 일률적으로 무효라고 할 경우 거래상대방과 사이에 법적 안정성을 심히 해하게 되는 부당한 결과가 초래되므로, 위 규정은 강행규정이 아니라 단속규정이라고 보아야 한다. 원심도 같은 취지에서 자본시장법이 투자일임업의 미등록 영업자를 형사처벌하는 외에 미등록 영업자와 투자자 사이의 투자일임계약의 사법상 효력까지 부인하는 것은 아니라는 이유로, 이 사건 약정이 자본시장법이 금지하는 미등록 영업행위로서 무효라는 원고의 주장을 받아들이지 않았다. 위 법리와 기록에 비추어 살펴보면, 원심이 이 사건 약정이 자본시장법이 금지하는 미등록 영업행위로서 무효임을 전제로 한 원고의 이 사건 부당이득반환청구를 배척한 것은 정당하고, 거기에 자본시장법의 일임매매의 효력에 관한 법리를 오해하여 판결에 영향을 미친 잘못이 없다."고 판결하였다.

Ⅲ. 마무리

이슈 13: 과징금 납부명령의 재량권 일탈·남용 여부 Ⅰ.에서 언급한 바와 같이 공정거래법 위반행위의 사법상 효력 이슈는 법위반행위에 따른 피해자에 대한 손해배상책임, 법원에 대한 침해행위의 금지청구제도와 함께 공정거래법의 입법목적의 실현을 보완하는 역할을 하는 민사적 규제 수단의 하나이다. 또 공정거래법 위반행위에 대한 행정적 규제, 형사적 규제 수단들과 함께 그 실효성을 갖는다면 법운용의 강화와 적정한 법운용의 실현에 그만큼 기여할 수 있는 것이다.

다만 상대적으로 공정거래법 위반행위에 대한 민사적 규제의 문제는 현실적으로 다른 규

제 수단에 비해서는 그 사례가 활발하지는 않다. 그리고 어쨌든 보충적 수단의 하나라는 성
격과 법적 안전성 등을 고려할 때 나름 한계는 필요하다고 본다.

　참고로 2021.3월 제3자가 하도급법상 원사업자가 수급사업자의 기술자료를 부당하게 사용
또는 제공한 사실을 알면서 이를 취득 또는 그와 관련한 행위를 무효로 하는 하도급법 개정
안이 국회에 제출되어 심의중에 있다. 개정안과 관련하여 공정위와 법제처 등에서 기술자료
취득행위 전체의 사법상 효력을 무효화하는 것은 법적 안정성에 대한 중대한 침해에 해당하
고 제3자의 기술자료 취득 등과 관련한 행위의 범위가 특정되기 어려우므로 신중한 검토가
필요하다는 의견을 제시한 것으로 되어 있다(김희곤의원 대표발의 하도급법 일부개정법률안에 대
한 정무위 전문위원 검토보고, 2021.6.). 앞으로 국회에서의 심의 과정을 지켜볼 필요가 있다.

이슈 8

공정거래법의 형사적 집행 관련 몇 가지 이슈

I. 개요

공정거래법은 법위반행위에 대한 형사적 규제로서 제15장(벌칙)에 제124조부터 제130조까지 7개의 관련조항을 규정하고 있다. 제124조(벌칙), 제125조(벌칙), 제126조(벌칙), 제127조(벌칙) 및 제130조(과태료)에서 동법의 금지·제한규정과 의무규정의 위반행위, 시정조치불이행 등에 대하여 행정형벌(징역 또는 벌금), 행정질서벌(과태료)을 규정하고 있다. 그리고 법인과 그 대표자나 대리인, 사용인 등 행위자를 동시에 처벌할 수 있는 양벌규정(제128조)이 있으며, 제129조(고발)에서는 공정위의 고발이 있어야 공소를 제기할 수 있는 소위 '전속고발제(제1항)', 검찰총장, 감사원장, 중소벤처기업부장관 등의 공정위에 대한 고발요청권한(제3항 내지 제5항)을 규정하고 있다.

공정거래법 위반행위에 대해서는 시정조치 명령·과징금 부과 등 행정적 규제와 손해배상·사법상 효력의 무효·법원에 대한 금지청구 등 민사적 규제 조치가 가능하나, 이들 수단은 위반행위로 인하여 초래된 경쟁제한의 상태를 배제하여 이를 회복하거나 위반행위자 당해 위반행위로 취득한 부당이득을 박탈하는데 그 기본적인 목적이 있는 것이다.[1] 따라서 기업범죄 소위 전형적인 화이트칼라 범죄의 하나라고 할 수 있는 공정거래법 위반행위에 대한 효과적인 제재와 예방을 위해서는 이로써는 불충분하므로 강력한 심리적인 억제효과를 갖고 있는 행정형벌의 적극적인 활용이 요청됨에 따라 이러한 형사적 규제조치를 규정하고 있는 것이다.

우리나라 공정거래법의 경우 전세계적으로 실체적 법위반행위에 대하여 형벌조항 자체가 가장 많은 나라이다. OECD 국가의 공정거래법(경쟁법) 위반행위에 대한 형벌 규정 자료를 보면[2] 독일, 스페인, 이탈리아 등 16개국은 형벌규정이 없고 영국, 캐나다, 호주 등 10개국은 담합에 대해서만 형벌을 규정하고 있으며 미국, 일본, 프랑스 등 8개국은 시장지배적지위

---

1) 물론 이 중 과징금 부과는 통상 부당이득 환수와 행정제재의 성격을 동시에 갖고 있다고 보고 있다.
2) 권남훈 등 공저, 경제의 길, 2021년 11월, 208~209면 참조.

남용행위 중 일부에 대해 형벌규정이 추가로 있다(미국의 경우 경쟁법인 셔먼법상 시장지배적지위남용·담합이 형벌 대상이나 실제 집행은 가격·입찰 담합 등 경성카르텔에 국한되며 시장지배적지위남용은 원칙적으로 기소 대상이 되지 않음(미국 법무부 가이드라인)).

이에 비교하여 한국은 모든 위법행위에 대해 형벌 규정이 존재하다가 2021.12.30 시행된 공정거래법 전면개정 과정에서 형벌조항 정비가 이루어져서 일부가 폐지되었다. 즉 법체계상 형벌이 맞지 않는 기업결합(법 제9조), 그리고 재판매가격유지행위(법 제46조)를 포함하여 불공거래행위의 경우 법 제45조 제1항의 10개 유형 중에서 부당하게 거래를 거절하는 행위(제1호), 부당하게 거래의 상대방을 차별하여 취급하는 행위(제2호), 부당하게 경쟁자를 배제하는 행위(제3호), 거래의 상대방의 사업활동을 부당하게 구속하는 조건으로 거래하는 행위(제7호) 등 경쟁제한성을 위주로 판단하는 4개 유형의 위반행위에 대하여 형벌을 삭제하였다. 그리고 사업자단체의 금지행위(법 제51조 제1항)의 경우 일정한 거래분야에서 현재 또는 장래의 사업자 수를 제한하는 행위(제2호), 사업자에게 불공정거래행위 또는 재판매가격유지행위를 하게 하거나 이를 방조하는 행위(제4호)에 대한 형벌이 폐지되었다.

이러한 행정형벌 규정도 실질적 의미의 형벌에 해당하므로 당해 규정과 함께 형법총칙 규정들이 적용되며,[3] 법원에서 형사소송법의 절차에 따라 결정되는 것이다. 따라서 공정거래법상 형사처벌의 적용에 있어서 행위 당시의 법률에 따르며(형법 제1조 제1항), 외국에서 외국사업자들이 공정거래법 위반행위를 한 경우에도 공정거래법상 형사처벌이 원칙 가능하다(형법 제6조). 또 형사범죄의 성립요건의 하나인 책임성 관련하여 고의를 요건으로 하고 있다(형법 제13조 및 제14조 참조).[4] 공정거래법 집행에 있어서 '고의나 과실' 유무의 관련성은 별도 이슈에서 법원의 판결례와 함께 상세하게 다루고 있는바 참조하기 바란다(이슈 5: 공정거래법 집행상 책임성 판단과 '고의나 과실' 유무의 관련성 참조).

아래에서는 양벌규정(법 제128조), 전속고발제(법 제129조 제1항), 고발요건(법 제129조 제2항) 등 3가지 이슈를 살펴보기로 하며 관련된 공정위 심결사례, 법원 판결례, 헌법재판소 결정사례들도 같이 소개, 분석해 본다.

---

3) 형법 제8조(총칙의 적용)는 "본법 총칙은 타법령에 정한 죄에 적용한다. 단, 그 법령에 특별한 규정이 있는 때에는 예외로 한다."고 규정하고 있다.

4) 형법 제13조(고의)는 "죄의 성립요소인 사실을 인식하지 못한 행위는 벌하지 아니한다. 다만, 법률에 특별한 규정이 있는 경우에는 예외로 한다.", 그리고 제14조(과실)는 "정상적으로 기울여야 할 주의(注意)를 게을리하여 죄의 성립요소인 사실을 인식하지 못한 행위는 법률에 특별한 규정이 있는 경우에만 처벌한다."고 규정하고 있다.

Ⅱ. 양벌규정

1. 제도의 내용

법 제128조(양벌규정) 본문의 규정은 법인(법인격이 없는 단체를 포함)의 대표자나 법인 또는 개인의 대리인, 사용인, 그 밖의 종업원이 그 법인 또는 개인의 업무에 관하여 제124조부터 제126조까지의 위반행위를 하면 그 행위자를 벌하는 외에 그 법인 또는 개인에게도 해당 조문의 벌금형을 과한다고 되어 있다.

공정거래법은 사업자(법인 또는 개인사업자)의 행위를 규제함으로써 공정하고 자유로운 경쟁을 촉진하는 것을 주된 입법목적으로 하고 있고, 동법에 따라 부과된 의무의 주체, 즉 금지규정의 대상은 기본적으로는 사업자 자신이다. 사업자의 경제활동이 대부분 법인조직의 형태로 행해지고 있는 현대의 경제사회에서는 법위반행위의 실질적인 주체는 사업자인 법인 자신이라고도 말할 수 있다. 그러나 한편으로는 법인은 법률에 따라 인격을 부여받은 존재에 지나지 않으므로 법인에게 자연적인 의미에서 행위주체성을 인정하는 것은 곤란한 측면도 있다. 전통적인 형법이론상으로는 법인 자신의 행위라는 것은 없고 법인의 종업원 등 자연인의 행위에 의한 범죄의 성립을 전제로 하여 양벌규정을 근거로 법인 자신의 형사책임성립을 문제로 하고 있다. 따라서 법인인 사업자인 경우 각 본조의 벌칙규정의 적용에 의한 것은 아니고 행위자인 종업원 등 자연인에 의한 범죄성립을 전제로 양벌규정을 직접적인 근거로 하여 처벌된다고 해석된다. 또한 자연인인 행위자도 사업자가 아니므로 각 벌칙규정의 대상이 바로 되는 것은 아니며, 양벌규정의 '행위자를 벌하는 외에'라는 규정에 의해 각 본조의 형벌이 과해지는 것으로 해석된다.[5)]

이러한 양벌규정은 공정거래법 뿐만 아니라 행정형벌을 두고 있는 많은 경제·행정관련 법률들의 공통적인 규정 내용이다. 2007.11.29. 헌법재판소는 2005헌가10 전원재판부 결정으로 '보건범죄단속에 관한 특별조치법' 제6조(양벌규정) 중 개인의 대리인·사용인 기타 종업원이 그 개인의 업무에 관하여 제5조(부정의료업자의 처벌)의 위반행위를 한 때에는 행위자를 처벌하는 외에 개인에 대하여도 본조의 예에 따라 처벌한다고 규정한 부분은 다른 사람의 범죄에 대해 그 책임 유무를 묻지 않고 형벌을 부과함으로써 형사법의 기본원리인 형벌에 관한 책임원칙에 반한다고 위헌결정을 하였다. 그리고 이 결정 이후 양벌규정이 포함된

---

5) 이동규, 독점규제 및 공정거래에 관한 법률 개론(개정판), 1997, 139~140면 참조. 즉 필자는 사업자와 행위자 모두 양벌규정에 의해 벌칙규정이 적용된다는 견해이다.

법률에 대해 연이어서 위헌 결정이 내려졌으며, 이에 따라 법무부 주관으로 2008년 행정형벌 합리화 방안의 일환으로 양벌규정에 대한 개정이 이루어졌다. 양벌규정 조항의 단서에 사업자(법인 또는 개인)에 대한 면책규정을 두는 통일된 형태로 바뀌었다.

공정거래법도 2009.3.25. 개정·시행되어 "다만, 법인 또는 개인이 그 위반행위를 방지하기 위하여 해당 업무에 관하여 상당한 주의와 감독을 게을리하지 아니한 경우에는 그러하지 아니하다."는 단서가 신설되었다.

2. 양벌규정을 적용한 공정위 결정사례 소개

공정위가 동일한 내용의 양벌조항을 두고 있는 공정거래법, 표시광고법, 하도급법 등 위반으로 고발을 결정한 사례들을 살펴보면 대체로 법인(사업자)에 대해서는 양벌규정을 적용, 그리고 행위자(개인)에 대해서는 본조의 벌칙조항만을 적용하고 있다. 그러나 최근에도 법인 피심인임에도 양벌규정을 적용하지 않거나, 개인 피심인임에도 양벌규정을 적용한 케이스들이 상당수가 있는바 고발시 양벌규정의 적용여부에 대해서는 큰 관심이 없다고 보면 될 듯하다(㈜베바스토코리아 발주 선루프실 구매 입찰 관련 2개 사업자의 부당한 공동행위 건(2022.11.8. 결정), 16개 육계 신선육 판매사업자의 부당한 공동행위 건(2022.3.16. 결정), 한국가스공사 발주 강관 구매 입찰관련 6개 사업자의 부당한 공동행위 관련 추가고발 건(2018.12.6. 결정), 8개 밀가루 제조·판매업체들의 부당한 공동행위 관련 추가고발 건(2006.10.19. 공정위 결정) 등 참조).

가. 11개 제강사의 부당한 공동행위 건(2021.1.18. 공정위 결정)

5개 제강사에 대하여, 피심인들의 행위는 그 성격상 효율성증대 효과는 기대하기 어려운 반면 경쟁제한 효과가 큰 경성 공동행위에 해당한다는 점, 피심인들이 국내 철스크랩 구매시장에서 차지하는 시장점유율이 70%로 상당한 시장지배력을 갖고 있다는 점, 이 사건 공동행위가 2010년 6월부터 2018년 2월까지 장기간에 걸쳐 지속되었다는 점 등을 고려할 때 법 위반 정도가 객관적으로 명백하고 중대하여 경쟁질서를 현저히 저해한다고 인정되므로, 피심인을 각각 고발함이 타당하며, 피심인들의 행위는 법 제19조(현행법 제40조) 제1항 제1호에 해당하므로 법 제66조(현행법 제124조) 제1항 제9호, 법 제70조(현행법 제128조, 양벌규정), 법 제71조(현행법 제129조, 고발)의 규정을 적용하여 고발하기로 결정한다.

나. ㈜옥시레킷벤키저의 부당한 표시행위에 대한 건 관련 추가고발 건(2016.6.23. 공정위 결정)

개인 피심인에 대하여, 피심인은 2005년 4월부터 2010년 5월까지 옥시의 대표이사로 근무하면서 이 사건 제품의 개발, 제조, 판매 등을 담당하는 옥시 연구소 연구원 및 옥시의 직원들을 지휘·감독하는 업무를 담당하는 자로서, 피심인은 위와 같은 업무를 담당하여 상당한 주의와 감독 의무가 있음에도 이를 게을리하였고 나아가 이 사건 제품에 이 사건 문구와 추가문구를 계속 사용하도록 지시하는 등 직접 관여한 사실이 인정되므로 피심인을 고발함이 타당하며, 표시광고법 제16조(공정거래법의 준용) 제3항, 제17조(벌칙) 제1호를 적용하여 고발하기로 결정하였는바, 제19조(양벌규정)의 적용은 없었다.

다. 삼호종합조경건설(주)의 시정조치불이행 건(2013.10.21. 공정위 결정) 및 삼호종합조경건설(주)의 시정조치불이행 관련 추가고발 건(2014.4.24. 공정위 결정)

피심인인 삼호종합조경건설(주)가 하도급대금 지급명령을 불이행한 것과 관련 법인에 대해서는 하도급법 제31조(양벌규정)에 의하여 법 제30조(벌칙) 제2항 제2호에 의한 책임을 인정, 그리고 개인인 대표이사에 대해서는 벌칙조항 본조인 법 제30조 제2항 제2호에 의한 책임을 인정하여 고발하였다.

그리고 청주지방검찰청의 실제 회사를 운영해 온 대표이사의 부친에 대한 고발 요청에 따라 조사를 거쳐서 양벌규정은 적용하지 않고 벌칙조항 본조를 적용하여 추가고발하였다.

라. ㈜메가밀리언스의 부당한 광고행위 건(2017.11.29. 공정위 결정)

피심인 회사 및 피심인 개인에 대하여, "피심인 회사의 행위는 자신이 제공한 로또복권 당첨예상번호가 실제로 1등 또는 2등에 당첨된 것처럼 사진편집프로그램을 이용해 위조·게시하여 허위로 광고한 것으로 법 제3조 제1항 제1호의 규정에 해당되고, 이 사건 광고 법위반행위의 효과가 전국적으로 미친 점, 소비자에게 재산상 상당한 피해 발생이 예상되는 점, 위반행위가 악의적으로 이루어졌고 서울지방경찰청이 수사권 발동을 위해 고발요청 형태로 제보한 점 등을 고려할 때 피심인 회사를 고발함이 타당하다. 한편, 피심인 ○○○은 대표이사로 사이트의 홍보를 위해 본인의 지시로 직원이 포토샵을 이용해 위조하였다고 진술하고 있는 것으로 볼 때, 이 사건 광고에 대한 최종 책임자로서 위와 같은 업무를 수행함에 있어 상당한 주의·감독 의무가 있음에도 이를 게을리 하고 나아가 이 사건 광고에 직접 관여한 사실 등이 인정되므로 고발함이 타당하다. 표시광고법 제3조 제1항 제1호, 제17조(벌칙) 제1호, 제19조(양벌규정)을 적용하여 고발한다."고 결정하였다.

이 사건에 있어서는 고발 결정에 있어서 양벌규정의 적용 관련하여 피심인 회사와 개인에 대해 구분하지를 않았다.

3. 법원의 판결례 및 헌법재판소의 결정사례

가. 불공정거래행위를 하도록 한 경우 법 제125조(벌칙) 제4호에 따른 형사처벌의 대상이 되지 않는다는 판결(대법원 2020.2.27. 선고 2016도9287 판결)

법 제45조(불공정거래행위의 금지) 제1항은 "사업자는 다음 각호의 어느 하나에 해당하는 행위로서 공정한 거래를 저해할 우려가 있는 행위(불공정거래행위)를 하거나, 계열회사 또는 다른 사업자로 하여금 이를 행하도록 하여서는 아니 된다."라고 하면서, 같은 항 제6호에서 "자기의 거래상의 지위를 부당하게 이용하여 상대방과 거래하는 행위"(거래상 지위남용행위)를 정하고 있다. 같은 법 제125조(벌칙)는 "다음 각호의 어느 하나에 해당하는 자는 2년 이하의 징역 또는 1억 5천만 원 이하의 벌금에 처한다."라고 하면서, 같은 조 제4호에서 그 처벌대상자를 "제45조 제1항(제1호·제2호·제3호·제7호 및 제9호는 제외한다)을 위반하여 불공정거래행위를 한 자"라고 정하고 있다. 즉 금지규정인 제45조 제1항은 "불공정거래행위를 하거나, 계열회사 또는 다른 사업자로 하여금 이를 행하도록 하여서는 아니 된다."라고 정하고 있는 반면, 처벌규정인 제125조 제4호는 제45조 제1항을 위반하여 "불공정거래행위를 한 자"라고 정하고 있을 뿐이다. 즉 이 사건 쟁점은 처벌규정이 불공정거래행위인 거래상 지위남용행위를 직접 한 자만을 처벌하는지, 아니면 계열회사 또는 다른 사업자로 하여금 이를 하도록 한 자도 처벌할 수 있는지 여부였다.

대법원은 "공정거래법이 1980.12.31. 법률 제3320호로 제정될 때에는 제15조(현행 제45조)에서 "사업자는 다음 각호의 1에 해당하는 불공정거래행위를 하여서는 아니 된다."라고 하면서, 같은 조 제4호에서 '거래상 지위남용행위'를 금지되는 불공정거래행위 중 하나로 정하였고, 제56조 제2호(현행 제125조 제4호)에서 "제15조의 규정에 위반하여 불공정거래행위를 한 자"에 대해 5,000만 원 이하의 벌금에 처하도록 하는 벌칙규정을 두었다. 그 후 1986.12.31. 법률 제3875호로 개정되면서 사업자가 계열회사 또는 다른 사업자로 하여금 불공정거래행위를 하게 하는 경우도 규제하기 위하여 제15조 제1항 후단에 현행의 위 제23조 제1항 후단과 같이 '계열회사 또는 다른 사업자로 하여금 불공정거래행위를 하도록 하는 것'을 금지하는 내용을 신설하였다. 이와 같이 공정거래법은 금지규정인 제15조에는 사업자가 금지되는 불공정거래행위를 직접 하는 경우 외에 타인으로 하여금 그와 같은 행위를 하도록 교사하는 경우를 새로운 금지행위의 유형으로 추가하면서도, 그 위반에 따른 벌칙규정인 제56조 제2호에는 이와 관련된 개정을 하지 않고, 종전과 같이 '제15조 제1항의 금지규정을 위반하여 불공정거래행위를 한 자'만을 처벌대상으로 정하였다. 공정거래법이 몇 차례 개정을 하는 과정에서도 위와 같은 규정 체제는 그대로 유지되어 현재에 이르고 있다.

반면 공정거래법은 1992.12.8. 법률 제4513호로 개정되면서 제24조의2(현행 제50조) 제1항에 불공정거래행위 금지규정 위반에 대해 과징금을 부과하는 규정을 신설하면서, 위에서 본 벌칙규정과 유사한 문언으로 "제23조 제1항의 규정에 위반하는 불공정거래행위가 있는 경우에는 당해 사업자"를 과징금 부과대상자로 정하였다. 그 후 2004.12.31. 법률 제7315호로 개정되면서 제24조의2 제1항에서 "불공정거래행위가 있는 경우"라는 한정적 의미의 문구를 삭제하고 단순히 "행위가 있을 때"라고 변경하였다. 종전 규정에 따를 경우 문언만으로는 제23조 제1항 위반의 주체로 되어 있는 사업자가 그 전단에 따라 불공정거래행위를 직접 행한 경우만이 과징금 부과대상자가 될 수 있는 것처럼 해석될 수 있다. 위 제24조의2 제1항의 개정은 위와 같은 해석에 따라 위반행위에 대한 제재의 공백이 생길 것을 우려하여 제23조 제1항 후단에 따라 사업자 자신이 다른 사업자나 계열회사로 하여금 그러한 불공정거래행위를 하게 한 경우까지도 과징금 부과대상자가 될 수 있다는 점을 입법적으로 명백히 하려는 취지이다. 이러한 공정거래법 제23조 제1항, 제67조 제2호(현행 제125조 제4호)와 관련 법률조항 문언의 해석, 입법 취지와 개정 경위, 형벌법규는 문언에 따라 엄격하게 해석·적용하는 것이 원칙인 점, 공정거래법 제23조 제1항 위반에 대한 벌칙규정인 제67조 제2호는 사업자를 위해 그 위반행위를 한 자연인만이 처벌대상이 되고 법인인 사업자는 이 사건에서처럼 양벌규정인 제70조에 따른 별도의 요건을 갖춘 때에만 처벌대상이 되는 등 과징금 부과에 관한 규정과는 규율의 대상자나 적용요건에서 구별되어 위 규정들의 해석이나 적용이 반드시 일치할 필요가 없다는 점 등을 종합하면, 공정거래법 제67조 제2호에 관한 이 사건 쟁점에 관하여 다음과 같은 결론을 도출할 수 있다. 사업자가 거래상대방에게 '직접 거래상 지위남용행위를 한 경우'가 아닌 '계열회사 또는 다른 사업자로 하여금 이를 하도록 한 경우'는 공정거래법 제23조 제1항 제4호의 금지규정을 위반한 것으로서 과징금 부과 등 공정거래법이 정한 별도의 제재대상이 될 수 있음은 별론으로 하고, 이를 이유로 같은 법 제67조 제2호에 따른 형사처벌의 대상이 되지는 않는다고 보아야 한다."고 판결하였다.

나. 서울중앙지방법원 2018.1.23. 선고 2017고합741 판결

피고인 주식회사 엠피그룹은 피고인 1의 업무에 관하여 주의와 감독을 게을리한 바 없다고 주장하였지만, 피고인 1이 엠피그룹의 최대주주이자 회장으로서 위 회사의 경영권을 포괄적으로 행사하여 온 점에 비추어 피고인 주식회사 엠피그룹은 피고인 1의 위반행위를 방지하기 위한 상당한 주의와 감독을 게을리 하였던 점이 충분히 인정된다고 하면서 공정거래법 제23조 제1항 제7호(현행법 제45조 제1항 제9호) 가목, 제66조 제1항 제9의2호(현행법 제124조 제1항 제10호), 제70조(현행법 제128조, 양벌규정)를 적용하였다.

다. 헌법재판소 2016.7.28. 2015헌마1059 결정

종업원등의 범죄행위에 대하여 법인도 동일한 형으로 함께 처벌하는 아동복지법의 양벌규정은 헌법재판소 2010.12.28. 2010헌가94 사건에서 위헌결정을 받았고, 이에 따라 2011.8.4. 아동복지법 개정시에 제74조(양벌규정)는 법인의 대표자나 법인 또는 개인의 대리인, 사용인, 그 밖의 종업원이 그 법인 또는 개인의 업무에 관하여 제71조의 위반행위를 하면 그 행위자를 벌하는 외에 그 법인 또는 개인에게도 해당 조문의 벌금형을 과하도록 규정하면서 다만, 법인 또는 개인이 그 위반행위를 방지하기 위하여 해당 업무에 관하여 상당한 주의와 감독을 게을리하지 아니한 경우에는 벌하지 않도록 규정하고 있다. 이와 같은 양벌규정의 취지는 아동학대행위의 발생은 개인적인 차원에서 발생할 수도 있지만, 교육기관의 운영방식(가령 교사들의 수와 원생들의 수의 비율), 교사들에 대한 감독·관리 행태 등 구조적인 차원에서 발생할 가능성 역시 배제할 수 없다는 점에 착안하여 그와 같은 유치원의 전반적인 관리 업무를 총괄하는 대표자 내지 운영자 또한 함께 처벌함으로써 그와 같은 위반행위 발생을 방지하고 관련 조항의 규범력을 실질적으로 확보하려는 데 있다.

청구인(유치원 원장인 개인사업자)이 아동학대행위 방지를 위한 상당한 주의와 감독을 다하였는지 여부 관련하여, 위에서 살펴본 법리에 비추어 이 사건 기록에 나타난 각 사정을 종합하여 보면, 청구인이 박ㅁ실(유치원 교사인 개인 행위자)의 아동학대행위를 방지하기 위하여 상당한 주의와 감독을 다하지 않았다고 보기 어렵고, 그럼에도 불구하고 피청구인(수원지방검찰청 검사)이 이에 관하여 박ㅁ실을 포함한 소속 교사들의 진술을 청취하는 등 수사를 하지 않은 채 박ㅁ실에게 아동복지법위반 혐의가 인정된다는 이유만으로 곧바로 청구인에 대하여 아동복지법 제74조의 양벌규정을 적용하여 기소유예처분을 한 것은 수사미진 및 양벌규정의 해석에 관한 법리오해의 잘못이 있다고 볼 수 있다. 그렇다면 이 사건 심판청구는 이유 있으므로 이 사건 기소유예처분을 취소하기로 결정한다.

라. 합병 등의 경우 형사책임의 승계를 불인정한 판결(대법원 2015.12.24. 선고 2015도13946 판결)

대법원은 "회사합병이 있는 경우 피합병회사의 권리·의무는 사법상의 관계나 공법상의 관계를 불문하고 모두 합병으로 인하여 존속하는 회사에 승계되는 것이 원칙이지만, 그 성질상 이전을 허용하지 않는 것은 승계의 대상에서 제외되어야 한다. 양벌규정에 의한 법인의 처벌은 어디까지나 형벌의 일종으로서 행정적 제재처분이나 민사상 불법행위책임과는 성격을 달리하는 점, 형사소송법 제328조가 '피고인인 법인이 존속하지 아니하게 되었을 때'를 공소기각결정의 사유로 규정하고 있는 것은 형사책임이 승계되지 않음을 전제로 한 것이라고 볼 수 있는 점 등에 비추어 보면, 법인이 형사처벌을 면탈하기 위한 방편으로 합병제도 등을 남용하는 경우 이를 처벌하거나 형사책임을 승계시킬 수 있는 근거규정을 특별히 두고 있지 않은 현행법 하에서는 합병으로 인하여 소멸한 법인이 그 종업원 등의 위법행위에 대해 양벌규정에 따라 부담하던 형사책임은 그 성질상 이전을 허용하지 않는 것으로서 합병으로 인하여 존속하는 법인에 승계되지 않는다(대법원 2009.12.24. 선고 2008도7012 판결 등 참조)."고 판결하였다.

한편 법원은 분할하는 회사의 분할 전 법위반행위를 이유로 신설회사에 과징금이 승계되는지 여부 관련하여 일관되게 승계되지 않는다는 입장을 취했으며(대법원 2011.5.26. 선고 2008두18335 판결, 대법원 2009.6.25. 선고 2008두17035 판결, 대법원 2007.11.29. 선고 2006두18928 판결 등 참조), 이에 따라 공정위는 2012.3.21. 공정거래법을 개정(2012.6.22. 시행)하여 분할 또는 분할합병의 경우 그에 따라 새로 설립되는 회사는 연대하여 납부 책임을 지도록 입법적으로 해결하였다.

Ⅲ. 전속고발제

1. 제도의 내용

공정거래법의 고유한 법익침해에 관한 죄(제124조, 제125조)에 대해서는 공정거래위원회의 고발이 있어야 공소를 제기할 수 있는 일종의 친고죄인 전속고발제도로 되어 있다(제 129조 제1항).

공정거래법 위반행위는 기업의 영업·경제활동과 밀접하게 결합되어 있거나 그 자체로서 행하여지기 때문에 이에 대해 무분별하게 형벌을 선택한다면 그 대상기업은 기업활동에 불안감을 느끼게 되고 이에 따라 기업활동이 위축될 우려가 있고 결과적으로는 공정거래법 제1조에 규정되어 있는 입법목적인 공정하고 자유로운 경쟁의 촉진도 창의적인 기업활동의 조장도 불가능하게 될 것이므로 공정거래법 위반행위에 대한 형벌은 가급적 위법성이 명백하고 국민경제와 소비자일반에게 미치는 영향이 특히 크다고 인정되는 경우에 제한적·보충적으로 활용되지 않으면 안 되는 측면이 있는 것이다.

공정거래법상의 전속고발제도는 이와 같은 제반사정을 고려하여 독립적으로 구성된 전문기관인 공정위로 하여금 상세한 시장경제분석을 통하여 위반행위의 경중을 판단하고 그때그때의 시장경제상황에 따라 시정조치나 과징금 등의 행정조치만으로 이를 시정하고 규제함이 상당할 것인지 아니면 더 나아가 형벌까지 적용해야 할 것인지의 여부를 결정하도록 함으로써 공정거래법의 목적을 달성하고자 하는데 그 취지가 있다(헌법재판소 1995.7.21. 94헌마136 결정 참조).

한편 전속고발제도의 운용과 관련하여 공정위가 형벌적용에 소극적이라는 비판과 함께 동 제도를 폐지하여 누구든지 직접 고발할 수 있도록 해야 된다는 의견도 제기되어 왔다. 공정거래법 제71조(현행법 제129조)는 국민들의 재판청구권, 평등권, 소비자의 권리를 침해하는 것으로 헌법에 위반된다는 헌법소원과 구체적인 공정거래법 위반사건에 있어서 공정위가 고발을 하지 않은데 대하여 고발권불행사의 위헌확인을 구하는 헌법소원이 헌법재판소에 심판청구된 바도 있다.[6]

그리고 1996년, 2013년 2차례의 공정거래법 개정을 통하여 공정위의 재량적인 전속고발제도 운영에 대한 보완장치가 마련되었다. 즉 법 제124조 및 제125조의 죄 중 그 위반의 정도가 객관적으로 명백하고 중대하여 경쟁질서를 현저히 해친다고 인정하는 경우에는 검찰총장에게 고발하여야 하고(법 제129조 제2항), 검찰총장은 제2항에 따른 고발요건에 해당하는 사실이 있음을 공정위에 통보하여 고발을 요청할 수 있으며(동조 제3항), 이 경우 공정위는 고발하여야 한다(동조 제5항). 또 검찰총장 이외에도 감사원장, 중소벤처기업부장관, 조달청장은 공정위가 고발요건에 해당하지 아니한다고 결정하더라도 사회적 파급효과, 국가재정에 끼친 영향, 중소기업에 미친 피해 정도 등 다른 사정을 이유로 공정위에 고발을 요청할 수

---

6) 헌법재판소는 전속고발권 조항 자체는 헌법에 위반되지 않으나 공정위가 구체적인 사건에서 고발권을 불행사한 경우는 위헌성 여부가 문제될 수 있다는 입장이다. 아래 2. 헌법재판소 결정사례 참조.

있고(법 제129조 제4항), 공정위는 동조 제5항에 따라 역시 검찰총장에게 고발하여야 한다. 또 공정위는 공소가 제기된 후에는 고발을 취소할 수 없다(법 제129조 제6항).

법 규정상 검찰총장과 감사원장·중소벤처기업부장관·조달청장의 고발요청권의 차이는 행사시점과 행사요건에 있다. 즉 행사시점에 있어서 검찰총장은 다른 고발요청권자와는 달리 공정위의 의결을 통한 처분 이전에도 고발을 요청할 수 있으며, 행사요건에 있어서 감사원장·중소벤처기업부장관·조달청장은 공정위가 법위반의 정도가 객관적으로 명백하고 중대하지 않다고 판단하여 고발하지 않은 경우에도 사회적 파급효과, 국가재정에 끼친 영향, 중소기업에 미친 피해 정도 등 다른 사정을 이유로 고발요청을 할 수 있다.

2. 헌법재판소 결정사례

가. 1995.7.21. 94헌마191 결정[7]

서울지방검찰청 북부지청은 백화점들의 식료품 가공일자 변조행위를 인지하고 각 백화점의 식료품담당자 수명을 사기죄로 입건하는 한편 위 행위가 당시 시행중이던 공정거래법 제23조 제1항 제6호 소정의 불공정거래행위에 해당하는 행위라고 판단하여 1994.7.15. 공정거래위원회에 대하여 백화점사업자에 대한 고발을 요청하였으나, 검찰의 고발요청을 받은 공정거래위원회는 위 각 백화점의 행위가 공정거래법 위반행위임을 확인한 다음, 1994.8.3. 각 백화점사업자에 대하여 식품가공일허위표시행위의 중지 및 법위반사실의 공표를 명하는 시정조치를 함과 동시에 각각 금 15,000,000원씩의 과징금을 부과하는 처분을 하였으나, 형사처벌을 위한 고발은 이를 하지 아니하였으며, 그리하여 위 북부지청검사는 공정거래법 제71조(현행법 제129조, 고발)에 따라 위 각 백화점사업자를 공정거래법위반죄로 기소하지 못하였다. 이에 청구인들(가정주부)은 1994.9.17. 공정거래법위반죄에 대하여 공정거래위원회의 고발을 소추요건으로 규정한 공정거래법 제71조에 의하여 직접 청구인들에게 헌법상 보장된 재판청구권 등의 기본권을 침해당하였다고 주장하면서 이 사건 헌법소원심판청구를 하였다.

이에 대하여 이해관계기관인 공정위는 헌법소원심판청구의 적법요건, 본안 등 2가지 쟁점에 대해 다음과 같은 의견을 제출하였다. (1) 적법요건 관련, 법률은 이에 따른 구체적 집행행위를 기다리지 아니하고 직접 현재 자기의 기본권을 침해하는 것, 환언하면 법률 그 자체에 의하여 자유의 제한, 의무의 부과, 권리 또는 법률상 지위의 박탈효과가 생기는 경우에 위헌이라 할 것인바, 공정거래법위반사실에 대하여는 공정거래위원회의 고발이 있어야 공소

---

7) 공정거래법상 전속고발제 법규정이 합헌이라고 결정한 사례이다.

를 제기할 수 있다는 공정거래법 제71조는 그 자체로서는 직접 청구인들의 기본권인 자유권을 제한하거나 의무를 부과하지 아니함은 물론 어떠한 권리 또는 법률상의 지위도 박탈하는 것이 아니므로 위 법률조항에 대한 청구인들의 이 사건 헌법소원심판청구는 자기관련성 내지는 직접관련성이 결여되어 부적법한 것이다. (2) 본안에 대하여는, 공정거래법은 기본적으로 시장에 있어서의 완전경쟁을 확보하고 공정한 거래질서를 확립하는 것을 입법목적으로 하고 있으므로, 공정거래법 위반행위에 대하여는 우선 그 위반사실을 시정하도록 권고 유도하여 일탈된 거래질서를 회복시키는 것이 긴요하며 당해 행위자에 대한 형사처벌은 그러한 시정조치가 있었음에도 불구하고 이에 불응하는 경우나 위반행위가 거듭되거나 지극히 중대하여 시정조치 등의 행정조치만으로는 그 시정의 효과를 거두기 어렵다고 판단되는 경우에 비로소 그 필요성이 인정되는 것이다. 국민의 경제활동은 기본적으로 자유스러운 것이며 그 제한은 필요한 최소한도에 머물러야 하는 것이고 공정거래법의 운용도 이와 같은 기본 입장에서 사업자의 경제활동을 부당하게 위축시키는 일이 없도록 국가의 기본적인 경제질서인 자유로운 시장경제체제를 유지한다는 기본방향에 부합하여야 할 것인바, 그러한 정책의 실현을 위한 수단의 선택, 즉 일탈된 거래질서를 회복하고 정상화하기 위하여 형벌이라는 정책수단까지 동원하여야 할 것인지의 여부는 경제질서의 유지를 직접 그 소관으로 하는 기관의 전문적인 판단에 맡기는 것이 상당하므로 그러한 취지를 규정하고 있는 공정거래법 제71조는 헌법에 위반될 여지가 없다.

헌법재판소는 "헌법재판소법 제68조 제1항에 의하면 공권력의 행사 또는 불행사로 인하여 헌법상 보장된 기본권을 침해받은 자는 헌법소원심판을 청구할 수 있도록 규정하고 있고, 이 규정에 정한 공권력에는 입법권도 포함된다 할 것이므로 법률 또는 법률조항에 대한 헌법소원심판청구도 가능하다. 그러나 법률 또는 법률조항 자체가 헌법소원의 대상이 될 수 있으려면 그 법률 또는 법률조항에 의하여 구체적인 집행행위를 기다리지 아니하고 직접, 현재, 자기의 기본권을 침해받아야 하는 것을 요건으로 하고, 여기서 말하는 기본권침해의 직접성이란 집행행위에 의하지 아니하고 법률 그 자체에 의하여 자유의 제한, 의무의 부과, 권리 또는 법적 지위의 박탈이 생긴 경우를 뜻한다(헌재 1992.11.22. 91헌마192 결정 참조). 그런데 이 사건 심판의 대상인 공정거래법 제71조는 앞서 본 바와 같이 공정거래법위반이라는 범죄행위에 대하여는 공정거래법의 집행기관인 공정거래위원회의 고발이 있어야 공소를 제기할 수 있다는 규정, 즉 공정거래법 위반죄의 소추요건을 규정하고 있는 것에 불과하므로, 그 규정 자체만으로는 자유의 제한, 의무의 부과, 권리 또는 법적 지위의 박탈 등 기본권침해와 관련한 어떠한 내용도 이를 포함하고 있다고 볼 수 없는 것이다. 그러므로 공정거래위원회가 구체적인 공정거래법 위반행위에 대하여 공정거래법 제71조에 근거하여 형사처벌을 위한 고발권을 현실적으로 행사하거나 행사하지 아니하였을 때, 그로 인하여 당해 공정거래 법 위반행위 관련자들의 기본권이 침해되었다고 볼 수 있을 것인가의 여부는 별론으로 하고, 위 조항 자체를 대상으로 하는 이 사건 헌법소원심판청구는 직접관련성이 결여된 부적법한 것이므로 이를 각하한다."고 결정하였다.

나. 1995.7.21. 94헌마136 결정[8]

피청구인(공정위)은 1993.11. 청구인의 탄원서를 접수하여 심의한 후에 1994.3.3. 청구외 회사의 행위가 계속적인 거래관계에 있는 거래상대방에 대하여 부당하게 거래를 거절한 행위로서 공정거래법 제23조 제1항 제1호에 위반된다고 하여 동법 제24조에 따라 청구외 회사에 대하여 시정명령을 발하고 같은 달 12. 이를 청구인에게 통보하였다. 이에 청구인은 피청구인의 위 심의결정이 청구인에 대한 구제와는 무관한 것이어서 승복할 수 없다면서 재심의를 요구하는 취지의 재심청구서를 피청구인에게 제출하였고, 피청구인은 그에 대하여 1994.4.2. 청구인에게 재심의가 불가하다는 내용의 회신을 하였고, 피청구인으로부터 위 회신을 받은 청구인은 1994.6.3. 다시 피청구인에게 청구외 회사에 대한 형사고발을 요구하는 내용의 고발촉구서를 제출하고, 피청구인은 같은 달 10. 청구외 회사에 대한 형사고발이 불가하다는 내용의 회신을 하였다. 피청구인으로부터 위 1994.6.10.자 회신을 송달받은 청구인은 1994.7.8. 위 회신은 청구외 회사에 대하여 공정거래법 위반혐의로 고발하여 달라는 청구인의 신청에 대한 거부처분으로서 이에 의하여 청구인은 헌법상 보장된 평등권과 재판을 받을 권리를 침해당하였다는 취지로 이 사건 헌법소원심판청구를 하였고 1994.8.31.에 이르러 헌법소원심판청구 이유보충서를 제출하여 청구인의 기본권에 대한 침해의 원인이 되는 공권력행사를 "청구외 ▢▢침대 주식회사에 대하여 공정거래법위반혐의로 고발하지 아니하고 있는 공정거래위원회의 행위"로 정정하였다.

피청구인(공정위)은 적법요건 관련 청구인은 이 사건 청구외 회사의 공정거래법 위반행위에 대하여 공정거래법상의 신고인 혹은 고발의뢰인의 지위에 있는 것에 불과하고 고발권의 행사 여부는 피청구인이 전속적으로 판단할 사항으로 신고인의 고발의뢰에 좌우될 성질의 것이 아니며 따라서 피청구인에게 고발권이라는 공권력을 행사하여야 하는 작위의무가 존재하지 아니한다고 할 것이므로 공권력의 불행사, 즉 행정의 부작위를 전제로 하는 청구인의

---

8) 공정위는 고발권 행사의 재량권을 갖고 있으며 고발권을 남용하거나 고발권을 행사할 작위의무 를 위반하지 않았다고 결정한 사례이다.

헌법소원심판청구는 부적법하며, 또 본안에 대하여는 공정거래법상 부당한 거래거절행위에 대한 시정명령은 사적자치와 법적 안정성의 요청상 이미 계약이 해지된 경우에 있어서는 거래의 재개라는 개인의 권리구제를 의미하는 것이 아니므로 청구외 회사의 시정명령불이행이 있었음을 전제로 하는 청구인의 이 사건 헌법소원심판청구는 이유가 없어 기각되어야 한다고 답변하였다.

이에 대하여 헌법재판소는 적법요건에 대한 판단과 본안에 대한 판단을 거쳐서 이 사건 심판청구는 이유가 없다고 이를 기각하기로 결정하였다.

① 적법요건에 대한 판단에 있어서 먼저 사전구제절차의 경유 여부 관련하여 다른 법률에 구제절차가 있는 경우에는 그 절차를 모두 거친 후가 아니면 청구할 수 없다(헌법재판소법 제68조 제1항 단서). 행정청의 부작위에 대하여는 원칙적으로 행정심판법에 정한 행정심판(행정심판법 제3조 참조)과 행정소송법에 정한 항고소송(행정소송법 제4조 제3호 참조)의 구제절차가 마련되어 있음에도 불구하고 청구인이 이 사건 심판대상인 피청구인의 부작위에 대하여 위와 같은 행정심판 내지 행정소송절차를 거치지 아니한 채 곧 바로 이 사건 헌법소원심판청구를 제기하였음은 기록상 명백하다. 그런데 행정심판 및 행정소송의 대상이 되는 "부작위"가 성립되기 위하여는 1) 당사자의 신청의 존재를 전제로 2) 행정청이 상당한 기간 내에 3) 일정한 처분을 하여야 할 법률상(혹은 조리상) 의무가 있음에도 불구하고 4) 그 처분을 하지 아니할 것이 필요하고, 여기에서 적법한 신청이란 법령에 의거한 신청을 뜻하는 것으로서 법령이 당사자가 행정청에 대하여 일정한 신청을 할 수 있음을 명문으로 규정한 경우 뿐만 아니라 법해석상 당해규정이 특정인의 신청을 전제로 하는 것이라고 인정되는 경우의 당해 신청을 말하는 것이나, 공정거래법은 고발에 대한 이해관계인의 신청권을 인정할 수 있는 규정을 두고 있지 아니할 뿐만 아니라, 법해석상으로도 공정거래위원회의 고발권행사가 청구인의 신청이나 동의 등의 협력을 요건으로 하는 것이라고 보아야 할 아무런 근거도 없다. 그렇다면 이 사건 심판대상 행정부작위는 더 나아가 살필 여지도 없이 행정심판 내지 행정소송의 대상이 되는 "부작위"로서의 요건을 갖추지 못하였다고 할 것이므로 이러한 경우에도 청구인에게 위와 같은 행정쟁송절차의 사전 경유를 요구한다면 이는 무용한 절차를 강요하는 것으로 되어 부당하다고 하지 아니할 수 없다(헌재 1989.9.4. 88헌마22 결정; 헌재 1992.4.14. 90헌마82 결정 참조). 따라서 청구인이 이 사건 심판대상 행정부작위에 대하여 위와 같은 행정쟁송절차의 경유 없이 곧바로 헌법소원심판청구를 한 것은 보충성의 예외로서 적법하다고 보아야 할 것이다. 다음으로 자기관련성의 구비 여부 관련하여, 헌법소원심판청구인은 심판의 대상인 공권력작용에 대하여 자신이 스스로 법적인 관련을 가져야 한다(헌재 1989.7.28.

89헌마61 결정 등 참조). 피청구인의 고발은 검사의 공소제기를 위한 요건이 될 뿐이라는 점에서는 피청구인의 고발권불행사를 검사의 불기소처분과 동일하게 평가할 수는 없을 것이나, 그 구조상으로는 피청구인이 청구외 회사의 범죄사실, 즉 형사처벌의 대상이 되는 공정거래법위반사실을 인정하면서도 그 처벌을 위한 고발에 나아가지 아니한다는 점에서 검사가 범죄사실을 인정하면서도 공소의 제기에 나아가지 아니하는 기소유예 불기소처분과 유사하고, 따라서 청구인이 청구외 회사의 불공정거래행위라는 이 사건 범죄의 피해자라면, 검사의 불기소처분에 대한 헌법소원에 있어서와 같이(헌재 1989.12.22. 89헌마145 결정 참조) 피청구인의 고발권불행사로 인하여 자기 자신의 헌법상 보장된 재판절차진술권이 침해되었다고 주장할 수 있을 것이다. 그리고 한편으로 헌법상 재판절차진술권의 주체인 형사피해자의 개념은 반드시 형사실체법상의 보호법익을 기준으로 한 피해자의 개념에 의존할 필요가 없고, 형사실체법상으로는 직접적인 보호법익의 주체로 해석되지 않는 자라 하더라도 문제되는 범죄 때문에 법률상의 불이익을 받게 되는 자라면 헌법상 형사피해자의 재판절차진술권의 주체가 될 수 있다(헌재 1992.2.25. 90헌마91 결정)고 할 것인바, 청구인은 청구외 회사와의 사이에 존재하였던 대리점계약의 일방당사자로서 청구외 회사의 이 사건 불공정거래행위라는 범죄로 인하여 위와 같은 대리점계약상의 지위를 상실하는 법률상의 불이익을 받고 있으므로, 청구인이 비록 공정거래법이라는 형사실체법상 보호법익의 주체는 아니라고 하더라도 헌법상 재판절차진술권의 주체인 피해자에는 해당한다고 보지 아니할 수 없다. 그러므로 청구인의 이 사건 심판청구는 자기관련성을 갖추었다.

  ② 본안에 대한 판단으로, 공정거래법은 제71조에서 "……의 죄는 공정거래위원회의 고발이 있어야 공소를 제기할 수 있다"는 규정만을 두고 있을 뿐 공정거래위원회의 고발권행사에 관한 아무런 요건이나 제한규정도 두지 아니하고 있고, 공정거래위원회의 고발은 통상의 친고죄에 있어서의 고소와 같이 제1심판결 선고 전까지는 언제든지 이를 취소할 수 있다고 해석할 수밖에 없다(형사소송법 제232조 제1항 참조). 그러므로 공정거래위원회는 심사의 결과 인정되는 공정거래법 위반행위에 대하여 일응 고발을 할 것인가의 여부를 결정할 재량권을 갖는다고 보아야 할 것이다. 그러나 모든 행정청의 행정재량권과 마찬가지로 전속고발제도에 의한 공정거래위원회의 고발재량권도 그 운용에 있어 자의가 허용되는 무제한의 자유재량이 아니라 그 스스로 내재적인 한계를 가지는 합목적적 재량으로 이해하지 아니하면 안 된다고 할 것이다. 만약 공정거래위원회가 대폭의 가격인상카르텔 등의 경우와 같이 그 위법성이 객관적으로 명백하고 중대한 공정거래법 위반행위를 밝혀내고서도 그에 대한 고발을 하지 아니한다면 법집행기관 스스로에 의하여 공정하고 자유로운 경쟁을 촉진하고 소비

자를 보호한다는 법목적의 실현이 저해되는 결과가 되어 부당하기 때문이다. 결국 공정거래법이 추구하는 앞서 본 법목적에 비추어 행위의 위법성과 가벌성이 중대하고 피해의 정도가 현저하여 형벌을 적용하지 아니하면 법목적의 실현이 불가능하다고 봄이 객관적으로 상당한 사안에 있어서는 공정거래위원회로서는 그에 대하여 당연히 고발을 하여야 할 의무가 있고 이러한 작위의무에 위반한 고발권의 불행사는 명백히 자의적인 것으로서 당해 위반행위로 인한 피해자의 평등권과 재판절차진술권을 침해하는 것이라고 보아야 할 것이다. 이 사건 심판의 대상인 고발권불행사의 행정부작위는 청구외 회사가 청구인과의 대리점계약을 일방적으로 해지함으로써 청구인과의 거래를 부당하게 거절하였다는 불공정거래행위에 대한 것이고, 위와 같은 불공정거래행위도 공정거래법상 형사처벌의 대상이 되는 것으로 규정되어 있음은 분명하다(공정거래법 제67조 제2호). 그러나 청구외 회사의 위 불공정거래행위는 청구인과의 가구대리점계약이라는 개별적이고 구체적인 거래관계를 대상으로 한 단 1회의 거래 거절행위로서 가구시장의 경쟁질서에 끼친 해악의 정도가 그리 중하다고만 할 수 없을 뿐 아니라, 위와 같이 청구외 회사에 의하여 대리점계약이 해지됨으로써 입은 청구인의 경제적 손실은 공정거래법상의 손해배상청구권을 행사하거나 민법상의 채무불이행 혹은 불법행위에 기한 손해배상청구를 통하여 충분하게 전보될 수 있다고 보여지므로, 이를 객관적으로 보아 형벌을 가할 정도로 중대한 공정거래법위반행위로 보기는 어렵다고 할 것이다. 그렇다면 공정거래위원회가 위와 같은 청구외 회사의 불공정거래행위에 대하여 시정조치를.하는 것만으로도 법목적의 실현이 가능하다고 판단하여 형사처벌을 위한 고발권을 행사하지 아니하였다고 하더라도 이를 고발권의 남용이라거나 고발권을 행사하여야 할 작위의무의 위반으로서 명백히 자의적인 조치라고 단정할 수 없다고 판단되므로 이로써 청구인의 헌법상 보장된 기본권이 침해되었다고 볼 수도 없다.

3. 법원 판결사례

가. 공정위의 고발 의결의 처분성을 인정하지 않은 판결

(1) 대법원 1995.5.12. 선고 94누13794 판결(사단법인 대한약사회 및 서울특별시지부의 경쟁제한행위 및 구성사업자에 대한 사업활동제한행위 건, 1993.9.25. 공정위 의결)

피고(공정위)는 서울고등법원 1994.9.28. 선고 93구34369 판결에서 원고들이 피고의 중지명령, 고발의견 등의 취소를 주장한데 대하여 본안전 항변으로 위 고발의결 또는 고발조치는 행정처분이 아니라고 주장하였으며, 서울고등법원은 피고의 본안전 항변을 철회시킨 다음 본안에 나아가 판단하였다.

이에 대하여 대법원은 "행정소송법상 항고소송의 대상이 되는 행정청의 처분이라 함은 행정청의 공법상의 행위로서 특정사항에 대하여 법규에 의한 권리의 설정 또는 의무의 부담을 명하거나 기타 법률상 효과를 발생하게 하는 등 국민의 권리의무에 직접 관계가 있는 행위를 말하는바(대법원 1993.9.24. 선고 93누11999판결 등 참조), 이른바 고발은 수사의 단서에 불과할 뿐 그 자체 국민의 권리의무에 어떤 영향을 미치는 것이 아니고, 특히 법 제71조(현행법 제129조)는 공정거래위원회의 고발을 위 법률위반죄의 소추요건으로 규정하고 있어 공정거래위원회의 고발조치는 사직 당국에 대하여 형벌권 행사를 요구하는 행정기관 상호간의 행위에 불과하여 항고소송의 대상이 되는 행정처분이라 할 수 없으며, 더욱이 원고들을 고발하기로 하는 피고의 의결은 행정청 내부의 의사결정에 불과할 뿐 최종적인 처분은 아닌 것이므로 이 역시 항고소송의 대상이 되는 행정처분이 되지 못한다고 할 것이다. 따라서 원심으로서는 직권으로 원고들의 이 사건 고발의결(또는 고발조치)에 대한 청구를 부적법한 것으로 각하하였어야 할 것임에도 그에 이르지 아니한 채 이를 행정처분으로 보아 본안에 나아가 심리판단하고 말았으니 원심의 위와 같은 조치는 위법하다고 하지 않을 수 없다."고 판시하였다.

(2) 대법원 2000.2.11. 선고 98두5941 판결

법원 판례는 그동안 공정위의 고발의결에 따른 고발요청과 유사한 절차로 행해지고 있는 입찰참가자격제한요청[9]도 행정기관 상호간의 행위에 불과하여 항고소송의 대상이 되는 행정처분에 해당되지 않는다는 입장이었다.

공정위는 1996.8.30. 원고(주성건설 주식회사)에 대하여 앞으로 토목, 건축공사 입찰분야에서 경쟁을 실질적으로 제한하는 행위를 하여서는 아니 된다는 시정조치 및 과징금 납부 명령을 의결하였고, 1996.9.3. 서울특별시교육청에게 원고에 대한 입찰참가자격제한요청을 하였고, 이에 대해 원고는 법원에 각 취소를 구하는 청구를 하였다.

서울고등법원 1998.2.18. 선고 97구7457 판결에서 원고는 "국가를당사자로하는계약에관한법률 등에 피고로부터 입찰참가자격제한 요청이 있을 때에는 1월 이상 2년 이하의 범위 내에서 입찰참가자격을 제한하여야 한다고 규정되어 있음에 비추어 피고의 위 입찰참가자격제한요청은 행정처분이라 할 것인데 피고는 위 입찰참가자격제한요청을 하면서 의결서도 작성

---

9) 공정위는 부당한 공동행위에 대한 조치로서 시정조치, 과징금 부과와 함께 검찰 고발, 발주기관에 대한 입찰참가자격제한 요청도 하고 있다.

하지 아니하였으므로 위 입찰참가자격제한요청은 위법하다."고 주장하였으며, 피고(공정위)는 "입찰참가자격제한요청은 공정거래법 제64조(현행 제121조, 관계기관 등의 장의 협조) 제3항의 규정에 의한 협조의뢰로서 항고소송의 대상이 되는 행정처분이라고 할 수 없으므로 원고의 이 사건 소 중 위 입찰참가자격제한요청의 취소를 구하는 부분은 부적법하다."고 주장하였다.

이에 대하여 서울고등법원은 "위 입찰참가자격제한요청은 법 제64조 제3항의 규정에 의한 협조의뢰로서, 이는 행정기관 상호간의 행위에 불과하여 항고소송의 대상이 되는 행정처분이라고 할 수 없다(위 협조의뢰에 대하여 각 행정기관이 기속된다는 법문상의 규정이 없을뿐더러, 위 협조의뢰를 받은 각 행정기관은 독자적 판단에 따라 그에 따른 행정처분을 하고, 이에 대하여는 별도의 불복절차로 다툴 수 있으므로, 행정처분성을 인정할 실효성도 있다고 보기 어렵다) 할 것이니, 원고의 이 사건 소 중 위 입찰참가자격제한요청의 취소를 구하는 부분은 그 나머지 주장에 대한 판단에 나아갈 필요 없이 부적법하다 할 것이다."라고 판시하였다. 그리고 대법원은 2000.2.11. 선고 98두5941 판결에서 "원심의 판단은 정당하고, 거기에 항고소송의 대상이 되는 행정처분에 관한 법리오해나 심리미진, 판단유탈 등의 위법이 있다고 할 수 없다."고 상고를 기각하였다.

(3) 하도급법에 따른 입찰참가자격제한요청을 행정처분으로 인정한 판례

(가) 대법원 2023.2.2. 선고 2020두48260 판결(지에스건설㈜의 입찰참가자격제한 요청 건, 2019.4.23. 공정위 결정)

하도급법 제26조 제2항에 의하면, "공정위는 법 규정을 위반한 원사업자 또는 수급사업자에 대하여 그 위반 및 피해의 정도를 고려하여 대통령령으로 정하는 벌점을 부과하고, 그 벌점이 대통령령으로 정하는 기준을 초과하는 경우에는 관계 행정기관의 장에게 입찰참가자격의 제한, 「건설산업기본법」 제82조 제1항 제7호에 따른 영업정지, 그 밖에 하도급거래의 공정화를 위하여 필요한 조치를 취할 것을 요청하여야 한다."라고 규정하고 있다. 그 위임에 따라 하도급법 시행령 제17조 제1항은 "법 제26조 제2항에 따라 공정위가 부과하는 벌점의 부과기준은 [별표 3]과 같다."라고 규정하고 있고, 같은 조 제2항은 "법 제26조 제2항에서 '대통령령으로 정하는 기준을 초과하는 경우'란 [별표 3] 제1호 (라)목에 따른 누산점수가 다음 각호의 구분에 따른 점수를 초과하는 경우를 말한다."라고 규정하면서, 각호에서 '입찰참가자격의 제한 요청: 5점'(제1호), '「건설산업기본법」 제82조 제1항 제7호의 사유에 따른 영업정지 요청: 10점'(제2호)이라고 규정하고 있다.

항고소송의 대상인 처분에 관한 법리와 관련 법령의 체계 및 내용 등에 비추어 피고가 2019.4.23. 법 제26조 제2항 후단에 따라 관계 행정기관의 장에게 한 원고에 대한 입찰참가자격의 제한을 요청한 결정이 항고소송의 대상이 되는 처분인지 살펴본다.

법 제26조 제2항은 입찰참가자격제한 요청의 요건을 시행령으로 정하는 기준에 따라 부과한 벌점의 누산점수가 일정 기준을 초과하는 경우로 구체화하고, 위 요건을 충족하는 경우 피고는 법 제26조 제2항 후단에 따라 관계 행정기관의 장에게 해당 사업자에 대한 입찰참가자격제한 요청 결정을 하게 되며, 이를 요청받은 관계 행정기관의 장은 특별한 사정이 없는 한 그 사업자에 대하여 입찰참가자격을 제한하는 처분을 하여야 하므로, 사업자로서는 입찰참가자격제한 요청 결정이 있으면 장차 후속 처분으로 입찰참가자격이 제한될 수 있는 법률상 불이익이 존재한다. 이때 입찰참가자격제한 요청 결정이 있음을 알고 있는 사업자로 하여금 입찰참가자격제한처분에 대하여만 다툴 수 있도록 하는 것보다는 그에 앞서 직접 입찰참가자격제한 요청 결정의 적법성을 다툴 수 있도록 함으로써 분쟁을 조기에 근본적으로 해결하도록 하는 것이 법치행정의 원리에도 부합한다. 따라서 피고의 입찰참가자격제한 요청 결정은 항고소송의 대상이 되는 처분에 해당한다고 보아야 한다.

원심이 같은 취지에서 피고의 이 사건 입찰참가자격제한 요청 결정이 항고소송의 대상이 되는 처분에 해당한다고 판단한 것은 정당하고, 거기에 항고소송의 대상이 되는 처분에 관한 법리를 오해한 잘못이 없다.

(나) 대법원 2023.4.27. 선고 2020두47892 판결(한화시스템㈜의 입찰참가자격제한 및 영업정지 요청 건, 2019.8.26. 공정위 결정)

본 판결은 위 (가) 대법원 판결을 참조판례로 하면서 제시되었던 처분에 관한 법리를 그대로 인용한 다음에 피고(공정위)의 입찰참가자격제한 등 요청 결정이 항고소송의 대상이 되는 처분에 해당한다는 원심의 판단을 인정하였다.

나. 공정위의 고발 대상에서 제외된 피고인에 대한 공소는 소추요건을 결여했다는 법원 판결(대법원 2010.9.30. 선고 2008도4762 판결)

대법원은 "공정거래법 제71조(현행법 제129조) 제1항은 '법 제66조(현행법 제124조) 제1항 제9호 소정의 부당한 공동행위를 한 죄는 공정거래위원회의 고발이 있어야 공소를 제기할 수 있다'고 규정함으로써 그 소추조건을 명시하고 있다. 반면에 법은 공정거래위원회가 법 위반행위자 중 일부에 대하여만 고발을 한 경우에 그 고발의 효력이 나머지 법 위반행위자에게도 미치는지 여부, 즉 고발의 주관적 불가분원칙의 적용 여부에 관하여는 명시적으로 규정하고 있지 아니하고, 형사소송법도 제233조에서 친고죄에 관한 고소의 주관적 불가분원칙을 규정하고 있을 뿐 고발에 대하여 그 주관적 불가분의 원칙에 관한 규정을 두고 있지 않고 또한 형사소송법 제233조를 준용하고 있지도 아니하다. 이와 같이 명문의 근거규정이 없을 뿐만 아니라 소추요건이라는 성질상의 공통점 외에 그 고소·고발의 주체와 제도적 취지 등이 상이함에도 불구하고 친고죄에 관한 고소의 주관적 불가분원칙을 규정하고 있는 형사소송법 제233조가 공정거래위원회의 고발에도 유추적용된다고 해석한다면 이는 공정거래위원회의 고발이 없는 행위자에 대해서까지 형사처벌의 범위를 확장하는 것으로서, 결국 피고인에게 불리하게 형벌법규의 문언을 유추해석한 경우에 해당하므로 죄형법정주의에 반하여 허용될 수 없다. 상고이유에서 주장하는 것처럼 공정거래위원회의 고발권 행사가 자의적으로 이루어질 가능성이나, 부당공동행위에 관한 가담 정도가 중한 자가 자진신고자 또는 조사협조자인 관계로 형사고발이 면제됨으로써 그 가담 정도가 경한 자와의 형평성 문제가 생길 가능성을 부정할 수는 없다 하더라도, 위와 같은 형사법의 대원칙인 '죄형법정주의 원칙' 및 입법자의 입법형성에 관한 재량권이 존중되어야 하는데다가 법이 검찰총장의 공정거래위원회에 대한 고발요청권을 명시하고 있는 등(제71조 제3항) 전속고발권의 공정한 행사를 위한 제도적 보완책을 마련한 점 등의 사정에 비추어 보면 이와 달리 보기는 어렵다."고 판시하였다.

IV. 법 제129조 제2항의 고발요건 관련

1. 제도의 내용

법 제129조(고발) 제2항은 공정위는 전속고발제의 대상인 죄 중 위반의 정도가 객관적으로 명백하고 중대하여 경쟁질서를 현저히 해친다고 인정하는 경우에는 검찰총장에게 의무적으로 고발하도록 규정하고 있다. 이는 전속고발제도의 운용과 관련하여 공정위가 형벌적용에 소극적이라는 비판, 그리고 1995.7.21. 공정위의 고발권불행사와 관련한 헌법재판소의 관련 결정 이후 1996.12.30. 법개정시 전속고발제를 보완하면서 신설된 조항이다. 헌법재판소는 1995.7.21. 94헌마136 결정에서 "공정거래법이 추구하는 법목적에 비추어 행위의 위법성과 가벌성이 중대하고 피해의 정도가 현저하여 형벌을 적용하지 아니하면 법목적의 실현이 불가능하다고 봄이 객관적으로 상당한 사안에 있어서는 공정거래위원회로서는 그에 대하여 당연히 고발을 하여야 할 의무가 있고 이러한 작위의무에 위반한 고발권의 불행사는 명백히 자의적인 것으로서 당해 위반행위로 인한 피해자의 평등권과 재판절차진술권을 침해하는 것이라고 보아야 할 것이다."라고 설시하였다.

한편 공정거래법상 전속고발제의 대상이 되는 죄는 2012.3월, 2017.4월 두 차례의 개정을 통하여 조사 시 폭언·폭행, 고의적인 현장진입 저지·지연 등을 통한 조사 거부·방해 또는 기피(법 제124조 제1항 제13호), 공시대상기업집단 지정 자료 제출 요청 관련 자료 제출 거부나 거짓 자료 제출(법 제125조 제2호), 보고 또는 필요 자료·물건 제출명령 불이행 및 조사 거부·방해(법 제125조 제6호, 제7호) 등 실체법적 위반행위가 아닌 죄까지 확대되었다.

법 제129조 제2항의 의무적 고발요건의 해석 및 판단은 규정된 문언이나 그 속성상 법집행기관의 재량이 개입될 수밖에 없으며, 공정위는 공정거래법 위반행위라고 인정할 경우 고발여부에 대해서는 재량권을 갖는다고 보아야 할 것이다. 다만 모든 행정청의 행정재량권과 마찬가지로 전속고발제도에 의한 공정위의 고발재량권도 그 운용에 있어 자의가 허용되는 무제한의 자유재량이 아니라 그 스스로 내재적인 한계를 가지고 있는 것이다.

이에 따라 공정위는 1997.6.17. 고발대상이 되는 사건의 유형 및 기준을 제시를 위하여 '공정거래법 등의 위반행위의 고발에 관한 공정거래위원회의 지침'을 제정하여 운영하고 있으며 객관성과 투명성을 높이기 위하여 여러 차례 개정하였다. 그리고 2020.9.2. '기업집단 관련 신고 및 자료제출의무 위반행위에 대한 고발지침'을 제정하여 공시대상기업집단 지정 자료 제출 요청 관련 자료 제출 거부나 거짓 자료 제출행위(법 제125조 제2호) 등에 대한 고발 기준을 정하고 있다. 이 두 개의 고발지침은 공정위의 전속고발권 행사에 따른 공정거래법의 형사적 집행과 관련되며 내부지침 자체가 형사고발 여부 판단에 있어서 직접적으로 영향을 미치는 판단기준으로 적용되고 있다(이슈 12: 공정거래법 집행과 내부지침 Ⅰ. 2. 참조).

2. 고발지침 규정 내용

가. 공정거래법 등의 위반행위의 고발에 관한 공정위의 지침

현행 지침은 사업자(또는 사업자단체), 사업자(또는 사업자단체)의 개인 행위자로 구분하여 제2조(고발의 대상 및 기준) 제1항 및 제2항에서 각각 9가지의 원칙적 고발사유를 열거하고 있는바, 그 고발사유를 보면 평가기준표에 따라 계량적으로 산출한 법위반점수가 일정점수 이상인 경우, 공정위 조사시 자료의 은닉·폐기, 접근거부 또는 위조·변조 등을 통하여 조사를 거부·방해 또는 기피한 경우, 특별한 사유없이 공정위의 시정조치나 금지명령에 응하지 않은 경우, 불이익 등 보복조치 금지를 위반한 경우, 과거 5년간 공정거래법 위반으로 경고 이상 조치를 3회 이상 받고 과징금고시에 따른 누적벌점이 6점 이상인 경우 등 가급적 객관적이고 투명한 기준을 정하고 있다. 그리고 제3항에서 공정위가 위반행위의 자진시정 여부, 과거 법위반전력 유무, 생명·건강 등 안전에의 영향과 무관한지 여부, 조사협조 여부 등 행위의 중대성에 영향을 미치는 사항들을 종합적으로 고려하여 고발여부를 달리 결정할 수 있도록 규정하고 있다.

지침상 고발사유 중에서 고발 요청 심사보고서나 고발 의결에 있어서 가장 자주 적용되는 것은 '법위반점수'로서 산출의 기초는 과징금고시의 세부평가 기준표가 된다(지침 제2조 제1항 제1호 및 제2항 제1호 참조). 과징금고시는 법 제102조(과징금 부과) 제1항에 따라 과징금 부과 시 고려요소의 하나인 '위반행위의 내용 및 정도(제1호)', 즉 중대성의 정도를 위반행위 유형 별로 [별표] 세부평가 기준표에 정하고 있다. 사업자에 대한 원칙 고발 대상은 그 기준표에 따라 산출한 법위반점수가 1.8점 이상인 경우이며, 개인 행위자에 대한 원칙 고발 대상은 원칙 고발 대상인 사업자, 즉 법위반점수가 1.8점 이상인 사업자에 소속된 경우로서 지침 [별표 1] 개인의 법위반행위 세부평가 기준표에 의하여 산출된 법위반점수가 2.2점 이상인 자가 된다.

공정위의 심사관은 법위반점수를 산출한 후 고발지침에 따라 고발 의견을 제시하고 있으며, 공정위는 법위반점수의 적정성 및 고발지침 제2조 제3항에 따른 여러 사항을 종합적으로 고려하여 고발 여부를 최종 판단하게 된다.[10]

나. 기업집단 관련 신고 및 자료제출의무 위반행위에 대한 고발지침

2020.9.2. 제정되어 2020.9.8.부터 시행되고 있는 고발지침의 적용범위 중에서 전속고발제의 대상이 되는 것은 법 제31조(상호출자제한기업집단 등의 지정 등) 제4항의 기업집단 지정을 위한 자료제출요청에 대하여 정당한 이유없이 자료제출을 거부하거나 거짓의 자료를 제출하는 행위(지정자료 제출의무 위반)이며, 법 제125조(벌칙) 제2호에 따라 2년 이하의 징역 또는 1억 5천만원 이하의 벌금에 처한다.

고발지침은 행위자의 의무위반에 대한 '인식가능성[11]' 및 의무위반의 '중대성' 등 2가지 사항을 고려하여 판단하도록 규정하고 있다. 인식가능성은 행위자의 행위 당시 의무위반에 대한 인식 여부, 행위의 내용·정황·반복성 등에 따른 인식가능성의 정도를 고려하여 판단하고 중대성은 위반행위의 내용·효과, 경제력집중 억제시책의 운용에 미치는 영향 등을 고려하며 판단하며, 각각 현저한 경우(상), 상당한 경우(중), 경미한 경우(하)로 구분한다.

---

10) 공정위의 고발 의결서를 보면 통상 고발지침상 법위반점수는 명시하지 않고 있다.
11) 공정거래법 집행상 고의, 인식가능성, 의도와 목적의 개념에 대해서는 이슈 5: 공정거래법 집행상 책임성 판단과 '고의나 과실' 유무의 관련성 Ⅰ. 2. 참조.

고발지침은 위반행위에 대한 고발 여부는 인식가능성을 우선 기준으로 판단하도록 규정하고 있다.[12] 즉, 인식가능성이 현저한 경우(상)에는 위반행위의 중대성 정도와 관계없이 원칙 고발, 인식가능성이 상당한 경우(중)에는 위반행위의 중대성이 현저한 경우(상)에는 고발(중대성이 상당하거나 경미한 경우에는 미고발, 다만 고발지침 Ⅲ. 2. 가. 3) 단서조항에 따라 중대성이 상당한 경우로서 대상기업집단의 자산총액 규모 및 공시대상기업집단 해당여부, 행위자의 의무위반 자신신고 여부, 자료제출 경험의 정도, 조사에의 협조 여부 등을 고려하여 고발 가능)하도록 규정하고 있다(고발지침 Ⅲ. 2. 가. 참조). 고발하지 않는 경우에는 경고를 하게 되며, 이러한 고발 기준에도 불구하고 구체적인 행위의 태양 및 효과, 행위자의 의무 위반에 이르게 된 동기 및 경위, 과거 의무위반 전력 유무 등 인식가능성 및 중대성에 영향을 미치는 여러 사항을 종합적으로 고려하여 고발여부를 달리 결정할 수 있다(고발지침 Ⅲ. 2. 나.).

3. 고발지침을 적용한 공정위 결정사례 소개

가. 공정거래법 등의 위반행위의 고발에 관한 공정위의 지침 관련

(1) 6개 알루미늄 콘덴서 제조·판매업체의 부당한 공동행위 건 및 7개 탄탈 콘덴서 제조·판매업체의 부당한 공동행위 건(2018.10.4. 공정위 결정)

피심인 루비콘, 마츠오전기, 비쉐이폴리텍, 엘나, 일본케미콘, 토킨의 행위는 그 성격상 효율성 증대 효과는 기대하기 어려운 반면 경쟁 제한 효과가 큰 경성 공동행위에 해당하는 점, 상당한 기간에 걸쳐 법위반이 반복·지속하여 발생한 점, 관련시장에서 피심인 및 공동행위 참여자들의 시장지배력이 크다는 점 등을 고려할 때, 법위반 정도가 명백하고 중대하여 공정한 거래질서를 현저히 저해하는 행위에 해당하므로 피심인들을 고발함이 타당하다. 또한, 피심인 ○○○의 경우 일본케미콘을 대표하여 다른 피심인 또는 그외 공동행위 참여자들과 연락을 취함으로써 합의를 주도한 자임에도 불구하고 한국시장에서는 경쟁사와 합의한 사실이 없다고 진술하는 등 이 사건 행위사실에 대해 전반적으로 부인하고 있으므로 고발함이 타당하다.

---

12) 2020.9.8. 고발지침 제정·시행 이후 2023년 9월말까지 의결서 기준으로 기업집단 지정 자료 허위제출 행위 총 23건의 처리결과를 보면 고발 5건, 경고 18건이며, 고발 5건 중 인식가능성이 현저한 경우(상)는 3건, 인식가능성이 상당한 경우(중)는 2건이다. 인식가능성이 '상'으로 판단된 경우는 설립당시부터 차명주식의 존재를 인식하고 피심인이 실질 소유, 피심인이 실질 소유를 인정, 계열회사 누락사실을 보고받고도 묵인한 경우 등이다.

(2) ㈜메타노이아의 부당한 표시광고행위 건(2020.1.28. 공정위 결정)

피심인 회사의 위 행위는 사실과 다르게 표시하거나 사실을 지나치게 부풀리는 방법으로 소비자를 속이거나 소비자로 하여금 잘못 알게 할 우려가 있는 표시·광고행위로서 표시광고법 제3조 제1항 제1호의 규정에 해당되며 피심인의 법 위반행위가 제품의 성능 및 안전성에 관한 것으로 소비자의 생명·신체에 영향을 미칠 우려가 있는 점 등을 종합적으로 고려할 때 피심인 회사를 고발함이 타당하다. 또한, 피심인 손태창은 법 위반행위 기간 동안 피심인 회사의 대표이사로 재직한 자로서 이 사건 표시·광고에 최종 책임이 있으며, 피심인 회사의 법 위반행위가 발생하지 않도록 상당한 주의·감독 의무가 있음에도 이를 게을리 하였고 나아가 이 사건 표시·광고에 직접 관여한 사실 등이 인정되므로 고발함이 타당하다.

(3) 기업집단 SPC 소속 계열회사들의 부당지원행위 건(2020.8.12. 공정위 결정)

피심인 주식회사 파리크라상, 에스피엘 주식회사, 비알코리아 주식회사는 기업집단 SPC 소속의 회사들로서 ① 거래상 실질적인 역할이 없는 같은 기업집단 소속회사 삼립을 매개로 거래하여 삼립에 부당한 이익을 제공하였다는 점, ② 피심인들의 부당지원행위가 약 5년 간 장기간에 걸쳐 이루어져 위법의 정도가 중대하다는 점, ③ 삼립이 피심인들의 부당지원행위를 통해 얻게 된 경제적 이익이 38,142백만 원으로 그 규모가 상당하다는 점, ④ 삼립이 속한 시장에서의 자유롭고 공정한 경쟁 질서를 크게 저해하였다는 점 등을 고려할 때, 법 위반의 정도가 객관적으로 명백하고 중대하여 고발함이 타당하다.

피심인 ○○○은 2018.10.31. ○○○의 사내이사를 마지막으로 심의일 현재 기업집단 SPC 소속회사의 대표이사 또는 임원 등 공식적인 직책을 맡고 있지 않으나, ① 기업집단 SPC 의 동일인으로 기업집단 전체를 사실상 지배하는 자로 ○○○○회의, 주요 소속회사 ○○회의 등 각종 회의체에 참석 및 주관하며 소속회사의 재무상황, 경영상황 등을 보고받고 승인하는 위치에 있으며, 회사의 인수·합병·분할 등 기업구조 개편 등 주요한 의사결정에 직접 관여하여 결정하는 위치에 있는 자인 점, ② ○○○○회의 등을 통해 삼립의 통행세 거래구조를 수립하고 이를 지속시켜 삼립에 대한 지원행위를 주도한 점, ③ 자신이 주관하는 ○○○○회의 및 피심인 ○○○을 통해 이 사건 통행세 거래행위의 공정거래법 위반 가능성을 수차례 보고받았음에도 불구하고 ○○○ ○○○를 통해 이슈 제기가 될 수 있는 최소한의 부분에 대해서만 형식적으로 거래구조를 변경하는 등 이 사건 지원행위가 계속되도록 한 책임이 있는 점, ④ 그룹 총괄사장인 피심인 ○○○를 통해 자신과 가족의 자산은 최대화하고 세금은 최소화 할 수 있는 방안을 보고 받으며 자녀들의 승계 자금 확보를 위해 이 사건 지원행위를 승인한 것으로 보이는 점 등을 종합하면, 피심인 ○○○을 고발함이 타당하다.

피심인 ○○○는 현재 ○○○의 비상근 고문으로 재직하고 있는 자로, ① 2009년~2019년 3월까지 그룹 총괄사장으로서 이 사건 거래구조 수립에 직접 관여한 점, ② 피심인 ○○○ 일가의 재산관리를 하면서 지배구조 확립 및 증여세 절감을 통한 총수 2세로의 경영권 승계를 지휘한 점, ③ 2009년경부터 ○○○○회의에 참석하며 ○○○○회의를 통해 이 사건 통행세 행위의 공정거래법 위반 가능성을 충분히 인지하였음에도 일부 품목을 제외하고 통행세 거래를 지속한 점 등을 고려할 때, 피심인 ○○○는 피심인 ○○○ 자녀들의 승계자금 확보를 위해 이 사건 통행세 구조를 수립하고 적극적으로 실행한 것이 인정되므로 고발함이 타당하다.

피심인 ○○○는 현재 파리크라상의 대표이사로 재직 중인 자로서, ① 이 사건 통행세 행위의 거래구조를 만들고 삼립의 수취마진을 결정한 자로 이 사건 법 위반 행위의 의사결정에 직접 관여한 자인 점, ② 2017년 7월부터 직거래전환 이슈 관련 ○○○○회의를 통해 이 사건 통행세 행위의 공정거래법 위반 가능성을 충분히 인지하였음에도 통행세 거래를 지속한 점, ③ 특히 당시 파리크라상에서 부사장이자 BU장으로 재직하면서 일부 품목을 직거래 전환하여 회사에 이익이 발생하였음을 인지하였음에도 나머지 상당수의 품목들은 통행세 거래를 지속한 점 등을 고려할 때, 피심인 ○○○은 본인이 재직 중인 다수의 계열회사의 이익보다는 ○○○ 일가 개인 들의 이익을 위해 이 사건 통행세 행위를 계획하고 적극적으로 실행하였다고 인정되므로 고발함이 타당하다.

(4) 기업집단 「미래에셋」 소속 계열회사들의 특수관계인에 대한 부당한 이익제공행위 건 (2020.9.18. 의결)

공정위는 법인 피심인들에 대하여 향후 부작위의 시정조치와 과징금납부 명령을 의결하였으며, 개인 피심인 ○○○에 대해서는 법 제47조(특수관계인에 대한 부당한 이익제공 등 금지) 제4항 위반으로 인정하되 보고는 받았지만 보고내용에 대해 특별히 지시하거나 별도로 언급한 내용은 확인되지 않는다고 판단하면서, 이와 같은 행위에 다시는 관여하여서는 아니 된다는 부작위 명령을 내렸다.[13]

한편 피심인 ○○○를 고발하지 않은 이유에 대하여 담당 심사관은 "동일인 고발의 경우 공정위의 고발지침에 의하면 법 제23조의2(현행법 제47조) 제4항에 따라 특수관계인으로서 법위반정도가 중대해야 고발이 가능하다. 이 사건은 특수관계인의 위법성 정도가 중대하다

---

13) 법 제47조 제4항은 "특수관계인은 누구에게든지 제1항 또는 제3항에 해당하는 행위를 하도록 지시하거나 해당 행위에 관여해서는 아니 된다."고 규정하고 있다.

고 보지 않았다. 특수관계인이 사업초기에는 영업 방향과 수익 상황 등에 대해 언급은 했지만 직접적인 지시는 없다고 봤다."고 언급하였다.[14] 참고로 '공정거래법 등의 위반행위의 고발에 관한 공정위의 지침' 제2조(고발의 대상 및 기준) 제2항 제3호는 개인에 대한 원칙 고발 사유의 하나로 "공정거래법 제47조 제4항을 위반한 특수관계인으로서 법위반정도가 중대한 자"를 규정하고 있다.

(5) 기업집단 「금호아시아나」 소속 계열회사들의 특수관계인에 대한 부당이익제공행위 및 부당지원행위 건(2020.9.25. 결정)

피심인 금호산업은 자금대여 행위와 관련하여 ① 당시 ○○○○○○의 대출금 상환 등으로 인해 자금이 필요했던 금호홀딩스에게 상당히 유리한 조건으로 금호홀딩스를 지원함으로써 금호홀딩스에게 부당한 이익을 제공한 점, ② 그 결과 금호홀딩스의 지분을 보유하고 있는 동일인에게 부당한 이익을 제공한 점, ③ 금호홀딩스가 대출금 상환을 하지 못하게 되는 경우 동일인의 그룹에 대한 지배력이 약화될 수 있는 상황에서 필요한 자금을 지원함으로써 동일인의 그룹에 대한 지배력이 유지될 수 있었던 점, ④ 2015년 말 워크아웃 이후 재정 상황이 어려웠음에도 2016년 말 기준 현금 및 현금성자산(69,955 백만 원)의 88%에 해당하는 금액을 합리적 이유 없이 금호홀딩스에게 대여한 점, ⑤ 자신의 전략경영실이 이 사건 자금대여 행위를 계획하고 각 계열사들에게 지시함으로써 부당한 지원행위를 교사한 점, ⑥ 고발지침은 과징금고시에 따라 산출한 법위반 점수가 1.8점 이상인 경우, 과거 5년간 법 위반으로 경고 이상 조치를 3회 이상 받고 과징금고시에 따른 누적벌점이 6점 이상인 경우 각각 고발함을 원칙으로 하고 있는데, 피심인 금호산업의 경우 과징금고시에 따른 법위반점수가 2.6점(법 제23조 제1항 제7호 가목 위반행위)이고, 과거 5년간 법 위반으로 경고 이상 조치를 7회 받고 과징금고시에 따른 누적벌점이 16.5점인 점 등을 고려할 때 법 위반의 정도가 객관적으로 명백하고 중대하여 고발함이 타당하다. 또한, 피심인 금호산업은 위의 BW 발행 행위와 관련하여 ① 자신의 전략경영실이 이 사건 기내식 사업자 선정 및 BW 발행을 설계, 지시하고 최종 승인함으로써 부당한 지원행위를 교사한 점, ② 법 제23조 제1항 후단의 부당한 지원행위를 하게 한 행위에 대한 과징금고시 법위반점수가 2.6점이고, 과거 5년간 법 위반행위로 인한 벌점이 16.5점으로 고발지침에 따라 원칙적 고발사유에 해당하는 점 등을 고려할 때 법 위반의 정도가 객관적으로 명백하고 중대하여 고발함이 타당하다.

피심인 아시아나항공은 자금대여 행위와 관련하여 ① 당시 ○○○○○○의 대출금 상환

---

14) 아주경제, 2020.5.27. [일문일답] 공정위 "미래에셋 일감 몰아주기, 박현주 회장 직접 지시 없었다" 참조.

등으로 인해 자금이 필요했던 금호홀딩스에게 상당히 유리한 조건으로 금호홀딩스를 지원함으로써 부당한 이익을 제공한 점, ② 그 결과 금호홀딩스의 지분을 보유하고 있는 동일인에게 부당한 이익을 제공한 점, ③ 금호홀딩스가 대출금 상환을 하지 못하게 되는 경우 동일인의 그룹에 대한 지배력이 약화될 수 있는 상황에서 필요한 자금을 지원함으로써 동일인의 그룹에 대한 지배력이 유지될 수 있었던 점, ④ 2015년 10월 ○○○○○○과 재무구조개선약정을 체결하고 차입금 상환을 위해 주요 자산을 매각하는 등 재정 상황이 어려웠음에도 합리적 이유 없이 금호홀딩스에게 총 50억 원의 자금을 우회 대여하기 위해 협력업체들에게 무이자로 자금을 제공한 점, ⑤ 고발지침은 과징금고시에 따라 산출한 법위반 점수가 1.8점 이상인 경우 고발함을 원칙으로 하고 있는데, 과징금고시에 따른 법위반점수가 2.6점(법 제23조 제1항 제7호 가목 위반행위)인 점 등을 고려할 때 법 위반의 정도가 객관적으로 명백하고 중대하여 고발함이 타당하다. 또한, 피심인 아시아나항공은 위의 BW 발행 행위와 관련하여 ① 게이트그룹과의 기내식 거래를 매개로 금호홀딩스에게 상당히 유리한 조건의 BW 발행을 통한 이익을 제공한 점, ② 이로 인해 금호홀딩스의 지분을 보유하고 있는 동일인에게 부당한 이익을 제공하고 나아가 동일인의 그룹에 대한 지배력을 유지할 수 있게 한 점. ③ 기존 ㅁㅁㅁㅁ와의 계약 조건, ◇◇◇◇ 등과의 협상시 조건 등을 고려할 때 △△△그룹과의 계약 조건보다 더 유리한 조건의 계약을 체결할 수 있었음에도 이례적인 BW 발행을 조건으로 게이트그룹과의 기내식 거래를 추진한 점, ④ 과징금고시에 따른 법위반점수가 2.6점으로 고발지침에 따라 원칙적 고발사유에 해당하는 점 등을 고려할 때 법 위반의 정도가 객관적으로 명백하고 중대하여 고발함이 타당하다.

피심인 박○○는 ① 기업집단 금호의 동일인이자 이 사건 행위 당시 금호산업, 아시아나항공 및 금호홀딩스의 대표이사로서 금호산업의 전략경영실을 통해 금호 그룹 계열사들을 지배하였던 자인 점, ② 위 2. 가. 의 자금대여 행위와 관련하여 지원주체이자 다른 계열사들로 하여금 법위반 행위를 하게 한 금호산업의 대표이사이면서 동시에 이익을 제공받는 객체인 금호홀딩스의 대표이사로서 금호산업의 전략경영실로부터 관련 사항들을 보고받고 지시·관여한 것으로 볼 수 있는 점, ③ 위 BW 발행 행위와 관련하여 지원주체인 아시아나항공의 대표이사, 부당지원행위를 교사한 금호산업의 대표이사이면서 동시에 이익을 제공받는 객체인 금호홀딩스의 대표이사로서 금호산업의 전략경영실로부터 관련 사항들을 보고받고 BW발행 품의서에 최종 결재하는 등 지시·관여한 사실이 인정되는 점, ④ 이 사건 행위들을 통해 금호홀딩스의 지분에 따른 이익을 제공받고 나아가 금호 그룹에 대한 지배력을 유지·강화하였다는 점 등을 고려할 때 법위반의 정도가 객관적으로 명백하고 중대하여 고발함이 타당하다(고발지침은 법 제23조의2 제4항을 위반한 특수관계인으로서 법 위반 정도가 중대한 자는 고발함을 원칙으로 하고 있다(고발지침 제2조 제2항 제3호).).

피심인 박△△은 위의 BW발행 지원행위와 관련하여 ① 아시아나항공으로 하여금 법위반 행위를 하게 한 피심인 금호산업 전략경영실 실장으로서 이 사건 행위를 설계하였고 주요 사항을 보고받으며 협상을 주도하였고 거래의 금액·조건 결정에 관여한 점, ② ◇◇◇◇와의 협상 과정 등에서 이 사건 행위의 위법 가능성을 인식할 수 있었던 점, ③ 고발지침 [별표1]에서 정하는 개인의 법위반 행위 세부평가 기준에 따른 점수가 2.2점 이상인 경우 고발함을 원칙으로 하고 있는데 피심인의 경우 2.7점인 점 등을 고려할 때 법 위반의 정도가 객관적으로 명백하고 중대하여 고발함이 타당하다.

피심인 윤ㅁㅁ은 자금대여 행위와 관련하여 ① 지원주체이자 다른 계열사들로 하여금 법위반 행위를 하게 한 피심인 금호산업 전략경영실의 기획재무담당임원이자, 지원객체인 금호홀딩스의 관리담당임원으로서 이 사건 자금 지원행위를 설계하고 실행한 점, ② 각 계열사의 임원들로 하여금 이 사건 지원행위자금거래에 참여하도록 하고 거래 조건 등을 승인한 점, ③ 고발지침 [별표 1]에서 정하는 개인의 법위반 행위 세부평가 기준에 따른 점수가 2.2점 이상인 경우 고발함을 원칙으로 하고 있는데 피심인의 경우 2.5점인 점 등을 고려할 때 법 위반의 정도가 객관적으로 명백하고 중대하여 고발함이 타당하다.

(6) 한국농수산식품유통공사 발주 수입쌀 등 수입농산물 운송용역 입찰 관련 12개 사업자의 부당한 공동행위 건(2020.11.18. 공정위 결정)

① 이 사건 행위는 입찰담합의 성격상 효율성 증대 효과는 기대하기 어려운 반면 경쟁 제한 효과가 큰 경성 공동행위에 해당하는 점, ② 피심인들의 행위로 인하여 이 사건 입찰 시장에서 실질적인 경쟁을 통하여 낙찰자가 결정될 수 있는 가능성이 원천적으로 배제되었고, 실질적인 경쟁 없이 피심인들이 낙찰 받을 수 있게 됨으로써 발주처의 이익을 직접적으로 침해하거나 침해할 우려가 있는 상태를 초래한 점, ③ 이 사건 공동행위 기간이 2006년부터 2018년까지로 비교적 장기간에 해당한다는 점 등을 고려할 때 법 위반 정도가 명백하고 중대하여 공정한 경쟁질서를 현저히 저해하는 행위에 해당하므로 피심인들을 고발함이 타당하다.

(7) 두산엔진㈜ 발주 중량물 물류 입찰 관련 3개 사업자의 부당한 공동행위 건(2021.10.27. 공정위 결정)

피심인 동방은 이 사건 접수일(2019.12.4.) 기준 과거 5년간 법 위반으로 경고 이상 조치 5회, 과징금 부과 세부기준 등에 관한 고시(2017.11.30. 공정거래위원회 고시 제2017−21호로 개정된 것을 말하며, 이하 '과징금고시'라 한다.)에 따른 누적벌점이 11.5점으로, 법 위반으로 경고 이상 조치를 3회 이상 받고 과징금고시에 따른 누적벌점이 6점 이상인 경우에 해당하므로 고발지침 제2조 제1항 제9호의 규정에 따른 고발 기준을 충족한다.

(8) 6개 빙과류 제조·판매사업자 및 3개 유통사업자의 부당한 공동행위 건(2022.2.11. 공정위 결정)

피심인 제조4사는 과거에도 가격담합으로 공정거래위원회로부터 시정조치를 받은 전력이 있고(빙과제조 4개 사업자의 부당한 공동행위에 대한 건(2007.8.2. 의결 제2007-381호)) 2016.2.15.부터 2019.10.1.까지 기본합의에 따라 시판채널부터 유통채널까지 각 개별합의들을 일련의 행위로서 장기간 지속해 온 점, 위반행위들이 가격담합 등 효율성 증대효과를 기대하기 어려운 경성담합인 점, 관련시장에서의 피심인 제조4사의 점유율이 약 85.7%에 달하고 피심인 제조4사의 관련매출액도 모두 5천억 원 이상인 점 등을 종합적으로 고려할 때 피심인 제조4사의 법 위반정도가 객관적으로 명백하고 중대하여 경쟁 질서를 현저히 저해하는 행위로 판단되므로 피심인 제조4사들을 고발함이 타당하다.

(9) 한국철도시설공단 등 철도운영기관 발주 철도차량 구매 입찰 관련 3개 사업자의 부당한 공동행위 건(2022.9.7. 공정위 결정)

이 사건 공동행위는 그 성격상 효율성 증대 효과는 기대하기 어려운 반면 경쟁제한 효과가 큰 경성 공동행위에 해당하여 법 위반 정도가 현저하고 중대한 것으로 판단된다. 더욱이 피심인은 2010년까지 철도차량 시장을 사실상 독점하고 있어 후발주자인 우진산전이나 다원시스보다 우위에 있었던 것으로 보이는 점, 이 사건 공동행위를 통해 피심인이 낙찰받은 입찰의 계약금액은 총 8,943억 원으로 우진산전(4,039억 원) 및 다원시스(3,733억 원)에 비해 커서 그로 인해 피심인이 취득한 부당이득 역시 다른 사업자보다 현저히 많을 것으로 보이는 점, 피심인이 먼저 다원시스와 우진산전에 물량 배분을 제안하였고 피심인의 중재가 없었다면 법적 분쟁 중이던 다원시스와 우진산전이 합의에 이르기 어려웠던 것으로 보이는 점 등을 종합적으로 고려하면 피심인의 법 위반 정도가 다른 사업자에 비해 매우 중대하므로 피심인을 고발함이 타당하다.

(10) 대구광역시전세버스운송사업조합의 사업자단체금지행위 건(2022.10.24. 공정위 결정)

① 피심인의 경우 과징금부과 세부기준 등에 관한 고시(2017.11.30. 시행 공정거래위원회 고시 제2017-21호, 이하 '과징금고시'라 한다) 세부평가 기준표에 따라 산정한 점수가 1.8점으로 공정거래법 등의 위반행위의 고발에 관한 공정위의 지침(2021.12.30. 시행 공정거래위원회 예규 제379호, 이하 '고발지침'이라 한다) 상 고발기준(1.8점 이상)에 해당하는 점, ② 피심인이 과거 5년간 경고 이상 조치를 3회 이상 받고 과징금고시에 따른 누적벌점이 6점 이상인 경우에

해당하지는 않지만 2018년에 이 사건과 유사한 행위로 법을 위반하여 시정명령 및 과징금 조치를 받은 전력이 있는 점, ③ 피심인의 법 위반 행위로 인한 경쟁제한성은 명백한 것에 반하여 효율성 증대효과는 기대하기 어려운 점 등을 종합적으로 고려할 때 법 위반 정도가 명백하고 중대하여 공정한 경쟁질서를 현저히 저해하므로 피심인을 고발함이 타당하다.

한편 공정위는 본건에서 고발지침을 적용하면서 제2조(고발의 대상 및 기준) 제1항 제1호 (과징금고시에 따라 산출한 법위반점수가 1.8점 이상인 경우)만 적용하지를 않고, 제9호(과거 5년 간 경고이상 조치를 3회 이상 받고 과징금고시에 따른 누적벌점이 6점 이상인 경우)는 충족하지는 않지만 제2조 제3항(공정위는 위반행위의 자진시정 여부, 과거 법위반전력 유무, 생명·건강 등 안전 에의 영향과 무관한지 여부, 조사협조 여부 등 행위의 중대성에 영향을 미치는 여러 사항을 종합적으 로 고려하여 고발여부를 달리 결정할 수 있다)까지 적용하여 고발을 결정하였다.

나. 기업집단 관련 신고 및 자료제출의무 위반행위에 대한 고발지침 관련

(1) 정몽진(상호출자제한기업집단 케이씨씨의 동일인)의 지정자료 허위제출행위 건(2021.1. 14. 공정위 결정)

공정위는 "피심인의 법 위반행위에 대한 인식가능성에 대하여 살펴보면, 피심인은 실바톤 어쿠스틱스의 설립 당시부터 관여하여 실질적으로 당해 회사를 소유하고 있었던 점, 혈족3 촌 등 피심인과 가까운 친족이 다수 누락되었다는 점, 피심인은 2012년부터 지정자료 제출 의무를 부담해왔고 제출하는 지정자료에 직접 기명날인하였던 점 등을 종합적으로 고려할 때, 피심인의 이 사건 법 위반행위에 대한 인식가능성은 「기업집단 관련 신고 및 자료제출 의무 위반행위에 대한 고발지침」상 현저한 경우('상')에 해당한다. 한편 피심인은 ① 2012년 에 새롭게 동일인으로 지정되어 기존 동일인(피심인의 아버지)이 수행해오던 관행대로 지정자 료 제출 업무를 수행하였을 뿐이라는 점, ② 법률 전문가가 아닌 피심인은 실바톤어쿠스틱 스와 관련하여 그 설립을 지원한다고 생각하였을 뿐 실소유주로 판단될 수 있음을 인식하지 못하였다는 점, ③ 그 외 9개사와 관련하여 범현대가의 일원으로서 친가, 외가 및 처가 친족 들이 독립적으로 사업하는 것을 당연하게 여겨왔다는 점을 고려할 때 피심인은 당해 행위가 법에 위반된다고는 인식하고 있지 못하였으므로 그 인식가능성이 경미하다고 주장한다. 그 러나 ① 피심인이 동일인으로 최초 지정된 이후 관련 친족의 범위가 변경되는 것이 명백함 에도 이를 확인하지 아니하고 관행적으로 업무를 처리해왔다는 것은 납득하기 어려운 점, ② 위원회는 지정자료 제출시 주식의 명의와 상관없이 실질 소유 관계를 기준으로 자료제출 을 요구하고 있는 점, ③ 피심인 스스로도 친족의 존재와 그 사업 영위를 인지하고 있었음을 인정하고 있으며 위원회는 지정자료제출 시 계열회사 및 친족의 범위에 대해 상세히 안내하고 있다는 점 등을 종합적으로 고려할 때 피심인 주장은 인정하기 어렵다. 다음으로 피심인의 법 위반행위의 중대성에 대하여 살펴보면, ① 10개 계열회사 및 친족 23명 등 중요 정보를 다수 누락한 점, ② 일부 계열회사의 경우 누락기간이 최장 16년에 이르는 점, ③ 이 사건 및 이 사건과 관련된 소속회사 누락 결과, 기업집단 「케이씨씨」가 2016.9.30.부터 2017.4.30.까지 그 자산요건을 충족하지 못하는 것으로 인정되어 상호출자제한기업집단에서 지정 제외된 점, ④ 이 사건 위반행위로 누락된 10개사의 경우 해당 기간동안 경제력집중 억제시책 중 하나인 법 제23조의2(특수관계인에 대한 부당한 이익제공 등 금지)의 규정을 적용받지 않게 된 점, ⑤ 동주 등 6개사의 경우 중소기업으로서 「조세특례제한법」상 세제 혜택을 높게 적용받거나 동주 등 4개사의 경우 원사업자로서 「하도급법」상 의무를 덜 부담하게 된 점 등을 종합적으로 고려할 때 이 사건 위반행위의 중대성은 고발지침상 상당한 경우('중')에 해당한다. 따라서 피심인의 법 위반행위에 대한 인식가능성이 현저하고 법 위반행위의 중대성은 상당하여 고발지침상 고발기준을 충족하므로 피심인을 고발함이 타당하다."고 결정하였다.

(2) 농업협동조합중앙회(상호출자제한기업집단 농협의 동일인)의 지정자료 허위제출행위 건 (2021.8.30. 공정위 결정)

공정위는 "「기업집단 관련 신고 및 자료제출의무 위반행위에 대한 고발지침」(2020.9.8. 시행된 공정위 예규 제354호를 말한다)상 피심인의 인식가능성에 대하여 살펴보면, ① 피심인이 지배하는 기업집단 농협은 지정자료 허위제출 등을 이유로 벌금형 이상의 처벌을 받을 경우 금융관계법령에 의해 신규사업 진출제한 등으로 막대한 불이익이 발생하는 바, 누락된 계열회사를 인지하고 있으면서 공정거래위원회에 해당 회사를 누락할 실익이 없다고 판단되는 점, ② 이 사건 누락 계열회사인 알지펀드회사는 일반적인 주식회사와 달리 상호에 '㈜'가 표기되지 아니하는 등 외형상 펀드나 수익증권의 형태를 띠고 있어 금융업무를 수행하였던 기업집단 농협 계열회사 담당자의 오인가능성이 상당하다고 판단되는 점, ③ 피심인의 지정자료 제출 업무 절차, 잦은 업무담당자의 인사이동 내역 등에 비추어 볼 때, 기업집단「농협」의 최상단에 위치한 피심인으로서는 알지펀드회사의 누락 여부에 대하여 더욱 인식하기 어려웠을 것으로 보이는 점, ④ 설령 피심인이 알지펀드회사의 존재에 대하여 인식하였더라도, 알지펀드회사는 주주구성, 임원구성, 기타 정관 내용 등에 비추어 볼 때, 계열회사인지 여부에 대한 판단이 용이하지는 않았을 것으로 보이는 점 등을 고려할 때, 법위반 인식가능성이 '하(경미한 경우)'에 해당한다. 다음으로 피심인의 법 위반행위의 중대성에 대하여 살펴보면, 피심인의 이 사건 행위는 고발지침 <예시>에 규정된 바와 같이, 지정자료 제출 시 계열회사가 누락된 경우로서 상호출자제한기업집단 또는 공시대상기업집단 지정 여부에는 영향을 미치지 않는 경우에 해당되나, 위반기간이 단년도가 아닌 점, 법에서 추구하는 경제력 집중 방지의 목적 및 근간에 위배된 측면이 발생한 점을 고려할 때 그 중대성이 '중(상당한 경우)'에 해당한다. 피심인의 법 위반행위에 대해 고발여부를 검토한 결과, 인식가능성은 '하', 사안의 중대성은 '중'에 해당하므로 고발지침 및 「공정거래위원회 회의운영 및 사건절차 등에 관한 규칙」 제50조 제1항에 따라 경고한다."고 의결하였다.

(3) 조석래(상호출자제한기업집단 「효성」의 동일인)의 지정자료 허위제출 행위 건(2022.1. 18. 공정위 결정)

① 17개 계열회사 및 13명의 친족을 누락한 지정자료 제출 관련하여 '기업집단 관련 신고 및 자료제출의무 위반행위에 대한 고발지침'(이하 '고발지침'이라 한다)에 따라 먼저 법 위반행위에 대한 피심인의 인식가능성에 대하여 살펴보면, 피심인이 위반행위를 계획적으로 실행하였다거나 제출 자료에 허위 또는 누락이 있다는 사실을 보고 받고도 승인 내지 묵인한 증거가 없는 점, 오원물산 등 2개사의 경우 기업집단 「효성」과 독립적으로 운영되었다고 볼만한 사정이 있고 에이치엘엠씨 등 12개사도 구 신동방그룹에 그 기반을 두고 있어 계열회사 여부 판단에 혼란이 있었을 개연성이 있는 점, 이 사건 누락된 17개사 모두 결국 위원회로부터 친족경영독립을 인정받은 사실에 비추어 17개사를 고의적으로 누락할 유인이 있다고 보기 어려운 점, 17개사 중 15개사 및 친족 13명 중 11명을 자진신고한 정황에 비추어 17개사를 은폐할 의도가 있었다고 보기 어려운 점 등을 고려할 때 피심인의 의무위반에 대한 인식가능성이 현저했다고는 판단되지 아니한다. 그러나 2006년 이후 (주)효성 비서실의 자료 등에 이 사건 누락된 계열사 및 친족 중 일부가 언급되고 있었던 점, 피심인이 지정자료를 직접 보고 받고 자필서명 및 인감날인하여 자료를 제출한 점, 피심인이 지정자료 허위제출 행위로 인하여 3차례 경고 이상의 처분을 받은 전력이 있는 점, 피심인이 (주)효성의 대표이사로 장기간 재직하였던 점 등을 고려할 때 그 인식가능성은 고발지침상 상당한 경우에 해당한다고 판단된다.

다음으로 이 사건 법 위반행위의 중대성에 대하여 살펴보면, 피심인이 정당한 이유 없이 17개 계열회사 및 13명의 친족 등 중요정보를 누락 제공한 점, 일부 계열회사 및 친족의 경우 누락기간이 최장 34년에 이르는 점, 에이치엘엠씨 등 7개사의 경우 중소기업으로서 '법인세법' 또는 '조세특례제한법'상 세제 혜택을 받은 점 등을 고려할 때 그 중대성은 고발지침상 상당한 경우에 해당한다고 판단된다.

피심인의 법 위반행위에 대한 인식가능성 및 중대성이 모두 상당한 경우 원칙적 고발대상이 아닌 점, 누락된 17개사가 기업집단 「효성」의 계열회사로 편입된 직후 친족독립경영을 인정받은 점, 누락된 17개사와 기업집단 「효성」 계열회사 간 의미있는 거래관계가 있었다고 보기 어려운 점, 17개사 중 15개사 및 친족 13명 중 11명에 대하여 자진신고가 이루어진 점 등을 종합적으로 고려하여, 법 제55조의2, '공정거래위원회 회의운영 및 사건절차 등에 관한 규칙' 제50조 제1항 제1호 및 고발지침에 따라 경고한다.

② 94명의 친족을 누락한 지정자료 제출 관련하여, 먼저 법 위반행위에 대한 피심인의 인식가능성에 대하여 살펴보면, 피심인의 행위 당시 의무위반에 대한 인식가능성이 현저했다고는 판단되지 않으나 피심인이 지정자료를 직접 보고 받고 자필서명 및 인감날인하여 자료를 제출한 점, 피심인이 지정자료 허위제출행위로 인하여 3차례 경고 이상의 처분을 받은 전력이 있는 점, 피심인이 (주)효성의 대표이사로 장기간 재직하였던 점, 피심인이 오랜 기간 인지한 친족도 누락한 사실이 인정되는 점 등을 고려할 때 그 인식가능성은 고발지침상 상당한 경우에 해당한다고 판단된다.

다음으로 이 사건 법 위반행위의 중대성에 대하여 살펴보면, 피심인이 정당한 이유 없이 94명의 친족 정보를 누락 제공한 점, 일부 친족의 경우 누락기간이 최장 34년에 이르는 점 등을 고려할 때 그 중대성은 고발지침상 상당한 경우에 해당한다고 판단된다.

피심인의 법 위반행위에 대한 인식가능성 및 중대성이 모두 상당한 경우 원칙적 고발대상이 아닌 점, 해당 94명은 이 사건 누락된 17개 계열회사에 대하여 주주 또는 임원으로 직접 관여하지 아니한 점, 94명의 친족 전원에 대하여 자진신고가 이루어진 점 등을 종합적으로 고려하여, 법 제55조의2, '공정거래위원회 회의운영 및 사건절차 등에 관한 규칙' 제50조 제1항 제1호 및 고발지침에 따라 경고한다.

(4) 김○○(상호출자제한기업집단 「호반건설」의 동일인)의 지정자료 허위제출행위 건(2022.3.3. 공정위 결정)

먼저 피심인의 법 위반행위에 대한 인식가능성에 대하여 살펴보면, 피심인이 청연인베스트먼트 등 13개사와 친족 2명이 누락된 사실을 인지한 상태에서 지정자료를 제출하였다고 객관적으로 인정되지는 않으나, 누락된 회사들은 모두 피심인이 이미 인지하고 있던 친족들이 지배하는 회사들로서 지분율만으로도 계열 여부를 쉽게 판단할 수 있는 회사들이라는 점, 딸 및 여동생의 혼인사실 자체를 충분히 인지하고 있었던 피심인이 단순히 딸 및 여동생으로부터 혼인신고 여부를 통지 받지 못하여 사위와 매제를 친족현황에서 누락하였다는 주장을 그대로 믿기 어려운 점, 피심인은 2016년부터 지정자료 제출의무를 부담해왔고 제출하는 지정자료에 직접 기명날인하였던 점 등을 종합적으로 고려할 때, 피심인의 이 사건 법 위반행위에 대한 인식가능성은 「기업집단 관련 신고 및 자료제출의무 위반행위에 대한 고발지침」상 상당한 경우('중')에 해당한다.

다음으로 피심인의 법 위반행위의 중대성에 대하여 살펴보면, ① 13개 계열회사 및 친족 2명 등 중요 정보를 다수 누락한 점, ② 일부 계열회사의 경우 누락기간이 최장 4년에 이르는 점, ③ 이 사건 위반행위로 누락된 13개사의 경우 해당 기간 동안 경제력집중 억제시책 중 하나인 법 제23조의2(특수관계인에 대한 부당한 이익제공 등 금지), 제11조의2(대규모내부거래의 이사회 의결 및 공시), 제11조의3(비상장회사 등의 중요사항 공시) 등의 규정을 적용받지 않게 된 점 등을 종합적으로 고려할 때 이 사건 위반행위의 중대성은 고발지침상 상당한 경우('중')에 해당한다.

피심인의 법 위반행위에 대한 인식가능성 및 법 위반행위의 중대성이 모두 상당한 경우에 해당하고, 위원회 조사과정에서의 조사 협조 수준도 미흡하였던 점, 지정자료 제출 이후 허위제출임을 인지하고도 이에 대한 조직적인 은폐시도가 있었던 점, 특히 삼인기업의 경우 출자관계 및 추후 내부거래 과정 등을 고려할 때 피심인이 해당 회사의 존재를 지정자료 제출 이전에 이미 인지하고 있었다는 합리적 의심이 드는 점 등을 종합적으로 고려하여 고발지침 Ⅲ. 2. 가. 3)[15]에 따라 피심인을 고발하기로 한다.

한편 피심인이 55명의 친족을 누락한 행위에 대해서는 인식가능성은 ① 누락한 친족 55명이 장기간에 걸쳐 왕래가 전혀 없었던 상황이거나 선대 친족 간에 형성된 부정적 관계로 파악의 어려움이 있었던 것으로 확인되는 점, ② 누락된 친족 55명이 회사를 보유하지 않아 이로 인해 법상 규제를 면탈한 사실이 없는 점, ③ 2021년 2월 위원회의 조사 이후 피심인이 누락된 친족을 스스로 추가 확인하여 2021년 지정자료 제출 시 포함될 수 있도록 한 점 등을 고려하여 '하'(경미한 경우), 법 위반행위의 중대성은 ① 정당한 이유 없이 55명이라는 다수의 친족 정보를 지정자료에서 누락하여 제출한 점, ② 누락기간도 4년에 이르는 점 등을 고려하여 '중'(상당한 경우)으로 판단하면서, 인식가능성이 '하'(경미한 경우)에 해당하고 중대성이 '중'(상당한 경우)에 해당하는 경우 원칙적 고발대상이 아닌 점, 피심인이 누락 친족들을 스스로 확인하여 2021년 지정자료 제출 시에 포함한 점 등을 고려하여 법 제45조 제1항, 법 제55조의2, 공정거래위원회 회의운영 및 사건절차 등에 관한 규칙 제50조 제1항 제1호 및 고발지침에 따라 경고로 의결하였다.

---

15) 인식가능성이 상당한 경우로서 중대성이 상당하거나 경미한 경우에는 고발하지 않는다. 다만, 인식가능성과 중대성이 모두 상당한 경우로서 대상기업집단의 자산총액 규모 및 공시대상기업집단 해당 여부, 행위자의 의무위반 자진신고 여부, 자료제출 경험의 정도, 조사에의 협조 여부 등을 고려하여 고발하는 것이 타당하다고 판단되는 경우에는 고발할 수 있다.

(5) 지성배(기업집단 「IMM인베스트먼트」의 동일인)의 지정자료 허위제출행위 건(2022.12. 20. 공정위 의결(약))

법 위반행위에 대한 인식가능성 관련하여, 지정 실무 담당자조차 이 사건 누락회사 존재에 대해 자료 제출 당시 미처 인식하지 못했다는 점이 객관적 자료를 통해 확인됨을 고려할 때 보고체계 최상단에 위치한 피심인의 인식가능성은 그만큼 경미하다고 판단되는 점, 뒤늦게 누락 사실을 인지한 실무담당자가 이를 곧바로 공정위에 알린 점 등을 고려할 때 피심인의 인식가능성이 '현저(상)한 경우'에 해당한다고 보기 어렵고, 지정자료에서 누락된 8개사 중 6개사는 기업집단 IMM인베스트먼트의 소속회사가 직접 지분을 보유한 회사라는 점에서 인식가능성이 '경미(하)한 경우'에 해당한다고 보기도 어렵다. 따라서 피심인의 의무위반에 대한 인식가능성의 정도는 '상당(중)한 경우'에 해당한다고 판단된다.

다음으로 법 위반행위의 중대성 관련, 계열회사에서 누락된 8개사의 지정자료 포함 여부가 기업집단 IMM인베스트먼트의 공시대상기업집단 지정 여부에 전혀 영향을 미치지 않는다는 점, 피심인측이 계열회사 누락사실을 공정거래위원회에 자발적으로 알린 점, 특히 기업집단 IMM인베스트먼트가 공시대상기업집단으로 최초 지정된 2020.5.1.부터 최대 26일 이내에 누락된 8개사를 순차적으로 모두 신고하였다는 점, 기타 중대한 행위제한 규정 위반의 병행이 없다는 점 등을 고려할 때 피심인 의무위반의 중대성의 정도는 '경미(하)한 경우'에 해당된다고 판단된다.

의무위반에 대한 인식가능성은 '중', 의무위반의 중대성은 '하'에 해당된다고 판단되므로, '기업집단 관련 신고 및 자료제출의무 위반행위에 대한 고발지침'에 따라 경고한다.

Ⅰ. 2012.3.21. 법개정(공포 후 3개월이 경과한 날인 2012.6.22. 시행)

1. 개요

2012.3.21. 당초에는 시정조치나 과징금 처분을 법 위반행위가 종료한 날부터 5년 이내에 하도록 되어 있던 것을 7년 이내로 연장하고, 그 기간 내에 조사를 개시한 경우에는 조사개시일부터 5년 내에는 시정조치나 과징금 처분이 가능하도록 개정하였다. 즉 "공정위는 이 법의 규정에 위반하는 행위가 종료한 날부터 5년을 경과한 경우에는 당해 위반행위에 대하여 이 법에 의한 시정조치와 과징금납부를 명하지 아니한다."고 규정되어 있던 법 제49조 제4항을 "공정위는 다음 각 호의 기간이 경과한 경우에는 이 법 위반행위에 대하여 이 법에 따른 시정조치를 명하지 아니하거나 과징금을 부과하지 아니한다."라고 규정하면서 그 각 호에서 "공정위가 이 법 위반행위에 대하여 조사를 개시한 경우 조사개시일부터 5년"(제1호), "조사를 개시하지 아니한 경우 해당 위반행위의 종료일부터 7년"(제2호)이라고 변경하였다. 그리고 법 부칙 제3조(처분시한에 관한 적용례)는 "제49조 제4항의 개정규정은 개정법 시행(2012.6.22.) 후 같은 조 제1항(직권 조사) 또는 제2항(신고)에 따라 최초로 조사하는 사건부터 적용한다."라고 규정하였다.

공정위는 그 개정 배경으로 사건처리에 장기간이 소요되는 국제카르텔이나 글로벌 기업의 시장지배적지위 남용행위 등에 대해서도 효과적으로 대처하기 위한 것이라고 밝혔다.[1] 대법원은 2020.12.24. 선고 2018두58295 판결, 2021.8.12. 선고 2019두59196 판결 등에서 법개정의 취지 관련 공정거래법 위반행위가 점차 복잡하고 치밀해짐에 따라 보다 충실하고 엄정한 법집행을 도모하기 위하여 피고(공정위)가 시정조치나 과징금 부과 등의 제재처분을 할 수 있는 제척기간인 처분시효를 연장하기 위함이라고 판시하였다.

---

[1] 2012년판 공정거래백서, 공정거래위원회, 2012.7, 15면 참조.

2. 부칙조항 및 제49조 제4항(현행법 제80조 제5항)의 해석 · 적용에 관한 법리

그동안 처분시효 조항의 해석 및 적용을 둘러싼 사례들이 상당수 발생하였으며 일관된 법리도 확립되었다. 즉 개정법 시행(2012.6.22.) 이후 공정위가 최초로 조사하는 사건에 대해서는 개정법 시행(2012.6.22.) 당시 구법 제49조 제4항의 "위반행위가 종료한 날부터 5년"의 처분시효가 경과하지 않은 이상, 처분 당시의 법령인 개정법 제49조 제4항이 적용된다. 이에 따라 개정법 시행시점인 2012.6.22. 기준으로 위반행위의 종료일부터 5년의 처분시효가 경과하지 않은 경우에는 개정법 제49조 제4항 제2호에서 정한 '위반행위의 종료일부터 7년'의 처분시효가 적용되게 되고, 위반행위의 종료일부터 7년이 경과되기 전에 공정위의 조사가 개시되면 다시 '조사개시일부터 5년'의 처분시효 내에만 처분이 이루어지면 되는 것이다. 즉 이론상으로는 위반행위의 종료일부터 12년까지 공정위의 처분이 가능하게 된다.

이와 같이 현행법(개정법)이 시행되기 이전에 위반행위가 종료되었더라도 그 시행 당시 구법상의 처분시효(위반행위 종료일부터 5년)가 경과하지 않은 사건에 대하여, 부칙조항에 따라 구법에 비하여 처분시효를 연장한 개정법을 적용하는 것은 현재 진행 중인 사실관계나 법률관계를 대상으로 하는 것으로서 부진정소급에 해당하고, 헌법상 법률불소급의 원칙이나 행정처분에 대한 신뢰보호 원칙에 위반되지 않는다는 것이다(대법원 2019.2.14. 선고 2017두68103 판결, 대법원 2020.12.24. 선고 2018두58295 판결, 대법원 2020.12.24. 선고 2019두34319 판결, 대법원 2021.8.12. 선고 2019두59196 판결, 헌법재판소 2019.11.28. 선고 2016헌바459 등 전원재판부 결정 등 참조). 나아가 법개정 취지에 비추어 이를 적용할 공익상의 요구가 중대함에 비하여 구법에 따른 처분시효가 경과하지 않은 상태에서 아직 공정위의 조사가 개시되지 않았다는 사정만으로는 구법의 존속에 대한 신뢰를 보호할 가치가 크지 않으므로, 신뢰보호원칙에 따라 예외적으로 현행법의 적용이 제한되어야 한다고도 볼 수 없다는 법리도 제시되었다. 또 부칙조항에 의하여 공정위의 조사개시 시점에 따라 처분을 할 수 있는 제척기간의 적용이 달라지는 경우가 발생한다고 하더라도, 법 시행 이전에 이미 조사가 개시된 사건과 시행 후 뒤늦게 적발되어 조사가 개시된 사건을 달리 취급하는 것은 제척기간 제도의 본질에 비추어 자의적인 차별이라고 하기 어렵다고 판단하였다.

공정위는 처분시효 이슈가 관련된 케이스에서 매우 간결한 법리로 판단하고 있다. 예를 들어 2020.12.15. 한국농수산식품유통공사 발주 수입쌀 등 수입농산물 운송용역 입찰 관련 12개 사업자의 부당한 공동행위 건에서 "개정법 시행시점인 2012.6.22.은 위반행위 종료일인 2010.12.31.로부터 5년이 도과하지 않은 시점이므로 개정법에서 정한 '위반행위의 종료일부터 7년'의 처분시효가 적용되게 되고, 신고사건의 조사개시일은 신고접수일(2016.1.26.)이므로 위반행위의 종료일부터 7년이 경과되기 전이며, 현재 조사개시일부터 5년이 지나지 않았기 때문에 처분시효는 도과하지 않았다고 보는 것이 타당하다."고 결정하였다.

Ⅱ. 2020.5.19. 법개정(공포 후 1년이 경과한 날인 2021.5.20. 시행)

앞에서 살펴본 것처럼 위반행위의 처분시효가 공정위가 조사를 개시한 경우에는 그 조사개시일부터 5년, 조사를 개시하지 아니한 경우에는 해당 위반행위의 종료일부터 7년으로 이원화되어 있어서 위반행위 종료일부터 7년이 지나기 직전에 조사가 개시될 경우 처분시효 기간이 장기화될 우려가 있었다. 이에 따라 2020.5.19. 법개정을 통하여 처분시효 기준을 해당 위반행위 종료일부터 7년으로 일원화하되, 부당한 공동행위에 대해서는 종전 기준을 유지하는 것으로 하였다. 그리고 부칙 제3조(처분시효에 관한 경과조치)는 "이 법 시행(2021.5.20.) 전에 공정위가 조사를 개시한 사건에 대한 처분시효에 관하여는 제49조 제4항의 개정규정에도 불구하고 종전의 규정에 따른다."라고 규정하였다.

당시 법개정안의 국회 통과 후 공정위는 보도참고자료를 통해 현행 법상 처분시효가 이원화되어 최장 12년이 적용될 수 있었다고 하면서, 사건 인지·처리에 장기간이 소요될 수 있는 부당한 공동행위 사건을 제외하고 나머지 다른 유형의 사건에 대한 처분시효를 위반행위 종료일부터 7년으로 단일화했다(2021.5.20. 법 시행 전 조사가 개시된 사건은 기존 규정을 적용)면서, 처분시효 일원화로 사건 처리 장기화가 방지될 것으로 기대한다고 밝혔다(보도참고자료, 공정거래위원회, 2020.4.30.).

Ⅲ. 처분시효의 산정기준이 되는 '조사개시일'에 관한 규정 및 법리

1. 조사개시일에 관한 규정

2021.5.20.부터 시행되고 있는 개정법에 따라 처분시효 규정이 변경되었지만 부당한 공동행위에 대해서는 종전과 같이 '조사개시일부터 5년'의 처분시효 요건도 적용되며, 법 부칙 조항에 따라 개정법 시행 전에 공정위가 조사를 개시한 사건에 대해서는 모든 법위반행위에 대해 적용되게 된다.

2020.12.29. 전면개정된 현행 공정거래법(공포 후 1년이 경과한 날인 2021.12.30. 시행) 기준

으로 보면 제80조(위반행위의 인지·신고 등) 제5항, 부칙 제22조(처분시효에 관한 경과조치)가 '조사개시일'과 관련된 규정들이다.

법 제80조 제5항은 부당한 공동행위에 대한 처분시효는 종전대로 '공정위가 조사를 개시한 경우 대통령령으로 정하는 조사개시일부터 5년'(제1호), '공정위가 조사를 개시하지 아니한 경우 위반행위 종료일부터 7년'(제2호)으로 규정하고 있다. 시행령 제72조(부당한 공동행위의 조사개시일)에서는 조사개시일에 대하여 제1항에서 공정위가 법 제80조 제1항에 따라 직권으로 조사를 개시한 경우(제2호에 따른 신고 없이 또는 그 신고 이전에 조사를 개시한 경우만 해당한다)는 조사 관련 처분(당사자 또는 이해관계인에 대한 출석 요청, 감정인의 지정, 피조사업체에 대한 자료 제출 요청 등) 또는 조사를 한 날 중 가장 빠른 날(제1호), 공정위가 법 제80조 제2항에 따른 신고(부당한 공동행위에 대한 자진신고를 포함)로 조사를 개시한 경우는 신고를 접수한 날(제2호)로 구체화하였고, 제2항에서 제1항에도 불구하고 제1항 제1호 및 제2호에 따른 조사를 개시한 날에 법 위반행위가 계속되고 있는 경우에는 해당 법 위반행위가 종료된 날을 조사개시일로 본다고 규정하였다.

그리고 법 부칙 제22조는 "2021년 5월 20일 전에 공정위가 조사를 개시한 사건에 대한 처분시효에 관하여는 종전의 규정에 따른다."고 규정함으로써 부당한 공동행위 포함하여 모든 법 위반행위에 대한 처분시효가 "공정위가 조사를 개시한 경우 조사개시일부터 5년", "조사를 개시하지 아니한 경우 해당 위반행위의 종료일부터 7년" 등 이원화된 처분시효 규정의 적용을 그대로 받게 된다.

2. 부당한 공동행위에 대한 조사개시일 관련 법리

그동안 공정위의 법집행 및 법원 소송에서 위반행위의 처분시효 문제는 자주 다투어져 왔고, 특히 부당한 공동행위에 대한 조사개시일은 공동행위의 개수, 위반행위의 종료일(종기) 등과 함께 쟁점사항의 하나였다. 그리고 공정위는 법집행 경험과 관련 법원 판례 등을 반영하여 공동행위에 대한 처분시효 기산일인 '조사개시일'을 구체화하였고, 이를 2021.5.20 법과 시행령, 그리고 하위규정인 '공정거래위원회 회의 운영 및 사건절차 등에 관한 규칙(공정위 고시)' 등을 개정하여 시행하였다.

현행 시행령 제72조(부당한 공동행위의 조사개시일) 제1항에서 직권으로 조사를 개시한 경우에는 조사 관련 처분 또는 조사를 한 날 중 가장 빠른 날, 신고(자진신고 포함)로 조사를 개시한 경우에는 신고를 접수한 날을 조사개시일로 규정하고 있으며, 제2항에서는 제1항에도 불구하고 조사 관련 처분 또는 조사를 한 날이나 신고 접수일 당시에 법 위반행위가 계속되고 있는 경우에는 해당 법위반행위가 종료한 날을 조사개시일로 본다고 규정하고 있다.

아래에서는 법원 판결에서 제시된 '조사개시일' 관련 이슈들에 대한 법리를 살펴보기로 한다.

가. 인지사건과 신고사건에 있어서 '조사개시일'의 의미

(1) 서울고등법원 2018.10.12. 선고 2017누62381 판결(4개 자동차용 베어링 제조 · 판매 사업자의 부당한 공동행위 건, 2017.6.27. 공정위 의결)

공정거래법의 규정 내용 및 입법목적, 공정거래법 상 처분시한제도를 둔 취지, 시효 완성에 따른 사업자의 기대이익 보호 필요성 등을 합리적으로 고려하여 보면, 적법한 신고에 의하여 조사가 개시된 경우(신고사건)는 객관적이고 특정가능한 제3자의 신고행위에 의하여 조사개시 시점이 명확히 드러나므로 위 신고일이 조사개시일이 된다고 할 수 있다. 한편 법 제49조 제1항에 따라 직권으로 조사가 개시된 경우(인지사건)는 피고(공정위)가 직권에 의해 법 제50조에서 규정하고 있는 조사에 관한 처분권한 등을 행사함으로써 비로소 대외적으로 피고가 조사를 개시하였음이 표시되므로, 피고가 조사에 관한 관한 권한을 대외적으로 행사하는 등으로 조사절차를 진행함으로써 법 위반행위에 대한 자신의 인식을 외부에 표현한 최초의 날이 일응 공정거래법 개정규정 및 개정규정 부칙의 '조사개시일'을 의미하는 것으로 해석함이 타당하다.

조사개시일에 관하여는 피고 스스로 정한 고시로 "공정거래위원회 회의 운영 및 사건절차 등에 관한 규칙"이 있어서 이를 참고할 수 있을 것인데, 조사개시일에 관하여 최초로 규정하고 있는 2012.10.10. 개정 고시는 신고사건을 인지사건과 구분하고 신고사건에는 자진신고를 포함하여 신고접수일을 조사개시일로 간주하고 있는데, 피고 고시는 법 개정규정 및 개정규정 부칙의 '조사개시일'의 의미를 구체화한 것으로서 공정거래법 상 '조사개시일'에 관한 위 해석과도 부합된다(대법원 2019.2.28. 선고 2018두62430 판결로 심리불속행 기각 판결).

(2) 서울고등법원 2019.10.16. 선고 2018누41992 판결(애경산업(주) 및 에스케이케미칼(주)의 부당한 표시 · 광고행위 건, 에스케이디스커버리(주)의 부당한 표시행위 건, 2018.3.19. 공정위 의결)[2]

'조사개시' 문언의 사전적 의미 관련하여, 표준국어대사전에 따르면 '개시'란 '행동이나 일

---

2) 다만 대법원은 조사개시일에 법 위반행위가 계속되는 경우 처분시효에 대하여 새로운 적용 법리를 제시하여 원심판결을 파기하였다(바. (4) 참조).

따위를 시작함'을 의미하고, '시작'이란 '어떤 일이나 행동의 처음 단계를 이루거나 그렇게 함 또는 그 단계'를 의미하며, '조사'란 '사물의 내용을 명확히 알기 위하여 자세히 살펴보거나 찾아 봄'을 의미한다. 이에 비추어 공정거래법 제49조 제4항에 규정된 "피고(공정위)가 이 법 위반행위에 대하여 조사를 개시"한다는 것은 국어사전적 의미를 살펴보면, 이는 피고가 법 위반행위의 내용을 명확히 알기 위하여 자세히 살펴보거나 찾아보는 처음 단계가 이루어지게 한다는 것을 의미한다. 이에 따르면, 공정거래법 제49조 제2항에 따라 공정거래법 규정에 위반되는 사실이 있다고 인정하여 그 사실을 피고에게 신고한 때에 피고는 그 신고된 위반행위의 내용을 명확히 알기 위해서는 그 신고 내용을 자세히 살펴보아야 하고, 그 신고 내용 자체로써 피고가 위반행위의 주체와 내용 내지 대상 등을 특정할 수 있으면, 피고가 신고를 받은 때에는 위반행위의 내용을 자세히 살펴보는 처음 단계에 들어감으로써 법 위반행위에 대하여 조사를 개시했다고 봄이 타당하다.

이와 달리 피고가 신고를 받은 경우에 '실제로 공정거래법 제50조에 규정된 조사 또는 조사행위에 착수한 날'을 기산일로 본다면, 사실상 처분시한을 피고가 자의로 조절하게 되는 불합리한 결과가 발생한다. 예를 들어 위반행위의 종료일 즈음에 신고서가 피고에게 접수되었음에도 피고가 조사 또는 조사행위에 착수하지 않고 있다가 위반행위 종료일부터 7년이 경과하기 하루 전날에 그 착수를 하면, 처분시한은 사실상 거의 최장 5년이 연장된다. 이는 처분시한의 개정 취지에도 맞지 않는다.

신고사건에 있어서 이러한 조사개시일의 의미에 대해서는 아래 서울고등법원 2020.1.22. 선고 2019누40309 판결 등에서 그대로 인용되고 있으며, 공정거래법 시행령 제72조(부당한 공동행위의 조사개시일) 및 '공정거래위원회 회의 운영 및 사건절차 등에 관한 규칙' 제11조(조사개시일 등)에 동일한 내용을 규정함으로써 일관된 법리로 확립되었다.

나. 감사원의 통보행위를 신고로 볼 수 있는지 여부

서울고등법원 2020.1.22. 선고 2019누40309 판결(국립환경과학원 등 12개 공공기관 발주 대기오염측정장비 구매 입찰 관련 5개 사업자의 부당한 공동행위 건, 2019.3.6. 공정위 의결): 공정거래법 제49조 제2항은 "누구든지 이 법의 규정에 위반되는 사실이 있다고 인정할 때에는 그 사실을 공정위에 신고할 수 있다."고 규정함으로써 신고 주체에 별다른 제한을 두지 않는다. 여기에서 "신고"라 함은 공정거래법 위반행위가 있다는 사실을 공정위에 알리어 위반행위에 대한 조사와 행정적 제재를 가할 수 있게 하는 행위를 말하며, 이러한 신고행위 주체를 법인이나 사인으로 한정할 이유는 없다. 국가기관도 공정거래법 위반행위를 인지한 경우에는 이를 피고(공정위)에 알림으로써 신고할 수 있다고 보아야 하며, 국가기관인 감사원이 공정거래법 위반사실을 파악한 후 감사원법에 근거하여 이를 피고에게 알린 경우에도 신고에 해당한다고 보아야 한다. 감사원은 2011.4.29. 원고의 2006년부터 2010년 말까지의 공동행위에 관하여 피고에 원고와 D, B, C 간의 공동행위가 있었던 시기, 회수, 실행방식 등을 구체적으로 특정하여 공정거래법 위반여부의 조사와 심사를 거쳐 위반행위가 밝혀질 경우 그에 따른 제재를 요청했다. 이처럼 공정거래법에 규정된 "신고"가 있은 경우에는 그 신고 자체로서 조사개시가 이루어지는 것이므로 이 사건 통보로써 이 사건 각 공동행위 중 2010년 말까지의 공동행위에 대하여는 피고의 조사개시가 이루어졌다고 봄이 타당하다. 2012.6.22. 시행된 개정법 부칙 제3조에 따르면 법 제49조 제4항의 개정규정은 그 시행일인 2012.6.22. 이후 피고가 최초로 조사하는 사건부터 적용하므로, 그 전에 조사가 개시된(감사원의 공정위 통보일인 2011.4.29.) 위 공동행위의 처분시한은 구법에 따라 위반행위의 종료일로부터 5년으로, 즉 위 공동행위 종료일인 2009.5.27.부터 5년이 지났음이 명백한 2019.3.6. 피고가 위 공동행위에 관하여 한 이 사건 처분은 위법하다(대법원 2020.6.4. 선고 2020두34094 판결로 심리불속행 기각 판결).

다. 입찰담합 조사 의뢰 문의를 신고로 볼 수 있는지 여부

대법원 2019.1.31. 선고 2017두48208 판결: 2012.3.21. 개정(2012.6.22. 시행)된 공정거래법 제49조 제4항은, 공정위가 이 법 위반행위에 대하여 조사를 개시한 경우 조사개시일부터 5년(제1호), 조사를 개시하지 아니한 경우 해당 위반행위의 종료일부터 7년(제2호)이 경과한 경우에는 이에 따른 시정조치를 명하지 아니하거나 과징금을 부과하지 아니하도록 규정하고 있다. 그 부칙 제3조에 의하면, 개정규정은 개정법 시행(2012.6.22.) 후 최초로 조사하는 사건부터 적용된다. 원심은, 피고가 2009.10.16. 접수한 한국가스공사의 공문은 한국가스공사가 입찰의 경위에 관한 자료만을 가지고도 담합조사를 의뢰할 수 있는지 여부를 문의한 것에 불과하고, 1차 공동행위에 관하여 현장조사가 이루어진 2013.10.7. 이전에는 피고가 원고 등 사업자 및 발주처인 한국가스공사에 대하여 어떠한 조사도 하지 않았으므로, 이 사건 공문 접수일인 2009.10.16.경이 곧바로 조사개시일에 해당한다고 볼 수 없으며, 1차 공동행위는 개정규정이 시행된 2012.6.22. 이후에 최초로 조사가 이루어진 사건이라고 판단하였는바, 관련 법리와 기록에 비추어 살펴보면, 원심의 위와 같은 판단에 공정거래법상 신고나 위반행위에 대한 조사 등에 관한 법리를 오해하거나 판단을 누락한 위법이 없다.

한편 공정위는 기업집단 KPX 소속 계열회사들의 부당지원행위 건(2021.2.25. 의결)에서 이 사건에 대한 신고는 2019.2.20.에 있었으나, 신고내용이 피신고인 및 행위내용 등에서 이 사건과 차이가 있고, 직권조사 내용이 이 사건 혐의내용과 동일 또는 유사하므로 현장조사일인 2019.4.22.을 조사개시일로 봄이 타당하다는 입장을 밝혔다.[3]

라. 자진신고의 경우 '조사개시일'의 의미

서울고등법원 2018.10.12. 선고 2017누62381 판결: 피고(공정위)는 2015.9.30. 고시인 "공정거래위원회 회의 운영 및 사건절차 등에 관한 규칙"을 자진신고사건의 조사개시일을 신고사건과 구분하여 인지사건과 같게 취급하는 내용으로 개정하였다. 한편 2005.4.1. 제정·시행되고 있는 "부당한 공동행위 자진신고자 등에 대한 시정조치 등 감면제도 운영고시" 제3조(위원회의 조사개시 시점)에서 조사개시 시점을 자료제출 요구, 사실관계 확인, 출석 요구 또는 현장조사 등을 실시한 때로 규정하고 있다. 피고는 이와 함께 자진신고사건의 잠행성이라는 특징, 자진신고사건을 직권인지사건으로 취급하여 온 피고의 오랜 관행을 들어 자진신고사건의 조사개시일은 인지사건과 마찬가지로 '자료제출 요청일, 당사자 또는 이해관계인에 대한 출석요청일, 현장조사일 중 가장 빠른 날'로 보아야 한다고 주장한다. 그러나 시정명령이나 과징금 부과와 같은 침익적 행정처분의 근거가 되는 법규는 엄격하게 해석·적용되어야 하고 그 처분의 상대방에게 불리한 방향으로 지나치게 확장해석하거나 유추해석하여서는 아니 된다. 공정거래법 제49조 제2항은 "누구든지" 위반사실이 있다고 인정할 때에는 그 사실을 공정위에 신고할 수 있다고 하여 조사개시의 단서가 되는 "신고"의 주체를 제한하지 않고 있으므로 여기의 "신고"에서 당해 위반행위(부당한 공동행위)의 주체가 하는 신고에 해당하는 자진신고가 제외된다고 해석할 수 없고, 개정규정 및 개정규정 부칙의 '조사개시일'을 해석함에 있어서도 달리 볼 것이 아니다. 공정거래법은 내부자의 협조를 유인하여 부당한 공동행위의 적발 효과를 도모하고자 법 제22조의2에 부당한 공동행위의 자진신고자 등에 대한 감면조항을 별도로 두어 자진신고제도를 운영하는 것일 뿐 자진신고도 법 제49조 제2항의 신고와 그 성격 자체는 동일하고, 자진신고는 자진신고에 참여하지 않은 다른 공동행위 가담자에게는 제3자 신고의 성격도 겸하고 있으므로, 자진신고제도와 별도의 입법목적을 가진 제도인 처분시한에 관한 해석에서 법 제22조의2 및 관련 규정을 근거로 자진신고를 그 외의 신고와 다르게 취급할 것도 아니다. 공정거래법상 자진신고사건이 갖는 잠행성, 밀행성으로 인하여 피고가 오래 전부터 관행적으로 자진신고사건을 인지사건으로 분류하여 왔다거나 자진신고만으로는 부당한 공동행위에 관하여 완전히 파악하기 어려워 신고 이후 현

---

3) 의결서 32면 참조. 각주 32.

장조사까지 장기간의 사전 준비작업이 필요한 경우가 많다는 사정만으로 자진신고를 공정거래법 제49조 제2항의 신고가 아닌 것으로 보아 처분시한의 판단에서 자진신고사건을 직권인지사건과 동일하게 취급하는 유추해석을 할 수도 없다. 부당한 공동행위 자진신고자 등에 대한 시정조치 등 감면제도 운영고시 제3조(위원회의 조사개시 시점)의 내용이 상위법인 공정거래법에서 2012년 개정을 통해 신설한 개정규정 및 개정규정 부칙의 '조사개시일'을 달리 해석하는 근거가 될 수 없다.[4] 결국 위 2015.9.30. 개정된 고시인 "공정거래위원회 회의 운영 및 사건절차 등에 관한 규칙"의 규정은 피고가 공정거래법에 따른 적법한 위임 없이 자진신고사건과 그 외의 신고사건의 처분시한의 기산일인 '조사개시일'의 개념을 다르게 규정한 것으로서 개정규정 또는 개정규정 부칙 상 '조사개시일'의 의미를 해석함에 있어 법원을 구속하지 않는다고 할 것이다(대법원 2019.2.28. 선고 2018두62430 판결로 심리불속행 기각 판결).

참고로 공정위는 2019.8.26. 3개 얼터네이터 제조·판매 사업자의 부당한 공동행위 건에서 2012.5.17. 최초로 자진신고한 피심인 D에 대한 처분시한을 판단하면서 위 법원 판결례를 인용하여 "최근 대법원은 위원회에 대한 자진신고일을 조사개시일로 보아야 하며, 그 조사개시일(즉 자진신고일)이 2012.6.22. 이전인 경우에는 2012.6.22. 개정·시행 전의 법률을 적용하여야 하며, 따라서 위반하는 행위가 종료한 날부터 5년이 처분시한이 된다. 그리고 자진신고일(2012.5.7.)을 이 사건 기본합의에서 탈퇴한 것으로 볼 수 있으므로 D의 위반행위 종료일은 자진신고일인 2012.5.7.로서 이 사건 위반행위는 이미 처분시한(2017.5.6.)이 도과되었다."고 결정하였다.[5]

마. 공동행위 가담사업자 중 일부 사업자가 자진신고를 한 경우에 다른 가담사업자에 대하여도 조사가 개시된 것으로 볼 수 있는지 여부

서울고등법원 2018.10.12. 선고 2017누62381 판결: C와 D는 2011.8.26.자 자진신고 이후 2012.2.6.자 보정서에서 처음으로 원고와의 이 사건 제2합의(시기: 2006.3.7., 종기: 2009.1.22.)에 관하여 피고(공정위)가 이를 인식할 수 있을 정도로 구체적으로 특정하여 언급, 그러나 제1합의(시기: 2002.6.26., 종기: 2009.12.31.)는 각 자진신고와 이후 보정과정에서 자진신고자들이 원고와의 이 사건 공동행위의 존재를 피고가 인식할 수 있을 정도로 구체적으로 특정하여 자진신고의 범위에 포함시킨 것으로 보이지 않고 2012.7.4. 원고에 대한 현장조사를 통해

---

4) 앞에서 살펴본 것처럼 2021.12.30. 시행령 개정·시행시 제72조(부당한 공동행위의 조사개시일)에 조사개시일을 구체화하는 규정을 신설하였는 바 자진신고를 신고에 포함하는 내용도 들어가 있다. 그리고 감면고시 제3조는 현재 폐지되었다.
5) 공정위 의결 제2019-202호, 2019.8.26., 27~28면 참조.

비로소 인식하고 조사를 개시한 것으로 보이므로, 그렇다면 이 사건 제2합의에 대한 개정규정 및 개정규정 부칙의 조사개시일은 2012.2.6.(자진신고 보정일)이고, 이 사건 제1합의의 조사개시일은 2012.7.4.(원고에 대한 현장조사일)이다. 따라서 제2합의에 대한 조사개시일 (2012.2.6.)은 개정법 시행(2012.6.22.) 이전이므로 개정전 규정이 적용되어 제2합의 행위종료일인 2011.8.25.로부터 처분시한 5년이 경과한 후인 2017.6.27. 처분이 발령되었으므로 위법하고, 제1합의에 대한 조사개시일(2012.7.4.)은 2012.6.22. 이후이므로 개정규정 부칙에 의하여 개정규정이 적용되어 조사개시일로부터 5년 이내인 2017.6.27. 처분이 발령되었으므로 처분시한을 도과한 위법이 없다(대법원 2019.2.28. 선고 2018두62430 판결로 심리불속행 기각 판결).

바. 조사개시일에 법 위반행위가 계속되고 있는 경우 처분시효 적용 법리

(1) 사안의 개요

콘덴서 사업자들 중 1인이던 산요전기가 2013.10.4. 피고(공정위)에게 부당한 공동행위에 대하여 자진신고를 한 후 2013.10.21. 피고에게 원고(일본케미콘)가 다자회의 구성원임을 알 수 있는 자료를 국문으로 번역한 자료를 제출, 원고는 공동행위를 계속 중이었고 이후 2014.1.25. 다자회의를 해체한다고 선언함으로써 공동행위를 중단(위반행위 종료일), 공정위는 2018.11.27. 처분(6개 알루미늄 콘덴서 제조·판매업체의 부당한 공동행위에 대한 건 및 7개 탄탈 콘덴서 제조·판매업체의 부당한 공동행위 건), 원고는 콘덴서 사업자들은 동일본대지진 이후인 2011년 10월경부터 가격경쟁을 계속함으로써 기존의 합의는 사실상 파기되어 공동행위가 종료되었고, 산요전기가 2013.10.21. 보정자료를 제출함으로써 피고가 원고에 대한 이 사건에 대한 조사개시를 했으므로 위반행위의 종료일부터 7년, 조사개시일(2013.10.21.)부터 5년의 처분시한이 경과한 후에 피고가 이 사건 처분을 하였으므로 이는 처분시한 경과 후의 것으로 위법하다고 주장하였다.

(2) 서울고등법원 2019.10.30. 선고 2018누79126 판결

법 위반행위가 종료하기 전이라도 피고가 그 위반행위에 대한 조사개시를 할 수 있음은 당연하고 이는 부당한 공동행위자 중 1인의 자진신고가 있는 경우에 특히 그러하다. 그리고 법 위반행위가 종료하지도 않았는데도 처분시한이 진행하여 경과한다는 것은 처분시한 제도의 본질에 반하며 이는 위반행위가 계속되는 도중에 피고의 조사개시가 이루어졌더라도 매한가지다. 처분시한 규정의 입법연혁과 개정취지, 처분시한 제도의 본질 등을 종합하면, 처분시한은 위반행위가 종료한 때에 비로소 진행하며 그 위반행위 종료 전에 피고의 조사개시가 있었던 경우에도 마찬가지라고 봄이 타당하며, 다만 그 위반행위 종료 전에 피고의 조사개시가 있었으면 처분시한은 위반행위 종료일부터 5년으로 볼 것이다. 산요전기가 자진신고 이후 보정자료를 제출한 2013.10.21.을 피고(공정위)의 조사개시일로 보더라도 그 당시에는 원고의 공동행위가 중단되지 않고 계속 중이었으므로 그 처분시효가 진행될 여지가 없었고, 원고가 공동행위를 종료한 2014.1.25.(다자회의 해체를 선언한 날)부터 5년이 경과하기 전인 2018.11.27. 처분이 이루어졌으므로, 결국 이 사건 처분은 법 제49조 제4항에 따라 처분시효가 경과하기 전에 이루어졌다.

(3) 대법원 2021.1.14. 선고 2019두59639 판결

처분시효 제도의 도입 취지 및 법적 성격에 비추어 보면 법 제49조 제4항에서 정한 처분시효는 특별한 사정이 없는 한 원칙적으로 법 위반행위가 종료되어야 비로소 진행하기 시작한다고 보아야 하고, 이는 공정위가 조사를 개시한 경우의 처분시효를 정한 제49조 제4항 제1호가 적용되는 경우에도 마찬가지이다.

공정위가 부당한 공동행위에 대해서 조사를 개시하였다고 하더라도 조사개시일을 기준으로 종료되지 아니하고 그 후에도 계속된 위반행위에 대해서는, 조사개시 시점을 기준으로 보면 조사개시 시점 이후에 행해진 법 위반행위 부분은 아직 현실적으로 존재하지 않았으므로 조사의 대상에 포함되었다고 볼 수 없다. 따라서 공정위가 조사를 개시한 시점에 조사개시 시점 이후 종료된 부당한 공동행위 전체에 대해서 시정조치나 과징금 부과 등 제재처분의 권한을 행사할 것을 기대하기도 어려울 뿐만 아니라 처분시효의 취지 및 성질에 비추어 보아도 공정위가 조사를 개시한 시점을 처분시효의 기산점으로 보는 것은 타당하지 않다.

이와 같이 조사 개시 이전부터 계속되어 오다가 조사개시 시점 이후에 종료된 부당한 공동행위에 대해서는, 그 위반행위가 종료된 이후에야 공정위가 부당한 공동행위의 전체적인 내용을 파악하고 시정조치나 과징금 부과 등의 제재처분을 하는데 필요한 기본적인 요소들을 확정 지을 수 있는 사실관계가 갖추어져 비로소 객관적인 조사의 대상에 포함되고 제재처분의 대상이 될 수 있다.

따라서 공정위가 해당 위반행위에 대하여 조사를 개시하여 공정거래법 제49조 제4항 제1호가 적용되는 경우 조사를 개시한 시점 전후에 걸쳐 계속된 부당한 공동행위가 조사개시 시점 이후에 종료된 경우에는 '부당한 공동행위의 종료일'을 처분시효의 기산점인 '조사개시일'로 보아야 하고, 그 처분시효의 기간은 위 조항에서 정한 5년이 된다.

앞서 본 법리에 따라 기록을 살펴보면 원심의 이와 같은 판단은 정당하고 법 제49조 제4항의 해석·적용에 관한 법리를 오해하는 등의 잘못이 없다.

(4) 대법원 2022.3.17. 선고 2019두58407 판결(애경산업(주) 및 에스케이케미칼(주)의 부
당한 표시 · 광고행위 건, 에스케이디스커버리(주)의 부당한 표시행위 건, 2018.3.19.
공정위 의결)[6]

공정위가 조사에 착수한 시점 전후에 걸쳐 위반행위가 계속된 때에는 그 위반행위가 종료
된 시점에서야 비로소 '최초로 조사하는 사건'에 해당된다고 할 것이므로, 이 경우 이 사건
부칙조항에서 정하는 조사개시일은 그 '위반행위 종료일'로 봄이 타당하다(제척기간의 기산점
에 관한 대법원 2021.1.14. 선고 2019두59639 판결 참조). 따라서 이 사건에 적용되는 법령은 원
고 등의 '위반행위 종료일'이 개정 공정거래법 시행 이전인지 아니면 그 이후인지에 따라 달
라진다.

공정거래법 제49조 제4항 제1호는 공정위가 법 위반행위에 대하여 조사를 개시한 경우에
제척기간의 기산점을 '조사개시일'로 정하고 있는 바, 위반행위 종료 전에 조사개시가 있는
경우 '조사개시일'은 '위반행위의 종료일'로 보아야 한다는 것이 판례이고, 그 시점은 '위법상
태가 종료된 때'이다. 2011.12.30. 이 사건 제품의 판매 등이 법적으로 금지되었다는 사정만
으로 위법인 표시행위를 시정하기 위하여 필요한 조치가 완료되었다고 단정할 수 없으며,
만일 시정에 필요한 조치가 개정법 시행일(2012.6.22.) 이후에 완료되었다면 개정법 제49조
제4항의 제척기간 규정이 준용되고, 그러한 조치가 2013.3.19. 이후에 완료되었다면 그로부
터 5년이 지나기 전인 2018.3.19.에 이루어진 이 사건 처분은 제척기간이 지나지 않은 것이
된다. 사정이 위와 같다면, 원심으로서는 이 사건 제품의 부당한 표시행위로 말미암아 초래
될 수 있는 공정한 거래질서 및 소비자 보호에 대한 침해의 내용과 정도, 성질 등에 더하여
이 사건 제품의 유통량과 유통방법, 이 사건 제품에 대하여 이루어진 수거 등 조치의 내용과
정도, 소비자의 피해에 대한 인식정도와 소비자에 의한 피해회피의 기대가능성 등을 객관적
· 합리적 · 종합적으로 고려하여, 위법한 표시행위를 시정하기 위하여 필요한 조치가 언제 완
료되었는지를 세밀하게 판단하였어야 한다.

그런데도 원심(서울고등법원 2019.10.16. 선고 2018누41992 판결)은 이러한 사정을 제대로 심
리하지 않은 채, 피고는 시민단체의 신고를 접수한 2011년 10월경 조사를 개시했고 원고들
은 2011년 9월경에 이 사건 제품의 제조 · 판매를 중단하고 기존 제품을 적극적으로 회수함
으로써 위법행위를 종료했다고 보아 처분시한은 그로부터 5년으로 봄이 타당한데 피고는 그

---

6) 본 판결은 표시광고법 적용케이스로 앞 (3)의 대법원 판결을 참조판례로 하고 있다. 표시광고법
제16조(공정거래법의 준용) 제2항은 공정거래법 제80조상의 처분시효 조항을 준용토록 규정하
고 있다.

5년의 처분시한보다 약 1년 5개월여가 더 지난 2018.3.19. 이 사건 처분을 하였으므로 위법하다고 판단하였다. 즉 원심은 이 사건에 개정법 시행(2012.6.22.) 전인 2011년 10월경 조사가 개시되었으므로 개정(2012.6.22.) 전 공정거래법 제49조 제4항이 적용되고 위법인 표시행위가 원고 등이 이 사건 제품의 생산, 유통을 중단하고 기존 제품을 적극적으로 수거하기 시작한 2011.9.경 종료되었다고 선뜻 단정함으로써, 이 사건 처분은 제척기간인 위반행위가 종료한 날인 2011.9.경부터 5년이 지나 위법하다고 판단하였다.

이러한 원심의 판단에는 표시광고법상 부당한 표시행위의 종료일, 공정거래법 제49조 제4항에서 정한 조사개시일의 의미 및 부칙조항에서 정한 '최초로 조사하는 사건'에 관한 법리를 오해하여 필요한 심리를 다하지 않았다고 하면서 원심판결을 파기하고 사건을 다시 심리·판단하게 하기 위하여 원심법원에 환송하였다.

Ⅳ. 마무리

위에서 설명한 것처럼 처분시효 조항의 해석 및 적용과 관련된 다수의 케이스들이 발생하면서 공정위의 법집행 및 법원 소송에서 자주 다투어져 왔고 그 과정에서 조사개시일의 의미, 감사원 등 외부기관의 통보 등 행위를 신고로 볼 수 있는지 여부, 부당한 공동행위 건에서 자진신고의 경우 조사개시일의 의미, 자진신고시 다른 가담사업자에 대하여도 조사가 개시된 것으로 볼 수 있는 경우 등 여러 이슈들에 대한 법리도 확립되었다.

그리고 공정위는 그동안의 법집행 경험과 법원 판례 등을 반영하여 주요 쟁점사항인 부당한 공동행위의 조사개시일을 구체화하여 이를 2021.5.20. 법, 시행령, 고시 등을 개정하였다.

처분시효 관련한 여러 이슈들에 대한 법리가 확립되어 앞으로도 개별 케이스별 사실관계에 기초하여 일관되게 적용될 것으로 본다. 다만 조사개시일에 법 위반행위가 계속되고 있는 경우 처분시효 적용 관련한 법리는 앞으로도 많은 논의가 있어야 될 것으로 보며, 비록 최근 몇 개의 대법원 판결들이 제시되긴 하였지만 좀 더 케이스 축적이 필요한 것으로 본다.

앞 Ⅲ. 2. 바.에서 설명한 것처럼 최근 대법원은 공정위가 부당한 공동행위에 대한 조사를 개시하여 법 제80조 제5항 제1호 및 부칙 제22조가 적용되는 경우 조사를 개시한 시점에 법 위반행위가 종료되지 않고 계속되고 있는 경우에는 부당한 공동행위가 종료된 날을 처분시효의 기산점인 조사개시일로 보아야 하고 된다는 법리를 제시하였다. 한편 공정위는 대법원 판결을 반영하여 위에서 설명한 것처럼 시행령을 개정하여 제72조(부당한 공동행위의 조사개시일) 제2항에 "제1항에도 불구하고 조사 관련 처분 또는 조사를 한 날이나 신고 접수일 당시에 법 위반행위가 계속되고 있는 경우에는 해당 법 위반행위가 종료된 날을 조사개시일로 본다."고 규정하였다.

다만 필자는 대법원의 이러한 해석 관련하여 법률해석에 있어서 가능한 한 법률에 사용된 문언의 통상적인 의미에 충실하게 해석하는 것을 원칙으로 해야 하며, 입법취지와 목적 등을 고려한 목적론적 해석이 전적으로 배제되는 것은 아니라 하더라도 그 해석이 문언의 통상적인 의미를 벗어나서는 아니 된다는 확립된 법해석의 원칙을 감안하면 이 대법원 판례에 대해서는 추가적인 논의가 필요하다고 본다(대법원 2009.4.23. 선고 2006다81035 판결, 대법원 2010.12.23. 선고 2010다81254 판결, 대법원 2017.5.30. 선고 2015두48884 판결, 대법원 2008.2.28. 선고 2007두13791, 13807 판결 등 참조).

참고로 앞 Ⅲ. 2. 가.에서 설명한 서울고등법원 2019.10.16. 선고 2018누41992 판결, 서울고등법원 2020.1.22. 선고 2019누40309 판결 등은 공정거래법 제49조 제4항(현행 제80조 제5항)에 규정된 '조사 개시'의 국어사전적 의미를 살펴보면서, 이는 피고(공정위)가 법 위반행위의 내용을 명확히 알기 위하여 자세히 살펴보거나 찾아보는 처음 단계가 이루어지게 한다는 것을 의미하는 것으로서, 공정거래법 제49조 제2항(현행 제80조 제2항)에 따라 공정거래법 규정에 위반되는 사실이 있다고 인정하여 그 사실을 피고에게 신고한 때에 피고는 그 신고된 위반행위의 내용을 명확히 알기 위해서는 그 신고 내용을 자세히 살펴보아야 하고, 그 신고 내용 자체로써 피고가 위반행위의 주체와 내용 내지 대상 등을 특정할 수 있으면, 피고가 신고를 받은 때에는 위반행위의 내용을 자세히 살펴보는 처음 단계에 들어감으로써 법 위반행위에 대하여 조사를 개시했다고 봄이 타당하다고 구체적으로 설시한 바 있다.

또한 조사 개시 시점에 위반행위가 계속되고 있더라도 그 시점까지의 행위에 대해서는 내용 파악이 가능하고 적절한 처분이 가능한 것인바 이는 위법상태를 제거함으로써 경쟁질서를 신속히 회복시키고자 하는 공정거래법의 입법목적에도 부합되는 것이다.[7] 한편 2012.3.21. 법 개정 취지 관련하여 공정거래법 집행을 엄정하게 하기 위하여 처분시효를 연장하면서도, 조사개시 시 행정처분의 시한이 없도록 함이 타당하지만 조사 개시하기만 하면 처분시한이 없어져 사업자의 불안정한 지위가 계속되는 문제점을 보완하기 위하여 조사개시일부터 5년이라는 내용으로 개정한 법적 안정성 측면도 감안되어야 할 것이다.[8]

---

7) 공정거래법은 위반행위에 대한 시정조치로서 '해당 행위의 중지'를 공통적으로 규정하고 있다(이슈 6: 공정거래법상 시정조치 및 그 한계 Ⅰ. 참조).

8) 2012.2.8. 국회의안정보[제305회 국회(임시회) 정무위원회회의록(법률안심사소위원회) 제1호 29면 이하] 참조.

공정위 단계에서의 무혐의, 심의절차종료 및 신고인의 헌법소원

I. 공정거래법 위반사건의 처리절차 개요

공정위는 법위반행위가 있는 경우 일정한 절차에 따라 이를 시정조치토록 하여 법목적과 이념에 합치되도록 해야 할 임무를 갖고 있다. 이것은 위반행위를 시정하여 경쟁을 회복하기 위한 행정처분으로서 공정위의 심의의결을 거쳐 행해지고 있다. 공정위의 절차는 공정거래법(제8장 전담기구, 제10장 조사등의 절차), 동법 시행령과 내부지침인 '공정거래위원회 회의 운영 및 사건절차 등에 관한 규칙' 등에 규정되어 있다.

공정위는 직권이나 신고를 통해 사건을 인지하게 되면 조사에 들어가게 되는데, 공정위의 법위반사건에 대한 처리절차는 내부적인 업무분장에 따라 검찰적 기능으로서의 '심사(조사 및 심사절차)'와 재판적 기능으로서의 '심판(심의 및 의결절차)' 등 양기능으로 구분되어 직권주의적인 방법에 의해 수행되고 있으며, 위반자(피조사인 또는 피심인)에 대한 관계에 있어서는 당사자주의의 구조를 택하고 있다. 한편 신고인도 일정한 범위내에서 의견 진술이나 제출 등 사건처리절차에 참여할 수 있다.

공정거래사건에 대한 조치는 심사관 단계에서 심사절차불개시, 심사절차종료, 무혐의, 조사 등 중지, 경고, 시정권고 등이 있으며, 심사결과 법위반행위가 있는 경우에는 심사관의 심사보고서가 위원회(전원회의 또는 소회의)에 제출되어 심의절차가 개시된다. 심의결과 심의절차종료, 무혐의, 종결처리, 심의중지, 경고, 시정권고, 시정명령·과징금납부명령, 고발·입찰참가자격제한요청 또는 영업정지요청 등 결정이 가능하다. 이러한 공정위의 행정처분은 의결서라는 형태로 성립되어 처분 상대방인 피심인에게 통지(의결서의 도달)됨으로써 그 효력이 발생된다.

공정위의 처분에 대해서는 이의신청 또는 소의 제기 등 불복절차의 진행도 가능하다. 공정거래법에 의한 이의신청의 경우 처분을 행한 당해 행정기관인 공정위가 재결기관으로서 재결을 하고 있으며, 이의신청을 하지 않고 바로 불복의 소를 제기할 수도 있다.

아래에서는 공정위 단계에서 무혐의나 심의절차종료된 케이스를 몇 개 소개한다. 이어서 무혐의나 심의절차종료된 신고사건의 경우 신고인의 헌법소원 이슈를 다루어 본다.

Ⅱ. 공정위 단계에서 무혐의나 심의절차종료된 케이스 소개

1. 한국암웨이(주)의 재판매가격유지행위 건(2014.9.18. 공정위 의결)

피심인은 소속 다단계판매원에게 피심인으로부터 구입한 상품의 가격보다 낮은 가격으로 상품을 판매하지 못하도록 하고, 이를 준수하지 아니하면 일정기간 후원수당을 받을 수 있는 자격을 박탈하는 등의 불이익을 가함으로써 재판매가격을 유지하는 행위를 하였다.

이에 대하여 공정위는 재판매가격유지행위를 즉시 중지하고, 피심인의 관련 윤리강령 및 행동지침 규정을 삭제하라는 시정명령처분을 내렸다. 다만 심사관은 조사과정에서 피심인의 구속조건부거래행위 혐의(소속 다단계판매원에게 온라인에서의 판매 및 소비자가 아닌 유통업자에 대한 판매를 금지)도 인지하였으나, 검토 결과 위법성이 인정되지 아니하여 이 혐의 부분은 무혐의 처리하였다.

2. 대구지역 35개 전세버스운송사업자의 부당한 공동행위 건(2018.8.27. 공정위 무혐의 의결)

심사관의 심사보고서상의 혐의내용은 피심인들은 16차례 회의를 통하여 대구시 교육청 관할 각급학교 학생단체 관련 입찰에 적용할 전세버스 임차 견적가격을 합의하고 전세버스 용역에 낙찰된 일반여행업체에는 차량을 제공하지 아니하기로 합의하였다는 것이다.

이 사건 행위의 위법성이 인정되기 위해서는 피심인들 간에 2010년 9월경부터 2013년 6월경까지 16차례 회의를 통하여 대구지역 학단 입찰에 대한 전세버스 임차견적가격 합의, 학단 용역 입찰에서 일반여행업체가 낙찰받는 경우 차량을 제공하지 아니하기로 하는 합의가 있어야 하고, 그러한 합의가 부당하게 경쟁을 제한하여야 하는데, 아래와 같은 사항들을 고려할 때 피심인들의 행위는 법 제19조 제1항 제1호 및 제9호에 위반되지 아니한다.

① 심사보고서에서 이 사건 합의의 증거로 제시된 총 16차례 회의 중 사업자별로 참석여부가 확인된 것은 8차례 뿐이고, 해당 회의는 모두 대구전세버스조합의 주도로 개최된 회의로서 이와 관련된 자료를 통해서는 조합 의사결정 기구인 대표자 간담회 개최 여부 및 조합의 의사결정 내용을 확인할 수 있을 뿐 피심인 35개사가 이 사건 합의를 하였다는 사실은 입증되지 않고, 조합 관련 회의를 제외한 나머지 8차례 회의는 개최일시, 장소, 참석자, 논의 내용 등이 전혀 특정되지 않아 이 사건 합의 입증의 증거가 되기 어렵다.

② 사업자별로 회의 참석여부가 확인되는 조합 주도의 8차례 회의는 해당 회의에 35개사가 모두 참석한 것이 아니고, 각 회의에서 이 사건 합의가 이루어졌는지 여부도 심사보고서에서 제시된 증거만으로는 확인되지 않으며 심사보고서가 합의 시기라고 보고 있는 2010년 9월경 회의의 경우 17개사가 참석하였을 뿐 나머지 18개사가 공동행위에 어떤 방법으로 참여하게 되었는지와 관련한 증거도 없어 조합 관련 회의를 공동행위 관련 의사연락의 수단으로 보기도 어렵다.

③ 심사보고서가 대구전세버스조합의 지원 없이 이루어졌다고 보고 있는 특위 활동은 제시된 증거만으로는 회의시기, 회의활동, 회의 참석자가 전혀 확인되지 않아 관련 당사자, 회의 내용 등을 특정할 수 없으므로 특위활동을 이 사건 합의 성립을 위한 증거로 보기 어려울 뿐만 아니라 조합의 의사결정 기구인 대표자 간담회때 특위를 발족하고 조합에서 개최한 회의에서 특위 활동 관련 내용을 결정한 정황 등을 고려할 때 특위 활동이 전적으로 조합과 무관하게 이루어진 것으로 보기도 힘들다.

④ 가사 2010년 행위를 피심인들 간의 합의로 본다로 하더라도 이 사건 합의와 관련하여 참석자가 확인되는 8차례 조합 회의 중 대표자 회의는 2010.11.8. 회의 이후 2013.1.7.에서야 다시 열렸던 점, 실무자 회의를 포함한다고 하더라도 2012.12.12.에서야 회의가 다시 개최되어 2년이 넘는 공백기간이 발생하는 점, 해당 기간동안 합의가 지속되었다고 볼 만한 증거가 없는 점 등을 종합하여 볼 때 2010년의 행위는 5년이 경과한 2015년 말에 처분시효가 도과된 것으로 보이고, 2013. 1월 회의는 조합 명의의 회의 개최 통지문 및 회의 참석자 명부(17개사)만 존재할 뿐이고 조합과 별개로 피심인들이 합의한 내용, 당시 불참한 18개사와의 의사연락 정황 등은 전혀 입증 된 바 없다 할 것이므로 동 회의를 피심인들간 이 사건 합의의 증거로 볼 수도 없다.

3. 11개 손해보험회사들의 일반항공보험 관련 부당한 공동행위 건(2019.2.12. 공정위 무혐의 의결)

심사보고서상 혐의사실은 피심인들은 1999년 4월 1일 ○○○○재보험 주식회사와 국내 일반항공보험과 관련된 '항공보험 재보험 및 재재보험 특약'을 하나의 특약서에 공동으로 체결하면서 개별 항공보험 건 인수시마다 ① 사전에 ○○○○에게 구득한 요율만을 적용하고, ② 각 피심인이 특약체결시 정해놓은 자사 보유액 초과분 전량을 ○○○○에게 출재하며, ③ 사전에 정해놓은 방식대로 각 사의 보유액을 제한하여 국내 일반항공보험물량을 분할인

수하기로 합의하였다. 이후 피심인들은 2000년부터 2017년까지 1999년도 특약서의 내용과 틀을 유지하는 한도 내에서 개별적으로 ○○○○와 이 사건 특약을 갱신하면서 위와 같은 합의를 계속하여 연장하였다. 피심인들과의 관계에서 공동의 거래상대방인 ○○○○는 매년 특약 갱신이 이루어지면 피심인 모두에게 보유액표를 공람하여 이 사건 특약이 유지되고 있음을 알리고, 합의 참여자들의 특약위반 여부를 감시하며, 위반자에 대한 제재를 주도함으로써 이 사건 합의를 유지 및 강화하는 역할을 하였다. 그 결과 피심인들은 2007년부터 2016년까지 단 4건을 제외한 모든 국내 일반항공보험 공공입찰에서 ○○○○의 단일요율로 입찰에 참여하였고, 국내 일반항공보험 재보험 출재보험료 중 80% 이상을 ○○○○에게 출재하였으며, 정해진 산식에 따라 국내 일반보험 물량을 분할인수하였다는 것이다.

피심인들의 이 사건 혐의사실은 피심인들 간의 합의사실이 입증되어야 위법성 여부를 논할 수 있을 것인데, ① 피심인들이 ○○○○와 1999년도 특약을 체결하면서 한 장의 특약서에 연명으로 날인한 사정은 동 특약서가 재보험사와 원수보험사 간 수직적 거래를 위한 계약서라는 점에서 특약 체결시 피심인들 간에 상호 의사연락이 이루어졌다는 등의 사정이 존재하지 않는 한 경쟁관계인 피심인들 사이에 이루어진 명시적인 합의의 증거로 보기는 어려운 점, ② 2000년도 이후 2017년도까지 매년 피심인들이 ○○○○와 특약을 갱신하여 국내 일반항공보험 재보험 물량 대부분이 ○○○○에게 출재된 외형이 존재하기는 하나 피심인들 사이의 의사연결의 상호성을 인정할 만한 사정에 대한 증명이 부재한 점, ③ 특약 위반 사업자에 대한 제재 사례도 모두 ○○○○가 주도하거나 관여하여 이루어진 것이므로 피심인들 간의 합의 위반에 대한 제재라고 단정하기 어려운 점, ④ 이 사건 특약구조를 통해 피심인들이 각자 이익을 향유한 사정이 있더라도 이는 합의에 의한 것이 아니라 ○○○○가 국내 일반항공 재보험시장을 장악하고 시장지배력을 지속하기 위하여 피심인들을 유인한 남용행위 과정에서 발생한 결과로 보는 것이 타당한 점, ⑤ 2001년도 선행사건 심의당시 이 사건 1999년도 공동 특약서 및 2000년도 개별 특약서가 논의되었으나 위원회가 무혐의 판단을 한바 있으므로 그동안 형성된 피심인들의 신뢰를 보호할 필요성도 상당한 점, ⑥ 2001년 선행사건 심의당시 논의된 적이 없고 이 사건에서 비로소 문제가 된 물량배분 방식의 합의는 재재보험 특약을 체결하지 않은 피심인들에게는 재재보험 물량이 확보되지 아니하고 보유액만 제한되는 결과를 초래하므로 합의의 유인이 있다고 보기 어려운 점 등을 종합적으로 고려할 때, 피심인들 간에 합의가 있었다고 보기 어려우므로 법 제19조 제1항 제1호, 제3호 및 제4호에 위반되지 아니한다.

4. 2014년 제주바다숲조성사업 사각복합형 어초제작설치 등 8건 입찰 관련 2개 사업자의 부당한 공동행위 건 관련 세기건설(주) 및 ㈜세방의 이의신청 건 (2018.7.5. 공정위 경고처분 취소 재결)

이의신청인들은 전자입찰로 진행된 이 사건 입찰들에서 2개 사업자가 사전에 투찰가격을 협의하여 입찰에 참가하더라도 낙찰자를 결정하는 예정가격이나 최종 낙찰자 결정에 아무런 영향도 미치지 못하였고, 공정위도 유사 사안에서 무혐의 결정을 한 바 있으며, 이에 대하여 헌법재판소 역시 경쟁제한성이 없으므로 위원회의 무혐의 결정은 정당하다고 결정(투찰이 종료되어야만 낙찰자 결정의 기준이 되는 예정가격을 결정할 수 있고 투찰 시에는 입찰참가업체들이 예정가격을 전혀 알 수 없도록 되어 있는 전자입찰에서 10개의 입찰참가업체 중 2개 사업자의 합의만으로는 낙찰자의 결정에 영향을 미칠 수 없어 경쟁제한성이 인정되지 않으므로 부당한 공동행위로서의 입찰담합이 성립할 여지가 없다. 따라서 공정거래위원회의 이 사건 무혐의 처분은 정당하다(헌재 2011.11.24. 2010헌마83 결정 참조).)하였으므로, 원심결들에서 이의신청인들 간 투찰가격 합의에 대하여 경쟁제한성이 있다고 전제하여 경고 처분한 것은 부당하다고 주장한다.

일반적으로 입찰담합의 경우 단독 입찰로 인한 유찰을 방지하여 최종 계약금액의 하락을 방지하거나, 입찰참여자들이 서로 경쟁하는 경우에 예상되는 가격·품질 등에 영향을 미쳐 낙찰자 등에게는 부당한 이익을 주고 발주처에게는 그만큼의 손해를 입히는 결과를 가져오거나 가져올 우려가 있다면 경쟁제한성을 인정할 수 있는바, 이하에서는 이에 대하여 살펴보기로 한다.

① 우선 이의신청인들이 투찰가격을 합의한 이 사건 각 입찰의 참가자격을 살펴보면 대부분 토목(토목건축)공사업 면허 또는 조경공사업 면허를 보유한 자는 누구나 참여할 수 있고, 일부 입찰의 경우에는 일정 금액 이상의 공사실적을 요구하고 있으나 이에 해당하는 자가 이의신청인들 뿐이라고 보기는 어려운바, 이의신청인들이 해당 입찰의 유찰을 방지하기 위하여 투찰가격을 합의하였다고 보기는 어렵다. 실제로 이 사건 각 입찰에는 최소 80개사에서 최고 165개사가 참가하였다.

② 이 사건 입찰들은 모두 조달청의 전자입찰로 진행되었는바, 입찰참가자들은 개찰 이전에 예정가격을 알 수 없고, 낙찰자는 낙찰하한가(낙찰하한율×예정가격) 이상으로 투찰한 자 가운데 최저가로 투찰한 자 순으로 결정되므로 이의신청인들 간 투찰가격 합의만으로 낙찰가격이나 낙찰자 결정에 유의미한 영향을 미치기는 어렵다.

③ 이의신청인들은 총 8건의 입찰에서 모두 낙찰 받지 못하였는데 이 중 5건의 입찰에서

는 이의신청인들 전부 또는 1개 업체의 투찰금액이 낙찰하한가보다 낮았는바, 만약 낙찰하
한가가 이의신청인들의 투찰금액보다 낮게 결정되었다면 이의신청인들이 낙찰될 수도 있었
으며 이 경우 발주처는 오히려 더 낮은 금액으로 계약할 수 있었을 것으로 보인다. 따라서
이의신청인들의 합의가 경쟁 시 예상되는 적정 가격·품질 등에 영향을 미쳐 발주처에게 손
해를 입히는 결과를 가져오거나 가져올 우려가 있었다고 보기도 어렵다.

이상에서 살펴본 사항들을 종합적으로 고려할 때 이의신청인들 간 합의로 이 사건 각 입
찰에서의 경쟁이 제한되었다거나 제한될 우려가 있었다고 보기는 어렵다고 판단된다.

5. 기업집단 한진 소속 계열회사들의 부당지원행위 및 특수관계인에 대한 부당이 익제공행위 건(2017.1.10. 공정위 의결)

가. 피심인 대한항공이 광고수입 전액을 싸이버스카이에게 귀속시키는 행위, 싸이 버스카이에게 통신판매수수료를 면제해준 행위, 싸이버스카이로부터 구매하는 판촉물 가격을 인상해 준 행위의 부당지원행위 해당여부

위 행위들이 피심인 대한항공이 싸이버스카이와 정상적인 거래 조건보다 상당히 유리한
조건으로 거래한 행위에 해당함은 앞에서 검토한 바와 같은바, 그와 동시에 그 행위가 피심
인 대한항공이 정상적인 거래 조건보다 현저히 또는 상당히 유리한 조건으로 거래함으로써
공정한 거래를 저해할 우려가 있는 행위에 해당하는지 여부에 대해 살펴볼 필요가 있다.

살피건대, 위 행위를 통한 피심인 대한항공의 피심인 싸이버스카이에 대한 지원금액은 연
평균 1~2억 원 수준으로서 피심인 싸이버스카이의 매출액 등에서 차지하는 비중이 낮은 점,
피심인 싸이버스카이가 영위하는 카탈로그 쇼핑업 등의 전체 시장규모 대비 피심인 싸이버
스카이의 관련 매출액은 1% 미만으로 극히 미미한 점 등을 고려할 때, 동 거래행위를 통해
피심인 싸이버스카이가 속한 관련 시장에서 경쟁이 저해되거나 경제력 집중이 야기되는 등
으로 공정한 거래를 저해할 우려가 있다고 보기 어렵다.

따라서 피심인 대한항공과 피심인 싸이버스카이의 행위는 법 제23조 제1항 제7호(현행법
제45조 제1항 제9호) 및 제2항에 위반되지 아니한다.[1]

---

1) 다만 공정위는 가. 3개 행위에 대하여 2013.8.13. 법 개정으로 도입·시행된 특수관계인에 대한
부당이익제공행위의 금지규정(법 제23조의2(현행 제47조) 제1항 제1호)을 적용하여 처분하였으
나 법원에서 취소 판결을 받았다. 이슈 27: 특수관계인에 대한 부당이익제공행위의 부당성에 관
한 법리 Ⅲ. 참조.

나. 피심인 대한항공의 싸이버스카이에 대한 기내매체 광고판매 위탁 관련 행위의 특수관계인에 대한 부당한 이익제공행위 해당여부

피심인 대한항공과 싸이버스카이의 기내매체 광고판매 위탁 관련 행위는 다음과 같은 점을 고려할 때 합리적인 고려나 다른 사업자와의 비교 없이 상당한 규모로 거래함으로써 특수관계인에게 부당한 이익을 귀속시킨 행위라고 보기 어렵다.

(1) 특수관계인에 대한 부당이익제공행위 규정은 거래상대방 선정 및 계약체결 과정에서 합리적 고려나 다른 사업자와의 비교 없이 상당한 규모로 거래하는 행위를 금지하고 있으나, 피심인 대한항공과 피심인 싸이버스카이는 동 규정이 신설되어 시행된 2014.2.14.보다 한참 전인 2000년 및 2009년에 기내매체 광고판매 대행계약을 체결하고 거래를 지속해왔으며, 각 계약은 자동갱신조항을 가지고 있어 계약기간 종료일 30일 전까지 계약당사자 어느 일방이 서면으로 계약 변경 해지에 대한 의사표시를 하지 않는 한 동일 조건으로 계약기간이 1년 간 자동연장되도록 하고 있는데, 이와 같이 거래당사자 간 거래조건 등이 동일하게 유지되고 기타 특별한 사정의 변경이 없는 경우라면 자동갱신 거래에 대해 매년 자동갱신 시점마다 신규 계약 체결의 경우와 마찬가지로 거래상대방의 사업능력, 재무상태, 신용도, 기술력, 품질, 가격, 거래조건 등에 대해 엄밀한 수준으로 검토하거나 다른 사업자와 비교 평가해야 한다고 보기는 어렵다.

(2) 광고판매 대행 업무 수행에 있어 싸이버스카이에게 계약갱신이 불가할 정도의 하자가 있었다거나 싸이버스카이에 지급하는 광고대행수수료가 다른 사업자에 비해 지나치게 높았다고 보기도 어렵고 그에 따라 거래상대방 교체 필요성이 상당했다고 보기 어려운 점 등을 고려할 때, 피심인 대한항공이 싸이버스카이와 기내매체 광고판매 대행계약을 자동갱신하며 거래를 유지한 것이 객관적 합리적 고려의 결과가 아니라고 보기 어렵다.

(3) 피심인 대한항공은 법 제23조의2(현행법 제47조) 신설에 따른 특수관계인에 대한 부당이익제공행위 규정 시행에 따라 시장조사 필요성을 인지하고, 2015. 4월 경 모닝캄 등의 광고판매 대행과 관련하여 2개 광고판매 대행사에게 제안서 제출을 요청하여 신세기미디어로부터 제안서를 제출받았고, 2015.5월 경 스카이숍의 광고판매 대행과 관련하여 신세기미디어로부터 추가 제안서를 제출받았던바, 다른 사업자와의 비교없이 싸이버스카이와 계약을 갱신한 것이라고 보기도 어렵다.

따라서 피심인 대한항공과 피심인 싸이버스카이의 행위는 법 제23조의2(현행법 제47조) 제1항 및 제3항에 위반되지 아니한다.

6. 기업집단 한화 소속 계열회사들의 특수관계인에 대한 부당한 이익제공행위 건 (2020.9.14. 공정위 의결)

가. 어플리케이션 관리 서비스 거래 행위

(1) 심사관은 이 사건 어플리케이션 거래와 관련하여 다음과 같이 주장한다.

① 이 사건 관련 통합ITO 계약은 세부서비스 내용, 거래조건 등에 큰 차이가 있어 2010년 체결된 계약의 갱신이라기보다는 신규거래에 준하는 계약이므로 거래상대방 선정 시 합리적 비교 또는 다른 사업자와의 비교·평가 수준은 신규거래의 거래상대방 선정하는 수준으로 검토하는 것이 타당하다. 또한, 이 사건 어플리케이션 거래는 IT 서비스 시장에서 개별적으로 거래가 가능하며 거래금액도 독립적으로 책정되는 점, 舊한화에스앤씨도 ○○○○, ○○○○와 어플리케이션 거래 계약을 별도 체결한 점, 舊한화에스앤씨 직원들도 어플리케이션 거래 내용이 다른 서비스의 대가 산정에 영향을 주지 않으며 각 서비스 항목마다 독립적으로 계약할 수 있다고 진술한 점 등을 고려할 때 이 사건 어플리케이션 거래에 대하여 법 제23조의2(현행법 제47조) 제1항 제4호를 적용할 수 있다.

② 계열 IT 서비스 업체가 없는 공시대상기업집단 소속 발주기업들은 주로 경쟁입찰 또는 여러 업체들로부터 견적을 비교하는 방식으로 어플리케이션 관리서비스의 거래상대방을 선정하고 있으며 참고인 9는 기업집단 소속 IT 서비스 업체(참고인 20)가 있음에도 비계열사(참고인 3)와 장기간에 걸쳐 IT 아웃소싱 계약을 체결하고 있는바, 피심인은 이 사건 어플리케이션 거래에 대하여 FTE 규모·단가 및 ACI 지수 등에 대한 합리적 고려 또는 다른 사업자와의 비교·평가 과정을 거쳐 거래상대방을 선정했어야 한다.

(2) 심의 결과, 위법성 판단 관련하여 이 사건 어플리케이션 거래는 다음과 같은 사유로 사실관계 확인이 곤란하여 법위반 여부에 대한 판단이 어렵다고 인정된다.

① 이 사건 어플리케이션 거래를 법 제23조의2 제1항 제4호로 의율할 경우 거래상대방의 사업능력, 신용도, 기술력, 품질, 가격, 거래조건 등에 대한 합리적 고려 또는 다른 사업자와의 비교·평가 수준은 계약의 형태에 따라 달리 적용할 필요가 있다(위원회는 "기업집단 한진 소속 계열회사들의 특수관계인에 대한 부당한 이익제공 행위에 대한 건" 관련에서, 대한항공과 싸이버스카이와의 거래가 법 제23조의2 제1항 제4호를 위반하는지에 대해 "거래당사자 간 거래조건 등이 동일하게 유지되고 기타 특별한 사정의 변경이 없는 경우라면 자동갱신 거래에 대해 매년 자동갱신 시점마다 신규 계약 체결의 경우와 마찬가지로 거래상대방의 사업능력, 신용도, 기술력, 품질, 가격, 거래조건 등에 대해 엄밀한 수준으로 검토하거나 다른 사업자와 비교·평가해야 한다고 보기 어렵다"라

고 판단하였다(의결 제2017－008호 참조).). 이 사건 어플리케이션 거래는 계약당사자와 계약대
상 목적물이 동일한 점, 2001년 3월경부터 시작되었으며 2007년 통합ITO 형태로 계약을 체
결한 이후 2010년, 2015년 재계약하여 현재까지 거래가 지속된 점 등을 고려할 때 신규계약
으로 단정하기는 어렵다. 반면에, 2010년 계약 대비 2015년 체결된 계약에서는 통합ITO를
구성하는 서비스의 범위, 거래조건 등이 달라진 점, 2014년 말 계약기간이 종료된 후 협상
을 통하여 변경된 거래내용, 거래조건 등으로 새롭게 계약을 체결한 점 등을 고려할 때 계약
의 갱신으로 단정하기도 어렵다. 특히, 2010년 체결된 통합ITO 계약은 2015년 체결된 계약
내용과 서비스 구성항목에 차이가 있는 것으로 확인되는데, 상면서비스 거래가 대표적이다.
상면서비스 거래는 舊한화에스앤씨가 2011년부터 기업집단 한화 소속 계열회사들에게 제공
하였기 때문에 2010년 체결된 통합ITO 계약에는 포함되지 아니하였다. 또한, 2015년에 체
결된 계약은 2010년 계약 대비 개별 거래의 거래조건 등에 변경이 있었다. 거래조건의 변경
정도는 계약상대방 변경 요인으로 작용할 수 있는바, 2010년 및 2015년 각 통합ITO 계약서
를 비교함으로써 사실관계를 확인할 수 있을 것이다. 그러나 심사관은 2010년 통합ITO 계
약서를 제출하지 못하였고 추가 조사를 하더라도 이를 확보할 수 있을 것으로 보기 어려운
바, 이 사건 어플리케이션 거래의 형태를 판단하는 것은 사실상 곤란하다.

   ② 이 사건 거래에 관한 그룹 또는 특수관계인의 관여ㆍ지시 유무의 확인이 곤란하다. '업
무용 파일 분석결과 목록'이라는 제목의 내부문건에는 舊한화에스앤씨가 소속 직원들이 보
유하고 있던 IT 업무 관련 내용을 문서대장 형식으로 '파일명, 일자, 작성자, 수신인, 내용의
요지 등'이 기재되어 있다. 그러나 당해 문건은 2010년경 작성된 것으로 추정될 뿐 작성 시
기, 작성자 등이 명확하게 특정되지 아니하며, 특히 당해 목록에 적시된 파일들을 확보하지
는 못하였는바, 당해 문건에 적시된 내용만으로 이 사건 거래에 대한 그룹 또는 특수관계인
의 지원의도를 입증하는 것은 사실상 곤란하다.

   ③ 이 사건 거래에서 그룹 또는 특수관계인 차원의 관여ㆍ지시 여부가 확인되지 아니한
이상, 이 사건 거래가 통상적으로 이루어지거나 이루어질 것으로 기대되는 거래상대방에 대
한 적합한 선정과정을 거쳤는지의 여부는 이 사건 거래의 계약형태, 거래대상 목적물의 규
모, 이 사건 어플리케이션 거래가 속한 시장에서의 거래관행, 제공주체의 제반사정, 제공주
체들이 속한 시장에서의 거래관행 등을 종합적으로 고려하여 판단해야 한다. 심사관은 이
사건 관련으로 다수의 업체를 대상으로 거래상대방 선정을 위한 통상적인 거래절차에 대하
여 조사하였다. 이에 의하면 상당수의 업체들이 경쟁입찰 또는 여러 업체들로부터 견적을
받아 비교하는 방식으로 거래상대방을 선정하였다. 그러나 또 다른 상당수의 업체들은 업무

의 효율성 등을 고려하여 수의계약이 합리적인 경우에는 단독입찰로 진행하며, 시스템에 대한 이해도가 높아 안정적 유지보수가 가능하다는 이유로 시스템 구축사업자 또는 기존 운영사업자와 시스템의 유지보수 거래를 지속하는 것으로 확인되었다. 피심인들도 舊한화에스앤씨가 이 사건 시스템을 구축한 사업자로서 해당 시스템에 대한 이해도가 높으며 현재까지 시스템을 안정적으로 운영하였기 때문에 거래상대방을 교체할 특별한 사정이 없었고, 설명회, 가격협상 등의 절차를 거쳤다고 주장한다. 또한, 심사관은 이 사건 거래의 비교대상으로 기업집단 내 IT업체가 없는 다수의 사례에 대해서만 제시하였을 뿐 기업집단 내 IT업체가 있는 타 집단(삼성, 엘지, 에스케이, 현대자동차, 롯데, 신세계 등)의 통상적인 거래상대방 선정절차에 대해서는 충분한 자료들을 제시하지 못하였다. 따라서 이 사건 거래와 관련한 통상적인 거래상대방 선정절차를 명확하게 밝히지 못한 점, 제공주체들이 속한 시장에서의 통상적인 거래절차 등에 대한 자료가 충분하지 아니한 점 등을 고려할 때 이 사건 행위에 대한 위법성 판단에 필요한 사실관계 등의 확인이 곤란하다고 판단된다.

나. 데이터회선 서비스 거래 행위

(1) 심사관은 이 사건 데이터회선 서비스 거래와 관련하여 다음과 같이 주장한다.

① 이 사건 데이터회선 서비스 거래기간(2015.1.1.~2017.9.30.) 동안 동일·유사한 시점에 통신사·구간·속도·구성경로·약정기간 등의 특성이 동일·유사한 데이터회선 상품을 선정할 수 없다. 또한, 동일한 특성의 데이터회선 상품이더라도 별정통신사업자가 통신사업자로부터 데이터회선을 매입하는 가격은 별정통신사업자와 통신사업자 간의 가격협상력의 차이, 사업자 간 협력사업의 규모 등 계량화하기 어려운 요소들에 따라 달라지는바 데이터회선 사용료의 정상가격을 산정하는 것은 현실적으로 불가능하다.

② 정상가격 산정은 불가능하나 他별정통신사업자들의 매출이익률과의 비교를 통해 상당히 유리한 조건으로 거래했는지 여부를 판단할 수 있다. ㉠ 舊한화에스앤씨가 한화생명보험으로부터 실현한 3년 평균 매출이익률은 참고인 A사의 3년 평균 매출이익률에 비해 ㅇ.ㅇ배이상, 참고인 B사의 연평균 매출이익률에 비해 ㅇ배 이상 높은 수준인 점, ㉡ 舊한화에스앤씨가 한화저축은행으로부터 실현한 매출이익률은 참고인 B사의 연평균 매출이익률의 ㅇㅇ배 이상 높은 수준인 점, ㉢ 舊한화에스앤씨가 기타 계열회사에게 실현한 연평균 매출이익률은 참고인 C사, 참고인 H사, 참고인 D사 및 참고인 I사의 연평균 매출이익률에 비해 ㅇ.ㅇ배에서 ㅇ배에 해당하는 점을 고려할 때 피심인 한화 등 24개사는 舊한화에스앤씨와 데이터회선 서비스를 상당히 유리한 조건으로 거래하였다.

(2) 심의결과, ① 舊한화에스앤씨는 데이터회선을 매입하여 이를 다시 판매하는 별정통신사업자로서, 다량의 회선을 저렴한 가격으로 매입하는 역할을 수행하였는바, 제공주체들이 다른 사업자와의 거래조건보다 낮은 가격으로 거래하더라도 舊한화에스앤씨의 매출이익률은 높을 수 있는 점을 고려할 때 매출이익률 자체를 '상당히 유리한 조건'의 판단을 위한 주된 근거로 볼 수 없는 점, ② 일부 피심인들은 제한경쟁입찰 혹은 견적비교를 통해 舊한화에스앤씨와 거래한 사실, 종전에 거래하던 가격보다 낮은 가격으로 거래한 사실 등에 비추어 볼 때, 이 사건 데이터회선 서비스 거래가 법 제23조의2 제1항 제1호 소정의 정상적인 거래에서 적용되거나 적용될 것으로 판단되는 조건보다 상당히 유리한 조건으로 거래하는 행위에 해당한다고 인정할 수는 없다.

다. 상면서비스 거래 행위

(1) 심사관은 이 사건 상면서비스 거래와 관련하여 다음과 같이 주장한다.

① 상면 단가는 거래 기간, 거래 규모, 서비스 종류(STS35), 전력공급량, 랙 전력 케이블공사, 서버환경 온습도 분석 관리 서비스, 랙 재배치 서비스 제공여부에 따라 상면 단가를 조정하기 어려워 이를 고려하여 조정한 정상가격을 산정하는 것은 현실적으로 불가능하다.

② 또한, 해당 요소들이 상면 단가에서 유의미한 영향력을 가진다고 볼 수 없으므로 각 요소를 조정하지 않은 가격을 통해 상당히 유리한 조건으로 거래했는지 여부를 판단할 수 있고, ㉮ 한화 계열회사들이 舊한화에스앤씨와 거래한 상면단가는 ○○○○○○와 舊한화에스앤씨가 거래한 상면 단가에 비해 ○○.○%~○○.○%, ㉯ 한화투자증권과 舊한화에스앤씨가 거래한 상면 단가는 한화투자증권이 ○○와 거래한 상면 단가에 비해 ○○.○%~○○.○%, ㉰ 한화저축은행이 舊한화에스앤씨가 거래한 상면 단가는 한화저축은행이 ○○와 거래한 단가에 비해 ○○.○%~○○.○% 차이가 나는 점을 고려할 때 피심인 한화 등 27개사는 舊한화에스앤씨와 상면서비스 거래를 상당히 유리한 조건으로 거래하였다.

(2) 심의결과, ① 거래기간 및 거래규모가 상면서비스 단가에 영향을 미치는 것으로 보이고, 전력 추가사용량에 대해 요금을 지불하고 있는 거래관행도 인정되는 이상, 상면서비스 단가에서 해당 요소 차이에 대해 합리적으로 조정하지 않은 가격을 비교대상 가격으로 인정하는 것은 적절치 않은 점, ② 피심인이 상면서비스를 개시하면서 조사한 시장가격, 2014년경 ○○○컨설팅을 통해 조사한 시장가격 및 피심인이 외부 회사를 유치할 목적으로 조사한 시장가격이 모두 상이한 점 등을 고려할 때, 이 사건 상면서비스 거래가 법 제23조의2 제1항 제1호 소정의 정상적인 거래에서 적용되거나 적용될 것으로 판단되는 조건보다 상당히

유리한 조건으로 거래하는 행위에 해당한다고 인정할 수는 없다.

라. 결론

심사보고서 상 행위사실 중 위 가.의 행위와 관련하여서는 사건의 사실관계에 대한 확인이 곤란하여 위법성 여부에 대한 판단이 불가능하므로 심의절차종료가 합리적이고 타당하다고 인정되고(공정거래위원회 회의 운영 및 사건절차등에 관한 규칙 제46조(현행 제53조) 제4호), 위 나. 및 다.의 행위와 관련하여서는 법 제23조의2 제1항 제1호를 위반하였다는 혐의가 인정되지 아니하므로(공정거래위원회 회의 운영 및 사건절차 등에 관한 규칙 제47조(현행 제54조) 제1항) 무혐의로 의결한다.

7. 5개 휘발유 승용차 및 4개 경유 승용차 제조판매 사업자의 부당한 공동행위 건(2023.4.5. 공정위 의결)

공정위는 피심인들의 위반혐의 2개 행위 중에서 경유 승용차의 선택적 촉매환원(SCR) 시스템의 소프트웨어 관련 합의에 대해서는 법 제19조(현행 제40조) 제1항 제6호(상품 또는 용역의 생산·거래시에 그 상품 또는 용역의 종류·규격을 제한하는 행위) 위반행위로 판단하였다.

그리고 다른 합의에 대해서는 심사관은 피심인 5개사가 2009.5.18.부터 심의일(2023.1.18.) 현재까지 합의하였고, 이러한 합의는 EU를 넘어서 국내시장에 영향을 미치는 행위로서 경쟁제한적 합의라고 주장하였다. 이에 대해 공정위는 심의결과, 국내시장에 직접적이고 상당하며 합리적으로 예측 가능한 영향을 미치는 경우에 해당한다고 인정할 수 없고, 따라서 법 적용대상에 해당한다고 인정할 수 없다고 판단하였다. 이에 따라 공정거래법 적용대상이 아니라고 인정되므로 '공정거래위원회 회의 운영 및 사건절차 등에 관한 규칙' 제53조(심의절차종료) 제1호(제20조 제1항 각 호의 어느 하나에 해당하는 경우) 및 제20조 제1항 제34호(기타 공정거래법 등의 적용대상이 아니라고 인정되는 경우)를 적용하여 심의절차를 종료한다고 결정하였다.

8. 애경산업㈜ 및 에스케이케미칼㈜의 부당한 표시광고행위 건(2016.10.5. 공정위 의결)

가. 심사보고서상 주장 요지(심의과정에서의 심사관 주장사항을 포함한다.)

이 사건 제품 주성분명(CMIT/MIT) 및 주성분의 원액이 피부접촉 내지 흡입시 유독한 독성물질이라는 점은 소비자가 이 사건 제품을 구매선택하는데 중요한 영향을 미칠 수 있는 사실이다. 이 사건 제품의 경우 품공법, 수도법, 약사법, 화장품법, 공중위생관리법 등 관련 법령에서 제품의 안전성을 따로 관리하고 있지 않는 등 안전성에 대한 보장이 없으므로 성분의 독성여부 등을 표시하도록 할 필요성이 더욱 크다. 특히 피심인들은 아래와 같이 이 사건 제품의 인체위해성이 확인되지 않았다고 주장하나, 환경부는 CMIT/MIT 성분의 가습기살균제로 인한 폐 손상 피해자를 인정하고 비염 등 폐 이외 장기의 피해가능성에 대해서도 인과관계를 연구하고 있는 등 이 사건 제품의 인체위해성에 대한 우려가 존재하고 제품이 안전하다는 보장이 없다.

따라서 피심인들이 이 사건 제품의 라벨 등에 주성분명 및 주성분이 독성물질임을 표시하지 않은 행위는 위법하다.

나. 공정위의 위법성 판단

피심인들의 행위가 표시광고법 제3조 제1항 제2호에 해당하여 위법하다고 인정되기 위해서는 피심인들이 소비자의 구매선택에 중요한 영향을 미칠 수 있는 사실이나 내용을 은폐·축소하는 등의 방법으로 표시·광고하여야 한다. 이 사건 제품 뿐 아니라 일상생활에서 자주 접하는 대부분의 화학제품에 포함되는 화학물질은 일정 수준의 독성을 가지고 있으나 실제 사용시에는 인체에 위해하지 않도록 그 농도를 희석하는 등의 방법으로 제조·판매되는 것이 일반적이다. 곰팡이, 물때, 세균제거 등 살균효과를 기본 기능으로 하고, CMIT/MIT 성분을 약 0.015% 농도로 희석하여 제조되었고 약 200배 희석하여 사용하도록 한 이 사건 제품의 경우도 주성분명 및 성분의 독성여부가 소비자의 구매선택에 중요한 영향을 미칠 수 있는 사실이나 내용이 되기 위해서는 제품 사용시 생명·신체에 대한 위해성이 전제되어야 할 것이다.

이 사건 제품의 인체위해성과 관련하여, 환경부는 2015년 4월 및 2016년 8월 이 사건 제품 단독사용자의 폐 손상 피해를 인정하고 의료비 등 정부지원금을 지급하고 있으나, 가습기살균제의 위해성 여부에 대한 최초 조사를 실시한 질병관리본부는 2012년 2월 3일 가습기살균제 관련 동물흡입실험 결과를 최종 발표하면서 이 사건 제품에 대해서는 폐섬유화 소견이 발견되지 않았다고 발표하는 등 조사결과가 상치되는 측면이 있다. 환경부는 2016년 5월경부터 가습기살균제의 인체위해성에 대한 추가적인 근거자료 확보 및 피해인정범위 확대 등을 위해 이 사건 제품을 포함한 가습기살균제 제품의 폐 및 폐 이외 장기에 대한 피해발생 메커니즘을 규명하는 연구조사 등을 진행하고 있다.

따라서 위 연구조사 결과 등을 통해 이 사건 제품의 인체위해성 여부가 최종 확인된 이후 이 사건 피심인들 행위의 위법성 여부를 판단할 필요가 있는바, 심의종결일 당시를 기준으로 피심인들 행위의 위법성 여부를 판단하지 아니한다.

피심인들의 행위는 사실관계에 대한 확인이 곤란한 경우에 해당하므로 법 제16조 제1항에 따라 준용되는 공정거래법 제45조(현행 제68조) 제1항, 제55조의2(현행 제101조) 및 공정거래위원회 회의운영 및 사건절차 등에 관한 규칙 제46조(현행 제53조) 제4호에 따라 심의절차를 종료하기로 의결한다.[2]

9. 대우조선해양(주)의 경고심의요청 건(2021.8.4. 공정위 의결)

공정위는 2019.12.20. 심사관 전결로 피심인의 하도급대금 지연지급시 지연이자 미지급행위에 대하여 하도급법 제13조(하도급대금의 지급 등) 제8항에 위반되는 행위로서 시정조치의 대상이 되나 공정거래위원회 회의운영 및 사건절차 등에 관한 규칙(공정위 고시 제2018-7호, 이하 '사건절차규칙'이라 한다) 제50조(경고, 현행 제57조) 제1항의 규정에 따라 경고 처분하였다.

이 사건 경고처분에 대하여 피심인은 ① ○○○○○○와의 거래의 경우 계약체결 당사자는 ○○○○○이고 ○○○○○은 외국법인으로 법상 수급사업자에 해당하지 않는 점, ② 하도급대금을 지연지급하게 된 이유는 외환거래에 있어 필수적인 인보이스 등을 수급사업자가 제출하지 않은 것 때문인 점, ③ 피심인은 인보이스 제출일로부터 최대 47일 이내 하도급대금을 지급하였으므로 지연이자 발생의 전제가 되는 하도급대금 지연지급 행위 자체가 성립하지 않는 점 등을 고려하면 피심인의 행위는 법에 위반되지 않는다는 이유로 사건절차규칙 제53조의2(현행 제61조) 제7항의 규정[3]에 따라 2020.1.14. 위원회에 법위반 여부에 관한 심의를 요청하였다.

이에 대해 공정위는 "① 피심인과 계약을 체결한 거래당사자는 ○○○○○○가 아닌 ○

---

2) 공정위는 환경부가 2015.4월 이후 이 사건 제품을 사용한 피해자에 대한 피해를 인정한 점, 2013.4.2. 일반 소비자가 이 제품을 구매하였다는 사실을 확인하고 2017.10.31. 현장조사 결과 이 사건 제품이 최소한 2017.10월까지는 시중에 유통되어 판매 목적으로 매장에 진열되어 있던 사실을 확인하여 2018.3.19. 표시광고법 위반으로 시정조치 및 과징금납부 명령을 하였고, 서울고등법원은 처분시효 도과하였다고 처분을 취소하였으나 대법원은 상고심에서 원심판결을 파기·환송하였다(자세한 내용은 이슈 9: 처분시효 Ⅲ. 2. 바. (4) 참조).

3) 사건절차규칙 제53조의2(심사관의 전결 등) ⑦ 제1항에 따라 제50조(경고)의 규정에 의한 경고를 받은 자가 법위반의 여부 등에 관하여 심의를 요청하는 경우에 심사관은 심사보고서를 작성하여 소회의에 상정하여야 한다.(이하 생략)

○○○○인 사실이 인정되고, 외국법인 ○○○○○은 중소기업기본법상 중소기업이 아니므로 법 제2조 제3항의 수급사업자에 해당하지 않는다. 즉, 피심인의 ○○○○○에 대한 법 제13조 제1항을 위반한 하도급대금 지급 지연행위가 성립할 수 없으므로 그를 전제로 한 지연이자가 발생하였다고 볼 수 없다. ② 수급사업자가 인보이스를 제출하기 전까지는 피심인은 외화를 송금할 수 없는 상황, 즉 하도급대금 지급불능의 상황에 있는 것으로 인정된다. '인보이스 제출'이라는 별도의 절차, 외환거래에 따른 이러한 독특한 거래관행을 도외시하고, 목적물 수령 후 60일 이내에 하도급대금을 지급하여야 하고 이렇게 하지 못한 경우 지연이자가 발생하였다는 이유로 피심인이 법을 위반하였다고 판단하기는 어렵다. 다시 말하면 피심인의 귀책사유 없이 관련 법령 등에 따라 하도급대금 지급불능 상태에 있다면 이 기간에 대해서는 피심인의 하도급대금 지급의무가 면제될 것이고, 따라서 피심인이 인보이스 제출일로부터 최소 11일, 최대 47일 이내에 하도급대금을 관련 수급사업자에게 모두 지급한 것은 목적물 수령일로부터 60일 이내에 하도급대금을 지급한 것으로 인정된다. 이상의 외국환거래에 따른 특수한 거래현실, 피심인의 하도급대금 지급 내역 등을 고려할 때 이 사건 경고처분은 지나치게 도식적으로 법을 적용하여 거래의 개별구체적 타당성을 잃은 것으로 판단된다."고 판단하였다.

이 판단에 따라 공정위는 "피심인의 행위는 법 제13조 제8항에 위반되지 아니하므로, 법 제27조(공정거래법의 준용) 제1항에 따라 준용되는 공정거래법 제55조의2(사건처리절차 등, 현행 제101조) 및 사건절차규칙 제47조(무혐의, 현행 제54조) 제1항에 따라 경고 처분을 취소한다."고 결정하였다.

Ⅲ. 신고인의 헌법소원

1. 개요

법 제80조(위반행위의 인지·신고 등) 제2항은 누구든지 이 법에 위반되는 사실을 공정위에 신고할 수 있다고 규정하고 있으며, 시행령 제71조(위반행위의 신고방법)에서 신고방법을 규정하고 있다. 신고는 직권인지와 함께 사건의 단서가 된다. 그리고 내부지침인 '공정거래위원회 회의 운영 및 사건절차 등에 관한 규칙' 제3장 사건처리절차 제5절에서 신고인의 의견진술 등 절차참여 관련 규정을 두고 있다.

공정위에 대한 신고의 법적 성격과 관련하여 법원은 신고는 공정위에 대한 단서 제공에 불과하며 신고인에게 청구권을 부여하는 것이 아니라는 일관된 법리를 제시하였다. 대법원 2000.4.1. 선고 98두5682 판결은 "신고는 공정위에 대하여 법에 위반되는 사실에 관한 조사의 직권발동을 촉구하는 단서를 제공하는 것에 불과하고 신고인에게 그 신고 내용에 따른 적당한 조치를 취하여 줄 것을 요구할 수 있는 구체적인 청구권까지 있다고 할 수는 없다(대법원 1989.5.9. 선고 88누4515 판결 참조)."고 판시하였다. 이들 대법원 판결은 "법 제49조(현행 제80조) 제3항에서 '공정위는 제1항 또는 제2항의 규정에 의하여 조사를 한 경우에는 그 결과를 서면으로 당해 사건의 당사자에게 통지하여야 한다.'라고 규정하고 있다 하더라도 이는 신고인이 아닌 당사자에 대한 통지의무를 규정한 것으로서 신고인에 대한 통지와는 그 근거나 성질을 달리하는 것이므로 이러한 규정이 있다고 하여 달리 볼 수도 없다. 따라서 공정위가 신고 내용에 따른 조치를 취하지 아니하고 이를 거부하는 취지로 무혐의 또는 각하 처리한다는 내용의 회신을 하였다 하더라도 이는 그 신고인의 권리의무에 아무런 영향을 미치지 아니하는 것이어서 그러한 조치를 가리켜 항고소송의 대상이 되는 행정처분에 해당한다고는 할 수 없다."고 덧붙이고 있다.

신고의 법적 성격에 관한 확립된 법리에 따라 신고인은 공정위의 무혐의, 심의절차종료 등에 불복하여 이의신청 또는 행정소송 등을 제기할 수 없다. 그러나 헌법재판소는 공정위의 이러한 결정은 헌법재판소법 제68조 제1항에서 규정하고 있는 '공권력의 행사 또는 불행사'에 해당하여 헌법소원심판 청구 대상이 된다는 입장을 일관되게 취하고 있다. 아래에서는 헌법재판소의 관련 심판사례들을 몇 개 뽑아서 결정요지 중심으로 소개한다.

2. 헌법소원 심판사례 소개

가. 헌법재판소 2002.6.27. 2001헌마381 결정

불공정거래혐의에 대한 공정거래위원회의 무혐의 조치는 혐의가 인정될 경우에 행하여지는 중지명령 등 시정조치에 대응되는 조치로서 공정거래위원회의 공권력 행사의 한 태양에 속하여 헌법재판소법 제68조 제1항 소정의 '공권력의 행사'에 해당하고, 따라서 공정거래위원회의 자의적인 조사 또는 판단에 의하여 결과된 무혐의 조치는 헌법 제11조의 법 앞에서의 평등권을 침해하게 되므로 헌법소원의 대상이 된다.

기록에 의하면, 청구외 회사는 2000.2.17.부터 같은 해 3.15.까지 사이에 자사 직원과 청구인 회사를 비롯한 협력업체들을 상대로 자체감사를 실시한 결과 부정행위를 한 자사 직원에 대하여는 5명을 해고하는 등 강도 높은 징계를 하는 한편, 이에 관련된 협력업체들에 대하여는 부당거래의 규모, 횟수 등 객관적인 요소뿐만 아니라 부당거래사실의 자인 또는 은폐 여부에 따른 추후 재발방지 확약 등 주관적인 요소도 고려하여 조치를 취하게 되었는데, 부당한 거래사실을 은폐하려한 청구인 회사에 대하여는 더 이상 신뢰유지가 어렵다고 판단하여 거래중지 및 협력업체 등록을 취소한 것으로 보인다.

사정이 이와 같다면, 비록 청구외 회사가 다른 협력업체 6개 회사에 대하여는 경고조치를 하고, 청구인 회사에 대하여만 협력업체 등록을 취소하였다고 하여 이를 공정거래법 제23조 제1항(현행 제45조 제1항) 제1호 소정의 부당하게 거래를 거절한 행위에 해당한다고 보기 어렵다.

나. 헌법재판소 2004.3.25. 2003헌마404 결정

공정거래위원회의 심사불개시결정은 공권력의 행사에 해당되며, 자의적인 경우 피해자인 신고인의 평등권을 침해할 수 있으므로 헌법소원의 대상이 된다. 또 설사 공정거래위원회의 심사불개시결정이 잘못되었다 하더라도 공정거래법 제49조(현행 제80조) 제4항이 정한 5년의 시효가 경과되어 공정거래위원회가 더 이상 시정조치나 과징금 등을 부과할 수 없게 되었다면 그 부분 심판청구는 권리보호의 이익을 인정할 수 없다.

공정거래위원회가 심사불개시결정을 할 수 있도록 한 공정거래위원회의운영및사건절차등에관한규칙 제12조(현행 제20조)는 법률에 따른 정당한 근거를 지닌 것이라 볼 것인바, 청구인의 '허위자료제출'에 대한 심판청구는 동 규칙이 심사불개시 사유의 하나로 정한, "동일한 내용을 3회 이상 신고한" 것인 점이 인정되고, '우월적 지위 남용' 부분은 공정거래위원회가 판단한 5년의 시효 경과가 자의적이라고 볼 수 없으므로 각 이유 없다.

다. 헌법재판소 2004.6.24. 2002헌마496 결정

이 사건 거래거절의 위법 여부는 그것이 '특정사업자(행위자의 경쟁자 또는 그와 밀접한 관계에 있는 사업자의 경쟁자)의 거래기회를 배제하여 그 사업활동을 곤란하게 할 우려가 있는 개별적 거래거절'에 해당하는지 여부에 달려있다 할 것인바, 석유류제품의 공급과잉으로 인해 과당경쟁을 겪고 있고 폴사인제 등으로 주유소들이 정유회사에게 사실상 전속되어 있는 등 석유류제품의 유통구조가 경직되어 있는 점, 국내 석유류제품 시장을 상위 3개 정유회사가 사실상 과점하고 있는 가운데 행위자가 업계 3위에 해당하는 시장점유율을 차지하는 사업자인 점, 이 사건 거래거절의 상대방이 그 내수판매량의 55% 가량을 행위자에게 판매하여 오는 등 행위자에 대한 거래상·경영상의 의존도가 매우 컸던 점, 이 사건 거래거절로 인하여 상대방이 주요 거래처 상실 및 대체거래처 획득의 어려움으로 인해 막대한 영업손실을 입을 것이 예상되는 점 등을 종합하여 볼 때 이 사건 거래거절은 실질적으로 상대방의 거래기회를 배제하여 그 통상의 사업활동의 계속을 곤란하게 함으로써 공정한 거래질서를 저해할 우려가 있는 행위로서 위법한 불공정거래행위에 해당한다.

불공정거래행위를 규제하는 목적은 공정하고도 자유로운 거래질서를 확립하는 데 있으므로, 행위의 공정거래저해성을 판단하는 기준도 원칙적으로 공정거래질서 유지의 관점에서 파악하여야 할 것이다. 따라서 거래거절의 위법성을 평가함에 있어 사업경영상의 필요성이라는 사유를 다른 주관적·객관적 위법요소들과 대등한 가치를 지닌 독립된 제3의 요소로 취급할 것은 아니므로, 거래거절에 이른 사업경영상의 필요성이 인정된다는 사정만으로 곧 당해 거래거절의 위법성이 부인되는 것은 아니지만, 거래거절의 원인이 된 사업경영상의 필요성은 행위의 객관적·주관적 측면을 이루는 여러 위법요소들 중 하나에 해당하는 참작사유로서, 아니면 적어도 위법성을 부인하기 위한 근거로 내세워지는 행위의 의도·목적을 추단케 하는 간접사실로서 위법성 판단과정에 작용한다고 보아야 할 것이다.

이 사건 거래거절은 고도의 경쟁 제약·배제효과를 초래하고 있음이 명백하므로 위법성 판단요소들 상호간의 비교형량을 함에 있어 이른바 사업경영상의 필요성을 참작한다고 하더라도 그것은 적어도 행위자가 상대방과의 이 사건 판매대리점계약을 종료하지 않으면 곧 도산에 이를 것임이 확실하다는 등의 긴급한 사정이 명백히 인정될 정도는 되어야만 그와 같은 경쟁제한적 효과를 상쇄할 여지가 있다고 할 것인바, 이 사건 거래거절 무렵의 행위자의 경영상태 등에 비추어 보면 이 사건 거래거절 당시 행위자는 2년간 계속된 대규모 적자국면과 유동성위기를 타개하고 경영상태를 호전시키기 위하여 내수시장의 점유율을 확대함으로써 영업이익을 증대시킬 필요성에 당면해 있었다고 보이기는 하지만 그러한 정도의 사업경영상의 필요성만으로써 이 사건 거래거절이 가져오는 뚜렷한 경쟁제한적 효과를 상쇄할 수 있다고 보이지 않으므로, 결국 이 사건 거래거절은 위법하다고 할 것이다.

피청구인(공정거래위원회)이 2002.7.20. 공정위 2002경촉0724 사건에서 ㅁㅁ주식회사에 대하여 한 무혐의결정은 청구인의 평등권과 재판절차에서의 진술권을 침해한 것이므로 이를 취소한다.[4)]

---

4) 공정위는 이에 따라 추가조사와 증거보완을 하였지만 또다시 무혐의 처리하였다. 한편 청구인은 판매대리점계약존속확인소송을 같이 제기하였는바 법원에서는 이 사건 행위가 공정거래법상 부당한 거래거절에 해당하지 않는다고 확정되었다(대법원 2008.2.14. 선고 2004다39238 판결). 김형배, 공정거래법의 이론과 실제(개정판), 2022, 359~360면 참조.

라. 헌법재판소 2011.11.24. 2010헌마83 결정

불공정거래혐의에 대한 공정거래위원회의 무혐의처분은 혐의가 인정될 경우에 행하여지는 중지명령 등 시정조치에 대응하는 조치로서 헌법재판소법 제68조 제1항 소정의 '공권력의 행사'에 해당하고, 공정거래위원회의 자의적인 조사 또는 판단에 의하여 행하여진 무혐의처분은 헌법 제11조의 법 앞에서의 평등권을 침해하므로 헌법소원의 대상이 된다(헌재 2002.6.27. 2001헌마381 결정, 판례집 14-1, 679, 683-684 참조).

본안 판단에서, 일반적으로 어떤 공동행위가 공정거래법 제19조(현행 제40조) 제1항이 정하고 있는 경쟁제한성을 가지는지 여부는 당해 상품의 특성, 소비자의 제품 선택 기준, 당해 행위가 시장 및 사업자들의 경쟁에 미치는 영향 등 여러 사정을 고려하여, 당해 공동행위로 인하여 가격·수량·품질 기타 거래조건 등의 결정에 영향을 미치거나 미칠 우려가 있는지를 살펴 개별적으로 판단하여야 한다(대법원 2011.4.14. 선고 2009두7912 판결 등 참조). 따라서 입찰참가업체들의 공동행위가 경쟁제한성을 가지는 입찰담합인지 여부는 낙찰자와 낙찰가격의 결정에 영향을 미치거나 미칠 우려가 있는지를 살펴서 판단하게 된다. 다만 낙찰자와 낙찰가격이 동시에 결정되는 입찰의 특성상 입찰담합이 가격담합의 성격을 띠는 때에도 그 주된 목적은 낙찰자 결정에 영향을 미치려는 데에 있는 경우가 많다. 청구인의 주장 역시 ○○기업과 ⊠⊠이 두 회사 중 하나가 낙찰자로 결정되게 하기 위하여 투찰가격을 합의하였고, 그 결과 ○○기업이 낙찰자로 결정되었다는 것이다.

두 업체의 입찰담합이 가능한지 여부 관련하여, 복수의 예비가격에 의하여 산출된 예정가격을 기준으로 낙찰자를 결정하도록 되어 있는 입찰방식에서는, 발주자측과 통모하여 예정가격을 미리 탐지하지 않는 이상 일부 업체들만의 합의로는 낙찰자나 낙찰가격의 결정에 아무런 영향을 미칠 수 없다. 그런데 이 사건 입찰과 같은 전자입찰방식에서는 발주자측에서도 예정가격이 얼마로 될 것인지 알 수 없기 때문에 미리 예정가격을 탐지하는 것은 불가능하다. 이 사건 입찰의 경우, 기초금액이 25,174,457,636원으로서 이 금액에 낙찰하한율 87.745%를 곱한 금액보다 높은 가격으로 투찰한 업체가 6개, 그보다 낮은 가격으로 투찰한 업체가 4개인데, 청구인과 ○○기업, ⊠⊠은 모두 기초금액에 낙찰하한율을 곱한 금액보다 낮은 가격으로 투찰하였다. 그런데 예정가격이 기초금액보다 낮은 25,056,892,915원으로 결정됨으로써 기초금액 기준으로는 낙찰하한율에 미달하였던 청구인과 ○○기업, ⊠⊠ 등 4개 업체 모두가 낙찰하한율을 넘기게 되었고 그 중에서도 가장 낮은 가격으로 투찰한 ○○기업이 선순위 심사대상자로 선정되었던 것이다. 입찰참가업체들의 투찰가격은 낙찰가능성이 높은 가격대에 집중될 것이고, 그 중 어느 업체의 투찰가격이 낙찰하한율을 넘기면서 낙찰하한율에 가장 근접하는 최저 입찰가격이 될 것인지는 순전히 예정가격이 얼마로 결정되느냐에 달려 있다. 그런데 투찰 시에는 예정가격이 정해져 있지도 않았으므로, 일부 업체들이 기초금액을 크게 상회하거나 하회하는 가격으로 입찰하여 적격심사 대상자로 되기를 사실상 포기함으로써 다른 업체가 낙찰 받도록 할 수는 있겠지만, 10개 업체 가운데 ㅇㅇ기업과 ☒☒ 두 업체가 서로의 투찰가격을 합의하는 것만으로는 서로 낙찰자가 되려는 나머지 8개 업체를 따돌리고 자신들 중 한 업체가 낙찰자로 되게 할 수는 없다고 할 것이다. 또한, ㅇㅇ기업과 ☒☒이 합의하여 자신들의 투찰가격에 적당한 차이를 둠으로써 그 중 한 업체가 선순위 심사대상자로 선정될 확률을 나머지 8개 업체의 경우보다 더 높게 한다는 것 역시 상정하기 어렵다. 예정가격이 얼마로 정해질지 전혀 알 수 없고, 다른 경쟁업체들의 투찰가격이 어떻게 분포될지도 모르는 상태에서 두 업체에게 가장 유리한 투찰가격의 배치 형태를 확정할 수는 없을 것이기 때문이다.

이 사건 입찰의 과정 및 참가업체의 수 등에 비추어 보면, ㅇㅇ기업과 ☒☒이 서로의 투찰가격을 합의하였다고 하더라도 이로써 낙찰자의 결정에 어떠한 영향을 미칠 수 있었던 것으로는 보이지 아니한다. 따라서 경쟁제한성이 없으므로 부당한 공동행위의 성립을 인정할 여지가 없다. 그렇다면 이 사건 처분은 정당하고 달리 피청구인(공정위)이 현저히 정의와 형평에 반하는 조사를 하였다거나 이 사건 처분이 헌법재판소가 관여할 만큼의 자의적인 처분이라고 할 수 없으므로 이로 말미암아 청구인의 헌법상 기본권인 평등권이나 재판절차진술권이 침해되었다고 할 수 없다.

따라서 청구인의 이 사건 심판청구는 이유 없으므로 기각하기로 하여 관여 재판관 전원의 일치된 의견으로 주문과 같이 결정한다.

공정거래법 집행에서의 절차적 정당성

Ⅰ. 절차적 정당성의 중요성

행정기관의 법집행에 있어서 두 가지 면, 즉 실체적 측면과 절차적 측면(substance and process)은 서로 밀접한 관련이 있다. 행정기관이 소관 법령을 집행하면서 수행하게 되는 조사 및 심사에 따라 내리게 되는 실체적인 결과에 관계없이 그러한 결과에 이르게 된 절차가 공정하고 정당했는지가 매우 중요한 것이다. 다시 말하면 절차에 대한 불평이나 비판이 제기되면 실체적 결과에 흠결이 발생하게 되고 그 반면에 공정하고 예측 가능하며 투명한 절차는 그 실체적 결과의 정당성을 높이게 된다. 즉 양자는 둘 다 중요하다.

정당한 절차(due process of law)에 있어서의 흠결은 실체적 결과에 바로 영향을 미치기도 한다. 대법원은 공정거래법 및 '공정거래위원회 회의 운영 및 사건절차 등에 관한 규칙(이하 사건절차규칙이라 한다)'의 규정 취지는 공정위의 시정조치 또는 과징금 납부명령으로 말미암아 불측의 피해를 받을 수 있는 당사자로 하여금 공정위의 심의에 출석하여 심사관의 심사 결과에 대하여 방어권을 행사하는 것을 보장함으로써 심사절차의 적정을 기함과 아울러, 공정위로 하여금 적법한 심사절차를 거쳐 사실관계를 보다 구체적으로 파악하게 하여 신중하게 처분을 하게 하는 데 있다 할 것이므로 법 제49조(현행법 제80조) 제3항, 제52조(현행법 제93조) 제1항이 정하고 있는 절차적 요건을 갖추지 못한 공정거래위원회의 시정조치 또는 과징금 납부명령은 설령 실체법적 사유를 갖추고 있다고 하더라도 위법하다고 판단하고 있다(대법원 2001.5.8. 선고 2000두10212 판결).

이러한 절차적 정당성의 중요성은 입법체계에 반영되어 있다. 비록 미국처럼 헌법에 행정절차의 직접적인 근거규정을 두고 있지는 않지만, 헌법 제 12조의 '적법한 절차'라는 규정이 직접적으로는 형사사법권의 발동에 관한 조항이라 하더라도 그 취지는 행정절차에도 유추된다고 해석되고 있다. 헌법재판소도 이 적법절차원칙이 형사절차상의 영역에 한정되지 않고 입법, 행정 등 모든 국가작용 전반에 대하여 적용된다고 밝힌 바 있다(헌재 1992.12.24. 92헌가8 결정). 그리고 1970년대 이후 행정절차법 제정을 위한 노력의 결과 드디어 1996.12.31 행정절차법이 제정되어 1998.1.1.부터 시행되었다. 한편 행정절차법 제3조 제2항 제9호에서 행정절차에 준하는 절차를 거친 사항으로서 대통령령으로 정하는 사항은 적용을 제외하고 있으며, 시행령 제2조 제6호에서 공정거래법에 따라 공정위의 의결·결정을 거쳐 행하는 사항을 적용제외로 규정하고 있다. 이에 대해 대법원은 "그 취지는 공정거래법의 적용을 받는 당사자에게 행정절차법이 정한 것보다 더 약한 절차적 보장을 하려는 것이 아니라, 오히려 그 의결절차상 인정되는 절차적 보장의 정도가 일반 행정절차와 비교하여 더 강화되어 있기 때문"이라고 판시하고 있다(대법원 2018.12.27. 선고 2015두44028 판결).

Ⅱ. 공정거래법상 절차규정

공정거래위원회는 국무총리소속의 중앙행정기관의 하나이지만 공정거래법 제54조(공정거래위원회의 설치) 제1항에 따라 독립적인 사무의 수행을 보장받고 있으며, 그 판단에 있어서 정치적 중립성, 전문성, 공정성 등이 요구되는 행정분야에 있어서 준 입법적·사법적 기능을 함께 행사하는 합의제행정기관의 성격을 갖고 있다. 지난 1981년 창립되어 40여년의 법집행 경험을 쌓았고 그동안 실체법적, 절차법적 측면에서 인권위원회, 방송통신위원회, 금융위원회, 국민권익위원회 등 여러 위원회 기구의 모델이 되어 왔다. 한편 공정거래법상 부당내부거래행위 과징금 조항에 대한 법원의 위헌제청사건에서 헌법재판소는 적법절차원칙과 관련하여 가장 대표적인 독립규제위원회라 일컬어지는 미국의 연방거래위원회(FTC)와 비교할 때 미흡한 점이 있다고도 평가할 수 있지만 공정거래위원회는 합의제행정기관으로서 그 구성에 있어 일정한 정도의 독립성이 보장되어 있고, 처분 절차에서는 통지, 의견진술의 기회 부여 등을 통하여 당사자의 절차적 참여권을 인정하고 있으며, 행정소송을 통한 사법적 사후심사가 보장되어 있으므로 이러한 점들을 종합적으로 고려할 때 적법절차원칙에 위반된다고 볼 수 없다고 판단하였다(헌재 2003.7.24. 2001헌가25 결정). 그러나 2003년 당시 5:4의 의견으로 박빙으로 합헌결정이 내려졌던 것으로서 반대의견들은 사건처리 절차의 백지위임식 고시 위임, 고시에 의한 심사관제도와 사전심사절차의 창설, 증거조사와 변론의 불충분 등을 다같이 지적하였다.

공정거래위원회는 그동안 조사의 적법 절차 강화 및 피심인의 방어권 확대 등 절차적 정당성 제고를 위해 조사·심의 등 사건 처리 모든 단계에서의 관련 규정들을 법률로 상향하고 개선·보완하는 노력을 계속해 왔다. 특히 2018년 11월 법집행의 신뢰성 강화 등을 위한 공정거래법 전부개정안을 마련하여 국회에 제출하였으며, 2020년 4월 전부개정안 중 신고·조사, 심의·처분 등 절차법제 관련 내용을 담은 공정거래법 일부개정안이 국회를 통과하여 2020.5.19. 공포되어 1년이 경과한 2021.5.20. 시행되었다. 개정안에서는 현장조사시 조사공문 교부 의무화, 의견 제출·진술권 보장, 피심인등의 자료 열람 복사 요구권 확대, 처분시효 기준일의 명확화 등 조사·심의 전반을 포괄하였다. 2020년 12월 법집행체계 개선, 대기업 집단 시책 개선, 혁신성장 촉진 등을 위한 공정거래법 전부개정안이 통과되어 2021년 12월 시행되었는바, 개정안에 변호인 조력권의 명문화, 진술조서 작성의 의무화 등 피조사업체의 방어권을 강화해 주는 내용도 포함되었다.

현행 공정거래법을 보면 제8장(전담기구)에 제54조(공정거래위원회의 설치) 내지 제71조(조직에 관한 규정) 18개 조항, 제10장(조사 등의 절차)에 제80조(위반행위의 인지·신고 등) 내지 제101조(사건처리절차 등) 22개 조항에서 공정거래위원회의 운영, 위반행위의 신고, 조사 등에 대한 절차를 규정하고 있다. 그리고 법 제71조 제2항 및 법 제101조(사건처리절차 등)의 위임에 따라 고시로 1997년 12월 공정거래위원회의 회의 및 그 운영과 사건의 조사·심사, 심의·결정·의결 및 그 처리절차에 관한 세부사항 등을 담은 '공정거래위원회 회의 운영 및 사건절차 등에 관한 규칙(사건절차규칙)'을 고시로 제정하여 운영하고 있다. 그리고 법집행의 절차적 정당성 제고를 위해 추진한 사건처리절차 개혁방안(사건처리 3.0)을 통해 2016년 2월 '공정거래위원회 조사절차에 관한 규칙(조사절차규칙)'과 '공정거래위원회 사건기록 관리 규정'을 예규로 제정하였다. 2020년 12월에는 피심인의 방어권을 충실히 보장하는 동시에 자료 제출자의 영업비밀도 조화롭게 보호할 수 있도록 제한적 자료열람실 제도를 신설하고 열람·복사와 관련한 업무절차를 규정한 '자료의 열람·복사 업무지침'을 예규로 제정하여 시행하고 있다.

그리고 공정위는 2023년 2월 사건처리 절차·기준 정비를 위한 법집행 시스템 개선 방안을 발표한 바 있으며, 이에 따른 후속조치로 조사권의 내용과 한계 명확화, 현장조사 수집·제출자료에 대한 내외부 검토 절차 마련, 조사 및 심의과정에서 의견 개진 기회 확대를 주요내용으로 하는 조사절차규칙 및 사건절차규칙 개정안, 이의제기 업무지침 제정안을 마련하여 2023.4.14.부터 시행하였다.

Ⅲ. 자료열람 요구 조항(법 제95조) 관련 이슈

앞 Ⅱ.에서 설명한 것처럼 2021.5.20. 시행된 공정위 조사의 적법 절차 강화 및 피심인 방어권 확대를 위한 공정거래법 절차법제 개정 내용에 피심인 등의 자료열람 복사 요구권의 확대가 들어가 있었다. 당시 공정위는 종전 법은 당사자 또는 이해관계인에게 처분과 관련된 자료의 열람·복사 요구권을 부여하되 자료 제출자 동의, 공익상 필요 등 예외적인 경우에만 열람·복사를 허용하여 방어권 보장에 미흡한 측면이 있었고, 개정안은 영업비밀 자료,

자진신고 자료, 기타 법률에 따른 비공개자료를 제외하고 원칙적으로 자료 열람·복사를 허용하도록 해 사건 당사자의 방어권을 강화한 것으로 발표하였다(공정위 보도참고자료, 2020.4. 30., 공정위, 조사·심의 적법 절차 획기적으로 강화한다! 참조).

그러나 영업비밀 자료를 예로 들면 종전 법은 영업비밀 자료라고 하더라도 자료제출자의 동의가 있거나 공정위가 '공익상 필요'가 있다고 인정할 때에는 응해야 하나, 개정법 제95조(자료열람요구 등) 조항의 경우 영업비밀 자료를 제외하고 응하도록 되어 있어서 공정위는 영업비밀 자료는 처음부터 열람·복사 요구에 응해서는 안 된다는 엄격한 해석도 가능하다.[1] 그리고 이러한 해석이 가능할 경우 2020.12.3. 제정·시행된 '자료의 열람·복사 업무지침(공정위 예규)'은 법적 근거가 없는 내부지침으로서 효력이 없게 되며, 자료 제출자가 영업비밀 자료에 대한 공정위의 제한적 자료열람 허용에 반대할 수도 있다고 본다.

한편 이러한 자료열람 요구 조항의 문제점에 대한 인식에 의한 것인지는 분명하지 않지만 2020년 9월 동 조항에 대한 개정안이 의원입법안(윤관석의원 대표발의, 의안번호 제2103959)으로 발의되어 현재 국회 심의중에 있다. 제안이유 및 주요내용을 보면, 영업비밀 자료 등을 피심인에게 공개하는 기준 및 절차 등이 부재하여 법 시행의 어려움이 있으며 이에 따라 영업비밀 자료의 경우 자료제출자의 동의가 있는 경우에는 이에 따라야 하며, 또 자료제출자가 동의하지 않는 경우에도 당사자의 요구가 있는 경우에는 열람을 허용하되 열람의 주체, 장소, 시기 등을 제한할 수 있는, 즉 제한적 자료열람을 허용하는 근거를 마련하고 세부 사항은 공정위가 정하여 고시할 수 있도록 위임하는 것을 주요 개정내용으로 담고 있다.[2]

필자는 위 개정안이 2021년 5월부터 시행되고 있는 자료열람 요구 조항(법 제95조)의 일부 미비점을 보완하는 측면은 있지만 종전법 조문상 그리고 법원 판례에서도 공익상 필요, 즉 피심인의 방어권 보장을 위해서는 영업비밀이라도 열람·복사 가능하다는 입장임에 비추어 볼 때 입법안 및 '자료의 열람·복사 업무지침'에 대한 추가적인 검토가 필요하다고 본다.

IV. 절차적 정당성 관련 판결례 분석

공정거래법 집행에 있어서 절차적 정당성 관련한 기본적인 법리를 제시한 대법원 판결은 위 Ⅰ. 절차적 정당성의 중요성에서 인용하고 있는 대법원 2001.5.8. 선고 2000두10212 판결, 대법원 2018.12.27. 선고 2015두44028 판결 2개이다. 이들 판결과 다른 판결례 분석에서 같이 살펴보기로 한다.

---

1) 김형배, 공정거래법의 이론과 실제, 도서출판 삼일, 882면 참조.
2) 2020년 11월 국회 전문위원 검토보고에 공정위는 동 개정안에 찬성하는 입장으로 나타나있다.

1. 심사보고서 및 공정위 심의 과정에 없었던 혐의 행위를 의결에 포함시킨 경우 공정위 처분을 위법하다고 판단한 케이스

가. 4개 석도강판업체의 부당한 공동행위 건(1998.11.25. 공정위 의결)

(1) 서울고등법원 2000.11.16. 선고 99누6226 판결

피고(공정위)가 1998. 4.경부터 철강산업에 대한 실태조사를 실시한 결과 원고 등 4개사가 석도강판의 가격, 운임비, 시장점유율 등을 공동으로 정하여 공정거래법에 위반될 수 있다고 판단하여, 1998.10.20. 그 심사보고서를 원고 등 4개사에 통보하고 같은 달 29. 까지 그에 대한 의견을 제출할 것을 요청하였는데, 그 심사보고서에서 관련 3개사에 대하여는 석도강 판의 가격, 운임비, 시장점유율 등을 공동으로 정하여 위 법률을 위반하였다고 적시하였으 나, 원고에 대하여는 석도강판의 가격에 관하여는 부당한 공동행위가 없었다는 전제 아래 그 운임비 및 시장점유율에 관하여만 위 법률 위반으로 의율하여 통보하였고, 이에 따라 원 고가 1998.10.29. 피고에게 제출한 의견서에서도 운임비와 시장점유율에 관하여만 원고의 입장을 표명하였을 뿐, 판매가격에 관하여는 아무런 의견을 표명하지 아니하였다.

원고는, 원고가 관련 3개사와 석도강판 판매가격의 합의를 한 바도 없고 그 합의를 추정 할 자료도 부족하며, 아니라 해도 피고가 처분의 사전통지 의무 및 의견진술권 보장의무를 위반하였으므로, 판매가격 합의를 이유로 한 피고의 '시정명령등' 처분은 위법하다고 주장하 였다.

이에 대하여 서울고등법원은 2000.11.16. 선고 99누6226 판결에서 "우선 처분의 사전통 지 의무 및 의견진술권 보장의무의 점에 관하여 살피건대, 공정거래법에서 공정위가 법규정 에 위반한 사실을 조사한 후 당사자에게 시정조치 또는 과징금 납부명령을 하는 경우에는 미리 조사한 결과를 당사자에게 서면으로 통지하고 시정조치나 과징금 납부명령을 하기 전 에 의견을 진술하거나 자료를 제출할 기회를 주어야 한다고 규정하고 있는 취지는, 그러한 처분으로 말미암아 불이익을 받게 될 당사자에게 변명과 유리한 자료를 제출할 기회를 부여 함으로써 처분에 신중을 기하고 그 적정성을 확보하여 부당한 권리침해를 예방하려는 데에 있으므로, 피고가 위와 같은 처분을 하려면 반드시 사전에 상대방에게 조사한 결과를 서면 으로 통지하고, 시정조치등을 하고자 하는 경우에는 그 처분의 내용을 통지하고 의견진술의 기회를 주어야 하며, 설사 당해 처분의 실체법적 사유가 분명히 존재하는 경우라 하더라도 당사자가 의견진술의 기회를 포기한 경우가 아닌 한 그와 같은 통지나 의견제출 기회를 전 혀 거치지 아니하고 한 처분은 위법하여 취소를 면할 수 없다고 할 것이다(대법원 1991.7.9.

선고 91누971 판결 등 참조). 이 사건에서 보건대, 피고가 1998.10.20. 원고에게 통보하여 의
견제출을 요청한 당초의 심사보고서에는 석도강판의 가격에 관한 원고의 부당한 공동행위는
적시되지 아니하였고, 이에 따라 원고가 1998.10.29. 피고에게 제출한 의견서에서도 운임비
와 시장점유율에 관하여만 원고의 입장을 표명하였을 뿐, 판매가격에 관하여는 아무런 의견
을 표명하지 아니하였는데, 피고의 1998.11.25. 전원회의 의결에서 비로소 원고의 석도강판
판매가격 담합을 인정하여 이 부분에 대하여도 별지 기재와 같은 '시정명령등' 처분을 하기
에 이르렀는바, 그렇다면 위 처분은 사전통지나 의견제출 기회를 전혀 거치지 아니하고 한
위법한 것으로서, 원고의 다른 주장에 관하여 나아가 살필 필요없이 취소를 면할 수 없다고
할 것이다."라고 판결하였다.

(2) 대법원 2001.5.8. 선고 2000두10212 판결

대법원은 "법 제49조(현행 제80조) 제3항은 공정위로 하여금 법 위반사실에 대한 조사결과
를 서면으로 당해 사건의 당사자에게 통지하도록 규정하고, 법 제52조(현행 제93조) 제1항에
의하면 공정위가 법 위반사항에 대하여 시정조치 또는 과징금납부명령을 하기 전에 당사자
에게 의견을 진술할 기회를 주어야 하고, 같은 조 제2항은 당사자는 공정거래위원회 회의에
출석하여 그 의견을 진술하거나 필요한 자료를 제출할 수 있다고 규정하고 있는 한편, 법 제
55조의2(현행 제101조)의 위임에 따라 공정위가 법 위반사건의 처리절차를 정하여 고시한
'공정거래위원회의회의운영및사건절차등에관한규칙'(1998.10.1. 공정거래위원회 고시 제1998 -
10호)은 위 각 규정을 반영하여, 위반사항의 조사 및 심사를 담당하는 심사관은 피조사인에
게 심사보고서상의 행위사실 및 심사관의 조치의견을 수락하는지 여부에 대하여 문서로 의
견을 구하여야 하고(제28조 제1항), 사건이 회의에 상정되면, 피심인에게 심사보고서(조치의견
은 제외)를 송부하면서 상당한 기간을 정하여 이에 대한 의견을 문서로 제출할 것을 통지하
여야 하고(제29조 제6항), 심사보고서에 위반사실 등과 함께 피심인이 심사관의 조치의견을
수락하는지 여부를 기재하여 이를 회의에 제출하여야 하며(제26조, 제29조 제1항), 회의의 의
장은 피심인의 의견서가 제출된 것을 원칙으로 하여 사건을 심의에 부의하고(제31조), 회의
개최 5일 전까지 피심인에게 서면으로 회의개최를 통지하여야 하며(제33조 제1항), 피심인은
회의에 출석하여 심사관의 심사보고서에 의한 심사결과 진술에 대하여 자신의 의견을 진술
할 수 있고(제38조), 심의절차에서 질문권(제39조 제2항), 증거신청권(제41조 제1항)을 행사할
수 있으며, 의장은 심의를 종결하기 전에 피심인에게 최후진술권을 주어야 하는바(제43조 제
2항), 이들 규정의 취지는 공정위의 시정조치 또는 과징금납부명령으로 말미암아 불측의 피
해를 받을 수 있는 당사자로 하여금 공정위의 심의에 출석하여 심사관의 심사결과에 대하여

방어권을 행사하는 것을 보장함으로써 심사절차의 적정을 기함과 아울러, 공정위로 하여금 적법한 심사절차를 거쳐 사실관계를 보다 구체적으로 파악하게 하여 신중하게 처분을 하게 하는 데 있다 할 것이므로, 법 제49조 제3항, 제52조 제1항이 정하고 있는 절차적 요건을 갖추지 못한 공정거래위원회의 시정조치 또는 과징금납부명령은 설령 실체법적 사유를 갖추고 있다고 하더라도 위법하여 취소를 면할 수 없다고 보아야 한다. 원심판결 이유 및 기록에 의하면 원심은, 피고가 1998년 4월경 원고 등 위 사업자들의 법 위반 여부에 대한 실태조사에 들어가, 1998.10.22.경 원고의 위반사실을 인지하고 사건을 피고 전원회의에 상정하기에 앞서 원고에게 심사보고서를 송부하면서 그에 대한 의견제출을 요구하였는데, 그 심사보고서에는 원고의 위반사실로 '운송비 합의'와 '시장점유율 합의'만이 적시되어 있었을 뿐이었고, '1998년 4월 이후 석도강판의 판매가격을 동일하게 정하기로 합의하였다(이하 이러한 합의를 '판매가격 합의'라 한다)'는 위반사실은 원고를 제외한 나머지 3개 사업자들의 위반사실로만 적시되어 있었던 사실, 그리하여 원고는 '판매가격 합의'에 대하여는 아무런 의견을 제출하지 아니하고 '운송비 합의'와 '시장점유율 합의'에 대하여만 그 사실을 부인하거나 선처를 바라는 내용의 의견을 피고에게 제출하였던 사실, 당초 피고의 심사관은 원고의 '판매가격 합의'를 인정할 뚜렷한 증거가 없어 위와 같은 내용으로 심사보고서를 작성하였던 것이고, 그리하여 피고 전원회의에서도 원고의 '판매가격 합의'는 그 심의대상에서 제외되었던 것인데, 1998.11.25. 피고 전원회의 의결과정에서 상임위원 1인이 여러 정황에 의하여 원고의 '판매가격 합의'를 추정할 수 있다면서 심사보고서에 이의를 제기하자, 피고 전원회의는 종결된 심의를 재개함이 없이 원고의 위반사실에 '판매가격 합의'를 추가하여 이 부분에 대하여도 시정조치 및 과징금납부명령을 하기로 의결한 사실을 인정한 다음, 피고의 이 사건 '판매가격 합의' 부분에 대한 시정조치 및 과징금납부명령은 피고가 그 부분에 대하여 조사결과를 서면으로 원고에게 통지한 바도 없고, 사전에 의견진술의 기회를 부여한 바도 없으므로 위법하여 취소를 면할 수 없다고 판단하였는바, 이는 앞서 본 법리에 따른 것으로서 정당하고, 거기에 법 제49조 제3항 및 제52조 제1항의 법리를 오해한 잘못이 있다고 할 수 없다. 행정절차법 제3조 제2항, 같은법 시행령 제2조 제6호에 의하면 공정위의 의결·결정을 거쳐 행하는 사항에는 행정절차법의 적용이 제외되게 되어 있으므로, 설사 피고의 '판매가격 합의' 부분에 대한 시정조치 및 과징금납부명령에 행정절차법 소정의 의견청취절차 생략사유가 존재한다고 하더라도, 공정위는 행정절차법을 적용하여 의견청취절차를 생략할 수는 없다고 할 것이며, 그리고 원고가 위 시정조치 및 과징금납부명령에 불복하여 피고에게 이의신청을 하면서 뒤늦게나마 '판매가격 합의' 부분에 대한 의견을 제출하였다고 하더라도, 이

로써 그 처분 전에 발생한 절차상 하자가 치유된다고 볼 수도 없다."고 피고(공정위)의 상고
를 기각하였다.

나. 관수레미콘 구매입찰 관련 충북지역 3개 레미콘협동조합의 부당한 공동행위 건
(2017.10.17. 공정위 의결)

서울고등법원 2018.12.27. 선고 2018누40531 판결에서, 원고들은 "피고는 원고들이 이
사건 입찰과 관련하여 투찰수량 및 투찰가격을 합의하였다는 이유로 이 사건 처분을 하였으
나, 원고들은 이 사건 처분에 대한 심사과정에서 투찰가격 담합에 관하여 진술할 기회를 갖
지 못하였고, 심사보고서에도 투찰가격 합의에 관한 내용은 기재되어 있지 않았다. 원고들의
이 사건 입찰에 관한 투찰가격 합의에 대한 피고의 조사 및 심의, 원고들의 의견제출이 전혀
이루어진 바 없음에도 피고는 서면의견진술절차 및 구두의견진술절차에서 전혀 논의되지 않
고 심의대상에 포함된 적 없던 투찰가격 합의에 관한 내용을 포함한 이 사건 의결서에 기하
여 이 사건 처분을 하였는바, 이 사건 처분에는 공정거래법 제52조 제1항에 의해 보장된 원
고들의 방어권을 침해한 절차상 중대한 위법이 있다."고 주장하였다.

이에 대하여 서울고등법원은 처분의 절차적 적법성 관련 법리로서, "공정거래법 제49조
제3항은 피고로 하여금 법 위반사실에 대한 조사결과를 서면으로 당해 사건의 당사자에게
통지하도록 규정하고, 같은 법 제52조 제1항에 의하면 피고가 법 위반사항에 대하여 시정조
치 또는 과징금납부명령을 하기 전에 당사자에게 의견을 진술할 기회를 주어야 하고, 같은
조 제2항은 당사자는 피고 회의에 출석하여 그 의견을 진술하거나 필요한 자료를 제출할 수
있다고 규정하고 있는 한편, 법 제55조의2의 위임에 따라 피고가 법 위반사건의 처리절차를
정하여 고시한 '공정거래위원회의 회의운영 및 사건절차 등에 관한 규칙'은 위 각 규정을 반
영하여, 위반사항의 조사 및 심사를 담당하는 심사관은 피조사인에게 심사보고서상의 행위
사실 및 심사관의 조치의견을 수락하는지 여부에 대하여 문서로 의견을 구하여야 하고(제28
조 제1항), 사건이 회의에 상정되면, 피심인에게 심사보고서(조치의견은 제외)를 송부하면서
상당한 기간을 정하여 이에 대한 의견을 문서로 제출할 것을 통지하여야 하고(제28조 제1항),
심사보고서에 위반사실 등과 함께 피심인이 심사관의 조치의견을 수락하는지 여부를 기재하
여 이를 회의에 제출하여야 하며(제26조, 제29조 제1항), 회의의 의장은 피심인의 의견서가 제
출된 것을 원칙으로 하여 사건을 심의에 부의하고(제31조), 회의 개최 5일 전까지 피심인에
게 서면으로 회의개최를 통지하여야 하며(제33조 제1항), 피심인은 회의에 출석하여 심사관
의 심사보고서에 의한 심사결과 진술에 대하여 자신의 의견을 진술할 수 있고(제38조), 심의

절차에서 질문권(제39조 제2항), 증거신청권(제41조 제1항)을 행사할 수 있으며, 의장은 심의를 종결하기 전에 피심인에게 최후진술권을 주어야 하는바(제43조 제2항), 이들 규정의 취지는 공정거래위원회의 시정조치 또는과징금납부명령으로 말미암아 불측의 피해를 받을 수 있는 당사자로 하여금 공정위 심의에 출석하여 심사관의 심사결과에 대하여 방어권을 행사하는 것을 보장함으로써 심사절차의 적정을 기함과 아울러, 공정위로 하여금 적법한 심사절차를 거쳐 사실관계를 보다 구체적으로 파악하게 하여 신중하게 처분을 하게 하는 데 있다 할 것이므로, 법 제49조 제3항, 제52조 제1항이 정하고 있는 절차적 요건을 갖추지 못한 공정위의 시정조치 또는 과징금납부명령은 설령 실체법적 사유를 갖추고 있다고 하더라도 위법하여 취소를 면할 수 없다고 보아야 한다(대법원 2001.5.8. 선고 2000두10212 판결 등 참조)."는 일관된 법리를 제시한 다음에, "위 인정사실 및 앞서 든 증거 및 변론 전체의 취지를 종합하여 인정되는 아래와 같은 사정들을 위 관련 법리에 비추어 보면, 이 사건 처분에는 공정거래법 제52조 제1항을 위반하여 원고들의 의견 진술권 및 방어권을 침해한 절차적 위법이 있다. 따라서 원고들의 이 부분 주장은 이유 있다. 가) 이 사건 공동행위에 관한 최초 신고는 원고들이 이 사건 입찰과 관련하여 투찰가격을 합의하였다는 것이었으나 심사보고서에 기재된 원고의 위반사실은 '투찰물량 합의' 뿐이었고, 피고는 심사보고서 작성 단계에서 투찰가격과 관련한 공동행위의 증거를 확보하지 못해 이를 심의대상에서 제외하기로 한 것으로 보인다. 나) 심사보고서 작성 후 피고 전원회의 개최 전까지 원고들이 주장한 내용은 ① 투찰수량에 관한 합의를 했는지 여부, ② 이 사건 공동행위의 경쟁제한성 존부, ③ 이 사건 과징금납부명령의 관련매출액 산정의 위법에 관한 것일 뿐 투찰가격 합의 여부에 관한 주장은 하지 않았고, 이는 피고가 심사보고서 작성 단계에서 투찰가격 합의를 심의대상에서 제외하였기 때문이었던 것으로 보인다. 다) 2017.8.30. 개최된 전원회의 당시 피고의 위원 1명이 여러 정황에 의하여 원고들의 투찰가격 합의를 추정할 수 있다면서 투찰가격 합의가 심의대상에서 제외된 심사보고서에 이의를 제기한 사실이 인정되기는 하나 그러한 사실만으로 피고가 위와 같이 이미 제외된 투찰가격 합의를 다시 심의대상에 포함하기로 하였다고 볼 수는 없고, 오히려 피고 심사관은 위 이의에 대하여 투찰가격 합의에 관한 물증을 발견할 수 없었다는 취지로 답변하였는바, 피고 전원회의에서도 투찰가격 합의를 심사대상에서 제외한 것을 재차 확인한 것으로 보인다. 이에 따라 원고들은 2017.8.30. 전원회의 종료 후 이 사건 처분이 이루어진 2017.10.17.까지 이 사건 공동행위를 사업자단체 금지행위로 보아야 한다는 주장, 관련매출액을 영업수익으로 산정해야 한다는 주장을 하였을 뿐 투찰가격 합의에 관하여는 아무런 의견을 표명하지 아니한 것으로 보인다. 라) 위 관련 법리에 따르면, 피고가 당사자에게 서면으로 통지하고 당사자에게 의견진술의 기회를 부여하여야 할 대상은, 행위사실의 인정 여부(사실행위 자체 및 그 사실행위가 공정거래법 특정 조항 위반을 인정하는지 여부가 이에 해당한다 할 것이다) 및 심사관의 조치의견 수락 여부라고 할 것이다. 그런데 앞서 살핀 바와 같이 피고 전원회의는 투찰가격 합의를 심의대상에서 제외하였음에도, 종결된 심의를 재개함이 없이 심사보고서 송부 및 이에 대한 의견진술의 단계에서와 다른 사유인 투찰가격 합의를 원고들의 위반사실에 추가하여 이 부분에 대하여도 시정명령, 통지명령 및 과징금납부명령을 하기로 의결하였는바 피고가 그와 같은 의결에 앞서 투찰가격 합의 부분에 대하여 조사결과를 원고들에게 서면으로 통지하거나 사전에 의견진술의 기회를 부여한 바도 없다. 마) 피고는, 원고 B조합 Y 차장의 진술서(갑 제7호증), 원고 A조합 T 이사의 진술서(갑 제8호증), 원고 C 조합 U 이사의 진술서(을 제3 호증, 갑 제9호증), 심사보고서(갑 제3호증), 심의속기록(을 제4호증) 등을 근거로 원고들이 피고의 조사·심의과정 및 의결 과정에서 투찰가격 합의에 관한 의견을 진술하였으므로 원고들의 의견진술권 및 방어권이 충분히 보장되었다고 주장한다. 그러나 원고들 직원들의 위 진술서들은 심사보고서 작성 전 피고 조사 과정에서 작성된 것으로, 그 내용을 보더라도 F권역의 투찰수량 합의 여부를 진술하는 과정에서 부수적으로 이루어진 것에 불과하고 직접적으로 투찰가격 합의에 관한 조사나 진술이 이루어진 것으로 보기 어려워 투찰가격에 대한 합의사실을 인정하기에 부족하다. 또한 앞서 살핀 바와 같이 피고는 심사보고서 작성 단계에서 위 진술서들까지 모두 반영하여 투찰가격 합의를 심의대상에서 제외한 것으로 보인다. 심사보고서에는 투찰가격 합의에 관한 신고내용과 F권역의 투찰률이 다른 지역에 비해 낮은 88% 대였다는 내용이 정리되어 있기는 하나, 피고는 같은 심사보고서 내에서 부당한 공동행위로 투찰수량 합의만을 기재하였고, F권역의 투찰률은 사후적인 투찰 결과를 정리한 것이어서, 원고들이 투찰가격 합의에 관한 의견을 진술하였다는 사실을 인정하기에 부족하고, 심의속기록의 기재 역시 내용상 피고가 투찰가격 합의를 심사대상에서 제외한 것을 확인한 것에 불과하다(가사 피고의 주장과 같이 피고가 전원회의에서 투찰가격 합의 여부에 관하여 질의하고 원고들이 이에 관한 진술을 한 것이라 하더라도, 위 관련 법리에 의하면 심사보고서 단계에서 심의대상에서 제외된 투찰가격 합의에 관한 원고들의 의견진술권 및 방어권을 보장하기 위해서는 피고는 종결된 심의를 재개하거나 원고들에게 투찰가격 합의사실이 적시된 심사보고서를 송부하는 등 서면으로 통지하고 투찰가격 합의에 관한 의견진술의 기회를 부여하였어야 함에도 이러한 절차를 거치지 아니한 채 원고들에게 이 사건 처분을 한 것은 위법하다는 판단은 달라지지 아니한다). 피고는 2017.10.17. 전원회의 의결에서야 비로소 F권역 입찰에서의 투찰가격 합의를 인정하여 이 부분에 대하여도 별지 1 기재와 같은 이 사건 처분을 하기에 이르렀는바, 이에 대하여 사전통지나 의견제출 기회를 거치지 아니한 절차적 위법이 존재하므로 이 사건 처분 중 이 부분은 취소를 면할 수 없다고 할 것이다."라고 판결하였으며 이는 그대로 확정되었다.

2. 심의·의결 단계에서의 절차적 권리가 조사 개시·진행 중인 경우보다 더 보장되어야 한다는 법리를 제시한 케이스(대법원 2018.12.27. 선고 2015두 44028 판결)

(1) 행정절차법은, 당사자가 청문의 통지가 있는 날부터 청문이 끝날 때까지 행정청에 해당 사안의 조사결과에 관한 문서와 그 밖에 해당 처분과 관련되는 문서의 열람 또는 복사를 '요청'할 수 있고, 행정청은 다른 법령에 따라 공개가 제한되는 경우를 제외하고는 그 요청을 거부할 수 없도록 규정하고 있다(제37조 제1항). 그런데 행정절차법 제3조, 행정절차법 시행령 제2조 제6호는 공정거래법에 대하여 행정절차법의 적용이 배제되도록 규정하고 있다. 그 취지는 공정거래법의 적용을 받는 당사자에게 행정절차법이 정한 것보다 더 약한 절차적 보장을 하려는 것이 아니라, 오히려 그 의결절차상 인정되는 절차적 보장의 정도가 일반 행정절차와 비교하여 더 강화되어 있기 때문이다. 공정거래위원회에 강학상 '준사법기관'으로서의 성격이 부여되어 있다는 전제하에 공정거래위원회의 의결을 다투는 소를 서울고등법원의 전속관할로 정하고 있는 취지 역시 같은 전제로 볼 수 있다. 공정거래법 제52조의2(현행 제95조)가 당사자에게 단순한 열람·복사 '요청권'이 아닌 열람·복사 '요구권'을 부여한 취지역시 이와 마찬가지이다.

이처럼 공정거래법 규정에 의한 처분의 상대방에게 부여된 절차적 권리의 범위와 한계를 확정하려면 행정절차법이 당사자에게 부여한 절차적 권리의 범위와 한계 수준을 고려하여야 한다. 나아가 '당사자'에게 보장된 절차적 권리는 단순한 '이해관계인'이 보유하는 절차적 권리와 같을 수는 없다. 또한 단순히 조사가 개시되거나 진행 중인 경우에 당사자인 피심인의 절차적 권리와 비교하여, 공정거래위원회 전원회의나 소회의 등이 열리기를 전후하여 최종 의결에 이르기까지 피심인이 가지는 절차적 권리는 한층 더 보장되어야 한다. 따라서 공정거래위원회의 심의절차에서 특별한 사정이 없는 한 피심인에게 원칙적으로 관련 자료를 열람·등사하여 주어 실질적으로 그 방어권이 보장되도록 하여야 한다.

(2) 이러한 전제에서 공정거래법 제52조의2의 규정 취지를 헌법상 적법절차 원칙을 고려하여 체계적으로 살펴보면, 당사자인 피심인은 공정거래위원회에 대하여 공정거래법 규정에

의한 처분과 관련된 자료의 열람 또는 복사를 요구할 수 있고, 적어도 공정거래위원회의 심리·의결 과정에서는 다른 법령에 따라 공개가 제한되는 경우 등 특별한 사정이 없는 한 공정거래위원회가 피심인의 이러한 요구를 거부할 수 없음이 원칙이라고 새기는 것이 타당하다. 공정거래법 제55조의2(현행 제101조)는 이러한 전제에서 공정거래법 규정 위반사건의 처리절차 등에 관하여 필요한 사항을 공정거래위원회가 정하여 고시하도록 규정한 것으로 볼 수 있고, 이에 따라 그 내용 역시 이러한 한계 범위 내에서 설정되어야 한다.

(3) 그러므로 피심인이 심의·의결절차에서의 방어권을 행사하기 위하여 필요한 심사보고서의 첨부자료 열람·복사를 신청하였으나, 공정거래위원회가 절차규칙 제29조 제12항에서 정한 거부 사유에 해당하지 않음에도 이에 응하지 아니하였다면, 공정거래위원회의 심의·의결의 절차적 정당성이 상실되므로, 공정거래위원회의 처분은 그 절차적 하자로 인하여 원칙적으로 취소되어야 한다. 다만 그 절차상 하자로 인하여 피심인의 방어권 행사에 실질적으로 지장이 초래되었다고 볼 수 없는 예외적인 경우에는, 공정거래위원회가 첨부자료의 제공 또는 열람·복사를 거절하였다고 하더라도 그로 인하여 공정거래위원회의 심의·의결에 절차적 정당성이 상실되었다고 볼 수 없으므로 그 처분을 취소할 것은 아니다. 나아가 첨부자료의 제공 또는 열람·등사가 거절되는 등으로 인하여 피심인의 방어권이 실질적으로 침해되었는지 여부는 공정거래위원회가 송부 내지 열람·복사를 거부한 자료의 내용, 범위, 정도, 그 자료의 내용과 처분요건 등과의 관련 정도, 거부의 경위와 거부 사유의 타당성, 심사보고서에 기재된 내용, 피심인이 심의·의결절차에서 의견을 진술하고 변명하는 등 방어의 기회를 충분히 가졌는지 여부 등을 종합하여 판단하여야 한다.

3. 영업비밀 등 비공개 자료도 일정한 경우에는 열람·복사가 가능하다는 취지의 판결

위 대법원 2018.12.27. 선고 2015두44028 판결은 "이러한 절차규칙 규정들을 앞서 본 공정거래법상 당사자에게 부여된 열람·복사 요구권의 내용과 한계에 비추어 살펴보면, 요구된 대상이 영업비밀, 사생활의 비밀 등 기타 법령 규정이 정한 비공개 자료에 해당하거나 자진신고와 관련된 자료로서 자진신고자 등의 신상 등 사적인 정보가 드러나는 부분 등에 관하여는, 첨부자료의 열람·복사 요구를 거부할 수도 있다. 다만 이 경우에도 일률적으로 거부할 수는 없고 첨부자료의 열람·복사를 거부함으로써 보호되는 이익과 그로 인하여 침해되는 피심인의 방어권의 내용과 정도를 비교·형량하여 신중하게 판단하여야 한다."고 하고 있다.

또 서울고등법원은 2019.5.16. 선고 2019누30500 판결((주)팜스코 외 10의 열람복사 거부처분 취소청구 건)에서 위 대법원 판결을 참조판례로 하여 동 법리를 그대로 인용한 다음에 "앞서 관련 법령과 법리 및 공정거래법 52조의2의 문언("당사자 또는 이해관계인은 공정거래위원회에 대하여 이 법의 규정에 의한 처분과 관련된 자료의 열람 또는 복사를 요구할 수 있다. 이 경우 공정거래위원회는 자료를 제출한 자의 동의가 있거나 공익상 필요하다고 인정할 때에는 이에 응하여야 한다.")을 종합하면, 이 사건 심사보고서상 피심인인 원고들은 원칙적으로 피고(공정위)에 대하여 심사보고서에 첨부된 자료인 이 사건 비공개 자료에 대하여 열람 또는 복사를 요구할 수 있고, 다만 피고는 자료를 제출한 자의 동의가 없고 공익상 필요가 없는 경우 이를 거절할 수 있다. 원칙적으로 자료열람요구권이 부여된 원고들이 자료제출자의 동의 또는 공익상 필요를 증명하면 피고는 특별한 사정이 없는 한 응하여야 하므로, 피고가 이를 거부하려면 공정거래법 제52조의2 후문의 논리적 구조에 따라 자료제출자의 부동의와 공익상 필요가 없음을 증명하여야 한다. 이러한 해석은 증거접근 및 제출 가능성의 측면에서 살펴보더라도, 열람·복사의 대상 자료의 존재나 제출자 등에 관하여 아무런 정보가 없는 원고들에게 자료제출자 동의 요건의 증명을 요구할 수 없고, 오히려 대상 자료를 이미 보유하고 있는 피고에게 그 부동의를 증명하도록 하는 것이 합리적이고 공평하다. 공익상 필요 요건의 경우, 피고는 대상 자료가 영업비밀, 사생활 비밀, 자진신고 관련 자료 등의 이유로 열람·복사를 거부함으로써 보호되는 법령상 이익이 열람·복사로 인한 원고들의 방어권 보호 필요성보다 크다는 사실을 증명함으로써 거절할 수 있다. 이때 원고들은 그 반대의 사실을 주장하고 증명할 것인데, 법원은 열람·복사를 거부함으로써 보호되는 이익과 그로 인하여 침해되는 원고들의 방어권의 내용과 정도를 비교·형량하여 판단한다."고 하면서 그 법리를 보다 구체적으로 제시하였다.

4. 제한적인 의견제출기간, 첨부자료, 열람복사의 경우에 처분의 정당성을 인정한 케이스

가. 공촌하수처리시설 증설 및 고도처리시설공사 입찰 참여 2개사업자의 부당한 공동행위 건(2014.3.28. 공정위 의결)

서울고등법원 2015.3.19. 선고 2014누48773 판결에서, 원고는 "피고(공정위)는 2014.1.28. 원고에게 심사보고서를 송부하면서 3주가 아닌 단 2주, 즉 2014.2.11.까지의 의견제출 기간만을 부여하여 '공정거래위원회 회의운영 및 사건절차 등에 관한 규칙' 제29조 제10항을 위반하였다. 또한 피고가 원고에게 송부한 심사보고서에는 첨부자료 목록 중 소갑 제3호증의 1 내지 6, 10, 11의 첨부자료가 누락되어 있었고 이는 이 사건 각 공동행위와 관련한 매우 중요한 증거들이었는바, 이에 원고는 심사보고서를 수령한 직후인 2014.2.3. 피고에게 위 자료들에 대한 열람복사를 신청함과 함께 피고에게 심사보고서에 대한 의견서 제출기한을 연장하여 줄 것을 요청하였으나, 피고는 2014.2.10. 위 연장신청을 불허하고 2014.2.11.이 되어서야 원고가 열람복사를 신청한 자료들을 제공하였다. 피고는 2014.2.26. 개최된 이 사건 전원회의 심의일로부터 불과 1주일 전인 2014.2.20. 원고에게 광주전남 건 공사 관련 추가 증거라며 소갑 제5호증의 1 내지 6을 송부하면서 공문상 '추가자료'임을 명시하였으나, 피고가 심사보고서의 기존 첨부 자료 번호에 연이어 위 자료들에 대한 번호를 특정하였음에 비추어 볼 때 위 자료들은 피고가 원고에게 제공한 심사보고서의 첨부자료임이 분명한바, 결국 피고는 위 자료들을 의견서 제출기한이 훨씬 지나 원고에게 제공하면서 원고가 위 자료들에 대한 추가 의견을 제출할 수 있는 기간을 전혀 부여하지 아니하였다. 피고는 전원회의 개최일 전날인 2014.2.25. 늦은 오후에 '추가자료'임을 명시하면서 코오롱글로벌 소속 A의 진술서를 원고에게 송부하였고, 이에 대하여 원고가 추가 의견서를 통하여 방어권을 행사할 수 있는 기회도 부여하지 아니하였다. 따라서 피고는 적법절차 원칙을 위반하고 원고의 방어권을 침해하였으므로 이 사건 각 처분은 위법하다."고 주장하였다.

이에 대하여 서울고등법원은 "공정거래법 제49조 제3항은 피고로 하여금 '공정거래법 위반사실에 대한 조사 결과를 서면으로 당해 사건의 당사자에게 통지'하도록 규정하고 있고, 공정거래법 제52조 제1, 2항에 의하면 '피고가 공정거래법 위반사항에 대하여 시정조치 또는 과징금납부명령을 하기 전에 당사자에게 의견을 진술할 기회를 주어야 하며, 당사자는 피고의 회의에 출석하여 그 의견을 진술하거나 필요한 자료를 제출할 수 있다.'고 규정하고 있다. 한편, 공정거래법 제55조의2의 위임에 따라 피고가 공정거래법 위반사건의 처리절차를 정하여 고시한 '피고 회의운영 및 사건절차 등에 관한 규칙'(2012.11.28. 피고 고시 제2012-71호, 이하 '절차규칙'이라 한다)은 위 각 규정의 취지 등을 반영하여, '공정거래법 위반사항의 조사 및 심사를 담당하는 심사관은 조사를 마친 후 사실의 인정, 위법성 판단 및 법령의 적용 등을 기재한 심사보고서를 작성하여 전원회의 또는 소회의에 제출함과 동시에 피심인에게 심사보고서, 첨부자료 목록, 첨부자료(이하 '첨부자료 등'이라 한다)를 송부하여 그에 대한 의견을 문서로 제출할 것을 통지하여야 하고, 각 회의의 의장은 원칙적으로 피심인의 의견서가 제출된 날부터 30일 이내에 사건을 심의에 부의하며, 심의 개최 5일 전까지 피심인에게 서면으로 심의개최 일시, 장소 등을 통지하여야 하고, 피심인은 심의에 출석하여 심사관의 심사보고서에 의한 심사결과 진술에 대하여 자신의 의견을 진술할 수 있으며, 심의절차에서 질문권, 증거신청권을 행사할 수 있고, 의장은 심의를 종결하기 전에 피심인에게 최후진술권을 주어야 한다.'고 규정하고 있다(절차규칙 제29조 제1항, 제10항, 제31조, 제33조 제1항, 제38조, 제39조 제2항, 제41조 제1항, 제43조 제2항 등 참조). 위 각 규정의 취지는 피고의 시정조치 또는 과징금납부명령으로 말미암아 불측의 피해를 받을 수 있는 당사자로 하여금 피고의 심의에 출석하여 심사관의 심사결과에 대하여 방어권을 행사하는 것을 보장함으로써 심사절차의 적정을 기함과 아울러 피고로 하여금 적법한 심사절차를 거쳐 사실관계를 보다 구체적으로 파악하게 하여 신중하게 처분을 하게 하는 데 있으므로, 공정거래법 제49조 제3항, 제52조 제1항이 정하고 있는 절차적 요건을 갖추지 못한 피고의 시정조치 또는 과징금 납부명령은 설령 실체법적 사유를 갖추고 있다고 하더라도 위법하여 취소를 면할 수 없다(대법원 2001.5.8. 선고 2000두10212 판결 등 참조). 앞서 거시한 증거 및 위 인정 사실 등에 의하여 인정되는 다음 사정을 위 법리에 비추어 보면, 이 사건 각 처분에 공정거래법 제49조 제3항, 제52조 제1항 등에서 정한 원고의 의견진술권과 방어권을 본질적으로 침해한 절차적 위법이 있다고 할 수 없다. 따라서 이에 관한 원고의 주장은 이유 없다.

(1) 절차규칙 제29조 제10항 본문은 '전원회의 의결 사건의 경우 원칙적으로 피고 심사관은 피심인에게 첨부자료 등을 송부하고 이에 대하여 3주의 의견제출 기한을 통지'하도록 규정하고 있다. 그러나 같은 항 단서는 '긴급히 심의에 부의하여야 하는 경우, 피심인의 모기업이 외국에 소재하거나 사건의 내용이 복잡하여 의견제출에 3주 이상의 시간이 소요된다고 인정되는 경우 및 기타 이에 준하는 사유가 있을 경우에는 피심인 의견서 제출기간을 달리 정할 수 있다.'고 규정하고 있는바, 공촌 건 공사 합의와 관련한 처분시효 만료일은 2014.4.9.로 심사보고서 송부 당시 처분시효까지 약 2개월 남짓의 시간밖에 남지 않은 상태여서 피고로서는 위 사건을 긴급히 심의에 부의하여야 할 필요성이 있었다고 보인다. 이에 비추어 볼 때 피고가 원고에게 심사보고서를 송부하면서 2주의 의견제출 기간만을 부여하였다고 하여 절차규칙 제29조 제10항을 위반하였다고 볼 수는 없다.

(2) 앞서 본 바에 의하면, 피고가 원고에게 심사보고서를 송부하면서 첨부자료 목록에 기재된 첨부자료 중 일부를 송부하지 않은 사실은 인정되나, 한편 ① 위와 같이 미송부된 일부 자료는 모두 코오롱글로벌 또는 엔포텍의 임원 내지 직원들의 진술조서 및 확인서들인바, 피고는 심사보고서에 위 서류들 중 이 사건 각 공동행위에 관련된 주된 내용을 적시하였고, 이로써 원고는 위 임원 내지 직원들이 이 사건 각 공동행위에 관하여 진술하거나 확인서에

기재한 내용을 알 수 있었던 것으로 보이는 점, ② 비록 의견제출 기간이 종료될 무렵이기는 하나 원고의 열람복사 신청에 따라 피고는 원고에게 위와 같이 미송부된 일부 자료들을 2014.2.11. 제공하였고, 그때부터 전원회의 심의일인 2014.2.26.까지 원고는 위 자료들을 검토할 충분한 시간이 있었으며, 이에 따라 원고는 전원회의 심의일에 이에 관한 의견을 진술하거나 필요한 자료를 제출할 수 있었던 점, ③ 원고는 이 법원에서 이 사건 각 공동행위의 존재 자체를 다투지도 아니하는 점, ④ 절차규칙 제29조 제12항에 의하면, '영업비밀 보호, 사생활의 비밀 보호' 등과 관련하여 피고에게 첨부자료의 범위에 대한 판단의 여지가 어느 정도 있는 것으로도 보이는 점 등에 비추어 보면 피고가 심사보고서 송부 당시 첨부자료 중 일부 자료를 송부하지 않았다는 사실만으로 원고가 2014.2.26. 심의일에 출석하여 심사관의 심사결과에 대하여 의견을 진술하거나 방어권을 행사하는데 지장이 있었다고 보기는 어렵다.

(3) 피고가 2014.2.20. 원고에게 제공한 추가 증거자료인 소갑 제5호증의 1 내지 6은 광주전남 건 공사 입찰과 관련하여 원고측 설계용역을 담당한 엔포텍(원고로부터 설계용역을 위탁받은 동해종합기술공사로부터 재위탁받았다) 직원이 입찰일 이전 자신의 컴퓨터에 원고의 경쟁사인 코오롱글로벌의 투찰내역 및 설계도서 관련 자료를 보유하고 있었다는 사실을 인정하는 데 필요한 증거인데, 위 자료가 심사보고서 송부 이후에야 송부되었던 이유는 위 컴퓨터의 자료 복구에 상당한 시간이 소요되었기 때문으로 보이고, 또한 이는 광주전남 건 공사에 대한 원고 및 코오롱글로벌의 합의에 관한 보충적, 정황적 증거자료에 불과하다. 더욱이 원고에게 송부된 심사보고서에는 '엔포텍이 원고의 기본설계용역을 담당하였을 뿐 아니라 코오롱글로벌의 설계용역사인 주식회사 명윤에도 인력을 파견하여 코오롱글로벌의 기본설계용역에도 관여하였다.'는 내용이 포함되어 있었다. 따라서 비록 위 자료가 심의일 6일 전에 원고에게 제공되었다고 하더라도 원고가 광주전남 건 공사 합의에 관한 심의에 출석하여 의견을 진술하는 데는 아무런 지장이 없었다.

(4) 피고는 심의일 전날인 2014.2.25.에 이르러서야 추가 증거자료로 이 사건 각 공동행위를 주도한 코오롱글로벌 소속 A의 진술서를 원고에게 제공하였으나, 이는 A이 뇌물공여 사건으로 2013.7.5.부터 서울 남부교도소에 구속 수감되어 있어 피고의 조사를 위한 출석이 불가능하였고, 회사에 대한 반감으로 조사에 비협조적이었으며, 면회 횟수가 제한되어 있는 등으로 이 사건 각 공동행위와 관련된 진술조서 또는 확인서 징구가 어려웠던 사정 때문이라고 보이고, 피고는 원고에게 심사보고서를 송부할 당시 첨부자료로서 위와 같은 사정에 대한 내용이 담긴 'A에 대한 진술서 수령 불가 경위'를 함께 송부하기로 하였다. 또한 피고는 위 증거를 제외하고도 코오롱글로벌의 다른 임원 등 합의에 참여하였던 직접적인 당사자 및

관련자들의 진술 및 증거를 제시함으로써 이 사건 각 공동행위에 대한 충분한 증명을 하였고, 심사보고서와 달리 의결서의 주요 내용이 변경되었다거나 원고가 전혀 예상하지 못한 내용이 추가되었다는 등의 사정이 엿보이지 아니한다. 따라서 피고가 A의 진술서를 원고에게 심의일 전날에 제공하였다는 사실만으로 원고의 방어권에 지장이 초래되었다고 보기는 어렵다.

(5) 그러므로 원고가 주장하는 위 사정들만으로는 피고가 적법절차 원칙을 위반하고 원고의 방어권을 침해하였다고 보기 어렵다."고 판단하였다.

상고심에서 대법원은 2015.7.23. 선고 2015두40880 판결을 통하여 심리불속행 기각 결정을 하였다.

나. 대구 서부하수처리장 외 1개소 총인처리시설 설치공사 입찰관련 2개 건설사의 부당한 공동행위 건(2014.8.19. 공정위 의결)

서울고등법원 2015.5.7. 선고 2014누63048 판결에서, 원고는 "피고의 회의운영 및 사건절차 등에 관한 규칙 제29조 제10항에 의하면, 피고가 원고에게 심사보고서를 송부할 때에는 첨부자료를 함께 제공하여야 하고 3주의 의견제출기간을 부여하여야 하는데, 피고는 2014.2.4. 원고에게 심사보고서를 송부하면서 첨부자료의 목록만 제공하였을 뿐 아무런 첨부자료를 제공하지 아니하여 원고로서는 피고가 어떤 사실관계를 조사하여 원고에게 불이익한 처분을 하려고 한다는 것인지를 분명하게 알 수 없었고, 따라서 이에 대한 방어를 준비할 수 없었다. 또한 피고는 심사보고서에 대한 의견제출기한인 2014.3.14.을 훨씬 경과한 2014.4.4. 원고에게 심사보고서의 일부 첨부자료를 제공하였는데, 첨부자료 중 원고의 방어권 행사에 중요한 내용을 담고 있는 것으로서 한솔이엠이와 원고 공동수급체의 설계회사였던 동일기술공사 직원들의 진술이 담긴 첨부자료는 2014.4.30. 전원회의 시까지도 아예 제공하지 아니하였다. 이러한 피고의 행위는 원고의 방어권을 침해하고 적법절차의 원칙을 무시하는 것인바, 이 사건 처분은 절차적 하자가 있는 위법한 것으로서 실체적 하자 유무와 무관하게 그 자체로 취소되어야 한다."고 주장하였다.

이에 대하여 서울고등법원은 "공정거래법 제49조 제3항은 피고로 하여금 공정거래법 위반사실에 대한 조사결과를 서면으로 당해 사건의 당사자에게 통지하도록 규정하고 있고, 공정거래법 제52조 제1, 2항에 의하면 "피고가 공정거래법 위반사항에 대하여 시정조치 또는 과징금납부명령을 하기 전에 당사자에게 의견을 진술할 기회를 주어야 하며, 당사자는 피고의 회의에 출석하여 그 의견을 진술하거나 필요한 자료를 제출할 수 있다."고 규정하고 있다. 한편, 공정거래법 제55조의2의 위임에 따라 피고가 공정거래법 위반사건의 처리절차를 정하여 고시한 '피고 회의운영 및 사건절차 등에 관한 규칙'(2012.11.28. 피고 고시 제2012-71호, 이하 '절차규칙'이라 한다)은 위 각 규정의 취지 등을 반영하여, "공정거래법 위반사항의 조사 및 심사를 담당하는 심사관은 조사를 마친 후 사실의 인정, 위법성 판단 및 법령의 적용 등을 기재한 심사보고서를 작성하여 전원회의 또는 소회의에 제출함과 동시에 피심인에게 심사보고서, 첨부자료 목록, 첨부자료(이하 '첨부자료 등'이라 한다)를 송부하여 그에 대한 의견을 문서로 제출할 것을 통지하여야 하고, 각 회의의 의장은 원칙적으로 피심인의 의견서가 제출된 날부터 30일 이내에 사건을 심의에 부의하며, 심의 개최 5일 전까지 피심인에게 서면으로 심의개최 일시, 장소 등을 통지하여야 하고, 피심인은 심의에 출석하여 심사관의 심사보고서에 의한 심사결과 진술에 대하여 자신의 의견을 진술할 수 있으며, 심의절차에서 질문권, 증거신청권을 행사할 수 있고, 의장은 심의를 종결하기 전에 피심인에게 최후진술권을 주어야 한다."고 규정하고 있다(절차규칙 제29조 제1항, 제10항, 제31조, 제33조 제1항, 제38조, 제39조 제2항, 제41조 제1항, 제43조 제2항 등 참조). 위 각 규정의 취지는 피고의 시정조치 또는 과징금납부명령으로 말미암아 불측의 피해를 받을 수 있는 당사자로 하여금 피고의 심의에 출석하여 심사관의 심사결과에 대하여 방어권을 행사하는 것을 보장함으로써 심사절차의 적정을 기함과 아울러 피고로 하여금 적법한 심사절차를 거쳐 사실관계를 보다 구체적으로 파악하게 하여 신중하게 처분을 하게 하는 데 있으므로, 공정거래법 제49조 제3항, 제52조 제1항이 정하고 있는 절차적 요건을 갖추지 못한 피고의 시정조치 또는 과징금납부명령은 설령 실체법적 사유를 갖추고 있다고 하더라도 위법하여 취소를 면할 수 없다(대법원 2001.5.8. 선고 2000두10212 판결 등 참조). 앞서 거시한 증거 및 위 인정 사실 등에 의하여 인정되는 다음 사정을 위 법리에 비추어 보면, 이 사건 처분에 공정거래법 제49조 제3항, 제52조 제1항 등에서 정한 원고의 의견진술권과 방어권을 본질적으로 침해한 절차적 위법이 있다고 할 수 없다. 이에 관한 원고의 주장은 이유 없다.

(1) 피고가 2014.2.4. 원고에게 심사보고서를 교부할 때 의견서 제출기간을 3주에 미달하게 부여하기는 하였으나, 원고는 위 심사보고서를 2014.2.4. 수령한 후 피고에게 두 차례에 걸쳐 의견서 제출기한의 연장을 신청하였고, 피고가 위 신청을 받아들여 결국 원고는 2014.3.14. 심사보고서에 대한 의견서를 송부하였는바, 결국 원고는 실질적으로 위 심사보고서에 대한 의견서 제출기간을 약 한 달 이상 부여받았다고 볼 수 있다. (2) 앞서 본 바에 의하면, 피고가 원고에게 심사보고서를 송부할 당시 첨부자료 목록 외에 위 목록에 기재된 자료를 송부하지 않았다가 2014.4.4. 원고에게 위 첨부자료 중 일부를 송부하면서 한솔이엠이 및 동일기술공

사 직원들의 진술이 담긴 자료들을 송부하지 않은 사실은 인정되나, 한편 ① 피고는 심사보고서에 위와 같이 피고가 송부하지 않은 일부 자료들의 내용 중 이 사건 공동행위에 관련된 부분을 적시하였고, 이로써 원고는 위 직원들이 이 사건 공동행위에 관하여 진술한 내용을 알 수 있었던 것으로 보이는 점, ② 원고는 2014.3.14. 제출한 의견서에서 심사보고서 본문에 발췌되어 공개된 각 증거자료들을 일일이 반박한 점, ③ 비록 의견서 제출기한이 종료된 이후이기는 하나 원고의 열람·복사 신청에 따라 피고는 원고에게 위와 같이 심사보고서 교부 당시 첨부되지 않은 일부 자료들을 2014.4.4. 제공하였고, 그때부터 전원회의 심의일인 2014.4.30.까지 원고는 위 자료들을 검토할 충분한 시간이 있었으며, 이에 따라 원고는 전원회의 심의일까지 추가 서면을 제출할 수도 있었고 전원회의 심의일에 이에 관한 의견을 진술하거나 필요한 자료를 제출할 수 있었다고 보이는 점, ④ 그럼에도 불구하고 원고는 심사보고서를 받은 후 전원회의 심의일까지 피고에게 2014.3.14.자 의견서를 제출하고 전원회의 심의일에 출석한 원고의 대리인 및 직원 등이 이 사건 공동행위에 관한 의견을 개진한 이외에 전원회의 심의일에 피고가 원고에게 한솔이엠이 및 동일기술공사 직원들의 진술이 담긴 자료들을 송부하지 않은 사실에 대하여 이의를 제기한 바 없는 점, ⑤ 원고는 이 법원에서 이 사건 공동행위의 존재 자체를 다투지도 아니하는 점, ⑥ 한솔이엠이, 동일기술공사에서 피고에게 자신들의 영업전략, 입찰 참여와 관련한 내부 의사결정 및 영업 노하우 등 핵심 영업비밀과 관련된 자료가 포함된 위 회사 임직원들의 진술에 대한 자료를 비공개해줄 것을 요청한 사실이 인정되고 절차규칙 제29조 제12항에 의하면, '영업비밀 보호, 사생활의 비밀 보호' 등과 관련하여 피고에게 첨부자료의 범위에 대한 판단의 여지가 어느 정도 있는 것으로도 보이므로 피고가 일부 자료를 원고에게 송부하지 않은 것이 부당한 것으로 보이지도 아니하는 점 등에 비추어 보면, 원고에게는 의견진술 및 방어의 기회가 충분히 제공되었고, 피고가 심사보고서 송부 당시 및 전원회의 심의일 이전에 첨부자료 중 일부 자료를 원고에게 송부하지 않았다는 것만으로 원고가 2014.4.30. 전원회의 심의일에 출석하여 심사관의 심사결과에 대하여 의견을 진술하거나 방어권을 행사하는데 지장이 있었다고 보기는 어렵다. (3) 그러므로 원고가 주장하는 위 사정들만으로는 피고가 적법절차 원칙을 위반하고 원고의 방어권을 침해하였다고 보기 어렵다."고 판결하였다.

이에 대하여 대법원은 2018.12.27. 선고 2015두44028 판결에서 "피심인이 심의·의결절차에서의 방어권을 행사하기 위하여 필요한 심사보고서의 첨부자료 열람·복사를 신청하였으나, 공정거래위원회가 절차규칙 제29조 제12항에서 정한 거부 사유에 해당하지 않음에도 이에 응하지 아니하였다면, 공정거래위원회의 심의·의결의 절차적 정당성이 상실되므로, 공정거래위원회의 처분은 그 절차적 하자로 인하여 원칙적으로 취소되어야 한다. 다만 그 절차상 하자로 인하여 피심인의 방어권 행사에 실질적으로 지장이 초래되었다고 볼 수 없는 예외적인 경우에는, 공정거래위원회가 첨부자료의 제공 또는 열람·복사를 거절하였다고 하더라도 그로 인하여 공정거래위원회의 심의·의결에 절차적 정당성이 상실되었다고 볼 수 없으므로 그 처분을 취소할 것은 아니다. 나아가 첨부자료의 제공 또는 열람·등사가 거절되는 등으로 인하여 피심인의 방어권이 실질적으로 침해되었는지 여부는 공정거래위원회가 송부 내지 열람·복사를 거부한 자료의 내용, 범위, 정도, 그 자료의 내용과 처분요건 등과의 관련 정도, 거부의 경위와 거부 사유의 타당성, 심사보고서에 기재된 내용, 피심인이 심의·의결절차에서 의견을 진술하고 변명하는 등 방어의 기회를 충분히 가졌는지 여부 등을 종합하여 판단하여야 한다. 원심은 아래와 같은 사정을 들어 이 사건 처분에 원고의 방어권이 실질적으로 침해된 절차적 하자가 인정되지 않는다."고 판단하였다.

(1) 피고는 2014.2.4. 원고에게 심사보고서를 교부할 때 3주에 못 미치는 의견서 제출기간을 부여하였다. 이에 따라 원고는 위 심사보고서를 2014.2.4. 수령한 후 피고에게 두 차례에 걸쳐 의견서 제출기한의 연장을 신청하였고, 피고가 위 신청을 받아들여 결국 원고는 2014.3.14. 심사보고서에 대한 의견서를 송부하였다. 원고는 결과적으로 심사보고서에 대한 의견서 제출기간을 약 한 달 이상 부여받게 되었다. (2) 피고는 원고에게 심사보고서를 송부할 당시 첨부자료 목록 외에 위 목록에 기재된 자료를 송부하지 않았다. 이후 피고는 2014.4.4. 원고에게 위 첨부자료 중 일부를 송부하면서도, 한솔이엠이 주식회사 및 주식회사 세원이엔이, 주식회사 동일기술공사(이하, '주식회사' 표기는 생략하고, 모두를 통칭할 때는 '한솔이엠이 등'이라 한다)의 직원들 진술이 담긴 이 사건 자료들은 의결절차 종료 시까지 송부하지 않았다. 다만 피고는 심사보고서에 위와 같이 피고가 송부하지 않은 이 사건 자료들의 내용 중 이 사건 공동행위 사실과 관련된 부분을 발췌하여 적시한 바 있다. (3) 원고는 2014.3.14. 제출한 의견서에서 심사보고서 본문에 발췌되어 공개된 각 증거자료들의 내용을 일일이 반박하였다. (4) 비록 의견서 제출기한이 종료된 이후이기는 하나, 원고의 열람·복사 신청에 따라 피고는 2014.4.4. 원고에게 이 사건 자료들 중 일부 자료를 제공하였고, 그때부터 전원회의 심의일인 2014.4.30.까지 원고는 그 자료들을 검토할 충분한 시간이 있었던 것으로 볼 수 있다. 이에 따라 원고는 전원회의일까지 추가 서면을 제출할 수도 있었고 전원회의에서 이에 관한 의견을 진술하거나 필요한 자료를 제출할 수 있었다. 그럼에도 불구하고 원고는 심사보고서를 받은 후 전원회의 심의일까지 피고에게 2014.3.14.자 의견서를 제출하고 전원회의 심의일에 출석한 원고의 대리인 및 직원 등이 이 사건 공동행위에 관한 의견을 개진한 이외

에 전원회의 당시 피고가 원고에게 한솔이엠이 등 직원들의 진술이 담긴 자료들을 송부하지 않은 사실에 대한 별도의 이의를 제기하지는 않았다. (5) 한솔이엠이 등은, 위 회사 임직원들의 진술에 자신들의 영업전략, 입찰 참여와 관련한 내부 의사결정 및 영업 노하우 등 핵심 영업비밀과 관련된 자료가 포함되었다고 주장하면서, 피고에게 이 사건 자료들에 대한 비공개를 요청한 바 있다. (6) 원고는 원심에서 이 사건 공동행위 사실을 다툰 바 없다.

이러한 원심의 판단은 앞서 본 법리에 기초한 것으로서, 거기에 상고이유 주장과 같이 공정거래법상 절차상 하자, 방어권 침해에 관한 법리를 오해하는 등의 잘못이 없다.

5. 영업비밀을 이유로 열람 또는 복사를 거부한 경우 절차적 하자가 없다고 인정한 케이스(지멘스(주) 등의 시장지배적지위 남용행위 등 건, 2018.3.13. 공정위 의결)

서울고등법원 2020.2.6. 선고 2018누43110 판결에서, 원고들은 피고 조사 단계에서부터 피고에 대하여 타 제조사 거래관행과 관련한 자료의 열람·등사를 신청하였으나, 피고는 열람·등사의 거부사유가 없음에도 불구하고 대부분의 자료 제공을 거절하였는바, 이는 원고의 방어권을 침해한 것으로 절차적 하자가 있어 위법하다고 주장하였다.

이에 대해 서울고등법원은 대법원 2018.12.27. 선고 2015두44028 판결이 제시했던 열람·복사 관련 기본 법리를 그대로 인용, 제시한 후에 "앞서 든 증거, 갑 제3, 7, 51, 52호증, 을 제95, 96호증의 각 기재에 의하여 인정되는 다음 사실 및 사정을 위 법리에 비추어 보면, 피고의 심의·의결 절차에 피고들의 방어권이 실질적으로 침해되었다고 볼 만한 절차적 하자가 있다고 볼 수 없다.

㈎ 원고들은 2017.8.25. 타 제조사가 자사의 서비스 소프트웨어 정책에 관하여 제출한 자료의 열람·복사를 신청하였고, 피고는 2017.9.15. 해당 자료를 제출한 GE, 필립스 등에 대하여 제출 자료 중 영업비밀 등에 해당하지 않아 공개가 가능한 부분이 있는지 여부를 문의하였다. ㈏ GE, 필립스 등은 피고에 대하여 '제출자료 중 판매장비 및 유지보수서비스의 가격, 매출액, 관련 계약서, 보증기간을 비롯한 유지보수 소프트웨어 정책과 관련한 부분은 불특정 다수에게 알려져 있지 않고 비밀로 유지된 경영상의 정보로서 영업비밀에 해당한다'는 점을 들어 공개가 불가능하다는 의견을 각 표명하였다. 이에 피고는 원고들에 대하여 타 제조사의 라이선스 정책과 관련한 자료는 비공개 결정되었음을 알리고, 해당 자료의 열람·복사를 거부하였다. ㈐ 피고가 2017.8.17. 원고들에게 송부한 심사보고서에는 타 제조사의 유

지보수 소프트웨어 정책이 제조사별로 이니셜로 구분되어 이미 기재되어 있었다. (라) 원고들의 대리인은 2018.1.10. 피고의 전원회의에 출석하여 GE나 필립스의 경우에도 서비스 소프트웨어를 무상으로 제공하지 않는다는 점을 진술하였고, 그 밖에 서비스 소프트웨어의 무상 거래관행은 존재하지 않는다는 점을 충분히 다투었다."고 판결하였다.

6. 심사보고서에 없던 처분사유를 심의 · 의결 단계에서 추가로 인정한 경우에 처분의 정당성을 인정한 사례(㈜신세계의 대규모유통업법 위반행위 건, 2017.6. 5. 공정위 의결)

서울고등법원 2018.4.19. 선고 2017누60071 판결에서, 원고는 "심사보고서 작성 및 심의 종결 당시에는 대규모유통업법 제14조 제1항의 경영정보 요구 행위만을 문제 삼다가 피고의 의결 단계에 이르러 같은 법 제14조 제2항의 사전 서면제공의무 위반행위를 처분사유로 추가한 것은 원고의 방어권을 침해하고 심급의 이익을 박탈하는 것으로, 절차적으로 위법하다."고 주장하였다.

이에 대해 서울고등법원은 "다음과 같은 사정들에 비추어 보면, 피고가 심사보고서상으로 문제되지 않았던 대규모유통업법 제14조 제2항을 심의 및 의결 단계에서 추가하여 이를 처분사유로 삼은 것에 절차적 위법이 존재한다고 할 수 없다. 원고의 이 부분 주장은 이유 없다. (1) 대규모유통업법 제36조에 의하면 피고가 의결하는 경우 심의가 종결될 때까지 발생한 '사실'을 기초로 위반행위 여부를 판단하여야 한다. 따라서 심의가 종결될 때까지 심리된 사실관계를 기초로 하여 처분사유를 정하였다면 이를 위법하다고 할 수는 없다. 그리고 피고의 '공정거래위원회 회의 운영 및 사전절차 등에 관한 규칙' 제29조, 제30조의2, 제43조에 의하면, 먼저 피고 소속 심사관이 위반행위 혐의가 있다고 보이는 사건에 대하여 조사 및 심사를 하고, 그 결과 법 위반 사실이 인정되면 심사관이 심사보고서를 작성하여 위원회에 이를 상정하며, 위원회는 그에 따라 심사관과 피심인을 회의에 출석하게 하여 사실관계를 파악하고 심사관과 피심인의 의견진술을 듣는 등의 심의과정을 거쳐 의결하게 된다. 따라서 심사관이 작성한 심사보고서는 심의 및 의결 절차에 앞서 피고 소속 공무원이 작성하게 되는 보고서에 불과하고, 피고는 이를 바탕으로 적법한 심의 절차를 거쳐 사실관계를 보다 구체적으로 파악하여 의결하게 되므로, 처음 심사보고서상 및 심의단계에서 문제 삼았던 행위와 최종 의결에서 인정되는 행위 내용이 정확히 일치하지 않을 수도 있다. 하지만 심사보고서 이후 심의 · 의결 단계에서 피심인에게 자신의 의견을 진술하는 등 방어권을 행사할 기회가 충분히 부여되므로, 심의·의결 단계에서 어떠한 사실관계 및 그 위법성에 관하여 심리되었고 이에 대하여 피심인이 자신의 의견을 진술하였다면, 심의·의결 단계에서 심사보고서에 없던 처분사유를 추가로 인정하였다는 점만으로 이를 위법하다고 할 수 없다. (2) 피고 소속 심사관은 2016.11.경 열린 소회의에 '원고는 2014.3.부터 2014.4.까지 납품업자들에게 그들이 입점하고 있는 경쟁사업자에 대한 매출액 등에 관한 정보를 제공하도록 요구하였다'는 내용으로 대규모유통업법 제14조 제1항을 적용법조로하여 심사보고서를 제출하였다. 피고의 심의단계에서 위 사실관계에 대하여 대규모유통업법 제14조 제1항뿐만 아니라 같은 조 제2항도 위반하였다는 일부 위원의 의견이 제시되었고, 이에 대해 심사관과 원고 측 대리인은 이러한 의견에 동의한다는 취지의 진술을 하였다. 이러한 사정에 비추어 보면 심의·의결 단계에서 원고의 방어권이 충분히 보장되었다고 보인다. (3) 이에 피고는 대규모유통업법 제14조 제1항의 부당한 경영정보 제공요구 행위에다가 같은 조 제2항의 사전 서면제공의무 위반행위를 추가하여 이 사건 처분사유로 삼았는데 위 각 위반행위의 내용에 비추어 볼 때 기본적인 사실관계가 서로 동일하므로, 심의·의결 단계에서 처분사유를 추가한 것이 원고에게 불리하다고 볼 수 없다. (4) 나아가 피고의 심의·의결 절차는 일부 준사법절차의 성격을 가지고 있다고 하더라도 기본적으로 행정절차이고, 위 절차에 형사법상의 불고불리의 원칙이 적용된다고 볼 수도 없다."고 판결하였다.

이에 대해 대법원은 상고심에서 2018.8.30. 선고 2018두42573 판결로 심리불속행 기각하였다.

7. 의결서에 심사관과 다른 조문을 적용한 경우 방어권이 침해되지 않았다고 인정한 케이스(충주시 임도구조개량사업 입찰참가 10개 충북지역 산림조합의 부당한 공동행위 건, 2007.12.27. 공정위 의결)

서울고등법원 2008.10.23. 선고 2008누3465 판결에서, 원고는 "피고가 이 사건 처분을 한 심결절차에서 피고의 심사관은 이 사건 담합이 법 제19조 제1항 제8호에서 정한 다른 사업자의 사업활동을 방해한 것에 해당한다고 주장했고 원고들은 이 주장에 대하여 방어했는데, 피고는 아무런 석명도 없이 법 제19조 제1항 제1호를 적용하여 이 사건 처분을 하였다. 피고의 처분에 대해서는 서울고등법원에 행정소송을 제기해야 하므로 피고의 심결절차는 사법부의 제1심 재판에 준한다고 보아야 하는 점을 고려하면, 이 사건 심결절차에서 원고들의 방어권이 침해되었으므로 이 사건 처분은 위법하다."고 주장하였다.

이에 대해 서울고등법원은 "피고의 심결절차가 준사법절차의 성격을 갖고 있다고 하더라도 기본적으로 행정절차인 점, 법은 피고의 심결절차에서 피심인들의 방어권을 보장하기 위하여 불고불리의 원칙을 채택하고 있다고 보이지 않는 점 등에 비추어 보면, 피고가 이 사건 심결절차에서 피고의 심사관이 주장한 것과 다른 조문을 적용하여 이 사건 처분을 하였다고 하더라도 이 사건 심결절차에서 원고들의 방어권이 침해되었다고 볼 수 없다."고 판결하였다.

대법원은 2009.2.12. 선고 2008두21348 판결을 통하여 심리불속행으로 기각하였다.

8. 처분 의결서에 원고의 처분시효 경과 주장에 관한 판단을 명시하지 않은 경우에 처분의 정당성을 인정(국립환경과학원 등 12개 공공기관 발주 대기오염측정장비 구매 입찰 관련 5개 사업자의 부당한 공동행위 건, 2019.3.6. 공정위 의결)

서울고등법원 2020.9.10. 선고 2019누40354 판결에서 "공정거래법과 사건절차규칙은 의결서에 의결내용과 그러한 의결에 이르게 된 이유를 명시하도록 하고 있을 뿐 당사자의 주장이나 그 밖의 공격·방어방법에 관한 판단을 표시하도록 정하고 있지 아니하므로, 이 사건 공동행위에 대한 공정위 의결 당시 원고가 제기한 주장에 대한 판단을 명시하지 아니하였다고 하여 의결서상 처분에 어떠한 하자가 있다고 보기는 어렵다. 나아가 이 사건 처분이 담긴 의결서에서 원고의 처분시한 경과 주장에 관하여 명시적으로 판단하지 않았다고 하더라도, 피고가 이 사건 처분을 함으로써 원고의 위 주장을 배척하였음을 알 수 있다."고 판결하였으며, 상고심인 대법원 2021.1.14. 선고 2020두50157 판결에서 심리불속행 기각되었다.

9. 공정위 조사권의 한계 관련 법리

가. 대법원 2014.10.30. 선고 2010마1362 결정

공정위의 조사관은 A사에 대한 현장확인조사를 실시하는 과정에서 사내 통신망인 싱글(Single)의 열람을 요구하였으나 A사는 회사의 기밀 및 개인정보 보호를 이유로 이를 거부하였으며, 공정위는 공정거래법 제50조에 따른 조사를 거부·방해하였음을 이유로 A사에게 과태료를 부과하였으며, A사는 과태료 부과처분에 대하여 이의를 제기하였으나, 수원지방법원 성남지원은 심문을 거친 후 2008.10.17. 이를 인정하였다.

이에 대하여 수원지방법원은 2010.8.3. 선고 2008라609 결정을 통해 "공정위의 조사행위가 헌법 제12조에서 규정하고 있는 압수수색에 관한 영장주의를 위반하거나 회피할 수 없음이 분명하고, 공정거래법 제50조의2(현행 제84조)는 '조사공무원은 이 법의 시행을 위하여 필요한 최소한의 범위 안에서 조사를 행하여야 한다'라고 규정하여 이른바 비례성의 원칙을 선언하고 있는 점 등을 고려하여 볼 때, 공정거래법 제50조(현행 제81조)에서 규정하는 조사권의 범위는 피조사자의 법익침해가 최소화될 수 있도록 가능한 한 엄격하게 새기는 것이 타당하다. 이 사건에서 조사관이 요구한 내부 통신망 전체를 대상으로 한 열람은 법에서 예정하고 있는 전산자료의 조사나 자료의 제출요구라기보다는 영장의 대상인 수색에 더 가까운 행위이다. 따라서 조사관이 부당한 단가결정의 중요한 단서가 되는 서류가 싱글을 통하여 전달, 보관되고 있다는 의심을 갖게 된 경우 그 서류 내지 전산자료에 대한 제출을 요구하여 이를 조사함은 몰라도 스스로 그 서류 등을 찾기 위하여 내부전산망에 대한 접근권한을 얻어 무제한적으로 이를 열람할 권한까지 부여되어 있지 아니하다고 해석함이 상당하다. 그리고 위와 같은 소외 회사의 내부전산망에 대한 무제한적인 열람권의 부여로 인하여 소외 회사의 영업비밀이나 관련 직원의 개인정보가 외부로 노출될 우려도 있다고 할 것이어서 이를 공정거래법 제50조의2에서 말하는 필요한 최소한의 범위 내의 조사라고 보기 어렵고, 공정거래법이 조사공무원에게 비밀엄수의무를 부과하고 있다고 하여 달리 볼 것도 아니다. 따라서 항고인이 싱글에 대한 공정위 조사관의 열람 요청을 거부한 것은 정당하므로 제1심 결정을 취소한다."고 결정하였다.

상고심인 대법원은 2014.10.30. 선고 2010마1362 결정에서 공정거래법에 규정된 조사권한의 범위 등에 관한 법리를 오해하는 등으로 재판에 영향을 미친 헌법·법률·명령 또는 규칙 위반의 잘못이 없다라고 하면서 재항고를 기각하였다.

나. 하이트진로(주) 및 소속직원의 허위자료제출행위 건(2018.3.26. 공정위 의결)

공정위는 "법 제69조의2 제1항 제6호의 허위자료 제출행위에 해당하기 위해서는 ① 공정위의 법 제50조 제1항 제3호 또는 제3항의 규정에 따른 보고 또는 필요한 자료나 물건의 제출 요구에 대하여 ② 사업자 또는 그 소속 임원 및 종업원 기타 이해관계인이 보고 또는 필요한 자료나 물건을 제출하지 아니하거나, 허위의 보고 또는 자료나 물건을 제출하여야 한다. 이때, 법 제50조 제3항이 규정에 의한 자료나 물건의 제출명령 또는 제출된 자료나 물건의 영치는 증거인멸의 우려가 있는 경우에 한하여 가능하다. 한편, 임직원의 행위라 하더라도 개인적인 이익을 위하거나 또는 법인의 의사결정에 반하여 한 행위가 아니고, 객관적으로 업무관련성이 있는 것이 명백하다면 법인의 기업활동의 일환으로 행하여진 것으로 이들의 행위를 법인의 행위로 귀속시켜 법인 역시 조사방해에 따르는 책임을 부담한다."는 법리를 제시하였다.

또 공정위는 위 대법원 결정을 참조로 하여 "법 제50조의2에 따라 조사공무원은 이 법의 시행을 위하여 필요한 최소한의 범위 안에서 조사를 행하여야 하며, 다른 목적 등을 위하여 조사권을 남용하여서는 아니된다. 이때, 법 제50조에서 규정하는 조사권의 범위는 피조사자의 법익침해가 최소화될 수 있도록 가능한 한 엄격하게 새기는 것이 타당하다(대법원 2014.10.30. 선고 2010마1362 결정 참조)."는 법리도 제시하였다.

다만 공정위는 당해 현장조사 및 자료제출명령의 적법성 여부에 대한 구체적 판단에 있어서는 "공정위는 하이트진로의 부당지원행위 등을 조사하기 위해 소속공무원으로 하여금 하이트진로에 대한 현장조사를 실시하게 되었고, 조사공무원은 2017.4.24. 조사개시 시점에 하이트진로 회계팀 소속 부장 공**에게 조사권한을 표시한 공문을 제시하고 이에 대한 설명을 한 후 관련 내용을 이해하였다는 확인서에 서명을 받은바, 이는 법 제50조 제2항에 근거하여 행해진 적법한 조사이다. 조사공무원은 2014.2.4. 발생한 원 사건 하이트진로의 부당지원행위 혐의 입증을 위하여 2014년 이후 하이트진로와 서해인사이트 간 도급업무 위탁계약 체결과정을 확인할 필요가 있었고, 「2014년 도급직 계약안 보고서」라고 특정하여 자료제출을 명령하였으므로 위 자료제출 명령은 법의 시행을 위하여 필요 최소한의 범위 내에서 이루어진 것으로 판단된다. 한편, 위에서 살펴 본 바와 같이, 구두로 요청한 자료제출이 상당기간 동안 지연되고 있었다는 점, 전자결재시스템상 특정 시기의 자료만 열람이 불가능하였다는 점 등을 고려할 때 해당 문서의 위조 또는 인멸의 가능성이 우려되는 상황이었던 바, 공정위의 자료제출명령은 법 제50조 제3항 및 법 시행령 제56조 제2항에 따른 적법한 명령이다."라고 판단하였다.

10. 처분의 이유제시의무에 위반되어 위법하다고 판단한 케이스(서울고등법원 2023.6.8. 선고 2022누51286 판결)

본건은 공정위가 하도급법 위반사업자에 부과하는 법위반벌점의 점수가 일정기준(하도급법 시행령에서 누산점수 4점으로 규정하고 있다)을 초과하는 사업자를 상습법위반사업자로 그 명단을 공표한 조치에 대하여 처분의 이유제시의무 위반여부가 쟁점으로 다투어진 사안이다.

공정위(피고)는 2021.12.8.자 공문으로 원고에게 벌점이 7점으로서 2021년도 상습법위반사업자 추가선정 대상자임을 알리면서 벌점의 경감사유가 있을 경우 이를 소명하도록 통지하였으며, 이에 원고는 표준하도급계약서 사용에 따른 경감점수 2점, 현금결제비율에 따른 경감점수 1점, 발주자 직불 비율에 따른 경감점수 0.5점 합계 3.5점의 경감을 신청하는 소명자료를 제출하였다. 공정위는 2022.2.16. 원고의 본사에서 원고가 제출한 소명자료에 대한 현장확인을 실시한 후 2022.6.29. 원고에게 '원고가 2021년도 하도급거래 상습 법위반 추가 사업자로 선정되었음'을 통지하였다('이 사건 처분'이라 한다).

원고는 "이 사건 처분서에는 원고가 신청한 경감점수에 관한 아무런 판단이 없는바, 이 사건 처분은 처분의 이유제시의무에 위반되어 위법하다."고 주장하였고, 피고는 "원고의 누산점수가 4점을 초과함을 분명히 제시하였고, 이 경우 구체적인 경감점수 인정 여부까지 상세히 제시할 필요는 없으므로, 이 사건 처분은 적법하다."고 주장하였다. 이에 대하여 서울고등법원은 다음과 같이 행정처분의 이유제시의무 관련 규정 및 그 취지에 관한 그동안의 정리된 판례 및 법리를 제시하면서 사실관계 및 사정 등을 종합적으로 판단하였는바 참고할 만하다.

행정청은 처분을 하는 때에는 원칙적으로 당사자에게 근거와 이유를 제시하여야 한다. 당사자가 신청하는 허가 등을 거부하는 처분을 하면서 당사자가 그 근거를 알 수 있을 정도로 이유를 제시한 경우에는 처분의 근거와 이유를 구체적으로 명시하지 않았더라도 그로 말미암아 그 처분이 위법하다고 볼 수는 없다. 이때 '이유를 제시한 경우'는 처분서에 기재된 내용과 관계 법령 및 당해 처분에 이르기까지의 전체적인 과정 등을 종합적으로 고려하여, 처분 당시 당사자가 어떠한 근거와 이유로 처분이 이루어진 것인지를 충분히 알 수 있어서 그에 불복하여 행정구제절차로 나아가는 데 별다른 지장이 없었다고 인정되는 경우를 뜻한다(대법원 2002.5.17. 선고 2000두8912 판결, 대법원 2009.12.10. 선고 2007두20362 판결, 대법원 2017.8.29. 선고 2016두44186 판결 등 참조).

아래와 같은 사정을 종합하면, 이 사건 처분은 처분의 이유제시의무에 위반되어 위법하므로 취소되어야 한다.

1) 행정청이 처분을 할 때에는 원칙적으로 당사자에게 그 근거와 이유를 제시하여야 하고(행정절차법 제23조 제1항), 이를 위하여 행정청은 처분의 원인이 되는 사실과 근거가 되는 법령의 내용을 구체적으로 명시하여야 한다(행정절차법 시행령 제14조의2). 그리고 행정청이 처분을 할 때에는 원칙적으로 문서로 하여야 한다(행정절차법 제24조 제1항). 위와 같은 법령의 규정을 종합하면, 특별한 사정이 없는 한 행정청은 처분서에 사실과 법령을 구체적으로 명시하는 방법으로 처분의 근거와 이유를 제시하여야 한다.

2) 그런데 이 사건 처분서에는 '원고의 누산점수가 4점을 초과한다'는 점 외에 아무런 실

질적 내용의 기재가 없는바, 이는 사실상 '원고는 상습법위반사업자에 해당한다'는 최종 결론을 단순 반복한 것에 불과하다. 상습법위반사업자 명단공표를 위한 누산점수의 산정은 벌점에 경감점수를 빼고 가중점수를 더하는 방식으로 이루어지고, 이 사건에서 원고는 방대한 소명자료와 함께 합계 3.5점의 경감점수를 신청하였으므로, 설령 원고가 신청한 각각의 경감점수에 대하여 그 구체적 판단내역까지 모두 상세히 기재할 필요까지는 없다 하더라도, 적어도 피고로서는 어떤 경감점수는 인정되고 어떤 경감점수는 인정되지 않는지, 그래서 원고의 누산점수는 결국 몇 점인지에 관한 한 그 산정내역을 분명히 제시하였어야 할 것이다[예컨대, '벌점 ○점 - 경감점수 ○점(A 사유 인정, B 사유 불인정) = 누산점수 ○점' 등의 방식].

3) 행정소송에서 법원은 판결서에 '주문이 정당하다는 것을 인정할 수 있을 정도의 판단을 표시'하여야 하는바(행정소송법 제8조 제2항, 민사소송법 제208조 제2항), 행정청의 처분을 법원의 판결과 완전히 동일한 선상에서 비교할 수는 없지만, 그렇다 하더라도 행정청으로서는 처분서에 '처분의 정당함을 인정할 수 있는 최소한의 이유를 명시'할 필요가 있다. 행정절차법과 같은 법 시행령이 행정청으로 하여금 처분의 근거와 이유를 구체적으로 제시하도록 규정하고 있는 것은, 단순히 '당사자로 하여금 행정구제절차에서 적절히 대처'할 수 있도록 하기 위한 것뿐만 아니라, '행정청의 자의적 결정을 배제'하기 위한 것에도 그 취지가 있기 때문이다(대법원 2009.12.10. 선고 2007두20362 판결 등 참조).

4) 한편 당사자의 불복편의라는 관점에서 보더라도, 이 사건의 경우 이 사건 처분서의 기재만으로 원고가 처분의 이유와 근거를 '충분히' 알 수 있었다고 보기는 어렵고, 행정구제절차로 나아가는 데 '별다른' 지장이 없었다고 단정하기도 어렵다. 실제로 이 사건에서 원고는 자신이 신청한 경감점수 중 어떤 것이 인정되고 어떤 것이 인정되지 않았는지 제대로 알지 못한 나머지 자신의 누산점수는 3.5점(7점-3.5점)이라는 기존의 주장을 반복하는 것 외에 아무런 실질적 내용이 없는 소장을 제출하였고, 이후 소송의 진행과정에서도 피고의 답변, 즉 개별적인 경감점수의 구체적 인정 여부에 관한 피고의 입장에 따라 수차례 주장을 변경하였는바, 이는 애당초 이 사건 처분서의 기재가 너무 부실하였던 점에 기인하는 것으로서 섣불리 원고의 준비부족을 탓하거나 부당한 입장번복이라고 비난할 일이 아니다. 이와 관련하여 피고는, 이 사건 처분에 이르기까지의 전체적인 과정, 특히 피고의 현장확인 절차를 통하여 원고에게 각각의 경감점수 인정 여부 등이 충분히 고지되었다는 취지로 주장하나, 앞서 본 이 사건 소송의 진행경과를 감안할 때 위 현장확인 절차 등을 통하여 이 사건 처분의 근거와 이유가 충분히 제시되었다고 보기는 어렵고, 달리 이를 인정할 근거가 없다.

Ⅰ. 개요

1. 내부지침의 유형 및 종류

공정위는 법과 대통령령(시행령)의 규정에 따라 실체법적 측면과 절차법적 측면의 두 측면에서 공정거래법을 집행하고 있으며, 통상 법령상 위임에 따라 하위규정인 고시, 예규 등 내부지침을 마련하여 집행하고 있다.

실체법적 집행 관련하여 '시장지배적지위 남용행위 심사기준'은 법 제5조(시장지배적지위의 남용금지) 제2항(남용행위의 유형 및 기준은 대통령령으로 정한다)과 이에 따른 시행령 제9조(남용행위의 유형 또는 기준) 제6항(제1항부터 제5항까지의 규정에 따른 행위의 세부적인 유형 및 기준에 관하여 필요한 사항은 공정위가 정하여 고시한다)을, '기업결합 심사기준'은 법 제9조(기업결합의 제한) 제4항(제1항에 따른 일정한 거래분야에서 경쟁을 실질적으로 제한하는 기업결합과 제2항에 따라 제1항을 적용하지 아니하는 기업결합에 관한 기준은 공정위가 정하여 고시한다)를 근거로 하고 있다. 또 '공동행위 심사기준', '입찰에 있어서의 부당한 공동행위 심사지침", '행정지도가 개입된 부당한 공동행위에 대한 심사지침' 및 '사업자간 정보교환이 개입된 부당한 공동행위 심사지침' 등은 법 제40조(부당한 공동행위의 금지) 제6항(부당한 공동행위에 관한 심사의 기준은 공정위가 정하여 고시한다)을 근거로 한다. 그리고 법 제45조(불공정거래행위의 금지) 제3항(불공정거래행위의 유형 또는 기준은 대통령령으로 정한다), 시행령 제52조(불공정거래행의 유형 또는 기준) 및 별표 2 비고(공정위는 효율적인 법집행을 위해 필요하다고 인정하는 경우에는 위 표에 따른 불공정거래행위의 세부 유형 또는 기준을 정하여 고시할 수 있다)에 따라 '불공정거래행위 심사지침', '부당한 지원행위의 심사지침'을 두고 있다. 또 '사업자단체 활동지침'은 법 제51조(사업자단체의 금지행위) 제3항(공정위는 제1항을 위반하는 행위를 예방하기 위하여 필요한 경우 사업자단체가 준수하여야 할 지침을 제정·고시할 수 있다)을 근거로 한다.

절차법적 집행에 있어서는 '부당한 공동행위 자진신고자 등에 대한 시정조치 등 감면제도 운영고시'는 법 제44조(자진신고자 등에 대한 감면 등) 제5항(제1항에 따라 시정조치 또는 과징금

이 감경 또는 면제되는 자의 범위와 감경 또는 면제의 기준·정도 등에 관한 세부사항은 대통령령으로 정한다) 및 시행령 제51조(자진신고자등에 대한 감면 기준 등) 제6항(제1항부터 제5항까지에서 규정한 사항 외에 과징금 또는 시정조치의 감면 기준·정도와 그 방법 및 절차 등에 관하여 필요한 세부사항은 공정위가 정하여 고시한다)을 근거로 하고 있다. 또 법 제71조(조직에 관한 규정) 제2항(이 법에서 규정한 것 외에 공정위의 운영 등에 필요한 사항은 공정위의 규칙으로 정한다), 법 제101조(사건처리절차 등)(이 법에 위반하는 사건의 처리절차 등에 관하여 필요한 사항은 공정위가 정하여 고시한다)에 따라 '공정거래위원회 회의 운영 및 사건절차 등에 관한 규칙'과 '공정거래위원회 조사절차에 관한 규칙'을 통해 공정위의 전원회의 및 소회의 운영, 그리고 조사·심사, 심의·의결, 불복 등 사건처리절차 등 기본적인 법집행 절차를 마련하고 있다. '과징금부과 세부기준 등에 관한 고시'는 법 제102조(과징금 부과) 제5항(제1항에 따른 과징금의 부과기준은 대통령령으로 정한다), 시행령 제84조(과징금의 부과기준) 및 별표 6 비고(위 표에서 규정한 사항 외에 산정기준의 부과기준율, 관련매출액의 산정, 그 밖에 과징금의 부과에 필요한 세부적인 사항은 공정위가 정하여 고시한다)를 근거로 하고 있다.

한편 법 및 시행령에 직접적인 위임 근거는 없지만 내부지침으로 관련 법령 규정의 운영과 관련하여 객관적이고 구체적인 심사기준을 마련하고 있다. 법 제5조(시장지배적지위의 남용금지)와 관련되는 '온라인 플랫폼 사업자의 시장지배적지위 남용행위에 대한 심사지침', 법 제46조(재판매가격유지행위의 금지)와 관련되는 '재판매가격유지행위 심사지침', 법 제47조(특수관계인에 대한 부당한 이익제공 등 금지)의 집행과 관련되는 '특수관계인에 대한 부당한 이익제공행위 심사지침', 법 제125조(벌칙) 제2호 및 법 제126조(벌칙) 제1호 내지 제3호의 벌칙 관련 고발기준을 정하고 있는 '기업집단 관련 신고 및 자료제출의무 위반행위에 대한 고발지침' 등이 이에 해당된다. 또 법 제129조(고발)에 따른 공정위의 전속고발권 행사와 관련하여 법적 근거는 없지만 '공정거래법 등의 위반행위의 고발에 관한 공정거래위원회의 지침'으로 고발의 대상이 되는 유형 및 기준을 제시하고 있다.

2. 공정거래법 집행에 있어서 내부지침의 역할

앞에서 설명한 각종 내부지침 중에서 공정위 및 법원의 공정거래법 집행과정에서 자주 언급되는 대표적인 내부지침에 대해서 살펴보기로 한다.

'시장지배적지위 남용행위 심사기준'은 법령의 위임대로 남용행위의 세부적인 유형 및 기준에 관하여 규정하고 있어서 실체적인 위법성 판단에서 있어서 심사기준 자체가 적용되고 있다. '기업결합 심사기준'은 지배관계의 형성여부 판단기준, 일정한 거래분야의 판단기준, 경쟁제한성 판단기준, 경쟁제한성 완화요인, 효율성 증대효과 및 회생이 불가한 회사의 판단기준 등 실체적 판단 관련 구체적 기준이 규정되어 있어서 기업결합 케이스에 있어서 내부지침의 내용이 그대로 적용되고 있다. 그리고 '불공정거래행위 심사지침'도 시행령 별표에서 불공정거래행위의 유형 및 기준을 규정하고 있지만 심사지침에서 위법성심사의 일반원칙과 안전지대의 설정, 관련시장 범위 획정과 함께 개별행위 유형별로 구체적인 위법성 심사기준을 마련하고 있어서 특히 공정위 단계의 실체적인 법집행에서 많이 활용되고 있다.

또한 절차법적 집행과 관련되는 내부지침에 있어서 '과징금부과 세부기준 등에 관한 고시'는 법 및 시행령의 위임에 따라 과징금 부과여부의 결정, 관련매출액의 산정, 위반행위 유형별 산정기준·1차 조정·2차 조정·부과과징금의 결정 등 과징금의 산정기준 등을 구체적으로 규정하고 있어서 과징금이 부과되는 모든 행위에 있어서 항상 적용되고 있을 뿐만 아니라 법원의 불복 과정에서도 재량권 일탈·남용 여부 관련 판단대상이 되고 있다.

한편 '기업집단 관련 신고 및 자료제출의무 위반행위에 대한 고발지침', '공정거래법 등의 위반행위의 고발에 관한 공정거래위원회의 지침'은 공정거래법의 형사적 집행과 관련되며 내부지침 자체가 형사고발 여부 판단에 있어서 영향을 직접 미치는 판단기준으로 적용되고 있다. 특히 '공정거래법 등의 위반행위의 고발에 관한 공정거래위원회의 지침'은 공정거래법뿐만 아니라 형사적 집행에서 전속고발제가 적용되는 표시광고법, 가맹사업법, 하도급법, 대리점법 등 다른 법률의 집행에서도 같이 적용된다(고발지침 제1조 참조).

Ⅱ. 내부지침의 법적 성격에 대한 대법원의 법리

행정기관이 법집행 과정에서 운용하는 각종 내부지침의 법적 성격 관련하여 대법원의 법리는 일관되게 정립되어 있다.

첫째, 행정기관 내부의 사무처리기준은 재량에 속하므로 그 기준이 헌법 또는 법률에 합치되지 않거나 객관적으로 합리적이라고 볼 수 없어 재량권을 남용한 것이라고 인정되지 않는 이상 행정청의 의사는 가능한 한 존중되어야 한다는 것이다.

대법원은 1998.2.13. 선고 97누13061 판결에서 "자동차운수사업법에 의한 개인택시운송사업 면허는 특정인에게 권리나 이익을 부여하는 행정행위로서 법령에 특별한 규정이 없는 한 재량행위이고, 그 면허를 위하여 필요한 기준을 정하는 것도 역시 행정청의 재량에 속하는 것이므로, 그 설정된 기준이 객관적으로 합리적이 아니라거나 타당하지 않다고 볼만한 다른 특별한 사정이 없는 이상 행정청의 의사는 가능한 한 존중되어야 한다는 것이 대법원의 일관된 견해이다(대법원 1996.10.11. 선고 96누6172 판결, 대법원 1997.1.21. 선고 95누12941 판결, 대법원 1997.10.24. 선고 97누10772 판결 등 참조)."라고 판시하였다.

또 대법원은 2013.11.14. 선고 2011두28783 판결에서 "구 '부당한 공동행위 자진신고자 등에 대한 시정조치 등 감면제도 운영고시'의 규정은 그 형식 및 내용에 비추어 재량권 행사의 기준으로 마련된 행정청 내부의 사무처리준칙 즉 재량준칙이라 할 것이고, 공정거래법 시행령 제35조 제1항 제4호에 의한 추가감면 신청 시 그에 필요한 기준을 정하는 것은 행정청의 재량에 속하므로 그 기준이 객관적으로 보아 합리적이 아니라든가 타당하지 아니하여 재량권을 남용한 것이라고 인정되지 아니하는 이상 행정청의 의사는 가능한 한 존중되어야 한다(대법원 1998.2.13. 선고 97누13061 판결, 대법원 2005.4.28. 선고 2004두8910 판결 등 참조)."고 판결하였다.

그리고 대법원은 공정위의 과징금고시와 관련하여 2017.1.12. 선고 2016두35199 판결, 2017.6.19. 선고 2013두17435 판결, 2019.7.25. 선고 2017두56957 판결, 2020.11.12. 선고 2017두36212 판결 등을 통해서 "이 사건 고시조항은 과징금 산정과 그 부과에 관한 재량권 행사의 기준으로 마련된 행정청 내부의 사무처리준칙, 즉 재량준칙이고, 이러한 과징금 산정과 부과에 관한 기준을 정하는 것은 행정청의 재량에 속하므로 그 기준이 헌법 또는 법률에 합치되지 않거나 객관적으로 합리적이라고 볼 수 없어 재량권을 남용한 것이라고 인정되지 않는 이상 행정청의 의사는 가능한 한 존중되어야 한다."는 일관된 법리를 확인하였다.

둘째, 이러한 내부지침의 대외적 구속력 관련하여 특별한 사정이 없는 한 대외적으로 국민이나 법원을 구속하는 효력이 없다는 것이다. 대법원 2021.10.14. 선고 2021두39362 판결은 "행정기관 내부의 업무처리지침이나 법령의 해석·적용 기준을 정한 행정규칙은 특별한 사정이 없는 한 대외적으로 국민이나 법원을 구속하는 효력이 없다. 처분이 행정규칙을 위반하였다고 해서 그러한 사정만으로 곧바로 위법하게 되는 것은 아니고, 처분이 행정규칙을 따른 것이라고 해서 적법성이 보장되는 것도 아니다. 처분이 적법한지는 행정규칙에 적합한지 여부가 아니라 상위법령의 규정과 입법 목적 등에 적합한지 여부에 따라 판단해야 한다(대법원 2019.7.11. 선고 2017두38874 판결 등 참조)."고 설시하였다. 다만 그 재량준칙이 정한 바에 따라 되풀이 시행되어 행정관행이 이루어지게 되면 평등의 원칙이나 신뢰보호의 원칙에 따라 행정기관은 그 상대방에 대한 관계에서 그 규칙에 따라야 할 자기구속을 받게 되므로, 이러한 경우에는 특별한 사정이 없는 한 그에 반하는 처분은 평등의 원칙이나 신뢰보호의 원칙에 어긋나 재량권을 일탈·남용한 위법한 처분이 된다는 법리도 함께 제시되었다(대법원 2009.3.26. 선고 2007다88828, 88835 판결, 대법원 2009.12.24. 선고 2009두7967 판결 등 참조).

또 대법원은 2022.4.28. 선고 2019두36001 판결에서 표시광고법령에 의한 고시의 규정 내용이 표시광고법 제3조 제1항 제1호에서 정한 '거짓·과장의 광고'에 해당하는지 판단하는 주요 기준이 되는지 여부 관련하여, "「부당한 표시·광고행위의 유형 및 기준 지정 고시」는 'Ⅱ. 3. 가격에 관한 표시·광고' 항목에서 '자기가 공급하는 상품을 할인 또는 가격인하하여 판매하고자 하는 경우에 허위의 종전거래가격을 자기의 판매가격과 비교하여 표시·광고하는 행위'를 부당한 표시·광고의 하나로 규정하면서[나. (1)항], 위 '종전거래가격'의 의미에 대하여 '당해 사업자가 당해 상품과 동일한 상품을 최근 상당기간(과거 20일 정도) 동안 판매하고 있던 사실이 있는 경우로서 그 기간 동안 당해 상품에 붙인 가격. 단, 위 기간 중 당해 상품의 실거래가격이 변동한 경우에는 변동된 가격 중 최저가격을 종전거래가격으로 봄'이라고 규정하고 있다. 이 사건 고시는 부당한 표시·광고의 세부적인 유형 또는 기준을 예시적으로 규정한 것이므로, 어떤 사업자의 표시·광고 행위가 부당한 표시·광고 행위로서 표시광고법 제3조를 위반한 것인지 여부를 판단할 때 표시광고법 제3조 및 표시광고법 시행령 제3조의 규정에 따라 판단하여야 하는 것이지, 피고가 이 사건 고시에서 예시한 내용에 해당되는지 여부를 기준으로 판단하여야 하는 것은 아니다(대법원 2018.7.20. 선고 2017두59215 판결 등 참조). 다만 할인 또는 가격인하의 방법으로 자기가 공급하는 상품을 판매하기 위한 표시·광고가 부당한 표시·광고에 해당하는지 여부는 사업자가 광고에 기재한 판매가격과 비교되는 종전거래가격을 거짓으로 표시하였는지 여부를 기준으로 판단할 수밖에 없다. 이 때 '종전거래가격'을 해석할 때에는 과거 20일 정도의 최근 상당기간 동안 최저가격으로 판매된 기간이 매우 짧거나 그 판매량이 미미하다는 등의 특별한 사정이 없는 한 이 사건 고시의 규정내용이 표시광고법 제3조 제1항 제1호에서 정한 '거짓·과장의 광고'에 해당하는지 여부를 판단하는 주요 기준이 된다고 볼 수 있다."고 구체적인 법리를 설시하였다.

한편 '시장지배적지위 남용행위 심사기준'상 상품판매 또는 용역제공의 부당한 조절행위 관련 대법원 2001.12.24. 선고 99두11141 판결[1]에서, 내부지침이 법률의 위임에 의한 것일 경우 당해 법률의 내용을 보충하는 법률보충적 행정규칙으로서 법규명령으로서의 효력을 가진다는 설시가 있지만, 법규명령형식의 내부지침의 법적성질에 대한 논의를 떠나서 앞에서 살펴본 대법원의 일관된 법리를 적용하면 충분하다고 본다.

---

1) 본 이슈 12: 공정거래법 집행과 내부지침 Ⅲ. 1. 참조.

Ⅲ. 공정위의 주요 내부지침 관련 법원 판결사례

1. 대법원 2001.12.24. 선고 99두11141 판결('시장지배적지위 남용행위 심사기준'상 상품판매 또는 용역제공의 부당한 조절행위 관련)

가. 피고(공정위)의 의결(1998.6.10.) 이유

법 제3조의2(현행법 제5조) 제1항은 금지되는 시장지배적지위 남용행위를 그 각 호에서 열거하면서, 그 제2호로 '상품의 판매 또는 용역의 제공을 부당하게 조절하는 행위'를 들고 있고, 같은 조 제2항은 시장지배적지위 남용행위의 유형 및 기준을 공정거래위원회가 고시로써 정할 수 있도록 위임하고 있으며, 이에 따른 '시장지배적지위남용행위의유형및기준'(공정거래위원회 고시 제1997-12호, 이하 '고시'라 한다)은, 법 제3조의2 제1항 제2호에서 규정하는 '부당하게 조절하는 행위'에 관하여 다음 각 호의 1에 해당하는 행위를 말한다고 정하면서(Ⅲ. 2. 나.), (1) 정당한 이유 없이 당해 품목의 생산량 또는 판매량을 최근의 추세에 비추어 현저히 감소시키는 행위, (2) 정당한 이유 없이 당해 품목의 재고량을 최근의 추세에 비추어 현저히 증가시키는 행위(이 경우 직영대리점이나 판매회사의 재고량은 당해 시장지배적사업자의 재고량으로 본다.), (3) 정당한 이유 없이 성수기에 유통단계에서 품귀현상이 있음에도 불구하고 당해 품목의 국내판매량을 유지 또는 감축하는 행위, (4) 회사 간에 당해 품목의 생산 또는 판매비율을 일정 수준에서 유지 또는 변경시키는 행위를 열거하고 있으므로, 피고의 위 의결은, 그 적용법조를 명시하고 있지는 아니하지만, 위 고시 (1)호 내지 (3)호를 적용한 것임이 분명하다.

나. 위 의결이유에 대한 원심의 판단

원심(서울고등법원 1999.10.7. 선고 99누13 판결)은 다음과 같은 이유로 피고의 위 의결이 위법하다고 판단하고 있다. 즉, ① 원고 회사는 전국에 9개의 창고가 있고, 그 중 수도권지역 출고를 담당하는 창고로는 수색창고와 기흥창고가 있는데, 원고 회사의 1997년 전체 출고량 중 26.4%가 수색창고에서, 18.8%가 기흥창고에서 각 출고되었고, 위 고시 (2)호에서 직영대리점이나 판매회사의 재고량까지 모두 시장지배적사업자의 재고량으로 보도록 규정하고 있으므로, 원고 회사의 출고량 감소 및 재고량 증가가 최근의 추세에 비추어 현저한지 여부는 원고 회사 창고 전부를 기준으로 하거나 적어도 조제분유 품귀현상이 발생하였다는 수도권지역에 대한 출고를 담당하는 수색창고와 기흥창고 모두를 기준으로 하여 판단하여야 할 것

인데, 피고는 수색창고 한 곳만을 기준으로 하여 판단하였으므로 부당하고, ② 조제분유제품
은 출고되어 소비자에게 판매되기까지 일정한 재고기간 내지 진열기간이 소요되기 마련이
며, 특히 원고 회사의 경우 거래처의 대금결제가 다음달 말일에 행하여지는 관계로 항상 월
말의 출고량이 월초나 월중에 비하여 현저하게 소량이므로, 원고 회사의 출고량 감소 및 재
고량 증가, 서울지역 4개 대리점의 '아기사랑' 판매량의 감소가 각 최근의 추세에 비추어 현
저한지 여부는 1997년 12월 한달 동안 또는 그 이상의 기간 동안을 기준으로 하여 판단하여
야 할 것인데, 피고는 단지 5일 동안에 불과한 짧은 기간으로서 그것도 출고량이 항상 감소
하기 마련인 월말에 속하는 기간을 기준으로 하여 판단하였으므로 이 또한 부당하고, ③ 이
사건 기간 동안 수도권 지역에 조제분유 품귀현상이 발생하였음을 인정할 자료가 없고, 오
히려 이 사건 기간이 경과한 1998년 1월초 이후에 그러한 품귀현상이 발생한 사실이 인정될
뿐이며, 그 원인도 원고 회사 등 공급업체들의 비정상적인 공급감소에 있다기보다는 가격인
상을 앞두고 일부 소비자들이 평상시보다 월등히 많은 양을 사재기한 데에 있는 것으로 추
인되므로, 결국 피고의 위 의결은 그 판단이 잘못되었거나 사실의 기초를 결하고 있어 위법
하다는 것이다.

다. 피고의 상고이유에 대한 판단

(1) 원심 판시와 같이, 원고 회사의 수도권지역 출고를 담당하는 창고로 수색창고와 기흥
창고가 있고, 기흥창고의 출고량이 상당량에 이른다면, 피고로서는 수색창고와 기흥창고의
출고량을 합산하여 위 고시 (1)호 해당 여부를 판단하여야 할 것이며, 한편 위 고시 (2)호는
직영대리점이나 판매회사의 재고량까지도 모두 시장지배적사업자의 재고량으로 보도록 규정
하고 있으므로, 고시 (2)호 해당 여부를 판단함에 있어서도 수색창고의 재고량만을 기준으
로 하여서는 아니 된다 할 것이다. 그런데 앞서 본 피고의 의결이유에 의하면, 피고는 고시
(1)호 해당 여부를 판단함에 있어서는 기흥창고의 출고량을 합산하지 아니하였고, 고시 (2)
호 해당 여부를 판단함에 있어서는 기흥창고의 재고량을 합산하지 아니함은 물론 직영대리
점이나 판매회사의 재고량도 합산하지 아니하였음이 분명하다. 그렇다면 피고가 원고 회사
의 부당한 출고조절 여부를 판단함에 있어서 수색창고 한 곳만을 기준으로 하여 부당하다는
원심의 사실인정 및 판단은 정당하다.

(2) 또한, 고시 (1)호와 (2)호는 '생산량 또는 판매량 감소'와 '재고량 증가'가 각 '최근의
추세에 비추어 현저할 것'을 각 그 요건으로 하고 있는바, '최근의 추세'와 대비할 '상당한 기
간'을 획정함에 있어서는, 기본적으로 '생산량 또는 판매량의 감소' 내지 '재고량의 증가'가

평상시에 비하여 현저한 기간을 기준으로 삼아야 할 것이지만, 고시 (1)호와 (2)호에 해당하는 행위가 있으면 공정위가 따로 그 '부당성'을 입증하지 아니하여도 법 제3조의2 제1항 제2호에서 규정하는 '부당하게 조절하는 행위'로 평가된다는 점에 유념하면(위 고시 규정들은 법 제3조의2 제2항의 위임에 따라, 법 제3조의2 제1항 제2호의 내용을 보충하는 이른바 법률보충적 행정규칙으로서 법규명령으로서의 효력을 가지기 때문이다.), '상당한 기간'은 위 기준만에 의할 것이 아니라, 그 외 당해 제품의 유통기한, 수요의 변동요인, 공급에 필요한 비용의 변동요인 등 정상적인 수급상황에 영향을 미치는 제반 요인을 함께 살펴, 그 기간 동안의 '생산량 또는 판매량의 감소' 내지 '재고량의 증가'가 시장의 수요에 현저하게 역행하는 것으로서 그것이 당해 사업자의 시장지배적 지위에 기해서만 설명이 가능한 것인지 여부도 아울러 감안하여 획정할 것이 요구된다 할 것이다(피고 내부의 심사기준인 공정거래위원회 고시 제2000-6호에도 그 취지의 규정이 있다). 기록에 의하면, 원고 회사의 경우 거래처의 대금결제가 다음달 말일에 행하여지는 관계로 항상 월말의 출고량이 월초나 월중에 비하여 현저하게 소량인 점을 알 수 있으므로, 월말 출고량의 현저한 감소만으로는 그것이 원고 회사의 시장지배적지위에 기한 것이라고 보기는 어렵고, 따라서 이 사건 기간은 원고 회사의 출고량 감소 및 그로 인한 재고량 증가가 최근의 추세에 비추어 현저한지 여부를 알 수 있는 '상당한 기간'이라고 볼 수 없다. 같은 취지의 원심 판단은 정당하다.

　(3) 위 고시 (3)호는 판매량의 현저한 감축을 요건으로 하고 있지 아니하므로, 이 사건 기간 동안에 수도권지역에 조제분유 품귀현상이 발생하고 있었다면, 원고 회사의 이 사건 행위사실은 위 고시 (3)호에 해당하는 행위가 될 수 있다. 그러나 원심의 증거취사를 기록에 비추어 살펴보면, 이 사건 기간 동안 수도권지역에 조제분유 품귀현상이 발생하였음을 인정할 자료가 없다고 본 원심의 사실인정은 정당한 것으로 수긍할 수 있으므로, 원고 회사의 이 사건 행위사실이 고시 (3)호에 해당한다고도 할 수 없다. 같은 취지에서 한 원심의 사실인정 및 판단은 정당하다.

2. '시장지배적지위 남용행위 심사기준'상 부당하게 특정사업자에 대하여 거래를 거절하는 행위 관련

　대법원 2007.11.22. 선고 2002두8626 전원합의체 판결은 "법 제3조의2(현행법 제5조) 제1항은 시장지배적사업자의 지위남용행위를 금지하고 있고, 같은 항 제3호는 그 지위남용행위의 하나로 다른 사업자의 사업활동을 부당하게 방해하는 행위를 규정하고 있다. 법 제3조의

2 제2항이 남용행위의 유형 또는 기준을 대통령령에 위임함에 따라 법 시행령 제5조 제3항 제3호(현행 제9조 제3항 제4호)는 '다른 사업자의 사업활동을 부당하게 방해하는 행위'의 하나로 "제1호 및 제2호 외의 부당한 방법으로 다른 사업자의 사업활동을 어렵게 하는 행위로서 공정위가 고시하는 행위"를 규정하고 있으며, 이에 따라 공정위가 고시한 시장지배적지위 남용행위 심사기준(2000.9.8. 공정거래위원회 고시 제2000-6호) Ⅳ. 3. 다. (1)은 공정거래법 시행령 제5조 제3항 제3호의 한 경우로서 '부당하게 특정사업자에 대하여 거래를 거절한 경우'(이하 '거래거절'이라 한다)를 규정하고 있다. 결국, 위 관련 법령 등의 규정에 의하면 시장지배적지위 남용행위로서의 거래거절행위는 '시장지배적사업자가 부당하게 특정사업자에 대한 거래를 거절함으로써 그 사업자의 사업활동을 어렵게 하는 행위'라 할 것이다."라고 판시하였다.

3. '부당한 지원행위의 심사지침'상 부당한 지원행위에 해당하는 경우의 판단 관련

대법원 2004.9.24. 선고 2001두6364 판결은 "공정위가 법 제23조 제1항 제7호(현행법 제45조 제1항 제9호)의 규정을 운영하기 위하여 만든 '부당한 지원행위의 심사지침'이 '관계 법령을 면탈 또는 회피하여 지원하는 등 지원행위의 방법 또는 절차가 불공정한 경우'를 부당성 판단 기준의 하나로서 규정하고 있기는 하나, 위 심사지침은 법령의 위임에 따른 것이 아니라 법령상 부당지원행위 금지규정의 운영과 관련하여 심사기준을 마련하기 위하여 만든 피고 내부의 사무처리지침에 불과하므로, 지원행위를 둘러싼 일련의 과정 중 관계 법령이 정한 방법이나 절차의 위배가 있다고 하여 바로 부당지원행위에 해당한다고는 할 수 없고, 이러한 관계 법령의 면탈 또는 회피가 지원행위의 부당성에 직접 관련된 것으로서 지원객체가 직접 또는 간접적으로 속한 시장에서 경쟁을 저해하거나 경제력 집중을 야기하는 등으로 공정한 거래를 저해할 우려가 있는 경우에 비로소 부당지원행위에 해당한다고 할 것이다."라고 판시하였다.

또 대법원은 "관계 법령 및 위 법리와 기록에 비추어 살펴보면, 원고의 이 사건 행위가 증권거래법과 관련한 유가증권인수업무에관한규정 제8조를 면탈, 회피하여 그 수단이나 방법이 공정하지 못한 행위로서 정상적이고 공정한 방법이나 절차에 의한 거래라고 볼 수 없다는 피고의 주장사유만으로는 공정한 거래를 저해할 우려가 있는 행위라고 볼 수 없다는 취지의 원심 판단은 정당하고, 거기에 상고이유의 주장과 같은 지원행위의 방법 또는 절차의 불공정성에 대한 법리를 오해한 위법이 없다."고 판결하였다.

필자는 위 판결 중 심사지침이 법령의 위임에 따른 것이 아닌 공정위 내부의 사무처리지침에 불과하다는 대법원의 설시 관련하여, 법령의 위임에 따른 것이라고 하더라도(현재는 동 심사지침은 법령의 위임에 따른 내부지침으로 되어 있다) 내부지침이라는 성격은 동일하다고 보며, 다만 앞에서 살펴본 것처럼 행정기관 내부의 사무처리기준은 재량에 속하므로 그 기준이 헌법 또는 법률에 합치되지 않거나 객관적으로 합리적이라고 볼 수 없어 재량권을 남용한 것이라고 인정되지 않는 이상 행정청의 의사는 가능한 한 존중되어야 한다는 대법원의 일관된 법리가 적용된다고 본다. 그리고 동 심사지침 중 관련 규정은 위 대법원 판결의 취지를 반영하여 '관련법령을 면탈 또는 회피하는 등 불공정한 방법 또는 절차를 통해 지원행위가 이루어지고, 이로 인하여 지원객체가 속하는 일정한 거래분야에서 경쟁이 저해되거나 경제력 집중이 야기되는 등으로 공정한 거래를 저해될 우려가 있는 경우'로 수정되었다.

4. '부당한 지원행위의 심사지침'의 법적 성격 관련

대법원 2004.4.23. 선고 2001두6517 판결은 "법 제23조 제1항 제7호(현행법 제45조 제1항 제9호)는 불공정거래행위의 한 유형으로 부당지원행위를 규정하고, 같은 조 제3항의 위임에 의한 법 시행령(1999.3.31. 대통령령 제16221호로 개정되기 전의 것, 이하 '법 시행령'이라 한다) 제36조 제1항은 [별표] 제10호에서 부당지원행위의 유형 및 기준으로 부당한 자금지원, 부당한 자산지원, 부당한 인력제공을 규정하고 있는데, 피고의 '부당한지원행위의심사지침'(1997.7.29. 제정되고 1999.2.10. 개정되기 전의 것, 이하 '이 사건 심사지침'이라 한다)은 상위법령의 위임이 없을 뿐 아니라 그 내용이나 성질 등에 비추어 보더라도 피고 내부의 사무처리준칙에 불과하고 대외적으로 법원이나 일반 국민을 기속하는 법규명령으로서의 성질을 가지는 것이라고는 볼 수 없다."고 설시하였다.

또 대법원은 "그러나 원심판결이, 원고가 그와 계열회사 관계에 있는 지원객체들 발행의 기업어음들을 매입한 행위가 위 법령이 정한 '현저히 유리한 조건'의 거래로서 부당지원행위에 해당하는지 여부를 판단함에 있어 이 사건 심사지침이 자금지원행위의 기준으로 정한 바와 같은 실제적용금리와 정상금리를 비교한 것은 그 방식의 합리성에 비추어 수긍할 수 있고, 개별정상금리를 정의함에 있어서 이 사건 심사지침의 문언을 원용하고 있다는 이유만으로 위 심사지침이 법규성을 가지는 것을 전제로 한 것은 아니라고 할 것이므로, 원심판결에 이 사건 심사지침의 법적 성격과 효력, 해석 및 적용에 대한 법리오해의 위법이 없다."고 판결하였다.

위 판결도 3.에서처럼 심사지침이 법령의 위임에 따른 것이 아닌 공정위 내부의 사무처리지침에 불과하고 대외적 기속력이 있는 법규명령에 해당하지 않는다는 설시를 하고 있으나, 필자는 3.에서와 같은 입장이다.

5. '부당한 공동행위 자진신고자 등에 대한 시정조치 등 감면제도 운영고시'상 추가감면 신청시 당해 공동행위와 다른 공동행위가 모두 여럿인 경우 공정위가 적용한 기준 관련

대법원은 2013.11.14. 선고 2011두28783 판결에서 "감면고시 제16조 제2항은 그 문언 및 내용상 당해 공동행위가 1개의 행위이고, 다른 공동행위가 1개의 행위임을 전제로 그 규모를 서로 비교하여 감경률이나 면제 여부를 정하도록 규정하고 있고, 이 사건과 같이 당해 공동행위가 여럿이고 다른 공동행위도 여럿인 경우 그 감경률 등을 어떻게 정할 것인지에 관하여는 구체적인 규정을 두고 있지 아니하다. 추가감면 여부 및 비율 등을 정하는 것은 피고의 재량에 속하고 또한 피고가 이에 관한 내부 사무처리준칙을 어떻게 정할 것인지에 대하여도 재량을 갖고 있는 점을 아울러 참작하면, 당해 공동행위와 다른 공동행위가 모두 여럿인 경우에 관하여 구체적인 규정이 없는 상태에서 피고가 과징금 부과처분을 하면서 적용한 기준이 과징금제도와 추가감면제도의 입법 취지에 반하지 아니하고 불합리하거나 자의적이지 아니하며, 나아가 그러한 기준을 적용한 과징금 부과처분에 과징금 부과의 기초가 되는 사실을 오인하였거나 비례·평등의 원칙에 위배되는 등의 사유가 없다면, 그 과징금 부과처분에 재량권을 일탈·남용한 위법이 있다고 보기 어렵다. 피고가 앞서 본 7건의 입찰담합행위의 관련 매출액을 합산한 금액과 2건의 다른 공동행위의 관련 매출액을 합산한 금액으로 양자의 규모를 비교하여 감경률을 정하여야 한다는 기준을 세운 후, 그 기준에 따라 정한 각각의 감경률을 각 7건의 입찰담합행위에 적용한 조치는 과징금제도와 추가감면제도를 둔 입법 취지에 반하지 아니하고, 또한 불합리하거나 자의적이라고 보이지 아니한다. 또한, 피고가 이 사건 처분 전에 당해 공동행위와 다른 공동행위가 모두 여럿인 사안에서 이 사건 처분에서 적용한 기준과 다른 기준을 적용하여 과징금 부과처분을 하였다거나 그와 다른 행정관행이 성립하여 있다고 인정할 만한 자료를 기록상 찾아볼 수 없으므로, 이 사건 처분이 평등의 원칙이나 신뢰보호의 원칙에 위배된다고 볼 수도 없다."고 판시하였다.

6. '과징금부과 세부기준 등에 관한 고시'상 등기부 미등재 고위 임원의 위반행위 직접 관여시 과징금 가중 조항 적용 관련

대법원은 2017.6.19. 선고 2013두17435 판결에서 공정위가 상법상 이사로 법인등기부에 등기된 자 이외에 비등기 임원에 대하여도 과징금고시 조항을 적용하여 과징금을 가중한 것이 재량권의 일탈·남용에 해당하는지 여부 관련하여 "피고는 법령에 반하지 않는 범위 내에서 과징금의 가중·감면 사유 등에 관한 재량준칙의 내용을 어떻게 정할지에 관하여 재량이 있다. 피고는 이러한 재량에 기초하여 이 사건 고시조항의 적용 대상을 상법상 이사로 법인등기부에 등기된 자 이외에도, 비등기 임원 등으로까지 확장하기 위하여 이 사건 고시조항에 '등기부 등재 여부를 불문한다'는 부분을 2007.12.31. 추가하고, 그 후 비등기 임원에 대하여도 이 사건 고시조항을 적용한 것으로 보인다. 나아가 거래현실상 비등기 임원이라 하더라도 일반 직원과는 의사결정이나 업무집행 권한의 범위 등에서 차이가 있는데, 그러한 비등기 임원이 단순히 위반행위에 관하여 보고를 받고도 이를 제지하지 않는 등 간접적으로 관여하는 차원을 넘어서 위반행위를 주도·계획하거나 이에 유사한 정도로 위반행위에 직접 관여하였다고 볼 수 있다면, 이는 공정거래법령이 정한 과징금 산정의 참작사유, 즉 '위반행위의 내용과 정도'에 영향을 미치는 '위반사업자의 고의, 위반행위의 성격과 사정'에 대한 평가를 달리 할 수 있는 사정에 해당한다. 위와 같은 사정 이외에 공정거래법 제2조 제5호(현행 제6호)도 임원을 상법상 이사로 한정하고 있지 않은 점을 고려하면, 위반사업자의 비등기 임원이 위반행위에 직접 관여하였다는 사정을 들어 100분의 10 이내 범위에서 과징금을 가중하는 것이 헌법과 공정거래법령에 합치되지 않는다거나 객관적 합리성이 없이 현저히 부당하다고 할 수 없다."고 판단하였다.

7. '과징금부과 세부기준 등에 관한 고시'상 법위반행위의 횟수 가중 조항 적용 관련

대법원은 2019.7.25. 선고 2017두56957 판결에서 "공정거래법 제55조의3 제1항, 제5항 및 공정거래법 시행령 제61조 제1항 [별표 2] 2. 나.항에 근거한 '개정 전 과징금고시' IV. 2. 나. (1)항은 "당해 사건에 관하여 과거 3년간 3회 이상 법 위반으로 조치(경고 이상을 포함하되 과태료 부과는 제외한다)를 받고 벌점 누산점수가 5점 이상인 경우에는 4회 조치부터 다음과 같이 산정기준을 가중할 수 있다."라고 규정하면서, 그 (나)항은 '과거 3년간 4회 이상 법 위반으로 조치(경고 이상)를 받고 벌점 누산점수가 7점 이상인 경우' 100분의 40 이내의 범위에서 산정기준을 가중할 수 있도록 규정하고 있다. 한편 '개정 전 과징금고시' Ⅳ. 2. 나. (2)항은 '과거 시정조치의 횟수를 산정할 때에는 시정조치의 무효 또는 취소판결이 확정된 건을 제외'하도록 규정하고 있다. 공정거래위원회가 과징금 산정 시 위반 횟수 가중의 근거로 삼은 위반행위에 대한 시정조치가 그 후 '위반행위 자체가 존재하지 않는다는 이유로 취소판결이 확정된 경우', 과징금 부과처분의 상대방은 결과적으로 처분 당시 객관적으로 존재하지 않는 위반행위로 인하여 과징금이 가중된 것이므로, 그 처분은 비례·평등원칙 및 책임주의 원칙에 위배될 여지가 있다. 다만 공정거래위원회는 공정거래법령상의 과징금 상한의 범위 내에서 과징금 부과 여부 및 과징금 액수를 정할 재량을 가지고 있으며, 또한 재량준칙인 '개정 전 과징금고시' Ⅳ. 2. 나. (1)항은 위반 횟수와 벌점 누산점수에 따른 과징금 가중 비율의 상한만을 규정하고 있다. 따라서 법 위반행위 자체가 존재하지 않아 위반행위에 대한 시정조치에 대하여 취소판결이 확정된 경우에 위반 횟수 가중을 위한 횟수 산정에서 제외한다고 하더라도, 그 사유가 과징금 부과처분에 영향을 미치지 아니하여 처분의 정당성이 인정되는 경우에는 그 처분을 위법하다고 할 수 없다(대법원 2010.12.9. 선고 2010두15674 판결 등 참조)."고 판결하였다.

8. '과징금부과 세부기준 등에 관한 고시'상 조사방해를 이유로 한 과징금 가중 조항 적용 관련

대법원은 2020.11.12. 선고 2017두36212 판결에서 "이러한 법령의 문언·내용과 체계에 따르면, 공정거래법령은 과징금 산정에 필요한 참작사유를 포괄적·예시적으로 규정하면서 구체적인 고려사항과 세부기준은 공정위의 고시에 위임하고 있음을 알 수 있다. 공정위가 구 「과징금부과 세부기준 등에 관한 고시」(2013.6.5. 공정거래위원회 고시 제2013−2호로 개정되기 전의 것) Ⅳ. 3. 나. (4)항(이하 '이 사건 고시조항'이라 한다)에서 2차 조정을 위한 가중사유로 "위반사업자 또는 그 소속 임원·종업원이 위반행위 조사를 거부·방해 또는 기피한 경우"를 정한 것은 위와 같은 법령의 규정과 위임에 근거를 두고 있다. 한편 공정위는 공정거래법령상 과징금 상한의 범위에서 과징금 부과 여부와 과징금 액수를 정할 재량을 가지고 있다. 이 사건 고시조항은 과징금 산정에 관한 재량권 행사의 기준으로 마련된 행정청 내부의 사무처리준칙, 즉 재량준칙으로서, 이러한 재량준칙은 그 기준이 헌법이나 법률에 합치되지 않거나 객관적으로 합리적이라고 볼 수 없어 재량권을 남용한 것이라고 인정되지 않는 이상 가급적 존중되어야 한다(대법원 2017.1.12. 선고 2016두35199 판결 참조)."고 판결하였다.

9. '기업결합 심사기준'상 지배관계의 형성, 일정한 거래분야, 경쟁제한성 판단기준 관련

서울고등법원은 2006.3.15. 선고 2005누3174 판결에서 "(1) 지배관계의 형성 관련하여, 이 사건 기업결합은 '취득회사의 주식소유비율이 50/100 미만이더라도 주식소유비율이 1위에 해당하고 주식분산도로 보아 주주권행사에 의한 회사지배가 가능한 경우(기업결합심사기준 V.1.나.(1) 참조)'에 해당하므로, 이는 주식취득을 통하여 당사회사 간에 지배관계가 형성되는 수평적 기업결합의 하나에 해당된다고 할 것이다. (2) 일정한 거래분야, 즉 관련시장의 획정 관련하여, 관련시장이라 함은 거래의 객체별·단계별 또는 지역별로 경쟁관계에 있거나 경쟁관계가 성립될 수 있는 분야로서(법 제2조 제8호), 거래되는 특정 상품의 가격이 일정 지역에서 상당 기간 의미 있는 수준으로 인상될 경우 당해 상품 또는 지역의 대표적 구매자가 이에 대응하여 다른 상품, 지역으로 구매를 전환할 수 있는 상품, 지역 등의 집합을 의미하고, 이는 상품의 기능, 효용 및 가격의 유사성, 구매자 또는 판매자들의 대체가능성에 대한 인식, 그와 관련한 구매 또는 경영의사 결정 행태 및 시간적, 경제적, 법제적 측면에서 전환의 용이성 등을 종합적으로 고려하여 판단할 것이다(기업결합심사기준 VI. 참조). 그리고 (3) 경쟁제한성 관련하여, 경쟁의 실질적 제한이라 함은 일정한 거래분야의 경쟁이 감소하여 특정사업자 또는 사업자단체의 의사에 따라 어느 정도 자유로이 가격·수량·품질 기타 거래조건 등의 결정에 영향을 미치거나 미칠 우려가 있는 상태, 즉 시장지배의 상태를 초래하는 것을 말하는바, 수평적 기업결합에서 경쟁제한성을 판단함에 있어서는 기업결합 전후의 시장 집중상황, 해외경쟁의 도입수준 및 국제적 경쟁상황, 신규진입의 가능성, 경쟁사업자간의 공동행위 가능성, 유사품 및 인접시장의 존재 여부 등을 종합적으로 고려하여 판단할 것이다(기업결합심사기준 VII. 1. 참조)."라고 판시하였다.

10. 법 제2조(정의) 제4호에 따른 "일정한 거래분야"의 판단기준에 관한 심사기준 관련

대법원은 2013.2.14. 선고 2010두28939 판결에서 "그러나 공정거래법 제2조 제8호(현행법 제2조 제4호)를 비롯하여 관련상품시장 획정과 관련된 공정거래법령 및 피고 스스로 일정한 거래분야의 판단기준에 관하여 마련한 여러 심사기준 등을 종합하면, 원심과 같이 관련상품시장의 획정을 필요로 하는 행위가 무엇인지 여부에 따라 관련상품시장 획정의 기준이 본질적으로 달라진다고 볼 수 없다. 또한 이 사건 공동행위의 관련상품시장을 획정함에 있어서 원심이 기준으로 삼고 있는 합의의 대상·목적·효과 등은 주로 관련상품시장 획정 그 자체를 위한 고려요소라기보다 관련상품시장 획정을 전제로 한 부당한 공동행위의 경쟁제한성을 평가하는 요소들에 해당하므로, 만약 원심과 같은 방식으로 관련상품시장을 획정하게 되면 관련상품시장을 획정한 다음 경쟁제한성을 평가하는 것이 아니라 반대로 경쟁제한의 효과가 미치는 범위를 관련상품시장으로 보게 되는 결과가 되어 부당하다(대법원 2012.4.26. 선고 2010두18703 판결 참조)."고 판결하였다.

11. 대규모유통업법상 '대규모유통업 분야에서 판매장려금의 부당성 심사에 관한 지침' 관련

서울고등법원은 2018.11.9. 선고 2016누60425 판결(홈플러스(주) 및 홈플러스스토어즈(주)의 대규모유통업법 위반행위 건, 2016.7.20. 공정위 의결)에서 "판매장려금지침은 법규성이 없는 내부 사무처리지침에 불과한바, 이러한 판매장려금지침만으로 일률적으로 이 사건 공제비용이 적법한 판매장려금이 아니라고 보아서는 아니된다"는 원고들의 주장에 대하여, "판매장려금지침은 기본장려금이 판매촉진 목적과의 관련성이 인정되지 않아 대규모유통업법 제2조 제9호, 제15조에서 허용하는 판매장려금에 해당하지 않는다는 점을 확인하고 이에 대한 주의를 촉구하는 내용일 뿐 판매장려금에 관한 새로운 기준을 정한 것은 아니다. 원고들이 농심 등 4개 납품업자에게 지급하는 상품대금에서 판촉비용분담금 등 명목으로 매입액 대비 일정률 또는 일정액의 금액을 공제한 것은 대규모유통업법 제15조와 판매장려금지침에 따라 허용되는 판매장려금에 해당하지 않으므로, 이를 공제한 행위에 정당한 사유가 있다고 할 수 없다."고 판결하였다. 그리고 대법원은 2021.11.25. 선고 2018두65071 판결에서 원심의 판단을 인정하였다.

12. '공정거래위원회 회의 운영 및 사건절차 등에 관한 규칙'상 경고 조항 적용 관련

헌법재판소는 2018.5.31.자 2015헌마448 결정에서 "공정거래법 제23조 제1항 제4호(거래상 지위의 남용)의 구체적인 유형을 정한 같은 법 시행령 제36조 제1항 [별표 1의2] 제6호의 나목(이익제공강요)은 "거래상대방에게 자기를 위하여 금전·물품·용역 기타의 경제상 이익을 제공하도록 강요하는 행위"라고 규정하고 있다. 위와 같은 ㅁㅁ의 행위는 단가인하를 조건으로 내걸어 청구인에게 ××의 미수금을 해결하도록 강요한 것으로서 이에 해당한다고 볼 수 있다. 그리고 사건절차규칙은 공정거래법 제48조 제2항, 제55조의2(각각 현행법 제71조 제2항, 제101조)에 따라 제정된 것인데(사건절차규칙 제1조), 그 제50조 제2항 [별표] 제3호 라목(현행 사건절차규칙 제57조 제2항 [별표] 제3호 다목)에서 "위반행위가 신고인에게 한정된 피해구제적 사건인 경우"는 경고로 처리할 수 있도록 정하고 있다. ㅁㅁ의 위 미수금 대납 강요행위로 인해 발생한 피해는 청구인(신고인)에 한정되고, 피해액 1,400만 원은 청구인의 매출규모에 비추어 그리 크지 않아 위반의 정도가 경미하므로, '경고'로 처리할 수 있는 경우에 해당한다고 볼 수 있다. 따라서 피청구인의 경고조치는 위 법령들에 따른 것으로서 이를 자의적인 것이라고 볼 수 없다."고 결정하였다.

13. '불공정거래행위 심사지침'상 거래상지위 여부 관련(심사지침 V. 6. (3))

공정위는 2021.8.27. 한국토지주택공사의 거래상지위남용행위 건에서 거래상지위 판단 관련 "거래상지위는 당사자 중 일방이 상대적으로 우월한 지위 또는 적어도 상대방과의 거래 활동에 상당항 영향을 미칠 수 있는 지위를 갖고 있으면 인정할 수 있고, 거래상 지위가 있는지 여부는 당사자가 처한 시장상황, 당사자 사이의 전체적인 사업능력의 격차, 거래대상 상품의 특성 등을 고려하여 판단하여야 한다(대법원 2000.6.29. 선고 2003두1646 판결 참조)."는 일관되게 확립된 기본 법리를 제시하고 그에 따라 거래상 지위가 인정된다고 판단하였다.

원고는 서울고등법원 2022.9.28. 선고 2021누60719 판결에서 "피고(공정위)의 '불공정거래행위 심사지침'에 의하면 거래상지위가 인정되기 위해서는 계속적인 거래관계가 존재하여야 하고 일방의 상대방에 대한 거래의존도가 상당하여야 하는데, 원고와 이 사건 매수인들의 토지 매매는 일회성 거래에 불과하므로 계속적인 거래관계가 존재하지 않고, 이 사건 매수인들은 원고로부터 토지를 공급받는 대신 이주정착금을 지급받는 등으로 관계 법령상 마련되어 있는 다른 선택을 할 수 있었음에도 스스로의 판단에 따라 원고로부터 토지를 공급받기로 한 것으로서 원고에 대하여 의존적인 관계에 있다고 할 수 없다."고 주장하였다.

이에 대하여 서울고등법원은 거래상지위 인정 관련한 기본법리로는 공정위와 마찬가지로 확립된 대법원 판례들을 참조로 제시하였으며, 다만 원고 주장인 '불공정거래행위 심사지침' V. 6. (3)과 관련하여 거래상지위의 인정에 반드시 계속적인 거래관계의 존재가 요구되는지 여부를 별도로 판단하였다. 그에 따라 아래와 같은 사정들을 고려하여, 공정거래법의 거래상지위 남용행위에 해당하기 위해서 해당 사업자와 그 거래상대방 사이에 반드시 계속적인 거래관계가 존재하여야만 하는 것은 아니라고 봄이 상당하다고 판단하였다.

　(1) 행정기관 내부의 업무처리지침이나 법령의 해석·적용 기준을 정한 행정규칙은 특별한 사정이 없는 한 대외적으로 국민이나 법원을 구속하는 효력이 없다. 처분이 행정규칙을 위반하였다고 해서 그러한 사정만으로 곧바로 위법하게 되는 것은 아니고, 처분이 행정규칙을 따른 것이라고 해서 적법성이 보장되는 것도 아니며, 처분이 적법한지는 행정규칙에 적합한지 여부가 아니라 상위법령의 규정과 입법 목적 등에 적합한지 여부에 따라 판단하여야 한다(대법원 2019.7.11. 선고 2017두38874 판결, 대법원 2021.10.14. 선고 2021두39362 판결 등 참조). 피고의 예규인 '불공정거래행위 심사지침'은 공정거래법 제5장에서 규정하고 있는 불공정거래행위에 관한 해석·적용에 관한 내부적인 준칙으로서 법원은 이에 구속되지 아니한다. 따라서 설령 '불공정거래행위 심사지침'이 거래상 지위남용이 성립하기 위해 사업자와 거래상대방 사이에 계속적인 거래관계가 있어야 한다는 취지로 정하고 있더라도, 이는 공정거래법의 해석에 관한 하나의 견해에 불과하여, 법원이 반드시 이를 기준으로 거래상 지위의 존부를 판단하여야 하는 것은 아니다.

　(2) 공정거래법령이 거래상 지위남용을 불공정거래행위의 하나로 규제하는 것은 거래당사자의 상대적 지배력의 격차로 인해 일방이 상대방에 대하여 종속적인 관계에 있는 것을 이용하여 불이익제공 등 행위를 하는 것이 공정한 거래를 해칠 우려가 있다고 보기 때문이다. 불이익제공이 대등한 당사자 사이의 합의 내지 자유로운 선택에 의한 것이라면 거래상 지위남용이 성립할 여지가 없다. 일방의 거래가 상대방에 대하여 의존적일 때 자유로운 선택이 어려워지므로, 결국 거래상 지위의 본질은 일방의 상대방에 대한 거래의존도에 있고, 따라서 거래의존도는 거래상 지위의 존부를 판단하는 데 필수적인 기준이라고 볼 수 있다. 그러나 계속적 거래관계의 경우 거래상 지위 남용을 규제하는 공정거래법령의 제반 규정과 입법 취지로부터 계속적 거래관계가 반드시 요구된다는 점을 도출하기는 어렵다.

　(3) 쌍방 당사자가 계속적 거래관계가 있고 부당한 불이익제공 행위 등이 있는데도 그 거래관계가 유지된다면, 이는 일방의 상대방에 대한 종속성을 추단하게 하는 강력한 지표가 될 수 있다. 즉, 해당 상품 또는 용역의 거래가 계속적인 경우 부당한 불이익제공 등 행위를 받는 당사자는 차회에 다른 선택을 할 기회가 열려 있고, 그럼에도 상대방과 거래를 계속 이어간다면 상대방에 대해 의존적인 지위에 있다고 봄이 합리적이다. 이러한 점에서는 계속적 거래관계도 거래상 지위를 판단하는 하나의 요소가 될 수 있다. 그러나 계속적 거래관계는 어디까지나 거래의존도의 판단을 위해 필요한 고려요소가 될 수 있을 뿐, 그 자체로 거래상 지위의 존부를 판단하는 독자적인 기준이 된다고 보기는 어렵다.

(4) 어느 일방이 상대방과의 거래관계를 계속 유지하기 위해 상대방의 부당한 불이익제공 행위 등을 어쩔 수 없이 수인하여야 하는 경우가 있을 수 있다. 거래관계의 계속 여부는 이러한 점에서도 거래상 지위의 존부 판단에 고려될 수 있다. 그러나 이 경우에도 핵심은 거래의 계속성이 아니라 일방에 대한 상대방의 상대적 지배력 또는 일방의 상대방에 대한 거래의존도이다. 어느 당사자가 자신의 우월한 지위를 이용하여 거래상대방에게 부당하게 불이익을 주는 행위는 거래의 계속 여부와 무관하게 발생할 수 있으며, 일회성 거래라 하여 그 상대방이 언제나 그 거래관계에서 자유롭게 이탈할 수 있는 것은 아니므로, 거래관계의 계속성은 거래상 지위의 존부 판단에 필수적이라고 할 수 없다.

(5) '불공정거래행위 심사지침'은 거래상 지위가 인정되기 위해 계속적 거래관계를 요구하는 취지에 관하여, '특화된 자본설비, 인적자원, 기술 등에 대한 투자가 이루어져 고착화(lock-in) 현상이 발생하면 상대방이 불이익한 거래조건을 제시하더라도 그 상대방은 이미 투입한 투자 등을 고려하여 불이익한 거래조건 등을 수용할 수밖에 없게 된다'고 설명한다. 이러한 경우에 거래상 지위가 성립할 수 있음은 물론이지만, 이러한 경우에만 거래상 지위가 인정된다고 볼 근거는 없다. 가령, 위 심사지침은 또 '계속적 거래관계 여부는 거래관계 유지를 위해 특화된 자본설비, 인적자원, 기술 등에 대한 투자가 존재하는지 여부를 중점적으로 검토한다'면서 '예를 들어 거래상대방이 거래를 위한 전속적인 설비 등을 가지고 있는 경우에는 거래상 지위가 있는 것으로 볼 수 있다'고 설명하는데, 거래를 위한 전속적인 설비 등을 가지고 있는 거래상대방과 단 1회 거래하는 경우에도 그 거래상대방이 주장하는 불이익한 거래조건 등을 거부하기 어려운 상황에 처하게 되는데, 이러한 경우에도 거래상 지위 남용은 성립할 수 있다고 봄이 타당하고, 단순히 일회성 거래라는 이유로 거래상 지위의 존재를 부정하는 것은 불합리하다.

(6) '불공정거래행위 심사지침'에서 거래상 지위 인정에 계속적 거래관계와 거래의존도가 요구된다는 취지로 규정한 것은 2015.12.31. 공정거래위원회예규 제241호로 위 심사지침이 개정되어 같은 날 시행되면서부터인데, 개정 전 심사지침은 개정 후와 달리 거래상 지위 존부의 판단기준을 일반적으로 규정하지 않았다. 심사지침 개정 전후로 공정거래법령의 거래상 지위의 의미와 관련된 규정에 변동이 없었던 이상, 거래상 지위가 인정되기 위해 계속적인 거래관계가 반드시 요구된다는 듯한 내용의 개정 후의 심사지침은 받아들이기 어렵다.

과징금 납부명령의 재량권 일탈·남용 여부

I. 공정거래법상의 법위반행위에 대한 규제조치

행정주체와 사인간의 행정법관계의 내용을 실현하여 행정법규의 실효성을 확보하는 것은 행정법의 중요한 절차적 수단의 하나라고 할 수 있다. 행정법관계에서 성립된 행정의무의 이행을 확보하기 위한 수단으로서 현행 행정법규들은 대집행, 행정상 강제징수 등 직접적 강제수단과 행정벌, 과징금, 가산금, 인·허가의 취소 등 간접적 강제수단 등을 규정하고 있다.

공정거래법도 법위반행위에 대하여 여러 가지 규제조치를 규정함으로써 공정하고 자유로운 경쟁의 촉진이라는 법목적의 달성을 위한 실효성을 확보하려는 담보장치를 마련하고 있다. 현행 공정거래법상의 법위반행위에 대한 규제조치는 시정조치·과징금부과 등 행정적 규제, 위반행위에 대한 행정벌을 적용하는 형사적 규제, 법위반행위로 피해를 입은 자에 대한 손해배상책임의 인정·법원에 대한 침해행위의 금지청구·법위반행위의 사법상 효력의 무효 등 민사적 규제의 3가지 유형으로 나눌 수 있다. 이 중에서 시정조치·과징금부과 등 행정적 규제는 공정거래위원회가 전적으로 집행하는 것으로서 공정거래법 위반행위에 대한 제1차적인 규제조치로서의 성격을 갖고 있다, 형사적 규제와 민사적 규제는 이러한 행정적 규제에 의한 공정거래법의 입법목적의 실현을 보완하는 역할을 하는 것이다.

행정적 규제중에서도 시정조치는 법위반행위가 있는 경우 당해 위법상태를 제거함으로써 경쟁질서를 회복시키기 위한 가장 기본적인 수단이다. 공정거래법은 위반행위의 유형별로 경쟁제한의 상태를 배제하여 경쟁을 회복하는데 필요한 시정조치의 수단을 규정하고 있다. 그리고 과징금은 행정적 규제의 수단의 하나인 점에서는 시정조치와 그 성격이 같으나, 위반행위로 인하여 부당한 이득을 획득하거나 시정조치만으로는 억지력의 확보가 미흡한 경우에 부과되는 것이다. 과징금도 행정적 규제 내에서 시정조치의 보완적 수단에 해당하지만 1981년 공정거래법의 시행 이후 적용대상행위 및 행위유형별 부과한도도 늘어나면서 현재 법위반행위에 대해 시정조치와 함께 과징금 부과가 통상적으로 이루어지고 있으며 공정위 및 법원의 법집행 과정에서 중요한 이슈대상이 되고 있다(공정위의 연도별 통계연보를 통해 공정거래법 위반 조치유형 중 과징금 부과건수 비율을 분석해 보면 1981-2022년간 16.8%, 시정명령 건수 대비 40.5%이며 2018-2022년 5년간은 전체로는 31.0%, 시정명령 대비로는 88.6%에 달하고 있다.).

Ⅱ. 공정거래법상 과징금제도
1. 과징금의 법적 성격

가. 개요

공정거래법상 과징금은 부당이득환수금과 행정제재금의 양 성격을 동시에 갖고 있다. 즉 위반행위로 발생한 부당이득을 환수함으로써 사회적 공정을 확보하면서 제재수단으로 법실 효성 및 억지력을 도모한다는 양면의 성격을 동시에 갖고 있는 것으로 보면 무난할 것 같다. 이는 공정거래법 제102조(과징금 부과) 제1항에서 과징금 부과시 고려사항으로 위반행위의 내용 및 정도, 위반행위의 기간 및 횟수, 위반행위로 취득한 이익의 규모 등을 고려요소로 규정하고 있는 것과도 일맥상통한다.

물론 공정거래법상 과징금의 성격 관련하여 이론적으로는 여러 가지 설이 가능하다. 과징 금의 성격을 부당이득환수라는 측면으로 엄격하게 정의한다면 과징금액의 산정시 위반행위 기간동안 행위자가 획득한 부당이익을 기준으로 행정청의 재량여지가 없이 반드시 부과해야 하며 벌금과의 이중처벌 문제도 없다는 해석이 나올 수도 있다.[1] 또 법 위반행위 유형별로 즉 불공정거래행위, 부당한 공동행위 그리고 부당한 공동행위 중에서 입찰담합, 부당한 지원 행위 특히 그 중에서 지원주체의 지원행위 여부 등에 따라 약간은 다른 해석이 가능할 수 있으며, 실제 법원의 판결례를 보더라도 어느 한쪽을 강조한 입장의 설시도 있었다. 그러나 필자의 견해로는 굳이 과징금의 성격을 어느 하나로 한정하거나 또는 사후적으로 뚜렷하게 구분할 실익은 없다고 보며, 과징금의 법적 성격 자체는 현재 큰 쟁점이 되지 않고 있다.

나. 관련 법원 판결례 및 헌법재판소 결정사례 소개

(1) 대법원 2001.2.9. 선고 2000두6206 판결

법상의 과징금 부과는 비록 제재적 성격을 가진 것이기는 하여도 기본적으로는 법 위반행 위에 의하여 얻은 불법적인 경제적 이익을 박탈하기 위하여 부과되는 것이고(대법원 1999. 5. 28. 선고 99두1571 판결 참조), 법 제55조의3(현행 제102조) 제1항에서도 이를 고려하여 과징금

---

1) 이동규, 독점규제 및 공정거래에 관한 법률 기론(개정판), 1997, 129~130면 참조.

을 부과함에 있어서는 위반행위의 내용과 정도, 기간과 횟수 외에 위반행위로 인하여 취득한 이익의 규모 등도 아울러 참작하도록 규정하고 있는 것이므로, 불공정거래행위에 대하여 부과되는 과징금의 액수는 당해 불공정거래행위의 구체적 태양 등에 기하여 판단되는 그 위법성의 정도뿐만 아니라 그로 인한 이득액의 규모와도 상호 균형을 이룰 것이 요구된다.

(2) 헌법재판소 2003.7.24. 2001헌가25 결정

부당지원행위에 대한 법률조항에 의한 과징금의 기능은 본질적으로 '부당이득액의 정확한 환수'에 있다기 보다 '제재를 통한 위반행위의 억지'에 있다고 할 것이지만, 그렇다고 하여 부당이득환수적 성격이 전혀 없다고 단정하기도 어렵다. 공정거래법은 과징금을 부과함에 있어 위반행위의 내용 및 정도, 위반행위의 기간 및 횟수, 위반행위로 인해 취득한 이익의 규모를 고려하도록 하고 있는 것이다(제55조의3(현행 제102조) 제1항). 또한 부당내부거래로 인하여 발생하는 부당한 이득의 발생구조를 파악함에 있어서는 각 기업을 고립시켜서 고찰하기보다는 지원을 주고받는 대규모 기업집단 소속 계열회사 상호간의 관점에서 파악하는 것이 보다 적절할 것이다. 즉, 다수의 계열회사들이 기업집단 전체의 이익을 위해 계속적으로 서로 지원을 주고받으면서 계열의 유지·확장을 위한 수단으로 부당내부거래를 이용하는 것이므로, 중·장기적으로 볼 때 부당내부거래는 경제력 집중을 통하여 결국 부당지원을 한 기업에게도 상당한 부당이득을 발생시키게 됨을 부인하기 어렵다. 따라서 이 사건 법률조항이 부당지원의 객체가 아니라 주체에게 과징금을 부과토록 하였다는 점만으로 과징금에 부당이득 환수의 요소가 전혀 없다고 단언하기 어려운 것이다.

결론적으로 이 사건 법률조항에 의한 과징금은 그 취지와 기능, 부과의 주체와 절차(형사소송절차에 따라 검사의 기소와 법원의 판결에 의하여 부과되는 형사처벌과 달리 과징금은 공정거래위원회라는 행정기관에 의하여 부과되고 이에 대한 불복은 행정쟁송절차에 따라 진행된다) 등을 종합할 때 부당내부거래 억지라는 행정목적을 실현하기 위하여 그 위반행위에 대하여 제재를 가하는 행정상의 제재금으로서의 기본적 성격에 부당이득환수적 요소도 부가되어 있는 것이라 할 것이고, 이를 두고 헌법 제13조 제1항에서 금지하는 국가형벌권 행사로서의 '처벌'에 해당한다고는 할 수 없으므로, 공정거래법에서 형사처벌과 아울러 과징금의 병과를 예정하고 있더라도 이중처벌금지원칙에 위반된다고 볼 수 없다.

(3) 대법원 2004.10.14. 선고 2001두2881 판결

부당지원행위에 대한 과징금은 행정상 제재금으로서의 기본적 성격에 부당이득환수적 요소도 부가되어 있는 것이므로 그 구체적인 액수는 공정거래법 제24조의2(현행 제50조)에서 규정하는 과징금 상한액(대통령령이 정하는 매출액에 100분의 2를 곱한 금액을 초과하지 아니하는 금액)을 초과하지 아니하는 범위 내에서 과징금 부과에 의하여 달성하고자 하는 목적과 법 제55조의3(현행 제102조) 제1항 소정의 사유, 즉 위반행위의 내용 및 정도, 위반행위의 기간 및 횟수, 위반행위로 인해 취득한 이익의 규모 등을 감안하여 피고가 재량을 가지고 결정할 수 있다.

(4) 대법원 2022.5.26. 선고 2019두57398 판결

공정거래법상 과징금은 위반행위에 의하여 얻은 불법적인 경제적 이익을 박탈한다는 부당이득 환수뿐만 아니라, 위반행위의 억지라는 행정목적을 실현하기 위하여 부과된다는 성격을 모두 가지고 있다. 입찰담합을 하였으나 입찰담합이 무위로 돌아가 참여자들 가운데 낙찰자가 선정되지 않은 경우, 참여자들이 입찰담합으로 인한 경제적 이익을 누리지 못한다고 볼 여지가 있으므로 계약금액을 과징금 기본 산정기준으로 삼는 것은 과징금의 부당이득 환수적 성격에는 어울리지 않는 측면이 있다. 그러나 그러한 사정만으로 계약금액을 과징금 기본 산정기준에서 제외하는 것은 입찰담합 행위 그 자체의 위법성에 걸맞게 제재 수위가 결정되어야 한다는 행정제재 목적 달성의 측면을 도외시한 것이 된다.

입찰담합 참여자가 그 위반행위로 인하여 얻은 이익이 적거나 없다는 사정은 부과기준율 적용단계 등 과징금을 결정하는 재량 행사과정에서 반영될 수 있다. 따라서 입찰담합이 성공하였는지 실패하였는지를 가리지 않고 그 입찰의 계약금액을 과징금 기본 산정기준으로 삼는다고 하더라도, 그것이 반드시 과잉환수 내지 과잉제재의 결과로 이어진다고 할 수 없다.

2. 과징금제도의 내용

과징금은 국민에게 금전적 부담이라는 의무를 지우는 것이므로 법치행정의 기본원리하에 부담근거, 부담기준, 부과 및 징수 절차 등을 법률에 명시하고 있다. 현행 공정거래법은 경쟁제한적 기업결합 외에는 모든 위반행위에 대하여 과징금 부과가 가능하도록 되어 있다.[2]

공정거래법은 별도의 장으로 제11장(과징금 부과 및 징수등)에 제102조 내지 제107조의 규정을 두고 있다. 제102조(과징금 부과) 제1항에서 과징금 부과시 고려요소로 ① 위반행위의 내용 및 정도, ② 위반행위의 기간 및 횟수, ③ 위반행위로 취득한 이익의 규모 등을 규정하고 있다. 같은 조 제5항에서는 제1항에 따른 과징금의 부과기준은 대통령령으로 정한다고 규정하고 있으며, 이에 따라 시행령 제84조(과징금의 부과기준) 및 [별표 6], 그리고 시행령에

---

[2] 경쟁제한적 기업결합에 대해서는 과징금 대신에 시정조치를 부과받은 후 그 이행을 하지 아니하는 경우 이행강제금이 부과될 수 있다. 법 제9조 및 제16조 참조.

서 위임받은 '과징금부과 세부기준 등에 관한 고시(과징금고시)'에서 상세하게 규정하고 있다. 한편 과징금 부과에 있어서는 공정위에 의한 행정적 규제수단의 하나인 시정조치명령의 결정과 동일한 처리절차와 불복절차가 적용된다.

기본적으로는 매출액의 일정비율을 부과기준으로 하고 있으며 매출액이 없거나 매출액의 산정이 곤란한 경우등에는 정액과징금으로 하고 있다. 시장지배적사업자의 남용행위는 매출액의 6/100 범위내(제8조), 부당한 공동행위는 매출액의 20/100 범위내(제43조), 사업자단체의 금지행위 참가 사업자는 매출액의 20/100 및 10/100 범위내(제53조 제2항 및 제3항), 불공정거래행위, 재판매가격유지행위는 매출액의 4/100 범위내(제50조 제1항), 부당지원행위, 특수관계인에 대한 부당한 이익제공행위는 매출액의 10/100 범위내(제50조 제2항)로 되어 있다. 시행령 제13조(과징금) 제1항 및 이를 준용하는 시행령 규정에 따라 매출액은 각각의 위반사업자가 위반기간동안 일정한 거래분야에서 판매한 관련 상품이나 용역의 매출액 또는 이에 준하는 금액으로서 공정위가 정하여 고시하는 바에 따라 산정한 금액(관련매출액)으로 규정하고 있으며, 다만 부당지원행위 및 특수관계인에 대한 이익제공행위의 경우에는 해당 사업자의 직전 3개 사업연도의 평균매출액을 말한다(시행령 제56조 제2항). 정액과징금의 금액한도는 시장지배적사업자의 남용행위 20억원, 부당한 공동행위 40억원, 불공정거래행위, 재판매가격유지행위 10억원, 부당지원행위, 특수관계인에 대한 부당한 이익제공행위 40억원으로 되어 있다.

한편 지주회사 등의 행위제한(제38조 제3항), 상호출자의 금지 및 순환출자의 금지(제38조 제1항), 계열회사에 대한 채무보증의 금지(제38조 제2항) 위반행위에 대해서는 매출액을 부과기준으로 하고 있지 않다. 예로서 상호출자의 금지, 순환출자의 금지 위반행위에 대해서는 위반행위로 취득 또는 소유한 주식의 취득가액의 20/100 범위내, 계열회사에 대한 채무보증의 금지 위반행위는 법위반 채무보증액의 20/100 범위내에서 과징금을 부과할 수 있다.

시행령 제84조(과징금의 부과기준) 및 [별표 6], 그리고 과징금고시에서 과징금의 부과여부에 대한 결정기준과 과징금의 산정기준에 대하여 구체적으로 규정하고 있다. 위반행위 유형에 따른 기본 산정기준에 위반행위의 기간 및 횟수 등에 따른 조정, 위반사업자의 고의·과실 등에 따른 조정을 거쳐 부과과징금이 산정된다.

3. 우리나라 공정거래법상 과징금제도의 특색

우리나라 공정거래법에 의해 운용되고 있는 과징금제도의 특색은 한마디로 말한다면 매우 광범위하게 적용되고 있다는 점을 들 수 있다. 즉 거의 모든 법위반행위에 대해 과징금을 부과할 수 있으며 부과기준도 다양한 형태로 규정되어 있다. 이는 우리나라의 다른 행정법규에 의한 과징금제도에 비해서 뿐만 아니라 외국의 공정거래제도와 비교해 볼 때도 마찬가지이다.

또 하나의 특색은 과징금의 부과여부와 부과금액의 결정에 있어서 행정청의 재량의 폭이 크게 인정되어 있다는 점이다. 즉 과징금의 부과여부에 대해 행정청의 재량권을 인정해 주고 있을 뿐만 아니라 그 금액의 결정에 있어서도 상한금액만 규정되어 탄력적인 운용이 가능하도록 되어 있다.

또 과징금으로 부과되는 금액수준이 다른 행정법규상의 과징금보다는 상대적으로 큰 편이다. 공정거래법상 기본적으로는 매출액, 위반행위로 취득한 주식가액 등을 기준으로 일정율을 부과토록 되어 있는데다가 정액과징금도 10억원, 20억원, 40억원 범위내로 되어 있어 경우에 따라서는 매우 큰 금액이 부과될 수도 있다.[3] 이에 따라 공정위 심결 과정에서 위법행위의 기간(시기와 종기), 부당한 공동행위의 개수, 부과기준율, 관련매출등의 범위 등 과징금 부과와 관련되는 요소들을 둘러싼 공방이 치열하며 과징금 납부명령의 재량권 일탈 및 남용 여부에 대한 불복 소송[4] 게다가 과징금 부과율을 일률 2배로 상향 조정한 개정 공정거래법이 2021.12.30.부터 시행됨에 따라 앞으로 공정위 및 법원의 법집행과정에서 과징금 부과 관련 이슈는 더욱 쟁점화될 것으로 전망된다.[5]

Ⅲ. 과징금 부과 및 헌법재판소·법원의 입장

1. 개요

헌법재판소는 공정거래법상 과징금부과조항에 대한 위헌심판청구 관련하여 헌법에 위반되지 아니한다고 결정한 바 있다. 또 법원은 일관되게 공정위 과징금 부과행위에 대해 재량

---

[3] 항공사업법의 경우 50억원 이하(소형항공운송사업자는 20억원 이하), 식품위생법 10억원 이하, 의료법 10억원 이하, 농수산물 유통 및 가격안정에 관한 법률은 도매시장법인 1억원, 중도매인 1천만원 이하, 약사법 10억원 이하(약국개설자 또는 한약업사는 1억원 이하) 등이다

[4] 대부분의 불복소송에서 과징금납부명령의 재량권 일탈·남용 여부를 다투고 있으며, 관련매출액 및 산정기준 결정, 위반행위의 중대성 판단 및 이에 따른 부과기준율 결정, 조사협력 감경 등 2차 조정 산정, 부과과징금 결정 과정에서 감경률 결정 등 다양한 요소를 쟁점으로 하고 있다.

[5] 개정법 부칙 제10조(과징금의 부과에 관한 경과조치)에 따라 2021.12.30. 시행 전에 이루어진 행위에 대한 과징금의 부과에 관하여는 종전의 규정에 따른다.

행위로 보고 과징금 부과 여부 및 금액의 산정 관련하여 상당한 재량권을 인정해 주고 있다. 다만 과징금 부과의 재량행사에 있어서 과징금 부과의 기초가 되는 사실을 오인하였거나 비례·평등원칙의 위배 등 사유가 있다면 재량권의 일탈·남용으로서 위법한 처분이 된다는 것이다.

아래에서는 먼저 위반행위에 대하여 과징금을 산정하는 단계적 절차 및 과정을 법, 시행령 및 과징금고시를 통해 살펴본 다음에, 헌법재판소 및 법원의 입장 관련하여 중요판례를 알아본다.

2. 과징금의 산정

법 제102조(과징금 부과) 제1항에서 과징금 부과시 고려요소로 ① 위반행위의 내용 및 정도, ② 위반행위의 기간 및 횟수, ③ 위반행위로 취득한 이익의 규모 등을 규정하고 있다. 같은 조 제5항에서는 제1항에 따른 과징금의 부과기준은 대통령령으로 정한다고 규정하고 있으며, 이에 따라 시행령 제84조(과징금의 부과기준) 및 별표 6, 그리고 시행령에서 다시 위임받은 '과징금부과 세부기준 등에 관한 고시'에서 상세하게 규정하고 있다. 시행령 [별표 6]에서 과징금부과 여부의 결정시 판단기준과 각 위반행위 유형별로 과징금의 기본 산정기준을 정하고 있다.

시행령에서 규정하고 있는 과징금 산정기준은 다음과 같은 절차 및 순서로 이루어진다. 먼저 법 제102조 제1항에 따른 첫 번째 고려요소인 '위반행위의 내용 및 정도'에 따라 위반행위의 중대성 정도를 "중대성이 약한 위반행위", "중대한 위반행위", "매우 중대한 위반행위"로 구분하고, 관련매출액 등에 중대성의 정도별로 정하는 부과기준율을 곱하여 '기본 산정기준'을 산정한다. 관련매출액 산정시 관련상품의 범위는 위반행위에 따라 직접 또는 간접적으로 영향을 받는 상품의 종류와 성질, 거래지역, 거래상대방, 거래단계 등을 고려하여 정하고, 위반기간은 위반행위의 개시일부터 종료일까지의 기간으로 정하는 것으로 되어 있다. 그 다음에 법상 두 번째 고려요소인 '위반행위의 기간 및 횟수'에 따라 기본 산정기준의 100% 범위내에서 과징금고시의 기준에 따라 1차 조정을 하고, 또 다시 법상 세 가지 고려요소에 영향을 미치는 '위반사업자의 고의·과실, 위반행위의 성격과 사정' 등의 사유를 고려하여 1차 조정된 산정기준의 50% 범위내에서 과징금고시 기준에 따라 2차 조정하게 된다. 그리고 마지막 단계인 부과과징금 결정 관련하여, 위반사업자의 현실적 부담능력이나 그 위반행위가 시장에 미치는 효과 그 밖에 시장 또는 경제여건 및 위반행위로 취득한 이익의 규모 등을 충분히 반영하지 못해 과중하다고 인정되는 경우에는 2차 조정된 산정기준의 50% 범위내에서 감액하여 부과과징금으로 정할 수 있다고 규정하고 있다. 다만 위반사업자의 과징금 납부능력의 현저한 부족, 위반사업자가 속한 시장·산업 여건의 현저한 변동 또는 지속적 악화, 경제위기, 그 밖에 이에 준하는 사유로 불가피하게 50%를 초과하여 감액하는 것이 타당하다고 인정되는 경우에는 이를 초과하여 감액할 수 있고, 위반사업자의 채무상태가 지급불능 또는 지급정지 상태에 있거나 부채의 총액이 자산의 총액을 초과하는 등의 사유로 위반사업자가 객관적으로 과징금을 납부할 능력이 없다고 인정되는 경우에는 과징금을 면제할 수 있다.

그리고 산정기준의 부과기준율, 관련매출액의 산정, 1차 및 2차 조정, 그 밖에 과징금의 부과에 필요한 세부적인 사항은 공정위가 정하여 고시한다고 규정하고 있다. 이에 따라 1999.4.16.부터는 과징금고시를 제정, 운영하고 있다.

위에서 살펴본 것처럼 법 위반행위에 대하여 부과할 과징금액을 산정하는 첫 단계는 기본 산정기준을 결정하는 것이며 이를 기초로 1차 조정, 2차 조정을 거친 다음에 마지막 부과과징금의 결정 단계를 거치게 된다. 따라서 실제 최종적인 부과과징금액의 산정에 있어서 가장 큰 영향을 미치게 되는 것은 해당 위반행위의 관련매출액 등에 곱해지는 중대성의 정도별로 정해지는 부과기준율이 된다. 특히 모든 위반행위에 대한 과징금 부과 상한을 대폭 상향 조정한 개정 공정거래법이 2021.12.30.부터 시행되는 것에 맞추어 후속 조치로 과징금고시를 개정하면서 행위유형별 부과기준율(정률 과징금)·기준금액(정액과징금)의 하한은 그대로 두면서 최대 부과율을 2배까지 차등하여 상향함으로써 법 위반에 대한 제재 수위를 높였는 바, 앞으로 기본 산정기준에 관련되는 부과기준율(정액 과징금의 경우 부과기준금액)의 결정이 과징금액의 규모를 좌우하게 될 것이므로, 공정위 및 법원의 법집행과정에서 계속 커다란 쟁점이슈가 될 것으로 본다.

3. 헌법재판소의 입장

헌법재판소는 2016.4.28. 2014헌바60, 2015헌바36·217(병합) 전원재판부 결정에서 과징금부과조항이 재산권을 침해하는지 여부, 법률유보원칙 및 포괄위임금지원칙, 적법절차원칙에 위배되는지 여부를 판단하였다.

(1) 재산권 침해 여부 관련하여, 과징금부과조항은 부당한 공동행위로 인하여 발생한 부당이득을 환수하고 금전적 제재를 통하여 그와 같은 행위를 억지하고자 하는 것으로서 목적의

정당성 및 수단의 적합성이 인정되며, 입법자는 사업자가 부당한 공동행위로 획득한 경제적 이익과 사업자의 일반적인 경제적 능력을 동시에 반영하는 '매출액'이 과징금 상한의 지표로 적절하다고 보아 그 10% 이내로 과징금의 상한을 정한 것인데, 이러한 입법자의 판단이 합리성을 결여하였다고 보기 어렵다고 하였다. 또 동일한 부당한 공동행위를 이유로 다른 법률이 정하는 제재가 부과될 가능성이 있다고 하더라도, 각 법률조항이 추구하는 목적 또는 보호법익, 제재의 효과가 다르고 개별 제재처분 단계에서 과징금부과조항에 따른 과징금 부과처분의 존재 및 정도가 고려되므로, 비례원칙에 반한다고 보기 어려우며, 제재의 총합을 고려하는 가운데 제재의 구체적 기능과 효과를 적합한 복수의 제재수단에 분배할 수 있어야 한다는 점에서, 과징금부과조항이 부당한 공동행위의 실효성 있는 규제를 위하여 형벌, 손해배상, 다른 법률의 제재가능성과 병존하여 과징금을 부과할 수 있도록 한 것은 합리성이 없다고 할 수 없다고 하면서, 법원은 구체적인 과징금 부과처분이 비례원칙을 충족하는지 여부를 판단함에 있어서 사업자의 고의·과실의 유무를 고려할 뿐만 아니라, 의무 해태를 탓할 수 없는 '정당한 사유'를 행정제재 일반에 적용되는 면책사유로 보고 있으므로, 과징금부과조항이 사업자의 고의·과실 또는 종업원 등에 대한 관리·감독상의 책임 등을 과징금의 부과요건으로 명시하지 않은 것만으로 침해의 최소성 원칙에 반한다고 할 수는 없다면서 과징금부과조항은 침해의 최소성을 충족한다고 판시하였다. 또 과징금부과조항은 부당한 공동행위의 결과를 제거하고 이를 제재하여 공정하고 자유로운 경쟁을 촉진한다는 공익을 추구하는 반면, 이로 인한 사업자의 불이익은 매출액의 100분의 10을 넘지 않는 범위내의 금전적 손해에 그친다는 점에서, 법익의 균형성도 충족한다면서 따라서 과징금부과조항은 재산권을 침해하지 아니한다고 결정하였다.

　(2) 법률유보원칙 및 포괄위임금지원칙 위배 여부 관련하여, 과징금부과조항에 따른 과징금의 부당이득 환수 및 제재로서의 성격과 공정거래법상 과징금 부과의 참작사유(제55조의3(현행 제102조) 제1항 각호), 공정거래법의 규정체계, 과징금의 상한과 부과기준은 위법행위의 효과적인 억제라는 과징금제도의 목적상 일정한 내적 연관성을 가질 수밖에 없다는 점 등을 유기적·체계적으로 종합해 보면, 과징금부과조항은 과징금의 상한뿐만 아니라, 그 부과기준의 지표 역시 '매출액'이라는 명확한 개념으로 직접 규정하고 있으므로, 법률유보원칙에 위배되지 아니한다. 또 본 과징금의 성격과 과징금 부과의 참작사유, 과징금부과조항 및 관련 법령의 입법연혁에 더하여, 부당한 공동행위에 대한 과징금 부과의 근거가 마련된 1986년 이후로 줄곧 공정위는 부당한 공동행위에 대한 과징금 상한과 부과기준을 사실상 동일시하면서 그 지표를 원칙적으로 '부당한 공동행위에 관련된 이익 즉, 관련 상품·용역의 매출액이나 입찰담합의 경우 계약금액 등'으로 한정해 왔다는 점을 고려해 보면, 수범자인 사업자

로서는 '입찰담합 및 공급제한행위와 관련이 있는 이익'의 범위 내에서 과징금 상한의 지표
인 매출액의 범위가 정해질 것임을 예측할 수 있다고 볼 것으로서, 따라서 과징금부과조항
은 포괄위임금지원칙에 위배되지 아니한다고 판단하였다.

(3) 적법절차원칙 위배 여부 관련하여, 공정거래법에서 행정기관인 공정위로 하여금 과징
금을 부과할 수 있도록 한 것은, 부당한 공동행위를 비롯한 다양한 불공정 경제행위가 시장
에 미치는 부정적 효과 등에 관한 사실수집과 평가는 이에 대한 전문적 지식과 경험을 갖춘
기관이 담당하는 것이 바람직하다는 정책적 결단에 입각한 것으로서, 과징금의 부과 여부
및 그 액수의 결정권자인 공정위는 합의제 행정기관으로서 공정거래법상 그 구성에 있어 일
정한 정도의 독립성이 보장되어 있고, 과징금 부과절차에서는 통지, 의견진술의 기회 부여
등을 통하여 당사자의 절차적 참여권을 인정하고 있으며, 행정소송을 통한 사법적 사후심사
가 보장되어 있는 바, 이러한 점들을 종합적으로 고려할 때 과징금부과조항은 적법절차원칙
에 위반된다고 볼 수 없다고 판단하였다.

4. 법원의 입장

가. 대법원 2001.2.9. 선고 2000두6206 판결(대우기업집단 계열회사의 거래강제행위 건, 1998.11.6. 공정위 의결)

대법원은 "법상의 과징금 부과는 비록 제재적 성격을 가진 것이기는 하여도 기본적으로는
법 위반행위에 의하여 얻은 불법적인 경제적 이익을 박탈하기 위하여 부과되는 것이고, 법
제55조의3 제1항에서도 이를 고려하여 과징금을 부과함에 있어서는 위반행위의 내용과 정
도, 기간과 횟수 외에 위반행위로 인하여 취득한 이익의 규모 등도 아울러 참작하도록 규정
하고 있는 것이므로, 불공정거래행위에 대하여 부과되는 과징금의 액수는 당해 불공정거래
행위의 구체적 태양 등에 기하여 판단되는 그 위법성의 정도뿐만 아니라 그로 인한 이득액
의 규모와도 상호 균형을 이룰 것이 요구되고, 이러한 균형을 상실할 경우에는 비례의 원칙
에 위배되어 재량권의 일탈·남용에 해당할 수가 있다고 할 것이다."라고 판결하였다.

나. 대법원 2002.9.24. 선고 2000두1713 판결(12개 시·도건축사회 및 2개 건축사 복지회의 경쟁제한행위 및 구성사업자에 대한 사업활동제한행위 건, 1998.6.25. 공정 위 의결), 대법원 2002.5.28. 선고 2000두6121 판결(화장지 제조 4개사의 부당 한 공동행위 건, 1998.4.10. 공정위 의결)

대법원은 공정거래법상 과징금 관련 각 규정을 종합하여 살펴본 다음에 "공정위는 법 위

반행위에 대하여 과징금을 부과할 것인지 여부와 만일 과징금을 부과한다면 일정한 범위 안에서 과징금의 부과액수를 얼마로 정할 것인지에 관하여 재량을 가지고 있다 할 것이므로, 공정위의 법 위반행위자에 대한 과징금 부과처분은 재량행위라 할 것이고, 한편 법 제55조의3 제1항은 공정위가 과징금을 부과함에 있어서는 ① 위반행위의 내용 및 정도, ② 위반행위의 기간 및 회수, ③ 위반행위로 인해 취득한 이익의 규모 등을 참작하도록 하고 있으며, 그 제3항은 과징금의 부과에 관하여 필요한 사항은 대통령령으로 정하도록 하고 있으나, 법 시행령(1999.3.31. 대통령령 제16221호로 개정되기 전의 것)은 그 부과기준에 대하여는 규정하고 있지 아니한 데, 피고는 법에서 정한 과징금의 구체적인 부과액수의 산정을 위하여 내부적으로 '과징금산정방법및부과지침'(이하 '지침'이라 한다)을 제정하여 시행하고 있으므로, 위 지침이 비록 피고 내부의 사무처리준칙에 불과한 것이라고 하더라도 이는 법에서 정한 금액의 범위 내에서 적정한 과징금 선정기준을 마련하기 위하여 제정된 것임에 비추어 피고로서는 과징금액을 산출함에 있어서 위 지침상의 기준 및 법에서 정한 참작사유를 고려한 적절한 액수로 정하여야 할 것이고, 이러한 과징금 부과의 재량행사에 있어서 사실오인, 비례·평등의 원칙위배, 당해 행위의 목적위반이나 동기의 부정 등의 사유가 있다면 이는 재량권의 일탈·남용으로서 위법하다 할 것이다.

다. 대법원 2020.7.29. 선고 2018두62706 판결((주)케이티 발주 F/S케이블 구매입찰 관련 6개 사업자의 부당한 공동행위 건, 2018.4.26. 공정위 의결), 대법원 2017.4.27. 선고 2016두33360 판결(호남고속철도 제2-1공구 노반신설 기타공사 등 13개 공구 최저가낙찰제 공사 입찰참가 28개 업체의 부당한 공동행위 건, 2014.9.17. 공정위 의결)

대법원은 "공정거래법 제22조에 의한 과징금은 법 위반행위에 따르는 불법적인 경제적 이익을 박탈하기 위한 부당이득환수의 성격과 함께 위반행위에 대한 제재로서의 성격을 가지는 것이고, 법 제55조의3 제1항은 과징금을 부과함에 있어서 위반행위의 내용과 정도, 기간과 횟수 외에 위반행위로 인하여 취득한 이익의 규모 등도 아울러 참작하도록 규정하고 있으므로, 입찰담합에 의한 부당한 공동행위에 대하여 부과되는 과징금의 액수는 해당 입찰담합의 구체적 태양 등에 기하여 판단되는 그 위법성의 정도뿐만 아니라 그로 인한 이득액의 규모와도 상호 균형을 이룰 것이 요구되고, 이러한 균형을 상실한 경우에는 비례의 원칙에 위배되어 재량권의 일탈·남용에 해당할 수 있다."고 판시하였다.

Ⅳ. 재량권 일탈·남용 여부 관련 쟁점 사례

1. 대법원 2001.2.9. 선고 2000두6206 판결(대우기업집단 계열회사의 거래강제 행위 건, 1998.11.6. 공정위 의결)

대법원은 "피고(공정위)가 부과한 과징금의 액수(1,993백만원)가 비록 법, 시행령 및 피고의 내부지침에서 규정하고 있는 방식에 따라 산정하여 전체적으로는 법정상한비율을 초과하지 않게 된 것이기는 하지만, 그 대상 불공정거래행위인 원고의 이 사건 사원판매행위와의 관계에서 볼 때는 그로 인하여 실제 차량 구입에 이른 직원수가 합계 253명 정도이고 그 사원판매행위로 인한 매출액의 총액이 20여 억 원 정도인 것으로 추산됨에도 불구하고, 그 거래가 원고의 전체 사업규모에서 어느 정도의 비중을 차지하는지 여부와 그로 인하여 원고가 취득한 이익의 규모가 어느 정도인지를 전혀 고려함이 없이 원고의 전체 사업부문 매출액과 위 지침상의 비율을 그대로 적용함으로써 그 구체적 액수가 원고가 이 사건 사원판매행위로 인하여 취득한 이익의 규모를 크게 초과하여 그 매출액에 육박하게 된 것임이 분명하다. 그렇다면 이 사건 과징금의 액수가 비록 법과 영의 규정에서 정한 방식에 의하여 그 상한을 초과하지 않는 것이라고 하더라도 불법적인 경제적 이익의 박탈이라는 과징금 부과의 기본적 성격에 비추어 볼 때 그 부과 대상인 원고의 구체적인 불공정거래행위로 인한 이득액의 규모와 사이에서 지나치게 균형을 잃은 과중한 액수에 해당한다고 할 수가 있고, 이는 원고의 이 사건 사원판매행위가 가지는 위법성의 정도를 고려하더라도 마찬가지라고 할 것이며, 피고의 이 사건 과징금 액수의 산정이 위와 같은 지침에 근거를 둔 것이라고 하더라도 이는 피고 내부의 사무처리준칙에 불과한 것인 만큼 위와 달리 볼 근거가 되지 아니한다고 할 것이다. 그렇다면 이 사건 과징금 부과처분은 그 액수의 면에서 비례의 원칙에 위배된 재량권 일탈·남용의 처분에 해당한다고 볼 수가 있다."고 하면서 원심판결을 파기, 환송하였다.

2. 대법원 2002.9.24. 선고 2000두1713 판결(12개 시·도건축사회 및 2개 건축사 복지회의 경쟁제한행위 및 구성사업자에 대한 사업활동제한행위 건, 1998.6.25. 공정위 의결)

원심인 서울고등법원은 2001.1.27. 선고 98누12620 판결에서, "피고가 그 경쟁제한성이 매우 크다는 이유로 법 제28조 제1항에 의한 법정 상한액인 5억 원의 범위 내에서 위 지침상의 기준인 위반행위 종료일이 속한 연도의 소요예산액에 100분의 5를 곱한 금액의 약 2배에 해당하는 금액을 과징금으로 납부명령을 하였는바, 위 지침에서 원고들과 같은 사업자단체에 대하여는 법에 따른 법정상한액인 5억 원의 범위 내에서 조합, 협회 등 단체의 연간 소요예산액의 100분의 5를 곱한 금액을 구체적 과징금 부과기준으로 정하고 있는 점, 원고들별로 그 위반행위의 시기 및 행위유형이 다른 점, 위와 같은 행위가 문제가 되자 원고들은 이 사건 처분 전후에 걸쳐 즉시 그 행위의 유보, 설립된 법인의 해산 등의 조치를 취하였으며 그 위반행위의 기간이 비교적 단기에 그친 점, 원고들이 종전에 위와 같은 위반행위를 한 적이 없는 점, 피고가 과징금액을 산정함에 있어서 위와 같은 위반행위로 인하여 원고들의 구성원들이 취득한 이익의 규모를 참작하였음을 인정할 만한 자료가 없는 점 등 그 판시와 같은 여러 참작사유에 비추어 볼 때, 비록 원고들의 위와 같은 위반행위가 경쟁제한성이 크다고 하여도 위와 같은 참작사유들을 고려하지 아니한 채 원고들에게 위 지침상의 과징금 부과기준의 2배에 상당하는 금액을 과징금으로 일률적으로 부과한 것은 비례원칙에 위배되어 재량권을 일탈·남용한 것으로서 위법하다."고 판단하였다.

대법원은 이에 대해 "원심판결 이유와 기록에 의하면, 위 지침상의 과징금 부과기준은 하나의 기준에 불과하므로 사안에 따라서 의무적 참작사유 등을 고려하여 경쟁제한성이 크다고 인정되는 경우 위 기준에 엄격히 기속되지 아니하고 과징금을 부과할 수 있도록 지침 자체에서 규정하고 있고, 피고도 위 지침에 의한 과징금 부과기준의 2배에 상당하는 금액을 과징금으로 부과한 주된 이유로 원고들 행위의 경쟁제한성이 매우 크다는 점을 내세우고 있음을 알 수 있으나, 한편, 원심이 이 사건 과징금 납부명령을 재량권의 일탈·남용으로 판단한 근거로 제시한 위 참작사유들 이외에도 기록에 의하면, 원고들이 소속 건축사들로 하여금 의무적으로 공동감리사무소 등에 참여하도록 강제한 것은 아니어서 공동감리사무소 등에 대한 실제 참여율이 높지 않은 지역도 있고, 공동감리사무소 등에 참여한 건축사보다는 참여하지 아니한 건축사의 수주비율이 높은 지역이 있는 등 경쟁제한성을 완화시키는 사정이 있음을 알 수 있어, 그 경쟁제한성이 위 지침상의 부과기준액의 2배에 해당하는 과징금을 일률적으로 부과하는 것을 용인할 수 있을 정도로 크다고는 할 수 없는 것으로 보이므로, 이러한 사정과 관련 법령의 규정 및 위 법리에 비추어 살펴보면, 원심의 설시가 다소 미흡하기는 하나 이 사건 과징금 납부명령을 재량권의 일탈·남용으로 본 결론은 정당한 것으로 수긍할 수 있고, 거기에 사업자단체의 금지행위에 대한 과징금 부과와 관련한 법과 시행령 및 위 지침에 관한 법리를 오해함으로써 판결 결과에 영향을 끼친 위법이 있다고 할 수 없다."고 판결하였다.

3. 대법원 2002.5.28. 선고 2000두6121 판결(화장지 제조 4개사의 부당한 공동 행위 건, 1998.4.10. 공정위 의결)

대법원은 "법이 규정한 범위 내에서 그 부과처분 당시까지 부과관청이 확인한 사실을 기초로 일의적으로 확정되어야 할 것이지, 추후에 부과금 산정기준이 되는 새로운 자료가 나왔다고 하여 새로운 부과처분을 할 수 있는 것은 아니다. 피고는 그럼에도 1998.5.27. 위와 같은 이유로 과징금액을 증액하는 처분을 하였음이 기록상 분명하므로 이러한 처분도 위법하다."고 판결하였다.

4. 대법원 2008.8.11. 선고 2007두4919 판결(12개 신용카드업자의 부당한 공동행위 건, 2005.8.18. 공정위 의결)

서울고등법원은 2007.1.25. 선고 2005누21233 판결에서 "원고들이 비씨카드라는 단일 상표와 가맹점을 공동으로 이용하고 정산처리시스템 등을 공동 수행함으로써 일정한 업무 영역에서는 상당한 경제적 효율성과 통일성을 기하는 효과를 달성하고 있고, 이 사건 합의는 그와 같은 제휴관계의 합동적 구조하에서 행하여진 것이라는 특수성이 있는데, 이 사건 합의에 대한 피고의 '중대성 정도' 평가에서는 그러한 점이 제대로 반영되었다고 보기 어려운 점, 원고들은 이 사건 합의의 대상이었던 42개 업종 중에서 3개 업종에 관한 가맹점 수수료는 오히려 인하하였고 36개 업종에 관하여는 그 시행을 보류함으로써 이 사건 합의로 인해 실제 취득한 부당이득액은 크지 않을 것으로 보이는 점에 비추어 볼 때 피고가 임의적 조정 과징금 산정 단계에서 36개 미실행 업종에 대해서만 30%를 감경한 것에 그친 것은 부당하다고 볼 수 있는 점, 피고는 원고들이 이 사건 합의의 위법성이나 피고의 조사사실을 알면서도 스스로 위반행위를 종료하거나 시정하지 않았음을 이유로 과징금을 가중하고 있으나 원고들의 법적 지위 보호(무죄 추정에 준하는 무혐의 추정)나 방어권 보장 등의 측면에서 볼 때 그와 같은 사정은 과징금의 가중사유가 되기 어려운 점 등을 종합적으로 고려하여 보면, 원고들에게 부과된 이 사건 각 과징금은 이 사건 합의의 경쟁제한성 정도나 원고들이 취득한 이득 규모 등을 제대로 고려하지 않고, 과징금의 제재적 성격만을 지나치게 강조한 나머지 비례의 원칙 등에 위배되어 지나치게 과중하게 산정되었다 할 것이므로, 이 사건 과징금 납부명령에는 재량권을 일탈·남용한 위법이 있다."고 판단하였다.

대법원은 이에 대해 "앞서 본 법리와 기록에 비추어 살펴보면, 원심의 이러한 판단은 정당하고, 거기에 상고이유 주장과 같은 과징금산정 및 재량권 일탈·남용의 입증책임에 관한 법리오해, 이유모순, 심리미진 등의 위법이 없다."고 판결하였다.

5. 대법원 2009.6.23. 선고 2007두18062 판결(서울특별시의사회의 사업자단체 금지행위 건, 2006.3.28. 공정위 의결)

공정위는 피심인의 법위반행위는 각종 증명서 발급수수료라는 가격의 공동인상을 주도한 행위로 경쟁제한효과가 크다고 인정되므로 과징금 부과 결정을 하고, 피심인의 상임이사회에서의 인상 의결일인 2005.4.22. 법위반행위가 발생하였으므로 당시 시행중인 과징금고시 (2005.4.1.)를 적용하여 당해연도 예산액에 부과기준율을 곱한 금액이 사업자단체의 과징금 부과한도인 5억원을 초과하므로 한도액인 5억원의 과징금을 부과하였다.

서울고등법원은 2007.7.26. 선고 2006누24482 판결에서 과징금 부과에 있어서의 재량권의 일탈·남용 여부에 대하여 "위에서 본 바와 같이, ① 의료기관의 진단서 등 각종 증명서의 발급수수료는 국민건강보험법이 정하는 보험급여대상이 아니므로 개별 의료기관이 자율적으로 정하도록 되어 있는데, 보건복지부가 의료기관에 대한 의료법상의 포괄적인 지도·감독권한에 기초하여 행정지도의 형식으로 1995년도에 의료기관의 증명서 발급 수수료에 대한 상한 기준을 제정하고 그에 따라 의료기관의 각종 증명서 발급수수료를 규제하여 왔으므로, 그러한 점에서 증명서 발급에 관한 시장에서 경쟁이 존재하여 왔는지에 관한 의문이 있는 점, ② 보건복지부가 제정한 위 수수료 상한기준이 제정 이후 약 10년 동안 물가 등 경제사정의 변동을 전혀 반영하지 아니한 채 억제되어 온 결과 그 개정이 필요성이 강하게 제기되어 왔기 때문에 회원들의 권익을 유지·발전시킬 책무를 지고 있는 원고로서는 자율적으로 발급수수료의 상한기준을 책정하고 이를 주무부처인 보건복지부에 건의하여 행정지도에 의한 수수료 상한기준의 개정을 시도한 것으로 보이고, 이는 원고 의사회가 할 수 있거나 하여야 하는 사업의 하나로 인정되는 점, ③ 원고는 이 사건 행위를 은밀하게 진행한 것이 아니라 이 사건 행위를 하기 전인 2005.4.26. 보건복지부에 각종 증명서의 발급수수료 인상 건의를 한 바 있고, 그에 대하여 보건복지부의 담당공무원이 긍정적인 구두 답변을 한 바도 있다고 하는 점(보건복지부가 2005.5.7.경 원고에게 보낸 공문에 '각종 증명서 발급수수료는 항목별 원가분석 등 현실적 타당성 등에 대한 충분한 검토를 통하여 기준 개정이 가능할 것'이라는 취지의 기재가 기재되어 있기도 하다, 을 제3호증의 1 참조), ④ 그 후 보건복지부가 원고의 건의를 받아들이지 아니하고 이 사건 이후에도 의료기관의 수수료 동향을 점검하면서 수수료에 대한 직

·간접적인 감독을 유지하고 있는 점, ⑤ 원고의 이 사건 행위에 따라 증명서 발급수수료의
인상을 관할 구청장에 신고한 원고 회원들의 비율이 2006.1. 현재 불과 9% 정도에 불과하고
그 사실상의 구속력도 매우 약하다고 보이며, 이에 따르지 아니한 회원에 대하여 원고가 어
떠한 제재조치를 예정하거나 실제로 취한 바도 없는 점, ⑥ 이 사건 의료관계 증명서 발급
시장이 기본적으로 의료행위에 대한 의료보수 시장과 별도로 존재하거나 또는 그와 함께 하
나의 의료용역에 관한 시장을 형성한다고 보더라도 이는 '부수적인 의료서비스'에 관한 시장
으로서 증명서 발급수수료에 관한 합의는 기본적인 의료서비스의 '부대비용'에 관한 합의이
고, 또 의료관계 증명서는 대체로 전문자격인 의사가 공적·사적 증명에 관한 판단을 행한
결과로서 어느 정도의 가격에 관한 가이드라인이 필요하며, 그러한 점에서 회원들인 의료기
관 사이에 가격경쟁의 요구와 당위성이 있는 것인지 의문이 있는 점 등을 종합적으로 고려
하면, 원고의 이 사건 행위는 그 법 위반의 내용과 정도가 '중대성이 약한 위반행위'에 해당
한다고 보아야 할 것이고, 따라서 원고의 이 사건 행위에 대하여는 위 고시에 따라 원고의
연간 예산액에 대한 10%의 과징금 부과기준율이 적용되어야 할 것이므로, 원고의 이 사건
행위를 '중대한 위반행위'로 보아 그에 대하여 30%의 과징금 부과기준율을 적용한 피고의
과징금 부과처분은 재량권을 일탈·남용한 위법이 있다고 할 것이다. 한편, 피고는 원고에게
부과할 과징금을 산정함에 있어 원고의 현실적 부담능력, 당해 위반행위가 시장에 미치는
효과, 기타 경제여건 등을 감안하여 위와 같이 산정된 과징금의 100분의 50을 감액하였는
바, 이는 정상참작에 관한 피고의 재량에 속하고 부당하다고 보이지 아니하므로, 위 부과기
준율을 적용한 후 이에 따라 감경을 행하는 경우 결국 원고가 납부하여야 할 과징금은 아래
<표 5>의 산정내역과 같이 금 101,000,000원이 된다."고 하면서, "피고의 과징금납부명령
중 금 101,000,000원을 초과하는 부분을 취소한다."고 판결하였다.

이에 대해 대법원은 2009.6.23. 선고 2007두18062 판결에서 "그러나 이와 같은 원심 판
단은 다음과 같은 점에서 수긍하기 어렵다. 원심이 인정한 사실관계에 의해 알 수 있는 다음
과 같은 사정, 즉 원고의 이 사건 위반행위는 경쟁질서의 저해 정도가 매우 강하고 또 다수
소비자에게 직접 피해가 발생할 우려가 있는 가격담합행위의 일종으로서 공정거래법이 특히
금지하고자 하는 행위유형에 속하고, 따라서 원고가 사업자단체로서 회원들의 권익을 유지
·발전시킬 책무가 있다 하더라도 이 사건 위반행위를 하여 회원들에 의한 부당한 가격담합
행위를 조장하는 것은 사업자단체의 정당한 업무 범위를 넘어서는 것으로 용인될 수 없는
점, 원심이 인정한 바와 같이 당시 원고가 보건복지부에 발급수수료의 인상을 건의한 바 있
고 또 그에 대해 담당공무원으로부터 긍정적인 답변을 들은 바 있었다 하더라도, 이는 원고

가 이 사건 인상결의를 한 이후인 2005.4.26. 비로소 이루어진 일이며, 나아가 그 직후인 2005.5.7. 보건복지부가 원고에게 원고의 이 사건 위반행위는 보건복지부와 협의된 것이 아니라는 이유로 그 시정을 요구하였는데도, 원고는 2005.5.20. 재차 각 구의사회장 등에게 인상안내문을 통보하고 2005.7.7. 소집된 각 구의사회 회장협의회에서도 기존 방침대로 수수료 인상을 계속 추진할 것을 독려한 바 있는 점, 증명서 발급수수료에는 건강보험이 적용되지 않아 환자가 실제 부담하는 비용의 측면에서는 오히려 현행의 발급수수료만으로도 의료행위에 따른 비용부담보다 더 클 수 있고, 더구나 원심이 인정한 것처럼 이 사건 위반행위를 전후로 한 2004년부터 2006년 6월까지 2년 반 동안 전국 39개 종합병원에서 진단서 등의 발급을 통해 얻은 수입이 300억 원을 넘는다는 점까지 고려해 보면, 현행 수수료 상한이 비록 10년 전에 설정된 것이라는 사정을 감안한다 하더라도 그 인상이 반드시 필요한 것인지는 의문의 여지가 있을 뿐 아니라 설령 그렇다 하더라도 이를 2배 수준으로까지 인상할 필요가 있었다고 보기는 어려운 점, 원심이 지적하는 바와 같이 의료관계 증명서의 발급은 부수적인 의료서비스로서 원칙적으로 의료법 등 관련 법령에 따라 일정한 자격을 갖춘 자만이 행할 수 있는 것이어서 그 발급수수료에 대해서는 어느 정도 경쟁을 제한하는 가이드라인이 필요하다고 할 수도 있겠지만, 그러한 가이드라인의 설정에는 무엇보다도 소비자의 이익이 충분히 고려되어야 할 것이므로 그러한 점에서 사업자단체에 의한 일방적인 가격인상행위는 더욱더 통제될 필요가 있는 점, 그 외 원심이 들고 있는 사유로서 원고의 이 사건 위반행위에 동조한 회원의 비율이 높지 않고 그 구속력도 약하다는 등의 사정은 이미 피고가 이 사건 위반행위에 대한 중대성을 평가하면서 고려하였던 내용인 점 등과 함께, 과징금고시에 의하면 '중대성이 약한 위반행위', '중대한 위반행위', '매우 중대한 위반행위'에 따른 각각의 부과기준율이 10%, 30%, 50% 정도이고, 또 이 사건 과징금은 피고가 원고의 위반행위를 '중대한 위반행위'로 평가한 후 제반 사정을 고려하여 다시 50%를 감액한 금액인 점까지 아울러 고려해 보면, 피고가 원고의 이 사건 위반행위를 '중대한 위반행위'로 평가하여 과징금을 산정한 것에 사실오인이나 비례·평등의 원칙에 위배되는 등의 사유가 있어 재량권의 한계를 일탈하였거나 남용한 것이라고 보기는 어렵다. 그런데도 원심은, 그 판시와 같은 이유만으로 피고의 이 사건 과징금부과처분에 재량권 일탈·남용의 위법이 있다고 판단하고 말았으니, 이러한 원심 판단에는 과징금 부과의 재량권 일탈, 남용에 관한 법리를 오해하여 판결결과에 영향을 미친 위법이 있다."고 판결하였다.

6. 대법원 2017.4.27. 선고 2016두33360 판결(호남고속철도 제2-1공구 노반 신설 기타공사 등 13개 공구 최저가낙찰제 공사 입찰참가 28개 업체의 부당한 공동행위 건, 2014.9.17. 공정위 의결)

원심(서울고등법원 2016.1.13. 선고 2014누65969 판결, 원고: 주식회사 포스코건설)은, 피고가 위와 같이 기본 과징금을 산정한 후 조사 협력을 이유로 20%, 관련매출액 중 들러리 입찰로 인한 부분의 비중이 큰 점을 고려하여 30%, 건설시장이 크게 위축된 사정을 감안하여 10%를 각각 감경하는 등의 과정을 거쳐 원고에 대하여 19,998,000,000원의 과징금 납부명령을 한 것에 관하여, ① 피고가 위와 같이 여러 차례 감경을 함으로써 이 사건 과징금은 위 계약금액 합계액의 1.68%에 불과한 점, ② 원고는 형식적으로 입찰에 참여한 대가로 금호산업이 주간사인 공동수급체의 일원이 되어 총 계약금액이 약 1,575억 원인 제5-1공구를 함께 낙찰받고 상대적으로 공사 실적이 부족하였던 터널공사 실적을 쌓을 수 있는 기회를 제공받은 점, ③ 이 사건 공동행위가 국가 재정에 미치는 악영향이 크고 그에 대해 제재를 할 필요성이 큰 점 등의 이유를 들어, 이 사건 과징금 납부명령에 재량권 일탈·남용의 위법이 없다고 판단하였다.

그러나 원심의 위와 같은 판단은 아래와 같은 이유로 그대로 수긍하기 어렵다. 기록에 의하면, ① 원고는 이 사건 21개 건설사의 13개 공구별 낙찰예정사 합의가 끝난 후 단독으로 저가입찰을 하더라도 낙찰받기 어렵다고 보아 형식적으로 입찰에 참가해 달라는 낙찰예정사들의 요청을 뒤늦게 수락한 사실, ② 원고가 이 사건 공동행위를 통하여 총 계약금액이 약 1,575억 원인 제5-1공구의 공동수급체 지분 10%를 부여받음으로써 약 157억 원 상당의 공사물량만을 배분받은 사실, ③ 삼성중공업의 경우 원고와 달리 이 사건 21개사의 낙찰예정사 결정 합의 단계에서부터 가담하여 계약금액이 약 1,940억 원인 제3-1공구의 지분 15%, 계약금액이 약 1,654억 원인 제5-2공구의 지분 30% 합계 약 787억 원 상당의 공사물량을 배분받았으나, 1개 공구에만 형식적으로 입찰에 참여한 관계로 2,531,000,000원의 과징금만 부과된 사실, ④ 원고 외에 다른 대부분의 사업자들에 대하여는 그 낙찰 또는 배분받은 공사물량 상당액에 비하여 상당히 낮은 금액의 과징금이 부과된 사실 등을 알 수 있다.

이러한 사실관계를 앞서 본 법리에 비추어 알 수 있는 다음과 같은 사정, 즉 ① 피고가 원고에게 부과한 과징금 약 199억 원은 원고가 이 사건 공동행위 가담을 통하여 취득한 배분물량 약 173억 원 상당을 상회하므로, 과징금 부과로써 기록상 나타난 원고의 유형적 이득액의 합계를 넘어서 배분된 공사금액 전액을 박탈하게 되는 점, ② 비록 원고가 7개 공구에 형식적으로 입찰에 참가하였으나, 다른 한편 이 사건 21개 건설사와는 달리 이 사건 공동행위를 주도하거나 낙찰예정사 결정 합의에는 참여하지 않았으므로, 그 위법성의 정도가 상대적으로 중하다고 보기 어려운 점, ③ 이 사건 공동행위 초기 단계에서부터 합의에 가담하여 상당한 공사물량을 배분받게 된 삼성중공업과 비교하면, 원고의 형식적 입찰 참여 횟수가 많다 하더라도, 그러한 사정만으로 약 8배에 이르는 과징금의 차이를 정당화할 정도로 원고의 부당이득 취득의 정도와 위반행위의 가벌성 등 원고에 대한 제재의 필요성이 삼성중공업에 비하여 현저히 높다고 보기 어려운 점, ④ 원고가 이 사건 공동행위에 가담함으로써 위 실제 배분물량 외에 다른 사업 우선권 등 별도의 이익을 취득하였다고 볼 만한 사정도 보이지 않는 점 등을 종합하면, 이 사건 과징금액이 공정거래법 제22조, 공정거래법 시행령 제9조 제1항, 제61조 제1항 [별표 2]에서 정한 방식에 의하여 그 상한을 초과하지 않는 범위 내에서 산정되었고, 원고가 형식적으로 입찰에 참여한 공구의 규모가 상대적으로 크며, 원고가 공사실적 등의 무형적 이익을 얻은 사정 등을 모두 감안한다 하더라도, 이 사건 과징금액은 과징금의 부당이득환수적인 면보다는 제재적 성격이 지나치게 강조되어 위반행위의 위법성의 정도 및 공동행위로 취득한 이득액의 규모 사이에서 지나치게 균형을 잃은 과중한 액수에 해당한다고 볼 수 있다. 나아가 이 사건 공동행위에 참여한 사업자들 사이에서도 실제 낙찰 또는 배분받은 물량의 차이로 인하여 실제로 취득하는 이익의 규모에 상당한 차이가 있음에도, 피고가 과징금 산정에서 이를 고려하지 않음으로써 다른 사업자에 대한 과징금액과도 균형을 잃게 되었다고 봄이 타당하다. 따라서 이 사건 과징금 납부명령은 그 액수의 면에서 비례의 원칙 등에 위배되어 재량권을 일탈·남용한 처분에 해당한다고 볼 수 있다.

6-1. 서울고등법원 2016.4.20. 선고 2015누34306 판결(원고: 현대건설 주식회사)[6]

6.과 같은 사건으로 현대건설 주식회사가 원고인 건에 대해서 서울고등법원은 부과과징금 결정의 위법 주장 관련해서, "피고는 원고에 대한 과징금을 산정하면서 원고가 들러리로 이 사건 13개 공구의 입찰에 응찰한 점을 고려하여 부과기준율을 낙찰자의 절반인 3.5%로 적용하는 방법으로 기본과징금의 50%를 감경하여 주었을 뿐 아니라, 순수 들러리사임을 감안하여 2차 조정과징금의 30%를 추가로 감경하였다. 원고가 실제로 공구를 낙찰받은 사업자에 비하여 더 많은 과징금을 부과받게 된 경우가 있다고 하더라도 이는 비교 대상사업자의 개별적 부담능력 등이 참작되어 과징금 조정 단계에서 추가로 감경을 더 받은 결과이거나

---

6) 원고의 부과기준율 결정의 위법 주장에 대한 법원의 판결 내용은 이슈 14: Ⅲ. 7. 참조.

원고가 일부 사업자들에 비하여 낙찰금액이 큰 공구에 더 많이 들러리 응찰을 한 결과일 뿐 이므로, 그러한 사정만으로 피고의 처분이 위법하다고 볼 수는 없다. 원고는 변론종결 후에 제출한 참고서면에서 피고가 낙찰자에 대하여는 공동수급체를 구성하였다는 이유로 10% 감 경을 적용한 반면 공동수급체를 구성하여 입찰에 참가하였던 원고에 대하여는 이를 이유로 감경하지 않았음을 들어 이 사건 처분이 위법하다고 주장한다. 그러나 앞서 본 바와 같이 피 고가 비록 부과과징금 결정 단계에서 원고에게 낙찰자와 달리 공동수급체 구성을 이유로 추 가적 감경을 하지 않았다고 하더라도, 기본과징금 산정 단계 및 추가 조정 단계 등에서 원고 가 들러리 업체로 참여한 점 등을 반영하여 감경조치를 하였으므로 원고가 취득한 이득이 없다는 사정은 이 사건 과징금납부명령에 이미 반영되었다. 따라서 원고가 내세우는 사정만 으로 피고가 합리적 이유 없이 원고를 차별하였다거나 이 사건 과징금납부명령이 과도하여 재량권을 일탈·남용하였다고 볼 수 없으므로 원고의 이 부분 주장은 받아들이지 않는다."고 판결하였다. 이에 대해 대법원은 2018.4.24. 선고 2016두40207 판결을 통하여 주식회사 포 스코건설이 원고였던 위 6.과는 달리 상고를 기각하였다.

7. 대법원 2018.12.27. 선고 2018두57070 판결(관수아스콘 구매입찰 관련 대전·세종·충남지역 3개 아스콘협동조합의 부당한 공동행위 건, 2017.11.23. 공정위 의결)

가. 공정위 의결

공정위는 이 사건 입찰 관련 발주금액(발주물량×계약단가)을 각 피심인들에 대한 관련매출 액으로, 부과기준율은 그 행위의 경쟁제한효과가 매우 크다고 보기 어려운 점, 지역적 범위 등을 고려할 때 '중대한 위반행위'에 해당하므로 과징금고시 규정에 따라 3.0% 이상 5.0% 미만의 부과기준율을 적용하기로 하되, 이 사건 공동행위가 조합 또는 공동수급체만 참여할 수 있는 희망수량 경쟁입찰 제도로 인해 유발된 측면이 있다는 담합의 전후 사정, 피심인들 이 낙찰 받은 물량을 조합원들에게 배정하고 약 0.8% 정도의 수수료만 취득하였으므로 실 제로 취득한 부당이득의 정도가 크지 않다는 점 등을 고려하여 3%의 부과기준율을 적용하 는 것으로 결정하였다.

나. 서울고등법원 2018.8.23. 선고 2017누90188 판결

서울고등법원은 과징금 납부명령의 재량권 일탈·남용여부 관련하여 "위 법리에 비추어 아래 각 사정을 종합하여 보면, 이 사건 과징금액이 법 제22조, 시행령 제9조 제1항, 제61조

제1항 및 [별표 2]에서 정한 방식에 의하여 그 상한을 초과하지 않는 범위 내에서 산정되었고, 이 사건 입찰에서 원고들이 모두 낙찰 받아 계약을 체결하였다는 사정 등을 감안하더라도, 피고가 재량권 행사로서 원고들에 대하여 한 이 사건 과징금납부명령은 부당이득환수적인 면보다는 제재적 성격이 지나치게 강조되어 위반행위의 위법성의 정도 및 이 사건 공동행위로 취득한 이득액의 규모 사이에서 지나치게 균형을 잃은 과중한 액수에 해당한다고 볼 수 있다. 따라서 이 사건 과징금납부명령은 그 액수의 면에서 재량권을 일탈·남용한 처분에 해당하여 위법하다. (가) 원고들이 영위하고 있는 아스콘 등 공동판매 사업은, 원고들이 입찰 시 제출하였던 물품배정 계획서에 따라 각 해당 조합원들이 발주처인 조달청에게 그 요청에 따라 물품을 납품하면, 그 대가로 원고들이 발주처로부터 납품한 물량에 대하여 대금을 수령한 후 소속 조합원들에게 그 대금을 지급하면서 계약금액의 0.8%를 물량배정의 수수료로 징수하는 방식으로 이루어진다. 이 사건 공동행위를 통하여 원고 대전세종충남아스콘조합은 계약금액 합계 100,682,251,000 원에 대한 수수료 805,458,000원을, 원고 서북부아스콘조합은 계약금액 합계 103,091,070,000원에 대한 수수료 824,728,560원을, 원고 중부아스콘조합은 계약금액 합계 50,643,630,000원에 대한 수수료 405,149,040원을 각 취득하였다. 그런데 피고가 원고들에게 부과한 과징금은 약 11억~22억 원으로 위 각 금액을 2배 이상 상회하는 수준인바, 과징금 부과로써 기록상 나타난 원고들의 유형적 이득액 전액 이상을 박탈하게 된다. 또한 원고들이 각 조합원에 대한 물량배정의 수수료 외에 별도의 이익을 취득하였다고 볼 만한 사정도 존재하지 아니한다. (나) 원고들은 조합원들로부터 지급받는 월회비와 물량배정의 수수료를 주 수입원으로 하여 운영되고 있다. 원고들의 조합원들은 모두 중소기업으로서 아스콘의 수요감소 등에 따라 아스콘 업계의 경영 여건이 어려운 상황이고, 원고 대전세종충남아스콘조합의 경우 당기순이익이 135,076,240원(2016.1.1.부터 2016.12.31.까지의 기간, 이하 같다)이고 비유동자산의 가액은 449,798,688원(2016.12.31. 기준, 이하 같다)이며, 원고 서북부아스콘조합의 경우 당기순이익이 151,952,179원이고 비유동자산의 가액은 11,569,974원이며, 원고 중부아스콘조합의 경우 당기순이익이 52,619,870원이고 비유동자산의 가액은 725,001원이며, 원고들은 유동자산 대부분을 현금 및 현금성자산 등 당좌자산의 형태로 보유하고 있다. 이 사건 처분 당시 과징금 대비 현금보유액 비율은 50% 미만으로 과징금을 일시에 납부할 경우 자금사정에 현저한 어려움이 있을 것으로 보이고, 이에 피고가 원고들에게 과징금 납부에 있어 6회의 분할납부를 허용하였다. 그러나 원고 대전세종충남아스콘조합은 이미 제1회분 과징금 납부로 조합원들의 출자금까지 잠식한 상태이고, 원고 서북부아스콘조합과 원고 중부아스콘조합은 제1회분 과징금 납부로 남은 자산은 7,000만 원 정도에 불

과하여, 원고들에게 이 사건 과징금을 전부 납부하게 할 경우 원고들의 존립 자체가 불가능한 상황으로 보여진다. (다) 이 사건 입찰은 중소기업제품의 구매를 촉진하고 판로를 지원함으로써 중소기업의 경쟁력 향상과 경영안정에 이바지하기 위한 중소기업자간 경쟁제도의 요구에 맞추어 중소기업자로 구성된 공동수급체 또는 중소기업자간 경쟁입찰의 참여자격을 갖춘 중소기업협동조합만이 참여할 수 있는데, 위 조합을 통하여 입찰에 참여한 조합원사는 공동수급체 구성원으로 입찰에 중복 참여할 수 없었다. 이와 같은 이유로 이 사건 입찰에 참여할 수 있는 자가 원고들로 사실상 한정된 상태에서 이 사건 입찰은 희망수량경쟁입찰 방식으로 운영되었고, 중소기업인 원고들이 계속적으로 입찰에 참여하기 위해서는 '중소기업자간 경쟁입찰을 하는 제품시장에서 차지하는 시장점유율이 100분의 50 이하일 것'이라는 요건을 충족할 것을 요구하는 등의 사정까지 더해져 이 사건 공동행위를 유발한 측면이 있다(반면, 원고들의 조합원들은 모두 원고들에 중복가입되어 있는 상태로 원고들 중 누가 낙찰받더라도 물량을 배분받을 수 있다). 관수 아스콘시장에서 발주자인 조달청은 수요독점자의 위치에 있고 일반적으로 관수시장에서의 아스콘 가격이 민수시장보다 낮게 형성되고 있는데다가 전국 관수시장에서 형성된 낙찰률을 기준으로 이 사건 입찰의 낙찰률을 비교하여 보더라도 그 차이가 크지 아니하며, 이 사건 공동행위로 인해 시장에 미치는 파급효과는 대전·세종·충남의 권역에 한정된다. 이러한 점들을 고려하면 원고들의 이 사건 공동행위의 위법성 정도가 원고들의 존립을 불가능하게 할 정도로 크다고 볼 수 없다."고 판결하였다.

상고심에서 대법원은 심리불속행 사유에 해당한다는 이유로 상고를 기각하였다(대법원 2018.12.27. 선고 2018두57070 판결).

8. 대법원 2020.7.29. 선고 2018두62706 판결((주)케이티 발주 F/S케이블 구매입찰 관련 6개 사업자의 부당한 공동행위 건, 2018.4.26. 공정위 의결)

(1) 앞서 본 바와 같이 원고에 대한 관련매출액을 1, 2, 3순위 낙찰자의 전체 계약금액 합계액으로 산정한 것 자체는 타당하다. 그러나 이 사건 입찰은 1회의 입찰을 통하여 전체 예정물량을 3개의 낙찰자에게 차등 할당하는 방식으로서, 비록 낙찰 후 발주자 케이티와 1, 2, 3순위 낙찰자 사이에 개별적인 계약이 체결되는 것이기는 하나, 그 실질은 1, 2, 3순위 낙찰자들이 공동수급체로서 낙찰을 받아 1개의 계약을 체결한 경우와 별다른 차이가 없다. 이러한 공동수급체에 관하여 공정거래법 시행령 제9조 제3항의 위임에 따른 피고의 「과징금부과 세부기준 등에 관한 고시」 Ⅳ. 1. 다. (1) (마) 1)항은 "공동수급체(컨소시엄, 이하 같다)의 구

성원에 대해서는 2분의 1 범위 내(지분율 70% 이상인 사업자에 대해서는 10분의 1 이내, 지분율 30% 이상 70% 미만인 사업자에 대해서는 10분의 3 이내, 지분율 30% 미만인 사업자에 대해서는 2분의 1 이내)에서 산정기준을 감액할 수 있다."라고 규정함으로써, 공동수급체 구성원 각자의 지분율에 따라 과징금의 기본 산정기준을 감액할 수 있도록 정하고 있다. 그렇다면 특별한 사정이 없는 한 피고는 공동수급체의 실질을 가지고 있는 이 사건 낙찰자들에 대한 기본 과징금을 산정할 때에도 위와 같은 공동수급체 감경규정의 취지를 고려하였어야 한다. 그런데 피고의 이 사건 과징금 산정과정을 살펴보면 이러한 측면을 고려하지 않은 것으로 보인다.

(2) 이 사건 입찰에서 원고는 전체 예정물량을 단독으로 낙찰받아 계약을 체결한 것이 아니라, 전체 예정물량 중 23.3%만을 낙찰받아 그 부분에 한하여 계약을 체결하였다. 그런데 원고에 대한 과징금은 위와 같이 이 사건 입찰의 전체 계약금액 합계액을 기준으로 산정되었고, 그 이후 조정 과정에서도 원고가 이 사건 입찰담합을 통하여 실제로 취득한 이득액이 제대로 반영되지 않았다. 피고가 부과기준율의 적용 단계 및 최종 부과과징금의 결정 단계에서 원고가 취득한 부당이득의 규모를 일부 참작하기는 하였으나, 그 과정에서도 이 사건 입찰의 전반적 특성만이 일반적·추상적으로 고려되었을 뿐 원고의 개별적·구체적 사정 및 그에 따른 실제 이익의 규모는 고려되지 않았다. 이러한 과징금액 산정은 공동행위의 대상이 된 입찰의 전체 규모를 반영할 필요성과 과징금의 제재적 성격 등을 감안하더라도, 원고가 이 사건 입찰담합으로 인하여 실제로 취득한 이익의 규모와 균형을 상실하여 지나치게 과중한 것으로 보인다.

(3) 한편 피고는 1순위 낙찰자로서 전체 예정물량의 61.1%에 관하여 계약을 체결한 대원전선 주식회사(이하 '대원전선'이라고 한다)와 2순위 낙찰자로서 전체 예정물량의 23.3%에 관하여 계약을 체결한 원고에 대하여 동일한 산정과정을 거쳐 과징금액 458,000,000원으로 동일하게 산정하였다. 그러나 과징금액 산정은 법 위반행위자 그 자신이 얻은 실제 이득액의 규모와 균형을 갖추어야 할 뿐만 아니라, 실제 이득액의 규모 등에 차이가 있는 다른 공동행위 가담자들과의 관계에서도 형평에 맞아야 한다. 이 사건의 경우 1순위 낙찰자인 대원전선과 2순위 낙찰자인 원고 사이에는 3배에 가까운 계약금액의 차이가 있는데, 이러한 사정을 전혀 고려하지 아니한 채 양자를 동일하게 취급하는 것은 특별한 사정이 없는 한 적절한 재량권의 행사라고 보기 어렵다.

(4) 결국 이 사건 과징금 납부명령은 공동수급체와 유사한 입찰의 특성이 제대로 반영되지 않았고, 원고가 실제로 취득한 이익의 규모와 균형을 갖추지 못하였으며, 1순위 낙찰자와의 사이에서도 형평에 맞지 않는 것으로서 비례·평등의 원칙에 반하여 재량권을 일탈·남용

한 것으로 봄이 타당하다.

9. 관수 원심력 콘크리트파일(PHC) 구매입찰 관련 17개 원심력 콘크리트파일(PHC) 제조·판매사업자 및 한국원심력콘크리트공업협동조합의 부당한 공동행위에 대한 건 성원파일(주)의 이의신청 건(2020.8.20. 공정위 재결)

공정위는 2020.5.13. 본건 원심결의 최종 부과과징금의 결정 단계에서 이의신청인 포함 피심인들 모두에 대하여 이미 해당 임직원들이 형법상 입찰방해죄로 형이 확정된 점, 이 사건 공동행위 입찰 관련 민사상 손해배상 소송이 진행되고 있다는 점 등을 고려하여 2차 조정 산정기준에서 10%를 일률적으로 추가 감경하였다.

이의신청인은 국내 경기의 장기 불황으로 인해 영업이익이 큰 폭으로 하락하고 있는 점, 코로나19로 인한 경기침체가 언제까지 지속될지 예견하기 어렵다는 점, 현실적으로 과징금을 부담할 수 있는 능력이 없다는 점에서 과징금을 추가감경 하여야 한다고 주장하였다.

이에 대해 공정위는 이의신청인은 2019년 기준 부채비율이 449%라는 점, 2,754,260,669원의 당기순손실을 기록했다는 점, 잉여금은 540,494,733원으로 성원파일의 2차 조정 산정기준인 3,835,012,266원의 약 7분의 1에 불과하다는 점 등을 고려하여 2차 조정 산정기준의 30%를 감경할 필요성이 인정된다면서 성원파일의 2차 조정 산정기준인 3,835,012,266원에서 40%(원심결 10% 감경에서 30% 추가 감경7))를 감경하면서 1백만원 미만을 절사한 2,301,000,000원을 최종 부과과징금으로 변경하였다.

V. 마무리

앞에서 살펴본 바와 같이 공정위의 과징금 부과에 대해서는 공정위의 심결 및 법원에서의 불복 소송 과정에서 가장 많이 발생하는 중요한 쟁점이슈의 하나이다. 특히 2021.12.30.부터 개정 공정거래법 및 과징금고시의 시행으로 과징금 상한이 대폭 상향 조정됨에 따라 앞으로 더욱더 중요한 이슈가 될 것으로 본다.

한편 법원은 일관되게 공정위의 과징금 부과를 재량행위로 보고, 과징금 부과여부와 부과

---

7) 원심결 당시 부과과징금의 결정시 2차 조정된 산정기준의 100분의 30 이내에서 감액할 수 있는 요건의 하나인 '잉여금 대비 상당한 규모인 경우'를 이의신청 재결시 인정받았던 것이다. 2017. 11.30. 과징금고시 Ⅳ. 4. 가. (1) (가)(현행 고시 Ⅳ. 4. 가. 1) 기) (1)) 참조.

금액의 결정에 대하여 재량의 폭을 크게 인정해 주고 있으며, 공정위의 과징금고시에 따른 탄력적인 운영을 인정해 주고 있다.

　결국 과징금고시의 내용이 과징금 부과시 구체적인 기준으로서 역할을 하게 된다. 공정위는 2016년과 2021년의 고시 개정을 통해 전반적인 개선을 한 바 있으므로 당분간은 추가 개정 수요는 없을 것으로 예상된다. 따라서 과징금고시상 구체적 내용과 함께 공정위의 심결사례와 법원의 판결례에 대한 분석과 이해가 중요할 듯하다.

과징금 부과에 있어서 위반행위의 중대성 판단 및 부과기준율(기본 산정기준)

Ⅰ. 개요

이슈 13: 과징금 납부명령의 재량권 일탈·남용 여부에서 살펴본 것처럼 공정위 심결 및 법원 불복소송에서 과징금 산정, 과징금 납부명령의 재량권 일탈·남용 여부가 주요 쟁점이 되고 있으며, 과징금 부과한도가 일률적으로 2배로 상향된 개정 공정거래법이 2021.12.30. 부터 시행됨에 따라 앞으로 이 이슈는 더욱더 쟁점화될 전망이다.

법, 시행령, 과징금고시에서 규정하는 바에 따라 법 위반행위에 대하여 부과할 과징금액을 산정하는 맨 첫 단계는 위반행위 유형에 따른 '기본 산정기준(이하 산정기준이라 한다)'을 정하는 것이다. 산정기준은 위반행위를 그 내용 및 정도에 따라 '중대성이 약한 위반행위', '중대한 위반행위', '매우 중대한 위반행위'로 구분한 후 위반행위 유형별로 정한 중대성의 정도별 부과기준율(정액과징금인 경우에는 부과기준금액)을 적용하여, 관련매출액 등에 곱하여 나오게 된다. 여기서 위반행위 중대성의 정도는 위반행위 유형별로 마련된 세부평가 기준표(과징금 고시 [별표])에 따라 산정된 점수[1]를 기준으로 하고 있다. 법위반점수, 즉 기준표에 따른 산정점수와 이에 따라 정해지는 위반행위 중대성의 정도 및 부과기준율은 최종적인 부과과징금액의 산정에 있어서 가장 큰 영향을 미치게 된다. 또한 '공정거래법 등의 위반행위의 고발에 관한 공정위의 지침'(공정위 예규)에 따라 과징금고시의 세부평가 기준표에 따라 산출한 법위반점수가 일정 점수 이상인 경우에는 원칙 고발의 대상이 되므로 더욱 중요한 요소가 된다.[2]

아래에서는 위반행위 중대성의 정도 및 부과기준율 산정에 관한 법령 및 과징금고시의 내용, 부과기준율 산정 관련 공정위 심결사례들을 먼저 알아보고 이어서 이를 둘러싼 법원에서의 구체적인 쟁점 케이스를 살펴보기로 한다.

---

1) 과징금고시에서는 '기준표에 따른 산정점수'로, '공정거래법 등의 위반행위의 고발에 관한 공정위의 지침'(공정위 예규)에서는 '법위반점수'로 표현하고 있다

2) 고발지침 제2조 제1항 및 제2항 참조, 현행 고발지침에는 원칙 고발대상으로 사업자 또는 사업자단체는 법위반점수가 1.8점 이상, 그 사업자 또는 사업자단체의 대표자, 대리인, 사용인 등 개인은 법위반점수가 1.8점 이상인 사업자 또는 사업자단체의 '개인의 법위반행위 세부평가기준표'에 의한 법위반점수가 2.2점 이상인 자로 되어 있다.

Ⅱ. 과징금의 '기본 산정기준(이하 산정기준이라 한다)'

1. 법 및 시행령 규정 내용

법 제102조(과징금 부과) 제1항은 과징금 부과시 반드시 고려해야 할 사항으로 위반행위의 내용 및 정도(제1호), 위반행위의 기간 및 횟수(제2호), 위반행위로 취득한 이익의 규모(제3호) 등 3가지를 열거하고 있다. 그리고 시행령 [별표 6]에서 '기본 산정기준'은 법 제102조 제1항 제1호에 따른 위반행위의 내용 및 정도에 따라 위반행위의 중대성 정도를 '중대성이 약한 위반행위', '중대한 위반행위', '매우 중대한 위반행위'로 구분하고, 유형별 관련매출액 등에 중대성의 정도별로 정하는 부과기준율을 곱하여 정하는 것으로 규정하고 있다.

예를 들면 부당한 공동행위(근거 법조문: 법 제43조)의 경우 관련매출액의 20% 범위에서 관련매출액에 중대성의 정도별로 정하는 부과기준율을 곱하여 산정, 다만 매출액이 없는 경우 등에는 40억원의 범위에서 중대성의 정도를 고려하여 산정하도록 되어 있다(전자를 정률과징금, 후자를 정액과징금이라고 한다). 경제력집중 억제규정의 하나인 상호출자행위(근거 법조문: 법 제38조 제1항)의 경우에는 위반행위로 취득 또는 소유한 주식의 취득가액의 20% 범위에서 중대성의 정도별로 정하는 부과기준율을 곱하여 산정한다. 또 부당한 지원행위(근거 법조문: 법 제50조 제2항)의 경우 평균매출액의 10% 범위에서 법위반으로 지원하거나 지원받은 지원금액에 중대성의 정도별로 정하는 부과기준율을 곱하여 산정된다.

그리고 부과기준율, 관련매출액의 산정, 그 밖에 과징금의 부과에 필요한 세부적인 사항은 공정위고시에 위임하고 있다.

2. 과징금고시 규정 내용

과징금고시에서는 위반행위 중대성의 정도는 위반행위 유형별로 마련된 [별표] 세부평가 기준표에 따라 산정된 점수를 기준으로 한다고 규정하고 있다. 이 기준표에 따른 산정점수를 기준으로 중대성의 정도를 중대성이 약한 행위, 중대한 위반행위, 매우 중대한 위반행위 등 3개로 구분한 후 중대성의 정도 및 기준표에 따른 산정점수를 기준으로 부과기준율을 정하게 된다.

따라서 공정위가 과징금 부과 처분을 할 경우 기본이 되는 기준은 과징금고시 [별표] 세부평가 기준표가 된다. 기준표상 부당한 공동행위(사업자)를 예로 들면 위반행위 내용에는 경쟁제한성(0.2), 이행정도(0.2), 관련시장 점유율(0.1) 등 3개 참작사항, 위반행위 정도에는 관련매출액(0.2), 부당이득/피해규모(0.2), 지역적 범위(0.1) 등 3개 참작사항을 기준으로 참작사항별로 상(3점)/중(2점)/하(1점)로 평가하도록 되어 있다.

다만 위반행위의 의도·목적·동기, 위반행위에 이른 경위, 관련 업계의 거래관행, 계약 또는 입찰의 방식, 위반행위로 인한 이익의 귀속 여부 등 [별표] 세부평가 기준표에서 고려되지 않은 사유를 고려할 때 [별표] 세부평가 기준표에 따른 위반행위 중대성을 그대로 적용하는 것이 비례의 원칙 및 형평의 원칙 등에 위배되는 특별한 사정이 있는 경우에는 중대성 정도를 다르게 결정할 수 있고, 이 경우 그 특별한 사정을 의결서에 기재하도록 규정하고 있다. 이 부분 관련해서는 위반행위 중대성의 정도 및 부과기준율 산정에 관한 공정위의 심결사례를 통해 아래 3.에서 구체적으로 살펴보려고 한다.

한편 과징금 부과율을 일률 2배로 상향 조정한 개정 공정거래법이 2021.12.30.부터 시행됨에 따라 그 후속조치로서 과징금고시를 개정하였다. 행위유형별 부과기준율(정률과징금)·기준금액(정액과징금)의 하한은 현행을 유지하면서 최대 부과율을 2배까지 차등하여 상향함으로써 법위반에 대한 제재수위를 높였는바, 앞으로 공정위 조사 및 심결, 그리고 법원 소송과정에서 위반행위 중대성의 정도 및 부과기준율을 최대한 낮추려고 하는 것이 더욱더 중요한 이슈가 될 전망이다.[3]

3. 부과기준율 산정 관련 공정위 심결사례

가. 5개 세탁 · 주방세제 제조업체의 부당한 공동행위 건(2006.12.26. 공정위 의결)

공정위는 위반행위의 중대성 판단 및 부과기준율 관련하여 다음과 같이 판단하였다.

이 사건 부당한 공동행위는 세탁·주방세제 시장에서 75% 이상의 시장점유율을 차지하는 피심인들이 공동으로 법 제19조(현행 제40조) 제1항 제1호 "가격을 결정·유지 또는 변경하는 행위를 할 것을 합의"함으로써, 국민생활에 큰 영향을 미치는 세제의 가격을 결정한 것으로서 행위내용이 매우 중대할 뿐만 아니라, 행위 성격상 경쟁제한 효과가 발생하는 것이 명백하고 효율성 증대가 거의 없는 경우로서 그 위반행위의 파급효과가 전국적으로 미치며, 가격인상으로 국민경제에 끼친 직접적인 피해도 광범위한 점을 고려할 때, 피심인들의 이

---

3) 개정법 부칙 제10조 및 개정 과징금고시 부칙 제2조에 따라 2021.12.30. 시행 전에 종료된 위반행위에 대한 과징금의 부과에 관하여는 종전의 규정에 따른다. 이에 따라 2021.12.30. 과징금고시의 개정·시행 이후에도 기본 산정기준이 상향조정되지 않은 종전의 2017.11.30. 고시가 주로 적용되고 있다.

사건 위반행위는 매우 중대한 위반행위에 해당된다. 따라서 위 구과징금부과고시 Ⅳ. 1. 다. (1) (가)의 규정에 의하여 3.5%~5.0%의 부과기준율 수준을 적용하기로 하되, 한국은행이 발표하는 위 <그림2> '계면활성제 및 세탁·주방세제 생산자물가지수'에 따르면, 세제의 주 원재료인 계면활성제의 물가가 법 위반기간 중 큰 폭으로 상승하는 등 가격인상 담합이 원가상승에 기인한 측면이 있는 점, 기준가격을 합의하여 실행하였지만 실제 거래가격은 다소 달리 형성되어 합의 내용이 바로 시장에 직접적·전면적으로 나타났다고 보기 어려운 점, 법 위반행위의 대부분이 구과징금부과고시가 시행되기 이전(종전 고시에서는 매우 중대한 위반행위의 경우 3%를 부과기준율로 하였다)에 이루어진 점 등을 감안하여 부과기준율은 3.5%를 적용한다.

다만 본건이 적용된 당시 과징금 부과시 마지막 단계인 '부과과징금 결정'에서 공정위 재량범위를 많이 인정하는 방식이었는바, 이 사건에 있어 담합기간 동안의 세제의 시장가격 상승률과 물가상승률 정도, 세제시장의 영업환경 악화로 사업성이 떨어지고 있는 등(CJ 세제 사업부문 매각, 영업이익율 3~4% 등) 세제시장의 구체적인 경제적 상황, 세제시장의 유통구조나 객관적인 여건 등을 고려하여, 구과징금부과고시 Ⅳ. 4. 가. (1)의 규정에 근거하여 피심인 4사에 있어 공통적으로 임의적 조정과징금의 25%를 감경하였다. 또한, CJ라이온의 경우 총 11차례 공동행위 중 2005. 1. 이후 3차례만 가담한 점에서 위법행위에 관여한 기간이 타 피심인들에 비해 짧았던 점을 감안하여 임의적 조정과징금의 10%를 추가 감경하는 것으로 결정하였다.

나. 2개 합성고무 제조사업자의 부당한 공동행위 건(2007.6.22. 공정위 의결)

공정위는 부과기준율 관련하여, ① 이 건 부당한 공동행위는 국민생활에 큰 영향을 미치는 타이어제품에 사용되는 합성고무의 가격을 결정한 것으로서 행위내용이 매우 중대할 뿐만 아니라, ② 행위 성격상 경쟁제한 효과가 발생하는 것이 명백하고 효율성 증대가 거의 없는 경우로서 그 위반행위의 파급효과가 전국적으로 미치며, ③ 가격인상으로 국민경제에 끼친 직접적인 피해도 광범위한 점을 고려할 때 피심인들에 대한 이 건 위반행위의 과징금 부과기준율은 3%를 적용한다고 결정하였다.

다만 부과기준율을 '매우 중대한 위반행위'로 인정하면서도 부과과징금의 결정에 있어서, 피심인 금호석유화학에 대해서는 일부 법위반사실을 시인하고 법위반행위를 중단한 점, 시장구조에 따른 대항카르텔적 성격을 가지고 있는 점 등을 고려하여 기본과징금에서 40%를 감경하여 이를 부과과징금으로 결정하였다. 피심인 씨텍에 대해서는 당시 2000년 하반기 이후 유동성 위기가 증대되어 기업구조조정촉진법에 의해 구조조정되었고, 위반행위 종료일로부터 직전 3년간인 2000년~2002년까지 재무상황을 보면 2000년에 3,784억원, 2001년에 2,111억원의 당기순손실이 발생하여 과징금 납부능력이 현저하게 저하된 점, 본 사건 합의의 대상영업인 합성고무 영업손실이 2001년도에 978백만원, 2002년도에 16,624백만원, 2003년도에 15,547백만원에 이른 점, 조사에 적극협조한 점, 법위반행위를 스스로 인정하고 중단한 점, 시장구조에 따른 대항카르텔적 성격을 가지고 있는 점 등을 고려하여 기본과징금에서 80%를 감경하여 이를 부과과징금으로 결정하였다.

다. 13개 비료 제조ㆍ판매사업자의 부당한 공동행위 건(2012.4.30. 공정위 의결)

이 사건 공동행위는 국내 화학비료 공급시장에서의 공급가격과 사업자별 시장점유율을 합의함으로써 당해 시장에서의 경쟁제한효과가 명백하고 그 파급효과가 크다는 점은 인정되나, 농협중앙회의 수요 독점적 지위로 인하여 낙찰 상한선인 예정가격이 피심인들의 생산원가에 근접하게 결정되어 경쟁제한효과가 발생하더라도 피심인들이 얻게 되는 부당이득이 통상의 부당한 공동행위에 비하여 크지 않다는 점을 고려하여, 과징금고시 Ⅳ. 1. 다. (1). (가).의 규정에 따른 '중대한 위반행위'로 보아 3%~7%의 부과기준율을 적용하기로 하되, 이 사건 공동행위가 과거 오랜 기간 동안 정부가 수급에 관여했던 제도적 환경에 영향을 받은 점, 비료산업이 국내 식량생산을 위해 필수적인 기간산업인 점, 그 간 국내식량자급 및 농업 발전을 위해 기여한 바가 있는 점 등을 종합적으로 고려하여 3%를 부과기준율로 적용한다.

다만 부과과징금의 결정 단계에서, 경지면적 감소, 친환경 농법의 개발 등으로 인해 매년 국내 비료수요가 지속적인 감소추세에 있고, 그에 따라 비료업체들의 공장가동률 또한 저조한 점을 고려할 때 임의적 조정과징금이 피심인들이 처한 사업여건의 변동을 충분히 반영하지 못하는 것으로 판단되므로 과징금고시 Ⅳ. 4. 가.의 규정을 적용하여 임의적 조정과징금액의 50%를 감경하였다.

라. 오존주입설비 구매ㆍ설치공사 입찰 관련 2개 사업자의 부당한 공동행위 건 (2014.12.12. 공정위 의결)

피심인들의 이 사건 행위는 위반행위의 내용 및 파급효과 등을 고려할 때 위반행위의 중대성 정도가 '매우 중대한 위반행위'에 해당하므로 과징금고시 Ⅳ. 1. 다. (1) (가)의 규정에 따라 7.0~10.0%의 부과기준율을 적용하기로 하되, 피심인들은 오존주입설비 시장에서 사실상 독과점 사업자에 해당한다는 점, 이 사건 공동행위는 피심인들이 가격경쟁을 회피하기 위해 낙찰자 및 투찰가격을 사전에 결정한 입찰담합 행위에 해당하고 이러한 유형의 입찰담합은 경성 공동행위로서 위법성이 큰 것으로 평가되는 점, 피심인들이 3년 이상 지속적으로 합의를 실행함으로써 오존주입설비 시장에서의 경쟁을 실질적으로 제한 한 점 등을 종합적으로 고려하여 10.0%의 부과기준율을 적용한다.

마. 방위사업청 및 대전지방조달청 발주 의료용 소모품 구매입찰 관련 3개 사업자의 부당한 공동행위 건(2018.3.22. 공정위 의결)

이 사건 공동행위는 모두 국가기관이 발주한 입찰에 대한 담합행위인 점, 입찰 관련 총 계약금액이 40억원 미만인 점 등을 종합적으로 고려하여 중대한 위반행위로 하되, 방위사업청 발주 소독포, 수술포 등 3건 입찰에서의 담합행위에 대해서는 5%의 부과기준율을 적용하고, 대전지방조달청 발주 수술가운 등 입찰에서의 담합행위에 대해서는 피심인들 외 다른 사업자(** 등 3개 사업자)도 참여한 입찰로서 피심인 외 사업자(**)가 낙찰 받아 합의로 인한 부당이득이 없는 점 등을 감안하여 중대한 3%의 부과기준율을 적용한다.

바. 지방자치단체 발주 산불진화용 헬기임차 용역입찰 관련 10개 사업자의 부당한 공동행위 건(2018.10.2. 공정위 의결)

이 사건 공동행위는 경쟁제한효과가 큰 입찰담합에 해당되는 점, 발주처가 공공기관이라는 점 등을 고려할 때 과징금고시 [별표] 세부평가 기준표상 '중대한 위반행위'에 해당되나, 이 사건 공동행위가 2014년 한 해에만 시간이 촉박한 상태에서 지방자치단체의 산불진화용 헬기 투입의 공백사태를 방지하기 위해 이루어진 측면이 있는 점, 실제로 이 사건 입찰들의 낙찰률 및 직전 연도 계약금액 등을 고려할 때 피심인들이 얻은 부당이득이나 발주처인 지방자치단체들이 입은 피해규모가 크다고 보기는 어려운 점 등을 종합적으로 고려하여 '중대성이 약한 위반행위'에 해당하는 것으로 판단하고, 1%의 부과기준율을 적용한다.

사. 7개 제강사의 부당한 공동행위 건(2018.12.20. 공정위 의결)

위 행위는 경성카르텔로서 경쟁제한효과가 명백한 점, 피심인들이 철근 가격을 공동으로 결정하였으나 철근 가격이 시장상황이나 수요처(건설사, 유통사 등)와의 협상에 의해 결정되는 측면이 있어 합의한 가격대로 대부분 마감되지 않은 점, 전자회와의 기준가격 협상을 유리하게 하기 위한 대항카르텔 성격도 일부 있는 점, 합의 실행을 강제하기 위한 이행확보 수단이 없었던 점 등을 종합적으로 감안하여 3%의 부과기준율을 적용한다.

아. 동보장치 구매설치 입찰 관련 7개 사업자의 부당한 공동행위 및 한국방송통신 산업협동조합의 사업자단체금지행위 건(2019.1.3. 공정위 의결)[4]

공정위는 7개 사업자에 대한 과징금 부과기준율은 그 성격상 주로 경쟁제한효과만 나타나는 경우에 해당하고 발주처가 중앙정부 또는 지자체인 경우에 해당하나, 관련매출액이 5억원 미만이고 상당한 부당이득을 취득한 것으로 보기는 어려운 점 등을 종합적으로 고려하여 '중대한 위반행위'에 해당하는 5%로 정했다.

그리고 사업자단체인 한국방송통신산업협동조합에 대해서는 법 제51조(사업자단체의 금지행위) 제1항 제1호 위반행위 중 법 제40조(부당한 공동행위의 금지) 제1항 제8호에 해당하는 행위로서 주로 경쟁제한 효과만 나타나는 경우에 해당하고 해당 사업자단체의 영향력이 전국에 미치는 경우에 해당하나, 구성사업자들의 요구를 반영하여 위반행위를 한 측면이 있고 조합이 구성사업자의 위반행위 이행여부를 감시하거나 제재할 수 있는 수단은 없었던 점 등을 종합적으로 고려하여 '중대한 위반행위'에 해당하는 부과기준율 40%를 적용하였다.[5]

자. 7개 콤팩션그라우팅공법 시공사업자의 부당한 공동행위 건(2019.1.9. 공정위 의결)

이 사건 공동행위의 성격상 경쟁제한효과만 있는 경우에 해당하는 점 등을 고려할 때 과징금고시 [별표] 세부평가 기준표상 '중대한 위반행위'에 해당되나, CGS공법 공사 시장은 피심인 덴버의 특허로 새로이 형성되고 있던 시장으로 설계단계에서 다른 그라우팅공법으로의 대체가 용이한 점, 이 사건 관련 수의계약 및 경쟁입찰은 대부분 종합건설사가 중소기업인 피심인들에게 하도급 주는 과정에서 이루어졌는바 새로이 시장을 형성해 나가는 과정에서 피심인들이 다른 공법에 비해 상대적으로 높은 가격에 부당이득까지 반영할 수 있었을 것으로 보기는 어려운 점, 덴버의 특허권이 유효한 상황에서 덴버와 덴버가 통상실시권을 부여한 다른 피심인들 간 유효한 경쟁을 기대하기는 사실상 어려운 점 등을 종합적으로 고려하여 '중대성이 약한 위반행위'에 해당하는 것으로 판단하고, 1%의 부과기준율을 적용한다.

---

4) 본건은 법 제51조(사업자단체의 금지행위) 제1항 제1호 및 법 제40조(부당한 공동행위의 금지) 제1항 제8호가 같이 적용된 사건이다.

5) 사업자단체에 대해서는 법 제53조(과징금) 제1항, 시행령 제84조(과징금의 부과기준) 관련 [별표 6], 과징금고시 Ⅳ. 1. 라. 2) 가)는 사업자단체 연간예산액에 세부평가 기준표에 따른 위반행위 중대성의 정도별 부과기준율을 곱하여 산정기준을 정한다고 규정하고 있고, 부과기준율은 매우 중대한 위반행위, 중대한 위반행위, 중대성이 약한 위반행위 등 3단계로 구분하고 있다.

차. 5개 금융회사 발주 히타치 스토리지 구매·설치 입찰 관련 11개 사업자의 부당한 공동행위 건(2019.12.16. 공정위 의결)

이 사건 공동행위의 성격상 경쟁제한효과만 있는 경우에 해당하는 점 등을 고려할 때 과징금고시 [별표] 세부평가 기준표상 '중대한 위반행위'에 해당되나, 스토리지 신규도입과 달리 증설의 경우에는 입찰을 통한 경쟁을 기대하기 어려운 측면이 있는 점, 입찰 전 사전 가격협상 절차 및 입찰 후 가격조정 사례 등을 고려할 때 이 사건 위반행위로 인한 피해 및 부당이득도 크지 않다고 판단되는 점 등을 종합적으로 고려하여 '중대성이 약한 위반행위'에 해당하는 것으로 판단하고, 2%의 부과기준율을 적용한다.

카. (주)포스코 발주 광양제철소 생산 철강제품 운송용역 입찰 관련 8개 사업자의 부당한 공동행위 건(2020.4.7. 공정위 의결)

이 사건 공동행위는 해당 입찰 시장에서 낙찰예정자와 투찰가격을 합의한 입찰담합인 점을 고려할 때, 과징금고시 [별표] 세부평가 기준표상 5% 이상 7% 미만의 부과기준율이 적용되는 '중대한 위반행위'에 해당하나, 이 사건 입찰시장에서 포스코가 수요독점적 지위를 가지고 있고 포스코의 입찰참가 자격 부여에 의해 시장진입이 가능하였던 점, 포스코가 입찰에서 특정 업체가 지나치게 많은 물량을 낙찰받는 것을 방지하기 위해 낙찰한도를 설정하였다는 점, 입찰 실시 후 피심인 간 일부 운송 구간을 조정하였고 발주처인 포스코는 이를 승인하였던 점 등을 종합적으로 고려하여 볼 때 거래상대방의 피해 정도 및 피심인들이 취득한 부당이득 측면에서 참작할 만한 사정이 있다고 판단되므로 4%의 부과기준율을 적용한다.

타. 관수 원심력 콘크리트파일(PHC) 구매입찰 관련 17개 원심력 콘크리트파일(PHC) 제조·판매사업자 및 한국원심력콘크리트공업협동조합의 부당한 공동행위 건(2020.5.13. 공정위 의결)

이 사건 공동행위는 해당 입찰 시장에서 낙찰예정자와 투찰가격을 합의한 입찰담합인 점, 발주처가 국가, 지방자치단체 및 공공기관이라는 점을 고려할 때, 과징금고시 [별표] 세부평가 기준표상 '매우 중대한 위반행위'에 해당하나, 중소기업자간 경쟁품목 유지를 위한 유찰 방지 목적으로 공동행위를 실행한 측면이 있다는 점, 이미 민·형사 및 타 법령에 의한 제재조치가 피심인들에게 부과되었거나 부과될 예정에 있다는 점, 입찰에 중소기업만 참여할 수 있는 특성상 내재적으로 경쟁을 제한하는 측면이 존재하는 입찰방식인 점 등을 종합적으로 고려하여 5%의 부과기준율을 적용한다. 다만, 피심인 원심력조합은 원심력조합이 낙찰받은 입찰에서 계약금액의 약 0.6%만 수수료로 수취한다는 측면에서 이 사건 공동행위로 인한 부당이득이 피심인 17개사에 비해 적다고 볼 수 있는 점, 피심인 17개사가 원심력조합에 입찰 참여를 요청하는 경우에 한해 입찰에 참여한 점 등을 감안하여, 2%의 부과기준율을 적용하기로 한다.

부과기준율 쟁점에 대한 법원의 판단에 대해서는 뒤에서 다시 다루기로 한다(Ⅲ. 5. 참조).

파. 폴리에틸렌 피복강관 다수공급자계약 2단계 경쟁 입찰 관련 13개 사업자의 부당한 공동행위 건(2020.5.14. 공정위 의결)

이 사건 공동행위는 입찰담합으로 주로 경쟁제한 효과만 나타나는 경우에 해당하고 발주처가 지자체 및 공공기관이므로 과징금고시 [별표] 세부평가 기준표상 7% 이상 8.5% 미만의 부과기준율이 적용되는 '매우 중대한 위반행위'에 해당되나, 종합쇼핑몰에 다수공급자의 계약가격 등록시 조달청과 협상을 거쳐 1차로 가격이 조정되는 점, 가격구조에서 원자재가 차지하는 비중이 상당함에도 이 사건 공동행위 기간 중 원자재 가격 인상 등의 변화가 계약가격에 제대로 반영되지 못한 측면이 있는 점, 수요기관이 사업자에게 제안 요청을 하여야만 입찰에 참여할 수 있는 제한적 입찰방식인 점, 수요기관이 피심인들에게 제안요청을 한 업체들의 정보를 제공한 점 등을 종합적으로 고려하여 3%의 부과기준율을 적용한다.

하. 공공기관 발주 적외선분광광도계등 10개 품목 분석기기 구매입찰 관련 11개 사업자의 부당한 공동행위 건(2020.7.2. 공정위 의결)

이 사건 공동행위는 입찰담합으로 주로 경쟁제한 효과만 나타나는 경우에 해당하고 발주처가 공공기관인 경우에 해당하여 과징금고시 [별표] 세부평가 기준표상 5% 이상 7% 미만의 부과기준율이 적용되는 '중대한 위반행위'에 해당되나, 입찰규격서에 특정 사양이 포함되는 경우 해당 자격을 갖춘 입찰 참여사가 극히 적어 유찰 가능성이 높아지고 입찰 절차 및 납기 지연이 예상되어 이 사건 공동행위에 유찰방지 목적의 측면이 강했던 점, 외자입찰은 해외업체 결정 가격에 수수료만 더하여 투찰하므로 이득이 상당하다고 보기 어려운 점 등을 종합적으로 고려하여 4%의 부과기준율을 적용한다.

거. 서울지방조달청 및 인천지방조달청 발주 관수 레미콘 구매 입찰 관련 17개 레미콘사업자의 부당한 공동행위 건(2020.7.2. 공정위 의결)

이 사건 공동행위는 입찰담합으로 주로 경쟁제한 효과만 나타나는 경우에 해당하고 발주처가 공공기관이므로 과징금고시 [별표] 세부평가 기준표상 7% 이상 8.5% 미만의 부과기준율이 적용되는 '매우 중대한 위반행위'에 해당되나, 관수 레미콘 단가가 민수 레미콘 단가에 비해 상대적으로 낮은 점, 건설경기 및 원재료 가격변동 등 외부요건에 의하여 가격이 영향을 많이 받는 점, 레미콘 제품의 한시성·비저장성으로 인하여 지리적으로 제한된 경쟁이 일어날 수밖에 없는 구조인 점, 낙찰물량과 실제 발주량이 일치하지 않는 점, 레미콘의 안정적 수급을 위해 수도권 지역에 한해 예측 수요량의 20% 범위 내에서만 일반 경쟁 입찰이 이루어진 점 등을 고려하여 5%의 부과기준율(의결서상 명시하지는 않았지만 과징금고시상 중대한 위반행위에 해당된다)을 적용한다.

참고로 공정위는 2018.8.22. 의결된 2015년 광주광역시 및 전라남도 지역 레미콘 연간 단가계약 입찰 관련 3개 사업자의 부당한 공동행위 건, 2015년 제주지역 레미콘 연간 단가계약 입찰 관련 3개 사업자의 부당한 공동행위 건, 2015년 전북지역 레미콘 연간 단가계약 입찰 관련 3개 사업자의 부당한 공동행위에 대한 건 등 3개 사건의 부과기준율에 대해서는, 과징금고시 [별표] 세부평가 기준표에 따른 점수가 '매우 중대한 위반행위'에 해당하나, 경쟁제한 효과가 매우 크다고 보기 어려운 점, 일부 지역에 국한된 행위인 점 등을 고려하여 '중대한 위반행위'로 보고 과징금고시 Ⅳ. 1. 다. (1) (가)의 규정에 따라 3.0% 이상 5.0% 미만의 부과기준율을 적용하기로 하되, 이 사건 공동행위가 조합 또는 공동수급체만 참여할 수 있는 희망수량 경쟁입찰 제도의 특성과 관련이 있는 점, 피심인들은 발주 물량을 조합원들에게 배정하고 약 1% 미만의 수수료만을 취득하였으므로 직접적으로 취득한 부당이득의 정도가 크지 않은 점 등을 고려하여 3%의 부과기준율을 적용하였다.

너. 메드트로닉코리아(유)의 거래상지위남용행위 등 건(2020.7.21. 공정위 의결)

공정위는 이 사건 위반행위는 시장점유율이 높은 피심인의 행위로 소비자 등에 상당한 피해가 발생되는 것으로 보이는 점, 위반행위의 효과가 전국적인 점 등을 고려할 때, 과징금고시 [별표] 세부평가 기준표상 4억원 이상 5억원 이하의 부과기준금액이 적용되는 '매우 중대한 위반행위'에 해당하나, 당해 위반행위로 피심인이 취득한 부당이득이 크다고 보기는 어려운 점, 거래지역 제한 규정 위반을 이유로 피심인이 대리점을 실제로 제재한 사례가 없는 점

등을 종합적으로 고려하여 2억원의 부과기준금액을 적용하였다.6)

더. 11개 시·도 교육청 발주 교육기관용 소프트웨어 라이선스 구매 입찰 관련 12개 사업자의 부당한 공동행위 건(2020.8.12. 공정위 의결)

공정위는 총 16건의 입찰담합 건 관련하여 발주 교육청이 소재한 지역에 있는 대리점의 주도하에 이루어진 합의를 기준으로 총 8개의 공동행위로 인정하였다.7)

이 중에서, (1) 공동행위1, 공동행위2, 공동행위3, 공동행위6, 공동행위7, 공동행위8 등 6개 공동행위는 각각 입찰담합으로서 주로 경쟁제한 효과만 나타나는 경우에 해당하고 발주처가 지자체 및 공공기관이므로 과징금고시 [별표] 세부평가 기준표상 5% 이상 7% 미만의 부과기준율이 적용되는 '중대한 위반행위'에 해당되나, 이 사건 입찰은 소프트웨어의 유지·보수의 연속성으로 기존 계약 대리점에게 유리한 측면이 있는 등 그 특성상 경쟁제한성을 일부 내재하고 있는 점, 피심인들은 수요기관의 편의 등을 고려하여 유찰 방지를 위해 공동행위에 이른 측면이 있는 점, 이 사건 각 입찰은 각 교육청의 예산범위 내에서 제조업자 및 총판에서 정한 소프트웨어 라이선스 공급단가를 반영하여 기초금액이 형성되므로 공동행위로 인한 피해나 부당이득이 크다고 보기 어려운 점, 이 사건 피심인들은 영세사업자로서 공동행위가 시장에 미치는 영향이 제한적인 점 등을 종합적으로 고려하여 각각 1%의 부과기준율을 적용하였고,

(2) 공동행위4, 공동행위5 등 2개 공동행위는 각각 입찰담합으로서 주로 경쟁제한 효과만 나타나는 경우에 해당하고 발주처가 지자체 및 공공기관이므로 과징금고시 [별표] 세부평가 기준표상 3% 이상 5% 미만의 부과기준율이 적용되는 '중대한 위반행위'에 해당되나, 이 사건 입찰은 소프트웨어의 유지·보수의 연속성으로 기존 계약 대리점에게 유리한 측면이 있는 등 그 특성상 경쟁제한성을 일부 내재하고 있는 점, 피심인들은 수요기관의 편의 등을 고려하여 유찰 방지를 위해 공동행위에 이른 측면이 있는 점, 이 사건 각 입찰은 각 교육청의 예산범위 내에서 제조업자 및 총판에서 정한 소프트웨어 라이선스 공급단가를 반영하여 기초금액이 형성되므로 공동행위로 인한 피해나 부당이득이 크다고 보기 어려운 점, 이 사건 피심인들은 영세사업자로서 공동행위가 시장에 미치는 영향이 제한적인 점 등을 종합적으로 고려하여 각각 1%의 부과기준율을 적용하였다.

---

6) 부과기준금액 2억원은 당시 과징금고시 Ⅳ. 1. 라. (2)에 따른 '중대한 위반행위'에 해당된다.
7) 자세한 내용은 이슈 33: 부당한 공동행위의 시기와 종기, 개수 Ⅲ. 2. 가. 참조.

러. (주)포스코 발주 포항제철소 생산 철강제품 운송용역 입찰 관련 7개 사업자의 부당한 공동행위 건(2020.12.14. 공정위 의결)

이 사건 공동행위는 해당 입찰 시장에서 낙찰예정자와 투찰가격을 합의한 입찰담합인 점을 고려할 때, 과징금고시 [별표] 세부평가 기준표상 5% 이상 7% 미만의 부과기준율이 적용되는 '중대한 위반행위'에 해당하나, 이 사건 입찰시장에서 포스코가 수요독점적 지위를 가지고 있고 포스코의 입찰참가 자격 부여에 의해 피심인 7개사의 시장진입이 가능하였던 점, 포스코가 입찰에서 특정 업체가 지나치게 많은 물량을 낙찰받는 것을 방지하기 위해 낙찰한도를 설정하였다는 점, 입찰 실시 후 피심인 간 일부 운송 구간을 조정하였고 발주처인 포스코는 이를 승인하였던 점 등을 종합적으로 고려하여 볼 때 거래상대방의 피해 정도 및 피심인들이 취득한 부당이득측면에서 참작할 만한 사정이 있다고 판단되므로 4%의 부과기준율을 적용한다.

머. 한국농수산식품유통공사 발주 수입쌀 등 수입농산물 운송용역 입찰 관련 12개 사업자의 부당한 공동행위 건(2020.12.15. 공정위 의결)

이 사건 공동행위는 입찰담합으로서 주로 경쟁제한 효과만 나타나는 경우로 발주처가 공공기관인 경우에 해당하여 과징금고시 [별표] 세부평가 기준표상 7.0% 이상 8.5% 미만의 부과기준율이 적용되는 '매우 중대한 위반행위'이나, 1개 업체가 당해 운송용역을 수행하는 것이 현실적으로 곤란하여 발주처의 요구에 대응하기 위한 측면이 있었던 점, 연번 21~60번 입찰 건의 경우 피심인들 외 다른 업체들의 참여로 낙찰사의 낙찰율이 평균 78% 수준으로 낮아 피심인들의 부당이득이나 거래상대방인 농유공이 입은 피해 규모가 크다고 보기 어려운 점 등을 종합적으로 고려하여 과징금고시(2021.12.30. 고시 직전 시행 고시인 2017.11.30. 고시) Ⅳ. 1. 단서를 적용하여 5%의 부과기준율을 적용한다.

버. 삼성중공업(주) 발주 수입강재 하역·운송용역 입찰 관련 3개 사업자의 부당한 공동행위 건(2021.1.5. 공정위 의결)

이 사건 공동행위는 입찰담합으로서 주로 경쟁제한 효과만 나타나는 경우로 발주처가 민간기업인 경우에 해당하여 과징금고시 [별표] 세부평가 기준표상 3% 이상 5% 미만의 부과기준율이 적용되는 '중대한 위반행위'이나, 이 사건 입찰은 발주처의 지명경쟁 입찰 방식으로 인하여 경쟁제한 효과가 이미 내재되어 있는 점, 들러리 사업자는 애초에 이 사건 입찰에 따른 하역·운송용역을 수행할 의사나 능력이 없어 담합이 없었더라도 한진이 낙찰 받을 가능성이 높았던 점 등을 고려할 때, 피심인들의 담합으로 인하여 이 사건 입찰시장에서의 경쟁질서가 크게 저해되었다고 보기 어렵고, 관련시장에 미치는 영향 및 파급효과도 크다고 보기 어려우므로 과징금고시(2021.12.30. 고시 직전 시행 고시인 2017.11.30. 고시) Ⅳ. 1. 단서를 적용하여 '중대성이 약한 위반행위'로 보고 2%의 부과기준율을 적용한다.

서. 두산엔진㈜ 발주 보세운송 용역 입찰 관련 세방㈜ 및 ㈜케이씨티시의 부당한 공동행위 건(2021.7.16. 공정위 의결)

공정위는 이 사건 공동행위는 법 제19조(현행 제40조) 제1항 제8호의 공동행위로서, 과징금고시 [별표] 세부평가 기준표상 3% 이상 5% 미만의 부과기준율이 적용되는 '중대한 위반행위'에 해당하나, 이 사건 공동행위가 수 년에 걸쳐 실행된 것이 아닌 일회성 입찰 담합인 점, 이 사건 입찰이 공공기관이 아닌 민간 기업이 발주한 입찰이며 발주처의 지명을 받아야 비로소 입찰에 참여가 가능하여 입찰 자체에 어느 정도 경쟁제한성이 내재되어 있는 점, 이 사건 입찰이 3개 품목에 한정되어 피심인들이 취한 부당이득의 규모나 발주처가 입은 피해 규모가 상당하다고 보기 어려운 점 등을 종합적으로 고려하여 과징금고시(2021.12.30. 고시 직전 시행 고시인 2017.11.30. 고시) Ⅳ. 1.의 단서규정을 적용하여 이 사건 공동행위를 '중대성이 약한 위반행위'로 보고, 2%의 부과기준율을 적용하였다.

어. 지에스건설㈜ 발주 소방전기공사 입찰 관련 6개 사업자의 부당한 공동행위 건 (2021.10.22. 공정위 의결)

발주처가 민간기업이고, 이행 감시·제재 수단이 존재하지 않고, 전체 계약금액도 상당하지 않으며(400억 원 미만), 피해규모 및 부당이득규모 역시 상당하다고 보기는 어려우나, 주로 경쟁제한 효과만 나타나는 입찰담합행위로서 각 입찰에서의 피심인들의 시장점유율이 현저한(75% 이상) 점 등을 종합적으로 고려할 때 과징금고시 [별표] 세부평가 기준표상 3% 이상 5% 미만의 부과기준율이 적용되는 '중대한 위반행위'에 해당된다. 다만, 이 사건 입찰은 대형 건설사와 소방전기공사 업체 간 하도급 계약 과정에서 발주처의 일방적인 의사에 따른 제한경쟁입찰로 이루어졌고, 일부 입찰의 경우에는 사실상 스펙인 입찰로 이루어져 낙찰자 선정 자체가 발주처의 의사에 상당부분 영향을 받는 등 입찰방식이나 실질에 있어 경쟁제한적 요소가 내재되어 있는 점, 대형 건설사와의 거래상 지위의 격차 및 거래·입찰 구조 등에 비추어 볼 때 입찰담합을 통하더라도 피심인들이 많은 부당이득을 취하기 어려운 점, 이행 제재 수단이 없는 느슨한 담합인 점 등을 종합적으로 고려하여 과징금고시(2021.12.30. 고시 직전 시행 고시인 2017.11.30. 고시) Ⅳ. 1.의 단서규정을 적용하여 '중대성이 약한 위반행위'로 보고, 2%의 부과기준율을 적용한다.

그리고 공정위는 마지막 부과과징금의 결정 단계에서 소방전기공사 민수 입찰시장에서 주요 소방제조업체인 지멘스, 지에프에스, 존슨 등 소위 '빅3' 업체가 합의를 주도한 측면이 있는 점, '빅3' 업체를 제외한 피심인들은 중소기업으로서 시장점유율 등도 미미하여 이들 소위 '빅3' 업체와 가격경쟁을 하기는 사실상 어려웠던 것으로 보이는 점, '빅3' 업체를 제외한 피심인들은 '빅3' 업체에 비해 상대적으로 실제 취득한 부당이득의 정도도 적다고 인정되는 점 등을 종합적으로 고려하여 과징금고시(2021.12.30. 고시 직전 시행 고시인 2017.11.30. 고시) Ⅳ. 4. 가. (1) (나) 규정에 따라 올라이트 및 프로테크에 대해서는 2차 조정 산정기준의 10%를 추가 감경하였다.

저. 한국호야렌즈(주)의 구속조건부거래행위 등 건(2021.11.15. 공정위 의결)

본건의 경우 피심인의 위반행위는 구속조건부거래행위와 재판매가격유지행위 2개였는바, 공정위는 재판매가격유지행위는 구속조건부거래행와 병행하여 이루어져 위반행위의 효과가 동일한 거래분야에 미치는 점, 관련 상품 및 법위반 기간이 구속조건부거래행위의 관련 상품 및 법위반 기간에 포함되는 점, 공문발송 등의 조치를 취한 바 없으므로 위법성의 정도가 구속조건부거래행위보다 중대하다고 보기 어려운 점 등을 고려하여 별도로 과징금을 부과하지 않는 것으로 결정하였다(의결 제2021-307호, 60면 주 43) 참조).

공정위는 이 사건 구속조건부거래행위는 과징금고시 [별표]의 세부평가 기준표상 '중대한 위반행위'에 해당하나, 피심인의 대리점을 통한 매출이 전체 매출의 10% 정도에 불과한 점, 피심인이 대리점에게 공급중단 등 적극적인 제재조치를 취하지 않은 점 등 위반행위 전후의 사정을 종합적으로 고려하여 과징금고시 Ⅳ.1. 단서(현행 Ⅳ. 1. 가. 2))에 따라 '중대성이 약한 위반행위'에 해당하는 행위로 보고 0.5%의 부과기준율을 적용하였다.

처. 현대자동차(주) 등 3개사 발주 알루미늄 합금제품 구매입찰 관련 8개 사업자의 부당한 공동행위 건(2022.2.21. 공정위 의결)

공정위는 이 사건 담합행위는 피심인들이 자신들보다 거래상 우위에 있는 발주자들에게 대항하기 위한 차원에서 이루어진 것으로 볼 수도 있는 점, 따라서 발주자들의 경제적 피해 규모와 피심인들의 부당이득 규모가 크지 않았던 것으로 판단되는 점 등 위반행위의 내용 및 정도 등을 종합적으로 고려하여 '중대성이 약한 위반행위'에 해당하는 것으로 보고, 부과기준율은 1%를 적용하였다.

그리고 마지막 단계인 부과과징금의 결정에서 최근 알루미늄 원자재 가격이 상승한 점, 국내 자동차 제조 시장의 경제 여건도 좋은 것으로 보기 어려운 점 등을 종합적으로 고려하여, 과징금고시(2021.12.30. 고시 직전 시행 고시인 2017.11.30. 고시) Ⅳ. 4. 가. (1) (나) 1)에 따라 2차 조정 산정 기준에서 100분의 10에 해당하는 금액을 추가 감경하였다.

한편 본건의 경우 한 피심인이 낙찰사의 입찰 포기권 불인정 등 원사건 입찰 방식에 구조적 문제가 있었던 점, 신생기업으로서 시장 진입의 한계를 극복하기 위해 주요 업체들의 분위기에 편승하지 않을 수 없었던 점, 최근 우크라이나 사태 등으로 주원료인 알루미늄 가격이 급등하여 현재 경영에 많은 부담을 겪고 있는 점 등을 고려할 때, 형평상 원사건 공동행위를 주도하고 적극적으로 참여한 업체들과 다르게 과징금을 최소화하여 부과하는 것이 타당하다는 이유로 공정위에 이의신청을 제기하였으나, 공정위는 2022.5.12. "원사건 입찰 방식에 구조적 문제가 있었던 점 등을 고려하여 원사건 공동행위를 '중대성이 약한 위반행위'로 보고 과징금 부과기준율을 1%로 낮게 정한 점, 원심결 당시 알루미늄 원자재 가격이 상승한 점을 반영하여 부과과징금 단계에서 2차 조정 산정기준에서 100분의 10에 해당하는 금액을 감액한 점, 원심결에서 다른 주요 피심인들에게 부과한 과징금액이 약 2,657백만 원에서 3,812백만 원이었던 반면에 이의신청인의 과징금액이 221백만 원이었던 점 등을 종합적으로 고려할 때, 이의신청인에게 부과한 원심결의 과징금액이 형평에 반하거나 지나치게 많은 금액이라고 보기 어렵다."고 하면서 이의신청을 기각, 재결하였다.

커. 한국-동남아 항로 컨테이너 해상화물운송 서비스 운임 관련 23개 사업자의 부당한 공동행위 건(2022.4.11. 공정위 의결)

공정위는 이 사건 공동행위는 주로 경쟁제한효과만 나타나는 경우로서 과징금고시 [별표] 세부평가 기준표상 7% 이상 8.5% 미만의 부과기준율이 적용되는 '매우 중대한 위반행위'에 해당하나, 화주 우위의 거래구조로 인하여 실제 거래 운임은 합의된 운임보다 낮은 수준에서 형성되어 부당이득 및 피해규모가 크다고 보기 어려운 점, 이 사건 관련시장은 해운법에 따라 운임 공동행위가 원칙적으로 허용되고 운임공표제가 도입되어 있어 경쟁제한성이 일부 내재되어 있는 점 등을 종합적으로 고려하여 2%의 부과기준율을 적용하였다.

그리고 마지막 부과과징금의 결정 단계에서, 피심인들 모두 화주 우위의 거래구조로 인하여 실제 거래 운임은 합의된 운임보다 낮은 수준에서 형성된 점을 고려할 때 2차 조정된 산정기준이 위반행위로 인하여 취득한 이익의 규모를 충분히 반영하지 못하여 과중하다고 판단되므로 과징금고시(2021.12.30. 고시 직전 시행 고시인 2017.11.30. 고시) Ⅳ. 4. 가. (1) (나) 2)의 규정에 따라 2차 조정 산정기준에서 10%를 일률 감경하였다.

터. 16개 육계 신선육 판매사업자의 부당한 공동행위 건(2022.5.3. 공정위 의결)

공정위는 가격 및 물량을 합의한 경쟁제한성만 있는 경성 공동행위로서 장기간에 걸쳐 이루어진 점, 피심인들의 이 사건 위반행위 기간 동안 연평균 시장점유율이 약 72.2%에 이르는 점을 고려할 때, 과징금고시 [별표] 세부평가 기준표에 따른 점수상으로는 '매우 중대한 위반행위'로서 '7.0% 이상 8.5% 미만'의 부과기준율 적용대상이나, 이 사건 공동행위의 경우 닭고기 산업 특성상 담합을 조장하거나 용이하게 만드는 구조적 배경이 존재하고 실제 육계 신선육 수급조절과 관련한 농림축산식품부의 개입이 일부 있었던 점, 닭고기는 전형적인 저부가가치 산업으로 부당이득이 크지 않을 것으로 보이는 점, 일부 합의를 실행하지 않은 사례도 있는 점 등을 고려하여 2%의 부과기준율을 적용하였다.

퍼. 기업집단 「경동」 소속 계열회사들의 부당지원행위 건(2022.7.20. 공정위 의결)

공정위는 중대성 판단 및 부과기준율 관련하여, 이 사건 외장형 순환펌프 거래는 기업집단 「경동」 차원에서 기획되고 조직적으로 실행되었으므로 지원의도가 명확하나, 경동원의 외장형 순환펌프 시장 점유율이 ○○%(○위) 수준인 점, 나비엔의 전체 매출액 규모에 비해 지원규모가 현저하거나 상당하다고 보기 어려운 점 등을 종합적으로 고려할 때, 피심인 경동원 및 나비엔의 이 사건 외장형 순환펌프 거래는 과징금고시 Ⅳ. 1. 마.(현행 Ⅳ. 1. 바.)의 '중대한 위반행위'에 해당하므로 피심인들에게 각각 50%의 부과기준율을 적용한다고 결정하였다.[8]

허. ㈜케이비국민카드 등 7개사 발주 금융카드 구매입찰 관련 6개 사업자의 부당한 공동행위 건(2022.9.7. 공정위 의결)

공정위는 위반행위의 정도 및 부과기준율 판단에 있어서, 이 사건 공동행위는 그 성격상

---

8) 부당지원행위의 경우 현행 법 제50조(과징금) 제2항, 시행령 제56조(과징금) 제2항, 시행령 제84조 관련 [별표 6], 과징금고시 Ⅳ.1.바.는 위반액에 위반행위 중대성의 정도별 부과기준율을 곱하여 산정기준을 정한다고 규정하고 있고, 부과기준율은 매우 중대한 위반행위, 중대한 위반행위, 중대성이 약한 위반행위 등 3단계로 구분하고 있다. 위반액은 과징금고시 Ⅱ. 8. 나. 규정에 따라 지원하거나 지원받은 지원금액이 된다.

주로 경쟁제한효과만 나타나는 경우에 해당하고, 참가사업자의 관련 시장 점유율이 75% 이상인 경우에 해당하나, 이 사건 공동행위로 인한 발주처의 피해 정도 등이 크다고 보기 어려운 점, 모바일 카드의 수요증가에 따른 실물 카드 제조시장의 위축 등으로 관련 시장의 여건이 좋지 않은 점, 발주처가 민간기업인 점 등을 종합적으로 고려하여 '중대한 위반행위'로 보고, 부과기준율은 3.0%를 적용하였다.

고. 3개 투사재 제조 및 판매 사업자의 부당한 공동행위 건(2022. 10. 24. 공정위 의결)

피심인들의 이 사건 행위는 위반행위의 내용 및 정도 등을 고려할 때 과징금고시 Ⅳ. 1. 다. (1) (가) 규정에 따라 3% 이상 5% 미만의 부과기준율이 적용되는 '중대한 위반행위'에 해당하나, 이 사건 위반행위가 주요 원재료인 철스크랩 가격 상승에 기인하였고, 저가의 중국산 투사재와 대체가 용이한 상황에서 피심인들이 투사재 가격을 크게 인상하기 어려운 점, 합의 이행을 위한 감시나 제재 수단이 없었던 점, 철강회사 등 대기업 수요처들이 원가변동 추이를 용이하게 파악하는 것이 가능한데다 거래상 우월적 지위가 있는 것 등을 고려 시 피심인들의 가격 결정 능력이 제한적인 점 등을 종합적으로 고려하여 과징금고시 Ⅳ. 1. 단서 규정에 의거 '중대성이 약한 위반행위'에 해당하는 2.0%의 부과기준율을 적용한다.

노. ㈜페르노리카코리아 등의 부당한 고객유인행위 건(2023. 1. 5. 공정위 의결)

피심인들의 행위는 장기간 다수의 유흥 소매업소에 부당하고 과대한 경제상 이익을 제공하여 장점에 의한 경쟁을 저해한 측면이 있으나, 이 사건 행위로 인한 피심인들의 부당이득 규모가 크다거나 소비자 등의 피해가 상당하다고 보기는 어려운 점, 피심인들의 내부 자료 다수에서 당시 유력 경쟁업체들의 지원 행위에 대한 방어가 주된 목적으로 확인되는 점 등을 종합적으로 고려하여 '중대한 위반행위'에 해당하는 것으로 보고 300,000,000원을 각 피심인의 산정기준으로 정한다.[9]

---

9) 공정위는 위반기간 동안 피심인들의 지원을 받은 유흥소매업소가 구매한 피심인들 제품의 출고가격의 합계액이 관련매출액에 해당하나, 각 소매업소가 피심인들 제품을 구매하기 위해 거래한 도매업소, 그 도매업소를 통한 구매내역 및 해당구매에 대한 피심인들 제품의 출고가격이 파악되지 않는 점 등을 고려하여 위반행위로 영향을 받는 관련상품의 범위와 매출액을 확정하기가 어렵다고 판단하여 정액과징금을 부과하였다.

Ⅲ. 위반행위의 중대성 및 부과기준율 관련 법원에서의 쟁점 케이스

1. 9개 폴리프로필렌 제조·판매사업자들의 부당한 공동행위 건(2007.6.5. 공정위 의결)

가. 공정위 의결

이 사건 부당한 공동행위는 PP 제조·판매시장에서 약 85%의 점유율을 차지하는 피심인들이 공동으로 법 제19조 제1항 제1호 "가격을 결정·유지 또는 변경하는 행위를 할 것을 합의"함으로써 섬유, 자동차, 전자 등 주요 제조업에 큰 영향을 미치는 PP합성수지의 가격을 결정한 것으로서 행위내용이 매우 중대할 뿐만 아니라 행위 성격상 경쟁제한 효과가 발생하는 것이 명백하고 효율성 증대가 거의 없는 경우로서 그 위반행위의 파급효과가 전국적으로 미치며 가격인상으로 국민경제에 끼친 피해도 광범위한 점을 고려할 때, 피심인들의 이 사건 위반행위는 매우 중대한 위반행위에 해당된다. 따라서 구 과징금부과고시가 적용되는 피심인 호남석유화학, 엘지화학, 에스케이, 효성, 삼성토탈에 대하여는 구 과징금부과고시 Ⅳ. 1. 다. (1) (가)의 규정에 의하여 3.5%~5.0%의 부과기준율 수준을 적용하기로 하되, 이 사건 공동행위가 합성수지의 주원재료인 원유·나프타 등의 물가상승에 일부 기인한 측면이 있는 점, 법 위반행위의 대부분이 구 과징금부과고시가 시행되기 이전에(종전의 규정인 구 과징금부과준칙에서는 법위반 정도가 매우 중대한 경우 3%를 부과기준율로 하였다) 이루어진 점 등을 감안하여 부과기준율은 3.5%를 적용한다. 한편, 구 과징금부과준칙이 적용되는 피심인 대한유화공업, 삼성종합화학, 지에스칼텍스, 씨텍의 경우 구 과징금부과준칙에 근거하여 과징금부과기준율은 3%를 적용한다.

나. 서울고등법원 2009.6.11. 선고 2008누1780 판결

원고는 위반행위의 중대성 여부 관련하여 ① 이 사건 담합은 최종적인 거래가격을 결정하는 하나의 요소에 대한 합의에 불과하여 실제 시장에서 적용되는 가격과 관련해서는 유화사들 사이에 상당한 경쟁이 이루어져 기준가격 합의를 준수하기 어려웠던 점, ② 폴리프로필렌 제품 80% 이상은 소위 '노련한 소비자'에 해당하는 직거래처에 대한 판매경로를 통해 판매되므로 원고등의 협상력은 매우 제한적인 점, ③ 원고 등 9개사는 폴리프로필렌 제품 판매로 인하여 1994 사업연도부터 2004 사업연도까지 엄청난 적자를 보았을 뿐 이 사건 담합으로 얻은 부당이익이 없는 점 등에 비추어 보면, 이 사건 담합은 '매우 중대한 위반행위'에 해당하지 않는다고 주장하였다.

이에 대해 서울고등법원은 "원고 등 9개사가 폴리프로필렌 제조·판매시장의 대부분을 점유하고 있었던 점, 이 사건 담합의 내용상 그 담합으로 경쟁제한 효과가 발생하는 것은 명백해 보이나 그로 인한 효율성 증대는 거의 없어 보이는 점 등에 비추어 보면, 피고가 이 사건 담합을 매우 중대한 위반행위로 본 것이 위법하다고 볼 수 없으므로 원고의 위 주장도 받아들일 수 없다."고 판결하였다.

다. 대법원 2011.5.26. 선고 2009두12082 판결

대법원은 "부당한 공동행위로 인한 위반행위의 중대성의 정도는 위반행위로 인하여 발생한 경쟁질서의 저해정도, 시장에 미치는 영향 및 그 파급효과, 관련 소비자 및 사업자의 피해정도, 부당이득의 취득 여부 등을 종합적으로 고려하여 결정하여야 한다."는 법리를 제시하면서, "위 법리와 기록에 비추어 보면, 원심의 판단은 정당하다. 거기에 이 부분 상고이유의 주장과 같은 이 사건 담합의 중대성의 정도에 관한 법리오해의 위법이 없다."고 판시하였다.

2. 11개 소주 제조·판매사업자의 부당한 공동행위 건(2010.6.16. 공정위 의결)

가. 공정위 의결

과징금고시에 따르면 위반행위의 중대성 정도는 위반행위로 인하여 발생한 경쟁질서의 저해 정도, 시장에 미치는 영향 및 그 파급효과, 관련 소비자 및 사업자의 피해 정도, 부당이득의 취득 여부, 기타 위반행위 전후의 사정 등을 고려하여 결정하여야 한다. 위에서 살펴본바와 같이 국세청은 면허권, 과세권, 주정 배정권 등 강력한 권한을 바탕으로 소주 제조·판매시장에 광범위한 규제를 가하고 있다. 자도주 의무구입제 폐지, 주류 출고가격 사후 신고제 도입 등 몇 가지 규제완화를 추진하기도 하였으나, 소주출고가격의 인상시기 및 인상폭 등과 관련하여서는 여전히 소주 제조사들의 자율적 경쟁의 여지가 크지 않은 것이 사실이다. 이러한 규제환경이 지난 수십 년 동안 지속되어 왔는 바, 이로써 설사 일부 피심인들이 경쟁촉진적 영업전략을 추구하려 한다 하더라도 한계에 부딪치게 되고 나아가 피심인들은 자신들의 행위에 대한 위법성 인식 자체도 무뎌진 측면이 없지 아니한 바, 이러한 제반 정황에 비추어보면 피심인들의 이 사건 담합행위가 자유롭고 공정한 경쟁질서를 저해한 것은 분명하지만, 동시에 이러한 결과를 초래한 이면에는 관계 행정기관의 규제정책도 일정 부분 작용하였다고 보지 않을 수 없다. 또한, 두 차례의 소주 출고가격 인상시 피심인들은 적어도 소비자물가 상승률 수준 이상의 가격 인상요인은 가지고 있었음에도, 피심인들의 실제 출고 가격 인상률을 살펴보면, 2007년도와 2008~2009년도의 경우 모두 소비자물가 상승률에 한 참 미치지 못하는 수준으로 가격인상이 이루어졌음을 알 수 있어, 피심인들이 출고가격 담 합으로 취득한 부당이득이 크지는 않다고 판단된다. 이러한 점들을 종합적으로 감안하여 피 심인들의 이 사건 담합은 '매우 중대한 위반행위'가 아닌 '중대한 위반행위'에 해당한다고 보 고 과징금 부과기준율을 5%로 하기로 한다.

나. 서울고등법원 2011.6.2. 선고 2010누21718 판결

일반적으로 가격담합행위는 경쟁질서의 저해 정도가 매우 강하고 또 다수 소비자에게 직 접 피해가 발생할 우려가 있어 공정거래법이 특히 금지하고자 하는 행위유형에 속하기는 하 지만(대법원 2009.6.23. 선고 2007두18062 판결 참조), 앞서와 같은 상황에 처해 있는 소주시장 에서는 가격경쟁의 여지가 일반적인 시장에 비하여 상당히 제한되어 있어 경쟁이 왜곡되어 있었으며 이러한 경쟁왜곡이 시장지배적사업자 등에 의해 이루어진 것이 아니라 국가기관에 의해 이루어진 정황을 고려하면, 이 사건 2차 가격인상에 관한 부당한 공동행위로 인하여 제한되는 경쟁의 정도도 기존에 제한된 상태의 잔존경쟁을 감소시키는 것에 불과하므로, 기 본과징금을 산출함에 있어서 그 위반행위의 내용 및 정도(공정거래법 제55조의3 제1항 제1호) 가 중대하다고 평가하기는 어렵다고 할 것이다.

나아가 과징금의 부당이득 환수적 측면에서 보더라도, 원고 f는 1차 가격인상 시기에 7.3% 인상안을 제시하였으나 국세청은 4.9%의 인상만을 허용하였고, 2차 가격인상 시기에 12.04% 인상안을 제시하였으나 국세청은 5.9%의 인상만을 허용하였으며, 나머지 원고들도 위 인상률에 맞추어 가격을 인상하였다. 또 정부의 물가관리 품목에 소주가 포함되어 소주 가격 인상률은 소비자물가 상승률에 미치지 못하는 수준으로 인상되었을 뿐이다. 공정거래 법은 위반행위로 인해 취득한 이익의 규모 등을 과징금을 부과함에 있어 참작하여야 한다고 하고 있는데(공정거래법 제55조의3 제1항 제3호), 과징금고시에서는 이익의 규모를 의무적 조 정과징금 산정단계에서 가중적 요소로만 고려할 수 있도록 규정하고 있을 뿐이고 최종 부과 과징금 결정단계에서 이를 감경사유로 규정하고 있으나 최종단계에서 최대한인 50%까지 감 액하였음에도 여전히 위반사업자들이 취득한 이익규모와 과징금이 균형을 이루지 못하는 상 황이 생길 수 있다. 이와 같이 과징금 산정의 기준을 각 산업별 매출액 대비 평균수익률을 고려하지 않고서 관련매출액만을 기준으로 산정하는 현행 법 아래에서는 공정거래법이 과징 금 산정에서 의무적으로 요구하는 이익의 규모 등이 참작되지 않아 위법한 결과를 초래할 위험이 있다. 앞서의 여러 사정들을 고려하면 이 사건 가격담합으로 인하여 원고들이 얻은 이익규모가 상대적으로 미미하다고 보이고, 이와 같은 점이 이 사건 과징금 산정에 있어서 충분히 참작되었다고 할 수도 없으므로 원고들의 직접적 이익의 규모와 이 사건 과징금이 상호균형을 이루고 있다고 할 수 없다.

따라서 이 사건 과징금 납부명령은 과징금 부과 여부 또는 부과금액을 결정하는 점에서 재량권을 벗어나거나 남용한 위법이 있다고 할 것이다.

다. 대법원 2014.2.13. 선고 2011두16049 판결

한편 대법원은 원심판결에는 소주가격 인상 관련 합의 여부에 관하여 필요한 심리를 다하지 아니하는 위법이 있다고 판시하면서, 과징금 납부명령의 재량권 일탈·남용 여부는 합의 자체가 존재하고 그것이 부당한 공동행위에 해당한다는 점이 인정됨을 전제로 따져져야 되는 사안이라고 하면서 관련 시정명령 및 과징금 납부명령 부분을 각 파기·환송하였다.

3. 제5378부대 발주 액화석유가스(LPG) 구매입찰 관련 8개 사업자의 부당한 공동행위 건(2018.3.15. 공정위 의결)

가. 공정위 의결

공정위는 2개의 공동행위를 인정한 다음에, 첫 번째 2007년부터 2013년까지의 공동행위는 낙찰률이 97% 이상이고 가격인상을 위해 여러 차례 수의계약을 유도한 점, 공공기관이 발주한 입찰에서의 담합에 해당하는 점, 이 사건 입찰은 적격심사제 방식으로 발주처가 정한 일정 범위 내에서 투찰가가 정해지는 측면이 있는데 발주처가 기초예비가격을 적정 수준으로 산정하지 않은 경우도 있어 피심인들이 취득한 부당이득이나 발주처에 피해를 유발한 정도는 상당한 수준으로 보는 것이 적정한 점 등을 고려하여 '매우 중대한 위반행위'에 해당하는 7%의 부과기준율을 적용하였고, 두 번째 공동행위는 공공기관이 발주한 입찰에서의 담합에 해당하는 점 등을 고려할 때 과징금고시 [별표] 세부평가 기준표에 따른 점수가 5.0% 이상 7.0% 미만의 부과기준율이 적용되는 '중대한 위반행위'에 해당되나, 당해 입찰에 참여한 모든 사업자가 물량배분 합의를 한 것은 아닌 점, 대기업(이원)의 자회사인 동방도시가스산업의 입찰 참여 등으로 투찰가격에 대해서는 가격경쟁이 이루어져 경쟁질서를 저해한 정도가 중대하다고 보기는 어려운 측면이 있는 점, 지리적 특성 등으로 1개 업체가 강원도 전 지역에 LPG를 공급하는 것이 곤란한 측면이 있었고 하나로 통합 발주되었음에도 발주처가 당시 컨소시엄 입찰 참가를 허용하지 않은 측면이 있는 점을 고려하여 '중대성이 약한 위반행위'에 해당하는 1%의 부과기준율을 적용하였다.

나. 서울고등법원 2019.2.13. 선고 2018누42476 판결

원고는 이 사건 제1공동행위는 '중대성이 약한 위반행위'에 해당함에도 이를 '매우 중대한 위반행위'로 보아 7%의 부과기준율을 적용하였는바, 이는 위반행위의 내용 및 정도와 제재수준 사이의 균형을 상실한 것으로 비례의 원칙에 위반된다고 주장하였다.

이에 대해 서울고등법원은 다음과 같이 판단하였다.

(1) 부당한 공동행위로 인한 위반행위의 중대성의 정도는 위반행위로 인하여 발생한 경쟁질서의 저해정도, 시장에 미치는 영향 및 그 파급효과, 관련 소비자 및 사업자의 피해 정도, 부당이득의 취득 여부 등을 종합적으로 고려하여 결정하여야 한다(대법원 2014.12.11. 선고 2014두2324 판결, 대법원 2011.9.8. 선고 2009두15005 판결 등 참조).

(2) 과징금고시 Ⅳ.1.에 의하면, 위반행위 중대성의 정도는 위반행위 유형별로 마련된 [별표] 세부평가 기준표에 따라 산정된 점수를 기준으로 정하되, 위반행위로 인하여 발생한 경쟁질서의 저해정도, 관련시장 현황, 시장에 미치는 영향 및 그 파급효과, 관련 소비자 및 사업자의 피해정도, 부당이득의 취득 여부, 위반행위 전후의 사정, 기타 위반사업자와 다른 사업자 또는 소비자와의 관계 등을 종합적으로 고려하여 위반행위 중대성의 정도를 달리 정할 수 있다.

(3) 피고는, 이 사건 제1 공동행위에서 사업자들의 투찰률과 낙찰률이 모두 97% 이상이고, 여러 차례 유찰을 통하여 가격 인상을 위한 수의계약을 유도하였던 점, 이 사건 제1 공동행위 이전의 2006년 입찰에서는 모든 지역에서 유찰 없이 낙찰률이 83 내지 85%였던 점과 비교할 때 사업자들이 취득한 부당이득이나 발주처에 유발한 피해의 정도가 작다고 할 수 없는 점 등을 고려하여 이 사건 제1 공동행위가 '매우 중대한 위반행위'에 해당한다고 보았으나, 발주처가 기초예비가격을 적정 수준으로 산정하지 않은 경우도 있는 점을 고려하여 가장 낮은 수준인 7%의 부과기준율을 적용하였다.

(4) 앞서 살핀 바와 같이 ① 이 사건 공동행위가 성격상 효율성 증대 효과는 기대하기 어려운 반면 경쟁을 제한하는 효과가 명백한 이른바 '경성 공동행위'에 해당하는 점, ② 이 사건 사업자들의 관련시장 점유율이 90% 이상에 이르러 시장지배력이 큰 점, ③ 이 사건 공동행위로 낙찰금액 또는 수의계약금액이 상당히 높은 금액으로 책정되어 경쟁상황에 비해 발주처가 추가로 부담해야 하는 비용상당액의 피해의 정도가 작다고 할 수 없고, 이 사건 사업

자들은 위와 같이 인상된 금액 상당의 부당이득을 취하였던 점, ④ 위반행위가 2007년부터 2014년까지 지속되어 위반행위의 기간이 긴 점, ⑤ 이 사건 입찰이 공공기관이 발주한 입찰인 점 등을 모두 고려하면, 이 사건 공동행위는 과징금고시 [별표] 세부평가 기준표에 따른 산정점수 합계가 최소한 2.6점으로서 '매우 중대한 위반행위' 중에서도 8.5% 이상 10% 이하의 부과기준율을 적용할 수 있는 경우에 해당하는 것으로 보인다. 그럼에도 피고는 발주처가 기초예비가격을 적정 수준으로 산정하지 않은 경우도 있는 점을 고려하여 '매우 중대한 위반행위'에 부과할 수 있는 부과기준율 범위에서 가장 낮은 7%의 부과기준율을 적용하였던 것인바, 이러한 피고의 처분에 재량권을 일탈한 어떠한 위법이 있다고 보기 어렵다.

다. 대법원 2020.10.29. 선고 2019두37233 판결

대법원은 원심판결 이유를 관련 법리와 기록에 비추어 살펴보면, 원심의 판단은 정당하고, 거기에 재량권 행사의 적정성에 관한 법리오해 등의 잘못이 없다고 최종 판결하였다.

4. 대한적십자사 발주 혈액백 공동구매 단가 입찰 관련 2개 사업자의 부당한 공동 행위 건(2019.9.19. 공정위 의결)

가. 공정위 의결

공정위는 "이 사건 공동행위는 피심인들이 각 사의 이익을 극대화하기 위해 예정수량과 투찰금액을 합의한 것으로 그 성격상 경쟁제한 효과만 발생시킨 것이 분명한 점, 피심인들의 관련 시장점유율이 75% 이상인 점, 공공기관이 발주한 입찰에서의 담합인 점, 이 사건 입찰에서의 피심인들의 낙찰률(97.1%~99.9%), 녹십자엠에스의 국내 혈액백 매출이익률(19.7%~29.5%) 등 감안시 피심인들이 부당이득을 취득하거나 발주처에 피해를 유발한 정도는 현저하다고 보는 것이 타당한 점, 혈액백 구매가격은 보건복지부가 정하는 혈액수가에 직접적인 영향을 미칠 수 있는 요인으로 혈액백 구매가격의 상승으로 혈액수가가 상승하게 된다면 혈액을 필요로 하는 사람들에게도 큰 피해가 발생할 수 있는 점 등을 종합적으로 고려하여 '매우 중대한 위반행위'에 해당하는 9%의 부과기준율을 적용한다."고 결정하였다.

나. 서울고등법원 2020.12.10. 선고 2019누61368 판결

원고는 "취득한 부당이득의 규모가 크지 않고 이 사건 공동행위의 경쟁제한성도 미미하므로, 이 사건 공동행위는 과징금고시에서 정한 '중대한 위반행위'로 보아야 한다. 그런데도

'매우 중대한 위반행위'에 해당한다는 전제에서 9%의 부과기준율을 적용한 이 사건 과징금 납부명령에는 비례원칙에 반하여 재량권을 일탈·남용한 위법이 있다."고 주장하였다.

이에 대해 서울고등법원은 "이 사건 공동행위는 각 입찰에 참여한 모든 사업자인 원고와 C가 가격 경쟁을 피하고 이윤을 안정적으로 확보하기 위하여 낙찰 수량과 투찰가격을 합의한 것으로서, 이로 인하여 이 사건 각 입찰 전체에 관한 경쟁이 제한되는 효과가 발생하였다. 이 사건 공동행위가 이루어진 기간도 3년이 넘고, 실제 경쟁이 있었더라면 결정되었을 수준보다 높은 수준의 낙찰가격으로 계약이 체결되는 등 발주처의 이익이 침해됨으로써 상당한 파급효과 역시 발생한 것으로 보인다. 이러한 사정들을 종합하여 보면, 피고가 재량권을 일탈·남용한 위법은 없다."고 판단하였다.

5. 관수 원심력 콘크리트파일(PHC) 구매입찰 관련 17개 원심력 콘크리트파일(PHC) 제조·판매사업자 및 한국원심력콘크리트공업협동조합의 부당한 공동행위 건(2020.5.13. 공정위 의결)[10]

가. 사업자 원고들

원고들은 "부과기준율 결정에 관하여, 이 사건 공동행위의 경쟁제한성이 낮고 시장에서의 파급효과도 크지 않은 점, 원고들이 취득한 부당이득의 규모도 미미한 점 및 과징금을 부과받은 다른 사업자와의 형평 등에 비추어, 원고들에 대한 부과기준율은 5%보다 낮게 적용되어야 한다. 그리고 부과과징금 결정 단계에서의 감경률 결정에 관하여, PHC파일의 시장 여건이 매우 악화되었고, 이 사건 공동행위가 시장에 미친 경쟁제한효과 및 그 파급효과가 극히 미미한 점, 부당이득의 규모도 크지 않은 점, 원고들에 대하여 거액의 손해배상소송이 제기됨에 따라 원고들의 현실적 부담능력이 부족하므로 10%를 초과하는 감경률이 적용되어야 한다."고 주장하였다(Ⅱ. 3. 타. 참조).

이에 대해 서울고등법원은 2021.7.8. 선고 2020누56201 판결, 2021.4.22. 선고 2020누45133 판결, 2021.4.22. 선고 2020누44468 판결 등 여러 원고들의 판결에서 "과징금고시 Ⅳ. 1. 다. (1) (가)항은 매우 중대한 위반행위의 경우 7% 이상 10% 이하의 부과기준율을

---

10) 본건 관련 원고들은 여러 건의 불복소송들을 제기하였는데 원고들간에 쟁점은 차이가 있었지만 전체적으로 합의의 일부 부존재, 경쟁제한성의 부존재, 공동수급체의 경우 관련매출액의 산정, 중대성 판단 및 부과기준율 산정, 과징금의 2차 조정시 감경률 결정, 부과과징금 결정시 현실적 부담능력 등 다양한 쟁점들을 포괄하고 있었다. 여기서는 본건 이슈의 주제인 위반행위의 중대성 판단에 따른 부과기준율을 다룬다.

적용하도록 규정하고 있다.[11] 그러나 피고는 원고들이 중소기업자간 경쟁품목 유지를 위한 유찰방지 목적으로 이 사건 공동행위를 실행한 측면이 있는 점, 원고들에 대하여 민·형사 및 타 법령에 의한 제재조치가 부과되었거나 부과될 예정에 있는 점, 이 사건 공동행위의 대상인 입찰에는 내재적으로 경쟁을 제한하는 측면이 존재하는 점 등을 감안하여, 과징금고시에 따른 기준보다 낮은 5%의 부과기준율을 적용하였다. 한국원심력콘크리트공업협동조합은 원고 등 17개사의 관수입찰모임의 요청을 받은 경우에 한하여 적격조합 형태로 입찰에 참여하였던 점, 동 조합은 계약금액 중 0.6%만을 수수료로 취득하는데, 이 사건 입찰의 낙찰률 등에 비추어 동 조합이 실제 취득하는 이익의 규모는 원고 등 17개사보다 적을 것으로 보이는 점 등을 고려하면, 피고가 원고들에 대한 부과기준율을 동 조합(2%)보다 높게 결정한 데는 충분히 합리적인 이유가 있다. 부과과징금 결정 과정에서 감경률 결정에 관하여, 여러 사정을 법리에 따라 살펴보면 피고는 원고들의 대표이사와 상무이사에 대하여 이 사건 공동행위로 인한 입찰방해죄가 유죄로 인정되어 형이 확정되었고, 원고들에 대한 손해배상 사건이 진행되는 등 원고들에 대한 제재가 이루어졌거나 이루어질 예정이라는 점을 고려하여, 부과기준율을 과징금고시의 기준보다 낮은 5%로 결정하는 것에 더하여 부과과징금 결정 단계에서 '2차 조정된 산정기준'의 10%를 추가 감경하였다. 결국 이 사건 과징금 납부명령에는 사실을 오인하거나 비례·평등의 원칙에 위반하여 재량권을 일탈·남용한 위법이 없다."고 판시하였다.

그리고 대법원은 2021.11.25. 선고 2021두48311 판결 등 여러 판결들을 통하여 심리불속행 기각 결정을 하였다.

나. 조합 원고(한국원심력콘크리트공업협동조합)

서울고등법원은 2020.12.2. 선고 2020누44765 판결에서 "(1) 과징금액 산정은 법 위반행위자 그 자신이 얻은 실제 이득액의 규모와 균형을 갖추어야 할 뿐만 아니라, 실제 이득액의 규모 등에 차이가 있는 구성원사, 다른 공동행위 가담자들과의 관계에서도 형평에 맞아야 한다. (2) 원고는 구성원사와 사전 합의한 대로 적격조합 자격으로 입찰에 참여하여 투찰가격을 결정·실행하고, 들러리사에 직접 연락하여 투찰가격 등을 통보한 뒤 낙찰을 받거나 수의계약을 체결하였다. 원고가 이 사건 공동행위에 가담한 정도가 가볍다고 볼 수는 없다. 그

---

11) 본건 공정위 의결서상으로는 '매우 중대한 위반행위'로 되어 있지만, 서울고등법원 2021.9.30. 선고 2020누56515 판결 등 일부 원고에 대한 판결에서는 '매우 중대한 위반행위'로서 과징금고시 [별표] 세부평가 기준표에 따른 산정 점수가 2.6점 이상으로 8.5% 이상 10% 이하의 부과기준율을 적용한다고 구체화되어 있다.

러나 원고가 적격조합 자격으로 입찰에 참가하여 낙찰을 받고 계약을 체결한 명의자라는 이유로 전체 관련매출액을 모두 원고에게 귀속시킨 반면, 구성원사는 관련매출액이 귀속될 수 없다고 보아 과징금 부과 대상에서 제외하였다. 원고가 계약대금 중 계약금액의 0.6%만을 수수료로 취득하는데, 원고는 구성원사에 비하여 이 사건 공동행위로 실제 취득하는 이익의 규모는 작을 것으로 보인다. 구성원사도 원고와 함께 이 사건 공동행위에 가담하였고, 구성원사가 원고에 비하여 이 사건 공동행위로 인하여 인하여 실제로 취득하는 이익의 규모가 더 크다고 볼 여지가 충분함에도, 구성원사에 대하여 과징금을 전혀 부과하지 않고 구성원사가 받은 경제적 이익을 원고에게 모두 귀속시켜 관련매출액을 산정하여 과징금을 부과하는 것은 균형에 맞지 않다. (3) 피고는 17개사의 과징금 부과기준율을 5%로 산정하였고, 원고의 경우 원고가 낙찰받은 입찰에서 계약금액의 약 0.6%만 수수료로 수취한다는 점에서 이 사건 공동행위로 인한 부당이득이 법위반사업자 17개사에 비해 적다는 점을 참작하여 부과기준율 2%를 적용하였다. 원고의 경우 17개사에 비하여 과징금의 40% 수준으로 부과한 것이고, 이는 계약금액의 약 0.6% 상당 수수료가 40% 지분으로 계약을 이행하여 경제적 이익을 얻은 수준이라고 평가하였다고 볼 수 있으나, 경제적 이익의 규모를 그와 같이 동등하게 평가할 만한 자료를 찾아 보기 어렵다. 원고와 17개사에 대한 과징금 부과가 균형에 맞는다고 보기 어렵다. (4) 피고가 위와 같이 부과기준율의 적용 단계 및 최종 부과과징금의 결정 단계에서 원고가 취득한 부당이득의 규모를 일부 참작하기는 하였으나, 그 과정에서도 원고의 개별적·구체적 사정 및 그에 따른 실제 이익의 규모를 충분하게 고려하지 않았다. 이러한 과징금액 산정은 과징금의 제재적 성격 등을 감안하더라도, 원고가 이 사건 공동행위로 인하여 실제로 취득한 이익의 규모와 균형을 상실하여 지나치게 과중하다."고 판결하였다.

6. 경상북도교육청 발주 2018년 업무용 소프트웨어 표준 오피스 소프트웨어 연간 사용권 구매 입찰 관련 4개 사업자의 부당한 공동행위 건(2020.8.12. 공정위 의결)

가. 공정위 의결

공정위는 "이 사건 입찰에서의 공동행위는 입찰담합으로서 주로 경쟁제한 효과만 나타나는 경우에 해당하고 발주처가 지자체 및 공공기관이므로 과징금고시 [별표] 세부평가 기준표상 3% 이상 5% 미만의 부과기준율이 적용되는 '중대한 위반행위'에 해당되나, 이 사건 입찰은 소프트웨어의 유지·보수의 연속성으로 기존 계약 대리점에게 유리한 측면이 있는 등 그 특성상 경쟁제한성을 일부 내재하고 있는 점, 이 사건 입찰은 교육청의 예산범위 내에서 제조업자 및 총판에서 정한 소프트웨어 라이선스 공급단가를 반영하여 기초금액이 형성되므로 공동행위로 인한 피해나 부당이득이 크다고 보기 어려운 점, 이 사건 피심인들은 영세사업자로서 공동행위가 시장에 미치는 영향이 제한적인 점 등을 종합적으로 고려하여 1%의 부과기준율을 적용한다."고 결정하였다.

나. 서울고등법원 2021.10.28. 선고 2020누56188 판결

원고들은 "조달청이 갑작스럽게 기존의 수의계약 방식을 경쟁입찰 방식으로 변경하여 출혈 경쟁을 방지하고자 불가피하게 이 사건 공동행위를 한 것이고, 그로 인하여 얻은 이득의 규모도 크지 않다. 따라서 '중대성이 약한 위반행위'로서 0.5%의 부과기준율이 적용되어야 함에도 '중대한 위반행위'로 보아 1%의 부과기준율을 적용한 이 사건 과징금 납부명령에는 재량권을 일탈·남용한 위법이 있다."고 주장하였다.

이에 대해 서울고등법원은 관련 법리로 "부당한 공동행위로 인한 위반행위의 중대성 정도는 위반행위로 인하여 발생한 경쟁질서의 저해정도, 시장에 미치는 영향 및 그 파급 효과, 관련 소비자 및 사업자의 피해 정도, 부당이득의 취득 여부 등을 종합적으로 고려하여 결정하여야 한다(대법원 2011.9.8. 선고 2009두15005 판결, 대법원 2014.12.11. 선고 2014두2324 판결 등 참조)."는 대법원의 법리, 그리고 공정위 과징금고시 Ⅳ. 1.의 규정에 따른 위반행위의 중대성 정도는 위반행위 유형별로 마련된 [별표] 세부평가 기준표에 따라 산정된 점수를 기준으로 정하되, 위반행위로 인하여 발생한 경쟁질서의 저해정도, 관련시장 현황, 시장에 미치는 영향 및 그 파급 효과, 관련 소비자 및 사업자의 피해 정도, 부당이득의 취득 여부, 위반행위 전후의 사정, 기타 위반사업자와 다른 사업자 또는 소비자와의 관계등을 종합적으로 고려하여 위반행위의 중대성 정도를 달리 정할 수 있다는 2가지 법리를 제시하였다.

그리고 구체적 판단에 들어가서 아래 인정할 수 있는 사정들을 위 법리에 비추어 보면 이 사건 과징금 납부명령이 재량권을 일탈·남용하였다고 보기 어렵다고 판단하였다.

(1) 이 사건 공동행위는 낙찰가격 상승을 촉진하는 경쟁제한 효과가 있는 반면 효율성 증대 효과는 거의 존재하지 아니하여 '경성 공동행위'중에서도 위법성이 큰 입찰담합에 해당한다.

(2) 원고들은 이 사건 공동행위를 통하여 수익을 얻거나 사업자별로 영업구역을 확보하는 등의 무형적인 이익을 누린 반면, 발주처인 X교육청은 정상적인 경쟁이 이루어졌다면 더 낮은 가격으로 계약을 체결할 수 있었음에도 이 사건 공동행위로 이러한 기회를 상실하는 손

해를 입었다.

(3) 피고는 이 사건 공동행위를 과징금고시에 따라 '중대한 위반행위'로 보았음에도 원고들이 주장하는 유리한 사정들을 반영하여 그에 해당하는 부과기준율인 3.0% 이상 5.0% 미만보다 훨씬 낮은 1%로 정하였고, 원고들이 행위 사실을 모두 인정하고 조사에 적극 협력한 사실이 있다는 사정 등을 감안하여 1차 조정 산정기준에 대해 20%를 감경하기도 하였다.

7. 호남고속철도 제2-1공구 노반신설 기타공사 등 13개 공구 최저가낙찰제 공사 입찰참가 28개 사업자의 부당한 공동행위 건(2014.9.17. 공정위 의결)

가. 서울고등법원 2016.4.20. 선고 2015누34306 판결(원고: 현대건설 주식회사)

원고는 부과기준율 결정의 위법 관련하여, 여러 사정과 원고가 낙찰가격에 대한 합의 및 공동수급체 참여사의 결정, 지분율 합의 등 후속 합의에 관여한 적이 없는 점 등을 종합하여 볼 때 낙찰을 받은 다른 건설사와 동일하게 원고의 행위를 '매우 중대한 위반행위'로 평가한 것은 위반행위의 내용 및 정도, 기존의 심결례 등에 비추어 비례 원칙 및 형평의 원칙에 위배된다고 주장하였고, 이에 대해 서울고등법원은 동 판결에서 다음과 같이 판시하였다.

공정거래법, 시행령, 과징금고시상 관련 규정들을 종합할 때, 피고가 부당한 공동행위를 한 위반사업자에 대한 기본과징금을 산정하는 과정에서 적용하는 부과기준율은 위반사업자가 가담한 공동행위 자체의 내용 및 정도에 따라서 결정하면 되는 것이지 위반사업자의 공동행위 가담 정도, 역할 분담 내역 등을 감안하여 반드시 위반사업자마다 다르게 결정하여야 하는 것은 아니라고 판단된다(원고가 주장하는 공동행위의 가담 정도 등 위반사업자별 특수한 여러 사정은 임의적 조정과징금 또는 2차 조정과징금 등을 산정하는 단계에서 고려되는 것이고, 실제로 피고는 앞서 본 바와 같이 이 사건 과징금납부명령을 하면서 이러한 사정들을 고려하여 과징금을 감경하였다).

그런데 이 사건 13개 공구 공사는 대규모 국책사업으로서 국가 재정에 미치는 영향이 크다. 또 이 사건 공동행위는 공구를 분할하고 낙찰예정사, 들러리 응찰사 및 투찰가격을 미리 정한 이른바 경성 공동행위로서 입찰에 참여한 원고 등 28개 사업자 전부가 이 사건 공동행위에 참여하였다는 점에서 경쟁제한적 효과가 매우 크다. 이 사건 공동행위에서 정한 낙찰예정사가 공구별로 실제로 낙찰을 받았을 뿐 아니라 평균낙찰률 역시 2009년 전체 공공 부문 최저가낙찰제 공사 평균 낙찰률인 73%보다 높은 78.5%로 나타나는 등 이 사건 공동행위에 따른 부당이득의 규모도 적지 않은 것으로 보인다. 따라서 피고가 이 사건 공동행위를 '매우 중대한 위반행위'로 판단한 후 입찰의 특성상 어느 정도 경쟁이 제한될 소지가 있었던 사정을 감안하여 그 부과기준율을 과징금고시 Ⅳ. 1. 다.의 (1)항에서 정한 부과기준율 (7~10%)의 하한인 7%로 정한 조치는 수긍할 수 있다.

설령 원고의 주장과 같이 공동행위에 가담한 사업자별로 부과기준율을 다르게 정할 수 있다고 하더라도, 원고는 7개 대형건설사의 하나로서 이 사건 13개 공구의 분할 합의를 선도하고 입찰에 참여하는 나머지 21개사를 대상으로 이 사건 13개 공구의 분할 합의 내용을 통보하고 동참 여부를 확인하는 등 이 사건 공동행위에 있어 주도적 역할을 수행한 점, 원고가 투찰가격 결정 등 후속 합의에 관여하지 않은 것은 원고가 7개 대형건설사 사이의 추첨에서 탈락하였기 때문인 점, 원고는 추첨에서 탈락한 후에도 각 공구별 낙찰예정자들이 낙찰받을 수 있도록 이 사건 13개 공구 입찰에 각 낙찰예정자들이 알려준 투찰가격으로 투찰함으로써 이 사건 공동행위의 완성에 끝까지 기여한 점 등을 고려하면 원고에게 다른 건설사들과 비교하여 반드시 부과기준율 자체를 다르게 정하여야 할 만큼 공동행위에 대한 가담 정도 등에 있어서 본질적인 차이가 있다고 보기도 어렵다.

원고가 이 사건 13개 공구 입찰에 모두 들러리로서 응찰한 것이라 해도, 들러리 응찰은 이 사건 공동행위를 통하여 정하여진 낙찰예정자가 확실하게 낙찰을 받도록 하기 위해서 원고 등 28개 건설사가 역할을 분담한 결과이며, 이를 통하여 이 사건 공동행위의 목적이 달성되었다. 따라서 원고가 이 사건 13개 공구의 입찰에 응찰함에 있어서 낙찰을 받을 목적을 갖고 있었는지 여부에 따라 공동행위 자체의 내용 및 정도가 달라진다고 볼 수 없다. 결국 피고가 이 사건 공동행위 전체를 '매우 중대한 위반행위'에 해당한다고 판단한 조치는 수긍할 수 있다.

나. 대법원 2018.4.24. 선고 2016두40207 판결

대법원은 과징금의 기본 산정기준, 과징금 납부명령의 재량권 일탈·남용 여부 등에 관한 법리에 비추어 살펴보면 원심의 판단에 법리를 오해하거나 필요한 심리를 다하지 않은 잘못이 없다고 최종 판결하였다.

8. 한빛아파트 아스팔트쉬글 지붕교체 공사 입찰 관련 3개 사업자의 부당한 공동행위 건(2022.6.16. 공정위 의결)

가. 공정위 의결

공정위 의결서상으로는 부과기준율 관련하여 과징금고시(2017.11.30. 공정위고시 제2017－21호로 개정된 것, 이하 '과징금고시'라 한다)의 세부평가 기준표에 따른 항목별 점수 및 합계점수에 대한 구체적 설명은 없이 "이 사건 공동행위는 피심인들 간 합의내용 이행을 위한 이행·감시·제재 수단이 없는 점, 발주자가 민간기업이고 담합 건이 1건에 불과한 점, 위반행위의 파급효과가 1개 아파트에 국한되는 점 등을 종합적으로 고려하여 '중대한 위반행위'에 해당하는 3%의 부과기준율을 적용한다."고 되어 있다(의결서 21면 참조).

나. 서울고등법원 2023.5.31. 선고 2022누73 판결

원고는 "이 사건 입찰은 실질적인 경쟁가능성이 이미 박탈되어 있었으므로 이 사건 공동행위의 위법성이 낮은 점, 원고가 낙찰받은 공사를 통해 얻은 현실적 이익은 미미한 수준이고, 실질적인 이익은 추후 다른 입찰에서의 입찰자격(실적)이라는 잠재적 이익일 뿐인 점 등을 고려하면, 과징금고시 [별표] 세부평가 기준표에 따른 경쟁제한성 점수가 0.6에 이르지는 않으므로, 피고가 이 사건 공동행위를 '중대한 위반행위'로 보아 3%의 부과기준율을 적용한 것은 잘못이다."라고 하면서 과징금 산정에 관한 재량권의 일탈·남용을 주장하였다.

이에 대하여 서울고등법원은 "(1) 원고의 이 사건 공동행위에 대하여는 과징금고시 [별표] 세부평가 기준표에 따라 아래 [표 6]과 같이 합계 1.8점이 산출되는바, 피고는 과징금고시 Ⅳ. 1. 다. (1) (가)항에 따라 원칙적으로 '5.0% 이상 7.0% 미만'의 부과기준율을 적용하여야 하나(위 기준표에 따른 산정점수 1.8 이상 2.2 미만), 이 사건 공동행위에 참여한 3개 사업자들 사이에 합의 내용 이행을 위한 이행 감시·제재 수단이 없는 점, 발주자가 민간기업이고 담합 건이 1건에 불과한 점, 위반행위의 파급효과가 1개 아파트로 국한되는 점 등을 종합적으로 고려하여 3%의 부과기준율을 적용하였다. (2) 입찰담합은 입찰에 참가하는 자들 사이에 사전에 낙찰가격 및 낙찰자를 합의하고 입찰에 참여한다는 것이어서 가격경쟁을 제한하는 효과가 비교적 큰 공동행위인 점, 앞서 살펴본 이 사건 공동행위의 경쟁제한성 등에 비추어 볼 때, 피고가 과징금고시 [별표] 세부평가 기준표 중 '구 공정거래법 제19조 제1항 제8호의 입찰담합에 해당하는 행위로서 경쟁제한효과만 나타나는 경우'로 보아 경쟁제한성 점수를

0.6으로 산정한 것에 어떠한 잘못이 있다고 할 수 없다."고 판결하였다.

Ⅳ. 마무리

앞에서 살펴본 것처럼 공정위의 내부지침인 과징금고시의 내용이 과징금 부과시 구체적인 기준이 되고 있다. 실제 법원 판결례를 살펴보면 공정위의 의결서에는 부과기준율 결정 관련하여 과징금고시 [별표] 세부평가 기준표상 항목별 점수 및 합계점수까지는 명시되지 않고 있지만 공정위의 심의 과정에서는 중요 이슈로서 다투어지고 있으며 법원 과정에서는 판결문에 항목별 점수나 합계점수까지 언급되는 경우도 있다.[12]

공정위는 2016.12.30. 과징금 산정의 전단계에 걸쳐 조정 과정 투명화 및 관련 기준을 명확화·구체화함으로써 예측가능성을 대폭 제고하는 방향으로 과징금고시를 개선하였다. 과징금 산정의 근간인 '기본 산정기준'은 고시 별표 '행위유형별 세부평가 기준표'를 개정하여 명확한 기준에 따라 행위의 실질에 맞게 적정수준으로 결정되도록 하고, 이에 대한 1차 조정, 2차 조정, 부과과징금 단계 등 조정은 꼭 필요한 경우에만 최소한도로 행하여지는 방향으로 개선한 바 있다. 특히 개정 고시 부칙에서 시행일 이전의 행위에 대해서도 개정 고시가 적용됨을 명시함으로써 부당한 공동행위와 같이 위반행위 기간이 장기인 행위의 경우 과징금 산정이 복잡한 이슈였으나 이를 해결하였다.

2021.12.30. 개정·시행된 고시에서는 행위유형별 기본 산정기준[부과기준율(정률 과징금)·기준금액(정액 과징금)] 산정에서 최소 구간은 현행을 유지하면서 최대 부과율을 2배까지 차등하여 상향하였다. 그리고 마지막 단계인 부과과징금 결정에서 시장·경제 여건 등의 악화 정도, 부당이득 대비 과징금 규모의 형평성, 위반사업자의 규모(중소기업자 해당 여부) 등에 따른 감경 비율을 확대하는 방향으로 보완하였다.

앞에서 살펴본 것처럼 위반행위의 중대성 판단과 부과기준율 이슈는 공정거래법 집행과정에서 중요한 부분을 차지하고 있는 과징금 부과 관련하여 가장 핵심적인 사항으로서 이에 대한 이해와 분석이 필요하다.

---

12) 앞 Ⅲ. 8. 등 참조. 서울고등법원 2020.12.23. 선고 2020누45126 판결, 서울고등법원 2021.4.22. 선고 2020누45133 판결, 서울고등법원 2021.11.3. 선고 2020누56843 판결 등 참조.

공정거래법의 적용제외: 법령에 따른 정당한 행위

Ⅰ. 일반적인 적용제외와 개별적인 적용제외[1]

공정거래법은 경제질서를 규율하는 기본법의 성격을 갖고 있지만 법에 의한 금지 및 제한 규정을 모든 경우에 적용하는 것은 아니며 일정한 경우에는 그 적용이 제외되는 것으로 하고 있다. 이러한 적용제외에는 공정거래법 제13장(제116조 내지 제118조)의 규정에 의한 일반적인 적용제외, 그리고 공정거래법 및 다른 개별법의 규정에 근거한 개별적인 적용제외가 있다.

이 중에서 일반적인 적용제외는 그 성격상 경쟁원리가 적용되지 않거나 경쟁정책의 입장에서 긍정적인 측면이 있는 경우에 인정되는 본래적 적용제외라고 할 수 있다. 공정거래법은 일반적인 본래적 적용제외로서 별도의 장(제13장)에서 법령에 따른 정당한 행위(제116조), 무체재산권의 행사행위(제117조), 일정한 조합의 행위(제118조) 등 3개 조항을 두고 있다. 종전에는 금융 및 보험업을 영위하는 사업자에 대해 일반적 적용제외제도의 하나로 특례조항을 인정하였으나 1996년 12월 법개정시 삭제되었다. 금융업 및 보험업자의 자산에는 고객의 예탁금이나 보험계약자의 보험료 등이 차지하는 비중이 크며 사업자는 자산운용에 있어서 개별적인 사업법령에 의한 규제를 받고 있으므로 그 특성을 인정할 필요성은 있으나, 이 경우에도 정책적인 필요에 의한 공정거래법상의 개별적인 적용제외나 다른 개별 사업법령의 규정에 따라 행하는 정당한 행위에 의한 적용제외(제116조)로써 해결되어야 할 것으로서, 공정거래법상의 일반적인 본래적적용제외의 한 부분으로 하는 것은 입법적으로 문제가 있다는 비판이 있었다. 이에 따라 금융·보험사업자에 대해 특례를 인정하고 있는 제61조(금융 및 보험업을 영위하는 사업자에 대한 특례)를 삭제하고 예외인정이 필요한 사항은 공정거래법상의 관련 조항에 개별적으로 규정토록 개정하였다.

다음으로 개별적인 적용제외는 경쟁정책의 수단인 공정거래법의 목적과는 배치되는 것이지만 정책적으로 인정되는 정책적 적용제외에 해당하는 것으로서, 적용제외의 내용을 공정

---

[1] 이동규, 독점규제 및 공정거래에 관한 법률 개론(개정판), 행정경영자료사, 1997, 687~690면 참조.

거래법 자체에 규정하거나 다른 개별법에 규정하는 경우가 있다. 공정거래법 자체의 개별규정에 의한 것에는 기업결합의 제한의 예외(법 제9조 제2항), 지주회사의 행위제한의 예외(법 제18조 제2항 각 호 단서 등), 일반지주회사의 금융회사 주식 소유제한에 관한 특례(법 제20조), 상호출자금지의 예외(법 제21조 제1항 단서), 순환출자금지의 예외(법 제22조 제1항 단서), 계열회사에 대한 채무보증금지의 예외(법 제24조 제1항 단서), 금융회사·보험회사 및 공익법인의 의결권 제한의 예외(법 제25조 제1항 단서, 제2항 단서), 부당한 공동행위의 제한 및 사업자단체의 금지행위의 예외(법 제40조 제2항, 제51조 제2항), 재판매가격유지행위 제한의 예외(법 제46조 단서), 특수관계인에 대한 부당한 이익제공 금지의 예외(법 제47조 제2항) 등이 있다. 다른 개별법 규정에 의한 경우는 통상 공정거래법 제116조(법령에 따른 정당한 행위)의 적용과 연결되게 된다.

II. 법령에 따른 정당한 행위

1. 개요

법 제116조(법령에 따른 정당한 행위)는 이 법은 사업자 또는 사업자단체가 다른 법령에 따라 하는 정당한 행위에 대해서는 적용하지 아니한다고 규정하고 있다. 이 규정은 개개의 사업분야에 있어서 사업의 자연독점성이나 공익성 등을 고려하여 그 근거가 되는 개별적인 사업법령에 의하여 인가제도나 사업활동의 규제 등 직접적인 공적규제 및 감독이 행해지고 있는 경우 당해규제를 토대로 공정거래법의 적용을 제외한다는 것이다.

이러한 적용제외는 당초 공정거래법 제정시부터 규정된 것인데 이는 당해 사업분야에서는 그 특수성을 고려할 때 경쟁원리의 적용이 타당치 않다는 것을 전제로 한 것이며, 따라서 적용제외의 근거가 되는 사업법은 그 전제의 범위내에서 한정적으로 운용되어야 할 것이다. 그리고 이러한 개별적인 사업법에서는 공정거래법의 적용제외에 있어서 경쟁정책과의 조정을 도모하기 위하여 공정거래위원회와의 협의 등의 조치를 규정하고 있는 경우도 있다.

2019.8.20. 개정되어 2020.2.21. 시행된 개정 중소기업협동조합법을 사례로 들어본다. 법제처의 국가법령정보센터에 기재된 개정이유 및 주요내용을 보면, 현행법은 중소기업자의 자주적 경제활동을 촉진하고 거래상의 지위가 취약한 중소기업자들이 대기업과의 거래조건에 대한 교섭력을 강화할 수 있도록 중소기업자들이 중소기업협동조합을 통해 생산·가공·수주·판매 등의 공동사업을 추진할 수 있도록 하고 있으나, 동 공동사업을 위한 행위가 공

정거래법에 따라 부당한 공동행위에 해당되어 처벌의 대상이 될 수 있는 등 엄격하게 규제되어 있어 중소기업협동조합의 공동사업이 위축되고 있는 바, 이에 가격인상, 생산량 조절 등 부당하게 경쟁을 제한하여 소비자 이익을 침해하지 않는 범위에서 중소기업협동조합의 공동사업 수행에 따른 행위에 대해서는 공정거래법의 적용을 배제하여 조합의 공동사업을 활성화하려는 것으로 되어 있다. 그리고 공정거래법 규정의 적용이 배제되지 않는 법 단서 규정상의 소비자 이익을 침해한 경우에 대한 기준을 공정위와 협의, 고시할 수 있도록 규정하였다.

  법 제116조에 의한 법령에 따른 정당한 행위가 적용될 수 있는 유형은 아래 해운법 제29조, 항공사업법 제15조와 같이 개별 법령에 공정거래법이 금지 또는 제한하고 있는 행위에 배치되는 내용을 규정하는 경우, 그리고 농업협동조합법 제12조처럼 당해 법령 자체에 공정거래법 규정의 적용을 배제한다는 명시적인 규정을 두는 경우 등이 있다. 전자의 경우에는 후자, 즉 명시적인 적용 제외를 두는 경우에 비해서 법 제116조의 법령에 따른 정당행위에 해당되는지 여부와 관련하여 자주 쟁점으로 되고 있다.[2]

☼ **개별법상의 규정 사례**

개별 법률 및 조항	규정 내용
해운법 제29조(운임 등의 협약)	① 외항화물운송사업자는 다른 외항화물운송사업자와 운임, 선박배치, 화물의 적재, 그 밖의 운송조건에 관한 계약이나 공동행위를 할 수 있다. ② 외항화물운송사업자가 제1항의 협약을 한 때에는 해양수산부장관에게 신고하여야 한다. 협약의 내용을 변경한 때에도 또한 같다. ⑤ 해양수산부장관은 제2항에 따라 신고된 협약의 내용이 다음 각 호의 어느 하나에 해당하면 그 협약의 시행 중지, 내용의 변경이나 조정 등 필요한 조치를 명할 수 있다. 다만, 제3호에 해당하는 경우에 대한 조치인 때에는 그 내용을 공정거래위원회에 통보하여야 한다. 3. 부당하게 운임이나 요금을 인상하거나 운항 횟수를 줄여 경쟁을 실질적으로 제한하는 경우
항공사업법 제15조	① 항공운송사업자가 다른 항공운송사업자와 공동운항협정 등 운수협정을 체결

---

2) 아래 3. 공정위의 심결사례 및 법원의 판결례 참조.

(운수에 관한 협정 등)	하거나 운항일정, 운임, 홍보, 판매에 관한 영업협력 등 제휴협정을 체결하는 경우에는 국토교통부장관의 인가를 받아야 한다. ④ 국토교통부장관은 제1항에 따라 제휴협정을 인가하거나 변경인가하는 경우에는 미리 공정거래위원회와 협의하여야 한다.
보험업법 제125조 (상호협정의 인가)	① 보험회사가 그 업무에 관한 공동행위를 하기 위하여 다른 보험회사와 상호협정을 체결하려는 경우에는 금융위의 인가를 받아야 한다. ③ 금융위원회는 제1항에 따라 상호협정의 체결, 변경 또는 폐지의 인가를 하려면 미리 공정거래위원회와 협의하여야 한다.
농업협동조합법 제12조(다른 법률의 적용 배제 및 준용)	⑤ 농협금융지주회사 및 그 자회사에 대하여는 공정거래법 제25조(금융회사·보험회사 및 공익법인의 의결권 제한) 제1항을 적용하지 아니한다. ⑥ 농협금융지주회사 및 그 자회사에 대하여는 공정거래법 제26조((대규모내부거래의 이사회 의결 및 공시)를 적용하지 아니한다. ⑧ 농협경제지주회사 및 그 자회사가 중앙회, 조합등과 사업을 수행하는 경우 그 목적 달성을 위하여 필요한 행위에 대하여는 공정거래법 제40조(부당한 공동행위의 금지) 제1항을 적용하지 아니한다. 다만, 그 행위의 당사자에 농협경제지주회사 및 그 자회사, 중앙회, 조합등 외의 자가 포함된 경우와 해당 행위가 일정한 거래분야의 경쟁을 실질적으로 제한하여 소비자의 이익을 침해하는 경우에는 그러하지 아니하다. ⑨ 농협경제지주회사 및 그 자회사가 농업인의 권익향상을 위하여 사전에 공개한 합리적 기준에 따라 조합등에 대하여 수행하는 다음 각 호의 행위에 대하여는 공정거래법 제45조(불공정거래행위의 금지) 제1항 제9호를 적용하지 아니한다. 다만, 해당 행위가 일정한 거래분야의 경쟁을 실질적으로 제한하여 소비자의 이익을 침해하는 경우에는 그러하지 아니하다.
중소기업협동조합법 제11조의2(다른 법률의 적용 배제)	① 대통령령으로 정하는 요건에 해당하는 조합, 사업조합 및 연합회가 제35조 제1항 제1호, 제82조제1항제1호 및 제93조제1항제1호에 따른 사업을 수행하는 경우 그 목적 달성을 위하여 필요한 행위에 대하여는 공정거래법 제40조(부당한 공동행위의 금지) 제1항 또는 제51조(사업자단체의 금지행위) 제1항 제1호를 적용하지 아니한다. 다만, 가격인상, 생산량 조절 등 부당하게 경쟁을 제한하여 소비자 이익을 침해한 경우에는 그러하지 아니하다.

	② 중소벤처기업부장관은 제1항 단서에 따라 소비자 이익을 침해한 경우에 대한 기준을 공정거래위원장과 협의하여 고시할 수 있다.

2. 적용제외의 한계

적용제외는 법규정에도 명시되어 있듯이 다른 법령에 따라 하는 정당한 행위에 한정되어야 한다. 여기서 정당한 행위는 당해 법령에 의해 직접적 규제의 대상으로 되어 있으며, 당해 규제의 목적달성을 위한 필요최소한의 구체적 행위로서 제한적으로 해석되어야 할 것이다.

또한 당해행위가 법령에 의한 직접적 규제의 대상으로 되어 있다 하더라도 그 규제의 범위내에서 경쟁이 가능한 부분이 있다면 이를 제한하는 행위에 대해서는 명시적인 적용제외 규정이 없다면 원칙적으로 공정거래법이 적용되어야 할 것이다. 예를 들면 법에 의해 영업활동의 개시 및 요금수준이 인가의 대상으로 되어 있다 하더라도 인가신청을 하는지 여부와 어떻게 신청을 할 것인지는 사업자가 자율적으로 결정할 사항이므로(즉 경쟁의 여지가 있으므로) 이를 협정등으로 제한할 경우 이는 공정거래법 위반으로 될 것이다. 따라서 인가신청 이전에 그 내용을 협정으로 결정하는 경우나 동일한 내용의 신청참가를 강제하는 경우 등은 위법이며 또한 인가요금의 범위내에서 경쟁이 가능한 경우에는 실제요금수준을 제한하는 행위도 위법으로 된다.

공정위는 법 제116조에 의한 적용제외의 한계에 대해서는 엄격히 해석함으로써 공정거래법을 적극적으로 적용하려는 입장을 일관되게 취하고 있으며, 법원도 동일한 입장을 보이고 있다.

3. 공정위의 심결사례 및 법원의 판결례

가. 한국비철금속협동조합연합회의 이의신청(1991.1.23. 공정위 재결)

공정거래법 제58조(현행 제116조)는 사업자단체가 다른 법률 또는 그 법률에 의한 명령에 따라 행하는 정당한 행위에 대하여는 법을 적용하지 아니한다고 규정하고 있다. 따라서 동 조항의 적용을 받기 위해서는 사업자단체의 행위가 "법률에 의한 명령에 따른 행위"로서 행위의 내용 및 절차가 법규정에 따라 하자없이 이루어져야 하며, "정당한 행위"로서 불공정성, 경쟁제한성이 없어야 할 것임, 우선 "법률에 의한 명령에 따른 행위"라는 주장을 보면, 중소기업협동조합법 제74조 제1항 제2호는 연합회는 "회원간의 사업조정에 관한 기획 및 조

정과 중소기업이 아닌 자가 당해 조합원의 사업분야를 침해한 경우 주무부장관에 대한 조정
신청"을 할 수 있다고 규정하고 있고, 중소기업사업조정법 제6조는 중소기업간 문제 발생시
조정신청 제기요건 및 처리절차를, 동법 제8조는 중소기업과 대기업간 문제 발생시 조정신
청 제기요건과 처리절차를 규정하고 있는 바, 본건 이의신청인의 행위는 이의신청인과 대기
업인 ㈜풍산 간의 행위이므로 동법 제6조와는 무관하며, ㈜풍산의 신동제품생산설비 도입은
중소기업사업조정법 제8조 제1호 전단의 대기업자가 중소기업고유업종 이외의 사업을 확장
한 것에 해당되나, '86년 이후 신동제품의 내수시장규모는 계속 확장되고 있는 바, 이의신청
인과 ㈜풍산 간의 합의에 따라 ㈜풍산의 판매물량은 보합세를 보이고 있는 반면에 중소기업
의 판매물량은 대폭 신장되고 있음을 감안할 때 ㈜풍산의 사업확장이 중소신동업체의 수요
감소를 초래하여 중소기업자의 경영안정에 현저한 악영향을 미친 바 없으며 당시 그러한 악
영향을 미칠 우려가 있었다고 인정될 수 있는 객관적인 근거가 미흡하고, 또한 본건 의결서
상의 이의신청인의 행위는 중소기업사업조정법에 규정된 절차에 따라 이루어진 것이 아니므
로 중소기업협동조합법 및 중소기업사업조정법에 근거한 행위에 해당되지 아니함, "정당한
행위"라는 주장에 대하여 보면, 이의신청인의 행위는 법령에 따른 행위가 아니므로 동행위
의 정당성 여부를 논할 필요도 없으나 가사 법령에 따른 행위라고 하더라도 중소기업기본법
및 중소기업협동조합법의 기본목적인 전체 법률체계의 테두리안에서 법령에 규정한 바에 따
라 중소기업의 건전한 육성을 도모하기 위한 것인 바, 국내신동시장에서의 경쟁을 실질적으
로 제한한 행위는 그 정당성도 인정할 수 없다. 따라서 당초의 공정위의 의결은 타당하고 이
를 변경할만한 사유가 없으므로 이의신청을 기각한다.

나. ㈜한국생필체인의 거래강제행위 등 건

(1) 공정위 의결(1992.4.15. 공정위 의결)

피심인은 자기의 가맹점들에게 주류 및 잡화를 공급하면서 수도권운영위원회에서 1987.
3.27. 주류 대 잡화 공급가액비율(50:50)을 지키지 않는 가맹점에 대하여는 주류공급을 중단하
기로 결정하고 이를 다음날 가맹점에게 서면으로 통보한 사실이 있으며, 피심인과 가맹점과의
거래약정서인 가맹규약 제15조 제1항 제5호의 규정에도 "본부의 주류 및 잡화매입비율이 1:1
에 미달된 가맹점은 제명처분" 할 수 있도록 규정되어 있으며, 또한 피심인은 1987.6.19. 가맹
점의 하나인 신고인이 위 비율을 달성하기 위한 자기의 방침에 따르지 않는다는 것을 이유
로 가맹점으로서의 자격을 박탈하고 주류공급을 중단하였다.

이에 대하여 피심인은 "소매상의 연쇄화사업운영요령(상공부고시 제92-36호)" 및 주세법

제42조에 의해 정당하게 이루어진 것으로서 공정거래법 제58조 소정의 "법률에 의한 명령에 따라 행하는 정당한 행위"로 보아야 한다고 주장하였으나, 공정위는 "㈎ 소매상의 연쇄화사업운영요령 제12조는 "시·도지사는 이 요령에 의해 지정 받은 연쇄화사업자에 대하여 자금, 세제등의 지원을 할 수 있으나 연쇄화 사업자가 직영점 및 가맹점에 공급한 상품공급액중 주류공급액이 50%를 초과 하는 사업자는 자금지원에서 제외한다"고 규정하고 있는 바, 동 규정의 취지는 이윤이 많고 공급물량이 부족한 주류공급에 치중하여 연쇄화 사업자가 사실상 주류중개업자로 전락하는 것을 방지함으로써 식품·생필품의 공급을 촉진하기 위한 것이며 주류공급권을 악용하여 잡화를 끼워팔라는 것으로 볼 수는 없으므로 피심인의 주장은 타당성을 인정할 수 없다. 또 ㈏ 주세사무처리규정 제15조 제4항은 연쇄화사업자가 "소속가맹점에 대한 6월 간의 상품정상공급가액의 합계액이 1억원 이상이고 매월 상품공급가액이 1천만원 이상"이어야 슈퍼연쇄점 주류중개업면허를 받을 수 있다고 규정하고 있고 주세법 제42조 규정 등에 의한 지정사항에 의해 연쇄화사업자가 주류를 공급하고자 할 때에는 사전에 관할세무서장의 승인을 받아야 되는 바, 주세법 관련법조의 취지도 식품·생필품의 공급실적이 많은 연쇄화 사업자에게 부수적으로 주류를 공급할 수 있는 혜택을 주는 한편 주류중개업자로 전락하는 것을 방지하기 위한 것으로 판단되므로 피심인의 주장은 타당성을 인정할 수 없다."고 판단하였다.

(2) 서울고등법원 판결(1993.6.24. 선고 92구20257 판결)

서울고등법원은 "원고의 위와 같은 일련의 조치가 비록 기간별 거래실적에 따른 비율유지라고 하더라도 위 공정거래법과 불공정거래행위의 유형 및 기준 소정의 거래강제 및 거래거절의 유형에는 해당이 되는 것으로 보아야 할 것이나, 한편, 일반생활필수품의 유통근대화라는 연쇄화사업 자체의 취지와 원고 회사의 설립목적 및 그 정관과 가맹규약상의 제규정, 일정한 주류취급비율의 유지는 원고 회사의 존립을 위하여 필요하고 또한 각 가맹점들은 위 연쇄화사업 조직의 구성원으로서 그와 같은 정관과 가맹규약 및 회사의 운영방침을 따라야 할 의무가 있다는 점, 상공부와 국세청 등이 행정지도 등을 통해 주류의 취급비율 유지를 사실상 강제해 온 사정, 연쇄화사업의 건실한 발전과 건전한 유통질서의 확립을 위하여서는 원고 회사의 위와 같은 조치의 필요성이 인정되는 점 등의 여러 사정에 비추어 보면, 원고의 위와 같은 일반잡화의 구매비율 강제는 정당한 이유가 있는 것이어서 공정거래법 소정의 불공정거래행위의 해당성이 조각된다고 보아야 할 것이다. 그렇다면, 원고의 위와 같은 일반잡화의 구매비율 유지와 가맹점 제명 등의 일련의 행위는 불공정거래행위에 해당하는 것이 아니라 할 것이어서 위 행위가 불공정거래행위임을 전제로 한 피고의 원고에 대한 이 사건 시정명령은 위법하므로 이를 취소한다."고 판결하였다.

(3) 대법원 판결(1995.2.3. 선고 93누15663 판결)

대법원은 "원심이, 원고 회사가 각 가맹점에 대하여 한 일정기간의 구매실적에 있어서 일반잡화에 대한 주류의 구매비율을 일정하게 유지하도록 하는 등 일련의 조치는 공정거래법상의 거래강제 등의 유형에는 해당하나 부당행위가 아니라고 판단한 것은 정당한 것으로 수긍이 가고, 원심판결에 위법이 있다고 볼 수 없다."고 상고를 기각하였다.

다. ㈜캐드랜드의 경쟁사업자배제행위 건(1996.2.23. 공정위 의결)

공정거래법 제58조에 의한 "법령에 따른"의 의미는 타법령에 경쟁제한행위에 대한 구체적인 근거가 있어야 하며, 근거규정이 포괄적이거나 애매할 경우에는 공정위가 입법취지 등을 고려하여 해당여부를 판단해야 되는 것이며,[3] "정당한 행위"란 법령에 따른 것이라 할지라도 그 법령의 범위내에서 이루어진 필요최소한도의 행위를 의미하며 이를 일탈하거나 남용하게 될 경우에는 정당한 행위로 볼 수 없다. 본건의 경우 피심인의 행위는 국가계약법등 타법령에 "염매행위에 대하여는 공정거래법을 적용하지 아니한다"는 등 이를 허용하는 구체적인 명문규정이 있을 경우 타법령에 의한 정당한 행위로 볼 수 있으나, 이러한 내용이 포함되어 있지 않으며, 설사 동 행위가 이에 해당된다고 하더라도 국가계약법의 기본목적이 계약업무의 원활한 수행에 있으며 특히 동법 제27조(부정당업자의 입찰참가자격제한)에 "경쟁의 공정한 집행 또는 계약의 적정한 이행을 해칠 염려가 있는 자"에 대하여 일정기간 입찰참가자격을 제한하고 있는 점 등을 고려해 볼 때 그 주장은 타당성이 없다 할 것이다.

라. 대한법무사협회의 구성사업자에 대한 사업활동제한행위 건(1994.8.17. 공정위 의결)

공정위는 대한법무사협회의 이의신청에 대하여 1994.10.5. 재결에서 "법 제58조에 규정한 법령에 따른 정당한 행위란 첫째, 해당법률에 경쟁제한행위에 대한 명문규정이 있어야 하며, 근거규정이 포괄적이고 애매한 경우 해당행위가 법의 목적에 부합되고 필요불가결한 사유가 입증되어야 할 것이며 둘째, 정당한 행위는 법률 또는 법률에 의한 명령의 범위내에서의 필요최소한도의 구체적 행위를 의미하며 이를 현저히 일탈하거나 남용하여 공정거래법에 위반

---

3) 공정위는 아래 라. 대한법무사협회의 구성사업자에 대한 사업활동제한행위 건에 대한 이의신청 재결(1994.10.5.)에서 해당법률에 경쟁제한행위에 대한 명문규정이 있어야 하며, 근거규정이 포괄적이고 애매한 경우에는 해당행위가 법의 목적에 부합되고 필요불가결한 사유가 입증되어야 할 것이라는 법리를 제시하였다.

되는 경우 정당한 행위로 볼 수 없다 할 것이다."라고 하면서 이의신청을 기각하였다.

이에 대하여 대법원은 1997.5.16. 선고 96누150 판결에서 "법 제58조에서 말하는 법률은 당해 사업의 특수성으로 경쟁제한이 합리적이라고 인정되는 사업 또는 인가제 등에 의하여 사업자의 독점적 지위가 보장되는 반면 공공성의 관점에서 고도의 공적규제가 필요한 사업 등에 있어서 자유경쟁의 예외를 구체적으로 인정하고 있는 법률 또는 그 법률에 의한 명령의 범위 내에서 행하는 필요최소한의 행위를 말하는 것이다."라는 공정위와 동일한 기본적인 법리를 제시하였다. 이 대법원 판결은 공정거래법 적용제외 사유가 되는 법령에 따른 정당한 행위에 대한 기본법리를 제시한 최초의 판결로서 그 이후 법원 판결 및 공정위 심결에 참조판례로 그대로 인용되고 있다.

마. 서울고등법원 1998.12.3. 선고 97나34497 판결(한국전기통신공사의 물품구매계약 관련 민사소송)

피고(한국전기통신공사)는 감사원 감사결과 조치요구에 따라 소외 회사의 납품분에 대해 정산감가조건부개산계약에 따라 재정산하여 감액하였고 이에 대해 원고는 피고의 행위는 공정거래법 제23조(현행 제45조) 제1항에 따른 '사업자간의 거래에 있어서 자기의 거래상의 지위가 우월함을 이용하여 정상적인 거래관행에 비추어 거래상대방에게 불이익이 되도록 거래조건을 설정 또는 변경하거나 그 이행과정에 불이익을 주는 행위'에 해당하므로 무효이고, 따라서 위 계약조항에 기하여 한 감액 조치도 효력이 없는 것이므로, 동 감액 대금을 전부채권자인 원고에게 지급할 의무가 있다고 주장하였다.

이에 대하여 서울고등법원은 위 정산감가조건부개산계약조항에 따른 피고의 행위는 정부투자기관관리기본법과 이에 따라 제정된 정부투자기관회계규정에 의하여 한 정당한 행위이므로 공정거래법 제58조의 규정에 따라 공정거래법은 적용되지 않는다고 판결하였다. 당시 동 회계규정은 제166조 제4항에서 "투자기관의 장 또는 그 위임을 받은 자는 개발시제품의 제조계약, 법령의 규정에 의한 정부의 위탁 또는 대행계약에 있어서 미리 예정가격을 정할 수 없는 때에는 개산계약을 체결할 수 있다."라고 규정하고 있었다.

바. 대구유치원연합회의 사업자단체금지행위 건(2005.11.30. 공정위 의결)

본건은 사업자단체인 대구유치원연합회가 구성사업자인 유치원들의 입학금을 결정·유지·변경하고 홍보활동을 제한한 행위 관련하여 관할 교육청의 행정지도에 의한 것으로서 법 제58조(현행 제116조)의 법령에 따른 정당한 행위 여부가 쟁점의 하나이었다.

공정위는 유치원 입학금 관련 교육청의 행정지도 유·무를 판단하기 위하여 대구직할시 교육규칙, 학교수업료및입학금에관한규칙 등 사립유치원 입학금 관련 법령, 피심인 관할 서부교육청의 1996학년도 유치원 교육·운영 계획 등을 검토하여 교육청이 산하 유치원에게 입학금에 대한 직접적인 행정지도를 할 수 있는 법적 근거가 없음을 확인하였다, 또한 대구광역시교육청(산하 4개 교육청)이 2001~2005년 기간동안 관내 유치원에 시달한 문서를 확인, 유치원 입학금 및 수업료 결정과 관련한 직접적인 행정지도는 없었으며, 다만, 위 문서 중 "사립유치원 납입금 안정 협조 요청" 문서에서 유치원 납입금을 물가상승률(통상 약 4~5%) 범위 내에서 인상토록 협조하여 달라는 내용을 확인하였으나, 실제로 2002~2005 학년도 기간동안 구성사업자의 80% 이상은 유치원 입학금을 매년 약 10% 인상하여 피심인의 유치원 입학금 결정행위가 대구광역시교육청(산하 4개 교육청)의 협조요청과 직접적인 관련이 없다고 판단하였다.

이에 대하여 서울고등법원은 2007.4.27. 선고 2007두3985 판결을 통하여 아래와 같이 일관되게 확립된 엄격한 법리를 제시하는 한편 설령 직접적인 행정지도가 있었다고 하더라도 그 행정지도에 대한 근거가 없는 이상 법 제58조를 적용할 수 없음을 명시하고 있다.

법 제58조에서 말하는 정당한 행위라 함은 당해 사업의 특수성으로 경쟁제한이 합리적으로 인정되는 사업 또는 인가제 등에 의하여 사업자의 독점적 지위가 보장되는 반면, 공공성의 관점에서 고도의 공적 규제가 필요한 사업 등에 있어서 자유경쟁의 예외를 구체적으로 인정하고 있는 법률 또는 그 법률에 의한 명령의 범위 내에서 행하는 필요 최소한의 행위를 말한다(대법원 2006.6.2. 선고 2004두558 판결 등 참조). 원고가 제출한 증거에 의하면, 관할 교육장 등이 사립유치원의 수업료와 입학금의 과도한 인상, 원아모집과 관련된 허위·과장광고 등으로 초래될 폐단을 방지하기 위하여 원고의 구성사업자들에게 협조를 요청한 사실이 인정될 뿐, 더 나아가 위와 같은 입학금 공동 결정행위 및 홍보방법 등 제한행위에 관하여 직접적인 행정지도를 한 사실을 인정하기에 부족하다. 또한 설령 원고가 그 주장과 같이 관할 교육장 등의 행정지도에 따라 입학금 공동 결정행위 및 홍보방법 등 제한행위를 하였다고 하더라도, 원고의 구성사업자들의 독자적인 권한에 속하는 위와 같은 행위에 대하여 관계 법령상 관할 교육장 등에게 이에 관한 지시 권한을 부여하는 근거가 없는 이상 이러한 행정지도를 법 제58조 소정의 법률에 의한 명령으로 볼 수 없을 뿐만 아니라, 위와 같은 원고의 행위를 공공성의 관점에서 고도의 공적 규제가 필요한 사업 등에 있어 자유경쟁의 예외를 구체적으로 인정하고 있는 법률 또는 그 법률에 의한 명령의 범위 내에서 행하는 필요 최소한의 행위라고 볼 수도 없다.

그리고 대법원은 2007.4.27. 선고 2007두3985 판결로 상고심법 제4조에 따라 심리불속행 기각 판결하였다.

사. 대법원 2010.5.27. 선고 2009두1983 판결((주)티브로드강서방송의 시장지배적 지위 남용행위 건, 2007.10.8. 공정위 의결)

대법원은 "공정거래법 제58조는 '이 법의 규정은 사업자 또는 사업자단체가 다른 법률 또는 그 법률에 의한 명령에 따라 행하는 정당한 행위에 대하여는 이를 적용하지 아니한다'고 규정하고 있는바, 위 조항에서 말하는 법률은 당해 사업의 특수성으로 경쟁제한이 합리적이라고 인정되는 사업 또는 인가제 등에 의하여 사업자의 독점적 지위가 보장되는 반면 공공성의 관점에서 고도의 공적 규제가 필요한 사업 등에 있어서 자유경쟁의 예외를 구체적으로 인정하고 있는 법률 또는 그 법률에 의한 명령의 범위 내에서 행하는 필요·최소한의 행위를 말하는 것이다(대법원 2005.8.19. 선고 2003두9251 판결 등 참조). 원심은, 구 방송법 제77조는 종합유선방송사업자로 하여금 그 이용요금 및 기타 조건에 관한 약관을 정하여 방송위원회에 신고하여야 하고, 방송위원회가 위 약관이 현저히 부당하여 시청자의 이익을 저해한다고 판단하는 때에는 약관의 변경을 명할 수 있도록 규정하고 있으나, 이는 종합유선방송사업자에게 약관신고 의무를 부과하고, 방송위원회로 하여금 이를 심사하여 약관변경명령을 발할 수 있는 권한을 부여하는 조항일 뿐, 방송위원회로 하여금 종합유선방송사업자의 이용요금 결정에 개별적·직접적으로 관여하도록 허용하는 것은 아니므로, 구 방송법을 자유경쟁의 예외를 구체적으로 인정하고 있는 법률이라고 볼 수는 없고, 이 사건 행위가 방송위원회의 명령에 따라 행한 행위라고 볼 수도 없다는 이유를 들어 이 사건 행위가 구 방송법 제77조에 따른 행위로서 공정거래법 제58조에서 정한 '법령에 따른 정당한 행위'에 해당한다는 원고들의 주장을 배척한 것은 정당하고, 거기에 상고이유에서 지적하는 바와 같은 공정거래법 제58조의 적용범위 등에 관한 법리오해 등의 위법이 없다."고 판결하였다.

아. 대법원 2011.5.26. 선고 2008도6341 판결(서울지하철 7호선 연장 건설공사 입찰 참가 6개 건설사의 부당한 공동행위 관련 추가고발 건, 2007.11.1. 공정위 의결)

공정위는 2007.7.25. 서울지하철7호선 연장(701공구~706공구) 건설공사 입찰 참가 6개 건설사의 부당한 공동행위 건에서 피심인들이 사전에 각각 1개 공구의 입찰에만 참여하기로 합의한 행위에 대하여 법 제19조(현행 제40조) 제1항 제4호(거래지역 또는 거래상대방을 제한하는 행위)를 적용하여 시정조치 및 과징금납부 명령과 함께 검찰 고발을 의결하였다. 이에 대하여 검찰은 6개 건설사들이 자신들이 참여하기로 합의된 공구별로 독자적으로 입찰준비를 하고 있던 경쟁업체들과 공동수급체(컨소시엄) 약정을 맺은 행위에 대해서도 추가고발을 요청하였으며, 이에 공정위는 2007.11.1. 추가고발을 의결하였다. 본건은 6개 건설사들이 각 공구별로 국가계약법상 인정해 주고 있는 공동수급체(컨소시엄)를 구성한 것에 대하여 검찰이 공정거래법상 부당한 공동행위로 형사기소한 건으로서 공정거래법 제116조(법령에 따른 정당한 행위)의 적용여부가 쟁점의 하나였다.

피고인들은, 피고인들이 각자 공동수급체(컨소시엄)를 구성하여 조달청과 공동으로 도급계약을 체결한 것은 사실이나, 이는 공정거래법 등 관련 법령이나 조달청의 입찰공고 등에 따라 입찰과정에서의 적격심사평가에서 높은 점수를 받고 나아가 컨소시엄 구성을 통해 시공관리나 품질개선 등의 효율성을 제고하고 위험을 분산하기 위한 것이었으므로, 위와 같은 컨소시엄 구성은 법률에 의해 허용되는 정당한 행위로서 공정거래법 제19조 소정의 부당한 공동행위에 해당하지 않는다고 주장하였다. 이에 대하여 1심은 법령에 따른 정당한 행위로 인정하였으나 2심은 불인정, 대법원은 2심의 판단을 최종적으로 인정하였다.[4]

1심인 서울중앙지방법원 2008.2.14. 선고 2007고단6399 판결은 "공정거래법 제58조(현행 제116조, 법령에 따른 정당한 행위)는 '이 법의 규정은 사업자 또는 사업자단체가 다른 법률 또는 그 법률에 의한 명령에 따라 행하는 정당한 행위에 대하여 는 이를 적용하지 아니한다'고 규정하고 있다. 국가계약법 제25조(공동계약)는 "① 각 중앙관서의 장 또는 계약담당공무원은 공사·제조 기타의 계약에 있어 필요하다고 인정할 때에는 계약상대자를 2인 이상으로 하는 공동계약을 체결할 수 있다. ② 제1항의 규정에 의하여 계약서를 작성하는 경우에는 그 담당공무원과 계약상대자 모두가 계약서에 기명·날인 또는 서명함으로써 계약이 확정된다."고 규정하고 있고, 같은 법 시행령 제72조(공동계약)는 "① … ② 각 중앙관서의 장 또는 계약담당공무원이 경쟁에 의하여 계약을 체결하고자 할 경우에는 계약의 목적 및 성질 상 공동계약에 의하는 것이 부적절하다고 인정되는 경우를 제외하고는 가능한 한 공동계약에 의하여야 한다. ③ 각 중앙관서의 장 또는 계약담당공무원은 제2항의 규정에 의한 공동계약의 경우 추정가격이 50억 원 미만(2009년 12월 31일까지는 고시금액 미만)이고 건설업 등의 균형발전을 위하여 필요하다고 인정하는 때에는 공사현장을 관할하는 특별시·광역시 및 도에 주된 영업소가 있는 자 중 1인 이상을 공동수급체의 구성원으로 하여야 한다. ④ 제3항의

---

4) 다만 대법원은 원심판결에는 공동수급체 구성행위의 경쟁제한성에 관한 법리를 오해한 위법이 있다고 판시하면서 파기·환송하였으며, 환송 후 판결은 대법원의 판결 취지 등을 그대로 반영하여 부당한 경쟁제한성이 없는 것으로 판결하였다. 이슈 31: 부당한 공동행위 성립요건의 하나인 "부당한 경쟁제한" II. 2. 라. (3) 참조.

규정에 의한 공동계약의 경우 공동수급체의 구성원 중 당해 지역의 업체와 그 외 지역의 업체 간에는 공정거래법에 의한 계열회사가 아니어야 한다.”고 규정하고 있는 점, 여러 개의 회사가 컨소시엄을 구성하여 입찰에 참가하는 경우 그 회사들 사이에서 어느 정도 경쟁이 제한되는 것은 불가피하다고 할 것인데, 피고인들이 위와 같이 각자 컨소시엄을 구성함에 있어 오로지 ‘경쟁 제한’만을 목적으로 하였음을 인정할 만한 뚜렷한 자료가 없는 점 등을 종합하여 보면, 피고인들이 위와 같이 각자 컨소시엄을 구성하여 조달청과 사이에 공동으로 도급계약을 체결한 것은 위 관련 법률이나 형법 제20조에 의하여 허용되는 정당한 행위로서 공정거래법 제19조 소정의 부당한 공동행위에 해당한다고 볼 수 없다.”고 판결하였다.

이에 대하여 2심인 서울중앙지방법원 2008.6.27. 선고 2008노862 판결은 국가계약법의 내용은 계약담당공무원 등이 계약상대자를 2인 이상으로 하는 공동계약을 체결하는 것이 가능하고 가급적 이를 원칙으로 한다는 것에 불과하므로, 이는 피고인들과 같이 공동수급체를 구성하여 입찰에 참가하는 것을 가능하게 하는 규정이 될 뿐이지 사업자의 독점적 지위가 보장되는 반면 공공성의 관점에서 고도의 공적 규제가 필요한 사업 등에 있어서 자유경쟁의 예외를 구체적으로 인정하고 있는 규정이라고는 볼 수 없으므로 국가계약법에 근거규정이 있다는 이유만으로는 법령에 따른 정당한 행위가 되어 공정거래법이 적용되지 않는다고 할 수 없다고 판시하였다.

상고심인 대법원 2011.5.26. 선고 2008도6341 판결은 공정거래법 제116조에 규정된 법령에 따른 정당한 행위에 해당하는지 여부에 대해서는 원심의 판단이 정당하다고 인정하였다. 대법원은 “공정거래법 제58조는 ‘이 법의 규정은 사업자 또는 사업자단체가 다른 법률 또는 그 법률에 의한 명령에 따라 행하는 정당한 행위에 대하여는 이를 적용하지 아니한다.’고 규정하고 있다. 여기서 말하는 정당한 행위라 함은 당해 사업의 특수성으로 경쟁제한이 합리적이라고 인정되는 사업 또는 인가제 등에 의하여 사업자의 독점적 지위가 보장되는 반면 공공성의 관점에서 고도의 공적규제가 필요한 사업 등에 있어 자유경쟁의 예외를 구체적으로 인정하고 있는 법률 또는 그 법률에 의한 명령의 범위 내에서 행하는 필요·최소한의 행위를 말하는 것이다(대법원 1997.5.16. 선고 96누150 판결, 대법원 2008.12.24. 선고 2007두19584 판결 등 참조). 원심은 국가계약법 제25조 제1항, 국가계약법 시행령 제72조 제2항의 내용은 계약담당공무원 등이 계약상대자를 2인 이상으로 하는 공동계약을 체결하는 것이 가능하고 가급적 이를 원칙으로 한다는 것에 불과하므로, 이는 피고인들과 같이 공동수급체를 구성하여 입찰에 참가하는 것을 가능하게 하는 규정이 될 뿐이지 사업자의 독점적 지위가 보장되는 반면 공공성의 관점에서 고도의 공적규제가 필요한 사업 등에 있어 자유경쟁의 예외를 구체적으로 인정하고 있는 규정이라고 볼 수 없다는 이유를 들어, 이 사건 공동수급체 구성행위가 공정거래법 제58조에 규정된 '법령에 따른 정당한 행위'에 해당하지 않는다고 판단하였다. 위 법리 및 기록에 비추어 보면 원심의 이러한 판단은 정당하며, 거기에 이 부분 상고이유의 주장과 같은 공정거래법 제58조, 국가계약법 제25조 제1항 등의 해석에 관한 법리오해 등의 위법이 없다."고 판결하였다.

자. 동보장치 구매설치 입찰 관련 7개 사업자의 부당한 공동행위 및 한국방송통신산업협동조합의 사업자단체금지행위 건(2019.1.3. 공정위 의결)

서울고등법원은 2019.11.20. 선고 2019누34274 판결에서 1997.5.16. 대법원의 대한법무사협회 케이스에서 확립되어 일관되게 적용되어 온 기본법리를 제시하면서, "이에 비추어 살피건대, 동보장치는 판로지원법 제6조 제1항 등에 따라 중소기업자 간 경쟁제품으로 지정된 제품으로 그에 관한 공공구매는 경쟁이 이미 제한된 상태이다. 그럼에도 원고는 낙찰예정자, 투찰률 또는 투찰금액의 결정을 통하여 위와 같이 중소기업자만의 경쟁으로 이미 경쟁이 제한된 시장의 자유경쟁마저도 저해하는 행위를 하였다. 따라서 이 사건 행위를 공정거래법 제58조가 규정하는 정당한 행위로 보기 어렵고, 그 행위가 필요·최소한의 범위 내의 것이라고 볼 충분한 자료도 없다. 나아가 2019.8.20. 개정되어 2020.2.21. 시행을 앞둔 개정 중소기업협동조합법 제11조의2는 원고와 같은 협동조합이 '생산, 가공, 수주, 판매, 구매, 보관, 운송, 환경 개선, 상표, 서비스 등의 공동 사업'을 수행할 경우 공정거래법 제26조 제1항 제1호의 규정을 적용하지 않는다고 규정하면서도, 그러한 공동 사업 등이 '가격인상, 생산량 조절 등 부당하게 경쟁을 제한하여 소비자 이익을 침해한 경우'에는 여전히 공정거래법 제26조 제1항 제1호를 위반한 행위임을 분명히 하고 있다."고 판결하였다.

이에 대하여 대법원은 2020.6.25. 선고 2019두61601 판결에서 이러한 원심판단에 공정거래법 제58조의 정당한 행위에 관한 법리를 오해한 잘못은 없다고 판시하였다.

차. 씨제이제일제당(주)의 손자회사 행위제한규정 위반행위 건(2020.1.10. 공정위 의결)

공정위는 삼각합병 과정에서 지주회사의 손자회사가 일시적으로 증손회사 외 국내계열회사 주식을 소유한 행위에 대하여 법 제8조의2(현행 제18조, 지주회사 등의 행위제한 등) 제4항을 적용하여 시정조치 처분을 하였다.

피심인은 이는 상법상 허용된 행위로서 상호출자제한의 예외로도 인정되는 점 등을 고려한 때 법 제58조에 따른 정당한 행위에 해당된다고 주장하였으나, 공정위는 "상법 규정은 삼각합병 자체를 허용한 것일 뿐 법에 따른 지주회사 규제 자체에 대한 예외를 둔 것이라 보기는 어려운 점, 피심인의 행위가 기존 판례상 인정되는 정당한 행위 요건을 모두 충족한다고 보기도 어려운 점, 상호출자제한의 예외로 인정한 것은 법 제19조(현행 제21조, 상호출자의 금지 등) 제1항 제1호가 회사의 합병의 경우 상호출자의 예외로 인정하고 있는 규정에 따른 것인 점 등을 고려할 때 법 제58조에 따른 정당한 행위에 해당된다는 피심인 주장은 인정하기 어렵다."고 판단하였다.

여기서 기존 판례상 인정되는 정당한 행위 요건을 충족한다고 보기 어렵다는 점에 대하여, 위 1997년 대법원의 대한법무사협회 판결을 참조판례로 하여 "법 제58조에서 말하는 '법률 또는 그 법률에 의한 명령에 따라 행하는 정당한 행위'라 함은 ① 경쟁제한이 인정되는 사업 등에 있어서 ② 자유경쟁의 예외를 구체적으로 두고 있는 법률에 따른 ③ 필요최소한의 행위를 말하나, 피심인 등이 영위하는 사업은 경쟁제한이 인정되는 사업 등에 해당하지 않으며, 상법을 자유경쟁의 예외를 구체적으로 두고 있는 법률로 보기도 어려우며, 비용증가 등의 문제는 있으나 다른 구조개편 방안이 현실적으로 불가능하였다고 보기는 어렵다는 점에서 필요최소한의 요건도 충족한다고 보기 어렵다."고 판단하였다.

카. 한국-동남아 항로 컨테이너 해상화물운송 서비스 운임 관련 23개 사업자의 부당한 공동행위 건(2022.4.11. 공정위 의결)

공정위는 위 대법원의 1997년 대한법무사협회 판결 등을 참조로 하여 그동안 일관되게 유지되어 온 엄격한 기본법리를 제시하면서, "해운법 제29조 제2항, 제5항, 제6항 규정 등을 종합적으로 고려해 보면 해운법의 취지는 정기선사들의 공동행위를 허용하기는 하지만, 허용되는 공동행위는 해운법에서 정한 한계를 벗어나지 않아야 하며 이를 위하여 화주단체와의 서면 협의 및 해양수산부 장관에의 신고와 같은 필요·최소한의 요건을 갖추어야 한다고 보는 것이 타당하다. 따라서 해운법 제29조 제2항 및 제6항을 위반한 피심인들의 행위는 해운법의 범위 내에서 행하는 필요·최소한의 행위에 해당한다고 보기 어려우므로 해운법에 따라 행하는 정당한 행위에 해당하지 않는다."고 의결하였다.

Ⅲ. 행정지도카르텔

1. 개요

행정지도란 법률상 강제력을 갖는 것은 아니지만 행정청이 행정의 상대방의 협력을 얻어 일정한 행정목적을 달성하기 위하여 요청 또는 유도하는 것을 말하며, 공정거래법의 목적인 경쟁의 유지·촉진과 배치되는 효과를 갖는 경쟁제한적인 행정지도가 공정거래법과의 관계에서 문제가 된다. 카르텔협정을 통하여 경쟁제한이 발생하는 것은 협정이나 합의의 성립과정에서 사업자간의 이해가 조정됨으로써 의견의 일치가 성립하고 다른 사업자들의 행동에 대한 예측이 가능하기 때문인데, 행정지도에 의하여 행정청의 판단에 의한 통일적인 기준의 제시가 있는 경우 이러한 상호예측의 가능성이 커지게 되므로 카르텔의 성립도 용이해 진다.

경쟁제한적인 행정지도가 실시되는 경우 공정거래법과의 관계에서 나타나는 문제는 첫째, 당해 행정지도자체가 공정거래법의 법익에 대립되어 법률우선의 원칙에 위반하여 위법이라는 것과 둘째, 당해 행정지도와 관련된 사업자의 행위가 공정거래법 위반행위에 해당된다는 것이다. 첫 번째의 문제는 공정거래법에 의한 금지 및 제한규정은 사업자의 행위를 대상으로 하는 것이므로 행정청간의 행정조정 및 행정협조를 통해 해결되어야 할 것이다. 예를 들면 공정거래위원회가 경쟁제한적인 행정지도에 대해서 당해 행정청에 그 중지를 요청할 수 있을 것이다.

중요한 것은 두 번째 문제로서 이 경우 당해 행정지도와 관련된 사업자의 행위를 부당한 공동행위로서 위법으로 할 수 있는지 여부, 그리고 행정지도에 의한 것임을 이유로 위법성이 조각될 수 있는지 여부가 쟁점이다. 공정거래법은 경제체제의 기본질서를 규율하는 일반법으로서 그 원칙은 우선적으로 존중되어야 한다. 따라서 행정지도에 의해 사업자간의 부당한 공동행위가 있는 경우에는 그 행정지도의 근거 및 사유, 구체적인 내용 및 형태에 따라 판단해야 할 것이지만 원칙적으로 법위반행위에 해당된다고 보아야 할 것이다. 또한 행정지도에 의한 관여 내지 개입을 근거로 해서 그 위법성의 조각을 인정할 수 있는지에 대해서도 위법성을 조각하게 되면 행정청의 재량을 법률에 명시된 금지보다로 우선하게 된다는 부당성이 제기되므로 원칙적으로는 위법성이 조각되지 않는다고 보아야 될 것이다. 그리고 행정지도가 개별적인 법률의 목적달성이라는 근거를 갖고 있는 경우에도 개별법률의 규정에 그것을 명시적으로 허용하는 경쟁제한적인 수단이 정해져 있지 않는 한 마찬가지이다.

공정위와 법원은 행정지도카르텔에 대하여 이러한 법리에 따라 일관되게 엄격한 입장을 보이고 있다. 대법원 2009.7.9. 선고 2007두26117 판결, 대법원 2021.12.30. 선고 2020두34797 판결 등에서 정부기관의 행정지도에 따른 경우에는 부당하다고 할 수 없다고 하면서도 법령에 근거가 있어야 한다는 전제조건을 달고 있다. 대법원 2021.12.30. 선고 2020두34797 판결은 부당한 경쟁제한성 판단 관련하여 "사업자들의 공동가격결정행위는 원칙적으로 부당하다. 다만 그 공동행위가 법령에 근거한 정부기관의 행정지도에 따라 적합하게 이루어진 경우라든지 또는 경제 전반의 효율성 증대로 인하여 친경쟁적 효과가 매우 큰 경우와 같이 특별한 사정이 있는 경우에는 부당하다고 할 수 없다(대법원 2009.7.9. 선고 2007두26117 판결 참조)."는 법리를 제시하였다.

2. 공정위의 심사지침

공정위는 행정지도카르텔에 대한 입장을 그동안의 심결사례 및 법원 판례를 반영하여 내부지침인 '행정지도가 개입된 부당한 공동행위에 대한 심사지침'(공정위 예규)에 매우 상세하게 규정하고 있다. 먼저 기본원칙으로 ① 행정지도가 부당한 공동행위의 원인이 되었다 하더라도 그 부당한 공동행위는 원칙적으로 위법하다, ② 다만, 그 부당한 공동행위가 법 제116조(법령에 따른 정당한 행위)의 요건을 충족하는 경우에 한하여 법 적용이 제외된다고 규정하고 있다.

지침의 적용범위 관련하여서는 행정주체의 비권력적 사실행위(실제상 지시, 권고, 요망, 주의, 경고 등)인 행정지도가 개입된 경우에 적용하며 따라서 사업자간의 부당한 공동행위에 행정기관의 법령에 따른 행정처분이 개입된 경우에는 적용되지 않는다고 규정하고 있다. 다른 법령에서 행정기관에게 사업자들로 하여금 가격 등 경쟁요소에 관하여 행정처분을 할 수 있는 구체적 권한을 부여한 경우, 이러한 처분에 따라 사업자들이 가격 등을 합의한 때에는 법 제116조에 의해 공정거래법 적용이 제외될 수 있는 것이다.

동지침에 따르면 행정기관이 법령상 구체적 근거 없이 사업자들의 합의를 유도하는 행정지도를 한 결과 부당한 공동행위가 행해졌다 하더라도 그 부당한 공동행위는 위법하다. 다만 다른 법령에서 행정기관이 사업자로 하여금 법 제40조(부당한 공동행위의 금지) 제1항 각호의 1에 해당하는 행위를 하는 것을 행정지도할 수 있도록 규정하고 있는 경우로서, 1) 그 행정지도의 목적, 수단, 내용, 방법 등이 근거법령에 부합하고 2) 사업자들이 그 행정지도의 범위 내에서 행위를 한 경우에는 법 제116조(법령에 따른 정당한 행위)에 해당하는 것으로 보아 공정거래법을 적용하지 아니한다. 그 외에의 경우에는 사실상 구속력이 있는 행정지도가 부당한 공동행위의 동인이 된 경우에 한하여 과징금 감경사유가 될 수 있다.

행정기관이 사업자들에게 개별적으로 행정지도를 한 경우, 사업자들이 이를 기화로 법 제40조 제1항 각호의 1에 해당하는 사항에 관하여 별도의 합의를 한 때에는 부당한 공동행위에 해당한다. 예를 들면 행정기관이 가격 인상률을 5% 이하로 하도록 행정지도한데 대해 사업자들이 별도의 합의를 통해 가격 인상률을 5%로 통일한 경우, 행정지도 전에 사업자들이 가격인상 정도 등을 합의한 후 행정지도에 공동으로 대응한 경우 등이다.

물론 행정지도에 사업자들이 개별적으로 따른 경우에는 부당한 공동행위에 해당하지 않는다. 예를 들면 행정기관이 각 사업자의 요금수준을 사실상 인가한 결과 사업자들간에 가격 기타 거래조건이 유사한 경우이다. 대법원은 2003.2.28. 선고 2001두1239 판결(맥주제조3사의 부당한 공동행위 건, 1999.5.26. 공정위 의결)에서 ① 맥주회사가 가격을 인상하는 경우 재정경제원이나 국세청과 사전협의를 하거나 사전승인을 받도록 하는 법령상의 명문의 규정은 없으나, 재정경제원은 물가지수에 미치는 영향이 크다는 이유로, 국세청은 주세법, 주세사무처리규정 등에 따른 국세청장의 가격에 관한 명령권 등에 의하여 각 행정지도를 함으로써 사실상 맥주가격의 인상에 관여하여 왔는데, 재정경제원과 국세청은 맥주3사의 가격인상 요구에 훨씬 못 미치는 인상률만을 허용함으로써 맥주 3사는 허용된 인상률 전부를 가격인상에 반영할 수밖에 없게 되어 3사의 가격인상률이 동일해질 수밖에 없는 점, ② 국세청은 가격 선도업체와 협의된 종류별, 용량별 구체적인 가격인상 내역을 다른 맥주제조업체에게 제공하고 다른 업체가 이를 모방한 인상안을 제시하면 그대로 승인하여 왔고, 그 인상시점 또한 국세청의 지도에 따라 결정되는데 이 사건 가격인상도 마찬가지 방식으로 이루어진 점, ③ 이 사건 가격인상 관련하여 국세청과 협의를 앞두고 맥주 3사 간에 인상률에 대한 별도의 합의를 한 후 국세청과 협의에 임했다거나 또는 국세청과의 협의를 기화로 그 행정지도에 따른 인상률을 동일하게 유지하기로 하는 별도의 합의를 한 것으로는 인정되지 않는 점 등을 종합하여 볼 때, 결과적으로는 맥주 3사의 가격인상률이 동일하게 되었다고 하더라도 맥주 3사 간의 의사의 연락에 의한 것이 아니므로 맥주 3사 사이에 부당한 공동행위의 합의가 있었다는 추정은 복멸된다고 판단하였다.

3. 서울고등법원 1996.12.6. 선고 96나2240 판결

본건 민사소송에서 서울고등법원은 관련법률인 농안법에 농림수산부장관이 도매시장법인의 위탁상장수수료의 결정에 대하여 행정지도를 할 직접적인 근거규정은 없었지만 농안법상 다른 규정들의 내용과 취지, 공정거래법 제1조의 입법목적, 공정거래법 제40조 제2항의 부당공동행위 적용제외 요건 및 제116조(법령에 따른 정당한 행위) 등에 비추어 실질적으로 공정거래법에 위반되지 않는 적법한 행위라고 판단하였다.

가. 사안의 개요

(사)한국농수산물도매시장법인협회와 도매시장법인들은 수입청과물에 대한 위탁상장수

수료로 판매대금의 6%를 일률적으로 징수하여 그 중 3%는 농수산물유통발전기금으로 출연하기로 결의하였으며, 그에 따라 도매시장법인들은 외국청과물수입상들과 위탁판매계약을 체결하면서 위탁상장수수료로 판매대금의 6%에 해당하는 금액을 지급받아 그 중 판매대금의 3%를 협회에게 출연하여 왔다.

그런데 외국청과물수입상들은 수입물량과다와 소비자의 외면으로 바나나 가격이 폭락하여 손해를 입게 되자 1994.9.23. 공정위에 그 결의가 공정거래법 제19조(현행 제40조) 제1항에서 금지하고 있는 부당한 공동행위에 해당한다고 하면서 신고하였는바, 공정위는 조사결과 이는 도매시장법인들간의 부당한 공동행위가 아닌 사업자단체인 협회가 주도하여 이루어진 것으로서 판단하고 1994.12.15. 동 협회에게 시정권고를 내렸는데 협회가 12.27. 그 시정권고를 수락함에 따라 그 시정권고는 확정되었다.

원고(외국청과물수입상)들은, 피고 도매시장법인들의 위탁상장수수료의 획일적 징수결의 및 그에 따른 수수료 징수행위는 공정거래법 제19조에 위반한 부당한 공동행위이고, 국내 생산 청과물의 경우 피고 도매시장법인들이 위탁상장수수료로 판매대금의 6%를 받아 출하자들에게 출하장려금 명목으로 판매대금의 1%를, 중도매인에게 판매장려금 명목으로 판매대금의 1%를 각 지급하여 실질적인 위탁상장수수료가 판매대금의 4% 정도였고, 수입청과물의 경우에는 피고들의 위와 같은 위탁상장수수료 징수결의가 없었더라면 도매시장법인간의 공정한 경쟁을 통하여 위탁상장수수료의 추가인하가 예상되어 원고들은 도매시장법인들에게 수입청과물의 위탁상장수수료로 판매대금의 3%만을 지급할 수 있었음에도 불구하고 피고들의 위와 같은 공정거래법 위반행위로 말미암아 원고들은 원고들이 수입한 바나나와 파인애플의 위탁상장수수료로 판매대금의 6%를 지급하여 공정한 위탁상장수수료인 판매대금의 3%를 초과한 금액 상당을 초과 지급하게 된 손해를 입게 되었다고 하면서 손해배상청구소송을 제기하였다.

나. 원·피고의 주장

원고들은, 공정위가 공정거래법 제19조에 위반되는 부당한 공동행위에 해당한다는 판단을 내리고 피고 협회에게 시정권고를 내렸는데 피고 협회가 그 시정권고를 수락함에 따라 공정위의 시정권고는 확정되었으므로 피고 협회와 피고 도매시장법인들이 수입청과물에 대한 위탁상장수수료로 판매대금의 6%를 징수할 것을 결의하고 그 결의에 따라 위탁상장수수료를 징수한 행위는 공정거래법에 위반한 행위로서 당연히 위법하다고 주장하였다.

이에 대하여 피고들은, 피고들의 위와 같은 행위는 실질적으로 공정거래법에 위반되지 아니하는 적법한 행위일 뿐 아니라 외국농산물의 수입에 따른 정부의 행정지도에 따라 이루어진 행위로서 적법한 행위라고 주장하였다.

다. 서울고등법원 판결

2심인 서울고등법원은 피고 협회와 피고 도매시장법인들의 행위가 공정거래법에 위반한 위법행위인지 여부 관련하여 아래와 같이 판결하였다.

공정거래법 제1조는 이 법은 사업자의 시장지배적 지위의 남용과 과도한 경제력의 집중을 방지하고, 부당한 공동행위 및 불공정거래행위를 규제하여 공정하고 자유로운 경쟁을 촉진함으로써 창의적 기업활동을 조장하고 소비자를 보호함과 아울러 국민경제의 균형있는 발전을 도모함을 목적으로 한다 라고 규정하고 있고, 제19조 제1항 단서는 산업합리화, 연구·기술개발, 불황극복, 산업구조의 조정, 중소기업의 경쟁력 향상 또는 거래조건의 합리화를 위한 경우로서 대통령령이 정하는 바에 의하여 공정위의 인가를 받은 경우에는 그러하지 아니하다 라고 규정하고, 같은 법 시행령은 제24조 내지 제28조에서 같은 법 제19조 단서에 의하여 부당한 공동행위에서 제외되는 경우를 자세히 열거하고 있고, 한편 같은 법 제58조는 이 법의 규정은 사업자 또는 사업자단체가 다른 법률 또는 그 법률에 의한 명령에 따라 행하는 정당한 행위에 대하여는 이를 적용하지 아니한다 라고 규정하고 있는바, 위와 같은 공정거래법의 목적과 위 각 조항의 취지에 비추어 볼 때 사업자 또는 사업자단체의 경쟁제한적 행위가 형식적으로 공정거래법의 직접적인 보호법익인 공정하고 자유로운 경쟁을 제한하는 행위에 해당하는 경우에도 사업자 또는 사업자단체의 경쟁제한적 행위로 인하여 지켜지는 이익과 그로 인하여 침해되는 자유경쟁경제질서의 유지라는 공정거래법의 직접적인 보호법익을 비교하여 볼 때 사업자 또는 사업자단체의 그와 같은 경쟁제한적 행위가 소비자를 보호함과 아울러 국민경제의 균형있는 발전을 도모한다 는 공정거래법의 궁극적인 목적에 실질적으로 반하지 아니한다고 인정되는 경우에는 그와 같은 행위는 적법한 행위로서 실질적으로 공정거래법에 위반되는 위법한 행위가 아니라고 할 것이다.

또한 농안법 제1조는 이 법은 농수산물의 유통의 원활을 기하고 적정한 가격을 유지함으로써 생산자와 소비자의 이익을 보호하고, 국민생활의 안정을 도모함을 목적으로 한다고 규정하고, 같은 법 제12, 15조는 도매시장은 특별시·직할시 또는 시가 농수산부장관의 허가를 받아 개설하되, 도매시장법인은 개설자가 지정하도록 규정하고 있고, 같은 법 제35조는 도매시장법인은 농림수산부령으로 정한 수수료요율에 의한 위탁상장수수료 이외에는 어떠한 명목의 금원도 받을 수 없도록 규정하고, 같은 법 시행규칙 제25조 제2항은 법 제35조에 의한 위탁상장수수료의 최고한도에 관하여 부류별로 각 규정하고 있으며, 한편 같은 법 제38조는 도매시장법인들은 10인 이상이 발기인이 되어 정관을 작성하여 농림수산부장관의 인가를 받아 농수산물도매시장법인협회를 설립할 수 있되, 농림수산부장관이 감독하도록 규정하고 있고, 같은 법 제60조는 농림수산부장관은 도매시장법인에 대하여 그 재산 및 업무집행상황을 보고하게 할 수 있도록 규정하고, 같은 법 제62조는 농림수산부장관은 일정한 경우 도매시장법인에 대하여 업무규정의 변경·업무처리의 개선 등 필요한 조치를 명할 수 있도록 규정하고 있는바, 비록 농안법에 농림수산부장관이 도매시장법인의 위탁상장수수료의 결정에 대하여 행정지도를 할 직접적인 근거규정이 없다 하더라도 위 각 규정에 의하면 농림수산부장관은 위탁상장수수료의 요율지정이나 도매시장법인 및 농수산물도매시장법인협회에 대한 감독 등의 간접적인 방법으로 도매시장법인들의 위탁상장수수료의 형성에 개입할 수 있도록 되어 있고, 한편 유동적인 상황변화에 행정이 원활, 유연하게 대처하여야 할 필요성이 있다는 점에서 볼 때 농안법에 직접의 근거가 없는 위탁상장수수료에 대한 행정지도라고 하더라도 행정지도를 필요로 하는 사정이 인정되고, 그러한 사정에 대처하기 위하여 사회통념상 상당하다고 인정되는 방법에 의하여 행정지도가 이루어지고 그것이 종국적으로 소비자의 이익을 보호함과 아울러 국민경제의 균형있는 발전을 도모한다는 공정거래법의 궁극적인 목적에 반하지 않는 경우에는 그러한 행정지도는 적법하다고 할 것이므로 피고들이 수입청과물에 대한 위탁상장수수료로 판매대금의 6%를 징수할 것을 결의하고 그 결의에 따라 위탁상장수수료를 징수한 행위가 형식적으로 공정거래법에 위반하는 것으로 보이더라도 그것이 적법한 행정지도에 응하여 그에 협력하여 이루어진 경우에는 적법한 행위로서 실질적으로 공정거래법에 위반되는 위법한 행위가 아니라고 할 것이다.

나아가 ① 피고 도매시장법인들은 국내 청과물의 출하자에 대하여 별도의 결의 없이 위탁상장수수료로 농안법과 그 시행규칙에서 정하고 있는 법정최고한도인 판매대금의 6%(서울) 내지 7%(지방)를 받고 있었던 사실, ② 정부의 바나나, 파인애플의 수입자유화조치에 따라 외국으로부터 청과물을 수입하여 판매하던 수입상은 원고들을 비롯하여 12개의 회사에 불과한 반면 수입청과물의 과다 반입으로 인하여 경제적 타격을 입게 될 국내 청과물 생산농가는 비교도 되지 않을 정도로 많았던 사실, ③ 피고 도매시장법인들이 수입청과물의 위탁판매를 유치하기 위하여 수입청과물에 대한 위탁상장수수료를 인하한다면 수입청과물의 판매가격이 국내 생산 청과물의 판매가격보다 저렴하게 되어 국내 청과물 출하자와의 형평에 문제가 있을 뿐만 아니라, 바나나, 파인애플의 수입이 급증하게 되어 국내 청과물 생산농가에 전반적으로 큰 경제적 타격이 우려됨에 따라 국내 청과물 생산자의 반발이 예상되었던 사실, ④ 그러자 농림수산부는 관할 시·도지사에게 농안법에 따라 바나나나 파인애플 등의 주요수입청과물을 도매시장의 상장경매를 통하여 거래하여야 할 농산물로 지정하도록 지시하면서 국내 농가를 보호, 육성하기 위하여 도매시장법인은 수입청과물에 대한 위탁상장수수료로 판매대금의 6%를 지급받되, 실경비 3%를 제외한 나머지 3%를 농안기금으로 출연하여 이를 국내 농산물 생산자 지원사업 등에 사용하기로 방침을 정하고, 1990.12.18. 피고 협회의 대표와 농협 등 유관기관의 대표들이 참석한 가운데 개최된 수입농산물 국내 유통문제에 관한 토론회에서 피고 협회에 대하여 도매시장법인들은 수입청과물에 대하여도 국내 생산 청과물과 마찬가지로 판매대금의 6%에 해당하는 위탁상장수수료를 징수하되, 수입청과물에 대하여는 출하장려금, 판매장려금 등을 지급할 필요가 없으므로 그 중 판매대금의 3%에 해당하는 위탁상장수수료만을 도매법인들의 수입으로 하고, 나머지 판매대금의 3%에 해당하는 위탁상장수수료는 유통발전기금으로 출연하여 그 기금으로 국내 농산물 생산자의 지원 및 유통구조개선사업에 사용하도록 행정지도를 하게 된 사실, ⑤ 그에 따라 피고 협회는 1991.1.4. 농림수산부의 행정지도에 호응하여 수입청과물인 바나나, 파인애플에 대한 위탁상장수수료로 법정최고한도인 판매대금의 6%를 징수하되 실비를 제외하고 남은 판매대금의 3%를 상장판매제도확대 및 유통개선을 위한 농수산물유통발전기금 출연금으로 충당하기로 결의한 사실, ⑥ 피고 도매시장법인들이 징수하는 위탁상장수수료는 상장된 청과물의 경매가격에 영향을 미치는 것이 아니라 경매나 입찰에 의하여 결정된 판매대금에 비례하여 출하자가 부담하는 것으로 일반 소비자들이 청과물을 구매하는 구매가격에 대하여는 직접적인 영향을 미치지 않는 사실, ⑦ 그 후 피고 도매시장법인들은 위 결의에 따라 수입청과물의 위탁상장수수료로 받은 판매대금의 6% 상당액 중 판매대금의 3%에 해당하는 금액을 농수산물유통발전기금에 출연한 사실, ⑧ 피고 협회는 사실상 농림수산부의 감독하에 1991년부터 1994.9. 말경까지 피고 도매시장법인 등으로부터 총 금 14,477,881,000원의 농수산물유통발전기금을 출연받아 그 중 금 6,859,485,614원을 생산자 지원사업 및 상장경매지원사업 등에 사용한 사실을 인정할 수 있다.

인정사실에 의하면, 피고들의 행위는 형식적으로는 사업자간의 경쟁을 제한하는 공동행위에 해당하는 것처럼 보이지만 실질적으로는 농산물의 수입개방에 즈음하여 도매시장법인들이 수입청과물의 상장 유치를 위하여 위탁상장수수료를 인하하는 등 과도한 가격경쟁을 할 경우 수입청과물의 위탁상장수수료가 국내 생산 청과물의 그것에 비하여 상대적으로 우대조치를 받게 되는 결과가 되고 그로 인하여 바나나와 파인애플 등의 외국청과물이 국내에 과다반입되어 국내 청과물 생산자에게 심각한 경제적 타격을 가하는 등의 국내 농업경제에 미칠 영향을 최소화하고 농산물가격의 안정을 도모함으로써 소비자를 보호함과 아울러 국민경제의 균형있는 발전을 도모하기 위한 것으로서 국민경제 전체의 입장에서 볼 때 경쟁제한으로 인하여 침해되는 자유경쟁경제질서의 유지라는 공정거래법의 직접적인 보호법익의 침해보다 그로 인하여 얻어지는 이익이 훨씬 크다고 할 것이어서 실질적으로 공정거래법에 위반되지 않는 적법한 행위라고 할 것이다.

또한 위 인정사실에 의하면 농림수산부가 피고 협회에게 한 위 행정지도는 농산물 수입 개방이라는 유동적인 상황변화에 즉각적으로 원활하게 대응하기 위한 것으로 그와 같은 행정지도를 할 필요성이 있다고 할 뿐만 아니라, 그러한 상황변화에 대처하기 위하여 피고 협회에게 협조를 구하는 등 사회통념상 상당하다고 인정되는 방법에 의하여 이루어졌고, 소비자의 보호와 국민경제의 균형있는 발전을 도모한다는 공정거래법의 궁극적인 목적에 반하지 않는 것으로서 적법하다고 할 것이므로 피고들이 수입청과물에 대한 위탁상장수수료로 판매대금의 6%를 징수할 것을 결의하고 그 결의에 따라 위탁상장수수료를 징수한 행위는 농림수산부의 위와 같은 적법한 행정지도에 따라 그것에 협력하여 이루어진 것으로서 실질적으로 공정거래법에 위반되지 아니하는 적법한 행위라고 할 것이다.

4. 대법원 2011.4.14. 선고 2009두7844 판결(5개 은행의 수출환어음 매입 수수료 관련 부당한 공동행위 건, 2008.5.27. 공정위 의결)

피심인들은 공정위 단계에서부터 정당행위 또는 위법성의 조각을 주장하였다. 즉 "수출환어음 매입수수료 신설은 금융감독원의 '한편 넣기' 시행과 관련하거나 이에 공동으로 대응하는 과정에서 추진된 것이다. 따라서 이는 법령에 따른 정당한 행위로서 공정거래법 제58조에 의하여 공정거래법 제19조가 적용되지 않거나 금융감독원의 행정지도에 대한 원고 등 은행권의 공동의 청원권 행사에 해당하는 것으로서 '노어면제의 법리(Noerr Immunity Theory)'에 따라 위법성이 조각된다."는 것이었다.

공정위는 ① 소위 '노어면제법리'(Noerr Immunity Theory)의 적용가능성 관련, 노어면제 이론은 미국 판례법상 인정된 이론으로서 우리나라 법상 일반적으로 인정되고 있는 이론이 아닐 뿐만 아니라, 가사 동 이론의 적용 가능성을 검토한다고 하더라도 수수료 신설 문제에 대하여 금감원이 결정권한을 보유하고 있다고 볼 수 없고, 따라서 권한있는 국가기관에 대한 청원권 행사를 전제로 하는 노어면제이론을 이 사건에 적용할 여지가 없다고 판단하였다. ② 이 사건 합의가 정부의 행정지도에 근거한 것이라는 주장 관련, "금감원이 이 사건 매입수수료 신설에 관여했다는 증거가 없고 매입수수료 신설 문제를 일관되게 은행의 자율적 판단에 맡긴 이상, 금감원의 행정지도와 이 사건 공동행위의 인과관계는 성립되지 않는다. 즉, 피심인들은 금감원의 '한편넣기' 시행방침 확정 전후에 걸쳐 매입수수료 신설을 지속적으로 논의하였는바, 이 사건 공동행위와 금감원의 관련성을 찾기 어렵다."고 판단하였다.

최종심인 대법원은 원심(서울고등법원 2009.4.16. 선고 2008누17006 판결)의 사실인정과 판단에 대하여 "공정거래법 제58조에서 말하는 '법률 또는 그 법률에 의한 명령에 따라 행하는 정당한 행위'라 함은 당해 사업의 특수성으로 경쟁제한이 합리적이라고 인정되는 사업 또는 인가제 등에 의하여 사업자의 독점적 지위가 보장되는 반면 공공성의 관점에서 고도의 공적 규제가 필요한 사업 등에서 자유경쟁의 예외를 구체적으로 인정하고 있는 법률 또는 그 법률에 의한 명령의 범위 내에서 행하는 필요·최소한의 행위를 말한다(대법원 2006.11.23. 선고 2004두8323 판결 등 참조). 원심은 이 사건 공동행위가 정당행위이거나 또는 그 위법성이 조각된다는 원고의 주장에 대해서는 금융감독원이 위와 같은 기간 계산방식을 '양편 넣기'에서 '한편 넣기'로 개선할 것을 요청하였을 뿐 그로 인한 매입수수료의 신설이나 그 수수료율에 관하여 구체적인 지시나 권고를 한 사실을 인정할 증거가 없으므로 이 사건 공동행위가 금융감독원의 행정지도에 따른 행위라고 볼 수 없고, 또한 이 사건 공동행위는 금융감독원의 정책이나 시행방침이 확정된 후에 이루어진 것일 뿐 그와 같은 정책에 영향을 끼치려는 의도로 한 것이 아니므로 청원권을 행사한 행위에도 해당하지 않는다는 이유로 이를 배척하였다. 원심의 위와 같은 사실인정과 판단은 정당하고, 거기에 공정거래법이 정한 부당한 공동행위 및 정당행위 또는 헌법상의 청원권 행사에 관한 법리를 오해하는 등으로 판결에 영향을 미친 위법이 없다."고 판결하였다.

5. 11개 소주 제조·판매사업자의 부당한 공동행위 건

본건의 경우 공정위와 서울고등법원은 행정지도에 대한 일관되고 엄격한 법리를 통해 부당한 공동행위로 인정하였다. 다만 서울고등법원은 합의를 하였다고 할지라도 국세청의 실제 소주가격 결정 과정에 대한 개입 등 시장의 특성과 소주가격을 특정가격으로 고정하지도 않고 합의 위반시 제재내용을 규정하고 있지도 않은 일종의 느슨한 가격담합의 형태에 불과하여 그에 대한 비난가능성 내지 제재의 필요성은 상대적으로 낮다고 판단하면서 과징금 납부명령에 대해서는 그 부과 여부 또는 부과금액을 결정하는 점에서 재량권을 벗어나거나 남용한 위법이 있다고 판결하였다.

이에 대하여 대법원은 법령에 따른 정당한 행위 및 행정지도카르텔에 대한 법리 판단은 하지 않고, 국세청이 소주업체의 출고가격을 실질적으로 통제·관리하고 있는 소주시장의 특성, 그리고 원고들의 임원 업무수첩에 기재된 가격 인상 여부가 서로 상반된 내용으로 되어 있다는 추가적인 사정 등을 들면서 합의 자체를 인정하지 않았다.

가. 공정위 의결(2010.6.16.)

피심인들은 국세청이 선도업체인 진로에 대한 소주 출고가격 인상과 관련된 조율행위를 통하여 피심인들의 소주 출고가격을 완전히 통제하고 있었다고 하면서, 이는 진로를 포함한 모든 피심인들에 대하여 '일정한 한도 내에서' '일정한 기간 내에' 소주 출고가격을 인상하는 것을 허용한다는 개별적 행정의사의 집합이었다고 주장하였다.

이에 대하여 공정위는 "국세청은 선도업체인 진로와는 가격수준까지도 조율하였으나 나머지 피심인들의 구체적인 인상률이나 인상수준에 대해서는 관여하지 않았고 또한 진로를 제외한 대부분의 피심인들(지방 소주제조사)은 아예 국세청과의 접촉 자체가 없어 소주 출고가격에 대하여 미리 국세청과 협의하지 아니하였다는 취지로 진술하고 있고, 이들이 출고가격을 인상하고 사후적으로 해당 세무서에 신고만 하였기 때문에 피심인들의 가격인상이 국세청이 행한 행정지도의 결과라는 주장은 받아들일 수 없다. 행정기관이 구체적이고 일의적인 행정지도를 하고 사업자들이 개별적 판단으로 그러한 행정지도를 따라 행동한 결과 가격의 일치 등으로 나타났다면 사업자들간 부당한 공동행위로서 합의가 있었다고 보기 어렵다. 그러나 이 사건의 경우 피심인들이 미리 가격을 인상하기로 합의하거나 나아가 그 인상률까지 정해 놓은 후 국세청과 진로가 가격 인상 관련 조율이 완료되자 바로 실행에 옮긴 경우에 해당된다. 즉, 피심인들은 소주 출고가격에 대한 국세청의 행정지도를 기화로 자신들이 이미 합의한 내용을 실행하였고, 그 결과 이러한 피심인들의 행위는 부당한 공동행위에 해당한다는 법적 판단을 피할 수 없다."고 의결하였다.

다만 과징금 부과에 있어서 국세청의 광범위한 규제권한 행사 등을 감안하여 '매우 중대한 위반행위'가 아닌 '중대한 위반행위'에 해당한다고 보고 과징금 부과기준율을 5%로, 그리고 국세청의 행정지도가 일정 부분 관여되어 있으므로 임의적 조정과징금 산정시 감경사유로서 정부의 시책이 동인이 되어 위반행위가 이루어진 경우 적용되는 20% 감경율을 적용하였다.

나. 서울고등법원 판결(2011.6.2. 선고 2010누21718 판결)

서울고등법원은 "소주시장이 국세청의 강력한 가격통제 하에 있었고, 국세청 스스로 소주가격 규제는 주류제조업에 대해 보유하고 있는 과세권, 조사권 및 면허권에 따라 파생되는 본질적인 권한인 주세법 제40조 소정의 주세보전명령권에 터 잡아 발해진 것으로서 적법한 법령에 의한 행정지도에 해당하며, 비록 가격신고방식이 달라졌다고는 하지만 국민보건 및 소비자보호의 측면, 세정관리 측면, 유통거래질서 확립 필요성 등 소주산업의 특수성을 감안할 때 여전히 사전신고제와 동일하게 소주가격을 통제할 필요가 있다는 견해를 밝히고 있는가 하면, 이 사건 소주가격 인상도 원고 진로를 통한 사전승인을 거쳐서 그 가격이 인상되는 구조를 취하였음은 부인할 수 없다. 그러므로 원고들의 이 사건 공동행위가 법 제58조 소정의 '정당한 행위'에 해당하는지에 관하여 보건대, 우선 이 사건 공동행위 자체에 관하여 국세청의 행정지도가 있었다고 할 수는 없다. 또한 국세청이 물가억제를 통한 서민생활의 안정을 위하여 소주 제조사 중 시장점유율이 가장 큰 원고 진로에 대해서 소주 출고가격 인상률 등을 사전에 조율하는 방식으로 소주가격의 인상을 사정에 통제하였다고 할지라도, 이는 결코 '주세보전의 필요가 인정될 경우'에 한하여 인정되는 주세보전명령권의 행사에 해당한다고 볼 수 없고, 오히려 이미 규제개혁위원회의 권고에 따라 사후신고제로 변경되었음에도 이를 어기고 여전히 사전 승인제 방식의 엄격한 가격통제를 실시한 것이라면 그 자체로 정당성을 인정받기는 어렵다고 할 것이다. 따라서 비록 국세청이 소주가격에 관하여 서민생활의 안정을 위하여 주세법상의 주세보전명령권에 기한 행정지도를 하였고 원고들이 이를 따랐다고 할지라도 그 근거법령이 자유경쟁의 예외를 인정하는 취지의 규정이라거나 그에 터 잡은 명령의 범위 내에서 행하여진 필요·최소한의 행위라고 할 수 없으므로 공정거래법상의 적용제외에 해당한다고도 할 수 없음을 밝혀 둔다."고 판결하였다.

다. 대법원 판결(2014.2.13. 선고 2011두16049 판결)

대법원은 "위와 같은 여러 사정을 종합하여 보면, 비록 원고들이 사장단 모임에서 가격인상에 관하여 논의한 사실이 있었고, 원고 진로의 가격 인상 후 곧이어 나머지 원고들도 가격을 인상하였으며, 그 인상률이나 인상 시기가 원고 진로와 유사하여 가격 인상에 관한 합의가 있었던 것처럼 보이는 외형이 존재하지만, 이는 각 지역별로 원고 진로와 해당 지역업체가 시장을 과점하는 시장구조에서, 국세청이 진로를 통하여 전체 소주업체의 출고가격을 실질적으로 통제·관리하고 있는 소주시장의 특성에 따라 나머지 원고들이 국세청의 방침과 시장상황에 대처한 정도에 불과한 것으로 볼 수 있으므로, 위와 같이 겉으로 드러난 정황만으로 원고들 사이에 공동행위에 관한 합의가 있었다고 단정하기는 어렵다 할 것이다. 피고(공정위)가 1, 2차 가격 인상에 관한 합의의 증거라고 제출한 그 밖의 자료들을 살펴보아도 원고들 등 주요업체 사이에 소주 출고가격의 인상 여부, 인상률, 인상 시기 등에 관하여 합의하였음을 추단할 만한 내용을 발견하기 어렵다. 원심판결에는 부당 공동행위의 '합의'에 관한 법리를 오해하고 필요한 심리를 다하지 않았다."고 하면서 원심판결을 파기, 환송하였다.

6. 9개 생명보험사업자의 부당한 공동행위 건

가. 공정위 의결(2013.4.4.)

먼저 인정 사실 관련하여 피심인 9개사가 참여한 변액연금 보험작업반은 2002.1.29.부터 2002.8.30.까지 운영되었으며, 2002.3.27. 금융감독원이 변액저축보험보다 변액연금보험을 우선 도입하기로 결정하자 그 이후 변액연금보험에 국한하여 논의를 시작하였고, 주로 펀드 운용형태, 연금액 보증문제, 특별계정운용수수료 및 GMDB 기준설정 문제 등을 논의하였다. 이와 별도로 4개사는 2004.11.10. 보험개발원 및 4개사 실무자들로 구성된 가이드라인 작업반을 구성하였고, 2004.11.17.부터 2005.1.27.까지 총 7차례에 걸친 작업반 회의를 통해 특별계정운용 수수료의 상한 기준 등을 논의한 결과 4개의 가이드라인이 만들어졌다.

공정위는 소위 '변액보험 담합'사건에서 ① 변액종신보험 GMDB수수료율 합의, ② 변액연금보험 최저보증수수료율 합의, ③ 변액보험 특별계정운용수수료율 상한 합의 등 3개 공동행위에 대하여 부당한 경쟁제한성을 인정하였으며, 금융감독원의 행정지도 내용에 대해서는 과징금 수준을 경감하는 요소로 판단하였다. 즉 행정지도에 따른 감경으로 금융감독원의 '변액보험 내부심사기준'에서 정한 변액종신보험 GMDB수수료율수준이 동인이 되어 변액종신보험 GMDB수수료율 합의가 이루어진 것으로 인정하여 관련된 피심인 삼성, 한화, 교보, 푸르덴셜 등 4개 사업자에 대해서 ① 변액종신보험 GMDB수수료율 합의 관련 1차 조정된 산정기준의 20%를 감경하였으며, 과징금 산정의 마지막 단계인 부과과징금의 결정시 보험시장은 공공성과 사회성이 강한 시장으로서 금융감독당국이 보험회사의 자의적인 경영을 방지하고, 보험회사의 재무건전성을 유지하기 위하여 광범위한 감독을 해왔던바, 보험시장에서의 가격결정은 시장에서 가격이 결정되는 일반재화와는 달리 보험업 관련 규정의 통제로 인해 가격경쟁에 한계가 있는 점, 최저보증수수료와 특별계정운용수수료 수준이 직접적으로 보험료에 영향을 미치지 아니한 점 등을 종합적으로 감안하여 2차 조정된 산정기준의 20%를 추가로 감경하였다.

한편, 대다수 피심인들은 변액종신보험 GMDB수수료율 합의뿐만 아니라 변액연금보험 최저보증수수료율 합의, 특별계정운용수수료율 합의 등도 금융감독원의 구속력 있는 행정지도가 개입되어 있었으므로 모든 공동행위에 대해 과징금이 감경되어야 한다고 주장하였으나, 공정위는 "변액연금보험작업반 구성 자체가 금융감독원의 요청에 따라 이루어진 것이라 하더라도, 보험관련 법령상 금융감독원은 수수료율 등 가격에 관해 구체적인 지시를 할 권한이 없을 뿐만 아니라, 금융위원회는 변액연금보험 최저보증수수료율 합의에 대한 행정지도를 한 바가 없다고 답변한 점에 비추어 피심인들의 주장은 이유 없다. 또한 변액보험가이드라인작업반에서 정한 특별계정운용수수료율 상한 1%는 삼성 ◇*◇이 직접 산출하여 작업반에 제시하였다고 진술하고 있고, 가이드라인작업반에 참가한 한화, 교보 모두 합의사실을 인정하고 있는 점에 비추어 피심인들의 이 주장 또한 이유 없다."고 판단하였다.

나. 서울고등법원 판결(2014.10.31. 선고 2013누45128 판결)

서울고등법원은 ② 변액연금보험 최저보증수수료율 합의 관련하여 구체적인 사실관계 인정을 통하여 "경쟁상품의 가격이 동일·유사하게 나타나는 외형상의 일치가 상당한 기간 동안 지속되고 사업자들이 이러한 사정을 모두 인식하고 있다고 하더라도, 이러한 사정만으로 가격결정에 관한 합의가 있었다고 단정할 수는 없다(대법원 2014.5.29. 선고 2011두23085 판결 등 참조). 그런데 앞서 본 바와 같이 사업자들 사이에 명시적·묵시적 의사 연락이 있다고 보기 어려울 뿐 아니라 아래와 같이 수수료율에 관한 외형상 일치는 행정지도 및 사업자들의 추종이나 모방 등 합의 외의 다른 원인에 의하여 발생하였을 가능성이 있으므로, 이 사건에서 발생한 위 각 수수료율에 관한 외형상 일치만으로 부당한 공동행위가 있었다고 보기 어렵다. ① 금융감독원은 2002년 변액연금보험 도입에 앞서 보험개발원 및 그 작업반을 통하여 변액연금보험에 필요한 실무 작업을 진행하도록 하였고, 이에 기하여 인가기준으로 활용하기 위한 변액보험 내부심사기준(안)을 마련하는 등 최저보증옵션 수수료율 등에 대한 기준을 제시하였다. 보험개발원 및 원고 등 9개사가 참가한 2002.5.2. 및 같은 해 6.14.자 작업반 회의에서 보험개발원은 최저보증옵션 수수료율에 대해 자체적으로 수수료율을 산출할 수 있는 삼▽, 교@의 검토 안을 토대로 적정선을 제시하기로 하고, 금융감독원과 협의하여 그 결과를 보험사에 이메일로 통보하기로 하였다. ② 2002.6.14.자 작업반 회의에서 삼▽ 및 교

@는 '기납입보험료의 80%를 보증할 경우 적립금액의 0.7~1.0%의 GMAB 수수료가 부과되는 것이 적정하다'고 의견을 제시하였고, 이에 대하여 금융감독원은 기납입보험료의 100%를 보증하면서 수수료율은 0.5%로 하향조정하도록 하였다. 삼▽은 2002.7.22.경 GMAB 수수료율을 0.6%로 하여 보험개발원에 요율검증의뢰를 하였으나 금융감독원이 보험개발원에 0.5% 이내 범위에서 책정하라는 의견을 제시하자 자체적으로 산출한 GMAB 수수료율 0.5% 수준으로 정하여 2002.8.16. 금융감독원에 상품인가 신청을 하고, 2002.9.18. GMDB 수수료율 0.05%, GMAB 수수료율 0.5%로 변액연금보험 상품인가를 받았다. 교@도 2002.8.13. GMAB 수수료율을 0.6%로 금융감독원에 상품인가 신청을 하였으나, 금융감독원이 이에 대하여 0.5% 또는 그 이하로 정하라는 의견을 제시하자, 2002.9.12. GMAB 수수료율을 0.5%로 하여 2차 상품인가 신청을 하였고, 2002.9.13. GMDB 수수료율 0.05%, GMAB 수수료율 0.5%로 하여 변액연금보험 상품인가를 받았다. ③ 독자적으로 수수료율을 산출할 수 있는 여건이 되지 않는 나머지 업체들은 금융감독원이 인가한 GMDB 수수료율 0.05%와 GMAB 수수료율 0.5%보다 낮은 수수료율을 정할 경우 수익률 등 재무안전성을 기하기 어렵다는 판단에서 위 수수료율을 추종하였을 가능성이 있다."고 설시하였다.

그리고 ③ 변액보험 특별계정운용수수료율 상한 합의에 대해서는 "작업반 회의의 성격 및 목적에 비추어 참석자들이 상품 중 일부 요소인 특별계정 운용 수수료율에 관하여 언급을 하는 것은 불가피하였고, 변액보험 실무작업반이 최종적으로 작성한 2005.2.1. 변액보험 가이드라인(안)의 기재 내용(1안 중 국내펀드 계약적립금액의 연 1% 이내, 해외펀드 별도 정의, 2안으로 현행유지(3개사)로 기재되어 있을 뿐이다.)에 비추어 보더라도 합의가 이루어졌다고 단정하기 어렵다. 또한 특별계정운용수수료율의 책정 경위, 증언 및 변론 전체의 취지에 의하여 인정되는 아래와 같은 사정에 비추어 외형상 일치는 행정지도 및 사업자들의 추종 등 합의 외의 다른 원인에 의하여 발생하였을 가능성을 배제하기 어렵다. ① 외형상 일치는 금융감독원의 감독 등에 영향을 받아 발생하였을 가능성이 있다. 2001년 변액종신보험 도입 이후 변액보험상품이 급증하였으나 관련 규정 및 기준이 없거나 모호하여 회사 간 과당경쟁 등이 예상됨에 따라 2004.11. 금융감독원 주관 하에 보험감독원의 지시로 변액보험 가이드라인을 만들기 위한 보험업계 작업반이 구성되었다. 교@가 2001.6.26.부터 같은 해 7.6. 사이 변액종신보험을 신고하였다가 금융감독원의 반려로 철회한 후 재신고를 통하여 수리되었다. 삼▽은 특별계정운용수수료율을 처음에는 0.75%로 하려다가 1.0%로 변경하였으나, 금융감독원의 권유에 따라 0.9%로 책정하였다. 이와 같이 금융감독원의 입장이 수수료 수준을 가급적이면 낮게 책정하도록 유도하려는 것이었고 금융감독원이 마련한 변액보험 영위기준에서 특별계정운용수수료 상한을 1%로 정하였으므로, 특별계정운용수수료율로 1%를 초과하여 상품인가 신청을 할 경우 금융감독원에 별도의 소명을 할 필요가 있었다. 이러한 경위로 이 사건 공동행위와 무관한 다른 보험사업자들의 수수료율도 1%를 초과하지 않았던 것으로 보인다. ② 유사 경쟁업종인 투신사, 펀드들의 수수료율도 통상 1% 이하였고, 기존에 출시된 상품들의 수수료율도 1% 이하였으므로, 1%가 넘는 수수료율을 정한 업체는 경쟁에서 불리할 수 있었다. 1%의 수수료율보다 낮은 수수료율을 정할 경우 수익률 악화로 재무 안전성을 기하기 어렵다는 고려에서 위와 같은 수수료율을 추종하였을 가능성이 있다."고 설시하였다.

이러한 판단에 따라서 서울고등법원은 결론적으로 "따라서 원고가 다른 보험회사들과 부당한 공동행위의 합의를 하였음을 전제로 하는 이 사건 처분은 나머지 점에 관하여 더 살펴볼 필요 없이 위법하다[설령 이와 달리 보더라도 사업자들이 공동으로 가격을 결정하거나 변경하는 행위가 법령에 근거한 정부기관의 행정지도에 따라 적합하게 이루어진 경우라든지 또는 경제 전반의 효율성 증대로 인하여 친경쟁적 효과가 매우 큰 경우와 같이 특별한 사정이 있는 경우에는 부당하다고 하기 어려울 것인데(대법원 2009.7.9. 선고 2007두26117 판결 등 참조), 앞서 본 바와 같이 원고가 작업반에 참여하게 된 경우 및 작업반에서의 역할, 외형상 일치가 발생하게 된 과정 등 제반 사정을 종합하여 보면 이를 두고 부당하다고 보기는 어려우므로, 이 사건 처분은 결국 위법하다]."고 판결하였다.

본 판결은 기본적으로 앞 5.의 소주가격 담합사건에 대한 대법원 판결처럼 행정지도 등을 포함한 사실관계에 따라 합의 자체를 인정하지 않았다는 점에서 유사하다고 본다. 그리고 대법원은 2015.3.12. 선고 2014두45802 판결로 상고심법에 따라 심리불속행 기각 판결하였다.

7. 4개 종계 판매사업자의 부당한 공동행위 건 및 2개 종계 판매사업자의 부당한 공동행위 건

가. 공정위 의결(2019.12.31.)

피심인들은 2012년 4월경부터 종계 판매시장의 공급과잉에 관한 대책을 논의하였으나, 공정거래법 위반 소지가 있음을 인지하여 축산계열화법의 시행 이후 구체적으로 추진하기로 하였으며, 이에 따라 피심인들은 축산계열화법 시행(2013.2.23.) 전인 2013.1.8. 농림부에 '계육사업 불황에 따른 사육농가 및 계열업체 경영안정 지원 건의'를 하였고, 이에 대해 농림부는 2013.1.21. 한국육계협회에 (원)종계 감축방안을 토대로 세부시행지침을 마련해줄 것을 요청하는 1차 공문을 방송하였고, 이후 피심인들과 한국육계협회는 2013.2.18. 구체적으로 합의한 원종계 감축방안을 농림부에 제출하였고, 농림부는 2013.2.25. 위 제출받은 내용을 토대로 감축사업 추진계획이라는 2차 공문을 발송하였으며, 피심인들은 2013.2.26. 원종계 감축물량 및 도태 실행시기 등 기재된 합의서에 서명함으로써 합의를 완료하였다. 또한 육계협회는 농림부에 2013년 이후 종계 사육수수 20~30% 과잉공급이 예상된다는 이유로 조정을 건의하였으나 농림부는 (원)종계를 10~20% 감축하되, 원종계는 별도 감축 지원하지 않고 종계 감축에 따라 자율적으로 적정 물량을 유지하라고 행정지도하였으나, 피심인들은 2013년도 원종계 수입량을 2011년 대비 약 32%를 일률적으로 감축하고, 이미 수입한 원종계를 도태하는 것으로 합의하는 한편, 2014년도에도 수입물량에 대한 동일한 합의를 이어가는 등 행정지도의 범위를 벗어난 내용으로 합의하고 이를 실행하였다. 피심인들은 공정위 조사 및 심의 과정에서 이 사건 합의 및 실행은 축산계열화사업에 관한 법률 또는 농수산물 유통 및 가격안정에 관한 법률에 근거한 농림부의 수급조절명령을 따른 것이므로 법 제58조 법령에 따른 정당한 행위에 해당한다고 주장하였다.

이에 대하여 공정위는 "농림부의 피심인들에 대한 행정지도는 축산계열화법의 요건 및 절차에 따른 것이 아니고, 이 사건 합의 대상인 원종계는 농안법상 유통조절명령 대상 품목도 아니므로 이 사건 공동행위는 법령에 따른 정당한 행위에 해당하지 않는다. 또한 위와 같은 사정에 비추어 보면, 피심인들이 이미 구체적으로 합의한 후, 그 합의 내용을 농림부가 지시한 것처럼 형식을 갖추고자 한 것에 불과할 뿐만 아니라 이 사건 합의 내용은 농림부의 행정지도의 범위를 벗어난 것이므로 피심인들의 위법성 인식이나 기대가능성이 없다고 할 수 없다."고 의결하였다.

나. 서울고등법원 판결(2021.6.10. 선고 2020누33437 판결)

서울고등법원은 "아래 사정들에 비추어 보면, 이 사건 공동행위는 구 농안법상의 유통조절명령 또는 구 축산화계열화법상의 생산조정 내지 출하조절에 근거하여 이루어진 것이 아닐 뿐만 아니라, 농림수산식품부의 행정지도에 의한 것이라는 사정만으로 이 사건 공동행위가 공정거래법 제58조에 정한 '다른 법률 또는 그 법률에 의한 명령에 따른 정당한 행위'에 해당한다고도 볼 수 없다. (1) 구 농안법 제10조 제2항은 "농림수산식품부장관은 부패하거나 변질되기 쉬운 농수산물로서 농림수산식품부령으로 정하는 농수산물에 대하여 현저한 수급 불안정을 해소하기 위하여 특히 필요하다고 인정되고 농림수산식품부령으로 정하는 생산자 등 또는 생산자단체가 요청할 때에는 공정거래위원회와 협의를 거쳐 일정 기간 동안 일정 지역의 해당 농수산물의 생산자등에게 생산조정 또는 출하조절을 하도록 하는 유통조절명령을 할 수 있다."고 규정하고, 구 농안법 시행규칙 제10조는 "법 제10조 제2항에 따라 유통조절명령을 내릴 수 있는 농수산물은 다음 각 호의 농수산물 중 농림수산식품부장관이 지정하는 품목으로 한다."고 하면서 제1호에서 "법 제10조 제1항에 따라 유통협약을 체결한 농수산물'을, 제2호에서 '생산이 전문화되고 생산지역의 집중도가 높은 농수산물'을 열거하고 있다. 이에 더하여 농림수산식품부장관이 K나 J에 대하여는 위 법령에 따라 유통조절명령을 내릴 수 있는 농수산물로 지정하지는 않은 사실을 종합하여 보면, K나 J는 위 법령에서 정하는 유통조절명령의 대상품목에 포함되지 않는 것으로 보인다. 따라서 농림수산식품부의 2013.1.21.자 공문 및 2013.2.25.자 공문의 내용은 그 형식이나 내용 등에 비추어 볼 때, 구 농안법 제10조 제2항에 근거한 유통조절명령에 해당하지 아니할 뿐 아니라 구 농안법 및 그 하위 법령인 구 농안법 시행규칙에 근거한 행정지도라고 보기도 어렵다. (2) 구 축산계열화법은 2012.2.22. 제정되어 2013.2.23. 시행된 법률로 동법 제5조 제1항은 "농림수산식품부장관은 계열화사업자 또는 생산자단체 등의 요청이 있을 경우 가축의 사육동향 및 시장가격 등을 종합적으로 고려하여 과잉생산이 예측될 경우에는 공정거래위원회와 협의를 거쳐 계열화사업자가 공동으로 일정 기간 동안 일정 지역의 해당 가축 또는 축산물의 생산조정 또는 출하조절을 하게 할 수 있다."고, 제5조 제3항은 "제1항에 따른 생산조정 또는 출하조절의 기준과 구체적인 절차, 운영방법 등에 관하여 필요한 사항은 농림수산식품부령으로 정한다."고 규정하고 있고, 구 축산계열화법 제5조 제3항의 위임을 받아 제정된 구 축산계열화법 시행규칙 제3조는 생산조정 또는 출하조절의 기준·절차 등에 관하여 구체적으로 규정하고 있다. 위 각 규정의 내용을 종합해보면, 구 축산계열화법 및 구 축산계열화법 시행규칙에 의한 가축 또는 축산물의 생산조정 또는 출하조절을 하기 위해서는 농림수산식품부장관은 피고와 사전 협의를 거쳐 생산조정 등의 기준을 정하여 농림수산식품부 인터넷 홈페이지에 공시하는 등의 절차를 거치도록 되어 있다. 농림수산식품부의 2013.1.21.자 공문 및 2013.2.25.자 공문은 그 형식이나 내용, 구 축산계열화법의 시행시기 등에 비추어 볼 때, 구 축산계열화법 제5조 제1항 및 그 하위 법령에 근거한 행정처분인 생산조정 내지 출하조절에 해당하지 아니할 뿐 아니라 위 각 법령에 근거한 행정지도라고 보기도 어렵다. 농림수산식품부장관은 이 사건 J 생산량 조절과 관련하여 피고와 협의를 거쳤다거나 생산조정기준을 정하여 농림수산식품부 인터넷 홈페이지에 공시하는 등 구 축산계열화법 제5조 제1항 및 구 축산계열화법 시행규칙 제3조에서 정하는 바와 같은 절차를 거치지도 아니하였다."고 판시하였다.

그리고 서울고등법원은 "공정거래법 제58조에서 말하는 정당한 행위라 함은 당해 사업의 특수성으로 경쟁 제한이 합리적이라고 인정되는 사업 또는 인가제 등에 의하여 사업자의 독점적 지위가 보장되는 반면 공공성의 관점에서 고도의 공적규제가 필요한 사업 등에 있어 자유경쟁의 예외를 구체적으로 인정하고 있는 법률 또는 그 법률에 의한 명령의 범위 내에서 행하는 필요·최소한의 행위를 말하는 것이다(대법원 1997.5.16. 선고 96누150 판결, 대법원 2007.1.11. 선고 2004두3304 판결 등 참조). 그런데 원고가 주장하고 있는 구 정부조직법 제31조 제1항, 농림수산식품부와 그 소속기관 직제 제15조 제3항 제42호는 조직법적 근거에 불과하고, 구 축산법 제3조 제1항의 규정은 농림수산식품부 장관이 축산 발전에 필요한 계획과 시책을 종합적으로 수립·시행하여야 한다는 일반적인 책무를 정한 것에 불과하다. 따라서 위 각 법령이 당해 사업의 특수성으로 경쟁 제한이 합리적이라고 인정되는 사업 또는 인가제 등에 의하여 사업자의 독점적 지위가 보장되는 반면 공공성의 관점에서 고도의 공적규제가 필요한 사업 등에 있어 자유경쟁의 예외를 구체적으로 인정하고 있는 법률에 해당한다고 보기는 어려우므로, 이 사건 공동행위가 위 각 법령에 근거한 농림수산식품부의 행정지도에 따른 것이라고 하더라도 그러한 사정만으로 이 사건 공동행위가 공정거래법 제58조에서 정한 '법률 또는 그 법률에 의한 명령에 따른 정당한 행위'에 해당한다고 할 수 없다."는 엄격한 기본법리를 확인하였다.

대법원은 2021.10.28. 선고 2021두46209 판결을 통해 심리불속행 사유에 해당한다는 이유로 상고를 기각하였다.

Ⅳ. 마무리

공정위 및 법원은 공히 그동안 법령에 따른 정당한 행위(법 제116조)나 행정지도카르텔의 적용에 있어서 일관된 법리를 통하여 원칙적으로 엄격한 입장을 취하고 있다. 그러나 본 이슈에서 살펴본 것처럼 법 제116조를 직접 적용하거나 부당한 공동행위의 경우 행정지도가 감안되어 부당한 경쟁제한성이 부정되거나 합의의 존재가 인정되지 않은 케이스도 나타나고 있다. 그리고 공정위의 내부지침, 공정위 심결 및 법원 판결의 기본적 입장은 법령상 구체적 근거 없는 행정지도에 따른 부당한 공동행위는 위법하다는 것이지만 그렇다고 하더라도 관련 다른 법규정의 내용과 취지, 공정거래법의 입법목적 등에 비추어 적법한 것으로 인정되거나, 그 구속력이 매우 강하거나 국가의 행위와 동일시할 정도인 경우에는 여전히 달리 해석될 여지가 있다고 본다.5) 또 위법성은 인정된다고 하더라도 행정지도가 부당한 공동행위

---

5) 통신 및 방송산업, 금융산업, 에너지산업, 운송산업 등 소위 규제산업에서는 당해 산업부문을 전문적으로 규제하는 '산업별 규제기관'(sector-specific regulator)이 당해 산업부문에 고유한

의 동인이 된 경우에는 과징금 감경사유가 될 수 있으므로 규제기관의 행정지도 내용 및 관여 방식 등 사실 관계에 대한 구체적인 확인 및 파악이 필요하게 된다.

정책목표를 수행하기 위하여 경쟁정책과 충돌될 여지가 많은 광범위한 규제를 해 왔는데, 이러한 '산업별 규제'와 공정거래법에 의한 일반 경쟁법적 규제가 상호 저촉될 수 있다. 이러한 산업별 규제에 따른 행위는 공정거래법 제116조의 '법령에 따른 정당한 행위'에 해당할 경우에는 공정거래법의 적용이 배제될 것이고, 향후 이론의 발전을 통하여 미국의 묵시적 적용제외의 법리나 주행위의 법리와 유사한 법리로 해결을 도모할 수도 있을 것이다(권오승 등 7인 공저, 독점규제법[제7판], 법문사, 2020, 190~193면 참조).

시장지배적지위 남용행위의 부당성 판단 기준

Ⅰ. 개요

1. 제도의 의의 및 남용행위의 유형

부당한 공동행위에 대한 규제가 사업자간의 협정등에 의한 내부적인 상호구속행위를 그 대상으로 하고 있는데 반하여 시장지배적지위의 남용금지는 시장지배적사업자가 경쟁 상대를 시장에서 배제하거나 신규 진입을 방해해 시장을 독점하려고 하거나 타 사업자의 사업활동에 제약을 주어 시장을 지배하려는 것을 방지하기 위한 것이다. 부당한 공동행위를 통하여 일시적인 시장지배력이 형성되는 것과는 달리 시장지배적인 상태에서는 시장지배력이 계속되어 경쟁제한적인 시장구조가 인위적으로 형성될 가능성이 크므로 시장지배적지위의 남용금지제도는 이를 방지하고 시장구조를 경쟁적으로 유지하기 위한 수단의 하나가 될 수 있으며 또한 그것이 동제도의 중요한 목적이라고 해야 할 것이다. 그리고 우리의 공정거래법은 독점을 원칙적으로 금지하는 구조규제 또는 원인금지주의가 아니라 폐해규제주의를 채택하고 있다.

법 제5조(시장지배적지위의 남용금지) 제1항은 5개 유형(제1호부터 제5호)의 시장지배적사업자의 남용행위를 규정하고 있으며, 제2항에서 남용행위의 유형 및 기준은 대통령령으로 정한다고 규정하고 있다. 이에 따라 시행령 제9조(남용행위의 유형 또는 기준) 제1항부터 제5항까지 5개 유형별로 총 13개 세부행위유형을 규정하고 있으며, 제6항의 위임에 따라 시장지배적지위의 남용행위에 해당되는지 여부에 대한 심사기준을 정하고 있는 '시장지배적지위 남용행위 심사기준'을 내부지침인 고시로 운영하고 있다.

법 제5조 제1항에서는 가격을 부당하게 결정·유지 또는 변경하는 행위(제1호), 상품의 판매 또는 용역의 제공을 부당하게 조절하는 행위(제2호), 다른 사업자의 사업활동을 부당하게 방해하는 행위(제3호), 새로운 경쟁사업자의 참가를 부당하게 방해하는 행위(제4호), 부당하게 경쟁사업자를 배제하기 위하여 거래하거나 소비자의 이익을 현저히 해칠 우려가 있는 행위(제5호) 등 5개 유형의 남용행위를 규정하고 있다.[1] 그리고 제1호, 제2호, 제5호 후단의 남용행위를 착취남용행위, 제3호, 제4호, 제5호 전단의 남용행위를 배제남용행위로 분류하기도 한다.[2] 가격을 부당하게 결정·유지 또는 변경하는 행위(법 제5조 제1항 제1호)는 시행령 제9조 제1항에서 정당한 이유 없이 가격을 수급의 변동이나 공급에 필요한 비용의 변동에 비하여 현저하게 상승시키거나 근소하게 하락시키는 행위로 규정하고 있다. 상품의 판매 또는 용역의 제공을 부당하게 조절하는 행위(법 제5조 제1항 제2호)는 시행령 제9조 제2항에서 정당한 이유 없이 최근의 추세에 비추어 상품 또는 용역의 공급량을 현저히 감소시키는 행위, 정당한 이유 없이 유통단계에서 공급부족이 있음에도 불구하고 상품 또는 용역의 공급량을 감소시키는 행위 등 2개의 세부유형을 들고 있다. 다른 사업자의 사업활동을 부당하게 방해하는 행위(법 제5조 제1항 제3호)는 시행령 제9조 제3항에서 정당한 이유 없이 다른 사업자의 생산활동에 필요한 원재료 구매를 방해하는 행위, 정상적인 관행에 비추어 과도한 경제상의 이익을 제공하거나 제공할 것을 약속하면서 다른 사업자의 사업활동에 필수적인 인력을 채용하는 행위, 정당한 이유 없이 다른 사업자의 상품 또는 용역의 생산·공급·판매에 필수적인 요소의 사용 또는 접근을 거절·중단하거나 제한하는 행위, 그 밖에 다른 부당한 방법에 따른 행위를 하여 다른 사업자의 사업활동을 어렵게 하는 행위 중 공정위가 정하여 고시하는 행위 등 4개의 세부유형을 규정하고 있다. 그리고 새로운 경쟁사업자의 참가를 부당하게 방해하는 행위(법 제5조 제1항 제4호)는 시행령 제9조 제4항에서 직접 또는 간접으로 정당한 이유 없이 거래하는 유통사업자와 배타적 거래계약을 체결하는 행위, 기존 사업자의 계속적인 사업활동에 필요한 권리 등을 매입하는 행위, 새로운 경쟁사업자의 상품 또는 용역의 생산·공급·판매에 필수적인 요소의 사용 또는 접근을 거절하거나 제한하는 행위, 그 밖에 다른 부당한 방법에 따른 행위를 하여 새로운 경쟁사업자의 신규진입을 어렵게 하는 행위 중 공정위가 정하여 고시하는 행위 등 4가지 행위를 하여 새로운 경쟁사업자의 신규진입을 어렵게 하는 행위로 규정되어 있다. 부당하게 경쟁사업자를 배제하기 위하여 거래하거나 소비자의 이익을 현저히 해칠 우려가 있는 행위(법 제5조 제1항 제5호)는 시행령 제9조 제5항에서 부당하게 통상거래가격에 비하여 낮은 가격으로 공급하거나 높은 가격으로 구입하여 경쟁사업자를 배제시킬 우려가 있는 행위, 부당하게 거래상대방이 경쟁사업자와 거래하지 않

1) 제5호를 실질적으로 두 가지 유형으로 보는 견해가 있다. 정호열, 경제법(전정 제7판), 박영사, 2022, 176면.
2) 김형배, 공정거래법의 이론과 실제(전면개정판), 2022, 209~210면; 2023.3.2. 국무총리 주재 제3차 규제혁신전략회의에서 경제 형벌규정 개선의 일환으로 공정거래법 제124조(벌칙) 제1항 제1호(제5조 제1항 제3호~제5호 관련 배제적 남용행위를 한 자)의 형벌을 시정조치 후 불이행시 형벌을 부과하는 방식으로 법 개정을 추진한다고 발표하였다.

을 것을 조건으로 그 거래상대방과 거래하는 행위 등 2개의 세부행위를 규정하고 있다.

2. 부당하게 소비자의 이익을 현저히 해칠 우려가 있는 행위(법 제5조 제1항 제5호 후단) 적용 관련

앞에서 살펴본 것처럼 법 제5조 제1항에서 5개 유형의 시장지배적지위 남용행위를 규정하면서 제2항에서 "남용행위의 유형 및 기준은 대통령령으로 정한다."고 규정하고 있다. 한편 법 제5조 제2항의 규정은 종전에는 남용행위의 유형 및 기준은 '대통령령으로 정할 수 있다'고 되어 있었으나, 2021.12.30. 법 개정·시행시 '대통령령으로 정한다'고 변경되었다. 그리고 법 제5조 제1항 제5호는 시장지배적지위 남용행위의 하나로 '부당하게 경쟁사업자를 배제하기 위하여 거래하거나 소비자의 이익을 현저히 해칠 우려가 있는 행위'를 규정하고, 시행령 제9조 제5항에서 "법 제5조 제1항 제5호에 따른 부당하게 경쟁사업자를 배제하기 위하여 거래하는 행위는 다음 각 호의 행위로 한다."고 규정하고 있다.

시장지배적사업자의 일정한 행위에 대해서 시행령에서 세부유형을 규정하고 있지 않은 법 제5조 제1항 제5호 후단의 부당하게 소비자의 이익을 현저히 해칠 우려가 있는 행위 규정을 적용할 수 있는지 여부가 이슈가 된 적이 있었다. 이에 대해 서울고등법원 2008.12.18. 선고 2007누29842 판결은 적용할 근거규정이 없다는 원고의 주장 관련하여 "공정거래법 제3조의2(현행법 제5조) 제1항 제5호 후단은 ① 시장지배적지위, ② 소비자 이익 저해, ③ 부당성, ④ 현저성 등 기본적 행위유형이나 이를 가늠할 대체적인 기준을 명시하고 있으므로, 이를 단순히 같은 항 제1, 2호에 대한 관계에서 보충적인 일반조항에 불과한 것으로 볼 수는 없다. 따라서 위 제5호 후단의 행위에 대하여 공정거래법 시행령상 구체적인 유형 및 기준에 관한 규정이 없다 하더라도, 문제된 행위에 대하여 위 제5호 후단을 직접 적용할 수 있다 할 것이다. 따라서 이와 반대되는 원고들의 주장은 이유 없다."고 판결하였다.

대법원은 관련하여 매우 구체적인 법리를 제시하였다. 2010.5.27. 선고 2009두1983 판결에서 "법치국가원리의 한 표현인 명확성의 원칙은 기본적으로 모든 기본권제한입법에 대하여 요구된다. 규범의 의미내용으로부터 무엇이 금지되는 행위이고 무엇이 허용되는 행위인지를 수범자가 알 수 없다면 법적 안정성과 예측가능성은 확보될 수 없게 될 것이고, 또한 법집행 당국에 의한 자의적 집행을 가능하게 할 것이기 때문이다. 다만, 기본권제한입법이라 하더라도 규율대상이 지극히 다양하거나 수시로 변화하는 성질의 것이어서 입법기술상 일의적으로 규정할 수 없는 경우에는 명확성의 요건이 완화되어야 할 것이다. 또 당해 규정이 명확한지 여부는 그 규정의 문언만으로 판단할 것이 아니라 관련 조항을 유기적·체계적으로 종합하여 판단하여야 할 것이다(헌재 1999.9.16. 97헌바73 결정 등 참조). 이 사건 규정의 규율 대상은 '시장지배적사업자의 소비자 이익을 저해하는 남용행위'로서 그 내용이 지극히 다양하고 수시로 변하는 성질이 있어 이를 일일이 열거하는 것은 입법기술적으로 불가능한 점, 이 사건 규정은 앞서 본 바와 같이 '시장지배적사업자의 소비자이익을 저해할 우려가 있는 행위의 존재', '소비자 이익 저해 정도의 현저성' 및 '그 행위의 부당성'이 인정될 경우 적용되는바, 위 요건에 관한 판단은 공정거래법의 입법 목적을 고려하고, 공정거래법 제3조의2 제1항이 규정한 여러 유형의 시장지배적지위 남용행위 등과 비교하는 등 체계적·종합적 해석을 통하여 구체화될 수 있는 점, 이 사건 규정의 수범자는 시장지배적사업자로서 일반인에 비하여 상대적으로 규제대상 행위에 관한 예측가능성이 크다 할 것인 점 등을 고려하면, 이 사건 규정이 헌법상 법치주의원리에서 파생되는 명확성 원칙을 위반한다고 볼 수 없다."고 설시하였다.

그러면서 법 제5조 제2항의 시행령 위임 규정 관련하여 "공정거래법 제3조의2(현행법 제5조) 제2항은 남용행위의 유형 또는 기준을 대통령령으로 정할 수 있다고 규정하였을 뿐, 관련 대통령령의 기준이 있어야만 같은 조 제1항의 남용금지 규정이 효력이 있다는 취지는 아니다. 따라서 원심이, 이 사건 규정이 헌법에 위배되지 아니할 뿐만 아니라, 하위 법령에 구체적인 행위유형 및 기준이 마련되어 있지 않더라도 유효하게 적용될 수 있다는 전제에서, 이 사건 행위가 이 사건 규정의 시장지배적지위 남용행위에 해당하는지 여부의 판단에 나아간 것은 정당하고, 거기에 상고이유에서 지적하는 바와 같은 이 사건 규정의 위헌성이나 효력에 관한 법리오해 등의 위법이 없다."고 판결하였다.

2021.12.30. 법 제5조 제2항을 남용행위의 유형 또는 기준을 대통령령으로 정한다고 개정하였는바 시행령에서 세부유형을 규정하지 않고 있는 개정 시행령의 적용이 가능할지 여부가 이슈가 된다. 위 대법원 판결의 앞 부분 설시인 ① '시장지배적사업자의 소비자 이익을 저해하는 남용행위'는 그 내용이 지극히 다양하고 수시로 변하는 성질이 있어 이를 일일이 열거하는 것은 입법기술적으로 불가능한 점, ② 이 사건 규정은 '시장지배적사업자의 소비자 이익을 저해할 우려가 있는 행위의 존재', '소비자 이익 저해 정도의 현저성' 및 '그 행위의 부당성' 등 이를 가늠할 대체적인 기준을 명시하고 있는 점, ③ 이 사건 규정의 수범자는 시장지배적사업자로서 일반인에 비하여 상대적으로 규제대상 행위에 관한 예측가능성이 크다 할 것인 점 등을 감안하면 시행령상 구체적인 유형 및 기준에 관한 규정이 없다 하더라도 법 조항을 직접 적용할 수 있다는 견해도 가능할 것이다. 다만 필자는 법 제5조 제2항의 규

정이 '대통령령으로 정한다'고 개정된 점, 법 제5조 제1항을 위반하여 시장지배적지위 남용행위를 한 사업자에 대하여 행정적 제재뿐만 아니라 형사처벌까지 가능한 점 등을 감안하면 시행령에서 규정하고 있지 아니한 이상 법 제5조 제1항 제5호 후단을 적용할 수 없다고 본다(대법원 2008.2.14. 선고 2005두1879 판결 참조).

Ⅱ. 대법원 2007.11.22. 선고 2002두8626 전원합의체 판결(포항종합제철(주)의 시장지배적지위 남용행위 건, 2001.4.12. 공정위 의결)

본 대법원 판결 소위 포스포 판결은 공정거래법 집행에 있어서 가장 중요하고 의미있는 판결의 하나에 해당된다. 공정거래법 체계상 한 축인 시장지배적지위 남용행위의 부당성에 관한 법리를 심도있는 의견을 통해 구축하여 선례가 되었을 뿐만 아니라 또다른 집행축인 불공정거래행위와의 부당성 판단과 비교 법리도 제시하였다는 점에서 그러하다.

아래에서는 위 2007.11.22. 대법원 판결의 다수의견, 2개의 반대의견을 각각 살펴본다.

1. 다수의견

대법원의 다수의견은 공정거래법 제3조의2(현행 제5조) 제1항 제3호가 규제하는 시장지배적 사업자의 거래거절행위의 부당성의 의미는 공정거래법 제23조(현행 제45조) 제1항 제1호의 불공정거래행위로서의 거래거절행위의 부당성과는 별도로 '독과점적 시장에서의 경쟁촉진'이라는 입법목적에 맞추어 독자적으로 평가·해석하여야 한다는 전제에서, 시장지배적사업자가 개별 거래의 상대방인 특정 사업자에 대한 부당한 의도나 목적을 가지고 거래거절을 한 모든 경우 또는 그 거래거절로 인하여 특정 사업자가 사업활동에 곤란을 겪게 되었다거나 곤란을 겪게 될 우려가 발생하였다는 것과 같이 특정 사업자가 불이익을 입게 되었다는 사정만으로는 그 부당성을 인정하기에 부족하고, 그 중에서도 특히 시장에서의 독점을 유지·강화할 의도나 목적, 즉 시장에서의 자유로운 경쟁을 제한함으로써 인위적으로 시장질서에 영향을 가하려는 의도나 목적을 갖고, 객관적으로도 그러한 경쟁제한의 효과가 생길 만한 우려가 있는 행위로 평가될 수 있는 행위로서의 성질을 갖는 경우에 부당성이 인정될 수 있다고 하였다.

그리고 법집행기관인 공정위는 상품의 가격상승, 산출량 감소, 혁신 저해, 유력한 경쟁사업자의 수의 감소, 다양성 감소 등과 같은 경쟁제한의 효과가 생길 만한 우려가 있는 행위로서 그에 대한 의도와 목적이 있었다는 점을 입증하여야 하는데, 현실적으로 그와 같은 효과가 나타났음이 입증된 경우에는 그 행위 당시에 경쟁제한을 초래할 우려가 있었고 또한 그에 대한 의도나 목적이 있었음을 사실상 추정할 수 있지만, 그렇지 않은 경우에는 거래거절의 경위 및 동기, 거래거절행위의 태양, 관련시장의 특성, 거래거절로 인하여 그 거래상대방이 입은 불이익의 정도, 관련시장에서의 가격 및 산출량의 변화 여부, 혁신 저해 및 다양성 감소 여부 등 여러 사정을 종합적으로 고려하여 당해 행위가 경쟁제한의 효과가 생길 만한 우려가 있는 행위로서 그에 대한 의도나 목적이 있었는지를 판단하여야 한다고 판시하였다.

한편 불공정거래행위로서의 거래거절행위에 관하여는 그 행위의 주체에 제한이 없으며, 또한 당해 거래거절행위의 공정거래저해성 여부에 주목하여 특정 사업자의 거래기회를 배제하여 그 사업활동을 곤란하게 하거나 곤란하게 할 우려가 있는 경우, 거래상대방에 대한 부당한 통제 등의 목적 달성을 위한 실효성 확보 수단 등으로 거래거절이 사용된 경우 등과 같이 사업자의 거래거절행위가 시장에 미치는 영향을 고려하지 아니하고 그 거래상대방인 특정 사업자가 당해 행위로 인하여 불이익을 입었는지 여부에 따라 그 부당성의 유무를 평가하여야 한다고 하였다.

2. 반대의견

위 대법원 전원합의체 판결의 다수의견은 시장지배적지위 남용행위의 부당성이 인정되기 위해서는, '시장에서의 독점을 유지·강화할 의도나 목적'이라는 주관적 요소와 경쟁제한의 효과가 생길 만한 우려가 있을 것이라는 객관적 요소를 충족시켜야 한다는 것이며, 거래거절이 상품의 가격상승, 산출량 감소, 혁신 저해, 유력한 경쟁사업자의 수의 감소, 다양성 감소 등과 같은 경쟁제한의 효과가 나타났음이 입증된 경우에는 그 의도나 목적이 사실상 추정되지만, 그렇지 않은 경우에는 여러 사정을 종합적으로 모두 고려하여 경쟁제한의 우려 및 의도나 목적의 존재 여부를 판단해야 한다는 것이다.

가. 대법관 이홍훈, 안대희의 반대의견

시장지배적사업자의 거래거절행위에는 특별한 사정이 없는 한 시장지배적사업자가 자신의 시장지배적지위를 남용하여 시장에서의 공정하고 자유로운 경쟁을 저해할 우려가 있는 '부당한 행위'를 한 것으로 추정된다고 해석하는 것이 합리적이라는 전제하에, 시장지배적사업자가 그 추정을 벗어나기 위해서는 당해 행위가 실질적으로 다른 사업자의 사업활동을 방해하는 행위가 아니라거나 그와 같은 의도나 목적이 없어 공정하고 자유로운 경쟁을 저해할 우려가 있는 '부당한 행위'가 아니라는 점을 주장·입증하거나, 그와 같은 행위에 해당한다고 하더라도 거래를 거절할 수밖에 없는 정당한 사유가 있다는 점을 주장·입증하여야 한다는 것이다.

그리고, 시장지배적사업자의 거래거절행위가 지위남용행위에 해당한다고 인정되기 위해서는 시장에서의 상품의 가격상승, 산출량 감소, 혁신 저해, 유력한 경쟁사업자의 수의 감소, 다양성 감소 등과 같은 경쟁제한의 효과가 생길 만한 우려가 있는 행위로서 그에 대한 의도와 목적이 있었다는 점을 피고가 입증하여야 한다는 다수의견의 해석에 대하여, 다수의견이 예로 들고 있는 시장에서의 상품의 가격상승, 산출량 감소, 혁신 저해, 유력한 경쟁사업자의 수의 감소, 다양성 감소 등은 쉽사리 입증할 수 있는 사항들이 아닐 뿐만 아니라 그 입증에 적지 않은 시간과 비용이 소요되게 되므로, 이와 같은 사항들에 대한 입증을 피고에게 요구하게 되면 시장지배적사업자의 거래거절행위가 부당하다고 인정되는 범위가 현저하게 좁아지게 되고 시의적절한 대응도 할 수 없게 되어, 이는 공정거래법 제3조의2 제1항 제3호를 사실상 있으나마나한 규정으로 사문화시키고 시장지배적사업자가 다른 사업자에 대한 거래를 거절하여 사업활동을 어렵게 하는 행위에 대하여는 공정거래법 제23조 제1항 제1호를 적용할 수밖에 없게 하는 결과를 초래할 우려도 있는데, 이는 시장지배적사업자를 일반사업자와 달리 규제하려는 공정거래법의 입법목적에도 반하는 결과라는 의견을 제시하였다.

나. 대법관 박시환의 반대의견

다수의견과 같이 시장지배적사업자의 거래거절행위의 '부당성'의 의미를 주관적·객관적 측면에서 '경쟁제한의 우려'가 있는 행위로만 파악하는 것은 시장지배적사업자가 그 시장지배력을 남용하는 것을 규제함으로써 독점을 규제하고자 하는 우리 헌법의 정신 및 공정거래법의 입법목적에 반하므로, 시장지배적사업자의 지위남용행위로서의 거래거절행위의 부당성은 불공정거래행위로서의 거래거절행위의 부당성과 같은 의미로 평가·해석하여야 하고, 결국 시장지배적사업자의 거래거절이 지위남용행위로서 행하여진 경우에는 '독점규제' 측면에서 경쟁제한의 우려 여부와 관계없이 이를 규제하여야 한다는 의견이다.

공정거래법의 규정 체제 및 내용에 비추어 보아도 시장지배적사업자의 지위남용행위로서의 거래거절행위의 '부당성'의 의미를 경쟁제한의 우려로 해석하는 것은 적절하지 않다는 것이다. 즉, 공정거래법은 제2조 제8의2호(현행법 제2조 제5호)에서 경쟁제한의 의미에 대하여 정의한 후, 그 제7조(현행법 제9조) 제1항에서 경쟁을 제한하는 기업결합을 금지하고 있고,

그 제19조(현행법 제40조) 제1항에서 경쟁을 제한하는 부당한 공동행위를 금지하고 있는바, 공정거래법은 이와 같이 경쟁제한의 측면에서 규제의 필요성이 있는 행위 유형들에 대하여는 명문으로 당해 행위의 규제목적이 경쟁의 보호에 있음을 밝히고 있는 반면에 시장지배적지위의 남용을 금지하고 있는 법 제3조의2(현행법 제5조)의 규정의 문언을 살펴보면 경쟁제한으로 그 적용 범위를 제한하는 표현이 없는데 이는 단순히 경쟁제한의 우려의 측면에서 시장지배적사업자의 지위남용을 규제하기 위한 것이 아니라 경쟁제한의 우려와 관계없이 시장지배적사업자가 지위를 남용함으로써 야기될 수 있는 폐해를 규제하려는 데 그 입법목적이 있기 때문이라는 것이다.

Ⅲ. 시장지배적지위 남용행위의 부당성에 관한 법리

1. 법리의 정립

2007.11.22. 포스코 판결이 내려진 이후 판결의 의미, 다수의견과 반대의견의 제기 법리, 동 판결의 대상행위인 시장지배적사업자의 사업활동 방해행위 중 거래거절 외의 다른 유형의 남용행위에도 적용되는지 여부, 행정처분의 대상이 되는 행위의 부당성 판단에 있어서 주관적 의도가 하나의 고려요소라기보다 위법행위의 결정적인 성립요건 자체로 요구되는 것이 적정한지 등을 둘러싸고 상당한 논란이 제기되었다.

2008.12.11. 선고 2007두25183 판결(티브로드 판결, (주)티브로드 강서방송의 시장지배적지위 남용행위 건, 2007.3.28. 공정위 의결)은 부당성 판단 관련하여 직전의 포스코 판결을 참조판례로 동일한 내용을 설시하였다. 한편 2009.7.9. 대법원은 선고 2007두22078 판결(농업협동조합중앙회의 시장지배적지위 남용행위 건, 2007.1.25. 공정위 의결)에서 법 제3조의2 제1항 제5호 및 같은 법 시행령 제5조 제5항 제2호(현행법 제5조 제1항 제5호 및 같은 법 시행령 제9조 제5항 제2호)의 부당하게 경쟁사업자를 배제하기 위하여 거래하는 행위(배타조건부 거래행위) 관련하여 위 2007.11.22. 전원합의체 판결에서 제시한 법리를 그대로 인용하면서, "시장지배적지위 남용행위로서의 배타조건부 거래의 부당성은 그 거래행위의 목적 및 태양, 시장지배적 사업자의 시장점유율, 경쟁사업자의 시장 진입 내지 확대 기회의 봉쇄 정도 및 비용 증가 여부, 거래의 기간, 관련시장에서의 가격 및 산출량 변화 여부, 유사품 및 인접시장의 존재 여부, 혁신 저해 및 다양성 감소 여부 등 여러 사정을 종합적으로 고려하여 판단하여야 한다. 다만, 시장지배적지위 남용행위로서의 배타조건부 거래행위는 거래상대방이 경쟁사업자와 거

래하지 아니할 것을 조건으로 그 거래상대방과 거래하는 경우이므로, 통상 그러한 행위 자체에 경쟁을 제한하려는 목적이 포함되어 있다고 볼 수 있는 경우가 많을 것이다."라는 추가적인 판단기준을 설시하였다.[3]

　필자는 위와 같은 일련의 3건의 대법원 판결을 통하여 시장지배적지위 남용행위의 부당성 판단에 관한 법리가 확립, 정착되었다고 본다. 그 이후 각급 법원의 판결은 이를 따라 참조 판례로 인용하였고,[4] 공정위도 2009.12.30. 퀄컴 인코포레이티드 등의 시장지배적지위 남용행위 등 건, 2017.1.20. 퀄컴 인코포레이티드 등의 시장지배적지위 남용행위 등 건(소위 퀄컴 Ⅱ 케이스), 2018.3.13. 지멘스(주) 등의 시장지배적지위 남용행위 등 건, 2020.12.2. 가즈트 랑스포르 에 떼끄니가즈의 시장지배적지위 남용행위 등 건, 2021.1.27. 네이버(주)[쇼핑 부문]의 시장지배적지위 남용행위 등 건에서 동 대법원 판결을 참조로 하거나 그대로 인용하여 의결하고 있다.

　다만 2007.11.22. 소위 포스코 판결이 시장지배적지위 남용행위와 불공정거래행위의 부당성을 별도로 독자적으로 평가·해석해야 한다고 하면서, 불공정거래행위로서의 거래거절행위에 관하여 시장에 미치는 영향을 고려하지 아니하고 그 거래상대방인 특정 사업자가 당해 행위로 인하여 불이익을 입었는지 여부에 따라 부당성 유무를 평가하여야 한다고 판시한 부분은 공정거래법에 의한 불공정거래행위는 그 수단, 방법 등에 의한 경제적 효과에서 판단하여 국가경제의 질서나 국민경제 전체의 이익에 중대한 영향을 미치는 경우와 관계있는 것이며, 경제법으로서의 공정거래법의 입장에서 이를 위법으로 하여 규제하는 것이라는 점에서 필자는 비판적인 생각을 갖고 있다(이슈 17: 불공정거래행위의 위법성 판단 기준 Ⅰ. 1. 참조). 이는 불공정거래행위의 부당성에 대하여 대법원이 명확한 법리를 제시한 1998.3.27. 선고

---

3) 동 판결 관련 거래거절 등 사업활동 방해행위의 경우와는 차별성이 존재함을 인정한 판례라는 해석(이호영, 제7판 독점규제법, 2022, 88면 참조), 포스코 판결의 거래거절의 부당성 판단 요건을 그대로 인용하였으나 시장지배적사업자의 배타조건부 거래행위의 경우 부당성 요건 중 주관적인 요건을 완화화였다는 견해(김형배, 공정거래법의 이론과 실제(전면개정판), 2022, 258면 참조)가 있다.

4) 서울고등법원 2008.4.16. 선고 2007누16051 판결, 대법원 2010.3.25. 선고 2008두7465 판결, 서울고등법원 2008.9.11. 선고 2007누30897 판결, 대법원 2010.4.8. 선고 2008두17707 판결, 서울고등법원 2008.8.20. 선고 2008누2851 판결, 대법원 2011.6.10. 선고 2008두16322 판결, 서울고등법원 2013.6.19. 선고 2010누3932 판결, 서울고등법원 2012.1.19. 선고 2011누19200 판결, 대법원 2019.1.31. 선고 2013두14726 판결, 서울고등법원 2018.1.31. 선고 2015누38278 판결, 대법원 2021.6.30. 선고 2018두37700 판결, 서울고등법원 2018.1.31. 선고 2015누38131 판결, 대법원 2021.6.30. 선고 2018두37960 판결, 서울고등법원 2023.1.12. 선고 2021누49330 판결, 서울고등법원 2022.12.14. 선고 2021누36129 판결, 서울고등법원 2019.12.4. 선고 2017누48 판결, 대법원 2023.4.13. 선고 2020두31897 판결 등 참조.

96누18489 판결((주)조선일보사의 부당한 경품류제공행위등 건, 1995.6.21. 공정위 의결), 1998.9.8. 선고 96누9003 판결(쌍용정유(주)의 부당한 거래거절행위등 건, 1994.10.12. 공정위 의결), 그리고 그 이후 불공정거래행위 중 거래상 지위의 남용행위와 관련한 대법원 판결 및 서울고등법원 판결들도 일관되게 단순한 불이익보다는 시장에서의 공정한 거래질서 내지 경쟁질서 측면에서 부당성을 판단해야 된다는 법리를 제시하고 있는 것에서도 시사하는 바가 있다.[5]

2. 평가

2007.11.22. 포스코 대법원 판결에 따라 시장지배적지위 남용행위의 부당성 판단에 관한 법리가 제시된 이후 2008.12.11. 티브로드 판결, 2009.7.9. 농협중앙회 판결, 2010.3.25. 현대자동차 판결, 2010.4.8. 기아자동차 판결, 2011.6.10. 이베이지마켓 판결, 2019.1.31. 퀄컴 I 판결, 2021.6.30. 케이티 및 엘지유플러스 판결 등 2건(이윤압착 케이스), 2023.4.13. 퀄컴 II 판결 등 여러 건의 시장지배적지위 남용행위 관련 대법원 판결이 내려졌다.[6]

적용된 시장지배적지위 남용행위 규정은 법 제5조(시장지배적지위의 남용금지) 제1항 제3호(다른 사업자의 사업활동을 부당하게 방해하는 행위) 및 제5호(부당하게 경쟁사업자를 배제하기 위하여 거래하는 행위)로서 포스코 판결, 티브로드 판결, 기아자동차 판결, 이베이지마켓 판결에서는 시장지배적지위 남용행위로 인정받지 못한 반면에 현대자동차 판결, 농협중앙회 판결, 퀄컴 I 판결, 케이티 및 엘지유플러스 판결, 퀄컴 II 판결에서는 남용행위로 판단되었다. 한편 원심 및 상고심 판결 모두 포스코 판결 이후 나온 것은 현대자동차 판결, 기아자동차 판결, 이베이지마켓 판결, 퀄컴 I 판결, 케이티 및 엘지유플러스 판결 등 5건이며 이중 이베이지마켓 판결, 케이티 및 엘지유플러스 판결의 경우 부당성에 관한 법리는 동일하였지만 원심 및 상고심 간에 상반된 판결 결과가 내려졌다.

부당성 판단 관련 법리는 ① 시장에서의 독점을 유지·강화할 의도나 목적이라는 주관적 요소, ② 경쟁제한의 효과가 생길 만한 우려가 있을 것이라는 객관적 요소를 충족시켜야 한

5) 이슈 17: 불공정거래행위의 위법성 판단 기준 II., 이슈 22: 불공정거래행위 중 거래상 지위의 남용행위 I. 참조.
6) 대법원 2010.2.11. 선고 2008두16407 판결(씨제이케이블넷중부산방송(주)의 시장지배적지위 남용행위 건, 2007.8.20. 공정위 의결), 대법원 2010.5.27. 선고 2009두1983 판결((주)티브로드 강서방송의 시장지배적지위 남용행위 건, 2007.10.8. 공정위 의결), 대법원 2014.4.10. 선고 2012두6308 판결(현대모비스(주)의 시장지배적지위 남용행위 등 건, 2009.6.5. 공정위 의결) 등은 포스코 판결 이후의 판결들이지만 부당성 판단 관련하여 포스코 판결 및 따름판례들을 직접적으로 인용하거나 확립된 기본법리를 제시하지 않고 있다.

다는 것으로 동일한 바, 그 행위로 인하여 현실적으로 경쟁제한효과가 나타났음이 증명된 경우에는 그 행위 당시에 경쟁제한을 초래할 우려가 있었고 또한 그에 대한 의도나 목적이 있었음을 사실상 추정할 수 있지만, 그렇지 않은 경우에는 행위의 경위 및 동기, 행위의 태양, 관련시장의 특성 또는 유사품 및 인접시장의 존재 여부, 관련 시장에서의 가격 및 산출량의 변화 여부, 혁신 저해 및 다양성 감소 여부 등 여러 사정을 종합적으로 고려하여 그 행위가 경쟁제한의 효과가 생길 만한 우려가 있는 행위로서 그에 대한 의도나 목적이 있었는지가 판단되어야 한다는 것이다. 결국 부당성에 관한 법리는 동일하지만 케이스별로 인정한 구체적인 사실관계 및 사정에 따라 달리 판단되었다고 볼 수 있다.

한편 2022.12.14. 서울고등법원 2021누36129 판결(네이버(주)[쇼핑 부문]의 시장지배적지위 남용행위 등 건, 2021.1.27. 공정위 의결)을 보면, 원고는 "피고가 가격 상승이나 산출량 감소와 같은 경쟁제한성의 징표에 대한 판단을 누락한 채 이 사건 위반행위의 경쟁제한성을 인정한 것은 위법하다."고 주장하였지만, "원고가 드는 사정들은 경쟁제한성 유무를 판단함에 있어 고려될 수 있는 사정에 해당할 뿐 반드시 모든 위반행위의 경쟁제한성 유무 판단 과정에서 빠짐없이 검토되어야 하는 요소인 것은 아니므로 원고의 주장은 받아들일 수 없다."고 판단하였다. 시장지배적지위 남용행위의 부당성 관련 그동안 확립된 일관된 법리를 벗어난 것은 아닐 수 있지만 가격 상승이나 산출량 감소와 같은 경쟁의 기본요소에 대해서도 한 고려요소에 불과하다는 취지로 해석하고 있어서 앞으로 대법원 판결이 어떻게 판단을 내릴지가 주목된다.

3. 부당성에 관한 대법원의 구체적 판단 사례 소개

아래에서는 시장지배적지위의 남용행위에 대한 부당성 판단 관련하여 기본법리를 확립한 포스코 판결을 포함한 7개의 대법원 판결을 선정하여 동일한 기본법리하에서 그 부당성에 대해 구체적으로 판단한 내용을 그대로 소개하기로 한다.

가. 대법원 2007.11.22. 선고 2002두8626 전원합의체 판결(포항종합제철(주)의 시장지배적지위 남용행위 건, 2001.4.12. 공정위 의결)

원심은, 원고가 강관용 열연코일을 자동차용으로 전환하여 공급하는 것을 포함하여 참가인에게 자동차냉연강판용 열연코일을 공급하는 것은 고부가가치 최종제품인 자동차용 냉연강판의 판매를 포기하고 경쟁자인 참가인의 자동차강판제조용 원료 공급업체로 전락하는 것이라는 취지의 입장을 표방하여 온 사실, 원고는 자기보다 먼저 냉연강판을 생산해온 연합철강이나 동부제강에게는 냉연용 열연코일을 공급하여 왔음에도 자기가 냉연강판을 생산한 이후에 냉연강판시장에 진입하게 된 참가인에게만은 냉연용 열연코일의 공급을 거부하고 있는 사실, 그리하여 참가인은 냉연용 열연코일의 구매를 전적으로 수입에 의존할 수밖에 없는 상황에서 열연코일 수입에 따른 추가비용부담(운임, 관세, 하역비 등), 거래의 불안정성(물량의 안정적 확보 곤란, 원료 혼용에 따른 생산성 저하, 과다한 운송기간에 따른 시장변화에 대한 신속한 적응 곤란, 환리스크 등) 등으로 인하여 사업활동에 상당한 어려움을 겪고 있고, 또 열연코일의 국내 구매가 불가능하다는 사정으로 인하여 외국으로부터 열연코일 수입시 구매력이 약해지고 거래조건협상이 불리해지는 여건에 처해 있는 사실을 인정한 다음, 원고의 참가인에 대한 거래거절행위는 열연코일시장에서의 자기의 시장지배적지위를 이용하여 냉연강판시장에 새로 진입한 경쟁사업자인 참가인에 대하여 냉연강판 생산에 필수적인 열연코일의 거래를 거절함으로써 열연코일시장에서의 시장지배적지위를 남용하여 냉연강판시장에서 경쟁사업자인 참가인의 사업활동을 방해하고 자기의 시장지배적 지위를 계속 유지·강화하려는 의도하에 행하여진 행위로서, 이는 시장에서의 경쟁촉진을 통해 소비자 후생을 극대화하고 국민경제의 발전을 도모한다는 법 취지에 어긋날 뿐만 아니라, 참가인에게 단순한 불편이나 경제적 손실의 정도를 넘어 경쟁자로서 충분하게 기능할 수 없을 정도의 장애를 초래하여 경쟁저해의 결과를 가져온 것이라고 할 것이므로, 원고의 참가인에 대한 거래거절행위는 시장지배적사업자가 특정 사업자의 사업활동을 어렵게 하는 부당한 행위에 해당한다고 판단하였다.

그러나 앞서 본 바와 같이 시장지배적사업자의 거래거절행위로 인하여 관련시장에서 상품의 가격상승 등 현실적으로 경쟁제한의 효과가 나타난 경우에는 그에 대한 우려가 있는 행위로서 시장지배적 사업자에게 경쟁제한의 의도나 목적이 있었음을 사실상 추정할 수 있다고 할 것인데, 원심이 들고 있는 사정들은 모두 원고의 이 사건 거래거절행위에 의하여 참가인이 입게 된 구체적인 불이익에 불과한 것들로서 현실적으로 경쟁제한의 결과가 나타났다고 인정할 만한 사정에 이르지 못할 뿐만 아니라, 오히려 원심에 제출된 증거들에 의하면, 원고의 이 사건 거래거절행위에도 불구하고 참가인은 일본으로부터 열연코일을 자신의 수요에 맞추어 수입하여 냉연강판을 생산·판매하여 왔고, 냉연강판공장이 완공되어 정상조업이 개시된 2001년 이후부터는 지속적으로 순이익을 올리는 등 냉연강판 생산·판매사업자로서 정상적인 사업활동을 영위하여 왔던 사실을 알 수 있으며, 또한 원고의 이 사건 거래거절행위 이후 국내에서 냉연강판의 생산량이 줄었다거나 가격이 상승하는 등 경쟁이 제한되었다고 볼 만한 자료도 나타나 있지 않으므로, 경쟁 저해의 결과를 초래하였다는 원심의 판단을 수긍하기 어렵다.

또한, 이 사건 거래거절행위는 냉연강판시장에 원재료인 냉연용 열연코일을 공급하던 원고가 냉연강판시장에 진입한 이후에도 경쟁사업자에 해당하는 기존의 냉연강판 제조업체들에게는 계속적으로 냉연용 열연코일을 공급하여 오다가 새로이 냉연강판시장에 진입한 경쟁사업자인 참가인에 대하여 신규공급을 거절한 것인바, 비록 원고가 열연코일시장에서의 시장지배적지위를 이용하여 후방시장인 냉연강판시장에서의 신규 경쟁사업자에게 영향을 미칠 수 있는 거래거절행위를 한 것이기는 하나, 이는 원재료 공급업체가 새로이 냉연강판시장에 진입하면서 기존의 냉연강판 제조업체에 대한 원재료의 공급을 중단하여 경쟁사업자의 수를 줄이거나 그의 사업능력을 축소시킴으로써 경쟁을 제한하는 결과를 낳는 경우와는 달리, 원고와 기존 냉연강판 제조업체들에 의하여 형성된 기존의 냉연강판시장의 틀을 유지하겠다는 것이어서 그 거래거절에 의하여 기존 냉연강판시장의 가격이나 공급량 등에 직접적으로 영향을 미치지는 아니하므로, 참가인의 신규 참여에 의하여 냉연강판시장에서 현재보다 소비자에게 유리한 여건이 형성될 수 있음에도 참가인이 원고 외의 다른 공급사업자로부터 열연코일을 구할 수 없어, 거래거절에 의하여 신규 참여가 실질적으로 방해되는 것으로 평가될 수 있는 경우 등에 이르지 않는 한, 그 거래거절 자체만을 가지고 경쟁제한의 우려가 있는 부당한 거래거절이라고 하기에는 부족하다고 보아야 할 것이다. 오히려, 이 사건에서는 앞서 본 바와 같이 원고의 거래거절행위에도 불구하고 참가인은 일본으로부터 열연코일을 자신의 수요에 맞추어 수입하여 냉연강판을 생산·판매하여 왔고 순이익까지 올리는 등 정상적인 사업활동을 영위하여 옴으로써 결국 냉연강판시장의 규모가 확대되었다고 할 것이다. 따라서 이와 같은 사정과 아울러 이 사건 거래거절행위로 인하여 거래거절 당시 생산량 감소나 가격 상승과 같은 경쟁제한 효과가 발생할 우려가 있었다는 사정에 관한 자료도 없는 점에 비추어 보면, 위에서 본 바와 같이 원심이 들고 있는 이 사건 거래거절로 인하여 참가인이 입게 된 불이익에 관한 사정들만으로는 이 사건 거래거절행위를 거래거절 당시 경쟁제한의 효과가 생길 만한 우려가 있는 행위로 평가하기에는 부족하다고 봄이 상당하다.

그렇다면 원고의 이 사건 거래거절행위가 공정거래법 제3조의2 제1항 제3호가 적용되는 시장지배적사업자의 부당한 거래거절행위에 해당한다고 판단한 원심판결에는 시장지배적 사업자의 거래거절행위와 관련한 부당성에 관한 법리를 오해하여 판결에 영향을 미친 위법이 있다 할 것이며, 이를 지적하는 상고이유에 관한 주장은 이유 있다.

나. 대법원 2008.12.11. 선고 2007두25183 판결(티브로드 판결, (주)티브로드 강서 방송의 시장지배적지위 남용행위 건, 2007.3.28. 공정위 의결)

앞에서 본 바와 같이 원고가 이 사건 관련 시장에서 시장지배적사업자의 지위에 있다고 볼 수 없는 이상, 이 사건 채널변경행위가 법 제3조의2 제1항 제3호에 규정된 시장지배적 지위 남용행위로서 부당성을 갖는지 여부를 더 나아가 살필 필요는 없으나, 설령 이 사건 관련 시장에서 원고가 시장지배적사업자의 지위에 있다고 하더라도, 이 사건 채널변경행위가 법 제3조의2 제1항 제3호에 규정된 시장지배적지위 남용행위로서 부당성을 갖는다는 원심 의 판단은 다음과 같은 이유로 수긍하기 어렵다.

우선 위 법리에 비추어 보면, 시장지배적사업자의 불이익 강제행위로 인하여 현실적으로 경쟁제한의 효과가 나타난 경우에는 그에 대한 우려가 있는 행위로서 시장지배적사업자에게 경쟁제한의 의도나 목적이 있었음을 사실상 추정할 수 있다고 할 것인데, 원심이 들고 있는 사정들은 모두 원고의 이 사건 채널변경행위에 의하여 우리홈쇼핑이 입게 된 구체적인 불이 익에 불과한 것들로서 현실적으로 경쟁제한의 결과가 나타났다고 인정할 만한 사정에 이르 지 못한다.

또한, 기록에 의하여 알 수 있는 여러 사정을 종합하더라도, 원고가 시장에서의 독점을 유 지·강화할 의도나 목적, 즉 시장에서의 자유로운 경쟁을 제한함으로써 인위적으로 시장질 서에 영향을 가하려는 의도나 목적을 갖고, 객관적으로도 그러한 경쟁제한의 효과가 생길 만한 우려가 있는 행위로 평가될 수 있는 불이익 강제행위를 했다고 보기도 어렵다.

그렇다면 원고의 이 사건 채널변경행위가 법 제3조의2 제1항 제3호에 규정된 시장지배적 사업자의 부당한 불이익 강제행위에 해당한다고 판단한 원심판결에는 시장지배적사업자의 불이익 강제행위와 관련된 부당성에 관한 법리 등을 오해하여 판결에 영향을 미친 위법이 있다.

다. 대법원 2009.7.9. 선고 2007두22078 판결(농업협동조합중앙회의 시장지배적지 위 남용행위 건, 2007.1.25. 공정위 의결)

원심이 인정한 사실관계 및 기록에 의하면, 원고는 식량작물용 화학비료 시장에서 정부의 가격 보조를 기반으로 하여 독점적 사업자의 지위를 누려오다가, 2005. 7. 1.부터 정부의 화 학비료에 대한 차손 보조가 완전 폐지되어 경쟁사업자에 의한 시장 잠식이 현저히 우려되 자, 자신의 시장지배력을 종전과 같이 유지할 목적으로 경쟁사업자를 배제하기 위하여 비료 제조회사들과 사이에 이 사건 구매납품계약을 체결한 것으로 보이는 점, 이러한 원고의 행위는 경쟁사업자인 비료 제조회사의 영업소나 판매대리점 등을 통한 식량작물용 화학비료의 시중 판매를 원천적으로 봉쇄함으로써 식량작물용 화학비료 유통시장에서 이들을 배제하는 결과를 초래할 우려가 있다고 보이는 점, 더욱이 이 사건 구매납품계약이 체결된 2006. 1.부터 2006. 6. 30.까지의 식량작물용 화학비료의 시장점유율을 보면 원고는 여전히 100%에 가까운 시장점유율을 보이고 있는 반면, 원고의 경쟁사업자인 일반 시판상들의 시장점유율은 전년도보다 오히려 악화된 0%를 보이고 있어 현실적으로도 이 사건 구매납품계약에 의한 경쟁제한의 효과가 발생한 것으로 보이는 점 등을 알 수 있는바, 이러한 사정들을 종합하여 보면 식량작물용 화학비료 유통시장에서 이미 독점적인 구매력과 유통망을 확보하고 있는 원고의 위 배타조건부 거래행위는 위 시장에서의 경쟁을 부당하게 제한하였다고 봄이 상당하다.

원심이 같은 취지에서, 원고의 이 사건 배타조건부 거래행위가 식량작물용 화학비료 유통시장에서의 경쟁을 부당하게 제한함으로써 법 제3조의2 제1항 제5호 전단 소정의 시장지배적지위 남용행위에 해당한다고 판단한 것은 정당하다.

원심판결에는 상고이유에서 주장하는 바와 같은 시장지배적지위 남용행위로서의 배타조건부 거래의 부당성에 관한 법리오해 등의 위법이 없다.

라. 대법원 2011.6.10. 선고 2008두16322 판결((주)인터파크지마켓의 시장지배적지위 남용행위 건, 2007.12.18. 공정위 의결)

(1) 원심은 다음과 같은 사정을 주요 근거로 삼아, 시장지배적사업자인 원고가 그 지위를 남용하는 이 사건 행위를 함으로써 후발사업자가 결국 매출부진을 이기지 못하고 시장에서 퇴출되기에 이르러 유력한 경쟁사업자를 배제하는 효과를 거두었을 뿐만 아니라, 다른 신규사업자의 시장진입에도 부정적인 영향을 미쳐 오픈마켓 운영시장에서 자신의 시장지배적 지위를 유지·강화시켰다고 보고, 이 사건 행위가 '부당하게 거래상대방이 경쟁사업자와 거래하지 아니할 것을 조건으로 그 거래상대방과 거래하는 경우'에 해당한다고 판단하였다.

① 엠플온라인은 2006. 4.경 오픈마켓 운영시장에 후발사업자로 진입하여 공격적인 사업전략으로 빠르게 성장하고 있었는데, 원고가 2006. 10. 중순경 이 사건 행위 등의 방법으로 엠플온라인과의 거래중단을 요구하였다. 이러한 원고의 행위는 오픈마켓 운영시장에서의 자신의 독과점적 지위를 유지·강화할 의도나 목적을 가지고 행하여진 것으로 보인다.

② 오픈마켓에 입점한 판매자들로서는 인지도·신뢰도가 높은 오픈마켓을 통해 소비자들

에게 자신의 상품을 효과적으로 노출시키는 것이 판매량 증대와 직결되므로, 원고의 요구를 거절하기는 어려울 것으로 보이고, 실제로 7개 사업자들은 원고의 위와 같은 요구에 강한 불만을 가지면서도 불이익을 우려하여 원고보다 더 유리한 조건으로 거래하고 있던 엠플온라인과의 거래를 중단하게 되었다.

③ 7개 사업자들은 매출이 상대적으로 높은 우량 판매자들로 보인다.

④ 후발사업자인 엠플온라인이 원고의 이 사건 행위로 인하여 우량한 판매자들과 거래를 확대하여 매출을 늘릴 수 있는 기회를 상실하였다.

(2) 그러나 원심이 인정한 사실관계에 의하면, ① 원고의 이 사건 행위로 인하여 7개 사업자들이 엠플온라인과 거래를 중단한 기간은 주로 1, 2개월이고, 짧게는 14일, 길게는 7개월 보름 남짓에 불과한 점, ② 그 기간 국내 오픈마켓 시장의 시장점유율 2위 사업자인 원고가 7개 사업자들로부터 얻은 판매수수료 총액이 약 2,500만 원에 불과하여, 원고보다 시장점유율이 훨씬 낮은 엠플온라인에게는 7개 사업자들과 위 기간 거래중단이 없었으면 얻을 수 있었던 판매수수료가 그보다 더 낮았을 것으로 보이는 점, ③ 이 사건 행위의 상대방은 7개 사업자들로서 G마켓에 입점한 약 23만 개의 판매업체를 기준으로 하더라도 그 비율이 극히 미미하고, 국내 오픈마켓 전체 시장을 기준으로 하면 그 비율은 더 낮았을 것으로 보이는 점, ④ 2006년 기준 7개 사업자가 G마켓을 통하여 상품 등을 판매한 거래금액의 비중은 G 마켓의 전체 상품판매 거래금액의 0.24%에 불과하고, 오픈마켓 시장 전체를 기준으로 볼 때에도 이에 크게 벗어나지 않을 것으로 보이는 점 등을 알 수 있는바, 이러한 사정에 비추어 보면, 과연 엠플온라인이 원고의 이 사건 행위로 인하여 매출 부진을 이기지 못하고 오픈마켓 시장에서 퇴출된 것인지, 나아가 이 사건 행위가 다른 신규 사업자의 시장진입에도 부정적인 영향을 미쳤는지 명백하지 아니하다.

그렇다면 원심으로서는 오픈마켓 운영시장의 진입장벽이나 시장진입 초기 우량 판매자 확보의 중요도, 상품 구성의 영향 등의 제반 특성과 엠플온라인의 재무구조의 건전성이나 영업전략의 현실성 등을 심리하여 이 사건 행위가 엠플온라인의 전체 사업활동이나 매출에 어떠한 영향을 미쳤는지 등을 우선적으로 살핀 다음, 이를 전제로 엠플온라인이 이 사건 행위로 인하여 매출 부진을 이기지 못하고 오픈마켓 시장에서 퇴출된 것인지 여부와 이 사건 행위로 나타난 신규 사업자의 시장진입을 봉쇄한 정도나 기간 등을 종합적으로 고려하여 이 사건 행위를 객관적으로 오픈마켓 시장에 경쟁제한의 효과가 생길만한 우려가 있는 행위로 평가할 수 있는지 여부 등을 판단하였어야 할 것이다.

그럼에도 원심은 그 판시와 같은 이유만을 들어 이 사건 행위가 '부당하게 거래상대방이 경쟁사업자와 거래하지 아니할 것을 조건으로 그 거래상대방과 거래하는 경우'에 해당한다고 판단하고 말았으니, 이러한 원심판결에는 시장지배적사업자의 배타조건부 거래행위의 부당성에 관한 법리를 오해한 나머지 필요한 심리를 다 하지 아니한 잘못이 있고, 이러한 잘못은 판결에 영향을 미쳤음이 명백하다. 이를 지적하는 이 부분 상고이유의 주장에는 정당한 이유가 있다.

마. 대법원 2019.1.31. 선고 2013두14726 판결(퀄컴 인코포레이티드, 한국퀄컴(주), 퀄컴 씨디엠에이테크놀로지코리아의 시장지배적지위 남용행위 등 건, 2009.12.30. 공정위 의결)

(1) 국내 CDMA2000 방식 모뎀칩 시장에서의 부당성 인정 여부 관련하여, 원심은 위 사실관계를 전제로, 모뎀칩 리베이트 제공행위는 거래상대방이 경쟁사업자인 CDMA2000 방식 모뎀칩 사업자와 거래하지 아니할 것을 조건으로 거래한 '배타조건부 거래행위'로서 국내 CDMA2000 방식 모뎀칩 시장에서 경쟁제한적 효과가 생길 만한 우려가 있는 행위에 해당하고, 원고 퀄컴은 이러한 경쟁제한적 효과 내지 우려에 대한 인식과 함께 그에 대한 의도와 목적도 있었다고 보아, 그 부당성이 인정된다고 판단하였다.

① 엘지전자에 대한 모뎀칩 리베이트는 모뎀칩과는 그 시장이 구별되는 다른 상품인 RF칩의 구매비율도 동시에 충족할 것을 요구한 점, ② 원고 퀄컴이 모뎀칩 리베이트를 제공한 시점을 전후로 엘지전자 및 삼성전자의 경쟁사업자 모뎀칩 사용 비율은 비교적 선명한 하락 추세를 보이는 점, ③ 원고 퀄컴이 제출한 경제분석 결과에 따르더라도 모뎀칩의 '유효가격(effective price)'이 평균총비용이나 장기평균증분비용보다 낮은 부분이 여러 범위에서 관찰되는 점, ④ 이러한 경제분석 등 관련 자료만으로 피고의 부당성 등에 관한 일응의 증명을 뒤엎을 정도에 이르렀다고 판단하기는 어려운 점, ⑤ 원고 퀄컴이 제공한 리베이트로 인하여 휴대폰 소비자가격이 낮아지는 등 소비자 후생 향상에 기여하였다는 사정도 찾아보기 어려운 점 등 기록에 나타난 여러 사정과 함께 원심판결 이유를 앞서 본 법리에 따라 살펴보면, 원심의 위와 같은 판단에 시장지배적지위 남용행위인 배타조건부 거래행위의 부당성 등에 관한 법리를 오해하거나 논리와 경험의 법칙에 반하여 자유심증주의의 한계를 벗어난 잘못이 없다.

(2) 국내 CDMA2000 방식 RF칩 시장에서의 부당성 인정 여부 관련하여,

① 2005.7.1.부터 2006.12.31.까지의 기간에 있었던 RF칩 구매 조건부 리베이트(이하 'RF칩 리베이트'라고 한다) 제공행위에 관하여, 원심은, 앞서 인정한 각 사실관계를 전제로, 위 기

간에 있었던 원고 퀄컴의 RF칩 시장에서의 배타조건부 거래행위로 인하여 시장봉쇄 효과가 발생하여 경쟁사업자들의 시장진입이 저지되었고, 휴대폰 제조사와 소비자의 선택 기회가 적어지고 제품의 다양성도 감소하였다고 보아, 그 경쟁제한성 내지 부당성이 인정된다고 판단하였다. 원심판결 이유를 앞서 본 법리와 기록에 비추어 살펴보면, 원심의 이러한 판단에 배타조건부 거래행위의 부당성 등에 관한 법리를 오해하거나 논리와 경험의 법칙에 반하여 자유심증주의의 한계를 벗어난 잘못이 없다.

② 원고 퀄컴이 엘지전자에 대하여만 RF칩 리베이트를 제공한 2000.7.1.부터 2005.6.30. 까지 및 2007.1.1.부터 2009.7.15.까지의 기간에 관하여, 원심은, 국내 CDMA2000 방식 휴대폰 제조시장이 엘지전자와 삼성전자가 각각 40% 이상의 시장점유율을 갖는 과점체제라고 전제한 후, 원고 퀄컴이 위 기간 중 엘지전자에 RF칩 리베이트를 제공하여 엘지전자에 대한 공급을 독점하는 것만으로도 국내 CDMA2000 방식 RF칩 시장에서 최소 40% 이상의 시장 봉쇄 효과가 발생하고, 그 행위의 부당성도 인정된다고 판단하였다. 그러나 적법하게 채택된 증거에 의하면, 엘지전자의 2006~2008년 국내 CDMA2000 방식 휴대폰 판매시장 점유율은 약 21.6% 내지 25.9%에 불과하였던 사실, 엘지전자에 대하여만 RF칩 조건부 리베이트를 제공한 기간에 삼성전자의 비(非) 퀄컴 RF칩 사용 비율이 증가한 사실, 원고 퀄컴의 국내 CDMA2000 방식 RF칩 시장에서의 시장점유율은 2002년 91.4%에서 2004년 77.1%로 대폭 하락하였고, 이후 2006년 83.5%, 2007년 71.5%, 2008년 71.2%로 계속하여 상당폭 하락 추세에 있었던 사실 등을 알 수 있다. 나아가 피고는, 원심이 40%의 시장봉쇄 효과가 있었다고 판단한 부분 중 "40%" 부분은 오기에 불과하고, 엘지전자 1개사에 대하여만 RF칩 리베이트를 제공하더라도 경쟁제한성을 인정하는 데 아무런 문제가 없다고 주장하고 있다.

사정이 이와 같다면, 원심이 전제한 것처럼 '엘지전자가 국내 CDMA2000 방식 휴대폰 제조시장에서 40% 이상의 시장점유율을 갖는다'고 볼 근거는 없고, 이러한 전제가 잘못된 이상 엘지전자에 대한 RF칩 리베이트 제공으로 인하여 국내 CDMA2000 방식 RF칩 시장에서 최소 40% 이상의 시장봉쇄 효과가 발생하였다고 단정할 수도 없다. 그 밖에 앞서 본 법리에 따라 원심이 들고 있는 사정 및 적법하게 채택된 증거들과 기록에 나타난 제반 사정을 종합하여 보더라도, 위 리베이트 제공행위로 인하여 국내 CDMA2000 방식 RF칩 시장 전체에서의 경쟁을 제한하는 효과가 생길 만한 우려가 있다거나 부당성이 인정된다고 보기는 어렵다. 설령 엘지전자가 국내 RF칩 구매시장에서 40% 이상의 점유율을 차지하였다고 가정하더라도, 엘지전자가 원고 퀄컴으로부터 구매한 RF칩 전량이 리베이트로 인하여 구매하게 된 것이라고 단정할 수 없으므로 곧바로 40%의 봉쇄효과를 인정하기도 어렵고, 원고 퀄컴이 위 기간 중 삼성전자와 팬택에 대하여는 RF칩 리베이트를 제공한 바 없으며, 위 기간 중 원고 퀄컴의 RF칩 시장점유율이 계속하여 줄어들었던 점 등 제반 사정에 비추어 보면, 위와 같은 결론이 달라진다고 보기도 어렵다.

그런데도 원심은 이와 달리, 위 RF칩 리베이트 제공과 관련한 경쟁제한성 내지 부당성이 인정된다고 판단하였다. 이러한 원심판결에는 논리와 경험칙에 반하여 자유심증주의의 한계를 벗어나거나 필요한 심리를 다하지 아니하고, 배타조건부 거래행위의 부당성 등에 관한 법리를 오해한 잘못이 있다. 이 점을 지적하는 원고 퀄컴의 상고이유 주장은 이유 있다.

바. 대법원 2021.6.30. 선고 2018두37960 판결(㈜케이티의 시장지배적지위 남용행위 건, 2015.2.23. 공정위 의결)

(1) 원심판결 이유에 따르면 다음 사정을 알 수 있다. 원고는 기업메시징서비스 시장의 2위 사업자로서 2013년 기업메시징서비스 시장에서 원고를 포함한 상위 3개 사업자의 시장점유율 합계는 약 79%에 달한다. 기업메시징서비스의 필수 원재료의 성격을 갖는 전송서비스 시장에서 원고의 시장점유율은 약 30%에 이르며 원고와 엘지유플러스를 포함한 3개 이동통신사업자의 점유율의 합계는 100%이다. 기업메시징서비스의 판매가격 중 원재료인 전송서비스 이용 관련 비용이 차지하는 비중이 상당하다. 관련시장인 기업메시징서비스 시장에서 원고와 엘지유플러스가 원재료 조달조건에서 우위를 점하고 있고 이미 상당 기간 기업메시징서비스 시장에 종사하면서 관련 기술과 인력을 구비한 기존 경쟁사업자들이 존재하고 있다. 원고는 엘지유플러스를 제외한 기업메시징서비스 시장의 주요 경쟁사업자들에 비해 자금력, 경제적 규모, 시장점유율, 원재료 공급 비중 등에서 상당한 우위에 있다. 이 사건 행위가 이루어진 기간 동안 무선통신망을 보유한 원고와 엘지유플러스의 기업메시징서비스 시장점유율은 상승한 반면, 기업메시징서비스 시장의 확대에도 불구하고 보조참가인을 비롯하여 무선통신망을 보유하지 않은 기업메시징사업자들의 시장점유율은 감소하는 경향이 나타났다.

(2) 위에서 본 사실관계와 이 사건에서의 사정을 본 법리에 비추어 보면, 이 사건 행위는 이윤압착행위로서 '부당하게' 통상거래가격에 비하여 낮은 대가로 공급하여 경쟁사업자를 배제시킬 우려가 있는 거래행위에 해당한다고 볼 수 있는 여지가 있다. 그 이유는 다음과 같다.

① 원고는 수직통합사업자로서 원심판결 이유에 의하더라도 전송서비스 시장과 기업메시징서비스 시장 모두에서 시장지배적 지위에 있다. 원고는 전기사업통신법상 기간통신사업자로 이 사건 처분 당시 전송서비스 시장에는 법률적·제도적 진입장벽이, 기업메시징서비스 시장에는 사실적·경제적 진입장벽이 존재한다고 볼 수 있다.

② 원고의 행위와 같이 수직 통합된 시장지배적사업자가 전송서비스 최저 판매단가 미만으로 기업메시징서비스를 판매하는 상황이 지속되는 경우라면, 독자적인 무선통신망을 갖추지 못한 통상적인 경쟁사업자가 위와 같은 전송서비스 최저 판매단가로 전송서비스를 구입하였다고 가정할 때 손실을 보지 않고서는 기업메시징서비스를 제대로 공급하기 어려우므로 하류시장인 기업메시징서비스 시장에서 가격경쟁 자체가 구조적으로 어렵다. 또한 원고와 같이 상류시장에서 무선통신망을 보유한 수직 통합된 시장지배적사업자가 상류시장 원재료 등의 도매가격을 하류시장 완제품의 소매가격보다 높게 설정하여 소매가격과 도매가격의 차이가 음수(−)가 되는 경우라면, 독자적인 무선통신망을 보유하지 않은 통상적인 기업메시징서비스 시장의 경쟁사업자들이 위와 같은 가격 조건에서는 특별한 사정이 없는 한 기업메시징서비스 시장에서 효과적으로 경쟁하기 어려워, 결국 퇴출되거나 재판매사업자로 전환함으로써 경쟁에서 배제될 개연성이 크다고 볼 수 있다. 이러한 판단을 하기 위해서 도매가격과 소매가격의 차이가 양수인 경우와 달리 별도로 원고의 하류시장 비용을 분석해야 하는 것은 아니다. 기업메시징서비스 시장의 경쟁사업자들이 원고와 동등하거나 심지어 좀 더 효율적으로 사업을 한다고 하더라도 결과가 달라지지 않을 것이다. 이와 같이 소매가격과 도매가격의 차이가 음수(−)가 되는 경우라면 상류시장과 하류시장 모두에서 시장지배적지위를 보유한 수직 통합된 사업자인 원고로서도 도매가격과 소매가격의 차이에 따른 이윤압착으로 기업메시징서비스 시장의 경쟁사업자가 배제될 개연성을 충분히 예상할 수 있으므로 통상 그 행위 자체에 경쟁을 제한하려는 의도와 목적이 있다고 추정할 수 있다.

③ 기업메시징서비스 시장에서 원고의 경쟁사업자들이 직면하게 되는 비용상의 열위는 이동통신망을 보유한 원고나 엘지유플러스와 같이 수직 통합된 시장지배적사업자가 존재하는 관련시장의 구조와 특징에 기인한 것일 뿐이다. 원래 기업메시징서비스는 2000년대 초반 보조참가인이 처음으로 기술을 개발하여 그 시장이 형성되기 시작한 것이다. 이러한 사정에 비추어 보더라도 무선통신망을 보유하지 못한 기업메시징사업자가 기업메시징서비스 공급 자체에서 '비효율적인 경쟁자'라고 볼 수는 없으므로, 원고의 행위를 규제하는 것이 비효율적인 경쟁자에 대한 가격보호에 해당한다고 할 수 없다.

④ 원고가 이 사건 행위를 하던 기간 동안 기업메시징서비스 가격이 하락하고 그 시장규모가 성장하였다고 하더라도, 중·장기적으로 기업메시징서비스 시장의 경쟁사업자가 배제됨으로써 나타날 수 있는 가격인상이나 서비스 품질 저하 등의 우려, 시장에서 유력한 현실적 또는 잠재적 경쟁사업자가 배제됨으로써 다양성이 감소되어 혁신이 저해될 우려와 이로 인하여 거래상대방의 선택의 기회가 제한될 우려를 비교하면, 이 사건 행위로 단기적으로

발생할 수 있는 소비자후생 증대효과가 이 사건 행위의 경쟁제한적 효과를 상쇄할 정도라고 단정할 수 없다.

(3) 따라서 원심으로서는 위에서 본 이윤압착행위의 부당성 판단 기준에 관한 법리에 따라 원고의 행위가 수직 통합된 상류시장의 시장지배적사업자가 소매가격을 도매가격에 비하여 낮게 설정한 시장지배적사업자의 이윤압착행위로서 부당성이 인정되는지 여부에 관하여 더 나아가 심리하여 이 사건 처분사유의 존부를 판단하여야 한다. 그런데도 원심은 이와 다른 법리를 전제로 이 사건 행위가 통상거래가격에 비하여 낮은 대가로 공급하는 행위에 해당한다고 볼 수 없다고 판단하고, 예비적으로 이 사건 행위의 부당성도 인정되지 않는다고 판단하였다.

원심판결에는 공정거래법 제3조의2 제1항 제5호 전단, 공정거래법 시행령 제5조 제5항 제1호에 따른 시장지배적지위 남용행위의 성립요건 중 부당성에 관한 법리를 오해하여 필요한 심리를 다하지 않은 잘못이 있다. 이를 지적하는 상고이유 주장은 정당하다.

사. 대법원 2023.4.13. 선고 2020두31897 판결(퀄컴 인코포레이티드 등의 시장지배적지위 남용행위 등 건, 2017.1.20. 공정위 의결)

(1) 이러한 행위 1과 행위 2가 상호 유기적으로 연계되어 구현된 '휴대폰 단계 라이선스 정책'은 경쟁 모뎀칩셋 제조사 및 휴대폰 제조사의 사업활동을 어렵게 함으로써 이 사건 표준별 모뎀칩셋 시장에서의 경쟁을 제한하는 효과를 발생시킬 우려가 있다. 그 이유는 다음과 같다.

① 원고들이 경쟁 모뎀칩셋 제조사들에 제한적 라이선스 계약만 체결하거나 라이선스 계약의 체결을 거절한 채 제한적 약정만 체결함에 따라(행위 1), 모든 휴대폰 제조사는 원고들의 특허를 침해하지 않고 적법하게 모뎀칩셋을 공급받기 위하여 모뎀칩셋을 누구로부터 공급받는지에 관계없이 반드시 원고들과 라이선스 계약을 체결할 수밖에 없다(이는 오로지 표준필수특허권자인 원고들과만 체결할 수 있다). 그중 원고들의 모뎀칩셋을 구매하고자 하는 휴대폰 제조사는 원고들과 체결하는 모뎀칩셋 공급계약의 내용에 의하여 원고들의 모뎀칩셋 공급과 라이선스 계약이 연계되므로(행위 2), 원고들과의 라이선스 계약 체결뿐만 아니라 유지도 강제된다.

또한 경쟁 모뎀칩셋 제조사들은 원고들의 특허를 침해하지 않고 적법하게 모뎀칩셋을 판매하기 위하여, 원고들과 라이선스 계약을 체결한 휴대폰 제조사에만 모뎀칩셋을 판매할 수 있고, 경쟁 모뎀칩셋 제조사들은 구매자, 구매자별 판매량과 같은 민감한 영업정보를 경쟁사인 원고들에게 보고하여야 하기도 한다. 만약 휴대폰 제조사가 원고들과의 라이선스 계약을 위반하면, 경쟁 모뎀칩셋 제조사들은 그것이 자신과 무관한 계약의 위반임에도 불구하고 해당 휴대폰 제조사와 모뎀칩셋 공급 거래를 함에 있어 위 계약 위반으로 인한 불이익을 감수하여야 하는 처지에 놓인다.

② 이에 더하여 원고들은 모든 경쟁 모뎀칩셋 제조사들이 원고들과 체결하여야 하는 제한적 라이선스 계약, 제한적 약정에 크로스 그랜트 조건을 포함시켰을 뿐만 아니라 모든 휴대폰 제조사들이 원고들과 체결할 수밖에 없는 라이선스 계약에도 크로스 그랜트 조건을 포함시킴으로써, 경쟁 모뎀칩셋 제조사보다 훨씬 더 광범위한 특허우산을 구축하였다. 이로써 원고들의 모뎀칩셋은 경쟁 모뎀칩셋 제조사의 모뎀칩셋보다 경쟁우위에 놓이게 된다.

③ 이처럼 원고들의 휴대폰 단계 라이선스 정책은 경쟁 모뎀칩셋 제조사의 모뎀칩셋 제조·판매 등 비용을 상승시키거나 기술 혁신을 저해하여 이 사건 표준별 모뎀칩셋 시장에서 경쟁 모뎀칩셋 제조사를 배제하는 효과를 가져올 우려가 있고, 잠재적 경쟁 모뎀칩셋 제조사의 시장 진입을 제한하여 모뎀칩셋의 다양성을 감소시킬 우려도 있다.

원심이 인정한 바와 같이 원고들이 휴대폰 단계 라이선스 정책을 실시하는 동안 대부분의 경쟁 모뎀칩셋 제조사들이 시장에서 퇴출된 점 등은 이와 같은 경쟁제한효과가 발생할 우려가 있음을 뒷받침한다.

나아가 앞서 본 사정들에다 표준필수특허권자의 성실한 실시조건 협상 절차의 이행은 표준필수특허권의 남용을 방지한다는 측면에서 그 필요성이 큰 점 및 기록에 의하면 원심이 인정한 원고들의 사업모델 구축의 경위, 원고들의 내부문서에 드러난 경쟁제한의 의도 등을 수긍할 수 있는 점까지를 고려하면, 원고들이 행위 1과 행위 2를 통해 휴대폰 단계 라이선스 정책을 구현한 의도나 목적은 단순히 최종 완제품 단계에서 부품 단계의 특허까지 포괄하여 실시료를 산정함으로써 효율성을 도모하기 위한 것이라기보다는 이 사건 표준별 모뎀칩셋 시장에서 경쟁 모뎀칩셋 제조사를 배제하고 원고들의 시장지배적지위를 유지·강화하기 위함으로 보인다.

(2) 같은 취지의 원심판단에 적용법규의 선택 및 해석, 행정소송법상 직권심사주의, 시장지배적지위 남용행위로서 '타당성 없는 조건 제시행위', '불이익강제행위'의 행위 요건 및 부당성 요건에 관한 법리를 오해하는 등으로 판결에 영향을 미친 잘못이 없다.

불공정거래행위의 위법성 판단 기준

Ⅰ. 개요

1. 불공정거래행위 금지제도의 의의[1]

공정거래법은 제1조 입법목적에 규정되어 있는 것처럼, 경쟁이 경제활동의 가장 강력한 원동력으로 공정하고 자유로운 경쟁이야말로 생산성의 향상, 기술의 진보를 가져오고 일반 소비자의 이익이 되며 국민경제의 균형있는 발전에 기여한다는 입장을 취하고 있다. 그리고 현실적으로 독점적 상태가 존재하지 않고 경쟁이 행해지고 있는 경우에도 각 기업의 규모, 특성 등의 상이에 따라 기업간의 힘에 차이가 생기고 이에 따라 경제적 강자에 의한 여러 가지 형태의 경제적 약자에 대한 압박, 고객을 둘러싼 쟁탈양상 및 치열한 경쟁에 따른 부작용 등이 초래되게 된다.

자유경쟁을 이상으로 하면서도 동시에 불공정한 경쟁방법, 즉 공정한 경쟁을 저해하는 불공정거래행위를 방지해야 할 필요성이 제기되는 것이다. 이에 따라 공정거래법은 독점적 상태나 부당한 공동행위가 배제되어 있는 경우에도 공정하고 자유로운 경쟁질서를 확보하기 위하여 불공정거래행위를 금지하고 있는 것이다. 이러한 측면에서 보면 불공정거래행위의 금지규정은 독점적 상태나 부당한 공동행위로의 발전을 사전에 방지한다는 예방적인 기능을 수행하는 것이다. 그러면서도 공정거래법의 주요한 금지규정의 하나로서 경쟁의 촉진을 위한 적극적인 기능을 해 오고 있다.

공정거래법상의 불공정거래행위에 해당하는 행위형태는 대개 사법이론상으로는 각 개인의 자유활동에 맡겨진 것이며, 자유경쟁이 경제적으로도 법제적으로도 확립된 19세기 이후에는 부정경쟁에 의한 다른 사업자의 이익을 침해하는 것은 사법상의 불법행위로서 다루어져 왔다. 그러나 자본주의의 고도발전에 따라 새로운 불공정거래행위가 발생되게 되어 그 피해자는 단순히 특정한 사업자에 그치지 않고 동종의 사업자 또는 산업 나아가 국민경제

---

[1] 이동규, 독점규제 및 공정거래에 관한 법률 개론(개정판), 행정경영자료사, 1997, 382~384면 참조.

전체에 영향을 미치게 되는 것이다. 사법상 허용되는 행위이지만 그 행위가 국민경제 전체에 영향을 미친다는 관점에서 다루도록 요구되는 것이 공정거래법에 의한 불공정거래행위의 규제제도인 것이다.

2. 제도의 내용

제45조(불공정거래행위의 금지) 제1항은 "사업자는 다음 각 호의 어느 하나에 해당하는 행위로서 공정한 거래를 해칠 우려가 있는 행위(이하 "불공정거래행위"라 한다)를 하여서는 아니된다"고 규정하고 있다. 그리고 같은 조 제3항에서 불공정거래행위의 유형 또는 기준은 대통령령으로 정한다고 규정하고 있으며, 이에 따라 시행령 제52조(불공정거래행위의 유형 또는 기준) 관련 [별표 2]에서 불공정거래행위의 유형 또는 기준을 정하고 있다. 그리고 법 제45조 제1항 제1호 내지 제8호에 적용되는 "불공정거래행위 심사지침(공정위 예규, 이하 "심사지침"이라 한다)"과 제9호의 부당한 지원행위에 적용되는 "부당한 지원행위의 심사지침" 등 2개의 내부지침을 운영하고 있다.

불공정거래행위의 금지는 원칙적으로 사업자를 대상으로 하는 것으로, 사업자단체에 대해서는 사업자단체가 사업자에게 불공정거래행위를 하게 하거나 이를 방조하는 행위가 금지되어 있다. 법 제118조(일정한 조합의 행위) 단서규정에 따라 공정거래법의 적용이 제외되는 일정한 조합의 행위라도 불공정거래행위를 하는 경우에는 적용제외의 대상에서 제외하고 있다.

법 제45조 제1항에서는 10개 유형(제1호 내지 제10호)의 불공정거래행위 전체에 대하여 공정한 거래를 해칠 우려, 즉 '공정거래저해성'을 공통적인 위법성 요건으로 규정하면서, 또 각 호의 행위 유형별로 '부당하게'라는 위법성 요건을 추가하고 있다. 한편 시행령 제52조 관련 [별표 2]는 법 제45조 제1항 제1호 내지 제9호의 9개 유형의 불공정거래행위를 29개 세부유형으로 그 유형 또는 기준을 구체화하고 있다. 그리고 29개 세부유형의 불공정거래행위 중에서 거래거절 중 공동의 거래거절, 차별적 취급 중 계열회사를 위한 차별, 경쟁사업자 배제 중 계속적 염매의 경우 '부당하게'라는 문언 대신에 '정당한 이유 없이'를 위법성 요건으로 하고 있다.

예를 들면 불공정거래행위의 하나인 거래거절의 경우 법 제45조 제1항 제1호에 따라 "부당하게 거래를 거절하는 행위로서 공정한 거래를 해칠 우려가 있는 행위"가 해당되는 것이며, 시행령 [별표 2]에서는 '공동의 거래거절'과 '그 밖의 거래거절'의 2개 유형으로 구체화하고 있다. 그러면서 공동의 거래거절은 '정당한 이유 없이', 그 밖의 거래거절은 '부당하게'

를 그 행위의 위법성 요건으로 명시하고 있다.

아래에서는 '공정거래저해성'의 해석, '공정거래저해성'과 '부당하게'의 관계, 그리고 시행령 [별표 2]에 따른 '부당하게'와 '정당한 이유 없이'의 차이 등 3가지 이슈에 대하여 차례대로 살펴본다.

Ⅱ. '공정거래저해성'의 해석

1. 개요

공정거래법은 제45조 제1항에서 '공정한 거래를 해칠 우려'가 있는 행위를 불공정거래행위로 규정하면서, 사업자가 직접 불공정거래행위를 하거나 계열회사 또는 다른 사업자로 하여금 이러한 불공정거래행위를 행하도록 하는 것을 금지하고 있다. 여기서 '공정거래저해성'의 개념을 어떻게 해석하느냐 하는 것은 불공정거래행위의 규제대상의 범위를 정하는 것과도 관련이 된다.

필자는 공정거래법의 입법목적이 불공정거래행위 금지 등 법상 규제수단을 통하여 공정하고 자유로운 경쟁을 촉진함으로써 창의적인 기업활동의 조성 및 소비자의 보호를 도모하는 데 있는 것이므로 '공정거래저해성'을 '경쟁저해성'과 관련하여 해석해야 된다고 본다.

이는 사업자단체의 금지행위 중 구성사업자의 사업내용 또는 사업활동을 '부당하게 제한'하는 행위(법 제51조 제1항 제3호)에 대한 2003.2.20. 대법원 전원합의체 판결(다수의견, 반대의견, 다수의견에 대한 보충의견), 시장지배적지위 남용행위 중 다른 사업자의 사업활동을 '부당하게 방해'하는 행위(법 제5조 제1항 제3호)에 대한 2007.11.22. 대법원 전원합의체 판결(다수의견), 재판매가격유지행위(2021.12.30. 개정법 시행 전 제29조 제1항 본문)에 대한 2010.11.25. 대법원 판결에서의 법리와도 일맥상통하는 것이다(이슈 36: Ⅲ. Ⅳ. 참조). 즉 법문언상 위법성 요건으로 '경쟁 제한이나 저해'라는 명시적인 규정이 없다고 하더라도 공정거래법의 입법목적 등에 비추어 위법성 성립에 있어서 '경쟁제한성 여부'도 판단해야 된다는 것이다.

다만 불공정거래행위 규제의 경우 법문언상으로는 경쟁제한이나 저해가 아니라 '공정거래저해성'을 위법성 요건으로 하고 있으므로 단순한 '경쟁제한성'보다는 폭넓은 해석은 필요하다고 본다.[2] 부당한 경쟁제한을 요건으로 하는 법 제40조에 의한 부당한 공동행위의 금지,

---

2) 법 제45조 제1항 본문의 '공정거래저해성'이 단지 '경쟁제한성'만을 의미하는 것은 아니며 폭넓게 경쟁수단이나 거래내용의 불공정성 및 이를 통한 경쟁사업자나 거래상대방 또는 소비자 이

일정한 거래분야에 있어서의 경쟁의 실질적인 제한이 요건으로 되는 다른 규제제도(법 제9조에 의한 기업결합의 제한, 제40조 제1항의 부당한 공동행위 중 제9호 등)와는 달리 어느 정도에 있어서 공정하고 자유로운 경쟁을 저해하는 것으로 인정되는 경우이면 충분하다. 또 불공정거래행위에 있어서는 공정한 경쟁을 저해한다는 결과의 발생을 반드시 필요로 하는 것은 아니며 그 '우려'가 있으면 되는 것이다. 이는 공정거래법상의 불공정거래행위에 대한 규제제도가 하나의 예방적 조치로서 운용되고 있는 취지와도 맞는다. 또 시장전체의 경쟁의 기능에 대한 제약은 그 요건이 아니며 시장경쟁에 대한 유의한 수준의 영향, 즉 추상적인 위험성으로 충분하다. 이러한 측면에서 보면 당해행위의 시장전체의 경쟁에 대한 구체적인 영향은 판단하지 않아도 되기 때문에 위법성의 입증이 용이하게 되고 기동적인 법운용도 가능해진다.[3]

한편 2021.12.30. 시행된 공정거래법 개정시 형벌조항 정비가 있었는데 불공정거래행위에 대해서는 법 제45조 제1항의 10개 유형 중에서 부당하게 거래를 거절하는 행위(제1호), 부당하게 거래의 상대방을 차별하여 취급하는 행위(제2호), 부당하게 경쟁자를 배제하는 행위(제3호), 거래의 상대방의 사업활동을 부당하게 구속하는 조건으로 거래하는 행위(제7호) 등 4개 유형의 위반행위에 대한 벌칙이 폐지되었다. 당시 공정위 발표자료에 따르면 경쟁제한성을 위주로 판단하는 유형이 폐지 대상의 기준이 되었다.[4]

2. 법원 판례상 법리

불공정거래행위의 위법성 판단에 관한 법리는 주로 법원에 의해 제시되었으며, 1993년 4월 법개정으로 불공정거래행위에 대한 과징금 부과가 가능해 짐에 따라 늘어난 불복 소송으로 쌓이게 되었다. 법원의 불공정거래행위에 대한 판결상의 법리를 살펴보면 앞에서처럼 '공

익에 대한 부당한 침해까지 포함하는 것으로 해석해야 할 것이며, 실제로 공정거래저해성이 경쟁제한성보다 넓은 개념이라는 점에 대하여 학자들 사이에 이론이 없다는 견해가 있다. 이호영, 독점규제법(제7판), 홍문사, 2022, 332~333면. 이호영 교수는 여기서 국내학자들의 견해로, 권오승 교수는 '공정한 거래'란 '공정한 경쟁'보다 넓은 개념으로서 경쟁의 수단이나 방법, 그 거래의 내용이나 조건이 부당하거나 불공정한 경우 또는 거래를 위한 교섭이나 정보제공에 있어서 상대방의 합리적인 선택을 방해하는 행위까지를 포함하는 아주 폭넓은 개념이라고 하였고(권오승·홍명수, 경제법, 제14판, 법문사, 2021, 314면), 원용수·정호열 교수도 공정거래저해성은 "경쟁수단의 경쟁제한성과 거래내용의 불공정성, 그리고 소비자의 오인을 유발하는 남용성 등을 포함하는 개념"이라고 하였다(원용수·정호열, 불공정거래행위에 대한 합리적 규제방안 연구(공정거래위원회 연구용역보고서, 1999, 124~128면))고 소개하고 있다.

3) 이동규, 독점규제 및 공정거래에 관한 법률 개론, 1997, 387~390면.
4) 공정위 보도자료, 2018년 7월, 공정기래법 전면개편 특별위원회 최종보고서 발표, 5면 참조.

정거래저해성'을 '경쟁저해성이나 경쟁제한성'과 관련하여 해석하고 있으며 다만 단순한 경쟁제한성보다는 넓은 개념으로 해석해 왔다.

대법원은 1998.3.27. 선고 96누18489 판결((주)조선일보사의 부당한 경품류제공행위등에 대한 건, 1995.6.21. 공정위 의결)에서 "법 제23조 제1항 제4호에 의하여 금지되는 불공정거래행위(현행법 제45조 제1항 제6호에 의하여 금지되는 거래상지위의 남용행위)가 성립하기 위해서는 정상적인 거래관행에 비추어 상대방에게 부당하게 불이익을 주어 공정거래를 저해할 우려가 있어야 하며, 또한 상대방에게 부당하게 불이익을 주는 행위인지 여부는, 문제가 되는 거래조건에 의하여 상대방에게 생길 수 있는 불이익의 내용과 불이익 발생의 개연성, 당사자 사이의 일상거래 과정에 미치는 경쟁제약의 정도, 관련 업계의 거래관행과 거래형태, 일반 경쟁질서에 미치는 영향, 관계 법령의 규정 등 여러 요소를 종합하여 판단하여야 할 것이다." 라고 판시하였다. 이어 대법원은 1998.9.8. 선고 96누9003 판결(쌍용정유(주)의 부당한 거래거절행위 건, 1994.10.12. 공정위 의결)에서 "불공정거래행위로서 법의 규제대상이 되기 위하여는 당해 행위가 외형적으로 위 각 규정이 정하는 요건을 갖추는 외에 그것이 법의 목적에 비추어 부당한 것이어야 하고, 이때 그 부당성의 유무를 판단함에 있어서는 거래당사자의 거래상의 지위 내지 법률관계, 상대방의 선택 가능성·사업규모 등의 시장상황, 그 행위의 목적 및 효과, 관련 법규의 특성 및 내용 등 여러 사정을 고려하여 그 행위가 공정하고 자유로운 경쟁을 저해할 우려가 있는지의 여부에 따라야 할 것이다(대법원 1998.3.24. 선고 96누11280 판결, 1998.3.27. 선고 96누18489 판결 등 참조)."라는 법리를 제시하였다.

공정위는 2002.11.28. 5개 신용카드사들의 부당한 차별취급행위 건에서 "피심인들이 경쟁관계에 있는 백화점과 할인점에 대해 가맹점 수수료율을 적용함에 있어 개별 가맹점별로 매출액 규모 등의 수수료율 결정요소를 고려하지 아니하고 일률적으로 백화점과 할인점으로 구분하여 어느 일방 업종에 대해 현저히 유리 또는 불리하게 차별하는 행위는 법 제23조 제1항 제1호의 후단에서 규정하고 있는 부당한 차별행위(현행법 제45조 제1항 제2호에 의해 금지되는 차별적 취급행위)로 인정된다."고 간략하게 판단하였다. 이에 대하여 서울고등법원은 2004.4.7. 선고 2003누416 판결에서 "차별적 취급 중 가격차별은 '부당하게 거래지역 또는 거래상대방에 따라 현저하게 유리하거나 불리한 가격으로 거래하는 행위'를 의미하므로, 이에 해당하기 위해서는 동일한 행위자(공급자 등)에 대하여 적어도 둘 이상의 거래상대방이 있을 것을 필요로 하고, 그 거래상대방들이 동일한 시장 내에서의 경쟁관계에 있어야 하며, 나아가 거래지역이나 거래상대방에 따라 현저한 가격의 차이가 존재하여야 할 뿐 아니라 그러한 가격차이가 부당하여 공정하고 자유로운 경쟁을 저해하는 것으로 인정되어야 할 것이다. 가격차별이 공정거래법 소정의 부당한 가격차별, 즉 공정한 경쟁을 저해하는 가격차별인지 여부에 관하여 살피건대, 무릇 거래가격이란 원래 수요공급관계, 거래량, 시장여건 등에 따라 다른 거래조건과 더불어 변화할 수 있는 것이고, 또한 거래상대방에 따라 가격조건을 차별화함으로써 경쟁을 저해하는 경우도 있지만, 시장여건에 따라 경쟁을 촉진시키는 측면도 있다 할 것이며, 시장경제체제 하에서는 원칙적으로 사업자가 거래상대방, 거래조건 및 판매방식 등을 정할 자유가 보장되어 있다는 점을 감안하면, 공정거래법이 규제하는 가격차별에 해당되기 위하여는 그러한 가격차별이 특정 사업자의 사업활동을 곤란하게 할 우려가 있거나, 특정 사업자의 사업활동을 곤란하게 할 의도를 가진 유력 사업자에 의하여 그 지위 남용행위로서 행하여지거나, 공정거래법이 금지하고 있는 다른 목적을 달성하기 위한 수단으로 행하여지는 등 공정하고 자유로운 경쟁질서를 저해할 우려가 있는 경우에 한한다 할 것이다(대법원 2001.1.5. 선고 98두17869 판결, 대법원 1998.9.8. 선고 96누9003 판결 등 참조)."라고 판시하였으며, 대법원은 2006.12.7. 선고 2004두4703 판결에서 "가격차별을 규제하는 입법 취지와 위 각 규정을 종합하면, 가격차별이 부당성을 갖는지 유무를 판단함에 있어서는 가격차별의 정도, 가격차별이 경쟁사업자나 거래상대방의 사업활동 및 시장에 미치는 경쟁제한의 정도, 가격차별에 이른 경영정책상의 필요성, 가격차별의 경위 등 여러 사정을 종합적으로 고려하여 그와 같은 가격차별로 인하여 공정한 거래가 저해될 우려가 있는지 여부에 따라 판단하여야 할 것이다."라고 판결하였다.[5]

또 대법원은 2001.6.12. 선고 99두4686 판결(현대정보기술(주)의 부당염매행위 건, 1998.2.24. 공정위 의결)에서 "법 제23조 제1항은 불공정거래행위의 하나로 '부당하게 경쟁자를 배제하기 위하여 거래하는 행위'를 열거하고, 같은 조 제2항은 그 행위유형 또는 기준을 대통령령으로 정하도록 하여, 같은 법 시행령(1999. 3. 31. 대통령령 제16221호로 개정되기 전의 것, 이하 '영'이라고 한다) 제36조 제1항 [별표] 제3호 (가)목은 법 제23조 제1항 제2호에 해당하는 행위유형의 하나로 부당염매를 정하면서 이를 '자기의 상품 또는 용역을 공급함에 있어서 정당한 이유 없이 그 공급에 소요되는 비용보다 현저히 낮은 대가로 계속하여 공급하거나 기타 부당하게 상품 또는 용역을 낮은 대가로 공급함으로써 자기 또는 계열회사의 경쟁사업자를 배제시킬 우려가 있는 행위'라고 규정하고 있는바, 위 (가)목 전단에서 규정하는 이른바 계속 거래상의 부당염매는 사업자가 채산성이 없는 낮은 가격으로 상품 또는 용역을 계속하여 공

---

5) 서울고등법원은 부당한 가격차별로서 공정한 거래를 저해할 우려가 있는 불공정거래행위에 해당한다고 볼 수 없다고 판결하였으며, 대법원도 원심의 판단에 가격차별의 부당성에 관한 법리오해, 사실오인, 심리미진 등의 위법이 없다고 인정하였다.

급하는 것을 가리키므로 그 행위의 외형상 그에 해당하는 행위가 있으면 '정당한 이유가 없는 한' 공정한 거래를 저해할 우려가 있다고 보아야 할 것이나, 그 후단에서 규정하는 이른바 기타 거래상의 부당염매는 그 행위태양이 단순히 상품 또는 용역을 낮은 가격으로 공급하는 것이어서 그 자체로 이를 공정한 거래를 저해할 우려가 있다고 보기 어려운 만큼 그것이 '부당하게' 행하여진 경우라야 공정한 거래를 저해할 우려가 있다고 보아야 할 것이며, 이때 그 부당성의 유무는 당해 염매행위의 의도, 목적, 염가의 정도, 반복가능성, 염매대상 상품 또는 용역의 특성과 그 시장상황, 행위자의 시장에서의 지위, 경쟁사업자에 대한 영향 등 개별사안에서 드러난 여러 사정을 종합적으로 살펴 그것이 공정한 거래를 저해할 우려가 있는지의 여부에 따라 판단하여야 한다. 위 (가)목에서 말하는 경쟁사업자는 통상 현실적으로 경쟁관계에 있는 사업자를 가리킨다고 할 것이지만, 부당염매를 규제하는 취지가 법이 금지하는 시장지배적지위의 남용을 사전에 예방하는데 있다고 볼 때, 시장진입이 예상되는 잠재적 사업자도 경쟁사업자의 범위에 포함된다고 보아야 할 것이고, 나아가 경쟁사업자를 배제시킬 우려는 실제로 경쟁사업자를 배제할 필요는 없고 여러 사정으로부터 그러한 결과가 초래될 추상적 위험성이 인정되는 정도로 족하다고 할 것이다. 따라서 원심이, 원고의 경쟁사업자를 이 사건 입찰에 참가한 위 소외 회사들로만 한정한 것과 경쟁사업자를 배제시킬 우려는 어느 정도 구체성을 가져야 한다고 본 것은, 그에 관한 법리를 오해한 잘못이 있다 할 것이다. 그러나 원고의 경쟁사업자에 향후 시장진입이 예상되는 사업자를 포함시킨다고 하더라도, 경쟁사업자를 배제시킬 우려는 당해 염매행위의 의도, 목적, 염가의 정도, 행위자의 사업규모 및 시장에서의 지위, 염매의 영향을 받는 사업자의 상황 등을 종합적으로 살펴 개별적으로 판단하여야 할 것인바, 원고의 이 사건 입찰목적이 앞서 본 바와 같고, 원고가 향후 이 사건 신규시장에서 다시 최저가로 입찰에 참가할 것으로 내다볼 만한 자료가 없는 이 사건에서, 1회성에 그치는 원고의 이 사건 입찰행위를 가리켜 이를 경쟁사업자를 배제시킬 위험성 있는 행위라고 단정하기는 어렵다고 할 것이니, 원심의 판단은 그 결론에 있어 정당하고, 원심의 위와 같은 잘못은 판결 결과에 영향을 미친 위법이라 할 수는 없다."고 판시하였다.

특히 대법원은 2013.4.25. 선고 2010두25909 판결(4개 정유사 등의 구속조건부거래행위 건, 2009.2.3. 공정위 의결)에서 이러한 법리를 보다 구체적으로 명확하게 밝히고 있다. 즉 "공정거래법 제3조의2(현행 제5조) 제1항 제5호 전단의 시장지배적사업자의 배타조건부 거래행위와 공정거래법 제23조 제1항 제5호 전단의 불공정거래행위(현행법 제45조 제1항 제7호에 의해 금지되는 구속조건부거래행위)로서의 배타조건부 거래행위는 그 규제목적 및 범위를 달리하고 있으므로 시장지배적사업자의 배타조건부 거래행위의 부당성의 의미는 불공정거래행위로서의 배타조건부 거래행위의 부당성과는 별도로 독자적으로 평가·해석하여야 한다. 공정거래법이 시장지배적사업자의 지위남용행위로서의 배타조건부 거래행위를 규제하면서도 시장지배적 사업자를 포함한 모든 사업자의 불공정거래행위로서의 배타조건부 거래행위를 규제하고 있는 이유는, 배타조건부 거래행위가 시장지배적사업자의 지위남용에 해당하는지 여부를 떠나 관련시장에서의 경쟁을 제한하거나 그 거래상대방에 대하여 거래처 선택의 자유 등을 제한함으로써 공정한 거래를 저해할 우려가 있는 행위라고 평가되는 경우에는 이를 규제하여야 할 필요성이 있기 때문이다. 따라서 시장지배적사업자의 지위남용행위로 규정하고 있는 배타조건부 거래행위의 '부당성'과는 달리 불공정거래행위로 규정하고 있는 배타조건부 거래행위의 '부당성'은 당해 배타조건부 거래행위가 물품의 구입 또는 유통경로의 차단, 경쟁수단의 제한을 통하여 자기 또는 계열회사의 경쟁사업자나 잠재적 경쟁사업자를 관련시장에서 배제하거나 배제할 우려가 있는지 여부를 비롯한 경쟁제한성을 중심으로 그 유무를 평가하되, 거래상대방인 특정 사업자가 당해 배타조건부 거래행위로 인하여 거래처 선택의 자유 등이 제한됨으로써 자유로운 의사결정이 저해되었거나 저해될 우려가 있는지 여부 등도 아울러 고려할 수 있다고 봄이 타당하다. 여기서 배타조건부 거래행위가 부당한지 여부를 판단함에 있어서는 당해 배타조건부 거래행위로 인하여 대체적 물품구입처 또는 유통경로가 차단되는 정도, 경쟁사업자가 경쟁할 수 있는 수단을 침해받는지 여부, 행위자의 시장점유율 및 업계순위, 배타조건부 거래행위의 대상이 되는 상대방의 수와 시장점유율, 배타조건부 거래행위의 실시기간 및 대상이 되는 상품 또는 용역의 특성, 배타조건부 거래행위의 의도 및 목적과 아울러 배타조건부 거래계약을 체결한 거래당사자의 지위, 계약내용, 계약체결 당시의 상황 등을 종합적으로 고려하여야 할 것이다."라고 판시하였다.

한편 대법원은 부당한 지원행위 건 관련하여 2004.3.12. 선고 2001두7220 판결(SK 기업집단 계열분리회사 등의 부당지원행위 건 중 에스케이씨앤씨(주)의 기업어음(CP) 우회 저리 매입을 통한 친족독립경영회사인 ㈜에스케이엠 지원행위 건, 2000.2.25. 공정위 의결)에서 "법 제23조 제1항 제7호(현행법 제45조 제1항 제9호 가목) 소정의 부당지원행위가 성립하기 위하여는 지원주체의 지원객체에 대한 지원행위가 부당하게 이루어져야 하는바, 지원주체의 지원객체에 대한 지원행위가 부당성을 갖는지 유무를 판단함에 있어서는 지원주체와 지원객체와의 관계, 지원행위의 목적과 의도, 지원객체가 속한 시장의 구조와 특성, 지원성 거래규모와 지원행위로 인한 경제상 이익 및 지원기간, 지원행위로 인하여 지원객체가 속한 시장에서의 경쟁제한이나 경제력 집중의 효과 등은 물론 중소기업 및 여타 경쟁사업자의 경쟁능력과 경쟁여건의 변화 정도, 지원행위 전후의 지원객체의 시장점유율의 추이, 시장개방의 정도 등을 종합적으로 고려하여 당해 지원행위로 인하여 지원객체의 관련 시장에서 경쟁이 저해되거나 경제력집중이 야기되는 등으로 공정한 거래가 저해될 우려가 있는지 여부에 따라 판단하여야 할 것이다.”라고 판시하였다.

3. 공정위의 법리

가. 심사지침상 규정내용

공정위가 처리하는 공정거래법 위반행위 중에서 불공정거래행위가 차지하는 비중은 1981년 법 시행이후부터 2022년 동안 약 64% 정도로 가장 많다.6) 이에 따라 공정위는 불공정거래행위 심사의 예측가능성을 제고하고 일관성 있는 법집행을 도모하기 위해 2003년 연구용역과 공정위의 심결례와 판례내용을 반영하고 1년여의 내부검토 과정을 거쳐 ‘불공정거래행위 심사지침(공정위 예규)’을 마련하고 2005.1.1.부터 시행하였다. 한편 법 제45조 제1항 제9호의 부당한 지원행위에 대해서는 이 지침의 적용대상에서 제외하고 별도의 ‘부당한 지원행위의 심사지침(공정위 예규)’을 적용하도록 하였다.

공정위도 위법성 심사의 일반원칙, 개별 불공정거래행위 유형별 구체적인 심사기준에 있어서 기본적으로 법원의 법리와 동일한 입장을 제시하고 있다. 심사지침은 ‘공정한 거래를 해칠 우려’, 즉 ‘공정거래저해성’의 의미에 관하여 경쟁제한성과 불공정성(unfairness)을 포함하는 것으로 규정하고 있다(심사지침 Ⅲ. 1. 가. (2) (나)). 경쟁제한성은 시장 경쟁의 정도 또는 경쟁사업자(잠재적 경쟁사업자 포함)의 수가 유의미한 수준으로 줄어들거나 줄어들 우려로 보고 있는 한편, 불공정성(unfairness)은 경쟁수단 또는 거래내용이 정당하지 않음을 의미한다고 규정하면서, ‘경쟁수단의 불공정성’은 상품 또는 용역의 가격과 질 이외에 바람직하지 않은 경쟁수단을 사용함으로써 정당한 경쟁을 저해하거나 저해할 우려가 있는 것으로, ‘거래내용의 불공정성’은 거래상대방의 자유로운 의사결정을 저해하거나 불이익을 강요함으로써 공정거래의 기반이 침해되거나 침해될 우려가 있는 것으로 규정하고 있다. 그리고 ‘우려’의 의미에 대하여 공정한 거래를 저해하는 효과가 실제로 구체적인 형태로 나타나는 경우뿐만 아니라 나타날 가능성이 큰 경우를 의미하며, 또한 현재는 그 효과가 없거나 미미하더라도 미래에 발생할 가능성이 큰 경우를 포함하는 것으로 규정하고 있다.

참고로 우리나라 공정거래법이 모델로 삼았던 일본의 독점금지법상으로 ‘불공정한 거래방

---

6) 공정위, 2022년도 통계연보, 2023, 22면 참조.

법에 대한 규제'가 우리의 불공정거래행위 금지와 같은 제도에 해당하는바, 일본 공정거래위원회는 홈페이지에서 "독점금지법 제19조에서 금지되고 있는 행위인 불공정한 거래방법은, '자유로운 경쟁이 제한될 우려가 있는 것', '경쟁 수단이 공정하다고는 말할 수 없는 것', '자유로운 경쟁의 기반을 침해할 우려가 있는 것'으로부터 공정한 경쟁을 저해할 우려가 있는 경우에 금지된다."고 설명하고 있다.

나. 심결사례상 법리 소개

공정위의 심결례를 살펴보면 기본적으로 심사지침상 위법성심사의 일반원칙과 개별행위 유형별 위법성 심사기준, 그리고 법원의 관련판례 등을 참조로 하여 판단하고 있다.

아래에서는 법 제45조 제1항에 따른 불공정거래행위 중 부당한 지원행위를 제외한 행위 유형별로 각각 1개, 부당한 고객유인행위에 대해서는 부당한 이익에 의한 고객유인, 위계에 의한 고객유인 등 2개의 심결사례, 총 9개의 심결사례를 뽑아서 부당성 판단 관련 법리 중심으로 의결서 내용을 그대로 소개하고자 한다.

(1) 한국마이크로소프트 유한회사의 거래거절행위 건(법 제45조 제1항 제1호, 2020.8.24. 공정위 의결)

거래거절 행위 중 기타의 거래거절 행위에 해당하기 위해서는 ① 특정사업자 또는 특정한 유형의 사업자에 대하여 거래의 개시를 거절하거나, 계속적인 거래관계에 있어서 거래를 중단하거나, 거래하는 상품 또는 용역의 수량이나 내용을 현저히 제한하고, ② 그 거래거절이 부당하여야 한다.

기타의 거래거절 행위는 사업자가 단독으로 특정사업자와의 거래를 거절하는 행위가 대상이 된다. 사업자가 합리적 이유 없이 특정한 유형의 사업자에 대하여 거래를 거절함으로써 거래거절을 당한 사업자가 경쟁상 열위에 처하게 되는 경우에도 거래거절 대상에 해당한다. 다만, 자기의 생산 또는 판매정책상 합리적 기준을 설정하여 그 기준에 맞지 않는 불특정 다수의 사업자와의 거래를 거절하는 행위는 원칙적으로 대상이 되지 않는다. 거래거절에는 공급거절과 구입거절, 거래개시의 거절과 거래계속의 거절이 포함된다. 또한 거래상대방에게 현저히 불리한 거래조건을 제시하거나 거래하는 상품·용역의 수량 또는 내용을 현저히 제한하여 사실상 거래를 거절하는 행위도 포함된다.

거래거절 행위가 부당한지 여부는 거래거절이 관련 시장에서 경쟁을 제한하는지 여부를 중심으로 판단한다. 경쟁제한성이 있는지 여부는 거래거절 대상이 되는 물품·용역이 거래상대방의 사업영위에 필수적인지 여부, 거래거절을 당한 특정사업자가 대체거래선을 용이하게 찾을 수 있는지 여부, 거래거절로 인해 경쟁사업자의 시장진입이 곤란하게 되는지 여부, 거래거절이 법에 금지된 행위를 강요하기 위한 수단으로 활용되고 있는지 여부 등을 종합적으로 고려하여 판단한다.

관련시장의 획정에 있어서, 이 사건 입찰을 통해 거래되는 상품은 2018.3.1.부터 2019.2.28.까지 1년간 경상북도교육청 및 그 산하 기관에서 사용할 업무용 소프트웨어의 라이선스이므로 다른 업무용 소프트웨어 또는 업무용 소프트웨어 라이선스와 대체가능성이 없으며, 거래의 상대방도 경상북도교육청으로 특정되므로 이 사건 거래거절로 인하여 영향을 받는 관련시장은 이 사건 입찰시장에 한정된다고 봄이 타당하다.

거래거절의 부당성 여부 관련하여 다음과 같은 점을 종합적으로 고려할 때 피심인의 위 행위는 사업자의 거래여부에 대한 통상적인 자유의 범위를 벗어나는 행위로서 부당한 것으로 인정된다. 첫째 피심인의 행위는 G사를 이 사건 입찰에 탈락시킬 의도와 목적으로 행하여졌고, 피심인의 행위로 인하여 이 사건 입찰시장에서의 대리점 간 경쟁이 부당하게 제한되었다. 앞서 살펴본 바와 같이 강○○ 부장은 G사를 이 사건 입찰에 탈락시킬 의도로 G사의 공급자증명원 발급 요청을 거절하였고, 그 결과 G사는 이 사건 입찰에 탈락하여 경상북도교육청이 발주하는 업무용 소프트웨어 라이선스 입찰시장에 진입할 기회를 상실하였다. 아울러, 피심인의 행위로 인하여 이 사건 입찰의 낙찰자가 변경되었고 결과적으로 경쟁 입찰의 목적인 입찰 참가자 간의 가격 경쟁이 무력화 되었으며, 경상북도교육청은 2순위 사업자인 J사와 계약을 체결함으로서 재정 부담이 가중되었다. 둘째, G사는 피심인 외에는 대체 거래선이 존재하지 않았으므로 피심인의 행위가 이 사건 입찰 시장에서의 경쟁제한 효과 발생의 직접적인 원인이 되었다. 셋째, 피심인의 공급자증명원 발급거부 행위에 합리적 사유가 있다고 보기 어렵다. G사는 2010년부터 피심인의 공인파트너사로서 강원도교육청 등 다른 교육청에 여러 차례 납품한 실적이 있는 사업자이므로 이 사건 입찰 관련 제품 납품이 어렵다고 볼 만한 사유가 존재하지 않는다. 이와 관련하여 피심인은 G사의 공급자증명원 발급 요청서에 납품할 제품의 상세내역 및 수량 등이 명확하게 기재되지 않아 공급자증명원 발급이 어려웠다고 주장하나, 경상북도교육청의 입찰규격서 만으로도 제품의 상세명은 특정되는 점, 제품 수량 또한 2017.10.26. G사가 적시하여 재차 피심인에게 발급 요청서를 보낸 점, G사가 수차례 피심인 측에 공급자증명원 발급과 관련하여 연락을 취한 점, 강○○ 부장 또한 스스로 공급자증명원 발급 거부 행위가 위법 소지가 있는지 자체적으로 검토하였던 점 등을 고려할 때 이러한 피심인의 주장은 이유 없다.

(2) 네이버(주)[쇼핑 부문]의 시장지배적지위 남용행위 등 건(법 제45조 제1항 제2호, 2021.1.27. 공정위 의결)

가격차별 행위는 ① 거래지역이나 거래상대방에 따라 현저한 가격의 차이가 존재하고 ② 그러한 가격의 차이가 부당하여 시장에서의 공정한 거래를 저해할 우려가 있는 경우에 성립한다. 이때 가격차별이 부당한지 여부는 가격차별의 정도, 가격차별이 경쟁사업자나 거래상대방의 사업활동 및 시장에 미치는 경쟁제한의 정도, 가격차별에 이른 경영정책상의 필요성, 가격차별의 경위 등 여러 사정을 종합적으로 고려하여 공정한 거래가 저해될 우려가 있는지 여부에 따라 판단한다(대법원 2006.12.7. 선고 2004두4703 판결). 거래조건 차별행위는 가격 이외의 거래조건을 차별하는 행위이다. 이의 부당성 여부는 당해 사업자가 속한 시장 또는 거래상대방이 속한 시장에서의 경쟁을 제한하는지 여부를 위주로 판단하되, 그 기준을 가격차별에 준하여 판단한다(불공정거래행위심사지침(개정 2015.12.31. 공정거래위원회 예규 제241호)).

관련 시장은 위 2. 나. 에서 서술한 바와 같이, '국내 비교쇼핑서비스 시장' 및 '국내 오픈마켓 시장'이다. 피심인은 국내 비교쇼핑서비스 시장에서 2018년 3월 기준 수수료 및 광고수입에 있어서는 ○○%, 거래건수에서는 ○○%, 페이지뷰(PV)에서는 ○○%의 시장점유율을 차지하고 있어 시장지배력을 보유한 사업자이다. 또한, 피심인은 국내 오픈마켓 시장에서는 2018년(1월~6월 합산) 기준 거래액으로 ○○%의 시장점유율을 차지하고 있다.

피심인의 거래조건 차별행위는 그 행위의 의도가 자사 오픈마켓서비스의 노출을 증가시켜 시장점유율을 확대하는 것에 있으며, '국내 오픈마켓 시장'에서의 경쟁을 제한한다. 또한, 피심인의 거래조건 차별행위는 가격과 효율성에 근거한 바람직한 경쟁질서를 저해할 우려가 크다. 피심인은 시장지배력을 가지고 있는 비교쇼핑서비스에서의 검색알고리즘 변경을 통해 자사 오픈마켓인 스마트스토어를 유리하게 취급하여 오픈마켓 간 공정한 경쟁을 저해하였다. 피심인 행위의 결과, 소비자에게 왜곡된 정보가 제공됨에 따라 소비자의 합리적 선택이 크게 저해되고 결과적으로 시장의 자원배분이 왜곡되었다.

(3) 현대정보기술(주)의 부당염매행위 건(법 제45조 제1항 제3호, 1998.2.24. 공정위 의결)

피심인이 이 사건 용역입찰에 참가하여 낙찰자로 선정되게 한 2,900천원은 이 사건 용역입찰의 예정가격에 못미침은 물론 <표5>에서 보는 바와 같이 최소한의 인건비도 반영하지 아니한 저가의 공급가격이라 할 것이다. 피심인은 대우나 삼성에 비해 현저히 낮은 금액으로 입찰에 참가한 점, 신공항 통합관리시스템(96.2.－97.6. 28억3천만원), 환경부 인터넷서버구축(96.8.－97.4. 3억6천만원) 등 최근 3년간 정보화기본계획수립과 관련하여 1억원 이하로 계약을 체결한 사실이 극히 드물다는 점, 경기침체로 민간업자의 정보통신 투자가 극히 저조한 시기에는 공공부문이 SI시장의 최대승부처가 될 것이고, 경쟁사에서 피심인보다 낮은 금액을 제시하여 낙찰될까 우려하여 저가로 응찰한 것이며 이 사건 입찰용역에서 낙찰될 경우 인천광역시를 모델로 지방자치단체에서 실시할 것으로 예상되는 정보화기본계획 수립에 피심인의 우월성을 홍보하여 유리한 지위를 확보할 수 있다고 본다는 취지의 현대정보기술(주)측의 자료 및 진술, 정보시스템구축전략제시 등은 단계별로 구축방안을 제시하도록 되어 있어 향후 발주가 예상되는 정보화관련 각종 장비구매(H/W)에 있어 관례적으로 계획수립자가 유리한 위치를 점할 수 있다는 점 등에 비추어 볼 때, 피심인의 행위는 부당하게 용역을 낮은 대가로 공급함으로써 자기의 경쟁사업자를 배제시킬 우려가 있는 행위로 인정된다.

이상을 종합하여 볼 때 피심인의 행위는 부당하게 용역을 낮은 대가로 공급함으로써 자기의 경쟁사업자를 배제시킬 우려가 있는 행위로 인정된다.

(4) 한국애보트(주)의 부당한 고객유인행위 건(법 제45조 제1항 제4호, 2021.4.30. 공정위 의결)

법 제23조 제1항 제3호 및 법 시행령 제36조 제1항 관련 [별표 1의2] 제4호 가목(현행법 제45조 제1항 제4호 및 법 시행령 제52조 관련 [별표 2] 제4호 가목)에 따른 '부당한 이익에 의한 고객유인' 행위가 성립하기 위해서는 ① 정상적인 거래관행에 비추어 부당하거나 과대한 이익을 제공 또는 제공할 제의를 하여 ② 경쟁사업자의 고객을 자기와 거래하도록 유인함으로써 ③ 공정한 거래를 저해할 우려가 있어야 한다.

공정한 거래를 저해할 우려 관련하여 공정거래저해성이란 불공정성을 포함하는 개념으로 경쟁수단 또는 거래내용이 정당하지 않으면 불공정한 행위로서 공정거래저해성이 있다 할 것이고, 공정거래 저해의 정도는 실제로 공정한 경쟁을 저해한 사실이 있어야 할 필요는 없고 그 우려가 있는 것만으로 충분하며, 그 우려의 정도는 추상적인 위험성(가능성)만으로 충분하고 구체적인 위험성을 필요로 하지 않는다(대법원 2001.2.9. 선고 2000두6206 판결 참조).

피심인의 위 2. 가. 행위는 앞에서 살펴본 바와 같이 의사 또는 그가 소속된 병원으로 하여금 의료기기의 가격, 안전성 및 효과 등을 고려하여 의료기기를 구매하도록 하기보다는 피심인으로부터 제공받은 이익 규모나 횟수에 따라 의료기기를 선택하도록 하여 결과적으로 환자에게 도움이 되는 의료기기보다는 의사, 병원 또는 의료기기 업체에 더 이익이 되는 의료기기가 선택되는 선택왜곡 현상을 가져올 위험성을 배제하기 어렵다. 결국 소비자가 직접 스텐트 등 정밀의료기기를 구매할 수 없는 의료기기 시장의 특성, 피심인이 의사 또는 병원에게 제공한 이익의 내용 및 정도 등에 비추어 보면 경쟁수단 또는 거래내용이 정당하다고 보기 어려우므로 피심인의 행위는 공정한 거래를 저해할 우려가 있는 행위에 해당한다 할 것이다.

(5) 네이버(주)[쇼핑 부문]의 시장지배적지위 남용행위 등 건(법 제45조 제1항 제4호, 2021.1.27. 공정위 의결)

법 제23조 제1항 제3호(현행법 제45조 제1항 제4호)는 부당하게 경쟁자의 고객을 자기와 거래하도록 유인하거나 강제하는 행위를 금지하고 있고, 시행령 제36조 제1항의 [별표 1의2] 제4호 나목(현행 시행령 제52조의 [별표 2] 제4호 나목)은 이를 구체화하여 '위계에 의한 고객유인'을 금지하고 있다. 피심인의 행위가 '위계에 의한 고객유인'에 해당하기 위해서는 피심인의 행위가 ① 기만 또는 위계적 방법(자기가 공급하는 상품 또는 용역의 내용이나 거래조건 기타 거래에 관한 사항에 관하여 실제보다 또는 경쟁사업자의 것보다 현저히 우량 또는 유리하다고 하거나 경쟁사업자의 것이 실제보다 또는 자기의 것보다 현저히 불량 또는 불리하다고 하는 행위)에 의하여, ② 고객을 오인시켜, ③ 경쟁사업자의 고객을 자기와 거래하도록 유인하는 행위로서, ④ 공정한 거래를 저해할 우려가 있는 경우여야 한다.

또한 위계에 의한 고객유인행위가 성립하기 위해서는 위계 또는 기만적인 유인행위로 인하여 고객이 오인될 우려가 있음으로 충분하고, 반드시 고객에게 오인의 결과가 발생하여야 하는 것은 아니라고 할 것이다. 그리고 여기에서 오인이라 함은 고객의 상품 또는 용역의 선택에 영향을 미칠 가능성 또는 위험성을 말한다 할 것이다(대법원 2002.12.26. 선고 2001두4306 판결 참조).

한편, 위계에 의한 고객유인행위의 공정거래저해성은 기만 또는 위계의 방법이 가격과 품질 등에 의한 바람직한 경쟁 질서를 저해하는 불공정한 경쟁수단에 해당되는지 여부를 위주로 판단하며, 그 속성상 합리성 등에 의한 예외를 인정하지 않음을 원칙으로 한다.

(6) (주)케이티뮤직의 거래강제행위 건(법 제45조 제1항 제5호, 2010.11.16. 공정위 의결)

법 제23조 제1항 제3호(현행법 제45조 제1항 제5호)에서 규정하고 있는 거래강제행위 중 사원판매행위가 성립하기 위해서는 ① 자기 또는 계열회사의 임직원을 대상으로 할 것, ② 자기 또는 계열회사의 상품이나 용역을 구입 또는 판매하도록 할 것, ③ 구입 또는 판매를 강제할 것, ④ 공정한 거래를 저해할 우려가 있어 부당할 것 등 요건을 충족하여야 한다.

공정한 거래를 저해할 우려와 관련하여 사원판매가 불공정한 경쟁수단에 해당된다고 판단되는 경우에도 ① 사원판매로 인한 효율성 증대효과나 소비자후생 증대효과가 경쟁수단의 불공정성으로 인한 공정거래저해 효과를 현저히 상회하는 경우, ② 부도 발생 등 사원판매를 함에 있어 불가피한 사유가 있다고 인정되는 경우 등처럼 합리성이 있다고 인정되는 경우에는 법위반으로 보지 않을 수 있다. 그러나 사원판매의 속성상 제한적으로 해석함을 원칙으로 한다(불공정거래행위 심사지침, 공정위 예규 제72호(2009.8.12. 개정)). 그러나 피심인에게는 사원판매를 할 수밖에 없었던 불가피한 사유가 있었다고 보기는 어려우며, 다음 사항을 고려할 때 피심인의 행위는 가격과 품질을 중심으로 한 공정한 거래질서를 침해할 우려가 있는 것으로 판단된다. 피심인은 임직원에 대하여 가지는 고용관계상의 우월적 지위를 이용하여 자기 계열회사의 상품의 구입·판매를 강제함으로써 경쟁사의 상품을 구입할 가능성을 제한하였다. 특히 상호출자기업집단에 속하는 회사들이 그 경제력을 이용하여 계열회사를 동원하여 사원판매행위를 하는 경우 이러한 폐해는 더욱 크다고 할 수 있다.

또한 온라인 음악판매를 주로 하는 사업자인 피심인이 계열회사인 케이티의 서비스를 판매한다고 하더라도 효율성이나 소비자후생이 특별히 증대된다고 볼 이유는 없다.

(7) 퀄컴 인코포레이티드 등의 시장지배적지위 남용행위 등 건(법 제45조 제1항 제6호, 2009.12.30. 공정위 의결)

공정거래법 시행령 제36조 1항 [별표 1](현행 시행령 제52조 [별표 2])에 의한 불이익 제공이란 구입 강제, 이익제공 강요, 판매목표 강제 외의 방법으로 거래상대방에게 불이익이 되도록 거래조건을 설정 또는 변경하거나 그 이행과정에서 불이익을 주는 행위를 말한다. 거래상지위를 부당하게 이용하여 상대방에게 불이익을 준 행위인지 여부는 당해 행위의 의도와 목적, 효과와 영향 등과 같은 구체적 태양과 상품의 특성, 거래의 상황, 해당 사업자의 시장에서의 우월적 지위의 정도 및 상대방이 받게 되는 불이익의 내용과 정도 등에 비추어 볼 때 정상적인 거래관행을 벗어난 것으로서 공정한 거래를 저해할 우려가 있는지 여부를 판단하여 결정하여야 한다. 또한 이러한 불이익 제공에 해당하기 위해서는 상대방에게 다소 불이익하다는 점만으로는 부족하고, 가목 내지 다목이 정하는 구입 강제, 이익제공 강요, 판매목표 강제 등과 동일시할 수 있을 정도로 일방 당사자가 자기의 거래상의 지위를 부당하게 이용하여 그 거래조건을 설정 또는 변경하거나 그 이행과정에서 불이익을 준 것으로 인정되어야 한다(대법원 2000.6.9. 선고 97누19427 판결 참조).

「불공정거래행위 심사지침」 Ⅴ.6.에 의하면 거래조건의 설정, 변경과 그 이행과정에서 발생한 불이익의 내용이 부당한지 여부는 당해 행위를 한 의도 및 목적, 거래상대방의 예측가능성, 당해 업종에서의 통상적인 거래관행, 관계법령, 거래대상 상품 또는 용역의 특성, 불이익의 내용과 정도 등을 종합적으로 고려하여 부당성 여부를 판단하도록 규정하고 있다.

따라서 다음과 같은 점을 고려할 때 피심인들이 특허권의 효력이 소멸한 뒤에도 로열티의 납부를 요구하는 행위는 부당하게 거래상대방에게 불이익이 되도록 거래조건을 설정하는 행위에 해당한다.

「불공정거래행위 심사지침」 V. 개별행위 유형별 위법성 심사기준 6. 거래상 지위의 남용행위에 의하면, 거래조건의 설정, 변경 및 불이익제공이 거래내용의 공정성을 침해한다고 판단되는 경우에도 다음과 같이 합리성이 있다고 인정되는 경우에는 법위반으로 보지 않을 수 있다. 위 심사지침에 따르면, 거래조건의 설정, 변경 및 불이익 제공으로 인한 효율성 증대효과나 소비자후생 증대효과가 거래내용의 불공정성으로 인한 공정거래저해 효과를 현저히 상회하는 경우에는 공정거래저해성이 부정될 수 있다. 그러나 특허권의 효력이 소멸한 경우에 로열티의 ××%를 부과하도록 하는 규정은 거래상대방에게 불이익을 줄 뿐, 거래비용을 감소시키는 등의 효율성을 증대시키거나 소비자 후생을 증대시킨다는 어떠한 증거도 없는 반면 이 규정의 편익은 오로지 거래상 지위를 이용한 피심인들에게 있다고 할 것이므로, 이 규정은 합리성이 있다고 볼 수 없다. 또한 거래조건의 설정·변경 및 불이익 제공행위를 함에 있어서 기타 합리적인 사유가 있다고 인정되는 경우 등에도 공정거래저해성이 부정될 수 있다. 그러나 이 규정은 불이익 제공행위를 함에 어떠한 합리적인 사유도 찾아볼 수 없다.

(8) ㈜아이콘소프트의 구속조건부거래행위 건(법 제45조 제1항 제7호, 2022.5.17. 의결)

위법성 판단 관련 심사지침상 배타조건부 거래행위의 위법성은 관련시장에서의 경쟁을 제한하는지 여부를 위주로 판단한다. 이때, 경쟁제한성이 있는지 여부는 ① 경쟁사업자가 대체적 물품구입처 또는 유통경로를 확보하는 것이 가능한지 여부, ② 당해 행위로 인해 경쟁사업자가 경쟁할 수 있는 수단을 침해받는지 여부, ③ 행위자의 시장점유율 및 업계순위, ④ 배타조건부거래 대상이 되는 상대방의 수 및 시장점유율, ⑤ 배타조건부거래 실시기간, ⑥ 배타조건부거래의 의도 및 목적, ⑦ 배타조건부거래가 거래지역 제한 또는 재판매가격유지행위 등 타 경쟁제한행위와 동시에 이루어졌는지 여부 등을 종합적으로 고려하여 판단한다. 다만, 배타조건부거래의 경쟁제한성이 있다고 판단되는 경우에도 ① 당해 상품 또는 용역의 기술성·전문성 등으로 인해 A/S활동 등에 있어 배타조건부거래가 필수불가피하다고 인정되는 경우, ② 배타조건부거래로 인해 타 브랜드와의 서비스 경쟁촉진 등 소비자후생 증대효과가 경쟁제한효과를 현저히 상회하는 경우, ③ 배타조건부거래로 인해 유통업체의 무임승차(특정 유통업자가 판매촉진노력을 투입하여 창출한 수요에 대하여 다른 유통업자가 그에 편승하여 별도의 판매촉진 노력을 기울이지 않고 판로를 확보하는 행위) 방지, 판매 및 조달비용의 절감 등 효율성 증대효과가 경쟁제한효과를 현저히 상회하는 경우 등 합리성이 있다고 인정되는 경우에는 법위반으로 보지 않을 수 있다(불공정거래행위 심사지침 V. 7. 가 참조).

대법원은 배타조건부 거래행위의 '부당성'은 당해 배타조건부 거래행위가 물품의 구입 또는 유통경로의 차단, 경쟁수단의 제한을 통하여 자기 또는 계열회사의 경쟁사업자나 잠재적 경쟁사업자를 관련시장에서 배제하거나 배제할 우려가 있는지를 비롯한 경쟁제한성을 중심으로 그 유무를 평가하되, 거래상대방인 특정 사업자가 당해 배타조건부 거래행위로 거래처 선택의 자유 등이 제한됨으로써 자유로운 의사결정이 저해되었거나 저해될 우려가 있는지 등도 아울러 고려할 수 있다고 판시하였다(대법원 2013.4.25. 선고 2010두25909 판결(S-OIL (주)의 배타조건부거래 행위에 대한 건)). 즉 배타조건부 거래행위가 부당한지를 판단할 때에는 당해 배타조건부 거래행위로 인하여 대체적 물품구입처 또는 유통경로가 차단되는 정도, 경쟁사업자가 경쟁할 수 있는 수단을 침해받는지 여부, 행위자의 시장점유율 및 업계순위, 배타조건부 거래행위의 대상이 되는 상대방의 수와 시장점유율, 배타조건부 거래행위의 실시 기간 및 대상이 되는 상품 또는 용역의 특성, 배타조건부 거래행위의 의도 및 목적과 아울러 배타조건부 거래계약을 체결한 거래당사자의 지위, 계약내용, 계약체결 당시의 상황 등을 종합적으로 고려하여야 한다는 것이다.

불공정거래행위 심사지침에 따르면, 배타조건부거래의 경쟁제한성이 있다고 판단되는 경우에도 합리성이 있다고 인정되는 경우에는 법위반으로 보지 않을 수 있다. 그러나 피심인이 대리기사가 피심인의 배차 앱과 경쟁사업자의 배차 앱을 함께 사용하는 경우 대리기사로 하여금 자신(피심인)의 배차 앱에 접속하지 못하도록 차단한 행위는 피심인의 배차 앱을 이용하기 위한 A/S활동이라고 보기도 어렵고, 피심인의 경쟁사업자들은 각자가 구축한 영업망 (대리업체 네트워크)을 기반으로 배타적으로 정보를 공유하며 운영하고 있으므로 경쟁사업자들의 무임승차를 차단하기 위한 행위라고 보기도 어렵다. 따라서 피심인의 이 사건 행위는 경쟁사업자를 배제함으로써 자신의 점유율을 유지하기 위한 의도 외에는 다른 합리적인 사유가 있었다고 보기 어렵다고 판단된다.

(9) 울산항운노동조합의 사업활동방해행위 건(법 제45조 제1항 제8호, 2021.3.25. 공정위 의결)[7]

법 제23조 제1항 제5호 및 법 시행령 제36조 제1항 관련 [별표 1의2] 제8호 라목에 따른 '기타의 사업활동방해'(현행법 제45조 제1항 제8호 및 법 시행령 제52조 관련 [별표 2] 제8호 라목에 따른 '그 밖의 사업활동방해')는 부당한 방법으로 다른 사업자의 사업활동을 심히 곤란하게 할 정도로 방해하는 행위를 말한다. 기타의 사업활동방해행위의 경우 사업활동방해가 바람직한 경쟁질서를 저해하는 불공정한 경쟁수단인지 여부를 위주로 판단하고, 이때 불공정한

---

7) 공정위 의결, 법원 판결 포함 자세한 내용은 이슈 24: 불공정거래행위 중 사업활동방해행위 Ⅲ. 6. 참조.

경쟁수단에 해당되는지 여부는 아래 사항을 종합적으로 고려하여 판단한다. 첫째, 사업활동 방해의 부당성 유무는 해당 사업자의 시장에서의 지위, 사용된 방해 수단, 그 수단을 사용한 의도와 목적, 사용된 수단과 관련한 법령의 내용, 문제된 시장의 특성, 통상적인 거래 관행, 방해 행위의 결과 등을 종합적으로 고려하여 판단한다. 둘째, 다른 사업자의 사업활동이 심히 곤란하게 되는지 여부는 단순히 매출액이 감소되었다는 사실만으로는 부족하고, 부도발생 우려, 매출액의 상당한 감소, 거래상대방의 감소 등으로 인해 현재 또는 미래의 사업활동이 현저히 곤란하게 되거나 될 가능성이 있는 경우를 말한다. 다만 사업활동방해가 불공정한 경쟁수단에 해당된다고 판단되더라도 이를 함에 있어서 합리적인 사유가 있거나 효율성 증대 및 소비자후생 증대효과가 현저하다고 인정되는 경우에는 법위반으로 보지 않을 수 있다.

Ⅲ. '공정거래저해성'과 '부당하게'의 관계

법 제45조(불공정거래행위의 금지) 제1항 본문은 불공정거래행위를 '공정한 거래를 해칠 우려가 있는 행위'로 규정하고 있으며, 동 항 각 호(제1호 내지 제10호)는 불공정거래행위의 개별유형을 열거하면서 그 행위가 부당할 것, 즉 '부당하게'를 요건으로 규정하고 있다. 이에 대하여 심사지침은 위법성 심사의 일반원칙 부분에서 '공정거래저해성'과 법 제45조 제1항 각 호에 규정된 '부당하게'는 그 의미가 동일한 것으로 본다고 규정하고 있다.

법 제40조(부당한 공동행위의 금지) 제1항에 따른 부당한 공동행위의 위법성 요건인 '부당하게 경쟁을 제한'할 것 관련하여 공정위와 법원은 소위 경성공동행위에 대해서도 경쟁제한성을 판단하되 경제전반의 효율성 증대로 인한 친경쟁적 효과가 매우 큰 경우 등 부당성을 부정할 만한 다른 특별한 사정이 없는 한 부당하다는 입장을 일관되게 유지하고 있다. 그리고 서울고등법원 2011.6.2. 선고 2010누21718 판결(11개 소주 제조·판매사업자의 부당한 공동행위 건, 2010.6.16. 공정위 의결), 16개 생명보험 사업자의 부당한 공동행위 건(2011.12.15. 공정위 의결), 삼성전자(주) 및 엘지전자(주)의 부당한 공동행위 건(2012.3.21. 공정위 의결) 등 매우 드물지만 부당성과 경쟁제한성을 별도항목으로 구분하여 판단한 사례들도 있다(이슈 31: 부당한 공동행위 성립요건의 하나인 "부당한 경쟁제한" Ⅱ. 2. 나. 참조).

구체적으로 설명하자면, 서울고등법원 2011.6.2. 소주담합 판결에서 부당한 공동행위의 성립요건으로 ① 합의, ② 경쟁제한성, ③ 부당성 등 3가지가 인정되어야 한다면서, '부당성'은 경쟁제한성이 인정되는 공동행위가 위법하다고 할 수 있는지에 관한 규범적 판단요건으로서 개별행위에 대한 정당화요소를 형량하는 단계의 판단이라는 법리를 제시하였다. 공정위도 2011.12.15. 16개 생명보험 사업자 건, 2012.3.21. 삼성전자(주) 및 엘지전자(주) 건에서 '부당성' 여부를 경쟁제한성과 별도의 항목으로 하여, 위 소주담합 판결과 동일한 법리를 확인하였다.

필자는 불공정거래행위의 경우 공정위와 법원이 제반사정들을 종합적으로 고려하여 불공정거래행위의 부당성 내지 위법성을 판단하고 있으므로 굳이 이 양자가 별개 요건인지 여부에 대해 따질 실익은 없다고 본다. 현재 위 부당한 공동행위 케이스처럼 '부당하게'를 '공정거래저해성 여부'와는 별도의 규범적 판단요건이라고 명시한 케이스는 아직 없는 듯하다.[8] 그리고 심사지침상으로도 개별행위 유형별로 위법성 판단시 고려할 요소들을 규정하고 있는데 경쟁제한성이 있는 등 위법하다고 판단되는 경우에도 생산 또는 재고물량 부족으로 인해 거래상대방이 필요로 하는 물량을 공급할 수 없거나 거래상대방의 부도 등 신용결함 등 불가피한 사유로 있는 경우 등 합리성이 있다고 인정되는 경우, 당해 행위로 인한 효율성 증대 효과나 소비자후생 증대효과가 경쟁제한 효과를 현저히 상회하는 경우, 불공정한 경쟁수단에 해당된다고 판단되더라도 합리적인 사유가 있거나 효율성 증대 및 소비자후생 증대효과가 현저하다고 인정되는 경우, 정당한 이유가 있음을 소명하여 인정받는 경우 등에는 법위반으로 보지 않을 수 있다는 규정도 두고 있다.

Ⅳ. 시행령 [별표 2]에 따른 '부당하게'와 '정당한 이유 없이'의 차이

법 제45조 제1항 각 호의 규정에 있는 '부당하게'와 관련하여 시행령 제52조 관련 [별표 2](불공정거래행위의 유형 및 기준)에서는 29개 세부 불공정거래행위 유형을 열거하면서 공동의 거래거절, 계열회사를 위한 차별, 계속적 염매 등 3개 행위의 경우 '부당하게'라는 문언 대신에 '정당한 이유 없이'를 그 요건으로 명시하고 있다.

이에 대하여 심사지침에서는 "공정거래저해성은 그 판단방법과 관련하여 시행령 [별표 2]의 각 호에서 다시 '부당하게'와 '정당한 이유 없이'로 구체화된다고 하면서 양자를 구분하고 있다. 즉 '부당하게'와 '정당한 이유 없이'의 구분 관련하여, '부당하게'를 요건으로 하는 행위 유형은 당해 행위의 외형이 있다고 하여도 그 사실만으로 공정거래저해성이 있다고 인정되

---

8) 공정위는 2021.1.25. 네이버(주)[동영상부문]의 부당한 고객유인행위 건에서 고객의 합리적 선택 및 시장의 바람직한 경쟁질서를 저해하는 불공정한 경쟁수단에 해당하므로 공정거래저해성이 인정된다고 결정하였으며, 원고는 서울고등법원 소송 과정에서 공정거래저해성의 부존재와 부당성의 부존재를 각각 주장하였고 이에 대해 서울고등법원 2023.2.9. 선고 2021누35218 판결은 양자의 관계에 대한 특별한 언급을 하지 않으면서 각각 그 여부를 판단하였다.

는 것은 아니며, 원칙적으로 경쟁제한성·불공정성(unfairness)과 효율성 증대효과, 소비자후생 증대효과 등을 비교 형량하여 경쟁제한성·불공정성의 효과가 보다 큰 경우에 위법한 것으로 보며, '정당한 이유없이'를 요건으로 하는 행위(공동의 거래거절, 계열회사를 위한 차별, 계속적 염매)에 대해서는 당해 행위의 외형이 있는 경우에는 원칙적으로 공정거래저해성이 있는 것으로 보면서 정당한 이유가 있는지에 대해 입증할 책임이 피심인에게 있는 것으로 본다(대판 2000두833 판결 취지)."고 규정하고 있다.

심사지침에서 인용하고 있는 위 대법원 2001.12.11. 선고 2000두833 판결에서 "법 제23조 제1항 제1호 및 시행령 제36조 제1항 [별표] 제2호 다목(현행법 제45조 제1항 제2호 및 시행령 제52조 [별표 2] 제2호 다목)에 따른 '계열회사를 위한 차별'은 이를 '정당한 이유 없이 자기의 계열회사를 유리하게 하기 위하여 가격·수량·품질 등의 거래조건이나 거래내용에 관하여 현저하게 유리하거나 불리하게 하는 행위'라고 규정하는바, 시행령 제36조 제1항 [별표] 제2호 (가), (나), (라)목에서 '가격차별', '거래조건차별', '집단적 차별'에 대하여는 그러한 행위가 '부당하게' 행하여진 경우에 한하여 불공정거래행위가 되는 것으로 규정하면서도 '계열회사를 위한 차별'의 경우에는 정당한 이유가 없는 한 불공정거래행위가 되는 것으로 문언을 달리하여 규정하고 있는 취지는, 이러한 형태의 차별은 경쟁력이 없는 기업집단 소속 계열회사들을 유지시켜 경제의 효율을 떨어뜨리고 경제력집중을 심화시킬 소지가 커서 다른 차별적 취급보다는 공정한 거래를 저해할 우려가 많으므로 외형상 그러한 행위유형에 해당하면 일단 공정한 거래를 저해할 우려가 있는 것으로 보되 공정한 거래를 저해할 우려가 없다는 점에 대한 입증책임을 행위자에게 부담하도록 하겠다는 데에 있다 할 것이다."라고 판시하였다.

심사지침은 시행령상 '정당한 이유 없이'를 그 요건으로 하고 있는 공동의 거래거절, 계열회사를 위한 차별, 계속적 염매 등 3개 행위의 경우 개별행위 유형별 위법성 기준에서 각각 원칙적으로 경쟁제한성이 있는 것으로, 경쟁제한성 또는 경제력 집중 우려가 있는 것으로, 경쟁사업자를 배제시킬 우려가 있는 것으로 본다고 규정하고 있다. 그리고 행위자가 '정당한 이유'를 소명하였을 경우 그 타당성을 판단하되, 정당한 이유가 있다고 인정될 경우에는 법 위반으로 보지 않는다고 규정하고 있다.

'부당하게'이든 '정당한 이유 없이'이든 법집행 과정에서 행위자는 행위사실의 인정이나 합리적 이유나 정당한 이유를 소명하는 것이 필요하므로 입증책임의 전환이 큰 의미는 없다고 볼 수도 있다. 다만 법률에는 '부당하게'로 규정되어 있음에도 시행령상 '정당한 이유 없이'라고 구분하여 규정하고 이 경우 공정거래저해성이 없다는 점에 대한 입증책임이 행위자에게 전환된다는 판결 관련하여, 그렇게 해석한다면 이는 법률 규정에 따라야 될 사안으로 헌법상의 포괄위임금지 원칙에 위배될 소지가 있다고 본다.

시장지배적지위의 남용과 불공정거래행위 금지 규정의 동시 적용

I. 두 가지 금지규정의 경합 적용 여부

1. 관련 법리

공정위와 법원은 시장지배적지위 남용행위와 불공정거래행위를 금지하는 규제목적과 보호법익 및 범위를 달리하고 있으므로 양 규정의 병합 적용이 가능하며 따라서 부당성도 별개로 판단해야 된다는 동일한 입장을 갖고 있다.

먼저 공정위의 심결사례들을 보면 일관되게 시장지배적지위 남용행위와 불공정거래행위를 금지하는 입법 목적과 보호 법익이 각기 다르고, 불공정거래행위의 행위 태양이 시장지배적지위 남용행위의 행위 태양에 모두 포섭될 수 있는 것이 아니므로 이 두 규정은 원칙적으로 경합 적용될 수 있으며, 그 부당성은 독자적으로 평가·해석해야 한다는 입장을 취하고 있다. 그리고 시정명령과 함께 과징금을 부과하는 경우에는 법위반 행위의 기초가 되는 사실이 하나인 것을 감안하여 법정 과징금 부과기준율이 보다 높은 시장지배적지위 남용금지 규정에 위반에 따른 과징금만 부과하고 있다.[1] 그리고 형사처벌까지 행해질 경우 법 제124조 제1항 제1호의 제5조를 위반하여 시장지배적지위의 남용행위를 한 자에 대한 벌칙이 법 제125조 제4호의 제45조 제1항(제1호·제2호·제3호·제7호 및 제9호는 제외한다)을 위반하여 불공정거래행위를 한 자에 대한 벌칙보다 높은 수준이므로 형법 제40조에 따른 상상적 경합의 적용으로 시장지배적지위의 남용행위를 한 자에 대한 벌칙이 적용된다고 보면 된다. 참고로 공정위 의결서에는 경합 적용 관련하여 하나의 행위에 대해 법적 평가를 경합적으로 하는 것이므로, 법규정은 중복하여 적용하되 처벌은 그 중 가장 중한 규정만 적용하므로 이중 처벌의 문제는 발생하지 않는다고 기재하고 있다(현대모비스(주)의 시장지배적지위 남용행위

---

[1] 마이크로소프트 코퍼레이션 및 한국마이크로소프트 유한회사의 시장지배적지위 남용행위등 건(2006.2.24. 의결), 현대모비스(주)의 시장지배적지위 남용행위등 건(2009.6.5. 의결), 퀄컴 인코포레이티드 등의 시장지배적지위 남용행위등 건(2009.12.30. 의결 및 2017.1.20. 의결), 지멘스(주) 등의 시장지배적지위 남용행위등 건(2018.3.13. 의결), 네이버(주)[부동산 부문]의 시장지배적지위 남용행위등 건(2021.1.20. 의결) 등 참조.

등 건, 2009.6.5., 52면 주 26) 참조).

그리고 법원 판결례들을 보면 대법원 2007.11.22. 선고 2002두8626 전원합의체 판결(포항종합제철(주)의 시장지배적지위 남용행위 건, 2001.4.12. 공정위 의결) 등 다수의 판결에서 양 규정의 부당성을 별개로 판단해야 된다는 법리를 제시함으로써 공정위와 같은 입장을 취하고 있다. 예를 들면 대법원 2013.4.25. 선고 2010두25909 판결(4개 정유사등의 구속조건부거래행위 건, 2009.2.3. 공정위 의결)도 "시장지배적사업자의 배타조건부 거래행위와 불공정거래행위로서의 배타조건부 거래행위는 그 규제목적 및 범위를 달리하고 있으므로 법 제3조의2 제1항 제5호 전단이 규제하는 시장지배적사업자의 배타조건부 거래행위의 부당성의 의미는 법 제23조 제1항 제5호 전단의 불공정거래행위로서의 배타조건부 거래행위의 부당성과는 별도로 독자적으로 평가·해석하여야 한다. 법 제3조의2 제1항 제5호 전단에서 시장지배적사업자의 지위남용행위로서의 배타조건부 거래행위를 규제하면서도 제23조 제1항 제5호 전단에서 시장지배적사업자를 포함한 모든 사업자의 불공정거래행위로서의 배타조건부 거래행위를 규제하고 있는 이유는, 배타조건부 거래행위가 시장지배적사업자의 지위남용에 해당하는지 여부를 떠나 관련시장에서의 경쟁을 제한하거나 그 거래상대방에 대하여 거래처 선택의 자유 등을 제한함으로써 공정한 거래를 저해할 우려가 있는 행위라고 평가되는 경우에는 이를 규제하여야 할 필요성이 있기 때문이다."라고 판시하였다. 또 대법원은 2014.4.10. 선고 2012두6308 판결(현대모비스(주)의 시장지배적지위 남용행위등 건, 2009.6.5. 공정위 의결)에서 원고가 대리점과 거래함에 있어 대리점이 경쟁부품을 판매하지 않는 조건으로 거래한 행위에 대하여 공정위가 시장지배적지위 남용행위(경쟁사업자 배제행위)와 불공정거래행위의 구속조건부 거래행위 중 배타조건부거래행위 규정을 경합 적용한 결정에 대하여 최종적으로 인정하였다. 또 서울고등법원은 2020.2.6. 선고 2018누43110 판결(지멘스(주) 등의 시장지배적지위 남용행위등 건, 2018.3.13. 공정위 의결)에서 원고가 ISO와 거래하는 병원에 부당한 서비스키 발급 조건을 제시한 행위에 대하여 공정위가 시장지배적지위 남용행위(사업활동 방해행위 중 가격 또는 거래조건을 부당하게 차별하는 행위)와 불공정거래행위(차별적 취급행위) 규정을 경합 적용한 결정에 대하여 각각의 관련 법리와 부당성을 판단하여 시장지배적지위 남용행위 또는 불공정거래행위에 해당한다고 볼 수 없다고 판결하였다.

한편 공정위의 '불공정거래행위 심사지침(공정위 예규)'은 실제 공정위의 법집행상 법리와 입장과는 달리 불공정거래행위가 법 제5조(시장지배적지위의 남용금지) 위반에도 해당될 경우에는 법 제5조를 우선적으로 적용함을 원칙으로 한다고 규정하고 있다(심사지침 Ⅱ. 3. 참조). 일반적으로 특별법이 일반법에 우선한다는 특별법 우선의 원칙은 동일한 형식의 성문법규인 법률(여기서는 같은 법률내에서 다른 법규정)이 상호 모순·저촉되는 경우에 적용되는 것이며, '우선 적용'은 통상 위와 같은 법률의 상호 모순·저촉시의 특별법 우선 적용을 명시적으로 밝히는 것이므로, 양 법률(또는 양 규정)이 상호 모순, 저촉되는 것이 아니라 다른 입법 목적과 다른 판단 기준을 갖고 있다면 각각 경합적으로 적용될 수 있는 것이다. 법 제5조(시장지배적지위의 남용금지)와 법 제45조(불공정거래행위의 금지)는 일반법과 특별법(일반규정과 특별규정)의 관계에 있지는 않다. 따라서 심사지침상 법 제5조를 우선 적용하다는 규정은 보완할 필요가 있다고 본다.2)

2. 중복 적용 규정

실제 공정거래법 집행 과정에서 법 제5조(시장지배적지위의 남용금지)에 의한 시장지배적지위의 남용행위와 법 제45조(불공정거래행위의 금지)에 의한 불공정거래행위는 위반행위의 유형면에서 중복되거나 공통되는 경우가 발생한다. 예를 들어 시장지배적지위의 남용행위 중에서 가장 많이 나타나고 있는 '다른 사업자의 사업활동을 부당하게 방해하는 행위(법 제5조 제1항 제3호)'는 불공정거래행위 중 '부당하게 거래를 거절하는 행위(법 제45조 제1항 제1호)', '부당하게 거래의 상대방을 차별하여 취급하는 행위(법 제45조 제1항 제2호), '부당하게 경쟁자의 고객을 자기와 거래하도록 강제하는 행위(법 제45조 제1항 제5호)', '자기의 거래상의 지위를 부당하게 이용하여 상대방과 거래하는 행위(법 제45조 제1항 제6호)', '거래의 상대방의 사업활동을 부당하게 구속하는 조건으로 거래하는 행위(법 제45조 제1항 제7호)', '부당하게 다른 사업자의 사업활동을 방해하는 행위(법 제45조 제1항 제8호)' 등 상당수 불공정거래행위 유형, 그리고 '부당하게 경쟁사업자를 배제하기 위하여 거래하는 행위(법 제5조 제1항 제5호 전단)'는 불공정거래행위의 하나인 '거래의 상대방의 사업활동을 부당하게 구속하여 거래하

---

2) 공정거래위원회, 2009년판 공정거래백서, 2009년 8월, 166면 참조. 2007년 11월 22일 포스코열연코일공급거절 사건에 대한 대법원 전원합의체 판결 이후(대법원 2007.11.22. 선고 2002두8626) 공정거래법 제3조의2의 시장지배적지위 남용행위와 동법 제23조 제1항의 불공정거래행위에 대한 부당성 판단 기준에 대해 많은 논란이 제기되었다. 이에 따라 양 규정의 관계 정립 및 중복 규제 문제에 대한 근본적인 해결방안을 모색하는 것은 여전히 중요한 과제로 남겨져 있다. 특히 제23조(현행 제45조) 제1항의 불공정거래행위가 제3조의2(현행 제5조)의 시장지배적지위 남용행위에 해당하는 경우에는 제3조의2를 우선 적용하도록 하여, 양자의 관계를 일반법과 특별법의 관계로 규정하고 있는 불공정거래행위 심사지침과 달리, 위 대법원 판결의 경우, 양자의 부당성을 구분하여 독자적으로 해석해야 함을 시사하고 있다. 향후의 법집행 방향의 예측가능성을 확보하고 중복 규제에 대한 우려를 해소하기 위해서는 이에 대한 공정위의 입장을 명확히 정립해야 할 것이다.

는 행위(법 제45조 제1항 제7호)', '부당하게 경쟁자를 배제하는 행위(법 제45조 제1항 제3호)' 등과 동일하거나 유사한 행위유형이 될 수 있다.

시장지배적사업자의 행위가 시장지배적지위의 남용행위와 불공정거래행위에 동시에 해당하는 경우에는 두 가지 금지규정이 경합되게 된다. 이 경우에는 과징금 및 형벌 등 그 제재 정도에 차이가 있으므로 어느 규정을 적용하느냐 하는 것이 중요한 의미를 지닌다.

Ⅱ. 양 규정이 동시 적용된 사례 분석

이슈 16: 시장지배적지위 남용행위의 부당성 판단 기준 Ⅲ. 에서 분석한 것처럼, 공정위는 2007~2009년에 걸쳐 시장지배적지위 남용행위의 부당성에 대한 일련의 대법원 판결(2007.11.22. 포항종합제철(주)의 시장지배적지위 남용행위 건, 2008.12.11. (주)티브로드 강서방송의 시장지배적지위 남용행위 건, 2009.7.9. 농업협동조합중앙회의 시장지배적지위 남용행위 건)이 나온 이후에는 시장지배적지위 남용과 불공정거래행위 금지 규정을 동시에 적용할 경우에도 시장지배적지위 남용에 대한 부당성은 불공정거래행위와는 차별적으로 위 대법원 판결들을 직접 참조로 인용하거나 명시하지 않더라도 그 취지를 그대로 반영하여 판단하고 있다.

아래에서는 시장지배적지위의 남용과 불공정거래행위의 금지 규정이 동시에 적용된 5개 사건에 대한 공정위 심결 및 법원 판결들을 선정하여 적용 법조와 부당성 관련 법리를 중심으로 살펴보기로 한다. 그리고 이어서 시장지배적지위 남용행위(법 제5조)와 불공정거래행위(법 제45조) 중 배타조건부거래행위가 동시 적용된 사례를 분석해 본다.

1. 마이크로소프트 코퍼레이션 및 한국마이크로소프트 유한회사의 시장지배적 지위남용행위 등 건(2006.2.24. 공정위 의결)

공정위는 피심인들의 윈도우 서버 운영체제와 윈도우 미디어 서비스(WMS) 결합판매, 윈도우 PC 운영체제와 윈도우 미디어 플레이어의 결합판매, 윈도우 PC 운영체제와 메신저의 결합판매 등 3개 행위에 대하여 시장지배적지위 남용행위 중 사업활동 방해행위(현행법 제5조 제1항 제3호), 소비자 이익을 현저히 저해하는 행위(현행법 제5조 제1항 제5호 후단)와 불공정거래행위의 거래강제 중 끼워팔기(현행법 제45조 제1항 제5호)에 해당한다고 결정하였다. 3개 행위에 대한 적용 법조가 동일하므로 첫 번째 윈도우 서버운영체제에 윈도우 미디어 서비스(WMS)를 결합하여 판매한 행위에 대하여 살펴본다.

공정위는 시장지배적지위 남용행위 중 사업활동 방해행위 관련하여 "피심인들이 윈도우 서버 운영체제에 WMS를 결합하여 판매한 행위는 부당하게 PC 서버 운영체제 시장에서의 지배력을 이용하여 별개제품인 WMS를 거래상대방인 소비자에게 강제로 구입하게 한 것으로 부당한 행위이고, 이는 종된 상품인 미디어 서버 프로그램에 대한 소비자의 상품 선택권을 침해하고, 소비자가 우수한 제품을 접할 기회를 현저히 제약하는 불이익을 소비자에게 초래하는 동시에 미디어 서버 프로그램시장에서 WMS의 편재성 및 쏠림현상을 가중시키는 결과 경쟁을 저해하여 경쟁사업자의 사업활동을 곤란하게 하는 행위에 해당한다."고 하였고, 시장지배적지위 남용행위 중 부당하게 소비자 이익을 현저히 저해하는 행위의 성립 관련해서는 "피심인들이 윈도우 서버 운영체제에 WMS를 결합하여 판매한 행위는 PC 서버 운영체제 시장에서의 지배적 지위를 이용하여 종된 상품인 미디어 서버 프로그램 시장의 경쟁을 제한함으로써 소비자의 상품 선택권을 침해하고 미디어 서버 프로그램 시장의 경쟁을 제한하여 소비자 후생을 감소시키며, 기술혁신을 저해하여 사회적 손실 등을 야기하는 바, 이는 소비자 이익을 현저히 저해할 우려가 있는 행위로 성립한다."고 결정하였다.

한편 피심인들은 공정위 심결과정에서, "공정거래법 제3조의 2 제1항 각 호는 시장지배적 사업자의 지위남용 행위에 대한 한정적 열거 규정이고, 같은 조 제2항에 의하여 같은 조 제1항 제1호 내지 제4호는 시행령 및 고시에서 시장지배적지위 남용행위 유형을 구체화하고 있는 반면, 같은 조 제1항 제5호 후단은 법률의 규정만 있을 뿐 시행령이나 고시에서 남용행위의 구체적 기준 및 유형을 정하지 않고 있는 바, 행정부가 법률에 따라 위임된 금지 행위의 유형을 시행령 등에 의하여 정하지 않고, 행위 유형을 임의로 정하여 개별적인 사안에 적용하는 것은 허용될 수 없다."고 주장하였으며, 이에 대해 공정위는 "시장지배적사업자는 일정한 분야에서 상품이나 용역의 가격이나 수량 또는 거래조건의 결정에 지배적인 영향을 미칠 수 있는 지위에 있기 때문에, 그 지위를 남용하는 행위를 하면 시장구조를 악화시키거나, 경쟁사업자의 사업 활동을 방해할 수도 있고, 독점적 이윤의 추구로 일반 소비자의 이익을 침해할 우려도 있다. 그러나 시장지배적지위 남용행위는 매우 다양하여 이를 모두 법에서 규정하는 것은 불가능하므로, 이와 같은 다양한 시장지배적지위 남용행위를 규율하기 위해서는 공정거래법 제3조의2 및 시행령 제5조를 적용함에 있어서 공정하고 자유로운 경쟁을 촉진하여 소비자의 이익을 보호한다는 법의 입법취지를 고려하여 위 규정들을 합목적적으로 해석하는 것이 필요하다. 더구나 공정거래법 제3조의2 제2항은 '남용행위의 유형 및 기준은 대통령령으로 정할 수 있다'고 규정하고 있을 뿐이므로 하위법령인 시행령에서 구체화하지 않았다고 하여 법률을 직접 적용할 수 없는 것은 아니다. 따라서, 공정거래법 제3조의2 제1

항 제5호 후단에 정한 '부당하게 소비자의 이익을 현저히 저해할 우려가 있는 행위'의 경우, 시행령 및 고시에서 이 행위 유형을 구체화 하지 않았다고 하더라도, 같은 법의 해당 법조항을 직접 적용하여 시장지배적사업자의 지위 남용행위를 규제할 수 있다 할 것이므로, 시행령이나 고시에서 구체적인 행위를 적시하지 않아 동법의 해당 조항을 직접 적용할 수 없다는 피심인들의 위 주장은 이유 없다."고 판단하였다. 다만 2021.12.30. 시행된 법 개정에 따라 법 제5조(시장지배적지위 남용금지) 제2항이 "남용행위의 유형 및 기준은 대통령령으로 정한다."고 의무적 사항으로 변경되었다.

그리고 공정위는 불공정거래행위의 거래강제 중 끼워팔기의 성립 관련하여 "피심인들의 결합판매행위는 미디어 서버 프로그램 시장에서 우수한 경쟁 사업자의 사업 활동을 현저히 곤란하게 하고, 신규 사업자에 대한 진입장벽을 형성하며, 피심인들의 미디어 서버 프로그램 시장에서의 점유율을 비약적으로 높여 경쟁을 제한하였음을 인정할 수 있고, 이러한 행위는 윈도우 서버 운영체제 구매자들에게 WMS의 구입을 강제하여 미디어 서버 프로그램에 대한 선택권을 침해하는 행위로서 정상적인 거래관행이라 인정할 수 없으므로 거래 수단도 또한 불공정하다. 피심인들이 주된 상품인 윈도우 서버 운영체제에 종된 상품인 WMS를 결합하여 판매한 행위는 주된 상품 공급자라는 지위를 이용하여 별개 독립의 상품인 WMS를 구입하지 않고서는 주된 상품인 윈도우 서버 운영체제를 구입할 수 밖에 없는 상황을 만든 것으로서 이는 거래상대방인 소비자들의 상품 선택의 자유를 침해할 뿐만 아니라, 양질·염가의 상품을 제공함으로써 고객을 확보한다는 가격과 품질에 의한 경쟁을 침해하는 것이므로 불공정거래행위 중 거래강제의 끼워팔기에 해당하는 행위에 해당한다."고 결정하였다.

과징금 부과에 있어서는 시장지배적지위 남용행위와 불공정거래행위를 금지하는 입법목적이나 보호법익이 각기 다르고, 불공정 거래행위의 행위태양이 시장지배적 지위 남용행위의 행위 태양에 모두 포섭될 수 있는 것은 아니므로 양 규정은 원칙적으로 경합적용될 수는 있지만, 다만 여러 법규정이 경합하여 적용된다 할지라도, 법위반 행위의 기초가 되는 사실이 하나인 것을 감안하여 법정 과징금 부과비율이 보다 중한 시장지배적지위 남용금지 규정에서 정한 바에 따라 과징금을 부과한다고 결정하였다.

2. 퀄컴 인코포레이티드, 한국퀄컴(주), 퀄컴 씨디엠에이테크놀로지코리아의 시장지배적지위 남용행위 등 건(2009.12.30. 공정위 의결)

공정위는 피심인들이 자신들의 모뎀칩 장착 여부에 따라 휴대폰 제조사에 대한 로열티를 차별한 행위에 대하여 시장지배적지위 남용행위 중 사업활동 방해행위(현행법 제5조 제1항 제3호)와 불공정거래행위 중 가격차별행위(현행법 제45조 제1항 제2호)에 해당한다고 결정하였다.

공정위는 대법원 2007.11.22. 선고 2002두8626 판결(포스코의 시장지배적지위 남용행위에 대한 건)을 명시하지는 않았지만, 위 판결에서 제시한 법리에 따라 경쟁제한 의도 또는 목적과 경쟁제한의 우려가 존재하는지 여부, 그리고 사업활동 방해를 통한 경쟁사업자 배제 및 제품의 다양성 감소 및 가격인하 저해 등으로 인한 소비자피해 등 경쟁제한의 효과 존재 여부를 사실관계에 따라 구체적으로 입증하면서 시장지배적지위 남용행위 중 사업활동 방해행위의 성립을 인정하였다.

또 불공정거래행위 중 가격차별행위 관련하여서는 "「불공정거래행위 심사지침」 V. 2. 가.에 의하면 차별행위로 인한 경쟁제한성은 행위자 자신이 속한 시장에서의 경쟁제한성과 행위자의 거래상대방이 속한 시장에서의 경쟁제한성으로 나뉘는데, 2. 가.행위는 CDMA 2000 방식 모뎀칩 시장에서의 경쟁제한성과 관련되므로 전자에 해당한다. 한편 행위자가 속한 시장의 경쟁제한성은 ① 행위자가 가격차별로 인하여 시장에서의 지위를 유지·강화하거나 할 우려가 있는지 여부, ② 가격차별이 경쟁사업자를 배제하려는 의도 하에 이루어졌는지 여부, ③ 가격차별 정도가 관련 시장에서 경쟁사업자를 배제할 우려가 있거나 가격차별에 의해 설정된 가격수준이 상품 또는 용역의 제조원가나 매입원가를 하회하는지 여부, ④ 가격차별이 일회성인지 지속적인지 여부 등을 고려하여 판단한다."는 법리를 제시하였다.

그리고 과징금 부과 관련하여서는 시장지배적지위 남용행위와 불공정거래행위를 금지하는 입법 목적과 보호 법익이 각기 다르고, 불공정거래행위의 행위 태양이 시장지배적지위 남용행위의 행위 태양에 모두 포섭될 수 있는 것은 아니므로 이 두 규정은 원칙적으로 경합 적용될 수 있으나, 법위반행위의 기초가 되는 사실이 하나인 것을 감안하여 법정 과징금 부과기준율이 보다 높은 시장지배적지위 남용금지 규정 위반에 따른 과징금만 부과하였다.

공정위의 처분이 나온 지 약 9년만인 2019.1.31. 위 행위와 함께 시장지배적지위 남용행위 중 경쟁사업자 배제행위가 적용된 모뎀칩에 대한 조건부 리베이트 이용행위 등 공정위의 처분을 대부분 인정한 대법원 판결이 내려졌다(대법원 2019.1.31. 선고 2013두14726 판결).

3. 지멘스(주) 등의 시장지배적지위 남용행위 등 건(2018.3.13. 공정위 의결)

가. 공정위 의결

공정위는 피심인들이 ISO와 거래하는 병원에 대하여 부당한 서비스키 발급조건을 제시한

행위에 대하여 시장지배적지위 남용행위 중 사업활동 방해행위(현행법 제5조 제1항 제3호)와 불공정거래행위 중 가격 및 거래조건 차별행위(현행법 제45조 제1항 제2호)에 해당한다고 결정하였다.

공정위는 시장배적지위 남용행위 관련하여 "피심인의 행위가 법위반이 되기 위해서는 ① 피심인이 시장지배적지위에 있어야 하고, ② 거래상대방에게 정상적인 거래관행에 비추어 타당성이 없는 조건을 제시하는 행위를 하는 경우에 해당하거나 ③ 가격 또는 거래조건을 부당하게 차별하는 행위를 하여야 하며, ④ 피심인의 행위가 다른 사업자의 사업활동을 어렵게 하여야 한다. 다른 사업자의 사업활동을 어렵게 하는 경우를 판단함에 있어서는 다른 사업자의 생산·재무·판매활동 등을 종합적으로 고려하되, 사업활동이 어려워질 우려가 있는 경우를 포함한다. 여기에서 정상적인 거래관행이란 원칙적으로 해당업계의 통상적인 거래관행을 기준으로 판단하되 구체적인 사안에 따라서는 바람직한 경쟁질서에 부합하는 관행을 의미하기도 하며, 현실의 거래관행과 항상 일치하는 것은 아니다(서울고등법원 2009누 33777, 서울고등법원 2008누2868, 서울고등법원 2008누2462 판결 등). 또한 가격 또는 거래조건을 부당하게 차별하는 행위는 거래의 대상인 상품 또는 용역이 실질적으로 동일함에도 이를 현저하게 다르게 취급하는 것을 의미한다. 한편, 다른 사업자의 사업 활동을 어렵게 하는 행위는 특정 사업자가 개별적으로 불이익을 입게 되었다는 사정만으로는 부족하고 위반사업자가 시장에서의 독점적 지위를 유지, 강화할 의도나 목적이 인정되어야 하고, 객관적으로도 경쟁제한효과가 생길만한 우려가 있는 행위로 평가될 수 있어야 한다(대법원 2007.11.22. 선고 2002두8626 전원합의체 판결, 포스코의 시장지배적지위 남용행위 건). 따라서 정상적인 거래관행에 비추어 타당성이 없는 조건을 제시하거나 가격 및 거래조건을 부당하게 차별하는 행위로 인해 현실적으로 상품의 가격 상승, 산출량 감소, 혁신 저해, 유력한 경쟁사업자 수의 감소, 다양성 감소 등과 같은 경쟁제한의 효과가 나타났음이 입증된 경우에는 그 행위 당시에 경쟁제한을 초래할 우려가 있었고 또한 그에 대한 의도나 목적이 있었음을 사실상 추정할 수 있다. 그렇지 않은 경우에는 행위의 경위 및 동기, 태양, 관련시장의 특성, 거래상대방이 입은 불이익의 정도, 관련시장에서의 가격 및 산출량의 변화 여부, 혁신 저해 및 다양성 감소 여부 등 여러 사정을 종합적으로 고려하여 상기 경쟁제한의 효과가 생길만한 우려가 있는 행위로서 그에 대한 의도나 목적이 있었는지를 판단하여야 한다."는 법리를 제시하였다.

또 불공정거래행위 중 가격차별행위 관련하여서는 "가격차별 행위는 거래지역이나 거래상대방에 따라 현저한 가격의 차이가 존재하고 그러한 가격의 차이가 부당하여 시장에서의 공정한 거래를 저해할 우려가 있는 경우에 성립한다고 할 것인바, 가격차별을 규제하는 입법

취지와 위 각 규정을 종합하면 가격차별이 부당성을 갖는지 유무를 판단함에 있어서는 가격
차별의 정도, 가격차별이 경쟁사업자나 거래상대방의 사업활동 및 시장에 미치는 경쟁제한
의 정도, 가격차별에 이른 경영정책상의 필요성, 가격차별의 경위 등 여러 사정을 종합적으
로 고려하여 그와 같은 가격차별로 인하여 공정한 거래가 저해될 우려가 있는지 여부에 따
라 판단한다(대법원 2006.12.7. 선고 2004두4703 판결 참고). 한편, 거래조건 차별행위는 가격
이외의 거래조건을 차별하는 행위를 그 대상으로 하며, 거래조건 차별이 당해 사업자가 속
한 시장 또는 거래상대방이 속한 시장에서의 경쟁을 제한하는지 여부를 위주로 판단하되,
그 기준은 가격차별에 준하여 판단한다(불공정거래행위심사지침(개정 2015.12.31. 공정거래위원
회 예규 제241호)).”는 관련 법리를 제시하였다.

그리고 양 규정의 중복 적용 여부 관련하여, 법 제3조의2에 따른 시장지배적지위 남용행
위와 법 제23조에 따른 불공정거래행위는 입법목적과 보호 법익이 각기 다르고 불공정거래
행위의 행위 태양이 시장지배적지위 남용행위의 행위 태양에 모두 포섭될 수 있는 것은 아
니므로, 이 두 규정은 원칙적으로 경합 적용될 수 있다는 일관된 입장을 밝히면서 다만, 법
위반 행위의 기초가 되는 사실이 하나이고 위반기간 및 관련매출액이 동일하므로 각각의 위
반에 대해 별도로 과징금을 부과하지 아니하고 시장지배적지위 남용행위에 대해서만 과징금
을 부과하였다.

나. 서울고등법원 2020.2.6. 선고 2018누43110 판결

서울고등법원은 시장지배적지위 남용행위 중 사업활동 방해행위의 부당성 관련 법리로
“공정거래법 제3조의2 제1항 제3호가 규정하고 있는 시장지배적사업자의 지위남용행위로서
사업활동 방해행위의 부당성은 ‘독과점적 시장에서의 경쟁촉진’이라는 입법 목적에 맞추어
해석하여야 할 것이므로, 시장지배적사업자가 개별 거래의 상대방인 특정 사업자에 대한 부
당한 의도나 목적을 가지고 사업활동을 방해한 모든 경우 또는 그 사업활동 방해로 인하여
특정 사업자가 사업활동에 곤란을 겪게 되었다거나 곤란을 겪게 될 우려가 발생하였다는 것
과 같이 특정 사업자가 불이익을 입게 되었다는 사정만으로는 그 부당성을 인정하기에 부족
하고, 그 중에서도 특히 시장에서의 독점을 유지·강화할 의도나 목적, 즉 시장에서의 자유
로운 경쟁을 제한함으로써 인위적으로 시장질서에 영향을 가하려는 의도나 목적을 갖고, 객
관적으로도 그러한 경쟁제한의 효과가 생길 만한 우려가 있는 행위로 평가될 수 있는 성질
을 갖는 사업활동 방해행위를 하였을 때에 그 부당성이 인정될 수 있다. 그러므로 시장지배
적사업자의 사업활동 방해행위가 그 지위 남용행위에 해당한다고 주장하는 피고로서는 그

사업활동 방해행위가 상품의 가격 상승, 산출량 감소, 혁신 저해, 유력한 경쟁사업자의 수의 감소, 다양성 감소 등과 같은 경쟁제한의 효과가 생길 만한 우려가 있는 행위로서 그에 대한 의도와 목적이 있었다는 점을 증명하여야 할 것이고, 사업활동 방해행위로 인하여 현실적으로 위와 같은 효과가 나타났음이 증명된 경우에는 그 행위 당시에 경쟁제한을 초래할 우려가 있었고 또한 그에 대한 의도나 목적이 있었음을 사실상 추정할 수 있다 할 것이지만, 그렇지 않은 경우에는 사업활동 방해의 경위 및 동기, 사업활동 방해행위의 태양, 관련 시장의 특성, 사업활동 방해로 인하여 그 거래 상대방이 입은 불이익의 정도, 관련 시장에서의 가격 및 산출량의 변화 여부, 혁신 저해 및 다양성 감소 여부 등 여러 사정을 종합적으로 고려하여 사업활동 방해행위가 위에서 본 경쟁제한의 효과가 생길 만한 우려가 있는 행위로서 그에 대한 의도나 목적이 있었는지를 판단하여야 한다(대법원 2008.12.11. 선고 2007두25183 판결, 대법원 2010.4.8. 선고 2008두17707 판결 등 참조).”는 일관된 법리를 제시하면서, 구체적인 부당성 판단을 통하여 피고가 제출한 증거만으로는 시장지배적지위 남용행위로서 부당성을 갖는다고 보기 어렵다고 판결하였다.

그리고 불공정거래행위에 해당하는지 여부 관련하여 “공정거래법 제23조 제1항은 ‘사업자가 부당하게 거래를 거절하거나 거래의 상대방을 차별하여 취급하는 행위로서 공정한 거래를 저해할 우려가 있는 행위’를 불공정거래행위의 한 유형으로 규정하고, 같은 조 제3항의 위임에 따라 규정된 공정거래법 시행령 제36조 제1항 및 [별표 1의2] 2.는 ‘부당하게 거래 상대방에 따라 현저하게 유리하거나 불리한 가격으로 거래하는 행위 또는 수량·품질 등의 거래조건이나 거래내용에 관하여 현저하게 유리하거나 불리한 취급을 하는 행위’를 금지되는 차별취급행위로 규정하고 있다. 이와 같은 거래조건 차별에 해당하기 위해서는 특정사업자에 대한 거래조건이나 거래내용이 다른 사업자에 대한 것보다 유리 또는 불리해야 할 뿐 아니라, 그 유리 또는 불리한 정도가 현저해야 하고, 그렇게 차별취급하는 것이 부당한 것이어야 한다(대법원 2006.5.26. 선고 2004두3014 판결 참조).”는 법리를 제시하고, 구체적인 판단을 통하여 “불리하게 차별취급하였다고 볼 수 없으며, 설령 이를 차별취급 행위에 해당한다고 보더라도 이는 서비스 소프트웨어의 저작권자인 원고들이 저작권 행사의 일환으로서 그 사용에 필요한 서비스키를 유상으로 제공할지 여부 및 어느 범위까지 제공할지 여부를 결정하는 문제이고, 저작권 사용에 따른 사용료를 부과하고 그 사용 허락의 범위를 유지보수에 필수적인 범위로 제한하는 것은 자신의 저작권을 보호하기 위한 나름의 합리적인 이유가 있는 것으로 보이므로, 그 차별이 부당하다고 볼 수 없다. 나아가 원고들이 라이선스 정책에 따른 이 사건 서비스키 발급조건 제시행위를 통하여 유지보수서비스 시장에서 원고들과 경쟁하는 ISO를 견제하고자 하는 의도가 있었다고 하더라도, 이는 저작권자가 자신의 저작권을 보호하기 위해 이를 배타적으로 행사하는 과정에 수반되어 나타나는 것으로, 그 정도가 지나쳐 저작권 행사의 남용에 해당한다고 보기도 어렵다. 또한 병원은 원고들과 라이선스 계약을 체결하여 서비스 소프트웨어 사용대가를 지불하면 ISO를 통하여 유지보수서비스를 받는 것이 여전히 가능한바, 그 대가 지급으로 인하여 유지보수서비스 비용이 상승한다는 이유만으로 원고들의 행위가 정당한 저작권의 행사 범위를 벗어난 것이라고 볼 수도 없다. 그렇다면 이 사건 서비스키 발급조건 제시행위가 공정한 거래를 저해할 우려 있는 행위라고 단정하기도 어렵다."고 판결하였다.

서울고등법원은 결론적으로 이 사건 행위는 이를 시장지배적지위 남용행위 또는 불공정거 래행위에 해당한다고 볼 수 없다고 판결하였다.[3]

4. 가즈트랑스포르 에 떼끄니가즈의 시장지배적지위 남용행위 등 건(2020.12.2. 공정위 의결)[4]

공정위는 피심인이 대한민국에 본점을 둔 조선업체에게 LNG 화물창 기술 라이선스에 멤브레인형 LNG 화물창 건조를 위한 엔지니어링 서비스를 끼워파는 행위에 대하여 시장지배 적지위 남용행위 중 사업활동 방해행위(현행법 제5조 제1항 제3호)와 불공정거래행위의 거래 강제행위 중 끼워팔기(현행법 제45조 제1항 제5호)에 해당한다고 결정하였다.

공정위는 시장지배적지위 남용행위 중 부당한 사업활동 방해행위 관련하여 "거래상대방에 게 불이익이 되는 거래를 강제하는 행위의 '부당성'과 관련하여, 특정 사업자가 개별적으로 불이익을 입게 되었다는 사정만으로는 부족하고 위반사업자가 시장에서의 독점적 지위를 유지, 강화할 의도나 목적을 갖고 객관적으로 경쟁제한 효과가 생길만한 우려가 있는 행위로 평가될 수 있는 불이익 강제행위를 했을 때 그 부당성이 인정될 수 있다. 거래상대방에게 불이익이 되는 거래를 강제하는 행위로 인해 현실적으로 상품의 가격 상승, 산출량 감소, 혁신 저해, 유력한 경쟁사업자 수의 감소, 다양성 감소 등과 같은 경쟁제한의 효과가 나타났음이 입증된 경우에는 그 행위 당시에 경쟁제한을 초래할 우려가 있었고 또한 그에 대한 의도나 목적이 있었음을 사실상 추정할 수 있다. 그렇지 않은 경우에는 행위의 경위 및 동기, 태양,

---

3) 현재 본건은 대법원에 계류중에 있다.
4) 공정위 의결은 서울고등법원 2022.12.1. 선고 2020누69221 판결, 대법원 2023.4.13. 선고 2023 두3014/ 판결로 확정되었다.

관련시장의 특성, 거래상대방이 입은 불이익의 정도, 관련시장에서의 가격 및 산출량의 변화 여부, 혁신 저해 및 다양성 감소 여부 등 여러 사정을 종합적으로 고려하여 상기 경쟁제한의 효과가 생길만한 우려가 있는 행위로서 그에 대한 의도나 목적이 있었는지를 판단하여야 한다(대법원 2008.12.11. 선고 2007두25183 판결)."는 법리를 제시하였다.

불공정거래행위의 거래강제행위 중 끼워팔기행위에 대하여는 "피심인의 행위가 이 규정에 해당하기 위해서는 ① 정상적인 거래관행에 비추어 부당하게 주된 상품과 별개인 종된 상품의 구입을 강제하여야 하고, ② 피심인의 행위가 공정한 거래를 저해할 우려가 있어야 한다. 특허권 등 지식재산권자가 라이선스 계약을 체결하면서 다른 상품이나 용역의 구입을 강제함으로써 관련 시장에서 경쟁의 감소를 초래하는 행위는 법위반에 해당될 수 있다(불공정거래행위 심사지침 Ⅴ. 5. 가. (3) (다)). 불공정거래행위 심사지침 Ⅴ. 5. 가. (2) (나)에 따르면 끼워팔기의 위법성은 ① 주된상품과 종된상품이 별개의 상품인지 여부, ② 끼워팔기 하는 사업자가 주된 상품시장에서 시장력이 있는지 여부, ③ 주된 상품과 종된 상품을 같이 구입하도록 강제하는지 여부, ④ 끼워팔기가 정상적인 거래관행에 비추어 부당한지 여부, ⑤ 끼워팔기로 인하여 종된 상품시장의 경쟁사업자가 배제되거나 배제될 우려가 있는지 여부를 종합적으로 고려하여 판단한다."는 법리를 제시하였다.

과징금 부과 관련해서는, 과징금고시 Ⅳ. 4. 라.의 규정에 따라 하나의 행위가 여러 개의 법령규정에 위반되는 경우 각 행위별 과징금 중 큰 금액을 기준으로 과징금을 부과하는 바, 중대성이 약한 위반행위의 부과기준율이 시장지배적지위 남용행위는 0.3% 이상 1.5% 미만, 불공정거래행위는 0.1% 이상 0.8%으로 시장지배적지위 남용행위의 부과기준율이 더 크므로 시장지배적지위 남용행위의 부과기준율을 적용하였다.

5. 네이버(주)[쇼핑 부문]의 시장지배적지위 남용행위 등 건(2021.1.27. 공정위 의결)5)

가. 공정위 의결

공정위는 피심인이 가격비교사이트인 네이버쇼핑 검색결과에서 자신의 오픈마켓서비스를 이용하는 사업자의 상품이 상위에 노출되기 유리하도록 검색 알고리즘을 설계하고 적용한 행위에 대하여 시장지배적지위 남용행위 중 부당한 사업활동 방해행위(현행법 제5조 제1항 제

---

5) 현재 대법원 계류중이며, 불공정거래행위 중 부당한 고객유인행위에 대해서는 이슈 21: 불공정거래행위 중 위계에 의한 고객유인행위 Ⅲ. 4.에서 자세히 다룬다.

3호), 불공정거래행위 중 부당한 차별취급행위(현행법 제45조 제1항 제2호), 불공정거래행위 중 부당한 고객유인행위(현행법 제45조 제1항 제4호)에 해당한다고 결정하였다.

공정위는 시장지배적지위 남용행위 중 부당한 사업활동 방해행위 관련하여 "법 제3조의2 제1항 제3호는 시장지배적 사업자가 다른 사업자의 사업활동을 부당하게 방해하는 행위를 금지한다. 그리고 같은 법 시행령 제5조 제3항 제4호 및 시장지배적지위 남용행위 심사기준 Ⅳ. 3. 라. (2)는 해당 행위를 구체화하여 그 중 하나로 '거래상대방에게 정상적인 거래관행에 비추어 타당성이 없는 조건을 제시하거나 가격 또는 거래조건을 부당하게 차별하는 행위'를 규정하고 있다. 피심인의 행위가 이 규정에 해당하기 위해서는 ① 피심인이 관련시장에서 시장지배적지위에 있고, ② 거래상대방에게 가격 또는 거래조건을 차별하는 행위를 하여야 하며, ③ 해당 행위가 부당하게 다른 사업자의 사업활동을 어렵게 함으로써(또는 어렵게 할 우려를 발생시켜) 관련시장의 경쟁이 저해되어야 한다. 이때, '부당성'의 의미는 다른 사업자가 개별적으로 불이익을 입게 되었다는 사정만으로는 부족하다. 행위를 한 사업자가 시장에서의 독점을 유지, 강화할 의도나 목적, 즉 시장에서 자유로운 경쟁을 제한함으로써 인위적으로 시장질서에 영향을 가하려는 의도나 목적이 있었음이 인정되어야 한다. 뿐만 아니라 객관적으로도 경쟁제한 효과가 생길만한 우려가 있는 행위로 평가될 수 있어야 한다(대법원 2007.11.22. 선고 2002두8626 판결(포스코의 시장지배적지위 남용행위에 대한 건)). 한편, 법원은 이와 관련하여 현실적으로 상품의 가격 상승, 산출량 감소, 혁신 저해, 유력한 경쟁사업자 수의 감소, 다양성 감소 등과 같은 경쟁제한의 효과가 나타났음이 입증된 경우, 그 행위 당시에 경쟁제한을 초래할 우려가 있었고 또한 그에 대한 의도나 목적이 있었음을 사실상 추정할 수 있다고 본다. 반면, 그렇지 않은 경우에는 행위의 경위 및 동기, 태양, 관련시장의 특성, 거래상대방이 입은 불이익의 정도, 관련시장에서의 가격 및 산출량의 변화 여부, 혁신 저해 및 다양성 감소 여부 등 여러 사정을 종합적으로 고려하여 상기 경쟁제한의 효과가 생길만한 우려가 있는 행위로서 그에 대한 의도나 목적이 있었는지를 판단하여야 한다고 판시하고 있다(대법원 2007.11.22. 선고 2002두8626 판결(포스코의 시장지배적지위 남용행위에 대한 건))."는 관련 법리를 제시하였다.

불공정거래행위 중 부당한 차별취급행위 관련하여서는 "가격차별 행위는 ① 거래지역이나 거래상대방에 따라 현저한 가격의 차이가 존재하고 ② 그러한 가격의 차이가 부당하여 시장에서의 공정한 거래를 저해할 우려가 있는 경우에 성립한다. 이때 가격차별이 부당한지 여부는 가격차별의 정도, 가격차별이 경쟁사업자나 거래상대방의 사업활동 및 시장에 미치는 경쟁제한의 정도, 가격차별에 이른 경영정책상의 필요성, 가격차별의 경위 등 여러 사정을 종합적으로 고려하여 공정한 거래가 저해될 우려가 있는지 여부에 따라 판단한다(대법원 2006.12.7. 선고 2004두4703 판결). 거래조건 차별행위는 가격 이외의 거래조건을 차별하는 행위이다. 이의 부당성 여부는 당해 사업자가 속한 시장 또는 거래상대방이 속한 시장에서의 경쟁을 제한하는지 여부를 위주로 판단하되, 그 기준을 가격차별에 준하여 판단한다(불공정거래행위 심사지침(개정 2015.12.31. 공정거래위원회 예규 제241호)).”는 법리를 제시하였다.

불공정거래행위 중 부당한 고객유인행위에 대하여는 “법 제23조 제1항 제3호는 부당하게 경쟁자의 고객을 자기와 거래하도록 유인하거나 강제하는 행위를 금지하고 있고, 영 제36조 제1항의 [별표 1의2]은 이를 구체화하여 ‘위계에 의한 고객유인’을 금지하고 있다. 피심인의 행위가 ‘위계에 의한 고객유인’에 해당하기 위해서는 피심인의 행위가 ① 기만 또는 위계적 방법(자기가 공급하는 상품 또는 용역의 내용이나 거래조건 기타 거래에 관한 사항에 관하여 실제보다 또는 경쟁사업자의 것보다 현저히 우량 또는 유리하다고 하거나 경쟁사업자의 것이 실제보다 또는 자기의 것보다 현저히 불량 또는 불리하다고 하는 행위)에 의하여, ② 고객을 오인시켜, ③ 경쟁사업자의 고객을 자기와 거래하도록 유인하는 행위로서, ④ 공정한 거래를 저해할 우려가 있는 경우여야 한다. 또한 위계에 의한 고객유인행위가 성립하기 위해서는 위계 또는 기만적인 유인행위로 인하여 고객이 오인될 우려가 있음으로 충분하고, 반드시 고객에게 오인의 결과가 발생하여야 하는 것은 아니라고 할 것이다. 그리고 여기에서 오인이라 함은 고객의 상품 또는 용역의 선택에 영향을 미칠 가능성 또는 위험성을 말한다 할 것이다(대법원 2002.12.26. 선고 2001두4306 판결 참조). 한편, 위계에 의한 고객유인행위의 공정거래저해성은 기만 또는 위계의 방법이 가격과 품질 등에 의한 바람직한 경쟁 질서를 저해하는 불공정한 경쟁수단에 해당되는지 여부를 위주로 판단하며, 그 속성상 합리성 등에 의한 예외를 인정하지 않음을 원칙으로 한다.”는 관련 법리를 제시하였다.

나. 서울고등법원 2022.12.14. 선고 2021누36129 판결

서울고등법원은 시장지배적지위 남용행위 중 사업활동방해행위의 부당성 관련하여 공정위 의결과 같이 포스코 대법원 판결(대법원 2007.11.22. 선고 2002두8626 전원합의체 판결) 등을 참조 판례로 하여 확립된 법리를 제시하면서 인정되는 사실 내지 사정을 종합하여 원고에게 경쟁제한의 의도와 목적이 있었다고 봄이 타당하다고 판단하였다. 그리고 원고가 검색알고리즘을 조정하여 실제로 원고의 오픈마켓의 매출 점유율, 입점사업자 수 등이 크게 증가한 점, 일반검색서비스 시장에서의 지배적 지위를 통해 확보한 비교쇼핑서비스 시장에서의 지배적 사업자로서 다시 이를 토대로 오픈마켓 시장에서도 점유율을 확대하였고, 이것이 다시 일반검색서비스 시장 및 비교쇼핑서비스 시장에서 원고의 트래픽 및 거래액의 증가에 기여하게 되는 이른바 양의 피드백 효과가 발생할 수 있다는 점 등을 종합하여 이 사건 위반행위는 오픈마켓 시장에서 경쟁제한효과를 발생시킬 만한 우려가 있는 행위에 해당한다고 판단하였다.

불공정거래행위 중 부당한 차별취급행위 관련 대법원 2006.5.26. 선고 2004두3014 판결 등 참조로 확립된 법리를 제시하면서 구체적 판단을 거쳐서 인정하였고, 부당한 고객유인행위에 대해서도 공정위 의결과 같이 대법원 2002.12.26. 선고 2001두4306 판결 등을 참조로 확립된 법리를 제시하면서 역시 구체적 판단을 한 다음에 인정하였다.

Ⅲ. 시장지배적지위 남용행위(법 제5조)와 불공정거래행위(법 제45조) 중 배타조건부거래행위가 동시 적용된 사례 분석

1. 개요

공정거래법상 배타조건부거래행위와 관련되는 조항으로서, 법 제5조(시장지배적지위의 남용금지) 제1항 제5호 전단은 부당하게 경쟁사업자를 배제하기 위하여 거래하는 행위를 금지하고 있으며, 시행령 제9조(남용행위의 유형 또는 기준) 제5항 제2호에서 부당하게 거래상대방이 경쟁사업자와 거래하지 않을 것을 조건으로 그 거래상대방과 거래하는 행위를 그 구체적 행위의 하나로 규정하고 있다. 또 법 제45조(불공정거래행위의 금지) 제1항 제7호는 거래의 상대방의 사업활동을 부당하게 구속하는 조건으로 거래하는 행위로서 공정한 거래를 해칠 우려가 있는 행위를 금지하고 있으며, 시행령 제52조(불공정거래행위의 유형 또는 기준) 및 별표 2(불공정거래행위의 유형 또는 기준) 제7호(구속조건부거래) 가목(배타조건부거래)에서 부당하게 거래상대방이 자기 또는 계열회사의 경쟁사업자와 거래하지 않는 조건으로 그 거래상대방과 거래하는 행위를 그 구체적 행위의 하나로 규정하고 있다.

내부지침인 '시장지배적지위 남용행위 심사기준'에서는 시행령 제9조 제5항 제2호의 부당하게 거래상대방이 경쟁사업자와 거래하지 아니할 것을 조건으로 그 거래상대방과 거래하는 경우에 경쟁사업자의 대체거래선 확보의 용이성, 당해 거래의 목적·기간·대상자 및 당해 업종의 유통관행 등을 종합적으로 고려한다고 규정하고 있다(심사기준 Ⅳ. 5. 나. 참조).

그리고 '불공정거래행위 심사지침'에서는 시행령 제52조 별표 2 배타조건부거래행위 관련 구체적인 위법성 심사기준을 규정하고 있다(심사지침 Ⅴ. 7. 가. 참조). 거래상대방이 자기 또

는 계열회사의 경쟁사업자(잠재적 경쟁사업자 포함)와 거래하지 않는 조건으로 그 거래상대방
과 거래하는 행위가 대상이 되며, 거래상대방에는 소비자가 포함되지 않는다. 배타조건부거
래가 물품구입처 또는 유통경로 차단, 경쟁수단의 제한을 통해 자기 또는 계열회사의 경쟁
사업자를 시장에서 배제하거나 배제할 우려가 있는지 여부를 위주로 위법성을 판단한다. 그
리고 배타조건부거래의 경쟁제한성이 있다고 판단되는 경우에도 합리성이 있다고 인정되는
경우에는 법위반으로 보지 않을 수 있다. 또한 배타조건부거래를 한 사업자의 시장점유율이
10% 미만인 경우에는 당해 시장에서의 경쟁제한효과가 미미하다고 보아 원칙적으로 심사면
제 대상으로 된다. 심사지침은 법위반에 해당될 수 있는 행위, 합리성이 있다고 인정되는 경
우 관련 구체적인 예시를 규정하고 있다.

2. 공정위 심결사례 및 법원 판결례

가. 4개 정유사 등의 구속조건부거래행위 건(2009.2.3. 공정위 의결)6)

(1) 공정위 의결(2009.2.3.)

공정위는 피심인들이 자신의 석유제품을 취급하는 자영주유소들에게 상표권 사용 등을 이
유로 거래상대방의 의사에 반하여 소요제품 전량구매를 요구하는 등 거래상대방이 경쟁사업
자와 거래하는 행위를 사실상 금지하는 계약을 체결한 행위에 대하여 불공정거래행위의 구속
조건부거래행위 중 배타조건부거래행위(현행법 제45조 제1항 제7호)에 해당한다고 결정하였다.

공정위는 "부당성 여부 관련하여, 불공정거래행위심사지침 V.7.가.(2)의 규정에 따르면
배타조건부거래행위의 부당성은 관련시장에서의 경쟁을 제한하는지 여부를 위주로 판단하
며, 경쟁제한성 여부는 배타조건부거래가 물품구입처 또는 유통경로의 차단, 경쟁수단의 제
한을 통해 자기 또는 계열회사의 경쟁사업자(잠재적 경쟁사업자 포함)를 시장에서 배제하거나
배제할 우려가 있는지 여부를 중심으로 판단한다."는 법리를 제시하면서 여러 사정들을 고
려하여 피심인들의 행위는 거래상대방인 주유소의 거래처선택의 자유를 제한하고, 경쟁사업
자의 시장진입을 곤란하게 함으로써 관련시장인 경질유제품 공급시장의 경쟁을 제한하는 것
으로 판단하였다. 그리고 효율성 증대효과 인정 여부 관련하여, 효율성 증대효과를 인정하기
어렵고, 설사 효율성 증대효과가 인정된다 하더라도 경쟁제한효과를 상회한다고 보기 어려
우므로 본 건 전량공급조건 거래가 부당하지 않다는 피심인의 주장은 이유가 없다고 판단하

---

6) 본건은 양 규정이 동시 적용된 사례는 아니지만 대법원에서 그 부당성을 독자적으로 평가해야
   한다는 명시적인 법리를 제시했다는 점에서 분석 사례로 삼았다.

였다.

공정위는 이에 따라 "피심인들의 자영주유소에 대한 전량공급조건거래는 거래상대방이 자기 또는 계열회사의 경쟁사업자와 거래하지 아니하는 조건으로 그 거래상대방과 거래하는 행위로서 자영주유소의 거래상대방 선택의 자유를 침해하고, 잠재적 경쟁사업자의 시장진입을 배제할 우려가 있어 경쟁제한성이 인정되며, 전량공급조건거래를 인정할 만한 합리적인 사유도 없으므로 부당성이 인정된다고 할 것이다. 따라서, 피심인의 전량공급조건거래는 배타조건부거래행위에 해당된다."고 결정하였다.

(2) 대법원 2013.4.25. 선고 2010두25909 판결

원심인 서울고등법원 2010.10.21. 선고 2009누6959 판결은 불공정거래행위 중 배타조건부거래행위의 부당성 판단 법리를 제시하고 이에 따라 부당성을 판단했지만, 대법원은 앞 Ⅰ. 1.에서 설명한 것처럼 먼저 시장지배적지위의 남용행위와 불공정거래행위의 부당성을 별도로 평가해야 된다는 법리를 제시하였다.

그리고 나서 대법원은 "시장지배적사업자의 지위남용행위로 규정하고 있는 배타조건부거래행위의 '부당성'과는 달리 불공정거래행위인 배타조건부 거래행위의 '부당성'은 당해 배타조건부 거래행위가 물품의 구입 또는 유통경로의 차단, 경쟁수단의 제한을 통하여 자기 또는 계열회사의 경쟁사업자나 잠재적 경쟁사업자를 관련시장에서 배제하거나 배제할 우려가 있는지 여부를 비롯한 경쟁제한성을 중심으로 그 유무를 평가하되, 거래상대방인 특정 사업자가 당해 배타조건부 거래행위로 인하여 거래처 선택의 자유 등이 제한됨으로써 자유로운 의사결정이 저해되었거나 저해될 우려가 있는지 여부 등도 아울러 고려할 수 있다고 봄이 타당하다. 여기서 배타조건부 거래행위가 부당한지 여부를 판단함에 있어서는 당해 배타조건부 거래행위로 인하여 대체적 물품구입처 또는 유통경로가 차단되는 정도, 경쟁사업자가 경쟁할 수 있는 수단을 침해받는지 여부, 행위자의 시장점유율 및 업계순위, 배타조건부 거래행위의 대상이 되는 상대방의 수와 시장점유율, 배타조건부 거래행위의 실시기간 및 대상이 되는 상품 또는 용역의 특성, 배타조건부 거래행위의 의도 및 목적과 아울러 배타조건부 거래계약을 체결한 거래당사자의 지위, 계약내용, 계약체결 당시의 상황 등을 종합적으로 고려하여야 할 것이다."라고 설시하였다.

대법원은 원심판결에 대하여 "원고의 전량공급조건 거래로 인하여 경질유제품 시장에서 경쟁사업자에 대한 봉쇄효과가 발생하는 점이 인정되므로 원고의 배타조건부 거래행위에는 경쟁제한성이 있고, 또한 국내 석유제품공급시장은 공급초과상태로서 주유소들은 정유사별 가격비교를 통해 보다 저렴한 상품을 구매할 수 있음에도 원고의 전량공급조건 거래

에 동의한 것은 국내 모든 정유사가 그러한 거래를 하고 있기 때문에 주유소들로서는 그러한 거래방식을 수용할 수밖에 없었던 것으로 보이는 점, 2008.9.1.부터 주유소의 복수상표 표시가 허용되었으므로 원고와 거래하는 자영주유소들은 독립된 사업자로서 거래처를 하나 또는 그 이상으로 자유롭게 선택하여 서로 다른 상표를 동시에 표시할 수 있는 길이 열렸는데도 이 사건 전량공급조건 계약에 의하여 복수상표의 제품을 취급하지 못하고 있는 점 등에 비추어 보면, 원고의 전량공급조건 거래가 거래상대방인 주유소의 의사에 반하지 않았다고 단정하기 어렵다고 판단하였다. 앞서 본 법리 및 기록에 비추어 살펴보면, 원심의 이유 설시에 일부 적절하지 않은 점이 있으나, 원심의 이와 같은 판단은 정당하고, 거기에 이 부분 상고이유의 주장과 같은 배타조건부 거래행위의 위법성 판단에 관한 법리를 오해하거나 자유심증주의의 한계를 벗어남으로써 판결 결과에 영향을 미친 위법이 없다."고 판결하였다.

나. 현대모비스(주)의 시장지배적지위 남용행위 등 건(2009.6.5. 공정위 의결)

(1) 공정위 의결(2009.6.5.)

공정위는 피심인이 그 대리점과 거래함에 있어 대리점이 경쟁부품을 판매하지 않는 조건으로 거래한 행위에 대하여 시장지배적지위 남용행위 중 경쟁사업자 배제행위(현행법 제5조 제1항 제5호 전단)와 불공정거래행위의 구속조건부거래행위 중 배타조건부거래행위(현행법 제45조 제1항 제7호)에 해당한다고 결정하였다.

공정위는 대법원 2007.11.22. 선고 2002두8626 판결(포스코의 시장지배적지위 남용행위에 대한 건)을 명시하지는 않았지만, 위 판결에서 제시한 법리에 따라 인위적으로 시장지배력의 강화와 시장질서에 영향을 가하려는 경쟁부품 유통 억제의 의도·목적, 그리고 경쟁사업자의 유통경로 봉쇄에 따른 경쟁사업자 수 감소, 기술혁신 저해, 부품 다양성 감소 등 경쟁사업자 배제효과를 구체적으로 입증하면서 시장지배적지위 남용행위 중 경쟁사업자 배제행위의 성립을 인정하였다.

그리고 법 제3조의2(현행법 제5조) 시장지배적지위의 남용행위와 제23조(현행법 제45조) 불공정거래행위 규정의 경합과 관련하여 그 입법목적이나 보호법익이 각기 다르고 불공정거래행위태양이 시장지배적지위 남용행위의 행위태양에 모두 포섭될 수 있는 것은 아니므로 양 규정은 원칙적으로 경합적으로 적용할 수 있다고 봄이 상당하다(유사심결례: 공정거래위원회 전원회의 의결 제2006-042호(2006.2.24.), 마이크로소프트 코퍼레이션 및 한국마이크로소프트 유한회사의 시장지배적지위 남용행위 등에 대한 건)는 일관된 법리를 확인하였다. 이는 하나의 행위에 대해 법적 평가를 경합적으로 하는 것이므로 법규정은 중복하여 적용하되 처벌은 그 중 가장 중한 규정만 적용하므로 이중처벌의 문제는 발생하지 않는다고 입장도 밝혔다(의결서 52면 참조).

불공정거래행위의 구속조건부거래행위 중 배타조건부거래행위의 성립 관련하여 "배타조건부거래행위의 위법성은 당해행위가 관련시장에서 경쟁을 제한하는지 여부를 위주로 판단한다. 여기서 경쟁제한성은 ① 경쟁사업자가 대체적 물품구입처 또는 유통경로를 확보하는 것이 가능한지 여부, ② 당해 행위로 인해 경쟁사업자가 경쟁할 수 있는 수단을 침해받는지 여부, ③ 행위자의 시장점유율 및 업계순위, ④ 배타조건부거래행위의 대상이 되는 상대방 수 및 시장점유율, ⑤ 배타조건부거래행위의 실시기간, ⑥ 배타조건부거래행위의 의도 및 목적 등을 종합적으로 고려하여 배타조건부거래행위가 물품구입처 또는 유통경로 차단, 경쟁수단의 제한을 통해 자기 또는 계열회사의 경쟁사업자(잠재적 경쟁사업자 포함)를 시장에서 배제하거나 배제할 우려가 있는지 여부를 위주로 판단한다."는 법리를 제시하였다.

그리고 과징금 부과에 있어서 여러 법규정이 경합하여 적용된다 할지라도 법위반행위의 기초가 되는 사실이 하나인 점을 감안하여 법정 과징금 부과비율이 보다 높은 시장지배적지위의 남용금지 규정에서 정한 바에 따라 과징금을 부과하기로 결정하였다.

(2) 대법원 2014.4.10. 선고 2012두6308 판결

대법원은 "원심판결(서울고등법원 2012.2.1. 선고 2009누19269 판결) 이유에 의하면, 원심은, ① 원고가 자신의 대리점을 상대로 순정품 취급을 강제하고 비순정품 거래를 통제한 것은 정비용 부품시장에서 원고의 시장지배적 지위를 계속 유지하기 위해 경쟁부품의 판매 유통망을 제한함으로써 인위적으로 시장질서에 영향을 가하려는 의도나 목적으로 이루어졌음이 명백한 점, ② 원고의 경쟁부품업체들은 전국의 원고 대리점을 통해 경쟁부품을 공급할 수 있을 때 유효한 경쟁을 할 수 있는데, 원고의 이 사건 배타조건부 거래행위로 인하여 경쟁부품업체가 시장에서 배제되거나 신규진입에 실패할 가능성이 커지고, 그만큼 경쟁부품이 원활하게 공급되지 않아 시장에서는 다양성과 가격경쟁이 감소하여 순정품 가격이 더 비싸지고 소비자는 정비용 부품을 더 싸게 살 기회를 갖지 못하게 되어 소비자 후생이 감소할 수밖에 없는 점 등을 근거로, 원고의 배타조건부 거래행위에 대한 부당성을 인정하였다. 관련 법리와 기록에 비추어 살펴보면, 원심의 이와 같은 판단에 논리와 경험의 법칙에 반하여 자유심증주의의 한계를 벗어나거나 시장지배적 지위남용행위와 불공정거래행위에서의 부당성에 관한 법리를 오해한 잘못이 없다."고 판결하였다.

한편 본건에서 대법원은 시장지배적지위의 남용행위의 부당성에 관한 선례로 중요하고 의미있는 판결로 평가받으면서 각급 법원의 판결의 참조판례로 인용되어 온 대법원 2007.11.22. 선고 2002두8626 전원합의체 판결(포항종합제철(주)의 시장지배적지위 남용행위 건, 2001.4.12. 공정위 의결) 및 대법원 2008.12.11. 선고 2007두25183 판결((주)티브로드 강서방송의 시장지배적지위 남용행위 건, 2007.3.28. 공정위 의결), 이어서 추가적인 법리를 제시했던 대법원 2009. 7.9. 선고 2007두22078 판결(농업협동조합중앙회의 시장지배적지위 남용행위 건, 2007.1.25. 공정위 의결) 등에 대한 언급이 없이 그것도 시장지배적지위 남용행위와 불공정거래행위의 부당성을 같은 법리로 가볍게 제시했다.

다. 네이버(주)[부동산 부문]의 시장지배적지위 남용행위 등 건(2021.1.20. 공정위 의결)

공정위는 피심인이 부동산정보업체와 거래하면서 부동산정보업체가 피심인에게 제공한 확인매물정보 및 매물정보를 제3자에게 제공하지 못하도록 하는 조건으로 부동산정보업체와 계약을 체결하는 행위에 대하여 시장지배적지위 남용행위 중 경쟁사업자 배제행위(거래상대방이 경쟁사업자와 거래하지 않을 것을 조건으로 그 거래상대방과 거래하는 행위) 및 불공정거래행위 중 구속조건부거래행위(배타조건부거래행위)에 해당하여 위법하다고 의결하였다.

(1) 시장지배적지위 남용행위 중 경쟁사업자를 배제하기 위한 거래행위의 부당성 판단에 있어서는 대법원 2007.11.22. 선고 2002두8626 판결(소위 포스코 판결), 그리고 포스코 판결 및 대법원 2009.7.9. 선고 2007두22078 판결(소위 농협중앙회 판결)을 참조판례로 인용한 대법원 2019.1.31. 선고 2013두14726 판결(소위 퀄컴 리베이트 판결)에서 설시한 법리를 참조판례로 하여 그대로 인용하였다. 공정위는 "경쟁제한성을 판단함에 있어서는 경쟁사업자의 대체거래선 확보의 용이성, 당해 거래의 목적·기간·대상자, 당해 업종의 거래관행 등을 종합적으로 고려하여야 한다. '경쟁사업자를 배제하기 위하여 거래한 행위'의 부당성은 독과점적 시장에서의 경쟁촉진이라는 입법목적에 맞추어 해석하여야 하는바, 시장지배적사업자가 시장에서의 독점을 유지·강화할 의도나 목적, 즉 시장에서의 자유로운 경쟁을 제한함으로써 인위적으로 시장질서에 영향을 가하려는 의도나 목적을 가지고, 객관적으로도 그러한 경쟁제한의 효과가 생길만한 우려가 있는 행위로 평가할 수 있는 행위를 하였을 때에 부당성을 인정할 수 있다. 이를 위해서는 그 행위가 상품의 가격상승, 산출량 감소, 혁신 저해, 유력한 경쟁사업자의 수의 감소, 다양성 감소 등과 같은 경쟁제한의 효과가 생길만한 우려가 있는 행위로서 그에 대한 의도와 목적이 있었다는 점이 증명되어야 한다. 이와 관련하여 그 행위로 인하여 현실적으로 위와 같은 효과가 나타났음이 증명된 경우에는 그 행위 당시에 경쟁

제한을 초래할 우려가 있었고 또한 그에 대한 의도나 목적이 있었음을 사실상 추정할 수 있지만, 그렇지 않은 경우에는 행위의 경위 및 동기, 행위의 태양, 관련시장의 특성 또는 유사품 및 인접시장의 존재 여부, 관련시장에서의 가격 및 산출량의 변화 여부, 혁신 저해 및 다양성 감소 여부 등 여러 사정을 종합적으로 고려하여 그 행위가 경쟁제한의 효과가 생길만한 우려가 있는 행위로서 그에 대한 의도나 목적이 있었는지를 판단하여야 한다. 다만, 시장지배적지위 남용행위로서의 배타조건부 거래행위는 거래상대방이 경쟁사업자와 거래하지 아니할 것을 조건으로 그 거래상대방과 거래하는 경우이므로, 통상 그러한 행위 자체에 경쟁을 제한하려는 목적이 포함되어 있다고 볼 수 있는 경우가 많을 것이다(대법원 2019.1.31. 선고 2013두14726 판결 참조)."라는 법리를 제시하였다.

그리고 이러한 법리에 따라 의도 및 목적, 그리고 경쟁제한 우려 및 효과(거래상대방의 멀티호밍 유인 차단, 경쟁사업자의 시장진입 내지 확대기회를 봉쇄, 피심인의 시장지배력 강화, 혁신가능성 저해 및 소비자 선택권 감소)를 판단한 후에 "피심인의 배타조건부 거래조건은 거래상대방의 멀티호밍 유인을 차단하여 경쟁사업자의 시장진입 및 확대기회를 봉쇄함으로써 피심인의 시장지배력을 더욱 강화할 우려가 있고, 이는 당해 시장에서의 혁신저해 및 소비자 선택권 감소로 이어질 수 있는 점, 실제 경쟁사업자의 시장 확대기회가 저지되고 피심인의 시장지배력이 강화된 점 등을 고려할 때 이 사건 위반행위로 인한 경쟁제한 우려 및 효과는 충분히 인정된다."고 결정하였다.

(2) 불공정거래행위 중 구속조건부거래행위(배타조건부거래행위)의 부당성 관련하여서는 내부지침인 '불공정거래행위 심사지침'에 규정되어 있는 구체적인 판단기준을 법리로 제시하였다. 즉 "관련 시장에서의 경쟁을 제한하는지 여부는 ① 경쟁사업자가 대체적 물품구입처 또는 유통경로를 확보하는 것이 가능한지 여부, ② 당해 행위로 인해 경쟁사업자가 경쟁할 수 있는 수단을 침해받는지 여부, ③ 행위자의 시장점유율 및 업계순위, ④ 배타조건부거래 대상이 되는 상대방의 수 및 시장점유율, ⑤ 배타조건부거래 실시 기간, ⑥ 배타조건부거래의 의도 및 목적, ⑦ 배타조건부거래가 거래지역 제한 또는 재판매가격유지행위 등 타 경쟁제한행위와 동시에 이루어졌는지 여부 등을 종합적으로 고려하여 판단한다. 다만, 배타조건부거래의 경쟁제한성이 있다고 판단되는 경우에도 ① 당해 상품 또는 용역의 기술성·전문성 등으로 인해 A/S활동 등에 있어 배타조건부거래가 필수 불가피하다고 인정되는 경우, ② 배타조건부거래로 인해 타 브랜드와의 서비스 경쟁촉진 등 소비자후생 증대효과가 경쟁제한효과를 현저히 상회하는 경우, ③ 배타조건부거래로 인해 유통업체의 무임승차(특정 유통업자가 판매촉진노력을 투입하여 창출한 수요에 대하여 다른 유통업자가 그에 편승하여 별도의 판매촉진 노

력을 기울이지 않고 판로를 확보하는 행위) 방지, 판매 및 조달비용의 절감 등 효율성 증대효과가 경쟁제한효과를 현저히 상회하는 경우 등 합리성이 있다고 인정되는 경우에는 법위반으로 보지 않을 수 있다."고 하였다.

그리고 이러한 판단기준 및 법리에 따라 ① 시장지배적지위 남용행위 중 경쟁사업자를 배제하기 위한 거래행위의 부당성 판단 내용을 그대로 적용한 다음에 "피심인의 경쟁제한 의도 및 목적이 인정되는 점, 피심인의 행위는 거래상대방인 부동산정보업체가 자유로운 의사결정을 통해 추가적인 이익을 실현할 자유를 직접적으로 침해한 행위에 해당하는 점, 이로 인한 경쟁제한 우려 및 효과도 상당하다고 판단되는 점 등을 고려할 때 부당성이 충분히 인정된다. 그리고 합리성이 있는 행위인지 여부 관련하여, 이 사안의 경우 기술성·전문성 등으로 인해 A/S활동 등에 있어 배타조건부거래가 필수 불가피하다고 인정되는 경우라 할 수 없으며, 소비자후생에 긍정적인 영향을 준다고 보기도 어려우며, 또한 KISO의 매물확인 시스템은 부동산정보업체로부터 별도의 서비스 수수료를 받고 제공되고 있는바, 그 서비스 결과인 매물의 소유는 원칙적으로 부동산정보업체에게 속한다고 볼 수 있고, KISO의 매물확인 시스템을 통해 확인된 매물정보라는 사실만 타 업체가 홍보하지 못하도록 하여도 정보의 특성상 무임승차를 방지하는 효과가 있다는 점 등을 고려할 때 피심인이 확립한 KISO의 매물확인 시스템을 통해 확인된 매물정보를 타 업체가 이용하는 것을 무임승차로 보기도 어렵다."고 판단하였다.

거래거절행위와 공정거래법 적용

I. 거래거절행위의 성립

거래거절이란 상품 또는 용역등의 공급 및 매입을 거절하는 것이다. 이론적으로 볼 때 거래거절이 되더라도 경쟁시장하에서 당해 상품의 대체적인 거래선을 용이하게 발견할 수 있으면 상대방의 사업활동은 영향을 받지 않으므로 경쟁시장을 전제로 한 행위의 형태에서만 보면 거래거절은 경쟁정책상 가치중립적인 것이다. 그러나 당해 거래거절이 경쟁제한적인 목적으로 행해지거나 경쟁제한적인 효과를 갖는 경우 등 경쟁정책의 측면에서 볼 때 부당한 경우에는 공정거래법상 문제가 되는 것이다.

거래거절의 경쟁제한효과는 거절의 상대방에 대한 제약·배제효과가 그 중심으로 된다. 거래거절의 상대방은 거절된 범위에서 거래의 기회를 박탈당하게 되고 사업활동의 원활한 수행이 방해받게 된다. 이에 따라 거래거절의 상대방은 시장에서 자신의 경쟁사업자와의 경쟁능력에 영향을 받게 되고, 시장에서 배제되면 경쟁단위가 감소한다. 이와 같이 거래거절에 있어서는 당해 거래거절에 의한 거래상대방의 경쟁단위로서의 활력이나 존재에 대한 제약 및 배제효과가 발생하여 시장에서의 경쟁이 영향을 받게 된다는 것이 문제이다.

거래거절에 있어서 거절에는 계속적 거래관계를 중단하는 것뿐만 아니라 신규의 거래개시를 거절하는 것도 포함된다. 계속적 거래관계가 있는 경우에는 신뢰관계가 형성되기 때문에 이를 중단하는 경우에는 거래개시의 거절보다는 부당성이 용이하게 인정될 수 있다. 또한 거래자체는 거절하지 않더라도 상품 또는 용역의 수량이나 내용을 제한하는 것도 금지의 대상으로 된다. 이는 상대방의 원활한 사업수행에 차질을 줌으로써 거래자체를 거절한 경우와 동일한 효과가 있기 때문이다. 그리고 거래거절이란 원칙적으로는 실제로 거래거절이 이루어진 것을 의미하지만 거래거절의 경고 또는 시사에 의해 상대방사업자의 사업활동을 제한하고 있는 경우에는 부당한 거래거절에 해당한다고 보아야 할 것이다.

아래에서는 현행 공정거래법상 거래를 거절하거나 중단하는 행위에 대하여 적용될 수 있는 법령 및 내부지침을 정리하고, 이들 규정이 적용되는 경우 그 요건 및 위반시 제재수준 등을 비교해 본 다음에 그동안 법 집행 과정에서 거래거절행위 관련하여 이슈가 되었던 몇 개의 사례를 살펴보기로 한다.

Ⅱ. 현행 공정거래법상 적용가능한 규정

공정거래법령상 규정 내용과 그동안의 공정거래법 집행사례를 보면 부당한 거래거절행위는 주로 법 제5조(시장지배적지위의 남용금지) 제1항 제3호(다른 사업자의 사업활동을 부당하게 방해하는 행위), 법 제45조(불공정거래행위의 금지) 제1항 제1호(부당하게 거래를 거절하는 행위), 제6호(자기의 거래상의 지위를 부당하게 이용하여 상대방과 거래하는 행위) 및 제8호(부당하게 다른 사업자의 사업활동을 방해하는 행위)에 해당될 수 있다.

그리고 이들 규정은 외형적으로는 거래거절이라는 같은 행위에 대하여 적용되는 것이지만 각 규정의 근거 및 규제목적, 입법 취지, 요건 및 제재 수준의 내용이나 정도가 달라지는 점 등 여러 사정을 고려하여 보면 규정의 병합 적용이 가능하다. 그동안 법집행 과정에서 심결 및 판결을 통하여 제시되어 온 공정위 및 법원의 입장도 일관되게 동일하다고 본다(이슈 18: 시장지배적지위 남용과 불공정거래행위 금지 규정의 동시 적용 참조). 다만 거래거절행위의 경우에는 위에서 살펴본 적용가능한 규정들이 동시에 적용된 사례는 아직 나타나지 않고 있다.

1. 시장지배적사업자의 사업활동방해행위

시장지배적사업자의 사업활동방해 관련하여 시행령 제9조(남용행위의 유형 또는 기준) 제3항 및 '시장지배적지위 남용행위 심사기준' Ⅳ. 3.은 정당한 이유 없이 다른 사업자의 생산활동에 필요한 원재료 구매를 방해하는 행위, 정당한 이유 없이 다른 사업자의 상품 또는 용역의 생산·공급·판매에 필수적인 요소의 사용 또는 접근을 거절·중단하거나 제한하는 행위, 그 밖에 다른 부당한 방법에 따른 행위를 하여 다른 사업자의 사업활동을 어렵게 하는 행위로서 부당하게 특정사업자에 대하여 거래를 거절하거나 거래하는 상품 또는 용역의 수량이나 내용을 현저히 제한하는 행위 등을 규정하고 있다.

그리고 심사기준은 법 제5조의 시장지배적지위의 남용행위의 경쟁제한 효과의 판단기준으로 대법원 2007.11.22. 선고 2002두8626 전원합의체 판결(소위 포스코 판결)에서 제시되어 기본법리로 확립된 내용을 거의 그대로 담고 있다. 즉 가격 상승 또는 산출량 감소, 상품·용역의 다양성 제한, 혁신 저해, 봉쇄효과, 경쟁사업자의 비용 상승 효과 등을 중요한 판단기준으로 제시하고 있다. 그리고 그 판단요소들은 상호 배타적이지 않고 여러 경쟁제한 효

374 공정거래 주요 쟁점 및 이슈 36선

과 또는 그 우려가 동시에 발생할 수도 있고 어느 한 판단요소가 다른 판단요소의 원인 또는 결과가 될 수도 있다고 규정하고 있다. 예를 들어 소비자가 구매할 수 있는 상품·용역의 다양성 감소는 결국 일정한 거래분야에서 경쟁의 압력을 저하시켜 가격상승 또는 산출량 감소를 초래할 수 있다는 것이다.

시장지배적지위 남용행위의 부당성 판단요건에 대한 법리, 불공정거래행위의 부당성 판단요건과의 비교·분석 관련해서는 이슈 16: 시장지배적지위 남용행위의 부당성 판단 기준을 참고하기 바란다.

2. 불공정거래행위 중 거래거절행위[1]

법 제45조(불공정거래행위의 금지) 제1항 제1호는 불공정거래행위의 하나로서 '부당하게 거래를 거절하는 행위'를 금지하고 있다. 그리고 시행령 제52조(불공정거래행위의 유형 또는 기준) [별표 2] 제1호(거래거절) 나목은 '그 밖의 거래거절'을 '부당하게 특정사업자에게 거래의 개시를 거절하거나 계속적인 거래관계에 있는 특정사업자에게 거래를 중단하거나 거래하는 상품 또는 용역의 수량이나 내용을 현저히 제한하는 행위'로 규정하고 있다.

내부지침인 '불공정거래행위 심사지침'은 "원칙적으로 사업자는 거래를 개시 또는 계속할 것인지 여부와 누구와 거래할 것인지를 자유로이 결정할 수 있다고 할 것이다. 그러나, 거래의 개시나 계속을 거절함으로써 다른 사업자의 사업활동을 현저히 곤란하게 하고 그 결과 당해 시장에서 경쟁의 정도가 감소하거나, 거래거절이 공정거래법상 금지된 행위의 실효성을 확보하기 위한 수단으로 활용될 경우 이는 관련 시장에서 경쟁을 제한하고 시장의 효율성 저하를 초래하게 되므로 금지된다."고 금지사유를 밝히고 있다(심사지침 V. 1. 참조).

심사지침은 사업자가 단독으로 특정사업자와의 거래를 거절하는 행위가 대상이 되며, 거래거절에는 공급거절과 구입거절, 거래개시의 거절과 거래계속의 거절이 포함되고, 거래상 대방에게 현저히 불리한 거래조건을 제시하거나 거래하는 상품·용역의 수량 또는 내용을 현저히 제한하여 사실상 거래를 거절하는 행위도 포함된다고 규정하고 있다. 그리고 거래거절의 상대방은 특정사업자이므로 자기의 생산 또는 판매정책상 합리적 기준을 설정하여 그 기준에 맞지 않는 불특정다수의 사업자와의 거래를 거절하는 행위는 원칙적으로 대상이 되지 않으며, 사업자가 아닌 거래상대방, 즉 소비자에 대한 거래거절은 대상이 되지 아니한다.

---

[1] 공정위의 공정거래법 위반유형별 사건처리 실적(1981~2022년)을 보면 거래거절행위가 차지하는 비중은 전체 처리실적의 5.6%, 그리고 불공정거래행위 처리실적의 8.9%이다.

심사지침은 위법성의 판단기준에 대해서는 관련 시장에서 경쟁을 제한하는지 여부를 위주로 판단하며, '관련 시장'이라 함은 행위자가 속한 시장 또는 거래거절의 상대방이 속한 시장을 말한다고 규정하고 있다. 그리고 경쟁제한성이 있는지 여부는 다음 사항을 종합적으로 고려하여 판단한다고 규정하고 있다. ① 거래거절 대상이 되는 물품·용역이 거래상대방의 사업영위에 필수적인지 여부. 대상이 되는 물품·용역이 사업영위에 필수적이지 않다면 경쟁제한성이 낮다고 볼 수 있다. ② 거래거절을 당한 특정사업자가 대체거래선을 용이하게 찾을 수 있는지 여부. 대체거래선을 큰 거래비용 없이 용이하게 찾을 수 있는 경우에는 거래거절의 경쟁제한성이 낮다고 볼 수 있다. ③ 거래거절로 인해 특정사업자의 사업활동이 곤란하게 되고 그 결과 당해 시장에서 경쟁의 정도를 실질적으로 감소시키게 되는지 여부 ④ 거래거절로 인해 경쟁사업자(잠재적 경쟁사업자 포함)의 시장진입이 곤란하게 되는지 여부 ⑤ 거래거절이 공정거래법에 금지된 행위(재판매가격유지행위, 부당공동행위 등)를 강요하기 위한 수단으로 활용되었는지 여부 등.

그리고 경쟁제한성이 있다고 판단되는 경우에도 다음과 같이 거래거절의 합리성이 있다고 인정되는 경우에는 법위반으로 보지 않을 수 있다. ① 생산 또는 재고물량 부족으로 인해 거래상대방이 필요로 하는 물량을 공급할 수 없는 경우 ② 거래상대방의 부도 등 신용결함, 명백한 귀책사유, 자신의 도산위험 등 불가피한 사유가 있고 거래거절 이외에 다른 대응방법으로 대처함이 곤란한 경우 ③ 당해 거래거절로 인해 발생하는 효율성 증대효과나 소비자후생 증대효과가 경쟁제한효과를 현저히 상회하는 경우 ④ 단독의 거래거절에 기타 합리적인 사유가 있다고 인정되는 경우 등 그리고 거래거절행위를 한 사업자의 시장점유율이 10% 미만인 경우에는 당해 시장에서의 경쟁제한효과가 미미하다고 보아 원칙적으로 심사면제 대상으로 하는 안전지대를 설정하고 있다.

한편 심사지침은 사업자가 거래상대방에 대해 거래상 지위가 있음을 이용하여 불이익의 일환으로 합리적 이유 없이 '거래거절'을 하거나 거래상대방의 사업활동을 곤란하게 할 목적으로 '거래거절'을 하는 경우에는 거래상지위 남용(불이익제공) 또는 사업활동방해(기타의 사업활동방해)에 해당될 수 있다고 하면서, 이 경우에는 경쟁제한성 분석이 요구되지 않는다고 명시하고 있다.

3. 불공정거래행위 중 거래상지위 남용행위(불이익제공)

법 제45조(불공정거래행위의 금지) 제1항 제6호는 불공정거래행위의 하나로서 '자기의 거래상의 지위를 부당하게 이용하여 상대방과 거래하는 행위'를 금지하고 있다. 그리고 시행령 제52조(불공정거래행위의 유형 또는 기준) [별표 2] 제6호(거래상지위의 남용) 라목은 '불이익제 공'을 '가목부터 다목까지의 규정에 해당하는 행위 외의 방법으로 거래상대방에게 불이익이 되도록 거래조건을 설정 또는 변경하거나 그 이행과정에서 불이익을 주는 행위'로 규정하고 있다.

내부지침인 '불공정거래행위 심사지침'은 대상행위로 거래상대방에게 불이익이 되도록 거래조건을 설정 또는 변경하는 행위, 거래상대방에게 거래과정에서 불이익을 주는 행위를 규정하고 있다. 또 거래상대방은 원칙적으로 사업자에 한정되며 소비자는 포함되지 않지만 불특정 다수의 소비자에게 피해를 입힐 우려가 있거나 유사한 위반행위 유형이 계속적·반복적으로 발생하는 등 거래질서와의 관련성이 인정되는 경우에는 그러하지 아니하다고 규정하고 있다.

불이익제공행위의 위법성은 심사지침 「V. 6. (4) 위법성 판단 일반기준」에서 제시되는 바에 따라 판단된다. 즉 사업자가 거래상대방에 대해 거래상지위를 가지고 있는지 여부, 거래내용의 공정성을 침해하는지 여부, 합리성이 있는 행위인지 여부를 종합적으로 고려하여 판단한다. 이 중 합리성이 있는 행위인지 여부는 당해 행위로 인한 효율성 증대효과나 소비자후생 증대효과가 거래내용의 불공정성으로 인한 공정거래저해 효과를 현저히 상회하는지 여부, 기타 합리적인 사유가 있는 여부 등을 종합적으로 고려하여 판단하되, 거래상지위 남용행위의 속성상 제한적으로 해석함을 원칙으로 한다.

심사지침은 불이익제공행위로 법위반에 해당될 수 있는 행위의 하나로 자신의 거래상 지위가 있음을 이용하여 거래상대방에 대해 합리적 이유없이 거래거절을 하여 불이익을 주는 행위(거래상 지위남용성 거래거절)를 예시하고 있다.

그리고 상품의 재판매·위탁판매 등을 위하여 일정기간 동안 약정을 하고 공급업자가 판매업자에게 계속적으로 상품을 매입거래, 위·수탁거래 등의 방법으로 공급하는 거래(계속적 재판매거래등)에 대해 적용되는 내부지침인 '계속적 재판매거래등에 있어서의 거래상지위 남용행위 세부유형 지정고시(공정위 고시)' 제7조(불이익 제공행위의 금지) 제3항은 공급업자가 판매업자와의 거래 과정에서 상품의 공급 또는 영업의 지원 등을 부당하게 중단 또는 거절하거나 현저히 제한하는 행위를 불이익 제공행위의 하나로 금지하고 있다.

4. 불공정거래행위 중 사업활동방해행위(그 밖의 사업활동방해)

법 제45조(불공정거래행위의 금지) 제1항 제8호는 불공정거래행위의 하나로서 '부당하게 다른 사업자의 사업활동을 방해하는 행위'를 금지하고 있다. 그리고 시행령 제52조(불공정거래행위의 유형 또는 기준) [별표 2] 제8호(사업활동방해) 라목은 '그 밖의 사업활동방해'를 '가목부터 다목까지에서 규정한 방법 외의 부당한 방법으로 다른 사업자의 사업활동을 심히 곤란하게 할 정도로 방해하는 행위'로 규정하고 있다.

내부지침인 '불공정거래행위 심사지침'은 대상행위로 "기타의 방법으로 다른 사업자의 사업활동을 현저히 방해하는 모든 행위가 대상이 된다. 방해의 수단을 묻지 않으며, 자기의 능률이나 효율성과 무관하게 다른 사업자의 사업활동을 방해하는 모든 행위를 포함한다. 이때 다른 사업자는 경쟁사업자에 한정되지 않는다."고 규정하고 있다(심사지침 V. 8. 라. 참조).

심사지침은 사업활동방해가 바람직한 경쟁질서를 저해하는 불공정한 경쟁수단에 해당되는지 여부를 위주로 위법성을 판단하며, 불공정한 경쟁수단에 해당되는지 여부는 다음 사항을 종합적으로 고려하여 판단한다고 규정하고 있다. ① 사업활동방해의 부당성 여부. 이를 판단하기 위해 사업활동방해의 수단, 당해 수단을 사용한 목적 및 의도, 당해 업계에서의 통상적인 거래관행, 관련 법령 등이 고려된다. ② 사업활동이 심히 곤란하게 되는지 여부. 단순히 매출액이 감소되었다는 사실만으로는 부족하며 부도발생 우려, 매출액의 상당한 감소, 거래상대방의 감소 등으로 인해 현재 또는 미래의 사업활동이 현저히 곤란하게 되거나 될 가능성이 있는 경우를 말한다. 사업활동방해가 불공정한 경쟁수단에 해당된다고 판단되더라도 이를 함에 있어 합리적인 사유가 있거나 효율성 증대 및 소비자후생 증대효과가 현저하다고 인정되는 경우에는 법위반으로 보지 않을 수 있다.

Ⅲ. 관련 공정위 심결사례 및 법원 판결례 소개

1. 대법원 2007.11.22. 선고 2002두8626 전원합의체 판결(시장지배적사업자의 거래거절행위)

공정거래법 제3조의2(현행 제5조) 제1항은 시장지배적사업자의 지위남용행위를 금지하고 있고, 같은 항 제3호는 그 지위남용행위의 하나로 다른 사업자의 사업활동을 부당하게 방해하는 행위를 규정하고 있다. 시행령 제5조(현행 제9조) 제3항 제3호는 '다른 사업자의 사업활동을 부당하게 방해하는 행위'의 하나로 "제1호 및 제2호 외의 부당한 방법으로 다른 사업자의 사업활동을 어렵게 하는 행위로서 공정거래위원회가 고시하는 행위"를 규정하고 있으며, 이에 따라 시장지배적지위남용행위 심사기준 Ⅳ. 3. 다. (1)(현행 Ⅳ. 3. 라. (1))은 시행령 제5조 제3항 제3호의 한 경우로서 '부당하게 특정 사업자에 대하여 거래를 거절한 경우'(이하 '거래거절'이라 한다)를 규정하고 있다. 결국, 위 관련 법령 등의 규정에 의하면 시장지배적지위 남용행위로서의 거래거절행위는 '시장지배적사업자가 부당하게 특정사업자에 대한 거래를 거절함으로써 그 사업자의 사업활동을 어렵게 하는 행위'라 할 것이다.

그리고 공정거래법은 그 제3조의2 제1항 제3호에서 시장지배적사업자의 지위남용행위로서의 거래거절행위를 규제하면서 이와는 별도로, 그 제23조(현행 제45조) 제1항 제1호에서 개별 사업자가 부당하게 거래를 거절하여 공정한 거래를 저해할 우려가 있는 행위를 한 경우, 그 거래거절을 한 사업자의 시장지배적지위 유무와 상관없이 이를 불공정거래행위로 보아 규제하고 있는바, 법 제3조의2(현행 제5조) 제1항 제3호의 시장지배적사업자의 거래거절행위와 법 제23조 제1항 제1호의 불공정거래행위로서의 거래거절행위는 그 규제목적 및 범위를 달리하고 있으므로 법 제3조의2 제1항 제3호가 규제하는 시장지배적사업자의 거래거절행위의 부당성의 의미는 법 제23조 제1항 제1호의 불공정거래행위로서의 거래거절행위의 부당성과는 별도로 독자적으로 평가·해석하여야 한다.

공정거래법이 그 제3조의2 제1항 제3호에서 시장지배적사업자의 지위남용행위로서의 거래거절행위를 규제하면서도 그 제23조 제1항 제1호에서 시장지배적사업자를 포함한 모든 사업자의 불공정거래행위로서의 거래거절행위를 규제하고 있는 이유는, 거래거절이 시장지배적사업자의 지위남용에 해당하는지 여부를 떠나 단지 그 거래상대방과의 관계에서 공정한 거래를 저해할 우려가 있는 행위라고 평가되는 경우에는 이를 규제하여야 할 필요성이 있기 때문이다. 따라서 법 제23조 제1항 제1호의 불공정거래행위로서의 거래거절행위에 관하여는 그 행위의 주체에 제한이 없으며, 또한 그 당해 거래거절행위의 공정거래저해성 여부에 주목하여 특정 사업자의 거래기회를 배제하여 그 사업활동을 곤란하게 하거나 곤란하게 할 우려가 있는 경우, 거래상대방에 대한 부당한 통제 등의 목적 달성을 위한 실효성 확보 수단 등으로 거래거절이 사용된 경우 등과 같이 사업자의 거래거절행위가 시장에 미치는 영향을 고려하지 아니하고 그 거래상대방인 특정 사업자가 당해 거래거절행위로 인하여 불이익을 입었는지 여부에 따라 그 부당성의 유무를 평가하여야 한다.

이에 비하여 공정거래법이 그 제3조(현행 제4조)에서 공정거래위원회로 하여금 독과점적 시장에서 경쟁을 촉진하기 위한 시책을 수립·시행하여야 할 의무를 부과하고 또한 그 제3

조의2에서 시장지배적사업자를 수범자로 하여 그 지위남용행위를 규제하면서 그 지위남용행위의 하나로 거래거절행위를 규정하고 있는 이유는, 불공정거래행위로서의 거래거절행위와는 달리 시장지배적사업자가 존재하는 독과점적 시장에서 시장지배적사업자의 경쟁을 제한하는 거래거절행위를 규제하여야 할 필요성이 있기 때문이다. 따라서 공정거래법 제3조의2 제1항 제3호의 시장지배적사업자의 지위남용행위로서의 거래거절의 부당성은 '독과점적 시장에서의 경쟁촉진'이라는 입법목적에 맞추어 해석하여야 할 것이므로, 시장지배적사업자가 개별 거래의 상대방인 특정 사업자에 대한 부당한 의도나 목적을 가지고 거래거절을 한 모든 경우 또는 그 거래거절로 인하여 특정 사업자가 사업활동에 곤란을 겪게 되었다거나 곤란을 겪게 될 우려가 발생하였다는 것과 같이 특정 사업자가 불이익을 입게 되었다는 사정만으로는 그 부당성을 인정하기에 부족하고, 그 중에서도 특히 시장에서의 독점을 유지·강화할 의도나 목적, 즉 시장에서의 자유로운 경쟁을 제한함으로써 인위적으로 시장질서에 영향을 가하려는 의도나 목적을 갖고, 객관적으로도 그러한 경쟁제한의 효과가 생길 만한 우려가 있는 행위로 평가될 수 있는 행위로서의 성질을 갖는 거래거절행위를 하였을 때에 그 부당성이 인정될 수 있다 할 것이다.

그러므로 시장지배적사업자의 거래거절행위가 그 지위남용행위에 해당한다고 주장하는 피고(공정위)로서는 그 거래거절이 상품의 가격상승, 산출량 감소, 혁신 저해, 유력한 경쟁사업자의 수의 감소, 다양성 감소 등과 같은 경쟁제한의 효과가 생길 만한 우려가 있는 행위로서 그에 대한 의도와 목적이 있었다는 점을 입증하여야 할 것이고, 거래거절행위로 인하여 현실적으로 위와 같은 효과가 나타났음이 입증된 경우에는 그 행위 당시에 경쟁제한을 초래할 우려가 있었고 또한 그에 대한 의도나 목적이 있었음을 사실상 추정할 수 있다 할 것이지만, 그렇지 않은 경우에는 거래거절의 경위 및 동기, 거래거절행위의 태양, 관련시장의 특성, 거래거절로 인하여 그 거래상대방이 입은 불이익의 정도, 관련시장에서의 가격 및 산출량의 변화 여부, 혁신 저해 및 다양성 감소 여부 등 여러 사정을 종합적으로 고려하여 거래거절행위가 위에서 본 경쟁제한의 효과가 생길 만한 우려가 있는 행위로서 그에 대한 의도나 목적이 있었는지를 판단하여야 할 것이다.

2. 헌법재판소 2007.12.27. 2005헌마1209 결정

청구인 사단법인 ○○유가공협회 등은 2005.7.15. 국방부장관이 청구인들의 경쟁입찰 요구를 무시한 채 ○○우유협동조합등으로부터 수의계약방식으로 군 급식우유를 공급받는 것은 청구인들에 대한 부당한 거래거절행위가 된다고 주장하면서 피청구인(공정위)에게 신고하였다. 이에 대해 공정위는 2005.11.16. 국방부장관의 수의계약방식에 의한 군 급식우유 조달이 법 제23조(현행 제45조) 소정의 부당한 거래거절행위에 해당하지 아니한다는 취지로 무혐의결정(공정위 2005독관2637 결정)을 내렸다. 이에 청구인들은 2005.12.15. 피청구인의 무혐의결정으로 인하여 자신들의 평등권과 재판절차상의 진술권이 침해되었다고 하면서 그 위헌확인을 구하는 헌법소원심판을 청구하였다.

한편 공정위는 헌법재판소에 "이 사건 수의계약방식에 의한 군 급식우유 조달은 우선 군납우유의 시장점유율이 전체 흰 우유시장의 3.2%에 불과하여 실질적인 경쟁제한성을 가진다고 할 수 없고, 군 급식우유 공급의 안정성 확보 등의 측면을 고려하면 어느 정도 합리성을 인정할 수도 있으므로, 법 제23조 제1항 제1호 소정의 부당한 거래거절행위라고 볼 수는 없다(이 사건 처분의 이유와 동일한 내용임). 군납 우유시장이 전체 흰 우유시장에서 차지하는 3.2%의 점유율을 감안하면 국방부장관은 시장지배적사업자가 될 수 없으므로, 이 사건 수의계약방식에 의한 군납우유 조달행위는 시장지배적지위 남용행위가 될 수 없다."는 요지의 답변을 제출하였다.

헌법재판소는 불공정거래행위 중 개별적 거래거절행위, 시장지배적지위 남용행위로서의 거래거절행위에 해당하는지 여부에 대해 관련 법령 및 공정위 내부지침상 규정, 그동안의 대법원 및 헌법재판소의 판례 및 법리 등을 집약하면서 이를 토대로 매우 구체적이고 풍부한 내용으로 판단을 내렸는바 거래거절 케이스로서 참고할만하다고 본다.

헌법재판소는 결정요지로서 "① 개별적 거래거절이 불공정거래행위로서 공정한 거래질서를 저해할 우려가 있는 위법한 행위인지 여부를 판단함에 있어서는, 시장상황(시장집중도, 상품의 특성, 제품차별화의 정도, 유통경로, 신규진입의 난이도 등), 당사자의 거래상 지위(쌍방의 관계, 행위자의 시장점유율과 순위, 브랜드 이미지 등), 당해 행위가 상대방의 사업활동 및 시장의 거래질서에 미치는 영향(행위의 태양, 상대방의 대체거래처 선택가능성 여하, 경쟁 제약·배제효과의 정도 등) 등 여러 가지 위법요소들을 종합적으로 고려하여야 한다. 그런데 국방부장관이 농협의 회원조합들로부터 수의계약방식으로 군납우유를 조달받는 것은 일단 '국가를 당사자로 하는 계약에 관한 법률', 농업협동조합법 등에 그 법적 근거가 있어 법령에 위반하는 하자가 있다고 할 수 없는 점, 국방부장관으로서는 농업협동조합법 제5조 제3항에 따라 영리사업을 영위할 수 없는 농협의 회원조합으로부터 군납우유를 공급받는 것이 군납우유를 그만큼 안정적으로 그리고 적기에 공급받을 수 있는 방법이라고 판단했을 수도 있는 점, 관련 시장을 흰 우유시장 전체로 획정할 수 있는 이상 그 중 국방부장관의 구매비율 3.2%로는 거래거절의 공정거래저해성을 인정하기 어렵고 더구나 공정거래위원회의 '불공정거래행위 심사지침'에서는 개별적 거래거절을 한 사업자의 시장점유율이 10% 미만인 경우에는 원칙적으로 심사를 면제하도록 하고 있는 점(이른바 안전지대: Safety Zone) 등의 제반사정을 종합적으로 고려하면, 이 사건 수의계약방식에 의한 군납우유 조달이 개별적 거래거절로서 불공정거래행위에 해당한다고 할 수 없으므로, 이 사건 무혐의결정이 자의적이거나 합리성을 현저히 결여한 처분이라고 할 수 없다. ② 다른 사업자의 사업활동을 부당하게 방해하는 행위(거래거절)로서 시장지배적사업자의 지위남용행위에 해당하는지 여부를 판단하기 위하여서는, 우선 시장지배적사업자인지의 판단과 이를 위한 관련 시장의 획정이 이루어져야 한다. 그런데 군납우유시장과 일반우유시장은, 거래객체(흰 우유), 거래지역(전국적인 지역시장), 거래단계(소비단계), 거래상대방(일반우유시장에서의 공급자들과 구분되지 않는 일반적인 우유제조업체) 등이 모두 동일하므로, 군납우유시장을 일반우유시장과 구별되는 별개의 관련 시장으로 획정할 수 없고, 국방부장관은 전체 흰 우유시장에서 3.2%의 구매비율을 가지고 있을 뿐이다. 이러한 시장점유율은 공정거래법 제4조(현행 제6조)에서 규정하는 시장지배적사업자 추정기준인 50%에 훨씬 미치지 못하는 수치인바, 이와 같은 경우 시장지배력을 인정하기 위하여서는 국방부장관이 전체 흰 우유시장에서 실질적인 경쟁을 제한할 수 있다는 점에 대한 입증이 있어야 하는데, 이를 인정할 만한 증거는 없다. 따라서 국방부장관의 수의계약방식에 의한 군납우유 조달행위는 다른 사업자의 사업활동을 부당하게 방해하는 행위(거래거절)로서 시장지배적지위 남용행위에 해당하지 아니하므로, 이 사건 무혐의결정이 자의적이거나 합리성을 현저히 결여한 처분이라고 할 수 없다."고 판시하면서 청구인들의 심판청구를 기각하기로 결정하였다.

3. 호리바코리아 주식회사의 거래거절행위 건(2022.1.19. 공정위 의결)

공정위는 2022.1.19. 피심인이 수질 원격감시 시스템 유지관리 용역 입찰에 있어 낙찰자가 그 계약의 이행을 위해 피심인에게 물품공급·기술지원 확약서 등 관련서류의 발급을 요청하였음에도 대리점에게만 확약서를 발급해 준다는 이유로 이를 거절한 행위에 대하여 법 제23조 제1항 제1호 전단, 시행령 제36조 제1항 [별표 1의2](현행 법 제45조 제1항 제1호, 시행령 제52조 [별표 2]) 1. 나목의 행위에 해당하므로 위법하다고 판단하고 시정명령을 내렸다.

공정위는 "거래거절 행위 중 기타의 거래거절 행위에 해당하기 위해서는 ① 특정사업자 또는 특정한 유형의 사업자에 대하여 거래의 개시를 거절하거나, 계속적인 거래관계에 있어서 거래를 중단하거나, 거래하는 상품 또는 용역의 수량이나 내용을 현저히 제한하고, ② 그 거래거절이 부당하여야 한다. 기타의 거래거절 행위는 사업자가 단독으로 특정사업자와의 거래를 거절하는 행위가 대상이 된다. 사업자가 합리적 이유 없이 특정한 유형의 사업자에 대하여 거래를 거절함으로써 거래거절을 당한 사업자가 경쟁상 열위에 처하게 되는 경우에도 거래거절 대상에 해당한다. 다만, 자기의 생산 또는 판매정책상 합리적 기준을 설정하여 그 기준에 맞지 않는 불특정 다수의 사업자와의 거래를 거절하는 행위는 원칙적으로 대상이 되지 않는다. 거래거절에는 공급거절과 구입거절, 거래개시의 거절과 거래계속의 거절이 포함된다. 또한 거래상대방에게 현저히 불리한 거래조건을 제시하거나 거래하는 상품·용역의 수량 또는 내용을 현저히 제한하여 사실상 거래를 거절하는 행위도 포함된다. 거래거절 행위가 부당한지 여부는 거래거절이 관련 시장에서 경쟁을 제한하는지 여부를 중심으로 판단한다. 경쟁제한성이 있는지 여부는 거래거절 대상이 되는 물품·용역이 거래상대방의 사업 영위에 필수적인지 여부, 거래거절을 당한 특정사업자가 대체거래선을 용이하게 찾을 수 있는지 여부, 거래거절로 인해 경쟁사업자의 시장진입이 곤란하게 되는지 여부, 거래거절이 법에 금지된 행위를 강요하기 위한 수단으로 활용되고 있는지 여부 등을 종합적으로 고려하여 판단한다."는 일관된 관련 법리를 제시하였다.

관련시장의 획정에 있어서는 "이 사건 입찰을 통해 제공되는 용역은 1년간 서산시에 설치된 공공폐수처리시설 수질 원격감시시스템의 유지관리인데, 해당 시설에는 피심인의 제품이 설치되어 있으므로 피심인 외의 다른 사업자 제품은 대체가능성이 없으며, 거래의 상대방도 서산시로 특정되므로 이 사건 거래거절로 인하여 영향을 받는 관련시장은 이 사건 입찰시장으로 보는 것이 타당하다."고 판단하였다.

그리고 공정위는 거래거절의 부당성 여부에 대해서는 "다음과 같은 점을 종합적으로 고려할 때 피심인의 행위는 사업자의 거래 여부에 대한 통상적인 자유의 범위를 벗어나는 행위로서 부당한 것으로 인정된다. 첫째, 피심인은 서산시와 체결한 협약서에, 그리고 계약 집행지침에 따라 낙찰자에게 확약서를 발급할 의무를 부담하는바 피심인이 자신이 정한 기준에 미달함을 이유로 확약서 발급을 거절한 것은 계약 집행지침과 협약서 내용에 정면으로 위배되는 행위이다. 둘째, 피심인의 행위로 인해 결과적으로 본 건 입찰시장에서 입찰 참가자간 가격경쟁이 배제되었고, 용역의 수요자인 서산시의 재정부담이 증가되는 등 경쟁제한효과가 발생하였다. 즉, 피심인의 행위가 없었다면 최초의 최저가 낙찰자가 서산시와 계약을 체결하였을 것이나 피심인의 행위로 인해 본 건 입찰계약자가 변경되었고 결과적으로 경쟁입찰의 목적인 입찰 참가자간의 가격경쟁이 무력화되었다. 셋째, 본건 입찰의 경우 최초 낙찰자인

이엔아이가 피심인 외의 사업자로부터 확약서를 발급받을 수 있는 방법이 없어 피심인의 행위가 이 사건 경쟁제한효과 발생의 직접적인 원인이 되었다. 넷째, 피심인 행위는 경쟁제한적 의도와 목적에서 이루어졌다. 즉, 최초 낙찰자는 피심인과 직접적인 거래관계는 없었으나 피심인의 제품을 취급한 경력이 다수 확인되고, 피심인 역시 최소 2016년경부터 그가 자신의 제품을 취급하였다는 사실을 알았거나 알 수 있었던 것으로 보이며, 또한 조사 과정에서 최초 낙찰자가 피심인 제품을 취급하기 어렵다는 판단을 할 만한 사정은 확인되지 않았다. 특히, 피심인은 서산시와 체결한 협약서에 따라 최종 낙찰자가 누구인지와 상관없이 이 사건 입찰로 1,808만 원의 매출이 발생하는 바, 피심인의 행위에 다른 합리적인 경영상 이유가 있다고 보기에도 어렵다. 따라서 피심인의 행위는 이 사건 입찰의 계약자를 변경시킬 의도로 한 행위라고 판단된다."고 결정하였다.

4. 서울고등법원 2019.10.2. 선고 2018누76721 판결

본건은 피고(공정위)가 행정소송 과정에서 원심결상의 불공정거래행위 중 '거래조건차별'의 처분 사유 외에 불공정거래행위 중 거래거절행위를 예비적 처분 사유로 추가하여 주장한 건이다.

당초 공정위는 2018.11.15. ㈜골프존의 차별적취급행위등 건에서 피심인이 자신과 가맹계약을 체결한 스크린골프장에 대하여는 신제품(투비전) 골프시뮬레이터시스템을 공급하면서도, 피심인의 골프시뮬레이션시스템을 구입하여 골프존라이브서비스를 이용하고 있는 비가맹점에게는 이를 공급하지 아니한 차별적취급행위에 대하여 법 제23조 제1항 제1호 후단, 시행령 제36조 제1항 [별표 1의2](현행 법 제45조 제1항 제2호, 시행령 제52조 [별표 2]) 제2호 나목에 해당되어 위법하다고 판단하고 위반행위의 중지, 과징금납부 등 명령을 하였다.

서울고등법원은 2019.10.2. 선고 2018누76721 판결을 통하여 관련 법리, 인정사실 등을 토대로 원고가 그 가맹계약 체결 여부에 따라 가맹점에는 신제품인 '투비전'을 공급하면서도 비가맹점에는 '투비전'도 공급하지도 않고 어떠한 신규 골프시뮬레이션시스템도 공급하지 않은 행위는 법 제23조 제1항 제1호에 규정된 '거래조건차별'에 해당한다고 보기 어렵다고 하면서 공정위의 처분을 취소하였다.[2]

그리고 서울고등법원은 피고의 예비적 처분 사유 추가에 관하여 먼저 대법원 판결을 인용

---

[2] 상고심에서 대법원은 심리불속행 사유에 해당한다는 이유로 상고를 기각하였다(대법원 2020.2. 27. 선고 2019두57923 판결).

하여 "공정거래법에서 불이익제공과 가격차별을 불공정거래행위로 규정한 근거와 입법 취지, 요건 및 처분의 내용이 다른 점 등 여러 사정을 합목적적으로 고려하여 보면, 가격차별을 사유로 하는 시정조치와 불이익제공을 사유로 하는 시정조치는 별개의 처분이므로, 가격차별의 사유를 불이익제공을 사유로 하는 시정조치의 적법성 근거 사유로 삼을 수는 없다(대법원 2005.12.8. 선고 2003두5327 판결 등 참조)."는 관련 법리를 제시하였다. 그리고 서울고등법원은 "피고의 이 사건 처분은 원고의 행위가 '거래조건차별'에 해당한다는 이유로 원고에게 그 '거래조건차별'에 해당하는 행위와 같은 행위를 다시 해서는 안 된다는 내용의 시정명령 등을 발한 것이다. 반면, 피고가 예비적으로 처분사유로 내세우는 '기타의 거래거절'은 거래조건차별과 비교하여 각 불공정거래행위의 요건이 되는 사실이 다르다. 또한 기타의 거래거절에 대한 처분의 내용은 원고에게 '기타의 거래거절'에 해당하는 행위와 같은 행위를 다시 해서는 안 된다는 내용의 시정명령 등이므로 이 사건 처분과 처분의 내용이 같다고 볼 수도 없다. 더욱이 원고가 가맹계약 체결 여부에 따라 '투비전' 공급 여부를 정한 행위가 '특정사업자'에 대한 행위라고 보기도 어렵고, 그 거래거절의 대상이 되는 '투비전'이 비가맹점의 사업에 필수적이라고 단정하기도 어렵다. 이러한 사정 등을 종합하면, 원고의 행위를 '기타의 거래거절'에 해당한다고 인정하기 어려울 뿐 아니라, 설사 이에 해당하더라도 여기에 근거한 처분과 이 사건 처분은 각 처분의 근거 규정과 내용을 달리하는 별개의 처분인 이상, 이 사건 처분의 적법성을 뒷받침하는 근거로 삼을 수는 없다."고 판단하였다.

5. 불공정거래행위 중 거래상지위 남용행위(불이익제공)를 적용한 케이스

가. 프뢰벨하우스(주) 및 프뢰벨미디어(주)의 거래상지위 남용행위 건(2022.7.10. 공정위 의결)3)

공정위는 본건 관련 4개의 위반혐의를 조사하였으며 그중 거래거절이나 중단과 관련된 것은 3개의 행위이며 모두 불공정거래행위 중 거래상지위 남용행위로서의 불이익제공행위 여부를 판단하였다.

(1) 프뢰벨하우스의 대구프뢰벨 및 광주프뢰벨에 대한 상품공급 중단행위

법 제23조 제1항 제4호 및 시행령 제36조 제1항 [별표 1의2](현행 법 제45조 제1항 제6호 및 시행령 제52조 [별표 2]) 6. (라)목에 따른 '불이익제공행위'가 성립되기 위해서는 ① 사업

---

3) 프뢰벨하우스와 프뢰벨미디어는 계열회사로서 '프뢰벨'이라는 동일한 브랜드로 사업을 영위하였으며 양사간에는 지분소유 등의 직접적인 지배관계 없이 간접적인 지분관계만 성립한다.

자가 거래상대방에 대해 거래상지위를 가지고 있어야 하고, ② 거래상대방에게 불이익이 되도록 부당하게 거래조건을 설정·변경하거나, 거래과정에서 부당하게 불이익을 주는 행위를 하여야 한다. 거래상 지위가 인정되기 위해서는 계속적인 거래관계가 존재하고 일방의 타방에 대한 거래의존도가 상당하여야 하는바, 이때 계속적 거래관계는 거래관계 유지를 위해 특화된 자본설비, 인적자원, 기술 등에 대한 투자가 존재하는지 여부 등을, 거래의존도는 일방 사업자의 전체 매출액에서 타방 사업자에 대한 매출이 차지하는 비중 등을 중심으로 검토한다. 또한 거래상지위는 당사자 중 일방이 상대적으로 우월한 지위 또는 적어도 상대방과의 거래활동에 상당한 영향을 미칠 수 있는 지위를 갖고 있으면 이를 인정하기에 족하다고 할 것이고, 이는 당사자가 처한 시장상황, 전체적인 사업능력의 격차, 거래대상 상품의 특성 등을 고려하여 판단하여야 한다(대법원 2011.5.13. 선고 2009두24108 판결 참조). 거래상 지위를 이용하여 부당하게 불이익을 제공하였는지 여부는 거래조건을 설정 또는 변경하거나 그 이행과정에서 불이익을 준 것으로 인정되어야 하고, 당해 행위의 의도와 목적, 효과와 영향 등과 같은 구체적 태양과 상품의 특성, 거래의 상황, 해당사업자의 시장에서의 우월적 지위의 정도 및 상대방이 받게 되는 불이익의 내용과 정도 등에 비추어 볼 때 정상적인 거래관행을 벗어난 것으로서 공정한 거래를 저해할 우려가 있는지 여부를 판단하여 결정하여야한다(대법원 2013.4.25. 선고 2010두25909 판결 참조).

부당한 불이익제공 행위인지 여부 관련하여 인정사실 및 근거들을 관련 법 규정에 비추어 보면, 프뢰벨하우스가 아무런 사전 설명이나 절차 없이 일방적으로 출고를 정지한 행위는 자신의 거래상 지위를 이용하여 거래 이행과정에서 거래상대방인 대리점에게 부당하게 불이익을 준 행위에 해당한다. 대구프뢰벨과 광주프뢰벨은 그 출고 정지 기간 동안 기존 고객에게 애프터서비스(AS) 등을 제공하지 못하였고 그로 인해 고객의 신뢰가 훼손되었으며, 신규 고객 영업에 있어서도 어려움을 겪는 등 이로 인하여 두 대리점이 입게 된 불이익은 결코 작지 않다. 아울러, 이로 인해 소비자도 적시에 상품 및 서비스를 제공받지 못한바 직접적인 피해를 입었다. 한편, 프뢰벨하우스는 이 사건 행위가 계약서에 근거한 출고정지였으므로 위법하지 않다고 주장하나, 대구프뢰벨 및 광주프뢰벨의 계약 위반 여부를 차치하더라도 대리점 영업에 핵심적인 상품을 아무런 사전 절차 없이 출고 정지하는 행위는 거래질서를 왜곡하고 공정거래를 저해하는 행위이므로, 프뢰벨하우스의 주장은 이유 없다.

(2) 프뢰벨미디어가 인천프뢰벨 등 프뢰벨하우스의 5개 대리점에 대하여 계약을 체결하지 아니하거나 계약 체결을 지연한 행위

공정위는 "프뢰벨미디어의 이 사건 행위가 이루어진 시점에 프뢰벨미디어와 이 사건 5개

대리점들 간 거래 관계가 전혀 없었고 프뢰벨미디어와 프뢰벨하우스 간에는 지분소유 등의 직접적인 지배관계 없이 간접적인 지분관계만이 성립하는 점을 고려할 때, 프뢰벨미디어가 이 사건 5개 대리점들에 대하여 상대적으로 우월한 지위 또는 적어도 이들의 거래활동에 상당한 영향을 미칠 수 있는 지위에 있다고 보기는 어렵다. 이에 심사관의 나머지 주장에 관하여 더 살펴볼 필요 없이 프뢰벨미디어의 거래상 지위가 인정되지 아니하므로, 프뢰벨미디어의 이 사건 행위가 법 제23조 제1항 제4호에 위반된다는 혐의는 인정되지 아니한다."고 무혐의 결정하였다.

(3) 프뢰벨미디어가 대구프뢰벨에 대하여 계약 내용과 달리 주문 상품 중 일부만 공급한 행위

공정위는 "대구프뢰벨에 대한 프뢰벨미디어의 거래상 지위 인정 여부는 별론으로 하고, 이 사건 프뢰벨미디어의 출고정책 변경 사유와 관련하여 양 당사자간 주장이 상이한 반면 이를 객관적으로 입증할 만한 자료가 부족하고, 피심인이 계약을 이행하지 않음으로써 대구프뢰벨에 손해가 발행하였는지 여부 등도 명확하지 아니하므로 법 위반 여부의 판단이 불가능하다."고 하면서 "피심인의 행위와 관련하여 사건의 사실관계에 대한 확인이 곤란하여 법 위반 여부 판단이 불가능하고 그 행위가 공정거래법 적용대상이 아니라고 인정되므로, 사건 절차규칙 제53조(심의절차종료) 제4호를 적용하여 심의절차를 종료한다."고 결정하였다.

나. (주)포스코케미칼의 거래상지위 남용행위 건(2022.7.10. 공정위 의결)

공정위는 피심인의 계약기간 중 발주중단이 불이익 제공행위인지 여부 관련하여 "피심인이 2019.7.9. 이후 ○○산업에 대해 발주를 중단한 행위는 사실상 거래를 일방적으로 중단한 것이고, 이는 법 제23조 제1항 제4호에 따른 불이익제공의 행위유형에 해당한다. 그리고 피심인의 발주 중단 행위는 첫째, 계약기간이 2019.12.31.까지임에도 2019.7.경 사전 통지 없이 거래를 종료하였고, ○○산업에게 기본계약서 계약해지 조항에 규정된 귀책 사유가 없음에도, 사전 서면통보 등 기본계약서에서 규정하고 있는 해지절차에 따르지 아니한 점 둘째, 피심인이 계약기간 중 발주를 중단함에 따라, ○○산업은 잔여 기간에 해당하는 경제적 불이익(약 48,434천원 상당의 매출 감소)과 전담인력을 다른 사업에 과다 투입하는 등 경영상 비효율을 겪은 점 셋째, 이 사건 발주가 중단된 시점인 2019년 7월에 ○○산업은 피심인과 주계약으로 계속 거래 중에 있었는바, 자신의 매출액의 대부분을 피심인과의 거래에 의존하는 상황에서 이 사건 거래 발주중단을 정식 항의하기 어려워 불이익을 감수할 수밖에 없었을 것으로 보이는 점 등을 고려해 보면 ○○산업에게 부당하게 불이익을 제공한 것으로 인정된다."고 결정하였다.

다. 왕성샤프트 및 ㈜왕성의 경고심의요청 건(2022.8.26. 공정위 의결)

공정위는 피심인이 거래상대방과 '평판글라스 이송용 롤러' 제조를 위탁하는 내용의 계약을 체결하여 거래하던 중 일방적으로 계약을 해지한 행위에 대하여 법 제23조 제1항 제4호에 위반되는 행위로서 법 제24조에 따른 시정조치 대상이 되나, 구 공정거래위원회 회의운영 및 사건절차 등에 관한 규칙 제50조 제2항 관련 [별표] 경고의 기준 제3호의 요건에 해당됨을 이유로 2021.12.8.자로 경고하였다.

이에 대해 피심인은 구 사건절차규칙 제53조의2 제7항의 규정에 따라 2021.12.23. 위원회에 법위반 여부에 관한 심의를 요청하면서, "이 사건 계약서 제9조 제2호에서 어느 한 당사자가 '가압류'처분을 받은 사실만으로 약정해지가 가능함을 규정하고 있고, 신고인의 가압류 해지와 무관하게 가압류 신청자였던 금형업체 '일월테크'와 신고인의 금형비 미지급으로 인한 민사소송이 계속되고 있었으며, 신고인이 'CS테크'라는 금형업체에도 금형비를 지급하지 않아 분쟁이 발생하는 등 피심인과의 신뢰관계가 훼손되었으므로 계약서 제9조 제2호에 따른 정당한 계약해지행위이다. 또한, 계약서 제9조 제3호에서 일방 당사자에게 본계약을 이행할 수 없을 것으로 판단되는 이유가 있을 경우 계약해지가 가능하므로, 신고인의 품질문제, 일방적 단가인상요구가 이러한 사유에 해당되며 피심인은 2018.12.26.자 추가 공문으로 신고인에게 추가 계약해지사유를 통보하였기 때문에 정당한 계약해지이고, 피심인은 신고인과 2019.5.30. 당사자간 채권채무를 정산하며 계약종료에 대하여도 합의하였으므로 임의로 신고인과의 계약을 종료한 것이 아니다."라고 주장하였다.

이에 대해 공정위는 불공정거래행위 심사지침 Ⅴ. 6. (3). (가), Ⅴ. 6. (4). (가), Ⅴ. 6. (4). (다) 등의 규정 내용에 따른 불공정거래행위 중 거래상지위 남용행위의 위법성 성립요건을 제시하고 각각의 요건을 판단하였다. 공정위는 불이익제공 여부에 대해서는 "거래의 일방해소 자체가 불이익인바, 피심인의 신고인에 대한 계약해지 통보 및 거래중단행위는 불이익제공의 행위유형에 해당하며, 다음과 같은 사항들을 고려하였을 때, 피심인의 계약해지가 정당하게 이루어졌다고 보기 어렵다. ① 피심인은 신고인에게 2018.9.7. 가압류가 발생하였다는 사유로 2018.11.12. 계약해지를 통보하였는데, 신고인의 가압류는 2018.10.12. 가압류 신청자의 취하로 인하여 이미 그 집행이 해제되었고, 피심인도 이를 인지하였으므로 계약해지사유가 되기 어렵다. ② 신고인이 계약을 이행하기 곤란한 상황인지에 대한 고려 없이 단순히 가압류사실이 발생하였다는 사유만으로 계약을 해지하는 것은 불합리하다고 판단되며, 가압류 사실만으로 생산에 지장이 발생한다고 보기 어렵고, 실제 가압류금액은 56,385

천 원으로 신고인의 매출액을 고려 할 때 이로 인하여 신고인의 계약이행이 곤란할 것으로 보기는 어려우며, 피심인도 실제 계약이행에 장애가 발생하지 않았다고 인정하였다. ③ 피심인은 2018.12.26. 신고인에게 보낸 공문에서 신고인의 품질문제, 신고인의 부당한 단가인상요구 등을 추가 거래중단 사유로 제시하고 있으나, 해당 공문은 2018.11.12. 피심인의 계약해지 통보 이후에 피심인이 주장하는 내용에 불과하고, 신고인의 품질문제나 단가인상요구는 피심인의 즉각적이고 일방적인 계약해지를 정당화할 사유로 보기 어렵다. ④ 피심인은 2019.5.30. 신고인과 합의하였으므로 임의로 계약해지한 것이 아니라고 주장하나, 합의서 내용이나 피심인 진술을 고려할 때 이는 당사자 거래 중단이후 양 당사자 간 채권채무관계에 대한 합의에 불과할 뿐, 이 사건 계약해지에 대한 합의라고 보기 어려우며, 시기적으로도 거래중단 이후 이루어진 합의이므로 계약해지에 대한 정상적인 당사자 간 협의절차라고 보기 어렵다."고 하면서 피심인의 행위는 법 제23조 제1항 제4호에 해당하여 위법하다고 판단하였다. 그리고 피심인의 연간매출액이 75억 원 미만인 점, 신고인에게 한정된 피해구제적 사건인 점을 고려하여 사건절차규칙 제57조(경고) 제2항 및 [별표] 경고의 기준 3. 가. 및 다.에 따라 원처분과 같이 경고 의결하였다.

공정거래법상 단독행위 중 가격 관련 위법행위

I. 개요

공정거래법 및 시행령에서 단독행위로서 금지하고 있는 행위 유형 중에서 "가격"이라는 용어를 명시적으로 규정하고 있는 경우는 시장지배적지위의 남용행위(법 제5조), 불공정거래행위(법 제45조), 재판매가격유지행위(법 제46조) 등이 해당된다.

법 제5조(시장지배적지위의 남용금지) 제1항 제1호(상품의 가격이나 용역의 대가(이하 "가격"이라 한다)를 부당하게 결정·유지 또는 변경하는 행위), 법 제5조(시장지배적지위의 남용금지) 제1항 제5호 전단(부당하게 경쟁사업자를 배제하기 위하여 거래하는 행위) 및 이에 따른 시행령 제9조(남용행위의 유형 또는 기준) 제5항 제1호(부당하게 통상거래가격에 비하여 낮은 가격으로 공급하거나 높은 가격으로 구입하여 경쟁사업자를 배제시킬 우려가 있는 행위), 법 제45조(불공정거래행위의 금지) 제1항 제2호(부당하게 거래의 상대방을 차별하여 취급하는 행위) 및 이에 따른 시행령 제52조(불공정거래행위의 유형 또는 기준) [별표 2] 제2호(차별적 취급) 가목(가격차별), 다목(계열회사를 위한 차별), 법 제45조(불공정거래행위의 금지) 제1항 제3호(부당하게 경쟁자를 배제하는 행위) 및 이에 따른 시행령 제52조(불공정거래행위의 유형 또는 기준) [별표 2] 제3호(경쟁사업자 배제) 가목(부당염매), 나목(부당고가매입), 그리고 법 제46조(재판매가격유지행위의 금지) 등이다.

또 법 제45조(불공정거래행위의 금지) 제1항 제9호(부당하게 특수관계인 또는 다른 회사를 지원하는 행위) 가목(특수관계인 또는 다른 회사에 가지급금·대여금·인력·부동산·유가증권·상품·용역·무체재산권 등을 상당히 유리한 조건으로 거래하는 행위) 및 이에 따른 시행령 제52조(불공정거래행위의 유형 또는 기준) [별표 2] 제9호(부당한 지원행위), 법 제47조(특수관계인에 대한 부당한 이익제공 등 금지) 제1항 제1호(정상적인 거래에서 적용되거나 적용될 것으로 판단되는 조건보다 상당히 유리한 조건으로 거래하는 행위) 등도 "가격"이 아닌 "거래의 조건"이라는 용어를 사용하고 있지만 법집행에 있어서 가격과 관련되어 운용된다고 볼 수 있다.[1]

---

1) '부당한 지원행위의 심사지침', '특수관계인에 대한 부당한 이익제공행위 심사지침' 등 내부지침에서 '정상가격'이라는 용어를 규정하고 있다.

본 이슈에서는 위 행위 유형들 중에서 다른 이슈들에서 별도로 또는 일부라도 다루어보지 않은 ① 시장지배적지위 남용행위 중 가격의 부당한 결정·유지·변경행위(법 제5조 제1항 제1호), ② 시장지배적지위 남용행위 중 부당하게 통상거래가격에 비하여 낮은 가격으로 공급하거나 높은 가격으로 구입하여 경쟁사업자를 배제시킬 우려가 있는 행위(시행령 제9조 제5항 제1호), ③ 불공정거래행위 중 부당염매행위(시행령 제52조 [별표 2] 제3호(경쟁사업자 배제) 가목) 등 3개 행위에 대해 별도로 규정 내용 등 제도의 내용, 적용법리, 공정위 심결사례 및 법원 판결례 등을 통하여 살펴보기로 한다.2)

II. 시장지배적지위 남용행위 중 가격의 부당한 결정·유지·변경행위 (법 제5조 제1항 제1호)

1. 제도의 내용

시행령 제9조 제1항에서는 이에 대해 정당한 이유 없이 상품의 가격이나 용역의 대가(가격)를 수급의 변동이나 공급에 필요한 비용(같은 종류 또는 유사한 업종의 통상적인 수준의 것으로 한정한다)의 변동에 비하여 현저하게 상승시키거나 근소하게 하락시키는 행위로 규정하고 있다. 법 제5조 제1항 제1호에 의한 소위 가격남용행위에 대하여 법 규정상으로는 결정·유지 행위까지 유형으로 규정하고 있었으나, 시행령상으로 수급이나 비용의 변동을 전제로 한 가격의 변경 조정만을 규정하고 있어서 이미 독과점적 구조로 고착화된 시장에서 장기간 착취적 가격을 유지해 온 행위에 대해서는 적용이 곤란하다는 입법론적 지적과 비판이 있었다.

한편 공정위는 2007년에 가격남용행위의 판단기준을 가격의 부당한 변경 외에 부당한 결정을 추가하여 보완하기 위한 시행령 개정을 추진했었다. 시행령 개정안의 내용은 상품의 가격이나 용역의 대가가 공급에 필요한 비용보다 현저히 높거나 상품의 가격이나 용역의 대가 또는 이익률이 동종 업종 또는 유사업종의 통상적인 수준에 비하여 현저하게 높은 경우에도 가격남용행위로 판단할 수 있다는 것이었다. 입법예고(2007.8.)까지 하였으나 당시 규제

---

2) 법 제5조 제1항 제3호(다른 사업자의 사업활동을 부당하게 방해하는 행위), 제4호(새로운 경쟁사업자의 참가를 부당하게 방해하는 행위)의 경우에도 내부지침인 '시장지배적지위 남용행위 심사기준'에는 필수요소에의 접근이 사실상 또는 경제적으로 불가능할 정도의 부당한 가격을 제시하는 경우, 필수요소를 사용하고 있는 기존 사용자에 비해 현저하게 차별적인 가격 등 불공정한 조건을 제시하는 경우, 자사 또는 다른 거래상대방 대비 가격을 부당하게 차별하는 행위 등을 시장지배적지위 남용행위의 세부 유형 및 기준에 명시하고 있으나 본 이슈의 검토 대상에는 넣지 않는다.

개혁위원회의 '현 시점에서는 철회 권고' 심사 결과(2007.10.) 등으로 결국 실현되지는 못했다.

그리고 '시장지배적지위 남용행위 심사기준'에서는 "(1) 「상품의 가격이나 용역의 대가」는 원칙적으로 현금결제에 적용되는 가격을 기준으로 하되, 거래관행상 다른 가격이 있는 경우에는 그 가격을 적용한다. (2) 「수급의 변동」은 당해 품목의 가격에 영향을 미칠 수 있는 수급요인의 변동을 말한다. 이 경우 상당기간동안 당해 품목의 수요 및 공급이 안정적이었는지 여부를 고려한다. (3) 「공급에 필요한 비용의 변동」은 가격결정과 상관관계가 있는 재료비, 노무비, 제조경비, 판매비와 일반관리비, 영업외비용 등의 변동을 말한다. (4) 「동종 또는 유사업종」은 원칙적으로 당해 거래분야를 위주로 판단하되, 당해 거래분야 위주의 판단이 불합리하거나 곤란한 경우에는 유사시장이나 인접시장을 포함한다. (5) 「통상적인 수준의 비용」인지 여부의 판단에는 각각의 비용항목과 전체 비용을 종합하여 판단하되, 당해 사업자의 재무상황, 비용의 변동추세, 다른 사업자의 유사항목 비용지출상황 등을 종합적으로 고려한다. (6) 「현저하게 상승시키거나 근소하게 하락시키는 경우」는 최근 당해 품목의 가격변동 및 수급상황, 당해 품목의 생산자물가지수, 당해 사업자의 수출시장에서의 가격인상율, 당해 사업자가 시장에서 가격인상을 선도할 수 있는 지위에 있는지 여부 등을 종합적으로 고려하여 판단한다."고 구체적으로 심사기준을 규정하고 있다.

2. 공정위 심결사례

1981년 공정거래법 시행 이후 2022년까지 공정거래법 위반유형별 사건처리 실적 통계를 보면 시장지배적지위 남용행위는 총 338건으로 비중은 1.2%에 불과하고 그중에서도 가격남용행위는 단 2건에 불과하며, 법원의 판례는 아직 한건도 없다.

가. ㈜크라운제과의 시장지배적지위 남용행위 건(1992.1.15. 공정위 의결)

공정위는 당시 시장지배적사업자들이었던 제과3사가 자기 제품들의 가격은 그대로 유지한채 그 제품의 용량을 감소시킨 행위에 대하여 가격남용행위로 인정하였다. 각 제품의 감량분만큼 가격의 인상효과가 발생하는 것이므로 감량율을 가격인상율로, 당해 제품의 제조원가 구성항목의 변동율을 합계한 비용변동율을 원가상승요인으로 비교하여 원가상승요인에 비하여 제품의 가격이 더많이 인상되었다는 점, 각 제품별 변동전 용량의 제품판매기간 중의 도매물가상승율 등을 고려해 볼 때 피심인들의 행위는 시장지배적지위를 남용하여 가격을 인상한 행위로 인정된다고 의결하였다.

한편 시정조치로서 해당 제품의 가격을 인하하거나 가격인하에 상응하는 수준으로 제품의 용량 증량을 명령하면서 가격의 인하 또는 증량수준 및 그 시행일자는 공정위와 협의하도록 하였다.

피심인 3사들은 법원에 불복 소송을 제기하지 않았으며 이에 따라 법원의 판단은 없다.

나. 비씨카드(주) 및 12개 회원은행, 엘지캐피탈(주), 삼성카드(주)의 시장지배적지위 남용행위 건(2001.3.28. 공정위 의결)

피심인 중 비씨카드(주) 및 12개 회원은행은 자신들을 1개의 사업자로 볼 수 없으므로 시장지배적사업자로 추정할 수 있는 점유율 요건을 충족하고 있지 못한다는 주장과 함께, ① 카드사의 수수료율은 조달금리만을 기초로 결정되는 것은 아니며 마케팅비용, 수익구조, 금융시장의 위험도 등을 종합적으로 고려하여 결정되는 것이므로 조달금리가 하락하였다고 하여 수수료가 이에 연동하여 하락하여야 되는 것은 아니다. ② 수수료율이 조달금리에 연동하여 인하하지 않은 것은 사실이나, 마일리지, 경품 등의 서비스의 확대로 수수료율 인하 효과가 발생하고 있으므로 가격을 부당하게 유지했다고 할 수 없다고 주장하였다.

이에 대해 공정위는 ① 마케팅비용, 수익구조, 금융시장의 위험도 등도 수수료율 결정의 하나의 요소이기는 하나 현금서비스 수수료율, 할부수수료율, 연체이자율의 결정에 있어 제1의 고려요소는 자금조달금리이고, 그 외에 2차적으로 연체율, 대손율의 변동이 주요 고려요소일 것이며, 이러한 원가요인변동이 일시적인 것이 아니라 1999년이후 상당기간 지속되고 있다는 점을 감안할 때 피심인의 주장은 타당성이 없다, ② 경품제공 등 서비스 제공은 일시불 이용 등 편의이용자(convenience user)에게 카드이용 촉진수단으로 활용하여 고액사용을 유도하려는 것이지 수수료율 인하와 동일한 효과가 있다고 볼 수는 없으며, 이는 결국 소비자의 수수료율에 대한 수요탄력성이 낮은 현금서비스 등의 부문에서 시장지배력을 이용하여 수수료율을 부당하게 변경·유지한 것으로 판단하였다. 그리고 시정조치로서, 1998.1.15.부터 1998.3.1.중 현금서비스 수수료율, 할부수수료율 및 연체이자율을 인상한 후(비씨카드주식회사의 경우 1998.8.1. 신용카드업무를 개시한 후), 자금조달금리, 연체율 및 대손율이 상당기간 하락하였음에도 불구하고 시장지배적 지위를 남용하여 더 높거나 거의 같은 수준에서 유지하고 있는 동 요율을 자금조달금리, 연체율 및 대손율의 변동을 감안하여 이 시정명령을 받은 날로부터 60일 이내에 조정하고 그 결과를 공정거래위원회에 보고하여야 한다는 작위명령을 의결하였다.

서울고등법원 2003.5.27. 선고 2001누15193 판결에서 원고들은 비씨카드와 12개 회원은

행을 하나의 사업자로 간주하여 원고들을 시장지배적사업자로 인정한 것은 부당하다는 주장과 함께, 피고(공정위)가 선정한 1998년 1/4분기는 한국전쟁 이래 최대의 경제적 위기를 겪고 있던 시기로 당시의 비용이나 가격이 통상적인 것이라고 보기 어렵고, 비교시점을 2000년 4/4분기로 단일화한 것도 잘못이며, 원고들의 비용에는 조달금리, 연체율, 대손율 이외에도 3개월 무이자할부 등 새로운 서비스의 도입으로 발생하는 추가비용이나 각종 사은품 제공, 회원에 대한 포인트 적립 확대, 사은행사 등 각종 마켓팅 및 영업비용의 추가적 지출, 기타 인프라구축을 위한 각종 투자비용이 있고, 가맹점 확보를 위한 경쟁의 결과 가맹점 수수료의 인하로 인하여 위 수수료만으로 일시불서비스의 비용부분을 수용하기 어려워 회원들에 대한 수수료 수입에 이를 반영하지 않을 수 없는 점 등을 고려하면, 원고들이 가격을 부당하게 변경, 유지하였다고 볼 수 없다고 주장하였다. 이에 대하여 서울고등법원은 원고들을 시장지배적사업자로 인정할 수 없다는 이유로 나머지 점에 관하여 살펴보지 않고 공정위의 시정명령처분을 취소하였으며, 대법원도 2005.12.9. 선고 2003두6283 판결을 통해서 원심의 판단을 정당한 것으로 인정하고 공정위의 상고를 기각하였다.

Ⅲ. 시장지배적지위 남용행위 중 부당하게 통상거래가격에 비하여 낮은 가격으로 공급하거나 높은 가격으로 구입하여 경쟁사업자를 배제시킬 우려가 있는 행위(시행령 제9조 제5항 제1호)

1. 제도의 내용

가. 규정 내용

법 제5조(시장지배적지위의 남용금지) 제1항 제5호 전단은 부당하게 경쟁사업자를 배제하기 위하여 거래하는 행위를 규제대상으로 하고 있으며, 시행령 제9조(남용행위의 유형 또는 기준) 제5항은 제1호에서 부당하게 통상거래가격에 비하여 낮은 가격으로 공급하거나 높은 가격으로 구입하여 경쟁사업자를 배제시킬 우려가 있는 행위를 규정하고 있다.

내부지침인 '시장지배적지위 남용행위 심사기준'에서는 (1) 「낮은 대가의 공급 또는 높은 대가의 구입」 여부를 판단함에 있어서는 통상거래가격과의 차이의 정도, 공급 또는 구입의 수량 및 기간, 당해 품목의 특성 및 수급상황 등을 종합적으로 고려하고, (2) 「경쟁사업자를 배제시킬 우려가 있는 경우」를 판단함에 있어서는 당해 행위의 목적, 유사품 및 인접시장의 존재여부, 당해 사업자 및 경쟁사업자의 시장지위 및 자금력 등을 종합적으로 고려하도록

규정하고 있다. 법령상으로는 '통상거래가격'에 대한 구체적인 기준이나 개념에 대한 정의
규정은 별도로 없으나, 불공정거래행위 중 경쟁사업자 배제행위의 하나인 부당고가매입의
경우 법 제45조 제1항 제3호 및 이에 따른 시행령 제52조 [별표 2] 제3호 나목(부당고가매
입)에서 비교가격을 '통상거래가격'으로 규정하고 있고 이에 따른 내부지침인 '불공정거래행
위 심사지침'에서 통상거래가격을 당시의 시장에서 사업자간에 정상적으로 이루어지는 거래
에서 적용되는 가격수준을 말한다고 규정하고 있다(심사지침 Ⅴ. 3. 나. (1) (가) 참조).[3]

한편 본 이슈에서 같이 다룰 불공정거래행위 중 경쟁사업자 배제행위에 해당하는 부당염
매는 위법성 판단기준이 되는 가격수준과 관련하여 '공급에 소요되는 비용보다 현저히 낮은
가격'으로 규정하고 있다(시행령 제52조 [별표 2] 제3호 가목(부당염매)). 시장지배적지위 남용
행위 금지규정에서는 '통상거래가격보다 낮은 가격', 불공정거래행위 금지규정에서는 '공급
에 소요되는 비용보다 현저히 낮은 가격'을 기준으로 하고 있는 것과 관련하여, 시장지배적
사업자의 경우 일반사업자에 비해 경쟁사업자를 배제할 가능성이 높고 폐해가 크거나, 원가
이상이지만 통상거래가격을 밑도는 가격을 통해서도 경쟁사업자 배제의 효과를 가질 수 있
다는 점에서 기준을 완화한 것으로 일응 타당하다는 견해가 있다(김형배, 공정거래법의 이론과
실제(전면 개정판), 2022, 250면; 이봉의, 공정거래법, 2022, 280면 참조).

나. 약탈적 가격설정 및 이윤압착 행위

'약탈적 가격설정'(predatory pricing)은 강학상이나 글로벌 경쟁법 집행에 있어서 시장지배
적사업자가 상품 또는 용역을 자신이 투입한 비용보다 낮은 가격으로 판매함으로써 경쟁사
업자를 배제할 우려가 있는 행위를 말한다. 통상 낮은 가격, 단기이익의 포기, 성공 후 손실
회복가능성 등 3가지 요소를 기준으로 위법성을 판단하고 있지만 미국, EU 등 집행권역, 규
제당국이나 법원 등 집행주체별로 선택하는 요소나 요소별 구체적 기준은 상이하다.

'이윤압착'(margin squeezing)은 상류시장(원재료 시장)과 하류시장(완제품 시장)에서 모두
사업을 영위하는, 즉 수직 통합된 시장지배적사업자가 하류시장 사업자들의 생산활동에 필
요한 원재료 등을 공급함과 동시에 하류시장에서 직접 완제품을 생산·판매하는 경우에 나
타날 수 있다. 시장지배적사업자는 이러한 관련 시장의 구조하에서 상류시장인 원재료 판매
가격(도매가격)을 높이거나 완제품 판매가격(소매가격)을 낮추든지, 아니면 두 방법을 함께 시
행하여 도매가격과 소매가격의 차이를 줄임으로써 하류시장(완제품 시장)에서 경쟁사업자를

---

3) 공정위는 아래 ㈜엘지유플러스의 시장지배적지위 남용행위 건(2015.2.23. 의결)에서 통상거래가
격 관련 법리로 동 심사지침을 참조로 하고 있다.

배제할 수 있다. 하류시장의 경쟁사업자가 시장지배적사업자와 경쟁을 위해서는 완제품 가격(소매가격)을 낮출 수밖에 없는데, 이 경우 이윤을 확보할 수 없어 시장에서 퇴출될 우려가 있다.

공정거래법 시행령 제9조 제5항 제1호는 모법 조항인 법 제5조 제1항 제5호 전단에서 규정한 '부당하게 경쟁사업자를 배제하기 위하여 거래하는 행위'를 구체화한 것으로서, 시행령상 '통상거래가격'은 약탈적 가격설정뿐만 아니라 이윤압착 등과 같이 다양한 유형으로 나타날 수 있는 시장지배적사업자의 가격과 관련된 배제남용행위를 판단하기 위한 도구 개념이다(아래 대법원 2021.6.30. 선고 2018두37700 판결 참조).

2. 공정위 심결사례 및 법원 판결례

현재까지 본 규정을 적용한 케이스는 단 1건이며 이에 대한 대법원의 판결들까지 나왔다. 쟁점은 ① 시장지배적사업자인지 여부, ② 통상거래가격에 비하여 낮은 대가인지 여부, ③ 시장지배적지위 남용행위의 부당성이 인정되는지 여부 등 3가지였으며, 대법원에서의 마지막 쟁점은 ②, ③ 2개였다. ②, ③ 관련하여 원심인 서울고등법원에서는 모두 불인정하였으나 대법원은 피고(공정위)의 상고를 받아들여 모두 인정하였다. 여기서는 본 이슈의 검토대상인 ② '통상거래가격에 비하여 낮은 대가인지 여부'에 초점을 맞추어 자세히 살펴보기로 한다. 공정위, 법원 모두 공정거래법 집행상 첫 케이스여서 그랬는지 시장구조 및 실태, 강학적 측면에서의 개념 및 법리 제시, 그리고 판단에 있어서 충실하고 깊은 검토와 분석이 있었다고 본다.

대법원 판결을 보면 '시장지배적지위 남용행위의 유형으로서 이윤압착의 개념과 규제 필요성'을 별도 항목으로 하여 설시하였다(대법원 2021.6.30. 선고 2018두37700 판결 및 대법원 2021.6.30. 선고 2018두37960 판결 3. 대법원 판단 가. 참조). 이윤압착행위의 규제 필요성 관련하여 "공정거래법은 자유로운 경쟁과 아울러 공정한 경쟁을 보호하려는 목적으로 제정되었고(법 제1조 참조), 특히 시장지배적사업자가 존재하는 시장에서는 다른 시장참여자들의 자유로운 경쟁이 실질적으로 보장되어야 비로소 경쟁의 본래적 기능이 제대로 작동할 수 있다. 시장지배적사업자의 이윤압착을 독자적인 시장지배적지위 남용행위의 한 유형으로 보아 규제하는 경우 상류시장 원재료 등에 관한 투자 유인이나 혁신 동기를 위축시킬 우려가 있다. 그러나 수직 통합된 상류시장의 시장지배적사업자가 그 지위를 남용하여 이윤압착행위를 함으로써 하류시장의 경쟁사업자가 부당하게 경쟁에서 배제될 우려가 있어 공정한 경쟁의 기반이 유지될 수 없다면, 이윤압착행위는 공정한 경쟁을 통한 시장성과에 기초를 둔 이른바 '성과경쟁'이라는 정당한 경쟁방법에 해당한다고 보기 어렵다. 따라서 하류시장에서 완제품의 소매가격을 낮추는 형태로 이루어지는 시장지배적사업자의 이윤압착행위가 '부당하게 상품 또는 용역을 통상거래가격에 비하여 낮은 대가로 공급하여 경쟁자를 배제시킬 우려가 있는 거래'로 평가될 수 있다면 공정거래법 제3조의2(현행 제5조) 제1항 제5호 전단, 공정거래법 시행령 제5조(현행 제9조) 제5항 제1호가 금지하는 시장지배적지위 남용행위로 보아 규제할 필요가 있다."고 되어 있다.

가. ㈜엘지유플러스의 시장지배적지위 남용행위 건(2015.2.23. 공정위 의결)

(1) 행위사실

피심인을 포함한 국내 3개 기간통신 이동통신사업자는 기업메시징서비스 생산의 필수 원재료가 되는 전송서비스를 다른 기업메시징사업자에게 판매하고 있으며, 피심인은 금융기관 등 다수의 기업고객에게 기업메시징서비스를 전송서비스 건당 평균 최저 이용요금 수준보다 낮은 가격에 판매하였다. 즉 피심인은 기업메시징서비스를 판매하면서 자신이 에스케이텔레콤 또는 케이티로부터 구입하는 전송서비스 이용요금보다 낮고, 또한 자신이 다른 기업메시징사업자들에게 제공하는 전송서비스 최저 이용요금 단가보다 낮은 수준에서 판매하였다.

(2) 관련 법리

법 제3조의2 제1항 제5호의 시장지배적지위의 남용행위 중 경쟁사업자 배제행위가 성립하기 위해서는, 첫째 피심인이 관련시장에서 시장지배적사업자이고, 둘째 피심인이 통상거래가격에 비하여 낮은 대가로 공급하여야 하고, 셋째 부당하게 경쟁사업자를 배제할 우려가 있어야 한다.

통상거래가격 관련하여, 관련 규정에서는 통상거래가격에 대하여 특별히 정의한 바 없으나, 공정한 경쟁 촉진이라는 법 목적 등을 고려할 때 공정한 기회가 보장되는 시장 환경에서 정상적으로 이루어지는 거래에서 적용되는 가격수준으로 보는 것이 타당하다(불공정거래행위 심사지침(2012. 4. 25. 공정거래위원회 예규 제134호) V. 3. 나. (1) (가) 참조). 이것은 특정 시점에서 사업자간에 형성되는 실제 거래가격과는 다른 개념으로, 특히 독점적인 시장구조 하에서 시장지배적사업자에 의해 형성되는 가격수준은 통상거래가격으로 보기에 부적합할 가능성이 많다. 어떤 시장에서 통상거래가격의 수준은 해당 시장의 구조, 거래 행태 및 환경, 가격 결정방법 및 변화 추이 등을 종합적으로 고려하여 판단하여야 한다.

부당하게 경쟁사업자를 배제할 우려 관련하여서는 통상거래가격에 비하여 낮은 대가로 공급함으로써 유력한 경쟁사업자의 수가 감소되었거나, 감소될 가능성이 큰 경우를 말하는바, 시장에서의 독점을 유지·강화할 의도나 목적, 즉 인위적으로 시장질서에 영향을 가하려는 의도나 목적을 갖고, 객관적으로 그러한 경쟁사업자 배제 효과가 생길 만한 우려가 있는 행위를 하였을 때에 그 부당성이 인정된다. 다만, 현실적으로 유력한 경쟁사업자의 수가 감소되는 효과가 나타났음이 입증되는 경우에는 부당성이 인정되며, 이 경우 시장에서의 독점을 유지·강화할 의도나 목적이 있었음을 사실상 추정할 수 있다("특정 사업자가 사업활동에 곤란을 겪게 되었다거나 곤란을 겪게 될 우려가 발생하였다는 것과 같이 특정사업자가 불이익을 입게 되었다는 사정만으로는 그 부당성을 인정하기 부족하고, 그 중에서도 특히 시장에서의 독점을 유지·강화할 의도나 목적, 즉 시장에서의 자유로운 경쟁을 제한함으로써 인위적으로 시장질서에 영향을 가하려는 의도나 목적을 갖고, 객관적으로도 그러한 경쟁제한의 효과가 생길 만한 우려가 있는 행위로 평가될 수 있는 행위로서의 성질을 갖는 거래거절행위를 하였을 때에 그 부당성이 인정될 수 있다. 다만, 당해 시지남용행위로 인해 경쟁제한의 효과가 나타났음이 입증된 경우에는 경쟁제한에 대한 의도나 목적이 있었음을 사실상 추정할 수 있다."(대법원 2007.11.22. 선고 2002두8626 전원합의체 판결)).

시장지배적사업자의 행위가 경쟁사업자를 배제시킬 우려가 있는지 여부를 평가함에 있어서는 통상거래가격과의 차이 정도, 공급 또는 구입 수량 및 기간, 당해 상품의 특성 및 수급 상황, 행위의 목적, 인접시장의 존재여부, 당해 사업자 및 경쟁사업자의 시장지위 및 자금력 등을 종합적으로 고려한다(시장지배적지위 남용행위 심사기준(2012.8.21. 공정거래위원회 고시 제2012−52호) Ⅳ. 5. 가. 참조).

(3) 행위의 위법 여부 중 통상거래가격에 비하여 낮은 대가로 공급하였는지 관련 판단

이 사건 관련 시장에서는 기업메시징사업자가 이동통신사업자의 무선통신망을 통한 전송서비스를 이용하기 위해 반드시 3개 이동통신사업자 모두와 전송서비스 이용계약을 체결하여야 한다. 피심인과 같이 무선통신망을 보유한 기업메시징사업자도 다른 2개 이동통신사업자와 전송서비스 계약을 체결하는 점에서는 일반 기업메시징사업자와 다르지 아니하다.

기업메시징서비스 시장의 통상거래가격을 일률적으로 정하기는 어렵다. 그러나 위와 같은 거래구조를 감안할 때, 기업메시징서비스 시장의 통상거래가격 수준, 즉 정상적으로 이루어지는 거래에서 적용되는 가격수준에 대하여 다음과 같이 추론할 수 있다. 기업메시징사업자가 사업을 계속하기 위해서는 기간통신사업자에게 지불하는 전송서비스 이용요금(PA)과 내부적으로 기업메시징서비스를 생산·공급하는데 투입되는 인건비, 판매관리비 등의 비용(C)을 합산한 금액, 즉 생산비용(PA + C)에 적정 이윤을 포함한 가격을 기업고객에게 부담시키려고 할 것이다. 이때 적정 이윤을 0(영)으로 가정하더라도, 기업메시징사업자가 사업을 계속 영위하기 위해 기업고객으로부터 받아야 하는 가격수준은 생산비용보다 낮아져서는 곤란하므로, 기업메시징서비스의 통상거래가격은 적어도 건당 생산비 수준(PA+C)보다는 높게 형성되는 것이 일반적이라 할 것이다. 특히 이 사건 관련시장에서와 같이 사업자의 비용절감 노력과 무관하게 원재료 구입비용(전송서비스 이용요금)이 생산비용의 대부분을 차지하는 시장의 경우에 이러한 추론을 적용하는 것이 합리적이다.

다수의 기업메시징서비스 사업자들이 존재하는 상황에서 기업메시징서비스를 공급하는데 소요되는 인건비, 판매관리비 등을 일률적으로 산출하기 어렵다. 다만, 효율적인 사업자가 규모의 경제를 최대한 실현하는 경우를 가정할 경우, 전송서비스 이용요금을 제외한 인건비, 판매관리비 등 기타 비용은 무시할 수 있는 수준까지 낮아 질 수도 있다. 그러므로 앞의 추론을 이 사건에 적용하면, 전송서비스 평균 최저 이용요금 단가(예를 들어, 2011.11.1. 이후에는 건당 9.2원이며, 이하 '전송서비스 이용단가'라 한다)가 객관적으로 가정할 수 있는 최저 수준의 통상거래가격에 해당한다고 볼 수 있으므로, 적어도 전송서비스 이용단가 미만으로 판매한 행위는 통상거래가격에 비해 낮은 대가로 공급한 것임이 분명하다.

나. 서울고등법원 2018.1.31. 선고 2015누38278 판결

(1) 공정거래법 시행령에서 규정한 '통상거래가격'의 해석

① 공정거래법 제3조의2(현행 제5조) 제1항 제5호 전단은 '시장지배적사업자가 부당하게 경쟁사업자를 배제하기 위하여 거래하는 행위를 하여서는 아니된다'고 규정하고 있고, 같은 법 시행령 제5조(현행 제9조) 제5항 제1호는 '부당하게 상품 또는 용역을 통상거래가격에 비하여 낮은 대가로 공급하여 경쟁사업자를 배제시킬 우려가 있는 경우'를 경쟁사업자를 배제하기 위한 부당한 거래로 규정하고 있다. 그런데 공정거래법과 그 시행령에서는 통상거래가격의 개념을 구체적으로 규정하고 있지 않다. ② 시장지배적사업자의 가격경쟁을 직접적으로 규제하고 있는 공정거래법 시행령 제5조 제5항 제1호의 통상거래가격은, ㉠ 위 규정에 따른 규제가 일정범위 내에서 가격경쟁이 위축되는 결과를 초래할 수 있는 점, ㉡ 시장에서 가격을 통한 경쟁은 공정거래법이 보호하고 촉진하고자 하는 경쟁의 기본적이고 본질적 모습인 점, ㉢ 판매가격의 인하는 소비자 후생에 기여하는 측면이 있는 점, ㉣ 이 사건 처분의 근거규정인 공정거래법 제3조의2 제1항 제5호는 제재적 행정처분(공정거래법 제5, 6조)의 근거가 될 수 있는 점 등을 고려하여 해석해야 한다. ③ 나아가 이 사건 처분의 근거규정인 공정거래법 제3조의2 제1항 제5호는 형사처벌(공정거래법 제66조 제1항 제1호)의 근거가 된다.

그런데 통상거래가격의 개념이 불명확하거나 처분 기관에서 자의적으로 정할 수 있는 경우에는 일반국민이 어떠한 행위가 형사처벌을 받게 될지 여부를 예측할 수 없어 죄형법정주의에 반하는 결과가 된다. ④ 따라서 공정거래법 시행령이 규정한 통상거래가격은, 위와 같은 취지와 법령의 입법목적을 참작하여, 효율적인 경쟁자가 당해 거래 당시의 경제 및 경영상황과 해당 시장의 구조, 장래 예측의 불확실성 등을 고려하여 일반적으로 선택하였을 때 시장에서 형성되는 현실적인 가격이라고 봄이 상당하다.

(2) 피고가 통상거래가격을 산정한 방식 자체의 문제점

아래와 같은 점을 고려하면 피고가 전송서비스의 평균 최저 이용요금 단가를 기준으로 기업메시징서비스의 통상거래가격을 산정한 방식이 정당하다고 할 수 없다. ① 피고는 앞서 본 바와 같이 객관적으로 가정할 수 있는 최저 수준의 통상거래가격은 각 이동통신사업자가 제공하는 전송서비스의 평균 최저 이용요금 단가라고 규정하였다. 이에 따라 각 이동통신사업자의 가입자 수를 기준으로 한 개략적인 점유율과 각 이동통신사업자의 전송서비스 건당 최저 이용요금을 각 곱한 후 이를 모두 합산하여 산정한 가격을 통상거래가격으로 인정하였다. ② 피고는 위와 같이 기업메시징서비스의 원재료에 해당하는 각 이동통신사업자의 전송서비스 건당 최저 이용요금을 평균하여 통상거래가격을 산정하였을 뿐이고, 피고가 통상거래가격 산정 과정에서 원고 및 경쟁사업자들의 기업메시징서비스의 실제 거래가격, 효율적인 경쟁자가 당해 거래 당시의 경제 및 경영상황과 해당 시장의 구조, 장래 예측의 불확실성 등을 고려하여 일반적으로 선택하였을 때 시장에서 형성되는 현실적인 거래가격 등에 대하여 조사하여 고려한 것으로 볼 만한 증거가 없다. ③ 통상거래가격의 문언적 의미는 통상적으로 시장에서 '거래'되는 가격이다. 그런데 피고는 앞서 본 바와 같이 기업메시징서비스가 통상적으로 시장에서 거래되는 가격을 입증하지 않고, 기업메시징서비스의 원재료에 해당하는 전송서비스의 가격을 일정 기준에 따라 가중평균하여 통상거래가격을 산출하였다. 이는 기업메시징서비스가 통상적으로 거래되는 가격을 산출한 것이 아니라, 기업메시징서비스를 제공하는데 드는 비용 중 일부에 해당하는 전송서비스의 거래가격을 각 이동통신사업자의 가입자 수에 따라 가중평균한 것에 지나지 않는다. 이는 전송서비스의 통상거래가격을 산출하는 방식으로 볼 수 있을지는 몰라도 기업메시징서비스의 통상거래가격이라고 보기는 어렵다. ④ 피고는 원재료인 전송서비스의 평균 최저 이용요금 단가에 일정한 이윤을 더한 가격이 기업메시징서비스의 통상거래가격이라는 전제하에 통상거래가격을 산출하였다. 그런데 피고는 원재료 가격에 일정한 이윤을 더한 값이 시장에서 형성되는 통상거래가격이 된다는 점을 당연하다고 주장하는 이외에 이에 대한 아무런 입증을 하지 못하고 있다. 그런데 시장에서 형성되는 통상거래가격이 원재료의 가격에 일정한 이윤을 더하는 방식이라고 단정하는 것은 시장의 가격형성원리를 지나치게 단순화하여 일반화 한 것이어서 그대로 논리나 경험칙에 의하여 인정된다고 보기는 힘들고, 달리 이를 인정할 만한 증거가 없다.

(3) 기업메시징서비스 공급비용 산출의 오류

설령 피고가 적용한 방식처럼 전송서비스의 평균 최저 이용요금 단가를 기준으로 기업메시징서비스의 통상거래가격을 산정한다고 하여도 아래와 같은 점을 고려하면 피고의 기업메시징서비스의 공급비용 산정은 정당하다고 할 수 없다. ① 공급에 소요되는 비용을 고려하여, 공정거래법 제3조의2 제1항 제5호 전단, 같은 법 시행령 제5조 제5항 제1호에서 규정한 통상거래가격을 해석한다면, 부당염매를 규정한 공정거래법 제23조 제1항 제2호(현행법 제45조 제1항 제3호), 같은 법 시행령 제36조 제1항 관련 [별표 1의2](현행 시행령 제52조 [별표 2]) 제3호 가목의 규정을 참고 할 수 있을 것이다. 그런데 부당염매는 자기의 상품 또는 용역을 공급함에 있어서 정당한 이유 없이 '해당사업자가 그 공급에 소요되는 비용'보다 현저히 낮은 대가로 계속하여 공급하는 행위이다. 그런데 이와 달리 통상거래가격을 산정함에 있어서 '해당사업자'가 그 공급에 소요되는 비용을 고려하지 않고 '경쟁사업자'가 공급에 소요되는 비용을 기준으로 산정한다면, 어느 사업자가 기술혁신 등을 통해 공급에 소요되는 비용을 낮추더라도 그동안 형성되어 있던 시장가격을 낮출 수 없다는 결론에 이르게 되어, 공정거래법 관련 규정이 오히려 기술혁신과 가격경쟁을 저해하는 장애가 되는 결과를 초래하게 된다. 따라서 원고와 같이 합병을 통하여 전송서비스와 기업메시징서비스를 동시에 제공하는 수직적 통합을 이루어 기업메시징서비스의 공급에 소요되는 비용을 낮춘 경우에도 기업메시징서비스 시장에서 경쟁자를 보호하기 위해 경쟁사업자가 일정 정도의 이윤을 얻을 수 있는 가격 이상으로 기업메시징서비스 가격을 책정할 의무가 발생한다고 볼 수는 없다. ② 또한, 경쟁을 제한하는지 여부에 대한 고려 없이 자신의 비용이 아닌 경쟁사업자의 비용보다 높은 가격을 책정하도록 규제하는 것은 비효율적인 경쟁자에 대한 가격 보호에 해당할 우려가 있고, 소비자에게 이득이 되는 가격인하를 억제하여 소비자후생을 도리어 악화시킬 수 있다. 따라서 특별한 사정이 없는 한 비용상 열위에 있는 경쟁사업자의 비용을 기준으로 그 이상을 모든 경쟁사업자들의 거래 가격으로 책정하도록 규제함은 타당하지 않다. 즉 통상거래가격의 산정 단계에서 비효율적인 경쟁사업자의 비용을 기준으로 이를 확정해야 한다고 보기도 어렵다. 이는 비효율적인 '경쟁사업자'를 보호할 수는 있어도 '경쟁'을 보호하는 것이 아니기 때문이다. ③ 피고는, 원고의 전송서비스 구입단가를 원고가 제3자에게 공급하는 전송서비스 판매단가를 기준으로 하여 계산한 후 이를 근거로 통상거래가격을 9.2원으로 산정하였다. 그러나 원고가 스스로에게 공급하여 사용하는 기업메시지 전송서비스의 이용 단가는 원고가 제3자에게 공급하는 전송서비스 가격에서 원고의 이윤을 뺀 가격이라고 보는 것이 타당하다. 이러한 점에서도 피고의 통상거래가격 산정방식은 부적절하다. ④ 설령 원고의 기업메시징서비스 공급비용을 원고 자신의 전송서비스 원가를 제외하고, 원고가 제3자로부터 구입하는 전송서비스 가격 및 제3자에게 공급하는 전송서비스 가격을 가중평균한 금액을 기준으로 산정한다고 하더라도 피고의 산정방식에는 다음과 같은 오류가 있어 피고가 산정한 공급비용이 정당하다고 할 수 없다. ㉠ 피고는 앞서 인정한 바와 같이 각 이동통신사업자의 가입자 수를 기준으로 한 개략적인 점유율과 각 이동통신사업자의 전송서비스 건당 최저 이용요금을 각 곱한 후 이를 모두 합산하여 산정한 가격을 전송서비스의 평균가격이라고 한 후 이를 그대로 기업메시징서비스의 통상거래가격으로 인정하였다(기업메시징서비스에 관한 이윤은 고려하지 않은 것으로 보인다). ㉡ 그러나 피고가 기준으로 한 이동통신사업자 가입자 수를 기준으로 한 시장점유율(SKT : KT : LGU+ = 5 : 3 : 2)은 실제 이 사건 행위 기간의 시장점유율이 아니라 대략적인 추정치에 불과하다. 따라서 그 정확성을 인정하기 어렵다. ㉢ 또한, 이동통신사업자 가입자 수를 기준으로 한 시장점유율과 각 이동통신사업자의 전송서비스를 통한 문자메시지 발송량은 정비례하지 않는다. ㉣ 따라서 단순히 이동통신사업자의 가입자 수를 기준으로 각 이동통신사업자의 전송서비스 이용요금을 가중평균하는 것은 올바른 방식이 아니다. 그런데도 피고는 공개되어 쉽게 파악할 수 있는 문자메시지 발송량에 관한 통계자료를 분석하는 등 필요한 조사를 하지 않고 단순히 각 이동통신사업자의 가입자 수의 대략적인 비율로 추정하여 산정하였다.

(4) 소결론

기업메시징서비스의 통상거래가격에 대한 입증책임은 피고에게 있다. 그런데 앞서 본 바와 같이 피고가 산출한 기업메시징서비스의 통상거래가격이 어느 모로 보나 정당하다고 할 수 없고, 달리 이를 인정할 증거가 없는 이상 원고의 이 사건 행위를 통상거래가격에 비하여 낮은 대가로 기업메시징서비스를 공급한 행위라고 볼 수 없다. 그럼에도 이 사건 행위가 통상거래가격 미만 판매행위임을 전제로 이루어진 이 사건 처분은 위법하다.

다. 대법원 2021.6.30. 선고 2018두37700 판결[4]

(1) 통상거래가격의 의미

공정거래법 제3조의2 제1항 제5호 전단은 시장지배적사업자의 지위 남용행위로서 '부당하게 경쟁사업자를 배제하기 위하여 거래하는 행위'를 규정하고, 공정거래법 시행령 제5조 제5항 제1호는 그 행위의 하나로 '부당하게 상품 또는 용역을 통상거래가격에 비하여 낮은 대가

---

4) 본건 피심인은 ㈜엘지유플러스, ㈜케이티 2개 회사였으며, 같은 날 케이티에 대해서도 2018두37960 판결을 통해 동일한 내용으로 파기환송되었다.

로 공급하거나 높은 대가로 구입하여 경쟁사업자를 배제시킬 우려가 있는 경우'를 들고 있다.

종래 공정거래법 시행령 제5조 제5항 제1호는 강학상 시장지배적 사업자가 자신이 들인 비용보다 낮은 가격으로 상품 또는 용역을 판매함으로써 경쟁자를 배제할 우려가 있는 행위를 지칭하는 '약탈적 가격설정'(predation)을 규율하기 위한 조항이라고 보았다. 그러나 통상거래가격은 비용과는 구별되는 '가격'의 일종이므로, 이를 '비용'으로 새긴다면 법문언에 명백히 반하는 해석이 된다. 이는 공정거래법 제23조 제1항 제2호, 공정거래법 시행령 제36조 제1항 [별표 1의2] 제3호 (가)목에서 불공정거래행위의 한 유형인 '부당염매'를 '자기의 상품 또는 용역을 공급함에 있어서 정당한 이유 없이 그 공급에 소요되는 비용보다 현저히 낮은 대가로 계속하여 공급하거나 기타 부당하게 상품 또는 용역을 낮은 대가로 공급함으로써 자기 또는 계열회사의 경쟁사업자를 배제시킬 우려가 있는 행위'라고 정하고 있는 것과 대비하면 더욱 명확하다.

공정거래법 시행령 제5조 제5항 제1호는 모법 조항인 공정거래법 제3조의2 제1항 제5호 전단에서 정한 '부당하게 경쟁사업자를 배제하기 위하여 거래하는 행위'를 구체화한 것으로서, 통상거래가격은 '약탈적 가격설정'뿐만 아니라 '이윤압착' 등과 같이 다양한 유형으로 나타날 수 있는 시장지배적사업자의 가격과 관련된 배제남용행위를 판단하기 위한 도구 개념이다. 따라서 그 의미는 모법 조항의 의미와 내용, 그리고 입법 목적에 합치하도록 해석하여야 한다. 통상거래가격은 자유롭고 공정한 경쟁이 이루어지고 있는 시장에서 정상적으로 이루어지는 거래의 경우 일반적으로 형성될 수 있는 가격, 좀 더 구체적으로는 시장지배적사업자가 부당하게 경쟁사업자를 배제하기 위하여 거래함으로써 시장지배적 지위를 남용하는 행위가 존재하지 않는 정상적인 거래에서 일반적으로 형성되었을 가격을 뜻한다고 보아야 한다.

통상거래가격은 위와 같이 문언의 가능한 범위에서 모법 조항과의 체계적 · 목적론적 해석을 통하여 그 의미와 내용을 충분히 알 수 있다. 또한 그 수범자는 시장지배적사업자이므로 상대적으로 규제대상 행위에 대한 예측가능성이 크다. 시장지배적사업자의 거래행위가 형식적으로 공정거래법 시행령 제5조 제5항 제1호의 통상거래가격보다 낮은 수준으로 공급하는 행위에 해당하더라도 그 행위의 부당성이 인정되어야만 시장지배적지위 남용행위가 성립할 수 있다. 따라서 공정거래법 시행령 제5조 제5항 제1호의 '통상거래가격'이 시장지배적사업자의 가격설정을 직접 규제하는 내용으로 제재적 행정처분인 시정명령이나 과징금 부과처분의 형식적 성립요건이 될 수 있다는 점을 고려하더라도 통상거래가격의 의미를 위와 같이 새기는 것이 침익적 행정처분의 근거 규정에 관한 엄격해석 원칙에 반하는 것이 아니다.

공정거래위원회는 시정명령 등 처분의 적법성에 대한 증명책임을 부담하므로, 시장지배적 지위 남용행위의 유형적 특징이나 구체적인 모습, 관련 시장의 구조, 가격 결정방법과 변화 추이, 공급 또는 구입의 수량과 기간, 해당 상품이나 용역의 특성과 수급상황 등을 종합적으로 고려하여 합리적인 방법으로 시장지배적사업자가 설정한 특정 공급이나 구입의 대가가 공정거래법 시행령 제5조 제5항 제1호에서 정한 통상거래가격에 비하여 낮거나 높은 수준으로서 부당하게 경쟁자를 배제시킬 우려가 있는지를 증명하면 된다.

(2) 이 사건에 관한 판단

위와 같은 통상거래가격에 관한 법리에 비추어 살펴보면, 원고의 이 사건 행위는 '상품 또는 용역을 통상거래가격에 비하여 낮은 대가로 공급한 행위'에 해당한다고 볼 수 있다. 그 이유는 다음과 같다.

시장에서 가격은 비용만으로 정해지는 것이 아니다. 원고로부터 전송서비스를 공급받아야 하는 기업메시징서비스 시장의 경쟁사업자인 기업메시징사업자는 필수 원재료 구입비용에 상응하는 전송서비스 이용요금에 인건비, 판매관리비 등 기타 비용과 적정 이윤을 더한 가격으로 기업메시징서비스를 공급하는 것이 기업의 경제활동의 기본적인 방식이라는 것이 일반적인 거래관행이나 경험칙에 부합한다. 위에서 보았듯이 기업메시징사업자로서는 특정 이동통신망 가입고객에게만 메시지를 보내고자 하는 것이 아니라면 국내 모든 이동통신사업자와 전송서비스 계약을 체결하여야 하는 이 사건 관련 시장의 특수한 거래구조를 함께 고려하면, 이 사건에서 기업메시징서비스의 통상거래가격은 적어도 기업메시징서비스 시장에서 원고의 경쟁사업자들인 기업메시징사업자들의 필수 원재료인 전송서비스의 구입비용을 상회할 것으로 추단된다.

원심판결 이유에 따르면, 피고는 이 사건 처분 당시 전송서비스 이용요금을 제외한 기타 비용과 적정이윤을 0으로 가정하여 산정한 전송서비스 최저 판매단가가 기업메시징서비스 시장에서 객관적으로 가정할 수 있는 최저 수준의 통상거래가격에 해당한다고 보았음을 알 수 있다. 한편 원심판결 이유와 기록에 따르면, 이 사건 전송서비스 시장에서는 특별한 변동이 없이 원고를 포함한 3개 이동통신사업자가 장기간 전송서비스의 공급을 과점하고 있는 사정이 있다. 따라서 피고가 이 사건 처분 당시 이 사건 행위가 이루어진 기간 동안 실제 시장점유율이나 문자메시지 발송량이 아니라 이동통신사업자의 가입자 점유율을 기준으로 각 이동통신사업자의 전송서비스 이용요금을 가중 평균하는 방식으로 객관적으로 가정할 수 있는 최저 수준의 통상거래가격을 산정하여 원고가 공급한 기업메시징서비스의 판매가격이 통상거래가격보다 낮은 수준이라고 본 것이 불합리하다고 단정할 수 없다. 결국 원고의 이 사건 행위는 공정거래법 시행령 제5조 제5항 제1호의 '통상거래가격에 비하여 낮은 대가로 공급하는 행위'에 해당한다고 볼 수 있다.

　그런데도 원심은 통상거래가격의 의미를 위에서 본 법리와 달리 해석하고 이를 전제로 피고가 시장에서 형성되는 현실적인 거래가격 등을 조사하여 고려하지 않았다는 등의 이유로 이 사건 처분에서 통상거래가격 산정이 잘못되었으므로 이 사건 처분은 처분사유가 인정되지 않아 위법하다고 판단하였다. 원심판결에는 공정거래법 시행령 제5조 제5항 제1호에서 정한 '통상거래가격'의 해석·적용에 관한 법리를 오해하여 자유심증주의의 한계를 벗어나거나 필요한 심리를 다하지 않은 잘못이 있다.

　원심판결을 파기하고, 이 사건을 다시 심리·판단하도록 원심법원에 환송하기로 하여, 대법관의 일치된 의견으로 주문과 같이 판결한다.

라. 서울고등법원 2023.1.12. 선고 2021누49330 판결(환송후 판결)[5]

　서울고등법원은 이 사건 행위가 '통상거래가격에 비하여 낮은 대가로 공급한 행위'에 해당되는지 여부 관련하여 대법원 판결과 마찬가지로 '이윤압착(margin squeeze)의 개념과 규제 필요성'을 별도 항목으로 하여 같은 내용으로 설시하였다. 그리고 구체적인 판단에 들어가서 대법원 판결의 취지와 내용을 그대로 반영하여 원고의 이 사건 행위는 법 시행령 제5조 제5항 제1호의 '부당하게 통상거래가격에 비하여 낮은 대가로 공급하는 행위'에 해당된다고 판결하였다.

마. 마무리

　본 케이스는 소위 시장지배적지위의 남용행위의 하나인 소위 이윤압착행위로서 문제가 되었던 최초의 케이스라는 점에서 관심이 매우 컸었다.[6] 또한 위법성 판단에 있어서 기본 잣대인 시행령 제9조 제5항 제1호에 의한 '통상거래가격'에 대하여 공정위·서울고등법원·대법원 각 집행단계별로 법리와 사실관계에 따라 나름 심도있는 분석 및 판단을 거쳤다는 점

---

5) 본 판결은 위 대법원의 환송판결과 같은 날 동일한 내용으로 파기환송된 주식회사 케이티가 원고인 환송후 판결이다. 그리고 대법원은 2023.5.18. 케이티와 엘지유플러스가 환송후 판결에 불복하여 제기한 상고를 각각 기각함으로써 공정위의 2015.2.23. 행정처분은 8년 여만에 최종 확정되었다.

6) 강우찬, 경쟁저널, 2021 August(제208호), 대법원의 공정거래 사건 주요 판결 요지(107면). 이 사건 판결은 시장지배적 지위 남용 중 미국과 유럽 사이에 가장 큰 차이를 보이고 있는, 이른바 '이윤압착' 내지 '가격압착'(margin squeeze 또는 price squeeze)에 관하여 우리 대법원이 최초로 그 규제 가능성을 인정한 것으로서 그 의미가 상당하다.

에서도 의미가 있다고 본다.

대법원에서 통상거래가격의 의미와 관련하여 통상거래가격은 비용과는 구별되는 '가격'의 일종이므로 이를 '비용'이라고 새긴다면 법문언에 명백히 반하는 해석이라고 하면서, 통상거래가격은 자유롭고 공정한 경쟁이 이루어지고 있는 시장에서 정상적으로 이루어지는 거래의 경우 일반적으로 형성될 수 있는 가격, 좀 더 구체적으로는 시장지배적사업자가 부당하게 경쟁사업자를 배제하기 위하여 거래함으로써 시장지배적 지위를 남용하는 행위가 존재하지 않는 정상적인 거래에서 일반적으로 형성되었을 가격을 뜻한다고 보아야 한다는 법리를 제시하였다. 그리고 원심판결에는 공정거래법 시행령 제9조 제5항 제1호에서 정한 '통상거래가격'의 해석 · 적용에 관한 법리를 오해하였다고 설시하였다. 그러나 원심인 서울고등법원 판결에서도 공정거래법 시행령이 규정한 '통상거래가격'은, 그 취지와 법령의 입법목적을 참작하여, 효율적인 경쟁자가 당해 거래 당시의 경제 및 경영상황과 해당 시장의 구조, 장래 예측의 불확실성 등을 고려하여 일반적으로 선택하였을 때 시장에서 형성되는 현실적인 가격이라고 봄이 상당하다는 기본 법리를 제시했다. 또 공정위도 원심결에서 통상거래가격의 해석에 있어서 관련 규정에서는 통상거래가격에 대하여 특별히 정의한 바 없으나, 공정한 경쟁 촉진이라는 법 목적 등을 고려할 때 공정한 기회가 보장되는 시장 환경에서 정상적으로 이루어지는 거래에서 적용되는 가격수준으로 보는 것이 타당하다는 법리를 제시한 바 있다.

필자는 통상거래가격의 해석에 관한 기본법리 측면에서 공정위, 서울고등법원, 그리고 대법원 간에 큰 차이가 있다고 생각하지는 않는다. 그보다는 동일하거나 유사한 법리하에서 '통상거래가격'을 구체적으로 산정한 방법의 차이 때문이라고 본다.

Ⅳ. 불공정거래행위 중 부당염매행위(시행령 제52조 [별표 2] 제3호 (경쟁사업자 배제) 가목)

1. 제도의 내용

법 제45조(불공정거래행위의 금지) 제1항 제3호는 부당하게 경쟁자를 배제하는 행위를 불공정거래행위의 한 유형으로 규정하고 있으며, 시행령 제52조(불공정거래행위의 유형 또는 기준) [별표 2] 제3호(경쟁사업자 배제) 가목(부당염매)에서 정당한 이유 없이 공급에 소요되는 비용보다 현저히 낮은 가격으로 계속 공급하거나 그 밖에 부당하게 낮은 가격으로 공급하여 자기 또는 계열회사의 경쟁사업자를 배제시킬 우려가 있는 행위를 규정하고 있다.

내부지침인 '불공정거래행위 심사지침'에서는 계속적 염매와 일시적 염매로 구분하고 있다 (심사지침 Ⅴ. 3. 가. 참조). 계속적 염매는 상당기간에 걸쳐 반복해서 공급비용 보다 현저히 낮은 수준으로 상품 또는 용역을 공급하는 것으로서, 공급비용 보다 현저히 낮은 수준인지 여부는 제조원가나 매입원가를 기준으로 하며, 제조원가는 재료비, 인건비, 기타 제조경비, 일반관리비를 포함하여 산정하고 매입원가는 실제 구입가격을 기준으로 하되, 계열회사관계 나 제휴관계와 같은 특수한 사정이 존재하는 경우에는 일반사업자간 거래가격을 고려하여 수정할 수 있다고 규정하고 있다. 일시적 염매는 일회 또는 단기간(1주일 이내)에 걸쳐 현저 히 낮은 대가로 상품 또는 용역의 공급이 이루어지는 것으로서, 현저히 낮은 대가에 해당되 는지 여부는 계속적 염매의 경우와 마찬가지로 제조원가나 매입원가를 기준으로 한다.

위법성의 판단기준과 관련하여, 염매행위가 당해 상품 또는 용역이 거래되는 시장에서 자 기 또는 계열회사의 경쟁사업자를 배제시킬 우려(경쟁제한성)가 있는지 여부를 위주로 판단 하며 '경쟁사업자를 배제시킬 우려'란 당해 염매행위로 인해 경쟁사업자가 시장에서 배제될 가능성이 있으면 족하고 실제 경쟁사업자가 시장에서 배제될 것을 요구하지 않는다. 그리고 계속적 염매의 경우 원칙적으로 경쟁사업자를 배제시킬 우려가 있는 것으로 보지만, 계속적 염매를 한 사업자들이 '정당한 이유'를 소명하였을 경우 그 타당성을 판단하여 법위반으로 보지 않는다. 심사지침에서는 정당한 이유가 있다고 인정되는 경우로 다음과 같은 예시를 규정하고 있다. ① 당해 시장에 진입장벽(예: 규모의 경제, 사업영위 인허가, 거래비용 등)이 없 어 계속적 염매로 인해 현재의 경쟁사업자들이 배제되더라도 신규 진입자가 잠재적 경쟁사 업자로 대두될 수 있는 경우, ② 하자가 있는 상품, 유통기한이 임박한 물건, 계절상품 및 재고의 처리를 위하여 제한된 물량의 범위내에서 염매를 하는 경우, ③ 수요보다 공급이 현 저히 많아 이를 반영하여 염매로 판매하는 경우, ④ 신규개점 또는 신규 시장진입에 즈음하 여 홍보목적으로 한정된 기간에 걸쳐 염매를 하는 경우, ⑤ 파산이나 지급불능사태를 막기 위해 염매를 하거나 파산 또는 지급불능상태에 있는 사업자가 염매를 하는 경우, ⑥ 계속적 염매로 인한 효율성 증대효과나 소비자후생 증대효과가 경쟁제한효과를 현저히 상회하는 경 우, ⑦ 계속적 염매를 함에 있어 기타 합리적인 사유가 있다고 인정되는 경우 등. 그리고 일 시적 염매의 경우에는 당해 상품 또는 용역이 거래되는 시장에서 경쟁사업자를 배제시킬 우 려가 있는지 여부를 위주로 판단하며, 경쟁사업자 배제 우려가 있는지 여부는 다음 사항을 종합적으로 고려하여 판단토록 규정하고 있다. ① 염매행위를 하는 동기가 경쟁사업자를 배 제하고 시장에서 독과점적 지위를 구축하는데 있는지 여부, ② 당해 염매행위로 인해 경쟁 사업자가 사업활동을 유지하기에 현저히 어려움이 있거나 부도 등의 위기에 처할 우려가 있는지 여부, ③ 당해 시장의 경쟁구조. 당해 시장에서의 사업자 수가 적고, 집중도가 높을 경우에는 경쟁사업자 배제우려가 클 수 있다. ④ 진입장벽 유무 등. 규모의 경제·사업영위 인허가 등 요소가 없어 당해 시장에 진입하는 데 실질적인 어려움이 없다면 현재의 경쟁사업자가 배제되더라도 신규 진입자가 잠재적 경쟁사업자로 대두되므로 경쟁사업자 배제 우려가 없거나 미미하게 된다. 일시적 염매의 경쟁사업자 배제 우려가 있다고 판단되는 경우에도 합리성이 있다고 인정되는 경우에는 법위반으로 보지 않을 수 있다.

그리고 경쟁사업자 배제 우려가 있는 경우에도 원칙적으로 심사면제 대상이 되는 안전지대로서 부당염매를 한 사업자의 시장점유율이 10% 미만인 경우, 시장점유율 산정이 사실상 불가능하거나 현저히 곤란한 경우에는 당해 사업자의 연간매출액이 50억원 미만인 경우를 설정하고 있다.

2. 공정위 심결사례 및 법원 판결례

가. 현대정보기술(주)의 부당염매행위 건(1998.2.24. 공정위 의결)

공정위는 "피심인은 1997.10.8. 인천광역시의 『인천광역시 지역정보화기본계획 수립』의 용역입찰에 대우정보시스템(주), 삼성SDS와 함께 참가하여 예정가액 97,244천원의 2.98%인 2,900천원에 응찰, 낙찰자로 선정, 계약체결한 행위 관련하여, 낙찰금액 2,900천원은 예정가격에 못미침은 물론 최소한의 인건비도 반영하지 아니한 저가의 공급가격으로 피심인은 대우나 삼성에 비해 현저히 낮은 금액으로 입찰에 참가한 점, 최근 3년간 정보화기본계획수립과 관련하여 1억원 이하로 계약을 체결한 사실이 극히 드물다는 점, 경기침체로 민간업자의 정보통신 투자가 극히 저조한 시기에는 공공부문이 SI시장의 최대승부처가 될 것이고, 경쟁사에서 피심인보다 낮은 금액을 제시하여 낙찰될까 우려하여 저가로 응찰한 것이며 이 사건 입찰용역에서 낙찰될 경우 인천광역시를 모델로 지방자치단체에서 실시할 것으로 예상되는 정보화기본계획 수립에 피심인의 우월성을 홍보하여 유리한 지위를 확보할 수 있다고 본다는 취지의 현대정보기술(주)측의 자료 및 진술, 정보시스템구축전략제시 등은 단계별로 구축 방안을 제시하도록 되어 있어 향후 발주가 예상되는 정보화관련 각종 장비구매(H/W)에 있어 관례적으로 계획수립자가 유리한 위치를 점할 수 있다는 점 등에 비추어 볼 때, 피심인의 행위는 부당하게 용역을 낮은 대가로 공급함으로써 자기의 경쟁사업자를 배제시킬 우려가 있는 행위로 인정된다."고 결정하였다.

그리고 자사의 유휴인력 활용, 기술능력 배양 등으로 인적자본을 증가시키는 이득이 있기 때문에 입찰금액을 낮게 기재하였다는 피심인의 주장에 대해서는, "피심인 자신이 산출한 기초가격조차 92,737천원으로서 응찰가격 2,900천원에 비해 현저히 차이가 나고, 위에서 본 바와 같이 최근 3년간 1억원 이하로 용역계약을 체결한 사실이 극히 드물고, 96년 당기순이익이 −11,801백만원으로서 적자상태에 있는 피심인이 원가에도 못 미치는 2,900천원의 가격으로 낙찰되더라도 문제가 없을 만큼 자금여력이 넉넉한 것은 아니라는 점 등에 비추어 볼 때, 피심인의 주장은 타당성이 없다고 보일 뿐만 아니라 설혹 피심인의 주장이 타당성이 있다고 하더라도 이는 사업자의 주관적인 개별사정으로서 객관적인 경쟁질서를 유지 확보하고자 하는 관점에서 볼 때 위법성 여부에 직접적인 관계가 없다고 할 것이므로 피심인의 주장은 이유 없다 할 것이다."라고 판단하였다.

서울고등법원 1999.2.11. 선고 98누9181 판결은 '공급에 소요되는 비용보다 현저히 낮은 대가' 여부 관련하여, "공정거래법령의 규정에 따라 '낮은 대가'의 판단은 일응 '공급에 소요되는 비용'을 기준으로 판단하여야 할 것으로, 따라서, 직접 상품 또는 용역을 창출하여 공급하는 제조업체의 경우 고정비와 변동비 모두를 포함한 총원가를 기준으로 저가 여부를 판단하여야 할 것이고, 시장상황의 악화, 수요 감퇴 등으로 말미암아 고정비를 포함한 가격으로서는 정상적인 판매가 불가능하여 변동비만을 상회하는 금액으로 가격을 정하고 가격과 변동비의 차액으로 고정비 일부에 충당할 수밖에 없게 된 경우에 그러한 사정은 부당성 유무의 판단의 한 요소로 고려되어야 할 것이다. 그런데, 이 사건에 있어서 원고는 그의 응찰가격이 인건비를 반영하지 않은 금액임을 자인하고 있으므로 원고의 응찰가격 자체는 '낮은 대가'에 해당한다고 봄이 상당하다."고 판단하였다.

그리고 '부당성' 관련하여 "법 제23조 제1항 제2호(현행 제45조 제1항 제3호) 및 시행령 제36조 [별표] (현행 제52조 [별표 2]) 제3항 가목 소정의 부당염매행위에 해당하기 위하여는 그 염매행위에 있어서 부당성이 있어야 할 것인바, 부당성이 있는지 여부는 염가의 의도·목적, 염가의 정도, 염가판매의 기간, 반복계속성, 대상 상품·용역의 특성과 수량, 행위자의 사업규모 및 시장에서의 지위, 염매의 영향을 받는 사업자의 수 및 사업규모, 시장에서의 지위 등을 종합적으로 고려하여 판단하여야 할 것이다. 돌이켜 이 사건에 관하여 보건대, 원고가 이 사건 용역 입찰에 참가함에 있어서 시장에 신규 진입하고자 하는 목적과 이 사건 용역을 낙찰받아 수행함으로써 기술 및 경험을 축적하고자 하는 목적이 있었던 점, 원고가 이 사건 용역 입찰 외에 시스템통합 컨설팅 시장에 있어서 다른 저가 입찰행위를 하지는 않았던 점, 인천광역시가 입찰 참가자격을 제한한 결과 이 사건 입찰에 있어 원고와 경쟁관계에 있었던 사업자는 사실상 소외 회사들로 한정되었는데 그들이 아래에서 보는 바와 같이 원고의 단 1회의 이 사건 용역 저가 입찰행위로 말미암아 시장에서 배제될 우려가 없었던 점 등에 비추어 보면 부당성을 지닌 행위라고 할 수 없다."고 판단하였고, '경쟁사업자를 배제할 우려가 있는지' 관련하여서는 "'경쟁사업자를 배제할 우려'라고 함은 당해 거래 그 자체에서의 배제를 의미하는 것이 아니고 염매의 대상이 되는 상품 또는 용역이 거래되는 시장에서의 배제를 의미하는 것이며, 여기서 '우려'가 있다고 함은 추상적인 우려가 아닌 어느 정도 구체성을 지닌 우려를 가리킨다고 할 것이다. 그런데, 이 사건에 있어서, 인천광역시가 입찰 참가자격을 제한함으로써 이 사건 용역 입찰에 있어 경쟁사업자는 소외 회사들로 한정되었는데 그들이 대규모기업집단 소속 계열회사로서 자금, 규모, 인력 등 여러가지 측면에서 결코 원고에 뒤떨어지지 않았고 그들 또한 예정가격에 훨씬 못 미치는 염가로 응찰하였던 점, 이 사건 용역은 계속적인 사업이 아니고 용역보고서의 제출로써 종결되는 1회성의 것인 점 등에 비추어 보면, 원고의 이 사건 용역 입찰행위로 말미암아 경쟁사업자인 소외 회사들이 시스템통합 시장에서 배제될 우려가 있다고 보기는 어렵다."고 판단하였다.

이에 대하여 대법원은 2001.6.12. 선고 99두4686 판결을 통하여 '부당성' 관련하여 "공정거래법 제23조 제1항은 공정한 거래를 저해할 우려가 있는 행위(불공정거래행위)의 하나로 그 제2호에서 '부당하게 경쟁자를 배제하기 위하여 거래하는 행위'를 열거하고, 같은법 시행령 제36조 제1항 [별표] 제3호 (가)목은 법 제23조 제1항 제2호에 해당하는 행위유형의 하나로 부당염매를 정하면서 이를 '자기의 상품 또는 용역을 공급함에 있어서 정당한 이유 없이 그 공급에 소요되는 비용보다 현저히 낮은 대가로 계속하여 공급하거나 기타 부당하게 상품 또는 용역을 낮은 대가로 공급함으로써 자기 또는 계열회사의 경쟁사업자를 배제시킬 우려가 있는 행위'라고 규정하고 있는바, 위 (가)목 전단에서 규정하는 이른바 계속거래상의 부당염매는 사업자가 채산성이 없는 낮은 가격으로 상품 또는 용역을 계속하여 공급하는 것을 가리키므로 그 행위의 외형상 그에 해당하는 행위가 있으면 '정당한 이유가 없는 한' 공정한 거래를 저해할 우려가 있다고 보아야 할 것이나, 그 후단에서 규정하는 이른바 기타 거래상의 부당염매는 그 행위태양이 단순히 상품 또는 용역을 낮은 가격으로 공급하는 것이어서 그 자체로 이를 공정한 거래를 저해할 우려가 있다고 보기 어려운 만큼 그것이 '부당하게' 행하여진 경우라야 공정한 거래를 저해할 우려가 있다고 보아야 할 것이며, 이때 그 부당성의 유무는 당해 염매행위의 의도, 목적, 염가의 정도, 반복가능성, 염매대상 상품 또는 용역의 특성과 그 시장상황, 행위자의 시장에서의 지위, 경쟁사업자에 대한 영향 등 개별사안에서 드러난 여러 사정을 종합적으로 살펴 그것이 공정한 거래를 저해할 우려가 있는지의 여부에 따라 판단하여야 한다."는 법리를 제시하면서 원심의 사실인정과 판단을 정당한 것으로 인정하였다.

그리고 '경쟁사업자를 배제시킬 우려' 관련하여서는 "시행령 제36조 제1항 [별표] 제3호 (가)목에서 말하는 경쟁사업자는 통상 현실적으로 경쟁관계에 있는 사업자를 가리킨다고 할 것이지만, 부당염매를 규제하는 취지가 법이 금지하는 시장지배적지위의 남용을 사전에 예방하는데 있다고 볼 때, 시장진입이 예상되는 잠재적 사업자도 경쟁사업자의 범위에 포함된다고 보아야 할 것이고, 나아가 경쟁사업자를 배제시킬 우려는 실제로 경쟁사업자를 배제할 필요는 없고 여러 사정으로부터 그러한 결과가 초래될 추상적 위험성이 인정되는 정도로 족하다고 할 것이다. 따라서 원심이, 원고의 경쟁사업자를 이 사건 입찰에 참가한 위 소외 회사들로만 한정한 것과 경쟁사업자를 배제시킬 우려는 어느 정도 구체성을 가져야 한다고 본 것은, 그에 관한 법리를 오해한 잘못이 있다 할 것이다. 그러나 원고의 경쟁사업자에 향후 시장진입이 예상되는 사업자를 포함시킨다고 하더라도, 경쟁사업자를 배제시킬 우려는 당해 염매행위의 의도, 목적, 염가의 정도, 행위자의 사업규모 및 시장에서의 지위, 염매의 영향을 받는 사업자의 상황 등을 종합적으로 살펴 개별적으로 판단하여야 할 것인바, 원고의 이 사건 입찰목적이 앞서 본 바와 같고, 원고가 향후 이 사건 신규시장에서 다시 최저가로 입찰에 참가할 것으로 내다볼 만한 자료가 없는 이 사건에서, 1회성에 그치는 원고의 이 사건 입찰행위를 가리켜 이를 경쟁사업자를 배제시킬 위험성 있는 행위라고 단정하기는 어렵다고 할 것이니, 원심의 판단은 그 결론에 있어 정당하고, 원심의 위와 같은 잘못은 판결 결과에 영향을 미친 위법이라 할 수는 없다."고 판시하였다.

나. ㈜캐드랜드의 경쟁사업자배제행위 건(1996. 2. 23. 공정위 의결)

서울고등법원은 1997. 7. 31. 선고 96구21388 판결에서 응찰행위가 염매행위에 해당하는지 여부 관련하여, 원고가 "위 입찰에서 단 1원에 응찰한 것은 지리정보시스템용 소프트웨어에 관한 기술습득 목적과 원고의 소프트웨어에 대한 인지도 제고, 기술인력의 활용과 기술개발 도모 및 시장개척기에서의 과감한 투자의 목적으로 한 것일 뿐만 아니라, 응찰가액이 원제작사인 위 에스리사의 원고에 대한 공급가격과 동일하므로, 위 응찰행위는 염매행위에 해당하지 아니함에도 이에 해당함을 전제로 한 이 사건 처분은 위법하다."고 주장하였으나, "원고 자신이 한국전력공사에 제시하였던 가격이나 그 국내시중판매가와 비교하면 원고의 위 응찰가격은 낮은 대가임이 명백하고, 위 에스리사의 원고에 대한 공급가격은 이를 정상적인 거래가격으로 볼 수 없어 원고의 위 응찰가격이 위 에스리사로부터의 공급가격과 동일하다 하더라도 이와 달리 볼 수 없으며, 또한 한국전력공사의 위 입찰이 단순히 소프트웨어의 구매를 위한 것인 이상, 원고가 위 응찰에 있어 그 주장과 같은 목적을 가졌다고 하더라도 그역시 위와 달리 볼 근거가 되지 아니한다.”고 판단하였다.

한편 본건에서 원고는 공정위가 다른 사건(아래 다. 삼성항공산업(주) 건 참조)에서 1원에 의한 응찰행위라도 첨단기술습득이 목적인 경우에는 염매행위에 해당하지 않는다고 판정한 바있으면서도 유독 원고의 위 응찰행위만은 염매행위로 판정한 것은 행정상의 법률관계에 있어서의 신뢰보호의 원칙에 반하는 것이라고 주장했고, 이에 대해 서울고등법원은 공정위의위 결정은 그 실질에 있어서 물품구매를 위하여 실시된 본건 입찰과는 다른 사안이라고 하면서 원고의 주장을 받아들이지 아니하였다. 아래에서 살펴보면 공정위는 삼성항공산업(주)의 1원 입찰에 대해서도 염매행위로는 인정했으며, 다만 부당하게 경쟁사업자를 배제시킬우려가 있는 행위가 아니라고 판단한 것이었다.

다. 삼성항공산업(주)의 경쟁사업자배제행위 건(1996.5.17. 공정위 결정)

삼성항공산업(주)는 항공우주연구소가 미국의 TRW사와 다목적실용위성공동개발계약을체결하기 위해 발주한 다목적위성 카메라 부분품제작 및 납품입찰에 1원에 입찰하여 국내참여업체로 선정되어 항공우주연구소와 계약을 체결, 3개년에 걸쳐 동모델들을 조립제작하는등 단계별로 납품하였다.

공정위는 위 1원 입찰에 대하여 공정거래법상의 염매행위에는 해당되나, 현재 국내에는위성용카메라시장이 형성되어 있지 않은 점, 발주자인 항공우주연구소에서도 동 카메라의향후 구매계획이 없으며 만약 구매가 발생한다 하더라도 본건으로 인하여 삼성항공측에 연고권이나 유리한 위치를 부여하지 않을 것이라고 밝히고 있는 점, 부당염매의 요건의 하나인 ‘경쟁사업자 배제 우려’의 판단에 있어서 다음 단계의 거래에 있어서 유리한 위치의 확보,기존 시장에서의 독점적 지위의 유지 등을 그 기준으로 하고 있는 점 등을 감안할 때 경쟁사업자를 배제시킬 우려가 없다고 판단되므로 무혐의로 결정하였다.

라. 한국석유공업(주)의 경쟁사업자배제행위 건(1994.7.28. 공정위 의결)

피심인은 방수시트 판매가 부진해지고 타생산업체와의 경쟁이 심화되자, 이의 타개를 위하여 1994.2.7 방수시트 시장발전 및 판매증진방안을 수립한 후, 이를 시행하면서, 방수시트3개 규격제품을 시장판매가격보다 44.0～45.5% 정도 낮은 가격으로, 그리고 총판매원가보다 5.2～14.9% 정도 낮은가격으로 ‘94.2.16～같은해 5.31 기간(이하 “염매기간”이라 한다)중대량수요처인 (주)금덕건자재, 동환기업 등 12개 업체와 조달청에 각각 판매한 사실이 있으며, 피심인의 시장점유율은 염매를 실시하기 전인 1994.1월에는 18% 수준이었으나, 염매기간중에는 30% 수준으로 늘어났다.

공정위는 "상거래에 있어서 상품의 거래가격은 당해시장에서 공정하고 자유로운 경쟁을 바탕으로 당해 상품의 수요와 공급의 균형에 따라 결정되는 것이므로, 이 거래가격은 경우에 따라 등락이 가능하다 할 것이나, 경쟁시장에서 특정사업자가 특정상품의 거래가격을 기술개발에 따른 원가절감등의 정당한 이유없이 공급에 소요되는 비용보다 현저히 낮은 가격으로 계속해서 판매하게 되면 공정한 경쟁이 이루어질 수 없게 되고, 당해시장에서 경쟁사업자가 배제되는 결과를 초래하게 되므로 이를 불공정거래행위로 보고 규제하고 있는 바, 본건 염매실시배경과 경쟁수단에 대해 먼저 살펴보면, 방수시트제품시장이 정부의 주택건설사업추진 등으로 급신장함에 따라 경쟁사업자가 많이 늘어났으나, 1992년을 고비로 시장상황이 답보 내지 감소세로 전환되자, 방수시트제품 시장에서는 공급과잉상태에 직면하게 되었으며, 이에 따라 경쟁사업자들은 기술개발과 품질향상등을 경쟁수단으로 하여 시장을 확보하기에는 장기간이 소요되는 까닭으로 인해 당면문제 해결을 위해서는 판매가격을 유일한 경쟁수단으로 할 수밖에 없었으며, 실제로도 판매가격을 유일한 경쟁수단으로 하여 치열한 경쟁을 해 왔다는 점에서 볼 때, 본건 관련 방수시트 제품시장에서는 판매가격이 유일한 경쟁수단임이 인정되고, 1994년부터 시장상황이 회복기로 접어들 것으로 전망되자, 피심인은 당해 방수시트제품의 판매가격을 정당한 이유로 간주될만한 원가인하요인 등이 없었음에도 불구하고, 낮은 가격으로 염매기간 중 계속해서 주요 직거래처를 대상으로 판매하였는바, (1) 정당한 이유없이 시장거래가격의 거의 절반가격 수준으로 염매를 실시하였다는 점과 총판매원가 이하의 가격으로 인하하였다는 점, 그리고 피심인은 자기가 생산하고 있는 여러 가지 제품중 방수시트제품이 차지하는 비중이 낮기 때문에 본건 염매로 인해 발생되는 손실을 다른 제품의 판매이익에서 보전할 수 있는데 비하여, 방수시트를 주력상품으로 생산하고 있는 영세전문업체는 피심인 수준의 총판매원가 이하의 가격으로 계속해서 판매하는 것이 불가능하고 결과적으로 당해 시장에서 배제될 수 밖에 없다는 점 등을 감안할 때, 본건 피심인의 염매가격은 정당한 이유없이 공급에 소요되는 비용보다 현저하게 낮은 대가로 공급하였음이 인정되고, (2) 방수시트제품 시장구조는 상위 4개사가 시장지배력을 행사할 수 있는 시장구조로 되어 있는 까닭으로 인해 피심인이 본건 염매를 실시한다 하더라도 상위 4개사의 시장점유율에는 큰 변동이 없다 할 것이므로, 결국 피심인의 본건 염매행위가 계속될 경우 이에 대처하지 못한 영세한 중소규모 경쟁사들이 시장을 잠식당하는 결과를 초래하여 이들이 당해시장에서 배제되거나 배제될 우려가 있음이 인정된다(이 사실은 본건 조사과정에서도 확인된 바 있으며, 피심인도 본건 심의과정에서 인정한 바 있음). 이상을 종합하여 판단해 볼 때, 피심인의 행위는 자기의 상품을 공급함에 있어 정당한 이유없이 그 공급에 소요되는 비용보다 현저히 낮은 대가로 계속해서 공급하여 자기의 경쟁사업자를 배제시키거나 배제시킬 우려가 있는 부당한 염매행위임이 인정된다."고 결정하였다.

불공정거래행위 중 위계에 의한 고객유인행위

I. 제도의 의의 및 내용

법 제45조(불공정거래행위의 금지) 제1항 제4호는 부당하게 경쟁자의 고객을 자기와 거래하도록 유인하는 행위로서 공정한 거래를 해칠 우려가 있는 행위를 금지하고 있으며, 시행령 제52조(불공정거래행위의 유형 또는 기준) [별표 2] 제4호(부당한 고객유인) 나목(위계에 의한 고객유인)에서 '표시·광고의 공정화에 관한 법률' 제3조에 따른 부당한 표시·광고 외의 방법으로 자기가 공급하는 상품 또는 용역의 내용이나 거래조건 및 그 밖의 거래에 관한 사항을 실제보다 또는 경쟁사업자의 것보다 현저히 우량 또는 유리한 것으로 고객이 잘못 알게 하거나 경쟁사업자의 것이 실제보다 또는 자기의 것보다 현저히 불량 또는 불리한 것으로 고객을 잘못 알게 하여 경쟁사업의 고객을 자기와 거래하도록 유인하는 행위를 한 유형으로 규정하고 있다.

공정거래법 시행 초기에는 '허위·기만·오인의 표시·광고행위'도 불공정거래행위의 한 유형으로 함께 규제하고 있었으나 1999.7.1. 표시광고법의 제정·시행에 따라 공정거래법에서는 제외되었다. 그리고 2021.12.30. 공정거래법 개정·시행시 형벌규정의 정비가 있었지만 부당한 고객유인행위는 위반시 여전히 형벌적용(법 제125조) 대상행위가 된다.

내부지침인 '불공정거래행위 심사지침'은 부당한 고객유인행위의 금지사유 관련하여, 사업자가 부당한 이익제공이나 위계, 거래방해 등의 방법으로 경쟁사업자의 고객을 유인하는 것은 그 경쟁수단이 불공정한 것으로서 시장에서의 바람직한 경쟁질서를 저해하고 소비자가 품질 좋고 저렴한 상품 또는 용역을 선택하는 것을 방해하므로 금지된다고 규정하고 있다(심사지침 V. 4.).

심사지침은 부당한 고객유인행위 중에서 '위계에 의한 고객유인' 관련하여 대상행위는 자기와 거래하도록 하기 위해 경쟁사업자의 고객을 기만 또는 위계의 방법으로 유인하는 행위가 그 대상으로 이때, 경쟁사업자의 고객에는 경쟁사업자와 거래를 한 사실이 있거나 현재 거래관계를 유지하고 있는 고객뿐만 아니라 잠재적으로 경쟁사업자와 거래관계를 형성할 가능성이 있는 고객이 포함되며, 또한 기만 또는 위계는 표시나 광고(표시광고법 적용) 이외의 방법으로 고객을 오인시키거나 오인시킬 우려가 있는 행위를 말한다고 규정하고 있다. 상품 또는 용역의 내용이나 거래조건 기타 거래에 관한 사항에 대해 기만 또는 위계의 방법을 사용한 행위가 대상이 되는데, 상품 또는 용역의 내용에는 품질, 규격, 제조일자, 원산지, 제조방법, 유효기간 등이 포함되고, 거래조건에는 가격, 수량, 지급조건 등이 포함되며, 기타 거래에 관한 사항에는 국산품 혹은 수입품인지 여부, 신용조건, 업계에서의 지위, 거래은행, 명칭 등이 포함된다. 그리고 기만 또는 위계의 상대방은 소비자 뿐만 아니라 사업자도 포함된다.

심사지침은 위법성의 판단기준에 대해서 기만 또는 위계가 가격과 품질 등에 의한 바람직한 경쟁질서를 저해하는 불공정한 경쟁수단에 해당되는지 여부를 위주로 다음과 같은 사항들을 종합적으로 고려하여 판단한다고 규정하고 있다. ① 기만 또는 위계가 경쟁사업자(잠재적 경쟁사업자 포함)의 고객을 오인시키거나 오인시킬 우려가 있는지 여부. 오인 또는 오인의 우려는 불특정다수인을 대상으로 하는 표시나 광고의 경우와 달리 거래관계에 놓이게 될 고객의 관점에서 판단하되, 실제로 당해 고객에게 오인의 결과를 발생시켜야 하는 것은 아니며 객관적으로 그의 구매의사결정에 영향을 미칠 가능성이 있으면 충분하다. ② 기만 또는 위계가 고객유인을 위한 수단인지 여부 등. 위계로 인하여 경쟁사업자의 고객이 오인할 우려가 있더라도 그 결과 거래처를 전환하여 자기와 거래할 가능성이 없는 경우에는 단순한 비방에 불과할 뿐 부당한 고객유인에는 해당되지 않는다. 한편 위계에 의한 고객유인은 그 속성상 합리성 등에 의한 예외를 인정하지 않음을 원칙으로 한다.

심사지침은 법위반에 해당될 수 있는 행위로서 ① 사업자가 타 사업자 또는 소비자와 거래함에 있어 표시광고 이외의 방법으로 사실과 달리 자기가 공급하는 상품 또는 용역의 가격이나 품질, 성능, AS 조건 등이 경쟁사업자의 것보다 현저히 우수한 것으로 거래상대방을 오인시켜 자기와 거래하도록 하는 행위, ② 할인판매를 한다고 선전하면서 예상 수요를 충족시키기에 현저히 부족한 수량만을 할인판매 대상으로 하여 고객을 유인하는 행위(미끼 상품), ③ 사업자가 자신과 경쟁사업자의 영업현황, 제품기능, 기술력 등에 대해 사실과 다른 허위의 비교분석 자료를 작성하여 발주자에게 제출함으로써 당해 사업을 수주하는 행위, ④ 경쟁사업자의 부도 임박·정부지원 대상에서 제외 등의 근거 없는 사실을 유포하여 고객을 자기와 거래하도록 유인하는 행위, ⑤ 영업사원들이 경쟁사업자의 제품을 근거없이 비방하면서 고객을 유인하는 행위 등을 들고 있다.

Ⅱ. 표시광고법 및 전자상거래법에 따른 규제와의 관련성

1999.7.1. 표시광고법이 제정·시행되면서 공정거래법상 불공정거래행위의 한 유형으로 규정되어 있었던 '허위·기만·오인의 표시·광고행위'가 법상 금지 유형에서 제외되었으며, 시행령에서도 표시광고법 제3조(부당한 표시·광고행위의 금지)에 따른 부당한 표시·광고의 방법은 적용대상이 아님을 명시하고 있다. 표시광고법 제3조(부당한 표시·광고 행위의 금지) 제1항은 "사업자등은 소비자를 속이거나 소비자로 하여금 잘못 알게 할 우려가 있는 표시·광고 행위로서 공정한 거래질서를 해칠 우려가 있는 다음 각 호의 행위를 하여서는 아니된 다"고 규정하고 있다. 그리고 거짓·과장의 표시·광고, 기만적인 표시·광고, 부당하게 비교하는 표시·광고, 비방적인 표시·광고 등 4가지 금지행위를 열거하고 있다.

한편 인터넷의 발달로 전자상거래 비중이 증가하고 이로 인한 소비자의 피해 가능성이 높아짐에 따라 2002.7.1. 방문판매법에서 규정하고 있었던 통신판매제도를 보완하여 전자상거래법을 제정·시행하였다. 전자상거래법은 제4조(다른 법률과의 관계)에서 "전자상거래 또는 통신판매에서의 소비자보호에 관하여 이 법과 다른 법률이 경합하는 경우에는 이 법을 우선 적용한다. 다만, 다른 법률을 적용하는 것이 소비자에게 유리한 경우에는 그 법을 적용한 다."고 규정함으로써 전자상거래 등 분야에서는 특별법적 성격을 부여하고 있다. 전자상거래법 제21조(금지행위) 제1항 제1호에서 '거짓 또는 과장된 사실을 알리거나 기만적 방법을 사용하여 소비자를 유인 또는 소비자와 거래하는 행위'를 전자상거래 사업자의 금지행위의 하나로 규정하고 있다. 따라서 전자상거래 사업자가 부당한 표시·광고행위를 하는 경우 공정거래법, 표시광고법, 전자상거래법의 적용대상이 될 수 있다. 이 경우 공정거래법과 표시광고법의 관계에서는 표시광고법의 적용을 받게 될 것이나, 표시광고법과 전자상거래법의 관계에서는 전자상거래법 제4조(다른 법률과의 관계) 전문의 규정에 따라 전자상거래법이 우선하는 것으로 해석할 수 있다. 다만 '다른 법률을 적용하는 것이 소비자에게 유리한 경우에는 그 법을 적용한다'는 동조 후문을 어떻게 해석할는지가 이슈가 된다.

Ⅲ. 공정위 심결사례 및 법원 판결례

공정거래법상 위계에 의한 고객유인행위는 부당한 표시광고행위가 1999년 7월 별개의 법률인 표시광고법의 적용대상이 됨에 따라 사례는 많지 않다. 2002년 한국오라클 사건에서 제도의 의의, 오인 대상인 고객의 범위, 오인과 오인의 우려의 의미에 대한 법리가 제시되었다. 그리고 2005년 1월 제정된 공정위의 '불공정거래행위 심사지침'에 부당한 고객유인 등 불공정거래행위 유형별로 위법성 판단기준 및 법리 등이 충실하게 반영되었다(심사지침 Ⅴ. 4. 참조). 그리고 2012년 이동전화 단말기 제조 3사 및 이동통신 3사 사건(아래 2. 에스케이텔레콤(주)의 부당한 고객유인행위 건 등)은 공정위 및 법원에서 구체적인 관련 법리 제시, 위법성 판단 등이 이루어진 전례가 되고 있다. 동 건에서 대법원 판례(대법원 2019.9.26. 선고 2014두15047 판결)가 제시한 '위계에 의한 고객유인행위'(시행령 [별표 2] 제4호 나목)의 부당성 판단 법리는 가목의 '부당한 이익에 의한 고객유인행위'에 대한 법리와 유인의 방법에만 차이가 있을 뿐 거의 동일하다(대법원 2018.7.12. 선고 2017두51365 판결 참조).

1. 한국오라클(주)의 부당한 고객유인행위 건(1999.9.29. 공정위 의결)

가. 공정위 의결

공정위는 피심인이 자기의 제품 및 설치용역을 수주하는 과정에서 객관적으로 검증되지 않은 경쟁사업자와의 비교 자료를 작성하여 제공한 행위 등에 대하여 불공정거래행위 중 부당한 고객유인행위의 하나인 위계에 의한 고객유인행위(현행법 제45조 제1항 제4호 및 시행령 제52조 [별표 2] 제4호 나목)에 해당한다고 결정하였다.

나. 서울고등법원 2001.4.24. 선고 99누14098 판결

서울고등법원은 위계에 의한 부당고객유인행위의 의의에 대하여 "관련법령을 종합하여 보면 위계에 의한 부당한 고객유인행위는 ① "기만 또는 위계적 방법"(자기가 공급하는 상품 또는 용역의 내용이나 거래조건 기타 거래에 관한 사항에 관하여 실제보다 또는 경쟁사업자의 것보다 현저히 우량 또는 유리하다고 하거나 경쟁사업자의 것이 실제보다 또는 자기의 것보다 현저히 불량 또는 불리하다고 하는 행위)에 의하여 ② 고객을 "오인시켜", "경쟁사업자의 고객"을 자기와 거래토록 하는 것이라 할 것이다."라고 하면서, 오인성 또는 오인의 우려에 점에 관하여 "공정거래법은 부당고객유인행위의 금지를 통하여 고객의 자유로운 판단과 선택을 왜곡하는 위계 내지 기만적 '유인행위 자체'를 금지하려는 것이라 할 것이므로, 위계 내지 기만적 방법에 따른 유인행위로 인하여 고객이 오인될 우려가 있음으로 족하다고 할 것이고, 반드시 고객에게 오인의 결과가 발생함을 요하지는 아니한다고 할 것이다. 여기서 오인이라 함은 고객의 상품구매결정에 영향을 미치는 것을 말하고, 오인의 우려라 함은 고객의 상품구매결정에 영향을 미칠 가능성 또는 위험성을 말한다 할 것이다."라는 법리를 제시하였다.

그리고 서울고등법원은 기만 또는 위계적 방법에 의하여 유인한 행위에 해당하고, 오인성 또는 오인의 우려 관련하여 이 사건 비교자료가 서울대학교병원의 구매의사결정에 영향을 미쳤을 가능성을 부인하기는 어렵다고 판결하였다.

다. 대법원 2002.12.26. 선고 2001두4306 판결

대법원은 이에 대하여 "위계에 의한 고객유인행위를 불공정거래행위로 보아 규제하는 입법 취지에 비추어 보면, 위계에 의한 고객유인행위가 성립하기 위해서는 위계 또는 기만적인 유인행위로 인하여 고객이 오인될 우려가 있음으로 충분하고, 반드시 고객에게 오인의 결과가 발생하여야 하는 것은 아니라고 할 것이다. 그리고 여기에서 오인이라 함은 고객의 상품 또는 용역에 대한 선택 및 결정에 영향을 미치는 것을 말하고, 오인의 우려라 함은 고객의 상품 또는 용역의 선택에 영향을 미칠 가능성 또는 위험성을 말한다 할 것이다."라는 같은 법리를 제시하면서 "기록과 관계 법령 및 위에서 본 법리에 비추어 살펴보면, 서울대학교병원은 원고가 제출한 이 사건 비교자료 등을 의사결정자료로 삼아 DBMS 공급업체를 선정하였으므로 이 사건 비교자료가 위 병원의 구매의사결정에 영향을 미쳤을 가능성이 있다는 취지의 원심 판단은 정당한 것으로 수긍할 수 있고, 거기에 상고이유에서 주장하는 심리미진 또는 채증법칙 위배로 인한 사실오인이나 위계의 성립여부에 관한 법리오해의 위법이 있다고 할 수 없다."고 판결하였다.

2. 에스케이텔레콤(주)의 부당한 고객유인행위 건(2012.7.10. 공정위 의결)

가. 공정위 의결

피심인은 이동전화 단말기 제조사와 협의하여 소비자에게 지급하는 이동전화 단말기 보조금을 반영하여 이동전화 단말기의 공급가 또는 출고가를 높게 책정하고, 이를 이동통신 서비스에 가입하는 소비자에게 지급하거나 지급하도록 함으로써, 소비자가 이동통신 서비스에 가입할 때 이동전화 단말기를 할인받아 실제보다 저렴하게 구입하는 것처럼 소비자를 오인시켜 자기와 거래하도록 유인하는 행위를 하였다.

공정위는 위법성 성립요건 관련하여 "법 제23조 제1항 및 시행령 제36조 제1항 관련 [별표1] 제4호 나목(현행법 제45조 제1항 및 시행령 제52조 관련 [별표 2] 제4호 나목)에 따른 '위계에 의한 고객유인' 행위에 해당하기 위해서는 첫째, 자기가 공급하는 상품 또는 용역의 내용이나 거래조건 기타 거래에 관한 사항에 관하여, 둘째, 실제보다 현저히 우량 또는 유리한 것으로 고객을 오인시키거나 경쟁사업자의 것이 실제보다 또는 자기의 것 보다 현저히 불량 또는 불리한 것으로 고객을 오인시켜, 셋째, 경쟁사업자의 고객을 자기와 거래하도록 유인하는 행위로서, 넷째, 공정한 거래를 저해할 우려가 있는 경우에 성립한다."는 법리를 제시하였다.

이 중에서 공정거래저해성 여부 관련하여 "사업자가 위계의 방법으로 경쟁사업자의 고객을 유인하는 것은 그 경쟁수단이 불공정한 것으로, 시장에서의 바람직한 경쟁질서를 저해하고 소비자가 품질 좋고 저렴한 상품 또는 용역을 선택하는 것을 방해하므로 금지된다. 위계에 의한 고객유인의 공정거래저해성은, 기만 또는 위계가 가격과 품질 등에 의한 바람직한 경쟁질서를 저해하는 불공정한 경쟁수단에 해당되는지 여부를 위주로 판단한다. 불공정한 경쟁수단에 해당되는지 여부는, 기만 또는 위계가 경쟁사업자의 고객을 오인시키거나 오인시킬 우려가 있는지 여부, 기만 또는 위계가 고객유인을 위한 수단인지 여부를 종합적으로 고려하여 판단한다. 다만, '부당한 이익에 의한 고객유인'의 경우에는 이익제공으로 인한 효율성 증대효과나 소비자후생 증대효과가 경쟁수단의 불공정성으로 인한 공정거래저해 효과를 현저히 상회하는 경우에는 법위반으로 보지 않도록 하고 있으나, '위계에 의한 고객유인'의 경우에는 그 속성상 합리성 등에 의한 예외를 인정하기 어렵다(불공정거래행위 심사지침 Ⅴ. 4. 나. (2) 참조)."고 판단하였다.

나. 서울고등법원 2014.10.29. 선고 2012누22999 판결

서울고등법원은 공정거래저해성 유무와 관련하여 "앞서 인정한 사실과 채택한 증거들에 의하여 알 수 있는 아래와 같은 사정들을 종합하면, 이 사건 위반행위는 원고와의 거래 여부에 관한 소비자의 자유로운 선택을 제한함으로써 가격과 품질을 중심으로 한 공정한 거래질서를 침해할 우려가 있음이 인정된다. ① 이 사건 사전 장려금은 통상적인 장려금과는 그 성격을 전혀 달리한다. 따라서 이 사건 사전 장려금이 통상적인 장려금과 동일함을 전제로 한 원고의 주장은 모두 이유 없다. ② 원고는 이동통신 서비스의 가격이나 품질과는 아무런 관련이 없는 경쟁수단, 즉 단말기의 출고가를 부풀린 후 할인하는 생색내기 약정외 보조금 지급을 내세운 판매활동을 통하여 소비자를 오인시킴으로써 소비자의 자유로운 판단과 선택을 제한하거나 왜곡하였다. 이러한 이 사건 위반행위의 본질에 비추어 볼 때, 이 사건 위반행위와 소비자 후생 및 효율성 증대는 쉽게 양립할 수 없다. ③ 더욱이 이 사건 위반행위로 말미암아 소비자는 실질적인 할인 혜택이 없음에도 고가의 단말기를 저렴하게 구매하는 것으로 오인하여 쉽게 단말기를 구매·교체할 수 있고, 이는 과소비를 조장하여 소비자후생을 저해하게 된다. 한편, 단말기만을 구매하거나 무약정 단말기를 구매하는 소비자는 부풀려진 출고가 상당으로 단말기를 구매하게 되므로 단말기 구매 부담이 증가하게 된다. ④ 이 사건 처분으로 이동통신사가 제조사와의 협의를 통하여 출고가를 부풀려 생색내기 할인을 하는 것이 금지되므로, 장기적인 관점에서 이동통신사들은 자신들이 판매하는 이동통신 서비스 자체의 품질과 가격으로 경쟁하게 될 것으로 기대된다.”고 판결하였다.

다. 대법원 2019.9.26. 선고 2014두15047 판결

대법원은 관련 법리로서 “위계에 의한 고객유인행위가 성립하기 위해서는 위계 또는 기만적인 유인행위로 인하여 고객이 오인될 우려가 있음으로 충분하고, 반드시 고객에게 오인의 결과가 발생하여야 하는 것은 아니다. 그리고 여기에서 오인이라 함은 고객의 상품 또는 용역에 대한 선택 및 결정에 영향을 미치는 것을 말하고, 오인의 우려라 함은 고객의 상품 또는 용역의 선택에 영향을 미칠 가능성 또는 위험성을 말한다(대법원 2002.12.26. 선고 2001두4306 판결 참조). 이와 같이 위계에 의한 고객유인행위를 금지하는 취지는 위계 또는 기만행위로 소비자의 합리적인 상품선택을 침해하는 것을 방지하는 한편, 해당 업계 사업자 간의 가격 등에 관한 경쟁을 통하여 공정한 경쟁질서 내지 거래질서를 유지하기 위한 데에 있다. 따라서 사업자의 행위가 불공정거래행위로서 위계에 의한 고객유인행위에 해당하는지를 판단할 때에는, 그 행위로 인하여 보통의 거래 경험과 주의력을 가진 일반 소비자의 거래 여부에 관한 합리적인 선택이 저해되거나 다수 소비자들이 궁극적으로 피해를 볼 우려가 있게 되는 등 널리 업계 전체의 공정한 경쟁질서나 거래질서에 미치게 될 영향, 파급효과의 유무 및 정도, 문제된 행위를 영업전략으로 채택한 사업자의 수나 규모, 경쟁사업자들이 모방할 우려가 있는지 여부, 관련되는 거래의 규모, 통상적 거래의 형태, 사업자가 사용한 경쟁수단의 구체적 태양, 사업자가 해당 경쟁수단을 사용한 의도, 그와 같은 경쟁수단이 일반 상거래의 관행과 신의칙에 비추어 허용되는 정도를 넘는지, 계속적·반복적인지 여부 등을 종합적으로 살펴보아야 한다.”고 설시하였다.

이어서 대법원은 “사실관계 등을 앞서 본 법리에 비추어 살펴보면, 원고의 행위는 ‘상품 등의 거래조건 등에 관하여 실제보다 유리한 것으로 오인시켜 고객을 유인한 행위’에 해당한다. 그 이유는 아래와 같다. ① 이와 같이 원고와 제조 3사가 이 사건 위반행위를 한 이유는, 단말기의 위상을 나타내는 지표로 인식되는 출고가를 경쟁 업체의 단말기 출고가와 유사한 수준으로 관리할 필요성이 있었을 뿐 아니라, 사전 장려금을 반영하여 단말기 출고가를 높게 설정하였다가 이동통신 서비스 가입을 조건으로 약정외 보조금을 지급하여 실제 구매가격을 낮추어 주면 소비자는 고가의 단말기를 그만큼 저렴하게 구매하는 것으로 오인하게 되는 점을 노렸기 때문이다. ② 가격은 구매자가 상품 또는 용역의 구매 여부를 결정하는 데 고려하는 가장 주요한 요소 중 하나로, 시장경제체제에서 가장 기본적인 경쟁수단이다. 경쟁 사업자들 사이의 가격을 통한 경쟁은 거래상대방과 일반 소비자 모두에게 이익이 될 수 있으므로 시장에서의 자유로운 가격 경쟁은 원칙적으로 보호되어야 한다. 또한 사업자가 동종 사업자와 경쟁하고 상품 또는 용역의 판매를 촉진하기 위하여 유통망에 장려금을 지급할 필요가 있을 수 있다. 이러한 장려금의 조성과 집행은 가격 인하와 일정 부분 유사한 측면이 있으므로 정상적인 가격 할인과의 구별이 항상 쉽지만은 않고, 그 자체로 위계에 의한 고객 유인행위의 수단으로 평가되는 것도 아니다. 그러나 이 사건에서 문제 되는 사전 장려금은 원고와 제조 3사가 공급가 내지 출고가에 반영시키기로 사전에 협의한 것으로서 처음부터 이들에게 귀속되지 않을 것임이 정해졌을 뿐 아니라, 상품 출시 때부터 유통망이 취하는 일부 이윤을 제외한 상당 부분이 소비자에게 약정외 보조금으로 지급될 것을 전제로, 단지 소매가격을 인하하는 외관을 형성하는 등 정상적인 장려금과는 성격을 달리한다. 또한 원고와 제조 3사는 단말기 출시 단계에서부터 사전 장려금을 반영하여 공급가 및 출고가를 정하였을 뿐 아니라, 적정 소비자가격에 맞추어 사전 장려금의 규모를 협의하기까지 하였다. 이는 사전 장려금이 가격에 반영된 단말기의 경우 출고가가 실제 판매가격으로 예정되지 않은 명목상 가격에 불과하다고 볼 수 있는 사정이다. 한편 원고와 제조 3사는 순판가로 거래가 이루어지는 계약모델은 물론이고 비계약모델의 거래에서도, 공급가에서 제조 3사가 부담하는 사전 장려금을 공제한 순판가를 기준으로 사전 장려금 및 공급가 등에 대한 협의를 진행하였고, 제조 3사는 순판가를 기준으로 손익률을 산정하였다. 이는 사전 장려금이 가격에 반영된 단말기의 경우 원고와 제조 3사 사이의 공급가 협상 과정에서 순판가가 실제 공급가와 같은 역할을 하였음을 뒷받침한다. ③ 소비자는 일반적으로 높은 출고가의 단말기는 성능과 품질이 우수하다고 인식하는 반면, 단말기나 이동통신 서비스의 복잡한 가격 구조나 체제를 완전히 이해하지 못한 채 이동통신사인 원고가 제공하는 정보나 유통망의 설명에 의존하여 단말기를 구매하고 이동통신 서비스에 가입하기 마련이다. 그런데 원고와 제조 3사는 사실은 이동통신 서비스 약정이나 단말기 가격과는 아무런 재무적 관련성이 없는 사전 장려금을 단말기 가격 자체에 반영한 후 이를 약정외 보조금의 재원으로 삼으면서 이러한 사실을 숨긴 채 소비자가 이동통신 서비스에 가입하는 경우에만 유통망을 통하여 약정외 보조금을 지급하였다. 또 유통망은 소비자를 대상으로 이동통신 서비스에 가입하여야만 출고가에서 어느 정도의 보조금을 공제한 금액으로 단말기를 구매할 수 있다는 식으로 판촉 활동을 하였다. 결국 이 사건 위반행위로 인하여 소비자는, 실질적인 할인 혜택이 없음에도 불구하고 할인을 받아 출고가가 높은 단말기를 저렴하게 구매하였고, 그와 같은 할인이 특정 이동통신 서비스에 가입하였기 때문에 이루어졌으며, 할인의 재원이 단말기 출고가 자체에 이미 포함되었던 것이 아니라 자신이 이동통신 서비스에 가입함에 따라 원고가 얻게 되는 수익 중 일부였다고 오인할 우려가 크다. ④ 단말기 유통 시장의 경우 일반 전자제품과 달리 통상 단말기와 이동통신 서비스가 결합되어 판매되고 이동통신 서비스의 가입에 대한 조건으로 보조금을 지급하는 관행이 형성되어 있었다. 이러한 상황에서 이동통신 3사와 제조 3사가 출시 단계에서부터 장려금을 반영하여 출고가를 높게 책정한 후 장려금을 재원으로 한 보조금을 지급하여 단말기를 할인해 주는 방식으로 마케팅 효과를 누리기로 한 이 사건 위반행위는, 소비자를 오인시켜 소비자의 합리적 선택을 방해하고 정상적인 단말기 출고가 및 이동통신 요금에 대한 경쟁촉진을 저해하는 행위이다. 단말기와 이동통신 서비스의 결합판매로 인하여 매출증대에 관한 제조사와 이동통신사의 이해관계가 일정 부분 합치하는 상황하에서 '제조사의 고가 가격 정책'과 '이동통신사의 단말기 가격 저감 요청'이라는 이해관계의 상충을 해소시킬 '필요성'이 존재하여 이와 같은 수법이 사용되었다고 하더라도, 그와 같은 '필요성'으로 인하여 이 사건 위반행위가 정당화되는 것도 아니다."라고 판단하면서, 원심판단은 앞에서 본 법리에 기초한 것으로서, 거기에 상고이유 주장과 같이 '위계에 의한 고객유인행위' 및 '현저성 요건' 등에 관한 법리를 오해하거나 논리와 경험의 법칙에 반하여 자유심증주의의 한계를 벗어난 잘못이 없다고 판결하였다.

3. 지멘스(주) 등의 시장지배적지위 남용행위 등 건(2018.3.13. 공정위 의결)

가. 공정위 의결

공정위는 피심인들이 CT, MRI를 보유한 고객에게 안전 업데이트 정책, 서비스 소프트웨어의 사용과 관련한 지식재산권 침해 문제 등에 대하여 오인가능성 있는 공문을 발송한 행위에 대하여 불공정거래행위 중 부당한 고객유인행위(현행법 제45조 제1항 제4호)에 해당한다고 결정하였다.

공정위는 관련 법리로 "위계에 의한 고객유인행위가 성립하기 위해서는 위계 또는 기만적인 유인행위로 인하여 고객이 오인될 우려가 있으면 충분하고, 반드시 고객에게 오인의 결과가 발생하여야 하는 것은 아니다. 그리고 여기에서 오인이라 함은 고객의 상품 또는 용역에 대한 선택 및 결정에 영향을 미치는 것을 말하고, 오인의 우려라 함은 고객의 상품 또는 용역의 선택에 영향을 미칠 가능성 또는 위험성을 말한다. 한편, 위계에 의한 고객유인행위의 공정거래저해성은 기만 또는 위계의 방법이 가격과 품질 등에 의한 바람직한 경쟁 질서를 저해하는 불공정한 경쟁수단에 해당되는지 여부를 위주로 판단한다."는 일관된 법리를 제시하고, 공정거래저해성 여부 관련하여 "위 인정사실에 의하면, 피심인은 주상품인 장비와 부상품인 유지보수서비스를 통합적으로 공급하는 사업자로서 장비구매 고객 관련 정보, 장비의 안전 업데이트 권한, 서비스 소프트웨어에 대한 지식재산권 등 경쟁우위적인 요소를 다수 보유하고 있으면서 이를 악용하여 ISO와의 거래조건이 실제보다 또는 자사의 거래조건보다 현저히 불리한 것으로 고객을 오인시킴으로써 관련 시장에서 고객의 합리적인 선택을 방해하고, 가격과 품질에 의한 경쟁이 촉진되는 것을 저해하였으므로 공정거래저해성이 인정된다."고 결정하였다.

나. 서울고등법원 2020.2.6. 선고 2018누43110 판결

서울고등법원은 관련 법리로 "위계에 의한 고객유인행위를 불공정거래행위로 보아 규제하는 입법 취지에 비추어 보면, 위계에 의한 고객유인행위가 성립하기 위해서는 위계 또는 기만적인 유인행위로 인하여 고객이 오인될 우려가 있으면 충분하고, 반드시 고객에게 오인의 결과가 발생하여야 하는 것은 아니다. 여기에서 오인이라 함은 고객의 상품 또는 용역에 대한 선택 및 결정에 영향을 미치는 것을 말하고, 오인의 우려라 함은 고객의 상품 또는 용역의 선택에 영향을 미칠 가능성 또는 위험성을 말한다(대법원 2002.12.26. 선고 2001두4306 판결 참조)."는 일관된 법리를 제시하였다.

부당한 고객유인행위에 해당하는지 여부에 대해서는 "다음의 사실 및 사정을 위 법리에 비추어 보면, 이 사건 공문발송행위는 위계에 의한 고객유인행위로 위법하다고 보아야 한다. (1) 원고들의 독일 본사 내부 가이드라인에는 자사의 유지보수서비스를 이용하는지 여부와 관계없이 장비 구매 고객에게 안전 관련 업데이트를 무상으로 제공하도록 규정하고 있으므로, 원고들은 안전 관련 업데이트 시행 책임이 자신들에게 있음을 잘 알고 있었을 것이다. 그럼에도 불구하고 원고들은 장비 구매자인 병원에 대하여 자신들로부터 유지보수서비스를 받을 경우 장비 폐기 전까지 본사에서 제공하는 안전 및 성능 관련 업데이트를 지속적으로 제공받을 수 있는 것을 장점으로 표현하는 한편, ISO와 거래하면 안전 관련 업데이트를 받을 수 없어 안전상 위험이 초래될 수 있다는 취지의 공문을 발송하였다. (2) 정도관리, 소모품 교체, Magnet coil 교체 등 다수의 유지보수서비스의 경우 원고들의 서비스 소프트웨어를 사용하지 않고도 작업이 가능하므로 이 경우 저작권 침해 문제가 발생하지 않는다. 그럼

424 공정거래 주요 쟁점 및 이슈 36선

에도 불구하고 원고들은 병원에 대하여 ISO로부터 유지보수서비스를 받을 경우 필연적으로 원고들의 저작권을 침해하는 결과가 발생할 수 있다고 과장하는 내용으로 공문을 발송하였다. (3) 이 사건 공문을 수령한 병원은 ISO와 거래할 경우 안전 관련 업데이트를 제공받을 수 없고, 저작권 관련 민·형사적 분쟁에 휘말릴 위험성을 감수해야 하는 것으로 오인할 가능성이 크다. 이와 같은 오인의 대상은 장비의 안전성 및 지식재산권 침해 등과 관련된 것이고, 이는 의료기기 장비로서 지속적이고 높은 안전성이 요구되는 CT와 MRI에 필수적인 유지보수서비스 선택에 영향을 미치는 중요한 요소이므로, 이 사건 공문발송행위는 이를 수령한 병원으로 하여금 ISO와의 거래조건이 실제보다 또는 원고들의 거래조건보다 현저히 불리한 것으로 오인하도록 하는 것에 해당한다. (4) 이 사건 공문을 수령한 병원은 ISO와의 거래를 재검토하고 원고들과 유지보수서비스 계약을 체결하는 것을 고려할 것이므로, 이 사건 공문 발송행위는 관련 시장에서 고객의 합리적인 선택을 방해하고 가격과 품질에 의한 경쟁이 촉진되는 것을 저해할 가능성도 있다."고 판단하였다.

4. 네이버(주)[쇼핑 부문]의 시장지배적지위 남용행위 등 건(2021.1.27. 공정위 의결)

가. 공정위 의결

공정위는 피심인이 가격비교사이트인 네이버쇼핑 검색결과에서 자신의 오픈마켓서비스를 이용하는 사업자의 상품이 상위에 노출되기 유리하도록 검색 알고리즘을 설계하고 적용한 행위에 대하여 시장지배적지위 남용행위 중 부당한 사업활동 방해행위(현행법 제5조 제1항 제3호), 불공정거래행위 중 부당한 차별취급행위(현행법 제45조 제1항 제2호), 불공정거래행위 중 부당한 고객유인행위(현행법 제45조 제1항 제4호)에 해당한다고 결정하였다.

이 중에서 공정위는 불공정거래행위 중 부당한 고객유인행위에 대하여는 "피심인의 행위가 '위계에 의한 고객유인'에 해당하기 위해서는 ① 기만 또는 위계적 방법(자기가 공급하는 상품 또는 용역의 내용이나 거래조건 기타 거래에 관한 사항에 관하여 실제보다 또는 경쟁사업자의 것보다 현저히 우량 또는 유리하다고 하거나 경쟁사업자의 것이 실제보다 또는 자기의 것보다 현저히 불량 또는 불리하다고 하는 행위)에 의하여, ② 고객을 오인시켜, ③ 경쟁사업자의 고객을 자기와 거래하도록 유인하는 행위로서, ④ 공정한 거래를 저해할 우려가 있는 경우여야 한다. 또한 위계에 의한 고객유인행위가 성립하기 위해서는 위계 또는 기만적인 유인행위로 인하여

고객이 오인될 우려가 있음으로 충분하고, 반드시 고객에게 오인의 결과가 발생하여야 하는
것은 아니라고 할 것이다. 그리고 여기에서 오인이라 함은 고객의 상품 또는 용역의 선택에
영향을 미칠 가능성 또는 위험성을 말한다 할 것이다(대법원 2002.12.26. 선고 2001두4306 판결
참조). 한편, 위계에 의한 고객유인행위의 공정거래저해성은 기만 또는 위계의 방법이 가격
과 품질 등에 의한 바람직한 경쟁질서를 저해하는 불공정한 경쟁수단에 해당되는지 여부를
위주로 판단하며, 그 속성상 합리성 등에 의한 예외를 인정하지 않음을 원칙으로 한다."는
관련 법리를 제시하였다.

공정위는 공정거래저해성 여부와 관련하여 "피심인의 행위는 시장의 바람직한 경쟁질서를
저해하는 불공정한 경쟁수단에 해당한다. ① 피심인은 은폐와 왜곡을 통하여 자사 오픈마켓
판매 상품 및 자사 오픈마켓서비스가 현저히 우량한 것으로 소비자를 오인시켜 소비자가 경
쟁 오픈마켓 사업자가 아닌 자사 오픈마켓과 거래하도록 유도하였다. 이러한 기만행위는 불
공정한 경쟁수단에 해당한다. ② 둘째, 오픈마켓을 포함한 온라인 상거래시장의 경우 소비자
가 상품을 직접 경험하기 어려워 소비자에게 얼마나 정확한 정보가 제공되느냐에 따라 시장
의 자원배분 효율성이 크게 좌우되는 특성을 보인다. 상품에 대한 정보제공을 사업목적으로
하는 비교쇼핑서비스 사업자가 정보 비대칭성을 악용하여 자사 오픈마켓 상품 및 경쟁 오픈
마켓 상품에 대해 잘못된 정보를 제공할 경우 소비자의 합리적 선택이 크게 저해되고 결과
적으로 시장의 자원배분이 왜곡될 가능성이 크다. ③ 정보의 은폐·왜곡을 통한 고객유인이
라는 피심인 행위의 불공정성을 만회할 만큼 이를 통해 발생하는 효율성 증대효과나 소비자
후생 증대효과가 있다고 보기도 곤란하다. 오히려 피심인의 노출 순위에 따라 선택한 상품
이 소비자를 만족시키지 못하는 경우 소비자는 최종적인 상품구매를 위해 다른 상품을 추가
적으로 탐색하여야 하므로 효율성이나 소비자후생이 감소할 우려가 크다."고 판단하였다.

필자는 본건에서 공정거래법상 불공정거래행위 중 부당한 고객유인행위를 적용한 것과 관
련해서는 앞 Ⅱ.에서 언급한 것처럼 전자상거래법의 적용 여부를 논의해 볼 수 있다는 생각
이다. 아래 5.는 전자상거래법이 적용된 사건으로서 참고해 본다.

나. 서울고등법원 2022.12.14. 선고 2021누36129 판결

서울고등법원은 부당한 고객유인 인정 여부 관련하여 공정위 의결과 같이 대법원 2002.
12.26. 선고 2001두4306 판결(한국오라클 케이스), 대법원 2019.9.26. 선고 2014두15047 판
결(에스케이텔레콤 케이스) 등을 통해 확립된 법리를 먼저 제시하고 다음과 같이 구체적인 판
단을 하였다.

앞서 살펴본 바와 같이 비교쇼핑서비스 검색결과에서 노출순위는 매우 중요하며, 특히 첫 페이지에 노출되는지 여부는 페이지뷰나 클릭 수에 있어 결정적이다. 그럼에도 원고는 첫 페이지에 자사의 스마트스토어 상품을 얼마나 많이 노출시킬 것인지 연구하고 검색알고리즘을 수정하여 이를 조작하기도 하였는바, 이처럼 노출순위와 첫 페이지에의 노출 여부를 인위적으로 변경한 행위는 고객을 오인시킨 행위에 해당한다.

원고가 이처럼 이용자의 필요가 아니라 스마트스토어 입점상품인지 여부를 기준으로 네이버쇼핑 검색결과 노출순위를 조정한 것은 위계에 해당한다. 원고의 검색알고리즘 조정은 스마트스토어 입점상품을 우대할 의도 또는 다양성 증진이라는 이름 아래 검색결과에서 이 사건 경쟁 오픈마켓 상품의 비중을 줄이고 대신 그 자리를 스마트스토어 상품으로 채우고자 하는 의도에서 이루어진 것이다.

이 사건 위반행위는 고객을 오인시킬 우려가 있는 행위에 해당한다. 티넥스 주식회사가 2017.12.4.부터 12.5.까지 만 20~49세 남녀 1,000명을 대상으로 실시한 설문조사 결과에 의하면, 비교쇼핑서비스 이용자들은 검색결과 노출순위가 '인기와 판매량이 높은 상품 순', '후기가 많고 좋은 평을 받은 상품 순', '클릭이 많은 상품 순', '가격이 저렴한 상품 순' 등의 기준에 따라 결정된다고 생각하고 있는 사실을 인정할 수 있는바, 위 응답결과는 비교쇼핑서비스 본래의 기능에 부합한다. 그럼에도 원고는 여기에서 벗어나 단지 자사의 스마트스토어를 지원하기 위해 스마트스토어 입점상품에 유리하도록 검색알고리즘을 조정하였는바, 이는 고객을 오인시킬 우려가 있는 행위라고 보지 않을 수 없다.

그리고 경쟁사업자의 고객을 자기와 거래하도록 유인하였는지 여부 관련하여 원고는 이 사건 위반행위로 스마트스토어 입점상품을 상대적으로 검색 결과 상위에 위치시킴으로써 소비자의 구매를 유도하였으므로, 고객으로 하여금 자신의 오픈마켓 서비스를 통해 판매되는 상품을 거래하도록 유인하였다. 상품의 최종 구매에 있어 검색결과 노출순위 외에 가격 등 다른 요소를 고려한다고 하여 상위의 검색결과에 노출시키는 것이 소비자의 선택에 영향이 없다고 할 수 없고, 거래 유인의 가능성이 없다고 할 수도 없다.

5. (주)이베이옥션의 전자상거래소비자보호법 위반행위 건(2011.6.16. 공정위 의결)

피심인은 자신이 운영하는 오픈마켓 '옥션'(www.auction.co.kr)의 '옥션랭킹순 상품목록'에서 판매상품을 '프리미엄 상품'과 '일반 상품'으로 구분하여 전시하면서, 피심인이 중개의뢰자에게 판매하는 '프리미엄' 및 '프리미엄 플러스'라고 하는 부가서비스를 구입한 상품에 대하여만 '프리미엄 상품' 영역에 전시하였다. 한편, 피심인은 소비자에게 '프리미엄 상품'과 '일반 상품'으로 구별하여 전시하는 기준이 피심인이 중개의뢰자에게 판매하는 '프리미엄' 및 '프리미엄 플러스'라는 부가서비스 구입여부라는 사실을 알리지 않았다.

공정위는 "전자상거래법 제21조(금지행위) 제1항 제1호에 규정된 기만적 방법을 사용하여 소비자를 유인 또는 거래하는 행위가 성립하기 위한 요건으로 ① 전자상거래를 행하는 사업자 또는 통신판매업자가 기만적 방법을 사용하여야 하고, ② 이를 통해 소비자를 유인 또는 거래하는 행위를 하여야 한다."는 법리를 제시하였다.

이러한 법리에 따른 위법요건 해당여부 관련하여서는 "① 피심인은 살펴본 바와 같이 판매상품을 '프리미엄 상품'과 '일반 상품'으로 구분하여 전시하면서, 품질이나 고객서비스 등 상품의 특성과는 전혀 상관없는 요소인 부가서비스 구입여부를 분류기준으로 사용하고, 그 사실을 소비자에게 알리지 않았다는 점에서 기만적 방법을 사용한 것으로 인정된다. ② 비대면 거래인 통신판매 특성상 상품을 '프리미엄 상품'과 '일반 상품'으로 구별하여 전시할 경우 소비자들은 '프리미엄 상품'이 품질이나 고객서비스 측면에서 '일반 상품'에 비하여 우수할 것이라고 생각한다는 점에서 위 행위는 소비자를 유인하는 행위라 할 수 있다."고 판단하였다.

한편 본건의 경우 전자상거래법 위반행위에 대한 금전적 제재조치는 공정거래법과 달리 과태료(법 제45조)가 기본수단으로 규정되어 있고 이에 따라 시정조치 명령과 함께 5백만원의 과태료가 부과되었다.

불공정거래행위 중 거래상 지위의 남용행위

Ⅰ. 개요

1. 제도의 의의 및 내용

법 제45조(불공정거래행위의 금지) 제1항 제6호는 "자기의 거래상의 지위를 부당하게 이용하여 상대방과 거래하는 행위"를 불공정거래행위의 하나로 금지하고 있고, 법 시행령 제52조(불공정거래행위의 유형 또는 기준) 관련 [별표 2]에서 구입강제, 이익제공강요, 판매목표강제, 불이익제공, 경영간섭 등 5가지 세부유형을 들고 있다(시행령 [별표 2] 제6호 가목 내지 마목).

이슈 17: 불공정거래행위의 위법성 판단 기준 Ⅱ. 1.에서 살펴본 것처럼 공정위는 2021.12.30. 공정거래법을 개정·시행, 형벌조항을 정비하면서 법 제45조 제1항의 10개 유형의 불공정거래행위 중에서 부당하게 거래를 거절하는 행위(제1호), 부당하게 거래의 상대방을 차별하여 취급하는 행위(제2호), 부당하게 경쟁자를 배제하는 행위(제3호), 거래의 상대방의 사업활동을 부당하게 구속하는 조건으로 거래하는 행위(제7호) 등 경쟁제한성을 위주로 판단하는 4개 유형의 위반행위에 대한 벌칙을 폐지하였다. 따라서 거래상 지위의 남용행위에 대해서는 여전히 법 제125조 제4호에 따른 벌칙(2년 이하의 징역 또는 1억5천만원 이하의 벌금)이 적용되고 있다.

원래 공정거래법의 기본적인 구조는 시장에서의 경쟁조건을 유지함으로써 거래의 공정성을 확보하는 것으로 되어 있으며, 가격수준등 개별적인 거래의 타당성에는 판단기준의 설정 곤란이나 규제범위의 과대 등 문제가 있으므로 개입하지 않는 것이 원칙이다. 즉, 일방의 거래당사자의 거래조건, 내용 등이 다른 당사자 또는 종전에 비해 불리한 것 자체만은 사업자의 경제활동에 있어서 통상 발생되는 것이므로 문제가 되지 않는다. 그러나 거래상의 지위가 상대방보다 우월한 사업자가 그 지위를 이용하여 상대방에게 부당한 불이익을 줌으로써 자유로운 경쟁의 기반을 침해하는 경우에는 문제가 되는 것이다. 상대방의 당해 행위자에 대한 의존도가 커서 거래선의 전환이 사실상 제약되고 있는 경우에는 경쟁에 의한 거래내용의 타당성 확보라는 시장구조의 기능을 기대할 수 없게 되는바 거래상 지위의 남용금지는 주로 이 경우에 한정적·보완적으로 남용규제를 하는 것을 목적으로 하고 있다. 따라서 거래상 지위의 남용금지는 상대방의 경쟁단위로서의 활력을 저해함으로써 시장경쟁에 영향을 미치는 것을 예방적으로 규제하기 위한 것이라고 할 수 있다.

공정위의 '불공정거래행위 심사지침(공정위 예규)'에서는 거래상 지위의 남용은 경제적 약자를 착취하는 행위로서 거래상대방의 자생적 발전기반을 저해하고 공정한 거래기반을 침해하므로 금지하는 것이라고 그 금지이유를 밝히고 있다.

한편 공정위의 공정거래법 위반유형별 사건처리 실적(1981~2022년)을 보면 불공정거래행위가 63.7%로 압도적으로 많으며, 불공정거래행위 중에서 거래상 지위의 남용행위 처리비중은 25.8%(전체 처리실적의 16.4%)에 달하고 있다(2022년도 통계연보, 22~25면, 2023, 공정거래위원회).

2. 법원의 법리 형성

거래상 지위의 남용 금지에 대한 법원의 법리는 1998년 이후부터 2000년대 초반까지 활발하게 형성, 확립되어 왔고 이들 판례들은 현재까지도 기본 법리로서 참조판례로 사용되고 있다.

대법원은 불공정거래행위의 한 유형으로 거래상 지위의 남용행위를 규제하는 취지에 대하여 현실의 거래관계에서 경제력에 차이가 있는 거래주체 간에도 상호 대등한 지위에서 법이 보장하고자 하는 공정한 거래를 할 수 있게 하기 위하여 상대적으로 우월한 지위 또는 적어도 상대방의 거래활동에 상당한 영향을 미칠 수 있는 지위에 있는 사업자에 대하여 그 지위를 남용하여 상대방에게 거래상 불이익을 주는 행위를 금지시키고자 하는 데 있다고 판시하고 있다(대법원 2000.6.9. 선고 97누19427 판결, 대법원 2002.1.25. 선고 2000두9359 판결, 대법원 2002.9.27. 선고 2000두3801 판결, 대법원 2003.12.26. 선고 2001두9646 판결, 대법원 2006.9.8. 선고 2003두7859 판결, 대법원 2014.2.13. 선고 2012두10772 판결 등 참조).

그리고 부당성 여부 관련하여 상대방에게 생길 수 있는 불이익의 내용과 불이익 발생의 개연성, 당사자간 거래에 미치는 경쟁제약의 정도, 관련 업계의 거래관행, 일반 경쟁질서에 미치는 영향 등 여러 요소를 종합하여 전체적인 관점에서 판단해야 한다는 법리를 제시하고 있다(대법원 1998.3.27. 선고 96누18489 판결((주)조선일보사의 부당한 경품류제공행위등 건, 1995.6.21. 공정위 의결), 2001.12.11. 선고 2000두833 판결(대한주택공사의 거래상 지위 남용행위등 건, 1998.9.9. 공정위 의결), 2002.5.31. 선고 2000두6213 판결(서울특별시 도시철도공사의 거래상 지위 남용행위 건, 1998.8.31. 공정위 의결), 2002.10.25. 선고 2001두1444 판결((주)나래이동통신의 거래상 지위 남용행위 건, 2000.2.29. 공정위 의결) 등 참조). 특히 각급 법원의 판례들을 살펴보면, 대법원 1998.3.27. 선고 96누18489 판결의 원심 판결인 서울고등법원 1996.11.14. 선고 95구28993 판결이 그 기초가 되는 법리를 처음으로 구체적으로 제시한 것으로 보인다. 즉 동 서울고등법원 판결은 "계약상대방이 누구냐에 상관없이 계약조건과 내용이 정형화되어 있고, 쌍방 당사자의 경제적 지위에 현저한 불균형이 있는 경우에는, 당사자간의 자유로운 교섭에 의하여 계약조건을 결정하는 개별 계약관계에 비하여 경쟁질서에 미치는 일반적인 영향은 크다고 할 수 있다. 그러나 그렇다고 하여 그와 같은 계약관계에 있어 경제적 지위가 열악한 당사자에게 불이익이 될 수 있는 모든 계약조건이 당연히 불공정 거래조건에 해당한다고 할 수는 없고, 문제가 되는 거래조건에 의하여 상대방에게 생길 수 있는 불이익의 내용과 불이익 발생의 개연성, 당사자간의 일상거래과정에 미치는 경쟁제약의 정도, 관련 업계의 거래관행과 거래형태, 일반 경쟁질서에 미치는 영향, 관계법령의 규정 등 여러 요소에 비추어 볼 때, 일방 당사자가 우월적 지위를 남용하여 그 거래조건을 설정한 것으로 인정이 되고, 그로써 정상적인 거래관행에 비추어 상대방에게 부당하게 불이익을 주어 공정거래를 저해할 우려가 있어야만 불공정거래행위로 인정될 수 있다고 할 것이다. 일반적으로 보면 원고에게 유리할 수 있는 내용이라고 하더라도, 그와 같은 재판관할합의가 있다는 것 자체로써 당연히 원고측의 우월적 지위의 남용이 있었던 것으로 추정된다고 볼 수는 없고, 그에 의하여 상대방 당사자가 받을 수 있는 불이익이 반드시 부당한 것이라거나, 자유경쟁의 기반을 약화시키는 등 공정거래를 저해할 우려가 있다고 단정할 수도 없다."고 판결하였다.

한편 원심인 서울고등법원 판결들 일부에서는 공정거래법상의 불공정거래행위 금지제도의 취지 관련하여 국가경제질서나 공정한 거래질서, 자유경쟁시장의 저해 등을 명시적으로 밝히고 있다. 서울고등법원 2000.6.13. 선고 99누1238 판결(대법원 2002.5.31. 선고 2000두6213 판결의 원심, 서울특별시 도시철도공사의 거래상 지위 남용행위 건, 1998.8.31. 공정위 의결)은 "공공복리와 국가경제질서의 유지 측면에서 볼 때에도 아무런 시정조치 없이 단순히 그 상태를 방치해 두는 것 자체가 사회상규에 반할뿐더러 앞으로도 동일한 사안에서 같은 상황의 반복이 예견됨으로써 공정한 거래질서를 해하고 종국적으로는 정의로운 자유경쟁시장의 기본이념을 교란할 우려가 있어 더 이상 사회적으로 용인될 수 없다고 하는 평가를 받을 수 있어야 할 것이다."라고 판시하였다. 또 대법원 2009.10.29. 선고 2007두20812 판결((주)한국씨티은행의 거래상 지위 남용행위 건, 2006.9.15. 공정위 의결)의 원심 판결인 서울고등법원 2007.9.5. 선고 2006누25089 판결은 "현실의 거래관계에서 경제력에 차이가 있는 거래주체

간에도 상호 대등한 지위에서 법이 보장하고자 하는 공정한 거래를 할 수 있게 하기 위하여 상대적으로 우월한 지위의 사업자가 그 지위를 남용하여 거래상대방에게 불이익을 주는 행위를 금지시키고자 하는 것(즉, 거래상대방의 보호라는 사익을 목적으로 하는 것이 아니라 공정한 거래질서의 확립이라는 공익을 목적으로 함)"이라고 판시하면서, 은행법 등 다른 경제법과의 차이점도 밝히고 있다. 같은 재판부의 판결인 서울고등법원 2007.9.5. 선고 2007누9046 판결(한국전력공사의 거래상지위 남용행위 건, 2007.2.26. 공정위 의결)[1]에서는 "거래상대방의 보호라는 사익을 목적으로 하는 것이 아니라 공정한 거래질서의 확립이라는 공익을 목적으로 함"이라는 부분 대신에 "결과적으로 공정한 경쟁기반을 만들고자 하는데 그 입법취지가 있는 것"이라는 판시내용이 들어가 있다.

II. 민사행위 등과의 구별

1. 공정위 입장

'거래상 지위의 남용'은 기본적으로 당사자간의 거래관계 과정에서 나타나는 사적 분쟁의 성격을 갖고 있으므로 공정거래법의 적용대상이 되는 것과 민사 행위에 해당되는 경우의 구분이 쉽지 않다. '심사지침'에서는 거래상 지위의 남용을 금지하고 있는 이유를 설명하면서 "거래상 지위 남용행위는 거래상 지위가 있는 예외적인 경우에 한하여 민법의 불공정성 판단기준을 사업자간 거래관계에서 완화한 것이므로 거래상 지위는 민법이 예상하고 있는 통상적인 협상력의 차이와 비교할 때 훨씬 엄격한 기준으로 판단되어야 한다."고 규정하고 있다(심사지침 V. 6. (1)).

또 심사지침은 민사행위 등과의 구별 관련하여 거래개시 단계와 거래계속 단계로 나누어서 다음과 같은 기준을 제시하고 있다.

첫째, 거래개시 단계에서 거래상대방이 자신이 거래할 사업자를 선택할 수 있었는지와 계약내용을 인지한 상태에서 자신의 판단하에 거래를 선택하였는지 여부를 기준으로 한다. 만약 거래상대방이 자신이 거래할 사업자를 여러 사업자중 선택할 수 있었고 계약내용을 충분히 인지한 상태에서 자신의 판단에 따라 거래를 개시하였고 계약내용대로 거래가 이루어지고 있다면 이는 공정거래법 적용대상(거래상 지위남용)에 해당되지 않는다. 그렇지 아니하고 계속적 거래를 개시하기 위해 특정사업자와 거래할 수 밖에 없는 경우에는 공정거래법 적용

1) 대법원 2007.12.13. 선고 2007두20287 판결로 심리불속행 기각되었다.

대상(거래상 지위남용)에 해당될 수 있다.

둘째, 거래계속 단계에서는 사업자가 거래상대방에 대해 거래상 지위를 가지고 있는지 여부를 기준으로 한다. 사업자가 거래상 지위가 있고 이를 이용하여 각종 불이익을 가한다면 공정거래법 적용대상이 될 수 있다. 그러나 사업자가 거래상대방에 대해 거래상 지위를 가지지 않는다면 각종 불이익을 가하더라도 이는 공정거래법 적용대상에 해당되지 아니한다.

셋째, 사업자가 거래상대방에 대해 거래상 지위를 갖는다고 하더라도 양 당사자간 권리의무 귀속관계, 채권채무관계(예: 채무불이행, 손해배상청구, 담보권 설정·해지, 지체상금 등) 등과 관련하여 계약서 및 관련 법령 내용 등의 해석에 대해 다툼이 있는 경우에는 공정거래법 적용대상이 되지 아니한다.

2. 법원의 입장

가. 서울고등법원 2007.9.5. 선고 2007누9046 판결(한국전력공사의 거래상 지위 남용행위 건, 2007.2.26. 공정위 의결)

원고는 "거래의 일방당사자가 입은 불이익과 관련하여 거래당사자 사이에 계약서 및 관련 법령내용 등의 해석에 대해 다툼이 있는 경우에는 거래상대방의 사익보호와 관련되어 있는 문제일 뿐, 경쟁의 전제조건인 계약자유의 남용과 관련된 문제가 아니기 때문에 순수하게 민사적 관점에서 판단될 문제이지, 경쟁당국이 개입될 성질의 행위가 아니며 처음부터 공정거래법의 적용대상이 아니라고 할 것이다. 피고(공정위)의 '불공정거래행위 심사지침' V. 6. (2) (다)에서 사업자가 상대방에 대하여 거래상의 지위를 갖는다고 하더라도 양 당사자간 권리의무 귀속관계, 채권채무관계(예: 채무불이행, 손해배상청구, 담보권설정·해지, 지체상금 등) 등과 관련하여 계약서 및 관련 법령내용 등의 해석에 대해 다툼이 있는 경우에는 공정거래법의 적용대상이 되지 아니 한다고 규정하고 있는 것도 이와 동일한 맥락이라 할 것이다."라고 주장하였다.

이에 대하여 서울고등법원은 "공정거래법에서 거래상 지위의 남용행위를 규제하고 있는 것은, 현실의 거래관계에서 경제력에 차이가 있는 거래주체 간에도 상호 대등한 지위에서 법이 보장하고자 하는 공정한 거래를 할 수 있게 하기 위하여 상대적으로 우월한 지위 또는 적어도 상대방의 거래활동에 상당한 영향을 미칠 수 있는 지위에 있는 사업자에 대하여 그 지위를 남용하여 상대방에게 거래상 불이익을 주는 행위를 금지시킴으로써 결과적으로 공정한 경쟁기반을 만들고자 하는 데 그 입법취지가 있는 것(대법원 2002.1.25. 선고 2000두9359

판결 참조)이므로, 당해 행위가 시장의 경쟁질서에 직접적인 영향을 주지는 않더라도 거래당사자 사이의 거래방법, 거래조건 등이 정상적인 거래관행에 비추어 공정하지 못하다고 인정될 경우 적용될 수 있는 것이다. 거래상 불리한 지위에 있는 자로서는 계약서 및 관련 법령내용 등의 해석과 관련하여 다툼이 있는 경우에는 나중에 민사소송 등을 통하여 승소하여 권리구제를 받을 수 있다 할지라도 그러한 다툼이 있다는 자체가 불이익으로 작용할 수 있다는 점을 고려할 때, 우월적 지위 등에 있는 자가 계약서 및 관련 법령내용 등의 해석에 관하여 다투는 것 자체가 정상적인 거래관행 등에 비추어 정당하여 순수한 민사상의 분쟁에 불과하다고 인정되는 경우가 아닌 한 그러한 다툼은 결국 공정한 거래질서를 저해하는 것이라 할 것이므로 공정거래법의 적용대상이 된다 할 것이다. 원고의 이 사건 지연배상금 미지급 행위도 아래에서 살펴보는 바와 같이 이 사건 지연배상금을 지급할 의무가 인정됨에도 정상적인 거래관행 등에 비추어 별다른 정당한 이유 없이 그 지급을 거절한 것이므로 공정거래법의 적용대상이 된다 할 것이다."라고 판시하였다.

한편 공정위의 심사지침의 법적 성격 관련하여서는 심사지침은 공정위에 대한 내부적인 효력을 가지는 것에 불과하여 이를 이유로 공정거래법의 적용을 배제할 수 없을 뿐 아니라, 위 심사지침은 우월적 지위 등에 있는 자가 계약서 및 관련 법령내용 등의 해석에 관하여 다투는 것 자체가 정상적인 거래관행 등에 비추어 정당하여 순수한 민사상의 분쟁에 불과하다고 인정되는 경우에는 공정거래법을 적용하지 않는다는 취지에 불과하다고 판시하였다.

대법원은 2007.12.13. 선고 2007두20287 판결을 통하여 심리불속행으로 상고를 기각하였다.

나. 대법원 2009.10.29. 선고 2007두20812 판결((주)한국씨티은행의 거래상 지위 남용행위 건. 2006.9.15. 공정위 의결)

대법원은 공정거래법은 사업자의 시장지배적지위 남용과 과도한 경제력 집중을 방지하고, 부당한 공동행위 및 불공정거래행위를 규제하여 공정하고 자유로운 경쟁을 촉진함으로써 창의적인 기업활동을 조장하고 소비자를 보호함과 아울러 국민경제의 균형있는 발전을 도모함을 목적으로 하는 것으로서(공정거래법 제1조 참조), 계약의 해석에 관하여 다툼이 있는 민사사안이라는 이유만으로 공정거래법의 적용이 배제되어야 한다고 볼 수 없다고 판결하였다.

다. 대법원 2015.9.10. 선고 2012두18325 판결(금보개발(주)의 거래상 지위 남용행위 건, 2011.7.4. 공정위 의결)

공정위는 피심인이 계약기간 중에 거래상대방인 평일회원의 사전 동의 없이 일방적으로 평일회원의 자격 기간 및 그 연장 관련 거래조건을 불리하게 변경하거나, 소멸성 연회비 신설 등 추가적인 비용을 부담시키는 거래조건을 설정한 행위에 대하여 법 제23조(불공정거래행위의 금지) 제1항 제4호 및 법 시행령 제36조 제1항 관련 [별표1] 불공정거래행위의 유형 및 기준 제6호(거래상 지위의 남용) 라목(불이익제공)에 해당되어 거래상 지위남용행위로 인정된다고 의결하였다. 또 서울고등법원도 2012.7.12. 선고 2011누26505 판결에서 원고가 회칙을 변경하여 평일회원들에게 불이익을 준 것은 정상적인 거래관행을 벗어난 것으로서 공정한 거래를 저해할 우려가 있다고 할 수 있으므로 부당한 불이익 제공에 해당한다고 판결하였다.

그러나 대법원은 거래상지위 남용행위의 상대방이 경쟁자 또는 사업자가 아니라 일반 소비자인 경우에는 거래질서와의 관련성이 인정되는 경우에 한하여 공정한 거래를 저해할 우려가 있는 것으로 해석함이 타당하다는 법리를 최초로 제시하였다. 이 법리에 따라 이 사건 행위는 외형상 공정거래법령이 규정하는 거래상지위 남용행위의 형식적 요건을 갖추었다고 볼 여지는 있지만, 거래질서와의 관련성이 인정되지 아니하므로 공정한 거래를 저해할 우려가 있는 것으로 보기는 어렵다고 하면서 원심판결을 파기하였다.[2]

라. 서울고등법원 2022.9.28. 선고 2021누60719 판결(한국토지주택공사의 거래상 지위 남용행위 건, 2021.8.27. 공정위 의결)

공정위는 피심인이 매매계약 시 약정한 토지사용가능시기 등이 거래상대방인 매수인의 책임 사유 없이 지연되는 경우에도 그 지연기간 동안에 대하여 매수인에게 지연손해금 또는 재산세를 부담하도록 한 행위에 대하여 자신의 거래상의 지위를 이용하여 부당하게 거래상대방에게 불이익을 주는 행위로 인정하였다. 위의 금보개발(주) 대법원 판결의 법리를 인용하면서 피심인의 행위로 인하여 불특정 다수의 소비자에게 피해를 입힐 우려가 있고, 이 사건과 동일 또는 유사한 형태의 불이익 제공행위가 계속적·반복적으로 발생할 수 있는 등이 사건 위반행위의 거래질서 관련성이 인정된다고 판단하였다.[3]

---

2) 자세한 내용은 본 이슈 Ⅳ. 7. 참조.
3) 공정위의 의결서 수77)은 '한편 거래질서 관련성과 관련하여 이 사건 2단계 편입 구역 토지 34

서울고등법원 판결에서 원고는 이 사건 매수인들 사이의 분쟁은 단순히 이 사건 계약의 해석을 둘러싼 민사문제로서 거래질서와 관련이 없어, 원고의 행위를 거래상 지위 남용행위로 볼 수 없다고 주장하였다. 이에 서울고등법원은 "거래상 지위 남용행위의 상대방이 경쟁자 또는 사업자가 아니라 일반 소비자인 경우에는 단순히 거래관계에서 문제될 수 있는 행태 자체가 아니라, 널리 거래질서에 미칠 수 있는 파급효과라는 측면에서 거래상 지위를 가지는 사업자의 불이익 제공행위 등으로 불특정 다수의 소비자에게 피해를 입힐 우려가 있거나, 유사한 위반행위 유형이 계속적·반복적으로 발생할 수 있는 등 거래질서와의 관련성이 인정되는 경우에 한하여 공정한 거래를 저해할 우려가 있는 것으로 해석함이 타당하다(대법원 2015.9.10. 선고 2012두18325 판결 등 참조). 공정거래법은 사업자의 시장지배적지위 남용과 과도한 경제력 집중을 방지하고, 부당한 공동행위 및 불공정거래행위를 규제하여 공정하고 자유로운 경쟁을 촉진함으로써 창의적인 기업활동을 조장하고 소비자를 보호함과 아울러 국민경제의 균형있는 발전을 도모함을 목적으로 하는 것으로서(제1조 참조), 계약의 해석에 관하여 다툼이 있는 민사 사안이라는 이유만으로 공정거래법의 적용이 배제되어야 한다고 볼 수 없다(대법원 2009.10.29. 선고 2007두20812 판결 등 참조)."는 법리를 확인하면서, 원고의 행위는 거래질서와의 관련성이 있어 공정한 거래를 저해할 우려가 있다고 봄이 상당하다고 판결하였다.

Ⅲ. 거래상 지위 여부의 판단 법리

1. 공정위 입장

심사지침은 계속적인 거래관계의 존재와 상당한 거래의존도의 존재를 판단기준으로 제시하면서 그 구체적인 수준이나 정도는 시장상황, 관련 상품 또는 서비스의 특성 등을 종합적으로 고려하여 판단한다고 규정하고 있다(심사지침 Ⅴ. 6. (3) 참조).

거래상 지위가 인정되기 위해서는 우선 계속적인 거래관계가 존재하여야 한다. ① 계속적 거래를 하는 경우에는 통상 특화된 자본설비, 인적자원, 기술 등에 대한 투자가 이루어지게 된다. 이렇게 고착화(lock-in) 현상이 발생하면 상대방은 우월적 지위에 있게 되어 이를 이용하여 불이익한 거래조건을 제시하는 것이 가능해지고 그 상대방은 이미 투입한 투자 등을

필지 매수인 중에는 일반소비자 외에도 조합 등 사업자도 포함되어 있으므로, 사업자와의 거래 부분을 고려할 때 거래질서 관련성을 반드시 요하는 것은 아니라고 볼 수도 있다.'고 되어 있다.

고려하여 불이익한 거래조건 등을 수용할 수밖에 없는 상황이 된다. ② 계속적 거래관계 여부는 거래관계 유지를 위해 특화된 자본설비, 인적자원, 기술 등에 대한 투자가 존재하는지 여부를 중점적으로 검토한다. 예를 들어 거래상대방이 거래를 위한 전속적인 설비 등을 가지고 있는 경우에는 거래상지위가 있는 것으로 볼 수 있다.

거래상 지위가 인정되기 위해서는 또한, 일방의 타방에 대한 거래의존도가 상당하여야 한다. ① 거래의존도가 상당하지 않은 경우에는 계속적 거래관계라 하더라도 거래처 등을 변경하여 불이익한 거래조건을 회피할 수 있으므로 거래상 지위가 인정되기 어렵다. ② 통상 거래의존도는 일방 사업자의 전체 매출액에서 타방 사업자에 대한 매출이 차지하는 비중을 중심으로 검토한다.

거래상 지위가 인정될 가능성이 있는 거래관계를 다음과 같이 예시하고 있다. ① 본사와 협력업체 또는 대리점, 대형소매점과 입점업체, 도시가스사와 지역관리소, 제조업체와 부품납품업체, 지역독점적 공공시설 관리업자와 시설임차사업자, 독점적 공공사업자와 계약업체, 방송사와 방송프로그램 공급사업자 등간 거래관계, ② 거래상대방인 판매업자가 특정사업자가 공급하는 유명상표품을 갖추는 것이 사업운영에 극히 중요한 경우 특정사업자와 판매업자간 거래관계, ③ 제조업자 또는 판매업자가 사업활동에 필요한 원재료나 부품을 특정사업자로부터 공급받아야 하는 경우 특정사업자와 제조 또는 판매업자간 거래관계, ④ 특정 사업자와의 거래가 장기간 계속되고, 거래관계 유지에 대규모투자가 소요됨으로써 거래상대방이 거래처를 전환할 경우 설비전환이 곤란하게 되는 등 막대한 피해가 우려되는 경우 등.

한편 원사업자와 수급사업자의 거래, 가맹본부와 가맹사업자의 거래, 대규모유통업자와 납품업자의 거래, 공급업자와 대리점의 거래의 경우 그 성격상 거래상 지위의 성립을 전제로 특별법으로서 각각 하도급거래 공정화에 관한 법률(하도급법), 가맹사업거래의 공정화에 관한 법률(가맹사업법), 대규모유통업에서의 거래 공정화에 관한 법률(대규모유통업법), 대리점거래의 공정화에 관한 법률(대리점법)을 제정, 운용하고 있다. 그리고 공정거래법 제45조(불공정거래행위의 금지) 제1항 제6호(거래상 지위의 남용)를 적용하지 아니하거나 우선하여 적용한다는 규정을 각각 두고 있다.

실제 공정위 심결사례를 몇 개 살펴보면, 서울특별시 도시철도공사의 거래상 지위 남용행위 건(1998.8.31. 의결)에서 "피심인은 지하철운송업 등을 영위하는 지방공기업으로서 지하철운송사업과 관련하여 지연개통 및 미개통으로 인해 시장점유율이 낮아 현재 시장지배적사업자로 지정되어 있지는 않으나, 같은 법률에 근거하여 설립된 서울지하철공사와 함께 서울지하철 운송사업을 과점하고 있어, 지하철 역구내 및 차량광고대행을 업으로 영위하는 사업사들로서는 피심인이 단일건으로는 대규모의 광고물량을 제공하고 있으며, 광고대행수입에서 차지하는 비중도 상당하므로, 피심인과 지속적인 거래관계를 유지하기 위해 거래과정에서 피심인의 요구를 거절하기가 사실상 곤란하고, 또한 피심인이 거래를 중단할 경우 다른 거래선을 확보하기가 사실상 어려운 점 등을 감안할 때, 이 사건에 있어 피심인은 거래상대방에 대하여 거래상 우월한 지위에 있음이 인정된다.", ㈜한국씨티은행의 거래상 지위 남용행위 건(2006.9.15. 의결)에서 "거래당사자의 일방이 우월적 지위에 있는지는 당사자가 처하고 있는 시장의 상황, 당사자간의 전체적 사업능력의 격차, 거래의 대상인 상품의 특성 등을 모두 고려하여 최소한 상대방의 거래활동에 상당한 영향을 미칠 수 있는 지위에 있는지 여부에 따라 판단한다.", ㈜씨제이헬로비전의 거래상 지위 남용행위 건(2009.1.5. 의결)에서 "일방이 상대적으로 우월한 지위 또는 적어도 상대방과의 거래활동에 상당한 영향을 미칠 수 있는 지위를 갖고 있으면 이를 인정하기에 족하다고 할 것이고(대법원 2006.6.29. 선고 2003두1646 판결 및 대법원 2002.1.25. 선고 2000두9359 판결 참조), 거래상 지위가 있는지 여부는 당사자가 처하고 있는 시장의 상황, 당사자간의 전체적 사업능력의 격차, 거래의 대상인 상품의 특성 등을 모두 고려하여 판단하여야 할 것이다(대법원 2000.6.9. 선고 97누19427 판결 참조). 피심인의 협력업체는 자신의 사업활동을 대부분 피심인에게 의존하고 있고, 계약기간동안 피심인 이외의 다른 방송통신사업자로 거래처를 전환하는 것이 용이하지 않는 점과 계약서 제14조에 피심인은 협력업체의 유지보수 업무에 대하여 지도·감독을 하는 등 협력업체에 대하여 업무상 지휘감독권을 행사하는 사실로 볼 때 피심인은 자기의 협력업체에 대하여 거래상 지위가 있다고 판단된다.", 4개 정유사 등의 구속조건부거래행위 건(2009.2.3. 의결)에서 "피심인들은 대규모 석유정제업자임에 반하여 자영주유소는 정유사로부터 제품을 공급받아 소비자에게 판매하는 소매업자로서 그 사업규모 면에서 큰 차이가 있으며, 피심인들과 거래하는 대부분의 자영주유소는 상표사용을 전제로 소요제품 전량을 피심인으로부터 구매해야할 의무가 있는 등 피심인에 대한 전적인 의존관계에 있는 점들을 고려할 때 피심인들은 거래상대방인 자영주유소에 대하여 거래상 지위가 있는 것으로 판단된다.", 또 경기도시공사의 거래상 지위 남용행위 건(2016.1.11. 의결)에서 "사업자가 거래상대방에 대해 거래상 지위를 가지고 있는지 여부는 거래상대방의 입장에서 사업자가 거래조건의 변경 등을 요청할 경우 거래상대방이 이를 원하지 않더라도 받아들일 수밖에 없는지를 기준으로 하며, 이는 거래상대방의 대체거래선 확보의 용이성, 사업자에 대한 수입 의존도, 사업자의 업무상 지휘감독권 여부, 거래대상인 상품의 특성 등을 종합적으로 고려하여 판단한다. 또한 거래상 지위는 당사자 중 일방이 상대적으로 우월한 지위 또는 적어도 상대방과의 거래활동에 상당한 영향을 미칠 수 있는 지위를 갖고 있으면 이를 인정하기에 족하다고 할 것이고, 이는 당사자가 처한 시장상황, 전체적 사업능력의 격차, 거래대상 상품의 특성 등을 고려하여 판단하여야 한다(대법원 2006.6.29. 선고 2003두1646 판결 참조).", ㈜신성이엔지 등의 거래상지위남용행위 건(2022.8.24. 의결)에서 "사업자가 거래상대방에 대해 거래상지위를 가지고 있는지 여부는 계속적인 거래관계의 존재 유무, 일방의 타방에 대한 거래의존도, 시장상황, 관련 상품 또는 서비스의 특성 등을 종합적으로 고려하여 판단한다(「불공정거래행위 심사지침」예규 제241호, 2015.12.31., 일부개정 V. 6. (3)). 또한, 거래상지위는 당사자 중 일방이 상대적으로 우월한 지위 또는 적어도 상대방의 거래활동에 상당한 영향을 미칠 수 있는 지위에 있으면 이를 인정하기에 족하다고 할 것이고, 이는 당사자가 처하고 있는 시장의 상황, 당사자간의 전체적 사업능력의 격차, 거래 대상인 상품의 특성 등을 모두 고려하여 판단한다(대법원 2006.6.29. 선고 2003두1646 판결 참조)."고 되어 있다.

2. 법원 판결례

대법원은 2000.6.9. 선고 97누19427 판결(파스퇴르유업(주)의 우월적지위남용행위 및 재판매가격유지행위 건, 1996.7.10. 공정위 의결)에서 "우월적 지위에 해당하는지 여부는 당사자가 처하고 있는 시장의 상황, 당사자 간의 전체적 사업능력의 격차, 거래의 대상인 상품의 특성 등을 모두 고려하여 판단하여야 하고, 그러한 우월적 지위를 부당하게 이용하여 상대방에게 불이익을 준 행위인지 여부는 당해 행위의 의도와 목적, 효과와 영향 등과 같은 구체적 태양과 상품의 특성, 거래의 상황, 해당 사업자의 시장에서의 우월적 지위의 정도 및 상대방이 받게 되는 불이익의 내용과 정도 등에 비추어 볼 때 정상적인 거래관행을 벗어난 것으로서 공정한 거래를 저해할 우려가 있는지 여부를 판단하여 결정하여야 한다."는 법리를 제시하였다.

또 대법원 2009.10.29. 선고 2007두20812 판결((주)한국씨티은행의 거래상 지위 남용행위 건, 2006.9.15. 공정위 의결)은 "거래상 지위 남용행위의 주체인 사업자는 상대적으로 우월한 지위 또는 적어도 상대방의 거래활동에 상당한 영향을 미칠 수 있는 지위에 있어야 하고, 그러한 지위에 해당하는지 여부는 당사자가 처하고 있는 시장의 상황, 당사자 간의 전체적 사업능력의 격차, 거래의 대상인 상품의 특성 등을 모두 고려하여 판단하여야 할 것이다(대법원 2000.6.9. 선고 97누19427 판결, 대법원 2006.11.9. 선고 2003두15225 판결 등 참조)."라고 판시하였다.

또 대법원 2011.5.13. 선고 2009두24108 판결((주)씨제이헬로비전의 거래상 지위 남용행위 건, 2009.1.5. 공정위 의결)은 "판매목표강제행위에 해당하는지 여부를 판단함에 있어 '거래상 지위'는 일방이 상대적으로 우월한 지위 또는 적어도 상대방과의 거래활동에 상당한 영향을 미칠 수 있는 지위를 갖고 있으면 이를 인정하기에 족하다고 할 것이고(대법원 2002.1.25. 선고 2000두9359 판결 참조), 거래상 지위가 있는지 여부는 당사자가 처하고 있는 시장의 상황, 당사자 간의 전체적 사업능력의 격차, 거래의 대상인 상품의 특성 등을 모두 고려하여 판단하여야 할 것이다(대법원 2000.6.9. 선고 97누19427 판결 참조)."라고 동일한 법리를 확인하였고, 대법원 2015.9.10. 선고 2012두18325 판결(금보개발(주)의 거래상 지위 남용행위 건, 2011.7.4. 공정위 의결)은 "'거래상 지위'는 일방이 상대적으로 우월한 지위 또는 적어도 상대방과의 거래활동에 상당한 영향을 미칠 수 있는 지위를 가지고 있으면 인정할 수 있고, 거래상 지위가 있는지 여부는 당사자가 처하고 있는 시장의 상황, 당사자 사이의 전체적 사업능력의 격차, 거래의 대상이 되는 상품 또는 용역이나 그 거래관계의 특성 등을 모두 고려하여 판단하여야 한다(대법원 2011.5.13. 선고 2009두24108 판결 등 참조)."고 일관된 법리를 다시 확인하였다.

3. 거래상 지위를 인정하지 않은 판결례

공정위와 법원은 거래상 지위의 판단 관련하여 같은 법리를 갖고 있으며, 법원도 부당성에 대해서는 엄격한 판단을 내리고 있지만 거래상 지위 여부의 판단에 대해서는 상대적으로 넓게 인정해 주고 있다. 아래에서는 법원이 거래상 지위의 존재를 부정한 드문 사례를 살펴보기로 한다.

가. 서울특별시지하철공사의 우월적지위남용행위 건(1992.4.29. 공정위 의결)

공정위는 "피심인이 ㈜한진중공업과 체결한 전동차 구매계약에서 전동차 인수일인 1991.2.9. 이후의 일자에 대하여 지체상금을 부과한 행위 관련하여, 피심인은 1991.1~1992.3 기간 중 지하철전동차공급 686량 중 79.9%인 548량을 구매하여 지하철전동차거래분야에서 가장 큰 수요자의 위치에 있으므로 피심인과 거래하는 상대방은 사업의 영위를 위하여 피심인과 계속적인 거래관계의 유지가 필요할 뿐만 아니라 거래과정에 있어 피심인의 요구를 거절하기가 사실상 곤란하다는 점에서 거래상대방에 비하여 거래상 우월한 지위에 있다."고 판단하였다.

이에 대하여 최종심인 대법원은 1993.7.27. 선고 93누4984 판결을 통하여 공정위의 처분을 취소한 원심 판결을 정당한 것으로 판결하였는바 그중 거래상 지위 여부 관련하여서는 "소외회사의 기업규모를 고려할 때 전동차의 판매시장이 반드시 국내에 한정된다고 할 수 없고, 원고가 독점적 수요자의 지위에 있었다고 할 수 없으며, 위 계약체결에 있어서 원고가 소외회사의 자유의사를 부당하게 억압하였다고 볼 자료도 없는 점에서 원고가 소외회사에 비하여 거래상 우월적 지위에 있다고 보기는 어렵다 할 것"이라고 판결하였다.

나. 경기도시공사의 거래상 지위 남용행위 건(2016.1.11. 공정위 의결)

공정위는 피심인이 9개 건설사(거래상대방)[4]와의 12건의 입찰공사 진행 중에 자신의 책임 있는 사유로 설계변경을 하면서 단가 조정을 통해 감액한 행위 관련하여, 다음과 같은 점을 종합적으로 고려하여 피심인이 거래상대방에 대하여 상대적으로 우월한 지위에 있거나 또는 적어도 상대방과의 거래활동에 상당한 영향을 미칠 수 있는 지위에 있어 거래상 지위를 가지고 있는 것으로 판단하였다. ① 계속적 거래관계가 성립하기 어렵고 고정적 거래처가 없어 일반적 의미의 거래의존도가 낮을 수밖에 없는 특성이 있는 건설입찰 시장의 특성을 감안할 때 동 시장에서의 거래상 지위는 개별 거래관계에서의 거래상 지위 여부를 판단함이 타당하다, 이 사건 거래상대방은 피심인과 입찰계약을 체결하고 공사에 착수한 이후에는 설계비용 등의 투입비용과 수백억에서 수천억 원에 이르는 공사금액을 감안할 때 공사계약 이행과정에서는 다른 거래처로 전환하는 것이 쉽지 않고 따라서 피심인과의 거래에 종속될 수밖에 없다. ② 피심인은 이 사건 일괄입찰계약 및 대안입찰계약의 발주자로서 계약기간 동안 거래상대방과의 거래활동에 상당한 영향력을 미칠 수 있는 지위에 있는 반면, 피심인이 발주하는 공사를 수주하여 수행하는 거래상대방은 피심인의 요구나 제안을 거절하기가 사실상 곤란하고, 자신에게 불이익이 발생하더라도 피심인에게 이에 대하여 적극적으로 시정을 요구하기가 어려운 입장에 있다. ③ 피심인은 거래상대방의 공사이행실태 전반에 대하여 평가할 수 있으며 그 결과를 추후 입찰참가시 입찰참가자격 심사에 반영할 수 있으므로, 거래상대방의 입장에서는 피심인과 원만한 관계를 유지하고 피심인으로부터 좋은 평판을 받는 것이 추후 사업 활동에 있어서 중요한 요소가 된다.

이에 대하여 서울고등법원은 2016.9.28. 선고 2016누34563 판결에서 거래상 지위 관련 법리와 다음과 같은 사정들을 종합하여 "경제력과 전체적 사업능력에서 원고보다 우위에 있

---

4) ㈜한양, 현대건설(주), 삼성물산(주), 지에스건설(주), 고려개발(주), 대림산업(주), 동부건설(주), 한라산업개발(주), ㈜태영건설 등.

고 전국을 사업지역으로 하고 있는 거래상대방은 원고 이외의 거래처를 선택할 충분한 기회가 있고, 실제로 원고에 대한 거래의존도도 낮은 점을 알 수 있으므로, 원고가 거래상대방에 대하여 상대적으로 우월한 지위 또는 적어도 거래상대방의 거래활동에 상당한 영향을 미칠 수 있는 지위에 있다고 볼 수 없다."고 판결하였다.

① 2012년, 2013년 원고가 전체 건설시장에서 발주자로서 차지하는 비중은 약 0.75%, 0.29%이며, 거래상대방은 전국에서 공사를 수행하는 반면 원고의 사업지역은 경기도에 한정되고, 2012년, 2013년 거래상대방의 원고에 대한 평균 거래의존도 약 0.67%에 불과하다. ② 원고의 연매출은 약 2조원인데 비하여 거래상대방 중 4개사는 연매출이 약 10조 원 또는 그 이상이며, 이를 포함한 7개사는 상호출자제한 및 채무보증제한 기업집단에 해당한다. ③ 일괄입찰공사 시장은 수행 가능한 건설사가 소수인 판매자가 우위에 있는 시장으로 상대적으로 소규모 발주자인 원고가 오히려 거래상 열위에 있을 수 있고, 실제로 2012년, 2013년 원고의 거래상대방에 대한 거래의존도는 약 38%에 달한다. ④ 피고(공정위)는 원고가 거래상 지위에 있는지 여부를 원고가 속한 시장만을 기준으로 판단해야 한다는 취지로 주장하나, 현실의 거래관계에서 경제력에 차이가 있는 거래주체 간에도 상호 대등한 지위에서 거래할 수 있도록 하기 위한 공정거래법의 취지에 비추어 볼 때, 원고가 속한 시장 이외의 시장을 제외하고 판단하여야 하는 특별한 근거가 없을 뿐 아니라 원고가 속한 시장만을 기준으로 한다면 거래상대방이 경제력에서 월등히 우월한 경우에도 모두 원고의 거래상 지위가 인정되게 되어, 오히려 전체적으로는 경제력이 우월한 거래상대방을 보호하게 되는바, 이는 경제력이 열위에 있는 거래주체를 보호하기 위한 공정거래법의 취지와 모순된다. ⑤ 거래상대방이 일괄입찰공사, 대안입찰공사에 입찰하기 위하여 공사비의 2~3% 정도의 비용으로 기본설계도와 대안설계도서를 제작한다 하더라도 이는 이 사건 공사의 낙찰자로 결정되기 위해 투입한 비용에 불과할 뿐 원고와의 계속적 거래관계를 위해 특화된 투자를 하였다고 보기 어렵고, 달리 이를 인정할 증거가 없다. ⑥ 거래상대방이 원고가 발주하는 입찰에 지속적으로 참여할 수 있다는 사정만으로 원고와의 거래관계 유지를 위해 특화된 자본설비, 인적자원, 기술 등에 대한 투자가 이루어져 고착화(lock-in) 현상이 발생하였다고 보기도 어렵고, 달리 이를 인정할 증거가 없다. 또한 공사계약이 체결되어 그 계약 내용을 당사자가 상호 이행할 의무를 부담한다는 사정은 계약 내용에 상호 구속된다는 계약의 일반원칙을 의미할 뿐이어서 그것만으로 거래상의 지위를 인정하기는 어렵다. ⑦ 원고가 국토교통부 고시(건설기술용역 및 건설공사 시공 평가지침)에 따라 '공사관리 전반 및 목적물의 품질·성능'에 관하여 외부전문가가 과반수 참여한 위원회에서 평가를 하고 있다고 하여도 그러한 사정만으로

거래상의 지위가 인정되는 것은 아니다. 나아가 피고의 주장처럼 원고가 부당하게 요구하는 단가를 거래상대방이 수용하지 않는다고 원고가 위 위원회에 영향을 미쳐 '공사 관리 전반 및 목적물의 품질·성능'에 관한 평가를 나쁘게 하도록 할 수 있다는 증거도 없다. 또한 계약 내용을 잘 이행하여 좋은 평판을 받아야 향후 사업에 유리하다는 사정은 일반적인 거래에서 요구되는 내용이어서 그러한 사정만으로 거래상 지위가 인정된다고 보기는 어렵다.

그리고 대법원은 2017.1.25. 선고 2016두56417 판결을 통하여 심리불속행 기각하기로 판결하였다.

Ⅳ. 거래상 지위 남용행위의 부당성 관련 쟁점 사례

1. 대법원 1998.3.27. 선고 96누18489 판결(1995.6.21. 공정위 의결, (주)조선일보사의 부당한 경품류제공행위 등 건 중 거래상 지위 남용행위 관련)

대법원은 "기준고시 제6조 제4호(현행법 시행령 [별표 2] 제6호 라목)의 불이익 제공행위에 해당하기 위하여는 그 행위의 내용이 상대방에게 다소 불이익하다는 점만으로는 부족하고, 제1호 내지 제3호 소정의 구입강제, 이익제공강요, 판매목표강제 등과 동일시할 수 있을 정도로 일방 당사자가 우월적 지위를 남용하여 그 거래조건을 설정한 것으로 인정이 되고, 그로써 정상적인 거래관행에 비추어 상대방에게 부당하게 불이익을 주어 공정거래를 저해할 우려가 있어야 하는 것이며, 또한 상대방에게 부당하게 불이익을 주는 행위인지 여부는, 문제가 되는 거래조건에 의하여 상대방에게 생길 수 있는 불이익의 내용과 불이익 발생의 개연성, 당사자 사이의 일상거래과정에 미치는 경쟁제약의 정도, 관련 업계의 거래관행과 거래형태, 일반 경쟁질서에 미치는 영향, 관계 법령의 규정 등 여러 요소를 종합하여 판단하여야 할 것이다."라는 법리를 제시하면서, "원심은, 원고와 지국 사이의 약정서 내용 중 '본 계약으로 발생하는 일체의 소송은 원고의 관할법원에서 행함을 원칙으로 함'이라고 정한 제12조의 내용이 지국장에게 다소 불이익한 것이나, 위 계약조항에 의하여 지국장이 받을 수 있는 불이익이 반드시 부당한 것이라거나, 자유경쟁의 기반을 약화시키는 등 공정거래를 저해할 우려가 있다고 단정할 수 없다고 판단하고 있는바, 기록과 대비하여 살펴보면 원심의 이러한 판단은 앞에서 설시한 법리에 따른 것으로서 정당하다."고 판결하였다.

2. 대법원 2000.6.9. 선고 97누19427 판결(1996.7.10. 공정위 의결, 파스퇴르 유업(주)의 우월적지위남용행위 건 관련)

대법원은 "불공정거래행위의 한 유형으로 사업자의 우월적 지위의 남용행위를 규정하고 있는 것은 현실의 거래관계에서 경제력에 차이가 있는 거래주체 간에도 상호 대등한 지위에서 법이 보장하고자 하는 공정한 거래를 할 수 있게 하기 위하여 상대적으로 우월적 지위에 있는 사업자에 대하여 그 지위를 남용하여 상대방에게 거래상 불이익을 주는 행위를 금지시키고자 하는데 그 취지가 있는 것으로서, 여기서 말하는 우월적 지위에 해당하는지 여부는 당사자가 처하고 있는 시장의 상황, 당사자간의 전체적 사업능력의 격차, 거래의 대상인 상품의 특성 등을 모두 고려하여 판단하여야 하고, 그러한 우월적 지위를 부당하게 이용하여 상대방에게 불이익을 준 행위인지 여부는 당해 행위의 의도와 목적, 효과와 영향 등과 같은 구체적 태양과 상품의 특성, 거래의 상황, 해당 사업자의 시장에서의 우월적 지위의 정도 및 상대방이 받게 되는 불이익의 내용과 정도 등에 비추어 볼 때 정상적인 거래관행을 벗어난 것으로서 공정한 거래를 저해할 우려가 있는지 여부를 판단하여 결정하여야 한다. 그런데 원심(서울고등법원 1997.11.4. 선고 96구25137 판결)은 원고 회사가 참가인에 대하여 가지는 거래상의 우월적 지위를 인정하면서도, 참가인의 대리점주 회의 1회 불참과 2일간의 공장 견학 불참 및 일부 소비자들에 대한 배달 태만과 매출실적의 부진과 같은 그 판시 사유가 원고 회사와 참가인 사이의 대리점 거래의 구체적 형태와 상황, 그 외 거래 제품의 특성 등에 비추어 볼 때 달리 참작의 여지가 있거나 부차적인 사유에 그치는 것이 아니라 원고 회사가 기존 대리점주의 투하자본 회수를 위하여 통상 승인하여 주고 있던 대리점 양도를 허용하지 아니할 정도의 거래상의 의무위반에 해당하는지 여부 뿐만 아니라 원고 회사가 위와 같은 사유를 들어 참가인의 대리점 양도에 대한 승인을 거절하기에 이른 구체적 의도와 목적, 그 효과와 영향, 그리고 그 외 원고 회사가 참가인에 대하여 가지는 우월적 지위의 정도와 원고 회사의 대리점 양도 승인에 대한 거부행위로 참가인이 받게 되는 불이익의 내용과 정도 등을 구체적으로 살펴 그것이 우월적 지위의 부당한 이용행위에 해당하는지 여부를 판단함이 없이 단지 대리점 거래에 있어서의 그 판시와 같은 계약 체결의 자유를 근거로 이를 부정하고 있음이 분명하므로, 이는 필경 법 소정의 불공정거래행위인 우월적 지위의 남용행위에 관한 법리를 오해하거나 필요한 심리를 다하지 아니하여 판결에 영향을 미친 위법을 저지른 것이라고 아니할 수 없다. 그러므로, 원심판결을 파기하고 사건을 다시 심리·판단케 하기위하여 원심법원에 환송하기로 한다."고 판결하였다.

3. 대법원 2001.12.11. 선고 2000두833 판결(1998.9.9. 공정위 의결, 대한주택 공사의 거래상 지위 남용행위 건)

대법원은 위 판결과 동일한 법리를 제시하면서, "상대방에게 생길 수 있는 불이익의 내용과 불이익 발생의 개연성, 당사자 사이의 일상거래과정에 미치는 경쟁제약의 정도, 관련 업계의 거래관행과 거래형태, 일반 경쟁질서에 미치는 영향, 관계 법령의 규정 등 기록에 나타난 여러 요소를 종합하여 볼 때, 원고의 이러한 행위가 구입강제, 이익제공강요, 판매목표강제 등과 동일시할 수 있을 정도로 자기의 거래상의 지위를 부당하게 이용하여 그 거래조건을 설정 또는 변경하거나 그 이행과정에서 불이익을 주었다거나, 그로써 정상적인 거래관행에 비추어 상대방에게 부당하게 불이익을 주어 공정거래를 저해할 우려가 있는 것이라고는 보이지 아니한다. 원심이 이유는 다소 다르지만 원고의 이러한 행위가 불이익 제공행위에 해당하지 않는다고 본 결론은 정당한 것으로 수긍된다."고 판결하였다.

4. 대법원 2002.5.31. 선고 2000두6213 판결(1998.8.31. 공정위 의결, 서울특별시 도시철도공사의 거래상 지위 남용행위 건 중 개통지연 등에 따른 경상관리비 등의 추가비용 미지급행위 관련)

대법원은 "피고(공정위)가 법 제23조 제1항 제4호, 법 시행령 제36조 제1항 [별표] 제6호 (라)목 소정 '자기의 거래상의 지위를 부당하게 이용하여 거래상대방에게 불이익이 되도록 거래조건을 설정 또는 변경하거나 그 이행과정에서 불이익을 주는 행위'를 하였음을 이유로 법 제24조 소정의 시정명령 등 행정처분을 하기 위해서는 거래상대방에게 발생한 '불이익'의 내용이 객관적으로 명확하게 확정되어야 하고, 여기에서의 '불이익'이 금전상의 손해인 경우에는, 법률상 책임 있는 손해의 존재는 물론 그 범위(손해액)까지 명확하게 확정되어야 할 것이다. 원심은 나아가, 피고가 이 사건 시정명령의 근거로 삼은 '원고가 배상해 주어야 할 2억 7,500만 원 상당의 경상관리비'는 참가인이 그 사업수행과정에서 당연히 부담하게 될 비용을 기초로 하여 산정한 것으로서 원고의 귀책사유로 인한 개통지연 및 미영업역 발생 등과 상당인과관계가 있는 손해라고 보기 어렵고, 또한 원고의 귀책사유로 인하여 참가인이 입게 된 상당인과관계 있는 통상의 손해는 그 개통지연으로 인하여 참가인이 상실한 영업기간 중 얻을 수 있었던 광고영업수입에서 개통지연으로 인하여 상실한 영업기간 중 참가인이 그 지출을 면하게 된 월광고대행료 상당액 등 제반 경비를 공제한 잔액이라고 봄이 상당할 것인데, 참가인에게 최초 개통일로부터 3년간의 영업기간이 보장되어 있었던 이 사건 광고

대행계약에 있어서 개통지연으로 인한 참가인의 영업기간의 단축은 당초부터 문제가 되지 아니하여 그로 인하여 어떠한 손해를 입었다고 볼 수 없으며, 그 밖에 즉시 영업개시가 되지 아니함으로써 최초의 지연기간 중에 별도로 특별히 입게 된 다른 손해가 있음을 밝힐 만한 아무런 증거도 없음에도 불구하고, 피고가 이러한 법률상 책임 있는 손해의 실체와 범위를 정확히 가려보지도 아니한 채 원고에게 손해배상책임을 부담시킬 수 없는 것에 터잡아 이루어진 이 사건 처분은 원고의 손해배상책임의 존재와 범위가 특정되지도 아니한 상태에서 이루어진 것으로서 위법하다고 판단하였다. 기록과 관계 법령의 규정 및 위의 법리에 비추어 살펴보니, 원심의 이러한 인정과 판단은 정당한 것으로 수긍되고 거기에 채증법칙 위배로 인한 사실오인이나 거래상 지위의 남용행위 등에 관한 법리오해 등으로 판결에 영향을 미친 위법은 없다."고 판시하였다.

5. 서울고등법원 2010.12.15. 선고 2009누39065 판결(㈜메가박스의 거래상 지위 남용행위 건, 2009.11.12. 공정위 의결)

공정위는 피심인이 극장광고업자(신고인)에게 영화표를 구입하도록 한 행위와 자신의 영화상영을 위하여 필요한 기기(영사기)를 제공하도록 한 행위에 대해 거래상 지위의 남용행위 중 구입강제와 이익제공 강요 행위를 각각 적용하여 처분을 내렸다.

이에 대하여 서울고등법원은 ① 원고의 영화표 구입강제행위에 대해서는 "영화표 구입행위의 목적, 극장광고업종에서의 통상적인 모니터 티켓 거래관행, 거래상대방은 5,000만 원 상당의 영화표 대금을 지급하고서도 영화표는 수령조차 못하여 동액 상당의 피해가 발생한 점 등을 종합하여 보면, 원고가 거래상의 우월한 지위를 이용하여 거래상대방에게 자기가 지정한 영화표를 구매하도록 한 행위는 '구입강제행위'로서 법 제23조 제1항 제4호 소정의 '거래상의 지위 남용행위'에 해당한다고 봄이 상당하다."고 판결하였고, ② 영사기를 제공하도록 한 이익제공강요행위에 대해서는 "대형 복합상영관과 극장광고업자는 거래상의 지위에 상대적인 차이가 있다고 하더라도 디지털영상사업으로 인한 광고매출확대 등을 통한 이익증진에 공통의 이해관계를 가지는 면도 있는 점, 신고인이 자신의 제의에 따라 진행된 이 사건 1차 내지 3차 계약에 의하여 원고에게 디지털영사기 총 49대를 무상으로 제공할 의무를 부담함에 따라, 원고가 지정한 3D 입체영화 상영에 필요한 디지털영사기의 무상제공을 충분히 예측가능할 수 있는 점, 이 사건 영사기가 이 사건 3차 계약상의 공급목록에 포함되어 있는 점 등을 종합하면, 이 사건에서와 같은 디지털영사기의 제공이 정상적인 거래관행을 벗어난 것으로 보기 어렵고, 원고와 신고인 사이의 극장광고영화만이 아닌 일련의 디지털영상사업에 관한 협력과정에 비추어, 원고가 디지털영사기 제공을 요청한 행위가 거래상 지위의 남용행위에 해당한다고 할 수 없다."고 판결하였다.[5]

6. 대법원 2013.4.25. 선고 2010두25909 판결(2009.2.3. 공정위 의결, 에쓰-오일(주)의 구속조건부거래행위 및 거래상 지위 남용행위 건 중 거래상 지위 남용행위 관련)

공정위는 "거래상 지위를 부당하게 이용하여 거래상대방에게 불이익을 준 행위인지 여부는 당해 행위의 의도와 목적, 당해 행위에 이른 경위, 당해 행위에 의하여 상대방에게 생길 수 있는 불이익의 내용과 정도, 당해 행위가 당사자 사이의 거래과정에 미치는 경쟁제약의 정도, 관련업계의 거래관행, 일반경쟁질서에 미치는 영향 및 관련 법령의 규정 등 여러 요소를 종합하여 판단하여야 한다(대법원 2004.7.9. 선고 2002두11059 판결)."는 법원과 같은 기본법리를 제시하면서, "피심인들의 행위는 다음과 같은 점에서 거래상대방인 주유소에 대한 부당한 불이익 제공행위에 해당한다. ① 사업자의 영업활동에 있어서 제품 가격의 책정은 가장 중요한 영업수단임에도 불구하고 주유소는 제품 구매 당시에 정확한 제품 가격을 알 수 없어 제품의 적정 판매가격을 책정하기가 어렵다. 또한, 주유소는 제품 가격이 저렴하면 주문량을 늘리고, 가격이 비싸면 가격이 싼 시점까지 제품 구매를 보류하는 등 가격을 고려하여 제품 구매 물량 및 구매 시기를 결정하고, 제품 구매에 필요한 자금조달 계획을 수립할 수 있어야 하는데 제품 구매 당시 정확한 제품 가격을 알 수 없어 이러한 구매관련 영업활동이 제약된다. ② 피심인들과 전량공급조건계약을 체결하지 않은 주유소의 경우 각 피심인들의 정확한 제품가격을 파악하여 가격을 비교한 후 구매처를 선택할 수 있음에도 불구하고, 제품 구매당시 정확한 가격을 알 수 없으므로 주유소의 자유로운 구매처 선택권이 제한된다. ③ 피심인들이 다른 경쟁사의 동향을 살펴 최종가격을 결정함으로써 피심인들간에 가격경쟁을 회피하는 결과가 초래될 우려가 있고, 결과적으로 주유소는 더 저렴한 가격으로 구매할 수 있는 기회를 박탈당할 수 있다."고 결정하였다.

이에 대하여 서울고등법원은 2010.10.21. 선고 2009누6959 판결에서 "불이익제공행위에 해당한다고 하기 위해서는 당해 행위의 내용이 상대방에게 다소 불이익하다는 점만으로는 부족하고, 구입강제, 이익제공강요, 판매목표강제 등과 동일시할 수 있을 정도로 일방 당사자가 자기의 거래상의 지위를 부당하게 이용하여 그 거래조건을 설정 또는 변경하거나 그

---

5) 대법원 2011.4.28. 선고 2011두1207 판결은 심리불속행 기각함.

이행과정에서 불이익을 준 것으로 인정되어야 하고, 이 때 부당성의 유무를 판단함에 있어서는 당해 행위의 의도와 목적, 효과와 영향 등과 같은 구체적 태양과 상품의 특성, 거래의 상황, 해당 사업자의 시장에서의 우월적 지위의 정도 및 상대방이 받게 되는 불이익의 내용과 정도 등에 비추어 볼 때 정상적인 거래관행을 벗어난 것으로서 공정한 거래를 저해할 우려가 있는지 여부를 판단하여 결정하여야 한다(대법원 2003.12.26. 선고 2001두9646 판결 참조). 한편 '불이익'이라 함은 반드시 구체적인 금전적 손해에만 한정되지 아니하고 대리점 계약관계가 있는 상황에서 필수적인 고객전산망을 일방적으로 단절시킨 행위, 정당한 이유 없이 대리점 지위의 양도에 대한 승인을 거부한 행위, 납품기한을 지나치게 단기로 설정한 행위 등과 같이 다소 추상적인 내용이라 하더라도 불이익제공행위의 성립에 방해되지 않는다고 할 것이다."라는 법리를 제시하면서, "이 사건에 대한 판단으로 다음과 같은 사정, 즉 ① 원고의 거래 주유소들은 구매 당시 원고로부터 통보받는 가격을 기준으로 대금을 입금하고, 원고는 나중에 실제 제품을 공급할 당시 가격이 인하되거나 다른 경쟁사의 가격보다 공급가격이 높은 경우 이를 할인하여 정산하는 방식으로 거래하여 온 점(정산가격을 할증하는 경우는 극히 예외적이었던 것으로 보인다), ② 경질유 제품은 해외 및 국내의 수급상황 등에 따라 수시로 그 가격이 변동되는 특징이 있으나 한편 원고의 거래 주유소들은 원고와 계속적인 공급계약에 따라 공급을 받고 있었기 때문에 어느 특정 시점에서 가격이 낮다고 하여 그 주문량을 늘린다거나 가격이 높다고 하여 구매를 보류하는 등의 탄력적인 조치를 취할 상황에 있지 아니하였던 점, ③ 원고의 거래 주유소들은 원고와 전량공급조건 계약을 체결하였거나 사실상 전량공급조건으로 거래하여 왔기 때문에 다른 정유사의 동일 제품의 가격과 비교하여 구매처를 전환할 수 있는 처지에 있지 아니하였던 점, ④ 주유소간의 경쟁은 지역적으로 또는 주변 상권별로 진행되는 경향이 있기 때문에 원고의 입장에서는 해당 상권 내에서 최저가격을 보장하면서 자영주유소를 관리해야 할 필요에 따라 서로 다른 경쟁정유사의 가격 동향을 살펴 경쟁사보다 더 높지 않은 가격으로 최종가격을 결정하였던 것이고, 결과적으로 원고 거래 주유소들로서는 통상 다른 경쟁사에 비하여 높은 가격으로 경질유제품을 구매하였을 가능성이 낮기 때문에 실제적으로 어떠한 불이익을 얻었다고 보기 어려운 점 등에 비추어 보면, 경질유제품을 공급한 후에 가격을 확정하여 정산한 것이 장차 주유소가 둘 이상의 서로 다른 거래처를 자유롭게 선택할 수 있는 시장하에서 불이익제공행위가 되는 것은 별론으로 하되, 원고가 이미 행한 동일한 행위를 두고 거래상대방인 주유소에게 불이익이 되도록 거래조건을 설정 또는 변경함으로써 정상적인 거래관행을 벗어나 공정한 거래를 저해할 우려가 있는 행위를 저질렀다고 평가하기는 어렵다고 할 것이다. 따라서 원고가 제품

공급시 가격을 확정하지 아니한 종전 행위가 불이익제공행위에 해당함을 전제로 하는 시정명령은 위법하다고 할 것이다."라고 판결하였다.

대법원은 2013.4.25. 선고 2010두25909 판결을 통하여 "불공정거래행위의 한 유형으로 사업자의 거래상 지위의 남용행위를 규정하고 있는 것은 현실의 거래관계에서 경제력에 차이가 있는 거래주체 간에도 상호 대등한 지위에서 법이 보장하고자 하는 공정한 거래를 할 수 있게 하기 위하여 사업자가 그 지위를 남용하여 상대방에게 거래상 불이익을 주는 행위를 금지시키고자 하는 데 그 취지가 있는 것으로서, 거래상 지위의 남용행위로서 불이익제공행위에 해당한다고 하기 위해서는 당해 행위의 내용이 상대방에게 다소 불이익하다는 점만으로는 부족하고, 구입강제, 이익제공강요, 판매목표강제 등과 동일시할 수 있을 정도로 일방 당사자가 자기의 거래상의 지위를 부당하게 이용하여 그 거래조건을 설정 또는 변경하거나 그 이행과정에서 불이익을 준 것으로 인정되어야 하고, 이때 부당성의 유무를 판단함에 있어서는 당해 행위의 의도와 목적, 효과와 영향 등과 같은 구체적 태양과 상품의 특성, 거래의 상황, 해당 사업자의 시장에서의 우월적 지위의 정도 및 상대방이 받게 되는 불이익의 내용과 정도 등에 비추어 볼 때, 정상적인 거래관행을 벗어난 것으로서 공정한 거래를 저해할 우려가 있는지 여부를 판단하여 결정하여야 한다(대법원 1998.3.27. 선고 96누18489 판결, 대법원 2003.12.26. 선고 2001두9646 판결 등 참조)."는 일관된 법리를 제시하였다. 그리고 이어서 "원심판결 이유에 의하면, 원심은 그 채택 증거를 종합하여 인정되는 다음과 같은 여러 사정들을 종합하면, 원고가 제품공급 시 가격을 확정하지 아니한 행위가 불이익제공행위에 해당한다고 보기 어렵다고 판단하였다. 원심판결 이유 및 기록에 의하면, 이 사건 사후정산 방식의 거래는 거래주유소들과의 사전 합의에 기초하지 아니한 것으로서, 원고의 거래 주유소들로 하여금 사전에 적정한 판매가격을 책정하기 어렵게 할 수 있을 뿐만 아니라 제품가격에 따른 탄력적인 구매 관련 영업활동을 제약할 가능성이 있어 상대방에게 다소 불이익하게 거래조건을 설정하거나 그 이행과정에서 불이익을 주었다고 볼 여지도 있으나, 한편 원고가 속한 이 사건 석유제품 공급시장, 유통시장의 구조와 현황 및 관련시장 내 원고의 지위, 정유사와 거래주유소 사이의 자금 및 시설 등 지원현황, 원고의 위와 같은 행위가 이루어진 경위 및 과정을 비롯하여 상대방에게 생길 수 있는 불이익의 내용과 불이익 발생의 개연성, 당사자 사이의 일상 거래과정에 미치는 경쟁제약의 정도, 관련업계의 거래관행과 거래형태, 일반 경쟁질서에 미치는 영향 등 기록에 나타난 여러 요소를 종합하여 보면, 원고의 위와 같은 행위가 구입강제, 이익제공강요, 판매목표강제 등과 동일시할 수 있을 정도로 자기의 거래상의 지위를 부당하게 이용하여 그 거래조건을 설정 또는 변경하거나 그 이행과정에서 불이익을 줌으로써 공정거래를 저해할 우려가 있는 것이라고 볼 수는 없다. 앞서 본 법리 및 기록에 비추어 살펴보면, 원심의 이유 설시에 일부 적절하지 않은 점이 있으나, 원심의 이와 같은 판단은 정당하다."고 판결하였다.

7. 대법원 2015.9.10. 선고 2012두18325 판결(금보개발(주)의 거래상 지위 남용행위 건, 2011.7.4. 공정위 의결)

가. 공정위 의결

공정위는 위법성 성립요건 관련하여, "불공정거래행위의 한 유형으로 사업자가 '자기의 거래상의 지위를 부당하게 이용하여 상대방과 거래하는 행위'를 규정하고 있는 것은, 현실의 거래관계에서 경제력에 차이가 있는 거래주체 간에도 상호 대등한 지위에서 공정한 거래를 할 수 있게 하기 위하여 상대적으로 우월한 지위 또는 적어도 상대방의 거래활동에 상당한 영향을 미칠 수 있는 지위에 있는 사업자에 대하여 그 지위를 남용하여 상대방에게 거래상 불이익을 주는 행위를 금지시키고자 하는 데 그 취지가 있는 것으로서, 여기서 말하는 거래상의 지위를 부당하게 이용하였는지 여부는 당사자가 처하고 있는 시장 및 거래의 상황, 당사자 간의 전체적 사업능력의 격차, 거래의 대상인 상품 또는 용역의 특성, 그리고 당해 행위의 의도·목적·효과·영향 및 구체적인 태양, 해당 사업자의 시장에서의 우월한 지위의 정도 및 상대방이 받게 되는 불이익의 내용과 정도 등에 비추어 볼 때 정상적인 거래관행을 벗어난 것으로서 공정한 거래를 저해할 우려가 있는지 여부를 판단하여 결정한다(대법원 2000.6.9. 선고 97누19427 판결, 대법원 2002.1.25. 선고 2000두9359 판결, 대법원 2006.9.8. 선고 2003두7859 판결). 또한, 불이익제공행위에 있어서 불이익에 해당하기 위해서는 그 행위의 내용이 상대방에게 다소 불이익하다는 점만으로는 부족하고, 구입강제, 이익제공강요, 판매목표강제 등과 동일시할 수 있을 정도로 일방 당사자가 자기의 거래상의 지위를 부당하게 이용하여 그 거래조건을 설정 또는 변경하거나 그 이행과정에서 불이익을 준 것으로 인정되어야 하고, 또한 거래상 지위를 부당하게 이용하여 상대방에게 불이익을 준 행위인지 여부는 당해 행위의 의도와 목적, 효과와 영향 등과 같은 구체적 태양과 상품의 특성, 거래의 상황, 해당 사업자의 시장에서의 우월한 지위의 정도 및 상대방이 받게 되는 불이익의 내용과 정도 등에 비추어 볼 때 정상적인 거래관행을 벗어난 것으로서 공정한 거래를 저해할 우려가 있는지 여부를 판단하여 결정한다(대법원 2006.12.21. 선고 2004두5119 판결)."는 일관된 기본 법리를 제시하였다.

그리고 계약기간 중에 거래상대방인 평일회원의 사전 동의없이 일방적으로 평일회원의 자격 기간 및 그 연장 관련 거래조건을 불리하게 변경하거나, 소멸성 연회비 신설 등 추가적인 비용을 부담시키는 거래조건을 설정한 행위에 대하여 구체적인 사실관계의 인정 등을 통하여 피심인의 행위는 계약기간 중에 거래상대방에게 불이익이 되도록 거래조건을 일방적으로 변경한 행위로서 법 제23조(불공정거래행위의 금지) 제1항 제4호 및 법 시행령에 따른 거래상 지위 남용행위 중 불이익제공행위에 해당된다고 결정하였다.

나. 서울고등법원 2012.7.12. 선고 2011누26505 판결

서울고등법원은 "불이익 제공행위에 있어서 불이익에 해당하기 위해서는 그 행위의 내용이 상대방에게 다소 불이익하다는 점만으로는 부족하고, 구입강제, 이익제공강요, 판매목표 강제 등과 동일시할 수 있을 정도로 일방 당사자가 자기의 거래상의 지위를 부당하게 이용하여 그 거래조건을 설정 또는 변경하거나 그 이행과정에서 불이익을 준 것으로 인정되어야 하고, 또한 거래상 지위를 부당하게 이용하여 상대방에게 불이익을 준 행위인지 여부는 당해 행위의 의도·목적·효과·영향 등과 같은 구체적 태양, 상품의 특성, 거래의 상황, 해당 사업자의 시장에서의 우월한 지위의 정도 및 상대방이 받게 되는 불이익의 내용과 정도 등에 비추어 볼 때 정상적인 거래관행을 벗어난 것으로서 공정한 거래를 저해할 우려가 있는지 여부를 판단하여 결정하여야 한다(대법원 2000.6.9. 선고 97누19427 판결 등 참조)."는 확립된 기본 법리를 제시하고, 원고가 회칙을 변경하여 평일회원들에게 불이익을 준 것은 정상적인 거래관행을 벗어난 것으로서 공정한 거래를 거래할 우려가 있다고 할 수 있으므로 부당한 불이익 제공에 해당한다고 판시하였다.

다. 대법원 2015.9.10. 선고 2012두18325 판결

대법원은 "이러한 원심의 판단은 다음과 같은 이유로 수긍하기 어렵다. (1) 불공정거래행위의 한 유형으로 거래상 지위의 남용행위를 규정하고 있는 것은, 현실의 거래관계에서 경제력에 차이가 있는 거래주체 사이에도 상호 대등한 지위에서 법이 보장하는 공정한 거래를 할 수 있게 하기 위하여, 사업자가 그 지위를 남용하여 상대방에게 거래상 불이익을 주는 행위를 금지시키고자 하는 데 그 취지가 있다. 나아가 거래상 지위의 남용행위로서 불이익 제공에 해당한다고 하기 위해서는 당해 행위의 내용이 상대방에게 다소 불이익하다는 점만으로는 부족하고, 구입 강제, 이익제공 강요, 판매목표 강제 등과 동일시할 수 있을 정도로 일방 당사자가 자기의 기래상의 시위를 부당하게 이용하여 그 거래조건을 설정 또는 변경하거나 그 이행과정에서 불이익을 준 것으로 인정되어야 한다(대법원 2013.4.25. 선고 2010두25909 판결 등 참조). 그리고 공정거래법은 불공정거래행위를 규제하여 공정하고 자유로운 경쟁을 촉진함으로써 창의적인 기업활동을 조장하고 소비자를 보호함과 아울러 국민경제의 균형있는 발전을 도모함을 목적으로 하고(제1조 참조), 불공정거래행위에서의 '거래'란 통상의 매매와 같은 개별적인 계약 자체를 가리키는 것이 아니라 그보다 넓은 의미로서 사업활동을 위한 수단 일반 또는 거래질서를 뜻하는 것으로 보아야 하는 점(대법원 2010.1.14. 선고 2008두14739 판결 참조)을 고려할 때, 공정거래법 제23조(현행법 제45조) 제1항은 단순히 불공정한 계약내용이나 사법상 권리의무를 조정하기 위한 것이 아니라 공정한 거래질서 또는 경쟁질서의 확립을 위하여 경제에 관한 규제와 조정이라는 공법적 관점에서 불공정한 거래행위를 금지하는 규정이라고 보아야 한다. 또한 공정거래법 제23조 제1항 각 호 중 이 사건 처분의 근거가 된 제4호를 제외한 나머지 규정이 금지하고 있는 불공정거래행위의 구체적인 유형은, '부당하게 거래를 거절하거나 거래의 상대방을 차별하여 취급하는 행위'(제1호), '부당하게 경쟁자를 배제하는 행위'(제2호), '부당하게 경쟁자의 고객을 자기와 거래하도록 유인하거나 강제하는 행위'(제3호), '거래의 상대방의 사업활동을 부당하게 구속하는 조건으로 거래하거나 다른 사업자의 사업활동을 방해하는 행위'(제5호), '부당하게 특수관계인 또는 다른 회사에 대하여 가지급금·대여금·인력·부동산·유가증권·상품·용역·무체재산권 등을 제공하거나 현저히 유리한 조건으로 거래하여 특수관계인 또는 다른 회사를 지원하는 행위'(제7호) 등이고, 구 공정거래법 시행령 제36조 제1항 [별표 1]은 위와 같은 불공정거래행위를 거래 거절(제1호), 차별적 취급(제2호), 경쟁사업자 배제(제3호), 부당한 고객유인(제4호), 거래 강제(제5호), 구속조건부 거래(제7호), 사업활동 방해(제8호), 부당한 지원행위(제10호) 등으로 세부적으로 유형화하고 있다. 이와 같은 불공정거래행위에 관한 법령의 규정 내용에 따르면, 그 문언에서 행위의 상대방을 사업자 또는 경쟁자로 규정하고 있거나 그 문언의 해석상 거래질서 또는 경쟁질서와의 관련성을 요구하고 있으므로, 이러한 규정의 체계를 고려할 때 공정거래법 제23조 제1항 제4호가 '자기의 거래상의 지위를 부당하게 이용하여 상대방과 거래하는 행위'라고 규정하여 행위의 상대방을 사업자 또는 경쟁자로 한정하고 있지는 않지만, 그 거래상 지위의 남용행위에서는 적어도 거래질서와의 관련성은 필요하다고 보아야 한다. 이상과 같은 여러 사정을 종합하여 보면, 거래상 지위 남용행위의 상대방이 경쟁자 또는 사업자가 아니라 일반 소비자인 경우에는 단순히 거래관계에서 문제될 수 있는 행태 그 자체가 아니라, 널리 거래질서에 미칠 수 있는 파급효과라는 측면에서 거래상 지위를 가지는 사업자의 불이익 제공행위 등으로 인하여 불특정 다수의 소비자에게 피해를 입힐 우려가 있거나, 유사한 위반행위 유형이 계속적·반복적으로 발생할 수 있는 등 거래질서와의 관련성이 인정되는 경우에 한하여 공정한 거래를 저해할 우려가 있는 것으로 해석함이 타당하다고 할 것이다. (2) 이러한 법리에 비추어 보면, 비록 이 사건 행위의 내용이 원고의 평일회원들에게 다소 불이익하다고 볼 수는 있지만, 평일회원들은 골프장 경영 회사인 원고에 대한 관계에서 일반 소비자에 해당하므로, 먼저 거래질서와의 관련성이 인정되어야만 이 사건 행위가 공정한 거래를 저해할 우려가 있다고 볼 수 있을 것이다. 그런데 원심이 이 사건 행위의 부당성을 인정하는 근거로 든 판시의 사정들은, 이 사건 행위의 내용이 평일회원들에게 불이익하고 그 행위가 일방적으로 이루어졌다는 점을 뒷받침하는 것으로서 원고가 특정 회원들과 사적 거래관계를 개별적으로 형성하는 과정의 잘못을 지적하는 측면이 크므로, 이 사건 행위가 널리 거래질서와 관련성이 있는 것으로서 공정거래저해성이 인정된다는 근거로 삼기에는 부족하다. 나아가 기록을 살펴보아도, 불이익 제공의 대상이 된 위 평일회원들이 불특정 다수의 소비자에 해당한다고 보기 어렵고, 원고뿐 아니라 다른 골프장 경영 회사와 소속 회원들 사이에 이 사건 행위와 유사한 형태의 행위가 계속적·반복적으로 발생할 수 있다는 등 거래질서와의 관련성을 인정할 만한 뚜렷한 자료도 없다. 뿐만 아니라 체육시설의 설치·이용에 관한 법률 제18조, 위 법 시행령 제19조 제2호는 체육시설의 회원으로 가입한 이후 회원 권익에 관한 약정이 변경되는 경우에는 기존 회원은 탈퇴할 수 있으며, 탈퇴자가 입회금의 반환을 요구하는 경우에는 체육시설업자 등은 지체 없이 이를 반환하여야 한다고 규정하고 있어, 평일회원들은 이 사건 행위로 인하여 회원 권익에 관한 약정이 변경되었음을 들어 자유로이 탈퇴하고 입회금을 반환받을 수 있으므로, 평일회원들의 권리에 대한 사법적 보호도 불충분하다고 할 수 없다. 이와 같은 제반 사정을 종합하여 보면, 이 사건 행위는 외형상 공정거래법 시행령 제36조 제1항 [별표 1] 제6호 (라)목이 규정하는 거래상 지위 남용행위의 형식적 요건을 갖추었다고 볼 여지는 있지만, 거래질서와의 관련성이 인정되지 아니하므로 공정한 거래를 저해할 우려가 있는 것으로 보기는 어렵다.”고 판결하였다.

라. 서울고등법원 2015.12.18. 선고 2015누1832 판결

서울고등법원은 부당한 불이익 제공 여부의 판단에서 위 대법원 판결의 법리, 판결내용을 그대로 인용하여 환송후 판결을 내렸다.

불공정거래행위 중 거래지역 또는 거래상대방의 제한행위

Ⅰ. 제도의 의의 및 내용

법 제45조(불공정거래행위의 금지) 제1항 제7호는 거래의 상대방의 사업활동을 부당하게 구속하는 조건으로 거래하는 행위로서 공정한 거래를 해칠 우려가 있는 행위를 금지하고 있으며, 시행령 제52조(불공정거래행위의 유형 또는 기준) [별표 2] 제7호(구속조건부거래) 나목(거래지역 또는 거래상대방의 제한)에서 상품 또는 용역을 거래하는 경우에 그 거래상대방의 거래지역 또는 거래상대방을 부당하게 구속하는 조건으로 거래하는 행위를 한 유형으로 규정하고 있다.

그리고 2005년 1월 그동안 심결사례와 판결례, 용역 결과 등을 토대로 제정·시행된 내부지침인 '불공정거래행위 심사지침'은 위법성 심사의 일반원칙과 안전지대의 설정, 시행령에서 정하고 있는 구체적인 불공정거래행위의 유형별로 구체적인 위법성 심사기준을 규정하고 있다(이슈 12: 공정거래법 집행과 내부지침 Ⅰ. 1., 2. 참조).

심사지침은 먼저 규제사유에 대하여 거래상대방에게 거래지역이나 거래처를 제한함으로써 당해 지역 또는 거래처에 대한 독점력을 부여하여 경쟁을 저해하게 된다면 소비자후생의 저하를 초래할 수 있게 되므로 금지한다고 규정하고 있다. 대상행위로서 ① 거래상대방의 판매지역 구속에는 그 구속의 정도에 따라 거래상대방의 판매책임지역을 설정할 뿐 그 지역 외 판매를 허용하는 책임지역제(또는 판매거점제), 판매지역을 한정하지만 복수판매자를 허용하는 개방 지역제한제(open territory), 거래상대방의 판매지역을 할당하고 이를 어길 경우에 제재함으로써 이를 강제하는 엄격한 지역제한제(closed territory)로 구분하고 있으며, ② 거래상대방의 거래상대방 구속에는 거래상대방의 영업대상 또는 거래처를 제한하는 행위로, 예를 들면 제조업자나 수입업자가 대리점(또는 판매업자)을 가정용 대리점과 업소용 대리점으로 구분하여 서로 상대의 영역을 넘지 못하도록 하거나 대리점이 거래할 도매업자 또는 소매업자를 지정하는 행위 등이 해당된다. 이러한 구속조건은 사업자가 거래상대방이나 거래지역을 일방적으로 강요할 것을 요하지 않으며, 거래상대방의 요구나 당사자의 자발적인 합의에 의한 것을 포함하며, 조건은 그 형태나 명칭을 묻지 않으며, 거래상대방이 사실상 구속을 받는 것으로 충분하다. 구속의 대상이 되는 거래상대방에는 소비자가 포함되지 아니하며, 거래지역 제한 또는 거래상대방 제한은 수직적 거래관계에 있는 거래상대방에게 가격 이외의 조건을 구속한다는 점에서 법 제46조에 의한 재판매가격유지행위와 구별된다. 그리고 재판매가격유지행위의 금지와 마찬가지로 사업자가 자신의 계산과 위험부담하에 위탁매매인에게 판매대상 등을 지정하는 상법상 위탁매매관계는 거래상대방의 판매지역 또는 거래상대방 제한에 해당되지 않는다.

심사지침은 위법성의 판단기준 관련하여 거래지역 또는 거래상대방 제한이 관련시장에서의 경쟁을 제한하는지 여부를 위주로 판단하며, 경쟁제한성이 있는지 여부는 다음 사항을 감안하여 브랜드내 경쟁제한효과와 브랜드간 경쟁촉진효과를 비교형량한 후 판단하도록 규정하고 있다. ① 거래지역 또는 거래상대방 제한의 정도. 책임지역제 또는 개방 지역제한제와 지역제한을 위반하여도 제재가 없는 등 구속성이 엄격하지 않은 지역제한의 경우 원칙적으로 허용된다. 지역제한을 위반하였을 때 제재가 가해지는 등 구속성이 엄격한 지역제한제는 브랜드내 경쟁을 제한하므로 위법성이 문제될 수 있다. 또한 거래상대방 제한의 경우도 거래지역제한의 경우에 준하여 판단한다. ② 당해 상품 또는 용역시장에서 브랜드간 경쟁이 활성화되어 있는지 여부. 타 사업자가 생산하는 상품 또는 용역간 브랜드 경쟁이 활성화되어 있다면 지역제한 및 거래상대방 제한은 유통업자들의 판촉활동에 대한 무임승차 경향 방지와 판촉서비스 증대 등을 통해 브랜드간 경쟁촉진효과를 촉진시킬 수 있다. ③ 행위자의 시장점유율 및 경쟁사업자의 숫자와 시장점유율. 행위자의 시장점유율이 높고 경쟁사업자의 수 및 시장점유율이 낮을수록 브랜드내 경쟁제한효과가 유발되는 정도가 커질 수 있다. ④ 지역제한이 재판매가격유지행위 등 타 불공정행위와 병행하여 행해지거나 재판매가격유지의 수단으로 사용되는지 여부. 병행하여 사용될 경우 경쟁제한효과가 클 수 있다. ⑤ 당해 행위로 인해 소비자의 선택권을 침해하거나 서비스 질 제고 및 가격인하 유인이 축소되는지 여부 등. 그리고 경쟁제한성이 있다고 판단되는 경우에도 다음과 같이 거래지역 및 거래상대방 제한의 합리성이 있다고 인정되는 경우에는 법위반으로 보지 않을 수 있다. 1) 상기 요인 이외에 거래지역 및 거래상대방 제한의 효율성 증대효과나 소비자후생 증대 효과가 경쟁제한효과를 현저히 상회하는 경우. 2) 거래지역 및 거래상대방 제한에 기타 합리적인 사유가 있다고 인정되는 경우 등. 또한 행위 사업자의 시장점유율이 10% 미만인 경우에는 당해 시장에서의 경쟁제한효과가 미미하다고 보아 원칙적으로 심사면제 대상으로 한다(안전지대의 설정).

한편 법위반에 해당될 수 있는 행위로서 ① 독과점적 시장구조하에서 시장점유율이 상당한 제조업자가 대리점마다 영업구역을 지정 또는 할당하고, 그 구역 밖에서의 판촉 내지 판매활동을 금지하면서 이를 위반할 경우 계약해지를 할 수 있도록 하는 경우. ② 독과점적 시장구조하에서 시장점유율이 상당한 제조업자가 대리점을 가정용과 업소용으로 엄격히 구분하고 이를 어길 경우에 대리점 계약을 해지할 수 있도록 하는 행위. ③ 제조업자가 재판매가격유지의 실효성 제고를 위해 도매업자에 대해 그 판매선인 소매업자를 한정하여 지정하고 소매업자에 대해서는 특정 도매업자에게서만 매입하도록 하는 행위 등을 예시하고 있다.

Ⅱ. 공정위와 법원의 법리 형성

법 제45조 제1항 제7호 및 시행령 제52조 [별표 2] 제7호에 따른 구속조건부거래행위는 배타조건부거래(가 목), 거래지역 또는 거래상대방의 제한(나 목)이 있으며, 법 제46조의 재판매가격유지행위를 포함하여 학설 및 판례상 수직적거래제한으로 논의되고 있다.

이중 재판매가격유지행위의 경우 전세계적으로 당연위법으로 엄격하게 위법성을 인정해 왔으나 미국에서는 2007년 6월 연방대법원의 리진(Leegin) 판결, 우리나라의 경우 대법원의 2010.11.25 한미약품 판결 및 2011.3.10. 한국캘러웨이골프 판결에서 최초로 상표(브랜드) 간 경쟁의 촉진 등 정당한 이유가 있는 경우에는 예외적으로 허용할 필요가 있다는 판결이 나오면서 새로운 법리로 확립되었다(이슈 29: 재판매가격유지행위의 금지 Ⅱ, Ⅲ. 1. 참조). 그리고 미국에서 리진 판결이 나온 이후, 피심인이 공정위 단계에서부터 재판매가격유지행위의 부당성 관련하여 브랜드 간 경쟁촉진효과와 브랜드내 경쟁제한효과를 비교형량해야 한다는 주장이 나오기 시작했다(위 이슈 29. Ⅲ. 1. 가. 참조).

한편 거래지역 또는 거래상대방의 제한을 포함한 비가격 수직적거래제한의 경우 합리의 원칙이 관련 규정이나 실제 법집행에서 반영되어 상대적으로 관대한 취급을 받아 왔다. 공정위 및 법원(서울고등법원과 대법원)에서 공통적으로 거래지역 또는 거래상대방의 제한에 관하여 부당성의 판단기준을 처음으로 보다 구체적으로 제시한 사건은 2009.1.19. 공정위가 의결한 한국캘러웨이골프(유)의 재판매가격유지행위 및 구속조건부거래행위 건이다(아래 Ⅲ. 2. 한국캘러웨이골프(유)의 재판매가격유지행위 및 구속조건부거래행위 건 참조). 즉 한국캘러웨이골프 사건에서 공정위(2009.1.19.)는 '불공정거래행위 심사지침'에 규정된 위법성 판단기준의 제시 및 이에 따른 판단을 하였으며, 서울고등법원 2010.4.21. 선고 2009누5482 판결도 그 법리를 그대로 따랐고, 대법원 2011.3.10. 선고 2010두9976도 이와 비슷한 취지의 법리를 제시하였다. 그 이후부터 거래지역 또는 거래상대방의 제한행위의 부당성(공정거래저해성)에 관한 법리는 공정위나 법원 모두 동일한 입장을 일관되게 취하고 있다고 볼 수 있다.

그동안의 공정위 심결사례들을 살펴보면 배타조건부거래, 거래지역 또는 거래상대방의 제한과 같은 구속조건부거래행위는 체결된 계약조항 자체를 통해 용이하게 확인된다는 점과 위반시 행정적 제재 수단의 하나인 과징금 납부 명령을 적극적으로 활용하지 않아서 시정조치 처분이 상대적으로 쉽고 활발하게 이루어져 왔고 불복 소송도 거의 없었다. ㈜참존의 구속조건부거래행위 건(1995.12.5. 공정위 의결)에서 국내 화장품시장에서의 시장점유율이 미미(1.55%, 13위)한 점을 감안하여 배타조건부거래행위는 무혐의하는 한편 사업소에 대한 판매지역 지정 및 공탁금 징수 행위에 대해서는 시정조치명령을 의결하였다.[1] 최근에는 불복 소송도 자주 제기되고 있으며 관련 법원 판결례들을 보면 공정위의 의결을 거의 대부분 인정해 왔고, 서울고등법원 2020.1.23. 선고 2017누76786 판결(소위 고어텍스 판결)에서 동일한 법리하에 공정거래저해성을 불인정한 최초의 케이스가 나왔다.[2]

아래에서 그동안의 주요 공정위 심결사례 및 법원 판결례를 소개하고 이어서 별도로 고어텍스 판결을 살펴보기로 한다.

Ⅲ. 주요 공정위 심결사례 및 법원 판결례

1. 한미약품(주)의 부당한 고객유인행위 등에 대한 건(2007.12.20. 공정위 의결)

가. 공정위 의결

피심인은 자기가 판매하는 제품에 비표를 부착하는 방법을 통하여 도매상 가운데 자기가 지정한 납품처 이외의 거래처에 납품하는 도매상('비정상유통처')를 적발하였고, 2005.11.30.~2006.2.16. 기간 중에 비정상유통처의 영업담당자들로부터 각서를 징구하고 '비정상유통처'에 대하여는 거래정리 등의 조치를 취하는 등 의약품을 판매함에 있어서 거래상대방인 도매상들의 납품처를 지정하는 방법으로 거래상대방의 사업활동을 부당하게 구속하는 행위를 하였다.

공정위는 "위법성 성립요건으로 법 제23조 제1항 제5호 전단(현행법 제45조 제1항 제7호)에서의 '거래의 상대방의 사업활동을 부당하게 구속하는 조건으로 거래하는 행위'로서 거래지역 또는 거래상대방의 제한행위가 성립하기 위해서는 ① 거래상대방의 판매지역 또는 거래

---

1) 이동규, 독점규제 및 공정거래에 관한 법률 개론(개정판), 1997, 561~562면.
2) 대법원 2022.8.25. 선고 2020두35219 판결로 확정되었다. 본 이슈 Ⅳ. 고어텍스 판결 참조.

상대방을 제한하여야 되고, ② 그 제한이 공정한 거래를 저해할 우려가 있어야 한다. 거래상대방의 제한 관련하여 피심인의 행위 사실에 비추어 볼 때, 피심인은 자기와 거래하는 도매상들의 거래상대방을 피심인이 지정한 납품처로 제한한 것이 인정된다. 그리고 공정거래저해 여부 관련하여, 사업자는 자기가 상품을 판매할 거래상대방을 자유롭게 결정할 수 있어야 한다. 위 행위 사실에 비추어 볼 때, 피심인은 도매상의 거래상대방을 일정한 병원으로 제한하고 이를 위반할 경우 각서징구, 거래정지등의 제재수단을 취하였으므로 그로 인하여 도매상의 거래처 선택의 자유가 제한되고 도매상간의 경쟁이 감소되므로 의약품 시장에서의 바람직한 경쟁질서를 저해하는 행위로 인정된다."고 결정하였다.

나. 서울고등법원 2009.5.14. 선고 2008누2530 판결

원고는 "당초에 원고가 특정한 병원에 배송만을 하기로 계약한 도매상(이를 '간납도매상'이라고 부른다)에 대하여 계약을 그대로 이행하도록 촉구한 것에 불과하다. 또한 원고는 단순히 비지정거래처와 거래를 하지 말라고 요구하였을 뿐, 이들에게 어떠한 불이익을 주거나 강제력을 행사한 바 없으므로 원고의 행위에는 아무런 구속력이 없었다."고 주장하였다.

이에 대하여 서울고등법원은 구속조건부거래행위 부분에 대하여 "해당 행위의 상대방이 단순히 의약품의 배송만을 하는 간납도매상이라고 볼 자료도 없거니와 이는 도매상 의무경유제도를 잠탈하는 것이라 할 것이고, 원고가 지정한 납품처가 아닌 곳에 납품을 하는 경우 비정상거래처로 적발하고, 각서징구, 거래정리 등의 조치를 취하여 도매상에 대하여 실질적인 구속력이 있었다 할 것이므로, 원고의 해당 행위는 구속조건부거래에 해당한다."고 판결하였다.

한편 원고는 피고의 '불공정거래행위 심사지침'상 안전지대 관련하여 "'불공정거래행위 심사지침'에서는 행위 사업자의 시장점유율이 10% 미만인 경우 원칙적으로 심사면제대상으로 한다고 규정하고 있는바, 원고의 2007년 기준 시장점유율은 4.3%에 불과하므로 처음부터 불공정거래행위의 심사대상이 될 수 없다."고 주장하였으나 서울고등법원은 "피고가 제정한 '불공정거래행위 심사지침'에서는 행위 사업자의 시장점유율이 10% 미만인 경우 원칙적으로 심사면제대상(안전지대)으로 한다고 규정하고 있기는 하나, 여기서 말하는 시장점유율은 원고가 말하는 것처럼 국내 제약시장에서의 원고의 매출액이 차지하는 비율을 말하는 것이 아니라, 원고의 제품과 경쟁관계가 성립할 수 있는 일정한 거래분야에서의 시장점유율을 의미하는 것으로 보아야 하고, 위 심사지침에 따르면 안전지대에 해당되는 사업자의 행위라도 심사를 개시할 수 없는 것은 아니라고 규정하고 있으므로, 이에 관한 원고의 주장은 받아들이기 어렵다."고 판결하였다.

다. 대법원 2010.11.25. 선고 2009두9543 판결

대법원은 "원심은 원고가 도매상들에 대하여 지정 납품처 아닌 곳에의 납품을 금지하고, 이를 어기는 도매상들을 적발하여 각서를 징구하거나, 경고장 발송, 거래 정리 등의 조치를 취한 사실을 인정한 다음, 이와 같이 거래상대방을 제한하는 행위의 상대방이 단순히 의약품의 배송 역할만을 담당하는 간납도매상이라고 볼 자료가 없고, 원고의 이러한 행위는 도매상들에 대하여 실질적인 구속력이 있었으므로, 이는 구속조건부거래에 해당한다고 판단하였다. 또한 원심은, 피고가 제정한 불공정거래행위 심사지침은 행위 사업자의 시장점유율이 10% 미만인 경우 원칙적으로 심사면제대상(안전지대)으로 한다고 규정하고 있기는 하나, 여기서 말하는 시장점유율은 원고 주장처럼 국내 제약시장에서 원고의 매출액이 차지하는 비율을 말하는 것이 아니라 원고의 제품과 경쟁관계가 성립할 수 있는 일정한 거래분야에서의 시장점유율을 의미하는 것으로 보아야 하고, 위 심사지침에 따르면 안전지대에 해당되는 사업자의 행위라도 심사를 개시할 수 없는 것은 아니라고 규정하고 있는 점 등에 비추어 보면, 원고의 행위는 구속조건부거래에 해당한다는 취지로 판단하였다. 원심판결에는 이에 관하여 상고이유로 주장하는 바와 같이 구속조건부거래에 관한 법리를 오해하는 등의 위법이 없다."고 판결하였다.

최저재판매가격행위에 대하여 정당한 이유가 있는지 여부를 따져 보아야 된다는 법리를 처음으로 제시하였던 대법원의 한미약품 판결은 구속조건부거래에 대해서는 상대적으로 간략한 판결내용을 담고 있다.

2. 한국캘러웨이골프(유)의 재판매가격유지행위 및 구속조건부거래행위 건 (2009.1.19. 공정위 의결)

가. 공정위 의결

피심인은 대리점과 계약을 체결하면서 사전 서면 동의 없이 상품을 다른 판매점에 판매할 수 없고 이를 위반할 경우 상품공급의 중단 및 계약 해지가 될 수 있다는 조항을 설정하고 이를 위반한 대리점사업자에게 출고정지 등의 불이익을 주었다.

공정위는 "구속조건부 거래행위로서 위법성이 인정되기 위하여는 첫째, 거래상대방을 구속하는 조건으로 거래할 것, 둘째, 이러한 거래상대방을 구속하는 행위가 관련시장에서의 경

쟁을 제한하여야 한다. 사업자가 상품 또는 용역을 거래함에 있어서 대리점에게 거래 상대
방을 제한하는 행위가 구속조건부 거래행위에 해당하는지 여부는 당해 제한의 정도, 당해
상품 또는 용역시장에서 브랜드간 경쟁이 활성화되어 있는지 여부, 행위자의 시장점유율 및
경쟁사업자의 숫자와 시장점유율, 재판매가격유지행위 등의 수단으로 사용되는지 여부 등을
종합적으로 고려하여 판단한다."는 법리를 제시하였다.

그리고 위법성 판단 관련하여, "피심인의 행위는 다음 사항들을 고려할 때, 소속 대리점의
거래상대방을 제한하여 관련시장에서의 경쟁을 제한하는 행위에 해당된다고 판단된다. ①
대리점은 독립된 별개의 사업자로서 거래의 상대방 선택은 대리점의 자유로운 의사에 의하
여 결정하여야 할 사항임에도 불구하고, 피심인은 대리점이 다른 판매점과 거래하지 않도록
하기 위해 계약서상 상품공급 중단 및 거래해지 등의 제재방안을 명기하였고, 이러한 중도
매 행위 적발시 출고정지를 단행하는 등 제재조치를 실행함으로써 대리점이 거래상대방을
자유로이 선택할 수 없도록 하였다. ② 피심인은 골프채 시장에서 10% 이상의 점유율로 2
위 사업자의 지위에 있어, 피심인의 행위는 브랜드내 경쟁을 제한하는 효과 외에도 시장전
체의 경쟁을 제한하는 효과를 갖는다. ③ 피심인이 중도매를 금지한 궁극적 취지는 소속대
리점으로부터 피심인과의 상품 공급 계약을 체결하지 않은 비대리점으로 물건이 공급되면
이러한 비대리점에 대한 가격통제가 어렵기 때문에 사실상 피심인 골프용품의 재판매가격을
유지하기 위한 수단으로 활용하려는 목적으로 보인다. 이러한 중도매 금지행위는 재판매가
격유지행위와 함께 피심인을 비롯한 대부분의 경쟁 브랜드의 독점수입업자들 간에 관행화
되어 있는데, 각 대리점이 다수 브랜드를 취급하는 유통구조의 특성상 특정 브랜드의 중도
매 행위가 방치될 경우, 당해 브랜드의 가격을 유지하기 어려워질 뿐 아니라, 자칫하면 다른
브랜드에도 영향을 끼칠 수 있으므로 이로 인한 가격경쟁을 막기 위한 수단으로 중도매 금
지가 행해지고 있는 것으로 판단된다. ④ 피심인의 중도매금지는 사업자간 가격 경쟁을 제
한하여 소비자가격이 높게 유지되도록 하는 효과를 갖는다."고 판단하였다.

피심인은 "자신이 공급하는 골프용품이 프리미엄 제품으로서, 전문 지식을 가진 골프전문
점에서 판매가 되지 않는다면 소비자에게 양질의 서비스(플레잉 습관의 분석, A/S 등)를 제공
할 수 없고, 유통체계의 조직적이고 효율적인 관리·유지를 할 수 없기 때문에 이에 대한 방
지 차원에서 중도매 금지 정책을 쓰고 있어서 위법행위로 볼 수 없다."고 주장하였으나, 공
정위는 "피심인이 주장한 대로 중도매금지가 소비자에게 양질의 서비스를 제공하고, 유통체
계의 조직적이고 효율적인 관리·유지를 위해 필요한 측면이 일부 인정되나, 중도매금지행위
가 시장에서의 경쟁을 줄이고 소비자후생을 감소시키는 측면을 고려할 때 위법성을 조각시

킬 정도의 타당성은 인정할 수 없다. 더구나 피심인을 비롯한 대부분의 경쟁 브랜드의 독점 수입업자들 간에도 중도매금지가 관행화된 점, 각 대리점이 다수 브랜드를 취급하는 유통구조를 가진 점 등을 고려할 때 중도매금지가 사실상 피심인 골프용품의 재판매가격을 유지하기 위한 수단으로 활용하려는 목적으로 보이므로 피심인의 주장은 받아들이기 어렵다."고 결정하였다.

나. 서울고등법원 2010.4.21. 선고 2009누5482 판결

원고는 이 사건 구속조건부거래행위는 재판매가격유지 등 부당한 목적을 위한 조치가 아니라, 소비자에 대한 적정한 서비스 제공, 유통 체계의 조직적 · 효율적 관리, 원고의 브랜드 관리를 위하여 필요한 조치이므로, 위법성이 인정되지 아니한다고 주장하였다.

이에 대하여 서울고등법원은 "구속조건부 거래행위로서 위법성이 인정되기 위하여는 첫째, 거래상대방을 구속하는 조건으로 거래하여야 하고, 둘째, 이러한 거래상대방을 구속하는 행위가 관련시장에서의 경쟁을 제한하여야 한다. 사업자가 상품 또는 용역을 거래함에 있어서 대리점에게 거래상대방을 제한하는 행위가 구속조건부거래행위에 해당하는지 여부는 당해 제한의 정도, 당해 상품 또는 용역시장에서 브랜드간 경쟁이 활성화되어 있는지 여부, 행위자의 시장점유율 및 경쟁사업자의 숫자와 시장점유율, 재판매가격유지행위 등의 수단으로 사용되는지 여부 등을 종합적으로 고려하여 판단한다. 이 사건으로 돌아와 보건대, 원고가 대리점과 계약을 체결하면서 사전 서면 동의 없이 상품을 다른 판매점에 판매할 수 없고 이를 위반할 경우 상품공급의 중단 및 계약해지를 규정하여 이를 실행한 사실은 앞서 본 바와 같은바, 이러한 행위는 거래상대방을 구속하는 조건으로 거래하는 행위에 해당된다. 그리고 원고의 행위는 다음과 같은 점에서 소속 대리점의 거래상대방을 제한하여 관련시장에서의 경쟁을 제한하는 행위에 해당한다. 첫째, 원고는 골프채 시장에서 10% 이상의 점유율로 2위 사업자의 지위에 있어, 원고의 행위는 브랜드 내 경쟁을 제한하는 효과 외에도 시장전체의 경쟁을 제한하는 효과를 가진다. 둘째, 대리점은 독립된 별개의 사업자로서 거래의 상대방 선택은 대리점의 자유로운 의사에 의하여 결정하여야 할 사항임에도 불구하고, 원고는 대리점이 다른 판매점과 거래하지 못하도록 계약서상에 상품공급 중단 및 거래해지 등의 제재방안을 명기하였고, 이러한 중도매 행위 적발시 출고정지를 단행하는 등 제재조치를 실행하였다. 셋째, 원고가 중도매를 금지한 궁극적 취지는 소속대리점으로부터 원고와의 상품 공급 계약을 체결하지 않은 비대리점으로 물건이 공급되면 이러한 비대리점에 대한 가격통제가 어렵기 때문에 사실상 원고 골프용품의 재판매가격을 유지하기 위한 수단으로 활용하려는 목적이다. 넷째, 원고의 중도매 금지는 사업자간 가격 경쟁을 제한하여 소비자가격이 높게 유지되도록 하는 효과를 갖는다. 따라서 이 사건 구속조건부거래행위에 위법성이 인정되지 않는다는 원고의 위 주장도 이유 없다."고 판결하였다.

다. 대법원 2011.3.10. 선고 2010두9976 판결

대법원은 "법 제23조 제1항 제5호, 제2항, 시행령 제36조 제1항 [별표 1] 제7호 (나)목에서 불공정거래행위의 한 유형으로 규정하고 있는 구속조건부거래 중 거래지역 또는 거래상대방의 제한은 상품 또는 용역을 거래함에 있어서 그 거래상대방의 거래지역 또는 거래상대방을 부당하게 구속하는 조건으로 거래하는 행위로서 공정한 거래를 저해할 우려가 있는 행위를 말한다. 여기에서 공정한 거래를 저해할 우려가 있는지 여부는 해당 행위의 의도와 목적, 효과와 영향 등 구체적 태양과 거래의 형태, 상품 또는 용역의 특성, 시장 상황, 사업자 및 거래상대방의 시장에서의 지위, 제한의 내용과 정도, 경쟁에 미치는 영향, 공정거래법상 위법한 목적 달성을 위한 다른 행위와 함께 또는 그 수단으로 사용되는지 여부 등을 종합적으로 고려하여 판단하여야 한다. 원심판결 이유에 의하면, 원고는 대리점과 계약을 체결하면서 계약서에 원고와 사전 서면 동의 없이 상품을 다른 판매점에 판매하는 것을 금지하고 이를 위반할 경우 상품공급을 중단하며 계약을 해지할 수 있다는 내용을 규정하였는데, 원고가 이와 같이 거래상대방을 제한한 궁극적 목적은 소속대리점으로부터 원고와 상품 공급계약을 체결하지 아니한 비대리점으로 물건이 공급되면 가격통제가 어려워지기 때문에 원고 골프용품의 재판매가격을 유지하기 위한 수단으로 활용하려는 것임을 알 수 있다. 이러한 사정과 앞서 본 법리에 비추어 보면, 이 사건 거래상대방 제한이 공정한 거래를 저해할 우려가 있는지 여부는, 이 사건 거래상대방 제한의 목적이 된 이 사건 재판매가격유지행위가 정당한 이유로 인하여 적법한지 여부, 이 사건 거래상대방 제한에 경쟁을 촉진하는 효과 등이 있는지 여부도 아울러 고려하여 판단함이 상당하다. 그럼에도 불구하고, 원심은 위와 같은 사정을 고려하지 아니한 채, 이 사건 제1행위인 재판매가격유지행위는 정당한 이유에 관하여 살펴 볼 필요 없이 위법하다고 단정한 후, 이 사건 거래상대방 제한은 위법한 이 사건 재판매가격유지행위의 수단으로 활용되었다는 등의 이유로 위법하다고 판단하였으니, 원심판결에는 거래상대방 제한의 공정거래저해성에 관한 법리를 오해하고 심리를 다하지 아니하여 판결에 영향을 미친 위법이 있다."고 원심판결을 파기하고 환송하였다.

한편 원고는 상고이유로서, 원고의 시장점유율이 10% 미만으로 피고(공정위)의 불공정거래행위 심사지침에서 정한 안전지대에 해당되기 때문에 원고에 대한 심사가 면제되어야 한다고 주장하였으나, 대법원은 "피고의 불공정거래행위 심사지침은 행위 사업자의 시장점유율이 10% 미만인 경우 원칙적으로 심사면제 대상(안전지대)으로 한다고 규정하고 있기는 하지만, 한편 안전지대에 해당되는 사업자의 행위라도 심사를 개시할 수 없는 것은 아니라고 규정하고 있으므로, 앞서 본 여러 사정을 종합적으로 고려하여 거래상대방 제한이 공정한 거래를 저해할 우려가 있는지를 판단하여야 하고, 안전지대에 해당된다는 이유만으로 반드시 심사면제 대상이 된다고 볼 수 없다."고 판결하였다.

라. 서울고등법원 2012.4.19. 선고 2011누10777 판결(환송후 판결)

서울고등법원은 대법원의 파기환송 취지에 따라서 먼저 재판매가격유지행위의 정당한 이유 유무를 판단하였는바, "이 사건 재판매가격유지행위가, 원고 대리점의 판매전 서비스를 활성화하는 등 가격 이외의 서비스 경쟁을 촉진하였고, 소비자의 다양한 상품 선택을 촉진하였으며, 신규 상표의 시장 진입을 쉽게 하여, 결과적으로 상표 간 경쟁을 촉진함으로써 소비자 후생을 증대시켰다고 인정하기에 부족하고, 설령 이러한 긍정적 효과를 발생시킨 측면이 있다고 하더라도, 이러한 경쟁촉진 효과 및 소비자 후생 증대 효과가 이 사건 재판매가격유지행위가 가져오는 대리점 사이의 가격 인하 제한 효과나 대리점의 자율성을 침해하는 효과를 상회한다고 인정하기에 부족하며, 달리 이를 인정할 만한 증거가 없다. 따라서 이 사건 재판매가격유지행위에는 정당한 이유가 있으므로 위법성이 인정되지 않는다는 원고의 주장도 이유 없다."고 판시하였다.

이어서 구속조건부거래행위에 관한 판단 관련하여 "불공정거래행위의 한 유형으로 규정하고 있는 구속조건부거래행위 중 거래상대방의 제한은 상품 또는 용역을 거래함에 있어서 그 거래상대방의 거래상대방을 부당하게 구속하는 조건으로 거래하는 행위로서 공정한 거래를 저해할 우려가 있는 행위를 말한다. 여기서 공정한 거래를 저해할 우려가 있는지는 해당 행위의 의도와 목적, 효과와 영향 등 구체적 태양과 거래의 형태, 상품 또는 용역의 특성, 시장 상황, 사업자 및 거래상대방의 시장에서의 지위, 제한의 내용과 정도, 경쟁에 미치는 영향, 공정거래법상 위법한 목적 달성을 위한 다른 행위와 함께 또는 그 수단으로 사용되는지 여부 등을 종합적으로 고려하여 판단하여야 한다. 위 사실관계에 의하면, 원고가 거래상대방을 제한한 궁극적 목적은 소속대리점으로부터 원고와 상품 공급계약을 체결하지 아니한 비대리점으로 물건이 공급되면 가격통제가 어려워지기 때문에 원고 골프용품의 재판매가격을 유지하기 위한 수단으로 활용하려는 것임을 알 수 있다. 이러한 점에, 앞서 본 것처럼 이 사건 재판매가격유지행위에 정당한 이유가 있다고 인정하기 어려운 점, 대리점주는 독립된 별개의 사업자로서 거래의 상대방 선택은 대리점주의 자유로운 의사에 의하여 결정하여야 할 사항임에도 이 사건 거래상대방의 제한을 통하여 의사결정의 자유를 침해한 점을 보태어 보면, 이 사건 거래상대방 제한이 소비자에 대한 적정한 서비스 제공, 유통 체계의 조직적·효율적 관리, 원고의 상표 관리를 위하여 필요한 측면이 인정된다고 하더라도, 이 사건 거래상대방 제한은 '공정한 거래를 저해할 우려가 있는 행위'에 해당하여 위법한 행위이다."라고 판시하였다.

3. (주)필립스전자의 재판매가격유지행위 및 구속조건부거래행위 건(2012.8.27. 공정위 의결)

가. 공정위 의결

피심인은 2011.3.18.부터 2012.5.18.까지 자기와 거래하는 대리점이 새로 출시된 신제품으로서 비교적 고가인 센소터치(전기면도기), 소닉케어(음파전동칫솔), 세코(에스프레소형 커피제조기), 도킹스피커 등 4개 품목 [2011.7.경부터는 에어프라이어(공기튀김기)도 포함]을 인터넷 오픈마켓에 공급하는 것을 금지하고 이를 위반한 대리점에 대하여 출고정지, 공급가격 인상 등의 제재를 하였다.

공정위는 "위법성 성립요건 관련하여, 구속조건부거래행위 중 거래상대방 제한행위가 성립하기 위해서는 ① 먼저 사업자가 거래상대방을 구속하는 조건으로 거래할 것, ② 다음으로 그러한 행위가 부당할 것이라는 요건이 충족되어야 한다. 먼저, 위 구속조건은 사업자가 거래상대방을 일방적으로 강요할 것을 요하지 않으며, 거래상대방의 요구나 당사자의 자발적인 합의에 의한 것을 포함한다. 조건은 그 형태나 명칭을 묻지 않으며 거래상대방이 사실상 구속을 받는 것으로 충분하다. 거래중단이나 공급량 감소 등 불이익이 가해지는 경우에는 당해 거래상대방 제한이 사실상 구속적이라고 인정될 수 있다. 다음으로, 거래상대방 제한행위가 부당한지 여부는 당해 행위가 관련 시장에서의 경쟁을 제한하는지 여부를 위주로 판단한다. 이때 경쟁제한성이 있는지 여부는 거래지역 또는 거래상대방 제한의 정도, 당해 상품시장에서 브랜드 간 경쟁이 활성화 되어 있는지 여부, 거래지역·상대방 제한이 재판매가격유지행위 등 다른 불공정행위와 병행하여 행해지거나 재판매가격유지의 수단으로 사용되는지 여부 등을 감안하여 브랜드 내 경쟁제한과 브랜드 간 경쟁촉진효과를 비교형량하여 판단한다."는 법리를 제시하였다.

이어서 위법성 요건 해당 여부 판단에 있어서, "① 거래상대방의 제한에 해당하는지 여부 관련하여 피심인은 피심인 제품을 취급하는 대리점과 거래함에 있어 센소터치, 소닉케어, 세코, 도킹스피커, 에어프라이어 등 5개 품목에 대해 인터넷오픈마켓 판매업자들과의 거래를 금지할 것을 요청하고, 이를 위반할 경우 출고정지, 공급가격 인상 등의 제재를 하겠다고 통지한 후 이를 시행하였다. 이러한 점을 고려할 때, 이 사건 피심인의 행위는 거래상대방을 구속하는 조건으로 거래하는 행위임이 인정된다. ② 경쟁제한성 및 경쟁촉진효과 검토 관련, 피심인의 거래상대방 제한 행위는 다음과 같은 점들을 종합하여 볼 때, 브랜드내 경쟁을 제한하는 효과가 매우 큰 반면 브랜드 간 경쟁을 촉진하는 효과는 미미하다고 할 수 있다. 또한 인터넷 오픈마켓을 이용하는 소비자의 선택권을 직접적으로 침해하는 등 소비자 이익을 중대하게 저해한다고 할 것이므로 그 부당성이 인정된다. 1) 첫째, 피심인의 이 사건 행위는 인터넷 오픈마켓에서의 유통업체간 가격경쟁을 근본적으로 차단하므로 브랜드 내 경쟁을 크게 제한한다. 특히 인터넷 오픈마켓에서의 가격경쟁은 인터넷 종합쇼핑몰 등 인접 온라인시장 뿐 아니라 백화점, 대형마트 등 오프라인 유통채널 등 온라인·오프라인 시장 전체의 가격경쟁을 촉진하는 효과가 있다. 따라서 피심인의 인터넷 오픈마켓 판매금지 정책은 브랜드 내 경쟁을 제한하는 효과가 매우 크다고 판단된다. 2) 피심인은 인터넷 오픈마켓 판매를 금지한 전기면도기, 음파전동칫솔, 커피메이커 시장 등에서 상당한 시장점유율을 보유하고 있다. 특히 피심인은 국내 전기면도기 시장에서 61.5%의 점유율을 가진 1위 사업자이며, 2위 사업자인 브라운의 시장점유율은 24.8%로 현격한 점유율 격차(36.7%p)를 나타내고 있다. 음파전동칫솔 시장에서도 점유율 57.1%로 1위 사업자로 브라운(42.9%)과 시장을 양분하고 있다. 피심인은 에스프레소형 커피제조기 시장에서도 시장점유율 30.3%로 1위 사업자의 시장지위를 갖고 있다. 이렇게 피심인이 관련시장에서 상당한 시장점유율을 갖고 있는 상황에서는 브랜드 내 경쟁이 전체 시장경쟁 및 소비자후생에 미치는 효과가 매우 중대하다고 판단된다. 따라서 피심인이 일부 주력제품에 대해 인터넷 오픈마켓 판매를 금지한 행위는 브랜드 내 경쟁제한을 통해 소비자후생을 저해하는 효과가 매우 크다고 판단된다. 3) 피심인의 행위는 재판매가격유지행위와 병행하여 이루어짐으로써 경쟁제한효과가 더욱 크게 나타났다고 판단된다. 특히 인터넷 오픈마켓 거래의 가장 큰 특징이 가격할인 경쟁이라는 점을 감안한다면, 인터넷 오픈마켓 판매의 원천적 봉쇄는 가격할인을 막기 위한 효과적 수단으로 브랜드 내 경쟁제한 효과가 상당하다고 할 수 있다. 4) 국내 소형가전 시장 중 전기면도기 시장, 음파전동칫솔 시장, 커피메이커 시장 등에서 피심인이 1위 브랜드로서 시장을 선도하고 있는 가운데 피심인과 경쟁하는 상위 브랜드들도 비교적 높은 브랜드 충성도를 가진 고객층을 바탕으로 거의 변동 없는 매출순위를 5개년 이상 유지하고 있다. 각 시장의 주요 사업자도 전기면도기 3개 업체(피심인, 브라운, 파나소닉), 음파전동칫솔 2개업체 (피심인, 브라운), 커피메이커 4개 업체(피심인, 네스카페, 네스프레소, 세보 등) 등으로 적은 편이다. 이러한 상황에서, 업체들은 자신의 고객층을 다른 경쟁 브랜드에 빼앗기지 않기 위하여 인접 경쟁순위의 브랜드 전략을 따라하면서 결국 1위 브랜드인 피심인의 가격, 판촉전략 등을 모방하고 있을 개연성이 높은 바, 전기면도기 등 소형가전 시장에서의 브랜드 간 경쟁은 활발하다고 보기 어렵다. 따라서 이 사건 피심인의 인터넷 오픈마켓판매 금지행위가 상위 소형가전 업체 간 경쟁을 촉진할 여지는 거의 없다고 할 것이다. 5) 이 사건 피심인의 행위는 인터넷 오픈마켓을 통해 피심인의 전기면도기, 음파전동칫솔, 커피메이커 등을 구매하려는 소비자의 선택권을 직접적으로 차단하였다. 아울러 피심인의 행위는 대리점 간 온라인 판매경쟁을 제한함으로써 종국적으로 소비자가 다양한 상품과 서비스를 저렴하게 구매할 수 있는 가능성을 차단한다. 온라인쇼핑은 시간과 장소에 구애 없이 다양한 상품을 비교할 수 있는 등 소비자의 상품선택의 폭을 넓힐 뿐 아니라 가격비교를 통해 보다 저렴한 상품을 선택하고 배송까지 해준다는 점에서 소비자의 편익을 증가시키는바, 피심인의 행위는 소비자 이익을 크게 저해한다고 볼 수 있다.”고 판단하였다.

나. 서울고등법원 2013.7.17. 선고 2012누29228 판결

원고는 다음과 같은 점에서 이 부분 행위는 부당하지 않다고 주장하였다. ① 원고가 판매를 제한한 센소터치 등 5종 제품은 신제품이어서 노출 기간이 충분하지 않기 때문에 소비자에게 영업사원을 통한 홍보 및 사용법 설명 등이 필요하며, 소비자들이 고가나 신규출시된 제품은 주로 백화점 등 오프라인에서 구입하고, 저가이거나 인지도가 높은 제품은 온라인 시장에서 구매하는 경향이 있음을 고려하여 합리적인 판매전략을 수립시행한 것이다. ② 이 부분 행위와 관련한 제품은 5개 제품군, 29개 제품으로서 전체 제품군 대비 16%, 제품 수 대비 6% 수준으로 극소수에 불과하고, 이 행위로 브랜드 내 경쟁이 제한된 바 없는 점에서 경쟁제한성이 없거나 미미하다. ③ 이 부분 행위는 인터넷 오픈마켓에서의 무임승차를 방지하고 신제품의 시장 진입을 원활하게 하여 원고의 브랜드 이미지를 제고함으로써 브랜드 간 경쟁을 촉진시키고 소비자 효용성을 증대시키는 측면이 있다.

이에 대하여 서울고등법원은 “앞서 인정한 사실관계 및 그 채용 증거들에 의해 알 수 있는 다음과 같은 사정에 비추어 보면 이 부분 행위는 정상적인 거래관행을 벗어난 것으로서 공정한 거래를 저해할 우려가 있는 행위에 해당하므로 부당성이 인정된다. ① 거래상 우월한 지위에 있는 원고가 대리점에 대하여 출고정지, 공급가격 인상 등의 제재수단을 동원하여 인터넷 오픈마켓에의 제품 공급을 금지함으로써 대리점의 자유로운 영업활동을 제한하였을 뿐 아니라, 인터넷 오픈마켓에서 유통업체들에 의한 브랜드 내 경쟁을 근본적으로 차단하였다. ② 특히 원고가 인터넷 오픈마켓에서의 판매를 금지한 제품 중 전기면도기는 2011년 기준 원고의 국내 시장점유율이 61.5%에 이르고, 음파전동칫솔은 57.1%, 커피제조기는 31.3%로 모두 1위를 차지하고 있다. 이처럼 원고가 해당 제품에 대해 시장에서 상당한 수준의 시장점유율을 점하고 있기 때문에 브랜드 내 경쟁을 제한할 경우 전체시장에서의 경쟁을 제한하고 소비자 후생을 저해하는 효과가 더욱 커지게 된다. 반면 브랜드 내 경쟁을 제한하여야 할 만큼 국내시장에서 이들 제품에 대한 브랜드 간 경쟁이 치열하다고 볼 자료는 없다. ③ 더욱이 인터넷 오픈마켓에서의 가격 경쟁은 다른 유통채널에서의 가격 경쟁을 촉발시키는 효과가 있으므로 인터넷 오픈마켓에서의 판매금지는 전체 시장에서의 경쟁제한 및 소비자 후생 저해 효과를 배가시킨다. ④ 원고는 신규 제품의 원활한 시장 진입을 위한 합리적 영업전략이었다는 취지로 주장하나, 소형가전 제품은 그 특성상 그것이 신규 제품이라 하더라도 영업사원에 의한 사용법 설명이나 시연 등의 필요성이 크다고 하기는 어렵고, 동영상 등 온라인을 통해서도 충분히 효과적으로 이를 수행할 수 있을 것으로 보이며, 소비자가 고가 또는 신규 제품을 백화점 등에서 구입하는 경향이 있다고 하여 인터넷 오픈마켓에서의 판매를 금지하는 등으로 거래상대방인 대리점의 영업활동을 제한할 수 있는 이유가 되지는 못할 뿐 아니라 같은 온라인 유통채널인데도 인터넷 종합쇼핑몰에의 공급은 금지하지 않았던 점 등에 비추어 보면, 위와 같은 원고 주장을 그대로 받아들일 수는 없고, 오히려 이러한 사정에 비추어 보면,이 부분 행위는 상대적으로 고가로 판매되어 원고의 수익에서 큰 비중을 차지하는 신규 제품이 인터넷 오픈마켓에서 가격 경쟁으로 저렴하게 판매됨에 따라 다른 유통채널에서도 판매가격이 인하되는 것을 막기 위한 것으로 보인다. ⑤ 원고는 인터넷 오픈마켓의 무임승차를 방지할 필요가 있다고 주장하나, 이러한 문제는 같은 상품을 오프라인 유통채널과 온라인 유통채널에서 동시에 판매하는 경우에는 언제나 발생할 수 있는 것이며, 더구나 같은 온라인 유통채널이면서도 인터넷 종합쇼핑몰에서의 판매를 금지하지 않고 있는 점(원고는 인터넷 종합쇼핑몰의 운영자는 대부분 오프라인에서도 상품을 판매하고 있어 무임승차 문제가 발생하지 않는다고 하나, 그와 같이 볼 아무런 증거가 없다)과 앞서 본 소형가전 제품의 특수성에 비추어 볼 때 무임승차 문제를 해결하기 위해 이 부분 행위가 필요하다고 인정하기 어렵다."고 판결하였다.

다. 대법원 2017.6.19. 선고 2013두17435 판결

대법원은 "법 제23조 제1항 제5호, 제2항, 법 시행령 제36조 제1항 [별표 1의2] 제7호 (나)목에서 불공정거래행위의 한 유형으로 규정한 구속조건부거래 중 거래지역 또는 거래상대방의 제한은 상품 또는 용역을 거래함에 있어서 그 거래상대방의 거래지역 또는 거래상대방을 부당하게 구속하는 조건으로 거래하는 행위로서 공정한 거래를 저해할 우려가 있는 행위를 말한다. 여기에서 공정한 거래를 저해할 우려가 있는지 여부는 해당 행위의 의도와 목적, 효과와 영향 등 구체적 태양과 거래의 형태, 상품 또는 용역의 특성, 시장 상황, 사업자 및 거래상대방의 시장에서의 지위, 제한의 내용과 정도, 경쟁에 미치는 영향, 공정거래법상 위법한 목적 달성을 위한 다른 행위와 함께 또는 그 수단으로 사용되는지 여부 등을 종합적으로 고려하여 판단하여야 한다(대법원 2011.3.10. 선고 2010두9976 판결 등 참조)."는 일관된 법리를 확인하였다.

이어서 대법원은 "원심은 ① 원고가 상대적으로 고가인 위 제품들이 인터넷 오픈마켓에서 가격 경쟁으로 저렴하게 판매됨에 따라 다른 유통채널에서도 판매가격이 인하되는 것을 막기 위하여 이 사건 행위를 한 것으로 보이는 점, ② 위 각 제품에 관한 국내 판매시장에서 상당한 시장점유율을 가진 원고가 이 사건 행위를 함으로써 인터넷 오픈마켓에서의 상표 내 경쟁을 근본적으로 차단하였을 뿐만 아니라, 그에 따라 오픈마켓과 오프라인, 인터넷 종합쇼핑몰 등 다른 유통채널과의 가격경쟁도 제한되었으므로, 이로 인한 경쟁제한 및 소비자 후생 저해 효과가 큰 점, ③ 소형가전 제품은 그 특성상 사용법 설명이나 시연의 필요성이 크지 않고, 온라인 동영상 등을 통해서도 충분히 사용법을 설명할 수 있다고 보이며, 원고가 오픈마켓과 마찬가지로 사용법 설명의 제약 및 무임승차의 우려가 존재하는 온라인 종합쇼핑몰에 제품을 공급하는 것은 허용한 점 등에 비추어, 이 사건 행위가 신규 제품의 원활한 시장 진입이나 무임승차 방지를 위한 합리적인 유통채널 선별전략이라고 인정하기 어렵다는 이유를 들어, 이는 공정한 거래를 저해할 우려가 있는 행위라고 판단하였다. 원심이 설시한 사정들에 더하여 기록에 의하여 인정되는 다음 사정, 즉 원고는 이 사건 행위를 위와 같이 위법한 최저재판매가격유지행위인 이 사건 제1행위와 비슷한 시기에 함께 실행하였는데, 이를 고려할 때 이 사건 행위 역시 오픈마켓에서의 가격경쟁으로 인한 제품가격 하락을 방지하려는 데에 그 의도와 목적이 있다고 보이는 점 등을 앞서 본 법리에 비추어 살펴보면, 비록 원심의 이유 설시 중 일부 적절하지 않은 부분이 있으나, 원심이 이 사건 행위가 '공정한 거래를 저해할 우려가 있는 행위'에 해당한다고 판단한 것은 정당하다. 거기에 상고이유 주

장과 같이 구속조건부거래행위의 관련시장 획정 및 공정거래저해성에 관한 법리를 오해하는
등의 잘못이 없다."고 판결하였다.

4. 한국교육방송공사의 거래강제행위 등 건(2016.1.26. 공정위 의결)

가. 공정위 의결

피심인은 거래상대방인 총판에게 판매지역 및 거래상대방을 사전에 정해주고, 총판이 이
를 위반할 경우 확인서 징구, 경고문 발송 등을 함으로써 거래상대방인 총판의 사업활동을
부당하게 구속하는 조건으로 거래하는 행위를 하였다.

공정위는 "구속조건부거래행위의 하나인 거래지역 또는 거래상대방의 제한 관련 법 제23
조 제1항 및 같은 법 시행령 제36조 제1항 관련 [별표 1의2] 제7호 나목에서 구속조건부거
래 중 거래지역 또는 거래상대방의 제한을 금지하는 취지는, 이러한 행위를 통하여 사업자
가 당해 지역 및 거래상대방에 대한 독점력을 행사하여 관련시장에서의 경쟁을 제한하고 궁
극적으로는 소비자후생에 부정적인 영향을 초래할 수 있기 때문에 이를 방지하고자 하는데
있다. 거래지역 또는 거래상대방 제한의 위법성 여부는 관련시장에서의 경쟁을 제한하는지
여부를 위주로 판단하며, 구체적으로는 당해 제한의 정도, 당해 시장에서 브랜드 간 경쟁이
활성화되어 있는지 여부, 행위자의 시장점유율 및 경쟁사업자의 숫자와 시장점유율, 재판매
가격유지행위 등 다른 불공정행위와 병행하여 행해지거나 재판매가격유지의 수단으로 사용
되는지 여부, 당해 행위로 인하여 소비자의 선택권을 침해하거나 서비스 질 제고 및 가격인
하 유인이 축소되는지 여부 등을 고려하여 브랜드 내 경쟁제한효과와 브랜드 간 경쟁촉진효
과를 비교형량한 후 판단한다. 거래지역 또는 거래상대방 제한의 정도는 해당 판매지역 또
는 해당 거래상대방 이외의 판매를 허용하는지 여부, 해당 판매지역 내에서의 복수판매자를
허용하는지 여부 및 거래상대방의 판매지역 또는 거래상대방을 할당하고 이를 어길 경우에
제재함으로써 이를 강제하는지 여부 등으로 판단한다. 다만, 경쟁을 제한하였다고 판단되는
경우에도 거래지역 또는 거래상대방 제한의 효율성 증대효과나 소비자후생 증대효과가 경쟁
제한효과를 현저히 상회하는 경우 등 거래지역 제한의 합리성이 있다고 인정되는 경우에는
법위반으로 보지 않을 수 있다."는 일관되게 확립된 법리를 제시하였다.

그리고 피심인의 행위의 위법 여부 관련하여, "가) 거래지역 또는 거래상대방 제한의 정
도 및 브랜드 내 경쟁제한효과 여부: 피심인은 ① 해당 판매지역 밖 또는 거래상대방 외의
판매를 허용하고 있지 않고 또한 해당 판매지역 내에서의 복수판매도 허용하고 있지 않은

점, ② 판매지역 외 거래 등이 적발된 총판에 대하여 확인서 등을 징구하고 경고조치를 하면서 퇴출조치까지 고려한 점, ③ 피심인은 판매지역 외 거래 등이 적발된 총판에 대하여 언제든지 불이익을 줄 수 있는 위치에 있다는 점 등을 종합하여 볼 때, 구속성이 있는 거래지역 및 거래상대방 제한 제도를 운영하고 있으며, 이로 인해 총판에서 소매점 등으로 유통되는 과정에서의 가격 및 서비스 경쟁을 차단하는 브랜드 내 경쟁제한효과가 있다. 나) 브랜드 간 경쟁촉진효과 여부: 관련시장에서 브랜드 간 경쟁이 활성화가 되어 있다면 지역제한 및 거래상대방 제한행위는 유통업자들의 판촉활동에 대한 무임승차 경향 방지와 판촉서비스 증대 등을 통하여 브랜드 간 경쟁을 촉진시키는 효과가 있다. 하지만 학습참고서 시장은 ① 출판사 별로 소비자의 인지도 및 선호도가 높은 분야가 다르고 분야별로 시장점유율의 차이가 나며 경쟁이 학습참고서 시장 전체가 아닌 분야별로 이루어지고 있는 점, ② 학습참고서는 소비자가 직접 내용을 보고 선택할 수 있으므로 상품선택에 필요한 정보 및 서비스 제공이 상대적으로 적은 점, ③ 특히 피심인의 수능연계교재의 경우 사실상 경쟁상품이 없는 점 등을 고려할 때 학습참고서 시장의 브랜드 간 경쟁이 활성화되어 있다고 보기 어렵다. 따라서 피심인의 행위로 인한 브랜드 간 경쟁이 촉진되는 효과는 없거나 미미하다. 다) 유력한 사업자인지 여부: 거래지역 또는 거래상대방 제한을 하는 행위자가 유력한 사업자인 경우, 즉 행위자의 시장점유율이 높고 경쟁사업자의 수가 적고 그들의 시장점유율이 낮을수록 브랜드 내 경쟁제한효과가 유발되는 정도가 커질 수 있다. 피심인은 수능연계교재를 발간할 수 있는 유일한 사업자이고 고등학교 학습참고서 시장에서 1위 사업자로 약 46%의 시장점유율을 차지하고 학습참고서 전체 시장에서 약 19%의 점유율을 차지할 만큼 학습참고서 시장에 대한 상당한 영향력이 있다. 따라서 피심인의 행위로 인한 브랜드 내 경쟁제한효과의 유발정도가 크다고 할 것이다. 라) 소비자의 선택권 침해 및 가격인하 유인 여부: 피심인의 행위로 인하여 도매서점과 소매서점 간 거래 및 소매서점과 소비자간 거래에서의 서비스 질을 제고할 유인이 축소되거나 축소될 우려가 있다. 또한 2014년 11월까지 도서정가제가 적용되지 않은 초등학생용 학습참고서와 발행일로부터 18개월이 경과한 중고등학생용 학습참고서의 경우 및 2014년 11월 이전에는 정가의 19%, 그 이후에는 정가의 15% 범위 안에서의 도서정가제가 적용되는 학습참고서의 경우에 대하여 가격 인하 유인이 축소되거나 축소될 우려가 있다. 마) 합리적 이유가 존재하는지 여부: 피심인은 피심인의 행위가 유통질서 확립과 총판의 영업상 이익을 보호하기 위하여 불가피한 조치라고 주장하나, 피심인의 이러한 행위로 인하여 총판 간의 경쟁을 억제하고 학습참고서 시장에서의 경쟁을 제한함으로써 결국 소비자에게 가격인상 등의 형태로 전가되어 소비자후생을 감소시킨다는 점에서 피심인이 내세우는

'유통질서 확립과 총판의 영업상 이익 보호'는 합리적 이유로 보기 어렵다."고 판단하였다.

나. 서울고등법원 2016.11.30. 선고 2016누44744 판결

서울고등법원은 "(1) 구속력 있는 거래지역 제한 제도라고 볼 수 없다는 주장에 관한 판단: 앞서 인정한 사실에 의하면 원고는 총판에 대하여 자신이 지정한 거래 지역 밖 또는 거래상대방 외의 판매를 허용하지 않으면서 이를 위반하는 경우 확인서 징구 등의 경고 조치를 취하는 등의 제재를 가하였음이 인정되고, 이에 더하여 앞서 본 바와 같이 원고가 총판에 대하여 거래상 우월한 지위를 가지고 있었음을 고려하면, 원고의 위와 같은 행위로 인하여 총판의 거래활동의 자유 내지 거래상대방 선택의 자유는 실질적으로 제한되었다고 봄이 타당하다. 따라서 이 사건 구속조건부거래행위가 단지 거래상대방의 판매지역을 설정한 것일 뿐 지역 외 판매도 허용하는 책임지역제에 불과하여 구속력 있는 거래지역 제한이라고 볼 수 없다는 원고의 이 부분 주장은 이유 없다. (2) 공정한 거래를 저해할 우려가 없다는 주장에 관한 판단: 앞서 인정한 바와 같이 교과서와 학습참고서 시장을 하나의 시장으로 볼 수 없고 원고는 학습참고서 시장에서 19%의 시장점유율을 차지하는 사업자이며 원고의 이 사건 구속조건부거래행위는 원고의 수능 연계 교재와 수능 비연계 교재를 구분하지 않고 이루어진 것이므로, 원고의 시장점유율이 미미하여 경쟁제한 효과가 거의 없다는 주장은 이유없다. 또한 원고의 이 사건 구속조건부거래행위로 인하여 총판업자들은 자신의 거래상대방과 거래지역의 선택에 제약을 받게 되었고 각 지역 내에서의 경쟁은 축소되었으므로 이는 그 자체로 자유롭고 공정한 거래를 제한하는 행위라고 할 것이다. 한편 원고는 학습참고서 시장은 브랜드내 경쟁보다는 브랜드간 경쟁이 유의미한 시장이고, 원고의 이 사건 구속조건부거래행위는 판촉활동에 소극적인 총판이 다른 총판에 무임승차하는 것을 방지하고 총판들의 판촉서비스 증대 등을 유도하는 등 브랜드간 경쟁 효과를 촉진하였다고 주장한다. 그러나 학습참고서 시장이 브랜드간 경쟁만 유의미한 시장이라고 보기는 어렵고, 오히려 브랜드내 경쟁과 브랜드간 경쟁이 모두 활성화 되어야 하는 시장이라고 할 것이다. 나아가 원고의 이 사건 구속조건부거래행위로 인하여 브랜드간 경쟁이 촉진되었거나 소비자 후생이 증대되었음을 인정할 자료도 없으므로, 원고의 위 주장은 받아들일 수 없다. (3) 거래지역 제한에 합리적 이유 존재 주장에 관한 판단: 원고의 주장과 같이 이 사건 구속조건부거래행위 결과 다른 출판사의 교재가격 인상 억제 등을 통한 소비자 후생 증대 효과가 있었음을 인정할 자료가 없으므로 원고의 이 부분 주장도 더 나아가 살펴볼 필요 없이 이유 없다."고 판단하였다.

상고심에서 대법원은 심리불속행 사유에 해당한다는 이유로 상고를 기각하였다(대법원

2017.3.30. 선고 2016두64357 판결).

5. 메드트로닉코리아(유)의 거래상지위 남용행위 등 건(2020.7.21. 공정위 의결)

가. 공정위 의결

피심인은 가래상대방인 대리점에 대하여, 대리점의 거래지역이나 거래상대방을 설정하고 대리점이 해당 거래지역이나 해당 거래상대방에 포함되지 않는 구매자에게 영업활동을 하는 경우에 계약을 해지하거나 판매 후 서비스 등의 지원을 하지 아니하는 행위를 하였다.

공정위는 "구속조건부거래행위 중 거래지역 또는 거래상대방 제한행위가 성립하기 위해서는 ① 사업자가 거래상대방의 거래지역 또는 거래상대방을 구속하는 조건으로 거래할 것, ② 그러한 행위가 부당할 것이라는 요건이 충족되어야 한다. 구속조건은 사업자가 거래지역이나 거래상대방을 일방적으로 강요할 것을 요하지 않으며, 거래상대방의 요구나 피심인의 자발적인 합의에 의한 것을 포함한다. 조건은 그 형태나 명칭을 묻지 않으며 거래상대방이 사실상 구속을 받는 것으로 충분하다. 거래지역 또는 거래상대방 제한행위가 부당한지 여부는 관련 시장에서의 경쟁을 제한하는지 여부를 위주로 판단한다. 이때 경쟁제한성이 있는지 여부는 거래지역 또는 거래상대방의 제한 정도, 당해 상품시장에서 브랜드 간 경쟁이 활성화 되어 있는지 여부, 행위자의 시장점유율 및 경쟁사업자의 숫자와 시장점유율, 당해 행위로 인하여 소비자의 선택이 침해되거나 서비스의 질 제고 및 가격인하 유인이 축소되는지 여부 등을 감안하여 브랜드 내 경쟁제한효과와 브랜드간 경쟁촉진효과를 비교 형량하여 판단한다. 다만 경쟁제한성이 있는 경우라도, 당해 행위의 효율성 증대효과 및 소비자후생 증대효과가 경쟁제한효과를 현저히 상회하는 경우, 당해 행위에 기타 합리적인 사유가 있다고 인정되는 경우 등 합리성이 인정되는 경우에는 법 위반으로 보지 않을 수 있다."는 일관된 판단기준을 먼저 제시하였다.

이어서 부당성 여부 관련하여 "피심인의 행위는 다음과 같은 점에서 브랜드 간 경쟁을 촉진하기 보다는 대리점 간 경쟁(브랜드 내 경쟁)을 제한할 우려가 있어 경쟁을 제한하는 반면, 효율성 증대 효과 및 소비자 후생 증대효과가 경쟁제한효과를 현저히 상회하거나 기타 합리적인 사유가 인정되지 않으므로 부당한 것으로 판단된다. ① 브랜드 간 경쟁이 제한된 의료기기 시장에서 피심인의 행위는 구속의 정도가 강한 엄격한 지역제한제(closed territory)로 브랜드 내 경쟁(대리점 간 경쟁)도 원천적으로 차단시키는 결과를 초래하였다. 의료기기의 주요 수요처인 병원 등은 안정성, 신뢰성 측면에서 인지도가 높은 유명 제품을 계속 사용하려는 보수적 경향을 지니고 있으며, 다품종 소량생산 산업인 의료기기 시장의 각 사업자들은 품목별로 주력 의료기기 제품군을 형성하고 있는 편이다. 이러한 상황에서 피심인은 전세계 의료기기 시장 기준 시장점유율 1위를 차지하고 있는 유력한 사업자로서 피심인이 취급하는 제품의 경우 안정성, 신뢰성이 더욱 크게 요구되는 심장박동기, 뇌산소포화도측정기기 등 수술 관련 의료기기 등이 대다수인바, 피심인의 위반행위와 관련된 이 사건 의료기기 시장의 경우 기본적으로 독과점적 시장구조를 형성한다고 봄이 상당하다. 즉, 대리점 간 경쟁을 제한하는 효과를 상쇄할 수 있을 정도로 브랜드 간 경쟁이 활성화되어 있다고 보기 어렵다. 이처럼 브랜드간 경쟁이 제한된 상황에서, 1대리점당 1병원(1영업지역)으로 거래구역을 상세히 분할하여 중복됨이 없이 관리하는 피심인의 이 사건 거래지역 또는 거래상대방 제한은 그 정도가 매우 강한 지역제한으로, 1영업지역 내에 피심인 대리점 간 경쟁을 사실상 불가능하게 하였다. 피심인이 만약 다소간의 거래지역 중복을 허용하였다면 제한된 거래지역 내에서나마 대리점 간 경쟁이 이루어질 여지가 있었을 것이나, 사실상 특정 병원별 거래대리점을 1:1 지정(매칭)하는 방식을 사용함으로써 대리점 간 경쟁 발생의 여지가 원천 소멸되었다. 이러한 경쟁제한은 소비자인 병원의 선택권을 침해하는 한편 대리점 간 경쟁에 따른 서비스 질 제고 및 판매가격 인하 유인 축소로 이어져 종국적으로 소비자 후생을 저해하는 효과를 가져올 우려가 있다. ② 피심인의 해당 행위로 인한 효율성 증대효과 및 소비자 후생증대효과가 나타나지 않아 경쟁제한 효과를 능가한다고 볼 수 없으며, 피심인의 행위에 기타 합리적 사유가 인정되지 않는다. 피심인의 행위로 인해 관리가능한 수준으로 대리점의 거래지역이 한정되어 불필요한 영업비용이 감소하는 등의 효율성 증대효과나, 병원 측이 적시에 신속하게 서비스를 제공받을 수 있는 등 서비스 질 향상 측면의 소비자 후생증대효과가 나타난다고 보기는 어렵다. 또한 설령 이러한 효과가 발생하였다고 하더라도, 이러한 효과는 브랜드 내 경쟁제한 효과를 능가하지 않는 것으로 판단된다. 특히 앞서 살펴본 것처럼 대리점들간 경쟁에 따른 가격 인하 유인이 축소됨에 따라 병원의 의료기기 구입 부담이 증가하여 종국적으로는 환자 및 심평원의 의료비 부담은 증대되는 결과를 초래하는 바, 오히려 소비자 후생을 감소시키는 효과가 나타나기도 한다. 또한 피심인은 거래지역·거래상대방 제한 행위의 기타 합리적 사유로 병원이 1품목당 1대리점을 지정하는 이른바 '코드 관행'을 제시하였으나, 병원은 대리점 측의 사유로 자신에게 의료기기를 공급하는 대리점이 변경되는 경우 불필요한 분쟁에 휘말리는 것을 기피하고자 이러한 관행을 형성하게 되었다는 점, 이러한 관행은 병원이 더 나은 서비스와 더 낮은 가격을 제시하는 대리점을 선택하고자 할 때 병원측의 사유로 의료기기 공급 대리점을 변경할 수 있는 것과는 무관한 점을 고려할 때, 이유가 없는 것으로 판단된다. 결국 피심인의 거래지역·거래상대방 제한행위는 법 제23조 제1항 제5호에 위반된다."고 판단하였다.

나. 서울고등법원 2021.8.25. 선고 2020누53264 판결

서울고등법원은 부당하게 구속하였는지 여부 관련하여 "법 제23조 제1항 제5호, 제2항, 같은 법 시행령 제36조 제1항 [별표 1의2] 제7호 (나)목에서 불공정거래행위의 한 유형으로 규정한 구속조건부거래 중 거래지역 또는 거래상대방의 제한은 상품 또는 용역을 거래함에 있어서 그 거래상대방의 거래지역 또는 거래상대방을 부당하게 구속하는 조건으로 거래하는 행위로서 공정한 거래를 저해할 우려가 있는 행위를 말한다. 여기에서 공정한 거래를 저해할 우려가 있는지 여부는 해당 행위의 의도와 목적, 효과와 영향 등 구체적 태양과 거래의 형태, 상품 또는 용역의 특성, 시장 상황, 사업자 및 거래상대방의 시장에서의 지위, 제한의 내용과 정도, 경쟁에 미치는 영향, 공정거래법상 위법한 목적 달성을 위한 다른 행위와 함께 또는 그 수단으로 사용되는지 여부 등을 종합적으로 고려하여 판단하여야 한다(대법원 2017. 6.19. 선고 2013두17435 판결 등 참조)."는 일관되게 확립된 법리를 제시하였다.

그리고 부당성 판단 관련하여 "다음과 같은 사정들을 관련 법리에 비추어 보면, 원고의 거래지역 제한행위는 공정한 거래를 저해할 우려가 있는 행위에 해당하므로 부당성이 인정된다. ① 거래상 우월한 지위에 있는 원고가 대리점에 대하여 계약해지 규정, A/S 금지규정 등의 제재수단을 동원하여 판매지역 외에서의 판매활동을 금지함으로써 대리점의 자유로운 영업활동을 제한하였을 뿐 아니라, 판매지역 내에서의 대리점들 간 경쟁을 근본적으로 차단하였다. ② 병원의 1품목 1코드 정책이란, 병원이 관리의 효율성 측면에서 하나의 제품을 동시에 여러 대리점들로부터 납품받지 않겠다는 것을 의미하고, 그 자체로서 대리점 간 가격, 영업활동, 서비스 품질 등에 관한 상호 경쟁을 통해 납품업체를 변경하는 것을 원칙적으로 금지하는 것이 아니다. 또한 병원이 대리점 변경 시 '공급사 등록 코드'를 기존 대리점에서 신규 대리점으로 변경하는 절차를 거치면서, 기존 대리점, 신규 대리점, 공급자의 3자간 합의가 있었다는 확인서 제출을 요구하는 것은, '대리점이나 공급자 측에서 납품업체를 변경하는 경우'를 전제로, 단지 병원이 자신의 편의에 따라 분쟁이 생기는 것을 방지하기 위하여 실무상 제출받는 것에 불과하고, 오히려 병원 측에서 계약기간의 만료 또는 대리점의 계약 불이행을 원인으로 한 계약해지를 이유로 대리점을 변경하는 경우에는 기존 대리점의 동의는 필요 없는 것으로 보아야 한다. ③ 원고는 대리점의 판매지역이 병원의 1품목 1코드 관행에 따라 자연적으로 발생한 것이라고 주장하나, 앞서 본 바와 같이 원고는 H의 판매지역을 일방적으로 변경하기도 하였으므로, 원고가 각 대리점에 설정한 판매지역은 결코 자연적으로 발생한 것이라고 볼 수 없다. ④ 원고는 보험상한가로 인하여 의료기기의 경우 가격 경쟁 유인이 전무하다고 주장한다. 진료용 의료기기와 관련하여 의료장비의 경우 의료장비 구매 자체에 대한 건강보험급여제도는 존재하지 않고, 다만 식약처에 신고된 의료장비를 신고한 범위 내에서 사용하여 의료행위를 한 경우, 이러한 의료행위에 따른 급여가 제공될 수 있다. 따라서 최대한 진료행위를 많이 하여 의료장비 구입비용을 회수하기 전까지 의료장비 구입비용은 병원에 큰 부담이 될 수 있고, 의료장비 구입 당시에 병원이 당해 의료장비를 통해 구입비용을 모두 회수할 수 있을 정도의 진료행위를 할 수 있을 것이라고 장담할 수도 없으므로, 병원은 여전히 비용을 줄이기 위하여 의료장비를 보다 낮은 가격에 구입할 유인이 존재한다. 또한 치료재료 중 비급여대상인 경우에도 병원에서는 비용을 줄이기 위하여 이를 보다 낮은 가격에 구입할 유인이 존재한다. ⑤ 원고는 대리점들이 서비스 질 제고를 게을리하는 등의 대리점 간 무임승차를 방지함으로써 브랜드 간 경쟁을 촉진하는 효과가 브랜드 내 경쟁제한효과보다 크다고 주장한다. 그러나 대리점들이 병원에 제공하는 각종 서비스, 즉 제품의 안정적이고 신속한 공급 및 재고 관리, A/S 서비스 등은 다른 대리점들이 무임승차할 수 있는 서비스에 해당하지 않는다. 병원은 가격이 낮은 대리점으로부터 제품을 구입하면서도 다른 대리점으로부터 위와 같은 서비스를 제공받을 수는 없기 때문이다. 따라서 의료기기의 경우 대리점들이 서비스 제공을 게을리함에 따른 무임승차가 발생할 여지가 없으므로, 원고가 대리점 간의 경쟁을 제한하지 않더라도 대리점들로서는 다른 대리점과의 경쟁을 통해 서비스의 품질을 제고할 유인이 충분하다. 결국 원고의 거래지역 제한행위로 인하여 브랜드 간 경쟁 촉진 효과가 발생하였다고 보기 어렵다. ⑥ 병원은 대리점 간 경쟁을 통해 가격, 영업활동, 서비스 품질 면에서 더 나은 대리점과 계약을 체결할 수 있었음에도, 원고의 거래지역 제한행위로 인하여 그러한 대리점을 선택할 기회를 박탈당하였으므로 소비자의 후생이 크게 저해되었다. 한편, 각 대리점이 영업비용을 절감함으로써 사업의 효율성이 다소 증대되었다고 하더라도 이것이 경쟁제한효과를 상쇄하고도 남을 만한 정도라고 보이지는 않는다. ⑦ 의료기기 시장에서는 제품의 안전성·신뢰성이 중시되어 수요자들은 기존 유명 제품을 계속 사용하려는 보수적인 경향이 강하고, 시장의 진입장벽이 매우 높을 뿐아니라, 의료기기 시장은 다품종 소량생산 산업으로서 제품 간에 상당한 정도로 차별화가 이루어져 있다. 원고 전체 매출의 49.8%를 차지하는 MITG 사업부문의 시장점유율은 약 40%에 이르고, MITG 사업부문 중 원고 전체 매출의 약 40%를 차지하고 있는 SI 부서의 경우 원고와 D이 시장을 양분하고 있으며, 원고 전체 매출의 약 10%를 차지하는 PMR 부서의 경우 시장점유율은 약 51.8%~57.1%에 달한다. 이처럼 원고가 해당제품에 대해 시장에서 상당한 수준의 점유율을 점하고 있기 때문에, 브랜드 내 경쟁을 제한할 경우 전체 의료기기 시장에서의 경쟁을 제한하고 소비자 후생을 저해하는 효과가 더욱 커지게 된다. 결국 이 사건 처분은 적법하고, 이를 다투는 원고의 주장은 모두 이유 없다."고 판결하였다.

그리고 서울고등법원 판결은 상고 없이 확정되었다.

6. 한국호야렌즈(주)의 구속조건부거래행위 등 건(2021.11.15. 공정위 의결)

피심인은 자신의 제품을 취급하는 대리점들에게 특정 안경원과의 거래를 금지하거나 영업지역을 제한하고, 이를 위반하는 대리점에게 할인율 하향, 공급중단, 계약해지 등의 조치를 할 수 있도록 하거나 이러한 불이익이 있을 수 있음을 통보, 경고하고 계약준수확약서를 징구하였다.

공정위는 본건도 앞의 5. 메드트로닉코리아(유)의 거래상지위 남용행위 등 건(2020.7.21. 공정위 의결) 등과 마찬가지로 확립된 법리에 따라 법위반 여부를 판단하고 있으며, 특히 부당성 판단에 있어서는 엄밀한 관련시장의 획정을 통하여 안경렌즈제품 중 단초점렌즈의 경우 지난 5년 동안 모두 시장점유율이 10% 미만에 해당하여 경쟁제한성이 미미할 것으로 판단하여 불공정거래행위 심사지침에 따른 안전지대를 적용하여 심사대상에서 제외하였고 누진다초점렌즈와 관련된 구속조건부거래행위의 부당성 여부만 검토하였다.

즉 공정위는 부당성 관련한 판단 기준 및 법리로 "거래지역 또는 거래상대방 제한행위가 부당한지 여부는 당해 행위가 관련 시장에서의 경쟁을 제한하는지 여부를 위주로 판단한다. 이때 경쟁제한성이 있는지 여부는 거래지역 또는 거래상대방 제한의 정도, 당해 상품시장에서 브랜드 간 경쟁이 활성화 되어 있는지 여부, 행위자의 시장점유율 및 경쟁사업자의 숫자와 시장점유율, 지역제한이 재판매가격유지행위 등 타 불공정행위와 병행하여 행해지거나 재판매가격유지의 수단으로 사용되는지 여부, 당해 행위로 인해 소비자의 선택이 침해되거나 서비스의 질 제고 및 가격인하 유인이 축소되는지 여부 등을 감안하되, 브랜드 내 경쟁제한효과와 브랜드 간 경쟁촉진효과를 비교형량하여 판단한다(이상 불공정거래행위 심사지침 V. 7. 나. 참조). 다만, 경쟁제한성이 있는 경우라도, 당해 행위의 효율성 증대효과 및 소비자후생 증대효과가 경쟁제한효과를 현저히 상회하는 경우, 당해 행위에 기타 합리적인 사유가 있다고 인정되는 경우 등 합리성이 인정되는 경우에는 법 위반으로 보지 않을 수 있다."는 일관된 입장을 확인하였다.

다음으로 구체적인 부당성 판단에 들어가서, 피심인의 행위는 호야 브랜드 내에서 피심인의 직거래점과 대리점 간, 개별 안경원 간 경쟁을 제한하고 브랜드 간 경쟁촉진 효과는 없거나 미미한 것으로 판단하였다. 또 재판매가격유지행위와 병행하여 이루어져 경쟁제한의 효과가 크며, 거래상대방인 대리점의 자유로운 의사결정을 저해하여 공정거래의 기반을 침해할 우려가 있는 것으로도 판단하였다.[3)]

Ⅳ. 고어텍스 판결

1. 더블류 엘 고어 앤드 어소시에이츠 인코포레이티드 등 3개사의 구속조건부거래행위 건(2017.9.20. 공정위 의결)

공정위는 먼저 관련 법리로서 "구속조건부 거래행위 중 거래지역 또는 거래상대방의 제한행위가 성립하기 위해서는 ① 사업자가 거래상대방의 거래지역 또는 거래상대방을 구속하는 조건으로 거래할 것, ② 그러한 행위가 부당할 것이라는 요건이 충족되어야 한다. 구속조건은 사업자가 거래지역이나 거래상대방을 일방적으로 강요할 것을 요하지 않으며, 거래상대방의 요구나 당사자의 자발적인 합의에 의한 것을 포함한다. 조건은 그 형태나 명칭을 묻지 않으며 거래상대방이 사실상 구속을 받는 것으로 충분하다. 거래지역 또는 거래상대방 제한행위가 부당한지 여부는 해당 행위의 의도와 목적, 효과와 영향 등 구체적 태양과 거래의 형태, 상품 또는 용역의 특성, 시장상황, 사업자 및 거래상대방의 시장에서의 지위, 제한의 내용과 정도, 경쟁에 미치는 영향, 법상 위법한 목적 달성을 위한 다른 행위와 함께 또는 그 수단으로 사용되는지 여부 등을 종합적으로 고려하여 판단한다(대법원 2017.5.31. 선고 2014두4689 판결). 이때 행위자의 시장점유율이 높고 경쟁사업자의 시장점유율이 낮을수록 경쟁제한효과가 유발되는 정도가 커질 수 있으며, 지역제한이나 거래상대방제한이 재판매가격유지의 수단으로 사용되거나 재판매가격유지와 병행하여 사용될 경우 경쟁제한효과가 클 수 있다."는 일관된 법리를 제시하였다.

그리고 피심인들의 행위의 부당성 여부에 대하여 "고객사에 대해 고어텍스 원단 소재 완제품을 대형마트 등에서 판매하는 것을 제한하는 구속조건부거래행위가 부당한지 여부는 ① 당해 행위에 이른 경위나 그 의도·목적이 무엇인지, ② 원단 품질 유지·관리와 유통채널 제한과의 관련성 등에 비추어 피심인들의 고가·고품질 브랜드 가치 전략유지를 위해 유통

---

3) 의결 세2021-307호, 35~54면 참조.

채널까지 제한할 합리적 이유가 인정되는지, ③ 설령 원단 사업자인 피심인들 차원에서는 그 필요성이 인정되더라도 완제품 판매시장에서의 경쟁에 미치는 효과나 소비자 후생에 미치는 효과와 비교해 볼 때 피심인들 원단의 고브랜드 가치 유지를 위해 완제품 제조사의 유통채널 제한까지 필요한지 등을 고려하여 판단하여야 한다. 이에 따라, 위 제2. 가항의 인정사실 및 근거로 알 수 있는 다음의 사정에 관련 법 규정 및 법리를 종합하여 보면 피심인들의 행위는 ① 단순 원단 품질관리 유지 목적을 넘어서서 고가의 가격을 유지하기 위한 것으로 경쟁제한 의도·목적 있음, ② 유통채널 제한에 합리적인 이유가 있다고 보기 어려움, ③ 브랜드 내 경쟁제한 효과 큼, ④ 브랜드 간 경쟁 촉진 효과가 크다고 볼 수 없음, ⑤ 소비자의 유통채널 선택권 침해 및 가격인하 유인 차단 등 측면에서 부당하다고 할 것이다. 이 중 ④ 브랜드 간 경쟁 촉진 효과가 크다고 볼 수 없음 관련, 피심인들은 관련 상품시장(WWB 소재 아웃도어 제품 시장)에서 고객사들은 제품의 제조에 있어 고어텍스 원단과 경쟁 원단을 모두 이용하고, 스스로 자체 원단을 개발(○○○ ○○○○)하기도 하는 등 국내 아웃도어 시장은 원단 및 완제품의 브랜드 간 경쟁이 활성화되어 있으므로, 피심인의 이러한 유통채널 제한 정책은 무임승차를 방지하기 위한 것이라고 주장한다. 그러나, 피심인들이 대형마트 유통채널 제한 행위는 다음과 같은 점을 볼 때 브랜드 간 경쟁을 촉진하는 효과나 무임승차 방지효과는 거의 없거나 미미하고, 오히려 브랜드 간 경쟁제한 효과만을 발생시킨다고 할 수 있다. ① 피심인들이 모든 국내 고객사에 대해 대형마트 판매를 금지함에 따라, 고어텍스 상표를 부착한 제품이기만 하면 완제품 브랜드가 무엇인지에 관계없이 높은 가격이 유지되었는데, 만약 어느 한 고객사라도 대형마트 판매가 활성화 되면 브랜드 간에 경쟁이 촉발되어 고어텍스 완제품 가격이 전반적으로 하락하는 효과가 있었을 것이라는 점, ② 기능성 원단 시장에서 피심인은 꾸준히 00% 내외의 압도적인 점유율을 차지하고 있고 2위 사업자와의 점유율 격차가 커서 다른 원단 브랜드 간 경쟁이 활발하거나 촉진된다고 보기 어렵다는 점(대법원 2017.5.31. 선고 2014두4689 판결 참조 "○○전자의 경쟁사업자인 ○○전자나 ○○이 제조한 원고용 단말기의 공급 물량이 다소 확대될 여지가 있다 하더라도, ○○전자의 높은 시장점유율 등을 고려하면 그로 인한 경쟁의 증대효과가 크다고 보기 어렵다."라고 하여 1위 사업자의 시장 점유율이 높을 경우 브랜드간 경쟁촉진 효과가 제한된다고 판시하였다), ③ 피심인이 GTKYD와 같은 독자적인 품질보증 서비스 정책 등으로 최종 소비자의 선호도가 경쟁 원단에 비해 높은 상황이어서 고어텍스 원단을 사용한 제품과 그 외 경쟁 원단을 사용한 제품에 대해 같은 아웃도어 고객사가 피심인의 유통채널 제한정책으로 무임승차 하듯이 편승하여 판매한다고 보기 어렵고, ④ 그 외 품질향상이나 A/S 서비스 증대 등의 브랜드 간 경쟁이 촉진되는 효과가 특별히 더 있다고 인정될만한 증거가 없다. 결론적으로 피심인들의 행위는 경쟁제한 의도와 목적이 분명하며, 브랜드 간 경쟁을 촉진하는 효과는 거의 없고 그에 비해 브랜드 내 경쟁을 제한하는 효과는 매우 커서 대형마트와 다른 유통채널 간·아웃도어 완제품 브랜드 간 가격 및 서비스경쟁을 차단하고 소비자의 선택권을 침해하여 소비자후생을 저해하므로 부당성이 인정된다. 피심인들의 행위는 법 제23조 제1항 제5호, 법 시행령 제36조 제1항 [별표 1의2] 7. 나목의 상품 또는 용역을 거래함에 있어서 그 거래상대방의 거래지역 또는 거래상대방을 부당하게 구속하는 조건으로 거래하는 행위에 해당하므로 위법하다."고 판단하였다.

2. 서울고등법원 2020.1.23. 선고 2017누76786 판결

원고들은 "이 사건 행위는 고어텍스 브랜드 가치를 유지하고 최종 소비자들의 기대에 부합하는 제품 품질 및 서비스를 제공하기 위한 것이지, 고가의 가격을 유지하기 위한 경쟁제한의 의도나 목적 때문이 아니다. 관련 시장상황, 거래상대방인 고객사나 대형마트의 시장에서의 지위, 제한의 내용과 정도, 경쟁에 미치는 영향 등을 종합적으로 보더라도 이 사건 행위가 공정한 거래를 제한할 우려가 있는 부당한 행위라고 볼 수 없다."고 주장하였다.

이에 대하여 서울고등법원은 공정한 거래를 제한할 우려가 있는 부당한 행위에 해당하는지 여부와 관련하여 먼저 관련 법리로서 "공정한 거래를 저해할 우려가 있는지 여부는 해당 행위의 의도와 목적, 효과와 영향 등 구체적 태양과 거래의 형태, 상품 또는 용역의 특성, 시장 상황, 사업자 및 거래상대방의 시장에서의 지위, 제한의 내용과 정도, 경쟁에 미치는 영향, 공정거래법상 위법한 목적 달성을 위한 다른 행위와 함께 또는 그 수단으로 사용되는지 여부 등을 종합적으로 고려하여 판단하여야 한다(대법원 2011.3.10. 선고 2010두9976 판결, 대법원 2017.5.31. 선고 2014두4689 판결 등 참조). 법 제2조 제8호의2는 '경쟁을 실질적으로 제한하는 행위'를 '일정한 거래분야의 경쟁이 감소하여 특정 사업자 또는 사업자단체의 의사에 따라 어느 정도 자유로이 가격·수량·품질 기타 거래조건 등의 결정에 영향을 미치거나 미칠 우려가 있는 상태를 초래하는 행위'라고 규정하고 있고, 불공정거래행위 심사지침 Ⅲ. 1. 가 (1)은 공정거래저해성을 '경쟁제한성'과 '불공정성'을 포함하는 개념으로 규정하면서, '경쟁제한성'이란 당해 행위로 인해 시장 경쟁의 정도 또는 경쟁사업자(잠재적 경쟁사업자 포함)의 수가 유의미한 수준으로 줄어들거나 줄어들 우려가 있음을 의미한다고 규정하고 있다."는 확립된 법리를 제시하였다.

이어서 공정거래저해성 인정 여부 관련하여, "다음 사실 및 사정을 위 법리에 비추어 보면, 원고들의 고어텍스 브랜드 정책과 상품의 특성에 따른 유통채널 제한의 필요성, 대형마트 판매 제한의 의도와 목적, 제한의 정도와 태양, 경쟁 제한의 정도, 소비자후생에 미치는 영향, 고객사들의 거래상대방 선택의 제한 정도 등을 고려할 때 이 사건 행위가 공정한 거래를 저해할 정도로 위법하다고 볼 수 없다. 원고의 이 부분 주장은 이유 있다. (1) 브랜드 가치와 이미지는 창의적 기업 활동의 핵심으로 사업자가 자유롭게 결정하는 영역에 해당한다. 기업이 자신의 상품을 판매할 유통채널을 자신의 브랜드전략에 맞게 선택하는 것 역시 기업의 자유 영역에 속한다. (2) 원고 고어본사는 2006년 12월 브랜드 정책 매뉴얼 첫 장에서 고어텍스 브랜드가 고어사의 가장 중요한 자산이며, 고어텍스 브랜드 가치가 사업상의 결정에서 최우선적으로 고려되어야 함을 선언하였다. 위 매뉴얼은 라이선시 선정 과정에서 고객사가 고어텍스 브랜드 가치를 유지하기 위한 엄격한 기준을 충족할 것을 요구하고 있고, 최고 품질 수준의 제조, 일관성 있는 최고 가격 수준의 가격 책정, 프리미엄 브랜드 포지션과 일치하는 유통, 고객사 관리 등 그 내용이 고급 브랜드 가치를 구현하고 유지하는 방향으로 구체화 되어 있다. 특히 <유통> 항목은, '고어텍스 브랜드는 High Value 포지셔닝으로 일관된 채널에만 유통되어야 하며, 이 채널들은 소비자들에 의해 높은 이미지를 가진 고품질 채널들로 인식되어야 한다. 이상적인 유통채널은 고어와 상호 부합하는 경영철학을 가지고 있어야 하며, 실력 있는 구성원, 핵심 카테고리의 전문가들, 매력적인 환경과 폭넓고 다양한 고어텍스 제품들의 제공으로 특징지워진다. 이상적인 프로파일로부터 벗어나는 채널들은 반드시 고어텍스 제품의 장점과 특징들을 적절히 전달할 수 있어야 하며, 매력적인 환경, 카테고리에 대한 전문성, 폭넓고 다양한 고어텍스 제품의 제공이 가능해야 한다. 할인 아울렛이나 대형 양판점들, 즉 낮은 가격으로 포지셔닝 되고 최소의 서비스 또는 서비스가 제공되지 않는 채널들은 적합하지 않다'고 규정하고 있다. (3) 실제로 원고들은 품질과 서비스 측면에서 고어텍스 원단이 고급 브랜드로 인식되도록 투자 및 노력을 해 왔다. 앞서 살펴 본 바와 같이 고객사가 고어텍스 소재 완제품을 생산판매하기 위해서는 원고 고어본사와 TML 계약을 체결하여 고어텍스 원단을 공급받고, 원고들이 지정한 인증 제조업자(CM)를 통해 완제품을 위탁 생산하여야 하며, 양산 전에는 시제품을 원고들에게 보내 성능 테스트 등 검수 절차를 거쳐야 한다. 이렇게 제조된 완제품만이 '고어텍스' 상표를 붙여 최종 소비자에게 판매되며, 원고들은 완제품의 품질에 문제가 있는 경우 제조사가 어딘지와 관계없이 최종 소비자에게 직접 보증하는 제도를 시행하고 있다. 또한 원고들은 고객사들에 대하여 자신의 비용으로 제품 전시 방법, 사용 목적별 제품 추천 방법, 제품 관리 방법, 주요 질문에 대한 답변 방법 등 판매 사원 교육을 진행해왔고, 고어텍스 의류 커뮤니케이션 가이드북을 마련하여 고객사 판매 직원들에게 고어텍스 브랜드 가치, 차별화된 장점, 품질보증, 서비스 이용 방법 등을 교육하여 왔다. 이와 같은 방법으로 원고들은 고어텍스 브랜드이미지를 보호하고자 한 것으로 보인다. (4) 나아가 원고들은 이와 같은 고어텍스 브랜드 정책의 주요 내용을 라이선시 선정 및 TML 계약 체결 과정에서 고객사들에게 전달한 것으로 보인다. 원고들이 라이선시 선정 과정에서 작성하는 Brand Equity Checklist에는 라이선시의 포지션, 라이선시의 유통전략과 그것이 고어텍스 소재 완제품의 차별화된 유통에 적절한지 여부, 고어텍스 브랜드 정책의 핵심사항(고가치, 프리미엄 포지션)이 논의되었는지 여부, 라이선시의 브랜드 가치가 고어텍스 브랜드 가치와 부합하는지 여부 등을 확인하도록 되어 있는데, 원고들은 이 과정을 통해 고어텍스 브랜드 정책의 핵심을 고객사들에게 인식시키고, 고객사들의 유통채널 현황을 파악하며, 고객사가 원고들의 정책에 얼마나 부합하는지 여부를 확인하여 고객사들에게 고어텍스 브랜드 가치를 유지하기 위한 기준을 충족할 것을 요구한 것으로 보인다. 비록 원고들이 TML 계약 체결 시점에 고객사들과 대형마트 유통채널 제한 조건 자체를 합의하였다거나, 해당 내용을 TML 계약서에 명시하지 않았다고 하더라도, 고객사들은 위 과정을 통해 고어텍스 브랜드 정책과 원고들의 유통 기준을 충분히 숙지한 것으로 보인다. (5) 원고들은 완제품 재료가 되는 원단을 제조·공급하는 회사로 자신이 만든 고어텍스 원단이 소비자들에게 고급 브랜드로 인식되기 위해서는, 원단 자체의 홍보뿐만 아니라 완제품이 판매되는 과정에서 완제품의 적절한 전시, 홍보, 원단과 완제품에 대한 설명 및 품질 보증 등이 제대로 이루어지는 것이 중요하다. 즉, 완제품이 판매되는 유통채널은 그 성격에 따라 전시, 홍보, 제품 설명 등 광고 효과에 차이가 있는데 중간재 제조업체인 원고들의 입장에서는 완제품이 어떤 유통채널로 판매되는지가 고어텍스 원단의 브랜드 전략에 중요한 영향을 준다고 볼 수 있다. 이와 같은 이유로 원고들은 고객사들에 대하여 자신들의 중간재 브랜드 고급화에 직접 영향을 미치는 완제품의 유통경로에 일정한 제한을 둘 것을 요청하는 것이 필요했던 것으로 보인다. (6) 그런데 대형마트는 일반적으로 저가의 대량판매가 이루어지는 곳으로, 상품의 전시 공간에 투자하거나 제품의 기능 및 품질 보증을 설명하는 데 필요한 인력에 투자하기보다는 상품 정리, 계산 등에 필요한 최소한의 인력만을 고용하여 운영하는 특성이 있다. 또한 대형마트 판매 직원의 역할은 일반적으로 상품을 진열, 관리하고 판촉 행사를 소개하는 데 그치며, 획일적, 기계적, 수동적으로 업무를 수행하는 편이어서 판매 직원이 소비자의 구매결정이나 제품의 판매실적에 미치는 영향력이 적다. 반면 직영점, 백화점, 대리점, 아울렛 판매 직원의 경우 일반적으로 상품이 전시된 매장에 상주하면서 고객을 상담하고 제품의 정보를 설명하며, 이를 위해 상품 지식과 고객응대 매뉴얼을 숙지하고 있으므로, 소비자의 구매결정이나 제품의 판매실적에 미치는 영향력이 큰 편이다. 서울지역 대형마트에서 판매되는 패션잡화를 구매한 고객을 대상으로 설문조사를 실시한 결과, 대형마트에서 판매되는 패션잡화의 경우 저가 제품이라는 인식이 강하여 '싼 만큼 품질도 약간 낮은 제품'이라는 포지셔닝에 머물러 있는 것으로 나타난바, 대형마트의 판매목적, 장소 및 판매 직원의 특성 등은 해당 유통채널에서 판매되는 제품의 고급 이미지에 영향을 미칠 수 있다고 보아야 한다. 이와 같은 점을 고려하면 대형마트에서 고어텍스 제품을 판매하는 것은 원고들의 고급 브랜드 전략에 반하는 것이라고 볼 수 있다. (7) 원고들이 고객사들에 대하여 고어텍스 소재 완제품을 대형마트에서 판매하지 않도록 제한하기에 이른 내부 논의를 살펴보면, ㉠ 대형마트 판매의 경우 더 큰 소비자 그룹을 형성할 수 있는 점, 잠재적 매출이 추가될 가능성, 백화점보다 유연한 운영 측면 등을 장점으로 고려하고, ㉡ 브랜드 포지션에 대한 손상, 프리미엄 소비자 그룹을 잃을 위험, 백화점, 프랜차이즈 등 소매상 사업 모델과 충돌하는 문제점 등을 단점으로 고려한 후, 원고들과 고객사의 비즈니스 모델 및 브랜드 가치를 손상시킬 우려가 있다는 점을 이유로 대형마트 판매를 부정적으로 평가하였음을 알 수 있다. 이와 같은 내부 논의 내용에 비추어 보면, 원고들은 고어텍스 원단 및 완제품의 가격을 높게 유지하기 위해서라기보다는, 대형마트 판매의 장점을 충분히 고려하였음에도 고어텍스 원단과 완제품의 고급화 이미지를 유지하기 위하여 전략적으로 대형마트 판매 제한을 선택한 것으로 보인다. (8) 사업자가 판매가격을 제시하는 것이 단지 참고가격 내지 희망가격으로 제시하는 정도인 경우에는 이를 위법하다고 할 수 없는바(대법원 2001.12.24. 선고 99두11141 판결 참조), 원고 고어홍콩과 원고 고어코리아가 고어텍스 소재 완제품의 가격하락을 우려하는 취지의 이메일을 주고받았다거나, 대형마트 매장을 방문하여 고어텍스 소재 완제품의 판매 여부 및 판매 가격을 파악하거나, 고객사들에게 소비자 판매가격의 가이드라인을 제시한 것만으로 원고들이 가격통제의 목적과 의도 하에 이 사건 행위로 나아간 것이라고 단정할 수 없다. 브랜드 가치와 완제품의 가격은 어느 정도 비례한다는 점을 고려하면, 오히려 원고들의 입장에서는 자신들이 제조한 고어텍스 원단이 고급 제품에 맞는 가격 수준에서 거래되는 것을 희망하는 것이 자연스럽고, 대형마트에서 고어텍스 소재 완제품이 저가로 판매됨으로써 기존의 소매가격 구조가 무너지고 결국 고어텍스 브랜드 가치에 부정적인 영향을 미칠 수 있는 점을 우려하는 것이 부당하다고 볼 수 없다. 원고들이 고객사들에 대하여 제시한 판매 가격의 가이드라인 또한 고객사들과 고어텍스 제품의 브랜드 포지셔닝에 대한 의견을 교환하는 과정에서 공유된 것으로 보이며, 원고들은 대형마트 판매를 제외한 다른 유통채널, 즉 직영점, 백화점, 대리점, 아웃렛, 온라인을 통한 할인 판매에 대하여는 아무런 제한을 하지 않았다. (9) 원고들과 일부 고객사들 사이의 TML 계약 해지는 다음에서 보는 것과 같이 대형마트 판매만을 이유로 한 것은 아니고 계약관계를 더 이상 유지할 수 없는 다른 사정 또한 있었던 것으로 보이며, 그 밖에 원고들이 대형마트 판매 제한 정책을 실효적으로 유지하기 위한 강제 수단을 사용하였다고 보기 어렵다. 나아가 위에서 살펴본 바와 같이 원고들이 고객사들에 대하여 제품 판매 가격을 통제하거나 다른 유통채널을 제한하지 않은 점, 이에 따라 고객사들의 재고처리는 고어텍스 브랜드 이미지를 훼손하지 않는 범위에서 직영점, 백화점, 대리점, 아울렛, 온라인 등을 통해 얼마든지 가능한 점 등을 더하여 보면, 원고들이 고어텍스 소재 완제품이 판매되는 유통경로 중 5% 내외의 적은 비중을 차지하는 대형마트 판매만 제한한 것은 고어텍스 브랜드 전략을 유지하기 위하여 필요한 합리적 제한 범위 내에 있다고 볼 수 있다. (10) 2017년 3월 무렵 피고의 고객사들에 대한 자료제출요청에 대하여, ㉠ 2013년 이후 대형마트에 고어텍스 소재 완제품을 납품한 K2와 아이더는 원고들로부터 대형마트 판매중단 요청을 받은 사실이 없으며, 유통채널에 관하여 별다른 정책을 전달받지 못하였다고 회신한 점, ㉡ 블랙야크는 2007년 원고들로부터 대형마트 판매 지양을 전달받은 바 있으나 이는 병행 유통 중이었던 백화점의 요청에 따라 이루어진 것이라고 진술하고, 2010년 이전에는 원고들로부터 권장 판매가격을 제안 받은 바 있으나 현재는 블랙야크 브랜드 입장에서 자율적 할인율을 책정하여 판매하고 있다고 진술하는 점, ㉢ 그 밖에 코오롱, 라푸마, 프로스펙스, 영원아웃도어, 르까프, 머렐, 트렉스타, 밀레 등 또한 원고들로부터 대형마트 판매제한 요청을 받은 적이 없고, 유통채널 정책을 전달받거나 최저 판매가격을 지정받은 사실이 없다고 회신한 점 등에 비추어 보면, 원고들은 2013년 이후에는 고객사들에 대하여 고어텍스 소재 완제품을 대형마트에서 판매하지 않도록 제한하지 않은 것으로 보인다. 따라서 위 2013년을 기준으로 이 사건 행위 전 후 고어텍스 소재 완제품이 대형마트에서 판매된 정도를 비교하여 보면, 이 사건 행위가 있었던 2009년부터 2012년까지 아웃도어 제품(고어텍스 제품 포함)이 대형마트에서 판매된 비중은 1.98~3.09%인 반면, 이 사건 행위가 중단된 2013년 이후 판매 비중은 2013년 2.15%, 2014년 3.75%로 그 차이가 크지 않다. 더구나 원고들이 2018년 10월 서울 소재 대형마트를 대상으로 한 시장조사 결과에 따르면 대형마트 중 2곳에서만 고어텍스 소재 완제품이 판매되고 있는바, 이와 같이 이 사건 행위가 중단된 이후에도 대형마트에서 고어텍스 소재 완제품이 판매되는 정도가 유의미하게 증가하지 않은 점에 비추어 보면, 이 사건 행위로 인하여 일부 경쟁제한 효과가 발생하였다고 하더라도 그것이 경쟁에 미치는 영향은 미미한 것으로 보인다. (11) 더욱이 소비자는 아웃도어 제품 구매시 연령, 직입, 소득 수준에 따라 기능성, 가격, 디자인, 브랜드의 총 4가지 요소를 나름의 순서를 정해 중요한 구매결정요인으로 삼고 있는 점, 그중 브랜드는 소비자에게 심리적 편익과 자기표현적 편익을 제공하는 것으로서 프리미엄 브랜드는 경쟁 브랜드 대비 우월한 기능적 편익, 심리적 편익, 자기표현적 편익을 제공하며 그에 상응하는 가격 프리미엄이 존재하는 점, 따라서 프리미엄 브랜드 지위를 유지하고자 하는 원고들은 소비자가 고어텍스 브랜드를 만나는 다양한 접점에서 일관된 브랜드 이미지를 전달할 수 있어야 하고, 이와 같은 원고들의 프리미엄 브랜드 정책으로 인해 소비자는 차별화된 구매경험을 얻을 수 있는 점, 다양한 브랜드 정책을 인정하지 않을 경우 사업자들은 가격경쟁에 집중하여 고품질 원단, 고품질 아웃도어 제품을 개발하는 데 비용을 투자하거나 소비자에게 제품을 설명하고 품질을 보증함으로서 제품 만족도를 높이는 노력을 할 유인이 사라지게 되고 결국 소비자 입장에서는 저가의 저품질 제품 외에 고가의 제품과 서비스를 선택할 수 있는 폭이 줄어들 위험이 있는 점, 이 사건 행위 당시 직영점, 백화점, 대리점, 아울렛 등 유통채널에서도 고어텍스 제품이 최대 50%까지 할인판매되고 있었으므로 소비자들은 대형마트를 통하지 않고서도 원고들의 제품을 저렴한 가격으로 구입할 수 있는 방법이 여전히 존재하였던 점 등에 비추어 보면, 이 사건 행위로 인하여 일부 경쟁제한 효과가 발생할 수 있다고 하더라도, 이 사건 행위의 배경이 된 원고들의 중간재 브랜딩 및 고급 브랜드 전략이 소비자들에게 차별화된 브랜드 구매경험을 선사하여 경쟁촉진적 효과를 발생시키고 소비자후생 증대 효과를 함께 가져온다는 점에서 이 사건 행위의 위법성이 인정된다고 보기 어렵다. (12) 고객사는 원고들로부터 독립된 별개의 사업자로서 고어텍스 소재 완제품을 유통시킬 거래상대방을 선택할 자유가 있으나, 원고들이 고객사들에 대하여 대형마트 판매를 제한한 궁극적인 이유는 고어텍스 원단 및 완제품 가격을 통제하기 위한 것이라기보다는 고어텍스 브랜드 포지셔닝 관리 및 그에 걸맞는 적정한 서비스를 제공하기 위한 것으로 보이는 점, 이를 강제하는 제재 수단이 있었다고 단정하기 어렵고, 고객사들 입장에서도 직영점, 백화점, 대리점 등을 통한 할인행사, 아울렛, 온라인 판매 등 재고처리를 위한 다른 유통채널은 여전히 자유롭게 선택할 수 있었던 점 등에 비추어 보면, 이 사건 행위가 고객사들의 의사결정의 자유를 침해할 정도라고 볼 수는 없다."고 판결하였다.

3. 대법원 2022.8.25. 선고 2020두35219 판결

대법원도 먼저 관련 법리는 동일하게 "공정한 거래를 저해할 우려가 있는지 여부는 해당 행위의 의도와 목적, 효과와 영향 등 구체적 태양과 거래의 형태, 상품 또는 용역의 특성, 시장 상황, 사업자 및 거래상대방의 시장에서의 지위, 제한의 내용과 정도, 경쟁에 미치는 영향, 공정거래법상 위법한 목적 달성을 위한 다른 행위와 함께 또는 그 수단으로 사용되는지 여부 등을 종합적으로 고려하여 판단하여야 한다(대법원 2017.6.19. 선고 2013두17435 판결 등 참조)."고 설시하였다.

　이어서 대법원은 "본 법리를 토대로 원심판결 이유와 기록에 비추어 알 수 있는 다음과 같은 사정을 고려하면, 원고들이 2009.3.31.부터 2012.12.21.까지 국내 아웃도어 제품 제조·판매업체(고객사)에 기능성 원단인 고어텍스를 판매하면서, 고어텍스 소재 완제품을 대형마트에서 판매하지 못하도록 한 행위는 '공정한 거래를 저해할 우려가 있는 행위'에 해당하는 것으로 보기 어렵다고 판단된다. (1) 원고들은 중간재를 브랜드화하여 최종 완제품에 그 상표를 함께 표시하도록 하는 이른바 중간재 브랜딩(Ingredient Branding) 사업모델을 채택하고, 고어텍스 원단이라는 중간재에 대한 고급 브랜드 전략을 수립·시행하였다. 고객사가 고어텍스 소재 완제품을 생산·판매하기 위해서는 원고와 상표 라이선스 계약(Trademark License Agreement)을 체결한 다음 고어텍스 원단을 공급받고, 원고들이 지정한 인증 제조업자(Certified Manufacturer)를 통해 완제품을 위탁 생산하여야 하며, 양산 전 시제품을 원고들에게 보내어 성능 테스트 등 검수 절차를 거쳐야 한다. 이렇게 제조된 완제품에만 완제품 제조사의 상표 외에 중간재인 '고어텍스' 상표(GORE-TEX)도 함께 표시되어 최종 소비자에게 판매되었다. 원고들은 완제품의 품질에 문제가 있는 경우 완제품 제조사가 누구인지와 관계없이 최종 소비자에게 직접 보증하는 제도를 시행하였다. 또한 원고들은 고객사에 대하여 자신의 비용으로 고어텍스 소재 완제품 전시 방법, 사용 목적별 제품 추천 방법, 제품 관리 방법 등 판매사원 교육을 진행하기도 하는 등 품질과 서비스 측면에서 고어텍스 원단이 고급 브랜드 가치를 유지하도록 투자 및 노력을 하여 왔다. 따라서 이 사건 행위의 주된 의도와 목적은 단지 고어텍스 원단 또는 고어텍스 소재 완제품의 가격을 높게 유지하기 위해서라기보다 고급 브랜드 가치를 유지하기 위함으로 보인다. (2) 고어텍스 소재 완제품에는 완제품 제조사의 상표뿐만 아니라 중간재인 고어텍스 상표도 함께 표시되었으므로, 원고들은 중간재인 원단 공급업체임에도 불구하고 고어텍스 브랜드 가치를 유지하기 위하여 고어텍스 소재 완제품의 유통채널을 제한할 필요가 있었다. 특히 대형마트는 직영점, 백화점 등에 비하여 저가의 대량판매가 이루어지는 곳으로, 제품의 기능 및 품질 보증 등을 설명하는 직원을 투입하기보다는 제품의 정리, 계산 등에 필요한 최소한의 직원만을 고용하여 운영하는 특성이 있으므로, 고어텍스의 고급 브랜드 가치를 유지하기 위하여 대형마트에서의 판매를 제한할 필요성이 있어 보인다. (3) 이 사건 행위 당시 원고들은 고객사에 대하여 완제품의 판매가격을 통제하는 등의 행위는 하지 않았다. 또한 전체 유통채널 중 고어텍스 소재 완제품이 대형마트를 통해 판매되는 비중은 5% 미만에 불과한 점, 원고들이 고객사에 대하여 대형마트를 제외한 다른 유통채널에서의 판매는 제한하지 않아서 고객사는 고어텍스 브랜드이미지를 훼손하지 않는 범위에서 직영점, 백화점, 대리점, 아웃렛, 온라인 등을 통해 재고처리를 할 수 있었던 것으로 보이는 점 등을 고려하면, 원고들이 대형마트에서의 판매를 제한한 것은 합리적인 범위 내라고 할 수 있다. (4) 이 사건 행위가 중단된 이후에도 고어텍스소재 완제품이 대형마트에서 판매되는 비중이 유의미하게 증가되지 않은 점 등에 비추어 보면 이 사건 행위가 브랜드 내 유통채널 간 경쟁을 제한하는 효과는 미미하였던 것으로 판단된다. 반면, 이 사건 행위의 배경이 된 원고들의 중간재 브랜딩 사업모델 및 고급 브랜드 전략은 소비자들에게 차별화된 브랜드 구매경험을 제공하는 등으로 브랜드 간 경쟁을 촉진시키고 소비자 후생을 증대시키는 효과를 가져올 수 있는 것으로 보인다. 원심판단에 다소 부적절한 부분이 있지만, 이 사건 행위가 공정한 거래를 저해할 정도로 위법한 것으로 볼 수 없다고 판단한 결론은 정당하다. 원심판단에 상고이유 주장과 같이 거래상대방을 제한하는 등 구속조건부거래행위의 공정거래저해성에 관한 법리를 오해하는 등으로 판결에 영향을 미친 잘못이 없다."고 최종 판결하였다.

4. 분석

　공정거래법이 금지하고 있는 불공정거래행위의 하나인 '거래지역 또는 거래상대방의 제한'은 비가격 수직적거래제한행위로서 담합과 같은 수평적거래제한행위, 그리고 같은 구속조건부거래행위로서 수직적거래제한인 재판매가격유지행위와는 달리 합리의 원칙에 따라 상대적으로 관대한 취급을 받아 왔다. 그럼에도 불구하고 공정위와 법원의 법집행 과정에서 부당성(공정거래저해성)이 부정된 케이스는 없었지만 이번에 최초로 소위 '고어텍스' 사건에서 법원이 최종적으로 부당성(공정거래저해성)을 불인정하였다.

　공정위의 의결서를 보면 부당성 관련 법리 제시, 이에 따른 경쟁제한 의도·목적, 브랜드 내 경쟁제한 효과, 브랜드간 경쟁촉진 효과 및 비교, 소비자의 유통채널 선택권 침해 및 가격인하 유인 차단, 합리적인 이유의 존재 여부 등 5가지 판단요소별로 부당성 여부 관련 14쪽(의결 제2017-300호, 39~52면)을 할애하면서 판단하고 있고, 법원과 거의 동일한 일관된 법리를 취하고 있으면서도 그동안 내세우지 않았던 '해당 행위의 의도와 목적'도 대법원 2017.5.31. 선고 2014두4689 판결(에스케이텔레콤(주)의 구속조건부거래행위 건, 2012.7.2. 공정위 의결)을 참조로 제시하고 그 판단을 추가하였다.

서울고등법원과 대법원은 그동안에 모델 판결로 확립된 2011.3.10. 선고 2010두9976 판결(한국캘러웨이골프 사건), 2017.5.31. 선고 2014두4689 판결(에스케이텔레콤 사건), 2017.6.19. 선고 2013두17435 판결(필립스전자 사건) 등 대법원 판결을 참조판례로 인용하여 관련 법리로 제시하면서 이에 따라 구체적인 판단을 하였다. 서울고등법원은 이 사건 행위가 공정한 거래를 저해할 정도로 위법하다고 볼 수 없다고 판결하였으며, 대법원은 원심 판단에 거래상대방 제한 등 구속조건부거래행위의 공정거래저해성에 관한 법리 오해의 위법이 없다고 최종 확정하였다. 판결문상으로 그동안의 케이스들과 비교해 보면 그 차이는 거래상대방에 대하여 재판매가격을 통제하지 않은 점, 대부분의 다른 유통채널을 제한하지 않은 합리적 범위, 소비자들에 대한 차별화된 브랜드 구매경험의 제공 등 경쟁촉진적 효과 및 소비자후생 증대 효과가 고려된 것으로 보인다.

특히 행위 사실이 비슷한 ㈜필립스전자의 재판매가격유지행위 및 구속조건부거래행위 건(2012.8.27. 공정위 의결)과 비교해 보면 재판매가격유지행위의 병행 여부가 크게 영향을 미친 것으로 볼 수 있다.[4] 필립스전자 사건에서의 공정위 의결서나 대법원 판결문을 살펴보면 각각 '피심인의 행위는 재판매가격유지행위와 병행하여 이루어짐으로써 경쟁제한효과가 더욱 크게 나타났다고 판단된다.', '원고는 위법한 재판매가격지정행위인 이 사건 제1행위와 비슷한 시기에 함께 실행하였는데 이 사건 행위는 가격경쟁으로 인한 제품가격 하락을 방지하려는 데에 그 의도와 목적이 있다고 보인다.'고 되어 있다.

---

4) 손동환, 감정평가사협회의 공급 제한 담합 사건 외 대법원 판결, 경쟁저널 2022 November 제213호, Ⅱ. 참조.

불공정거래행위 중 사업활동방해행위

I. 제도의 의의 및 내용

법 제45조(불공정거래행위의 금지) 제1항 제8호에서는 불공정거래행위의 하나로서 '부당하게 다른 사업자의 사업활동을 방해하는 행위'를 금지하고 있다. 그리고 시행령 제52조(불공정거래행위의 유형 또는 기준) [별표 2] 제8호(사업활동 방해) 가목부터 라목에서 부당하게 다른 사업자의 사업활동을 방해하는 행위를 기술의 부당이용, 인력의 부당유인·채용, 거래처 이전 방해, 그 밖의 사업활동방해 등 4가지 유형으로 규정하고 있다.

사업활동방해행위는 1987.4.1. 법 개정·시행으로 불공정거래행위에 추가되었는 바 당초에는 '다른 사업자'가 아닌 '거래상대방'의 사업활동을 부당하게 방해하는 행위를 금지하고 있었다. 그러나 거래관계가 없는 경쟁사업자의 사업활동을 방해하는 행위가 실제로 많이 발생하고 있음에도 이를 규제할 수 없는 문제가 제기되었고 또한 시장지배적지위의 남용금지(법 제5조 제1항 제3호)에서 거래상대방이 아닌 다른 사업자에 대한 사업활동방해행위를 규제하고 있는 것과 형평이 맞지 않는 측면이 있었다. 이에 따라 1996.12.30. 공정거래법 개정시(1997.4.1. 시행) '다른 사업자의 사업활동을 부당하게 방해하는 행위'로 개정하였다.[1]

2017.9.29.에는 법 시행령을 개정(2017.10.19. 시행)하여 중소기업 기술유용 및 핵심인력 유출방지의 실효성을 제고하기 위하여 사업활동방해행위 4가지 유형 중에서 기술부당이용, 인력의 부당 유인·채용 행위의 위법성 요건을 다른 사업자의 사업활동을 '심히 곤란하게 할 정도'에서 '상당히 곤란하게 할 정도'로 완화하였다(시행령 제52조 [별표 2] 제8호 가목 및 나목).

그리고 2021.12.30. 공정거래법 개정·시행시 형벌규정의 정비가 있었지만 불공정거래행위 중에서 사업활동방해(법 제45조 제1항 제8호)는 부당한 고객유인(법 제45조 제1항 제4호), 거래강제(법 제45조 제1항 제5호), 거래상 지위의 남용(법 제45조 제1항 제6호), 부당한 지원행위(법 제45조 제1항 제9호)와 함께 위반시 여전히 형벌적용(법 제124조, 제125조) 대상행위가 된다.

내부지침인 '불공정거래행위 심사지침'은 사업활동방해행위의 금지사유 관련하여, 사업자

---

1) 이동규, 독점규제 및 공정거래에 관한 법률 개론(개정판), 1997, 583~585면 참조.

가 다른 사업자의 기술을 부당하게 이용하거나 인력을 부당하게 유인·채용하거나 거래처의 이전을 부당하게 방해하는 등의 방법으로 다른 사업자의 사업활동을 심히 곤란하게 할 정도로 방해할 경우 가격과 질, 서비스에 의한 경쟁을 저해하는 경쟁수단이 불공정한 행위에 해당되므로 금지된다고 규정하고 있다.

부당한 사업활동 방해행위의 4가지 세부유형 중에서 '그 밖의 사업활동방해행위'가 거의 대부분이므로 여기서는 이를 중심으로 살펴보기로 한다. 심사지침은 대상행위 관련하여 "기타의 방법으로 다른 사업자의 사업활동을 현저히 방해하는 모든 행위가 대상이 되고 방해의 수단을 묻지 않으며, 자기의 능률이나 효율성과 무관하게 다른 사업자의 사업활동을 방해하는 모든 행위를 포함한다. 이때 다른 사업자는 경쟁사업자에 한정되지 않는다."고 규정하고 있다.

심사지침은 위법성의 판단기준에 대해서는 사업활동방해가 바람직한 경쟁질서를 저해하는 불공정한 경쟁수단에 해당되는지 여부를 위주로 판단하며, 불공정한 경쟁수단에 해당되는지 여부는 다음 사항을 종합적으로 고려하여 판단하도록 규정하고 있다. ① 사업활동방해의 부당성 여부. 이를 판단하기 위해 사업활동방해의 수단, 당해 수단을 사용한 목적 및 의도, 당해 업계에서의 통상적인 거래관행, 관련 법령 등이 고려된다. ② 사업활동이 심히 곤란하게 되는지 여부. 단순히 매출액이 감소되었다는 사실만으로는 부족하며 부도발생 우려, 매출액의 상당한 감소, 거래상대방의 감소 등으로 인해 현재 또는 미래의 사업활동이 현저히 곤란하게 되거나 될 가능성이 있는 경우를 말한다. 그리고 사업활동방해가 불공정한 경쟁수단에 해당된다고 판단되더라도 이를 함에 있어 합리적인 사유가 있거나 효율성 증대 및 소비자후생 증대효과가 현저하다고 인정되는 경우에는 법위반으로 보지 않을 수 있다.

심사지침은 법위반에 해당될 수 있는 행위로서 ① 사업영위에 필요한 특정시설을 타 사업자가 이용할 수 없도록 의도적으로 방해함으로써 당해 사업자의 사업활동을 곤란하게 하는 행위, ② 경쟁사업자의 대리점 또는 소비자에게 경쟁사업자의 도산이 우려된다던지 정부지원대상에서 제외된다는 등의 근거 없는 허위사실을 유포하여 경쟁사업자에게 대리점계약의 해지 및 판매량감소 등을 야기하는 행위, ③ 타 사업자에 대한 근거없는 비방전단을 살포하여 사업활동을 곤란하게 하는 행위 등을 예시하고 있다.

Ⅱ. 공정위와 법원의 법리 형성

공정위의 공정거래법 위반유형별 사건처리 실적(1981~2022년)을 보면 불공정거래행위는 전체 처리실적의 63.7%를 차지하고 있으며, 불공정거래행위 중 사업활동방해행위의 처리비중은 3.3%(전체 처리실적의 2.1%) 정도이다(2022년도 통계연보, 22~25면, 2023, 공정거래위원회).

　사업활동방해행위를 포함한 불공정거래행위 전반에 대한 공정위의 법리는 그간의 심결례와 판결 등에 나타난 불공정거래행위에 대한 집행 경험과 2003년에 발주한 불공정거래행위 심사지침 제정을 위한 연구용역, 2004년초 그 결과를 토대로 심사지침 초안 도출, 그 이후 전문가회의, 공청회 등 의견수렴을 거쳐 2005.1.1. 제정·시행한 '불공정거래행위 심사지침'에 명시되어 있다. 불공정거래행위 중에서 거래거절, 차별적 취급, 경쟁사업자 배제, 구속조건부거래 행위에 대해서는 종전과 달리 심사지침 하에서는 경쟁제한성만으로 위법성 여부를 판단하는 것으로 법리를 정리하였고, '경쟁제한성'보다는 '불공정성' 위주로 심사하는 행위유형들, 즉 부당한 고객유인, 거래강제(단 끼워팔기는 제외), 거래상 지위의 남용, 사업활동방해 등은 그간 심결례와 판례 등을 반영하여 위법성 판단기준을 보다 구체화·체계화하였다(공정위, 2005년판 공정거래백서, 2005, 33~43면 참조).

　그리고 심사지침 시행 이후 새롭게 나타난 법원의 판결례를 반영하여 개정함으로써 불공정거래행위에 대한 공정위와 법원의 법리는 유사하거나 거의 동일한 입장을 취하고 있다고 보면 된다. 사업활동방해행위 중 '그 밖의 사업활동방해행위'의 위법성 요건에 대한 법리도 마찬가지이다. 즉 크게 방해행위의 존재, 방해행위의 부당성 유무, 이로 인한 다른 사업자의 사업활동이 심히 곤란하게 되었는지 여부이다. 이 경우 부당성의 유무는 바람직한 경쟁질서를 저해하는 불공정한 경쟁수단에 해당되는지 여부를 위주로 하여 당해행위의 의도와 목적, 당해시장의 특성, 관련 법령, 통상적인 업계 관행 등을 종합적으로 고려하여 그 행위가 공정하고 자유로운 거래를 저해할 우려가 있는지 여부에 따라 판단하여야 하고, 다른 사업자의 사업활동이 심히 곤란하게 되는지 여부는 단순히 매출액이 감소되었다는 사정만으로는 부족하고 부도발생 우려, 매출액의 상당한 감소 등으로 인해 현재 또는 미래의 사업활동이 현저히 곤란하게 되거나 될 가능성이 있어야 한다는 취지로 되어 있다.

Ⅲ. 주요 공정위 심결사례 및 법원 판결례

　아래에서 사업활동방해 중 '그 밖의 사업활동방해행위' 관련하여 그동안의 주요 공정위 심결사례 및 법원 판결례를 소개하고 살펴보기로 한다.

1. 쌍용정유(주)의 거래거절행위 등 건(1994.10.12. 공정위 의결)

가. 공정위 의결

피심인은 신고인과 석유제품판매대리점 계약을 체결하여 계속 거래해 오면서 유류공급 감축 및 중단행위, 외상기간 추가 단축 등 불이익 제공행위, 신고인의 직거래처에 대한 신고인의 부도 및 유류공급 차질 우려 유포 등 사업활동방해행위를 하였다.

공정위는 이에 대해 각각 거래거절(현행법 제45조 제1항 제1호), 거래상 지위의 남용(제6호), 사업활동방해(제8호)로 인정하고 시정조치를 명령하였다.

나. 서울고등법원 1996.5.23. 선고 94구39927 판결

이에 대하여 서울고등법원은 "원고가 피고보조참가인(신고인 대리점)에 대하여 석유류제품 공급물량감축, 외상기간단축 등 거래조건의 변경, 그 거래처에 대한 상대방의 부도가능성 고지·거래처이관 요청의 불수용·담보제공요구 등의 행위를 하였음을 인정하였으나, 원고는 피고보좃참가인 회사에게 무담보 거래 및 외상기일 연장 특혜를 제공하다가 그 외상대금의 증대에 따른 채권확보대책의 일환으로 종전의 특혜를 배제하고 담보제공 요구나 공급물량감축 및 외상기일 단축 등을 통한 외상대금감축 등의 조치를 취하고 위 거래당사자들 사이의 대리점 계약이 존속함을 전제로 법적 대응을 한 것으로 보여질 뿐, 위와 같은 사실만으로 이러한 원고의 행위가 부당하게 이루어진 것으로서 위 각 규정이 정하는 거래거절, 우월적 지위남용 또는 사업활동 방해에 해당하는 것으로 단정하기 어렵고 달리 이를 인정할 만한 증거가 없다."고 판결하였다.

다. 대법원 1998.9.8. 선고 96누9003 판결

대법원은 먼저 "공정거래법 제23조 제1항 제1호(거래거절), 제4호(거래상 지위의 남용), 제5호(사업활동방해)의 각 규정이 정하는 불공정거래행위로서 법의 규제대상이 되기 위하여는 당해 행위가 외형적으로 위 각 규정이 정하는 요건을 갖추는 외에 그것이 법의 목적에 비추어 부당한 것이어야 하고, 이때 그 부당성의 유무를 판단함에 있어서는 거래당사자의 거래상의 지위 내지 법률관계, 상대방의 선택 가능성·사업규모 등의 시장상황, 그 행위의 목적 및 효과, 관련 법규의 특성 및 내용 등 여러 사정을 고려하여 그 행위가 공정하고 자유로운 경쟁을 저해할 우려가 있는지의 여부에 따라야 할 것이다(대법원 1998.3.24. 선고 96누11280 판결, 1998.3.27. 선고 96누18489 판결 등 참조)."라는 기본법리를 설시하였다.

이어서 "원고의 각 행위가 불공정거래행위임을 전제로 한 이 사건 처분은 위법하다고 판단한 원심의 조치는 수긍할 수 있고, 위 각 불공정거래행위에 관한 법리오해 등의 위법이 없다."고 최종 판결하였다.

2. ㈜미건의료기의 사업활동방해행위 건(2000.7.22. 공정위 의결)

가. 공정위 의결

피심인은 (주)세라젬의료기 및 동 회사의 대리점을 상대로 산업재산권 침해금지(특허권, 실용신안권 등) 가처분 신청을 하여 관할법원으로부터 가처분 결정을 받았으며, 이에 대해 위 (주)세라젬의료기 및 동 회사의 대리점은 이의신청 및 본안소송을 제기하여 심리가 진행중에 있음에도 불구하고 1999.6.30, 같은 해 9.16, 2000.1.25. 및 같은 해 2.14.에 객관적으로 인정되지 않은 근거없는 내용의 통보서를 (주)세라젬의료기 및 동 회사의 대리점에 송부하였다.

공정위는 "만약 피심인이 (주)세라젬의료기 및 동 회사의 대리점이 법원으로부터 산업재산권침해금지 가처분 결정을 받았다는 사실만을 (주)세라젬의료기의 대리점들에게 알렸다면, 이는 자신의 산업재산권을 보호하기 위한 적극적인 홍보활동으로 볼 수 있다. 그러나 피심인은 (주)세라젬의료기의 대리점들에게 위 가처분 결정 사실을 통보하면서, 마치 (주)세라젬의료기가 피심인의 산업재산권을 침해하여 그 책임으로 인해 도산에 이를 것이라든지, 동 (주)세라젬의료기가 부도가 날 경우 그 피해가 각 대리점에게 전가될 것이며, 자신과의 대리점 개설에 대하여 상의할 용의가 있음을 표현한 행위는 객관적으로 인정되지 않은 근거없는 내용을 유포함으로써 온열치료기 시장의 사업자간 경쟁에 있어 가격·품질·서비스 등 공정한 수단 대신 불공정한 수단을 사용한 행위이고, 또한 이러한 행위는 궁극적으로 동 시장에서의 자유로운 경쟁을 저해시키는 행위라 할 것이므로 그 부당성이 인정된다. 생산회사에 대한 신뢰는 동 사업수행에 있어 절대적인 의미를 갖는다고 할 것인 바, 피심인의 이러한 행위로 인하여 경쟁사업자는 대리점의 계약해지, 판매량 감소 등으로 손실을 입을 수밖에 없으므로, 경쟁사업자의 사업활동을 심히 곤란하게 할 정도로 방해하는 행위에 해당된다 할 것이다."라고 판단하였다.

나. 서울고등법원 2001.4.17. 선고 2000누16472 판결

이에 대하여 서울고등법원은 "(1) 법원의 가처분 결정은 금전채권 이외의 특정물의 급부,

인도를 보전하기 위한 절차이며 소송이 계류중에 있는 권리관계에 대하여 임시적 지위를 정하여 주는데 불과한 것이므로, 원고가 소외 회사 및 그 대리점에 대하여 산업재산권침해금지가처분신청을 하여 법원으로부터 그 가처분결정을 받았다고 하여도 이로써 소외 회사가 원고의 산업재산권을 침해한 것으로 확정되는 것은 아니라고 할 것이다. (2) 소외 회사 및 그 대리점이 그 가처분에 대하여 이의신청을 하여 본안사건이 계류중임에도, 원고가 소외 회사의 대리점들에게 위 가처분 결정 사실을 통보하면서 한 내용 중, 마치 소외 회사가 원고의 산업재산권을 침해하여 그 책임으로 인해 도산에 이르게 될 것이고, 그 경우 그 피해가 각 대리점에게 전가될 것이라는 부분은 근거있는 사실의 적시가 아닌 아무런 근거 없는 과장된 추측이라고 할 것이고, 한편 그 피해를 방지하기 위하여 원고의 대리점 개설에 대하여 상의할 용의가 있다는 부분은 위와 같은 과장된 추측을 이용하여 원고의 시장지배력을 증가시키려는 의도가 있다고 보여지므로, 원고 주장과 같이 그 목적이 원고의 산업재산권을 보호하고 선량한 대리점의 피해를 예방하기 위한 것이며, 한편 산업재산권은 그 보호가치가 높다고 하더라도, 원고의 위와 같은 통고행위는 사업자간의 경쟁에 있어서 공정한 수단이 아닌 부당한 방법을 사용한 행위라 할 것이고, 앞서 본 온열치료기 시장의 특성에 비추어 볼 때 생산회사에 대한 신뢰는 사업수행에 있어 큰 의미를 차지하는 것이어서 소외 회사는 대리점의 계약해지, 판매량 감소 등으로 큰 손실을 입을 것이 예상되므로, 경쟁사업자의 사업활동을 심히 곤란하게 할 정도로 방해하는 행위에 해당된다 할 것이다."라고 판결하였다.

3. 11개 CY운영사업자들의 사업활동방해행위 건(2008.9.28. 공정위 의결)

가. 공정위 의결

피심인들은 자신의 CY에 보관되어 있는 컨테이너를 화주가 자가운송으로 반출하려는 경우에 운송을 위임받은 자가운송업자로부터 운송관리비를 징수하였다.

공정위는 먼저 위법성 성립 요건으로 ① 다른 사업자의 사업활동을 방해하는 행위가 있을 것, ② 당해 사업활동방해가 부당할 것, ③ 다른 사업자의 사업활동이 심히 곤란하게 될 것 등 세 가지 요건을 제시한 다음에 각각 그 요건의 충족여부에 대하여 판단하였다.

공정위는 ② 운송관리비 징수의 부당성 여부 관련하여 "피심인들의 운송관리비 징수는 다음과 같은 이유로 부당하다고 판단된다. 첫째, 컨테이너의 관리는 원칙적으로 컨테이너 소유자인 선사가 담당하여야 하며, 컨테이너의 사용대차관계에 있는 화주나 자가운송업자의 의무라고 보기 어렵다. 따라서, 화주의 주문을 받아 운송하는 자가운송업자는 사용대차계약인

'자가운송 신청서 및 각서'에 따라 컨테이너의 반납을 약정한 기일 내에 하지 않은 경우에 계약위반에 따른 손해배상인 장비지체료 등을 지급하면 되는 것이지 컨테이너의 관리에 따라 발생하는 비용을 지급하여야 하는 것은 아니다. 피심인이 운송관리비와 관련된 주된 업무라고 주장하는 EDI업무는 컨테이너가 ODCY를 출입 시 CY보유운송사가 입력하는 것이며, EIR업무도 CY보유운송사가 컨테이너의 손상여부를 확인하여 인수증을 주고 컨테이너 반납 시 이를 확인하는 것으로 이는 모두 컨테이너의 관리에 직접 관련된 업무라고 할 것이다. 따라서 피심인이 주장하는 대로 운송관리비가 컨테이너 Detention(보관, 회수지연)관련 업무, 컨테이너의 이력관리(EDI), 자가운송 관련 별도의 인력배치, 자가운송업자의 수송에 따른 EIR(기기인수증) 추가 발생 업무, 기타 보세운송 관련 대 세관업무의 수행 등의 업무에 따라 발생하는 비용이라고 할 때, 운송관리비는 사실상 컨테이너관리에 따른 비용이라고 할 것인 바, 운송관리비는 피심인이 선사와 체결한 CY운영계약에 포함된 업무를 수행하는 과정에서 발생하는 비용이므로 필요하다면 계약상대방인 선사에 청구하여야 할 것이지 경쟁사업자인 자가운송업자에 부담시키는 것은 부당하다. 둘째, 운송인(선사)와 CY운영사의 컨테이너 화물보관관계는 민법상 임치계약에 해당되므로 피심인들은 운송인(선사)의 지시에 따라 임치물(컨테이너)을 인도할 의무가 있으며, 이는 수치인인 피심인들에게 부과된 자기의 고유한 의무이다. 아울러 피심인들은 운송인의 이행보조자로서 해상운송의 정당한 수령인인 수하인(화주) 또는 수하인이 지정하는 자(자가운송업자)에게 화물을 인도할 의무를 부담하는 바, 피심인들은 해상운송화물에 대한 통관절차가 끝날 때까지 화물을 보관하고 적법한 수령인에게 화물을 인도하여야 하는 운송인 또는 그 국내 선박대리점의 의무이행을 보조하는 지위에 있다. 그러므로 CY운영사는 선사의 이행보조자로서 화물을 인도할 의무가 있기 때문에 화물인도와 관련하여 CY운영사와 자가운송업자 간에는 새로운 법률관계가 성립하지 않으며, 법률관계가 없는 이상 자가운송업자가 CY운영사에 대하여 별도의 비용을 지불하여야 할 이유가 없다고 할 것이다. 셋째, 피심인들의 내부문건에서 나타난 바와 같이 운송관리비는 경쟁사업자인 자가운송업자로 물량이 이탈하는 것을 방지하기 위하여 징수하는 것이며, 이는 자가운송업자의 비용을 증가시켜 영업활동을 어렵게 함과 아울러 운송비 가격경쟁에서 상대적인 우위를 확보함으로써 자가운송업자의 고객을 유치하려는 목적을 달성하기 위한 수단으로 주로 사용되고 있다고 할 것이다."라고 판단하였다.

③ 다른 사업자의 사업활동이 심히 곤란해지는지 여부에 대해서는 "다른 사업자의 사업활동이 심히 곤란해지는지 여부는 부도발생 우려, 매출액의 상당한 감소, 거래상대방의 감소 등으로 인해 현재 또는 미래의 사업활동이 현저히 곤란하게 되거나 될 가능성이 있는 경우

를 말한다. 피심인들이 자가운송업자에 운송관리비를 징수할 경우 자가운송업자의 운송비는 피심인들에 비해 최대 27% 높게 된다. 이러한 운송관리비 부담은, 1999년 이후 화물자동차 운송사업의 기준이 완화되자 화물자동차 운송사업자가 급격히 증가하여 공급과잉으로 인한 경쟁이 심화되고 가격정도에 따라 수요가 민감하게 반응할 수 있는 점, 부산 시내 등 근거리 운송의 경우 운송비 대비 운송관리비의 비중이 높아 사실상 자가운송이 불가능한 점, 불가피하게 운송관리비를 납부하면서 자가운송을 하더라도 중·소규모의 자가운송업자에게는 이윤의 급격한 감소 등의 영향이 클 수 밖에 없는 점 등을 고려할 때, 자가운송업자의 사업활동을 심히 곤란하게 할 가능성이 있다고 판단된다. 결국 자가운송업자는 운송관리비 지출에 따른 원가부담 가중으로 인해 컨테이너 운송시장에서 피심인과의 경쟁이 배제되어 거래상대방의 감소 등으로 현재 또는 미래의 사업활동이 심히 곤란하게 될 우려가 있음이 인정된다. 이러한 사정은 피심인들의 내부문건에서 운송관리비를 징수할 경우 자가운송업자의 비용이 증가하여 화주가 자가운송을 기피하게 될 것으로 분석한 자료 등이 이를 뒷받침 하고 있다. 결국 피심인의 행위는 법 제23조 제1항 제5호에 위반된다."고 판단하였다.

나. 서울고등법원 2010.1.27. 선고 2008누30429 판결

이에 대하여 서울고등법원은 "기타의 사업활동방해'에 해당하기 위하여는 '다른 사업자의 사업활동을 방해하는 행위가 있을 것', '그 사업활동 방해가 부당할 것', '다른 사업자의 사업활동이 심히 곤란하게 될 것'이라는 세 가지 요건이 충족되어야 한다. 원고들이 선사들로부터 지급받는 각 CY조작료와 자가운송업자들로부터 정수하는 이 사건 각 운송관리비가 중복되는 것이라고 보기 어려우며, 원고들이 CY의 설치에 투자된 비용과 운영·관리 비용을 회수하기 위하여 자가운송업자들에 대하여 이 사건 각 운송관리비를 징수한 행위는 비용 발생의 원인자가 비용을 부담하여야 한다는 시장경제의 가장 기본적인 수익자 부담 원칙에 부합하는 것으로서, 법 제23조 제1항 제5호에서 규정하고 있는 '부당한 사업활동 방해 행위'에 해당하지 아니한다고 봄이 상당하다."고 판결하였다.

다. 대법원 2012.5.10. 선고 2010두4896 판결

대법원은 "불공정거래행위로서 공정거래법의 규제대상이 되기 위하여는 당해 행위가 외형적으로 공정거래법의 각 규정이 정하는 요건을 갖추는 외에 그것이 공정거래법의 목적에 비추어 부당한 것이어야 하고, 이때 그 부당성 유무의 판단은 거래당사자의 거래상의 지위 내지 법률관계, 상대방의 선택 가능성·사업규모 등의 시장상황, 그 행위의 목적 및 효과, 관련 법규의 특성 및 내용 등 여러 사정을 고려하여 그 행위가 공정하고 자유로운 경쟁을 저해할 우려가 있는지 여부에 따라야 할 것이다(대법원 1998.9.8. 선고 96누9003 판결, 대법원 2010.8.26. 선고 2010다28185 판결 등 참조). 원심은 그 채택 증거를 종합하여 판시와 같은 사실을 인정한 다음, 원고들이 해상운송회사들로부터 지급받는 컨테이너전용장치장의 조작료와 자가운송업 자들로부터 징수하는 이 사건 운송관리비가 중복되는 것이라고 보기 어렵고, 원고들이 컨테이너전용장치장의 설치에 투자된 비용과 운영·관리 비용을 회수하기 위하여 자가운송업자 들로부터 이 사건 각 운송관리비를 징수한 행위는 비용 발생의 원인자가 비용을 부담하여야 한다는 시장경제의 기본원리인 수익자부담원칙에 부합하는 것으로서 공정거래법 제23조 제 1항 제5호(현행법 제45조 제1항 제8호)에 규정된 '부당한 사업활동방해 행위'에 해당하지 아니 한다고 판단하였다. 위 관계 법령, 법리 및 기록에 비추어 보면, 원심의 이러한 판단은 정당 하다. 거기에 상고이유 주장과 같은 부당한 사업활동방해 행위의 부당성 등에 관한 법리오 해의 위법이 없다."고 판결하였다.

4. 한국엠에스디(주)의 부당한 고객유인행위 등 건(2009. 5. 12. 공정위 의결)

가. 공정위 의결

피심인은 2006년 9월경부터 자신의 탈모치료제인 프로페시아에 대한 판촉활동을 벌이면 서 '알로피아는 인도산', '알로피아에 대한 생동성실험이슈가 터졌는데, 실제로 차앤박 피부 과에서는 탈모환자가 동아 알로피아를 처방받은 환자가 약을 병원에 던지고 갔다'는 등의 메 시지가 포함된 디테일 자료(2006.9.25. 작성)로 각 병원에 집중적으로 디테일을 실시하였다.

공정위는 "(1) 법 제23조의 불공정거래행위 중 기타의 사업활동방해가 성립하기 위해서는 ① 사업활동방해가 부당하여야 하고, ② 이로 인해 다른 사업자의 사업활동이 심히 곤란하 게 되어야 한다. 이때 사업활동방해가 부당한지 여부는 바람직한 경쟁질서를 저해하는 불공 정한 경쟁수단에 해당되는지 여부를 위주로 판단하며, 다른 사업자의 사업활동이 심히 곤란 하게 되는지 여부는 단순히 매출액이 감소되었다는 것만으로는 부족하고 부도 발생 우려, 매출액의 상당한 감소 등으로 인해 현재 또는 미래의 사업활동이 현저히 곤란하게 되거나 될 가능성이 있는 경우를 말한다. (2) 사업활동방해가 부당한지 여부 관련하여, 피심인은 경 쟁사인 동아제약이 2005.12.26. 알로피아를 시판하자 알로피아 원료를 인도에서 수입한다는 사실을 기화로 알로피아가 '인도산(made in India)'이라는 등의 메시지(killer message)를 작 성하여 영업사원들에게 수시로 교육 및 지시를 하였다. 그러나, 알로피아가 '인도산'인지 여부에 대해 살펴보면, 대외무역관리규정 제86조 제1항의 '대외무역법 제35조(수입원료를 사용한 국내생산 물품의 원산지 판정 기준)에 따른 원산지 판정기준의 적용대상물품에 농수산물·식품이나 의료용품 등은 해당하지 아니한다.'라는 규정을 감안할 때, 알로피아는 인도산 원료를 수입하여 국내에서 제조·가공과정을 통해 생산된 물품이기 때문에 국내생산물품에 해당되므로 원산지를 '인도산'이라고 판정할 수는 없다. 대외무역관리규정 등 관련 규정을 담당하는 지식경제부도 공정거래위원회의 알로피아의 원산지 관련 질의에 대해 공문으로 이러한 내용의 답변을 한 바 있다. 또한, 피심인의 사내규정인 영업활동지침(New PSR Business Guide) 2.1.2. 고객 방문 시 영업자세의 "방문 중, 다른 customer, 경쟁사, 회사, 동료 및 상사를 비난하거나 이용해서는 아니된다"는 규정에 비추어 보더라도 피심인이 사실과 다른 내용으로 경쟁사 제품을 디테일한 것은 의료인들로 하여금 경쟁사 제품에 대한 처방을 하지 않도록 하기 위한 것으로 부당성이 인정된다. (3) 다른 사업자의 사업활동이 심히 곤란하게 되었는지 여부: 피심인 내부자료에 의하면 2005.12.26. 탈모제 치료시장에 진입하여 프로페시아 대비 알로피아의 시장점유율이 2006년 1월 5.5%에서 서서히 증가하여 같은 해 8월에는 11.32%에 달할 정도로 시장은 잠식하고 있었으나 피심인의 디테일 등으로 인하여 결과적으로 피심인 제품인 프로페시아는 2006. 7월말 현재 100억 원 이상을 판매하여 83%의 시장점유율(market share)을 보인 반면, 복제의약품은 10억 원 미만을 판매하였다고 피심인이 스스로 분석하고 있는 점에 비추어 피심인의 이 사건 사업활동방해행위로 인해 동아제약의 사업활동이 심히 곤란하게 되었다고 판단된다."고 결정하였다.

나. 서울고등법원 2011.6.2. 선고 2009누15557 판결

서울고등법원은 시정명령의 적법 여부 판단기준 관련하여 "'기타의 사업활동방해'에 해당하려면 사업자가 한 사업활동방해행위가 부당하여야 하고, 그로 인해 다른 사업자의 사업활동이 심히 곤란하게 되어야 한다. 이 경우 부당성의 유무는 당해행위의 의도와 목적, 당해시장의 특성, 관련 법령, 통상적인 업계 관행 등을 종합적으로 고려하여 그 행위가 공정하고 자유로운 거래를 저해할 우려가 있는지 여부에 따라 판단하여야 하고, 다른 사업자의 사업활동이 심히 곤란하게 되는지 여부는 단순히 매출액이 감소되었다는 사정만으로는 부족하고 부도발생 우려, 매출액의 상당한 감소 등으로 인해 현재 또는 미래의 사업활동이 현저히 곤란하게 되거나 될 가능성이 있어야 한다."는 공정위와 동일한 법리를 제시하였다.

이어서 "(1) 사업활동방해행위가 부당한지 여부 관련하여, 앞서 인정한 바와 같이 원고는 DP이 2005.12.26.경 탈모치료제인 알로피아를 시판하자 알로피아의 원료 일부가 인도에서 수입됨을 기화로 2006.4.경부터 '알로피아가 인도산(made in India)'이라는 등의 메시지(killer message)를 작성하여 영업사원들로 하여금 각 병원에 집중적으로 디테일을 실시하게 하였는 바, 을 제26 내지 28호증(각 가지번호 포함)의 각 기재에 변론 전체의 취지를 종합하여 인정할 수 있는 다음과 같은 사정, 즉 ① 대외무역관리규정 제86조 제1항에 따르면 알로피아는 국내생산물품에 해당하여 원산지를 인도산이라고 할 수 없는데도 원고는 경쟁상품인 알로피아에 대한 처방을 감소시키기 위하여 위와 같이 사실과 다른 내용의 디테일을 한 점, ② 의약품 처방에 있어서 의약품의 안전성과 효능에 대한 신뢰는 매우 중요한 의미를 갖는다고 할 것인데, 원고의 위와 같은 행위는 사실과 다른 내용으로 안전성과 효능에 대한 의문을 야기하는 것이어서 그 처방에 영향을 미치는 행위인 점, ③ 원고의 사내규정인 영업활동지침은 영업활동 시 경쟁사를 비난하거나 이용하는 행위를 금지하고 있는 점 등을 종합하여 보면, 원고의 위와 같은 사업활동방해행위는 공정하고 자유로운 거래를 저해할 우려가 있는 행위라 할 것이므로, 그 부당성이 인정된다. (2) 다른 사업자의 사업활동이 심히 곤란하게 되었는지 여부 관련하여서는, 앞서 인정한 바와 같이 2006.7.말 현재 원고의 탈모치료제인 프로페시아는 100억원 이상을 판매한 반면, 알로피아는 10억원 미만을 판매하기는 하였으나, 다른 한편, 알로피아는 2005.12.26.경 탈모치료제 시장에 진입하여 2006.1.경 원고의 탈모치료제인 프로페시아 대비 5.5%의 시장점유율을 보인 이후 서서히 증가하여 같은 해 8.경에는 11.32%의 시장점유율을 보였다는 것이므로, 2006.7.말 현재 알로피아의 매출액이 10억원 미만이라는 사실만으로는 원고의 위와 같은 부당한 행위로 인해 알로피아의 제조, 판매사인 DP의 사업활동이 심히 곤란하게 되었다고 인정하기에 부족하고, 달리 그 매출액이 상당히 감소하는 등으로 DP의 사업활동이 심히 곤란하게 되었다고 인정할 증거가 없다. 따라서 원고의 위와 같은 행위가 공정거래법령에서 정한 '기타의 사업활동방해'에 해당한다고 할 수 없다."고 판결하였다.

다. 대법원 2013.11.14. 선고 2011두16667 판결

대법원은 "원심판결 이유를 관련 법리 및 기록에 비추어 살펴보면, 원심이 ① 원고가 동아제약의 탈모치료제인 알로피아가 2005.12.26.시판되자 2006년 4월경부터 알로피아의 원료 일부가 인도에서 수입됨을 기화로 영업사원들을 통해 각 병원에 '알로피아가 인도산'이라는 등의 내용을 알린 행위는 공정하고 자유로운 거래를 저해할 우려가 있는 행위로서 그 부당성이 인정되나, ② 알로피아가 탈모치료제 시장에 진입하여 2006년 1월 원고의 탈모치료제인 프로페시아 대비 5.5%의 시장점유율을 보인 후 서서히 증가하여 같은 해 8월에는

11.32%의 시장점유율을 보였으므로 원고의 위와 같은 부당한 행위로 인해 알로피아의 제조, 판매사인 동아제약의 사업활동이 심히 곤란하게 되었다고 볼 수 없다는 이유로 피고의 이 부분 시정명령은 위법하여 취소되어야 한다고 판단한 것은 정당하고, 거기에 논리와 경험의 법칙에 반하여 자유심증주의의 한계를 벗어나거나, 사업활동방해행위의 성립 요건에 관한 법리를 오해한 잘못이 없다."고 판결하였다.

5. 하이트진로음료(주)의 사업활동방해행위 건(2013.7.1. 공정위 의결)

가. 공정위 의결

피심인은 먹는샘물 폴리카보네이트(PC) 제품 시장에서 경쟁사업자와 거래중인 대리점에 대하여 법률비용 지원, 제품의 공급단가 할인, 제품의 무상제공, 무이자 현금대여 등 경제상 이익을 제공함으로써 당해 대리점으로 하여금 경쟁사업자와의 거래를 중단하고 자신과 거래 하도록 하는 행위를 하였다.

공정위는 위법성 성립요건 관련하여 "법 제23조 제1항 제5호 및 법 시행령 제36조 제1항 관련 [별표 1] 불공정거래행위의 유형 및 기준 제8호 라목에 의해 금지되고 있는 '기타의 사업활동방해'(현행법 제45조 제1항 제8호 및 시행령 제52조 관련 [별표 2] 제8호 라목에 규정된 '그 밖의 사업활동방해')가 성립하기 위해서는 ① 다른 사업자의 사업활동을 방해하는 행위가 있을 것, ② 당해 사업활동방해가 부당할 것, ③ 당해 사업활동방해로 인해 다른 사업자의 사업이 심히 곤란하게 될 것 등의 요건이 충족되어야 한다."는 일관된 법리를 제시하였다.

그리고 위법성 요건 해당 여부 중 ② 사업활동방해의 부당성 여부 관련하여 "사업활동방해의 부당성 여부는 사업활동방해의 수단, 당해 수단을 사용한 목적 및 의도, 당해 업계에서의 통상적인 거래관행 등을 종합적으로 고려하여 판단하는바, 다음과 같은 점에서 피심인의 사업활동방해의 부당성이 인정된다. 첫째, 사업자가 시장에서 자신의 상품가격, 품질 또는 서비스 등에 의한 능률적인 경쟁수단을 통하여 고객을 확보하는 것이 정상적인 거래관행이라고 할 것이나, 피심인은 자신의 경쟁사업자와의 사이에 대리점 계약기간 중에 있던 8개 대리점을 자신의 대리점으로 영입하기 위하여 경쟁사업자와의 중도 계약해지에 따른 법률비용 중 50%를 지원하기로 약정하면서 실제 6,450천 원을 제공하였고, 제품공급단가의 과도한 할인을 통해 피심인 자신의 일반대리점에 공급되는 PC 제품의 공급가격인 통당 2,500원보다 현저히 낮은 가격인 통당 1,720원에 제품을 공급하였으며, 자신과의 대리점 계약체결 후 1년 동안(2008.8.1.~2009.7.31.) 각 대리점의 월 평균판매량 대비 600%를 무상으로 제공하기로 약정하면서, 특히 5개 대리점에 대하여는 계약기간 초기 3개월간 집중적으로 월 평균판매량 대비 250~300%를 무상으로 제공하였고, 8개 대리점 중의 하나인 남부유통에 대하여는 현금 30,000천원을 무이자로 대여하는 등 불공정한 경쟁수단을 사용하였다. 둘째, 피심인이 2008.7.17. 확정한 내부품의서의 내용에 비추어 볼 때 피심인이 자신의 경쟁사업자인 마메든샘물(주)의 8개 대리점을 영입한 것은 피심인의 제품판매가 취약한 천안, 예산, 아산, 진천 등의 지역시장에서 대리점의 증설을 통해 독점적 지위를 구축하고자 하는 데에 그 목적이 있었던 것으로 인정되고, 먹는샘물 PC 제품 시장에서 사업활동을 영위하기 위해서는 대리점이 필수적인 유통채널이라는 것을 피심인도 예측할 수 있었을 것이라는 측면에서 볼 때 결국 피심인에게는 경쟁사업자인 마메든샘물(주)와 그 대리점 간의 거래관계를 단절시킴으로써 마메든샘물(주)의 사업활동을 방해하고자 하는 의도가 있었던 것으로 인정된다. 셋째, 먹는샘물 PC 제품시장에서는 제조사가 신규대리점을 개설하기 보다는 이미 고객을 확보하고 있는 경쟁사업자 소속의 대리점을 영입하기 위하여 치열하게 경쟁하는 양상을 보이고 있는 바, 피심인의 이 사건 행위과 같이 경쟁사업자와의 사이에 대리점 계약기간 중에 있었던 대리점을 대상으로 법률비용 지원, 제품공급단가의 과도한 할인, 계약초기 3개월간 대리점의 월 평균판매량 대비 250~300% 제품 무상제공, 무이자 현금대여 등과 같이 경제상 이익을 제공하는 것은 먹는샘물 PC 제품시장에서의 통상적인 거래관행으로 보기 어렵다. 또한, 피심인이 2008.7.17. 확정한 내부품의서 중 '기존 대리점과의 마찰 최소화 및 정보유출 사전차단 예방책 수립' 등의 내용, 피심인의 직원인 전○○의 진술조서(소갑3호증) 중 '정보유출 사전차단 예방책 수립은 기존 대리점들에 비해서 가격이나 지원조건 등이 월등히 좋은 계약조건이어서 이런 사항이 일반대리점들에게 유출되면 아무래도 불만을 가질 수 있어서 정보유출을 막아야 한다는 뜻입니다' 등의 내용에 비추어 볼 때 피심인 스스로도 자신이 경제상 이익을 제공하는 행위가 통상적인 거래관행에 해당하지 않는다는 것을 인정하고 있다고 볼 수 있다."고 판단하였다.

③ 다른 사업자의 사업활동이 심히 곤란해지는지 여부 관련하여서는 "다른 사업자의 사업활동이 심히 곤란해지는지 여부는 부도발생 우려, 매출액의 상당한 감소, 거래상대방의 감소 등으로 인해 현재 또는 미래의 사업활동이 현저히 곤란하게 되거나 될 가능성이 있는 경우를 말한다. 앞서 살펴본 바와 같이 먹는샘물 PC 제품의 판매사업을 영위함에 있어서 대리점이 필수적인 유통채널이라는 점에서 볼 때, 피심인이 경쟁사업자인 마메든샘물(주)의 11개 대리점 중 8개 대리점을 영입함으로써 결국 마메든샘물(주)는 기존 8개 대리점을 통한 사업활동이 불가능하게 되었고 그 사업활동이 심히 곤란해졌음이 명백하다고 판단된다. 실제 마

메든샘물(주)의 매출액과 먹는샘물 PC 제품 판매량은 피심인의 사업활동방해 행위가 있은 후 급격히 감소하였다."고 판단하였다.

나. 서울고등법원 2014.7.4. 선고 2013누46411 판결

서울고등법원은 "불공정거래행위로서 법의 규제대상이 되기 위하여는 당해 행위가 외형적으로 법의 각 규정이 정하는 요건을 갖추는 외에 그것이 법의 목적에 비추어 부당한 것이어야 하고, 이때 그 부당성 유무의 판단은 거래당사자의 거래상의 지위 내지 법률관계, 상대방의 선택 가능성·사업규모 등의 시장 상황, 그 행위의 목적 및 효과, 관련 법규의 특성 및 내용 등 여러 사정을 고려하여 그 행위가 공정하고 자유로운 경쟁을 저해할 우려가 있는지 여부에 따라야 할 것이다(대법원 1998.9.8. 선고 96누9003 판결, 대법원 2012.5.10. 선고 2010두4896 판결 등 참조)."는 전반적인 불공정거래행위의 위법성 요건 관련 일관된 기본적인 법리를 제시하였다.

이어서 "위 법리에 비추어 이 사건을 보건대, 다음과 같은 사정을 종합해 보면, 우월한 지위에 있는 원고가 경쟁사업자인 참가인 회사와 여전히 대리점계약관계에 있던 8개 대리점에 상당한 경제적 이익을 제공하면서 이들로 하여금 참가인 회사와의 거래를 중단하게 하고 새로이 원고와 대리점계약을 체결하게 한 행위는 공정하고 자유로운 경쟁을 저해한 것으로서 법 제23조 제1항 제5호 후단이 규정하고 있는 '부당하게 다른 사업자의 사업활동을 방해하는 행위'에 해당한다고 봄이 상당하다. ① 원고는 위에서 본 바와 같이 먹는샘물 시장에서 2011년 기준으로 11%의 시장점유율을 가지고 있는 3위 사업자이고, 이에 비하여 참가인 회사는 천안 지역을 중심으로 제품을 공급하는 소규모 지역 사업자라 할 수 있다. ② 원고는 관련시장에서 참가인 회사에 비해 우월한 지위에 있음을 기화로 참가인 회사의 대리점들이 아직 계약기간 중에 있음에도 불구하고, 2008. 초경부터 8개 대리점주들이 참가인 회사와의 대리점계약을 중도 해지한 2008.7. 중순경까지 그 대리점주들과 접촉하여 이들을 자신의 대리점으로 영입하기 위한 인맥 관리 등을 해왔다. ③ 원고는 8개 대리점주들이 참가인 회사와의 각 대리점계약을 해지한 직후부터 곧바로 이들에게 자신의 기존 대리점들에 비해서도 상당히 유리한 조건으로 제품을 공급하기 시작하였고, 2008.8.1. 위에서 본 바와 같이 상당한 경제적 이익을 제공하는 내용의 대리점계약을 체결하였는바, 이는 원고 직원이 작성한 품의서가 어느 정도 자신의 공적을 과장한 것임을 감안하더라도 원고가 상당한 기간에 걸쳐 꾸준히 참가인 회사를 배제하고 위 대리점주들을 자신의 대리점으로 영입하려고 노력한 데에 따른 결과로 보인다. ④ 이로 인해 원고는 공백 지역이었던 천안권 시장점유율을 30% 이상 확보하는 성과를 올리게 된 반면, 참가인 회사는 총 11개 대리점들 중 8개가 일시에 떨어져나가 매출액과 PC 제품 판매량이 급감하는 등 사업활동이 심히 곤란하게 되었다. 따라서 원고의 위 주장은 이유 없다.”고 판결하였다.

다. 대법원 2018.7.11. 선고 2014두40227 판결

대법원은 먼저 판단 법리 관련하여 “‘기타의 사업활동방해’에 해당하려면 사업자의 행위가 부당한 방법으로 다른 사업자의 사업활동을 심히 곤란하게 할 정도로 방해하는 경우이어야 한다. 이때 ‘부당성’의 유무는, 해당 사업자의 시장에서의 지위, 사용된 방해 수단, 그 수단을 사용한 의도와 목적, 사용된 수단과 관련한 법령의 규정 내용, 문제된 시장의 특성, 통상적인 거래 관행, 방해 행위의 결과 등을 종합적으로 고려하여 그 행위가 공정하고 자유로운 거래를 저해할 우려가 있는지 여부에 따라 판단하여야 한다. 특히 사용된 방해 수단이 더 낮은 가격의 제시에 그칠 경우에는 그것만으로 부당성을 인정하는 데에는 신중해야 한다. 그러나 제시된 거래조건이나 혜택 자체가 경쟁사업자와 기존에 전속적 계약관계를 맺고 있는 대리점에 대한 것이고, 그 혜택이나 함께 사용된 다른 방해 수단이, 통상적인 거래 관행에 비추어 이례적이거나 선량한 풍속 기타 사회질서에 반하는 등으로 관련 법령에 부합하지 않는다면, 단순히 낮은 가격을 제시한 경우와 똑같이 취급할 수는 없다. 이때에는 위에서 본 사정들을 종합적으로 살피면서 그 방해 수단을 사용한 사업자가 단순히 경쟁사업자와 대리점의 기존 거래계약 관계를 알고 있었던 것에 불과한지, 아니면 더 나아가 경쟁사업자와 기존 대리점 계약관계의 해소에 적극 관여하거나 그 해소를 유도하였는지 여부, 그로 인하여 경쟁사업자의 사업활동이 어려워지게 된 정도 역시 중요하게 고려하여야 한다.”고 설시하였다.

그리고 대법원은 인정된 사실 및 사정들을 위 법리에 비추어 살펴보면서 “① 원고는 8개 대리점과 대리점 계약을 체결하는 과정에서 경쟁사업자인 참가인 회사와 8개 대리점 사이의 기존 계약관계 해소에 적극 관여하거나 더 나아가 그 해소를 유도하였다고 평가할 수 있다. ② 원고가 8개 대리점과 대리점 계약을 체결하면서 변호사비용 중 일부를 지원하기로 한 것은 통상적인 거래 관행으로 보기는 어렵다. ③ 물량지원에 관한 이 사건 계약조건이 통상적인 거래 관행과 부합한다고 보기 어려운 면이 적지 않다. 구체적인 계약조건은 영업비밀에 해당하고 기존대리점과 신규로 영입하는 대리점의 취급에 다소 차이가 있을 수 있다는 점을 고려하더라도, 신규 대리점을 영입하면서 이에 대한 정보유출 예방책을 별도로 마련하는 것은 굉장히 이례에 속하는 사정으로서 물량지원에 관한 이 사건 계약조건이 통상적인 거래 관행에 부합하지 않는다고 의심할 만한 사정에 해당한다. ④ 게다가 전국 시장 단위에서 상당한 지위를 점하고 있는 원고가 천안 지역시장에 진입하기 위하여 특정한 경쟁사업자를 표적으로 삼아 그와 기존에 거래하던 대리점들에 유리한 거래조건을 선별적으로 제시한 의도와 목적 역시 부당성 판단에 중요하게 고려되어야 한다. ⑤ 이 사건 제품의 판매사업을 영위하는 데 있어서 대리점이 필수적인 유통채널로 기능하는데, 참가인 회사는 총 11개 대리점들 중 8개와 한꺼번에 거래가 끊겨 사업활동이 심히 곤란하게 되었다. ⑥ 이러한 사정들을 종합하여 보면, 원고가 참가인 회사와 8개 대리점주 사이의 계약관계 해소에 적극 관여하면서 앞서 본 계약조건들을 제시하여 8개 대리점주와 대리점 계약을 체결한 행위는, 공정하고 자유로운 경쟁을 저해할 우려가 있는 것으로서 그 부당성이 충분히 인정된다."고 판단하고, 이와 같은 취지로 판단한 원심판결은 정당하고, 거기에 상고이유 주장과 같이 '기타의 사업활동방해'의 부당성에 관한 법리를 오해하거나 논리와 경험의 법칙을 위반하여 사실을 오인한 잘못이 없다고 원고의 상고를 기각하였다.

6. 울산항운노동조합의 사업활동방해행위 건(2021.3.25. 공정위 의결)

가. 공정위 의결

피심인은 하역회사 A와 근로자공급 계약을 맺고 있던 경쟁사업자인 다른 노동조합 B의 하역작업을 방해하였으며 이에 따라 A는 B에게 계약해지를 통보하였으며 다음날 피심인과 계약을 체결하였다. 또 피심인은 B의 다른 하역작업 현장에서 부두진입 통행로를 봉쇄하는 등의 행위를 하였으며 이에 따라 결국 피심인 소속 노조원들이 하역작업을 완료하였다.

공정위는 그동안 공정위 및 법원의 법집행 과정에서 축적되어 구체적인 법리로 확립되었던 2013년 하이트진로음료 사건에서의 적용법리를 먼저 제시하였다. 즉 "법 제23조 제1항 제5호 및 법 시행령 제36조 제1항 관련 [별표 1의2] 불공정거래행위의 유형 및 기준 제8호 라목에 따른 '기타의 사업활동방해'는 부당한 방법으로 다른 사업자의 사업활동을 심히 곤란하게 할 정도로 방해하는 행위를 말한다. 기타의 사업활동방해행위의 경우 사업활동방해가 바람직한 경쟁질서를 저해하는 불공정한 경쟁수단인지 여부를 위주로 판단하고, 이때 불공정한 경쟁수단에 해당되는지 여부는 아래 사항을 종합적으로 고려하여 판단한다. ① 사업활동방해의 부당성 유무는 해당 사업자의 시장에서의 지위, 사용된 방해 수단, 그 수단을 사용한 의도와 목적, 사용된 수단과 관련한 법령의 내용, 문제된 시장의 특성, 통상적인 거래 관행, 방해 행위의 결과 등을 종합적으로 고려하여 판단한다. ② 다른 사업자의 사업활동이 심히 곤란하게 되는지 여부는 단순히 매출액이 감소되었다는 사실만으로는 부족하고, 부도발생 우려, 매출액의 상당한 감소, 거래상대방의 감소 등으로 인해 현재 또는 미래의 사업활동이 현저히 곤란하게 되거나 될 가능성이 있는 경우를 말한다. 다만 사업활동방해가 불공정한 경쟁수단에 해당된다고 판단되더라도 이를 함에 있어서 합리적인 사유가 있거나 효율성 증대 및 소비자후생 증대효과가 현저하다고 인정되는 경우에는 법위반으로 보지 않을 수 있다."는 것이다.

공정위는 사업활동방해행위의 부당성 여부 관련하여 피심인의 시장에서의 지위, 시장의 특성, 방해 수단을 사용한 의도와 목적, 사용된 방해 수단 등과 관련한 구체적인 사항들을 종합적으로 고려하여 부당성을 인정하였다. 그리고 다른 노동조합인 B의 노무공급협약이 2019.1.31.자로 해지된 점, 그 이후 2020년 2분기까지 근로자공급 실적이 전혀 없는 점, 직업안정법 규정에 따라 최근 1년 동안 근로자공급 실적이 없는 경우 근로자공급사업 허가가 취소될 가능성이 있는 점 등을 고려할 때 다른 사업자(B)의 사업활동이 심히 곤란하게 될 가능성이 있다고 판단하였다.

한편 '기타 합리적인 사유 등이 있는지 여부' 관련하여서도 별도로 구체적인 판단을 통하여 피심인의 이 사건 사업활동방해행위는 관련 시장에서의 효율성 증대나 소비자 후생 증대와는 무관하다고 할 것이며, 오히려 사업활동방해행위에 따른 신규 경쟁사업자의 시장 퇴출 우려로 인하여 효율성이나 소비자 후생이 저해되었다고 인정하였다. 즉 B 노동조합의 등장으로 울산지역 항만하역 등 근로자공급시장에서 경쟁이 이루어지게 되었으나, 피심인의 사업활동방해행위로 인하여 B는 하역사업자에 대한 계약이행이 사실상 불가능해졌고 결과적으로 울산지역 근로자공급시장에서 배제될 위기에 직면하였으며, 가사 피심인이 B의 과도한 가격 인하에 따른 근로자의 근로조건 저하 등을 방지하기 위해 사업활동방해행위를 하였다고 하더라도, 신규 근로자공급사업자의 시장 진입을 억제하고 자신의 독점적 지위를 유지하고자 하는 의도 내지 목적을 위해 부당한 수단을 사용하여 경쟁사업자의 사업활동을 방해하는 것을 용인할 정도의 합리적인 사유라고 보기는 어렵다고 보았다.

나. 서울고등법원 2022.10.13. 선고 2021누40654 판결

서울고등법원은 이 사건 행위의 부당성 존부 및 다른 사업자의 사업활동의 심한 곤란 여부 관련하여 "공정거래법 제23조 제1항 제5호, 시행령 제36조 제1항 [별표 1의2] 제8호 라목이 정한 '기타의 사업활동방해'에 해당하려면 사업자의 행위가 부당한 방법으로 다른 사업자의 사업활동을 심히 곤란하게 할 정도로 방해하는 경우여야 한다. 이때 '부당성'의 유무는, 해당 사업자의 시장에서의 지위, 사용된 방해 수단, 그 수단을 사용한 의도와 목적, 사용된 수단과 관련한 법령의 규정 내용, 문제된 시장의 특성, 통상적인 거래 관행, 방해 행위의 결과 등을 종합적으로 고려하여 그 행위가 공정하고 자유로운 거래를 저해할 우려가 있는지 여부에 따라 판단하여야 한다(대법원 2018.7.11. 선고 2014두40227 판결 등 참조). 이때 '다른 사업자의 사업활동이 심히 곤란하게 되는지' 여부는 단순히 매출액이 감소되었다는 사정만으로는 부족하고 부도발생 우려, 매출액의 상당한 감소 등으로 인해 현재 또는 미래의 사업활동이 현저히 곤란하게 되거나 될 가능성이 있어야 한다."는 일관된 법리를 제시하였다. 그리고 인정한 사실들에 증거들과 변론 전체의 취지를 종합하여 인정되는 사정들을 위 법리에 비추어 구체적인 판단을 한 후에 이 사건 피고의 처분은 적법하다고 판결하였다.

다. 대법원 2023.7.13. 선고 2022두62888 판결

대법원은 원심 판결 이유를 관련 법리와 기록에 비추어 살펴보면, 원심의 판단은 부당성 및 '기타의 사업활동방해'에 관한 법리를 오해하는 등으로 판결에 영향을 미친 잘못이 없다고 최종 판결하였다.

7. 공정거래법상 사업활동방해죄 관련 형사사건(피고인 A, E: A가 E 회사를 운영)

가. 서울고등법원 2019.12.11. 선고 2018노365 판결

공소사실의 요지는 "피고인들은 AC 가맹점주들의 영업을 다각적 방법으로 방해하기로 한 후, 피고인 E의 우월적 지위를 이용하여 CN, CO로 하여금 AC에 소스, 치즈 조달을 중단케 하였고, AD이 운영하는 AC CP점 및 CC가 운영하는 AC CB점 인근에 AF 직영점을 보복출점하였다. 이로써 피고인 A은 AC의 사업활동을 심히 곤란하게 할 정도로 방해하였고, 피고인 E은 피고인 E의 대표자인 피고인 A이 피고인 E의 업무에 관하여 불공정거래행위를 하였다."는 것이다.

서울고등법원은 ① AC에 대한 소스 및 치즈 공급 중단 관련하여, "피고인 A이 직원들을 통해서 CN에 압력을 행사하여 AC에 대해 피자치즈와 소스의 공급을 하지 못하도록 한 것은 외형상 공정거래법 제23조 제1항 제5호 후단 및 공정거래법 시행령 제36조 제1항 [별표 1의2] 제8호 라목 소정의 기타의 사업활동방해의 행위 유형에 해당할 수 있을 것으로 보인다. 그러나 불공정거래행위 중 공정거래법 제23조 제1항 제5호 후단의 사업활동방해에 해당하려면 그 행위의 부당성이 인정되어야 할 것인바, 가맹점사업자로서는 가맹계약의 특성상 가맹사업 전체의 통일성과 독창성, 브랜드 명성의 확보 및 소비자의 보호 등을 위하여 가맹계약에서 정한 의무를 준수해야 할 필요가 있는 점, 그럼에도 불구하고 AD은 2016.6. 말경 AF 가맹점이나 AC에 원부자재를 납품하기 위한 구매법인으로 'CS'이라는 업체를 설립하여 2016.7. 경부터 CO에서 제조한 피자치즈를 치즈 등 중간유통업체인 CT를 통해 공동구매 형식으로 구매하여 60 내지 70 개의 AF 가맹점들에게 제공한 점, E으로서는 AF 일부 가맹점들에 대한 피자치즈의 사입을 방지할 필요가 있었고, 이를 위해 CN로 하여금 CS에 피자치즈와 소스의 공급을 하지 말도록 부탁한 것으로 보이는 점, AD은 CO측의 도움으로 CT로부터 공급받던 CO의 피자치즈와 동일하거나 그보다 나은 품질의 피자치즈를 CZ라는 업체로부터 공급받음으로서 피자치즈와 관련해서는 피고인 A 측의 사업활동방해로 인한 영향이 거의 없었다고 볼 수 있는 점, CN 소스의 경우 AF가 가맹점에 공급하는 소스가 아니었음에도 피고인 A이 직원들을 통해 CN에 압력을 행사하여 CT로 하여금 CS에 납품을 중단하게 함으로써 AC의 사업에 지장을 초래하기는 하였으나 AD은 사전에 그러한 사정을 전해 듣고 DC에서 제조한 소스를 공급받아 제품 테스트를 거친 뒤, 2016.8.경 DC에서 소스를 납품받았는바, 피고인 A의 소스 공급방해행위로 인하여 AC의 설립 및 운영 등이 심히 곤란하게 되었다고 평가하기는 어려운 점 등에 비추어 보면, 피고인 A의 위와 같은 사업활동방해행위의 부당성이 인정된다고 보기는 어렵다. 따라서 이 부분 공소사실 중 E의 우월적 지위를 이용하여 CN, CO로 하여금 AC에 소스, 치즈 조달을 중단케 함으로써 피고인 A은 AC의 사업활동을 심히 곤란하게 할 정도로 방해하였다고 보기는 어렵다. 원심의 사실인정에는 일부 잘못이 있지만 결론에 있어서는 정당하므로, 결국 검사의 이 부분 주장은 이유 없다."고 판단하였다.

② 보복출점 관련하여서는, "원심은, 원심이 적법하게 채택하여 조사한 증거에 의하여 인정되는 다음과 같은 각 사정, 즉 (1) 전국을 상권으로 잡고 있는 프랜차이즈 업체로서는 가맹점이 폐점한 경우 특별한 사정이 없는 이상 해당 상권의 공백을 메우기 위하여 해당 위치 부근에 새로운 가맹점이나 직영점의 출점을 검토하는 것이 일반적인 것으로 보이고, 그러한 출점 자체가 가맹계약이나 기타 상관습에 의하여 허용되지 않는 행위라고 보기 어려운 점, (2) CC가 운영하던 AF CB점의 매출액은 2015. 1. 경부터 2016. 10. 경까지 지속적으로 감소하는 경향을 보여 왔으나 위 가맹점은 2013년경 월 평균 9,000만원이상의 매출이 발생하던 곳이었고, 위 가맹점 근처의 DF 매장의 경우 위 직영점 개설 무렵에도 비교적 높은 매출을 올리고 있었던 점이 인정되는바, E이 오직 CC의 업무를 방해하려는 의도로 손해를 무릅쓰고 해당 지역에 직영점을 개설하였다고 단정할 수 없는 점, (3) AD이 운영하던 AC CP점은 고객의 내점 식사가 가능한 이른바 '다이닝 매장'이었으나 E이 새로 개설한 AF CP직영점

은 이와 다른 '배달 전용 매장'으로서 위 두 매장이 직접적인 경쟁관계에 있었다고 볼 수 없는 점, (4) 다른 AF 직영점에서 시행되었던 할인행사 등 마케팅 내용에 위와 같이 이천 직영점에서 행해진 마케팅이 이례적인 것이라거나 통상적인 통상적인 범위를 현저히 벗어난 것으로서 그 정당성을 상실한 정도에 이른 것이라고 보기 어려운 점, (5) 점포의 주변에 동종의 경쟁관계에 있는 점포가 들어설 경우 선행 점포의 매출액 하락이 초래되는 것은 자연스러운 일이고, 그러한 결과가 발생했다는 사정만으로 후속 점포의 적극적인 영업활동을 형법상 업무방해행위 내지 공정거래법상 불공정거래행위로 보아 처벌을 가하는 것은 각 경제주체 사이의 자유로운 경쟁을 금지하는 것으로서 이는 오히려 공정거래법의 입법 취지에 반하는 결과를 초래하게 되는 점 등을 종합하면, 검사가 제출한 증거만으로는 피고인들을 포함한 E측이 AD과 CC가 운영하는 AC 각 매장 근처에 AF직영점을 개설하여 운영한 것이 위 AD과 CC의 자유의사를 제압할 정도의 행동으로서 업무방해죄에서의 위력에 해당한다거나 공정하고 자유로운 경쟁이 불가능할 정도로 다른 사업자의 사업활동을 심히 곤란하게 할 정도로 방해하는 행위로서 공정거래법이 금지하고 있는 사업활동 방해행위에 해당한다고 보기 부족하고, 달리 이를 인정할 증거가 없다고 판단하였다. 기록에 비추어 살펴보면, 피고인들을 포함한 E측이 AD과 CC가 운영하는 AC 각 매장 근처에 AF 직영점을 개설하여 운영한 것이 공정거래법상 사업활동방해 및 형법상 업무방해에 해당하는지 여부에 대한 원심의 사실인정 및 판단은 정당한 것으로 수긍이 가고, 이 부분 공소사실이 합리적인 의심을 할 여지가 없을 정도로 증명되었다고 보기에 부족하며 달리 이를 인정할 만한 증거가 없다. 따라서 이 부분 공소사실 중 보복출점의 점에 관련된 원심의 판단에 검사가 주장하는 바와 같은 사실오인 내지 법리오해의 위법이 있었다고 할 수 없다."고 판결하였다.

나. 대법원 2022.9.16. 선고 2019도19067 판결

대법원은 관련 규정 및 법리 관련하여 "'기타의 사업활동방해'에 해당하려면 사업자의 행위가 부당한 방법으로 다른 사업자의 사업활동을 심히 곤란하게 할 정도로 방해하는 경우이어야 한다. 이때 '부당성'의 유무는, 해당 사업자의 시장에서의 지위, 사용된 방해 수단, 그 수단을 사용한 의도와 목적, 사용된 수단과 관련한 법령의 규정 내용, 문제된 시장의 특성, 통상적인 거래 관행, 방해 행위의 결과 등을 종합적으로 고려하여 그 행위가 공정하고 자유로운 거래를 저해할 우려가 있는지 여부에 따라 판단하여야 한다(대법원 2018.7.11. 선고 2014두40227 판결 등 참조)."고 확립되어 있는 법리를 제시하였다.

그리고 대법원은 "원심판결 이유와 적법하게 채택된 증거에 따라 알 수 있는 다음과 같은 사정을 앞서 본 법리에 비추어 살펴보면, 피고인 A의 이 사건 각 행위는 부당한 방법으로 다른 사업자의 사업활동을 심히 곤란하게 할 정도로 방해하는 행위로서 공정하고 자유로운 경쟁을 저해할 우려가 있다고 봄이 타당하다. ① 피고인 A이 운영하는 피고인 E(엠피그룹)은 '(상호명 2 생략)'이라는 상호로 피자 등을 제조, 판매하는 가맹점을 모집하고 관리하는 운용본부이다. '(상호명 2 생략)'은 국내 일반음식점 시장에서 상당한 점유율을 가진 반면, '(상호명 1 생략)'은 종래 (상호명 2 생략)의 가맹점사업자 겸 가맹점사업자협의회 회장이었던 공소외 1이 피고인 엠피그룹과의 가맹계약을 해지한 다음 설립한 새로운 피자 브랜드로 이 사건 각 행위 당시 시장 내 점유율이 미미한 수준이었다. ② 공소외 1은 '(상호명 1 생략)'의 설립을 준비하면서 (상호명 1 생략)에서 사용할 치즈는 동원에프앤비의 제품을, 소스는 동원홈푸드 제품을 각 사용하기로 계획하였다. 그런데 피고인 1 측은 피고인 엠피그룹의 거래상 지위를 부당하게 이용하여 동원홈푸드 측에 위 소스와 치즈가 (상호명 1 생략)으로 납품되지 않도록 해달라고 요청하였고, 결국 동원홈푸드의 요청에 따라 주식회사 씨유푸드(이하 '씨유푸드'라한다)는 (상호명 1 생략)에 위 소스와 치즈의 공급을 중단하였다. 당시 공소외 1이 2016. 7. 무렵부터 자신이 설립한 '더유니온'이라는 구매법인을 통해 동원에프앤비의 치즈를 씨유푸드로부터 구매하여 일부 (상호명 2 생략) 가맹점사업자들에게 납품하였고, 이에 피고인 1 측으로서는 위와 같은 치즈 사입이 가맹계약 위반임을 들어 (상호명 2 생략) 가맹점사업자들에 대한 위 치즈의 공급을 중단할 필요가 있었다고 하더라도, '(상호명 2 생략) 가맹점사업자들'에게 위 치즈를 공급받지 않도록 하는 것을 넘어 '(상호명 1 생략)'에 위 치즈와 소스가 공급되지 않도록 할 만한 합리적인 사유를 찾을 수 없다. ③ 이에 더하여 피고인 A은, 피고인 E(엠피그룹)이 가맹점사업자들에게 납품할 치즈를 매일유업 등으로부터 직접 공급받지 않고 씨케이푸드 등을 거쳐 공급받음에 따라 씨케이푸드 등에 귀속된 유통이익만큼 가맹점사업자들에게 비싸게 납품한 것이 사실임에도 불구하고, 이를 알린 (상호명 1 생략)의 대표 공소외 1을 '허위사실 적시 명예훼손죄' 등 혐의로 고소하였다. 또한 피고인 A은 공소외 1, 공소외 2가 (상호명 1 생략) ○○○점, △△점을 각 개설하자, 그 직후에 그와 매우 인접한 거리에 (상호명 2 생략) ○○○ 직영점, △△ 직영점을 각 설치하였다. 여기에 이 사건 각 행위가 이루어진 경위, (상호명 2 생략)과 (상호명 1 생략)의 시장에서의 지위 등을 고려하면, 전국 시장 단위에서 상당한 지위를 점하고 있는 (상호명 2 생략)을 운영하는 피고인 엠피그룹이 소규모 경쟁사업자인 (상호명 1 생략)을 표적으로 삼아 일련의 이 사건 각 행위를 한 것은, (상호명 1 생략)과 공정하고 자유로운 경쟁을 하기 위한 것이라기보다 (상호명 2 생략)의 가맹점사업자들이 공소외 1과 같이 가맹계약을 해지하고 집단 이탈하는 것을 방지하고자 한 데에 주된 의도와 목적이 있었던 것으로 볼 수밖에 없다. ④ (상호명 1 생략)은 이 사건 각 행위로 인하여 사업 초기 단계에 피자에 사용할 소스와 치즈의 공급이 중단됨에 따라 제품 개발 및 설립이 지연되고 매장의 운영이나 가맹점사업자의 모집이 어려워지는 등 사업활동이 현저히 곤란하게 되었거나 장차 곤란하게 될 가능성이 있었다. 그런데도 이와 다른 전제에서 이 부분 공소사실을 모두 무죄로 판단한 원심판결에는 '기타의 사업활동방해' 중 '다른 사업자의 사업활동을 심히 곤란하게 할 정도로 방해하는 행위' 및 부당성에 관하여 필요한 심리를 다하지 아니하거나 법리를 오해하는 등으로 판결 결과에 영향을 미친 잘못이 있으므로 이 부분을 파기하고, 다시 심리·판단하도록 원심법원에 환송한다."고 판결하였다.

Ⅳ. 마무리

불공정거래행위 중 사업활동방해행위는 법령 규정의 내용을 보면 경쟁사업자까지 포함하여 포괄적으로 '다른 사업자'의 사업활동을 방해하는 행위를 금지 대상으로 하고 있으며 위법성 요건에 있어서도 경쟁수단의 불공정성을 위주로 하고 있어서 그 적용범위가 상대적으로 넓다고 할 수 있다. 다만 한편으로는 다른 사업자의 사업활동이 '심히 곤란하게 될 정도'의 방해라는 요건이 제약요소로 작용되고 있다.

위 Ⅲ.의 6건의 행정소송 사건들을 살펴보면 사업활동방해가 인정된 사건으로 미건의료기 사건(2000년), 하이트진로음료 사건(2013년), 울산항운노동조합 사건(2021년), 그리고 부정된 사건으로 쌍용정유 사건(1994년), CY운영사업자 사건(2008년), 한국엠에스디 사건(2009년)이 있다. 이 중 한국엠에스디 사건은 사업활동방해행위의 부당성은 인정되지만 '다른 사업자의 사업활동이 심히 곤란하게 될 정도'의 요건을 충족하지 못했다는 판단에 따라 부정되었다. 7번째 공정거래법상 사업활동방해죄 관련 형사사건의 경우 서울고등법원에서 사업활동방해행위를 불인정하였지만 검사가 상고한 대법원에서는 사업활동방해행위의 부당성에 관하여 필요한 심리를 다하지 아니하거나 법리를 오해한 잘못이 있다고 하면서 다시 심리·판단하도록 파기·환송하였다.

법집행과정에서 적용되는 법리는 일관되게 동일함에도 결국 나타난 인정사실이나 사정들을 동 법리에 따라 어떻게 적용·해석하느냐에 따라 그 결과가 달리 도출되고 있다고 본다.

부당지원행위의 위법성 요건 중 '부당성' 요건

I. 개요

부당지원행위 금지는 불공정거래행위의 한 유형인 '계열회사를 위한 차별적 취급행위'로서 시작되었는데, 1992.7.1. 내부지침으로 '대규모기업집단의 불공정거래행위에 대한 심사기준'을 제정하여 상품·용역거래에 의한 부당지원에 대한 규제기준을 마련하였다, 그러나 이러한 규제만으로 충분치 않다는 인식에 따라서 1996.12.30. 공정거래법을 개정하여 자금·자산 등의 부당지원을 금지할 수 있는 조항을 신설하였고(1997.4.1. 시행), 이에 따라서 1997.7.29. '부당한 지원행위의 심사지침'을 제정하였다.

부당지원행위 금지조항이 시행된 1997년 말 발생한 외환위기 상황에서 부당지원행위 조항의 강력한 집행에 대한 사회적 요구가 커짐에 따라 공정위는 1998년부터 대기업집단에 대한 대대적인 직권조사를 실시하고 제재조치를 취했고 이에 대해 공정거래사건 전담재판부인 서울고등법원에 취소를 구하는 불복 소송이 계속 뒤따랐다. 한편 2001.9.11. 서울고등법원이 부당지원행위 과징금 부과조항에 대하여 위헌심판을 제청한 이후 2003.7.24. 헌법재판소가 합헌 결정(헌법재판소 2003.7.24. 2001헌가25 전원재판부 결정)을 내릴 때까지 부당지원행위에 대한 사법적 심사는 사실상 중단되었고 이에 따라 부당지원행위 규제에 대한 학계나 사법부의 법리적 논의나 환류도 사실상 전무한 상황이었다.

헌법재판소의 합헌 결정이 나온 이후에 서울고등법원은 계류 중인 부당지원행위 소송들에 대하여 심리를 재개하고 판결을 선고하였고 이에 따라 드디어 후속 대법원 판결도 연이어 내려졌다. 대법원 2004.3.12. 선고 2001두7220 판결(SK 기업집단 계열분리회사 등의 부당지원행위 건, 2000.2.25. 공정위 의결)이 최초의 판결로서 현재도 공정위 심결이나 법원 판례에서 위법성 판단의 기본법리 관련하여 참조판례로 인용되고 있으며 공정위의 '부당한 지원행위의 심사지침'에서 부당성 판단의 기본원칙으로 규정되어 있다.

현행 법 제45조(불공정거래행위의 금지) 제1항 제9호 가목에 따른 위법성 요건 관련 일관되게 확립된 법리는 1) 지원행위의 성립(존재), 2) 부당성(공정거래저해성) 등 2가지 요건을 충족시켜야 된다는 것이다. 이는 공정위와 법원의 공통된 입장이기도 하다. 부당한 지원행위가 성립하려면 지원행위가 존재한다는 것만으로는 부족하고 그 지원행위가 시장에서의 공정한 거래를 저해할 우려가 있어야 한다는 부당성 요건을 갖추어야 한다. 본 이슈에서는 두 번째 요건에 해당하는 부당성을 다룬다.

II. 공정위 및 법원의 부당성 관련 법리 형성

1. 공정위의 '부당한 지원행위의 심사지침'상 규정 내용

심사지침에는 부당성 판단의 기본원칙으로 위 2004.3.12. 대법원 판결과 후속 법원 판결들의 내용을 모두 담고 있다(심사지침 Ⅳ. 1.). 즉 부당성은 원칙적으로 지원주체와 지원객체와의 관계, 지원행위의 목적과 의도, 지원객체가 속한 시장의 구조와 특성, 지원성 거래규모와 지원행위로 인한 경제상 이익, 지원기간, 지원횟수, 지원시기, 지원행위 당시 지원객체의 경제적 상황, 중소기업 및 여타 경쟁사업자의 경쟁능력과 경쟁여건의 변화정도, 지원행위 전후의 지원객체의 시장점유율 추이 및 신용등급의 변화 정도, 시장개방의 정도 등을 종합적으로 고려하여 해당 지원행위로 인하여 지원객체가 직접 또는 간접적으로 속한 시장에서 경쟁이 저해되거나 경제력 집중이 야기되는 등으로 공정한 거래를 저해할 우려가 있는지 여부에 따라 판단한다고 규정하고 있다.

또 지원행위의 부당성은 공정한 거래질서라는 관점에서 판단되어야 하며, 지원행위에 대한 단순한 사업경영상의 필요 또는 거래상의 합리성 내지 필요성이 있다는 사유만으로는 부당성이 부정되지 않는다고 되어 있다.

지원객체가 사업자가 아닌 특수관계인인 경우 지원행위의 부당성은 그 특수관계인이 해당 지원행위로 얻은 경제상 급부를 계열회사 등에 투자하는 등으로 인하여 지원객체가 직접 또는 간접적으로 속한 시장에서 경쟁이 저해되거나 경제력 집중이 야기되는 등으로 공정한 거래를 저해할 우려가 있는지 여부에 따라 판단한다고 규정하고 있다. 이는 삼성에스디에스(주)의 특수관계인에 대한 신주인수권증권 매도행위 관련 2004.9.24. 대법원 판결 내용[1]을 반영한 것으로서 동 판결이 나온 이후 사실상 지원객체가 자연인인 특수관계인인 경우 입증문제로 사실상 법집행이 어렵게 되었는바, 이는 2013.8.13. 공정거래법을 개정하여 법 제47조의 특수관계인에 대한 부당한 이익 제공행위 금지규정을 신설하게 된 배경의 하나가 된다(이슈 27: 특수관계인에 대한 부당이익제공행위의 부당성에 관한 법리 Ⅰ. 참조).

---

1) 본 이슈 Ⅲ. 3. 가. 참조.

그리고 공정한 거래를 저해할 우려는 공정한 거래를 저해하는 효과가 실제로 구체적인 형태로 나타나는 경우뿐만 아니라 나타날 가능성이 큰 경우를 의미하며, 현재는 그 효과가 없거나 미미하더라도 미래에 발생할 가능성이 큰 경우를 포함한다. 대법원 2005.5.27. 선고 2004두6099 판결은 "경제력 집중을 억제하고 공정한 거래질서를 확립하고자 하는 부당지원행위 금지규정의 입법 취지와 문언을 종합하면, 부당지원행위는 지원행위로 인하여 지원객체가 속한 시장에서의 공정한 거래를 저해할 우려가 있으면 성립하는 것이므로 지원객체가 지원행위 당시 일정한 거래분야의 시장에 직접 참여하고 있을 필요까지는 없다고 할 것이다. 지원객체인 태천개발(주)는 이미 온천운영시장에의 잠재적 사업자로서 온천운영시장에서 경쟁이 저해되거나 경제력이 집중되는 등으로 공정한 거래를 저해할 우려가 있다고 할 것이므로 온천운영시장에 현실적으로 참여하고 있는 사업자와 달리 볼 것도 아니라고 할 것이다."라고 판시하였다.

2. 지원의도

가. 지원의도와 부당지원행위의 위법성 요건

위 2004.3.12. 대법원의 최초 판결 및 후속 판결들, 그리고 이를 반영한 공정위의 심사지침 및 심결사례들에서 일관되게 '지원의도(지원행위의 목적과 의도)'는 부당성 판단의 한 요소로 제시되고 있다. 그리고 공정위의 과징금고시에서는 부당한 지원행위에 대한 과징금액 산정시 별도 참작사항의 하나로 규정하고 있다. 한편 지원의도를 부당성이 아닌 지원행위 성립 여부에서 언급하고 있는 일부 소수의 대법원 판결이 있다. 대법원 2005.5.27. 선고 2004두6099 판결을 보면 지원행위의 성립 여부에 관한 법리에서 '부당한 자금지원행위의 요건으로서의 지원의도는 지원행위를 하게 된 동기와 목적, 거래의 관행, 당시 지원객체의 상황, 지원행위의 경제상 효과와 귀속 등을 종합적으로 고려하여 지원주체의 주된 의도가 지원객체가 속한 관련 시장에서의 공정한 거래를 저해할 우려가 있는 것이라고 판단되는 경우 인정되는 것이고, 이러한 지원의도는 여러 상황을 종합하여 객관적으로 추단할 수 있다'고 판시하고 있다. 물론 이 판결도 그 다음 지원행위의 부당성 판단을 하면서 그동안 대법원 판결들이 일관되게 제시하고 있는 확립된 판단의 기본원칙을 그대로 제시하고 있다. 그리고 대법원 2007.1.11. 선고 2004두350 판결은 위 판결을 그대로 참조하여 부당한 자금지원행위의 요건으로서의 지원의도에 대한 법리를 설시하고 있다

공정위의 심결사례들을 분석해 보면 초창기 일부 사례들에서(1999.10.28. 3차 LG 기업집단 계

열회사들의 부당지원행위 건, 2000.2.5. SK 기업집단 계열분리회사 등의 부당지원행위 건, 2001.1.19. 제4차 현대 기업집단 계열회사등의 부당지원행위 건, 2002.1.11. ㈜대우건설 등의 부당지원행위 건, 2006.9.15. ㈜신한은행의 부당지원행위 건 등) 위법성 판단의 첫 번째 요건인 지원행위의 성립여부를 판단함에 있어서 '지원을 위한 행위로 밖에 볼 수 없다', '지원하기 위한 의도로 밖에 볼 수 없다', '지원하기 위한 의도에서 행한 행위임이 인정된다' 등 지원의도를 가볍게나마 언급하고 있으며, 특히 2006.9.15. ㈜신한은행 건에서는 지원의도를 지원행위의 성립 요건 판단의 별도 항목으로 구분하고 2005.5.27. 대법원 판결이 제시한 법리를 토대로 매우 구체적으로 분석하고 있다(의결서 9~10면 참조).

그러나 그 이후 모든 심결사례들은 두 번째 위법성 판단요건인 부당성(공정거래저해성)에서 1) 지원의도, 2) 공정거래저해성 등 2가지로 구분함으로써 지원의도를 별도로 구분하여 판단하였다. 그러다가 2021년 들어 2021.6.17. 롯데칠성음료(주)의 부당한 지원행위 건, 2021.8.25. 에스케이텔레콤(주)의 구(舊) ㈜로엔엔터테인먼트에 대한 부당지원행위 건, 2021.8.27. 기업집단 삼성 소속 계열회사들의 부당지원행위 건에서 처음으로 초창기 일부 심결사례에서처럼 '지원행위의 성립' 요건의 하나로 넣어 판단하고 있다. 즉 첫 번째 '지원행위의 성립' 요건 부분에서 "부당한 지원행위의 요건으로서의 지원의도는 지원행위를 하게 된 동기와 목적, 거래의 관행, 당시 지원객체의 상황, 지원행위의 경제상 효과와 귀속 등을 종합적으로 고려하여 지원주체의 주된 의도가 지원객체가 속한 관련시장에서의 공정한 거래를 저해할 우려가 있는 것이라고 판단되는 경우 인정되는 것이고, 이러한 지원의도는 여러 상황을 종합하여 객관적으로 추단할 수 있다(대법원 2007.1.11. 선고 2004두350 판결 참조)."고 되어 있다(각각 의결서 83면, 35면, 189면 참조).

최근 공정위의 심결사례들을 살펴보면 2022.1.27. 기업집단 하림 소속 계열회사들의 부당지원행위 등 건, 2022.5.16. ㈜이랜드리테일의 부당지원행위 등 건에서는 여전히 지원의도를 첫 번째 '지원행위의 성립' 요건으로서 다루고 있다(각각 의결서 74면, 44면 참조). 그러나 2021.12.22. 기업집단 고려제강 계열회사의 부당지원행위 건, 2022.7.20. 기업집단 경동 소속 계열회사들의 부당지원행위 건, 2023.2.24. 기업집단 한국타이어 소속 계열회사들의 부당지원행위 및 특수관계인에 대한 부당이익제공행위 건, 2023.4.27. 기업집단 효성 계열회사의 부당한 지원행위 건, 2023.5.17. 기업집단 부영 소속 계열회사들의 부당지원행위 건, 2023. 8.21. 기업집단 오씨아이 소속 계열회사들의 부당지원행위 및 특수관계인에 대한 부당이익제공행위 건, 2023.8.22. 기업집단 호반건설 소속 계열회사들의 부당지원행위 등 건에서는 지원의도를 두 번째 위법성 요건인 '부당성(공정거래저해성)'에서 다루고 있다(각각 의결서 20

면, 29면, 108면, 23~24면, 17~18면, 59~60면, 62~63면 참조).

필자는 공정위가 지원의도를 지원행위의 성립 요건이 아닌 부당성(공정거래저해성) 판단의 중요한 한 요소로 삼았던 그동안의 일관된 입장으로 복귀한 것인지의 여부는 정확히 모르겠지만 어쨌든 그동안 공정위의 심사지침 규정 및 심결사례, 그리고 대법원의 일관된 판결들에 비추어 이제는 그동안의 확립된 법리대로 유지해 나가는 것이 바람직하다고 본다.[2]

나. 지원의도가 위법성 성립의 필수요건인지 여부

법원 판결들을 보면 부당성 판단을 하면서 2004.3.12. 대법원 판결 및 후속 대법원 판결들이 일관되게 제시하고 있는 기본원칙, 즉 지원행위의 목적과 의도 등 여러 요소를 종합적으로 고려하여 지원객체가 속한 관련 시장에서 경쟁이 저해되거나 경제력 집중이 야기되는 등 공정거래저해성 여부를 판단해야 된다는 기본원칙을 제시하고 있다. 다만 부당성 판단에 있어서 이러한 지원의도에 대한 기본원칙을 제시하지 않거나 제시하더라도 구체적인 판단까지 들어가지 않는 경우도 많다.

필자는 공정위가 어쨌든 모든 심결에서 지원의도를 별도 항목으로 구분하여 나름 구체적으로 판단하고 있는 것은 부당한 지원행위에 대한 과징금 부과금액 산정시 법 제102조(과징금 부과) 제1항에 따라 가장 기본이 되는 고려사항인 '위반행위의 내용 및 정도'의 판단 관련 '지원의도'를 별개의 참작사항의 하나로 규정하고 있는 것과 직접 관련이 있다고 본다(과징금 고시 [별표] 세부평가 기준표 2. 바. 참조).

그리고 필자는 부당지원행위 판단에 있어서 지원의도의 필수요건 여부 관련하여서는 대법원의 일관된 판결의 입장과 이를 반영하고 있는 공정위의 심사지침 및 과징금고시 등에 비추어 보면 물론 중요한 요소인 점은 분명하나 필수요건은 아니라고 본다(물론 당해 행위의 목적 및 의도가 지원의도와는 다른 것이 명백하게 인정되는 경우에는 오히려 부당성이 부정될 수 있으며, 한편 지원의도는 부당지원행위 성립 요건으로서 필수요소라는 일부 의견은 있다.). 이는 행정법 위반행위에 있어서 고의나 과실은 그 요건으로 하지 않는다는 판례나 원칙과도 부합되는 것이다.

3. 공정거래저해성(부당성)

법 제45조(불공정거래행위의 금지) 제1항은 부당지원행위를 포함하여 모든 불공정거래행위

---

2) 신동권, 독점규제법(제2판), 박영사, 2016, 791~792면 참조.

의 부당성 관련하여 '공정한 거래를 해칠 우려', 즉 공정거래저해성을 그 요건으로 규정하고 있다. 다만 공정위의 심결 및 법원 판결은 부당지원행위에 대해서는 다른 불공정거래행위와는 달리 경제력집중을 통한 공정거래저해성도 일관되게 포함하고 있다. 따라서 부당지원행위의 경우 정립된 법리상으로는 지원객체가 속한 관련시장에서 경쟁이 저해되거나 또는 경제력 집중이 야기되거나 둘 중 하나만 충족하여도 된다.

위법성 요건의 하나인 지원행위의 성립요건을 충족하더라도 지원행위의 부당성이 없으면 위법하지 않게 되고 부당성이 크지 않다고 판단되면 행정적 제재에 있어서 시정조치의 대상은 되나 과징금 부과는 제외될 수 있으며, 또 시정조치가 아닌 경고 대상이 될 수도 있다.

2021.6.17. 공정위 의결 제2021-170호(롯데칠성음료(주)의 부당한 지원행위 건)을 보면 계열회사인 엠제이에이와인의 스테이션 사업과 관련한 롯데칠성음료의 일련의 지원행위들에 대하여 관련시장을 각 스테이션 매장 인근 맥주 전문점 운영사업으로 획정한 다음, 지역별 맥주 전문점 시장은 매우 많은 사업자들이 참여하고 있고 시장 진입 및 퇴출도 수시로 이루어져 사실상 완전경쟁시장에 가까운 점, 각 지역별 1개 매장만을 가지고 있는 엠제이에이와인에 대한 이 사건 스테이션 관련 지원행위들이 각 지역시장에서의 경쟁을 실질적으로 제한하거나 제한할 우려가 있다고 보기는 어렵다고 판단하면서 지원행위 성립 여부와 관계없이 부당성(공정거래저해성)을 인정하기 부족하다고 결정하였다.[3] 또 2006.9.15. 공정위 의결 제2006-204호((주)신한은행의 부당지원행위 건)에서 "지원금액이 지원객체의 규모에 비하여 적은 것은 사실이지만, 관련 시장에서의 유의미한 경쟁제한성을 가진다고 인정되므로 부당한 지원행위로 판단된다. 다만 이 사건 지원행위는 지원객체가 참여하는 관련 시장에서 위반행위로 인하여 나타난 경쟁질서 저해효과가 중대하거나 악의적인 것은 아니고 그 위반 정도나 지원효과가 미미한 경우에 해당하므로 과징금은 부과하지 아니하기로 한다."고 결정하였다.

아래에서는 지금까지 부당지원행위의 부당성에 대한 법리가 설시된 주요 공정위 심결사례 및 법원 판결례들을 살펴보기로 한다.

가. 대법원 2004.3.12. 선고 2001두7220 판결

법 제23조 제1항 제7호(현행 제45조 제1항 제9호 가목) 소정의 부당지원행위가 성립하기 위하여는 지원주체의 지원객체에 대한 지원행위가 부당하게 이루어져야 하는바, 지원주체의 지원객체에 대한 지원행위가 부당성을 갖는지 유무를 판단함에 있어서는 지원주체와 지원객체와의 관계, 지원행위의 목적과 의도, 지원객체가 속한 시장의 구조와 특성, 지원성 거래규

---

3) 의결서 101~103면 참조.

모와 지원행위로 인한 경제상 이익 및 지원기간, 지원행위로 인하여 지원객체가 속한 시장
에서의 경쟁제한이나 경제력 집중의 효과 등은 물론 중소기업 및 여타 경쟁사업자의 경쟁능
력과 경쟁여건의 변화 정도, 지원행위 전후의 지원객체의 시장점유율의 추이, 시장개방의 정
도 등을 종합적으로 고려하여 당해 지원행위로 인하여 지원객체의 관련 시장에서 경쟁이 저
해되거나 경제력 집중이 야기되는 등으로 공정한 거래가 저해될 우려가 있는지 여부에 따라
판단하여야 할 것이다.

나. 대법원 2005.5.27. 선고 2004두6099 판결

부당지원행위에 있어서 지원행위가 부당성을 갖는지 유무를 판단함에 있어서는 지원주체
와 지원객체와의 관계, 지원행위의 목적과 의도, 지원객체가 속한 시장의 구조와 특성, 지원
성 거래규모와 지원행위로 인한 경제상 이익 및 지원기간, 지원행위로 인하여 지원객체가
속한 시장에서의 경쟁제한이나 경제력집중의 효과 등은 물론 중소기업 및 여타 경쟁사업자
의 경쟁능력과 경쟁여건의 변화 정도, 지원행위 전후의 지원객체의 시장점유율의 추이, 시장
개방의 정도 등을 종합적으로 고려하여 당해 지원행위로 인하여 지원객체가 속한 관련 시장
에서 경쟁이 저해되거나 경제력 집중이 야기되는 등으로 공정한 거래가 저해될 우려가 있는
지 여부에 따라 판단하여야 한다(대법원 2004.3.12. 선고 2001두7220 판결, 2004.4.9. 선고 2004
두6197 판결 등 참조).

다. 대법원 2006.5.26. 선고 2004두3014 판결

부당지원행위의 요건으로서 지원행위의 부당성 유무는 지원주체와 지원객체와의 관계, 지
원행위의 목적과 의도, 지원객체가 속한 시장의 구조와 특성, 지원성 거래규모와 지원행위로
인한 경제상 이익 및 지원기간, 지원행위로 인하여 지원객체가 속한 시장에서의 경쟁제한이
나 경제력 집중의 효과는 물론 경쟁사업자의 경쟁능력과 경쟁여건의 변화 정도, 지원행위 전
후의 지원객체의 시장점유율의 추이, 시장개방의 정도 등을 종합적으로 고려하여 판단하여야
할 것이다(대법원 2004.3.12. 선고 2001두7220 판결, 2004.10.14. 선고 2001두2935 판결 등 참조).

라. 대법원 2007.1.25. 선고 2004두7610 판결

지원행위가 부당성을 갖는지 여부를 판단함에 있어서는 지원주체와 지원객체의 관계, 지
원행위의 목적과 의도, 지원객체가 속한 시장의 구조와 특성, 지원성 거래규모와 지원행위로
인한 경제상 이익 및 지원기간, 지원객체가 속한 시장에서의 경쟁제한이나 경제력 집중의

516 공정거래 주요 쟁점 및 이슈 36선

효과 등을 종합적으로 고려하여 당해 지원행위로 인하여 지원객체의 관련 시장에서 경쟁이 저해되거나 경제력 집중이 야기되는 등으로 공정한 거래가 저해될 우려가 있는지 여부에 따라 판단하여야 한다(대법원 2004.10.14. 선고 2001두2881 판결 등 참조).

마. 대법원 2009.9.24. 선고 2008두9485 판결

지원행위가 부당성을 갖는지 여부를 판단함에 있어서는 지원주체와 지원객체의 관계, 지원행위의 목적과 의도, 지원객체가 속한 시장의 구조와 특성, 지원성 거래규모와 지원행위로 인한 경제상 이익 및 지원기간, 지원객체가 속한 시장에서의 경쟁제한이나 경제력 집중의 효과 등을 종합적으로 고려하여 당해 지원행위로 인하여 지원객체의 관련 시장에서 경쟁이 저해되거나 경제력 집중이 야기되는 등으로 공정한 거래가 저해될 우려가 있는지 여부에 따라 판단하여야 한다(대법원 2007.1.25. 선고 2004두7610 판결 등 참조).

바. 서울고등법원 2015.12.3. 선고 2015누40356 판결4)

부당지원행위가 성립하기 위하여는 지원주체의 자원객체에 대한 지원행위가 부당하게 이루어져야 하는바, 지원주체의 지원객체에 대한 지원행위가 부당성을 갖는지 유무를 판단함에 있어서는 지원주체와 지원객체와의 관계, 지원행위의 목적과 의도, 지원책체가 속한 시장의 구조와 특성, 지원성 거래규모와 지원행위로 인한 경제상 이익 및 지원기간, 지원행위로 인하여 지원객체가 속한 시장에서의 경쟁제한이나 경제력 집중의 효과 등은 물론 중소기업 및 여타 경쟁사업자의 경쟁능력과 경쟁여건의 변화 정도, 지원행위 전후의 지원객체의 시장점유율의 추이, 시장개방의 정도 등을 종합적으로 고려하여 당해 지원행위로 인하여 지원객체의 관련 시장에서 경쟁이 저해되거나 경제력 집중이 야기되는 등으로 공정한 거래가 저해될 우려가 있는지 여부에 따라 판단하여야 한다(대법원 2004.3.12. 선고 2001두7220 판결 참조).

사. 서울고등법원 2021.7.22. 선고 2018누64353 판결(엘에스 기업집단 계열회사의 부당한 지원행위 건, 2018.8.22. 공정위 의결)

지원행위가 부당성을 갖는지 여부를 판단함에 있어서는 지원주체와 지원객체의 관계, 지원행위의 목적과 의도, 지원객체가 속한 시장의 구조와 특성, 지원성 거래규모와 지원행위로 인한 경제상 이익 및 지원기간, 지원객체가 속한 시장에서의 경쟁제한이나 경제력 집중의 효과 등을 종합적으로 고려하여 당해 지원행위로 인하여 지원객체의 관련 시장에서 경쟁이

---

4) 대법원 2016.5.12. 선고 2016두32466 판결로 심리불속행하는 것으로 상고가 기각되었다.

저해되거나 경제력 집중이 야기되는 등으로 공정한 거래가 저해될 우려가 있는지 여부에 따라 판단하여야 한다(대법원 2007.1.25. 선고 2004두7610 판결, 대법원 2009.9.24. 선고 2008두9485 판결 등 참조).

아. 롯데칠성음료(주)의 부당한 지원행위 건(2021.6.17. 공정위 의결), 에스케이텔레콤(주)의 구(舊) ㈜로엔엔터테인먼트에 대한 부당한 지원행위 건(2021.8.25. 공정위 의결), 기업집단 삼성 소속 계열회사들의 부당지원행위 건(2021.8.27. 공정위 의결), 기업집단 하림 소속 계열회사들의 부당지원행위 등 건(2022.1.27. 공정위 의결), ㈜이랜드리테일의 부당지원행위 등 건(2022.5.16. 공정위 의결)5)

부당성(공정거래저해성) 관련하여 지원주체의 지원행위로 말미암아 공정한 거래를 저해할 우려가 있는지 여부에 대한 판단은 지원주체와 지원객체와의 관계, 지원행위의 목적과 의도, 지원객체가 속한 시장의 구조와 특성, 지원성 거래규모와 지원행위로 인한 경제상 이익 및 지원기간, 지원행위로 인하여 지원객체가 속한 시장에서의 경쟁제한이나 경제력집중의 효과 등은 물론 중소기업 및 여타 경쟁사업자의 경쟁능력과 경쟁여건의 변화정도, 지원행위 전후의 지원객체의 시장점유율의 추이, 시장개방의 정도 등을 종합적으로 고려하여 당해 지원행위로 인하여 지원객체의 관련시장에서 경쟁이 저해되거나 경제력 집중이 야기되는 등으로 공정한 거래가 저해될 우려가 있는지 여부를 기준으로 판단하여야 한다(대법원 2004.3.12. 선고 2001두7220 판결 참조).

지원행위가 부당성을 갖는지 유무는 오로지 공정한 거래질서라는 관점에서 평가되어야 하는 것이다. 공익적 목적, 소비자 이익, 사업경영상 또는 거래상의 필요성 내지 합리성 등도 공정한 거래질서와는 관계없는 것이 아닌 이상 부당성을 갖는지 유무를 판단함에 있어 고려되어야 하는 요인의 하나라고 할 것이나, 단순한 사업경영상의 필요 또는 거래상의 합리성 내지 필요성만으로는 부당지원행위의 성립요건으로서의 부당성 및 공정거래저해성이 부정되지 않는다(대법원 2004.10.14. 선고 2001두2881 판결 참조).

---

5) 이들 5건의 공정위 심결사례들은 모두 의결서에서 첫 번째 위법성 요건인 지원행위의 성립 부분에서 대법원 2007.1.11. 선고 2004두350 판결을 참조판례로 하여 "지원행위의 성립요건으로서, '지원의도'는 지원행위를 하게 된 동기와 목적, 거래 관행, 당시 지원객체의 상황, 지원행위의 경제상 효과와 귀속 등을 종합적으로 고려하여 지원주체의 주된 의도가 지원객체가 속한 관련시장에서의 공정한 거래를 저해할 우려가 있는 것이라고 판단되는 경우 인정되는 것이고, 이러한 지원의도는 여러 상황을 종합하여 객관적으로 추단한다."고 적고 있다.

자. 기업집단 고려제강 계열회사의 부당한 지원행위 건(2021.12.22. 공정위 의결), 기업집단 「경동」 소속 계열회사들의 부당지원행위 건(2022.7.20. 공정위 의결), 기업집단 한국타이어 소속 계열회사들의 부당지원행위 및 특수관계인에 대한 부당이익제공행위 건(2023.2.24. 공정위 의결), 기업집단 효성 계열회사의 부당한 지원행위 건(2023.4.27. 공정위 의결), 기업집단 부영 소속 계열회사들의 부당지원행위 건(2023.5.17. 공정위 의결), 기업집단 오씨아이 소속 계열회사들의 부당지원행위 및 특수관계인에 대한 부당이익제공행위 건(2023.8.21. 공정위 의결), 기업집단 호반건설 소속 계열회사들의 부당지원행위 등 건(2023.8.22. 공정위 의결)[6]

지원주체의 지원행위로 말미암아 공정한 거래를 저해할 우려가 있는지 여부에 대한 판단은 지원주체와 지원객체와의 관계, 지원행위의 목적과 의도, 지원객체가 속한 시장의 구조와 특성, 지원성 거래규모와 지원행위로 인한 경제상 이익 및 지원기간, 지원행위로 인하여 지원객체가 속한 시장에서의 경쟁제한이나 경제력집중의 효과 등은 물론 중소기업 및 여타 경쟁사업자의 경쟁능력과 경쟁여건의 변화정도, 지원행위 전후의 지원객체의 시장점유율의 추이, 시장개방의 정도 등을 종합적으로 고려하여 당해 지원행위로 인하여 지원객체의 관련시장에서 경쟁이 저해되거나 경제력 집중이 야기되는 등으로 공정한 거래가 저해될 우려가 있는지 여부를 기준으로 판단하여야 한다(대법원 2004.3.12. 선고 2001두7220 판결 참조).

지원의도는 지원행위를 하게 된 동기와 목적, 거래의 관행, 당시 지원객체의 상황, 지원행위의 경제상 효과와 귀속 등을 종합적으로 고려하여 지원주체의 주된 의도가 지원객체가 속한 관련 시장에서의 공정한 거래를 저해할 우려가 있는 것이라고 판단되는 경우 인정되는 것이고 이러한 지원의도는 여러 상황을 종합하여 객관적으로 추단할 수 있다(대법원 2007.1. 11. 선고 2004두350 판결 참조).

지원행위의 부당성 유무는 오로지 공정한 거래질서라는 관점에서 평가되어야 한다. 공익적 목적, 소비자 이익, 사업경영상 또는 거래상의 필요성 내지 합리성 등도 공정한 거래질서와는 관계없는 것이 아닌 이상 부당성을 갖는지 유무를 판단함에 있어 고려되어야 하는 요인의 하나라고 할 것이나 단순한 사업경영상의 필요 또는 거래상의 합리성 내지 필요성만으

---

6) 앞의 아.의 심결사례들이 지원행위의 성립 요건에서 제시한 지원의도에 관한 법리를 그대로 두 번째 요건인 부당성(공정거래저해성) 부분으로 옮겨서 그 판단요소의 하나인 '지원행위의 목적과 의도'를 설명하는 법리로 제시하고 있다.

로는 부당지원행위의 성립요건으로서의 부당성 및 공정거래저해성이 부정되지 않는다(대법원 2004.10.14. 선고 2001두2881 판결 참조).

Ⅲ. 관련 공정위 심결사례 및 법원 판결례

1. 지원행위의 성립은 인정되나 부당성을 불인정한 사례

가. 대법원 2005.9.15. 선고 2003두12059 판결

지원행위가 부당성을 갖는지 여부를 판단함에 있어서는 지원주체와 지원객체와의 관계, 지원행위의 목적과 의도, 지원객체가 속한 시장의 구조와 특성, 지원성 거래규모와 지원행위로 인한 경제상 이익 및 지원기간, 지원객체가 속한 시장에서의 경쟁제한이나 경제력집중의 효과 등을 종합적으로 고려하여 당해 지원행위로 인하여 지원객체의 관련시장에서 경쟁이 저해되거나 경제력 집중이 야기되는 등으로 공정한 거래가 저해될 우려가 있는지 여부에 따라 판단하여야 한다(대법원 2004.10.14. 선고 2001두2935 판결 참조).

이 사건 무상광고행위로 인한 지원금액은 법 시행령 [별표 2] 제8호에 의하면 지원성 거래규모의 10%인 900만 원이고, 이 사건 광고에서 원고 디지틀조선에 대한 광고가 차지하는 비중에 따라 그 지원금액을 추산해 보아도 원고 디지틀조선의 자산총액, 매출액 등에 비하여 극히 미미한 수준에 불과하며, 이 사건 광고 당시 원고 디지틀조선의 재무상태가 악화된 상태였다고 보이지도 아니하므로, 인터넷 정보서비스업의 시장상황 등 다른 요소를 참작해 보더라도 이러한 정도의 지원행위로 인하여 원고 디지틀조선의 관련시장에서의 경쟁조건이 다른 경쟁사업자에 비하여 유리하게 되거나 그 퇴출이 저지될 우려가 있었다고 보기 어려워 이 사건 무상광고행위가 관련시장에서의 공정경쟁을 저해할 우려가 있었다고 할 수 없다.

이 사건 광고비 대신지급행위로 인한 지원금액이 자산총액이나 자본금의 0.5% 남짓이고, 4개월 동안의 매출액의 3% 정도에 불과한 점, 디조게임이 관련시장에 신규로 진입함으로써 관련 업계에 대한 잠재적 경쟁촉진효과가 있을 뿐 아니라, 관련시장에서 차지하는 비중도 매우 낮은 점 등을 종합해서 고려해 보면, 위와 같은 정도의 지원행위로 인하여 디조게임의 관련시장에서의 경쟁조건이 다른 경쟁사업자에 비하여 유리하게 되거나 그 퇴출이 저지될 우려가 있었다고 보기 어렵고, 그 지원행위가 관련시장에 미치는 영향 또한 미미한 것으로 보이므로, 이 사건 광고비 대신지급행위가 관련시장에서의 공정경쟁을 저해할 우려가 있다고 보기 어렵다.

나. 대법원 2005.10.28. 선고 2003두13441 판결

부당지원행위에 있어서 지원행위가 부당성을 갖는지 유무를 판단함에 있어서는 지원주체와 지원객체와의 관계, 지원행위의 목적과 의도, 지원객체가 속한 시장의 구조와 특성, 지원성 거래규모와 지원행위로 인한 경제상 이익 및 지원기간, 지원행위로 인하여 지원객체가 속한 시장에서의 경쟁제한이나 경제력 집중의 효과 등은 물론 중소기업 및 여타 경쟁사업자의 경쟁능력과 경쟁여건의 변화 정도, 지원행위 전후의 지원객체의 시장점유율의 추이, 시장개방의 정도 등을 종합적으로 고려하여 당해 지원행위로 인하여 지원객체가 속한 관련 시장에서 경쟁이 저해되거나 경제력 집중이 야기되는 등으로 공정한 거래가 저해될 우려가 있는지 여부에 따라 판단하여야 한다(대법원 2004.3.12. 선고 2001두7220 판결, 2004.4.9. 선고 2001두6197 판결 등 참조).

원심이 확정한 사실과 기록에 의하면, 시내전화 및 초고속인터넷사업 등의 서비스업자인 원고와 주식회사 에이아이넷의 대표이사인 소외인 1 사이에 무선인터넷 정보서비스사업을 목적으로 한 주식회사 엠커머스를 설립하여 원고가 주식 51%를 51억 원에 인수하고, 소외인 1이 주식 27%를 인수하여 대표이사로서 경영권을 행사하되, 원고가 추천하는 3인의 이사 중 1인은 총괄부사장의 업무를 수행하게 하기로 약정함에 따라 원고로부터 추천을 받은 원고의 직원인 소외인 2가 2000.3.13.부터 2001.6.30.까지 엠커머스의 재무담당 부사장(이사)으로 선임되어 엠커머스의 재무 및 회계업무를 수행한 사실, 소외인 2가 앰커머스에서 수행한 재무 및 회계업무는 신설회사인 엠커머스에 대한 투자자인 원고의 투자금에 대한 위험을 관리·감독하는 소극적 차원에서 이루어진 것으로서 당해 인력지원행위로 인한 무선인터넷시장에서의 경쟁제한이나 경제력 집중의 효과가 비교적 간접적으로 나타날 것으로 보이는 점, 엠커머스의 2000.12. 말을 기준으로 한 재무구조는 자산총액 6,942백만 원, 자본금 71억 원, 부채 3,968백만 원, 매출액 3,152백만 원, 순손실 4,028백만 원이므로, 2000.3.13.부터 2001.6.30.까지 사이에 원고가 소외인 2에게 지급한 급여 95백만 원(지원금액)은 엠커머스의 2000년도 매출액의 3% 정도에 불과한 점(2000.3.13.부터 같은 해 12.31.까지의 지원금액 59백만 원은 2000년도 매출액의 1.87%, 당기순손실의 1.46% 정도에 불과함), 엠커머스가 추진하던 무선인터넷 정보서비스사업은 거액의 설비투자 및 막대한 기술개발비가 소요되기 때문에 무선인터넷 정보서비스시장에서의 경쟁조건을 결정짓는 것은 초기설비투자의 규모 및 기술력에 의존하는 측면이 강하므로 원고의 이 사건 인력지원행위가 무선인터넷 정보서비스시장의 경쟁에 미치는 영향은 미미할 것으로 보이는 점, 무선인터넷시장은 에스케이(SK)텔레콤, 엘지

(LG)텔레콤, 케이티에프(KTF) 등 대형 이동통신사업자들과 많은 중소업체들이 난립한 상황으로서 그 규모는 1999년 기준 약 5,000억 원 정도에 달하여 엠커머스의 2000년 매출액은 전체시장규모의 0.62%에 불과하고, 지원금액 95백만 원은 전체 시장규모의 0.019%에 불과한 사실 등을 알 수 있으므로, 이러한 사정이라면 원고가 소외인 2로 하여금 엠커머스의 재무 및 회계업무를 수행하게 하면서 급료를 지원한 이 사건 인력지원행위로 인하여 엠커머스가 속한 무선인터넷시장에서 경쟁이 저해되거나 경제력 집중이 야기되는 등으로 공정한 거래가 저해되거나 저해될 우려가 있다고 할 수 없다.

다. 대법원 2006.5.26. 선고 2004두3014 판결

부당지원행위의 요건으로서 지원행위의 부당성 유무는 지원주체와 지원객체와의 관계, 지원행위의 목적과 의도, 지원객체가 속한 시장의 구조와 특성, 지원성 거래규모와 지원행위로 인한 경제상 이익 및 지원기간, 지원행위로 인하여 지원객체가 속한 시장에서의 경쟁제한이나 경제력 집중의 효과는 물론 경쟁사업자의 경쟁능력과 경쟁여건의 변화 정도, 지원행위 전후의 지원객체의 시장점유율의 추이, 시장개방의 정도 등을 종합적으로 고려하여 판단하여야 할 것이다(대법원 2004.3.12. 선고 2001두7220 판결, 2004.10.14. 선고 2001두2935 판결 등 참조).

원심이 인정한 사실 및 기록에 의하면, 정부는 1998년경 공기업 경영혁신계획에 따라 원고 및 대한주택공사, 한국도로공사, 한국수자원공사의 자회사이던 4개 감리공단을 통합하여 소외 공사를 설립시키고 인력을 감축하는 등 강도 높은 구조조정을 하여 2001년 상반기 중으로 이를 민영화하려고 계획한 사실, 그러나 원고 등 4개 공사가 공기업 경영혁신계획에 따라 소외 공사에게 수의계약을 전면적으로 중단할 경우 입찰참가자격 심사시 평가점수가 낮은 소외 공사로서는 일반경쟁에 의하여 감리용역을 수주하기 어려우므로 그 수지의 급격한 악화로 민영화를 원만히 추진할 수 없게 될 우려가 생기자, 원고 등 4개 공사는 건설교통부장관에게 '투자기관은 투자기관의 경영혁신을 위하여 투자기관의 자회사 또는 출자회사를 정리함에 있어서 주무부장관이 불가피하다고 인정하는 경우에 투자기관은 자회사 또는 출자회사와 수의계약을 체결할 수 있다.'는 정부투자기관회계규칙 제15조 제2호 (라)목에 따른 수의계약승인을 신청하였고, 이에 대하여 건설교통부장관은 2000. 4. 4. 원고 등 4개 공사가 정부의 공기업 경영혁신계획에 따라 원활한 민영화를 추진하기 위하여 필요하다고 판단하는 경우 소외 공사와 건설공사의 감리 및 설계용역의 일부에 대하여 수의계약에 의할 수 있음을 승인한 사실, 원고는 위와 같은 건설교통부장관의 승인에 따라 2000. 10. 12. 및 같은 해

11. 13. 출자회사인 소외 공사에게 수의계약에 의하여 2건의 책임감리용역 발주행위를 하게 된 사실, 원고가 소외 공사에 발주한 총 용역금액 11억 6,500만 원(예정가격 대비 94.2%)은 소외 공사의 2000년 총 책임감리용역 수주금액의 4.84% 정도이고, 소외 공사의 2000년 추정매출액의 2.25% 정도이며, 지원금액은 추정순이익의 2.42% 정도에 불과한 사실 등을 알 수 있는바, 이 사건 수의계약에 의한 책임감리용역 발주행위가 건설공사의 감리 및 설계용역시장에서의 경쟁을 제한하는 측면이 전혀 없는 것은 아니나, 소외 공사의 인력감축 등 구조조정을 전제로 민영화를 달성하기 위한 공익적 목적으로 원고에게 부여된 수의계약 집행권한의 범위 내에 속하는 행위인 점, 이 사건 책임감리용역 발주행위의 규모 및 그로 인한 경제상 이익이 그다지 크지 아니한 점 등에 비추어, 이 사건 책임감리용역 발주행위가 부당하다고 볼 수는 없다 할 것이다.

같은 취지에서 이 사건 책임감리용역 발주행위가 부당지원행위의 대상이 되는 행위라고 하더라도 부당성이 없으므로 법 제23조 제1항 제7호 및 법 시행령 제36조 제1항 [별표 1] 불공정거래행위기준 제10호의 '부당지원행위'에 해당하지 아니한다는 원심의 결론은 정당하고, 거기에 지원행위의 부당성에 관한 법리오해 등의 위법이 없다.

라. 대법원 2006.6.2. 선고 2004두558 판결

(1) 감리용역의 수의계약에 관한 부당지원 여부 관련

기록에 의하면, 정부는 1998.경 공기업 경영혁신계획에 따라 원고 및 대한주택공사, 한국토지공사, 한국도로공사의 자회사이던 4개 감리공단을 통합하여 1999. 3.까지 소외 공사를 설립하는 것을 전제로 설계기능을 부여하는 대신 수의계약에 의한 감리용역의 도급을 금지하여 경쟁구도를 정착시키는 한편, 인력감축 등 강도 높은 구조조정을 하여 2001년 상반기 중으로 이를 민영화하려고 계획한 사실, 그러나 원고 등 4개 공사가 공기업 경영혁신계획에 따라 소외 공사에게 수의계약을 전면적으로 중단할 경우 입찰참가자격 심사시 평가점수가 낮은 소외 공사로서는 일반경쟁에 의하여 감리용역을 수주하기 어려우므로 그 수지의 급격한 악화로 민영화를 원만히 추진할 수 없게 될 우려가 생기자, 원고 등 4개 공사는 건설교통부장관에게 '투자기관은 투자기관의 경영혁신을 위하여 투자기관의 자회사 또는 출자회사를 정리함에 있어서 주무부장관이 불가피하다고 인정하는 경우에 투자기관은 자회사 또는 출자회사와 수의계약을 체결할 수 있다.'는 정부투자기관회계규칙 제15조 제2호 (라)목에 따른 수의계약승인을 신청하였고, 이에 대하여 건설교통부장관은 2000. 4. 4. 원고 등 4개 공사가 정부의 공기업 경영혁신계획에 따라 원활한 민영화를 추진하기 위하여 필요하다고 판단하는 경우 소외 공사와 건설공사의 감리 및 설계용역의 일부에 대하여 수의계약에 의할 수 있음을 승인한 사실, 원고는 위와 같은 건설교통부장관의 승인에 따라 앞에서 본 바와 같이 수의계약에 의하여 위 감리용역 발주행위를 하게 된 사실, 관계 법령에 의하면 정부투자기관이 1인의 상대방과 수의계약을 체결하는 경우 거래상대방이 제출한 견적가격이 예정가격의 범위 안에 들면 특별한 사정이 없는 한 발주자는 그 금액을 계약금액으로 결정하여야 하므로 원고로서는 소외 공사의 견적가격이 이 사건 책임감리용역의 예정가격의 범위 안에 들어 위 견적가격으로 계약을 체결할 수밖에 없었던 점, 원고가 소외 공사에 발주한 용역금액 23억 3,300만 원은 소외 공사의 2000년 총책임감리용역 수주금액의 9.69%(23억 3,300만 원/240억 5,400만 원)에 불과하고, 소외 공사의 2000년 추정매출액의 4.503%(23억 3,300만 원/518억 원)이며, 지원금액은 추정순이익의 4.84%(2억 3,300만 원/48억 원)에 불과한 사실 등을 알 수 있는바, 이 사건 수의계약에 의한 책임감리용역 발주행위가 건설공사의 감리 및 설계용역시장에서의 경쟁을 제한하는 측면이 전혀 없는 것은 아니나, 소외 공사의 인력감축 등 구조조정을 전제로 민영화를 달성하기 위한 공익적 목적으로 원고에게 부여된 수의계약집행권한의 범위 내에 속하는 행위인 점, 이 사건 책임감리용역 발주행위의 규모 및 그로 인한 경제상 이익이 그다지 크지 아니한 점과 그 밖에 부당성을 갖는지 유무를 판단함에 있어서 고려되어야 할 여러 사정 등에 비추어 보면, 이 사건 책임감리용역 발주행위로 인하여 지원객체의 관련시장에서 경쟁이 저해되거나 경제력 집중이 야기되는 등으로 공정한 거래가 저해될 우려가 있다고는 할 수 없다.

(2) 고속도로 휴게소의 임대료 면제에 의한 부당지원 여부 관련

기록에 의하면, 원고는 원래 고속도로 휴게시설(휴게소 및 주유소)을 입찰방식에 의하여 가장 높은 임대료를 제시하는 민간업체에게 낙찰하여 일정기간(5년) 운영하도록 해왔는데, 그 중 적자운영으로 운영권을 반납하는 경우와 신설 휴게시설 등 민간업체에게 임대하기 곤란한 휴게시설의 경우는 원고의 자회사인 주식회사 고속도로관리공단으로 하여금 잠정적으로 운영하게 할 목적으로 원고가 관리공단에게 수의계약으로 임대해 온 사실, 원고는 신설 또는 적자운영으로 민간업체로부터 운영권을 반납받은 이 사건 3개 휴게소 및 11개 주유소를 관리공단에게 수의계약으로 임대한 후 1998.8.부터 2000.12.까지 임대료 1,465,000,000원 전액을 면제해 준 사실, 고속도로에 진입한 운전자와 동승자의 생리적 욕구 해소, 차량 정비 및 주유, 기타 응급상황의 해결 등 고속도로 휴게시설의 공익적 성격상 한시라도 그 운영을 중단할 수 없는 실정이어서 원고가 위와 같이 신설 또는 적자 휴게시설을 관리공단으로 하여금 운영하도록 함에 따라 관리공단의 적자발생이 불가피했던 사실, 위와 같은 임대료 전액 면제에도 불구하고 관리공단의 휴게시설 영업으로 인한 누적적자가 1999년까지

2,991,000,000원에 이른 사실, 피고(공정위)가 위와 같은 임대료 면제가 부당지원행위에 해당한다는 이유로 원고를 고발하였는데 검찰청에서는 임대료 면제가 관리공단의 적자보전책을 마련하라는 감사원의 1997.8.6.자 지적, 신설 및 반납시설에 대하여는 관리공단에 잠정 운영토록 할 것이지 민간업체에게 운영권을 부여하여서는 아니 된다는 1998.5.14.자 정기감사시의 지시, 적자인 휴게시설에 대하여는 임대료 조정 및 구조조정 후 민영화하라는 1998.8.5.자 기획예산처의 지시 등에 따른 정당한 것이고, 만약 반납받은 운영권을 임대료를 감면하는 조건으로 다른 민간업체에 임대한다면 불공정거래행위 및 특혜가 될 수 있다는 점 등을 들어 무혐의처분한 사실, 이 사건 휴게시설에 대한 임대계약을 수의계약으로 체결한 것 자체는 공공시설인 휴게시설을 원활하게 운영하고 궁극적으로는 민영화시키기 위한 것으로서 공익적 요청에 따른 것인 사실, 이 사건 지원성 거래규모와 지원행위로 인하여 관리공단이 받은 경제상의 이익이 없는 사실을 알 수 있는바, 위와 같은 사실관계와 원고와 관리공단의 관계, 고속도로 휴게시설의 구조와 특성 등을 종합하면, 이 사건 휴게시설에 대한 임대료 면제행위는 원고가 관리공단에게 현저히 유리한 조건의 거래행위를 하여 관리공단에게 지원행위를 한 것이라고 보기 어려울 뿐만 아니라, 이 사건 휴게시설에 대한 임대료 면제행위로 인하여 관리공단의 관련 시장에서 경쟁의 저해나 경제력 집중의 우려가 있는 등으로 공정한 거래가 저해될 우려가 있다고 보기 어려워 부당성이 있다고 할 수 없다.

마. 대법원 2007.1.11. 선고 2004두3304 판결

부당지원행위의 요건으로서의 지원행위가 부당성을 갖는지 여부는, 지원주체와 지원객체와의 관계, 지원행위의 목적과 의도, 지원객체가 속한 시장의 구조와 특성, 지원성 거래규모와 지원행위로 인한 경제상 이익 및 지원기간, 지원행위로 인하여 지원객체가 속한 시장에서의 경쟁제한이나 경제력집중의 효과는 물론 중소기업 및 여타 경쟁사업자의 경쟁능력과 경쟁여건의 변화 정도, 지원행위 전후의 지원객체의 시장점유율의 추이, 시장개방의 정도 등을 종합적으로 고려하여, 당해 지원행위로 인하여 지원객체의 관련시장에서 경쟁이 저해되거나 경제력 집중이 야기되는 등으로 공정한 거래가 저해될 우려가 있는지에 따라 판단하여야 한다(대법원 2004.10.14. 선고 2001두2935 판결 등 참조).

기록에 의하면, 정부는 1998년 경 공기업 경영혁신계획에 따라 원고 및 대한주택공사, 한국토지공사, 한국도로공사의 자회사이던 4개 감리공단을 통합하여 1999년 3월까지 소외공사를 설립하는 것을 전제로 설계기능을 부여하는 대신 수의계약에 의한 감리용역의 도급을 금지하여 경쟁구도를 정착시키는 한편 인력감축 등 강도 높은 구조조정을 하여 2001년 상반기 중으로 이를 민영화하려고 계획한 사실, 그러나 원고 등 4개 공사가 공기업 경영혁신계획에 따라 소외공사에게 수의계약을 전면적으로 중단할 경우 입찰참가자격 심사시 평가점수가 낮은 소외공사로서는 일반경쟁에 의하여 감리용역을 수주하기 어려우므로 그 수지의 급격한 악화로 민영화를 원만히 추진할 수 없게 될 우려가 생기자, 원고 등 4개 공사는 건설교통부장관에게 '투자기관은 투자기관의 경영혁신을 위하여 투자기관의 자회사 또는 출자회사를 정리함에 있어서 주무부장관이 불가피하다고 인정하는 경우에 투자기관은 자회사 또는 출자회사와 수의계약을 체결할 수 있다'는 정부투자기관회계규칙 제15조 제2호 (라)목에 따른 수의계약승인을 신청하였고, 이에 대하여 건설교통부장관은 2000. 4. 4. 원고 등 4개 공사가 정부의 공기업 경영혁신계획에 따라 원활한 민영화를 추진하기 위하여 필요하다고 판단하는 경우 소외공사와 건설공사의 감리 및 설계용역의 일부에 대하여 수의계약에 의할 수 있음을 승인한 사실, 원고는 위와 같은 건설교통부장관의 승인에 따라 앞에서 본 바와 같이 수의계약에 의하여 위 감리용역 발주행위를 하게 된 사실, 관계 법령에 의하면 정부투자기관이 1인의 상대방과 수의계약을 체결하는 경우 거래상대방이 제출한 견적가격이 예정가격의 범위 안에 들면 특별한 사정이 없는 한 발주자는 그 금액을 계약금액으로 결정하여야 하므로 원고로서는 소외회사의 견적가격이 이 사건 책임감리용역의 예정가격의 범위 안에 들어 위 견적가격으로 계약을 체결할 수밖에 없었던 점, 원고가 소외공사에 발주한 용역금액 4억 5,900만 원은 소외공사의 2000년 총 책임감리용역 수주금액의 1.9%(4억 5,900만 원/240억 5,400만 원)에 불과하고, 소외공사의 2000년 추정 매출액의 0.88%(4억 5,900만 원/518억 원), 추정순이익의 0.95%(4,600만 원/48억 원)에 불과한 사실 등을 알 수 있는바, 비록 원고의 이 사건 수의계약에 의한 책임감리용역 발주행위가 건설공사의 감리 및 설계용역시장에서의 경쟁을 제한하는 측면이 전혀 없는 것은 아니나, 이 사건 수의계약에 의한 책임감리용역 발주행위는 소외공사의 인력감축 등 구조조정을 전제로 민영화를 달성하기 위한 공익적 목적으로 원고에게 부여된 수의계약집행권한의 범위 내에 속하는 행위인 점, 이 사건 책임감리용역 발주행위의 규모 및 그로 인한 경제상 이익이 그다지 크지 아니한 점과 그 밖에 부당성을 갖는지 여부를 판단함에 있어 고려할 여러 사정 등에 비추어, 이 사건 책임감리용역 발주행위로 인하여 지원객체의 관련시장에서 경쟁이 저해되거나 경제력 집중이 야기되는 등으로 공정한 거래가 저해될 우려가 있다고 보기는 어렵다.

바. 대법원 2014.11.13. 선고 2009두20366 판결

지원행위가 부당성을 갖는지 유무를 판단함에 있어서는 지원주체와 지원객체와의 관계, 지원행위의 목적과 의도, 지원객체가 속한 시장의 구조와 특성, 지원성 거래규모와 지원행위로 인한 경제상 이익 및 지원기간, 지원행위로 인하여 지원객체가 속한 시장에서의 경쟁제한이나 경제력집중의 효과 등은 물론 중소기업 및 여타 경쟁사업자의 경쟁능력과 경쟁여건의 변화 정도, 지원행위 전후의 지원객체의 시장점유율의 추이, 시장개방의 정도 등을 종합적으로 고려하여 당해 지원행위로 인하여 지원객체의 관련시장에서 경쟁이 저해되거나 경제력 집중이 야기되는 등으로 공정한 거래가 저해될 우려가 있는지 여부에 따라 판단하여야한다(대법원 2006. 12. 22. 선고 2004두1483 판결 등 참조).

위 법리와 기록에 비추어 보면, 원심이 이 사건 전대행위로 인하여 서치솔루션이나 엔에이치엔서비스가 속한 시장에서의 경쟁이 저해되거나 경제력 집중이 야기되는 등으로 공정한 거래가 저해될 우려가 있다고 보기 어렵다고 판단한 것은 정당하다. 거기에 이 부분 상고이유와 같은 부당한 지원행위의 부당성에 관한 법리오해 등으로 인하여 판결 결과에 영향을 미친 위법이 없다.

사. 서울고등법원 2015.10.16. 선고 2014누5615 판결

삼양식품(주)의 부당지원행위 건(2014.3.3. 공정위 의결)에 대한 본 서울고등법원 판결은 대법원 2016.3.10. 선고 2015두56571 판결로 심리불속행 기각됨으로써 대법원의 정식적인 최종판단은 못받았지만, 정상가격 산정을 통한 대가형 지원행위의 성립, 규모형 지원행위의 성립, 공정거래저해성의 판단 이슈 관련하여 자주 인용되는 판례이다.

공정위는 피심인의 ① 면·스낵류 제품 중 PB제품을 이◇트에 공급하는 과정에서 내츄럴삼숑에게 상품 매입액의 11%에 해당하는 판매장려금을 공급단가 할인의 방법으로 지급하여 내츄럴삼숑으로 하여금 2,311,000,000원의 경제상 이익을 얻을 수 있도록 한 행위(이하 'PB제품 공급행위'라 한다), ② 면·스낵류 제품 중 NB제품을 이◇트에 공급하는 과정에서 실질적 역할이 없는 내츄럴삼숑을 중간 유통단계로 하여 판매함으로써 내츄럴삼숑으로 하여금 8,397,000,000원의 매출이익을 얻을 수 있도록 한 행위(이하 'NB제품 공급행위'라 한다) 등 2개 행위에 대하여 지원행위의 성립, 부당성(지원행위의 목적 및 의도의 존재, 공정거래저해성) 등 2가지 위법성 요건을 충족한다고 판단하면서 제재하였다.

서울고등법원은 ① 'PB제품 공급행위'에 대해서는, 원고가 PB제품에 관하여 내츄럴삼숑에게만 판매장려금을 지급하고 원고가 직접거래를 하는 다른 대형할인점인 홈플러스나 롯데마트에게는 판매장려금을 지급하지 않은 점, 그리고 세무조사에서 문제되자 PB제품에 관한 판매장려금 지급행위를 중단한 사실 등을 토대로 이는 현저하게 유리한 조건의 거래행위를 하였음이 인정된다고 판단하였다.

그러나 서울고등법원은 공정거래저해성의 존부에 있어서 "피고(공정위)가 주장하는 바와 같이 원고가 약 4년간 내츄럴삼◇에게 상품매입액의 11%에 이르는 판매장려금 23억 원을 지급하였고, 이로 인하여 내츄럴삼◇의 재무상황이 호전되었다는 사정만으로 원고의 지원행위로 인하여 내츄럴삼◇의 경쟁 여건을 경쟁사업자보다 유리하게 하고 내츄럴삼◇이 속한 시장에서 경제적 효율에 기초한 기업의 퇴출·진입이 저해되며, 이를 통하여 지원객체의 관련 시장에서 경쟁이 저해되거나 경제력 집중이 야기되는 등으로 공정한 거래가 저해될 우려가 있었음을 인정하기 어렵다. 오히려 피고의 주장과 같이 관련 시장을 천연 및 혼합조제 조미료 시장으로 획정하더라도 원고의 판매장려금 지급이 이루어진 이후인 2011년 기준으로 상위 10개 업체 중 삼◇셀텍 주식회사만이 18.5%의 시장점유율을 가지고 있을 뿐 나머지 9개 업체의 시장점유율이 10% 미만이며, 특히 내츄럴삼◇의 시장점유율도 9.3%에 그치는 등 실질적인 경쟁이 이루어지고 있어 원고의 지원행위가 지원객체인 내츄럴삼◇의 관련 시장에서 경쟁을 저해하거나 경제력 집중의 효과를 야기하였다고 보기 어려운 사정이 있다. 따라서 원고의 이 부분 주장은 이유 있다(대법원 2005.10.28. 선고 2003두13441 판결, 대법원 2008.6.12. 선고 2006두7751 판결 등 참조). 결국, 원고의 내츄럴삼◇에 대한 PB제품 판매장려금 지급행위는 공정거래저해성이 인정되지 않으므로 공정거래법 23조 1항 7호에서 금지하는 부당한 지원행위에 해당한다고 볼 수 없다."고 판결하였다. 즉 ① PB제품에 관한 판매장려금 지급행위는 지원행위의 성립은 인정되었지만 공정거래저해성이 불인정되었다.

한편 서울고등법원은 ② 'NB제품 공급행위' 부분에 있어서 지원행위의 성립 요건 관련하여 정상가격이 증명되지 않았으며, 현저한 거래규모로 과다한 경제상 이익을 제공하였음을 인정하기 어렵다고 판단하였다.[7] 그리고 공정거래저해성 여부에 대해서는 "피고 주장과 같이 관련 시장을 천연 및 혼합조제 조미료 시장으로 획정하더라도 피고가 주장하는 사유, 즉 내츄럴삼◇의 이◇트에 대한 매출액이 내츄럴삼◇ 전체 매출액 중 비중이 높고, 원고의 행위로 인하여 내츄럴삼◇의 재무상황이 호전되었을 것이라는 사정만으로 원고의 지원행위로 인하여 내츄럴삼◇의 경쟁 여건을 경쟁사업자보다 유리하게 하고 내츄럴삼◇이 속한 시장에서 경제적 효율에 기초한 기업의 퇴출·진입이 저해되며, 이를 통하여 지원객체의 관련 시장에서 경쟁이 저해되거나 경제력 집중이 야기되는 등으로 공정한 거래가 저해될 우려가 있었음을 인정하기 어렵다. 결국, 원고의 NB제품 공급행위는 현저히 유리한 조건의 거래라고 볼수 없을 뿐 아니라 공정거래저해성도 인정되지 않으므로 공정거래법 23조 1항 7호가 금지하는 부당한 지원행위에 해당한다고 볼 수 없다."고 판결하였다. 즉 ② 'NB제품 공급행위'는 지원행위의 성립 및 공정거래저해성 등 2가지 위법성 요건을 모두 충족하지 못한다고 판단

---

7) 이슈 26: 상당한 규모에 의한 거래행위와 지원행위의 성립 Ⅳ. 4.에서 내용을 소개한다.

하였다.

아. 금호그룹 계열사들의 기업어음 만기 연장 케이스(2015.11.3. 공정위 보도참고자료)

공정위는 2015.11.3. 금호석유화학, 아시아나항공 등 금호그룹 8개 계열사가 2009.12.30. ~12.31. 금호산업과 금호타이어가 발행한 기업어음의 만기를 연장한 행위에 대하여 "기업어음 만기 연장은 피심인들의 워크아웃 진행과정에서 이루어진 것으로서, 워크아웃이 개시되지 못하면 기업회생절차를 거치게 되며 이 경우 기업어음 가치는 현저하게 하락, 채무 조정, 출자 주식에 대한 감자, 그룹 전체의 신용도 하락 등 손해발생이 예상되었는바 정당한 이유가 있다고 판단했으며, 결과적으로 금호타이어는 2014.12월 워크아웃 절차를 종료하였으며 금호산업도 종료 예정이다. 이러한 피심인들의 행위는 '부당지원행위 심사지침'상 부당한 지원행위에 해당되지 않는 것으로 판단하여 무혐의 처분을 결정하였다."고 밝혔다.

공정위의 심사지침 IV. 3. 가.는 부당한 지원행위에 해당하지 않는 경우의 하나로 '대규모 기업집단 계열회사가 기업구조조정을 하는 과정에서 구조조정 대상회사나 사업부문에 대하여 손실분담을 위해 불가피한 범위 내에서 지원하는 경우'를 규정하고 있다.

2. 단순한 사업경영상이나 합리성 필요만으로는 부당성이 부인되지 않는다는 판결 사례

가. 대법원 2004.10.14. 선고 2001두2935 판결

자금지원행위가 부당성을 갖는지 유무는 오로지 공정한 거래질서라는 관점에서 평가되어야 하는 것이고, 공익적 목적, 소비자 이익, 사업경영상 또는 거래상의 필요성 내지 합리성 등도 공정한 거래질서와는 관계없는 것이 아닌 이상 부당성을 갖는지 유무를 판단함에 있어 고려되어야 하는 요인의 하나라고 할 것이나, 지원행위에 단순한 사업경영상의 필요 또는 거래상의 합리성 내지 필요성이 있다는 사유만으로는 부당지원행위의 성립요건으로서의 부당성 및 공정거래저해성이 부정된다고 할 수는 없다.

원심은 원고 대우전자가 한국전기초자의 대주주임과 동시에 한국전기초자로부터 주력상품의 원재료를 공급받고 있는 처지에서 한국전기초자의 일시적인 자금난 해소를 위하여 이 사건 기업어음을 인수하게 된 것이라는 위 원고의 주장은 결국 단순한 사업경영상 또는 거래상의 필요성 내지 합리성에 관한 것으로서 위와 같은 사유만으로는 부당성 및 공정거래저해성이 부정된다고 할 수 없다는 취지로 판단하였다.

관계 법령의 규정과 위 법리를 기록에 비추어 살펴보면, 원심의 이와 같은 판단은 정당한 것으로 수긍이 가고, 거기에 상고이유에서 주장하는 바와 같은 부당지원행위의 성립요건으로서의 부당성 및 공정거래저해성 등에 관한 법리를 오해한 위법이 있다고 할 수 없다.

나. 대법원 2005.9.15. 선고 2003두12059 판결

지원행위가 부당성을 갖는지 여부는 오로지 공정한 거래질서라는 관점에서 평가되어야 하는 것이고, 사업경영상 또는 거래상의 필요성 내지 합리성 등도 공정한 거래질서와 관계없는 것이 아닌 이상 부당성을 갖는지 여부를 판단함에 있어 고려되어야 하는 요인의 하나라고 할 것이나, 단순한 사업경영상의 필요 또는 거래상의 합리성 내지 필요성만으로는 부당지원행위의 성립요건으로서의 부당성 및 공정거래저해성이 부정된다고 할 수는 없다(대법원 2004.10.14. 선고 2001두2935 판결 참조).

기록에 의하면, 원고 디지틀조선은 레인보우와 옥외전광판을 이용한 광고의 수주 등 영업활동을 공동으로 하기 위하여 레인보우의 옥외전광판 리스계약상의 채무를 연대보증하고 있었던 사실, 디조애드는 IMF 사태로 경기가 위축되었을 뿐 아니라 금융경색도 심화된 이후인 1998.3. 내지 4.경 레인보우의 리스계약상의 지위를 승계하여 합계 300억 원이 훨씬 넘는 리스료 채무를 부담하게 되었고, 이로 인하여 2000.9. 말을 기준으로 3년 연속 대규모 적자를 기록하였을 뿐 아니라 완전자본잠식상태(부채가 자산을 190억 원 정도 초과하였다)에 있었던 사실, 원고 디지틀조선은 2001.2.28. 현재 1997.3.31.부터 2001.1.31. 사이에 발생한 전광판 사용료 306억 원 상당 중 182억 원 상당을 회수하지 않고 있었던 사실 등을 알 수 있는바, 이러한 사실관계에 비추어 보면, 디조애드는 IMF 사태 이후 원고 디지틀조선이 그 채무를 연대보증하고 있던 레인보우의 리스계약상의 지위를 무리하게 승계함으로써 재무사정의 악화를 초래한 것이고, 이러한 재무사정의 악화가 단기간 내에 회복될 수 있는 일시적인 것이라고 보이지 아니하며, 원고 디지틀조선이 위와 같이 전광판사용료의 회수를 지연한 것은 디조애드가 자신을 위하여 무리하게 레인보우의 리스계약상의 지위를 승계함으로써 겪게 된 재무사정의 악화를 보전해 주기 위한 것에 불과하므로, 이러한 전광판사용료 지연회수행위는 자신을 위하여 리스계약상의 지위를 승계한 디조애드를 배려하기 위한 것으로서 결국 단순한 사업경영상의 필요 또는 거래상의 합리성 내지 필요성이 있다는 주장에 불과하여 그러한 사유만으로는 부당성이나 공정거래저해성이 부정된다고 할 수 없다.

다. 대법원 2006.12.7. 선고 2004두11268 판결

지원행위가 부당성을 갖는지 유무는 오로지 공정한 거래질서라는 관점에서 평가되어야 하는 것이고 공익적 목적, 소비자 이익, 사업경영상 또는 거래상의 필요성 내지 합리성 등도 공정한 거래질서와 관계없는 것이 아닌 이상 부당성을 갖는지 유무를 판단함에 있어 고려되어야 하는 요인의 하나라고 할 것이다(대법원 2004.10.14. 선고 2001두2935 판결 등 참조).

기록에 의하면, 원고의 이 사건 거래금액은 현투증권의 1998.4.부터 1999.3.까지의 당기순손실 996억 원을 초과하는 과다한 규모인 점, 현투증권은 1997년 이래 3년 연속적자를 내어 대규모 자본잠식상태에 있던 회사인 점, 이 사건 채권 등 매입행위가 투자신탁업 시장의 붕괴라는 국가경제적 위기상황을 극복하기 위한 공익적 목적에 따라 행하여진 것이라고 보기 어려운 점 등을 알 수 있는바, 위와 같은 사정들에 비추어 보면, 원고의 이 사건 채권 등 매입행위는 현투증권으로 하여금 정상적인 방법으로는 획득할 수 없는 대규모 자금을 확보함으로써 자금사정을 크게 호전시키고, 이로 인하여 정상적인 기업활동을 유지할 수 있게 함으로써 관련 시장인 수익증권 판매업 시장에서의 공정하고 자유로운 경쟁을 저해할 우려가 있는 행위라고 할 것이다.

3. 법상 지원객체인 '특수관계인(자연인)'에 대한 지원행위의 부당성에 관한 법리 관련

가. 대법원 2004.9.24. 선고 2001두6364 판결(3차 「삼성」 기업집단 계열회사 등의 부당지원행위 건, 소위 삼성에스디에스 신주인수권부사채 케이스, 1999.10.28. 공정위 의결)

법 제23조 제1항 제7호는, 불공정거래행위의 한 유형으로서, 사업자가 부당하게 특수관계인 또는 다른 회사에 대하여 유가증권 등을 제공하거나 현저히 유리한 조건으로 거래하여 특수관계인 또는 다른 회사를 지원하는 행위, 즉 부당지원행위를 금지하고 있는바, 여기에서 말하는 '부당하게'는, 사업자의 시장지배적지위의 남용과 과도한 경제력의 집중을 방지하고, 부당한 공동행위 및 불공정거래행위를 규제하여 공정하고 자유로운 경쟁을 촉진함으로써 창의적인 기업활동을 조장하고 소비자를 보호함과 아울러 국민경제의 균형 있는 발전을 도모한다는 법의 목적(제1조)과 경제력 집중을 억제하고 공정한 거래질서를 확립하고자 하는 부당지원행위 금지규정의 입법 취지 등을 고려하면, 지원객체가 직접 또는 간접적으로 속한 시장에서 경쟁이 저해되거나 경제력이 집중되는 등으로 공정한 거래를 저해할 우려가 있다는 의미로 해석하여야 할 것이며, 이렇게 해석할 경우 지원객체가 일정한 거래분야에서 시장에 직접 참여하고 있는 사업자일 것을 요건으로 하는 것은 아니라고 할 것이다.

그럼에도 불구하고, 원심이 부당지원행위 금지규정의 입법 취지가 경제력 집중의 방지와 공정한 거래질서의 확립에 있다고 보면서도, 부당지원행위의 부당성은 '공정경쟁저해성'만을 의미하는 것이어서 지원객체가 일정한 거래분야의 시장에 소속된 사업자이어야 한다는 전제 하에, 원고의 이 사건 행위가 특수관계인들에 대한 지원행위에 해당한다고 하더라도 위 특수관계인들이 주식시장 기타 일정한 거래분야의 시장에 소속된 사업자라는 점을 인정할 자료가 없어 관련 시장의 경쟁을 저해할 우려가 있다고 할 수 없으므로 부당성이 인정되지 않는다고 판단한 데에는, 지원행위의 부당성에 관한 판단을 유탈하거나 법리를 오해한 잘못이 있다고 할 것이다.

그러나 경제력 집중의 억제가 부당지원행위 규제의 입법 목적에 포함되어 있다고 하더라도, 법상 경제력 집중의 억제와 관련하여서는 제3장에서 지주회사의 제한적 허용, 계열회사 간 상호출자금지 및 대규모기업집단에 속하는 중소기업창업투자회사의 계열회사의 주식취득 금지, 금융회사 또는 보험회사의 의결권제한 등에 관하여 규정을 베풀어 대규모기업집단의 일반집중을 규제하면서도 부당지원행위는 제5장의 불공정거래행위의 금지의 한 유형으로서 따로 다루고 있으며, 변칙적인 부의 세대간 이전 등을 통한 소유집중의 직접적인 규제는 법의 목적이 아니고 시장집중과 관련하여 볼 때 기업집단 내에서의 특수관계인 또는 계열회사 간 지원행위를 통하여 발생하는 경제력 집중의 폐해는 지원행위로 인하여 직접적으로 발생하는 것이 아니라 지원을 받은 특수관계인이나 다른 회사가 자신이 속한 관련 시장에서의 경쟁을 저해하게 되는 결과 발생할 수 있는 폐해라고 할 것인 점 등에 비추어 보면, 부당지원행위의 부당성을 판단함에 있어서는 지원주체와 지원객체와의 관계, 지원객체 및 지원객체가 속한 관련 시장의 현황과 특성, 지원금액의 규모와 지원된 자금 자산 등의 성격, 지원금액의 용도, 거래행위의 동기와 목적, 정당한 사유의 존부 등을 종합적으로 고려하여 판단하여야 하며, 위와 같은 요소들을 종합적으로 고려할 때 당해 지원행위가 공정한 거래를 저해할 우려가 있는 행위라는 점은 피고가 이를 입증하여야 할 것이다.

관계 법령과 위 법리에 비추어 기록을 살펴보건대, 원고의 이 사건 행위로 인하여 부의 세대간 이전이 가능해지고 특수관계인들을 중심으로 경제력이 집중될 기반이나 여건이 조성될 여지가 있다는 것만으로는 공정한 거래를 저해할 우려가 있다고 단정하기 어렵고, 위 특수관계인들이 지원받은 자산을 계열회사에 투자하는 등으로 관련 시장에서의 공정한 거래를 저해할 우려가 있다는 점이 공지의 사실로서 입증을 필요로 하지 않는 사항이라고도 할 수 없으므로, 기록에 나타난 피고의 주장·입증만으로는 이 사건 행위가 공정한 거래를 저해할 우려가 있다고 할 수 없다.

원심이 비록 이유는 다르지만 이 사건 행위가 공정한 거래를 저해할 우려가 있다고 할 수 없어 부당지원행위에 해당한다고 볼 수 없다고 판단한 결론은 정당하고, 거기에 상고이유의 주장과 같이 채증법칙을 위배하거나 공정한 거래를 저해할 우려에 관한 법리를 오해하여 판결 결과에 영향을 미친 위법이 없다.

참고로 원심인 서울고등법원 2001.7.3. 선고 2000누4790 판결은 "부당지원행위 금지 규정은 법 제5장(불공정거래행위의 금지) 속의 제23조 제1항 제7호에서 규정하고 있는바, 그 법문의 체제와 규정 내용 등을 종합해 보면 부당지원행위 규정의 입법취지는 경제력집중 방지와 공정한 거래질서의 확립에 있으나 그에 대한 규제는 어디까지나 불공정거래행위로 규제하기로 하는 것임이 분명하다. 부당지원행위가 불공정거래행위가 되기 위하여는 공정한 거래를 저해할 우려, 즉 공정경쟁저해성이 있을 것을 필요로 한다 할 것인바, 그와 같은 행위로 인하여 지원객체가 속한 시장에서의 공정한 거래를 저해할 우려가 있음을 증명하지 못하는 이상 불공정거래행위의 제한을 목적으로 하는 법 제23조 제1항 제7호로 규제할 수는 없다. 피고 주장과 같이 이 사건과 같은 특수관계인에 대한 지원행위를 통해 동일인이나 특수관계인의 계열회사에 대한 총체적인 지분율이나 지배력이 높아지고 동일인이나 특수관계인을 중심으로 선단식 경영이 유지, 강화될 수 있는 기반이나 여건이 조성될 여지는 있어 보이나, 이것만으로 특수관계인들이 소속 시장에서 경쟁사업자를 배제하는 등 불공정거래를 할 우려가 있다고 볼 수는 없다. 그렇다면 원고가 이 사건 신주인수권증권을 특수관계인들에게 매도한 것이 특수관계인들에게 부당한 경제상 이익을 제공한 것인지 여부와는 관계없이, '공정한 거래를 저해할 우려'가 있다는 점에 대한 입증이 없으므로 이 사건 처분은 위법하다." 고 판결하였다.

나. 대법원 2005.1.27. 선고 2004두2219 판결(제4차 「현대」기업집단 계열회사 등의 부당지원행위 건, 2001.1.19. 공정위 의결)

(1) 원심법원의 판단(서울고등법원 2004.1.13. 선고 2001누2777 판결)

원심판결 이유에 의하면, 원심은 그 채용 증거를 종합하여 비상장 회사인 원고(현대택배 주식회사)가 주주배정방식에 의한 유상증자에서 대주주인 소외 현♡상선 주식회사, 현대전자산업 주식회사 및 임직원들에게 배정되었다가 실권된 주식 등 1,773,331주를 1999.12.29. 이

사회 결의로 당시 대규모기업집단 현대의 동일인인 정▽영의 아들 소외 정@헌에게 배정하여 위 정@헌으로 하여금 그 대금으로 8,866,655,000원(1,773,331주 × 5,000원)을 납입·인수하게 한 사실, 피고는 2001.1.19. 이 사건 행위가 공정거래법 제23조 제1항 제7호의 부당지원행위에 해당한다고 보아 시정명령 등의 이 사건 처분을 한 사실을 인정한 다음, 부당지원행위의 지원객체는 반드시 지원행위 당시 일정한 거래분야에 속한 사업자이어야 하는 것은 아니지만, 위 지원행위가 공정하고 자유로운 경쟁을 저해할 우려가 있는 부당한 행위로 인정되려면 그 지원행위 당시 지원객체가 일정한 거래분야에 진입하거나 다른 사업자를 지원할 개연성이 있었다는 등의 사정이 있어야 할 것인데, 위 정@헌이 취득한 위 주식을 2000년 11월경 소외 현대투자신탁증권 주식회사(이하 현대투자신탁증권 이라 한다)에 현물출자한 사실만으로 이 사건 행위가 위 정@헌 의 현대투자신탁증권에 대한 현물출자를 목적으로 한 것이었다거나 이 사건 행위 당시에 위 정@헌이 현대투자신탁증권을 지원할 개연성이 있었다고 보기도 어렵다는 이유로 부당지원행위에 해당한다고 볼 수 없다고 판단하였다.

(2) 대법원의 판단

그러나 위와 같은 원심의 판단은 다음과 같은 이유로 수긍하기 어렵다.

기록에 의하면 이 사건 행위로 위 정@헌이 원고 발행의 주식을 취득함으로써 상당한 이익을 얻게 되었을 뿐 아니라 원고의 21.9% 지분율 소유하는 주주로서의 지위를 취득함으로써 대규모 기업집단 현대의 계열회사인 원고에 대한 지배력을 갖게 되었음을 알 수 있고, 원고 스스로 이 사건 유상증자와 원고의 대주주인 소외 현♡상선 주식회사나 현대전자산업 주식회사의 실권이 모두 주거래은행과의 재무구조 개선약정에 따라 부채비율을 낮추기 위한 것이라고 주장하고 있어 원고의 이 사건 행위가 위 정@헌을 매개로 당시 경영상 어려움에 처해있는 원고의 계열회사를 지원할 의도에 기한 것으로 볼 여지도 있으므로, 원심으로서는 원고의 이 사건 행위 당시 현대투자신탁증권을 비롯한 계열회사의 재무상태 및 위 정@헌이 현대투자신탁증권에 현물출자를 하게 된 구체적인 배경과 경위 등을 좀 더 심리하여 이 사건 행위가 위 정@헌을 매개로 계열회사를 지원할 의도에 기한 것인지 여부를 살펴보아야 함에도 불구하고 이와 같은 점에 대하여 심리를 다하지 아니한 채 그 판시와 같은 이유만을 들어 공정한 거래를 저해할 우려가 없다고 판단하고 말았으니, 거기에는 심리미진 또는 채증법칙 위배로 인한 사실오인이나 부당지원행위의 부당성에 관한 법리오해의 위법이 있다 할 것이다. 이 점을 지적하는 상고이유의 주장은 이유 있다. 그러므로 원심판결을 파기하고, 사건을 다시 심리·판단하게 하기 위하여 원심법원에 환송하기로 한다.

(3) 환송 후 서울고등법원 2006.5.25. 선고 2005누4924 판결

살피건대, 경제력 집중의 억제가 부당지원행위 규제의 입법 목적에 포함되어 있다고 하더라도, 공정거래법상 경제력 집중의 억제와 관련하여서는 제3장에서 대규모기업집단의 일반집중을 규제하면서도 부당지원행위는 제5장의 금지대상인 불공정거래행위의 한 유형으로 따로 다루고 있고, 시장집중과 관련하여 볼 때 기업집단 내에서의 특수관계인 또는 계열회사 간 지원행위를 통하여 발생하는 경제력 집중의 폐해는 지원행위로 인하여 직접적으로 발생하는 것이 아니라 지원을 받은 특수관계인이나 다른 회사가 자신이 속한 관련 시장에서의 경쟁을 저해하게 되는 결과 발생할 수 있는 폐해라고 할 것인 점 등에 비추어 보면, 특수관계인에 대한 지원행위로 계열회사의 지배력 강화 내지 경제력 집중의 우려가 있다고 하여 그 자체만으로 일정한 거래 분야에서 공정하고 자유로운 경쟁을 저해할 우려가 있다고 보아 곧바로 부당지원행위로 규제할 수는 없다. 어디까지나 부당지원행위의 부당성을 판단함에 있어서는 지원주체와 지원객체와의 관계, 지원객체 및 지원객체가 속한 관련시장의 현황과 특성, 지원금액의 규모와 지원된 자금 자산 등의 성격, 지원금액의 용도, 거래행위의 동기와 목적, 정당한 사유의 존부 등을 종합적으로 고려하여 판단하여야 하고, 위와 같은 요소들을 종합적으로 고려할 때 당해 지원행위가 공정한 거래를 저해할 우려가 있는 행위라는 점은 공정거래위원회가 이를 입증하여야 할 것이다(대법원 2004.9.24. 선고 2001두6364 판결 참조).

이 사건 유상증자는 처음부터 실권주 방식으로 정@헌이 대량 인수하기로 예정되어 있었던 것으로 보이는 점, 원고는 1999년도의 경상이익이 전년도보다 대폭 증가하여 2000.1. 유상증자를 하였다면 1999년도에 증가된 경상이익에 기하여 주식인수가격을 높게 책정할 수 있었음에도 서둘러 1999년 말에 유상증자를 단행하였고, 주식가치평가와 관련된 미래 수익가치를 산정함에 있어서 가장 중요한 요소인 매출액 및 경상이익 증가율을 낮게 추정하였으며, 장차 코스닥등록계획이 있고 당시 주식시장의 활황으로 추후 주식가격의 상승을 충분히 예상할 수 있었음에도 주주배정 방식의 유상증자를 함으로써 정@헌에게 최대의 시세차익을 제공하기 위하여 유상증자 주식의 발행가격을 최소화한 것으로 보이는 점, 정@헌이 이 사건 주식인수를 통해 상당한 이익을 얻게 되었을 뿐 아니라 원고 회사의 총발행 주식의 21.9% 지분을 소유하는 대주주로서의 지위를 취득함으로써 원고에 대한 지배력을 갖게 된 점 등에 비추어 보면, 이 사건 유상증자는 정@헌을 지원하기 위한 의도에서 비롯된 것으로 볼 수는 있을 것이다.

그러나, 이 사건 신주인수행위가 나아가 정@헌을 매개로 당시 경영상 어려움에 처해있는 원고의 계열회사, 특히 현대투자신탁증권 주식회사를 지원할 의도에 의한 것이었는지 여부에 관하여 보건대, 앞서 본 바와 같이 정@헌이 이 사건 신주인수로 취득한 주식 전부를 2000.11.27. I에 현물출자하기는 하였으나 이 사건 신주인수행위와 현물출자 사이에 10개월 이상의 시간적 간격이 존재하는 점, 정@헌의 경우 위 현대투자신탁증권에 대한 주식 보유지분이 전혀 없었던 상태여서 현대투자신탁증권의 재무구조 개선을 위하여 자발적으로 사재출연할 이유가 없었고, 위 현물출자 후에도 현대투자신탁증권의 주식 지분 1%를 취득함에 그친 점, 당시 현대투자신탁증권의 자본잠식 규모는 1조 3,097억 9,900만원에 이른 반면 원고의 순자산 규모는 410억여 원이고 정@헌의 이 사건 실권주 인수규모 역시 88억 6,655만 5,000원에 불과하여 현대투자신탁증권의 재무구조 개선을 위한 지원으로 보기에는 그 규모가 미미하고 따라서 위 지원행위로 인하여 구조조정 대상인 위 회사로 하여금 해당 거래 분야에서 경쟁력을 유지·강화하게 하는 등 실질적인 경쟁제한의 효과를 초래할 가능성이 거의 없어 보이는 점, 정@헌은 정부측의 종용에도 불구하고 현대투자신탁증권에 대한 사재출연을 계속 거절하여 오다가 2000.6.16.에 이르러서야 금융감독원과 B 구조조정본부 사이에 체결된 경영개선협약에 따라 위와 같은 내용의 현물출자를 결정하기에 이른 점을 종합하면, 이 사건 신주인수행위가 장차 정@헌을 매개로 I 또는 그 밖의 계열회사를 지원할 의도에 기한 것이라고 보기는 어렵고, 그밖에 위 지원행위 당시 정@헌이 일정한 거래분야에 진입하거나 다른 사업자를 지원할 개연성이 있었다는 점을 인정할 증거도 없다.

따라서 원고가 정@헌으로 하여금 자신의 주식을 정상가격보다 낮은 가격에 인수하도록 함으로써 경제적 이익을 제공하였다 하더라도 그것만으로 공정거래법 제23조 제1항 제7호 소정의 부당지원행위에 해당한다고 볼 수는 없으므로, 피고의 이 사건 처분은 나머지 점에 관하여 나아가 살펴볼 필요 없이 모두 위법하다.

다. 대법원 2007.10.26. 선고 2005두1862 판결(4차 「LG」 기업집단 계열회사 등의 부당지원행위 건. 2001.1.15. 공정위 의결)

공정거래법 제23조 제1항 제7호에 규정된 부당지원행위의 객체는 반드시 일정한 거래분야에서 시장에 직접 참여하고 있는 사업자이어야 하는 것은 아니지만, 지원행위의 부당성이 인정되려면 지원주체와 지원객체와의 관계, 지원객체 및 지원객체가 속한 관련 시장의 현황과 특성, 지원금액의 규모와 지원된 자금 자산 등의 성격, 지원금액의 용도, 거래행위의 동기와 목적, 정당한 사유의 존부 등을 종합적으로 고려할 때 당해 지원행위로 인하여 일정한 거래분야에서 경쟁이 저해되거나 경제력 집중이 야기되는 등으로 공정한 거래를 저해할 우려가 있다는 점을 피고가 입증하여야 할 것이다(대법원 2004.9.24. 선고 2001두6364 판결, 대법원 2006.9.8. 선고 2004두2202 판결 등 참조).

위 법리와 기록에 비추어보면, 원심이 원고들로 분할되기 전의 구 주식회사 엘지화학이 1999.6.29. 자산이 보유하고 있던 엘지석유화학 주식회사의 주식 20,627,000주를 A 등 특수관계인 23인에게 1주당 5,500원씩에 매도한 사실을 인정한 다음, 피고의 주장·입증만으로는 위 특수관계인들이 위 주식양도로 지원받은 자산을 계열회사에 투자하는 등으로 관련 시장에서의 공정한 거래를 저해할 우려가 있다고 인정하기 어려우므로 위 주식양도가 부당지원행위에 해당한다고 볼 수 없다는 취지로 판단한 것은 정당하고, 거기에 상고이유와 같은 법 제23조 제1항 제7호 및 입증책임에 관한 법리오해 또는 이유모순 등의 위법이 없다.

라. 대법원 2009.9.24. 선고 2008두9485 판결(두산산업개발(주)의 부당지원행위 건, 2007.3.15. 공정위 의결)

(1) 공정위 의결

피심인은 특수관계인 28명이 1999.12.23. 자신의 유상증자에 참여하기 위하여 금융기관으로부터 대출받은 293억 8백만원에 대한 대출이자를 2000.1.부터 2005.6.까지 대신 납부하였고, 위 기간동안 위 특수관계인들은 네오플럭스, 두산모터스(주), ㈜두산 등 계열회사의 설립시 출자, 유상증자, 주식매입 등에 참여하기도 하였는바, 그 결과 피심인이 특수관계인 28명에게 이자명목으로 제공한 총 금액이 139억 29백만원이고, 이자 대납기간 동안 다른 회사 등의 설립 및 유상증자 등에 관여한 특수관계인들에 대한 총 이자 대납금은 114억 23백만원이나 되었다.

위법성 판단에 있어서 ① 지원행위의 성립 관련하여, 피심인의 특수관계인들에 대한 이자 대납행위는 피심인이 무상으로 현저한 규모의 자금을 이자 명목으로 특수관계인들에게 제공함으로써 과다한 경제상 이익을 제공한 것이고, 이러한 행위 당시 특수관계인들이 일정한 거래분야에 참여하지 않았다 할지라도 이 사건의 특수관계인들이 「두산」 기업집단의 동일인 관련자들이므로 피심인이 이들에게 자금을 제공할 경우 이 자금이 「두산」 기업집단의 계열회사 등에 어떤 형태로든 유입될 것을 피심인은 예상할 수 있었다 할 것이므로 지원행위가 성립한다. ② 부당성 관련하여, 지원행위가 부당성을 갖는지 유무는 지원주체와 지원객체의 관계, 지원행위의 목적과 의도, 지원객체가 속한 시장의 구조와 특성, 지원성 거래규모와 지원행위로 인한 경제상 이익 및 지원기간, 지원객체가 속한 시장에서의 경쟁제한이나 경제력 집중의 효과 등을 종합적으로 고려하여 당해 지원행위로 인하여 지원객체의 관련 시장에서 경쟁이 저해되거나 경제력 집중이 야기되는 등으로 공정한 거래가 저해될 우려가 있는지 여부에 따라 판단한다(대법원 2005.5.13. 선고 2004두2233판결, 2004.4.23. 선고 2001두6517판결 등 다수). 그런데, 공정하고 자유로운 경쟁이란 일정한 거래분야를 전제로 하는 것이므로, 일정한 거래분야에서 사업을 행하는 사업자가 아닌 특수관계인에 대한 지원행위가 "공정하고 자유로운 경쟁을 저해할 우려가 있는 부당한 행위"로 인정되려면, 그 행위 당시 지원객체가 일정한 거래분야에 진입하기로 되어 있었다거나 지원주체가 지원객체를 매개로 다른 사업자를 지원할 개연성이 있었다는 등 관련시장에서의 경쟁제한성을 저해할 우려가 있다는 점이 인정되어야 한다(대법원 2005. 1. 27. 선고 2004두2219 판결, 서울고등법원 2006. 5. 25. 선고 2005누4924 판결). 앞에서 본 바와 같이 피심인이 이자대납 행위를 할 당시 특수관계인들이 일정한 거래분야에 참여하지 않았다 할지라도 이들은 「두산」기업집단의 동일인 관련자들이므로 피심인이 자금을 제공할 경우 이 자금이 「두산」기업집단의 계열회사 등에 어떤 형태로든 유입될 것을 피심인은 예상할 수 있었다 할 것이고, 위 인정 사실들을 종합하여 볼 때, 실제 특수관계인들은 네오플럭스와 두산모터스의 설립에 출자함으로써 벤처캐피탈 시장 또는 수입차 판매시장에 새롭게 진입을 하고, 네오플럭스의 설립 이후에도 2차례나 이 회사의 유상증자에 참여하였는 바, 이는 피심인이 그 지원행위를 하는 당시 특수관계인들이 새로운 시장에 진입할 개연성을 인정할 수 있는 행위라 할 것이므로, 피심인의 지원행위는 관련시장에서의 경쟁을 저해할 우려 즉 공정한 경쟁을 저해할 우려가 인정된다. 또한, 「두산」기업집단 전체의 경영권을 좌우하고 있는 (주)두산의 주식을 특수관계인들에게 매도한 행위는 이들의 「두산」기업집단에 대한 직접적 지배권을 보다 강화함으로써 궁극적으로 경제력 집중을 유지·강화시키고, 이는 결과적으로 관련시장에서 공정한 거래를 저해할 우려를 발생시킴이 인정된다. 그러므로 피심인의 특수관계인들에 대한 이자대납행위는 부당한 지원행위이다.

(2) 서울고등법원 2008.4.30. 선고 2007누9855 판결

공정거래저해성 유무 관련하여, 부당지원행위의 객체는 반드시 시장에 소속된 사업자이어야 하는 것은 아니지만, 지원행위의 부당성이 인정되려면 지원주체와 지원객체와의 관계, 지원객체 및 지원객체가 속한 관련 시장의 현황과 특성, 지원금액의 규모와 지원된 자금 자산 등의 성격, 지원금액의 용도, 거래행위의 동기와 목적, 정당한 사유의 존부 등을 종합적으로 고려하여 당해 지원행위로 인하여 지원객체가 직접 또는 간접으로 속한 일정한 거래분야에서 경쟁이 저해되거나 경제력 집중이 야기되는 등으로 공정한 거래를 저해할 우려가 있다는 점을 공정거래위원회가 입증하여야 할 것이다(대법원 2004.9.24. 선고 2001두6364 판결 참조). 또한 공정하고 자유로운 경쟁이란 일정한 거래분야를 전제로 하는 것이므로, 이 사건 특수관계인들과 같이 일정한 거래분야에서 사업을 행하는 사업자가 아닌 지원객체에 대한 지원행위가

'공정하고 자유로운 경쟁을 저해할 우려가 있는 부당한 행위'로 인정되기 위하여는, 그 행위 당시 지원객체가 일정한 거래분야에 진입하기로 되어 있었다거나 지원주체가 지원객체를 매개로 다른 사업자를 지원할 개연성이 있었다는 등 그 관련시장에서의 경쟁제한성을 저해할 우려가 있다는 점이 인정되어야 할 것이다.

먼저 이 사건 특수관계인들이 2000.4.1. 네오플럭스의 설립에 8억 3,400만원을 출자한 행위에 관하여 본다. 위 행위는 이 사건 이자대납 약정과 비교적 근접하여 이루어진 것이므로, 이 사건 이자대납 약정 당시 원고가 이 사건 특수관계인들을 매개로 네오플럭스의 설립을 지원할 의도가 있었다는 점을 배제할 수는 없다고 할 것이다. 그러나 이 사건 특수관계인들이 네오플럭스의 설립 당시 출자한 지분 비율은 8.34%에 불과한 점, 네오플럭스는 신설회사로서 그 관련시장에서의 점유율이 미미하여 위 회사가 설립됨으로 인하여 오히려 관련시장에서 경쟁촉진 효과를 발생시킨 것으로 보이는 점 등에 비추어, 피고가 제출한 증거만으로는 이 사건 이자대납 약정 당시 네오플럭스가 속한 관련시장에서 경쟁이 저해되거나 경제력 집중이 야기되는 등으로 공정한 거래를 저해할 우려가 있다고 인정하기에 부족하고 달리 이를 인정할 증거가 없다.

다음으로, 이 사건 특수관계인들이 네오플럭스의 증자에 약 3억 원, 두산모터스의 설립에 30억 원을 각 투자하고, 원고로부터 (주)두산의 주식 약 112억 원 상당을 매입한 행위에 관하여 보건대, 위 각 행위는 이 사건 이자대납 약정일로부터 2년 이상 경과한 이후에 행하여진 것이므로, 원고가 위 이자대납 약정당시 이 사건 특수관계인들을 매개로 위 각 계열회사들을 지원할 의도가 있었다고 보기는 어려울 것이다 또한, 앞서 본 사실관계에 의하여 인정되는 다음과 같은 사정들, 즉 ① 이 사건 이자대납으로 지원된 자금은 채권금융기관에 직접 입금되었으며, 이 사건 특수관계인들은 별도로 자금을 마련하여 네오플럭스의 증자 및 두산모터스의 설립에 사용하였으므로, 원고가 지원한 자금은 이 사건 특수관계인들의 원고에 대한 지배권 유지에 직접 사용된 것으로 보아야 할 것인 점, ② 네오플럭스 및 두산모터스는 모두 그 관련시장에서의 점유율이 미미하여 그 각 관련시장에서 경쟁촉진 효과를 발생시킨 것으로 보이는 점, ③ 이 사건 특수관계인들이 원고로부터 (주)두산의 주식을 매입함으로 인하여 (주)두산에 신규자금이 유입된 것이 아니라 그 주주 구성이 변경된 것에 불과한 점 등 제반 사정을 종합하여 보면, 이 사건 특수관계인들이 네오플럭스 또는 두산모터스에 출자하였다거나, (주)두산의 주식을 취득하였다는 사정만으로는, 이 사건 특수관계인들에 대한 원고의 지원행위가 곧바로 그 배후에 있는 네오플럭스 등 계열회사에 대한 지원행위로 되어 해당 기업이 속한 관련시장에서 경쟁이 저해되거나 경제력 집중이 야기되는 등으로 공정한 거래를 저해할 우려가 있다고 볼 수도 없다.

이에 대하여 피고는 이 사건 특수관계인들이 네오플럭스, 두산모터스 등에 출자하여 그들을 통하여 각 관련시장에 진입함으로써 당해 시장에서의 경제력 집중 효과가 발생하였고, 이 사건 특수관계인이 (주)두산의 주식을 매수함으로써 제3자가 위 회사의 주식을 취득하는 경우 발생할 수 있었던 위 회사에 대한 지배력 약화를 미연에 방지하여 경제력 집중의 효과를 얻게 되었으므로, 이 사건 이자대납행위는 부당한 지원행위에 해당한다고 주장한다. 살피건대, 경제력 집중의 억제가 부당지원행위 규제의 입법 목적에 포함되어 있다고 하더라도, 공정거래법상 경제력 집중의 억제와 관련하여서는 제3장에서 대규모기업집단의 일반집중을 규제하면서도 부당지원행위는 제5장의 금지대상인 불공정거래행위의 한 유형으로 따로 다루고 있고, 시장집중과 관련하여 볼 때 기업집단 내에서의 특수관계인 또는 계열회사 간 지원행위를 통하여 발생하는 경제력 집중의 폐해는 지원행위로 인하여 직접적으로 발생하는 것이 아니라 지원을 받은 특수관계인이나 다른 회사가 자신이 속한 관련 시장에서의 경쟁을 저해하게 되는 결과 발생할 수 있는 폐해라고 할 것인 점 등에 비추어 보면(대법원 2004.9.24. 선고 2001두6364 판결 참조), 원고로부터 지원을 받은 특수관계인들이 새로운 시장에 투자하거나 계열회사의 주식을 취득하였다는 것 그 자체만으로 일정한 거래 분야에서 공정하고 자유로운 경쟁을 저해할 우려가 있다고 보아 곧바로 부당지원행위로 규제할 수는 없다고 할 것이며, 또한 (주)두산의 주주가 원고에서 이 사건 특수관계인들로 변경된 것만으로는 위 회사에 대한 지배력이 강화되었다고 볼 수 있을지언정 나아가 위 회사가 속한 관련시장에서의 경제력 집중의 효과를 얻게 되었다고 볼 수도 없다. 그러므로 이 사건 특수관계인들이 네오플럭스 등 계열회사를 설립하거나 (주)두산의 주식을 취득하였다고 하더라도, 그것만으로는 이 사건 이자대납 행위가 공정거래법 제23조 제1항 제7호 소정의 부당지원행위에 해당한다고 볼 수는 없다.

(3) 대법원 판결

법 제23조 제1항 제7호에 규정된 부당지원행위의 객체는 반드시 일정한 거래분야에서 시장에 직접 참여하고 있는 사업자이어야 하는 것은 아니지만, 지원행위의 부당성이 인정되려면 지원주체와 지원객체와의 관계, 지원객체 및 지원객체가 속한 관련 시장의 현황과 특성, 지원금액의 규모와 지원된 자금 등의 성격, 지원금액의 용도, 거래행위의 동기와 목적, 정당한 사유의 존부 등을 종합적으로 고려할 때 당해 지원행위로 인하여 일정한 거래분야에서 경쟁이 저해되거나 경제력 집중이 야기되는 등으로 공정한 거래를 저해할 우려가 있다는 점을 피고가 입증하여야 할 것이다(대법원 2004.9.24 선고 2001두6364 판결, 대법원 2006.9.8. 선고

2004두2202 판결 등 참조).

원심은, 채택 증거를 종합하여 판시와 같은 사실을 인정한 다음, 피고가 제출한 증거만으로는 이 사건 특수관계인들이 네오플럭스의 설립과 유상증자에 자금을 출자한 행위, 두산모터스 주식회사의 설립에 자금을 출자한 행위 및 주식회사 두산의 주식을 매입한 행위로 인하여 각 해당 기업이 속한 관련시장에서 경쟁이 저해되거나 경제력 집중이 야기되는 등으로 공정한 거래를 저해할 우려가 발생하였다고 볼 수 없다고 판단하였다. 위 법리 및 기록에 비추어 보면, 원심의 위와 같은 판단은 정당하고, 거기에 상고이유에서 주장하는 바와 같은 부당지원행위의 부당성에 관한 법리오해 등의 위법이 없다.

4. 모회사가 100% 소유하고 있는 완전자회사에 대한 지원행위도 적용된다고 한 판결사례

공정위와 법원은 일관되게 아래에서 살펴보는 것처럼 완전모자회사간의 지원행위에 대하여도 부당지원행위 규정이 적용된다는 입장을 취하고 있다. 다만 공정위는 2023.1.26. 2023년 주요업무 추진계획에서 대기업집단 제도의 합리적 운영을 위하여 부당내부거래에 대한 법 적용 기준을 명확히 하겠다고 하면서, 경제적동일체 성격에 근거한 규제 적용제외 주장의 타당성과 적용배제 시 문제점 등을 종합 고려하여 완전모자회사간 내부거래에 대한 사익편취·부당지원 규제 적용범위를 합리적으로 개선하는 방안을 추진하겠다고 밝혔다.

가. 대법원 2004.11.12. 선고 2001두2034 판결

모회사가 주식의 100%를 소유하고 있는 자회사(완전자회사)라 하더라도 양자는 법률적으로는 별개의 독립한 거래주체라 할 것이고, 부당지원행위의 객체를 정하고 있는 법 제23조 제1항 제7호의 '다른 회사'의 개념에서 완전자회사를 지원객체에서 배제하는 명문의 규정이 없으므로 모회사와 완전자회사 사이의 지원행위도 법 제23조 제1항 제7호의 규율대상이 된다 할 것이다.

원심이 같은 취지에서, 모회사와 완전자회사는 경제적인 이익과 손실을 완전히 같이하는 단일한 경제단위(a single economic unit)에 해당하므로 완전자회사는 법 제23조 제1항 제7호의 '다른 회사'에 해당하지 아니한다는 위 원고의 주장을 배척한 조치는 정당하고, 거기에 상고이유에서 주장하는 바와 같은 법리오해 등의 위법이 없다.

나. 대법원 2006.12.7. 선고 2004두11268 판결

모회사가 주식의 대부분을 소유하고 있는 자회사라 하더라도 양자는 법률적으로는 별개의 독립된 거래주체라 할 것이고, 부당지원행위의 객체를 정하고 있는 공정거래법 제23조 제1항 제7호의 '특수관계인 또는 다른 회사'의 개념에서 자회사를 지원객체에서 배제하는 명문의 규정이 없으므로, 모회사와 자회사 사이의 지원행위도 법 제23조 제1항 제7호의 규율대상이 된다고 할 것이다(대법원 2004.11.12. 선고 2001두2034 판결 등 참조).

다. 대법원 2011.9.8. 선고 2009두11911 판결

모회사가 주식의 대부분을 소유하고 있는 자회사라 하더라도 양자는 법률적으로는 별개의 독립된 거래주체라 할 것이고, 부당지원행위의 객체를 정하고 있는 법 제23조 제1항 제7호의 '특수관계인 또는 다른 회사'의 개념에서 자회사를 지원객체에서 배제하는 명문의 규정이 없으므로, 모회사와 자회사 사이의 지원행위도 법 제23조 제1항 제7호의 규율대상이 된다고 할 것이다(대법원 2006.12.7. 선고 2004두11268 판결 등 참조).

5. 대법원 2015.10.29. 선고 2013두23935 판결(보험업법과 공정거래법의 중첩 적용이 가능하다는 판결)

보험업법 제111조 제1항 제2호, 제196조 제1항 제5호에 의하면, 보험회사는 대주주와 통상의 거래조건에 비추어 해당 보험회사에 현저하게 불리한 조건으로 자산을 매매하거나 신용공여를 하는 행위를 하여서는 안 되고, 보험회사가 이를 위반한 경우에는 피고(금융위원회)는 해당 신용공여액 또는 해당 자산의 장부가액의 100분의 20 이하의 범위 내에서 과징금을 부과할 수 있다.

그리고 공정거래법 제23조 제1항 제7호, 제24조의2에 의하면, 사업자가 부당하게 특수관계인 등에 대하여 가지급금·대여금 등을 제공하거나 현저히 유리한 조건으로 거래하여 특수관계인 등을 지원하는 행위로서 공정한 거래를 저해할 우려가 있는 행위를 한 경우에 공정거래위원회는 해당 사업자에 대하여 대통령령이 정하는 매출액에 100분의 5를 곱한 금액을 초과하지 아니하는 범위 안에서 과징금을 부과할 수 있다.

이와 같은 보험업법과 공정거래법 규정의 체계와 내용, 위 법률들의 입법 취지와 목적, 대주주에 대한 일정한 자산거래 또는 신용공여를 금지하는 보험업법 규정과 특수관계인에 대한 부당지원행위를 금지하는 공정거래법 규정의 각 보호법익 등을 종합하여 보면, 어느 동일한 행위에 대하여 이 사건 과징금 조항들과 공정거래법 규정을 중첩적으로 적용하여 해당 과징금을 각각 부과할 수 있다고 해석된다.

이 부분 상고이유의 요지는, 이와 같이 하나의 행위에 대하여 공정거래법상의 과징금과 중첩적으로 과징금을 부과할 수 있도록 규정한 이 사건 과징금 조항들이 이중처벌금지의 원칙을 위반하거나 과잉금지의 원칙을 위반하여 위헌으로서 무효라는 취지이다. 그러나 헌법 제13조 제1항에서 정하고 있는 이중처벌금지원칙에서의 '처벌'은 범죄에 대한 국가의 형벌권 실행을 의미하는 것이고, 국가가 행하는 일체의 제재나 불이익처분이 모두 그 '처벌'에 포함된다고 할 수 없다. 따라서 보험업법에서 정한 이 사건 과징금 조항들과 공정거래법 규정에 의한 과징금 부과에 대해서는 이중처벌금지의 원칙이 직접 적용될 여지는 없다(대법원 2007.7.12. 선고 2006두4554 판결, 헌재 2003.7.24. 2001헌가25 결정 등 참조).

그리고 보험업법과 공정거래법은 그 입법 목적과 보호법익이 서로 다르며, 공정거래법의 각종 규제만으로 보험업법의 입법 목적을 충분히 달성할 수 있다고 단정하기 어렵다. 이 사건 과징금 조항들과 공정거래법상 과징금 부과 근거 규정의 문언, 내용, 취지 등을 고려할 때 양 법률에 의한 과징금 부과처분은 모두 재량행위로서, 각 부과권자는 위반행위의 정도와 내용, 위반행위로 인하여 취득한 이익의 규모 등의 여러 사정을 종합적으로 고려하여 과징금 부과 여부 및 그 액수를 정할 재량이 있으므로, 동일한 위반행위에 대하여 양 법률에 의한 과징금이 반드시 중복적으로 부과된다고 볼 수도 없다. 특히 보험업법상 과징금에 관한 부과기준을 정하고 있는 금융위원회 고시인 '금융기관 검사 및 제재에 관한 규정'은 '동일한 위반행위에 대하여 형벌·과징금·과태료 등 실효성 있는 제재조치를 이미 받은 경우에는 그 제재에 상응하는 과징금을 부과하지 아니할 수 있다'는 취지의 명시적 규정을 두고 있다. 또한 보험계약자인 고객들이 납입하는 보험료 등으로 구성되는 보험회사의 자산은 종국적으로 고객에게 지급할 보험금에 충당되어야 할 재원으로서 이를 보존하여야 할 고도의 공익상 필요가 있으므로 대주주 등 특수관계인이 보험회사의 자산을 자신 또는 계열회사를 지원하는 목적으로 함부로 유출하는 행위를 규제할 필요성이 매우 크다.

이러한 사정들에 비추어 보면, 앞에서 본 것과 같이 공정거래법과 별도로 과징금을 부과할 수 있도록 한 이 사건 과징금 조항들이 헌법상 과잉금지의 원칙에 반한다고 볼 수도 없다.

Ⅳ. 마무리

1997년 4월 부당한 지원행위 금지조항이 신설된 이후 많은 법 집행이 이루어졌고 이에 따른 공정위 심결과 법원 판례를 통해 법리도 정립되었다고 본다. 즉 지원행위의 존재와 부당성 등 2가지 위법성 요건으로 구성되며, 이 중 부당성은 지원의도와 함께 여러 요소들을 종합적으로 고려하여 판단하는 것으로 정리된다. 그리고 지원의도는 부당한 지원행위 성립의 필수요건은 아니지만 현재 공정위 심결처럼 부당성 관련 별도 항목으로 판단할 정도로 중요한 요소에 해당된다고 본다. 한편 부당성의 다른 요건인 공정거래저해성 관련하여 공정위의 심결 및 법원 판결은 부당지원행위에 대해서는 다른 불공정거래행위와는 달리 경제력 집중을 통한 공정거래저해성도 일관되게 포함하고 있어서, 정립된 법리상으로는 지원객체가 속한 관련시장에서 경쟁이 저해되거나 또는 경제력 집중이 야기되거나 둘 중 하나만 충족하여도 된다.[8] 그러나 특히 최근 법원 판례들을 보면 관련시장에서의 경쟁 저해 여부에 중점을 두고 구체적으로 판단하고 있는 듯하다. 물론 공정위 단계에서는 공정거래저해성 판단에 있어서 대법원 판례 및 심사지침 등에 따라서 여전히 경제력 집중 여부도 비중을 두고 있지만 2014년 2월 법 제47조에 따른 특수관계인에 대한 부당한 이익제공 등 금지 조항이 신설, 시행된 점을 감안하면 부당지원행위의 공정거래저해성 요건의 판단에 있어서 경쟁저해 요소가 보다 더 감안될 여지가 있다고 본다.

---

8) 김형배, 공정거래법의 이론과 실제(2022 전면개정판), 2022, 800면.

이슈 26

상당한 규모에 의한 거래행위와 지원행위의 성립

I. 개요

법 제45조(불공정거래행위의 금지) 제1항 제9호 가목에서는 부당하게 특수관계인 또는 다른 회사에 가지급금·대여금·인력·부동산·유가증권·상품·용역·무체재산권 등을 제공하거나 상당히 유리한 조건으로 거래하는 행위를 금지하고 있다, 그리고 시행령 제52조(불공정거래행위의 유형 또는 기준) 관련 [별표 2] 제9호(부당한 지원행위)에서 부당하게 상당히 낮거나 높은 대가로 제공 또는 거래하거나 '상당한 규모'로 제공 또는 거래하는 행위를 통해 과다한 경제상 이익을 제공하여 특수관계인 또는 다른 회사를 지원하는 행위로 규정하고 있다.

공정위는 예규 형태의 내부지침인 '부당한 지원행위의 심사지침'을 통해 상세한 심사기준을 규정하고 있으며, 특히 가장 빈번한 발생이 이루어지는 상품·용역 거래행위의 경우 ① 거래대가 차이로 인한 지원행위, ② 상당한 규모에 의한 지원행위로 구분하고 있다(심사지침 Ⅲ. 4. 나. 참조). 지원주체가 지원객체와 상품·용역을 상당한 규모로 제공 또는 거래하는 행위를 통하여 과다한 경제상 이익을 제공하는 것은 지원행위에 해당한다고 규정하면서, 예시로서 지원주체가 지원객체에게 각종 물류업무를 비경쟁적인 사업양수도 또는 수의계약의 방식을 통하여 유리한 조건으로 대부분 몰아주는 경우를 들고 있다.[1]

심사지침은 상당한 규모의 상품·용역 거래로 인하여 과다한 경제상 이익을 제공한 것인지 여부는 지원성 거래규모 및 급부와 반대급부의 차이, 지원행위로 인한 경제상 이익, 지원기간, 지원횟수, 지원시기, 지원행위 당시 지원객체가 처한 경제적 상황, 지원객체가 속한 시장의 구조와 특성, 여타 경쟁사업자의 경쟁능력 등을 종합적으로 고려하여 구체적·개별적으로 판단한다고 규정하고 있다. 또 상당한 규모에 의한 지원행위 여부 판단시 고려요소로서 거래대상의 특성상 지원객체에게 거래물량으로 인한 규모의 경제 등 비용절감효과가 있음에도 불구하고 동 비용 절감효과가 지원객체에게 과도하게 귀속되는지 여부, 지원주체와

---

[1] 본 이슈에서 거래대가 차이로 인한 지원행위는 대가형 지원행위, 상당한 규모에 의한 지원행위는 규모형 지원행위라고 표현하기로 한다. 2021.8.27. 공정위 의결, 기업집단 삼성 소속 계열회사들의 부당지원행위 건, 204면, 각주 162) 참조.

지원객체 간의 거래물량만으로 지원객체의 사업개시 또는 사업유지를 위한 최소한의 물량을 초과할 정도의 거래규모가 확보되는 등 지원객체의 사업위험이 제거되는지 여부 등을 열거하면서, 해당 지원객체와의 거래에 고유한 특성에 의하여 지원주체에게 비용절감, 품질개선 등 효율성 증대효과가 발생하였는지 여부 등 해당 행위에 정당한 이유가 있는지 여부를 함께 고려하여야 한다고 규정하고 있다.

본 이슈에서는 상당한 규모로 거래하는 경우 법상 상당히 유리한 조건에 해당할 수 있는지 여부, 그리고 규모형 지원행위의 경우에도 대가형 지원행위에서 요구되는 정도, 즉 '정상가격에 비하여 상당히 유리한 조건'까지 필요한지 여부 등 쟁점을 살펴본다.

II. 상당한 규모에 의한 지원행위가 법상 상당히 유리한 조건의 행위에 해당할 수 있는지 여부

1. 대법원 2007.1.25. 선고 2004두7610 판결(3차 현대 기업집단 계열회사 등의 부당지원행위 건, 1999.10.28. 공정위 의결)

대법원은 "거래의 조건에는 거래되는 상품 또는 역무의 품질, 내용, 규격, 거래수량, 거래횟수, 거래시기, 운송조건, 인도조건, 결제조건, 지불조건, 보증조건 등이 포함되고 그것이 자금, 자산, 인력 거래라고 하여 달리 볼 것은 아니며, 거래규모는 거래수량에 관한 사항으로서 거래조건에 포함된다고 할 수 있고 현실적인 관점에서 경우에 따라서는 유동성의 확보 자체가 긴요한 경우가 적지 않음에 비추어 현저한 규모로 유동성을 확보할 수 있다는 것 자체가 현저히 유리한 조건의 거래가 될 수 있으므로, '현저한 규모로 제공 또는 거래하여 과다한 경제상 이익을 제공'하는 것도 법 23조 제1항 제7호(현행 제45조 제1항 제9호) 소정의 '현저히 유리한 조건의 거래'의 하나라고 볼 수 있다."고 판시하였다.

대법원은 이어서 "다만, 현저한 규모의 거래라 하여 바로 과다한 경제상 이익을 준 것이라고 할 수 없고 현저한 규모의 거래로 인하여 과다한 경제상 이익을 제공한 것인지 여부는 지원성 거래규모 및 급부와 반대급부의 차이, 지원행위로 인한 경제상 이익, 지원기간, 지원횟수, 지원시기, 지원행위 당시 지원객체가 처한 경제적 상황 등을 종합적으로 고려하여 구체적·개별적으로 판단하여야 할 것이다."라는 법리를 함께 제시하였다.

2. 서울고등법원 2009.8.19. 선고 2007누30903 판결(현대자동차 기업집단 계열회사 등의 부당지원행위 건, 2007.10.24. 공정위 의결)

공정위는 2007.10.24. 현대자동차 기업집단 계열회사의 부당지원행위 건에서 현대자동차 외 3개 계열사들이 물류업무 등 물량몰아주기를 통한 글로비스와 거래한 행위에 대하여 현저한 규모의 물량을 유리한 조건으로 거래하여 과다한 경제상 이익을 제공한 행위가 성립한다고 제재처분을 하였다. 공정위의 의결서를 살펴 보면 지원행위의 성립 요건 판단에 있어서 현저한 규모의 거래(피심인의 물류비에서 차지하는 비중, 당해 시장 경쟁사업자와 비교한 크기, 화물운송주선업 시장에서 차지하는 크기, 지원객체인 글로비스의 전체 매출액에서 차지하는 비중), 상당히 유리한 조건의 거래(MIP 운송부문에서의 유리한 조건의 거래, 물류장비 임대부문에서의 유리한 조건의 거래, A/S부품 운송부문에서의 유리한 조건의 거래, 내수 PDI 부문에서의 유리한 조건의 거래, T/P 및 배달탁송 부문에서의 유리한 조건의 거래, 철강운송부문에서의 유리한 조건의 거래, 높은 수준의 매출총이익률), 과다한 경제상 이익의 제공(비경쟁적 방식에 의한 현저한 규모의 물량 수주, 높은 자기자본 증가율, 높은 매출액 증가율, 높은 총자본 대비 영업이익률) 등으로 나누어 23쪽의 양으로 매우 구체적이고 상세한 분석과 입증을 했다.

이에 대하여 서울고등법원은 "공정거래법 및 같은 법 시행령 규정에 의하면 '부당하게 현저한 규모로 제공 또는 거래하여 과다한 경제상 이익을 제공하는 행위'도 부당지원행위에 해당함을 알 수 있으므로, 피고가 공정거래법상 지원행위가 성립하기 위한 요건인 '현저히 유리한 조건'을 마음대로 완화하여 적용하였다는 취지의 위 원고들 주장은 부당하다."고 판결하였다. 동 판결은 현저한 규모에 의한 지원행위인 소위 물량몰아주기의 부당성을 최초로 인정한 고등법원 판결로서 이에 대한 대법원의 판단이 기대되었으나 선고 전에 원고들이 상고를 취하함으로써 대법원은 피고 공정위의 상고이유에 대해서만 판단하고 달리 물량몰아주기의 위법성에 대한 판단을 하지 않았다.[2]

3. 대법원 2011.9.8. 선고 2009두11911 판결(한국산업은행의 부당지원행위 건, 2008.8.20. 공정위 의결)

대법원은 "법 제23조 제1항 제7호는 '현저히 유리한 조건으로 거래'하여 특수관계인 또는

---

[2] 이 판결은 새로운 법리를 통해 물량 몰아주기의 위법성을 판단한 것이 아니라 위 1. 대법원 2007.1.25. 선고 2004두7610 판결의 법리 내에서 물량 몰아주기의 위법성을 인정한 최초의 판결로 볼 수 있다.

다른 회사를 지원하는 행위를 지원행위로 규정하고 있고, 같은 조 제2항의 위임에 기한 법 시행령 제36조 제1항 [별표 1] 제10호는 현저히 낮거나 높은 대가로 제공 또는 거래하거나 현저한 규모로 제공 또는 거래하여 과다한 경제상 이익을 제공함으로써 특수관계인 또는 다른 회사를 지원하는 행위를 지원행위로 규정하고 있는바, 거래의 조건에는 거래되는 상품 또는 역무의 품질, 내용, 규격, 거래수량, 거래횟수, 거래시기, 운송조건, 인도조건, 결제조건, 지불조건, 보증조건 등이 포함되고 그것이 자금, 자산, 인력 거래라고 하여 달리 볼 것은 아니며, 거래규모는 거래수량에 관한 사항으로서 거래조건에 포함된다고 할 수 있고 현실적인 관점에서 경우에 따라서는 유동성의 확보 자체가 긴요한 경우가 적지 않음에 비추어 현저한 규모로 유동성을 확보할 수 있다는 것 자체가 현저히 유리한 조건의 거래가 될 수 있으므로, '현저한 규모로 제공 또는 거래하여 과다한 경제상 이익을 제공'하는 것도 법 제23조 제1항 제7호 소정의 '현저히 유리한 조건의 거래'의 하나라고 볼 수 있을 것이지만, 현저한 규모의 거래라 하여 바로 과다한 경제상 이익을 준 것이라고 할 수 없고 현저한 규모의 거래로 인하여 과다한 경제상 이익을 제공한 것인지 여부는 지원성 거래규모 및 급부와 반대급부의 차이, 지원행위로 인한 경제상 이익, 지원기간, 지원횟수, 지원시기, 지원행위 당시 지원객체가 처한 경제적 상황 등을 종합적으로 고려하여 구체적·개별적으로 판단하여야 할 것이다(대법원 2007.1.25. 선고 2004두7610 판결 참조)."라고 판시하였다.

4. 2020.9.10. 공정위의 심사지침 개정

공정위는 심사지침 개정시 '상당한 규모의 거래로 인한 과다한 경제상 이익' 판단기준을 새로 도입하면서 위 대법원 판결의 판시내용과 고려요소를 동일하게 규정하였다(심사지침 Ⅲ. 4. 나. 2) 참조). 다만 기존 심사지침에 들어가 있었던 '상당한 규모의 거래' 판단기준이었던 '지원객체가 속한 시장의 구조와 특성, 여타 경쟁사업자의 경쟁능력'은 일관성 유지 및 행정예고시 제기된 의견 등을 반영하여 존치하였다. 당시 심사지침 개정 행정예고안에서는 기존에 있었던 '상당한 규모의 거래' 판단기준이 삭제되어 있었는데 이에 대해 불확실성이 증대되고 자의적 판단이 우려된다는 행정예고 기간 중 제출된 의견이 반영되었다.[3]

---

3) 2020.9.10. 공정위 보도참고자료, "개정 '부당한 지원행위의 심사지침' 시행", 6면 참조.

5. 기업집단 호반건설 소속 계열회사들의 부당지원행위 등 건(2023.8.22. 공정위 의결)

공정위는 "거래의 조건에는 거래되는 상품 또는 역무의 품질, 내용, 규격, 거래수량, 거래횟수, 거래시기, 운송조건, 인도조건, 결제조건, 지불조건, 보증조건 등이 포함되고 그것이 자금, 자산, 인력 거래라고 하여 달리 볼 것은 아니며, 거래규모는 거래수량에 관한 사항으로서 거래조건에 포함된다고 할 수 있고 현실적인 관점에서 경우에 따라서는 유동성의 확보 자체가 긴요한 경우가 적지 않음에 비추어 현저한 규모로 유동성을 확보할 수 있다는 것 자체가 현저히 유리한 조건의 거래가 될 수 있으므로, '현저한 규모로 제공 또는 거래하여 과다한 경제상 이익을 제공'하는 것도 구 법 제23조 제1항 제7호 소정의 '현저히 유리한 조건의 거래'의 하나라고 볼 수 있을 것이지만, 현저한 규모로 거래하여 과다한 경제상 이익을 제공한 것인지 여부는 지원성 거래규모 및 급부와 반대급부의 차이, 지원행위로 인한 경제상 이익, 지원기간, 지원횟수, 지원시기, 지원행위 당시 지원객체가 처한 경제적 상황 등을 종합적으로 고려하여 구체적·개별적으로 판단하여야 한다(대법원 2007.1.25. 선고 2004두7610 판결, 대법원 2012.10.25. 선고 2009두15494 판결, 대법원 2011.9.8. 선고 2009두 11911 판결 등 참조)."는 일관되게 확립된 관련 법리를 제시하였다.

그리고 나서 "이 사건 지원객체 대부분은 시행사업 경험이 없는 상황에서 빠르게는 설립 이후 ○○ 만에 호반건설로부터 시행사업의 기회가 수반된 공공택지의 분양권을 양도받았는데 공공택지 시행사업의 경우 통상 추첨 경쟁이 치열하여 시행사가 단 1건을 수주하기도 어려울뿐더러 일단 1건이라도 수주하기만 하면 막대한 규모의 매출과 이익을 창출할 수 있는바, 이 사건 지원객체 9개사의 입장에서 단 1건의 공공택지 전매라도 이는 현저한 규모에 해당한다 할 것이다. 또한, 이 사건 각 지원객체는 전매 건수와 무관하게 사업개시 및 유지에 필요한 최소 물량을 초과하는 거래규모를 제공받았다 할 것이므로, 현저한 규모에 의한 지원행위가 성립한다고 판단된다. 즉, 각 지원객체는 택지의 매수자 지위를 양도받은 그 자체로 막대한 이익을 실현할 기회를 얻었고, 해당 시행사업 과정에서도 호반건설로부터 업무에 필요한 지원을 받았다. 그 결과 각 지원객체는 실제로 막대한 이익 및 매출을 실현하였거나 실현할 예정인바, 이 사건 행위는 현저한 규모의 거래를 통하여 과다한 경제상 이익을 제공한 행위에 해당한다."고 판단하였다.

Ⅲ. 규모형 지원행위에 있어서 정상가격 산정 문제

1. 대가형 지원행위에 있어서 정상가격 산정 문제

규모형 지원행위에 있어서 정상가격 산정 문제를 다루기 전에 먼저 대가형 지원행위에서 정상가격의 산정이 반드시 필요한지 여부에 대해 살펴본다. 현재 공정거래법 시행령상으로는 "상당히 낮거나 높은 대가로 제공 또는 거래하거나 상당한 규모로 제공 또는 거래하는 행위를 통해 과다한 경제상 이익을 제공하여 특수관계인 또는 다른 회사를 지원하는 행위"로 규정하고 있다. 즉 대가형 지원행위와 규모형 지원행위 공히 "과다한 경제상 이익의 제공"을 그 요건으로 하고 있다. 그리고 공정위와 법원 모두 일관되게 '과다한 경제상 이익을 제공'한 것인지 여부는 급부와 반대급부 사이의 차이는 물론 지원성 거래규모와 지원행위로 인한 경제상 이익, 지원기간, 지원횟수, 지원시기, 지원행위 당시 지원객체가 처한 경제적 상황 등을 종합적으로 고려하여 구체적·개별적으로 판단해야 하며, '정상가격'은 급부와 반대급부가 현저히 유리한지 여부를 판단하는 기준이 된다는 입장이다.

공정위의 심사지침 및 법원은 정상가격의 의미에 대하여 "지원주체와 지원객체 간에 이루어진 경제적 급부와 동일한 경제적 급부가 시기, 종류, 규모, 기간, 신용상태 등이 유사한 상황에서 특수관계가 없는 독립된 자 간에 이루어졌을 경우 형성되었을 거래가격 등"으로 똑같이 정의하고 있다(심사지침 Ⅱ. 5., 대법원 2006.12.7. 선고 2004두11268 판결, 대법원 2012.10. 25. 선고 2009두15494 판결, 대법원 2014.6.12. 선고 2013두4255 판결, 대법원 2015.1.29. 선고 2014두36112 판결 등 참조). 그리고 심사지침에서 가지급금 또는 대여금 등 자금거래, 유가증권·부동산·무체재산권 등 자산거래, 부동산 임대차, 상품·용역 거래, 인력 제공 등 거래의 유형별로 구제적인 정상가격 산정기준을 규정하고 있다(심사지침 Ⅲ. 1.~5. 참조).

한편 대가형 지원행위의 경우 법원은 '정상가격'을 모든 거래 유형의 지원행위 성립 요건 판단에 있어서 필수적인 요소로 보고 있다. 대법원은 2008.2.14. 대한주택공사의 부당지원행위 등 건(대법원 2008.2.14. 선고 2007두1446 판결)에서 "그 정상가격이 시정명령이나 과징금부과 등 제재적 행정처분의 근거가 된다는 점이나 공정거래법이 부당지원을 금지하는 취지 등을 고려할 때, 당해 거래 당시의 실제 사례를 찾을 수 없어 부득이 여러 가지 간접적인 자료에 의해 정상가격을 추단할 수밖에 없는 경우에는, 통상의 거래 당사자가 당해 거래당시의 일반적인 경제 및 경영상황과 장래 예측의 불확실성까지도 모두 고려하여 보편적으로 선택하였으리라고 보이는 현실적인 가격을 규명하여야 할 것이고, 단순히 제반상황을 사후적, 회

고적인 시각으로 판단하여 거래 당시에 기대할 수 있었던 최선의 가격 또는 당해 거래가격보다 더 나은 가격으로 거래할 수도 있었을 것이라 하여 가벼이 이를 기준으로 정상가격을 추단하여서는 아니 될 것이며, 정상가격에 대한 입증책임은 어디까지나 피고(공정위)에게 있다 할 것이다."라는 엄격한 입장을 설시하였다. 특히 대법원은 2015.1.29. 신세계 기업집단 계열회사의 부당지원행위 건(대법원 2015.1.29. 선고 2014두36112 판결)에서 정상가격 산정 관련하여 보다 더 엄격한 입장을 보였다. 즉 당해 거래와 동일한 실제 사례를 찾을 수 없어 부득이 유사한 사례에 의해 정상가격을 추단할 수 밖에 없는 경우에는, 단순히 제반 상황을 사후적, 회고적인 시각에서 판단하여 거래 당시에 기대할 수 있었던 최선의 가격이나 당해 거래가격보다 더 나은 가격으로 거래할 수도 있었을 것이라 하여 가벼이 이를 기준으로 정상가격을 추단하여서는 아니 된다는 기본적인 법리의 설시와 함께 "당해 거래와 비교하기에 적합한 유사한 사례를 선정하고 나아가 그 사례와 당해 거래 사이에 가격에 영향을 미칠 수 있는 거래조건 등의 차이가 존재하는지를 살펴 그 차이가 있다면 이를 합리적으로 조정하는 과정을 거쳐 정상가격을 추단하여야 한다."고 판시하였다.

그리고 공정위의 최근 심결사례(2022.7.20. 기업집단 경동 케이스, 2023.2.24. 기업집단 한국타이어 케이스, 2023.4.27. 기업집단 효성 케이스 등)를 살펴보면 정상가격에 관한 법리로 위 2008.2.14., 2015.1.29. 대법원 판결을 참조로 인용하고 있으며, 공정위도 이러한 법원의 일관된 입장에 따라 부당한 지원행위의 위법성을 판단하는 과정에서 정상가격의 산정 및 입증에 많은 비중을 두고 있다. 공정위는 기업집단 효성 계열회사의 부당한 지원행위 건(2023.4.27. 의결)에서 "심사관은 이 사건을 대가형 지원행위라고 주장하고 있으므로 특수관계가 없는 독립된 건설사들 간 거래 중에서 이 사건과 유사하거나 비교가능한 거래를 찾는 등의 방법으로 이 사건에서 효성(중공업)이 진흥기업에 배정했어야 할 정상적인 지분율을 도출했어야 하나, 앞서 설시한 바와 같이 진흥기업의 구체적인 역할이나 기여의 내용이 제대로 파악되지 않고 있어 정상지분율이 어느 수준인지도 알기 어렵다. 따라서, 혐의에 관하여 더 살펴볼 필요 없이 효성(중공업)이 진흥기업에 지분율을 상당히 유리한 조건으로 배정함으로써 과다한 경제상 이익을 제공하였는지에 대한 사실관계 확인이 곤란하므로, 법 위반 여부를 판단하기 어렵다."고 하면서 사실관계에 대한 확인이 곤란하여 법위반 여부 판단이 불가능하므로 사건절차규칙 제53조 제4호에 따라 심의절차를 종료한다고 결정하였다.

대법원 판결을 몇 개 소개하면 다음과 같다. 대법원은 2004.4.9. 현대기업집단 계열회사의 부당지원행위 건(대법원 2004.4.9. 선고 2001두6197 판결)에서 "'현저히 낮거나 높은 대가로 제공 또는 거래하거나 현저한 규모로 제공 또는 거래하여 과다한 경제상 이익을 제공'한 것인지 여부를 판단함에 있어서는 급부와 반대급부 사이의 차이는 물론 지원성 거래규모와 지원 행위로 인한 경제상 이익, 지원기간, 지원횟수, 지원시기, 지원행위 당시 지원객체가 처한 경제적 상황 등을 종합적으로 고려하여 구체적·개별적으로 판단하여야 하며, 급부와 반대급부가 현저히 유리한지 여부를 판단하는 기준이 되는 정상금리라 함은 지원주체와 지원객체 사이의 자금거래와 시기, 종류, 규모, 기간, 신용상태 등의 면에서 동일 또는 유사한 상황에서 그 지원객체와 그와 특수관계가 없는 독립된 금융기관 사이에 자금거래가 이루어졌다면 적용될 금리, 또는 지원주체와 지원객체 사이의 자금거래와 시기, 종류, 규모, 기간, 신용상태 등의 면에서 동일 또는 유사한 상황에서 특수관계 없는 독립된 자 사이에 자금거래가 이루어졌다면 적용될 금리(개별정상금리)를 의미한다고 할 것이다."라고 판결하였다(대법원 2004.10.14. 선고 2001두2935 판결, 대법원 2006.2.10. 선고 2003두15171 판결, 대법원 2006.12.7. 선고 2004두 11268 판결, 대법원 2011.9.8. 선고 2009두11911 판결, 대법원 2014.6.12. 선고 2013두4255 판결, 대법원 2015.1.29. 선고 2014두36112 판결, 대법원 2016.3.10. 선고 2014두8568 판결 등 참조).

2. 규모형 지원행위에 있어서 정상가격의 산정

규모형 지원행위라고 볼 수 있는 건들에 대한 공정위의 심결사례도 그동안 상당수 축적되었으며 그중에서 법원 판결로까지 이어진 건들도 있다.[4] 3차 현대 기업집단 계열회사 등의 부당지원행위 건(1999.10.28. 의결), 현대자동차 기업집단 계열회사의 부당지원행위 건(2007. 10.24. 의결), 삼양식품 (주)의 부당지원행위 건(2014.3.3. 의결), 상호출자제한기업집단 한국전력공사 소속회사의 부당지원행위 등 건(2015.3.23. 의결), 엘에스 기업집단 계열회사의 부당한 지원행위 건(2018.8.22. 의결), 기업집단 SPC 소속 계열회사들의 부당지원행위 건(2020.10.23. 의결), 기업집단 삼성 소속 계열회사들의 부당지원행위 건(2021.8.27. 의결)[5], 기업집단 하림 소속 계열회사들의 부당지원행위 등 건(2022.1.27. 공정위 의결), 기업집단 오씨아이 소속 계열회사들의 부당지원행위 및 특수관계인에 대한 부당이익제공행위 건(2023.8.21. 의결), 기업집단 호반건설 소속 계열회사들의 부당지원행위 등 건(2023.8.22. 의결) 등이다. 앞 Ⅱ.에

---

4) Ⅳ. 관련 법원 판결례 소개에서 자세히 살펴보기로 한다.
5) 서울중앙지방검찰청은 공정위가 고발한 본건 관련 기소하면서 시민단체의 급식 일감몰아주기와 관련된 업무상배임 고발사건에 대해서는 급식거래의 적정가격 수준에 비추어 삼성그룹 계열사들이 급식거래로 손해를 입었다고 볼 만한 증거가 부족하다면서 불기소 처분하였고, 공정위의 조사에서도 급식거래의 적정한 가격 수준을 산정하기 곤란하여 급식거래물량을 부당지원했다는 '규모성 지원행위'로 검찰에 고발했다고 밝혔다. 서울중앙지방검찰청 보도자료, '삼성그룹 급식 부당지원 공정거래법위반 기소', 2022.11.16. 참조.

서 언급했던 2011.9.8. 대법원 판결(한국산업은행의 부당지원행위 건)은 규모형 지원행위 관련 판결이지만 공정위의 의결서(2008.8.20.)를 보면 계열회사의 무보증사채를 저리 인수한 행위, 즉 현저히 유리한 조건으로 지원한 대가형 지원행위로 판단하고 있다.

공정위 위 심결사례 중에서 3차 현대 기업집단 건(1999.10.28. 의결)은 증권신탁업법 대출한도를 초과한 과다대출 행위에 대하여 과다대출하는 방법으로 과다한 경제상 이익을 제공했다고 위법으로 판단한 케이스로 순수 규모형 지원행위이다.[6] 그리고 나머지 건들은 혼합형 지원행위로서 상당한(현저한) 규모의 거래, 상당히 유리한 조건의 거래, 과다한 경제상 이익의 제공 등으로 위법성 판단을 하고 있다. 또 의결서 주문에서도 "상당한(현저한) 규모의 물량을 상당히 유리한 조건으로 거래하여 과다한 경제상 이익을 제공"한다는 내용으로 기재하고 있다. 공정위가 규모형 지원행위에서도 정상가격의 입증에 대한 부담을 갖고 있다고 볼 수 있다. 그리고 공정위 입장에서도 상당한 규모 여부 자체에 대한 쟁점도 제기될 수 있으므로 대가형 지원행위에서 요구되고 있는 수준의 정상가격 입증은 아니더라도 이에 준하는 상당히 유리한 조건의 거래행위라는 점에 대해 입증할 실제적인 필요도 있다고 본다.

공정위는 기업집단 삼성 소속 계열회사들의 부당지원행위 건(2021.8.27. 의결)에서 소위 규모형 지원행위의 성립 요건과 관련한 입장을 명시적으로 밝혔다. 즉 "규모형 지원행위와 관련하여 시행령 [별표1의2] 제10호에서 정한 바와 같이 '상당한 규모의 거래'로 '과다한 경제상 이익을 제공하였음'이 인정되면, 법 제23조 제1항 제7호 가목의 '상당히 유리한 조건'의 거래로 인정될 수 있다. 다만, 규모형 지원행위의 성립에 관하여 위 두 요건 외에 '상당히 유리한 조건'이라는 요건이 필요하다는 견해를 참작하더라도 이는 대가형 지원행위에서의 '정상가격'에 비하여 '상당히 유리한 조건'과는 다른 의미이고 그 입증의 수준도 덜 엄격하다고 할 것이다. 만일 규모형 지원행위에 대하여도 대가형 지원행위와 마찬가지로 정상가격에 대한 엄격한 입증을 요구한다면 이는 규모형 지원행위의 주된 위법성 지표인 '상당한 규모' 요건이 형해화되거나 대가형 지원행위 외에 규모형 지원행위를 별도로 규제할 필요성이 없어지기 때문이다. 결국 규모형 지원행위에서의 '상당히 유리한 조건'은 '상당한 규모의 거래' 및 '과다한 경제상 이익 제공' 여부 판단을 위한 부차적인 사항으로서 대가형 지원행위에서의 정상가격과 같은 엄격한 수준의 입증을 요하지 않고 간접적이거나 정황적인 지표를 통하여도 입증할 수 있다고 봄이 타당하다"는 것이다(의결서 204면, 각주 162) 참조).

---

6) 법원 판결 기준으로 보면 위 2008.8.20. 한국산업은행 부당지원행위 건도 순수 규모형 지원행위에 해당된다. 대법원 2011.9.8. 선고 2009두11911 판결에서 "거래행위의 거래규모를 감안하더라도 그 거래행위의 정상금리를 확정할 수 없는 데다가 달리 현저히 유리한 조건으로 거래한 것으로 볼 만한 자료가 없다는 취지의 원심 판단은 정당하다"고 판결한 바 있다.

현재 공정위는 규모형 지원행위의 성립요건인 '상당한 규모의 거래를 통한 과다한 경제상 이익의 제공' 관련 대법원 판례의 판시 내용과 같이 급부와 반대급부 사이의 차이는 종합적 고려요소의 하나에 해당하는 것이며, 급부와 반대급부의 차이를 확인하기 위한 가장 일반적인 방법은 정상가격과 실제 거래가격과의 비교라 할 것이나 규모형 지원에 있어서는 지원행위의 성립 여부를 판단하는데 있어 대가형 지원행위에서처럼 엄격한 정상가격의 산출을 반드시 필수조건으로 하고 있지 않다는 입장이다. 2023년 공정위가 의결한 2개의 케이스(2023.8.21. 오씨아이 케이스 및 2023.8.22. 호반건설 케이스)를 살펴보면 지원행위의 성립요건인 '상당한 규모의 거래를 통한 과다한 경제상 이익 제공' 관련하여, "거래규모도 유리한 조건의 거래에 해당되는 것이지만, 과다한 경제상 이익을 제공한 것인지 여부는 지원성 거래규모 및 급부와 반대급부의 차이, 지원행위로 인한 경제상 이익, 지원기간, 지원횟수, 지원시기, 지원행위 당시 지원객체가 처한 경제적 상황 등을 종합적으로 고려하여 구체적·개별적으로 판단해야 한다."는 대법원 2007.1.25. 선고 2004두7610 판결, 대법원 2011.9.8. 선고 2009두11911 판결 등으로 확립된 기본법리를 제시하면서도, '정상가격' 자체에 대한 언급이나 판단은 하지 않고 있다.[7] 기업집단 오씨아이 케이스(2023.8.21. 의결)를 보면 상당한 규모의 거래인지 여부, 정당한 이유가 있는지 여부, 과다한 경제상 이익 제공 여부 등 3가지 요소를 제시하면서, 이 중에서 '과다한 경제상 이익 제공 여부'는 지원객체의 매출액에서 지원성 거래가 차지하는 비중, 지원객체의 매출이익 및 영업이익 규모, 지원객체의 유동성 위기 해소 등을 근거로 판단하였다(의결서 68~72면).

한편 대법원 판결을 통해 나타난 법원의 기본적인 법리는 대가형 지원행위와 동일하다. 즉 '상당한 규모의 거래를 통한 과다한 경제상 이익의 제공'이라는 입증을 해야 하며, 이는 지원성 거래규모 및 급부와 반대급부의 차이, 지원행위로 인한 경제상 이익, 지원기간, 지원횟수, 지원시기, 지원행위 당시 지원객체가 처한 경제적 상황 등을 종합적으로 고려하여 구체적·개별적으로 판단해야 된다는 것이다. 그리고 그동안 몇 차례의 판결을 통해 분석해 보면 규모형 지원행위에 있어서는 대가형 지원행위에서 요구되는 수준의 '정상가격' 산정까지는 필요하지 않다고 보고 있는 듯하다. 다만 상당한 규모인지 여부 포함하여 종합적인 고려요소들에 대한 판단과 연계되어 어느 정도까지 정상적인 거래조건과의 산정 및 비교가 필요

---

7) 과징금 산정의 기초가 되는 위반액 관련하여, 오씨아이 케이스에서는 상당한 규모로 거래한 행위로서 지원금액의 산출이 어렵거나 불가능한 경우에 해당하므로 지원성 거래규모의 100분의 10을, 그리고 호반건설 케이스에서는 지원금액 및 지원성거래규모를 산정하기 곤란한 경우에 해당된다고 보아 법 제24조의2(현행 제50조) 제2항 단서 규정에 따라 20억 원을 초과하지 않는 범위 내에서 과징금(정액과징금)을 부과하였다.

한지는 좀 더 케이스 축적이 있어야 될 듯하다.

Ⅳ. 관련 법원 판결례 소개

1. 대법원 2007.1.25. 선고 2004두7610 판결(3차 현대 기업집단 계열회사 등의 부당지원행위 건, 1999.10.28. 공정위 의결)

공정위는 현대투자신탁운용(주)가 3년 이상 적자로 재무구조가 열악한 상황이어서 정상적으로 제공받을 수 없는 현대투자신탁증권(주)에 대하여 현저한 규모의 자금인 1일 평잔기준 9,738억원을 2개월 가량 지속적으로 과다대출한 행위에 대하여 제재처분을 하였다.

서울고등법원은 2004.6.16. 선고 2000누4943 판결에서 원고는 "이 사건 과다대출은 투신사의 재무건전성을 회복하기 위한 방편으로 정부 당국이 허용한 연계대출로서 총 대출한도 범위 내에서 정상금리로 이루어진 것이므로 대출 규모가 현저히 과다하다고 볼 수 없다. 1999.3.경 바이코리아펀드의 수탁고 폭증으로 생긴 잉여 유동성 자금을 효과적으로 운용할 필요가 있었고, 1998.11.30. 자로 시행된 증권투자신탁업법 관련규정을 잘못 해석하여 그 한도를 일시 초과하여 대출하였으나, 곧바로 시정조치를 하였으므로 공정한 경쟁을 저해할 우려성이 없다. 또 공정거래법 시행령에서 '현저히 낮거나 높은 대가로 제공 또는 거래한 경우' 외에 '현저한 규모로 제공 또는 거래한 경우'까지 부당지원행위로 규정한 것은 공정거래법 제23조 제1항 제7호(현행 제45조 제1항 제9호)의 규제대상을 모법의 위임없이 확대한 것으로서 무효이다."라고 주장하였다.

이에 대하여 서울고등법원은 "공정거래법 시행령 소정의 '현저한 규모'는 법 제23조 제1항 제7호 소정의 '현저히 유리한 조건'의 구체화로 볼 수 있을 것이므로(대법원 2004.4.9. 선고 2001두6197 판결 등 참조), 현저한 규모로 자금을 제공하거나 거래한 경우에도 공정거래법 소정의 부당지원행위에 해당된다고 할 것이다. 다만, 이 사건 과다대출은 공정거래법 시행령 소정의 '현저한 규모의 거래'로 볼 수 없거나, 가사 그렇지 않다 하더라도, 앞서 본 지원주체와 지원객체간의 관계, 지원행위의 목적과 의도, 지원객체가 속한 시장의 구조와 특성, 지원성 거래규모와 지원행위로 인한 경제상 이익 및 지원기간, 지원행위로 인하여 지원객체가 속한 시장에서의 경쟁제한이나 경제력집중의 효과 등에 비추어 원고 현대투자신탁증권(주)이 속한 거래분야에서 공정한 경쟁을 저해할 우려가 있다고 보기 어렵다 할 것이다."라고 판결하였다.

대법원은 "거래의 조건에는 거래되는 상품 또는 역무의 품질, 내용, 규격, 거래수량, 거래 횟수, 거래시기, 운송조건, 인도조건, 결제조건, 지불조건, 보증조건 등이 포함되고 그것이 자금, 자산, 인력 거래라고 하여 달리 볼 것은 아니며, 거래규모는 거래수량에 관한 사항으로서 거래조건에 포함된다고 할 수 있고 현실적인 관점에서 경우에 따라서는 유동성의 확보 자체가 긴요한 경우가 적지 않음에 비추어 현저한 규모로 유동성을 확보할 수 있다는 것 자체가 현저히 유리한 조건의 거래가 될 수 있으므로, '현저한 규모로 제공 또는 거래하여 과다한 경제상 이익을 제공'하는 것도 법 23조 제1항 제7호 소정의 '현저히 유리한 조건의 거래'의 하나라고 볼 수 있다. 다만, 현저한 규모의 거래라 하여 바로 과다한 경제상 이익을 준 것이라고 할 수 없고 현저한 규모의 거래로 인하여 과다한 경제상 이익을 제공한 것인지 여부는 지원성 거래규모 및 급부와 반대급부의 차이, 지원행위로 인한 경제상 이익, 지원기간, 지원횟수, 지원시기, 지원행위 당시 지원객체가 처한 경제적 상황 등을 종합적으로 고려하여 구체적·개별적으로 판단하여야 할 것이다. 원심은 제반 사정을 참작하면, 이 사건 대출은 법 시행령 제36조 제1항 [별표] 제10호 소정의 '현저한 규모로 제공 또는 거래하여 과다한 경제상 이익을 제공'한 것으로 볼 수 없다는 취지로 판단하였다. 위 법리와 기록에 비추어 살펴보면, 원심의 이와 같은 판단은 정당한 것으로 수긍이 가고, 거기에 법 제23조 제1항 제7호 소정의 '현저히 유리한 조건'의 거래 등에 관한 법리오해의 위법이 있다고 할 수 없다."고 판시하였다.

2. 서울고등법원 2009.8.19. 선고 2007누30903 판결(현대자동차 기업집단 계열회사 등의 부당지원행위 건, 2007.10.24. 공정위 의결)

공정위는 "피심인들이 글로비스에 몰아준 운송물량은 피심인들의 물류비에서 차지하는 비중, 당해 시장 1위 사업자와 비교한 크기, 화물운송주선업 시장에서 차지하는 크기, 글로비스의 전체 매출액에서 차지하는 비중 등의 측면에서 현저한 규모의 거래에 해당하며, 시장가격보다 유리한 거래조건 뿐만 아니라 비경쟁적 방식에 의한 현저한 규모의 물량수주, 높은 자기자본 증가율, 매출액 증가율 및 총자본 영업이익률 등을 종합적으로 고려할 때, 글로비스는 과다한 경제상 이익을 제공받았다고 판단된다. 피심인들은 유리한 조건여부는 급부와 반대급부의 차이, 즉 정상가격과 실제거래가격의 비교를 통한 엄격한 입증이 필요한데, 도로화물운임지수 등 물가지수나 이익률을 비교기준으로 하는 것만으로는 유리한 조건여부에 대해 판단할 수 없다고 주장하나, 용역거래에 있어서는 서비스 범위, 조건 등에 따라 다양한 가격이 형성되므로 용역가격을 직접적으로 비교하기 어려운 경우에 해당하며, 따라서 매출총이익률, 도로화물운임지수 등 거래의 결과나 정황적 사실에 의해 유리한 조건여부를 판단할 필요가 있는바, 정상가격이 부재한다는 이유로 유리한 조건여부를 판단할 수 없다는 피심인들의 주장은 받아들일 수 없다."고 판단하였다.

한편 공정위는 현대자동차 및 기아자동차의 광고물량 몰아주기를 통한 이노션 지원행위에 대해서는 매체대행수수료는 매체의 종류에 따라 그 크기가 상이하다는 점을 감안할 때, 매출총이익률이 경쟁사업자에 비해 다소 높다는 사실만으로 유리한 조건으로 거래했다고 보기 곤란하고 제작부분에 한정하여 본다고 하더라도 유리한 조건으로 거래했다고 볼 증거를 발견하기 어려운 점, 또한 물류업무 등의 물량몰아주기를 통한 글로비스 지원행위와는 달리 지원객체가 얻은 경제상 이익을 다른 계열사에 재투자한 사실이 없는바, 지원의도 등 부당성을 입증할만한 근거가 미비한 점 등을 고려하여 무혐의로 판단하였다.

이에 대하여 서울고등법원은 "원고들이 '상당히 유리한 조건'으로 거래하였음은 위에서 본 바와 같고, 한편 공정거래법 및 같은 법 시행령 규정에 의하면 '부당하게 현저한 규모로 제공 또는 거래하여 과다한 경제상 이익을 제공하는 행위'도 부당지원행위에 해당함을 알 수 있으므로, 피고가 공정거래법상 지원행위가 성립하기 위한 요건인 '현저히 유리한 조건'을 마음대로 완화하여 적용하였다는 취지의 위 원고들 주장은 부당하다."고 판결하였다.

3. 대법원 2011.9.8. 선고 2009두11911 판결(한국산업은행의 부당지원행위 건, 2008.8.20. 공정위 의결)

대법원은 "법 제23조 제1항 제7호는 '현저히 유리한 조건으로 거래'하여 특수관계인 또는 다른 회사를 지원하는 행위를 지원행위로 규정하고 있고, 같은 조 제2항의 위임에 기한 법 시행령 제36조 제1항 [별표 1] 제10호는 현저히 낮거나 높은 대가로 제공 또는 거래하거나 현저한 규모로 제공 또는 거래하여 과다한 경제상 이익을 제공함으로써 특수관계인 또는 다른 회사를 지원하는 행위를 지원행위로 규정하고 있는바, 거래의 조건에는 거래되는 상품 또는 역무의 품질, 내용, 규격, 거래수량, 거래횟수, 거래시기, 운송조건, 인도조건, 결제조건, 지불조건, 보증조건 등이 포함되고 그것이 자금, 자산, 인력 거래라고 하여 달리 볼 것은 아니며, 거래규모는 거래수량에 관한 사항으로서 거래조건에 포함된다고 할 수 있고 현실적인 관점에서 경우에 따라서는 유동성의 확보 자체가 긴요한 경우가 적지 않음에 비추어 현저한 규모로 유동성을 확보할 수 있다는 것 자체가 현저히 유리한 조건의 거래가 될 수 있으므로,

'현저한 규모로 제공 또는 거래하여 과다한 경제상 이익을 제공'하는 것도 법 제23조 제1항 제7호 소정의 '현저히 유리한 조건의 거래'의 하나라고 볼 수 있을 것이지만, 현저한 규모의 거래라 하여 바로 과다한 경제상 이익을 준 것이라고 할 수 없고 현저한 규모의 거래로 인하여 과다한 경제상 이익을 제공한 것인지 여부는 지원성 거래규모 및 급부와 반대급부의 차이, 지원행위로 인한 경제상 이익, 지원기간, 지원횟수, 지원시기, 지원행위 당시 지원객체가 처한 경제적 상황 등을 종합적으로 고려하여 구체적·개별적으로 판단하여야 할 것이다 (대법원 2007.1.25. 선고 2004두7610 판결 참조). 원심판결 이유에 의하면, 원심은 그 채택 증거들을 종합하여 그 판시와 같은 사실을 인정한 다음, 이 사건 제2 내지 7 거래행위의 거래규모를 감안하더라도 이 사건 제2 내지 7 거래행위의 정상금리를 확정할 수 없는 데다가 달리이 사건 제2 내지 7 거래행위가 현저히 유리한 조건으로 거래한 것으로 볼 만한 자료가 없다는 취지로 판단하였다. 위 법리와 기록에 비추어 살펴보면, 원심의 위와 같은 판단은 정당한 것으로 수긍할 수 있고, 거기에 이 부분 상고이유 주장과 같은 법 제23조 제1항 제7호 소정의 부당지원행위의 성립요건에 관한 법리오해 등의 위법이 있다고 볼 수 없다."고 판결하였다.

4. 서울고등법원 2015.10.16. 선고 2014누5615 판결(삼양식품(주)의 부당지원행위 건, 2014.3.3. 공정위 의결)

서울고등법원은 원고의 "NB제품 공급행위 부분의 경우 내츄럴삼슘과 NB제품을 현저히 낮은 대가로 거래하거나 현저한 규모로 거래하지 않았으므로 원고의 NB제품 공급행위는 '현저히 유리한 조건의 거래'에 해당하지 않는다."는 주장 관련 거래규모가 현저한지 여부에 대하여 "거래의 조건에는 거래되는 상품 또는 역무의 품질, 내용, 규격, 거래수량, 거래횟수, 거래시기, 운송조건, 인도 조건, 결제조건, 지불조건, 보증조건 등이 포함되고 그것이 자금, 자산, 인력 거래라고 하여 달리 볼 것은 아니며, 거래규모는 거래수량에 관한 사항으로서 거래조건에 포함된다고 할 수 있고 현실적인 관점에서 경우에 따라서는 유동성의 확보 자체가 긴요한 경우가 적지 않음에 비추어 현저한 규모로 유동성을 확보할 수 있다는 것 자체가 현저히 유리한 조건의 거래가 될 수 있으므로, '현저한 규모로 제공 또는 거래하여 과다한 경제상 이익을 제공'하는 것도 공정거래법 23조 1항 7호 소정의 '현저히 유리한 조건의 거래'의 하나라고 볼 수 있을 것이지만, 현저한 규모의 거래라 하여 바로 과다한 경제상 이익을 준 것이라고 할 수 없고 현저한 규모의 거래로 인하여 과다한 경제상 이익을 제공한 것인지 여부는 지원성 거래규모 및 급부와 반대급부의 차이, 지원행위로 인한 경제상 이익, 지원기간, 지원횟수, 지원시기, 지원행위 당시 지원객체가 처한 경제적 상황 등을 종합적으로 고려하여 구체적·개별적으로 판단하여야 할 것이다(대법원 2007.1.25. 선고 2004두7610 판결 참조). 이 사건에 있어, 내츄럴삼◇이 원고로부터 공급받아 이◇트에 공급한 PB제품 및 NB제품의 매출액은 2008년부터 2012년 사이의 내츄럴삼◇의 전체 매출액의 약 60%에 이르는 사실을 인정할 수 있으나, 이러한 사정만으로 원고의 NB제품 공급행위의 규모가 현저하여 내츄럴삼◇에게 과다한 경제상 이익을 제공하였음을 인정하기 어렵다. 오히려 앞서 본 바와 같이 원고의 NB제품 공급행위에 관한 정상가격이 증명되지 않아 원고의 공급행위로 인하여 내츄럴삼◇이 과다한 경제상 이익을 얻었다고 단정하기 어렵다. 따라서 피고가 원고의 NB제품 공급행위의 거래규모가 현저하다는 이유로 원고의 위 공급행위를 현저하게 유리한 조건의 거래로서 지원행위에 해당한다고 판단한 것은 위법하고, 이를 지적하는 원고의 이 부분 주장도 이유 있다.”고 판결하였다.

이에 대하여 피고(공정위)가 상고를 제기하였으나 대법원에서 심리불속행으로 상고가 기각되었다(대법원 2016.3.10. 선고 2015두56571 판결).

5. 서울고등법원 2021.7.22. 선고 2018누64353 판결(엘에스 기업집단 계열회사의 부당한 지원행위 건, 2018.8.22. 공정위 의결)

공정위는 ① 현저한 규모의 거래, ② 실제 거래가격과 정상적인 거래가격 간 차이, ③ 과다한 경제상 이익의 제공 여부 등을 판단하여 엘에스동제련은 현저한 규모의 물량을 거래하여 계열회사에게 과다한 경제상 이익을 제공한 것으로 인정된다고 판단하였다.

서울고등법원은 원고의 지원행위가 부당한 지원행위에 해당하는지 여부에 대하여 “거래의 조건에는 거래되는 상품 또는 역무의 품질, 내용, 규격, 거래수량, 거래횟수, 거래시기, 운송조건, 인도조건, 결제조건, 지불조건, 보증조건 등이 포함되고, 그것이 자금, 자산, 인력 거래라고 하여 달리 볼 것은 아니며, 거래규모는 거래수량에 관한 사항으로서 거래조건에 포함된다고 할 수 있고, 현실적인 관점에서 경우에 따라서는 유동성의 확보 자체가 긴요한 경우가 적지 않음에 비추어 현저한 규모로 유동성을 확보할 수 있다는 것 자체가 현저히 유리한 조건의 거래가 될 수 있으므로 ‘현저한 규모로 제공 또는 거래하여 과다한 경제상 이익을 제공’하는 것도 법 제23조 제1항 제7호 소정의 ‘현저히 유리한 조건의 거래’의 하나라고 볼 수 있을 것이지만, 현저한 규모의 거래라 하여 바로 과다한 경제상 이익을 준 것이라고 할 수 없고 현저한 규모의 거래로 인하여 과다한 경제상 이익을 제공한 것인지 여부는 지원성 거래규모 및 급부와 반대급부의 차이, 지원행위로 인한 경제상 이익, 지원기간, 지원횟수, 지원시기, 지원행위 당시 지원객체가 처한 경제적 상황 등을 종합적으로 고려하여 구체적·개별적으로 판단하여야 할 것이다(대법원 2007.1.25. 선고 2004두7610 판결, 대법원 2012.10.25. 선고 2009두15494 판결 등 참조). 앞서 든 증거 및 인정사실, 변론 전체의 취지에 의하여 인정할 수 있는 사실 및 사정을 종합하면, 이 사건 국산 전기동 거래는 현저한 규모의 거래로서, 원고 엘에스동제련이 원고 엘에스글로벌에게 과다한 경제상의 이익을 제공한 부당지원행위로 봄이 타당하다."고 판결하였다.

다만 서울고등법원은 정상가격 산정의 적법 여부 관련하여 피고(공정위)가 산정한 최종 정상가격이 타당하다고 볼 수 없다고 하면서 시정명령은 적법하나, 반면에 이를 근거로 하여 원고들에게 부과된 각 과징금납부명령은 위법하므로 취소되어야 한다고 판결하였다. 즉 서울고등법원은 정상가격 산정에 관한 법리로 "그 정상가격이 시정명령이나 과징금부과 등 제재적 행정처분의 근거가 된다는 점이나 공정거래법이 부당지원을 금지하는 취지 등을 고려할 때, 당해 거래 당시의 실제 사례를 찾을 수 없어 부득이 여러 가지 간접적인 자료에 의해 정상가격을 추단할 수밖에 없는 경우에는, 통상의 거래당사자가 당해 거래 당시의 일반적인 경제 및 경영상황과 장래 예측의 불확실성까지도 모두 고려하여 보편적으로 선택하였으리라고 보이는 현실적인 가격을 규명하여야 할 것이고, 단순히 제반 상황을 사후적, 회고적인 시각으로 판단하여 거래 당시에 기대할 수 있었던 최선의 가격 또는 당해 거래가격보다 더 나은 가격으로 거래할 수도 있었을 것이라 하여 가벼이 이를 기준으로 정상가격을 추단하여서는 아니 될 것이며, 정상가격에 대한 증명책임은 어디까지나 피고에게 있다(대법원 2008.2.14. 선고 2007두1446, 대법원 2014.11.13. 선고 2009두20366 판결 참조). 또한 공정거래위원회가 당해 거래와 동일한 실제 사례를 찾을 수 없어 부득이 유사한 사례에 의해 정상가격을 추단할 수밖에 없는 경우에는, 먼저 당해 거래와 비교하기에 적합한 유사한 사례를 선정하고 나아가 그 사례와 당해 거래 사이에 가격에 영향을 미칠 수 있는 거래조건 등의 차이가 존재하는지를 살펴 차이가 있다면 이를 합리적으로 조정하는 과정을 거쳐 정상가격을 추단하여야 한다(대법원 2015.1.29. 선고 2014두36112 판결 참조)."고 설시하였다. 그리고 이러한 법리에 따라 피고(공정위)의 구체적 산정방법 및 경제분석 결과를 일일이 검토한 다음에 피고가 산출한 정상가격이 타당하다고 볼 수 없다고 결론지었다.[8]

---

8) 정상가격의 산정이 적법하지 않다면 지원행위 자체가 성립하지 않는다고 볼 수도 있는바 현재 계류중인 대법원 상고심의 최종결과를 지켜보아야 될 듯하다.

6. 대법원 2022.9.16. 선고 2019도19067 판결

대법원은 "다음과 같은 사정을 앞서 본 법리에 비추어 살펴보면, 피고인 1의 이 사건 지원행위는 '현저한 규모로 거래하여 과다한 경제상 이익을 제공함으로써 특수관계인 또는 다른 회사를 지원하는 행위'로서 구 공정거래법 제23조 제1항 제7호에서 금지하는 부당지원행위의 행위 요건을 충족한다고 봄이 타당하다. ① 매일유업 등이 피고인 엠피그룹과 직접 거래하는지 씨케이푸드, 장안유업을 거쳐서 거래하는지에 관계없이 매일유업 등의 치즈 판매가격은 동일한 것으로 보인다. 그렇다면 피고인 엠피그룹이 씨케이푸드, 장안유업을 배제한 채 매일유업 등과 직거래를 했을 경우 형성되었을 가격을 이 사건 지원행위와 관련한 정상가격으로 추단할 수 있는바, 피고인 엠피그룹은 씨케이푸드, 장안유업에 치즈 납품대금으로 위와 같이 매일유업 등과 직거래를 했을 경우 형성되었을 가격보다 높은 가격을 지급하였다. ② 피고인 엠피그룹은 매일유업 등으로부터 직접 치즈를 공급받을 수 있었음에도 불구하고 거래상 실질적인 역할이 없는 씨케이푸드, 장안유업을 거쳐서 공급받았다. 이 사건 지원행위로 인하여 씨케이푸드는 합계 약 47억 원, 장안유업은 합계 약 9억 원에 이르는 유통이익을 얻었다. 또한 피고인 엠피그룹은 씨케이푸드에 이 사건 지원행위로 인한 치즈 납품대금으로 2005.11. 무렵부터 2016.4. 무렵까지 약 10년 5개월 동안 합계 약 1,021억 원을 지급하였는데, 이는 같은 기간 동안 씨케이푸드 매출액의 대부분을 차지한 것으로 보인다. 피고인 엠피그룹은 장안유업에 이 사건 지원행위로 인한 치즈 납품대금으로 2014.1. 무렵부터 2016.10. 무렵까지 약 2년 9개월 동안 합계 약 177억 원을 지급하였는데, 이 사건 지원행위가 이루어기 이전인 2013년도와 비교하여 볼 때 2014년도 및 2015년도의 매출액은 약 1.6~1.8배, 영업이익은 약 1.6배, 당기순이익은 약 7.7~9배 증가하였다. ③ 설령 지원객체인 씨케이푸드 및 장안유업이 속한 시장에서 이 사건 지원행위가 차지하는 비중이 크지 않다고 하더라도, 그것만으로 곧바로 이 사건 지원행위가 '현저한 규모의 거래'에 해당하지 않는다고 단정할 것은 아니다. 왜냐하면, 부당지원행위를 금지하는 규정의 입법 취지는, 경제력 집중을 방지함과 아울러 효율성이 낮은 부실기업이나 한계기업을 존속케 함으로써 당해 시장에서 경쟁자를 부당하게 배제하거나 잠재적 경쟁자의 신규 시장진입을 억제하는 등으로 공정한 거래질서를 저해하는 것을 막고자 하는 데에 있다. 따라서 앞서 본 사정에 비추어 이 사건 지원행위의 거래물량만으로도 지원객체인 씨케이푸드 및 장안유업의 사업개시 또는 사업유지를 위한 최소한의 물량을 초과할 정도의 거래규모가 확보되어 지원객체의 사업위험이 제거되었다고 볼 수 있는 이상, 이 사건 지원행위는 '현저한 규모의 거래'에 해당한다. 그런데도 이와 다른 전제에서 이 부분 공소사실을 모두 무죄로 판단한 원심판결에는 부당지원행위의 '현저한 규모의 거래'에 관한 법리를 오해하는 등으로 판결 결과에 영향을 미친 잘못이 있다. 이 점을 지적하는 검사의 상고이유는 이유 있다. 그러므로 원심판결 중 이 부분을 파기하고 다시 심리·판단하도록 원심법원에 환송한다."고 판결하였다.

특수관계인에 대한 부당이익제공행위의 부당성에 관한 법리

I. 개요

법 제47조(특수관계인에 대한 부당한 이익제공 등 금지) 제1항은 "공시대상기업집단(동일인이 자연인인 기업집단으로 한정한다)에 속하는 국내 회사는 특수관계인(동일인 및 그 친족에 한정한다. 이하 이 조에서 같다), 동일인이 단독으로 또는 다른 특수관계인과 합하여 발행주식총수의 100분의 20 이상의 주식을 소유한 국내 계열회사 또는 그 계열회사가 단독으로 발행주식총수의 100분의 50을 초과하는 주식을 소유한 국내 계열회사와 다음 각 호의 어느 하나에 해당하는 행위를 통하여 특수관계인에게 부당한 이익을 귀속시키는 행위를 하여서는 아니 된다."라고 규정하고 있다.

법 제45조(불공정거래행위의 금지) 제1항 제9호에 의하여 규제되는 기존의 부당지원행위는 "공정한 거래를 해칠 우려"라는 소위 "공정거래저해성"을 부당성 요건으로 하고 있어서 앞의 이슈 25(부당지원행위의 위법성 요건 중 '부당성' 요건)에서 살펴본 것처럼 사업자가 아닌 특수관계인 개인을 지원하는 경우에는 사실상 공정거래저해성을 입증하는 것이 곤란함에 따라 공정한 거래를 저해하는지 여부가 아닌 "특수관계인에게 부당한 이익을 제공"하였는지 여부를 기준으로 위법성을 판단하는 규정을 2013.8.13. 법개정(공포 후 6개월이 경과한 날인 2014.2.14. 시행)을 통하여 신설하였다. 신설조항(법 제47조 제1항)은 법 제45조와는 별도의 조문으로 총수일가에게 부당한 이익 제공금지를 명시하고 제5장의 제목도 불공정거래행위의 금지에서 불공정거래행위 및 특수관계인에 대한 부당한 이익제공의 금지로 수정하였다.[1]

특수관계인에 대한 부당이익제공 금지제도는 부당지원행위와는 달리 제공주체를 일정한 규모 이상의 대기업집단 소속 국내 계열회사로 한정하고, 제공객체를 해당 대기업집단의 특수관계인(동일인 및 그 친족 즉 총수일가로 한정) 또는 동일인 등이 일정한 비율 이상의 지분을 보유한 국내 계열회사 및 그 자회사로 한정하고 있다. 그리고 이익제공행위의 유형으로 상당히 유리한 조건의 거래, 사업기회 제공, 상당히 유리한 조건의 현금 및 금융상품 거래, 합

---

1) 2020.12.29. 공정거래법 전부개정으로 현재 제6장 불공정거래행위, 재판매가격유지행위 및 특수관계인에 대한 부당한 이익제공의 금지로 되어 있다.

리적 고려나 비교 없는 상당한 규모의 거래 등 네 가지를 열거하고 있다.

당시 공정위는 법 개정을 통해 그동안 규제의 사각지대에 있던 일감몰아주기를 통한 부당한 부의 이전 등을 차단할 수 있을 것으로 기대한다고 밝혔다. 또 총수일가 개인에 대한 지원도 제재 가능하고, 정상가격 산정이 곤란한 분야에서의 일감몰아주기에도 기업이 거래상대방 선정 시 사업능력·재무상태 등을 합리적으로 비교·평가하지 않고 총수일가 지분 보유 회사에 몰아주는 경우를 제재하는 한편, 총수일가가 회사에 이익이 될 사업기회를 가로채는 등의 행위도 규제가 가능하게 되었음을 법 개정의 의의로 제시하였다.[2]

Ⅱ. 공정위의 부당성에 대한 입장

공정위 예규인 "특수관계인에 대한 부당한 이익제공행위 심사지침"에서 부당성 판단기준 관련하여 기본적인 입장을 제시하고 있으며(심사지침 Ⅴ. 참조), 2023.5.22. 심사지침을 개정·시행하여 2022년에 나온 일련의 대법원 판결을 그대로 반영하여 부당한 이익의 부당성 판단기준을 구체화하였다. 심사지침은 이익제공행위를 통하여 특수관계인에게 직접 또는 간접으로 부당한 이익이 귀속되었는지 여부를 기준으로 부당성을 판단한다고 규정하고 있다. 그리고 '부당한 이익'인지 여부는 "제공주체와 제공객체 및 특수관계인의 관계, 행위의 목적과 의도, 행위의 경위와 그 당시 제공객체가 처한 경제적 상황, 거래의 규모, 특수관계인에게 귀속되는 이익의 규모, 이익제공행위의 기간 등을 종합적으로 고려하여, 변칙적인 부의 이전 등을 통하여 대기업집단의 특수관계인을 중심으로 경제력 집중이 유지·심화될 우려가 있는지 여부에 따라 판단한다."고 규정하고 있다. 또 법 제45조 제1항 제9호의 부당한 지원행위의 경우 별도로 공정거래저해성 요건을 입증하여야 하는 것과 달리, 특수관계인에 대한 부당한 이익제공행위는 이익제공행위를 통하여 그 제공객체가 속한 시장에서 경쟁이 제한되거나 경제력이 집중되는 등으로 공정한 거래를 저해할 우려가 있을 것까지 요구하는 것은 아니다라고 규정하고 있다.

공정위 심결사례들을 살펴 보면 초기에는 ① 행위의 양 당사자가 규율대상 요건에 해당, ② 행위주체가 법에서 규정하는 행위를 하여야 하며, 이러한 거래행위를 통해 발생한 이익은 '부당한 이익'으로 위 두 가지 요건을 충족할 경우 특수관계인에게 부당한 이익을 제공한 행위에 해당된다는 단순한 입장을 제시하고 있다(2017.1.10. 의결 기업집단 한진 소속 계열사들의 부당지원행위 및 특수관계인에 대한 부당이익제공행위 건, 2018.3.26. 의결 기업집단 하이트진로

---

2) 공정위 보도참고자료, '공정거래법 개정안 국회 본회의 통과', 2013.7.2. 참조.

(주) 및 삼광글라스(주)의 부당한 지원행위 등 건 참조). 그러나 2017.9.1. 서울고등법원의 한진 건에 대한 판결 이후 2018.5.21. 기업집단 효성 계열사들의 특수관계인에 대한 부당이익제 공행위 및 부당지원행위 건부터 경제력 집중 우려는 위법성 요건이 아니라는 입장은 유지하 면서도 특수관계인에게 귀속되는 이익이 상당하다는 점, 나아가서 경제력 집중의 우려도 존 재한다는 점까지 함께 구체적으로 입증하는 노력을 보여왔다.

공정위는 2018.5.21. 기업집단 효성 케이스에서 "법 제23조의2(현행 제47조) 제1항 제1호 의 부당한 이익제공 행위는 행위자가 상당히 유리한 조건으로 거래행위를 하여야 하고, 이 를 통해 특수관계인에게 부당한 이익이 귀속되어야 성립한다. 위법성 판단기준에서 공정거 래저해성을 배제한다는 것이 입법자의 명시적 의사라는 점, 법 제23조의2(현행 제47조)에서 문제되는 부당성은 법 제23조(현행 제45조)에서 말하는 '행위의 부당성'이 아니라 '이익의 부 당성'임이 법문상 명백하다는 점 등을 종합적으로 고려하면, 여기서의 부당성은 경쟁저해성 이나 공정거래저해성을 의미하는 것으로 해석할 수 없을 뿐만 아니라 경제력 집중이 발생할 우려가 있는지 여부의 의미로 해석할 수도 없다. 법문상 법 제23조의2는 '특수관계인에게 귀 속되는 이익이 부당'한지 여부를 검토하도록 하고 있으므로, 여기서의 부당성은 이익 자체가 부당한지 여부에 초점이 맞추어져야 한다. 결국 법 제23조의2에서 말하는 부당성은 합리적 이유가 없음에도 불구하고 특수관계인에게 이익이 귀속되었고, 이렇게 귀속된 이익의 규모 가 미미한 수준이 아니라면 인정될 수 있는 개념으로 파악하면 족할 것이다. 특수관계인에 게 귀속되는 이익이 없거나 지나치게 과소한 경우까지 금지하게 된다면 헌법상 요구되는 (협의의)비례의 원칙에 반할 수 있기 때문이다."는 구체적이고 상세한 법리를 제시하였다. 그 리고 특수관계인에게 귀속된 이익이 부당한지 여부 판단에 들어가서는 이 사건 행위의 목 적, 행위 당시 제공주체 및 객체인 효성투자개발 및 GE의 경제적 상황, 특수관계인에게 귀 속된 이익의 규모 등을 검토하여 판단하였다. 한편 당시 대법원에 계류 중인 "기업집단 한진 소속 계열사들의 부당지원행위 및 특수관계인에 대한 부당이익제공행위 건(2017.1.10. 공정위 의결, 2017.9.1. 서울고등법원 선고 2017누36153 판결)을 고려하여 경제력 집중 우려도 함께 판 단하였다. 즉 "법 제23조의2 제1항의 이익의 부당성이 경제력 집중 우려를 의미하는 것은 아닌 것으로 판단되나, 다음과 같은 점에서 효성투자개발의 이 사건 TRS 거래는 경제력 집 중의 우려도 발생시킨 것으로 볼 수 있다. ① GE의 경우 이 사건 거래를 통해 250억 원에 달하는 대규모 자금이 조달되고 회계상 자본이 증가되었음에도 GE에 대한 조**의 직·간접 지분율은 그대로 유지되었다는 점에서 기존의 소유집중이 유지된 것으로 볼 수 있고, 조** 은 기업집단 「효성」의 경영권 승계 과정에 있던 자로 GE의 존립 및 안정적인 운영이 매우 중요한 상황이었는데, GE가 이 사건 거래를 통해 퇴출을 모면함으로써 조**의 경영능력 및 평판을 유지하였다는 점에서도 이 사건 거래를 통해 소유집중이 발생할 우려가 있다. ② 또한, 이 사건 행위는 사실상 당연위법으로 금지하고 있는 계열사의 채무보증의 탈법적인 수단으로서 행위 자체로 여신 집중 및 동반부실화의 위험을 초래하므로 일반집중의 우려가 있다. ③ 나아가, 중소기업 우위시장인 LED 조명 시장에서 이 사건 거래를 통해 GE의 퇴출이 저지되고, 매출액이 유지 또는 증가(LED 방폭등 시장에서의 GE 매출액 2014년 기준 1,677백만 원, 2015년 기준 1,898백만 원, 2016년 기준 1,398백만 원이다.)된 것은 중소기업의 경쟁기회를 실질적으로 제한함으로써 시장집중이 발생할 우려가 있다.”고 판단하였다(2019.8.23. 기업집단 태광 소속 계열사들의 특수관계인에 대한 부당이익제공행위 건, 2019.9.9. 기업집단 대림 소속 계열사들의 특수관계인에 대한 부당한 이익제공행위 건, 2020.9.18. 기업집단 미래에셋 소속 계열사들의 특수관계인에 대한 부당한 이익제공행위 건, 2020.11.6. 기업집단 금호아시아나 계열사들의 특수관계인에 대한 부당이익제공행위 및 부당지원행위 건, 2022.1.27. 기업집단 하림 소속 계열회사들의 부당지원행위 등 건 등 참조).

한편 공정위는 법원의 위법성 요건 판단과 관련된 판결들 중에서 공정위의 법집행을 쉽게 해주는 설시내용을 어떤 형태로든 활용, 강조하였다. '법 문언상으로는 경제력집중의 발생 가능성을 그 필수적 요건으로 보기 어렵다'는 설시를 하고 있는 2022.2.17. 서울고등법원의 태광 케이스 판결(서울고등법원 2022.2.17. 선고 2019누58706 판결)이 나온 직후인 2022.3.16. 공정위의 에스케이(주)의 특수관계인에 대한 부당한 이익제공행위 건을 그 예로 살펴본다. 의결서를 보면 다른 심결사례들과 마찬가지로 특수관계인에게 부당한 이익이 귀속되었는지 여부에 대하여 구체적인 판단을 하고 있으며, '특수관계인에게 귀속되는 이익이 부당한지 여부' 관련하여 행위의 목적, 귀속되는 이익의 규모 등과 함께 소유집중 등 경제력집중의 발생 우려도 판단하였다. 다만 의결서 각주에서 법원의 판결들을 인용하고 있는바, “① 법 제23조의2 성립을 위한 위법성 판단기준에서 공정거래저해성을 배제한다는 것이 입법자의 명시적 의사라는 점, ② 법 제23조의2에서 문제되는 부당성은 법 제23조에서 말하는 '행위의 부당성'이 아니라 '이익의 부당성'임이 법문상 명백하다는 점 등을 종합적으로 고려하면, 여기서의 부당성은 이익 자체가 부당한지 여부에 초점이 맞추어져야 한다. 결국 법 제23조의2에서 말하는 부당성은 합리적 이유가 없음에도 불구하고 특수관계인에게 이익이 귀속되었고, 이렇게 귀속된 이익의 규모가 미미한 수준이 아니라면 인정될 수 있는 개념으로 파악하면 될 것이다. 최근 서울고등법원도 '기업집단 효성 소속 계열회사들의 특수관계인에 대한 부당이익제공행위 및 부당지원행위에 대한 건' 관련 판결에서 법 제23조의2 제1항에서 문제되는 이익의 부당성에서 '부당'이라는 개념은 특수관계인에게 귀속되는 이익의 허용 여부에 대한 규범적 가치판단을 가능하게 하는 기능을 수행한다는 점에서 특수관계인에게 귀속되는 이익의 부당성은 특수관계인에 대한 이익의 귀속에 합리적인 이유가 있는지 여부를 기준으로 판단되어야 한다고 판시하였다. 즉, '특수관계인에게 부당한 이익을 귀속시키는 행위'인지 여부는 지원주체 및 지원객체와 특수관계인과의 관계, 거래 당시 지원객체가 처한 경제적 상황, 거래의 경위, 거래의 목적과 의도, 거래의 규모, 특수관계인에게 귀속되는 이익의 규모 등을 종합적으로 고려하여 특수관계인에 대한 이익의 귀속에 합리적인 이유가 있는지를 기준으로 판단되어야 한다고 한 것이다(서울고등법원 2021.1.28. 선고 2018누52497 판결 참조). 나아가 '기업집단 태광 소속 계열회사들의 특수관계인에 대한 부당이익제공행위에 대한 건' 관련 판결에서는 공정거래법 제23조의2 제1항 제1호 및 제4호의 문언상 '경제력 집중이 발생할 가능성'을 그 요건으로 하고 있지 않음에도 그것이 위 조항 해당여부를 판단함에 있어 필수적 요건으로 보기는 어렵다고도 판시하였다(서울고등법원 2022.2.17. 선고 2019누58706 판결 참조)."고 명기하고 있다.3)

한편 2022년 들어 대법원 2022.5.12. 선고 2017두63993 판결, 대법원 2022.5.26. 선고 2020두36267 판결, 2022.11.10. 선고 2021두35759 판결 등 특수관계인에 대한 부당이익제공행위에 대한 3건의 대법원 판결이 내려진 이후 공정위 의결 케이스인 "기업집단 한국타이어 소속 계열회사들의 부당지원행위 및 특수관계인에 대한 부당이익제공행위 건(2023.2.24. 의결)"에서 부당성 판단 부분을 보면 대법원의 판시내용을 그대로 관련 법리로 제시하고 있다. 즉 "행위자가 상당히 유리한 조건으로 거래행위를 하여 ㉠ 합리적 이유가 없음에도 불구하고 특수관계인에게 이익이 귀속되었고, ㉡ 귀속된 이익의 규모가 미미한 수준이 아니며, ㉢ 해당 거래행위를 통해 소유 집중이 발생할 우려가 있는 경우에는 특수관계인에게 귀속된 이익을 부당한 이익으로 평가할 수 있다. 한편, 특수관계인에 대한 부당한 이익제공행위에서의 '부당성'이란 이익제공행위를 통하여 그 행위객체가 속한 시장에서 경쟁이 제한되거나 경제력이 집중되는 등 공정한 거래를 저해할 우려가 있을 것까지 요구하는 것은 아니고, 행위주체와 행위객체 및 특수관계인의 관계, 행위의 목적과 의도, 행위의 경위와 그 당시 행위객체가 처한 경제적 상황, 거래의 규모, 특수관계인에게 귀속되는 이익의 규모, 이익제공행위의 기간 등을 종합적으로 고려하여, 변칙적인 부의 이전 등을 통하여 대기업집단의 특수관계인을 중심으로 경제력 집중이 유지·심화될 우려가 있는지에 따라 판단하여야 한다(대법원 2022.5.26. 선고 2020두36267 판결, 대법원 2022.5.12. 선고 2017두63993 판결 등 참조)."고 하고

---

3) 익견서 53~54면, 각주 130) 참조.

있다.[4]

그리고 공정위는 기업집단 호반건설 소속 계열회사들의 부당지원행위 등 건(2023.8.22. 의결)에서도 "공정거래법 제23조의2 제1항 제2호에서 금지하는 특수관계인에 대한 부당한 이익제공행위에 해당하려면, 제2호의 행위에 해당하는지 여부와는 별도로 그 행위를 통하여 특수관계인에게 귀속된 이익이 '부당'한지에 대한 규범적 평가가 아울러 이루어져야 한다. 여기에서 말하는 '부당성'이란, 이익제공행위를 통하여 그 행위객체가 속한 시장에서 경쟁이 제한되거나 경제력이 집중되는 등으로 공정한 거래를 저해할 우려가 있을 것까지 요구하는 것은 아니고, 행위주체와 행위객체 및 특수관계인의 관계, 행위의 목적과 의도, 행위의 경위와 그 당시 행위객체가 처한 경제적 상황, 거래의 규모, 특수관계인에게 귀속되는 이익의 규모, 이익제공행위의 기간 등을 종합적으로 고려하여, 변칙적인 부의 이전 등을 통하여 대기업집단의 특수관계인을 중심으로 경제력 집중이 유지·심화될 우려가 있는지 여부에 따라 판단하여야 한다(대법원 2022.5.12. 선고 2017두63993 판결 참조)."고 하였다.[5]

Ⅲ. 법원의 부당성에 대한 입장

1. 서울고등법원 판결례 분석

특수관계인에 대한 부당이익제공행위의 부당성 판단 관련하여 아래 서울고등법원의 판결들을 살펴보면 법 제45조 제1항 제9호의 부당한 지원행위의 요건인 공정거래저해성까지는 필요하지 않다는 입장은 공정위와 동일하지만, '경제력집중의 맥락에서 조명', 법조문의 문언 내용대로 '특수관계인에게 부당한 이익을 제공했는지 여부', '특수관계인에 대한 이익의 귀속에 합리적인 이유가 있는지 여부', '법 문언상 경제력 집중이 발생할 가능성을 필수적 요건으로 보기는 어렵다' 등 다양하게 설시하고 있다.

최초 케이스에 해당하는 기업집단 한진 케이스 관련 2017.9.1. 서울고등법원은 선고 2017누36153 판결(기업집단 한진 소속 계열회사들의 부당지원행위 및 특수관계인에 대한 부당이익제공행위 건, 2017.1.10. 공정위 의결)에서 공정위의 처분을 모두 취소하였다. 그리고 법 제47조 제1항의 '부당성' 요건에 관한 해석에서 입법과정, 최종적인 법률의 문언내용, 입법취지 및 입법목적 등에 비추어 보면, 법에서 정한 행위의 충족 여부와는 별도로 그러한 행위가 특수관

---

4) 의결서 112~113면 참조.
5) 의결서 114면 참조.

계인에게 "부당한 이익"을 귀속시키는 것인지 여부에 대한 규범적 평가가 아울러 이루어져야 한다고 하면서, 이를 판단하기 위해서는 행위의 목적, 행위 당시 행위주체·객체들이 처한 경제적 상황, 귀속되는 이익의 규모 등을 종합적으로 고려하여 사익 편취를 통한 경제력 집중이 발생할 우려가 있는지를 구체적·개별적으로 판단하여야 할 것이라고 판결하였다. 그리고 법 제47조 제1항 제1호의 "정상적인 거래에서 적용되거나 적용될 것으로 판단되는 조건보다 상당히 유리한 조건으로 거래하는 행위"에 해당하는지 여부를 판단하는 데에는 "정상가격"이 요건의 충족 여부를 결정하는 잣대가 되므로, 법 제45조 제1항 제9호의 정상가격에 관한 해석론을 참작하되 공정거래저해성이 아니라 경제력 집중의 맥락에서 이를 조명하여야 할 것"이라고 판시하였다.

2020.2.12. 서울고등법원은 기업집단 하이트진로 케이스 관련 선고 2018누44595 판결(하이트진로(주) 및 삼광글라스(주)의 부당한 지원행위 등 건, 2018.3.26. 공정위 의결)에 대한 건에서 법 제47조 제1항은 재벌 일가의 사익편취행위에 대한 규제상의 난점을 해소하기 위해 수범자를 일정 규모 이상의 대기업집단 소속 특수관계인 사이의 거래로 좁게 한정했고 법 제45조에서는 공정한 거래를 저해할 우려가 있는 행위가 필요한 것과 별개의 조항으로 신설했으며, 공정한 거래를 저해하는지가 아니라 특수관계인에게 부당한 이익을 제공했는지를 위법성 판단의 기준으로 금지규정을 신설하는 것이 입법취지라고 하면서, 당해 행위의 지원금액을 행위객체의 당기순이익과 비교해서 "특수관계인에게 부당한 이익을 귀속시키는 행위"에 해당한다고 간략하게 판결하였다.

2021.1.28. 서울고등법원은 기업집단 효성 케이스에 있어서 선고 2018누52497 판결(기업집단「효성」소속 계열회사들의 특수관계인에 대한 부당이익 제공행위 및 부당지원행위 건, 2018.5.21. 공정위 의결)을 통해 법 제47조의 도입경위, 입법목적, 규정 형식과 내용, 법 제1조의 목적조항과의 관계 등을 종합적으로 고려하여 보면, 법 제47조는 대기업집단 총수 일가의 사익편취행위의 금지를 통해 경제력집중을 억제하기 위한 취지에서 도입된 규정으로 볼 수 있고, '특수관계인에게 부당한 이익을 귀속시키는 행위'에 대한 규범적 평가가 해석상 중요한 사항의 하나라고 하면서, 법 제45조 제1항 제9호의 경우 지원행위의 부당성이 문제되는 것임에 반하여 법 제47조 제1항은 이익의 부당성이 문제되는 것이어서 이를 법 제45조 제1항 제9호의 위법성 판단기준과 동일한 평면에서 논의할 수는 없다고 판결하였다. 또 부당이라는 개념은 특수관계인에게 귀속되는 이익의 허용 여부에 대한 규범적 가치판단을 가능하게 하는 기능을 수행한다는 점에서 특수관계인에게 귀속되는 이익의 부당성은 특수관계인에 대한 이익의 귀속에 합리적인 이유가 있는지 여부를 기준으로 판단되어야 할 것이라 하면서,

아울러 이를 판단함에 있어서 특수관계인에게 귀속되는 이익이 거의 없거나 과소하다고 평가될 수 있는 정도까지 부당한 이익으로 평가하는 것은 과잉금지의 원칙에 위배될 소지가 있다는 점에서 부당한 이익을 판단함에 있어서 이익의 규모도 고려되어야 할 것이라고 판시하였다. 그리고 법 제47조의 입법취지 및 목적, 규정체계, 법문의 내용, 법 제1조와의 관계 등에 비추어 보면 '특수관계인에게 부당한 이익을 귀속시키는 행위'인지 여부는 지원주체 및 지원객체와 특수관계인의 관계, 거래 당시 지원객체가 처한 경제적 상황, 거래의 경위, 거래의 목적과 의도, 거래의 규모, 특수관계인에게 귀속되는 이익의 규모 등을 종합적으로 고려하여 특수관계인에 대한 이익의 귀속에 합리적인 이유가 있는지를 기준으로 판단되어야 한다고 하였다.

2022.2.17. 서울고등법원은 기업집단 태광 케이스 관련 선고 2019누58706 판결(기업집단 태광 소속 계열회사들의 특수관계인에 대한 부당한 이익제공행위 건, 2019.8.23. 공정위 의결)에서 "원고들은 이 사건 와인거래를 통하여 귀속되는 이익의 규모가 극히 미미하여 특수관계인에게 '경제력 집중'이 발생할 가능성이 있다고 인정되지 않는 이상, '특수관계인에게 부당한 이익이 귀속'된 경우에 해당하지 않는다고 주장한다. 그러나 앞서 이 사건 김치거래에서 살펴본 바와 마찬가지로, 공정거래법 제23조의2 제1항 제4호의 문언상 '경제력 집중이 발생할 가능성'을 필수적 요건으로 보기는 어렵다. 더구나 앞서 살핀 바와 같이 이 사건 와인거래를 통하여 특수관계인들에게 귀속되는 이익의 규모가 미미하다고 할 수도 없다. 원고들의 위 주장은 받아들이지 않는다."고 판시하였다.

다만 2022년 들어 대법원 2022.5.12. 선고 2017두63993 판결(기업집단 한진 케이스), 대법원 2022.5.26. 선고 2020두36267 판결(기업집단 하이트진로 케이스) 등 연이은 2개의 대법원 판결에서 법 제47조 제1항의 특수관계인에 대한 부당한 이익제공행위의 부당성 관련하여 법 제45조의 공정거래저해성까지 요구되는 것은 아니지만 특수관계인을 중심으로 경제력집중 여부를 판단해야 된다는 법리를 명확하게 제시하고 구체적인 판단 요소를 제시하였다.

2. 대법원 판결례 분석

가. 개요

대법원은 2017.9.1. 기업집단 한진 케이스에 대한 서울고등법원 판결이 나온지 근 5년(4년 5개월)만인 2022.5.12. 선고 2017두63993 판결을 통해 "공정거래법 제23조의2(현행 제47조)의 규정 내용, 입법 경위 및 입법 취지 등을 고려하면, 공정거래법 제23조의2 제1항 제1호에서 금지하는 특수관계인에 대한 부당한 이익제공행위에 해당하려면, 제1호의 행위에 해당하는지 여부와는 별도로 그 행위를 통하여 특수관계인에게 귀속된 이익이 '부당'한지에 대한 규범적 평가가 아울러 이루어져야 한다. 여기에서 말하는 '부당성'이란 이익제공행위를 통하여 그 행위객체가 속한 시장에서 경쟁이 제한되거나 경제력이 집중되는 등으로 공정한 거래를 저해할 우려가 있을 것까지 요구되는 것은 아니고, 행위주체와 행위객체 및 특수관계인의 관계, 행위의 목적과 의도, 행위의 경위와 그 당시 행위객체가 처한 경제적 상황, 거래의 규모, 특수관계인에게 귀속되는 이익의 규모, 이익제공행위의 기간 등을 종합적으로 고려하여, 변칙적인 부의 이전 등을 통하여 대기업집단의 특수관계인을 중심으로 경제력 집중이 유지·심화될 우려가 있는지 여부에 따라 판단하여야 한다. 이와 같이 특수관계인에게 귀속된 이익이 '부당'하다는 점은 시정명령 등 처분의 적법성을 주장하는 피고가 증명하여야 한다."는 법리를 제시하였다. 그리고 문제가 된 4개 행위 모두에 대하여 원심의 판단은 정당하고, 거기에 부당성, 정상가격에 관한 법리 등을 오해하여 판결에 영향을 미친 잘못이 없다고 판결하였다.

또 대법원은 바로 이어서 2022.5.26. 기업집단 하이트진로 케이스 관련 선고 2020두36267 판결에서 위 한진 대법원 판결을 참조판례로 하면서 동일한 법리를 확인하였다. 그리고 대법원은 2022.11.10. 기업집단 효성 케이스인 선고 2021두35759 판결, 2023.3.16. 기업집단 태광 케이스인 선고 2022두38113 판결에서 다시 2022.5.12. 선고 2017두63993 판결(기업집단 한진 케이스)을 참조판례로 하면서 재확인하였다.

나. '부당성' 관련 한진 케이스 판결의 설시 법리

대법원은 2022.5.12. 선고 2017두63993 판결에서 "공정거래법 제23조의2(현행 제47조)의 규정 내용, 입법 경위 및 입법 취지 등을 고려하면, 공정거래법 제23조의2 제1항 제1호에서 금지하는 특수관계인에 대한 부당한 이익제공행위에 해당하려면, 제1호의 행위에 해당하는지 여부와는 별도로 그 행위를 통하여 특수관계인에게 귀속된 이익이 '부당'한지에 대한 규범적 평가가 아울러 이루어져야 한다. 여기에서 말하는 '부당성'이란, 이익제공행위를 통하여 그 행위객체가 속한 시장에서 경쟁이 제한되거나 경제력이 집중되는 등으로 공정한 거래를 저해할 우려가 있을 것까지 요구하는 것은 아니고, 행위주체와 행위객체 및 특수관계인의 관계, 행위의 목적과 의도, 행위의 경위와 그 당시 행위객체가 처한 경제적 상황, 거래의 규모, 특수관계인에게 귀속되는 이익의 규모, 이익제공행위의 기간 등을 종합적으로 고려하여, 변칙적인 부의 이전 등을 통하여 대기업집단의 특수관계인을 중심으로 경제력 집중이 유지

·심화될 우려가 있는지 여부에 따라 판단하여야 한다. 이와 같이 특수관계인에게 귀속된 이익이 '부당'하다는 점은 시정명령 등 처분의 적법성을 주장하는 피고가 증명하여야 한다."고 설시하였다.

공정거래법 집행에 있어서 규제대상 행위의 부당성에 관한 기본법리를 제시하여 확립시킨 대표적인 대법원 판결로는 시장지배적지위 남용행위(법 제5조 제1항) 관련 대법원 2007.11. 22. 선고 2002두8626 전원합의체 판결(포스코 판결), 부당지원행위(법 제45조 제1항 제9호) 관련 대법원 2004.3.12. 선고 2001두7220 판결, 재판매가격유지행위(법 제46조) 관련 대법원 2010.11.25. 선고 2009두9543 판결(한미약품 판결), 사업자단체의 구성사업자에 대한 사업활동제한행위(법 제51조 제1항 제3호) 관련 대법원 2003.2.20. 선고 2001두5347 판결 등이 있다. 위 대법원 2022.5.12. 선고 2017두63993 판결(기업집단 한진 케이스)도 이들 대법원 판결들처럼 특수관계인에 대한 부당한 이익제공행위(법 제47조 제1항)의 부당성에 관한 기본법리로 확립되었다고 본다.

Ⅳ. 마무리

필자는 위 Ⅲ. 2.의 대법원 판결들이 법 제47조 제1항에서의 '특수관계인에 대한 부당한 이익제공행위'의 '부당성' 관련하여 법 제45조에서의 공정거래저해성까지 요구되는 것은 아니지만 특수관계인을 중심으로 경제력 집중 여부를 판단해야 된다는 법리를 명확하게 제시하고, 구체적인 판단 요소로서 행위주체와 행위객체 및 특수관계인의 관계, 행위의 목적과 의도, 행위의 경위와 그 당시 행위객체가 처한 경제적 상황, 거래의 규모, 특수관계인에게 귀속되는 이익의 규모, 이익제공행위의 기간 등을 제시한 점에 의미가 있다고 본다.

한편 대법원이 공정위의 초기 입장이나 일부 의견과는 달리 경제력 집중 여부에 대한 판단이 필요하다는 법리를 제시하기는 했지만 변칙적인 부의 세대간 이전 등을 통한 소유집중의 우려 제기 등 법 제47조 제1항의 입법취지도 분명히 제시한 점, 그리고 그동안 법 제45조 제1항 제9호의 집행에 있어서 공정거래저해성의 한 요소인 경제력 집중의 해석에 있어서도 엄격한 증명을 요구하지 않았던 점을 감안하면 적극적인 법집행의 여지도 있다.[6]

1997.4.1. 공정거래법 개정으로 도입·시행된 부당지원행위 규제 관련 최초의 대법원 판결인 2004.3.12. 선고 2001두7220 판결(SK 기업집단 계열분리회사 등의 부당지원행위 건,

---

[6] 최초의 대법원 판결이 공정위에게 '부당성'에 대한 엄격한 입증책임을 부과함으로써 공정위의 법집행이 위축될 것이라는 견해가 있었다.

2000.2.5. 공정위 의결)이 아직까지 기본적인 참조판례로 공정위 심결이나 법원 판례에서 계속 인용되는 것처럼 2022.5.12. 선고 2017두63993 판결(기업집단 한진 소속 계열사들의 부당지원 행위 및 특수관계인에 대한 부당이익제공행위 건, 2017.1.10. 공정위 의결)도 특수관계인에 대한 부당이익제공행위 건에서 기본 판례로 활용될 것으로 본다.[7] 그리고 구체적인 케이스별로 인정되는 행위 유형 및 사실관계에 따라 달라지겠지만 공정위 및 법원에서 추가적인 케이스들이 축적되어 새로운 이슈와 쟁점들이 제기되고 법리도 개발, 정립되기를 기대해 본다.

---

[7] 서울고등법원 2023.7.5. 선고 2020누59682 판결(기업집단 미래에셋 소속 계열회사들의 특수관계인에 대한 부당한 이익제공행위 건, 2020.9.18. 공정위 의결), 기업집단 한국타이어 케이스(2023.2.24. 공정위 의결), 기업집단 호반건설 케이스(2023.8.22. 공정위 의결)은 관련 법리 부분에서 2022.5.12. 한진 케이스 대법원 판결 등을 참조판례로 하면서 동일한 법리를 제시하고 있다.

특수관계인에 대한 부당이익제공행위에 있어서 지시 · 관여자의 책임

I. 개요

특수관계인에 대한 부당이익제공행위를 금지하고 있는 법 제47조는 제1항에서 행위주체, 제3항에서 행위의 상대방인 행위객체, 그리고 제4항에서 해당 공시대상기업집단의 동일인 및 그 친족, 즉 특수관계인에 대하여 각각 금지의무를 규정하고 있다.[1]

법 제47조 제3항은 부당한 이익제공에 해당하는 거래 또는 사업기회 제공의 상대방이 되는 제공행위의 객체가 부당한 이익제공에 해당할 우려가 있음에도 불구하고 해당 거래를 하거나 사업기회를 제공받는 행위를 금지하고 있다. 그리고 이에 위반할 경우에는 부당한 이익제공행위를 행한 회사와 마찬가지로 제공행위의 객체가 되는 해당 특수관계인 또는 회사에 대하여 시정조치명령과 과징금 납부명령을 내릴 수 있도록 규정하고 있다(법 제49조 제1항 및 제50조 제2항).[2]

한편 같은 조 제4항은 특수관계인이 제1항에 해당하는 부당한 이익제공 또는 앞의 제3항에 해당하는 행위를 하도록 지시하거나 해당 행위에 관여하는 것 또한 금지하고 있으며, 이를 위반한 특수관계인에 대해서 시정조치를 명할 수 있고(법 제49조 제1항) 형사벌도 부과할 수 있다(법 제124조 제1항 제10호).[3] 내부지침인 '특수관계인에 대한 부당한 이익제공행위 심사지침'에서는 특수관계인의 의무 관련하여 "특수관계인은 누구에게든지 법 제47조 제1항 또는 제3항에 해당하는 행위를 하도록 지시하거나 해당 행위에 관여하여서는 아니 된다. 법 제47조 제4항의 의무를 부담하는 자는 특수관계인 중에서 동일인 및 그 친족에 한정한다. 다만, 법 제47조 제4항 위반은 동일인 또는 그 친족이 부당한 이익제공행위를 하도록 지시하거나 해당 행위에 관여한 것으로 충분하고, 실제 부당한 이익이 지시 또는 관여한 자에게 귀속될 필요는 없다."고 규정하고 있다(심사지침 Ⅵ. 2. 가. 나. 참조). 지시 · 관여자인 특수관계

---

1) 법 제47조 제1항의 부당한 이익제공행위의 위법성 요건에 관한 법리는 이슈 27에서 다루고 있다.
2) 법 제47조 제3항을 위반한 상대방은 형사벌 부과대상은 아니다(법 제124조 제1항 제10호 참조).
3) 다만 법 제50조(과징금)에 따른 과징금 부과대상은 아니다(법 제50조 제2항 참조).

인에 대한 제재조치로 형사벌 부과를 위한 고발도 가능하므로 피조사인이나 피심인의 입장
에서 이해관계가 큰 이슈에 해당된다.

공정위는 특수관계인에 대한 부당이익제공행위의 금지규정 집행에 있어서 법 제47조 제4
항의 규정에 따라 특수관계인이 해당행위를 지시하거나 관여했는지 여부를 판단하고 있으며
그동안의 사례들을 분석해 보면 상당수 케이스에서 지시 또는 관여 행위가 개입된 것으로
되어 있다.4) 그리고 지시행위까지 있었다고 인정하는 경우에는 고발, 관여행위 정도로 인정
하는 경우에는 고발의 대상이 되는 유형 및 기준을 제시하고 있는 내부지침인 '공정거래법
등의 위반행위의 고발에 관한 공정거래위원회의 지침'에 따라 법 위반정도가 중대하지 않다
고 보아 통상 고발하지 않고 있다.5)

II. 지시 또는 관여 관련 법리

공정위는 기업집단 효성 케이스(2018.5.21. 의결) 이후 법 제47조 제4항의 금지규정을 위반
한 것으로 판단한 모든 케이스에서 지시 또는 관여 관련하여 동일한 법리를 적용하고 있다.

즉 지시행위는 '지시하다'의 사전적 의미가 '일러서 시키다'라는 뜻이라는 점을 감안하면,
특수관계인이 행위자 또는 행위의 상대방에 대하여 서로 간의 거래 등을 통해 특수관계인에
대해 부당한 이익이 귀속되는 행위를 하도록 시킨 경우에 성립한다고 본다. 관여행위는 '관

---

4) 기업집단 효성 소속 계열회사들의 특수관계인에 대한 부당이익제공행위 및 부당지원행위 건
(2018.5.21. 의결), 기업집단 태광 소속 계열회사들의 특수관계인에 대한 부당이익제공행위 건
(2019.8.23. 의결), 기업집단 대림 소속 계열회사들의 특수관계인에 대한 부당이익제공행위 건
(2019.9.9. 의결), 기업집단 미래에셋 소속 계열회사들의 특수관계인에 대한 부당이익제공행위
건(2020.9.18. 의결), 기업집단 금호아시아나 소속 계열회사들의 특수관계인에 대한 부당이익제
공행위 및 부당지원행위 건(2020.11.6. 의결), 에스케이(주)의 특수관계인에 대한 부당이익제공
행위 건(2022.3.16. 의결) 등이 이에 해당된다. 기업집단 현대 계열사들의 부당지원행위 및 특수
관계인에 대한 부당이익제공행위 건(2016.7.7. 의결), 기업집단 한진 소속 계열회사들의 부당지
원행위 및 특수관계인에 대한 부당이익제공행위 건(2017.1.10. 의결), 하이트진로(주) 및 삼광글
라스(주)의 부당한 지원행위 등 건(2018.3.26. 의결), 기업집단 하림 소속 계열회사들의 부당지
원행위 등 건(2022.1.27. 의결), 기업집단 오씨아이 소속 계열회사들의 부당지원행위 및 특수관
계인에 대한 부당이익제공행위 건(2023.8.21. 의결), 기업집단 호반건설 소속 계열회사들의 부
당지원행위 등 건(2023.8.22. 의결)의 경우 법 제47조 제4항 위반으로 판단된 행위는 없다.

5) 동 고발지침 제2조(고발의 대상 및 기준) 제2항 제3호는 개인고발 관련하여 '공정거래법 제47조
제4항을 위반한 특수관계인으로서 법 위반정도가 중대한 자'를 원칙 고발한다고 규정하고 있다.
참고로 공정위는 2023.10.19. 특수관계인에 대한 부당이익제공행위, 소위 사익편취행위를 한 사
업자를 고발하는 경우 이에 관여한 특수관계인도 원칙적 고발대상으로 하는 내용의 고발지침
개정안을 10.19~11.8.간 행정예고하였다.

여하다'의 사전적 의미가 '어떤 일에 관계하여 참여하다'는 뜻인 점을 감안하면, 특수관계인이 행위자와 행위의 상대방 사이의 거래 등을 통해 특수관계인에 대해 부당한 이익이 귀속되는 행위에 특수관계인이 관계하여 참여한 경우에 성립한다는 것이다. 그리고 지시행위와 관여행위의 주체인 특수관계인과 이익귀속의 주체인 특수관계인은 동일한 자가 아니어도 무방하다는 입장이다.

심사지침에서는 "지시하였다는 것은 특수관계인이 지원주체 또는 지원객체의 임직원 등을 비롯하여 누구에게든지 부당한 이익제공행위를 하도록 시킨 경우를 말하고, 관여하였다는 것은 특수관계인이 부당한 이익제공행위에 관계하여 참여한 경우를 의미한다."고 하면서 "지시 또는 관여 여부는 구체적으로 특수관계인이 제공주체의 의사결정에 직접 또는 간접적으로 관여할 수 있는 지위에 있었는지 여부, 해당 행위와 관련된 의사결정 내용을 보고받고 결재하였는지 여부, 해당 행위를 구체적으로 지시하였는지 여부 등을 종합적으로 고려하여 판단한다."고 규정하고 있다(심사지침 Ⅵ. 2. 다. 라. 참조).

한편 대법원은 2023.3.16. 선고 2022두38113 판결(기업집단 태광 케이스, 2019.8.23. 공정위 의결)에서 관련규정 및 법리 관련하여 "법 제23조의2(현행 제47조) 제4항의 규정에서는 특수관계인이 기업집단에 대하여 가지는 영향력을 고려하여 특수관계인의 이익제공행위에 대한 '지시'뿐만 아니라 '관여'까지 금지하고 있는데, 특수관계인이 계열회사의 임직원 등에게 부당한 이익제공행위를 장려하는 태도를 보였거나, 특수관계인이 해당 거래의 의사결정 또는 실행과정에서 계열회사의 임직원 등으로부터 부당한 이익제공행위와 관련된 보고를 받고 이를 명시적 또는 묵시적으로 승인하였다면 그 행위에 관여한 것으로 평가할 수 있다. 특수관계인이 부당한 이익제공행위에 '관여'하였는지 여부는, 행위주체와 행위객체 및 특수관계인의 관계, 행위의 동기와 경위, 행위의 내용 및 결과, 해당 행위로 인한 이익의 최종 귀속자가 누구인지, 특수관계인이 부당한 이익제공행위의 의사결정 또는 실행과정에서 법률상 또는 사실상 관여할 수 있는 지위에 있었는지, 특수관계인 외에 실행자가 있는 경우 실행자와 특수관계인의 관계 및 평소 권한 위임 여부, 실행자가 특수관계인의 동의나 승인 없이 해당 행위를 하는 것이 법률상 또는 사실상 가능한지, 해당 행위를 할 동기가 있는지 여부 등 제반 사정을 종합하여 판단하여야 한다. 이때 특수관계인은 기업집단에 대한 영향력을 이용하여 다양한 방식으로 간접적으로 관여할 수 있다는 점도 고려할 필요가 있다."고 구체적인 법리를 설시하였다.

Ⅲ. 공정위 심결사례 및 법원 판례상 구체적 위법성 판단내용

여기서는 공정위 심결사례 및 법원 판례를 중심으로 이러한 법리에 따라 이루어진 특수관계인에 대한 지시 또는 관여 여부의 구체적 판단 내용을 살펴보기로 한다.

1. 기업집단 태광 소속 계열회사들의 특수관계인에 대한 부당한 이익제공행위 건 (2019.8.23. 공정위 의결)

가. 공정위 의결: 지시 또는 관여

특수관계인 이⊙⊙의 위법성 관련하여서 "당시 舊티시스의 대표이사였던 김⊕⊕가 직접 또는 경영기획실을 매개로 휘슬링락CC 김치 생산 및 계열사 판매를 지시하였고 이⊙⊙은 당시 공식적인 역할이 부여된 것은 아니었으나, 다음과 같은 점들을 고려할 때 피심인 이⊙⊙이 이 사건 김치거래에 관여하였음이 명백하다. 이⊙⊙은 기업집단 「태광」의 동일인이자 동시에 김치거래가 이루어진 기간 동안 특수관계인들과 합산하여 舊티시스의 지분 100%를 보유한 최대주주로서 지배구조 개편 등 그룹 주요 경영현안들에 대해 경영기획실장 김⊕⊕로부터 주기적으로 보고를 받고 전 계열회사에 지시사항을 하달하였다. 특히, 이 사건 김치거래는 「태광」의 전 계열사가 동원된 사안으로서 그 규모도 상당한 수준이므로 동일인 이⊙⊙의 사전 또는 사후승인 없이 추진되기 어려웠을 것이다. 태광산업 전 대표이사 최○○도 경영기획실장 김⊕⊕가 이 사건 김치거래를 그룹의 뜻이라고 전달하여 이를 동일인의 의견이라고 인식하였음을 진술한 바 있다. 또한, 舊티시스가 이⊙⊙을 포함한 특수관계인이 지분 100%를 소유하였던 회사이자 태광 그룹 지배구조의 정점에 위치한 주요 회사 중 하나였던 점을 감안할 때 「태광」 소속 전 계열회사의 舊티시스에 대한 지원은 그 자체로 지배구조와 관련한 주요 경영현안에 해당하므로 이⊙⊙이 경영기획실장 김⊕⊕로부터 관련 내용을 보고 받지 않았다고 보기 어렵다. 더욱이 김치거래를 전후로 휘슬링락CC 및 舊티시스의 경영성과가 비약적으로 개선되었는데, 김치거래가 이루어진 2014년부터 2016년 사이는 휘슬링락CC를 운영하던 동림관광개발이 티알엠과 原티시스를 흡수합병한 직후이므로 실적개선, 합병효과 등이 주요 관심사로서 실적 보고대상에 포함되었을 가능성이 상당하다. 아래 <표 50>, <표 51> 기재처럼 계열사 평가에서 별도로 최고 경영진을 대상으로 한 평가항목인 '그룹방침 이행도'를 마련한 후 관련 항목의 평가기준을 '시너지 과제 추진실적'으로 정한 점을 보더라도 김치거래가 시너지 과제의 하나로 실적보고에 포함되었을 것임을 알 수 있다."

고 구체적으로 판단하였다.

　그리고 와인 거래 관련하여서도 "위에서 검토한 바와 같이, 와인거래도 김치거래와 동일하게 총수일가가 지분 100%를 보유한 회사를 지원하기 위해 전 계열사가 동원된 사안으로서 피심인 이⊙⊙이 경영기획실 또는 경영기획실장 김④④를 통해 와인거래에도 관여하였다고 봄이 상당하다. 특히, 피심인 이⊙⊙은 舊메르뱅 또는 메르뱅에 대한 지분을 보유하지 않아 대주주가 아니었음에도 회사의 설립·처분, 배당금 지급 과정 등에 대한 최종적인 의사결정을 하였다. 이는 이⊙⊙이 「태광」의 동일인 지위에서 행한 것으로 경영기획실 또는 경영기획실장 김④④로부터의 관련 보고 없이는 불가한 일이다."라고 판단하였다.

　피심인은 "「태광」 경영기획실이 설치되기 전인 2013년 말경에 이미 김④④에 의해 김치거래와 관련한 의사결정이 이루어졌으므로 피심인 이⊙⊙은 김치거래와 무관하고, 이⊙⊙은 경영기획실의 설치·운영과 무관한 자로서 당시 그룹 내 공식적인 역할도 없었으며, 이⊙⊙이 경영기획실 또는 김④④ 등을 통해 김치·와인거래를 지시·관여하였다고 볼만한 증거가 전혀 제시되지 않았으므로 피심인 이⊙⊙이 이 사건 거래에 관여한 사실은 인정되지 않는다."고 주장하였지만, 공정위는 "① 피심인 이⊙⊙은 「태광」 경영기획실이 설치되기 이전부터 티시스의 대표이사이자 메르뱅을 실질적으로 경영하였던 김④④를 통해 주요 경영현안에 대해 주기적으로 보고를 받고 관련 내용을 지시하였던 점, ② 이⊙⊙의 지시 또는 승인 없이는 2013년 말 김④④가 오⊠⊠에게 김치를 대량 생산할 것을 지시하면서 모두 판매할 수 있다고 장담하고 실제로도 「태광」 소속 전 계열사가 휘슬링락CC 김치 구매에 동원된 사실을 설명하기 어려운 점, ③ 경영기획실은 그룹 역량과 시너지를 제고하기 위한 목적으로 설립되어 동일인 이⊙⊙에게 보고된 지배구조 개편사항까지 관리하였으므로 이⊙⊙과 무관하다고 볼 수 없는 점, ④ 이⊙⊙은 그룹 내 공식 직함이 없었더라도 동일인이자 최대주주로서 주요 경영현안에 대해 주기적으로 관여하였을 것인 점, ⑤ 위에서 검토한 바와 같이 이⊙⊙이 이 사건 김치·와인거래에 관여한 사실과 관련하여 관련자들 진술내용, 정황증거가 충분한 점 등을 고려할 때, 해당 주장은 이유 없다."고 인정하지 않았다.

　그리고 공정위는 피심인 이⊙⊙에 대하여 "특수관계인에게 부당한 이익을 제공하는 행위를 하도록 지시 또는 관여하는 것과 같은 행위를 다시 하여서는 아니된다."는 시정명령과 함께 검찰에 고발하기로 결정하였다.[6]

---

6) 공정위는 2019.6.13. "피심인 이○○은 ① 기업집단 「태광」의 동일인이자 특수관계인들과 함께 지원객체 舊티시스 등의 지분을 100% 보유하였던 자인 점(舊메르뱅도 동일인의 배우자 신○○ 및 딸 이○○가 지분 100%를 보유하고 있었으므로 총수일가가 소유한 회사였다는 점에서는 동일하다.), ② 김치·와인거래를 기획·관리한 자인 「태광」 경영기획실장 김○○가 舊티시스의 대표

나. 서울고등법원 2022.2.17. 선고 2019누58706 판결

이에 대하여 서울고등법원은 "원고 이◎◎에 관한 이 부분 행위의 요지는, 원고 이◎◎이 원고 회사들로 하여금 이 사건 김치거래를 통하여 위와 같은 부당한 이익제공 행위를 하도록 관여하였다는 것이다(피고도 원고가 이 사건 김치거래를 지시하였다고 보지는 않고 있다).[7] 이 사건 김치거래가 기업집단 W의 경영기획실의 주도 아래 이루어진 사실, 경영기획실장이 원고에게 주요 경영이슈, 실적 등을 주기적으로 보고하고, 원고 이◎◎가 기업집단 W의 주요 결정·지시사항을 직접 또는 경영기획실을 통해 원고 회사들에게 전달한 사실은 앞서 살펴본 바와 같다. 그러나 위와 같은 사실만으로, 기업집단 W의 경영기획실을 통하여 이루어진 모든 결정사항에 관하여 원고 이◎◎가 관여하였다고 단정할 수는 없다. 비록 이 사건 김치거래가 기업집단 W의 계열회사인 원고 A가 운영하는 이 사건 골프장의 영업구조를 개선하기 위하여 이루어진 것이기는 하나, 기업집단 W의 전체 계열회사들의 숫자나 매출의 규모 등에 비추어 볼 때 이 사건 골프장에서 이 사건 김치거래를 통하여 영업구조 개선을 도모하는 것이 반드시 기업집단 W의 동일인인 원고 이◎◎의 관여 없이 이루어질 수 없을 정도로 기업집단 W의 중요한 결정사항이었을 것이라 보기는 어렵다. 피고가 제출한 증거들을 살펴보더라도, 이 사건 김치거래 당시 이 사건 골프장의 총괄임원이었던 BZ는 '이 사건 골프장의 경영, 재무, 법률적 문제와 관련된 모든 실질적인 결재를 BY 대표(경영기획실장)가 맡아서 하였고, 이 사건 김치거래 역시 BY가 이 사건 골프장의 영업실적에 대한 압박을 느끼던 중

이사를 겸하고 있었고 舊메르뱅도 실질적으로 관리하였던 점, ③ 이 사건 거래는 「태광」의 모든 계열사가 동원된 사안으로서 장기간에 걸쳐 142억 원 이상의 상당한 규모로 지속되었을 뿐만 아니라 당시 기업집단 「태광」의 다중지배구조 중 핵심적인 위치에 놓여 있던 舊티시스 등을 지원할 목적으로 이루어진 것인바, 동일인이자 대주주인 이○○의 지시 또는 관여도 없이 경영기획실장 김○○ 단독으로 의사결정이 이루어졌을 가능성은 예상하기 어려운 점, ④ 이○○이 김○○로부터 지배구조 개편, 대표이사의 선임·유임 결정과 관련한 실적보고를 받은 사실이 확인되며, 주요 현안의 경우 지속적으로 이○○에게 보고가 이루어진 것으로 보이는 점, ⑤ 과거에도 「태광」 소속 계열사의 부당지원 건에서 이 사건 거래를 기획·관리한 피심인 김○○에게 위반행위를 지시한 전력이 있는 점 등을 고려할 때, 이 사건 거래를 지시하거나 관여한 사실이 인정되므로 고발함이 타당하다."고 고발결정하였다. 그러나 검찰(서울중앙지방검찰청)은 이○○에 대해서는 이 사건 거래로 인한 재무상황 등을 보고받거나 이 사건 거래에 관한 지시·관여 사실을 인정할 만한 증거가 없으므로 불기소 처분(혐의없음)하였다(2021.8.18. 서울중앙지방검찰청의 A그룹 계열사 부당지원 사건 수사 결과 관련 보도자료 참조).

7) 공정위 의결서를 보면 특수관계인 이◎◎의 위법성 판단 부분에서 '관여하였음이 명백하다'고 표현하고 있으나, 주문에서 '피심인 이◎◎은 특수관계인에게 부당한 이익을 제공하는 행위를 하도록 지시 또는 관여하는 것과 같은 행위를 다시 하여서는 아니 된다.'고 적시하고 있다.

이 사건 골프장에서 자체 소비할 목적으로 제조한 김치를 맛본 다음 이를 대량 생산하여 판매하기로 결정하고 이를 지시하였다'는 취지로 진술(을 제30호증의 기재)하였고, 당시 기업집단 W의 부회장이었던 DS은 'BY가 자신(DS)을 거치지 않고 원고 이⊙⊙에게 직접 업무보고를 하는 경우도 있기는 하였으나, 이 사건 김치거래는 BY 사장의 결정으로 이루어진 것으로 알고 있고, 자신은 이 사건 김치거래에 관하여 보고를 받은 적이 없다'는 취지로 진술(을 제29호증의 기재)하였을 뿐이다. 한편, 원고 D의 전 대표이사 DT는 "저(DT)를 포함한 그룹 계열사 대표는 김치나 와인 구매 여부에 대한 결정권이 없었습니다. 그리고 회사 경영과 관련한 경영기획실 지시사항에 항의를 하면 BY 대표가 '그룹 뜻이 그렇다'고 반응했습니다", "그룹의 뜻이라는 것은 회장님(원고 이⊙⊙)의 의견이라고 이해했습니다"라는 취지로 진술(을 제34호증의 기재)하였는바, 계열회사들 입장에서 경영기획실장 BY로부터 이 사건 김치거래를 지시받고 원고 U도 같은 생각일 것으로 생각하여 별다른 항의 없이 이를 실행하였다고 보이기는 하지만, 위 진술만으로 그 지시가 원고 이⊙⊙의 구체적인 관여 아래 이루어졌다고 단정하기는 어렵다. 또한 피고는 원고 이⊙⊙에 대하여 직접 조사를 하여 이 사건 김치거래 사실을 보고받고 승인하는 등으로 관여했다는 사실을 확인한 바도 없고, 달리 이를 인정할 증거가 없다. 그렇다면, 이 사건 시정명령 중 원고 이⊙⊙이 이 사건 김치거래에 관여했음을 전제로 한 부분은 위법하다고 할 것이다."라고 판시하였다.

그리고 와인거래 관련하여서도 "원고 이⊙⊙에 관한 이 부분 행위의 요지는, 원고가 원고 회사들(원고 B 제외)로 하여금 이 사건 와인거래를 통하여 위와 같은 부당한 이익제공 행위를 하도록 관여하였다는 것이다(피고도 원고 이⊙⊙이 이 사건 김치거래를 지시하였다고 보지는 않고 있다).[8] 그런데 앞서 원고가 이 사건 김치거래에 관여했는지 여부에 관하여 살펴본 바와 같이, 원고가 기업집단 W의 경영기획실을 통하여 주요 사항을 결정·지시한 것으로 보이기는 하나 그러한 사정만으로 원고 회사들 사이의 거래에 관하여 원고가 모두 관여하였다고 보기는 어려운 점, 기업집단 W의 전체 계열회사들의 숫자나 매출의 규모 등에 비추어 볼 때 이 사건 와인거래를 통하여 이 사건 B의 영업구조를 개선하는 것이 기업집단 W의 중요한 결정사항이었을 것이라 단정하기 어려운 점, 기업집단 W에게 이 사건 와인거래를 해야 할 특별한 사정이 있다고 볼 자료도 없는 점 등을 종합하여 볼 때 피고가 제출한 증거들만으로 원고 이⊙⊙이 이 사건 와인거래에 관하여도 이를 구체적으로 인식하고 승인하는 등으로 관

---

8) 공정위 의결서를 보면 특수관계인 이⊙⊙의 위법성 판단 부분에서 '관여하였다고 봄이 상당하다'고 표현하고 있으나, 주문에서 '피심인 이⊙⊙은 특수관계인에게 부당한 이익을 제공하는 행위를 하도록 지시 또는 관여하는 것과 같은 행위를 다시 하여서는 아니 된다.'고 적시하고 있다.

여하였다고 인정하기에는 부족하고, 달리 이를 인정할 증거가 없다. 그렇다면, 이 사건 시정명령 중 원고 이⊙⊙이 이 사건 와인거래에 관여했음을 전제로 한 부분은 위법하다고 할 것이다."라고 판시하였다.

다. 대법원 2023.3.16. 선고 2022두38113 판결

대법원은 특수관계인의 구체적인 위법성 판단 관련하여 "앞서 본 법리와 이러한 사실관계 등에 비추어 알 수 있는 다음과 같은 사정을 종합하면, 원고는 이 사건 김치거래에 관여하였다고 볼 여지가 많다. 1)이 사건 김치거래는 사실상 기업집단 태광 소속의 전 계열사가 특수관계인 지분이 매우 높은 회사에 장기간에 걸쳐 부당한 이익을 제공한 것인데, 기업집단 태광의 의사결정 과정에 지배적 역할을 한 원고가 모르는 상황에서 이루어졌다고 보기 어렵다. 특히 골프장을 운영하는 회사가 갑자기 김치를 만들어 기존에 수요가 없던 계열회사에 사실상 구매를 강제한 거래이므로, 원고의 승인 없이 이루어지기 쉽지 않았을 것이다. 2)이 사건 김치거래는 구 티시스에 안정적 이익을 제공하여 특수관계인에 대한 변칙적 부의 이전, 기업집단 태광에 대한 지배력 강화, 아들 소외 1로의 경영권 승계에 기여하였으므로, 원고는 구 티시스의 이익 및 수익구조에 관심이 많을 수밖에 없다. 3)이 사건 김치거래로 인하여 구 티시스에 귀속된 이익이 적지 않고, 김치거래의 높은 이익률을 고려하면, 비록 구 티시스 전체 매출액에서 차지하는 비율이 높지 않더라도 구 티시스의 자산 증대 및 이를 통한 특수관계인의 자산 증대에 상당히 기여하였다고 볼 수 있다. 4)원고가 평소 특수관계인 지분이 높은 회사에 대한 계열회사의 이익제공행위를 장려하는 태도를 보이지 않았다면, 기업집단 태광 소속 임직원들이 원고 일가 소유회사가 요구하는 사항을 거부할 수 없는 분위기가 조성되지 않았을 것이다. 실제 원고는 '그룹 시너지'가 중요 평가항목으로 포함된 계열회사 및 경영진에 대한 평가기준을 승인함으로써 계열회사 경영진으로 하여금 내부거래 특히 원고 일가 지분이 높은 구 티시스 등을 지원할 동기를 부여하기도 하였다. 나아가 기업집단 태광에서 구 티시스가 차지하는 중요성에 비추어 볼 때, 구 티시스와 다른 계열회사의 거래는 지배구조 관련 중요사항 또는 중요 경영 사안에 해당하여 경영기획실이 원고에게 보고할 대상이고, 특히 구 티시스는 2013년 당기순손실이 발생하였으므로, 원고는 이 사건 김치거래 등 구 티시스의 실적개선방안에 관심이 많았을 것이다. 또한 소외 2나 경영기획실이 원고 모르게 이 사건 김치거래를 할 동기가 있다고 보이지 않고, 오히려 원고로부터 좋은 평가를 받기 위해 이 사건 김치거래의 경과 등을 보고하여 자신들의 성과로 인정받으려 하였을 것이다. 그런데도 원심은, 판시와 같은 이유로 원고가 이 이 사건 김치거래에 관여하였다고 보기 어렵다고 판단하였는 바, 이러한 원심의 판단에는 구 공정거래법 제23조의2 제4항의 '관여'에 관한 법리를 오해하여 필요한 심리를 다하지 아니하거나 논리와 경험의 법칙을 위반하여 자유심증주의의 한계를 벗어나는 등으로 판결에 영향을 미친 잘못이 있다."고 판결하였다.

　　그리고 와인거래에 있어서도 "1)이 사건 와인거래 역시 사실상 기업집단 태광 소속의 전계열사가 특수관계인 지분이 매우 높은 회사에 장기간에 걸쳐 부당한 이익을 제공한 것인데, 기업집단 태광의 의사결정과정에서 지배적 역할을 한 원고가 모르는 상황에서 이루어졌다고 보기 어렵다. 특히 와인거래를 시작한 지 얼마 되지 않은 원고 메르뱅이 계열회사에 사실상 구매를 강제한 거래이므로, 원고의 승인 없이 이루어지기 쉽지 않았을 것이다. 2)이 사건 와인거래는 원고 메르뱅에 안정적 이익을 제공하여 원고 등 특수관계인에 대한 변칙적 부의 이전에 기여하였고, 그 후 특수관계인의 지분이 구 티시스에 증여됨으로써 특수관계인의 기업집단 태광에 대한 지배력 강화, 소외 1로의 경영권 승계에도 기여하였다. 원고 메르뱅의 이익은 원고 일가의 경제적 이익과 직결되므로, 원고는 원고 메르뱅의 이익 또는 수익구조에 관심이 많을 수밖에 없다. 3)이 사건 와인거래로 인하여 원고 메르뱅에 귀속된 이익이 적지 않고, 이 사건 와인거래 매출액이 원고 메르뱅 매출액에서 차지하는 비율 등을 고려하면, 이 사건 와인거래는 원고 메르뱅의 자산 증대 및 이를 통한 특수관계인의 자산 증대에 상당히 기여하였다고 볼 수 있다. 4)원고가 평소 특수관계인 지분이 높은 회사에 대한 계열회사의 이익제공행위를 장려하는 태도를 보이지 않았다면, 기업집단 태광 소속 임직원들이 원고 일가 소유회사가 요구하는 사항을 거부할 수 없는 분위기가 조성되지 않았을 것이다. 실제 원고는 '그룹 시너지'가 중요 평가항목으로 포함된 계열회사 및 경영진에 대한 평가기준을 승인함으로써 계열회사 경영진으로 하여금 내부거래 특히 원고 일가 지분이 높은 원고 메르뱅 등을 지원할 동기를 부여하기도 하였다. 소외 2나 경영기획실이 원고 몰래 이 사건 와인거래를 할 동기를 생각하기 어렵고, 오히려 원고로부터 좋은 평가를 받기 위해 이 사건 와인거래의 경과 등을 보고하여 자신들의 성과로 인정받으려 하였을 것이다. 그런데도 원심은, 판시와 같은 이유로 원고가 이 사건 와인거래에 관여하였다고 보기 어렵다고 판단하였는 바, 이러한 원심판단에는 구 공정거래법 제23조의2 제4항의 '관여'에 관한 법리를 오해하여 필요한 심리를 다하지 아니하거나 논리와 경험의 법칙을 위반하여 자유심증주의의 한계를 벗어나는 등으로 판결에 영향을 미친 잘못이 있다."고 하면서 원심판결을 파기하고 이 부분 사건을 다시 심리·판단하도록 원심법원에 환송하였다.

2. 기업집단 대림 소속 계열회사들의 특수관계인에 대한 부당이익제공행위 건 (2019.9.9. 공정위 의결): 지시 또는 관여

공정위는 다음과 같은 내용을 종합적으로 고려할 때, 이해욱은 이 사건 사업기회제공행위 및 상당히 유리한 조건의 거래행위를 하도록 지시하거나 관여하였음이 인정된다고 판단하였다.

이해욱은 최소 2011년부터 2015년까지 에이플러스디, 대림산업, □□□□□□, 오라관광 임직원 등이 참석한 가운데 호텔사업 회의를 거의 매주 주관하였고, 해당 회의에서 이해욱은 호텔 브랜드 개발 등 호텔사업 추진경과를 상세하게 보고받았으며, 회의록 등 증거자료를 통해 확인된 사항에만 한정하더라도 이해욱은 기업집단 「대림」의 호텔사업 추진 과정에서 구체적인 내용까지 보고받고 주요 의사결정사항에 대한 지시를 하였다. 특히, 이 사건 사업기회제공행위와 밀접하게 관련된 주요 의사결정도 이해욱의 지시에 따라 이루어졌다. 즉, 기업집단 「대림」의 호텔 브랜드로 해외 체인호텔 브랜드가 아닌 자체브랜드를 개발하여 사용한다는 결정, 기업집단 「대림」 자체 브랜드로 GLAD를 사용하기로 한 결정, 제주 그랜드호텔의 새로운 브랜드로 MAISONGLAD를 사용하기로 한 결정 등이 모두 이해욱의 지시 또는 승인에 의해 이루어졌음을 확인할 수 있다. 또한, 진술내용을 통해서도 기업집단 「대림」의 호텔사업 진행과정에서 발생하는 주요 의사결정사항은 대부분 이해욱에게 보고되고, 쟁점이 되는 사항은 이해욱에 의하여 결정이 이루어졌음을 알 수 있다. 뿐만 아니라, 이해욱은 이 사건 브랜드 사용계약이 체결되고 브랜드 수수료를 수취하기 시작한 2016년 이후에도 주 2회 호텔사업 주간회의를 통해 에이플러스디, 대림산업, 오라관광 임원들로부터 GLAD 호텔 브랜드 전략, 호텔 운영이슈 등에 대하여 지속적으로 보고를 받았음을 알 수 있다. 또한, 이해욱은 2016년 오라관광이 브랜드 아이덴티티 구체화, 브랜드 스탠다드 구축 등 브랜드 플랫폼 구축에 있어 자신의 역할을 확대해 나가겠다고 계획하였을 때, 에이플러스디가 외부컨설팅 업체를 써서라도 브랜드 관련 업무를 수행하라고 지시한 바 있다. 당시 브랜드사로서의 역할 수행이 오라관광에게 이관되었다면, 에이플러스디가 이 사건 사업기회를 계속 수행하거나 오라관광과의 브랜드 사용거래를 지속하기 어려웠을 것이라는 점에서 이해욱의 위와 같은 지시는 이 사건 행위가 2018년 7월까지 이어져오게 하는 데 직접적인 영향을 미쳤다고 볼 수 있다. 이상의 내용을 종합해 보면, 이해욱은 최초 호텔사업 추진 과정부터 호텔이 운영되는 과정까지 지속적으로 구체적인 사안까지 보고받아 왔고, 이 과정에서 이 사건 행위와 관련된 주요 사실관계에 대해서도 보고받고 지시하거나 관여한 사실이 인정된다.

3. 기업집단 미래에셋 소속 계열회사들의 특수관계인에 대한 부당이익제공행위 건 (2020.9.18. 공정위 의결)

가. 공정위 의결: 관여

공정위는 "피심인 ○○○는 다음과 같은 점에서 이 사건 거래에 관여하였다고 판단된다. 전술한 바대로 ○○○는 미래에셋 계열사들이 블루마운틴과 포시즌스서울에 투자 시부터 큰 관심을 보여왔다. 또한, 미래에셋 계열사들의 주요 현안 및 사업계획을 논의하는 경영전략회의에 ○○○가 참석하거나 서면으로 보고를 받았다. 이 회의에서 미래에셋컨설팅은 블루마운틴 및 포시즌스서울의 수익증대 방안으로 바우처 사용 확대, 피트니스 회원 증대계획 등을 지속적으로 보고하였다. 이러한 보고내용에 대해 ○○○가 특별히 지시하거나 별도로 언급한 내용은 확인되지 않는다. 하지만, 법 위반 기간동안 미래에셋 계열사가 블루마운틴과 포시즌스서울 이용을 활성화하고자 노력하였다는 점에서 ○○○의 묵시적인 승인이나 동조가 있었다고 판단된다. 기업집단 「미래에셋」에서의 ○○○의 위상, 블루마운틴과 포시즌스서울에 대한 관심을 고려하면, ○○○의 동의 없이는 이러한 거래가 이루어졌다고 보기 어렵기 때문이다."라고 판단하였다.

나. 서울고등법원 2023.7.5. 선고 2020누59682 판결

이에 대하여 서울고등법원은 특수관계인의 '관여' 관련 법리를 구체적으로 제시한 2023.3.16. 태광 케이스 대법원 판결을 참조판례로 하면서 동일한 내용을 그대로 판시하였다. 그리고 인정한 사실 및 증거들과 변론 전체의 취지를 더하여 알 수 있는 사실 또는 사정들을 토대로 특수관계인 ○○○의 관여 여부에 대해 다음과 같이 판단하였다.

원고 ○○○는 원고 측 계열사의 주요 현안 및 사업계획을 논의하는 경영전략회의 등에 직접 참석하거나 위 회의 내용을 서면으로 보고받은 점, 위 회의에서 원고 미래에셋컨설팅은 이 사건 골프장과 이 사건 호텔의 수익증대 방안으로 바우처 사용 확대, 피트니스회원 증대계획 등 이 사건 각 거래와 관련한 사항을 지속적으로 보고한 점, 원고 미래에셋컨설팅은 동일인 원고 ○○○가 그 지분의 48.63%를 보유하고 있는 것을 비롯하여 원고 미래에셋컨설팅에 대한 총수 일가의 지분율이 91.86%로 기업집단 미래에셋 계열사 중 총수 일가의 지분율이 가장 높은바, 이 사건 골프장 및 이 사건 호텔의 경영성과는 그 자체로 특수관계인들의 이익과 손실에 직결될 가능이 매우 높은 점, 기업집단 미래에셋의 의사결정과정에서 지배적인 역할을 하는 원고 ○○○의 위상과 영향력, 이 사건 골프장 및 이 사건 호텔과 관련하여 영업추진회의 또는 경영전략회의 등에서 ○○○가 표명한 관심 및 발언 내용, 그리하여 원고 측 계열사도 이 사건 각 거래를 통해 이 사건 골프장과 이 사건 호텔 이용을 활성화하고자 노력한 점 등을 종합하면, 이 사건 각 거래가 ○○○의 관여 없이 이루어졌다고 보기 어렵고, 적어도 ○○○의 묵시적인 동의나 승인이 있었다고 판단된다.

이에 대하여 ○○○는, 이 사건 각 거래에 대하여 통상적인 수준에 불과한 관심을 보인 것일 뿐, 직접 지시하거나 사전에 보고받지는 않았으므로 이 사건 각 거래에 관여하였다고 볼 수 없다는 취지로 주장하나, 공정거래법 제23조의2(현행 제47조) 제4항은 같은 조 제1항에 해당하는 행위를 '지시'하는 경우뿐 아니라 해당 행위에 '관여'하는 경우도 금지하고 있는바, ○○○의 행위가 이 사건 각 거래를 직접 지시한 경우에는 해당하지 않더라도 위 관련 법리에 비추어 이 사건 각 거래에 관여하였다고 볼 수 있다.

4. 기업집단 금호아시아나 소속 계열회사들의 특수관계인에 대한 부당이익제공행위 및 부당지원행위 건(2020.11.6. 공정위 의결): 지시 또는 관여

공정위는 "금호산업 등 9개 계열사들의 자금대여 행위(1차사건)에 대하여 동일인 박○○는 그룹 컨트롤타워 역할을 하는 전략경영실을 장악하면서 그룹과 계열사로부터 중요한 경영 현안을 보고받는 지위에 있었고, 특히 차주인 금호홀딩스의 최대주주이자 대표이사, 최대 대주인 금호산업의 대표이사의 직에 있으면서 2016년 당시 금호홀딩스의 차입금 상환 문제를 인지하고 있었다. 따라서 박○○는 금호홀딩스에 대한 이 사건 자금 지원 계획을 사전 및 사후에 보고받고 관여한 자라고 판단된다. 나아가 박○○는 자신의 자금도 이 사건 지원행위와 병행하여 금호기업에 지원하도록 지시하였고, 실제로 자신의 명의로 금호기업과 금전대차계약서를 체결하여 금호기업에 11억 원을 대여해 주었다는 점에서 이 사건 지원행위에 관여했을 정황도 존재한다. 한편 아시아나항공의 금호홀딩스 BW 발행 지원행위(2차사건) 관련하여, 금호 그룹의 동일인 박○○는 이 사건 거래 전 금호 그룹의 투자 자문업체 ㅁㅁㅁㅁㅁㅁㅁ를 통한 외국 기내식 업체들과의 협상에 직접 참여하고 보고를 받아온 점, ㅁㅁㅁ 그룹과의 협상 과정에서 ㅁㅁㅁ 그룹 관계자들을 만나고 회의에 참여하고 주요 사항들에 대해 보고를 받아온 점, 특수관계인 박○○는 금호홀딩스의 대표이사로서 2017년 2월 15일 이 사건 BW 발행 품의서에 최종결재자로서 직접 서명한 사실이 있는 점, 2017년 3월 10일 금호홀딩스 임원 윤○○의 보고를 통하여 BW에 대한 지급보증을 제공하고 해당 계약서에 직접 서명한 사실이 있는 점, 그룹 컨트롤타워 역할을 하는 전략경영실을 장악하면서 그룹과 계열사로부터 중요한 경영 현안을 보고받는 지위에 있었던 점, 2015년 1월부터 아시아나항공과 금호산업의 대표이사로서 2016년 8월 12일~2018년 6월 4일 기간 중에는 피심인 금호홀딩스의 대표이사를 겸임하면서 아시아나항공의 기내식 사업 변경과 관련한 주요 보고사항을 직접 보고받았던 사실이 인정되는 점 등을 고려할 때 아시아나항공과 금호홀딩스(금호기업)의 이 사건 기내식·BW 거래를 직접 혹은 전략경영실을 통하여 지시 내지 관여하였다."고 판단하였다.

5. 에스케이(주)의 특수관계인에 대한 부당한 이익제공행위 건(2022.3.16. 공정위 의결): 관여

공정위는 "다음과 같은 내용을 고려할 때, 특수관계인 △△△은 자신이 먼저 이 사건 사업기회를 이용하기로 결정한 후, 에스케이가 객관적·합리적 경영 판단 없이 이 사건 사업기회를 포기하는 과정, 자신이 주체가 되는 실트론 잔여지분 인수과정 등 이 사건 거래 전반에 대한 보고를 받는 방식으로 이 사건 사업기회 제공행위에 관여하였음이 인정된다. ① △△△은 이 사건 행위 당시 에스케이의 ○○○○일 뿐 아니라 기업집단 에스케이의 동일인으로서 에스케이, 실트론 등을 포함하여 계열회사의 주요 경영현안을 보고 받을 수 있는 권한과 지위를 갖고 있었다. 2020.10.27. 개정 시행된 에스케이의 이사회 규정에 따르면, △△△은 대내적으로 기업집단 에스케이의 브랜드 '에스케이'를 소유한 에스케이의 ○○○○로서 계열회사에 대한 조언 경영 자문 등을 제공하는 역할을 수행하면서, 대외적으로는 기업집단 소속회사 에스케이의 대표자 회장으로서 기업집단 전체의 경제적·사회적 가치 창출을 위한 이해관계자와의 소통 활동을 수행한다. 에스케이 ○○○○ △△△은 위 이사회 규정의 개정에 대하여 ESG경영과 관련하여 우리나라 기업집단 동일인의 법적 지위를 명문화하는 논의를 하다가 그동안 △△△이 관행으로 행사해 오던 동일인으로서의 지위와 역할을 에스케이 이사회 규정에 넣게 되었다고 진술하였는바, △△△은 명문화 이전부터 법률상 에스케이 ○○○○로서의 권한을 행사하면서 동시에 기업집단 에스케이의 동일인으로서의 권한 또한 행사해왔던 것으로 판단된다. 실제로 에스케이 △△△은 자신이 에스케이의 경영 전반을 총괄하고 비서실 또한 자신에게 소속된 부서임에도 불구하고 비서실은 △△△의 보좌 업무만을 전담하고, 비서실이 △△△에게 업무상 보고를 하지 않고 △△△ 또한 비서실에 대하여 업무상 지휘 권한을 행사하지 않는다는 취지로 진술하였는데, 이 또한 △△△이 법률상 에스케이 ○○○○로서의 권한과 함께 기업집단 에스케이 의 동일인으로 서의 권한과 지위를 에스케이 내에서 행사하였기 때문인 것으로 볼 수 있다. 또한 △△△은 반도체 소재분야 등 신규사업 진출 계획이나 경영권 인수 거래에 관한 타당성 검토 등에 관하여 보고받거나 경영권 인수를 완료한 실트론, ㅁㅁㅁㅁ 등 계열회사에 대한 Value－up 추진현황, 조인트벤처 설립현황, 분기별 실적 등에 관하여 ○○ Monthly Meeting 등을 통하여 최종적으로 보고받았음이 확인된다. ② △△△은 이 사건 사업기회를 자신이 이용하겠다고 먼저 결정하였고, 실트론의 잔여지분 인수과정에 대한 보고를 받는 등 이 사건 거래 전반에 관여하였다. 이 사건 행위 당시 △△△은 에스케이 ○○○○로 재직하면서 ○○○○와 동일인으로서의 권한과 지위를 모두 행사할 수 있었으므로 이 사건 사업기회의 제공주체인 에스케이의 의사결정에 직접 관여할 수 있는 지위에 있었는데, 자신이 이 사건 잔여지분 취득을 위해 입찰에 참여하는 것을 결정하고 이와 관련된 후속 절차 진행을 에스케이 비서실에 지시함으로써 에스케이가 이 사건 사업기회 이용을 포기하는 결정에 관여하였다. 또한, △△△은 이 사건 사업기회를 직접 이용하는 당사자로서 잔여지분 취득시 소요되는 자금의 조달 방법, 입찰가격 등 입찰내용에 관하여 비서실의 보고를 받고 이를 결정하였으며, 자신의 입찰 참여 절차가 진행되는 중에도 ○○○○ △△△에게 회사의 입찰 미참여 방침을 직접 다시 확인하고, 법무법인에 그와 관련된 검토를 의뢰하는 등 향후 자신의 잔여지분 인수과정에 대하여 공정성 문제가 제기될 경우에 대비한 보완책 마련 등 이 사건 거래에 관여하였다. 이 외에도 △△△의 이 사건 잔여지분 인수와 관련된 자문계약이 체결될 무렵 에스케이 ○○○ ○○○이 ㅁㅁㅁㅁ 부사장을 만나고자 하였는데, ○○○이자 ○○○인 ○○○의 직위를 고려할 때 관련 사항이 △△△에게 바로 보고되었을 것으로 보이는 점, △△△이 양해각서를 체결하기에 앞서 에스케이의 실트론 잔여지분 매입의사를 확인하기 위한 공문을 에스케이 재무부문을 통해 주고받은 점, △△△ 자신이 지급할 TRS Premium을 협상하기 위한 에스케이 재무부문 임직원과 ㅁㅁㅁㅁ 임직원과의 회의 결과를 보고받은 뒤 이를 더 낮추기 위한 거래에도 관여한 것으로 보이는 점 등을 고려할 때, △△△은 에스케이의 재무담당 임직원들이 최대한 좋은 조건으로 자신이 이 사건 잔여지분을 취득할 수 있도록 상당한 역할을 수행하였다는 사실을 알고 이들로부터 그와 같은 사항을 보고받는 형식으로 관여하였을 것이다."라고 판단하였다.

6. 기업집단 호반건설 소속 계열회사들의 부당지원행위 등 건(2023.8.22. 공정위 의결)

공정위는 법 제47조 제4항의 특수관계인의 '관여' 범위에 관하여 구체적 내용의 법리를 설시한 대법원 2023.3.16. 선고 2022두38113 판결을 참조판례로 활용하여 관련 법리를 제시하고 이에 따라 특수관계인에 대한 위법성을 판단하였다.

공정위는 먼저 특수관계인에 대한 위법성 성립요건 관련하여 "법 제23조의2 제4항은 특수관계인이 기업집단에 대하여 가지는 영향력을 고려하여 특수관계인의 이익제공행위에 대한 '지시'뿐만 아니라 '관여'까지 금지하고 있는데, 법 제23조의2 제1항 각 호의 이익제공행위는 직접적인 제공뿐만 아니라 간접적 제공도 가능하고(대법원 2022.11.20. 선고 2021두35759 판결 참조), 특수관계인이 부당한 이익제공행위에 '관여'하는 방법 역시 마찬가지이므로, 특수관계인이 계열회사의 임직원 등에게 부당한 이익제공행위를 장려하는 태도를 보였거나, 특수관계인이 해당 거래의 의사결정 또는 실행과정에서 계열회사의 임직원 등으로부터 부당한 이익제공행위와 관련된 보고를 받고 이를 명시적 또는 묵시적으로 승인하였다면 그 행위에 관여한 것으로 평가할 수 있다(대법원 2023.3.16. 선고 2022두38113 판결 참조). 특수관계인이 부당한 이익제공행위에 '관여'하였는지 여부는, 행위주체와 행위객체 및 특수관계인의 관계, 행위의 동기와 경위, 행위의 내용 및 결과, 해당 행위로 인한 이익의 최종 귀속자가 누구인지, 특수관계인이 부당한 이익제공행위의 의사결정 또는 실행과정에서 법률상 또는 사실상 관여할 수 있는 지위에 있었는지, 특수관계인 외에 실행자가 있는 경우 실행자와 특수관계인의 관계 및 평소 권한 위임 여부, 실행자가 특수관계인의 동의나 승인 없이 해당 행위를 하는 것이 법률상 또는 사실상 가능한지, 해당 행위를 할 동기가 있는지 여부 등 제반 사정을 종합하여 판단하여야 한다. 이때 특수관계인은 기업집단에 대한 영향력을 이용하여 다양한 방식으로 간접적으로 관여할 수 있다는 점도 고려할 필요가 있다(대법원 2023.3.16. 선고 2022두38113 판결 참조). 한편, 지시행위와 관여행위의 주체인 특수관계인과 이익귀속의 주체인 특수관계인은 동일한 자가 아니어도 무방하다."는 법리를 제시하였다.

그리고 나서 특수관계인 김○○의 위법성 판단에 있어서, "김○○은 이 사건 행위 당시 호반건설주택의 최대주주 및 사내이사이자 호반건설의 ○○○○○○으로서 주요 의사결정에 참여할 지위와 영향력을 보유하고 있었고 이 사건 행위의 직접적인 수혜자이긴 하나, 김○○이 이 사건 행위를 지시하였다는 증거는 전혀 확인되지 아니한다. 또한 김○○이 호반건설주택의 신규면허 취득을 위해 호반건설주택 유상증자에 출자한 사실만으로 이 사건 행위에 관여하였다고 보기도 어렵고, 그 외 김○○이 관여하였다고 볼 만한 다른 증거도 확인되지 아니한다. 따라서 김○○의 법 위반 여부를 판단하기 곤란하다. 피심인 김○○의 행위와 관련하여 사건의 사실관계에 대한 확인이 곤란하므로, 사건절차규칙 제53조 제4호를 적용하여 심의절차를 종료한다."고 결정하였다.

Ⅳ. 마무리

법 제47조 제1항에 따른 특수관계인에 대한 부당이익제공행위의 금지규정 집행에 있어서 법 제47조 제4항의 규정에 따라 특수관계인의 지시·관여 여부에 대한 판단도 함께 이루어지게 된다. 그리고 특수관계인 중에 지시·관여자에 해당되면 형사처벌의 대상도 될 수 있다.

그리고 앞 Ⅱ.에서 살펴본 2023.3.16. 대법원 판결(기업집단 태광 케이스)은 특수관계인의 '관여' 범위에 관하여 상대적으로 넓은 범위의 구체적 내용으로 법리를 제시하였으며, 그 법리에 따라 인정사실 등을 토대로 원심의 판단을 뒤집고 관여를 인정하였다. 환송 후 판결을 남겨두고는 있지만 태광 케이스 판결을 활용한 적극적인 법집행이 예상되고 있다. 향후 공정위, 법원 및 검찰 등 유관기관의 동향에 관심을 가져야 될 듯하며, 이와 함께 행정 사건에서의 '관여' 법리의 형사 사건에서의 적용 여부 등을 포함한 관련 법리, '특수관계인에 대한 부당한 이익제공행위 심사지침'상 규정되어 있는 '지시 또는 관여 여부'의 검토 등 제도 개선 등에 대한 활발한 논의도 이루어졌으면 한다.[9]

---

9) 경제개혁연대는 대법원 2023.3.16. 선고 2022두38113 판결(태광 사건)에 따라 제도 개선으로 공정위의 심사지침 및 고발지침 개정, 특수관계인에 대한 과징금 부과 신설, 현행 과징금 부과기준의 강화 및 형사고발 의존도 축소의 연계 등을 주장하였다. 경제개혁연대, 사익편취 거래의 '관여'행위 판단 및 제도 개선(경제개혁이슈 2023-05호), 2023.

재판매가격유지행위의 금지

I. 개요

1. 제도의 의의 및 내용

공정거래법은 재판매가격유지행위에 대해 "사업자가 상품 또는 용역을 거래할 때 거래상대방인 사업자 또는 그 다음 거래단계별 사업자에 대하여 거래가격을 정하여 그 가격대로 판매 또는 제공할 것을 강제하거나 그 가격대로 판매 또는 제공하도록 그 밖의 구속조건을 붙여 거래하는 행위"라고 정의하고 있다(법 제2조 제20호). 재판매가격유지행위란 생산업자 기타 공급업자가 유통업자 등 거래상대방의 판매가격(재판매가격)을 유지하기 위하여 개입하는 것을 의미한다. 이러한 재판매가격유지행위는 통상 유통단계에서의 가격수준의 유지를 통하여 소매가격을 동일하게 함으로써 자사제품의 상품이미지를 확보하기 위한 수단으로 실시되어 왔다.

그러나 재판매가격유지는 자기와는 직접적인 거래관계가 없는 자기의 상대방과 제3자와의 거래에 직접 개입하는 것이며, 복수의 상대방에게 이러한 제약이 부과된다면 시장경쟁의 기본요소인 가격에 의한 경쟁이 직접적으로 제약을 받는 것이므로 재판매가격유지행위가 실효성을 갖고 행해지는 경우 경쟁저해성이 크다고 할 수 있다.

공정거래법은 이러한 재판매가격유지행위의 규제를 위해 법 제46조(재판매가격유지행위의 금지) 및 시행령 제29조(재판매가격유지행위의 제한)에서 규정하고 있으며, 이외에도 사업자단체의 금지행위의 하나로서 사업자단체가 사업자에게 재판매가격유지행위를 하게 하거나 이를 방조하는 행위를 규정하고 있다(법 제51조 제1항 제4호). 그리고 심사기준을 보다 명확하고 구체적으로 규정함으로써 사건처리의 일관성 및 효율성을 제고하기 위하여 내부지침으로 "재판매가격유지행위 심사지침(공정위 예규)"을 두고 있다.

2. 일정한 저작물에 대한 적용제외[1]

공정거래법은 제46조 단서 제2호에 재판매가격유지행위에 대한 적용제외의 규정을 두고 있다. 저작권법 제2조 제1호에 따른 저작물 중 공정위가 고시로 미리 지정하는 경우(지정재판)에는 재판매가격유지행위를 하더라도 위법으로 되지 않는다. 저작물은 통상 다품종소량 생산의 형태를 띠게 되고 저작물 내용의 개정이 문제가 되는 상품으로 가격경쟁에는 익숙하지 않다는 특성과 문화상품이라는 특수성을 인정하여 적용제외로 하고 있다.

다만 저작물의 재판매가격유지의 인정과 관련하여 이는 어디까지나 저작물에 관하여도 자유경쟁가격제도를 원칙으로 하되, 그 특성을 고려하여 사업자에 대하여 예외적으로 허용한다는 취지로 해석해야 한다. 따라서 사업자는 재판매가격유지행위를 할 것인지의 여부에 대하여 선택권을 갖고 있는 것이므로 사업자단체가 사업자에게 재판매가격유지행위를 하게 하거나 이를 방조하는 행위는 사업자단체의 금지행위(법 제51조 제1항 제4호)에 해당되게 된다.[2]

Ⅱ. 위법성 요건 관련 법리

재판매가격유지행위의 위법성 요건에 대한 법리는 일찍부터 법원의 판례와 공정위의 심결을 통하여 동일한 법리를 일관되게 적용하고 있다. 법 제46조의 재판매가격유지행위가 성립하기 위해서는 사업자가 거래상대방인 사업자 또는 그 다음 거래단계별 사업자에 대하여 ① 거래가격을 정하고, ② 그 가격대로 판매 또는 제공할 것을 강제하여야 한다.

여기에서 '거래가격'이란 지정가격 이외에 최고가격, 최저가격, 기준가격은 물론 사업자가 재판매가격의 범위를 정하면서 거래상대방인 사업자 또는 그 다음 거래단계별 사업자에게 그 범위 내에서 구체적인 판매가격을 정할 수 있게 하는 경우도 포함한다.

사업자가 재판매가격을 준수할 것을 '강제'함에 있어서의 '강제성'은 재판매 사업자로 하여금 그 지시·통지에 따르도록 하는 것에 대하여 현실적으로 그 실효성을 확보할 수 있는 수단이 부수되어 있어야 한다. 이러한 실효성 확보수단에는 실제로 거래를 중단하거나 또는 공급량을 줄이거나 공급조건을 불리하게 하는 등의 물리적 강요행위 뿐만 아니라, 단지 거래중단을 시사한 경우 등도 포함된다. 재판매가격유지행위의 강제성은 판매업자의 자유로운 의사에 반하여 재판매가격을 지정하고 이를 위반할 경우에 다양한 사실상의 불이익을 주는

---

1) 이동규, 독점규제 및 공정거래에 관한 법률 개론, 개정판, 행정경영자료사, 1997, 644~645면 참조.
2) 아래 Ⅲ. 5. (사)대한출판문화협회의 재판매가격유지행위에 관한 법원의 판례 참조.

경우뿐만 아니라 약정서 또는 계약서에 지정된 가격을 준수하도록 하고 이를 위반한 경우 계약 해지 등 제재조치를 취할 수 있는 조항을 둔 경우에도 강제성이 있는 것으로 본다.

한편 우리 공정거래법은 재판매가격유지행위에 대하여 "사업자는 재판매가격유지행위를 하여서는 아니된다"는 법조문을 통하여 그 자체로서 원칙적으로 위법으로 금지하고 있으며, 실제적인 운용면에서도 엄격히 규제하여 왔다. 그러다가 대법원 2010.11.25. 선고 2009두 9543 판결(소위 한미약품의 재판매가격유지행위 케이스)에서 "공정거래법의 입법 목적과 재판매가격유지행위를 금지하는 취지에 비추어 볼 때, 최저재판매가격유지행위가 당해 상표 내의 경쟁을 제한하는 것으로 보이는 경우라 할지라도, 시장의 구체적 상황에 따라 그 행위가 관련 상품시장에서의 상표 간 경쟁을 촉진하여 결과적으로 소비자후생을 증대하는 등 정당한 이유가 있는 경우에는 이를 예외적으로 허용하여야 할 필요가 있다. 그리고 그와 같은 정당한 이유가 있는지 여부는 관련시장에서 상표 간 경쟁이 활성화되어 있는지 여부, 그 행위로 인하여 유통업자들의 소비자에 대한 가격 이외의 서비스 경쟁이 촉진되는지 여부, 소비자의 상품 선택이 다양화되는지 여부, 신규사업자로 하여금 유통망을 원활히 확보함으로써 관련 상품시장에 쉽게 진입할 수 있도록 하는지 여부 등을 종합적으로 고려하여야 할 것이며, 이에 관한 증명책임은 관련 규정의 취지상 사업자에게 있다고 보아야 한다."는 법리가 처음으로 제시되었으며, 이에 따라 그 이후 법원 판결과 공정위 심결도 재판매가격유지행위를 불인정하는 사례 자체는 아직까지 나오지 않았지만 이 법리를 일관되게 적용하여 '효율성 증대로 인한 소비자후생의 증대나 브랜드간 경쟁의 촉진'과 같은 정당한 이유가 있는지 여부를 추가적으로 판단하고 있다.

필자는 위 2010.11.25. 한미약품의 재판매가격유지행위 건 대법원 판결은 대법원 2003.2.20. 선고 2001두5347 전원합의체 판결(대한의사협회의 구성사업자에 대한 사업활동제한행위 건), 대법원 2007.11.22. 선고 2002두8626 전원합의체 판결(포항종합제철(주)의 시장지배적지위 남용행위 건)에 못지않은 매우 중요한 의미를 갖는 판결이라고 생각한다. 어떻게 보면 한미약품의 재판매가격유지행위 건 대법원 판결은 다른 2개의 대법원 판결과 관련되는 행위, 즉 사업자단체의 금지행위행위 중 구성사업자의 사업내용 또는 활동을 부당하게 제한하는 행위 및 시장지배적지위의 남용행위와는 달리 '부당하게'라는 추가적인 규범적 요건도 규정되어 있지 않았음에도 전원합의체 판결을 거치지 않았다. 필자는 위 2개의 앞선 전원합의체 판결3)과 함께 2007년 미국 연방대법원이 소위 리진(Leegin) 판결4)에서 최저재판매가격유지행

---

3) 이슈 36: 사업자단체 금지행위 중 '구성사업자의 사업내용 또는 활동을 부당하게 제한하는 행위' Ⅲ., 이슈 16: 시장지배적지위 남용행위의 부당성 판단 기준 Ⅱ. 각각 참조.
4) Leegin Creative Leather Products, Inc. v. PSKS, Inc., 551. U.S. 877(2007): 핸드백·신발 유통

위 역시 합리의 원칙을 적용하여 경쟁제한적 효과와 경쟁촉진적 효과를 비교형량하여야 한다고 판시한 것이 우리 국내의 경쟁정책 및 법집행에도 영향을 미쳤다고 본다. 2007.6.28. 미국 연방대법원의 리진 판결이 나온 직후, 2010.11.25. 한미약품 대법원 판결이 나오기 직전인 2009.1.19. 공정위의 한국캘러웨이골프(유)의 재판매가격유지행위 건에 대한 심결시 피심인은 재판매가격유지행위의 위법성은 합리의 원칙에 의거 브랜드 간 경쟁촉진효과와 브랜드 내 경쟁제한효과를 비교형량해야 한다고 주장한 바 있다.5)

그리고 2021.12.30. 공정거래법을 개정·시행하여 "사업자는 재판매가격유지행위를 하여서는 아니된다"는 제46조 본문에 단서로 "효율성 증대로 인한 소비자후생 증대효과가 경쟁제한으로 인한 폐해보다 큰 경우 등 재판매가격유지행위에 정당한 이유가 있는 경우에는 그러하지 아니하다."는 예외조항을 추가함으로써 입법적으로도 보완되었다.

Ⅲ. 법원 판결례 및 공정위 심결사례

1. '정당한 이유가 있는지 여부' 관련

가. 한국캘러웨이골프(유)의 재판매가격유지행위 및 구속조건부거래행위 건(2009.1.19. 공정위 의결)

피심인은 재판매가격유지행위의 위법성은 합리의 원칙에 의거, 브랜드간 경쟁촉진효과와 브랜드내 경쟁제한효과를 비교형량하여야 한다고 하면서, 이 사건 골프용품시장에서의 재판매가격유지행위는 가격할인 대리점의 무임승차를 방지하여 효율적인 유통체계를 확립할 수 있는 점, 신규사업자 및 신규브랜드의 시장진입을 촉진할 수 있는 점, 그 결과 소비자에게 폭넓은 선택의 기회를 제공할 수 있는 점에서 브랜드간 경쟁촉진효과가 브랜드내 경쟁제한효과보다 훨씬 크다고 주장하였다.

이에 대하여 공정위는 "현행 법령상 최저판매가유지행위는 당연위법으로 되어 있으며, 그

업체 PSKS사가 피고인 Leegin사의 최저재판매가격 정책을 준수하지 않자, 피고는 상품 공급을 중단하였고 이에 원고가 셔먼법 제1조 위반으로 소송을 제기하였다. 2007.6.28. 미국 연방대법원은 1911년부터 유지해 오던 최저재판매가격유지행위에 대한 당연위법원칙을 다수의견(5:4)으로 폐기하면서 최저재판매가격유지행위의 경우에도 최고재판매가격유지행위와 같이 경쟁촉진효과와 경쟁제한효과를 비교형량하여 판단하여야 한다고 판시하였다. 리진 판결과 관련하여 당시 미국에서 동 판결을 입법적으로 번복하려는 시도가 있었으며 경쟁법 전문가들 간에도 찬반 논쟁이 활발히 진행되었다.
5) 동 사건에 대한 자세한 설명은 아래 Ⅲ. 1. 가. 참조.

동안의 심결례 역시 동일한 입장을 취하고 있다. 그럼에도 불구하고 합리의 원칙에 따라 이 사건 재판매가격유지행위의 효과를 살펴보더라도 피심인의 경우 전속대리점이 아닌 다수의 브랜드를 취급하는 대리점체제로 유통망이 운영되기 때문에 각 대리점이 특정브랜드를 위한 특별한 서비스를 제공하기 어렵고 따라서 피심인이 주장하는 것과는 달리 무임승차가 일어나기 어려운 점, 골프용품시장의 경우 업계 전반에 걸쳐 재판매가격유지행위가 관행화되어 있어 소비자가 다른 브랜드를 선택하더라도 저가로 제품을 구입하지 못하고 결국은 사업자들이 정해 놓은 높은 수준의 가격으로 제품을 구입할 수 밖에 없게 되는 점 등을 고려할 때 피심인의 재판매가격유지행위는 경쟁촉진효과가 크지 않고 그 대신 경쟁제한효과가 크다고 판단되므로 피심인의 주장은 이유 없다."고 판단하였다.

서울고등법원은 2010.4.21. 선고 2009누5482 판결을 통하여 경쟁제한성 인정 여부에 관하여 "공정거래법 제29조 제1항(현행법 제46조) 본문은 '사업자는 재판매가격유지행위를 하여서는 아니된다.'라고 규정하여 재판매가격유지행위가 있으면 경쟁제한성을 별도로 판단하지 않고 위법한 것으로 판단하도록 규정하고 있어, 앞에서 살펴본 요건을 충족하기만 하면 별도로 당해 행위의 경쟁제한성 여부를 판단함이 없이 위법한 행위로 보아야 하고, 이에 대하여 원고 주장과 같이 재판매가격유지행위가 부당하지 않다는 또한 정당한 사유가 있다는 주장은 허용되지 않는다고 보아야 하므로, 재판매가격유지행위에 경쟁제한성이 없어 위법성이 존재하지 아니한다는 원고의 위 주장은 더 나아가 살펴 볼 필요 없이 이유 없다."고 판결하였다.

상고심인 대법원은 2011.3.10. 선고 2010두9976 판결에서 "공정거래법의 목적은 경쟁을 촉진하여 소비자후생을 증대하기 위한 것이고, 제29조 제1항이 재판매가격유지행위를 금지하는 취지도 사업자가 상품 또는 용역에 관한 거래가격을 미리 정하여 거래함으로써 유통단계에서의 가격경쟁을 제한하여 소비자후생을 저해함을 방지하기 위한 것이다. 이러한 공정거래법의 입법 목적과 재판매가격유지행위를 금지하는 취지에 비추어 볼 때, 최저재판매가격유지행위가 해당 상표 내의 경쟁을 제한하는 것으로 보이는 경우라 할지라도, 시장의 구체적 상황에 따라 그 행위가 관련 상품시장에서의 상표 간 경쟁을 촉진하여 결과적으로 소비자후생을 증대하는 등 정당한 이유가 있는 경우에는 이를 예외적으로 허용하여야 할 필요가 있다. 그리고 그와 같은 정당한 이유가 있는지 여부는 관련 시장에서 상표 간 경쟁이 활성화되어 있는지 여부, 그 행위로 인하여 유통업자들의 소비자에 대한 가격 이외의 서비스 경쟁이 촉진되는지 여부, 소비자의 상품 선택이 다양화되는지 여부, 신규사업자로 하여금 유통망을 원활히 확보함으로써 관련 상품시장에 쉽게 진입할 수 있도록 하는지 여부 등을 종합적으로 고려하여야 할 것이며, 이에 관한 증명책임은 관련 규정의 취지상 사업자에게 있다고 보아야 한다(대법원 2010.11.25. 선고 2009두9543 판결 참조). 한편 원심은 그 채택 증거에 의하여 판시와 같은 사실을 인정한 다음, 원고의 이러한 행위는 거래상대방인 대리점의 자유로운 의사에 반하여 자신이 지정한 상품거래가격을 준수하도록 강제함으로써 대리점 간의 자유로운 경쟁을 저해한 행위라고 보고, 나아가 원고의 최저재판매가격유지행위는 공정거래법 제2조 제6호의 요건을 충족하기만 하면 위법한 것이므로, 그 행위가 판촉, 상품설명, 보증수리 등 비가격 경쟁력을 강화한 대리점을 보호하고 상표 간 경쟁을 촉진하여 소비자후생을 증대시킨다는 취지의 원고의 주장은 더 나아가 살펴 볼 필요 없이 이유 없다고 판단하였음을 알 수 있다. 그러나 앞서 본 법리에 의하면, 최저재판매가격유지행위는 정당한 이유가 있는 경우에는 예외적으로 허용되고 이에 관한 증명책임은 사업자에게 있으므로, 원심으로서는 적어도 원고에게 그 주장과 같은 정당한 이유에 관하여 증명할 기회는 주었어야 할 것이다. 원심판결에는 재판매가격유지행위의 정당한 이유에 관한 법리를 오해하고 심리를 다하지 아니하여 판결에 영향을 미친 위법이 있다."면서 원심판결을 파기하고 사건을 서울고등법원에 환송하였다.

그러나 서울고등법원은 2012.4.19. 환송후 판결인 선고 2011누10777 판결을 통하여 "공정거래법의 목적은 경쟁을 촉진하여 소비자 후생을 증대하기 위한 것이고, 공정거래법 제29조 제1항이 재판매가격유지행위를 금지하는 취지도 사업자가 상품 또는 용역에 관한 거래가격을 미리 정하여 거래함으로써 유통단계에서의 가격경쟁을 제한하여 소비자 후생을 저해함을 방지하기 위한 것이다. 이러한 공정거래법의 입법 목적과 재판매가격유지행위를 금지하는 취지에 비추어 볼 때, 최저재판매가격 유지행위가 해당 상표 내의 경쟁을 제한하는 것으로 보이는 경우라 할지라도 시장의 구체적 상황에 따라 그 행위가 관련 상품시장에서의 상표 간 경쟁을 촉진하여 결과적으로 소비자 후생을 증대하는 등 정당한 이유가 있는 경우에는 이를 예외적으로 허용하여야 할 필요가 있다. 그리고 그와 같은 정당한 이유가 있는지는 관련시장에서 상표 간 경쟁이 활성화되어 있는지 여부, 그 행위로 인하여 유통업자들의 소비자에 대한 가격 이외의 서비스 경쟁이 촉진되는지 여부, 소비자의 상품 선택이 다양화되는지 여부, 신규사업자로 하여금 유통망을 원활히 확보함으로써 관련 상품시장에 쉽게 진입할 수 있도록 하는지 여부 등을 종합적으로 고려하여야 할 것이며, 이에 관한 증명책임은 관련 규정의 취지상 사업자에게 있다고 보아야 한다(대법원 2010.11.25. 선고 2009두9543 판결 등 참조). 이 사건 골프채 시장은 상표 간 경쟁이 활성화되어 있는 시장임을 인정할 수 있다. 그러나 원고의 이 사건 재판매가격유지행위가, 원고 대리점의 판매전 서비스를 활성화하는 등

가격 이외의 서비스 경쟁을 촉진하였고, 소비자의 다양한 상품 선택을 촉진하였으며, 신규 상표의 시장 진입을 쉽게 하여, 결과적으로 상표 간 경쟁을 촉진함으로써 소비자 후생을 증대시켰다고 인정하기에 부족하고, 설령 이러한 긍정적 효과를 발생시킨 측면이 있다고 하더라도, 이러한 경쟁촉진 효과 및 소비자 후생 증대 효과가 이 사건 재판매가격유지행위가 가져오는 대리점 사이의 가격 인하 제한 효과나 대리점의 자율성을 침해하는 효과를 상회한다고 인정하기에 부족하며, 달리 이를 인정할 만한 증거가 없다. 따라서 이 사건 재판매가격유지행위에는 정당한 이유가 있으므로 위법성이 인정되지 않는다는 원고의 주장도 이유 없다."고 판단하였다.

나. 골드윈코리아의 재판매가격유지행위 건(2012.8.22. 공정위 의결)

본건은 특히 서울고등법원 판결 과정에서 정당한 이유의 유무 관련하여 매우 구체적인 주장과 이에 대한 판단이 이루어졌는바 앞으로 많은 참고가 될만한다고 본다.

피심인은 아래와 같이 이 사건 소비자가격 지정·강제 행위에 정당한 이유가 있다고 주장하였다. 첫째, 관련 상품시장을 의류 시장, 캐주얼 의류 시장, 아웃도어 주요 브랜드시장 등 어느 것으로 보더라도 해당 시장에서 상표 간 경쟁이 활성화되어 있다. 관련 상품시장을 아웃도어 주요 브랜드 시장으로 볼 경우 시장 점유율 순위가 최근 몇 년 동안 변함없이 유지되고 있는 상황은 노스페이스를 비롯하여 코오롱스포츠, K2 등 주요 아웃도어 브랜드 간에 치열하게 경쟁이 이루어지고 있음을 반증한다. 둘째, 전문점들의 소비자에 대한 서비스 경쟁이 촉진되었다. 피심인이 노스페이스 제품만을 판매하는 전문점 및 대형 매장 위주로 유통망을 새로 구축함에 따라, 전문점은 동일한 비율의 마진이 보장되는 노스페이스 제품만을 판매하면 되었기 때문에 소비자에 대한 제품설명에 집중할 수 있게 되었고, 대형 매장의 경우 전문판매사원이 배치되어 소비자에 대한 제품 설명 서비스가 확충되었다. 셋째, 노스페이스 제품의 성공으로 다양한 아웃도어 브랜드가 시장에 등장하였고 그에 따라 소비자의 상품 선택이 다양화되었다. 넷째, 전문점으로 하여금 할인판매를 자제하게끔 하는 가격정책은 무임승차문제를 해소함으로써 피심인이 짧은 기간 내에 많은 전문점 유통망을 확보할 수 있도록 하였다.

이에 대하여 공정위는 "최저재판매가격 유지행위가 해당 상표 내의 경쟁을 제한하는 것으로 보이는 경우라 할지라도, 시장의 구체적 상황에 따라 그 행위가 관련 상품시장에서의 상표 간 경쟁을 촉진하여 결과적으로 소비자후생을 증대하는 등 정당한 이유가 있는 경우에는 이를 예외적으로 허용하여야 할 필요가 있으므로 그러한 정당한 사유가 없는 경우 위법성이 인정된다.[6] 정당한 이유 유무의 판단기준 관련하여 정당한 이유가 있는지는 관련시장에서 상표 간 경쟁이 활성화되어 있는지 여부, 그 행위로 인하여 유통업자들의 소비자에 대한 판매가격 이외의 서비스 경쟁이 촉진되는지 여부, 소비자의 상품 선택이 다양화되는지 여부, 신규사업자로 하여금 유통망을 원활히 확보함으로써 관련 상품시장에 쉽게 진입할 수 있도록 하는지 여부 등을 종합적으로 고려하여야 한다. 재판매가격유지행위가 대리점의 판매전 서비스를 활성화하는 등 가격 이외의 서비스 경쟁을 촉진하였고, 소비자의 다양한 상품 선택을 촉진하였으며, 신규 상표의 시장 진입을 쉽게 하여, 결과적으로 상표 간 경쟁을 촉진함으로써 소비자 후생을 증대시킨 측면이 있다고 하더라도, 이러한 경쟁촉진 효과 및 소비자 후생 증대 효과가 이 사건 재판매가격유지행위가 가져오는 대리점 사이의 가격 인하 제한 효과나 대리점의 자율성을 침해하는 효과를 상회하여야 한다. 살피건대 피심인의 위 주장은 아래와 같은 점에서 정당한 이유로 인정하기에 부족하다. 첫째, 피심인의 위 주장만으로는 피심인의 이 사건 소비자가격 지정·강제 행위가, 피심인 전문점의 판매전 서비스를 활성화하는 등 가격 이외의 서비스 경쟁을 촉진하였고, 소비자의 다양한 상품 선택을 촉진하였으며, 신규 상표의 시장 진입을 쉽게 하여, 결과적으로 상표 간 경쟁을 촉진함으로써 소비자 후생을 증대시켰다고 인정하기에 부족하며, 달리 이를 인정할 만한 증거가 없다. 둘째, 이러한 긍정적 효과를 발생시킨 측면이 있다고 하더라도, 이러한 경쟁촉진 효과 및 소비자 후생 증대 효과가 이 사건 소비자가격 지정·강제 행위가 가져오는 전문점 사이의 가격인하 제한 효과나 전문점의 자율성을 침해하는 효과를 상회함이 인정되어야 하는 바, 이를 인정할 증거가 없다."고 판단하였다.

서울고등법원은 2013.8.22. 선고 2012누28867 판결을 통하여 "공정거래법의 목적과 관련 규정에 비추어 최저 재판매가격유지행위가 해당 상표 내의 경쟁을 제한하는 것으로 보이는 경우라 할지라도, 시장의 구체적 상황에 따라 그 행위가 관련 상품시장에서의 상표 간 경쟁을 촉진하여 결과적으로 소비자후생을 증대하는 등 정당한 이유가 있는 경우에는 이를 예외적으로 허용하여야 할 필요가 있다. 그리고 그와 같은 정당한 이유가 있는지는 관련 시장에서 상표 간 경쟁이 활성회되어 있는지 여부, 그 행위로 인하여 유통업자들의 소비자에 대한 가격 이외의 서비스 경쟁이 촉진되는지 여부, 소비자의 상품 선택이 다양화되는지 여부, 신

---

6) 대법원 2010.11.25. 선고 2009두9543 판결 참조, 한편 2012.5.4. 미국 캔자스 주 대법원은 O'Brien v. Leegin Creative Leather Products, Inc., No. 10100, 2012 WL 1563976(Kan. May 4, 2012)사건에서 재판매가격유지행위 계약은 당연위법이라고 판단한바 있는데 위 판결은 2007년 미국 연방대법원이 Leegin v. PSKS 사건에서 재판매가격제한행위가 당연위법이 아니라 합리의 원칙에 따라 분석되어야 하는 사안이라고 내린 판결과 상반되는 것이다.

규사업자로 하여금 유통망을 원활히 확보함으로써 관련 상품시장에 쉽게 진입할 수 있도록 하는지 여부 등을 종합적으로 고려하여야 할 것이며, 이에 관한 증명책임은 관련 규정의 취지상 사업자에게 있다고 보아야 한다(대법원 2011.3.10. 선고 2010두9976 판결 등 참조)."는 일관된 기본법리를 제시하면서, ① 이 사건 재판매가격유지행위로 인한 소비자후생 감소, ② 관련 시장에서 상표간 경쟁 활성화 여부, ③ 가격 이외의 서비스 경쟁 촉진 여부, ④ 상품 선택의 다양화 여부, ⑤ 신규사업자의 시장진입을 위한 필요성, ⑥ 무임승차 방지의 필요성 등 6가지 측면에서 원고의 주장 및 이에 대한 구체적인 판단을 거친 후에, "갑1~3, 갑 6~10, 갑11, 갑15, 을2~3의 각 전부 내지 일부기재(가지번호 포함)에 변론 전체의 취지를 종합하여 원고가 제출한 증거를 모두 모아 보더라도 이 사건 재판매가격유지행위가 관련 시장에서 상표 간 경쟁과 전문점 간 서비스 경쟁을 더욱 촉진하여 소비자후생을 증대하였다고 단정하기 부족하고, 이 사건 재판매가격유지행위로 인하여 증대한 소비자후생이 이 사건 재판매가격유지행위로 감소한 소비자후생을 충분히 상회하였다는 점을 인정하기도 부족하다." 고 판결하였다.

상고심에서 대법원은 심리불속행 사유에 해당한다는 이유로 상고를 기각하였다(대법원 2014.1.24. 선고 2013두20783 판결).

다. 금호타이어㈜의 재판매가격유지행위 건(2019.7.3. 공정위 의결)

공정위는 "법의 입법목적과 재판매가격유지행위를 금지하는 취지에 비추어 볼 때, 최저재판매가격유지행위가 당해 브랜드 내의 경쟁을 제한하는 것으로 보이는 경우라할지라도, 시장의 구체적 상황에 따라 그 행위가 관련 상품시장에서의 브랜드 간 경쟁을 촉진하여 결과적으로 소비자 후생을 증대시키는 등 정당한 이유가 있음을 사업자가 입증하는 경우에는 이를 예외적으로 허용하여야 할 필요가 있다. 이와 같은 정당한 이유가 있는지 여부는 관련시장에서 브랜드 간 경쟁이 활성화되어 있는지 여부, 그 행위로 인해 유통업자들의 소비자에 대한 가격 이외의 서비스 경쟁이 촉진되는지 여부, 소비자의 상품선택이 다양화 되는지 여부, 신규사업자로 하여금 유통망을 원활히 확보함으로써 관련 상품시장에 쉽게 진입할 수 있도록 하는지 여부 등을 종합적으로 고려할 수 있을 것이다(대법원 2010.11.25. 선고 2009두 9543 판결 참조)."라고 최초의 한미약품 대법원 판결을 참조판례로 기본법리를 제시하면서, 재판매가격 유지에 정당한 이유가 있는지 여부의 판단에서는 "다음 사항을 고려할 때 피심인의 재판매가격유지행위가 관련 시장에서 브랜드 간 경쟁이나 서비스 경쟁을 촉진하여 소비자 후생을 증대시켰다거나, 피심인의 행위로 인하여 증가된 소비자후생이 재판매가격유지행위로 인한 가격인하 제한효과에 따라 감소된 소비자후생을 상회하였다는 점이 입증된 바 없으므로 피심인의 행위에 정당한 이유가 있다고 볼 수 없다. 첫째, 오프라인 대리점의 판매마진을 보장하기 위한 방법으로는 피심인 자신의 공급가격을 재조정하는 등 대안이 있음에도 불구하고 피심인은 재판매가격에 대한 직접 개입을 통한 경쟁제한적인 수단을 사용하였고, 국내 타이어 제품 시장에서 브랜드 내 경쟁 제한 효과를 뛰어 넘는 브랜드 간 경쟁 촉진효과가 이 사건 행위 때문에 충분히 이루어지고 있다고 보기는 어렵다. 둘째, 이 사건 재판매가격유지 행위를 통하여 대리점 등의 가격 외 서비스 경쟁이 위반기간 동안 실제로 존재하였다거나 기타 의미 있는 소비자후생 증진 효과가 발생하였는지 파악하기 어려우며, 온라인 시장의 가격이 공개되는 구조에서 최저가를 기준으로 구매하는 소비자들의 성향 및 대리점들이 온라인 대리점들의 저가 판매가격에 불만을 제기하였다는 점 등을 고려하면 가격 할인경쟁이 사실상 더욱 중요한 요소로 작용하였다고 판단된다. 더욱이 온·오프라인 대리점 간 경쟁으로 인하여 영세한 오프라인 대리점 수가 감소할 우려가 있다고 하더라도 이는 유통업체 간 능률에 의한 경쟁에 따른 결과로 볼 수 있고, 가사 영세한 오프라인 대리점에 대한 보호 필요성이 일부 인정된다고 하더라도 대리점의 자율성을 침해하고 대리점 간 가격인하 제한효과로 인한 소비자 후생이 감소하는 것을 감수하면서까지 이를 보호해야 할 필요성이 크다고 보기 어렵다. 셋째, 온라인 타이어 유통시장이 확대됨에 따라 타이어 장착 및 위치교환, 점검, 휠 얼라인먼트 등의 서비스를 전문적으로 제공하는 타이어 장착 전문점이 등장하는 등 서비스 경쟁이 촉진되고 있는 반면, 피심인이 타이어 판매가격을 높게 유지시키는 조건으로 대리점에 높은 서비스 수준을 요구하는 등 가격과 서비스 수준을 결부시킨 사실도 확인되지 않는 점 등에 비춰볼 때 피심인이 대리점 간 서비스 경쟁을 유도하기 위한 목적에서 재판매가격유지행위를 실행하였다고 보기는 어렵다. 넷째, 피심인의 재판매가격유지행위에 따른 양질의 서비스 제공을 통한 브랜드간의 경쟁촉진 효과 내지 소비자후생 증대 효과가 크다고 보이지 않는 반면, 타이어 제품에 있어서 가장 중요한 경쟁수단인 판매가격을 일정한 수준으로 제한함으로써 소비자로 하여금 판매업체 간 가격경쟁에 따라 좀 더 저렴한 가격에 양질의 제품을 구입할 수 있는 기회를 봉쇄하게 되는 경쟁제한 효과가 발생하였다. 2016.4.28.일자 금호넷 공지사항 게시글에서 확인할 수 있듯이 실제 피심인 타이어 제품의 가격이 최대 10% 인상되어 소비자후생이 감소하였다고 판단된다."고 결정하였다.

그리고 서울고등법원은 2020.8.26. 선고 2019누53442 판결을 통해서 "아래와 같은 사정에 비추어 보면 이 사건 재판매가격유지행위에 정당한 이유가 인정된다고 보기 어렵다. ① 이 사건 타이어 시장은 상표 간 경쟁이 활성화되어 있는 시장이다. 국내 타이어시장은 원고를 포함한 3개 회사가 과점하고 있는데, 2016년 원고는 약 33%의 사장점유율을 차지하고 있었다. 온라인 시장의 가격경쟁은 오프라인 시장 등 다른 유통채널에도 가격경쟁을 촉진하는 기능을 수행한다. 이러한 사정을 충분히 인지하고 있던 원고는 온라인 판매 대리점의 재판매가격에 대해 직접 개입하는 경쟁제한적인 방법을 사용하였고 이에 따라 오프라인 대리점 등 다른 유통채널의 가격경쟁도 제한되는 결과를 가져왔다. 소비자는 보다 저렴한 가격에 타이어를 구입하지 못하게 되어 소바자의 후생이 감소되었다고 볼 수 있다. ② 이 사건 재판매가격유지행위가 원고와 대리점으로 하여금 가격 이외의 서비스 경쟁을 촉진시키고, 소비자의 다양한 상품 선택을 촉진하였으며, 신규 상표의 시장 진입을 쉽게 하여 결과적으로 상표 간 경쟁을 촉진함으로써 소비자 후생을 증대시켰다고 인정하기에 부족하다. 원고가 온라인 판매 대리점의 타이어 판매가격을 일정 수준 이상으로 유지하는 조건으로, 오프라인 대리점에 대하여 높은 서비스 수준을 요구하는 등 가격과 서비스 수준을 결부시킨 사정도 확인되지 않는다. 원고가 대리점 간 서비스 경쟁을 유도하기 위한 목적에서 이 사건 재판매가격유지행위를 하였다고 보기 어렵다. 설령 긍정적 효과를 발생시킨 측면이 있다고 하더라도, 이러한 경쟁촉진 효과 및 소비자 후생 증대 효과가 이 사건 재판매가격유지행위가 가져오는 대리점 사이의 가격 인하 제한 효과나 대리점의 자율성을 침해하는 효과를 상회한다고 인정하기에 부족하다. ③ 온라인과 오프라인 대리점 사이의 경쟁으로 인하여 영세한 오프라인 대리점이 폐업하는 등으로 그 수가 감소할 우려가 있다 하더라도 이는 시장에서의 경쟁에 따른 결과이고, 대리점의 가격 결정에 대한 자율성을 침해하고 가격경쟁 제한으로 인해 소비자 후생이 감소하는 것을 감수하면서까지 영세한 오프라인 대리점을 보호할 필요성도 인정되지 않는다.”고 판결하였다.

그리고 상고심에서 대법원은 심리불속행 사유에 해당한다는 이유로 상고를 기각하였다(대법원 2020.12.30. 선고 2020두48987 판결).

라. ㈜레몬의 재판매가격유지행위 건(2021.12.17. 공정위 의결)

법의 입법목적과 재판매가격유지행위를 금지하는 취지에 비추어 볼 때, 최저재판매가격유지행위가 당해 브랜드 내의 경쟁을 제한하는 것으로 보이는 경우라 할지라도, 시장의 구체적 상황에 따라 그 행위가 관련 상품시장에서의 브랜드 간 경쟁을 촉진하여 결과적으로 소비자후생을 증대시키는 등 정당한 이유가 있음을 사업자가 입증하는 경우에는 이를 예외적으로 허용하여야 할 필요가 있다. 이와 같은 정당한 이유가 있는지 여부는 관련시장에서 브랜드 간 경쟁이 활성화되어 있는지 여부, 그 행위로 인해 유통업자들의 소비자에 대한 가격

이외의 서비스 경쟁이 촉진되는지 여부, 소비자의 상품선택이 다양화되는지 여부, 신규사업자로 하여금 유통망을 원활히 확보함으로써 관련 상품시장에 쉽게 진입할 수 있도록 하는지 여부 등을 종합적으로 고려할 수 있을 것이다(대법원 2010.11.25. 선고 2009두9543 판결 참조).

피심인의 관련시장에서의 시장점유율이 낮아 관련 시장에서의 경쟁제한 효과가 미미하다고 볼 수도 있으나, 피심인의 행위가 판매점의 가격 이외의 서비스 경쟁을 촉진시키거나, 소비자의 다양한 상품 선택을 촉진시키거나, 신규 상품의 시장진입을 쉽게 하는 등, 결과적으로 브랜드 간 경쟁을 촉진함으로써 소비자 후생을 증대시켰다고 볼만한 증거가 존재하지 않는다. 설령 그러한 긍정적 효과를 발생시킨 측면이 일부 있다고 하더라도, 이 사건 재판매가격유지행위가 가져오는 가격경쟁 제한 효과나 판매점 등의 자율성을 침해하는 효과를 상회한다고 인정하기 어려우므로 이 사건 재판매가격유지행위는 정당한 이유가 없다고 판단된다.

마. 일동제약(주)의 재판매가격유지행위 건(2022.1.4. 공정위 의결)

법의 입법목적과 재판매가격유지행위를 금지하는 취지에 비추어 볼 때, 최저재판매가격유지행위가 당해 브랜드 내의 경쟁을 제한하는 것으로 보이는 경우라 할지라도, 시장의 구체적 상황에 따라 그 행위가 관련 상품시장에서의 브랜드 간 경쟁을 촉진하여 결과적으로 소비자후생을 증대시키는 등 정당한 이유가 있음을 사업자가 입증하는 경우에는 이를 예외적으로 허용하여야 할 필요가 있다. 이와 같은 정당한 이유가 있는지 여부는 관련시장에서 브랜드 간 경쟁이 활성화되어 있는지 여부, 그 행위로 인해 유통업자들의 소비자에 대한 가격 이외의 서비스 경쟁이 촉진되는지 여부, 소비자의 상품선택이 다양화되는지 여부, 신규사업자로 하여금 유통망을 원활히 확보함으로써 관련 상품시장에 쉽게 진입할 수 있도록 하는지 여부 등을 종합적으로 고려하여 판단할 수 있을 것이다(대법원 2010.11.25. 선고 2009두9543 판결 참조).

피심인은 약국에 대한 제재를 통해 자사 제품을 온라인으로 직접 판매하는 약국 및 자사 제품을 공급받아 이를 온라인으로 판매하는 업체들의 가격경쟁을 제한하였고, 이에 따라 소비자들은 약국 및 온라인 판매업체 간 가격경쟁에 따라 보다 저렴하게 제품을 구매할 수 있는 기회를 제한받았는바, 피심인의 위 행위는 건강기능식품에 관한 거래가격을 미리 정하여 거래함으로써 유통단계에서의 가격경쟁을 제한하여 소비자 이익을 저해한 행위로 판단된다(대법원은 재판매가격유지행위로 인한 경쟁촉진 또는 소비자이익 증진효과에 대해서는 피심인에게 입증책임이 있다고 판시하고 있다(대법원 2010.11.25. 선고 2009두9543 판결 참조).).

바. 리퓨어헬스케어(주)의 재판매가격유지행위 건(2023.5.9. 공정위 의결)

본건은 위법성 판단시 2021.12.30. 개정·시행된 공정거래법 제46조 제1호, 즉 "효율성 증대로 인한 소비자후생 증대효과가 경쟁제한으로 인한 폐해보다 큰 경우 등 재판매가격유지행위에 정당한 이유가 있는 경우"의 규정에 따라 그 해당여부를 판단한 케이스이다.

공정위는 "재판매가격유지행위는 원칙적으로 위법한 것으로 보나 재판매가격유지행위의 효율성 증대로 인한 소비자후생 증대효과가 경쟁제한으로 인한 폐해보다 큰 경우 등 정당한 이유가 있는 경우에는 위법하지 아니하다. 여기서 '정당한 이유가 있는지' 여부를 판단할 때는 관련시장에서 브랜드 간 경쟁이 활성화되어 있는지 여부, 그 행위로 인하여 유통업자들의 서비스 경쟁이 촉진되는지 여부, 소비자의 제품 선택이 다양화되는지 여부, 신규 사업자로 하여금 유통망을 원활히 확보함으로써 관련 제품시장에 쉽게 진입할 수 있도록 하는지 여부 등을 종합적으로 고려하여야 할 것이며, 이에 관한 증명책임은 관련 규정의 취지상 사업자에게 있다(재판매가격유지행위 심사지침(개정 2021.12.30. 공정거래위원회예규 제386호) 3. 가. 및 대법원 판결(2010.11.25. 선고 2009두9543) 참조)."는 관련 법리를 제시하였다.

그리고 공정위는 이 법리에 따라 재판매가격 유지에 정당한 이유가 있는지 여부에 대하여 "첫째, 피심인은 이 사건 재판매사업자인 대리점과 동물병원에 대해 사업상 가장 중요할 수 있는 가격결정의 자율성을 침해하고, 대리점들 간 또는 동물병원들 간 가격경쟁을 제한한 점 둘째, 피심인의 재판매가격유지행위로 인한 효율성 증대효과 여부가 불확실하고, 관련시장에서 브랜드 간 경쟁 또는 유통업자의 서비스 경쟁을 촉진하거나 소비자의 제품 선택을 다양화하여 소비자 후생을 증대시켰다고 볼 만한 근거도 없는 점 셋째, 비록 피심인의 시장점유율이 미미하여 이 사건 재판매가격유지행위로 인한 관련시장에서의 경쟁제한 폐해는 크지 않을 수 있으나 소비자들은 보다 저렴한 가격에 피심인의 취급 제품을 구매할 수 있는 기회가 차단되어 소비자 이익이 침해되거나 소비자 후생이 감소되었다고 볼 수도 있는 점 넷째, 피심인은 스스로 이 사건 재판매가격유지행위에 대한 정당한 이유를 입증하지 못하고 있고, 실제 그 행위의 의도나 목적이 단지 대리점 또는 동물병원에 대해 적정한 마진을 보장해 줌으로써 이들과 계속적인 거래관계를 유지할 필요성에 기인한 것임을 고려할 때, 여기에 정당한 이유가 존재한다고 볼 수 없는 점 등을 고려하면 피심인의 행위에는 정당한 이유가 있다고 보기 어렵다."고 판단하면서, "피심인의 행위는 법 제46조에 해당하여 위법하다. 피심인이 향후 위 행위와 동일 또는 유사한 행위를 반복하지 않도록 하기 위해 법 제49조에 따라 시정명령을 부과한다."고 결정하였다.

2. '강제성'을 인정하지 않은 법원 판결례

가. 대법원 2001.12.24. 선고 99두11141 판결(남양유업(주)의 재판매가격유지행위 건, 1998.6.10. 공정위 의결)

대법원은 "사업자가 재판매업자에게 상품을 판매함에 있어 일방적으로 재판매가격을 지정하여 그 가격대로 판매할 것을 지시·통지하는 행위는, 그것이 단지 참고가격 내지 희망가격으로 제시되어 있는 것에 그치는 정도인 경우에는 이를 위법하다 할 수 없고, 거기에서 그치지 아니하고 재판매업자로 하여금 그 지시·통지에 따르도록 하는 것에 대하여 현실로 그 실효성을 확보할 수 있는 수단이 부수되어 있는 경우에만, 법 제2조 제6호(현행법 제2조 제20호)에서 규정하는 '그 가격대로 판매할 것을 강제하거나 이를 위하여 규약 기타 구속조건을 붙여 거래하는 행위'로서 법 제29조 제1항(현행법 제46조)에 의하여 금지되는 '재판매가격유지행위'에 해당하므로 위법하다 할 것이다. 기록에 의하면, 원고 회사의 판매가격 조사·점검 행위는, 그 조사의 목적이 거래처로 하여금 그 가격대로 판매하게 하는 데에 있음을 인정할 자료가 없고, 나아가 그 구체적인 조사의 방법, 횟수, 조사자의 언동, 이에 대한 피조사자의 반응이나 태도 등을 알아 볼 수 있는 자료도 현출되어 있지 아니하므로, 이로써 원고 회사의 권장소비자가격 통보에 그 실효성을 확보할 수 있는 수단이 부수되어 있었다고 보기는 어렵다. 또한 기록에 의하면, 원고 회사 ○○지점 영업사원이 관내 일부 대형할인매장에 대하여 판매가격을 인상할 것을 요청하면서 이에 응하지 아니할 경우 상품 공급을 중단할 것처럼 통지·시사하였음을 알 수 있으나, 한편 위 각 매장에 대한 상품 공급은 위 지점에서 담당하고 있는 것이 아니라 원고 회사 본사와 각 그 매장의 서울 본사 사이에서 체결된 계속적 상품공급계약에 따라 원고 회사 본사에서 담당하고 있고, 각 그 상품공급계약에 따르면 원고 회사 본사로서는 구매발주서에 적시된 납기 및 납품장소에 맞추어 상품을 납품하여야 하고, 발주된 상품은 1회에 전부 납품하여야 하며, 원고 회사 본사가 납기를 준수하지 못하였을 경우 1일당 발주금액의 1/1000(한국마크로의 경우) 내지 15/100(하나로마트의 경우)의 지체배상금을 물도록 되어 있으며, 그리하여 원고 회사 본사는 매출액이 큰 위 각 대형할인매장에 대하여 염매를 이유로 함부로 공급중단을 결정할 수 없는 입장에 있었고, 실제로도 그를 이유로 공급중단을 실시한 바 없었고, 더구나 위 영업사원은 관내 점포를 돌아다니면서 판매대금 수금, 반품처리 등의 업무를 담당하는 당시 25세의 입사 1년 남짓된 사원에 불과하여 독자적으로 공급중단 등을 결정하거나 실시할 권한이 없어, 위 각 매장의 담당직원들은 위 영업사원의 언동에 크게 개의하지 아니하였고, 그들 또한 본사로부터 지시받은 판매가격으로 판매할 뿐 스스로 판매가격을 결정할 권한이 없었음을 알 수 있는바, 이와 같은 사실관계 하에서라면, 위 영업사원의 위 각 매장에 대한 판매가격 인상요청에도 현실로 그 실효성을 확보할 수 있는 수단이 부수되어 있었다고 보기는 어렵다. 그렇다면 원고 회사의 거래처에 대한 권장소비자가격 통보나 판매가격 인상요청은 모두 그 실효성을 확보할 수 있는 수단이 부수되어 있었다고 할 수 없으므로, 같은 취지에서 원심이 원고 회사의 위와 같은 행위가 재판매가격유지행위에 해당하지 아니한다고 판단한 것은 정당하고, 거기에 상고이유에서 주장하는 바와 같은 재판매가격유지행위에 관한 법리오해의 위법이 없다."고 판결하였다.

나. 대법원 2011.5.13. 선고 2010두28120 판결((주)글락소스미스클라인의 재판매가격유지행위 건, 2009.5.12. 공정위 의결)

대법원은 "사업자가 재판매업자에게 상품을 판매함에 있어 일방적으로 재판매가격을 지정하여 그 가격대로 판매할 것을 지시·통지하는 행위는, 그것이 단지 참고가격 내지 희망가격으로 제시되어 있는 것에 그치는 정도인 경우에는 이를 위법하다 할 수 없고, 거기에서 그치지 아니하고 재판매업자로 하여금 그 지시·통지에 따르도록 하는 것에 대하여 그 현실로 그 실효성을 확보할 수 있는 수단이 부수되어 있는 경우에만 공정거래법 제2조 제6호에서 규정하는 '그 가격대로 판매할 것을 강제하거나 이를 위하여 규약 기타 구속조건을 붙여 거래하는 행위'로서 법 제29조 제1항에 의하여 금지되는 '재판매가격유지행위'에 해당하여 위법하다 할 것이다(대법원 2010.12.9. 선고 2008두23504 판결, 대법원 2002.5.31. 선고 2000두1829 판결 등 참조). 원심은 그 채택 증거를 종합하여 인정되는 다음과 같은 사정, 즉 ① 원고가 2004.1.경부터 2006년경까지 도매업체와 사이에 체결한 거래계약서와 2006.10.30. 동신제약과 체결한 유통계약서는 모두 '과도한 할인 등을 통하여 비정상적인 가격으로 제품을 판매하는 행위'를 금지하고 있을 뿐이어서, 위 계약서의 문언만으로는 도매업체로 하여금 기준약가와 동일한 가격으로 원고 제품을 판매할 의무를 부과한다고 보기 어렵고, 도매업체들이 기준약가 이하로 판매하는 경우라도 판매가격이 과도한 할인을 통한 비정상적인 가격에 해당하지 않는 이상 해당 거래계약서상의 유통체계확립 및 판매질서 유지의무를 위반하였다고 할 수도 없는 점, ② 원고가 도매업체들과 거래계약을 체결하면서 계약서에 거래대상 제품들의 보험약가를 첨부하기는 하였으나, 이로써 원고가 도매업체로 하여금 첨부 가격표에 나타난 제품 가격을 준수하도록 묵시적, 간접적 방법으로 가격을 지정·강제하는 정도에까지 이르렀다고 단정하기 어려운 점, ③ 원고가 2006.10.31. 도매업체들에 보낸 '기준가 인하예방 업무 협조 건'이라는 공문에서 '이러한 과도한 할인 및 비정상적인 가격으로 판매하는 행위는 상호 체결한 거래계약서상 명백한 계약위반사항이다'라고 지적하고 있어 위 공문만으로는 원고가 도매업체에 대하여 기준약가대로 판매하거나 또는 할인폭을 일정 비율로 제한하여 판매하도록 지정·강제하였다고 단정하기 어려운 점, ④ 한편, 위 거래계약과 협조 공문에 기준약가인하로 인하여 생길 수 있는 원고의 손해를 방지하기 위하여 도매업체들에게 기준약가를 준수하도록 하는 내용이 포함되어 있고 그 행위가 재판매가격의 지정 행위에 해당한다고 볼 여지가 있다고 하더라도, 위 거래계약서에서는 도매업체들이 과도하고 비정상적인 수준으로 할인하여 판매함으로써 원고에게 직접적 또는 간접적으로 영업상 손실을 초래한 경우에 손해배상책임이 있다고만 규정하고 있을 뿐이고, 나아가 도매업체들이 기준약가대로 판매하지 아니하거나 일정 비율 내의 할인폭 내에서 판매하지 아니한 경우에 손해배상의무가 있다거나 거래계약을 해지하기로 하는 등의 약정을 체결한 적은 없으며, 실제로 거래계약기간 동안 또는 협조공문을 발송한 이후에도 도매업체들이 기준약가 이하로 어느 정도 할인판매를 계속하여 왔음에도 원고가 이를 문제 삼아 손해배상청구나 계약해지에 이르거나 그 예정 통지를 한 적이 없고, 나아가 그와 같은 할인판매행위에 대하여 공급중단이나 물량조절 또는 그 예정 통지, 계약갱신 거부 및 직원들의 감시·감독활동의 수단을 통하여 의약품의 판매가격을 일정한 수준으로 유지하려고 하였다고 볼만한 사정도 없는 점 등을 종합하면, 원고가 도매업체들에 의약품 판매가격을 지정하였다고 보기 어렵고, 설령 판매가격 지정행위가 있었다고 하더라도 이는 단지 참고가격 또는 희망가격을 통보하는 것에 그치는 것에 불과할 뿐 나아가 거래처로 하여금 원고가 지정한 판매가격대로 판매하게끔 하는 것에 대하여 그와 같이 제시한 참고가격 또는 희망가격의 실효성을 확보할 수 있는 수단이 부수되어 있었다고 할 수 없으므로, 원고가 공정거래법 제2조 제6호 소정의 재판매가격유지행위를 하였다고 할 수 없다고 판단하였다. 위 법리 및 기록에 비추어 살펴보면 원심의 위와 같은 인정과 판단은 정당한 것으로 수긍할 수 있고, 거기에 상고이유에서 주장하는 바와 같은 재판매가격유지행위에 관한 법리를 오해하거나 논리와 경험의 법칙에 위배하고 자유심증주의의 한계를 벗어나는 등의 위법은 없다."고 판결하였다.

3. 위탁매매 관련

공정위의 심사지침에서는 수탁자가 위탁자의 계산으로 자기 명의로써 상품 또는 용역을 판매하고 그 법적 효과는 위탁자에게 귀속하는 위탁판매에 있어서, 위탁자는 위탁판매시 자기 소유의 상품 또는 용역의 거래가격을 수탁자에게 당연히 지정할 수 있다는 점에서 재판매가격유지행위에 해당하지 아니한다고 규정하고 있다. 그리고 위탁판매 해당여부 판단기준으로 수탁자는 자신의 명의로 판매할 것, 판매로 인한 손익은 상품·용역 소유자인 위탁자에게 귀속될 것, 상품을 판매하는 자는 수수료만 수령하는 등 주선행위를 업으로 하는 자일 것 등을 들면서, 위탁판매 해당 여부는 당해 상품 또는 용역의 '실질적인 소유권의 귀속주체'와 당해 상품 또는 용역의 판매·취급에 따르는 '실질적인 위험의 부담주체'가 위탁자인지 또는 수탁자인지에 따라 결정된다고 규정하고 있다.

가. ㈜대하패션의 재판매가격유지행위 건(1996.8.21. 공정위 의결)

피심인은 대리점계약서 제10조에 근거하여 근거하여 대리점에 공급된 상품의 소유권이 피심인에게 있고, 또한 반품이 허용되므로 대리점과의 거래관계 자체가 '위탁매매' 형태인 관계로 대리점과의 계약내용이 부당하지 않다고 주장하고 있으나, 진정한 위탁매매의 경우에 있어서는 상품의 소유권이 위탁자에 있고, 반품이 무제한 허용되며, 위탁매매인의 상품판매에 따른 모든 책임을 위탁자가 부담하고 위탁매매인은 선량한 관리자로서의 부담을 진다 할 것인 바, 이 사건은 상품의 화재, 도난에 대비하여 제1수익자를 피심인으로 제2수익자는 대리점명의로 하여 대리점이 보험에 가입하도록 같은 계약서 제9조 제1항에 규정하고 있을 뿐만 아니라, 매장에서의 상품의 분실 또는 도난이 발생한 경우에는 즉시 변상입금하도록 같은 계약서 제11조 제2항에 규정하는 등 위험부담을 전적으로 대리점에게 부담시키고 있는 점과, 대리점의 사업자등록증상의 업태가 위탁매매업이 아닌 도·소매업으로 기재되어 있으며 실제거래에 있어서도 대리점에서 매출분과 매입분의 차액에 대한 세금계산서를 직접 발행(위탁매매업인 경우에는 위탁수수료에 대한 부가가치세의 세금계산서를 발행)하고 있는 점 등을 고려해 볼 때 피심인과 대리점 간의 거래관계를 진정한 의미의 위탁매매거래로는 볼 수 없고 독립된 사업자간의 매매거래의 형태로 보아야 할 것이다. 따라서 피심인이 대리점계약서에서 대리점이 판매할 가격을 미리 정하여 주고 이를 위반할 경우 대리점계약을 해지할 수 있도록 규정한 부분은 독립사업자에 대하여 재판매가격을 유지하도록 하는 계약내용으로 인정된다.

나. 동아제약㈜의 재판매가격유지행위 건(2007.12.20. 공정위 의결)

피심인은 박카스를 직접 약국에 공급하기 어려운 일부 지역(강원 영동 및 제주지역)에서 거래 도매상에게 다른 지역에서 판매하는 가격과 동일한 가격을 받도록 한 것은 사실이나 '박카스-에프 위탁판매 거래계약서'를 보면 (i) 박카스는 수탁자인 도매상의 명의로 판매되고,

(ii) 광고선전비를 위탁자인 피심인이 부담하고, 도매상이 물품대금 지급에 어려움이 발생한 경우 피심인에 대한 지급을 연기할 수 있는 여지를 부여하고 있는 등 물품판매로 인한 실질적인 손익을 피심인이 부담하고 있으며, (iii) 도매상은 판매수량에 대해 15%의 일정한 수수료만을 수령하는 것으로 되어 있어 위 피심인과 도매상 간의 판매계약은 실질적으로 위탁매매에 해당하므로 피심인의 박카스 가격 지정행위는 공정거래법이 금지하는 재판매가격유지행위로 볼 수 없다고 주장하였다.

이에 대하여 공정위는 "'박카스−에프 위탁 판매 거래계약서' 제10조(대금결제)에서 대금결제 기산일은 제품 도착일 기준 30일 이내의 은행도 약속어음이나 현금으로 갑에게 지급한다고 하면서 수금 회전일이 30일 이상일 시에는 갑이 덤 지원을 보류할 수 있는 것으로 정하고 있고, 또한 피심인은 일반 매매계약과 동일하게 도매상에 공급하는 시점에 매출이 발생한 것으로 회계처리하고 있으므로 피심인과 도매상의 관계는 형식적으로나 실질적으로 매매관계라 할 것이다. 피심인이 도매상에게 판매수수료로 매출액의 15%를 지급하는 것은 판매마진 지급방식의 한 형태에 불과하므로 이것이 피심인과 도매상의 관계를 매매로 보는 데에 장애가 되지 아니한다."고 하면서, 피심인의 행위를 재판매가격유지행위로 인정하였다.

서울고등법원은 2008.11.5. 선고 2008누2462 판결을 통해서 위탁판매에 해당하는지 여부와 관련하여 "앞서 본 사실에 의하여 인정되는 다음과 같은 사정, 즉 원고가 소외 3개 도매상과 체결한 '박카스−에프 위탁판매 거래계약서'(갑 제9호증)에 의하면, 도매상은 원칙적으로 제품 도착일 기준 30일 이내에 은행도 약속어음이나 현금으로 대금을 결제하여야 하고 이를 위반할 경우 원고는 도매상에 대한 덤 지원을 유보할 수 있으며, 원고가 일반 매스컴에 대한 광고선전비를 부담하기는 하지만 도매상의 거래처에 대한 기획판촉비용은 도매상이 분담하도록 되어 있는 점(제10조, 제14조) 등에 비추어 보면, 원고와 3개 도매상 사이에서 박카스 제품의 판매로 인한 손익은 원고가 아닌 도매상에게 귀속된다고 볼 수밖에 없으므로, 원고와 3개 도매상 사이의 관계가 피고의 '재판매가격유지행위 심사지침'에서 말하는 위탁판매에 해당한다고 할 수 없다."고 판결하였다.

대법원은 2010.12.23. 선고 2008두22815 판결에서 "원심은 그 판결에서 채택하고 있는 증거들을 종합하여 판시와 같은 사실을 인정한 다음, 원고가 3개 도매상과 체결한 '박카스−에프 위탁판매 거래계약서'에 의하면, 도매상은 제품 도착일 기준 30일 이내의 은행도 약속어음이나 현금으로 대금을 결제하여야 하고 이를 위반할 경우 원고는 도매상에 대한 덤 지원을 유보할 수 있으며, 원고가 일반 대중매체에 대한 광고선전비를 부담하기는 하지만 도매상의 거래처에 대한 기획판촉비용은 도매상이 분담하도록 되어 있는 점(제10조, 제14조),

원고가 3개 도매상에게 판매수수료의 형식으로 지급하는 15%의 덤은 일반적인 도매거래에서 부여되는 판매마진의 변형된 한 형태에 불과할 뿐 이를 위탁판매에 따른 수수료로 볼 수 없는 점 등에 비추어 보면, 원고와 3개 도매상 사이에서 박카스 제품의 판매로 인한 손익은 원고가 아닌 도매상에게 귀속된다고 볼 수밖에 없으므로, 원고와 3개 도매상 사이의 관계를 재판매가격유지행위에 해당하지 아니하는 위탁판매로 볼 수 없다고 판단하였다. 기록에 비추어 살펴보면, 원심의 이러한 판단은 정당하고, 거기에 상고이유로 주장하는 재판매가격유지행위 성립에 관한 법리오해 등의 위법이 없다."고 판시하였다.

한편 위 2010.12.23. 대법원 판결은 최저재판매가격유지행위에 대해서도 최초로 합리의 원칙을 적용해야 된다는 취지의 2010.11.25. 한미약품의 재판매가격유지행위 건 대법원 판결이 나온 직후의 판결로서 한미약품 판결과 똑같이 정당한 이유가 있는지 여부를 판단해야 한다고 하면서 "원고는 3개 도매상과 박카스류 제품에 대한 판매계약을 체결하면서 도매상이 약국에 재판매하는 가격을 병당 330원으로 지정한 후 도매상이 이 가격 이하로 판매할 때에는 계약을 해지할 수 있도록 약정함으로써 최저재판매가격유지행위를 한 사실을 알 수 있는데, 위 판매계약을 위탁판매계약으로 볼 수 없음은 앞에서 본 바와 같고, 위와 같은 최저재판매가격유지행위를 허용할 정당한 이유가 있음을 인정할 자료가 없다. 원심의 이 부분에 관한 이유 설시에 다소 부적절한 점은 있으나, 이 사건 최저재판매가격유지행위에 경쟁제한성이 없다는 원고의 주장을 배척한 결론은 정당하므로, 판결에 영향을 미친 위법이 없다."고 최종 판결하였다.

다. (주)셀로닉스의 재판매가격유지행위 건(2020.4.13. 공정위 의결)

공정위는 재판매가격유지행위의 적용요건 관련하여 "법 제29조의 재판매가격유지행위가 성립하기 위해서는 사업자가 거래상대방인 사업자 또는 그 다음 거래단계별 사업자에 대하여 ① 상품 또는 용역의 거래가격을 지정하고, ② 그 가격대로 판매할 것을 강제하여야 한다. 다만, 위탁판매(「재판매가격유지행위 심사지침」에 따르면 '위탁판매라 함은 수탁자가 위탁자의 계산으로 자기 명의로써 상품 또는 용역을 판매하고 그 법적 효과는 위탁자에게 귀속하는 법률행위를 의미한다.'라고 규정하고 있다.)의 경우 위탁자는 위탁판매시 자기 소유의 상품 또는 용역의 거래가격을 수탁자에게 당연히 지정할 수 있다는 점에서 수탁자에게 판매가격을 지정하더라도 재판매가격유지행위에 해당되지 아니한다."는 기본 법리를 제시하였다.

이어서 위법성 판단 관련하여 "다음과 같은 사항을 고려할 때 이 사건 거래는 위탁판매에 해당하므로 피심인의 행위는 법 제29조 제1항에 위반된다고 보기 어렵다. 첫째, 피심인과 약국 사이에 피심인이 약국에게 상품의 판매를 위탁하고 약국은 자기 명의로써 이를 판매하는 내용의 위탁매매계약이 체결되어 있는 가운데, 위탁매매계약 체결 전후의 회계 및 세무처리가 차이가 없다는 사정만으로는 당해 거래의 실질이 위탁매매가 아니라 일반매매라고 단정 짓기 어렵다. 둘째, 위탁매매계약서상 상품의 소유권은 판매시까지 피심인에게 있다고 명시되어 있는 점, 약국에서 판매되지 않은 재고는 피심인에게 모두 반환이 가능한 점을 고려할 때 '실질적인 소유권 및 위험의 귀속주체'는 피심인으로 보이므로 이 사건 거래의 실질은 위탁판매로 인정함이 타당하다 할 것이다."라고 하면서 무혐의 결정을 내렸다.

4. 직접적인 상대방에 대한 거래가 아닌 경우 재판매가격유지행위를 적용치 않은 사례

가. 미원통상(주)의 재판매가격유지행위등 건(1993.10.21. 공정위 의결)

프랜차이즈 영업방식에 의한 거래에 있어서 본사(피심인)가 일괄구입하여 가맹점에 판매하는 상품에 대하여 가맹점의 판매가격을 정해준 행위에 대해서는 재판매가격유지행위로 보았으나, 본사가 가맹점에 상품 매입처만을 추천해 주는 나머지 상품에 대하여 본사가 그 판매가격을 정해준 행위에 대해서는 불공정거래행위의 하나인 거래상대방의 사업활동을 부당하게 구속하는 조건으로 거래하는 행위로 인정하였다.

나. 8개 메르세데스벤츠 승용차 딜러사의 부당한 공동행위 및 메르세데스벤츠코리아의 부당한 공동행위를 하게 한 행위 건(2017.10.13. 공정위 의결)

피심인 8개 딜러사들은 공정위 심결과정에서 2009년 벤츠승용차 수리 공임비 인상에 대해서는 인정하였으나, 벤츠코리아와 딜러사와의 관계는 벤츠코리아가 거래상 우월적 지위가 있는 거래 관계로 딜러사들은 공임비를 결정할 권한이 없어 벤츠코리아가 권장공임 형태로 시간당 공임을 딜러사들에게 통보해주었고, 딜러사들은 서비스센터의 수익률 개선을 위해 벤츠코리아가 제시한 가격을 불가피하게 받아들인 것으로 딜러사 간의 합의의 결과가 아니라고 주장하였다. 그리고 법원 불복소송에서는 딜러사들은 벤츠코리아로부터 벤츠 승용차를 매입하여 재판매하는 사업자로서 벤츠코리아와 수직적 거래관계에 있는바, 벤츠코리아는 시간당 공임을 일방적으로 결정하여 딜러사들에게 통지함으로써 벤츠 승용차 수리 서비스의 판매가격을 지정하였고, 원고들은 이를 불가피하게 시행할 수밖에 없었으므로, 이 사건 공동행위는 벤츠코리아가 수직적 거래관계에서 가격을 구속한 재판매가격유지행위 등에 해당한다고 주장하였다.

공정위는 이에 대해 "다음과 같은 점을 볼 때 피심인들의 주장은 이유 없다 할 것이다. 첫째, 공임은 딜러사가 독자적으로 결정할 사안이고 특히 소비자가 비용을 지불하는 'C계정'은 벤츠코리아와 거래조건 협상 대상이 아니라고 할 것이다. 즉, 공임은 정비사 임금인상, 물가상승률, 임대료, 딜러사 재무상태 등 인상요인을 고려하여 딜러사가 독자적으로 결정할 사항이라고 보는 것이 타당하다. 형식은 벤츠코리아와 딜러사간의 공임 협상과정처럼 보이지만 이는 그동안 독점공급업체인 벤츠코리아의 거래상 지위로 자신의 비용인 W계정과 F계정에 영향을 미칠 수 있는 공임 수준을 최대한 억제하기 위해 관행적으로 상한선을 먼저 제시한 것이고, 딜러사들은 C계정 공임부분에서는 경쟁을 회피하는 것이 더 이익이며, 벤츠코리아와의 거래 관계상 벤츠코리아 의견을 수용하고 받아주는 것이 필요하여 관행상 형식적으로 협상이라는 형식을 취하였을 뿐 딜러사들이 반드시 벤츠코리아와 협상하여 그 제안을 수용하여야 하는 거래조건이라고 보기 어렵다. 둘째, 벤츠코리아는 자신이 제시하는 것은 단순히 '권장가격'일 뿐이라고 인정하고 있고 실제로 2010.12월 이후에는 권장가격을 제시하고 있지 않다. 또한, 벤츠코리아는 2009.5.28. 공임 가격조정 통지문에서도 공지하는 가격은 '권장가격'임을 밝히고, 시간당 공임은 해당 딜러가 최종 결정한다고 인정하고 있다. 셋째, 딜러사들 역시 벤츠코리아가 제시한 공임가격은 권장사항이고 공임은 딜러사가 재무상태 등을 고려하여 자체적으로 정할 수 있다고 명확히 인식하고 있다. 넷째, 소비자가 지불하는 C계정과 벤츠코리아가 지불하는 W계정과 F계정이 동일하게 인상되어야 할 논리적 필연성도 없으며, 실제 2009년의 시간당 공임에서 다소 차이가 있고, 2012년 이후에는 C계정과 W계정, F계정이 독립적으로 결정되는 점 등을 볼 때 C계정의 시간당 공임비는 딜러사들의 결정에 따라 정해지는 것으로 이를 인상하기로 합의하고 실행한 행위는 부당한 공동행위에 해당된다고 할 것이다."라고 결정하였다.

한편 서울고등법원은 2018.9.20. 선고 2017누81801 판결에서 이 사건 공동행위는 원고들을 비롯한 딜러사들의 능동적인 결정에 따른 것으로 보아야 한다는 점, 벤츠 승용차 수리 서비스의 유통구조상 벤츠코리아가 직접적으로 개입되지 않으므로 벤츠코리아와 딜러들 사이에 수리 서비스와 관련한 재판매 구조가 성립한다고 볼 수 없는 점, 벤츠코리아가 결정한 시간당 공임이 시스템에 일괄적으로 적용된다는 점만으로는 권장 공임을 따르도록 하는 것에 대한 실효성을 확보할 수 있는 수단이 부수되어 있다고 보기 어려운 점 등을 종합하여 이 사건 공동행위가 공정거래법상 재판매가격유지행위에 해당한다고 보기 어려우므로 이 사건 처분의 근거법령이 잘못되었다는 원고들의 주장은 이유 없다고 판결하였으며, 대법원은

2019.3.14. 선고 2018두60984 판결을 통하여 원심 판결을 인정하였다.

이 중에서 벤츠 승용차 수리 서비스와 관련하여 벤츠코리아와 딜러사들 사이에 수직적 거래관계나 재판매 구조가 성립한다고 볼 수 없다는 점에 대해 서울고등법원의 판결내용을 그대로 정리하면 "피고(공정위)의 예규인 재판매가격유지행위 심사지침에 따르면, 재판매가격유지행위의 '거래상대방인 사업자'라 함은 사업자로부터 상품 또는 용역을 직접 구입하는 다른 사업자를 말하고, '그 다음 거래단계별 사업자'라 함은 일련의 거래과정에서 사업자로부터 상품 또는 용역을 구입한 '거래상대방인 사업자'로부터 해당 상품 또는 용역을 구입하는 다른 사업자를 말하는바, 이와 같이 재판매가격유지행위는 유통계열상 전후단계에 있는 사업자들 사이에 이루어짐을 전제로 하고 있다. 그런데 벤츠코리아는 벤츠 승용차 수리 서비스센터를 운영하고 있지 아니하여 벤츠 승용차 수리 서비스의 유통구조상 벤츠코리아가 직접적으로 개입되지 않으므로, 벤츠코리아와 이 사건 딜러사들 사이에 위 서비스와 관련한 재판매 구조가 성립한다고 볼 수도 없다."고 되어 있다.

5. 저작물에 대한 적용제외의 한계를 설정한 사례((사)대한출판문화협회의 재판매가격유지행위 건)

공정위는 (사)대한출판문화협회의 재판매가격유지 요청행위가 재판매가격유지계약의 체결을 피심인에 위임한 출판사에 대해 행하여진 경우라면 그와 같은 행위는 허용된다고 할 것이나, 피심인은 피심인에게 재판매가격유지계약의 체결을 위임하지 않은 출판사에 대해서도 도서정가제 실시의 명목으로 재판매가격유지행위의 시행을 촉구하였는바, 이는 허용될 수 없는 행위로서 법 제26조(현행법 제51조) 제1항 제4호에서 규정하고 있는 사업자단체의 금지행위로 인정하였다(1995.3.2. 공정위 의결).

이에 대하여 서울고등법원은 1996.3.19. 선고 95구24779 판결에서 "독점금지법 제29조 제2항(현행법 제46조 단서 제2호)은 저작물에 관하여는 같은 법 제29조 제1항의 적용을 배제하고 사업자의 재판매가격유지행위를 허용하고 있는바, 우선 원고의 구성사업자인 출판사가 같은 법 제29조 제2항에 정한 저작물의 사업자에 해당한다 할 것이니 출판사들에게 위 조항이 적용되는 것은 당연하다 할 것이나, 이는 어디까지나 저작물에 관하여도 자유경쟁가격제도를 원칙으로 하되 그 사업자에 대하여 예외적으로 재판매가격유지행위도 허용한다는 취지이지, 저작물에 관하여는 오로지 재판매가격유지행위만이 허용된다는 취지는 아니라 할 것이다. 사업자단체의 금지행위에 관한 공정거래법 제26조(현행법 제51조) 제1항 제4호의 의미 관련하여, 공정거래법은 각각 사업자의 부당한 공동행위 및 불공정거래행위 등의 규제를 규정하면서, 사업자단체에 관하여 제6장에 별도의 장을 두어 설립신고와 금지행위 및 시정조치 등에 관한 규정을 따로 두어 사업자와 사업자단체를 명확히 구분하고 있다. 즉, 개개의 사업자에게 예외적으로 인정되는 행위라 할지라도 사업자단체의 경우에는 그것이 경쟁자간의 공동행위로서 부각되어 시장경제에 미치는 영향력과 폐해가 막대할 수 있으므로 합리적인 범위 내에서 제한될 수도 있다 할 것이다.

따라서 법 제29조 제1항의 사업자의 범위에 사업자단체를 포함시킬 수 없는 한 같은 법 제26조 제1항 제4호에서 사업자단체가 사업자에게 같은 법 제29조의 규정에 의한 재판매가격유지행위를 하게 하는 행위를 금지하는 취지는 개개의 사업자에게 재판매가격유지행위 금지에 관한 같은 법 제29조 제1항의 적용 배제를 규정한 같은 법 제29조 제2항과는 전혀 별개의 것이라 할 것이며, 앞에서 본 바와 같이 개개의 사업자간에는 저작물에 관하여 재판매가격유지행위를 할 수 있지만 자유경쟁가격제도를 택할 수도 있는 것이므로 사업자단체가 나서서 자유경쟁가격제도를 택하려는 사업자에게 재판매가격유지행위를 하게 하여서는 안 될 것을 규정한 것이라고 할 수 있다."는 법리를 제시하였다.

대법원은 1997.6.13. 선고 96누5834 판결을 통하여 원심의 이러한 판단을 인정하고 원고의 상고를 기각하였다.

부당한 공동행위 성립요건의 하나인 "합의"의 존재

I. 합의의 의미

공정거래법은 사업자가 계약·협정·결의 또는 그 밖의 어떠한 방법으로도 다른 사업자와 공동으로 부당하게 경쟁을 제한하는 행위를 할 것을 합의하여서는 아니 된다고 규정하고 있다(제40조 제1항). 즉 부당한 공동행위의 요건의 하나로 "합의"를 들고 있다. 부당한 공동행위란 독립된 복수의 사업자간에 경쟁행동의 회피에 대한 의사의 연락 등이 인위적으로 형성, 즉 합의되어 각자의 사업활동을 제한하게 되는 것을 말한다. 합의함으로써 성립하는 것이므로 합의에 따른 행위를 현실적으로 하였을 것을 요하는 것이 아니다.

부당한 공동행위가 성립하기 위해서는 단지 결과로서의 외견상 일치하는 사실이 존재하거나 동일한 행위가 사실상 평행적으로 이루어진 것만으로는 불충분하여 어떠한 형태로는 의사의 연락과 같은 인위적인 요소가 있어야 한다는 것이 일반적인 견해이다. 그리고 이러한 의사의 연락은 명시적인 계약·협정 등으로 나타나지 않더라도 묵시적으로 성립하고 있는 경우도 해당되는 것이다. 따라서 법 제40조 제1항도 합의의 방법으로서 '계약·협정·결의 또는 그 밖의 어떠한 방법'으로도 합의가 성립될 수 있다고 넓은 개념으로 규정하고 있다.

한편 이러한 공동성은 공동행위의 성립과 실행이라는 과정을 거치면서 상호구속성을 갖게 된다. 즉 자기가 합의내용을 준수하면 상대방도 준수할 것이라는 기대하에 경쟁행동을 각 당사자가 자제하는 관계를 의미한다. 부당한 공동행위는 상호 일정한 제한을 과함으로써 자유로운 사업활동을 구속할 때 다시 말하면 구속의 상호성을 그 요건으로 한다. 따라서 당사자중 어느 일방에만 제한을 가하는 경우는 불공정거래행위 등 다른 금지규정에 해당될 수는 있으나 부당한 공동행위에는 해당되지 않는다.[1] 다만, 여기서 상호구속이란 그 구속성의 정도는 따지지 않으며, 준수를 위한 감시기관이나 제재수단 등의 설치와 같은 명백한 구속을

---

[1] 우리 공정거래법은 일본 사적독점금지법과 달리 상호구속성을 법적 요건으로 명문화하지는 않고 있지만 합의사항은 자율적이든 강제적이든 당사자들을 상호 구속하게 되며, 구속의 내용에 있어서 당사자 일방만을 구속하고 다른 일방을 구속하지 않는 경우에는 부당한 공동행위에 해당하지 않는다(신현윤, 경제법, 법문사, 2006, 247면 참조).

반드시 필요로 하는 것은 아니고 상호 합의를 지킨다는 기대를 토대로 하는 협정준수관계의 성립이면 충분한 것이다.

공정위의 심결사례와 법원의 판결례를 살펴보면 합의의 의미에 대한 기본적인 법리에 있어서는 일관되게 동일하다. 즉 부당한 공동행위에 있어서의 '합의'는 복수의 사업자 사이의 의사의 합치를 의미하며, 의사의 합치라 함은 넓은 의미에서의 합의를 말한다. 사업자간의 의사의 연락을 의미하는 것으로 합의서 등의 문서와 구두 합의와 같은 명시적 합의뿐만 아니라 의사의 일치가 있었다는 상호인식이나 이해 또는 암묵의 요해, 즉 묵시적 합의까지 포함한다. 그리고 이러한 의사의 연락은 반드시 사업자들이 동시에 같은 장소에 모여 특정한 사안에 대하여 명시적이고 적극적인 합의를 한 경우만을 의미하는 것은 아니고 순차적으로 합의가 성립하는 경우도 포함한다.

Ⅱ. 합의의 추정조항

1. 합의 추정조항의 신설(1986.12.31. 개정, 1987.4.1. 시행)

합의의 존재여부에 대한 입증문제는 결국 법운용기관인 공정거래위원회나 법원에서 이를 어떻게, 어느 정도로 인정하느냐에 달려 있는 것이다. 한편 부당한 공동행위에 대한 규제제도가 강화되면 사업자는 합의등에 관한 증거를 은폐하려고 하기 때문에 일반적으로 그 입증이 어렵게 되고 특히 과점시장이나 카르텔이 관행화된 업계에서는 카르텔에 대한 합의가 용이하게 형성되므로 입증이 더욱 곤란하게 된다. 따라서 부당한 공동행위에 대한 규제를 강화하기 위해서는 법운용기관이 과다한 비용을 수반하지 않고 카르텔합의를 입증할 수 있도록 입증요건을 완화하는 것이 필요하다.

우리나라의 경우 부당한 공동행위에 대한 규제의 실효성을 확보하기 위해서는 제재수단의 강화와 함께 입증요건을 완화하는 것이 필요하다는 인식하에 1986년 12월 법개정시 추정조항을 신설함으로써(현행법 제40조 제5항) 입법적으로 해결하였다.

1986년 법개정으로 신설된 추정조항은 1990년과 1992년 일부 표현의 개정을 거쳐 "2 이상의 사업자가 일정한 거래분야에서 경쟁을 실질적으로 제한하는 제1항 각 호의 1에 해당하는 행위를 하고 있는 경우 동 사업자간에 그러한 행위를 할 것을 약정한 명시적인 합의가 없는 경우에도 부당한 공동행위를 하고 있는 것으로 추정한다"고 되어 있었다. 이는 추가적인 정황증거가 필요 없는 '법률상 추정' 규정으로서, "카르텔의 외형"과 "실질적 경쟁제한성"

등 2가지 요건만 인정되면 합의의 존재, 즉 부당한 공동행위를 추정할 수 있도록 하였다.

그러나 공정위는 추정조항의 적용을 위하여 별도로 정황증거의 입증을 요하지 아니한다는 법리를 명문으로 명백히 밝히지 않았으며, 실제 법집행에 있어서도 행위의 외형상 일치와 경쟁제한성 요건외에 추가적인 정황증거를 확보하기 위해 노력하는 등 신중한 입장을 보였다. 한편 법원에서는 서울고등법원 1996.2.13. 선고 94구36751 판결(PC제조 5개업체의 부당한 공동행위 건, 1994.8.31. 공정위 의결), 대법원 2002.3.15. 선고 99두6514, 6521 판결(동서식품(주)과 한국네슬레(주)의 부당한 공동행위 건, 1998.5.23. 공정위 의결)에서 처음으로 이러한 법리를 각각 판시하였다. 서울고등법원 1996.2.13. 선고 94구36751 판결은 "부당한 공동행위의 성립요건 관련하여 복수의 사업자들 사이에 각자의 사업활동을 제한하기로 하는 의사의 연락이 있고 이에 기하여 행동의 일치가 이루어져야 하며, 이러한 의사의 연락에는 암묵의 요해에 그치는 경우도 포함된다고 볼 것이나, 행위의 외형상 일치가 있는 경우 부당한 공동행위를 할 것을 약정한 명시적인 계약이 없는 경우에도 상호 의사의 연락에 의하여 부당한 공동행위를 하고 있는 것으로 추정되고, 이로써 원고들이 책임을 면하기 위하여서는 원고들 사이에 의사의 연락이 없었음을 입증할 책임이 있다."고 판결하였다. 서울고등법원 2000.1.20. 선고 98누10822 판결(화장지 제조 4개사의 부당한 공동행위 건, 1998.4.10. 공정위 의결), 서울고등법원 2001.6.5. 선고 99누10898 판결(제주지역 3개 석유판매대리점 및 LG−Caltex정유(주)의 부당한 공동행위 건, 1999.7.16. 공정위 의결) 등 같은 취지의 판결들이 뒤따랐고, 서울고등법원 2001.6.5. 선고 99누10898 판결에서는 "추정규정에도 불구하고 다시 일정한 추가적 요소에 관한 정황이 뒷받침되는 경우에 한하여 그 추정규정을 적용할 수 있다는 원고의 주장은 현행 우리의 법의 명시적 규정에 반하는 해석론으로서 받아들일 수 없다"는 내용을 명백하게 확인하였다. 대법원 2002.3.15. 선고 99두6514, 6521 판결(동서식품(주)과 한국네슬레(주)의 부당한 공동행위 건)은 "공정위가 부당한 공동행위의 성립을 입증하기 위해서는 무엇보다도 당해 행위가 사업자들의 명시적·묵시적 합의하에 이루어진 것이라는 점을 입증하여야 하는데, 은밀하게 행하여지는 부당한 공동행위의 속성상 그러한 합의를 입증한다는 것이 그리 쉬운 일이 아니므로, 공정위로 하여금 '사업자들의 합의'를 입증하는 것에 갈음하여 '행위의 외형상 일치'와 '경쟁제한성'의 두 가지 간접사실만을 입증하도록 함으로써, 부당한 공동행위에 대한 규제의 실효성을 확보하고자 함에 있다."고 판시하였다. 추정조항의 적용을 위하여 별도로 정황증거의 입증을 요하지 아니하는 것으로 보는 것은 법원 판례의 일관된 입장이었다(대법원 2002.5.28. 선고 2000두1386 판결, 대법원 2003.2.28. 선고 2001두1239 판결, 대법원 2003.5.30. 선고 2002두4433 판결, 대법원 2003.12.12. 선고 2001두5552 판결, 대법원 2004.10.28. 선고 2002두7456

판결, 대법원 2006.10.12. 선고 2004두9371 판결, 서울고등법원 2002.4.23. 선고 2000누15196 판결, 서울고등법원 2002.6.27. 선고 2001누2579 판결 등). 서울고등법원 2002.4.23. 선고 2000누15196 판결 및 대법원 2003.5. 30. 선고 2002두4433 판결(2000.5.31. 철근제조 8개 전기로 제강사들의 부당한 공동행위 건)에서 일치된 외형상의 행위유형의 존재, 경쟁제한성 등 두 가지 간접사실을 입증하면 합의가 추정된다고 확인하였다. 그리고 서울고등법원 2002.6.27. 선고 2001누2579 판결(2000.8.16. 4개 할부금융사들의 부당한 공동행위 건)에서 이른바 의식적 병행행위(conscious parallelism)로 인한 행위의 외형상 일치만으로는 부당한 공동행위로 추정할 수 없고 그 밖에 다른 추가적 요소(plus factor)가 결합되어야만 비로소 이를 추정할 수 있을 뿐이라고 하는 미국의 판례법리가 우리에게 있어서도 해석기준이 될 수 있다고 한다는 원고의 주장에 대하여 이는 현행 우리 법의 명시적 규정에 반하는 해석론으로서 받아들일 수 없다고 재차 판시하였고, 대법원 상고심도 2004.10.28. 선고 2002두7456 판결에서 이를 확인하였다.

다만 부당한 공동행위의 합의추정을 받는 사업자들로서는 외부적으로 드러난 동일 또는 유사한 행위가 실제로는 아무런 합의 없이 각자의 경영판단에 따라 독자적으로 이루어졌음에도 마침 우연한 일치를 보게 되는 등 합의가 없었다는 사실을 입증하거나, 또는 외부적으로 드러난 동일 또는 유사한 행위가 합의에 따른 공동행위가 아니라는 점을 수긍할 수 있는 정황을 입증하여 그 추정을 복멸시킬 수 있다. 대법원은 합의추정을 복멸시킬 수 있는 사정의 판단요소로 당해 상품 거래분야 시장의 특성과 현황, 상품의 속성과 태양, 유통구조, 가격결정 구조, 시장가격에 영향을 미치는 제반 내외부적 영향, 각 개별업체가 동종 거래분야 시장에서 차지하고 있는 지위, 가격의 변화가 개별사업자의 영업이익, 시장점유율 등에 미치는 영향, 사업자의 개별적 사업여건에 비추어 본 경영판단의 정당성, 사업자 상호간의 회합 등 직접적 의사교환의 실태, 협의가 없었더라도 우연의 일치가 이루어질 수도 있는 개연성의 정도, 가격모방의 경험과 법위반 전력, 당시의 경제정책적 배경 등을 종합적으로 고려하여 거래 통념에 따라 합리적으로 판단해야 할 것이라고 판시하였다(대법원 2003.12.12. 선고 2001두5552 판결, 대법원 2006.10.12. 선고 2004두9371 판결, 대법원 2006.11.23. 선고 2004두8323 판결, 대법원 2008.9.25. 선고 2006두14247 판결, 대법원 2008.11.13. 선고 2006두13145 판결 참조).

한편 대법원은 2004.10.28. 4개 할부금융사들의 부당한 공동행위 건(대법원 2004.10.28. 선고 2002두7456 판결)에서 추정조항은 은밀하게 행하여지는 부당한 공동행위의 속성을 감안하여 규제의 실효성을 확보하기 위한 취지라는 점과 추정의 복멸이 가능하다는 점에서 기업의 경제적 자유를 침해하는 위헌적인 규정이라고 할 수 없고, 추정조항 자체가 형벌규정이 아

616 공정거래 주요 쟁점 및 이슈 36선

닌 데다가 이를 위반하였다고 하여 형사처벌을 한다는 규정도 찾아볼 수 없으므로 죄형법정
주의나 무죄추정원칙에 반한다고 할 수 없다고 판시하였다. 또 대법원은 2008.9.25. 추정조
항의 위헌법률심판제청신청 건에 대한 결정(대법원 2008.9.25. 2006아35 결정)에서, 추정조항
이 세계적으로 유례가 없는 것이어서 추정의 복멸까지 엄격하게 인정하면 사업자들에게 지
나치게 불리한 면이 있으므로 사업자들이 거래통념상 합의가 없었다고 보는 것이 상당하다
고 인정할 수 있는 정도의 정황을 입증한다면 그 추정을 복멸할 수 있다고 판시하고 있는
위 대법원 2003.12.12. 선고 2001두5552 판결을 참조판례로 하여 합의 추정의 복멸이 사실
상 불가능하게 되는 해석은 하지 않고 있는 점, 추정을 복멸할 수 있는 정황에 대한 자료도
사업자가 더 잘 제출할 수 있는 점, 추정조항의 취지가 은밀하게 행하여지는 부당공동행위
에 대한 규제의 실효성을 확보하고자 하는 데 있는 점 등을 들어 헌법상 자기책임의 원리,
과잉금지의 원칙에 위배된다고 할 수 없다고 하였다.

2. 추정조항을 적용한 공정위 심결사례 분석

공정위는 부당한 공동행위 건에 대하여 1986년 법 개정으로 신설된 합의 추정조항을 활
발하게 활용했다. 다만 동 추정조항이 법률상 추정조항으로서 '행위의 외형상 일치'와 '경쟁
제한성'의 두 가지 간접사실만 입증하면 적용이 가능하고 법원도 일관되게 이를 인정했음에
도 불구하고 공정위는 아래 심결사례들에서 알 수 있는 것처럼 거의 대부분 케이스들에서
다양한 정황증거를 추가적으로 확보하여 합의를 추정하였다.

한편 1994.8.31. PC제조 5개업체의 부당한 공동행위 건에서 추정조항은 '법률상 추정' 규
정으로서 "카르텔의 외형"과 "실질적 경쟁제한성" 등 2가지 요건만 인정되면 합의의 존재
즉 부당한 공동행위를 추정할 수 있다는 점은 명시되지는 않았지만 동건은 공정위가 피심인
들간의 사전 의사교환행위와 같은 추가적인 정황증거 없이 부당한 공동행위로 추정한 거의
유일한 케이스로 보인다. 공정위는 동건에서 피심인들간의 사전 의사교환행위에 대한 확인
을 못했지만 수차례 입찰가격의 동일 또는 유사, 조달청의 구매예정수량과 피심인들의 입찰
수량합계가 동일한 점등을 감안하여 사전담합을 추정하였다.

1992.3.9. 대림자동차공업(주) 및 효성기계공업(주)의 부당한 공동행위 건에서 가격인상
정보의 상호교환, 국내모터사이클시장의 피심인들에 의한 복점 및 사업장의 같은 지역 소재
로 인한 상호협조 가능성의 상존, 과거 수년간 경쟁기종 가격의 비슷하거나 동일한 시기에
동일한 금액 인상 등 인정사실을 토대로 사전에 의사연락이 이루어지고 그 의사연락을 바탕

으로 가격인상에 관한 의사합치가 이루어졌다고 보여지고, 그 의사합치에 의하여 가격인상 수준과 인상시기가 결정된 것으로 추정되므로 피심인들간에 문서에 의한 명시적인 계약은 없었다고 하더라도 그 행위를 공동으로 수행한 것으로 보여진다고 의결하였다.

1998.4.10. 화장지 제조 4개사의 부당한 공동행위 건에서는 가격인상방침을 사전에 문서 또는 구두로 도매상 등에 통보함에 따라 상호간 가격인상사실 등에 관한 정보를 인지 교환, 화장지거래질서정상화협의회에서 지나친 가격경쟁자제 등의 논의가 있었다는 피심인 임직원 의 진술 등을 종합적으로 고려하여 부당한 공동행위, 즉 합의로 추정하였다.

1998.5.23. 동서식품(주)과 한국네슬레(주)의 부당한 공동행위 건에서 가격의 동일한 책 정, 가격인상 예정내용의 상대방에 대한 팩스 전송, 행위 연도에 피심인들의 매출액과 영업 이익률의 현저한 증가 등 인정사실들을 통하여 합의를 추정하였다.

1999.5.26. 맥주제조3사의 부당한 공동행위 건에서 맥주 종류별, 규격별 인상율의 일치와 함께 상대방의 인상내역에 대해 전화로 통보받은 사실, 맥주업계의 평소 정보교환 및 상의 상황 등 정황에 비추어 가격의 공동인상에 대한 합의를 추정하였다. 한편 피심인들은 국세 청의 행정지도에 따른 인상으로서 위법성이 조각된다는 주장을 하였지만 행정지도의 근거라 고 주장하는 주세사무처리규정에는 사전신고의무만을 규정하고 있을 뿐이며, 국세청이 전체 평균가격 인상을 한자리 수 이내로 하도록 지도한 사실은 인정되지만 이 사건과 같이 규격 별·종류별로 구체적인 가격이나 인상율을 지정하여 지도한 사실은 인정되지 않는다면서 받 아들이지 않았다.

1999.7.16. 제주지역 3개 석유판매대리점 및 LG－Caltex정유(주)의 부당한 공동행위 건 에서 공정위의 조사과정이나 심의과정에서도 피심인들이 가격결정에 합의하였음을 인정할 직접적인 자료는 발견되지 아니하였으나, 가격의 거의 동일한 인상 및 동일하게 유지, 경제 논리의 관점에서 합리성을 인정할 수 없는 피심인들의 판매마진폭 상승, 지역적 특수성 때 문에 합의가 쉽게 이루어질 수 있다는 점 등으로 합의를 추정하였다.

2000.5.31. 철근제조 8개 전기로 제강사들의 부당한 공동행위 건에서 철근 판매 인상가격 의 외형적 일치 이외에도 인상전 수시 접촉 및 가격인상과 관련한 정보의 상호교환, 소속 영 업부장 또는 영업담당 임원들의 모임을 통한 논의와 구체적인 인상수준 제시 등 추가적인 정황적 요소들을 고려하여 합의를 추정하였다.

2000.7.12. 6개 전기공사업체의 부당한 공동행위 건에서 평소 전화연락이나 서로 만나는 등의 방법으로 정보교환을 자주 한 사실, 입찰 결과 한 업체 대표이사의 제의대로 낙찰된 사 실 등을 들어 이 사건 입찰과 관련하여 입찰지역별로 미리 수주예정업체를 정하여 놓고 다

른 입찰참가업체는 설계가격보다 높은 금액으로 투찰하여 탈락하기로 하는 등 공동행위를 하기로 합의한 것으로 추정하였다(한편 원심인 서울고등법원은 2001.12.11. 선고 2000누16830 판결을 통해 "부당한 공동행위에 있어서의 합의는 사업자간의 의사의 연락을 의미하는 것으로서 명시적인 합의 뿐 아니라 묵시적인 합의 내지는 암묵의 요해에 그치는 경우도 포함된다고 할 것인데, 인정사실에 의하면 원고등은 묵시적으로 합의하거나 암묵적으로 양해하였다고 보아야 할 것이므로 합의가 없었음을 전제로 하는 원고들의 주장은 이유없다"고 판시하였다).

2000.8.16. 4개 할부금융사들의 부당한 공동행위 건에서 중고차 할부금리의 동일한 조정, 사전에 중고차 할부금리 변경과 관련한 의사연락, 경쟁사 내부문건을 경쟁사 정보철에 확보, 대형 4개 할부사와 월1회 정기적인 교류활동 기재 등 사실인정으로 합의를 추정하였다.

2002.5.17. 4개 신용카드사업자의 부당한 공동행위 건에서 수수료율 등의 인상과 관련한 상호 의사연락을 통한 정보 교환, 피심인들의 내부문건 자료 내용이 상호 유사, "업계 공통 추진", "반드시 업계 공동으로 추진" 표현 등 공동행위의 당위성을 강조하는 문구, 과점적 시장구조 형성 및 과거 부당공동행위 전력, 피심인들의 영업수익 및 당기순이익 증가, 피심인별 조달금리의 차이에도 불구하고 유사 또는 동일한 요율로 인상 등의 정황적 요소들을 고려하여 합의를 추정하였다.

2003.10.20. 7개 철근제조사업자의 부당한 공동행위 건에서 거의 동일한 시기에 철근판매 가격을 거의 동일하게 인상하고 이후에 실제 판매가격은 완전히 동일하게 적용한 일치된 행위외형과 함께 피심인들의 협의체 구성과 가격의 인상 및 유지방안을 사전 협의하고 이에 필요한 정보(생산량, 재고량, 생산공정 등)를 공유 등 정황증거를 통하여 합의를 추정하였다.

2004.7.31. 용인시 동백택지개발지구내 공동주택 분양 10개 건설사업자의 부당한 공동행위 건에서는 행위의 외형상 일치, 실질적 경쟁제한성 판단과 함께 용인동백지구협의체 구성 및 분양가에 대한 정보 교환 및 논의, 피심인들의 높은 매출액이익률 등 정황증거들을 통하여 부당한 공동행위를 한 것으로 추정하였다. 또 같은 날 용인시 죽전택지개발지구내 공동주택 분양 6개 건설사업자의 부당한 공동행위 건에서도 행위의 외형상 일치, 실질적 경쟁제한성과 함께 죽전지구협의체 결성 및 분양가 하한선에 관한 공동 협의 등 정황증거를 통하여 부당한 공동행위를 한 것으로 추정하였다.

3. 합의 추정조항의 개정(2007.8.3. 개정, 2007.11.4. 시행)

앞에서 살펴본 바와 같이 공정거래법 상 합의 추정조항은 '법률상 추정' 규정으로서 법 문구대로 "카르텔의 외형"과 "실질적 경쟁제한성" 등 2가지 요건만 인정되면 반증이 없는 한 추가적인 정황사실을 입증할 필요 없이 합의의 존재를 추정할 수 있다고 해석되었다. 그러나 이러한 법조항 및 해석에 따르면 이른바 의식적 병행행위(conscious parallelism)나 사업자들간에 합의가 없이 독자적 경영판단에 따라 행한 것이 우연히 일치된 행태를 보이는 경우 등에도 부당한 공동행위로 추정되어 버리고, 해당사업자가 추정을 복멸하기 위하여 합의의 부존재를 입증하여야 하는 가혹한 결과를 초래할 수 있다는 비판을 받아왔다. 이러한 점을 인식하여 공정위는 실제 법집행 실무관행상 두 가지 요건, 즉 행위의 외형상 일치와 경쟁제한성 이외에 합의를 추단하게 하는 정황사실을 추가로 함께 제시하여 왔다.

이에 따라 2007년 개정 공정거래법에서는 추정조항의 법문을 "2 이상의 사업자가 제1항 각 호의 어느 하나에 해당하는 행위를 하는 경우로서 해당 거래분야 또는 상품·용역의 특성, 해당 행위의 경제적 이유 및 파급효과, 사업자 간 접촉의 횟수·양태 등 제반사정에 비추어 그 행위를 그 사업자들이 공동으로 한 것으로 볼 수 있는 상당한 개연성이 있는 때에는 그 사업자들 사이에 공동으로 제1항 각 호의 어느 하나에 해당하는 행위를 할 것을 합의한 것으로 추정한다."고 개정하였다. 법제처 국가법령정보센터에 나와있는 개정이유 및 개정내용을 보면, 부당한 공동행위 추정과 관련하여 종전에는 2 이상 사업자의 실질적 경쟁제한 행위가 있는 경우 명시적 합의가 없더라도 부당한 공동행위로 추정되었으나, 앞으로는 외관상 일치되는 행위가 있더라도 해당 거래분야 또는 상품·용역의 특성, 해당 행위의 경제적 이유 및 사업자 간 접촉의 양태 등 제반사정에 비추어 합의의 상당한 개연성이 있는 경우에만 사업자 간 합의가 추정되도록 함으로써 법집행의 책임성을 높이고 기업의 부담을 완화함으로 되어 있다. 한편 공정위의 공정거래백서에는 종전에는 카르텔의 외관과 실질적 경쟁제한성이 있으면 다른 정황증거가 없더라도 부당한 공동행위를 추정토록 함으로써 사업자에 대한 과도한 부담을 준다는 비판이 있었지만, 공동행위의 외관과 아울러 사업자간 회합 등 정황사실이 있는 경우에 한하여 사업자간 합의를 추정하도록 추정요건을 개정함으로써 사업자의 반증부담을 완화하였다고 되어 있다.[2]

개정법하에서 합의가 추정되기 위해서는 ① 행위의 외형상 일치, ② 사업자 간 행위의 공동성에 대한 상당한 개연성을 입증하여야 한다. 공동행위 심사기준(공정위 예규)에서는 상당한 개연성이 있는 정황증거로서 직·간접적인 의사연락 등의 증거가 있는 경우, 공동으로 수행되어야만 당해 사업자들의 이익에 기여할 수 있고 개별적으로 수행되었다면 당해 사업자 각각의 이익에 반하리라고 인정되는 경우, 당해 사업자들의 행위의 일치를 시장상황의 결과로 설명할 수 없는 경우, 당해 산업구조상 합의가 없이는 행위의 일치가 어려운 경우 등을

---

2) 공정위, 2008년판 공정거래백서, 2008, 23면, 197~199면.

들고 있다(당시 심사기준 Ⅱ. 2. 나. (2) (가)).

개정 추정조항이 시행된 이후에 공정위가 추정조항을 적용한 사례는 거의 찾을 수 없다. 필자는 추정의 범위를 합리적으로 제한하여 개정전 추정조항이 가져올 수 있었던 부당공동행위의 외연이 과도하게 확대되는 사태를 피할 수 있을 것이라는 개정의 효과나 기대가 나타났다고 보며, 또 한편으로는 법규정에서 '계약·협정·결의 또는 그 밖의 어떠한 방법'으로도 합의가 성립될 수 있다고 합의의 방법을 넓게 규정하고 있고 이에 따라 공정위 및 법원 등 법집행기관 스스로가 명시적인 합의 뿐 아니라 묵시적인 합의 내지는 암묵의 요해에 그치는 경우도 포함된다고 넓게 해석하고 있으므로 굳이 추정조항을 적용할 필요나 실익도 적어졌다고 본다. 공정위의 2002년 당시 공동행위 심사기준에 부당한 공동행위를 인정하기 위한 합의는 계약, 협정 등과 같은 명시적 합의 뿐만 아니라 사업자간의 양해와 같은 묵시적 합의까지 포함한다고 규정(동 기준 Ⅱ. 1.)하고 있다.

4. 합의 추정조항의 2차 개정(2020.12.29. 개정, 2021.12.30. 시행)

개정법은 정보교환을 통한 부당한 공동행위를 보다 효과적으로 규율할 수 있도록 ① 사업자 간 가격·생산량 등의 정보를 주고받음으로써 실질적으로 경쟁을 제한하는 행위에 대한 합의를 부당한 공동행위의 하나의 유형으로 포함시켰고(법 제40조 제1항 제9호 후단), ② 가격의 공동 인상 등 외형상 일치가 존재하고 이에 필요한 정보를 교환한 경우에는 사업자 간 합의가 있는 것으로 법률상 추정되도록 하였다(법 제40조 제5항 제2호 신설). 법 제40조 제5항 제2호로 신설된 추정조항의 경우 법률상 추정조항에 대한 일관된 법해석에 따라 행위의 외형상 일치 사실과 함께 필요한 정보교환 사실만 입증하면 합의가 추정되게 된다. 개정법 부칙에 따라 개정법 시행(2021.12.30.) 전에 종료된 종전의 제19조 제1항 각 호의 행위에 대한 부당한 공동행위의 합의 추정에 관하여는 종전의 규정에 따른다(개정법 부칙 제15조 제2항).

이에 따라 명시적인 합의는 입증하지 못한 상태에서 정보교환 등 정황증거를 확보한 케이스에서 개정법을 적용할 경우 확보한 정황증거의 구체적인 내용, 그 수준이나 범위에 따라서 달라질 것이겠지만 그동안의 법집행 사례와 법리 분석을 토대로 하면 다음과 같은 3가지의 법적용이 예상된다. 첫째, 법 제40조 제1항 제1호 내지 제8호 및 제9호 전단에서 규정하고 있는 개별적·유형별 행위에 대한 묵시적 합의의 인정(기존 조항의 적용), 둘째, 개정법에 의해 신설된 제40조 제1항 제9호 후단에 따른 정보교환 행위에 대한 합의로 인정, 셋째, 법 제40조 제5항 제1호(기존의 합의 추정조항)와 신설된 제2호(정보교환에 따른 합의 추정조항)의 적용 등이 그것이다. 앞으로 공정위가 어떻게 법적용을 할 것인지 그리고 이에 대하여 법원

은 또 어떠한 판단을 내릴지 관심있게 지켜보아야 할 것이다.[3]

Ⅲ. 합의의 존재 관련 공정위와 법원/법원 심급간에 달리 본 케이스 분석

1. 화장지 제조 4개사의 부당한 공동행위 건(1998.4.10. 공정위 의결)

대법원은 2002.5.28. 선고 2000두1386 판결을 통하여 4개의 공동행위 중에서 1차 인하 및 1차 인상 부분에 대해서는 화장지 공급시장의 특성과 현황, 그 유통구조와 가격결정구조, 화장지 3사가 그 시장에서 차지하고 있는 지위, 가격모방의 전력, 당시의 경제정책적 배경 등을 종합적으로 고려해 볼 때 단순한 가격모방행위에 불과하다고 보이므로 이 부분 화장지 3사의 공동행위 합의의 추정은 번복되었다고 본다고 하면서 원심인 서울고등법원에 환송하였다. 다만 2차 인상 및 3차 인상 부분은 1차 인하 및 1차 인상 당시와는 달리 화장지 3사의 가격인상 결정을 위한 내부품의 일자가 같은 시기에 이루어지고 실제 가격인상 시기도 같은 날로 결정되는 등 가격동조화 현상이 더욱 심화되었고, 이러한 현상은 화장지 제조업체가 가격 변동 정보를 유통업체에 미리 통지하여 주는 유통구조의 특성에 기인한 것으로 보인다면서 원고가 주장하는 화장지 시장의 특성과 가격변동 시점별 변동요인 등을 모두 감안하더라도 2차 인상과 3차 인상은 후발업체인 모나리자와 대한펄프가 선발업체인 쌍용제지나 유한킴벌리의 가격결정을 일방적으로 모방한 것으로 보기 어렵고, 달리 부당한 공동행위의 추정을 번복할 만한 다른 사정을 인정할 수도 없다면서 원심 판단을 인정하였다.

2. 맥주제조3사의 부당한 공동행위 건(1999.5.26. 공정위 의결)

대법원은 2003.2.28. 선고 2001두1239 판결에서 "추정조항에 따라 행위의 외형상 일치와 경쟁의 실질적 제한성을 입증하면 이에 추가하여 사업자들의 명시적이거나 묵시적인 합의 또는 양해를 추정하게 할 정황사실을 입증할 필요 없이, 그러한 공동행위를 할 것을 합의한 것으로 추정되지만, 그러한 추정을 받는 사업자들로서는 그 추정을 복멸시킬 수 있다."고 판시하면서, 맥주회사가 가격을 인상하는 경우 재정경제원이나 국세청과 사전협의를 하거나 사전승인을 받도록 하는 법령상의 명문의 규정은 없으나, 재정경제원은 물가지수에 미치는

---

3) 이슈 32: 정보교환 합의 참조.

영향이 크다는 이유로, 국세청은 주세법, 주세사무처리규정 등에 따른 국세청장의 가격에 관한 명령권 등에 의하여 각 행정지도를 함으로써 사실상 맥주가격의 인상에 관여하여 왔는데, 재정경제원과 국세청은 맥주3사의 가격인상 요구에 훨씬 못 미치는 인상률만을 허용함으로써 3사의 가격인상률이 동일해질 수밖에 없는 점, 이 사건 가격인상 관련하여 국세청과 협의를 앞두고 맥주 3사 간에 인상률에 대한 별도의 합의를 한 후 국세청과 협의에 임했다거나 또는 국세청과의 협의를 기화로 그 행정지도에 따른 인상률을 동일하게 유지하기로 하는 별도의 합의를 한 것으로는 인정되지 않는 점 등을 종합하여 볼 때, 결과적으로는 맥주 3사의 가격인상률이 동일하게 되었다고 하더라도 맥주 3사 간의 의사의 연락에 의한 것이 아니므로 맥주 3사 사이에 부당한 공동행위의 합의가 있었다는 추정은 복멸된다고 하면서 원심의 인정과 판단은 정당한 것으로 수긍된다고 판결하였다.

3. 5개 음료 제조·판매사업자의 부당한 공동행위 건(2009.11.9. 공정위 의결)

서울고등법원은 2010.11.25. 선고 2009누38406 판결(원고: 웅진식품 주식회사)에서 "이 사건 음료시장과 같이 상호의존성이 강한 과점시장에서 경쟁사업자의 영업정책을 예측하거나 경쟁사업자의 영업정책이 주어진 상황으로 보고 이에 대응하여 독자적으로 자신의 행위를 결정한 결과 우연히 외형상 일치가 나타나는 이른바 '의식적 병행행위(conscious parallelism)'의 경우는 사업자간의 공동행위를 인정할 수는 없지만 이와 달리 사업자들이 여러 경로를 통하여 상호간에 빈번하게 접촉·교류하고 이를 통하여 의도적으로 가격정보를 교환하며 서로 교환된 정보를 이용하여 각자 행위내용을 조정하고 그 결과 일정한 행위가 외형상 일치하는 경우에는 사업자 각자의 독자적인 판단이 아니라 일련의 공조를 통한 행위라는 측면에서 단순히 의식적 병행행위가 아닌 '동조적 행위(concerted action)'에 해당하여 공동행위의 합의가 있었다고 봄이 상당하다. 한편 경쟁사업자간에 정보를 교환하는 경우 그 중에는 시장기능의 결함을 제거하고 효율성 증대에 도움이 되는 정보가 있을 수 있어서 단지 정보교환이 이루어졌다는 사유만으로 사업자간에 공동행위가 있었다고 단정할 수는 없다고 할 것이나, 반면에 관련시장의 구조와 성격, 정보의 대상, 정보의 성질이나 내용, 정보교환의 시기, 정보교환의 주체와 방식 등에 따라 담합의 유력한 증거가 될 수 있다."고 하면서 각 요소별로 구체적인 고려사항을 제시하였다. 그리고 이러한 법리를 토대로 2008.2.경 공동행위, 2008.9.경 공동행위, 2009.2.경 공동행위 등 3개 행위에 대하여 여러 인정사실들을 통해 원고가 2008.2.경 공동행위에 가담하였다고 보기는 어렵고, 2008.9.경 공동행위와 2009.2.경

공동행위에 이르러서는 다른 4개사와 가격인상을 합의하고 긴밀한 정보교환을 통하여 담합에 적극적으로 가담하였다고 판단하였다.

대법원은 2013.2.14. 선고 2010두28939 판결에서 원심이 이 사건 공동행위 해당 여부 판단의 전제가 되는 관련 상품시장이 제대로 확정되었는지 여부를 먼저 살펴보았어야 마땅한데 관련상품시장의 획정에 관한 법리를 오해하고 필요한 심리를 다하지 아니한 위법이 있다고 하면서 원심판결 중 원고패소부분을 파기하고 다시 심리·판단하게 하기 위하여 원심법원에 환송하였다.

서울고등법원은 2016.11.23. 선고 2013누8020 판결(환송후 판결)에서 적법하게 획정된 관련상품시장인 과실음료 시장에 한정하여 원고의 공동행위 가담 여부에 관하여 법리와 인정사실들에 기초하여 판단하였는데, 위 환송전 판결과 마찬가지로 2008.2.경 공동행위에는 가담하였다고 보기 어렵다고 판결하였고, 대법원은 2017.3.30. 심리불속행 기각 판결을 하였다.

4. 13개 음원유통사업자의 부당한 공동행위 건(2011.6.29. 공정위 의결)

대법원은 2013.11.28. 선고 2012두17421 판결(원고: 주식회사 유니버설 뮤직)에서 "합의에는 명시적 합의뿐 아니라 묵시적인 합의도 포함된다고 할 것이지만 이는 둘 이상 사업자 사이의 의사의 연락이 있을 것을 본질로 하므로 단지 일치하는 외형이 존재한다고 하여 당연히 합의가 있었다고 인정할 수는 없고 사업자 간 의사연결의 상호성을 인정할 만한 사정에 대한 증명이 있어야 한다."고 하면서, 원고는 이 사건 합의를 주도한 주요 4개사가 음원사업자와 온라인 음악서비스 사업자의 지위를 겸하고 있는 것과 달리 음원사업자의 지위만을 가지고 있어 반드시 공동의 이해관계를 가졌다고 할 수 없어 합의에 가담할 유인도 동일하지는 않은 점, 협의회 회원사로서 회의에 참석하여 의견을 개진하기는 하였으나 줄곧 음원 공급에 반대하는 태도를 견지하여 온 점 등을 고려하면 원고도 다른 음원사업자와 마찬가지로 곡수 등을 제한한 상품에 대해 계약을 체결하였지만 이는 당시의 시장 상황 등을 고려하여 본사와의 협의 끝에 이루어진 경영 판단에 의한 것이라고 볼 여지도 충분하다고 보인다면서, 그럼에도 원심은 원고가 다른 음원사업자들과 묵시적 합의를 하였다고 판단하였으니, 이는 부당한 공동행위의 '합의'에 관한 법리를 오해하였다고 원심판결을 파기하였다.

한편 대법원은 다른 원고(소니뮤직엔터테인먼트코리아 주식회사)에 대한 2013.11.14. 선고 2012두19298 판결에서는 "공정거래법 제19조 제1항이 금지하는 '부당하게 경쟁을 제한하는 합의'에서 '합의'는 둘 이상의 사업자 간 의사의 연락을 본질로 하는데, 여기에는 명시적

624 공정거래 주요 쟁점 및 이슈 36선

합의뿐 아니라 묵시적인 의사의 일치까지도 포함된다. 원심판결 이유에 의하면, 원고가 협의회의 회원사로 회의에 참석하면서 다른 외국계 음원사업자들과 달리 Non-DRM 상품에 음원 제공의사를 밝혀 왔던 점, 먼저 온라인 음악서비스 사업자와 음원사업자의 지위를 겸하는 엠넷미디어 주식회사 등 주요 4개사가 합의한 다음에, 그 후 개최된 협의회 회의에서 원고를 포함한 다른 음원사업자들도 위 합의에 가담하기로 하여 이 사건 합의가 이루어졌던 점, 원고가 그 후 이 사건 합의대로 온라인 음악서비스 사업자들과 음원 공급계약을 체결하였던 점 등을 근거로, 원고가 이 사건 합의에 가담하였다고 본 피고의 처분을 정당하다고 판단하였다. 위 법리와 기록에 비추어 보면, 원심의 이와 같은 판단은 정당하고, 거기에 공정거래법상 합의에 관한 법리를 오해하였거나, 경험이나 논리의 법칙을 위반하여 자유심증주의의 한계를 벗어난 위법 등이 없다."고 달리 판결하였다.

5. 7개 액화석유가스(LPG) 공급회사의 부당한 공동행위 건(2010.4.23. 공정위 의결)

서울고등법원은 2012.1.11. 선고 2010누32084 판결(원고: 지에스칼텍스 주식회사)을 통하여 "법리와 인정사실 및 사정 등을 종합하여 수입 2사가 대 충전소 판매가격을 먼저 결정·변경하고 이를 정유사에게 통보하면 정유사는 그 통보받은 판매가격과 같거나 거의 비슷한 가격으로 대 충전소 판매가격을 정하기로 하는 묵시적 합의 또는 암묵적 양해가 있었거나 혹은 적어도 이러한 행위를 할 것을 합의한 것으로 추정되어 이 사건 공동행위를 하였다고 봄이 타당하다."고 판시하였다.

대법원은 2014.6.26. 선고 2012두4104 판결에서 "합의에는 명시적 합의뿐 아니라 묵시적인 합의도 포함되며, 여기에서 합의는 둘 이상 사업자 사이의 의사의 연락이 있을 것을 본질로 하므로, 단지 위 규정 각 호에 열거된 행위가 있었던 것과 일치하는 외형이 존재한다고 하여 당연히 합의가 있었다고 인정할 수는 없지만, 사업자 사이에서의 의사연결의 상호성을 인정할 만한 사정이 증명되는 경우에는 합의를 인정할 수 있다."는 2013.11.28. 음원사업자 건을 참조판례로 하면서, 원심의 위 판단은 앞서 본 법리에 기초하여 필요한 심리를 다함으로써 위법이 없다고 판결하였다.

한편 대법원은 위 판결보다 1개월 정도 앞선 현대오일뱅크 주식회사가 제기한 상고심에서는 2014.5.29. 선고 2011두23085 판결을 통하여 동일한 법리에 기초하면서도 "과점시장에서는 경쟁사업자가 가격을 책정하면 다른 사업자는 이에 적절한 방법으로 대처하기 마련이고 이때 어느 사업자가 경쟁사업자의 가격을 모방하는 것이 자신의 이익에 부합할 것으로 판단되면 경쟁사업자와의 명시적 합의나 암묵적인 양해 없이도 독자적으로 실행에 나아갈 수 있는 것이므로, 과점시장에서 경쟁상품의 가격이 동일·유사하게 나타나는 외형상의 일치가 상당한 기간 지속되고 사업자들이 이러한 사정을 모두 인식하고 있다 하더라도, 이에 더하여 사업자들 사이에 가격결정과 관련된 명시적·묵시적 의사 연락이 있다고 볼 만한 추가적 사정이 증명되지 아니하면 가격결정에 관한 합의가 있다고 인정할 수 없다."고 하면서, 수입사가 자신의 충전소 판매가격을 통보하면서 그 수신자란에 원고도 표시한 것은 일방적 행위이므로 이러한 사정을 들어 원고와 다른 사업자 사이에 가격결정에 관하여 상호 의사 연락이 있었다고 볼 수 없다는 점, 원고의 임직원이 모임에 참석한 횟수가 합의기간 중 2회에 불과, 원고는 스폿거래를 통하여 자신의 물량 중 20% 가량을 계속하여 충전소 판매가격보다 저렴한 가격에 판매하여 온 점 등 여러 사정들을 더하여 원고와 다른 사업자들 사이에 가격결정에 관한 의사 연락을 추인할 만한 사정은 제한적인 반면, 원고가 주어진 시장상황에서 자신의 이익을 극대화하기 위하여 독자적으로 행동하였거나 또는 가격결정에 관하여 다른 사업자들과 담합을 한 것과는 일반적으로 양립하기 어려운 행동을 하였다고 볼 만한 사정이 상당한 기간동안 지속되었다고 할 것이므로, 원고가 다른 LPG 사업자들과 LPG 가격에 관하여 상호 의사연락을 함으로써 이 사건 합의에 가담하였다는 점이 증명되었다고 보기는 어렵다고 할 것이라고 원심판결(서울고등법원 2011.8.18. 선고 2010누15058 판결)을 파기하였다.

6. 16개 생명보험 사업자의 부당한 공동행위 건(2011.12.15. 공정위 의결)

　서울고등법원은 2013.7.17. 선고 2012누2346 판결을 통하여 시장에 공개되지 않은 미래의 예정이율 등에 관한 정보를 서로 교환하고 이러한 정보를 반영하여 각자의 이율을 결정한 2차 행위에 대하여 "사업자들 사이의 합의 외에 정보교환행위와 같은 '동조적 행위(concerted practices)' 자체를 담합행위의 일종으로 규제하는 외국의 법제와는 달리, 우리나라 공정거래법에서 부당한 공동행위가 성립하기 위해서는 사업자가 다른 사업자와 가격에 관한 정보를 서로 교환하는 것만으로는 부족하고, 나아가 다른 사업자와 공동으로 가격 결정 행위를 할 것을 합의하여야 한다. 물론 이러한 합의는 암묵적 요해 정도로도 충분하다 할 것이나 적어도 사업자들 사이에 가격 결정 등 행위를 '공동으로 한다'는 점에 관하여 의사의 일치는 있어야 하는 것이다. 2001년부터 2006년까지 정보교환행위를 통해 각자의 이율을 결정하여 왔다는 사정만으로 그들 사이에 '공동으로 예정이율 등을 결정'하기로 하는 합의가 있었다고 단정하기 어렵고 달리 이를 인정할 충분한 증거가 없다."고 판시하였다.

대법원은 2014.7.24. 선고 2013두16951 판결을 통하여 "경쟁 사업자들이 가격 등 주요 경쟁요소에 관한 정보를 교환한 것은 가격결정 등의 의사결정에 관한 불확실성을 제거하여 담합을 용이하게 하거나 촉진할 수 있는 수단이 될 수 있으므로 사업자 사이의 의사연결의 상호성을 인정할 수 있는 유력한 자료가 될 수 있지만, 그 정보교환 사실만으로 합의가 있었 다고 단정할 수는 없고, 관련시장의 구조와 특성, 교환된 정보의 성질·내용, 정보교환의 주 체 및 시기와 방법, 정보교환의 목적과 의도, 정보교환 후의 가격·산출량 등의 사업자 간 외형상 일치 여부 내지 차이의 정도 및 그에 관한 의사결정 과정·내용, 그 밖에 정보교환이 시장에 미치는 영향 등의 모든 사정을 종합적으로 고려하여 합의의 존재 여부를 판단하여야 한다."고 하면서, 원심의 판단은 정당하다고 판결하였다.

7. 4개 라면 제조·판매사업자의 부당한 공동행위 건(2012.7.12. 공정위 의결)

서울고등법원은 2013.11.8. 선고 2012누24223 판결을 통하여 "2이상의 사업자 사이에 부 당한 공동행위에 관한 '의사연결의 상호성'이 인정되는 경우에 합의가 존재한다고 판단할 수 있고, 이러한 '상호 간의 의사연결'의 방법이나 형식에 특별한 제한이 없으며, 명시적인 합의 뿐만 아니라 묵시적인 합의로도 가능하다. 또한 공정거래법은 해당 거래분야 또는 상품·용 역의 특성, 해당 행위의 경제적 이유 및 파급효과, 사업자간 접촉의 횟수·양태 등 제반 사 정에 비추어 그 행위를 그 사업자들이 공동으로 한 것으로 볼 수 있는 상당한 개연성이 있 는 때에는 합의한 것으로 추정하는 추정조항을 두고 있다. 위와 같은 관계 규정의 내용·형 식 및 취지 등에 비추어 보면 사업자 사이의 정보교환은 공정거래법 제19조(현행 제40조) 제 1항의 금지 유형에 별도로 규정된 바 없고, 제19조 제5항의 법률상 추정 사유 중 하나인 '사 업자 간 접촉의 횟수·양태'에 해당하여 사업자 사이에 가격에 관한 정보를 교환하고 이를 기초로 각자의 가격을 정하였다고 하더라도 이러한 사정만으로 당연히 부당한 공동행위의 합의가 있었다고 단정할 수 없고, 외국에서 담합행위의 일종으로 규제하는 소위 '동조적 내 지 협조적 행위'도 그 개념이 명확하지 않을 뿐 아니라 공정거래법에 근거를 둔 것으로 보기 도 어려우므로 별도의 입법이 없는 이상 이를 매개로 하여 부당한 공동행위에 관한 합의가 있었음을 판단할 수는 없고, 다만 정보의 성질 및 내용, 정보교환의 시기, 주체 및 방식 등 정보의 중요도를 종합적으로 고려하고 여기에 정보교환이 의사결정에 반영되어 가격의 일치가 있었거나 당해 행위가 기존의 합의의 연장선상에 있는 경우 등 합의 사실을 추인할 수 있는 다양한 간접사실이 추가된 경우에는 묵시적 합의가 있었다고 볼 수 있다."고 하면서, "제1인상은 명시적인 합의, 제2 내지 제6인상도 출고가를 동일 또는 유사한 수준으로 결정하기로 하는 묵시적 합의가 있었던 것으로 볼 수 있어서 결국 제1인상 내지 제6인상에 관하여 성립한 일련의 합의는 전체적으로 하나의 부당한 공동행위에 해당한다."고 판결하였다.

대법원은 2015.12.14. 선고 2013두25924 판결에서 2013.11.28. 13개 음원유통사업자의 부당한 공동행위 건(대법원 2013.11.28. 선고 2012두17421 판결), 2014.7.24. 16개 생명보험 사업자의 부당한 공동행위 건(대법원 2014.7.24. 선고 2013두16951 판결) 등을 참조판례로 인용하고, 추가로 "가격정보 등 다양한 정보를 서로 교환하고 각자의 의사결정에 반영해 온 행위는 경쟁제한의 효과가 있었다고 볼 수도 있겠으나, 공정거래법상 정보교환 합의를 부당한 공동행위로 의율할 수 있는지는 별론으로 하고 정보교환행위 자체를 곧바로 가격을 결정·유지하는 행위에 관한 합의로 인정할 수는 없다."는 법리를 제시하였고, 인정사실들을 기초로 합의를 전제로 하지 않고도 충분히 설명가능하다면서 피고(공정위)가 가격인상에 관한 합의의 증거라고 제출한 다른 자료들을 보태어 보아도 원고들의 가격인상에 관한 상호 의사연결을 추단하기에는 부족하다고 판단하면서 원심판결을 파기하였다.

Ⅳ. 합의를 '하도록 하는' 행위

1. 규정의 입법경위 및 의미

법 제40조(부당한 공동행위의 금지) 제1항 후단은 "사업자는 다른 사업자로 하여금 합의(부당한 공동행위)를 하도록 하여서는 아니된다."는 규정을 두고 있다.

동 규정의 의미에 대하여 서울고등법원 2008.12.24. 선고 2008누14854 판결(주파수공용통신장치 구매입찰관련 4개 사업자의 부당한 공동행위 건, 2008.5.2. 공정위 의결)은 "2004.12.31. 법률 제7315호로 개정된 공정거래법은 다른 사업자로 하여금 부당한 공동행위를 하도록 교사한 사업자에 대해서도 같은 법을 적용할 근거를 마련하기 위하여 제19조(현행 제40조) 제1항 후단으로 '다른 사업자로 하여금 부당한 공동행위를 행하도록 하여서는 아니 된다.'라는 규정을 신설하였다. 한편, 사업자단체의 금지행위를 규정하고 있는 공정거래법 제26조(현행 제51조) 제1항은 그 제4호에서 '다른 사업자로 하여금 불공정거래 등을 하게 하는 행위'와 '이를 방조하는 행위'를 구별하여 규정하고 있다. 위와 같은 공정거래법 제19조 제

1항 후단의 입법경위와 공정거래법의 전반적인 체계, 그리고 공정거래법 제19조 제1항 후단은 시정명령과 과징금 납부명령 등 침익적 행정행위의 근거가 되므로 언어의 가능한 의미 내에서 이를 엄격하게 해석할 필요가 있는 점 등에 비추어 보면, '다른 사업자로 하여금 부당한 공동행위를 행하도록 하는 행위'는 다른 사업자로 하여금 부당한 공동행위를 하도록 교사하는 행위 또는 이에 준하는 행위를 의미하고, 다른 사업자의 부당한 공동행위를 단순히 방조하는 행위는 여기에 포함되지 않는다고 할 것이다."라는 법리를 제시하였다.[4] 그리고 대법원은 2009.5.14. 선고 2009두1556 판결로 "위 법률조항의 입법취지 및 개정경위, 관련 법률조항의 체계, 이 조항이 시정명령과 과징금 납부명령 등 침익적 행정행위의 근거가 되므로 가능한 한 이를 엄격하게 해석할 필요가 있는 점 등에 비추어 보면, 제19조 제1항 후단의 '다른 사업자로 하여금 부당한 공동행위를 행하도록 하는 행위'는 다른 사업자로 하여금 부당한 공동행위를 하도록 교사하는 행위 또는 이에 준하는 행위를 의미하고, 다른 사업자의 부당한 공동행위를 단순히 방조하는 행위는 여기에 포함되지 않는다고 할 것이다. 같은 취지의 원심판단은 정당하고, 거기에 부당한 공동행위의 금지에 관한 법리오해의 위법이 없다."고 판결하였다.

또 대법원 2019.3.14. 선고 2018두59670 판결(8개 메르세데스벤츠 승용차 딜러사의 부당한 공동행위 및 메르세데스벤츠코리아의 부당한 공동행위를 하게 한 행위 건, 2017.10.13. 공정위 의결)은 "공정거래법 제19조 제1항 후단의 '다른 사업자로 하여금 부당한 공동행위를 행하도록 하는 행위'는 다른 사업자로 하여금 부당한 공동행위를 하도록 교사하는 행위 또는 이에 준하는 행위를 의미하고, 다른 사업자의 부당한 공동행위를 단순히 방조하는 행위는 여기에 포함되지 않는다(대법원 2009.5.14. 선고 2009두1556 판결 참조)."고 확인하였다.

2. 합의를 '하도록 하는' 행위 해당여부 관련 쟁점 케이스

가. 주파수공용통신장치 구매입찰관련 4개 사업자의 부당한 공동행위 건(2008.5.2. 공정위 의결)

공정위는 "이 사건의 경우 피심인 모토코리아는 입찰공고 내용을 파악하고 낙찰자를 지정하여 알고 있는 상태에서 들러리 업체에게 입찰에 필요한 서류를 발급하여 당해입찰 건

---

4) 공정위는 합의를 하게 한 행위 해당여부 관련하여 "단순히 협조 또는 권장 등을 통해 부당한 공동행위를 하도록 유도·조정하는 것만으로도 법위반에 해당된다."는 법리를 제시하였다(의결서 24면 참조).

에 다른 총판이 들러리를 설 수 있도록 협조해 주되, 실제 낙찰에 필요한 가격정보는 낙찰 자에게만 제공함으로써 총판들의 입찰담합을 최소한 묵인한 행위는 법 제19조 제1항 제1 호 후단에서 규정하고 있는 다른 사업자로 하여금 공동으로 가격을 결정·유지 또는 변경하 는 행위를 합의하도록 하게 한 행위에 해당된다."고 결정하였다.

이에 대하여 서울고등법원은 2008.12.24. 선고 2008누14854 판결에서 원고의 총판 3사 에 대한 수요처 배분은 총판 3사의 입찰담합을 유도하기 위한 목적 아래 이루어진 것, 그 리고 원고가 총판별로 담당수요처를 지정하고 나아가 이 사건 구매입찰 과정에서 담당총 판이 아닌 총판에게도 들러리 입찰에 참여할 수 있도록 제품공급확인서와 기술지원확인서 를 발급하여 주면서 견적서의 발급만을 거부한 것은 전체적으로 총판 3사의 입찰담합을 유도한 행위에 해당한다는 피고(공정위)의 2가지 주장 관련하여 사실관계 및 증거자료 등 을 토대로 구체적인 판단을 한 다음에 "법 제19조 제1항 후단에서 말하는 부당한 공동행 위의 교사 또는 이에 준하는 행위에 해당한다고 볼 수 없거나 이를 인정하기에 부족하며 달리 인정할 증거가 없다."고 판결하였다.

그리고 대법원은 2009.5.14. 선고 2009두1556 판결을 통하여 "원심은 원고의 총판 3사 에 대한 담당수요처 배분행위나, 담당총판 이외의 총판에 대한 제품공급확인서 및 기술지 원확인서의 발급행위 등이 전체적으로 결합하여 총판 3사에 대한 부당한 공동행위(입찰담 합)의 교사 또는 이에 준하는 행위를 구성한다고 볼 수 없다고 판단하였는바, 위 법리와 기 록에 비추어 살펴보면, 원심의 이와 같은 사실인정과 판단은 정당한 것으로 수긍할 수 있 고, 거기에 채증법칙 위배, 심리미진 등 위법이 없다."고 최종 판결하였다.

나. 8개 메르세데스벤츠 승용차 딜러사의 부당한 공동행위 및 메르세데스벤츠코리 아의 부당한 공동행위를 하게 한 행위 건(2017.10.13. 공정위 의결)

(1) 공정위 의결

피심인들은 2009.2.12.부터 2009.5.22.까지 AS(After Sales) 커미티, 서비스매니저 회의, 딜러사 모임 등을 통해 참석자들 간의 이메일 교환 등의 일련의 과정을 거쳐서 C계정(벤츠 코리아나 딜러사가 아닌 차량소유자가 수리비 지급주체)의 시간당 공임 인상을 합의하고 이를 실 행하였다. 공정위는 8개 딜러사 및 벤츠코리아에 대하여 각각 법 제19조 제1항 전단 및 후 단의 규정을 적용하여 시정명령 및 과징금 납부 명령 처분을 하였다.[5]

---

5) 피심인 8개 딜러사들은 수리 공임비 인상에 대해서는 인정하였으나, 벤츠코리아와 딜러사와의 관계는 벤츠코리아가 거래상 우월적 지위에 있고 딜러사들은 공임비를 결정할 권한이 없으며,

　공정위는 부당한 공동행위를 '하도록 하는'행위의 의미 관련하여 "법원은 공정거래법 제19조 제1항 후단의 '다른 사업자로 하여금 부당한 공동행위를 행하도록 하는 행위'가 다른 사업자로 하여금 부당한 공동행위를 하도록 교사하는 행위 또는 이에 준하는 행위를 의미하고, 다른 사업자의 부당한 공동행위를 단순히 방조하는 행위는 여기에 포함되지 않는다고 판시한바 있다(대법원 2009.5.14. 선고 2009두1556 판결). 피교사자의 범죄결의가 확고하지 않거나 막연한 일반적 범죄계획을 가지고 있을 정도인 때에는 교사가 될 수 있다(이○○ 형법총론 제7판(482쪽))."는 법리를 제시하였다, 그러고 나서 "피심인 벤츠코리아는 다음과 같은 점을 볼 때 딜러사들이 벤츠승용차 수리비의 시간당 공임인상을 합의하도록 적극적으로 관여하였다. ① 이 사건 담합행위는 피심인이 딜러사들에게 공임 인상을 논의하기 위한 'AS 커미티' 개최를 먼저 제안하면서 시작되었는데, 피심인 벤츠코리아는 2009.1.9. 딜러사들에게 공임 인상을 논의하기 위한 2009.2.12. AS 커미티 개최를 먼저 제안하였고, 2009.2.12. AS 커미티에서 딜러사들에게 시간당 공임 인상을 제안하였다는 점, ② 피심인이 딜러사들의 이익개선 기준점을 ROS ●%로 제시하였고, 공임인상액을 결정하기 위해 딜러사들에게 재무자료를 요청하였다는 점, ③ 2009.5.22. AS 커미티 및 서비스매니저 회의 등에서 피심인이 딜러사들에게 시간당 공임의 두 번에 걸친 단계적 인상, 인상 금액, 인상 시점 등을 구체적으로 통지하였다는 점 등에서 벤츠코리아가 딜러사들이 공동으로 공임비를 인상하도록 한 사실을 알 수 있는데, 이는 교사 또는 이에 준하는 행위로서 단순히 방조한 행위는 아니고 딜러사들에게 공동행위를 하게 한 자에 해당한다."고 판단하였다.

(2) 서울고등법원 2018.9.12. 선고 2017누81825 판결

　서울고등법원은 합의를 '하도록 하는'행위의 의미에 대해서는 공정위와 마찬가지로 대법원 2009.5.14. 선고 2009두1556판결로 확립된 법리를 참조판례로 그대로 제시하면서 매우 상세한 판단을 거친 다음에 원고의 이 사건 행위는 딜러사들로 하여금 '부당한 공동행위를 하도록 교사한 행위 또는 이에 준하는 행위'에 해당한다고 볼 수 없다고 판결하였다.

(3) 대법원 2019.3.14. 선고 2018두59670 판결

　대법원도 서울고등법원과 마찬가지로 2009.5.14. 선고 대법원 판결을 참조판례로 하면서, "원심은, 이 사건 딜러사들이 2009년 전부터 원고에게 지속적으로 공임 인상을 요구하여 왔고, 2009년에도 공임 인상 요구를 한 후 공임 인상 방법, 시기, 인상 폭 등에 관하여

　딜러사들은 자신이 운영하는 서비스센터의 수익률 개선을 위해 벤츠코리아가 제시한 가격을 불가피하게 받아들인 것으로 딜러사 간의 합의의 결과가 아니라고 주장하였다. 이 부분은 이슈 29: 재판매가격유지행위의 금지 Ⅲ. 4. 나.에서 자세한 내용을 다룬다.

원고와 협상을 한 것으로 판단될 뿐 원고가 일방적으로 제시하는 권장 공임에 따라 공임을 인상하였다고 보기는 어려운 점, 공임 인상에 관해 원고와 이 사건 딜러사들의 이해가 상충되는 등 원고에게 이 사건 딜러사들로 하여금 공임을 인상하도록 교사하거나 이에 준하는 행위를 할 정도의 경제적인 유인이 있었다고 보기 어려운 점 등의 사정을 들어 원고의 이 사건 행위는 이 사건 딜러사들로 하여금 부당한 공동행위를 하도록 '교사한 행위 또는 이에 준하는 행위'에 해당되지 않는다고 판단하였다. 원심판결 이유를 앞서 본 법리와 기록에 비추어 살펴보면, 원심의 이러한 판단에 부당한 공동행위의 교사 등에 관한 법리를 오해하거나 논리와 경험의 법칙을 위반하여 자유심증주의의 한계를 벗어나는 등의 잘못이 없다."고 최종 판결하였다.

다. ㈜창신아이엔씨의 부당지원행위 건(2021.1.20. 공정위 의결)

본건은 법 제40조 제1항과 마찬가지로 '하도록 하는' 행위를 규제하고 있는 법 제45조(불공정거래행위의 금지) 제1항 후단에 관한 것으로서 아래와 같이 법 제40조 제1항 후단, 법 제51조(사업자단체의 금지행위) 제1항 제4호, 형법상 교사범 등에 대한 판례 및 법리 제시를 포함하여 매우 구체적으로 판단하고 있는바 소개하고자 한다.

법 제23조(현행 제45조) 제1항 후단은 불공정거래행위와 관련하여 '계열회사 또는 다른 사업자로 하여금 이를 행하도록 하여서는 아니된다'고 정하고 있으므로, 부당한 지원을 하는 행위뿐만 아니라 다른 사업자로 하여금 부당한 지원을 행하도록 하는 행위도 금지된다.

법원은 다른 사업자로 하여금 부당한 공동행위를 행하도록 하는 행위를 금지하고 있는 법 제19조(현행 제40조) 제1항 후단과 관련하여 '이는 다른 사업자로 하여금 부당한 공동행위를 하도록 교사하는 행위 또는 이에 준하는 행위를 의미하고, 다른 사업자의 부당한 공동행위를 단순히 방조하는 행위는 여기에 포함되지 않는다'고 판시한 바 있다(서울고법 2008.12.25. 선고 2008누14854 판결[상고심 심리불속행 기각(대법원 2009.5.14. 선고 2009두1556 판결)]). 따라서 부당한 지원행위를 행하도록 하는 행위 역시 다른 사업자로 하여금 부당한 지원행위를 하도록 교사하는 행위 또는 이에 준하는 행위를 의미하는 것으로 해석할 수 있다.

한편, 형법상 교사자의 교사행위는 정범에게 범죄의 결의를 가지게 하는 것을 말하는 것으로서, 판례는 교사행위와 관련하여 '막연히 범죄를 하라거나 절도를 하라고 하는 등의 행위만으로는 교사행위가 되기에 부족하다 하겠으나, 타인으로 하여금 일정한 범죄를 실행할 결의를 생기게 하는 행위를 하면 되는 것으로서 교사의 수단·방법에 제한이 없다 할 것이므로, 교사범이 성립하기 위하여는 범행의 일시, 장소, 방법 등의 세부적인 사항까지를 특정하여 교사할 필요는 없는 것이고, 정범으로 하여금 일정한 범죄의 실행을 결의할 정도에 이르게 하면 교사범이 성립된다'고 보고 있다(대법원 1991.5.14. 선고 91도542 판결).

이에 따라 판례는 법 제26조(현행 제51조) 제1항 제4호의 사업자단체가 사업자에게 불공정거래행위 또는 재판매가격유지행위를 하게 한 행위를 해석함에 있어 형법상 교사행위의 성립요건을 준용하여, '개별 사업자에게 상당한 영향력을 행사할 수 있는 지위에 있는 사업자단체로 하여금 경쟁제한행위를 금지하고자 하는 것으로, 단순히 물리적으로 이를 강요하는 것만을 의미하는 것이 아니라, 그러한 지위를 이용하여 불공정거래행위를 권장하거나 협조를 요청하는 등 어떠한 방법으로든 이를 사실상 강요하는 결과를 가져오는 모든 행위를 말하는 것으로 보아야 할 것이다'라고 판시하고 있다(서울고법 2002.6.26. 선고 2001누14046 판결[상고심 심리불속행기각(대법원 2003.1.11. 선고 2002두9346 판결)]). 따라서 부당한 지원행위를 행하도록 하는 행위 역시 그 수단·방법에는 제한이 없으며 물리적으로 부당한 지원행위를 강요하는 것뿐만 아니라 자신의 지위를 이용하여 사실상 이를 강제하는 행위까지 포괄적으로 포함한다.

법원은 현대중공업이 캐나다 임페리얼 상업은행(CIBC)과 주식환매계약을 체결한 행위에 대하여 이는 현대전자산업이 보유한 주식을 우회적으로 매입하여 현대전자산업을 부당지원한 행위에 해당한다고 하였고, 현대증권은 일련의 거래과정 전체를 주도적으로 진행한 점이 인정되므로 현대중공업으로 하여금 지원행위를 행하도록 한 자에 해당되는바, 현대증권도 부당지원행위의 책임을 피할 수 없다고 판시한 바 있다(대법원 2006.7.6. 선고 2004두2998 판결 참조).

피심인 창신은 창신의 해외생산법인, 서흥 등의 계열사와 관련한 중요한 의사결정을 직접 결정한다. 또한, 그룹의 인사도 창신의 인사팀에서 통합적으로 실시하고 있다는 점에서 그룹 전반에 대한 창신의 영향력은 매우 크다고 할 수 있다. 이 사건 지원행위는 창신의 지시에 의해 이루어졌다. 구매대행 수수료 인상 검토안은 창신의 ○○○의 지시에 따라 작성되었고, 수수료 인상에 대한 통보도 창신의 직원인 ○○○에 의해 이루어졌다. 3개 해외생산법인(지원주체)은 서흥(지원객체)에 구매대행 수수료를 인상하여 줄 유인이 거의 없다. 3개 해외생산법인의 입장에서 구매대행 수수료를 인상하는 것은 신발 자재 구매비용 상승을 야기하여 경영 악화를 초래하기 때문이다. 실제 3개 해외생산법인은 구매대행 수수료 인상에 대하여 불만이 있었음에도 창신의 지시로 인한 것이기 때문에 이를 받아들일 수밖에 없었다. 이러한 점을 종합적으로 고려할 때, 창신은 이 사건 지원행위를 하게한 자에 해당된다고 판단된다.

V. 수직적 합의

1. 개요

필자가 1997년 독점규제 및 공정거래에 관한 법률 개론(개정판)에서 밝힌 수직적 합의에 대한 견해는 다음과 같았다(268면 참조). "공동행위의 주체로서 사업자에 대해서는 경쟁관계에 있는 사업자에 한한다는 설과 경쟁관계가 아닌 사업자도 해당된다는 설로 나누어져 있다. 前說은 부당한 공동행위의 성립에는 구속의 상호성과 함께 동질성을 요건으로 한다는 입장으로 이 입장에 의하여 엄격한 수평적 협정으로 한정할 경우 규제의 공백이 생길 수 있다는 것이 문제로 된다. 이에 대해 後說은 사업자가 경쟁관계에 있는 것을 요한다는 명문의 규정이 없는 한 좁게 운용할 이유가 없으며, 거래단계를 달리하는 사업자간의 종된 협정이라도 그 의사표시의 내용이 동일한 의미를 갖고 제3자에게 그 효과를 미친다면 부당한 공동행위로 규제해야 한다는 입장이다. 현재 우리나라 공정거래위원회의 심결사례 중 後說의 입장에 따른 것은 나타나고 있지 않지만 거래단계를 달리하는 사업자간에도 상호 구속 및 공동성의 요건만 충족하면 부당한 공동행위로 규제해야 된다고 본다."

그 이후 특히 법원의 행정소송 과정에서 수직적 합의를 다룬 판결례가 상당수 나오게 되었지만 판례 자체가 그 입장이 명확치 않은 부분도 있고 여전히 학설도 나뉘고 있는 상태이다. 필자 자신도 종전에는 수직적 합의에 대해 긍정적인 입장이었지만 수직적 거래제한을 별도 법규정으로 규제하고 있는 현행 법 체계와 함께[6] 2005.4.1. 공정거래법 제19조(현행 제40조) 제1항 후단을 신설하여 합의를 '하게 한'행위도 금지대상으로 함으로써 수직적 합의의 일정부분을 추가로 포섭할 수 있게 되었다는 점도 고려할 필요가 있다고 본다.[7]

아래에서는 그동안 나온 수직적 합의 관련 케이스들을 소개하며, 앞으로 보다 많은 논의와 심결사례 및 판결례가 축적되기를 기대한다.

---

[6] 수직적 거래관계에 서는 사업자만이 합의의 당사자가 되는 순수 수직담합 혹은 진정 수직담합에 대해서는 재판매가격유지행위나 구속조건부거래에 관한 불공정성 심사와 시지남용행위 중 거래단계를 달리하는 자에 대한 사업활동방해 등의 위법성 심사를 참조할 수 있을 것이다(정호열, 경제법(전정 제7판), 박영사, 2022, 348면 참조).

[7] 같은 견해로서, 이재구, 공정거래법(전면 개정:7판), 지식과감성, 2023, 336~338면 참조.

2. 수직적 합의 관련 케이스

가. 서울고등법원 2009.10.7. 선고 2009누2483 판결(7개 영화배급·상영업자의 부당한 공동행위 건, 2008.6.10. 공정위 의결)

원고는 "가격담합은 대표적인 수평적 경쟁제한행위로서 통상 경쟁사업자 사이에 가격에 의한 경쟁을 피하기 위하여 행하여진다. 그런데, 원고는 영화배급업자로서 F, G, M와 같은 영화상영업자와 수직적인 관계에 있을 뿐 경쟁관계에 있지 아니하다."는 주장을 하였다.

서울고등법원은 부당한 공동행위의 부존재 주장에 대하여 "공정거래법 제19조(현행 제40조) 제1항의 규정 중 '다른 사업자로 하여금 부당한 공동행위를 행하도록 하는 행위'는 다른 사업자로 하여금 부당한 공동행위를 하도록 교사하는 행위 또는 이에 준하는 행위를 의미한다고 할 것인바(대법원 2009.5.14. 선고 2009두1556 판결 참조), 이러한 규정의 취지에 비추어 보면, 수평적 경쟁관계에 있지 아니한 사업자도 수평적 경쟁관계에 있는 다른 사업자들과 공동하여 공정거래법 제19조 제1항 소정의 부당한 공동행위를 할 수 있다 할 것이다. 이러한 법리에 따르면, 영화배급업자인 원고도 수직적 관계에 있는 영화상영업자와 공동하여 공정거래법 제19조 제1항 소정의 '부당한 공동행위'를 할 수 있다고 할 것이다."라고 판결하였다.[8]

나. 13개 음원유통사업자의 부당한 공동행위 건(2011.6.29. 공정위 의결)

원고는 공정거래법 제19조 제1항의 부당한 공동행위는 경쟁사업자들 사이의 수평적 합의를 전제로 하는데, 이 사건 공동행위는 수직적 관계에 있는 음원유통사업자(Content Provider: CP)와 온라인음악서비스사업자(Online Service Provider: OSP)가 음원의 거래조건에 관하여 의사교환을 한 것뿐이므로 수평적 합의를 전제로 하는 부당한 공동행위가 성립할 수 없다고 주장하였다.

이에 대해 서울고등법원은 2012.7.11. 선고 2011누25717 판결에서 "법 제19조 제1항은 '사업자들' 사이의 부당한 공동행위를 금지하고 있을 뿐, 그 사업자들이 반드시 수평적 경쟁관계에 있어야 할 것을 규정하고 있지 않다. 따라서 수직적 관계에 있는 사업자들 사이에서도 부당한 공동행위는 성립할 수 있는 것이다(대법원은 2010.2.11. 선고 2009두11485 판결에서도 수직적 관계에 있는 사업자들 사이의 부당한 공동행위 성립을 인정한 바 있다.). 뿐만 아니라

---

8) 동 법원은 공정위의 시정명령은 적법하지만 과징금 납부명령은 위법하다고 취소하였고 이에 따라 원고는 수직적 합의 이슈에 대하여 상고를 제기하지 않았다.

앞서 본 사실관계에 의하면, 신탁 3단체의 징수규정이 개정되어 Non-DRM 온라인음악서비스가 전면 허용되게 되자 원고를 비롯한 CP와 OSP는 서로의 이익을 위하여 Non-DRM 월정액제 다운로드상품 중 곡수 무제한 상품은 출시하지 않고 곡수를 제한한 상품만 출시하기로 하고, 그러한 취지에 맞게 원고를 포함한 CP들이 이 사건 합의를 한 것임을 알 수 있다. 이러한 점에서 이 사건 합의는 OSP를 상대로 하는 온라인음원공급시장에서 공급자들인 CP들 사이의 수평적 합의로 볼 수 있다. 원고 주장은 받아들이지 않는다."고 판결하였다.

대법원은 2013.11.28. 선고 2012두18479 판결에서 "원심은, 이 사건 합의는 동일한 거래단계에 있는 원고를 비롯한 음원사업자들 사이에서 성립한 것이므로 공정거래법이 금지하는 부당한 공동행위에 해당한다는 취지로 판단하였다. 관련 법리 및 기록에 비추어 보면, 원심의 이와 같은 판단은 정당하므로, 수직적 담합의 금지 여부에 관하여 나아가 판단할 필요가 없다."고 판시하였다.

다. 글락소 그룹 리미티드 및 동아제약(주)의 부당한 공동행위 건(2011.12.23. 공정위 의결)

공정위는 피심인들의 "이 사건 합의는 특허권자와 실시권자 사이의 수직적 라이센스계약에 불과하므로 수평적 합의를 의미하는 공동행위 법리를 적용할 수 없다."는 주장에 대하여, "공정거래법 제19조 제1항은 '다른 사업자'와 공동으로 부당하게 경쟁을 제한하는 행위만을 금지하고 있을 뿐 그 다른 사업자 간의 수평적인 경쟁관계를 요건으로 규정하고 있지는 아니한 점, 이 사건 합의는 피심인들이 상호 경쟁하지 않기로 하는 공동의 의사에 터잡은 것이고 실제 관련시장에서의 경쟁제한적 효과가 나타났다는 점에서 형식상 수직적 계약의 형태를 띠고 있다 하더라도 수평적 성격이 있음을 부인할 수 없다는 점, 피심인 동아제약이 조프란의 복제약인 온다론을 출시하여 피심인 GSK와 세로토닌 길항 항구토제 시장 및 온단세트론 성분 포함 항구토제 시장에서 직접적으로 경쟁하였고 피심인 GSK도 온다론을 경쟁제품으로 인식하고 있었던 점 등을 종합적으로 고려할 때 피심인들의 주장은 이유 없다."고 결정하였다(의결서 85~86면 참조).

이에 대하여 서울고등법원 2012.10.11. 선고 2012누3028 판결도 "공정거래법 제19조 제1항 본문 전단은 사업자가 '다른 사업자'와 공동으로 부당하게 경쟁을 제한하는 행위를 할 것을 합의하여서는 아니 된다고 규정할 뿐, 그들 사이에 수평적 경쟁관계가 있을 것을 요건으로 하지 않고 있다. 또한 수평적 경쟁관계에 있지 않은 사업자들의 공동행위라 할지라도 그것이 시장에서 부당하게 경쟁을 제한하거나 제한할 우려가 있다면 규제의 필요성이 인정된다. 따라서 공정거래법상 부당한 공동행위가 성립하기 위해 반드시 공동행위 참여자들 사이에 수평적 경쟁관계가 있어야 한다고 볼 수는 없다. 한편, 원고들과 동아제약은 모두 국내시장에서 각종 의약품의 개발·제조·판매 및 그에 관련된 각종 사업을 수행하고 있으므로, 동아제약이 비록 원고들이 생산하는 의약품을 실제 개발 중이라거나 판매하고 있지 않더라도 원고들과 잠재적으로나마 경쟁관계에 놓여 있다고 봄이 타당하다. 따라서 원고들의 이 부분 주장은 어느 모로 보나 이유 없다."고 판결하였다.

상고심인 대법원은 2014.2.27. 선고 2012두24498 판결을 통하여 수직적 합의 여부에 대한 명시적인 판단은 하지 않고 이 사건 합의는 잠재적 경쟁관계에 있는 사업자의 사업내용을 제한하는 합의로서 부당한 공동행위에 해당할 수 있다고 하였다. 그러면서 원심판결은 그 이유 설시에 부적절한 점이 없지 아니하나 이 사건 합의가 공정거래법에 정한 '부당한 공동행위'에 해당할 수 있다는 취지의 결론은 정당하다고 판결하였다.

라. 5개 복수종합유선방송사업자 등의 부당한 공동행위 건(2011.8.24. 공정위 의결)

공정위는 "법 제19조 제1항은 '다른 사업자'와 공동으로 부당하게 경쟁을 제한하는 행위만을 금지하고 있을 뿐 그 다른 사업자 간의 수평적인 경쟁관계를 요건으로 규정하고 있지는 아니한 점, 이 사건 공동행위는 IPTV사업자의 사업활동을 방해하려는 목적으로 이루어진 합의인 바, 피심인들 간에 직접적인 경쟁관계가 있지 아니하더라도 피심인들이 속한 집단(SO사업자)과 다른 집단(IPTV사업자)은 유료방송서비스시장 내에서 경쟁관계에 있음이 명백한 점 등을 고려할 때 피심인들의 주장은 이유 없다."고 결정하였다(의결서 86면 참조).

이에 대하여 서울고등법원 2012.9.19. 선고 2011누32470 판결은 "법 제19조 제1항에서는, 사업자가 '다른 사업자'와 공동으로 부당하게 경쟁을 제한하는 행위를 할 것을 합의하여서는 아니 된다고 규정할 뿐, 그들 사이에 수평적 경쟁관계가 있을 것을 요건으로 하지 않는다. 또한, 수평적 경쟁관계에 있지 않은 사업자들의 공동행위라 할지라도 그것이 시장에서 부당하게 경쟁을 제한하거나 제한할 우려가 있다면 규제의 필요성은 인정된다. 따라서 공정거래법상 부당한 공동행위가 성립하기 위해 반드시 공동행위 참여자들 사이에 수평적 경쟁관계가 있어야 한다고 볼 수는 없다."고 판결하였으며, 대법원도 2015.4.23. 선고 2012두24191 판결을 통하여 "원심이 공정거래법상 부당한 공동행위가 성립하기 위하여 반드시 공동행위 참여자들 사이에 수평적 경쟁관계가 있어야 하는 것은 아니라고 판단한 것은 정당하고, 거기에 공정거래법 제19조 제1항 본문의 '다른 사업자'의 의미에 관한 법리오해, 심리미진 등의 위법이 없다."고 판시하였다.

마. 서울고등법원 2015.1.30. 선고 2014누1521 판결(부산 북구청 등 4개 지자체의 온나라시스템 구축 입찰관련 부당한 공동행위 건, 2014.1.7. 공정위 의결)

원고는 ① 표준형 온나라 시스템을 최적의 상태로 구축할 수 있는 유일한 사업자로서 3회에 걸친 모임에서 화♡ 등 3개사와 시스템 구축 및 이 사건 입찰의 구성물품을 공급하는 문제에 대해서만 논의하였을 뿐 이 사건 합의에 가담할 경제적 유인이 없었고, ② 이 사건 입찰의 구성물품을 화♡ 등 3개사에 공급하는 지위에 있어 화♡ 등 3개사와 수평적 경쟁관계에 있지 아니하므로 화♡ 등 3개사와 수직적 관계에 있는 원고에 대하여 공정거래법 제19조 제1항 전단을 적용할 수 없으며, ③ 이 사건 합의에 원고가 기여한 정도는 소극적인 방조에 그치고 적극적인 교사의 수준에 이르지 않았으므로 공정거래법 제19조 제1항 후단의 '다른 사업자로 하여금 부당한 공동행위를 행하도록 한 경우'에도 해당하지 않는다고 주장하였다.

이에 대하여 서울고등법원은 "이 사건 입찰의 구성물품은 하드웨어, 소프트웨어, 용역지원 등인데, 원고는 북구청, 중구청 입찰에서 애크미, 화♡에 위 각 구성물품을 독점공급하였고, 화♡이 중구청 입찰을 수주하도록 돕는 대가로 지자체 사업 이외에 총 15억 원의 매출을 보장받기로 하였으며, 실제로 화♡에 총 2억 1,500만 원 상당의 물품을 판매한 사실, 3차례에 걸친 이 사건 합의 장소가 원고의 부산지사 사무실로서 원고의 직원이 모두 참여한 사실, 원고는 2012.11.8.자 남부지방영업팀 프로젝트 추진현황에서 엔지스인포텍(주)이 중구청 입찰 건에서 최저가로 투찰한 것과 G가 부산진구청, 서구청 입찰에서 낙찰받은 것을 '입찰사고'라고 기재한 사실, 원고는 낙찰자에게 이 사건 입찰의 구성물품을 공급하는 경우 이윤을 확보하기 위해 이 사건 입찰에 참여하는 사업자들이 저가입찰 경쟁을 하지 않기를 원하였던 사실을 인정할 수 있다. 이에 의하면, 원고는 이 사건 입찰에서 대기업의 입찰참여가 제한되자 한▽정보공학, 동▼씨엔아이, 코▽롱글로벌, 영우디지탈 등 원고의 경쟁자의 협력업체가 낙찰받게 되면 이 사건 입찰의 구성물품을 독점공급할 수 없게 될 것을 우려하여, 경쟁자를 배제하고 독점공급 내지 안정적인 매출을 꾀하며 그 과정에서의 최대한의 이윤확보를 목적으로 낙찰자나 투찰가격을 정하는 이 사건 합의에 참여할 경제적 유인이 충분히 존재하였고, 화♡ 등 3개사의 이 사건 합의가 성사되도록 합의의 장소를 제공하는 등 적극적으로 지원하여 이 사건 합의가 공고하게 유지될 수 있었다고 봄이 상당하다. 사정이 이러하다면, 원고가 화♡ 등 3개사와 수평적 경쟁관계에 있지 않고 수직적 관

계에 있다고 하더라도 그들과 공동으로 한 이 사건 합의에 대하여 공정거래법 제19조 제1
항 전단의 부당한 공동행위의 책임을 진다고 할 것이므로(대법원 2009두19700 판결의 원심판
결인 서울고등법원 2009누2483 판결 참조), 원고의 위 주장은 이유 없다."고 판결하였다.

대법원은 2015.5.29. 선고 2015두38955 판결을 통해서 심리불속행 사유에 해당한다는
이유로 상고를 기각하였다.

바. 법제처 법령해석(법제처-17-0387, 2017.8.31.)

(1) 질의요지

공정거래법 제2조 제1호 전단에서는 "사업자"란 제조업, 서비스업, 기타 사업을 행하는
자를 말한다고 규정하고 있고, 같은 법 제19조 제1항 각 호 외의 부분에서는 사업자는 계
약·협정·결의 기타 어떠한 방법으로도 다른 사업자와 공동으로 부당하게 경쟁을 제한하는
각 호의 어느 하나에 해당하는 행위를 할 것을 합의하거나 다른 사업자로 하여금 이를 행
하도록 하여서는 아니된다고 규정하고 있으며, 같은 항 제8호에서는 부당한 공동행위의 하
나로 입찰 또는 경매에 있어 낙찰자, 경락자, 투찰가격, 낙찰가격 또는 경락가격, 그 밖에
대통령령으로 정하는 사항을 결정하는 행위를 규정하고 있는바, 법 제19조 제1항 및 같은
항 제8호에서 부당한 공동행위로 규정하고 있는 입찰 또는 경매에 있어 낙찰자, 경락자,
투찰가격, 낙찰가격 또는 경락가격 등을 결정하는 행위의 주체에 입찰 또는 경매를 발주하
는 사업자도 포함되는지?

(2) 질의배경

민원인은 대기업이 발주한 입찰에 참가하였으나, 그 대기업의 임원 등이 해당 대기업 퇴
직자와 공모하여 낙찰자를 결정하는 등의 행위를 하자, 이러한 대기업의 행위가 공정거래
법 제19조 제1항 제8호에 따른 부당한 공동행위에 해당하는지를 공정거래위원회에 질의하
였고, 공정거래위원회에서 공정거래법 제19조 제1항 제8호에 따른 부당한 공동행위는 발
주자가 아닌 입찰 등에 참가하는 사업자를 규율대상으로 한다고 답변하자, 법제처에 법령
해석을 요청하였다.

(3) 법제처 회답

공정거래법 제19조 제1항 및 같은 항 제8호에서 부당한 공동행위로 규정하고 있는 입찰
또는 경매에 있어 낙찰자, 경락자, 투찰가격, 낙찰가격 또는 경락가격 등을 결정하는 행위
의 주체에 입찰 또는 경매를 발주하는 사업자는 포함되지 않습니다.

(4) 이유

먼저, 공정거래법 제2조 제1호 전단에서는 "사업자"를 제조업, 서비스업, 기타 사업을 행하는 자를 말한다고 규정하고 있고, 같은 법 제19조 제1항 각 호 외의 부분에서는 "사업자"는 부당한 공동행위를 하거나 다른 사업자로 하여금 이를 행하도록 하여서는 아니된다고 규정하면서 "사업자"의 범위를 특별히 제한하고 있지 않는바, 같은 항 제8호에 따라 입찰 또는 경매에 있어 낙찰자, 경락자 등을 결정하는 행위의 주체가 입찰 또는 경매에 참가하는 사업자를 의미하는지, 아니면 입찰 또는 경매를 발주하는 사업자도 포함하는지에 관하여는 해당 규정의 입법 취지, 법령 체계, 다른 규정과의 관계 등을 고려하여 결정할 필요가 있다고 할 것입니다.

그런데, 법 제19조 제1항 각 호 외의 부분에서는 사업자는 다른 사업자와 "공동"으로 부당하게 "경쟁"을 제한하는 행위를 하려는 합의를 부당한 공동행위로 금지하고 있고, 같은 항 각 호에서는 부당한 공동행위의 유형으로, 가격을 결정·유지 또는 변경하는 행위(제1호) 등을 규정하는 외에 같은 항 제9호에서 제1호부터 제8호까지 외의 행위로서 다른 사업자(그 행위를 한 사업자를 포함함)의 사업활동 또는 사업내용을 방해하거나 제한함으로써 "일정한 거래분야"에서 "경쟁을 실질적으로 제한하는 행위"를 규정하고 있는바, 여기서 "일정한 거래분야"란 거래의 객체별·단계별 또는 지역별로 경쟁관계에 있거나 경쟁관계가 성립될 수 있는 분야를 의미하고(같은 법 제2조 제8호), "경쟁을 실질적으로 제한하는 행위"란 일정한 거래분야의 경쟁이 감소하여 특정 사업자 또는 사업자단체의 의사에 따라 어느 정도 자유로이 가격·수량·품질 기타 거래조건 등의 결정에 영향을 미치거나 미칠 우려가 있는 상태를 초래하는 행위를 의미하는 점(같은 법 제2조 제8호의2)에 비추어 볼 때, 부당한 공동행위가 성립하기 위해서는 둘 이상의 사업자가 주체가 되어야 하고, 이 둘 이상의 사업자는 서로 경쟁관계가 문제될 수 있는 일정한 거래분야의 사업을 영위하여야 하며(대법원 2014.11.27. 선고 2013두24471 판결례 등 참조), 그 경쟁관계에 있는 사업자 간에 부당한 공동행위를 하기로 하는 합의가 있어야 할 것인바(대법원 1999.2.23. 선고 98두15849 판결례 등 참조), 부당한 공동행위의 주체는 일정한 거래관계에 있어서 동일한 입장에 있는 둘 이상의 사업자를 의미한다고 할 것이고, 입찰을 발주하는 자와 그 입찰에 참가하는 자와 같이 서로 상대방인 관계에 있는 자 사이에서는 부당한 공동행위가 성립하지 않는다고 할 것이므로, 법 제19조 제1항 및 같은 항 제8호에 따른 부당한 공동행위의 주체가 되는 사업자는 입찰이나 경매에 참가하는 사업자에 한정되고, 입찰 또는 경매를 발주하는 사업자는 포함되지 않는다고 할 것입니다.

또한, 현행 법 제19조는 1980.12.31. 법률 제3320호로 제정된 법 제11조에서 규정한 내용으로서, 그 입법 취지는 사업자간 또는 사업자단체가 가격, 수량, 거래지역 등을 제한하는 공동행위(카르텔)는 등록시켜 관리하되, 경쟁을 실질적으로 제한하는 공동행위는 금지 또는 수정하여 등록하도록 하는 등 부당한 공동행위를 규율하는 것이 그 목적이고 (1980.12.11. 정부 제출, 독점규제 및 공정거래에 관한 법률안 국회 심사보고서 참조), 법 제19조 제1항 제8호는 2007.8.3. 법률 제8631호로 개정된 공정거래법에 신설된 규정으로서, 종전에는 입찰담합에 대하여 부당한 공동행위로 명확하게 규정하고 있지 않아 "입찰담합 행위" 즉, "입찰참가자"가 서로 합의하여 미리 입찰가격이나 낙찰자 등을 정하는 것을 명시적으로 규정하기 위하여 마련된 것인바(2007.2.7. 정부 제출, 독점규제 및 공정거래에 관한 법률 일부개정법률안 국회 심사보고서 참조), 이러한 입법 취지에 비추어 보더라도 법 제19조 제1항 제8호는 입찰이나 경매에 참가하는 사업자를 규율대상으로 하는 것이지, 입찰이나 경매를 발주하는 사업자를 규율대상으로 하고 있는 것은 아니라고 할 것입니다.

이상과 같은 점을 종합해 볼 때, 공정거래법 제19조 제1항 및 같은 항 제8호에서 부당한 공동행위로 규정하고 있는 입찰 또는 경매에 있어 낙찰자, 경락자, 투찰가격, 낙찰가격 또는 경락가격 등을 결정하는 행위의 주체에 입찰 또는 경매를 발주하는 사업자는 포함되지 않는다고 할 것입니다.

3. 분석

앞 1. 개요 부분에서 수직적 합의 관련 필자의 견해를 대략 언급하기도 하였지만 2.에서 설명한 관련 케이스들을 살펴보면서 보다 구체적으로 정리해 본다.

서울고등법원은 7개 영화배급·상영업자 케이스(2009.10.7. 판결), 13개 음원유통사업자 케이스(2012.7.11. 판결), 동아제약 케이스(2012.10.11. 판결), 5개 복수종합유선방송사업자 케이스(2012.9.19. 판결), 온나라시스템 구축 입찰 관련 4개 지자체 케이스(2015.1.30. 판결) 등에서 법 제40조 제1항이 반드시 수평적 경쟁관계가 있어야 할 것은 규정하고 있지 않고 있다는 점을 논거로 하여 수직적 합의를 인정하였다. 한편 대법원은 이에 대한 명시적 입장을 제시하지 않고 있다가 2015.4.23. 5개 복수종합유선방송사업자 케이스에서 비로소 "원심이 공정거래법상 부당한 공동행위가 성립하기 위하여 반드시 공동행위 참여자들 사이에 수평적 경쟁관계가 있어야 하는 것은 아니라고 판단한 것은 정당하다."고 짤막하게 판시하였다.

그동안 수직적 합의와 관련되는 케이스들의 경우 사실관계나 법원의 판결 내용을 살펴보면 대부분 수직적 합의에 해당하는 경우라도 잠재적 경쟁관계에 있거나 공동의 경제적 이해를 갖고 있거나 시장에서의 경쟁을 제한하거나 제한할 우려 등도 고려요소가 되고 있다.

따라서 우리나라의 법체계가 수직적 거래제한은 기본적으로 시장지배적지위 남용행위(법 제5조 제1항), 불공정거래행위(법 제45조 제1항) 및 재판매가격유지행위(법 제46조) 등으로 규제하고 있는 점, 그리고 2005.4.1. 법 개정으로 법 제40조 제1항 후단을 신설하여 합의를 '하게 한'행위도 규제대상으로 포섭된 점 등을 감안하면 순수한 수직적 관계의 사업자들 간의 합의에 대해 법 제40조 제1항을 적용하는 것은 신중해야 된다고 본다.9)

---

9) 앞 2. 바.에서 소개한 수직적 관계에 있는 발주사업자와 입찰참가 사업자간의 공모행위에 대하여 공정거래법 제19조(현행 제40조) 제1항 제8호를 적용할 수 있는지 여부에 대한 행정부내의 법령해석 총괄부서인 법제처의 유권해석 참조. 공정위는 2017.10.13. 메르세데스벤츠코리아가 자신의 8개 딜러사들과 함께 각종 모임 등을 통해 시간당 공임 인상을 합의하고 실행한 행위 관련하여 8개 딜러사들은 법 제40조 제1항 전단의 합의를 한 것으로, 벤츠코리아에 대하여는 후단의 합의를 '하도록 하는' 것으로 판단하고 조치하였다(공정위 의결 및 법원 판결 내용은 이슈 30 IV. 2. 나. 참조). 한편 공정위는 2023.9.19. "지역 4개 ㈜골프존 가맹사업자와 ㈜골프존이 모임을 통해 쿠폰발행과 요금할인을 금지하기로 합의한 가격담합 행위에 대한 시정명령 부과를 결정했다. 이번 조치는 수직적·수평적 관계에 있는 가맹사업자와 가맹본부 간 가격담합을 적발한 것에 의의가 있다."고 발표하였는바(공정위 보도자료, '4개 ㈜골프존 가맹사업자 및 ㈜골프존의 가격담합 적발·제재' 참조), 추후 의결서상 제시된 법리, 그리고 법원 불복시 법원의 판단 등을 살펴 볼 필요가 있다.

부당한 공동행위 성립요건의 하나인 "부당한 경쟁제한"

I. 개요

법 제40조(부당한 공동행위의 금지) 제1항의 규정에 따라 부당한 공동행위가 성립하기 위한 요건으로 통상 ① 합의의 존재, ② 부당한 경쟁제한 등 2가지로 판단되고 있다. 즉 사업자간에 제1항 각 호의 하나에 해당하는 합의가 존재할 뿐만 아니라 그 합의가 '부당하게 경쟁을 제한'하여야 한다.

② 경쟁제한성 요건과 관련하여 당초에는 "일정한 거래분야에서 경쟁을 실질적으로 제한"으로 규정되어 있었는데 1999년(1999.2.5.) 공정거래법 개정시 "부당하게 경쟁을 제한"으로 변경되었다. 다만 당시 부당한 공동행위 금지조항인 법 제19조 제1항 제8호(다른 사업자의 사업활동 또는 사업내용을 방해하거나 제한함으로써 일정한 거래분야에서 경쟁을 실질적으로 제한하는 행위)나 제5항의 공동행위의 추정조항이 적용되는 경우(2이상의 사업자가 일정한 거래분야에서 경쟁을 실질적으로 제한하는 제1항 각 호의 1에 해당하는 행위를 하고 있는 경우)에는 종전과 마찬가지로 경쟁의 실질적 제한성이 여전히 요구되었다.[1] 한편 공정거래위원회 30년사 (1981~2010)에서는 이에 따라 1999년 2월 개정 공정거래법 조항을 적용하는 경우에는 앞의 두 가지 예외를 제외하고는 엄격한 경쟁제한성을 요구하지 않게 되었다고 그 개정효과를 적었다(공정거래위원회 30년사, 2011, 365면).

현행 법상 기준으로 보면 법 제40조 제1항 제9호(그 밖의 행위로서 다른 사업자의 사업활동 또는 사업내용을 방해·제한하거나 가격, 생산량, 그 밖에 대통령령으로 정하는 정보를 주고받음으로써 일정한 거래분야에서 경쟁을 실질적으로 제한하는 행위)의 경우에는 '일정한 거래분야에서의 경쟁의 실질적 제한'과 같은 조 같은 항 본문에 따른 '부당한 경쟁제한'이라는 두 가지의 다른 규범적 판단요건을 요구하고 있다. 그리고 법 제2조(정의) 제5호에서 "경쟁을 실질적으로

---

[1] 공정거래위원회는 그 개정 취지를 가격담합, 입찰담합 등 소위 '경성 공동행위'의 경우에 경쟁에 미치는 해악이 크고 명백하므로 이를 미국이나 EU 등 국제적 기준에 부합하게 당연위법으로 간주하여 강력하게 규제하기 위한 것이라고 설명하였다(공정거래위원회, 공정거래위원회 20년사 —시장경제 창달의 발자취, 2001, 174면 참고).

제한하는 행위"란 일정한 거래분야의 경쟁이 감소하여 특정 사업자 또는 사업자단체의 의사에 따라 어느 정도 자유로이 가격, 수량, 품질 그 밖의 거래조건 등의 결정에 영향을 미치거나 미칠 우려가 있는 상태를 초래하는 행위로 정의하고 있다.

II. 관련시장의 획정과 경쟁제한성 판단

1. 관련시장의 획정

가. 개요

위 I. 공정위 자료에서 살펴본 것처럼 1999년 공정거래법 개정을 통하여 경쟁제한성 요건을 "일정한 거래분야에서 경쟁을 실질적으로 제한"에서 "부당하게 경쟁을 제한"으로 변경한 것은 적어도 경성 카르텔행위에 대해서는 엄격한 경쟁제한성을 입증하지 않고 당연위법원칙에 준하여 규제하기 위한 것이었다. 이에 따라 부당한 공동행위에 관한 일반적인 처리원칙을 규정하고 있는 내부지침인 '공동행위 심사기준(공정위 예규)'에도 가격·산출량의 결정·제한이나 시장·고객의 할당 등 성격상 경쟁제한 효과만 생기는 것이 명백한 경우에는 특별한 사정이 없는 한 구체적인 시장상황에 대한 심사 없이 부당한 공동행위로 판단할 수 있다고 규정하였다.

그러나 1999년의 법 개정 취지에도 불구하고 공정위의 심결사례들을 살펴보면 정도의 차이는 있지만 경쟁제한성 판단을 위한 전제로서 관련시장을 획정했다. 공정위의 처분에 해당하는 의결서를 살펴보면 모든 의결서에서 사실의 인정 및 위법성 판단 부분에서 경쟁제한성 여부 관련 관련시장을 판단하고 있으며 주문에 관련시장을 명시하고 있다. 이는 법 제40조 제1항에서 경성카르텔과 연성카르텔 구분없이 9개 합의 유형을 열거하는 법 규정 형식, 그리고 경성카르텔에 대해서도 합의의 경쟁제한성을 입증해야 하며, 그 전제로 관련시장의 획정이 필요하다는 법원의 일관된 입장이 반영된 것으로 볼 수 있다. 부당한 공동행위 여부를 판단함에 있어서 관련시장의 획정이 필요하다는 법리를 직접적으로 명시한 대법원 판결을 순차적으로 몇 개 소개하면 다음과 같다.

대법원은 2006.11.9. 선고 2004두14564 판결(3개 학생복제조업체의 부당한 공동행위 건, 2001.5.31. 공정위 의결)에서 "부당공동행위 판단의 전제로서 획정하는 관련 시장은 거래대상인 상품의 기능 및 용도, 이에 대한 구매자들의 인식 및 그와 관련한 경영의사형태 등을 종합적으로 고려하여 판단하여야 한다."고 판결하였고, 2009.4.9. 선고 2007두6793 판결(용인

동백지구 담합 건)에서 동 판결을 참조 판례로 동일하게 판시하였다. 2008.12.15. 공정위 의결사건인 9개 렉서스자동차 딜러의 부당한 공동행위 건, 7개 비엠더블유자동차 딜러의 부당한 공동행위 건 관련하여 대법원은 위 2개 판결을 참조판례로 하여 부당한 공동행위에 대한 위법성 판단에 있어서 시장획정의 필요성에 대한 법리를 다시 확인하였다. 2012.4.26. 선고 2010두11757 판결(9개 렉서스자동차 딜러의 부당한 공동행위 건, 2008.12.15. 공정위 의결)에서는 "법 제19조 제1항은 그 각 호 소정의 행위유형들에 대한 합의의 존재만으로 곧바로 위법성이 인정되는 것이 아니라 그러한 합의가 부당하게 경쟁을 제한하는지 여부를 다시 심사하여 비로소 그 위법성을 판단하는 구조로 되어 있고, 여기서 부당하게 경쟁을 제한하는지 여부는 일정한 거래분야를 전제로 하는 것으로 해석되는 점 등을 종합적으로 고려하면 법상 부당한 공동행위는 일정한 거래분야에서 이루어지는 것을 당연한 전제로 하는 것이라고 보아야 할 것으로 위와 같은 법 개정을 이유로 그 개정 전후의 해석을 달리 할 것은 아니며, 따라서 부당한 공동행위 여부를 판단하기 위해서는 관련상품시장을 구체적으로 정하여야 한다."고 판시하였다. 또 대법원은 같은 날인 2012.4.26. 선고 2010두18703 판결(7개 비엠더블유자동차 딜러의 부당한 공동행위 건)에서 공정거래법상 부당한 공동행위에 해당하는지 여부를 판단함에 있어서는 먼저 그 전제가 되는 관련시장을 획정하여야 하고, 관련시장을 획정함에 있어서는 거래대상인 상품의 기능 및 효용의 유사성, 구매자들의 대체가능성에 대한 인식 및 그와 관련한 경영의사 결정형태 등을 종합적으로 고려하여야 한다고 판시하였다. 또 대법원은 2013.2.14. 선고 2010두28939 판결 및 2013.4.11. 선고 2012두11829 판결(5개 음료 제조·판매사업자의 부당한 공동행위 건, 2009.11.9. 공정위 의결)에서 "관계 법령의 내용·형식·체제 및 입법취지 등에 비추어 보면 법에 규정된 부당한 공동행위에 해당하는지 여부를 판단하기 위하여는 먼저 경쟁관계가 문제될 수 있는 일정한 거래분야에 관하여 거래의 객체인 관련상품시장을 구체적으로 정하여야 하고, 이러한 관련상품시장을 확정함에 있어서는 거래대상인 상품의 기능 및 효용의 유사성, 구매자들의 대체가능성에 대한 인식 및 그와 관련한 경영의사 결정형태 등을 종합적으로 고려하여야 한다(대법원 2012.4.26. 선고 2010두18703 판결 등 참조)."고 판결하였다. 또 대법원은 2014.6.26. 선고 2012두19687 판결(12개 벽지 제조·판매사업자의 부당한 공동행위 건, 2011.8.18. 공정위 의결), 2014.11.27. 선고 2013두24471 판결(13개 비료 제조·판매사업자의 부당한 공동행위 건, 2012.4.30. 공정위 의결), 2015.6.11. 선고 2013두1676 판결(울산대학교병원 의약품 구매입찰 참가 7개 의약품도매상의 부당한 공동행위 건, 2012.3.26. 공정위 의결, 원고: 주식회사 청십자약품) 등에서도 공정거래법상 부당한 공동행위에 해당하는지 판단에 있어서는 먼저 그 전제가 되는 관련시장을 획정하여야 한다고 확인하였다.

한편 공정위는 그동안의 법집행 경험과 법원의 판결 사례들을 감안하여 2012년 8월 공동행위 심사기준에 반영되어 있던 위법성 심사 부분을 개정하였다. 즉 가격·산출량의 결정·제한이나 시장·고객의 할당 등 성격상 경쟁제한 효과만 생기는 것이 명백한 경우에는 특별한 사정이 없는 한 구체적인 시장상황에 대한 심사 없이 부당한 공동행위로 판단할 수 있다고 되어 있었는데, '구체적인 시장상황에 대한 심사 없이'를 '구체적인 경쟁제한성에 대한 심사 없이'로 변경하고 '다만, 이 경우에도 당해 공동행위와 관련되는 시장의 구조, 거래형태, 경쟁상황 등 시장상황에 대한 개략적인 분석을 하여야 한다'는 문구를 추가하였다. 어쨌든 그동안 공정위는 부당한 공동행위에 대한 결정을 해 오면서 경쟁제한성 판단을 위한 관련시장을 먼저 획정하고 있으며, 구체적인 시장획정 관련하여 대부분의 케이스들에서는 엄밀한 분석 없이 개략적인 분석을 하고 있다. 그리고 법원에서도 경쟁제한성을 판단하기 위한 전제로서 관련시장의 획정을 요구하면서도 엄격한 관련시장의 획정을 요구하지 않는 입장을 취하고 있다. 대법원은 2014.11.27. 선고 2013두24471 판결(13개 비료 제조·판매사업자의 부당한 공동행위 건, 2012.4.30. 공정위 의결), 2015.6.11. 선고 2013두1676 판결(울산대학교병원 의약품 구매입찰 참가 7개 의약품도매상의 부당한 공동행위 건, 2012.3.26. 공정위 의결), 2015.10.29. 선고 2012두28827 판결(서울특별시 7개 자동차운전전문학원의 부당한 공동행위 건, 2012.5.30. 공정위 의결) 등에서 부당한 공동행위의 다양성과 그 규제의 효율성 및 합리성 등을 고려하면 피고(공정위)가 관련상품시장을 획정할 때 반드시 실증적인 경제분석을 거쳐야만 한다고 요구할 수는 없고, 문제가 된 공동행위의 유형과 구체적 내용, 그 내용 자체에서 추론할 수 있는 경제적 효과, 공동행위의 대상인 상품이나 용역의 일반적인 거래현실 등에 근거하여 그 시장획정의 타당성을 인정할 수 있다고 판결하였다.

어쨌든 공정위 심결사례와 법원 판결례를 종합해 보면 경성카르텔 행위에 대해서도 관련시장의 획정은 필요하고 이를 토대로 경쟁제한성에 대한 판단이 필요한 것으로 정리할 수 있다.

나. 관련시장 획정에 있어서 논란이 있었던 케이스

(1) 수입자동차 판매시장 케이스

부당한 공동행위 케이스들에 있어서 경쟁제한성 판단을 위한 구체적인 관련시장 획정 관련하여 임계매출손실분석 등 엄밀한 경제분석이 실시된 경우도 드물지만 없지는 않다. 본건은 시장획정에 있어서 엄밀한 분석이 이루어지면서 공정위와 법원, 그리고 법원 심급 간에 다른 판단이 내려진 케이스에 해당된다.

공정위는 2008.12.15. 렉서스자동차 딜러 및 비엠더블유자동차 딜러의 부당한 공동행위 건에서 각각 렉서스자동차, 비엠더블유자동차 판매시장으로 관련시장을 획정하였다. 이에 대해 서울고등법원, 대법원 판결을 거치면서 피고인 공정위가 실시한 설문조사 방식을 활용한 임계매출손실분석(경제분석) 결과를 활용하여 최종적으로는 렉서스자동차 건은 렉서스자동차 등 6개의 고급수입차 판매시장, 비엠더블유자동차 건은 비엠더블유자동차 판매시장으로 관련시장이 획정되었다.

서울고등법원은 2010.5.19. 선고 2009누1930 판결(9개 렉서스자동차 딜러의 부당한 공동행위 건, 2008.12.15. 공정위 의결)에서 최소한 렉서스자동차와 대체관계에 있는 수입승용차 및 국산 고급승용차 시장 전체로 보아야 한다고 판단했으나, 대법원은 2012.4.26. 선고 2010두11757 판결에서 피고(공정위)가 이 사건에서 관련상품시장을 렉서스 자동차로 한정하여야 하는 이유 내지 근거가 무엇인지를 증명할 책임이 있는 것임에도 불구하고 원심은 이것이 증명되었음을 전제로 관련상품시장을 수입승용차 및 국산 고급승용차 전체라고 보아 피고의 처분이 위법하다고 단정하였는 바 이러한 원심판결에는 관련상품시장의 획정에 관한 법리를 오해하여 판결에 영향을 미친 위법이 있다고 하면서 원심판결을 파기하였다. 환송 후 판결에서 서울고등법원은 공정위가 제출한 임계매출손실분석 결과 등을 토대로 관련상품시장은 렉서스자동차를 포함한 6개의 고급수입차 판매시장으로 획정하고 그 경쟁제한성을 인정하였고(서울고등법원 2015.5.7. 선고 2012누11241 판결), 다시 동 판결에 대하여 상고가 제기되었으나 대법원은 원심의 시장획정에 관한 판단은 수긍할 수 있는 범위 내에 있다고 판단하였다(대법원 2017.1.12. 선고 2015두2352 판결).

한편 7개 비엠더블유자동차 딜러의 부당한 공동행위 건(2008.12.15. 공정위 의결)에 있어서 서울고등법원은 2010.7.22. 선고 2009누9873 판결을 통해 경쟁제한성을 따져보기 위해서는 그 전제로서 경쟁이 이루어지는 일정한 거래분야, 즉 관련시장의 획정이 요구된다고 하면서도 공정거래법상 관련시장의 획정을 필요로 하는 당해 행위가 무엇인지에 따라 달리 취급되어야 한다는 법리를 폈다. 즉 기업결합의 경우에는 기업결합으로 발생할 장래의 경쟁 상황의 변화를 예측하기 위한 전제로서 관련시장의 획정이 문제되고 기업결합 자체가 규모의 경제 등 효율성을 수반하기 때문에 잠재적인 경쟁압력을 폭넓게 반영하여 관련시장을 획정하게 되는 것과 비교하여, 부당한 공동행위의 경우에는 이미 발생한 담합에 대한 위법성을 사후에 판단하는 것으로서, 관련시장을 획정함에 있어 무엇보다도 행위자의 의도와 목적, 공동행위로 이미 경쟁제한 효과가 발생한 영역 내지 분야 등을 일차적인 판단기준으로 삼는다는 점에서 차이가 난다고 판단하였다. 그러면서 피고(공정위)가 관련시장을 '국내에서 판매되는 비엠더블유자동차 신차 전 차종'으로 확정한 것은 정당하다고 판결하였다. 이에 대해 대법원은 렉서스자동차 딜러 건에 대한 판결과 같은 날인 2012.4.26. 선고 2010두18703 판결에서 이 사건 공동행위의 관련시장을 확정함에 있어서 원심이 들고 있는 것은 주로 관련시장 확정 그 자체를 위한 고려요소라기 보다 관련시장 확정을 전제로 한 부당한 공동행위의 경쟁제한성을 평가하는 요소들에 해당하므로, 만약 원심과 같은 방식으로 관련시장을 확정하게 되면 관련시장을 확정한 다음 경쟁제한성을 평가하는 것이 아니라 거꾸로 경쟁제한 효과가 미치는 범위를 관련시장으로 보게 되는 결과가 되어 부당하다고 판단하면서 원심판결을 파기, 환송하였다. 환송 후 판결에서 서울고등법원은 공정위가 제출한 임계매출손실분석 결과 등을 토대로 여전히 관련시장을 '국내 비엠더블유자동차 신차 판매시장'으로 확정하고 그 경쟁제한성을 인정하였고(서울고등법원 2014.4.18. 선고 2012누15380 판결), 다시 동 판결에 대하여 상고가 제기되었으나 대법원은 심리불속행 기각하였다(대법원 2014.8.26. 선고 2014두7237 판결).

(2) 음료담합 케이스

공정위는 2009.11.9. 5개 음료 제조·판매사업자의 부당한 공동행위 건에서 전체 음료시장으로 관련시장을 확정하였다. 이에 대해 서울고등법원도 2010.11.25. 선고 2009누38406 판결에서 공정거래법상 규제대상에 해당하는 기업결합행위인지 또는 부당한 공동행위인지 여부 등에 따라 관련상품시장이 달라져야 한다고 전제한 다음, 음료제조기업들이 가격인상 합의의 대상과 목적을 전체 음료시장에서의 가격경쟁을 제한하는 데 두었고 그 경쟁제한의 효과도 전체 음료시장에서 발생한 점 등을 들어 관련상품시장을 전체 음료시장으로 판단하였다. 그러나 대법원은 2013.2.14. 선고 2010두28939 판결에서 상품시장 확정과 관련된 공정거래법령 및 피고(공정위) 스스로 일정한 거래분야의 판단기준에 관하여 마련한 여러 심사기준등을 종합하면, 관련상품시장의 확정을 필요로 하는 행위가 무엇인지 여부에 따라 확정의 기준이 본질적으로 달라진다고 볼 수 없다는 법리를 제시하면서 이에 따라 이 사건 공동행위의 대상인 음료상품의 기능 및 효능의 유사성, 구매자들의 대체가능성에 대한 인식 및 그와 관련한 경영의사 결정형태 등을 종합적으로 고려하여 관련상품시장이 제대로 확정되었는지 여부를 먼저 살펴보았어야 마땅하다면서 원심 판결을 파기환송하였다.

파기 환송 후 서울고등법원은 전문가를 경제분석 공감정인으로 선정하여 경제분석을 실시하였는 바 동 공감정인은 2014.9.15. 최소한 관련 상품시장을 과실음료, 탄산음료, 기타음료 시장으로 확정해야 한다는 감정의견서를 제출하였다. 이에 공정위는 2015.1.15. 대법원 판결 결과 및 공감정 결과 등을 기초로 관련상품시장을 과실음료, 탄산음료, 기타음료의 3개 시장으로 획정하는 변경처분을 하였고, 이에 대해 서울고등법원은 2016.11.23. 선고 2013누8020 판결에서 과실음료, 탄산음료 시장으로 구분하여 획정한 부분은 적법하나, 커피, 기능성음료, 스포츠음료, 다류 등을 모두 하나의 시장으로 포괄하여 기타음료시장으로 획정한 것은 위법하다고 판단하였고, 이에 대해 대법원은 2017.3.30. 선고 2016두1202 판결을 통하여 심리불속행 기각하였다. 이에 공정위는 2020.5.6. 관련상품시장을 과실음료, 탄산음료, 캔커피, 컵커피, 병(PET)커피, 스포츠음료, 다류음료, 기능성음료, 전통음료 등 9개 시장으로 획정하는 재변경처분을 하였다.

(3) 서울특별시 7개 자동차운전전문학원의 부당한 공동행위 건(2012.5.30. 공정위 의결)

공정위는 7개 자동차운전전문학원들의 제1종 보통 및 제2종 보통 운전면허 관련 수강료 인상 합의에 대하여 서울지역 운전전문학원 시장에서 7개 사업자의 시장점유율 합계가 60%를 초과하는 점, 이 사건 공동행위는 가격인상에 대한 것으로 경성공동행위에 해당하여 효율성 증대효과를 발생시킨다고 볼 수 없는 점(법원도 사업자들이 공동으로 가격을 결정하거나 변경하는 내용의 행위는 특별한 사정이 없는 한 부당하다고 볼 수밖에 없다고 판단하였다(2007.9.20. 대법원 2005두15137 판결 등 참조).), 이 사건 공동행위로 인하여 운전전문학원별로 시간당 수강료가 최초 신고 기준 78.4% 내지 97.6% 인상되어 소비자의 후생을 크게 저하시킨 점 등을 고려할 때 7개 사업자의 행위는 서울지역 운전전문학원 시장에서 경쟁을 부당하게 제한하는 행위로 인정된다고 판단하였다.

서울고등법원 2012.12.6. 선고 2012누18402 판결은 경쟁제한성 판단을 위한 시장획정 관련하여 "수강생의 거주지 분포에 비추어 볼 때 서울지역 운전전문학원 시장은 관련 지리적 시장이 될 수 없다."는 원고들의 주장에 대하여 "이 사건 합의 당시 서울지역에서 운영 중에 있던 11개 운전전문학원의 대부분이 서울 외곽지역에 위치하고 있고 수강생은 자신들의 거주지역 또는 활동지역과 가까운 학원을 선택하는 경향이 있다는 사정은 인정된다. 그러나 인접지역에 위치한 운전전문학원 간에는 셔틀버스 운행지역의 중첩으로 직접적인 경쟁관계가 성립하고 있고, 운전전문학원이 외곽지역에 위치하고 있는 점과 서울지역의 교통 편의성 등을 감안할 때 운전전문학원 사이에 의미 있는 가격 차이가 발생한다면 수강생은 다른 지역의 운전전문학원을 선택할 가능성이 있고, 도로교통법령의 개정에 따라 의무교육시간이 단축된 사정은 그러한 가능성을 더욱 높여줄 것으로 보인다. 이에 더하여 7개 사업자는 모두 서울협회의 구성사업자이고 도로교통법상 지방경찰청 단위로 운전전문학원에 대한 관리감독이 이루어지는 점을 고려하면, 이 사건의 지리적 관련시장은 서울지역의 운전전문학원으로 봄이 타당하다."고 판단하였다.

　　이에 대하여 상고심인 대법원은 2015.10.29. 선고 2012두28827 판결을 통하여 "경쟁사업자 사이에서 가격을 결정·유지 또는 변경하는 행위를 할 것을 합의하는 가격담합은 특별한 사정이 없는 한 그 합의의 내용 자체로 합의에 경쟁제한적 효과가 있다는 점이 비교적 쉽게 드러나게 되므로, 이러한 경우 관련지역시장을 획정하면서 공동행위 가담자들의 정확한 시장점유율을 계량적으로 산정하지 않았거나, 피고가 적법한 관련시장의 범위보다 협소하게 시장획정을 한 잘못이 있음이 밝혀져 적법한 시장획정을 전제로 한 정확한 시장점유율이 산정되어 있지 않더라도, 예상되는 시장점유율의 대략을 합리적으로 추론해 볼 때 경쟁을 제한하거나 제한할 우려가 있음이 인정되지 않을 정도로 그 시장점유율이 미미하다는 등의 특별한 사정이 없다면, 경쟁제한성 판단의 구체적 요소를 종합하여 경쟁제한성을 인정할 수 있다. 11개 운전전문학원의 대부분이 서울 외곽지역에 위치하고 있고 수강생들이 자신들의 거주지역 또는 활동지역과 가까운 학원을 선택하는 경향이 있다면, 서울지역에 골고루 분포되어 있는 7개 학원 사업자들은 서울에 인접한 경기도 지역의 운전학원과 셔틀버스나 대중교통의 편의성 여하에 따라 직접적 경쟁관계에 있다고 볼 여지가 있는 점, 도로교통법상 지방경찰청 단위로 운전전문학원에 대한 관리감독이 이루어진다는 사정은 수강생들의 학원 선택에 영향을 미치는 요소로 보기 어려운 점 등에 비추어 보면, 이 사건 합의와 관련한 지역시장은 '서울시 전체와 이에 인접한 경기도 일부 지역'으로 볼 여지가 크다. 나아가 앞서 본 법리에 비추어 이러한 관련지역시장을 전제로 하여 이 사건 합의로 인한 경쟁제한성의 존부에 관하여 보건대, ① 이 사건 합의에 참여한 7개 사업자의 서울 지역 운전전문학원 시장에서의 점유율 합계가 60%를 초과하는 점, ② 경기도 지역은 셔틀버스 대중교통의 편의성이 확보되는 일부 지역만이 제한적으로 관련지역시장에 포함될 수 있으므로, 7개 사업자의 '서울 및 인접 경기도 일부 지역 운전전문학원 시장'에서의 점유율을 산정한다고 하더라도 서울 지역을 관련지역시장으로 한 시장점유율 수준과 크게 다르지 않을 것으로 보이는 점, ③ 운전전문학원이 제공하는 서비스는 학원별로 큰 차이가 없어 접근성과 함께 수강료가 중요한 경쟁요소가 되는 점, ④ 이 사건 합의는 수강료의 수준을 정한 가격담합 행위인 점, ⑤ 이 사건 합의가 실제로 영향력을 미칠 수 있는 지역은 주로 서울 지역일 것으로 보이는 반면 이 사건 합의의 관련지역시장에는 경기도 일부 지역이 포함된다는 등의 사정으로 인하여, 이 사건 합의가 경기도 일부 지역에 거주하는 소비자들에 대하여 미칠 수 있는 경쟁제한의 효과가 미약할 수 있다고 하더라도, 그러한 사정만으로 이 사건 합의의 경쟁제한성이 부인될 수는 없을 것으로 보이는 점 등을 종합하면, 이 사건 합의로 인하여 관련지역시장에서 경쟁을 제한하거나 제한할 우려가 있음이 인정된다고 봄이 상당하다. 따라서 원심이 이 사건 합의의 관련지역시장을 서울 지역으로 전제한 점에서는 잘못이 있으나, 이 사건 합의로 인한 경쟁제한성이 인정된다고 판단한 결론은 정당하고, 부당한 공동행위의 경쟁제한성 등에 관한 법리를 오해하여 판결에 영향을 미친 위법이 없다."고 판결하였다.

2. 경쟁제한성 판단

가. 공동행위 심사기준상 판단기준

앞에서 논한 대로 글로벌 법집행과 부합되게 적어도 경성 카르텔행위에 대해서는 엄격한 경쟁제한성을 입증하지 않고 당연위법원칙에 준하여 규제하기 위하여 1990년에 공정거래법 개정을 통하여 경쟁제한성 요건을 "일정한 거래분야에서 경쟁을 실질적으로 제한"에서 "부당하게 경쟁을 제한"으로 변경하였음에도 불구하고 공정위와 법원은 일관되게 관련시장의 획정과 이를 기준으로 경쟁제한성을 판단해야 된다는 입장을 유지해 왔다.

공정위가 부당한 공동행위 사건처리의 효율성과 일관성을 제고하기 위하여 2002년에 제정한 공동행위 심사기준(공정위 예규)상 부당한 경쟁제한성 판단기준을 간략히 설명하면 다음과 같다(동 심사기준 V 참조). 공동행위의 성격상 경쟁제한 효과만 생기는 것이 명백한 경우에는(예컨대 가격·산출량의 결정·제한이나 시장·고객의 할당 등) 특별한 사정이 없는 한 구체적인 경쟁제한성에 대한 심사 없이 부당한 공동행위로 판단할 수 있고, 다만 이 경우에도 당해 공동행위와 관련되는 시장의 구조, 거래형태, 경쟁상황 등 시장상황에 대한 개략적인 분석은 하여야 한다고 규정하고 있다. 그러나 성격상 경쟁제한 효과와 효율성증대 효과가 동시에 생길 수 있는 경우에는(예컨대 공동마케팅, 공동생산, 공동구매, 공동연구·개발, 공동표준개발 등) 경쟁제한 효과와 효율성증대 효과를 각각 분석하고 양 효과의 비교 형량을 통해 당해 공동행위의 위법성을 심사한다고 규정하고 있다.

경쟁제한 효과를 분석하는 단계별 절차로서 1) 관련시장의 획정, 2) 시장점유율 산정, 3) 참여사업자들의 시장점유율 합계가 20% 이하인 경우는 특별한 사정이 없는 한 경쟁제한 효과를 발생시키지 않은 것으로 판단, 4) 시장지배력 심사(20% 초과하는 경우 시장점유율, 해외경쟁 도입수준, 신규진입의 가능성 등 요소를 분석하여 시장지배력을 종합적으로 판단), 5) 참여사업자간 경쟁제한 수준 심사(참여사업자간 독자적 경쟁능력·동기의 감소수준, 경쟁기회·경쟁수단·경쟁방법의 제한 여부, 경쟁과 관련된 민감한 정보교환의 교환 여부 등 분석, 합의이행에 대한 모니터링 시스템 및 제재수단 여부, 공동행위의 존속기간, 자산에 대한 공동 사용·통제 수준, 재무적 이해관계 수준, 참여사업자간 경쟁 허용수준 등을 고려요소) 등을 차례로 규정하고 있다. 그리고 이러한 분석을 통해 당해 공동행위가 경쟁제한 효과를 발생시키지 않는 것으로 판단되는 경우에는 효율성증대 효과분석으로 이행하지 않고 심사를 종료한다고 규정하고 있다.

동 심사기준을 경쟁제한성 판단의 참고 기준으로 제시한 공정위 심결사례를 몇 개 소개한다. 9개 렉서스자동차 딜러의 부당한 공동행위 건(2008.12.15. 공정위 의결)에서 경쟁제한성 판단 관련하여 공동행위 심사기준을 참조로 하여 경쟁제한 효과는 당해 상품의 특성, 수요자의 제품선택 기준, 당해 행위가 시장 및 사업자들의 경쟁에 미치는 영향, 참가사업자의 시장점유율, 해외경쟁 도입수준, 신규진입의 가능성, 공동행위의 동기 내지 목적, 영업관련 정보교환 수준 등을 고려하여 판단해야 한다는 법리를 제시하였다. 5개 음료 제조·판매사업자의 부당한 공동행위 건(2009.11.9. 공정위 의결)에서도 동 심사기준을 참조로 하여 사업자간 합의가 경쟁제한적인 효과를 유발하는지 여부는 당해 공동행위의 성격, 관련사업자들의 시장지배력 보유 등을 우선적으로 고려하여 심사한다고 하면서 당해 상품의 특성, 수요자의 제품선택 기준, 당해 행위가 시장 및 사업자들의 경쟁에 미치는 영향, 해외경쟁 도입수준, 신규진입의 가능성, 공동행위의 동기 내지 목적, 존속기간 등을 고려하여 판단한다고 의결하였다.

한편 충주시 임도구조개량사업 입찰참가 10개 충북지역 산림조합의 부당한 공동행위 건 (2007.12.27. 공정위 의결)에서는 공동행위 심사기준에 따라 그 성격상 경쟁제한 효과만 발생시키는 것이 명백한 경우에는 특별한 사정이 없는 한 구체적인 시장상황에 대한 심사없이 부당한 공동행위로 판단할 수 있는데 그러한 유형의 하나로 경쟁관계에 있는 사업자간에 입찰가격 또는 낙찰예정자를 사전에 결정하는 행위를 들 수 있다고 판단하였다. 이에 대해 서울고등법원은 2008.10.23. 선고 2008누3465 판결을 통해 경쟁제한성이 없다는 원고들의 주장에 대하여 예정가격을 알 수 없어서 낙찰가격이나 낙찰자 결정에 아무런 영향을 미칠 수 없고 우연일 뿐으로 낙찰받을 것을 의도하거나 예상할 수는 없었으므로 이 사건 담합에는 경쟁제한성이 없다고 봄이 타당하다고 판결하였다(상고심에서 대법원은 2009.2.12. 선고 2008두 21348 판결을 통해서 심리불속행 사유에 해당한다는 이유로 상고를 기각하였다.).

나. 공정위와 법원의 경성공동행위에 대한 경쟁제한성 판단 적용 법리

공정위와 법원은 소위 경성공동행위에 대해서도 일관되게 관련시장의 획정과 이를 기준으로 경쟁제한성을 판단해야 된다는 입장을 유지해 왔지만 일반적으로는 구체적인 경쟁제한성에 대한 심사 없이 부당한 공동행위로 판단할 수 있다는 입장을 보이고 있다. 즉 경쟁제한성 판단에 있어서 고려해야 할 기본적인 사정(판단기준)들을 제시하고 법 제2조 제5호2)에서 규정하고 있는 경쟁제한성에 대한 포괄적인 정의 내용에 해당하는지를 개별적으로 판단해야 한다는 법리를 제시한 2002.3.15. 소위 동서식품 대법원 판결을 모델 판결로 삼고 있다. 그리고 가격 결정·변경 행위와 같은 경성공동행위는 특별한 사정이 없는 한 부당한 공동행위에 해당한다는 원칙적인 법리를 일관되게 제시하고 있다. 한편 법상 명문으로 규정되어 있는 '부당하게 경쟁을 제한'하는 요건과 관련하여 공동행위로 인한 경쟁제한 효과를 상쇄하고도 남을 만한 효율성 증대효과가 있다거나 공동행위의 부당성을 부정할 만한 다른 특별한 사정의 존재도 따져보아야 된다는 법리도 함께 제시되었다.

즉 2002.3.15. 대법원은 선고 99두6514, 99두6521(병합) 판결(동서식품(주)과 한국네슬레(주)의 부당한 공동행위 건, 1998.5.23. 공정위 의결)에서 당해 행위가 '경쟁제한성'을 가지는지 여부는 당해 상품의 특성, 소비자의 제품선택 기준, 당해 행위가 시장 및 사업자들의 경쟁에 미치는 영향 등 여러 사정을 고려하여, 당해 행위로 인하여 일정한 거래분야에서의 경쟁이 감소하여 특정 사업자 또는 사업자단체의 의사에 따라 어느 정도 자유로이 가격·수량·품질 기타 거래조건 등의 결정에 영향을 미치거나 미칠 우려가 있는지(법 제2조 제8의2호 참조) 여부를 살펴, 개별적으로 판단하여야 한다고 판결하였다. 그리고 2005.8.19. 대법원은 선고 2003두9251 판결(부산광역시치과기공사회 및 부산광역시치과의사회의 경쟁제한행위 건, 2000.12. 16. 공정위 의결)에서 "사업자단체에 의한 가격결정행위가 일정한 거래분야의 경쟁이 감소하여 사업자단체의 의사에 따라 어느 정도 자유로이 가격의 결정에 영향을 미치거나 미칠 우려가 있는 상태를 초래하는 행위에 해당하는 이상, 이로 인하여 경쟁이 제한되는 정도에 비하여 법 제19조 제2항 각 호에 정해진 목적 등에 이바지하는 효과가 상당히 커서 소비자를 보호함과 아울러 국민경제의 균형 있는 발전을 도모한다는 법의 궁극적인 목적에 실질적으로 반하지 않는다고 인정되는 예외적인 경우에 해당하지 않는 한, 위와 같은 가격결정행위는 부당하다고 할 수밖에 없다."고 판결하였다. 또 2009.3.26. 대법원은 선고 2008두21058 판결(7개 신용카드사업자의 부당한 공동행위 건, 2008.3.5. 공정위 의결)에서 "사업자들이 공동으로 가격을 결정하거나 변경하는 행위는 그 범위 내에서 가격경쟁을 감소시킴으로써 그들의 의사에 따라 어느 정도 자유로이 가격의 결정에 영향을 미치거나 미칠 우려가 있는 상태를 초래하게 되므로 특별한 사정이 없는 한 부당하다고 볼 수밖에 없다(대법원 2005.8.19. 선고 2003두9251 판결, 대법원 2007.9.20. 선고 2005두15137 판결 등 참조)."고 판결하였다.

---

2) "경쟁을 실질적으로 제한하는 행위"란 일정한 거래분야의 경쟁이 감소하여 특정사업자 또는 사업자단체의 의사에 따라 어느 정도 자유로이 가격, 수량, 품질, 그 밖의 거래조건 등의 결정에 영향을 미치거나 미칠 우려가 있는 상태를 초래하는 행위를 말한다고 규정하고 있다.

한편 2009.7.9. 대법원은 선고 2007두26117 판결(12개 CY보유 컨테이너육송운송사업자들의 부당한 공동행위 건, 2006.12.11. 공정위 의결)에서 앞의 판결들에 따른 법리들을 그대로 인용하면서, "사업자들이 공동으로 가격을 결정하거나 변경하는 행위는 그 범위 내에서 가격경쟁을 감소시킴으로써 그들의 의사에 따라 어느 정도 자유로이 가격 결정에 영향을 미치거나 미칠 우려가 있는 상태를 초래하게 되므로 원칙적으로 부당하고(대법원 2009.3.26. 선고 2008두21058 판결 참조), 다만 그 공동행위가 법령에 근거한 정부기관의 행정지도에 따라 적합하게 이루어진 경우라든지 또는 경제전반의 효율성 증대로 인하여 친경쟁적 효과가 매우 큰 경우와 같이 특별한 사정이 있는 경우에는 부당하다고 할 수 없다."는 법리를 제시하였다.[3]

한편 공정위는 11개 제강사의 부당한 공동행위 건(2021.1.18. 의결)에서 경쟁제한성 판단 관련 법리로서 이러한 대법원 판례들을 참조로 하여 "당해 공동행위가 경쟁제한성을 가지는지 여부는 당해 상품의 특성, 소비자의 제품선택 기준, 당해 행위가 시장 및 사업자들의 경쟁에 미치는 영향 등 여러 사정을 고려하여, 당해 공동행위로 인하여 일정한 거래분야에서의 경쟁이 감소하여 가격·수량·품질 기타 거래조건 등의 결정에 영향을 미치거나 미칠 우려가 있는지는 살펴, 개별적으로 판단하여야 한다. 다만, 사업자들이 공동으로 가격을 결정하거나 변경하는 행위는 그 범위 내에서 가격경쟁을 감소시킴으로써 그들의 의사에 따라 어느 정도 자유로이 가격의 결정에 영향을 미치거나 미칠 우려가 있는 상태를 초래하게 되므로 그와 같은 사업자들의 공동행위는 특별한 사정이 없는 한 부당하다고 볼 수밖에 없다."고

---

3) 대법원은 동 판결에서 2건의 합의 중 컨테이너 운임 부분에 대해서는 2003년 8월경 정부가 화물연대 파업사태 관련하여 하불료 인상 등의 후속조치를 취하도록 촉구하는 등 강력한 행정지도를 펼친 사실을 볼 때 원고들의 화주로부터 지급받는 운임을 인상하는 내용의 이 사건 합의에 정부의 행정지도가 있었다고 볼 여지가 있는 점, 정부가 컨테이너 운임의 덤핑을 방치할 경우 출혈가격경쟁이 발생하여 이로 인한 전국적인 산업 분규, 물류의 차질 및 교통안전 위해 등의 문제가 발생할 수 있고, 그 해결에 추가되는 사회적 비용은 육상화물 운송시장에서의 가격경쟁으로 인한 소비자 후생 증대효과에 비교하여 적다고 볼 수 없는 점 등에 비추어 볼 때, 친경쟁적 효과가 매우 커 공동행위의 부당성이 인정되지 않을 여지가 있다는 법리를 제시하면서 원심판결에는 공동행위의 부당성에 관한 법리를 오해하여 심리를 충분히 하지 아니한 위법이 있다고 하면서 파기, 환송하였다. 그러나 서울고등법원은 2010.4.29. 환송후 판결인 선고 2009누21019 판결에서 부당성 여부에 대하여 원고들이 당시 정부가 제시한대로 하불료를 최대 13% 인상해 주기 위해서는 컨테이너운임 적용율을 어느 정도 인상할 필요할 있었다고 보이지만 그 인상폭은 운송회사별, 노선별 비용·수익의 차이로 인하여 일률적으로 정할 수 없고 개별 회사의 구체적인 사정을 고려하여 정해져야 한다는 점, 실제 하불료 인상율은 당초 정부가 제시한 인상율에 크게 미치지 못할 뿐 아니라 원고들이 이 사건 공동행위에 의하여 실행한 평균 운임 인상율에도 크게 미치지 못하여 컨테이너 운임적용율의 인상을 통하여 하불료를 인상해 줌으로써 국내 화물운송시장의 안정을 통한 소비자 후생이 현저하게 증가하였다고 보기 어려운 점 등을 들어 부당성도 존재한다고 판단하였다.

하였다. 또 해남지역 6개 레미콘제조사업자들의 부당한 공동행위 건(2020.5.6. 의결)에서도 대법원 판례들을 참조로 하면서 동일한 법리를 적용하였다.

공정위 심결사례들을 살펴보면 대부분의 경우 이와 같은 법리를 공통적으로 적용하고 있다고 보면 될 것이다. 즉 의결서상 부당한 공동행위의 성립요건으로 ① 합의의 존재, ② 부당한 경쟁제한 등 2가지 요건을 제시하고 있으며, ② 부당한 경쟁제한, 즉 경쟁제한성 인정 여부에서 가볍게 부당성을 함께 다루고 있다. 다만 '부당성'을 경쟁제한성이 인정되는 공동행위가 위법하다고 할 수 있는지에 관한 규범적 판단요건이라고 밝히면서, 세 번째 요건으로 별도 항목으로 상대적으로 상세하게 다룬 케이스가 드물지만 있다. 예를 들면 16개 생명보험 사업자의 부당한 공동행위 건(2011.12.15. 공정위 의결), 삼성전자(주) 및 엘지전자(주)의 부당한 공동행위 건(2012.3.21. 공정위 의결)에서 부당성 인정 여부를 별도 항목으로 하여 "부당성은 경쟁제한성이 인정되는 공동행위가 위법하다고 할 수 있는지에 관한 규범적 판단요건으로서 개별행위에 대한 정당화 요소를 형량하는 단계인 바, 각 공동행위의 종류에 따라 그 판단의 범주가 달라진다 할 것이며, 가격에 관한 공동행위는 본질적으로 가격경쟁을 감소시킴으로써 원칙적으로 부당하고, 다만 그 공동행위가 경제전반의 효율성 증대로 인하여 친경쟁적 효과가 매우 큰 경우와 같이 특별한 사정이 있는 경우에는 부당하다고 할 수 없다."는 법리를 제시하면서 피심인들의 행위로 인하여 효율성이 증대되는 등의 친경쟁적 효과를 찾기 어렵고 부당성을 부인할 만한 특별한 사정을 찾을 수 없는 이상, 부당성이 인정된다고 판단하였다.

부당한 공동행위의 위법성 판단 요건인 '부당하게 경쟁을 제한할 것' 관련하여 부당성을 별도 항목으로 제시한 공정위의 이러한 심결사례보다 앞선 법원 판결로 2011.6.2. 서울고등법원의 선고 2010누21718 판결을 들 수 있다, 공정위 원심결인 2010.6.16. 11개 소주 제조·판매사업자의 부당한 공동행위 건에서는 통상의 경우처럼 '부당하게 경쟁을 제한하는 효과'를 하나의 요건으로 묶어서 판단하였으나, 원심인 서울고등법원 판결에서 부당한 공동행위 성립요건으로 ① 합의, ② 경쟁제한성, ③ 부당성 등 3가지가 인정되어야 한다면서 '부당성'은 경쟁제한성이 인정되는 공동행위가 위법하다고 할 수 있는지에 관한 규범적 판단요건으로서 개별행위에 대한 정당화요소를 형량하는 단계의 판단인 바, 각 공동행위의 종류에 따라 그 판단의 범주가 달라진다고 하면서, 가격에 관한 공동행위는 본질적으로 가격경쟁을 감소시킴으로서 원칙적으로 부당하고, 다만 그 공동행위가 경제전반의 효율성 증대로 인하여 친경쟁적 효과가 매우 큰 경우와 같이 특별한 사정이 있는 경우에는 부당하다고 할 수 없다는 법리를 제시하였다. 한편 서울고등법원은 같은 판결에서 원고들의 병마개 시장에서 시장지배적사업자인 세왕금속에 대한 병마개 가격 인상시기 연기건의 합의행위에 대해서는 병마개 공급시장과 소주시장에서의 사업활동이 방해된 범위에서 경쟁제한성을 인정할 여지는 있으나 세왕금속의 독점적 지위를 고려하면 원고들의 인상연기 건의 합의로 인한 경쟁제한 효과는 크지 않다고 하면서, 부당성 관련하여서는 원고들이 세왕금속의 병마개 가격인상 요청을 모두 수용하였다면 이는 원고들에 대한 원가인상 압력으로 작용하여 소주가격 인상으로 이어졌을 것이므로 원고들의 합의는 독점사업자의 일방적인 가격인상으로 인한 소주가격 인상이 당분간이나마 저지되는 결과를 가져옴으로써 위 합의는 소비자후생에 기여한다고 할 것이고 이는 앞서의 경쟁제한 효과를 넘어서는 것이라면서 부당성을 부정하였다.[4]

다. '경쟁의 실질적 제한'과 '부당한 경쟁제한'

1999.2.5. 공정거래법 개정에 따라 부당한 공동행위의 경쟁제한성 판단기준이 "일정한 거래분야에서 경쟁을 실질적으로 제한"에서 "부당하게 경쟁을 제한"으로 변경되었다. 이에 따라 현행 법상 기준으로 보면 법 제40조 제1항 제9호(그 밖의 행위로서 다른 사업자의 사업활동 또는 사업내용을 방해·제한하거나 가격, 생산량, 그 밖에 대통령령으로 정하는 정보를 주고받음으로써 일정한 거래분야에서 경쟁을 실질적으로 제한하는 행위)의 경우에는 '일정한 거래분야에서의 경쟁의 실질적 제한'과 같은 조 같은 항 본문에 따른 '부당한 경쟁제한'이라는 두 가지의 다른 규범적 판단요건을 요구하고 있다. 공정위는 Ⅰ.에서 살펴본 것처럼 1999년의 법 개정 취지에 대하여 공식 자료를 통하여 가격담합, 입찰담합 등 소위 '경성 공동행위'의 경우에 경쟁에 미치는 해악이 크고 명백하므로 이를 미국이나 EU 등 국제적 기준에 부합하게 당연위법으로 간주하여 강력하게 규제하기 위한 것이며, 그 개정효과로 엄격한 경쟁제한성을 요구하지 않게 되었다고 설명하였다.

한편 2010.5.19. 서울고등법원은 선고 2009누1930 판결(9개 렉서스자동차 딜러의 부당한 공

---

4) 다만 대법원은 2014.2.13. 선고 2011두16049 판결에서 원고들의 병마개 가격인상 시기 연기 건의는 건의에 불과한 것으로서 가격을 공동으로 결정하거나 거래 자체 또는 거래상대방을 제한하는 내용은 아닌 점, 그동안 병마개 가격은 거래당사자들 사이의 협의가 아닌 일괄적인 가격인상 통보에 따라 결정되어 왔는 바 따라서 위 연기 건의로 원고들 등의 세왕금속에 대한 개별적 교섭권이 방해받았다기보다는 교섭 기회의 보장을 요청한 것으로 볼 여지도 충분한 점, 구체적 경위 등을 종합해 살펴보면 이 부분 행위가 세왕금속 또는 원고들 각자의 독자적인 판단에 의한 영업상의 의사결정과 사업내용에 관여하여 자유롭고 공정한 경쟁을 통한 사업활동을 실질적으로 제한하거나 방해하는 부당공동행위에 해당한다고 볼 수 없다고 하면서, 원심의 이 부분 이유 설시에는 다소 부적절한 점이 있으나 부당공동행위의 성립을 부정한 원심의 결론은 정당하다고 판결하였다.

동행위 건, 2008.12.15. 공정위 의결)에서 법률 개정 전후의 '일정한 거래분야에서 경쟁을 실질적으로 제한하는 공동행위'와 '부당하게 경쟁을 제한하는 공동행위'는 법리상 사실상 같은 의미로 해석하여야 할 것이라고 판시하였다(이후 대법원에서는 부당하게 경쟁을 제한하는지 여부는 일정한 거래분야를 전제로 하는 것으로 해석되므로 법 개정을 이유로 그 전후의 해석을 달리 할 것은 아니라고 판단했지만 이는 부당한 공동행위 여부를 판단하기 위해서는 관련시장의 획정이 필요하다는 것이지 '경쟁의 실질적 제한'과 '경쟁의 제한'이 같은 의미로 해석되어야 한다는 것을 확인한 것은 아니다).

필자는 법상 규정문구가 명백히 다른 점, 입법 취지 등을 감안할 때 이러한 해석은 법률 해석의 원칙상 맞지 않다는 의견이다. 실제 공정위와 법원이 경쟁의 실질적 제한에 대한 별도의 판단기준을 제시한 사례들도 있다. 공정위는 7개 철근제조사업자의 부당한 공동행위 건(2003.10.20. 의결)에 대한 2004.6.22. 이의신청에 대한 재결에서 "시장점유율이 13%에 불과한 한국철강이 가격을 인상한 2002.2.15.일 보다는, 시장점유율의 합계가 73.9%에 해당하는 아이앤아이스틸(30.2%), 동국제강(18.0%), 한국철강(13%), 한보철강(10.9%)이 가격을 인상한 2002.2.18.일을 실질적인 경쟁제한성이 있는 날로 보는 것이 타당하다고 판단된다. 따라서 과징금부과를 위한 시기는 2002.2.18.로 보는 것이 타당하므로 당초 원심결이 2002.2.15.일을 시기로 하여 계산한 신청인 한국철강에 대한 원심결 과징금 9,207백만원 중 실질적 경쟁제한성이 없는 3일간(2002.2.15.~2.17.)의 과징금 해당액(58백만원)을 취소하기로 한다."고 결정하였다. 또 공정위는 2011.6.9. 3개 두유 제조·판매사업자의 부당한 공동행위 건에서 업계 1, 2순위(각각 44%, 24%로 시장점유율 합계 68%)의 위반행위 개시일(가격인상일)에 두유 공급시장에서의 경쟁이 실질적으로 제한되는 효과가 발생하였다고 보아 이 날을 시장점유율 14%인 3위 사업자의 공동행위의 개시일로 판단하였다(의결서 54면 참조). 한편 공정위는 2020.12.29. 정보교환 합의를 담합의 한 유형으로 신설하는 법 개정을 추진하면서 과도한 규제라는 반대의견 관련하여 '일정한 거래분야에서의 경쟁의 실질적 제한'이라는 추가적인 규범적 통제를 받는다는 법리를 제시한 바도 있다. 또 서울고등법원도 2004.5.27. 선고 2002누17073 판결(4개 신용카드사업자의 부당한 공동행위 건, 2002.5.17. 공정위 의결)에서 참가 사업자들의 시장점유율을 기준으로 경쟁의 실질적 제한여부를 판단한 바 있다(아래 라. (2) 참조).

라. 경쟁제한성 판단 관련 공정위 심결사례 및 법원 판결례

(1) 화장지 제조 4개사의 부당한 공동행위 건(1998.4.10. 공정위 의결)

대법원은 2002.5.28. 선고 2000두1386 판결에서 4개의 합의 중에서 초기의 2개 행위(1차 인하 및 1차 인상)에 대해서는 모나리자와 대한펄프가 유한킴벌리와 쌍용제지의 가격변경에 따른 단순한 가격모방을 한 행위에 불과하여 상호 합의하였다고 보기 어렵고, 또 모나리자와 대한펄프의 시장점유율 등을 감안할 때 이들의 가격일치행위가 경쟁을 실질적으로 제한하는 행위에 이른다고 볼 수 없다고 판단하였다. 당시 유한킴벌리와 쌍용제지의 시장점유율은 각각 약 28%, 27%, 모나리자와 대한펄프의 시장점유율은 각각 약 12%, 11%이었다.

(2) 4개 신용카드사업자의 부당한 공동행위 건(2002.5.17. 공정위 의결)

서울고등법원은 2004.5.27. 선고 2002누17073 판결에서 원고(엘지카드 주식회사)가 현금서비스 수수료율을 인상한 1998.2.10.에는 삼성카드만이(시장점유율 합계 24.5%), 할부수수료율을 인상한 1998.1.5.에는 원고만이(시장점유율 합계 13.1%), 연체이자율을 인상한 1998.2.11.에는 삼성카드만이(시장점유율 합계 24.5%) 각 인상을 단행한 상태인데 위 가격인상행위가 '경쟁을 실질적으로 제한하는 행위'에 해당하는지 여부를 판단하는 전제가 되는 그들의 시장점유율은 각 24.5% 또는 13.1%에 지나지 아니하여 1위 시장점유율 업체인 비씨카드의 시장점유율 38.7%에 비해 훨씬 못미쳐 원고의 가격인상행위가 경쟁을 실질적으로 제한한다고 볼 수 없어 원고가 인상한 각 날짜를 위반행위의 시기로 볼 수는 없고, 결국 카드 4사의 이 사건 요율 인상행위에 있어서는 마지막으로 인상을 단행한 외환카드의 요율 인상일에 이르러 외형상 일치가 이루어지는 한편 경쟁을 실질적으로 제한하는 행위에 해당한다고 할 것이어서 외환카드의 각 요율 인상을 시기로 보아 과징금을 산정하여야 할 것이라고 판단하였고, 대법원도 2006.10.12. 선고 2004두9371 판결에서 원심의 인정과 판단은 정당한 것으로 공동행위의 경쟁제한성, 과징금 산정에 관한 법리오해의 위법이 없다고 판결하였다.

당시 경쟁제한성 요건인 '일정한 거래분야에서의 경쟁의 실질적 제한'과 관련하여 시장점유율 기준으로는 명문으로 언급한 내용은 없지만, 1998년 당시 공동행위에 참여한 4개 카드사의 시장점유율은 각각 엘지 13.1%, 삼성 11.4%, 국민 20.1%, 외환 14.3%로 시장점유율 합계 58.9%이며, 엘지, 삼성, 국민 3사의 점유율 합계는 44.6%인 점을 감안하면 시장점유율 합계를 대략 50% 이상으로 삼은 것으로 볼 수 있다.

(3) 서울지하철7호선 연장(701공구~706공구) 건설공사 입찰 참가 6개 건설사의 부당한 공동행위 관련 추가고발 건(2007.11.1. 공정위 의결)

본건은 6개 건설사들이 각 공구별로 국가계약법상 인정해 주고 있는 공동수급체(컨소시엄)를 구성한 것에 대하여 검찰이 공정거래법상 부당한 공동행위로 형사기소한 건으로서 공정거래법 제116조(법령에 따른 정당한 행위)의 적용여부가 쟁점의 하나였다.

상고심인 대법원 2011.5.26. 선고 2008도6341 판결은 법 제116조에 규정된 법령에 따른 정당한 행위에 해당하는지 여부에 대해서는 국가계약법에 근거규정이 있다는 이유만으로는 법령에 따른 정당한 행위가 되어 공정거래법이 적용되지 않는다고 할 수 없다는 원심의 판단이 정당하다고 인정하였다.[5]

그러나 대법원은 "비록 공정거래법상의 법령에 따른 정당한 행위에는 해당하지 않더라도, 국가를 당사자로 하는 계약에서 공동수급체를 구성하는 행위 그 자체가 위법한 것은 아니다. 한편 여러 회사가 공동수급체를 구성하여 입찰에 참가하는 경우 해당 입찰시장에서 경쟁자의 수가 감소되는 등으로 경쟁이 어느 정도 제한되는 것은 불가피하나, 사실상 시공실적, 기술 및 면허 보유 등의 제한으로 입찰시장에 참여할 수 없거나 경쟁력이 약한 회사의 경우 공동수급체 구성에 참여함으로써 경쟁능력을 갖추게 되어 실질적으로 경쟁이 촉진되는 측면도 있다. 나아가 공동수급체의 구성에 참여한 회사들로서는 대규모 건설공사에서의 예측 불가능한 위험을 분산시키고 특히 중소기업의 수주 기회를 확대하며 대기업의 기술이전을 받을 수 있을 뿐만 아니라, 도급인에게는 시공의 확실성을 담보하는 기능을 하는 등 효율성을 증대하는 효과도 가지고 있다고 볼 것이다. 또한 원심판결 이유에 의하면, 서울특별시 및 인천광역시로부터 이 사건 각 공구에 대한 입찰의 실시를 의뢰받은 조달청은 이 사건 각 입찰공고에서 공동수급체의 구성을 통한 공동계약이 가능하다는 점을 명시하였고, 공사현장을 관할하는 지역에 주된 영업소가 있는 업체가 포함된 공동수급체에 대하여는 가산점까지 부가하였음을 알 수 있다. 그렇다면 원심으로서는 이 사건 각 공동수급체 구성행위의 경쟁제한성 유무를 판단함에 있어서 앞에서 본 사정들과 함께, 당해 입찰의 종류 및 태양, 공동수급체를 구성하게 된 경위 및 의도, 공동수급체 구성원들의 시장점유율, 공동수급체 구성원들이 아닌 경쟁사업자의 존재 여부, 당해 공동수급체 구성행위가 입찰 및 다른 사업자들과의 경쟁에 미치는 영향 등을 제대로 심리하여 당해 공동수급체의 구성행위로 입찰에서의 경쟁이 감소하여 낙찰가격이나 기타 거래조건 등의 결정에 영향을 미치거나 미칠 우려가 있는지 여부를 판단하였어야 할 것임에도 그 판시와 같은 이유만을 들어 이 사건 각 공동수급체

---

5) 이슈 15: 공정거래법의 적용제외: 법령에 따른 정당한 행위 Ⅱ. 3. 사. 참조.

의 구성행위가 경쟁제한성을 가진 부당한 공동행위에 해당한다고 단정하고 말았으니, 이러한 원심판결에는 공동수급체 구성행위의 경쟁제한성에 관한 법리를 오해하여 판결에 영향을 미친 위법이 있다."고 하면서 원심판결을 파기하고 환송하였다.

환송 후 판결인 서울중앙지방법원 2011.10.28. 선고 2011노1736 판결은 위 대법원의 판결 취지 및 내용을 그대로 반영하면서 각 공구별로 추가적인 사정을 고려한 다음에 "앞서 본 사실과 검사가 제출한 증거들만으로는 피고인들의 공동수급체의 구성행위로 인하여 실질적으로 입찰에서의 경쟁이 감소하여 낙찰가격이나 기타 거래조건 등의 결정에 영향을 미치거나 미칠 우려가 있었다고 단정하기 어렵고 달리 이를 인정할만한 증거가 없다."고 판결하였다.

(4) 7개 신용카드사업자의 부당한 공동행위 건(2008.3.5. 공정위 의결)

피심인들이 VAN사에게 지급하는 서비스 수수료 중 Draft Capture수수료 지급조건을 실제 매출전표 수거실적에 따라 지급하기로 합의한 행위 관련하여 합의의 존재는 인정하였지만, 실적에 따른 수수료 차등 지급에 따라 각 VAN사들이 제공하는 서비스의 질적 경쟁이 가능하게 되었고 VAN사의 성실한 매출전표 수거·보관을 통해 부도처리 건수 발생으로 인한 카드사와 카드회원(일반소비자)의 분쟁에 따른 기회비용 감소와 개인정보 유출방지 등 효율성 증대효과도 일부 인정되는 등 경쟁제한효과가 인정되지 않는다고 판단하였다.

(5) 11개 소주 제조·판매사업자의 부당한 공동행위 건(2010.6.16. 공정위 의결)

서울고등법원은 2011.6.2. 선고 2010누21718 판결을 통하여 원고들의 소주가격 공동인상 합의의 경쟁제한성 관련하여 기본적으로 국세청의 강한 가격통제하에 있어 원고들의 가격결정권이 상당 부분 제한되어 있고 또 이 사건 합의의 내용도 원고들의 소주 가격을 특정가격으로 고정하지도 않고 합의 위반시 제재내용도 규정하고 있지 않은 일종의 느슨한 가격담합의 형태라 할 것이지만 합의의 대상은 가격이고 그 내용은 원고들이 공동으로 일정한 범위에서 일정한 시기에 가격을 변경하는 행위이므로 그 범위에서 가격경쟁이 감소하는 것은 명백하므로 경쟁제한성을 인정할 수 있다고 판결하였다. 다만 일종의 느슨한 가격담합의 형태에 불과하므로 그에 대한 비난가능성 내지 제재의 필요성은 상대적으로 낮다고 할 것으로 따라서 피고(공정위)가 2차 소주가격 인상행위를 경쟁질서 저해 효과가 크고 소비자에게 영향이 큰 중대한 위반행위에 해당한다고 보아 과징금 납부명령을 한 것은 수긍하기 어렵고, 또 가격담합으로 인하여 원고들이 얻은 이익규모가 상대적으로 미미하다고 보이는 점이 과징금 산정에 있어서 충분히 참작되었다고 할 수도 없다고 하면서 이 사건 과징금 납부명령은 과징금 부과 여부 또는 부과금액을 결정하는 점에서 재량권을 벗어나거나 남용한 위법이 있다면서 과징금 납부명령 전부를 취소하였다.

한편 대법원은 2014.2.13. 선고 2011두16049 판결에서 합의가 있었던 것처럼 보이는 외형은 존재하나 이는 지역별 과점적 시장구조에서 국세청이 원고 진로를 통하여 전체 소주업체의 출고가격을 실질적으로 통제·관리하고 있는 소주시장의 특성에 따라 나머지 원고들이 국세청의 방침과 시장상황에 대처한 정도에 불과한 것으로 볼 수 있으므로, 원고들 사이에 공동행위에 관한 합의가 있었다고 단정하기는 어렵다고 하면서 경쟁제한성 판단 이전에 소주 출고가격의 인상 여부, 인상률, 인상 시기 등에 관하여 합의 자체를 인정할 수 없다는 취지로 판결하였다.

(6) 금강살리기 1공구(서천지구) 사업 입찰 관련 2개 건설사의 부당한 공동행위 건 (2014.12.15. 공정위 의결)

공정위는 그동안 부당한 공동행위의 성립 요건 및 경쟁제한성 판단 관련하여 일관되게 정립되어 적용해 온 법리를 제시한 다음에 "피심인들이 이 사건 공사입찰에서 사전에 서로 합의하여 낙찰자, 투찰가격 등을 결정하고, 이를 토대로 형식적으로 입찰에 참여하는 등의 합의를 실행하는 것은 실질적인 경쟁 없이 1개 업체만이 입찰에 참가하여 낙찰되는 것과 같은 효과를 발생시킴으로써 경쟁 입찰제도 취지를 무력화시켜 동 입찰시장에서 실질적인 경쟁을 통하여 낙찰자가 결정될 수 있는 가능성을 배제한 것이라는 점에서 이 사건 입찰시장에서 경쟁을 직접적으로 제한하는 효과만을 야기할 뿐이고 경제적 효율성 효과는 전혀 없는 것이 명백하므로 부당하게 경쟁을 제한하는 행위로 인정된다."고 판단하였다.

서울고등법원은 2016.1.20. 선고 2015누32201 판결에서 "경쟁제한성이 인정되는 경우에는 원칙적으로 부당하고, 그 공동행위가 법령에 근거한 정부기관의 행정지도에 따라 적합하게 이루어진 경우라든지 또는 경제전반의 효율성 증대로 인하여 친경쟁적 효과가 매우 큰 경우와 같이 특별한 사정이 있는 경우에는 예외적으로 부당하다고 할 수 없지만(대법원 2009.7.9. 선고 2007두26117 판결 참조), 공정거래법 제19조(현행 제40조) 제2항에 부당한 공동행위의 사전 인가제가 규정되어 있으므로 이러한 사전 인가를 받지 않았음에도 예외적으로 부당성이 부정되는 사유는 엄격하게 인정함이 상당하다. 그런데 앞서 인정한 사실과 채택한 증거 및 변론 전체의 취지를 통하여 알 수 있는 아래와 같은 사정들을 종합할 때, 이 사건 공동행위는 경쟁제한성을 갖고 있음이 명백하고, 그 부당성 역시 인정된다. 원고의 이 부분 주장은 이유 없다. 가) 정부는 이 사건 공사를 비롯한 4대강 사업을 추진함에 있어서 그 사업 규모를 고려하여 단계별로 공구를 나눈 후 입찰을 실시하고 가중치 기준방식으로 평가함으로써 건설사들 사이의 자유로운 경쟁을 통하여 적정한 가격과 설계 수준을 확보하고자 하였다. 그럼에도 원고와 두산건설은 이 사건 공사 입찰에 원고가 낙찰자가 되도록 하고자 사전에 투찰률 또는 투찰가격을 합의한 후 이를 실행하였다. 이로 말미암아 이 사건 공사에 관한 입찰에서는 참여 건설사 모두 이 사건 공동행위에 가담함으로써 경쟁 자체가 소멸되었고, 입찰의 취지 자체가 몰각되었다. 나) 원고는 이 사건 공동행위가 이 사건 공사 입찰 유찰로 인한 국가적인 프로젝트의 지연을 방지하고자 한 것이어서 부당하게 경쟁을 제한하는 행위라고 볼 수 없다고 주장하나, 이 사건 공동행위로 말미암아 국가적인 프로젝트의 지연이 방지되었다고 인정할 만한 증거가 부족하다. 오히려 원고의 유찰 방지 목적 공동행위 주장은 공정하고 자유로운 경쟁을 통하여 창의적인 기업활동을 조장하고 소비자를 보호하고자 하는 공정거래법의 입법목적에 정면으로 반하는 것으로서 받아들일 수 없다. 다) 나아가 이 사건 공동행위가 사전 인가를 받은 행위라거나 법령에 근거한 정부기관의 행정지도에 따라 적합하게 이루어진 경우라고 볼 수 없고, 이 사건 공동행위로 인하여 원고가 설계 역량 등을 특별히 강화하여 하천 관련 건설 기술이나 서천지구의 발전을 도모하는 등 경제전반의 효율성을 높였다고 볼 만한 증거 역시 부족하다."고 판결하였다.[6]

(7) 서울가락 농수산물도매시장 7개 도매시장법인의 부당한 공동행위 건(2018.8.20. 공정위 의결)

서울고등법원은 2020.1.29. 선고 2018누64223 판결에서 피심인들이 농산물 출하자로부터 지급받은 위탁수수료의 요율을 공동으로 결정한 행위의 경쟁제한성 여부 판단과 관련하여, "사업자들이 공동으로 가격을 결정하거나 변경하는 행위는 그 범위 내에서 가격경쟁을 감소시킴으로써 그들의 의사에 따라 어느 정도 자유로이 가격 결정에 영향을 미치거나 미칠 우려가 있는 상태를 초래하게 되므로 원칙적으로 부당하고, 다만 그 공동행위가 법령에 근거한 정부기관의 행정지도에 따라 적합하게 이루어진 경우라든지 또는 경제 전반의 효율성 증대로 인하여 친경쟁적 효과가 매우 큰 경우와 같이 특별한 사정이 있는 경우에는 부당하다고 할 수 없다(대법원 2009.7.9. 선고 2007두26117 판결 등 참조)."는 법리를 제시하고, "위 인정 사실 및 인정 근거에 의하여 알 수 있는 사정들을 종합하면, 도매시장법인의 높은 경락가격 형성 능력이 실질적 경쟁요소인 가락동 도매시장에서 원고 등 4개사의 위탁수수료 결정행위는 표준하역비 제도의 도입에 따른 시장의 불안전성을 사전에 제거함으로써 소비자 후생의 증대에 기여했고 그 증대 정도가 위탁수수료 결정행위로 감소한 소비자 후생보다 훨씬 크다고 볼 여지가 충분히 있다. 이 사건에 제출된 증거들만으로는 원고 등 4개사의 위탁수수료 결정행위가 부당하게 경쟁을 제한했다고 인정하기에 부족하다. 따라서 원고의 이 부분 주장

---

6) 상고심(대법원 2016.5.27. 선고 2016두34523 판결)은 심리불속행 기각하였다.

은 이유 있다.”고 판결하였다.

그러나 대법원은 2021.12.30. 선고 2020두34797 판결에서 적용법리는 원심인 서울고등법원과 동일한 대법원 2009. 7. 9. 선고 2007두26117 판결을 인용하면서도, 표준하역비 제도 도입으로 원고와 같은 도매시장법인에 위탁수수료 인상의 유인이 있었다는 이유만으로 원가나 비용구조가 서로 다르고 관계 법령이 정한 상한 내에서 위탁수수료율에 관한 경쟁이 가능한 원고가 다른 도매시장법인들 사이에서 경쟁을 회피하기 위하여 이를 공동하여 일률적으로 결정한 것이 필요하고 적절한 수단으로서 소비자 후생 증진에 기여하였다고 단정할 수 없으며, 경쟁제한적 가격 담합에 따른 소비자 후생 감소를 능가하는 경제적 효율성 증진효과가 발생하였다고 보기도 어렵다는 점 등 여러 사정들을 종합하여 이 사건 공동행위는 공정거래법 제19조(현행법 제40조) 제1항에서 금지하는 ‘부당하게 경쟁을 제한하는 행위’에 해당한다고 볼 수 있다고 판결하였다.

그리고 환송후판결인 서울고등법원 2022.9.1. 선고 2022누32612 판결은 대법원의 위 환송판결을 그대로 인용하면서 원고의 취소청구를 기각하였다.

이슈 32

정보교환 합의

I. 2021.12.30. 시행 공정거래법 개편 경위 및 내용

공정위는 공정하고 혁신적인 시장경제 시스템을 구현하기 위하여 2018년부터 공정거래법 전면개편을 추진해왔다. 공정거래법 전면개편 방안 마련을 위해 학계, 법조계 등 각계 전문가들로 구성된 '공정거래법제 개선 특별위원회' 등을 운영하여 심도있는 논의를 진행했고, 여러 차례 토론회 및 간담회를 통해 이해관계자의 의견을 폭넓게 수렴하였다. 이를 토대로 법집행체계 개선, 대기업집단 시책 개선, 혁신성장 생태계 구축, 법집행의 신뢰성 강화 등을 위한 공정거래법 전부개정안을 마련하여 2018년 11월 국회에 제출하였다.

공정거래법제 개선 특별위원회의 2018.7월 최종 보고서에 나타난 경쟁제한적 정보교환행위 규율 방안에 대한 검토배경과 논의사항을 정리하면 다음과 같다. 결국 '합의'를 요구하는 기존 담합규제의 틀로 포섭하여 규율하는 방안인 (1안)과 (2안)을 병행으로 개정안을 마련하여 국회에 제출하였다.

☼ **경쟁제한적 정보교한행위 규율 방안**

(검토배경) 사업자간 가격 등의 정보교환 행위는 경쟁제한적 폐해에도 불구하고 현행법상 규율이 쉽지 않음

ㅇ 법원도 사업자간 합의의 입증을 엄격하게 요구함에 따라 정보교환을 근거로 한 담합사건이 소송에서 잇따라 패소

* 그간 판례는 정보교환행위가 문제된 사건에서 '외형상 일치' 여부 및 정보교환과 외형상 일치 간 인과관계 등을 중심으로 묵시적 합의 인정 여부를 판단

* 그러나, 최근 판례는 외형상 일치 여부나 인과관계를 매우 엄격하게 판단

(논의내용)

ㅇ '합의'를 요구하는 기존 담합규제의 틀로 포섭하여 규율하는 방안

- (1안) '정보교환에 대한 합의'를 금지되는 합의 유형의 하나로 포함하도록 법 제19조①의 기타 조항(9호)을 개정하는 방안

* 예) 타사업자 사업활동·사업내용의 방해·제한행위(9호)의 요건을 소폭 확장하여 정보교환행위도 명확히 포섭

- (2안) 정보교환행위로부터 제19조①의 합의(예: 가격인상 합의)를 보다 쉽게 추정할 수 있도록 현행 추정조항(제19조⑤)을 개정하는 방안

○ (3안) 합의를 입증할 필요 없이 정보교환행위 자체를 별도 규율하는 방안

- 호주사례처럼 경쟁제한 우려가 있는 정보교환행위 그 자체를 금지(제19조② 별도 신설)

○ (4안) EU처럼 동조적 행위(concerted practice) 개념을 도입하여 정보교환행위를 포함한 동조적 행위를 넓게 규율하는 방안

* 예) 법 제19조① 본문을 개정하여 다음 각호에 해당하는 행위를 할 것을 '합의'하거나 이를 '동조적으로 하는 행위'를 금지하는 방식

한편 2020년 4월 공정거래법 전부개정안 중 신고·조사, 심의·처분 등 절차법제 관련 내용을 담은 공정거래법 일부개정안이 국회를 통과했으나, 2020년 5월말 20대 국회 임기가 만료됨에 따라 공정거래법 개정안은 자동 폐기되었다. 공정위는 2020.5.30. 제21대 국회가 개원된 이후, 기 통과된 절차법제 외의 부분에 대한 입법을 위해 공정거래법 전부개정안을 2020년 8월 다시 발의하였으며, 2020년 12월 국회를 통과하였다. 동 전부개정 공정거래법은 2020.12.29. 공포되었고 부칙 제1조(시행일)에 따라 공포 후 1년이 경과한 날인 2021.12.30.부터 시행되었다.[1]

개정법은 정보교환을 통한 부당한 공동행위를 보다 효과적으로 규율할 수 있도록 사업자 간 가격·생산량 등의 정보를 주고받음으로써 실질적으로 경쟁을 제한하는 행위에 대한 합의를 부당한 공동행위의 하나의 유형으로 포함시켰다(제40조 제1항 제9호 후단 신설). 또 가격의 공동 인상 등 외형상 일치가 존재하고 이에 필요한 정보를 교환한 경우에는 사업자 간 합의가 있는 것으로 법률상 추정되도록 하였다(제40조 제5항 제2호 신설). 그리고 개정이유로는 경쟁사업자 사이에 미래가격 등 민감한 정보를 교환하는 행위는 경쟁제한적 폐해가 커서 EU, 미국 등에서는 이를 동조적 행위로 금지하거나 정보교환 합의 자체를 규율하고 있는 반면, 현행 법률에는 이에 대한 명시적 규정이 없어 이를 부당한 공동행위로 규율하기 어려운

---

1) 법 제25조 제2항의 공익법인의 의결권 제한 관련 개정규정은 공포 후 2년이 경과한 날인 2022.12.30.부터 시행되었다.

문제가 있다는 것이었다(법제처 국가법령정보센터상의 제정·개정이유 참고).

　공정위의 내부지침인 '공동행위 심사기준(공정위 예규)'은 Ⅳ. 10.에서 법 제40조 제1항 제9호 후단의 사업자간 정보를 '주고받는'(정보교환) 행위는 사업자가 다른 사업자에게 가격, 생산량, 상품 또는 용역의 원가, 출고량·재고량 또는 판매량, 상품·용역의 거래조건 또는 대금·대가의 지급조건 관련 정보(경쟁상 민감한 정보)를 알리는 행위를 의미하며, 우편, 전자우편(이메일), 전화통화, 회의 등 알리는 수단을 불문한다고 규정하고 있다. 사업자단체 등 중간 매개자를 거쳐 간접적으로 알리는 행위도 포함되며, 불특정 다수에게 경쟁상 민감한 정보를 공개적으로 공표 또는 공개하는 행위는 포함되지 않는다.

　한편 공정위는 2021.12.30. 법 제40조 제6항에 따라 고시로 '사업자 간 정보교환이 개입된 부당한 공동행위 심사지침'을 제정·운용하고 있다. 동 지침 Ⅳ.에서 법 제40조 제1항 제9호 후단에 따른 정보교환 합의의 위법성 성립요건으로 ① 정보교환 합의가 있어야 하고, ② 그 합의의 실행 결과 관련 시장에서의 경쟁이 부당하게 제한되어야 하며, ③ 경쟁제한효과를 상쇄할만한 효율성 증대효과가 없어야 한다고 규정하고 있다. 그리고 ① 정보교환 합의의 종류에도 명시적 합의의 정보교환뿐만 아니라 경쟁사 상호 간 민감한 정보를 교환하기로 한다는 묵시적·암묵적인 의사의 합치가 있는 경우는 묵시적 또는 암묵적 합의가 성립하는 것으로 규정하고 있다(명시적 합의 및 묵시적 또는 묵시적 합의로 볼 수 있는 예시들을 구체적으로 제시하고 있다). ② 정보교환 합의가 부당하게 경쟁을 제한하였는지 여부의 평가 관련하여 시장상황, 시장의 구조 및 상품의 특성, 행위자들의 시장점유율, 교환된 정보의 특성, 정보교환 행위의 양태, 정보교환의 목적 등 6개 요소들을 종합적으로 고려하여 판단하도록 규정하고 있다(부당하게 경쟁을 제한하는 것으로 볼 수 있는 예시와 경쟁제한 가능성이 낮은 것으로 볼 수 있는 예시들을 구체적으로 제시하고 있다). 그리고 법 제40조 제5항 제2호(정보교환에 의한 합의추정)에 따라 정보교환을 이유로 가격담합 등의 합의가 있었음을 추정하기 위해서는 ① 가격 등이 유사 또는 동일해지는 '행위의 외형상 일치'가 있어야 하고, ② 외형상 일치 창출에 필요한 정보의 교환이 있어야 한다. 단, ③ 합의가 추정되더라도 사업자는 그 합의 추정의 전제사실에 반하는 정황을 입증하는 등의 방법으로 추정된 합의를 복멸할 수 있다고 규정하고 있다(심사지침 Ⅴ. 1. 참조). ② 외형상 일치 창출에 '필요한 정보'의 교환인지 여부는 정보의 종류 및 성격, 정보가 교환된 시점, 외형상 일치의 내용과 교환된 정보의 내용 간의 관계 등 요소를 종합적으로 고려하여 판단한다고 규정하고 있다(심사지침 Ⅴ. 3. 참조).

Ⅱ. 정보교환 담합에 대한 그동안 공정위 및 법원의 입장

1. 공정위 심결사례

정보교환 합의에 있어서 이후 법원의 판결에도 영향을 미친 것으로 보이는 공정위의 결정은 2009.11.9. 5개 음료 제조·판매사업자의 부당한 공동행위 건에서 처음으로 이루어졌다. 동건에서 공정위는 경쟁사업자들 간의 정보교환 행위에 대해 자세한 판단과 함께 매우 의미 있는 법리를 제시하였다(의결서 74~75면 참조). 즉 합의에는 명시적 합의는 물론이고 묵시적 합의도 포함되며, 적극적인 의사표시뿐만 아니라 소극적인 암묵적 요해만 있는 경우에도 합의의 존재가 인정되므로, 복수의 사업자들이 가격인상과 관련하여 사전에 서로 연락하거나 교섭한 사실이 있고 그 연락·교섭으로 인해 사후적으로 통일적인 가격인상이 이루어졌다면 가격인상 공동행위가 인정된다고 의결하였다. 또 경쟁사업자들의 연락이나 교섭이 가격인상 과정에 영향을 미쳐 공동보조나 행동통일을 초래한 것으로 추론할 수 있으면 가격인상 공동행위에 관한 합의가 존재한다고 인정하였다. 그리고 정보교환 관련 정보의 성격이나 내용, 교환시점과 범위, 교환주체나 방식 등에 따라 합의의 유력한 증거가 될 수 있고 이와 관련하여 경쟁사업자간의 가격과 생산정보의 교환은 담합을 촉진시키거나 담합의 이행을 용이하게 한다는 점에서 명시적 담합의 한 유형으로 볼 수 있다고 하였다. 특히, 교환되는 정보가 수요 내지 산출량과 같은 통계적 정보가 아니라 일반적으로 기업의 비밀에 속하고 경쟁의 핵심적 요소라고 할 수 있는 가격인상 계획이나 인상내용과 같은 정보인 경우 이는 담합의 목적으로 이루어진 정보교환이라고 할 수 있다고 의결하였다. 그리고 정보교환 시점과 정보교환주체에서도 명시적인 담합행위로 볼 수 있는 기준을 제시하였다. 즉 정보교환의 시점이 다른 경쟁사업자들이 가격인상을 확정하기 이전 단계이거나 일부 관련 사업자 사이에 은밀히 폐쇄적으로 교환되는 경우이거나, 정보교환이 지점 등에서 영업활동에 종사하는 직원간에 이루어지는 것이 아니라 본사의 가격결정업무와 관련이 있는 임직원간에 이루어지는 경우에는 명시적인 담합행위로 볼 수 있다는 입장을 제시했다. 이러한 정보교환 합의에 대한 구체적인 법리와 입장은 2011.6.9. 3개 두유제품 제조·판매사업자의 부당한 공동행위 건에서도 그대로 제시되어 있다(의결서 44~46면 참조).

그리고 2011.5.2. 12개 유제품사업자의 시유 및 발효유 가격인상 관련 부당한 공동행위 건, 2011.12.15. 16개 생명보험 사업자의 부당한 공동행위 건, 2012.7.12. 4개 라면 제조·판매 사업자의 부당한 공동행위 건, 2013.12.16. 7개 대형 화물상용차 제조·판매업자의 부당한 공동행위 건 등 그 이후 정보교환이 있는 모든 심결에서 일관되게 동일하거나 유사한 내용으로 합의의 존재여부 및 의미에 대한 법리를 제시하고 있다. 특히 2011.12.15. 16개 생명보험 사업자 건(의결서 167~168면 참조), 2013.12.16. 7개 대형 화물상용차 제조·판매사업자 건(의결서 70~71면 참조)에서는 "단지 정보교환이 이루어졌다는 사유만으로 사업자간에 공동행위가 있었다고 단정할 수는 없다고 할 것이나, 반면에 관련시장의 구조와 성격, 정보의 대상, 정보의 성질이나 내용, 정보교환의 시기, 정보교환의 주체와 방식 등에 따라 담합의 유력한 증거가 될 수 있다."고 명시하였다(정보교환만으로는 합의가 존재한다고 단정할 수 없다는 점을 명시한 것으로 이는 법원의 판결에서도 일관되게 명시적으로 받아들여진 내용이다).

그리고 2010.4.23. 7개 액화석유가스(LPG) 공급회사의 부당한 공동행위 건, 2011.6.29. 13개 음원유통사업자의 부당한 공동행위 건, 2013.4.4. 9개 생명보험사업자의 부당한 공동행위 건 등 정보교환 관련 법리에 대한 상세한 판단은 제시하지 않고 있는 일부 심결사례도 있다. 다만 합의의 의미 및 존재여부에 대한 일관된 기본입장, 즉 부당한 공동행위에 있어서의 합의는 사업자간 의사의 연락을 의미하는 것으로서 계약, 협정 등과 같은 명시적 합의뿐만 아니라 사업자간의 양해와 같은 묵시적 합의 내지는 암묵의 요해에 그치는 경우도 포함된다는 것이다.

특히 2021.1.18. 11개 제강사의 부당한 공동행위 건에서는 시장의 구조와 성격, 정보교환의 대상 및 내용, 정보교환 시점, 정보교환의 주체, 정보교환의 목적과 의도, 외형상 일치 등 6개 요소별로 구체적으로 분석하여 명시적 합의는 물론 최소한 묵시적·암묵적 합의에 해당한다고 판단하였다. 그리고 정보교환행위 관련 그동안의 공정위의 심결례 및 법원 판례들을 총망라하여 법리를 분석·정리하였다. 즉 사업자들간의 정보교환행위에 대하여 법원은 일정한 요건(시장의 구조와 성격, 정보교환의 대상, 정보의 내용, 정보교환의 시기 및 방법, 정보교환의 주체, 정보교환의 목적과 의도, 합의 실행 결과 외형상 일치가 존재 등)을 충족한 경우 공동행위가 성립된다고 판단하고 있다(대법원 2014.7.24. 선고 2013두16951 판결, 대법원 2015.12.24. 선고 2013두25924 판결 및 서울고법 2016.11.23. 선고 2013누8037 판결 등 참조)고 하면서 이와 관련하여 서울고등법원은 대법원의 입장을 보다 구체화하였다(서울고법 2012.1.12. 선고 2011누18467 판결 및 서울고법 2010.11.29. 선고 2009누38390 판결 등 참조)는 분석내용을 각주에 인용하였다(의결서 74면, 각주 108)).

2. 법원 판결례

정보교환 담합에 대한 법원의 입장은 2013년~2015년 간 몇 개의 중요한 대법원 판결을 통해 기본적인 법리가 일단 정리되었다고 보며, 공정위도 이러한 법원의 입장과 동일한 법리를 심결에 적용하고 있다.

대법원 2013.11.28. 선고 2012두17421 판결(13개 음원유통사업자의 부당한 공동행위 건, 2011.6.29. 공정위 의결)은 "'부당한 공동행위'는 '부당하게 경쟁을 제한하는 행위에 대한 합의'로서 이때 '합의'에는 명시적 합의뿐 아니라 묵시적인 합의도 포함된다고 할 것이지만(대법원 2003.2.28. 선고 2001두1239 판결 등 참조), 이는 둘 이상 사업자 사이의 의사의 연락이 있을 것을 본질로 하므로 단지 위 규정 각 호에 열거된 '부당한 공동행위'가 있었던 것과 일치하는 외형이 존재한다고 하여 당연히 합의가 있었다고 인정할 수는 없고 사업자 간 의사연결의 상호성을 인정할 만한 사정에 대한 증명이 있어야 하며, 그에 대한 증명책임은 그러한 합의를 이유로 시정조치 등을 명하는 피고에게 있다고 할 것이다."라고 설시하였다. 또 대법원은 7개 액화석유가스(LPG) 공급회사의 부당한 공동행위 건(대법원 2014.6.26. 선고 2012두4104 판결, 2010.4.23. 공정위 의결)에서 2013.11.28. 음원사업자 건을 참조판례로 하면서 "과점시장에서 시장점유율이 높은 업체가 독자적인 판단에 따라 가격을 먼저 결정한 뒤에, 그 밖의 경쟁사업자들이 그 가격을 추종하고 있고, 그와 같은 가격 결정 관행이 상당한 기간 누적되어 사업자들이 이러한 사정을 모두 인식하고 있는 경우에, 가격 결정과 관련된 의사 연락이 증명되거나, 추가적인 여러 사정들에 비추어 그 의사 연락을 추인할 수 있다면, 부당하게 경쟁을 제한하는 행위에 대한 합의가 있다고 인정할 수 있다."고 판결내용을 추가로 덧붙였다. 동 대법원 판결은 해당 사안에서 수입 2사가 충전소 판매가격을 매월 통보하고 있는 상황에서 다수의 모임에서 그 판매가격을 직접 논의하지 않았더라도 LPG 시장 안정화, 경쟁 자제 및 고가 유지 등을 논의한 것만으로도 가격담합의 효과를 충분히 거둘 수 있었다고 할 것이라고 판시하였다.

특히 위 판결에 뒤이어 나온 대법원의 2014.7.24. 16개 생명보험 사업자의 부당한 공동행위 건(대법원 2014.7.24. 선고 2013두16951 판결, 2011.12.15. 공정위 의결)은 정보교환행위에 있어서 합의의 존재 여부를 판단하는 구체적인 고려 요소들을 제시하였다. 즉 경쟁 사업자들이 가격 등 주요 경쟁요소에 관한 정보를 교환한 것은 가격결정 등의 의사결정에 관한 불확실성을 제거하여 담합을 용이하게 하거나 촉진할 수 있는 수단이 될 수 있으므로 사업자 사이의 의사연결의 상호성을 인정할 수 있는 유력한 자료가 될 수 있지만, 그 정보교환 사실만으로 합의가 있었다고 단정할 수는 없고, 관련시장의 구조와 특성, 교환된 정보의 성질·내용, 정보교환의 주체 및 시기와 방법, 정보교환의 목적과 의도, 정보교환 후의 가격·산출량 등의 사업자 간 외형상 일치 여부 내지 차이의 정도 및 그에 관한 의사결정 과정·내용, 그 밖에 정보교환이 시장에 미치는 영향 등의 모든 사정을 종합적으로 고려하여 합의의 존재 여부를 판단하여야 한다고 판시하였다(한편 본건 관련 공정위는 2011.12.15. 의결에서 합의의 존재 여부에 관한 법리 부분에서 서울고등법원의 2010.11.25. 5개 음료 제조·판매사업자의 부당한 공동행위 건, 선고 2009누38406 판결을 활용하여 "합의는 사업자간의 의사의 연락을 의미하는 것으로서 명시적인 합의 뿐만 아니라 묵시적인 합의 내지는 암묵의 요해에 그치는 경우도 포함된다고 할 것인바, 경쟁사업자간에 정보를 교환하는 경우 그 중에는 시장기능의 결함을 제거하고 효율성 증대에 도움이 되는 정보가 있을 수 있어서 단지 정보교환이 이루어졌다는 사유만으로 사업자간에 공동행위가 있었다고 단정할 수는 없다고 할 것이나, 반면에 관련시장의 구조와 성격, 정보의 대상, 정보의 성질이나 내용, 정보교환의 시기, 정보교환의 주체와 방식 등에 따라 담합의 유력한 증거가 될 수 있고, 담합을 촉진시키거나 담합의 실행을 용이하게 하는 수단이 될 수 있다."고 판단하였다).

그리고 정보교환 관련 법리에 관한 대법원 판결의 완결판이라 할 수 있는 2015.12.24. 4개 라면 제조·판매사업자의 부당한 공동행위 건(대법원 2015.12.14. 선고 2013두25924 판결, 2012.7.12. 공정위 의결)에서 2013.11.28. 13개 음원유통사업자의 부당한 공동행위 건(대법원 2013.11.28. 선고 2012두17421 판결), 2014.7.24. 16개 생명보험 사업자의 부당한 공동행위 건(대법원 2014.7.24. 선고 2013두16951 판결) 등을 참조판례로 인용하고, 추가로 "가격정보 등 다양한 정보를 서로 교환하고 각자의 의사결정에 반영해 온 행위는 경쟁제한의 효과가 있었다고 볼 수도 있겠으나, 공정거래법상 정보교환 합의를 부당한 공동행위로 의율할 수 있는지는 별론으로 하고 정보교환행위 자체를 곧바로 가격을 결정·유지하는 행위에 관한 합의로 인정할 수는 없다."는 법리를 제시하였고, 인정사실들을 기초로 합의를 전제로 하지 않고도 충분히 설명가능하다면서 피고(공정위)가 가격인상에 관한 합의의 증거라고 제출한 다른 자료들을 보태어 보아도 원고들의 가격인상에 관한 상호 의사연결을 추단하기에는 부족하다고 판단하였다. 즉 이 판결에서 정보교환 합의 자체를 공정거래법상 부당한 공동행위로 의율할 수 있다는 것을 제시했고 어떻게 보면 2020.12.29. 개정(2021.12.30. 시행)된 개정 공정거래법에서 정보교환 행위를 담합의 한 유형으로 신설한 것과 맥락을 같이 한다고 볼 수 있다.

3. 분석

앞에서 살펴본 것처럼 정보교환행위 규율을 위한 법 개정의 배경은 이를 동조적 행위로 금지하거나 정보교환 합의 자체를 규율하고 있는 EU, 미국 등과는 달리 우리 법률에는 이에 대한 명시적 규정이 없어 규율하기 어려운 문제가 있다는 것이었다. 또 법원도 사업자간 합의의 입증을 엄격하게 요구함에 따라 정보교환을 근거로 한 담합사건이 소송에서 잇따라 패소하고 있다는 것도 그 배경의 하나였다. 즉 그간 판례는 정보교환행위가 문제된 사건에서 '외형상 일치' 여부 및 정보교환과 외형상 일치 간 인과관계 등을 중심으로 묵시적 합의 인정 여부를 판단해 왔으나 최근 판례는 외형상 일치 여부나 인과관계를 매우 엄격하게 판단하고 있다는 것이었다.

그러나 필자는 공정위, 법원 모두 오래전부터 법리적 측면에서는 정보교환행위에 대해 공정거래법 규제대상이 되는 합의로까지 인정해 왔으며 다만 구체적 사안에 따라 어느 정도까지 합의로 인정할 수 있는지 여부에 대한 판단 차이의 문제라고 본다. 한편 정보교환행위를 담합의 한 유형으로 신설한 법 개정은 이루어졌지만 법집행상 큰 변화가 과연 있겠느냐는 지적도 있다.[2] 그리고 법 제40조(부당한 공동행위의 금지) 제1항 제9호 후단에서 신설한 정보교환 담합은 제1호 내지 제9호 전단에서 규정하고 있는 가격, 거래조건, 수량, 지역분할 및 고객할당, 설비제한, 종류·규격제한, 영업의 공동수행·관리, 입찰·경매, 기타 사업활동 제한 등과 같은 합의의 내용이나 목적이 아닌 '합의를 하는 방법 내지 수단'이라는 점에서 법체계적으로 상이한 내용이 규정되었다고 본다. 또 다른 추가적 이슈는 교환행위의 대상이 된 정보를 통해 '일정한 거래분야에서 경쟁의 실질적 제한'이라는 규범적 요소가 합의 유형의 판단에 추가되어 있다는 것이다.

한편 법 제40조 제1항 본문의 '부당한 경쟁제한성'과 정보교환 담합(제9호)의 '실질적 경쟁제한성' 관련하여 양자의 실질적 차이가 없다는 의견도 있으나 필자는 문리적 해석이라는 법해석의 기본원칙에 따라 후자가 전자보다 더 경쟁제한성이 요구된다고 보는바 추가적인 연구 및 논의와 함께 법집행 과정에서 공정위와 법원의 입장도 지켜보아야 될 듯하다.

Ⅲ. 경인운하사업 4개 공구분할 관련 정보교환행위 케이스

본 케이스는 부당한 공동행위 관련 순수한 정보교환행위에 대한 법적용 이슈로서 2014년 공정위 의결, 2016년 서울고등법원 판결 및 대법원의 심리불속행 기각 판결을 통해 최종적으로 암묵적 담합에도 해당되지 않는 것으로 확정되었다. 2021.12.30. 시행된 정보교환 합의에 대한 개정법 하에서 어떠한 법적용이 가능할지 논의해 보기로 한다.

---

2) 이슈 30: 부당한 공동행위 성립요건의 하나인 "합의"의 존재 Ⅱ. 4. 참조.

1. 경인운하사업 시설공사 제1공구, 제2공구, 제3공구 및 제6공구 입찰관련 부당한 공동행위 건(2014.4.17. 공정위 의결)

경인운하사업 시설공사의 발주처인 한국수자원공사가 2009.1.23. 일괄입찰공고로 제1공구에서 제6공구까지 총 6개 공구로 나누어 입찰을 실시하였는데 그 과정에서 삼성물산, 현대건설, 지에스건설, 대림산업, 대우건설, 에스케이건설 등 6개사들의 정보교환행위가 있었다.

공정위는 이 사건 공사에 관한 정보교환행위는 공구분할합의로서 공정거래법 제19조(현행 제40조) 제1항 제3호(상품의 생산·출고·수송 또는 거래의 제한이나 용역의 거래를 제한하는 행위)에서 정한 공동행위에 해당한다면서 피심인들에 대하여 시정명령 및 과징금납부명령을 처분하였다.

공정위가 인정한 정보교환행위의 내용은 다음과 같다.

> 6개사의 영업 담당 차장·부장급 실무자들은 상호 친목모임, 토론회, 간담회 등 각종 모임에서 대면 접촉하거나 담당자간 유무선 연락 등을 통해 이 사건 입찰에 관한 정보를 수집하고 상호 교류하여 왔다. 특히 현대건설의 A, 삼성물산의 B, 지에스건설의 C, 에스케이건설의 D, 대림산업의 E 및 대우건설의 F는 2009.1.7. 서울 강남구 소재 중국음식집(상호명 G)에서 이 사건 공사의 6개 공구 중 각 건설사가 어느 공구에 관심을 가지고 입찰을 추진하고 있는지에 관하여 정보를 나누며, 현대건설과 지에스건설은 기존에 수행하던 굴포천 방수로 공사와 공사구간이 겹치는 것을 이유로 현대건설은 제1공구에, 지에스건설은 제3공구에 대한 각 연고권을 주장하였고, 삼성물산은 기존 갑문공사 실적을 이유로 갑문이 있는 제2공구 입찰에 참여하겠다는 의사를 밝힘과 동시에 다른 사업자는 해당 공구에 참여하지 말 것을 주장하였으며, 대림산업과 대우건설은 제1, 2, 3공구에 대한 3개사의 주장에 이의를 제기하지 않으며 제6공구에 대한 관심을 표명하였고, 에스케이건설은 어느 공구에 참여할 것인지 확정하지 않은 상태에서 제1, 2, 3공구에 참여하지 않는 것에 묵시적으로 동의하였다.

2. 서울고등법원 2016.7.21. 선고 2014누4346 판결

원고는 공구분할 합의 자체가 부존재한다면서, "피고(공정위)가 주장하는 원고 등 6개사 실무자들 사이의 이 사건 입찰에 관한 정보교환행위는 이를 인정할 증거가 없고, 피고가 공구분할 합의가 이루어졌다고 주장하는 중국음식점 'G'에서의 모임도 모임 일시, 참석자 및 합의의 내용 등이 불명확하여 그 존재를 특정하기 어렵다. 원고는 독자적인 경영판단에 따라 제2공구 입찰에 참여하기로 하였으므로 이 사건 정보교환행위를 통해 특정 공구를 선점하거나 다른 건설사들이 선점한 공구에 참여하지 않는다는 등의 공구분할 합의를 하고 이에 따라 이 사건 입찰에 참여한 사실이 없다."고 주장하였다.

피고(공정위)는 "주요 건설사 임원들의 진술 및 내부 문건에 의하면 원고 등 6개사가 활발히 정보를 교환하였음이 인정되고, 특히 이 사건 모임은 약 5년 전에 이루어져 그 일시나 참석자 등에 관한 관련자들의 진술이 불일치하는 것은 자연스러우므로 그것만으로 이 사건 모임의 실체를 부정할 수는 없다. 오히려 참석자들의 진술에 따르면 이 사건 모임에서 이 사건 공사에 관한 구체적인 공구분할 합의가 이루어졌음을 인정할 수 있다. 이 사건 모임에서 원고 등 6개사들이 입찰희망공구를 논의한 것은 단순한 정보교환을 넘어 경쟁사들로부터 자신의 희망공구를 인정받고, 다른 건설사의 희망공구의 입찰에 참여하지 않는 것을 암묵적으로 합의한 것에 해당한다. 특히 원고의 B는 적극적으로 다른 건설사들이 제2공구의 입찰에 참여하지 않을 것을 요구하기도 하였다. 원고가 독자적인 경영판단에 의해 입찰공구를 결정했더라도 이는 기존의 이 사건 공사에 관한 정보교환에 기초한 것으로서 공구분할 합의를 부정할 이유가 될 수 없다. 공정거래법에서 정하는 부당한 공동행위는 묵시적 합의에서 암묵적 요해까지 포함하는 것이며, 비교법상으로도 그 인정 범위가 넓은 점에 비추어 보면 이 사건 공동행위는 사업자들 상호간 경쟁의 위험을 회피하거나 경쟁자를 배제하는 효과를 초래하는 행위에 해당하므로 공구분할 합의를 인정하기에 충분하다."고 주장하였다.

이에 대해 서울고등법원은 부당한 공동행위 성립요건인 합의, 그리고 정보교환 합의에 대한 일관된 법리를 확인하고 인정사실과 증거 및 변론 전체의 취지를 토대로 한 다음과 같은 사정들을 종합하여, "이 사건 정보교환행위에서 원고 등 6개사들이 서로 입찰희망 공구를 밝힘과 동시에 다른 사업자들의 입찰희망공구에 관한 정보를 확인하였더라도, 이 사건 공사에 있어서 공구분할에 관한 명시적·묵시적 의사의 합치나 암묵적 용인이 있었다고 보기에는 증거가 부족하고 달리 이를 인정할 증거가 없다."고 판결하였다.

각 모임의 날짜나 장소, 참석자 등에 관하여는 구체적인 언급이 없을 뿐만 아니라 구체적인 합의의 내용도 특정하고 있지 않고, 현대건설의 A, 대우건설의 F, 지에스건설의 C 등 실무자들 역시 대형건설사의 수자원 공사를 담당하는 임원들 사이에 정기적인 모임이 있었고 공공공사의 발주나 기술에 관한 정보 등을 교환하였다는 취지로 진술하고 있을 뿐이므로 이러한 진술만으로는 원고 등 6개사 사이에 이 사건 공사에 관한 공구분할 합의가 있었다고 인정하기에 부족하다.

원고는 발주처의 입찰공고 이전부터 이 사건 공사의 배경, 진행경과 및 각 공구에 대한 다른 대형 건설사의 연고 등을 고려하여 제2공구를 수주하기 위해 준비하여 왔다고 인정할

수 있다. 여러 사정에 더하여 제4, 5공구의 경우 주운수로 및 교량 신축 공사로서 그 공사금
액과 규모가 제2공구에 미치지 못하는 점, 제2공구의 주요 시설인 인천갑문은 경인운하의
관문으로서 상징성이 크고 지역을 대표하는 조형물로서의 역할이 기대되는 점, 원고가 제2
공구를 수주할 경우 최초로 대규모 갑문공사를 수행하게 되어 이와 관련한 기술력과 실적을
확보할 수 있는 점 등을 고려하여 공구 입찰에 참여한 것으로 보인다.

이 사건의 모임의 성격 관련하여, 피고는 원고 등 6개사가 이 사건 공사의 공구분할이라
는 특정한 목적을 가지고 모임에서 정보를 교환했다고 주장하나, 피고가 증거로 제시한 조
사과정에서의 진술은 이 사건 모임의 시기가 이 사건 공사의 발주시기였으므로 이와 관련된
대화가 오갔을 것으로 생각된다거나 또는 그 당시 입찰희망공구가 확정되어 있었던 건설사
들은 서로 참여공구에 대한 정보를 교환했었더라도 다른 건설사들의 입찰희망공구에 큰 관
심이 없었다는 등의 내용이므로 피고의 위 주장을 뒷받침하기에 부족하다. 오히려 피고의
조사 과정에서 지에스건설의 C는 '이 사건 모임은 특별히 정해서 만난 것이 아니라 발주처
회의라든지 학회 모임이 끝나고 식사나 같이 하자는 누군가의 제의를 통해서 이루어졌다'라
고 진술하였고, 현대건설의 H도 '입찰 업무를 담당하였던 실무진들 사이에는 친목모임이 있
었고, 당해 친목모임에서 정보 교류 및 대화가 있었다.'라고 진술하였으며, 검찰의 조사 과정
에서 원고의 B는 '상무급 임원이 그 자리에서 참여 공구를 확정하는 자리는 아니었다.'라는
취지로 진술하였다. 한편 건설사들은 이 사건 공사의 입찰이 이루어진 2009년을 전후하여
직급별 담당자들 간의 모임이나 유선연락 등을 통해 이 사건 당시의 공공공사 입찰과 관련
한 정보를 지속적으로 교환하였다. 대형건설사로서 공공공사 입찰을 주도하는 원고 등 6개
사 사이에서는 내부적으로 이 사건 공사와 관련하여서도 사적인 교류나 소문 등의 방법으로
다른 건설사들의 입찰희망공구에 대해 알아낼 수 있는 다양한 방법이 존재하였던 것으로 보
이고, 앞서 본 바와 같이 제1공구, 제3공구는 각 공구에 해당하는 부분이 현대건설과 지에스
건설이 기존에 수행하던 굴포천 방수로 공사와 겹치므로 위 두 회사가 위 각 공구에 참여할
것이라는 점이 널리 알려져 있었음을 고려해 보면 이 사건 공사를 특정하여 참여공구에 대
한 정보를 교환하고 공구를 분할하기 위해 이 사건 모임을 가졌다고 보기는 어렵다.

한편 이 사건 정보교환행위 관련하여 원고 등 6개사는 각자의 입찰희망공구를 밝혔는데
현대건설과 지에스건설은 각 제1, 3공구를 희망공구로 하였으며, 원고는 제2공구를 희망공
구로, 대우건설과 대림산업은 제6공구에 해당하는 마지막 구간을 희망공구로 각 정하였고,
에스케이건설은 입찰공고일 전까지 명확하게 입장을 밝히지 않았다. 그러나 이 사건 모임은
이 사건 발주처에 의한 공식적인 입찰공고일 전에 이루어진 것이어서 이 사건 공사가 몇 개

의 공구로 분할되는지, 각 공구가 해당하는 구간은 어디인지 등에 관하여 확정되어 있지 않았으므로 희망공구가 어느 구간인지를 밝히는 외에 구체적으로 공구분할을 합의하기에는 어려운 상황이었다고 보인다. 이러한 사정은 이 사건 공사의 향후 추진일정 및 시행방식 등을 구체화한 2009.1.경 국토해양부의 사업계획안에 공구의 수나 구간에 대한 정보는 포함되지 않은 점 등으로부터도 인정된다. 또한 2009.1.19.자 아시아경제의 기사 등 언론에서 에스케이건설의 참여 공구에 대해 제5공구에 입찰한다거나, 제4, 5공구 입찰을 준비한다고 보도하는 등 이 사건 모임 후에도 에스케이건설의 참여 공구가 정확히 알려져 있지 않은 점, 피고의 조사 과정에서 대우건설의 F는 '이 사건 모임 당시 에스케이건설은 어디에 참여할지 결정이 불투명했다.'라고 진술한 점, 피고도 입찰공고일 전인 이 사건 모임 당시 에스케이건설은 어느 공구에 참여할 것인지 확정하지 않은 상태였다고 명시적으로 인정하고 있는 점 등을 고려하면 에스케이건설은 이 사건 정보교환행위가 이루어질 무렵에도 참여할 공구가 특정되지 않아 희망공구를 밝힐 수 없었다고 보인다. 따라서 이러한 에스케이건설을 포함한 원고 등 6개사 사이에서 참여공구에 대한 정보교환행위를 넘어서 공구분할 합의에까지 나아갔다고 보기는 어렵다.

기타 사정으로서, 대형 공공공사의 공구분할 합의의 경우 전체 공구에 대한 일괄적 합의가 이루어져야 공구분할의 합의가 성사될 가능성이 높아지는데, 제4, 5공구의 낙찰자인 동부건설이나 현대산업개발의 실무자들은 이 사건 정보교환행위에 동참한 바가 없다. 피고는 이 사건의 경우 전체 공구 중 제1, 2, 3, 6공구 입찰에 참여하는 건설사들만이 모여 공구분할을 합의하였다고 주장한다. 살피건대 사업자들이 공구분할 합의를 하는 이유는 사업자들 사이에 공구 확보를 위한 자유로운 경쟁을 제한하고 회피하여 각자 확정적으로 특정공구를 확보함으로써 합의에 참가한 사업자들이 모두 안정적으로 경제적 이익을 얻고자 하는 것인데, 1개사 1공구 원칙이 적용되는 이 사건 공사에 있어서 원고 등 6개사가 4개 공구만을 공구분할 합의의 대상으로 하면 공구를 확보하는 4개사만 경제적 이익을 얻는 반면 공구를 확보하지 못한 나머지 2개사는 아무런 경제적 이익을 얻을 수 없게 되므로 공구를 확보하는 사업자들이 공구를 확보하지 못한 사업자에 대하여 공구 확보에 상응한 경제적 보상을 제공하거나 제공할 것을 약정하여야만 공구분할 합의가 제대로 성립될 수 있을 것이고 그렇지 아니할 경우에는 공구분할 합의를 하더라도 공구를 확보하지 못한 사업자는 아무런 경제적 이익이 없어 오히려 자유 경쟁을 하여 공구 확보에 관한 가능성을 가지는 것이 더 유리하므로 공구분할 합의를 할 합리적 이유가 없어 보인다. 그런데 원고 등 6개사 사이에 공구를 확보하는 사업자들이 공구를 확보하지 못한 사업자에 대하여 이러한 경제적 보상을 제공하였거나 제공하려고 약정하였다고 볼 아무런 증거가 없다. 피고는, 지에스건설의 C가 '모임 당시 원고의 B가 갑문은 우리가 갈 거니까, 넘보지 말라고 명시적으로 이야기했다'고 진술한 점을 들어 이를 공구분할 합의의 근거로 삼고 있으나, B가 어떤 상황에서 위와 같은 발언을 했고, 다른 참석자들이 이 발언을 어떻게 받아들였는지에 관하여는 아무런 자료가 없으므로 B의 위 발언만으로 원고 등 6개사가 공구분할 합의를 하였다고 인정하기에는 부족하다(1개사 1공구 원칙이 적용되는 경우 사업자로서는 1개 공구만 입찰할 수 있으므로 입찰 경쟁을 하여야 하는 공구보다 경쟁이 없는 공구에 입찰하는 것이 유리한 것은 당연하다. 따라서 사업자들로서는 공구분할 합의를 하지 않더라도 정보수집을 통하여 확인된 다른 사업자의 입찰희망공구를 피하여 공구를 선택하는 것이 자연스럽다. 그러므로 원고의 B가 위와 같이 발언한 것은 원고가 제2공구에 입찰할 것이므로 다른 사업자가 제2공구에 입찰하는 경우에는 원고와 경쟁하여야 한다는 것을 상기시킨 것에 불과하다고 볼 수 있다).

피고가 원고의 공구분할 합의를 뒷받침한다는 취지로 증거로서 제시하고 있는 주요 건설사들의 내부 문건들은 원고가 작성한 것이 아닐 뿐만 아니라, 일부 문건은 작성회사들의 일반적인 수주 방침이나 기존 실적이나 대책에 대하여 추상적·일반적으로 기재한 것으로써 이 사건 공사를 특정한 것이 아닌 점, 이 사건 공사를 특정한 포스코건설과 대보건설의 문건에서 기재하고 있는 공구별 참여사 현황은 실제 입찰 결과와 다르므로 오히려 공구분할 합의에 배치되는 증거라고 볼 수도 있는 점 등에 비추어 볼 때 위의 각 내부 문건들은 원고가 공구분할 합의를 하였다는 점에 대한 증거로 삼기에는 부족하다.

대법원은 2016.12.1. 선고 2016두48775 판결을 통하여 심리불속행 사유에 해당한다는 이유로 피고의 상고를 기각하였다.

3. 2021.12.30. 개정법 하에서의 예상 법적용 시나리오

앞의 이슈 30 Ⅱ. 4.에서 언급한 것처럼 명시적인 합의가 입증되지 않은 상태에서 정보교환행위가 인정되는 경우에 해당되는데 ① 법 제40조 제1항 제3호 적용은 최종적으로 불인정되었지만, ② 제40조 제1항 제9호 후단(정보교환합의) 적용, ③ 법 제40조 제5항 제2호(정보교환에 따른 합의 추정조항) 적용 여부를 추가적으로 생각해 볼 수 있다.

② 제40조 제1항 제9호 후단 적용에 있어서 위법성 요건의 하나인 정보교환 합의의 존재 관련하여 경쟁상 민감한 정보를 교환하기로 하는 명시적 합의는 없지만 정보를 교환하기로 한다는 묵시적 또는 암묵적 합의는 성립한다고 볼 여지는 있을 듯하며, ③ 법 제40조 제5항

제2호(정보교환에 따른 합의 추정조항)의 적용은 그 요건인 행위의 외형상 일치 및 그에 필요한 정보의 교환을 충족한다고 볼 가능성도 크다.[3] 물론 2021.12.30. 시행된 개정법 이전에도 법리적 측면에서 정보교환행위에 대해 그 내용 및 정도에 따라 묵시적 합의로 인정되어 왔지만 사안에 따라서는 개정법 시행으로 법적용 리스크가 더 커졌다고 볼 수 있다.

---

3) 본건 서울고등법원 판결은 묵시적 합의도 불인정하였지만 "원고 등 6개사 사이에서 참여공구에 대한 정보교환행위를 넘어서 공구분할 합의에까지 나아갔다고 보기는 어렵다."는 판시내용이 들어가 있다.

부당한 공동행위의 시기와 종기, 개수

I. 개요

부당한 공동행위의 개시일과 종료일, 즉 '시기'와 '종기', 그리고 공동행위의 개수 이슈는 공정거래법 집행에 있어서 매우 중요한 의미를 가진다.

과징금 산정을 위해서는 법위반기간 동안의 '관련매출액'을 산정하여야 하는데 여기서 위반기간은 위반행위의 개시일부터 종료일까지의 기간을 말한다. 또한 법 제80조 제5항의 공정위의 처분시효, 형사소송법 제249조(공소시효기간)의 공소시효의 경우 원칙적으로 해당 위반행위의 종료일로부터 기산이 된다.

담합행위가 장기간에 걸쳐 반복적으로 행해지는 경우 그 전체를 하나의 연속된 행위로 볼 것인지 아니면 각각 별개의 담합행위로 볼 것인지 여부에 따라 종기와 공동행위의 개수가 달라지게 된다. 이에 따라 과징금액, 처분시효, 공소시효 등에 직접 관련이 되며, 부당한 공동행위의 경우 감면신청 범위에 따른 지위 인정에도 영향을 미칠 수도 있다.

이에 따라 공정위 및 법원의 법집행과정에서 중요한 쟁점이 되고 있으며, 케이스들이 축적되어 기본적인 법리도 상당부분 확립되었다. 아래에서는 이들 이슈 관련하여 공정위 및 법원의 법리, 구체적 케이스 등을 살펴보기로 한다.

II. 공동행위의 시기와 종기

1. 공정위 및 법원의 일관된 법리

부당한 공동행위의 기간, 즉 '시기'와 '종기'에 대하여 공정위 및 법원은 동일한 기본법리를 일관되게 적용하고 있다. 부당한 공동행위의 개시일인 '시기'는 합의일을 기준으로 하고, 부당한 공동행위의 종료일인 '종기'는 그 합의에 기한 실행행위가 종료한 날로 보고 있다. '종기'의 경우 담합은 법 제19조(현행 제40조) 제1항에 따라 합의만으로 성립하므로 합의가 더 이상 존속하지 않게 된 날을 기준으로 해야 되지만, 통상 합의의 실행으로 연결되는 것이므로 공정위 심결이나 법원 판결에서는 통상 '그 합의에 기한 실행행위가 종료한 날'로 기재하고 있다.

참고로 서울고등법원은 2004.11.24. 선고 2003누9000 판결(비타민 생산 6개 업체들의 부당한 공동행위 건, 2003.4.29. 공정위 의결)에서 "부당한 공동행위는 가격의 결정 등 부당하게 경쟁을 제한하는 행위를 하기로 합의하면 성립하고 그 합의에 기한 실행행위를 그 요건으로 하지는 않으므로, 이러한 행위가 종료한 날이라 함은 이러한 합의가 더 이상 존속하지 않게 된 날을 의미하고, 합의가 더 이상 존속하지 않게 되었다 함은 이러한 합의에 정해진 조건이나 기한이 있었는데 그 조건이 충족되거나 기한이 종료한 경우 또는 당해 사업자가 탈퇴하거나, 당사자 사이에 합의를 파기하기로 한 경우 또는 사업자들이 합의에 의하여 인상한 가격을 다시 원래대로 환원하는 등 위 합의에 명백히 반하는 행위를 함으로써 더 이상 위 합의가 유지되고 있다고 인정하기 어려운 사정이 있는 경우 등이 이에 해당한다는 할 것이다. 또한, 원고와 1998. 5.경 이전에 소외 회사들과 사이에 위와 같은 판매량 할당, 판매가격 결정 등이 공동행위에 관한 합의를 파기하였다거나 그러한 카르텔에서 탈퇴하였다고 볼 자료가 없고, 위 공동행위가 실질적으로 종료하여 그들 사이에 부당한 공동행위의 합의가 더 이상 유지되지 않고 있다고 인정할만한 자료도 없다."고 판결하였다. 그리고 공정위의 7개 폐석면 최종처리 사업자의 부당한 공동행위 건(2013.10.23. 의결) 의결서에 위반행위 종료일 관련하여 '부당한 공동행위의 합의가 더 이상 존속하지 아니하게 된 날'을 말한다고 기재하고 있다.

대법원은 2008.9.25. 선고 2007두3756 판결(굴삭기 및 휠로다 제조 3개 사업자의 부당한 공동행위 건, 2005.6.24. 공정위 의결)에서 "법 제19조(현행 제40조) 제1항의 부당한 공동행위는 합의함으로써 성립하는 것이어서 합의에 따른 행위를 현실적으로 하였을 것을 요하는 것이 아니며(대법원 1999.2.23. 선고 98두15849 판결 등 참조), 법상 과징금은 그 취지와 기능, 부과의 주체와 절차 등을 종합할 때 부당한 공동행위의 억지라는 행정목적을 실현하기 위하여 그 위반행위에 대하여 제재를 가하는 등 행정상의 제재적 성격에 부당이득 환수적 성격이 겸유되어 있으므로(대법원 2004.10.28. 선고 2002두7456 판결 등 참조), 사정이 없는 한 부당한 공동행위로 인한 과징금 산정에 있어 위반행위의 개시일은 합의일를 기준으로 함이 상당하다. 또 가격결정 등의 합의 및 그에 기한 실행행위가 있었던 경우 부당한 공동행위가 종료한 날은 그 합의가 있었던 날이 아니라 그 합의에 기한 실행행위가 종료한 날을 의미한다(대법원 2006.3.24. 선고 2004두11275 판결, 대법원 2007.12.13. 선고 2007두2852 판결 등 참조)."고 부당한 공동행위의 '시기'와 '종기'에 대하여 종합적으로 법리를 제시하였다.

한편 대법원은 부당한 공동행위의 합의에 참가한 사업자 일부 또는 전부가 각각 부당한 공동행위를 종료하였다고 보기 위한 요건 관련하여 구체적인 법리를 제시하였으며 이 또한 일관되게 적용되고 있다. 대법원은 2008.10.23. 선고 2007두12774 판결(5개 가성소다 제조업체의 부당한 공동행위 건, 2005.11.22. 공정위 의결), 선고 2007두2586 판결 등 2개의 판결(4개 시외전화사업자의 부당한 공동행위 건, 2005.12.15. 공정위 의결)에서 "합의에 참가한 일부 사업자가 부당한 공동행위를 종료하기 위해서는 다른 사업자에 대하여 합의에서 탈퇴하였음을 알리는 명시적 내지 묵시적인 의사표시를 하고 독자적인 판단에 따라 담합이 없었더라면 존재하였을 가격 수준으로 인하하는 등 합의에 반하는 행위를 하여야 하며, 합의에 참가한 사업자 전부에 대하여 부당한 공동행위가 종료되었다고 하기 위해서는 합의에 참가한 사업자들이 명시적으로 합의를 파기하고 각 사업자가 각자의 독자적인 판단에 따라 담합이 없었더라면 존재하였을 가격 수준으로 인하하는 등 합의에 반하는 행위를 하거나 또는 합의에 참가한 사업자들 사이에 반복적인 가격 경쟁 등을 통하여 담합이 사실상 파기되었다고 인정할 수 있을 만한 행위가 일정 기간 계속되는 등 합의가 사실상 파기되었다고 볼 수 있을 만한 사정이 있어야 한다."고 동일한 내용으로 판결하였다. 또 대법원 2017.11.23. 선고 2015두37433 판결(7개 폐석면 최종처리 사업자의 부당한 공동행위 건, 2013.10.23. 공정위 의결)에서 "공정거래법 제19조 제1항 제1호에 정한 가격 결정 등의 합의와 그에 터 잡은 실행행위가 있었던 경우에 '부당한 공동행위가 종료한 날'은 그 합의에 터 잡은 실행행위가 종료한 날이다. 따라서 합의에 참가한 일부 사업자가 부당한 공동행위를 종료하기 위해서는 다른 사업자에 대하여 합의에서 탈퇴하였음을 알리는 명시적 내지 묵시적인 의사표시를 하고 독자적인 판단에 따라 담합이 없었더라면 존재하였을 가격 수준으로 인하하는 등 합의에 반하는 행위를 하여야 한다. 또한 합의에 참가한 사업자 전부에 대하여 부당한 공동행위가 종료되었다고 하기 위해서는 합의에 참가한 사업자들이 명시적으로 합의를 파기하고 각 사업자가 각자의 독자적인 판단에 따라 담합이 없었더라면 존재하였을 가격 수준으로 인하하는 등 합의에 반하는 행위를 하거나 또는 합의에 참가한 사업자들 사이에 반복적인 가격 경쟁 등을 통하여 담합이 사실상 파기되었다고 인정되는 행위가 일정 기간 계속되는 등 합의가 파기되었다고 볼 만한 사정이 있어야 한다(대법원 2008.10.23. 선고 2007두12774 판결 등 참조)."고 일관된 법리를 확인하고 있다.[1]

---

1) 공정위는 이에 대해 대법원 판례에 따르면 실행행위 종료 시기는 공동행위에 가담한 사업자 중 일부를 대상으로 하는지 또는 전부를 대상으로 하는지에 따라서 그 판단기준이 달라진다 할 것이라고 해석하고 있다. 2011.8.18. 12개 벽지 제조·판매사업자의 부당한 공동행위 건 의결서 57~58면, 2017.10.13. 8개 메르세데스벤츠 승용차 딜러사의 부당한 공동행위 및 메르세데스벤

2. 공정위의 공동행위 심사기준상 내용

공정위는 심결 및 법원 판례 등 축적된 법집행사례 등을 반영하여 부당한 공동행위의 기간에 대하여 상당히 구체적으로 규정하고 있다(심사기준 Ⅲ. 2.).

먼저 부당한 공동행위의 개시일 관련하여 "법 제40조 제1항을 적용하는 경우, 참가사업자 전부에 대하여 법 제40조 제1항 각호의 어느 하나에 해당하는 행위를 할 것을 합의한 날을 위반행위의 개시일로 본다. 합의일을 특정하기 어려운 경우에는 사업자별로 실행개시일을 위반행위의 개시일로 본다."고 규정하고 있다.

부당한 공동행위의 종료일에 대해서는 원칙적으로 그 합의에 기한 실행행위가 종료한 날을 의미한다고 하면서, 합의에 기한 실행행위가 종료한 것으로 볼 수 있는 사유를 제시하고 있다. ① 합의에 정해진 조건이나 기한이 있는 경우로서 그 조건이 충족되거나 기한이 종료한 경우, ② 공동행위 구성사업자가 합의 탈퇴의사를 명시적 내지 묵시적으로 표시하고 실제 그 합의에 반하는 행위를 한 경우(다만, 합의에 반하는 행위를 하는 것이 현저히 곤란한 객관적이고 구체적인 사유가 인정되는 경우에는 합의 탈퇴의 의사표시로 부당한 공동행위가 종료한 것으로 볼 수 있다.)이다. 그리고 ① 합의 탈퇴의사 표시를 하였으나, 가격인하 등 합의에 반하는 행위를 할 수 있었음에도 불구하고 하지 않은 경우에는 합의 탈퇴의사 표시만으로 공동행위가 종료될 수 없다. ② 합의에 참가한 각 사업자가 각자의 독자적인 판단에 따라 담합이 없었더라면 존재하였을 가격 수준으로 인하하는 경우 그 독자적인 가격 결정일을 합의에 기한 실행행위가 종료한 날로 본다. ③ 합의에 참가한 사업자들 사이에 반복적인 가격 경쟁이 있는 등 담합이 사실상 파기되었다고 인정할 수 있을 만한 행위가 일정 기간 계속되는 경우 그 행위가 발생한 날이 속한 달의 전월의 마지막 날에 합의에 기한 실행행위가 종료한 것으로 본다고 사례들을 제시하고 있다.

3. '종기' 판단 관련한 구체적 사례

부당한 공동행위의 '종기' 이슈는 실제 케이스에 있어서 자주 중요한 쟁점사항으로 다투어지고 있으며, 공정위와 법원은 동일한 기본 법리를 일관되게 적용하고 있지만 아래에서 살펴보는 것처럼 케이스별로 다양하게 종기가 결정되고 있다.

츠코리아의 부당한 공동행위를 하게 한 행위 건 의결서 38면 참조.

가. 4개 시외전화사업자의 부당한 공동행위 건(2005.12.15. 공정위 의결)

공정위는 본건 부당공동행위의 하나인 '시외전화 요금 합의'의 종기 관련하여, 피심인들은 공정위의 현장조사가 2004.7월에 있은 이후 담당 임원들이 인근 식당에 모여 이 사건 합의를 파기하기로 한 날인 2004.8.12.을 종기로 주장하였으나, 공정위는 관련 진술 및 증거들을 토대로 이를 받아들이지 않았으며 그중 한 피심인이 피심인들간의 요금경쟁 및 가입자 유치경쟁을 위해 2004.9.22.부터 시외전화 요금을 인하 시행함으로써 이 사건 합의의 본질에 명백히 반하는 행위가 명시적으로 나타났다고 인정되는 점 등을 고려하여 종기를 2004.9.22.로 판단하였으며, 서울고등법원도 2006.12.7. 선고 2006누1977 판결을 통하여 공정위의 판단을 인정하였다.

그리고 대법원은 2008.10.23. 선고 2007두2586 판결을 통하여 앞 Ⅱ. 1.에서 설명한 것처럼 부당한 공동행위의 종기에 대한 구체적인 기본법리를 최초로 제시하면서, 원심의 이와 같은 판단은 그 이유 설시에 있어 다소 부적절하지만 결론에 있어서 정당하다고 판결하였다. 즉 대법원은 "2004.9.22.도 원고의 법 위반행위의 종기로 인정하기 어렵다고 할 것이다. 왜냐하면 다른 경쟁사업자의 시외전화 요금 인하 행위는 그 사업자가 이 사건 합의에서 탈퇴한 것으로 볼 수 있는지 여부에 관한 것이고, 원고가 이 사건 합의에서 탈퇴한 것으로 볼 수 있는지 여부와는 별다른 관련이 없기 때문이다. 이에 따라 2004.9.22.경 원고를 포함한 이 사건 회사들이 합의를 파기하고 각자의 독자적인 판단에 따라 합의가 없었더라면 존재하였을 수준으로 가격을 인하하는 등 합의의 목적에 반하는 행위를 하였다는 사실이 인정되지 않는 이상, 원고가 이 사건 합의에서 탈퇴한 것으로 볼 수는 없다. 따라서 원심의 위와 같은 판단은 그 이유 설시에 있어 다소 부적절하지만, 피고(공정위)가 인정한 이 사건 법 위반행위의 종기 이전에 그 실행행위가 종료되었다는 원고의 주장을 배척한다는 취지이므로 결국 결론에 있어서 정당하다."고 판결하였다.

한편 또다른 원고에 대한 대법원 2008.12.24. 선고 2007두19584 판결은 위 판결을 참조판례로 기본법리를 제시하면서 종기에 대해서도 동일한 내용으로 원심 판단을 인정하였다.

나. 한국전력공사 발주 전력선 구매입찰 참가 35개 전선제조사 등의 부당한 공동행위 건(2012.5.4. 공정위 의결)

공정위는 피심인들의 부당한 공동행위가 종료한 날은 전선조합이 합의 대상품목 중 제일 나중에 낙찰받은 품목의 낙찰물량을 13개 피심인 사업자들에게 재분배한 최종일인 2008.9.

11.로 판단하였고, 서울고등법원은 2013.2.7. 선고 2012누16529 판결에서 자진신고한 넥상스코리아 등 일부 원고들은 자진신고일인 2007.12.21.을 종기로, 나머지 원고들은 공정위 판단을 인정하였다. 서울고등법원이 자진신고일을 종기로 인정한 논거는 피고에게 자진신고하여 조사에 협조하고 이 사건 공동행위를 중단함으로써 순위를 인정받은 점, 자신신고한 이후로는 더 이상 물량배분을 받지 않은 점 등에 비추어 비록 원고가 다른 공동행위자에 대하여 이 사건 합의에서 탈퇴하였음을 알리는 의사표시를 하지 않았더라도 이 사건 공동행위를 중단하고 피고에게 자진신고함으로써 원고의 이 사건 공동행위는 종료되었다고 볼 수 있다는 것이었다.

대법원은 2015.2.12. 선고 2013두6169 판결에서 "이러한 사실관계를 앞서 본 법리에 비추어 이 사건 공동행위의 종기에 관하여 보건대, ① 이 사건 공동행위와 같이 입찰방식의 물품거래에서 낙찰가격과 거래물량의 제한에 관하여 한 합의는 당사자들이 그 실행으로 입찰절차를 거쳐 물품공급계약을 체결함으로써 그 거래에서 경쟁제한 효과를 확정적으로 발생시키고, 전선조합과 같이 물품공급계약을 체결한 당사자가 소속 중소기업에게 낙찰받은 물량을 배분하는 행위는 그 결과물을 내부적으로 나누는 것에 불과한 점, ② 이 사건 공동행위는 한전이 2000년부터 2006년까지 매년 실시한 각종 전력선 구매입찰에 관한 각 합의이고, 이러한 각 합의는 단일한 의사에 기하여 동일한 목적을 수행하기 위한 것으로서 그것이 단절됨이 없이 계속 실행되어 온 것일 뿐 아니라, 원고들 등 사이에 매년 입찰담합을 시행하겠다는 암묵적 합의가 존재하는 것으로 볼 수 있어, 전체적으로 하나의 부당한 공동행위를 구성한다고 할 것인데, '원고 넥상스코리아 등 12개 중소기업'이 2007.11.28. 2007년에 실시되는 전력선 구매입찰에서 공동행위의 중단을 선언하고 경쟁입찰에 나아감으로써 계속적으로 지속되어 오던 하나의 공동행위가 전체적으로 중단되었다고 평가할 수 있는 점을 고려하면, 이 사건 공동행위는 2006년의 입찰계약이 최종 마무리된 시점으로 볼 수 있는 600V 절연전선의 2006년도 공급분에 관한 입찰계약 체결일(2007.9.12.) 또는 2007년 전력선 구매입찰에서 공동행위의 중단을 선언하고 경쟁입찰에 나아간 날(2007.11.28.)에 종료되었다고 봄이 상당하다."고 판결하였다.

다. 3개 두유제품 제조·판매사업자의 부당한 공동행위 건(2011.6.9. 공정위 의결)

공정위는 종기 관련 확립된 기본법리를 제시하고, 업계 1위 사업자(시장점유율 44%)가 나머지 2개 참가 경쟁사업자들에게 '공정거래법 위반소지가 있는 정보교환이나 직원간 모임 등 일체의 행위를 중단할 것'이라는 내용의 공동행위 중단 등 합의의 탈퇴 또는 파기의사를 명시적으로 표시한 2010.7.15.을 위반행위의 종료일로 보는 한편 2개 경쟁사업자에 대해서도 업계 1위가 제외된 시장에서 각각 단독으로 가격합의를 유지하기도 어렵고 당해 시장에서 실질적으로 경쟁제한성이 적어 사실상 합의가 파기되었다고 볼만한 사정이 있는 점 등을 감안하여 같은 날을 위반행위의 종료일로 판단하였다.

업계 1위 사업자인 피심인(원고)은 본인에 대한 현장조사일인 2010.1.22. 또는 자진신고 감면신청일인 2010.3.22.을 종기로 주장하였다. 이에 대해 서울고등법원은 2012.11.28. 선고 2011누46387 판결에서 동일한 법리에 따라 "피고(공정위)가 종기로 인정한 2010.7.15. 이전에 원고가 이 사건 공동행위 관련하여 다른 공동행위자들에게 합의에서 탈퇴하였음을 알리는 의사표시를 하고 두유가격을 공동행위가 없었으면 존재하였을 수준으로 인하하거나 다른 사업자들과 가격경쟁을 하는 등 합의가 파기되었다고 볼 만한 사정이 있음이 인정되지 아니한다. 피고가 2010.1.22. 원고에 대한 현장조사를 한 바 있다거나 원고가 2010.3.22. 피고에게 조사협조자 감면신청을 한 사실이 있다 하여 달리 볼 수 없다."고 원고 주장을 받아들이지 않았다.

대법원은 2015.2.12. 선고 2013두987 판결에서 "부당한 공동행위에 가담한 사업자가 공정거래법 제22조의2가 정하는 자진신고자 등에 대한 감면조치를 받기 위하여 공정거래위원회에 적법하게 자진신고를 하였다면, 신고 후에 정당한 사유 없이 공동행위를 중단하지 아니하거나 조사에 성실하게 협조하지 아니하는 등으로 인하여 자진신고자 지위확인이 취소되는 등의 특별한 사정이 없는 이상, 그 자진신고를 부당한 공동행위에서 탈퇴하는 의사표시와 함께 합의에 반하는 행위가 있었던 경우에 준하여 볼 수 있다. 따라서 위와 같은 적법한 자진신고 사업자에 대하여는 감면대상 순위에 해당하는지 여부와 상관없이 자진신고일 시점이 공동행위의 종기가 된다고 보아야 한다."고 하면서, "그럼에도 이와 달리 원심은, 사업자가 자진신고(2010.3.22.)를 한 경우에도 부당한 공동행위를 종료하기 위하여는 다른 사업자에게 합의에서 탈퇴하였음을 알리는 의사표시를 하고 독자적인 판단에 따라 담합이 없었더라면 존재하였을 가격 수준으로 인하하는 등 합의에 반하는 행위를 하여야 한다는 그릇된 전제에서, 다른 공동행위자들에게 정보교환이나 모임 등 일체의 공동행위를 중단한다는 취지의 통지를 한 2010.7.15. 이전에 원고가 합의 탈퇴의 의사표시를 하고 가격을 인하하는 등 합의가 파기되었다고 볼 만한 사정이 없다는 이유로, 원고의 자진신고일을 공동행위의 종기로 보아야 한다는 원고의 주장을 배척하고 말았다. 따라서 이러한 원심의 판단에는 부당한 공동행위 사실을 자진신고한 사업자의 공동행위 종기에 관한 법리를 오해하여 판결에 영향을 미친 위법이 있다."고 판결하였다.

라. 11개 초박막액정표시장치(TFT-LCD) 제조·판매사업자의 부당한 공동행위 건(2011.12.1. 공정위 의결)

(1) 공정위 의결

공정위는 위반행위의 종기 관련하여 "가격 결정 등의 합의 및 그에 기초한 실행행위가 있었던 경우 부당한 공동행위가 종료한 날은 그 합의에 기초한 실행행위가 종료한 날이므로, 합의에 참여한 사업자 전부가 부당한 공동행위를 종료한 것으로 보기 위해서는 합의에 참여한 사업자들이 명시적으로 합의를 파기하고 각 사업자가 각자의 독자적인 판단에 따라 합의에 반하는 행위를 하거나 또는 합의에 참여한 사업자들 사이에 부당한 공동행위가 사실상 파기되었다고 인정할 수 있을 만한 행위를 일정 기간 계속하는 등 합의가 사실상 파기되었다고 볼 수 있을 만한 사정이 있어야 한다(대법원 2008.10.23. 선고 2007두12774 판결). 이 사건 공동행위는 대만 다자회의가 2006.12.6.까지 개최되었던 점, 미국, EU, 한국 등 주요 경쟁당국의 현장조사가 2006.12.8. 실시된 이후에는 위반행위가 지속되었다고 보기 어려운 점 등을 고려할 때 현장조사 직전일인 2006.12.7.을 종기로 본다."고 판단하였다.

(2) 서울고등법원 2014.2.13. 선고 2011누46417 판결

공정위는 모든 피심인들에 대하여 현장조사 직전일을 종기로 보았으나, 법원은 원고별로 각각 현장조사일과 자진신고일로 달리 판단하였다. 본건은 종기가 자진신고일로 인정된 케이스이다.

원고는 "원고의 직원인 S이 자진신고일인 2006.7.27. 이후에도 실무자급의 다자회의에 참석하였다 하더라도, 이미 원고는 2006.7.27. 피고를 비롯한 각국의 경쟁당국에 이 사건 공동행위를 자진신고하였고, 당시 미국 DOJ의 협조 요청에 따라 자진신고 및 경쟁당국의 조사 사실을 극소수의 인원들 외에는 비밀로 하였던 관계로 일부 직원이 형식적으로 위 다자회의에 참석하거나 다른 담합업체들에 대하여 합의파기 통지 등을 행하지 못하였을 뿐이므로, 자진신고일 이후에는 원고가 이 사건 공동행위에 가담하였다고 볼 수 없다. 따라서 원고에 대한 이 사건 공동행위는 적어도 자진신고일 무렵에는 이미 종료되었다."고 주장하였다.

이에 대하여 서울고등법원은 "비록 이 사건 자진신고 사실을 알지 못하던 원고의 직원인 S이 자진신고일인 2006.7.27. 이후부터 2006.12.7.까지 실무자급 다자회의에 계속하여 참석한 사실은 인정되나, 위와 같이 원고들의 자진신고에는 진정성이 인정되고, 당시 이 사건 공동행위를 종료하려는 의사가 있었던 점, 이 사건 자진신고 그 자체를 이 사건 공동행위(합의)에 반하는 행위로 볼 여지가 있고, 또한 이 사건 자진신고 행위 및 미국 DOJ의 이 사건 협조 요청에 부응한 행위는 합의에 반하는 행위와 동등하고, 합의에 가담한 업체들에 대하여 합의 파기의사를 표시한 것으로 평가될 수 있거나 그에 대한 기대가능성이 없어 그와 같은 요건을 구비한 것으로 보아야 할 것인 점 등을 종합하여 보면, 원고는 이 사건 공동행위를 자진신고일인 2006.7.27.경 종료하였다고 봄이 상당하므로, 원고에 대한 이 사건 공동행위의 종기는 2006.7.27.이다."라고 판시하였다.

그리고 대법원은 심리불속행 사유에 해당한다는 이유로 상고를 기각하였다(대법원 2014.6.26. 선고 2014두5521 판결).

(3) 서울고등법원 2014.2.13. 선고 2011누46394 판결(확정)

본건은 종기를 현장조사일로 본 다른 피심인(원고)에 대한 사건이다. 참고로 본건에서는 종기는 물론 절차적 하자, 합의의 존재, 경쟁제한성, 처분시효, 과징금 납부명령(관련매출액 산정, 부과기준율, 부과과징금) 등 여러 쟁점이 다투어졌다.

서울고등법원은 먼저 부당한 공동행위의 종기 관련하여 "법 제19조(현행 제40조) 제1항 제1호에 정한 가격 결정 등의 합의 및 그에 터잡은 실행행위가 있었던 경우 부당한 공동행위가 종료한 날은 그 합의에 터 잡은 실행행위가 종료한 날이므로, 합의에 참가한 '일부 사업자'가 부당한 공동행위를 종료하기 위해서는 다른 사업자에 대하여 합의에서 탈퇴하였음을 알리는 명시적 내지 묵시적인 의사표시를 하고 독자적인 판단에 따라 담합이 없었더라면 존재하였을 가격 수준으로 인하하는 등 합의에 반하는 행위를 하여야 한다. 또한 합의에 참가한 '사업자 전부'에 대하여 부당한 공동행위가 종료되었다고 하기 위해서는 합의에 참가한 사업자들이 명시적으로 합의를 파기하고 각 사업자가 각자의 독자적인 판단에 따라 담합이 없었더라면 존재하였을 가격 수준으로 인하하는 등 합의에 반하는 행위를 하거나 또는 합의에 참가한 사업자들 사이에 반복적인 가격 경쟁 등을 통하여 담합이 사실상 파기되었다고 인정되는 행위가 일정 기간 계속되는 등 합의가 파기되었다고 볼 만한 사정이 있어야 한다(대법원 2008.10.23. 선고 2007두12774 판결 등 참조)."는 일관된 기본 법리를 제시하였다.

그리고 구체적 사실관계 판단에서 "① 부당한 공동행위 참가사업자인 C와 M은 2006.7.17.까지 미국 법무부와 EU 경쟁 당국에 1순위 내지는 2순위로 자진신고를 완료하였다. ② C와 M은 미국 법무부의 요청으로 조사개시 및 조사협조 사실을 회사 내부의 고위급 임원 등 극소수의 인원들에게만 알렸고, 대외적으로 이러한 사실을 공개하기 어려웠다. ③ C와 M을 포함한 원고 등 사업자들은, C와 M의 각 자진신고 이후로 미국, EU, 한국 등 주요 경쟁 당국의 동시 현장 조사가 실시된 2006.12.8.까지도 매월 연쇄적 양자회의 형태로 모임을 지속하고 일부 가격인상 정보를 포함하여 생산량, 생산설비 전환 등에 관한 정보를 교환하였다(대만 선두업체인 원고와 C 또는 M 사이의 양자회의도 각 자진신고 이후에 중단되지는 않았다)."고 인정하였다.

이에 따라 서울고등법원은 "아래의 사정을 종합하여 보면, 원고가 가담한 이 사건 공동행위는 2006.12.초경 까지 계속되다가 한국 등의 경쟁 당국이 현장조사를 개시한 2006.12.8. (다만 피고는 현장조사 직전일인 2006.12.7.을 종기로 보았다)에 이르러 종료되었다고 할 것이다. ① C와 M의 각 자진신고만으로는 이 사건 공동행위 참가사업자 중 일부 사업자(C와 M)의 공동행위 종료 여부는 별론으로 하고, 이 사건 합의에 참가한 원고 등 사업자들 전부가 명시적으로 합의를 파기하였다거나 합의에 반하는 행위를 하였다고 볼 수 없으며, 달리 원고 등 사업자들 전부가 반복적인 가격 경쟁 등을 통하여 담합이 사실상 파기되었다고 볼 만한 사정도 없어 보인다. ② C와 M은 이 사건 행위기간 동안 TFT-LCD 패널 시장점유율 1, 2위를 유지하였고, 한편 C와 M의 자진신고 이후에는 미국 법무부의 요청 등으로 자진신고 이전과 달리 연쇄적 양자회의 등에 소극적으로 참여하면서 회의에 제공한 정보의 수준도 다소 떨어질 것으로 보이기는 한다. 그러나 당시 원고 등 대만업체의 시장점유율(2006년 기준으로 31%)이 C와 M(37%)과 큰 차이가 나지 않는 점, 자진신고 이후에도 원고 등 대만업체는 C 등의 자진신고 사실을 인식하지 못한 채 연쇄적 양자회의와 별도의 다자모임을 갖거나 대만업체의 선두인 원고는 C 또는 M과 각 양자회의를 별도로 가지면서 2006.12. 초경까지 가격 및 생산량에 관한 정보를 교환하고 종전의 공동행위를 계속 유지하여 왔던 것으로 보이는 점, LCD 산업은 상반기보다 하반기에 수요가 집중되는 계절적 경기 사이클이 있어 하반기에 정보교환을 통한 담합 유인이 상대적으로 큰 것으로 보이는 점 등의 사정을 관련 법리에 비추어 보면, 앞서 든 사정만으로는 자진신고 이후에 공동행위가 다소 느슨해진 것으로 볼 수 있을지언정, 공동행위가 전혀 성립할 수 없다거나 원고 등 대만업체 일부 또는 전부 사업자에 대하여 공동행위가 종료되었다고 볼 수 없다. ③ 이러한 사정에 비추어 보면, 피고가 C, M에 대하여 감면지위확인서를 발급해준 사정이나 관련매출액 산정의 종기를 C, M의 각 자진신고 전일까지로 보았던 사정은 이 사건 공동행위의 종기 판단에 별다른 영향을 미치지 않는다. ④ 피고가 일부 심결례에서 시장점유율 상위 유력 사업자의 감면신청일 무렵을 모든 공동행위 참여사업자에 대한 종기로 인정한 사례가 있는 것으로 보이기는 하나, 그러한 종기 인정이 피고에게 구속력이 있을 정도로 행정관행으로 정착되었다거나 선행사례가 이 사건과 유사하다고 인정할 만한 자료가 없다."고 판시하면서, "이 사건 공동행위는 가격유지와 생산량의 조절이라는 기본원칙의 합의 및 이에 기초한 일련의 개별적 합의와 실행이 반복된 하나의 공동행위로서 계속되다가, 2006.12.8. 무렵 주요 경쟁 당국의 현장조사로 인하여 종료되었다."고 결론을 내렸다.

마. 서울특별시 7개 자동차운전전문학원의 부당한 공동행위 건(2012.5.30. 공정위 의결)

(1) 공정위 의결

공정위는 "부당한 공동행위의 종료일은 위반행위와 관련된 합의가 더 이상 존속하지 않게 된 날을 의미하고, 합의가 더 이상 존속하지 않게 되었다 함은 이러한 합의에 정해진 조건이나 기한이 있었는데 그 조건이 충족되거나 기한이 종료한 경우 또는 해당 사업자가 탈퇴하거나 당사자 사이에 합의를 파기하기로 한 경우, 또는 사업자들이 합의에 의하여 인상한 가격을 다시 원래대로 환원하는 등 합의에 명백히 반하는 행위를 함으로써 더 이상 합의가 유지되고 있다고 인정하기 어려운 사정이 있는 경우 등을 말한다(서울고등법원 2004.11.24. 선고 2003누9000 판결 참조). 살펴 본 바와 같이 7개 사업자는 이 사건 공동행위 이전과 비교하여 시간당 수강료를 78.4% 내지 97.6%나 인상하였고 이후 일부 사업자들이 수강료를 인하하였음에도 2011.9.30. 기준으로 시간당 수강료 인상 수준이 71.4% 내지 79.2%에 달하는 점, 7개 사업자의 시간당 수강료 평균치는 54,100원으로 인근 경기도 지역의 운전전문학원의 시간당 수강료 평균치 49,100원에 비하여 9% 이상 높은 점 등을 고려할 때, 7개 사업자가 이 사건 공동행위 이후 합의에 명백히 반하는 행위를 하였다고 볼 수 없으므로 과징금고시 Ⅱ. 6. 나. (1) 규정에 따라 이 사건에 대한 공정거래위원회의 심의일인 2012.3.9.를 부당한 공동행위의 종료일로 본다. 이에 대하여 7개 사업자는, 2011.6.7. 공정거래위원회의 현장 조사 이후 일체의 모임이나 의사연락을 하지 아니하고 각자 독자적으로 수강료를 결정하였다는 점, 2011.6.10. 기준 수강료(학과교육비 제외)가 합의 금액과 상당한 차이를 보이는 점, 2011.6.10. 이후 녹천학원은 3회, 창동학원은 2회 수강료를 독자적으로 결정하여 변경하였다는 점 등을 이유로 2011.6.10. 이전에 합의가 종료되었다고 주장한다. 살피건대, 7개 사업자가 2011.6.7. 이후 명시적으로 합의를 파기하거나 수강료를 합의 이전 수준으로 환원하는 등 합의에 명백히 반하는 행위를 함으로써 독자적으로 수강료를 결정하였다고 볼 특별한 사정이 존재하지 아니하는 점, 7개 사업자들의 수강료 일부 인하는 서울지방경찰청의 수강료 인상 자제 요청에 응한 것에 불과하고 이로 인하여 합의가 파기되었다고 보기는 어려운 점 등을 고려할 때 7개 사업자의 위 주장은 이유 없다."고 판단하였다.

(2) 서울고등법원 2012.12.6. 선고 2012누18402 판결

이에 대하여 서울고등법원도 "합의에 참가한 사업자들 중 일부가 합의에 기한 실행행위를 종료하였다고 하기 위해서는 다른 사업자에 대하여 명시적 또는 묵시적으로 합의에서 탈퇴한다는 내용의 의사표시를 하고 독자적인 판단에 따라 합의가 없었더라면 존재하였을 수준으로 가격을 책정하는 등 합의의 목적에 반하는 행위를 하여야 한다. 그러나 수강료의 변경신고는 서울지방경찰청에 대하여 하는 것으로 그 신고를 다른 사업자에 대한 묵시적 의사표시라고 볼 수 없고 달리 원고들이 묵시적으로 이 사건 합의에서 탈퇴한다는 내용의 의사표시를 한 바 없다. 또한 원고들 중 최초 신고 후 수강료를 인하하였으나, 위 인하는 당초 합의하여 신고된 수강료를 기초로 일부 인하된 것이고, 인하된 수강료도 기존 수강료 기준으로 여전히 71.7%~79.2%(실습교육비 기준으로도 47.7%~64.2%) 인상된 것이며 수강료를 인하하지 아니한 양재학원의 수강료와 비슷한 수준이어서 독자적인 판단에 따라 합의가 없었더라면 존재하였을 수준으로 가격을 책정하였다고 보기도 어렵다. 따라서 2011.6.10. 무렵 이 사건 공동행위가 종료되었다는 원고들의 주장은 이유 없다."고 판결하였다.

(3) 대법원 2015.10.29. 선고 2012두28827 판결

그러나 대법원은 "원심은 7개 사업자들이 이 사건 합의를 피고의 심의일인 2012.3.9.까지 실행하였다고 판단하고, 2011.6.10. 무렵 이 사건 부당한 공동행위가 종료되었다는 원고들의 주장을 받아들이지 아니하였다. 그러나 원심의 위와 같은 판단은 다음과 같은 이유로 그대로 수긍하기 어렵다. ① 5월 회의 당시 개정된 도로교통법 시행령 및 시행규칙이 2011.6.10.부터 시행될 예정이었고 위 날짜를 기준으로 새로운 수강료 체제가 시행될 예정이던 점, ② 5월 회의에서 합의한 대로 470,000원에 근접하게 수강료를 최초 신고하였던 7개 사업자들 중 Q학원을 제외한 나머지 사업자들은 서울지방경찰청에 최초 수강료 신고일부터 위 시행일까지 사이에 수강료 변경 신고를 하여 각 학원별 신고가격이 410,000원부터 442,000원으로 다양하게 바뀌면서 신고가격이 하락한 점, ③ 서울지역 사업자 중 이 사건 합의에 참여하지 않았던 학원 중 가장 낮은 수준(456,000원)으로 최초 수강료를 신고한 신도림학원은 2011.6.8. 수강료를 446,000원으로 낮추어 변경 신고하였는데, 당시 7개 사업자들이 낮추어 신고한 수강료는 이보다 오히려 더 낮은 수준인 점, ④ 2011.6.11. 기준 7개 사업자들의 수강료의 평균가격(약 431,428원)도 이 사건 합의에 가담하지 않은 서울 지역의 다른 4개 학원의 수강료 평균가격(434,500원)보다 더 낮은 점, ⑤ 따라서 관련 법령의 개정으로 새로운 수강료 체계가 시행될 무렵인 2011.6.11. 기준으로 보면, 7개 사업자들의 수강료는 이 사건 합의에 따른 수강료와 다를 뿐만 아니라, 7개 사업자들 사이의 가격 차이도 심화되었고, 경쟁사업자들의 수강료보다도 낮은 수준으로 책정되어 시행된 점 등의 사정을 알 수 있다. 이러한 사정에 비추어 보면, 이 사건 합의는 2011.6.11.경 그에 기한 실행행위가 실제로 실행되지 못한 채 그대로 종료되었다고 봄이 상당하고, 피고가 이와 달리 이 사건 합의가 2012.3.9.까지 실행되었다고 보고 이에 기초하여 과징금을 산정하고 그 납부를 명한 처분에는 그 판단의 기초되는 사실을 오인한 잘못으로 재량권을 일탈·남용한 위법이 있다. 원심판단에는 부당공동행위의 종기 또는 피고의 과징금 산정에서의 재량권 일탈·남용 등에 관한 법리를 오해하여 판단을 그르친 위법이 있다."고 판결하였다.

바. 지하철 5, 6, 7, 8호선 SMRT Mall 사업자 공모입찰 관련 4개 사업자의 부당한 공동행위 건(2013.11.5. 공정위 의결)

서울고등법원은 2015.1.9. 선고 2013누52430 판결에서 "가격 결정 등의 합의 및 그에 기한 실행행위가 있었던 경우 부당한 공동행위가 종료한 날은 그 합의가 있었던 날이 아니라 그 합의에 기한 실행행위가 종료한 날을 의미한다(대법원 2007.12.13. 선고 2007두2852 판결, 대법원 2009.6.23. 선고 2007두19416 판결 등 참조). 통상 지속적·반복적 거래를 전제로 하는 위와 같은 형태의 담합과 달리, 입찰담합은 '입찰－낙찰－계약'으로 이어지는 특정 개별거래를 대상으로 하는 점 등에서 차이가 있는바, 이러한 특성과 위 인정 사실 및 위에서 든 증거들에 의해 알 수 있는 다음과 같은 사정에 비추어 보면, 이 사건 공동행위의 종료일은 원고 등이 3차 입찰에 참가한 2008.11.11.로 봄이 상당하다. ① 참여자가 없어 1차 입찰이 유찰된 후 E 컨소시엄은 이 사건 입찰의 유찰을 방지하기 위하여 D의 들러리 참여를 요청하였고, 이에 동의한 D의 입찰 참여로 원고가 포함된 E 컨소시엄이 우선협상대상자로 선정될 수 있었는바, 이 사건 합의는 '사전에 우선협상대상자(낙찰자)를 E 컨소시엄으로 결정하는 것'을 내용으로 하고, 이는 원고 등이 모두 3차 입찰에 참가함으로써 그 목적이 달성되었다. ② 이 사건 입찰이 투찰 후에도 '협상에 의한 계약 체결' 부분이 남아있기는 하였으나, 이 사건 합의 내용에 서울도철과의 협상에 관한 사항이 포함된 것으로 보이지 않고, 사업제안서 평가 결과 D는 총 평점이 680.81점으로 700점에 미달함으로써 이 사건 입찰과 관련하여 차순위 협상대상자 등 어떠한 지위도 가지지 아니하며, 이에 따라 E 컨소시엄과 서울도철 사이의 협상 과정은 이 사건 공동행위와 별다른 관련이 없고 입찰에 따른 부수적인 절차에 불과하다. ③ 피고도 이 사건 의결서(34면) 및 심사보고서(7, 38, 57, 69면)에서 이 사건 합의에 기한 실행행위가 2008.11.11. 종료되었다고 보았다. 이에 대하여 피고는, D가 3차 입찰에 참여한 후에도 E 컨소시엄이 우선협상대상자 및 낙찰자로 선정되고 최종적으로 계약을 수주하기 위해서는 비밀준수 등 D의 협조가 필수적이므로 이 사건 공동행위의 종료일은 원고 등의 입찰 참여일 이후라고 보아야 한다고 주장하나, 일반적으로 합의 참가자들 사이의 비밀준수의무는 입찰담합을 포함한 모든 담합에서 요구되는 의무이고, 이 의무는 담합의 실행행위가 종료된 후에도 요구되는 것이므로, 합의 참가자들 사이에 이러한 의무가 있다는 이유만으로 그 종료일을 입찰 참여일 이후라고 보기는 어렵다. 따라서 피고의 위 주장은 이유 없다."고 판단하였다.

대법원은 2015.5.28. 선고 2015두37396 판결을 통하여 "법 제19조 제1항 제1호에서 정한 가격결정 등의 합의 및 그에 기한 실행행위가 있었던 경우 부당한 공동행위가 종료된 날은 그 합의가 있었던 날이 아니라 그 합의에 기한 실행행위가 종료된 날을 의미하고(대법원 2006.3.24. 선고 2004두11275 판결 등 참조), 이러한 법리는 법 제19조 제1항 제8호의 부당한 공동행위의 경우에도 그대로 적용된다. 그리고 입찰담합에 기한 실행행위가 종료되었는지 여부는 해당 합의 내용을 기초로 하여 그에 따라 예정된 실행행위의 구체적 범위 및 태양, 합의 등에 따른 경쟁제한효과의 확정적 발생 여부 등 여러 요소를 종합적으로 고려해 각 사안별로 개별적·구체적으로 판단하여야 한다."고 하면서, "사실관계를 토대로 위 법리에 비추어 이 사건 공동행위의 종료일에 관하여 보면, 이 사건 합의는 입찰이라는 특정 거래에 관하여 '이 사건 공동수급체를 우선협상대상자로 사전에 결정하고, 이에 따라 다른 참가자가 공동수급체보다 높은 투찰가격으로 이 사건 입찰에 참여하는 것'을 그 내용으로 할 뿐이며, 이를 넘어 추가적으로 경쟁을 제한할 우려가 있는 다른 행위를 예정하고 있지 않다. 따라서 이 사건 공동수급체와 들러리 참가자가 2008.11.11. 이 사건 입찰에 참여함으로써, 이 사건 합의는 그 내용이 최종적으로 실현되었고 예정된 경쟁제한 효과도 확정적으로 발생되었으므로, 이 사건 공동행위는 위 입찰 참여일인 2008.11.11. 종료되었다고 봄이 타당하다. 원심의 이 부분에 관한 이유 설시에 일부 미흡한 부분은 있으나, 이 사건 공동행위의 종료일이 2008.11.11.이라고 판단한 것은 정당하고, 거기에 상고이유 주장과 같이 부당공동행위의 종기에 관한 법리 등을 오해한 위법이 없다."고 판시하였다.

사. 대법원 2019.1.31. 선고 2016두46687 판결(7개 시판용 베어링 제조·판매사업자의 부당한 공동행위에 대한 건, 2015.3.5. 공정위 의결)

대법원은 "이러한 사정을 앞에서 본 법리에 비추어 살펴보면, 다음과 같이 판단할 수 있다. 원고 등 3개사가 공동행위를 하던 중 원고는 2006.1.경부터 가격을 지속적으로 인하하기 시작하였고, 한국엔스케이 역시 2006.11.경 이후 협의의 GPL 품목에 대하여는 상당한 폭으로 가격을 인하하였으며, 원고는 다시금 2006.12. 이후 가격을 지속적으로 인하하였다. 이처럼 비교적 오랜 기간 동안 상당한 정도의 가격 차이를 두고 원고 등 3개사 모두 가격경쟁을 하는 상황이 계속되었으므로, 원고 등 3개사의 이 사건 제1공동행위는 늦어도 2007.6.22. 경 전에는 원고 등 3개사 사이에 반복적인 가격경쟁 등을 통하여 사실상 파기되었다고 봄이 타당하다. 따라서 원심이 2006.1.경 또는 2007.11.경 이 사건 공동행위가 종료되었다고 본 점은 적절하지 아니하나, 이 사건 제1공동행위가 2007.6.22. 전에는 종료되었다고 판단할 수 있으므로, 구 공정거래법(2012.3.21. 법률 제11406호로 개정되기 전의 것) 제49조 제4항에서 정한 5년의 처분시효가 완성되었다고 본 원심의 결론은 정당하다. 거기에 상고이유 주장과 같이 부당한 공동행위 종료 등에 관한 법리를 오해하거나 논리와 경험의 법칙에 반하여 자유심증주의의 한계를 벗어나는 등의 잘못이 없다."고 판결하였다.

아. 7개 제강사의 부당한 공동행위 건(2018.12.20. 공정위 의결)

공정위는 피심인들의 2015.5.13.부터 2016.12.6.까지 총 12차례의 월별 합의 관련하여, 이 사건에 대한 최초 직권조사일인 2016.12.7. 이후에는 피심인들이 철근 가격 인상 등 합의를 한 것으로 인정되는 증거가 발견되지 않고, 상호 간의 의사연락 및 모임도 확인되지 아니하므로 직권조사 전일인 2016.12.6.을 위반행위의 종료일로 보았다.

자. 7개 콤팩션그라우팅공법 시공사업자의 부당한 공동행위 건(2019.1.9. 공정위 의결)

공정위는 하나의 공동행위 관련 법리로 대법원 2010.3.11. 선고 2008두15169 판결을 참조로 하여 "사업자들이 부당한 공동행위의 기본적 원칙에 관한 합의를 하고 이를 실행하는 과정에서 수차례의 합의를 계속하여 온 경우는 물론, 그러한 기본적 원칙에 관한 합의 없이 장기간(본건의 경우 약15년)에 걸쳐 여러 차례의 합의를 해 온 경우에도 그 각 합의가 단일한 의사에 기하여 동일한 목적을 수행하기 위한 것으로서 단절됨이 없이 계속 실행되어 왔다면, 그 각 합의의 구체적인 내용이나 구성원 등에 일부 변경이 있었다고 할지라도, 특별한 사정이 없는 한 그와 같은 일련의 합의는 전체적으로 하나의 부당한 공동행위로 봄이 상당하다."고 하면서, 부당한 공동행위의 종기 관련, "부당한 공동행위가 종료한 날은 그 합의에 기한 실행행위가 종료한 날이므로, 피심인별 위반행위의 종기는 마지막 입찰 실행일 또는 마지막 수주활동보고일 중 늦은 날로 한다. 다만, 피심인 덴버의 경우 합의주관사로서 협약서를 폐기하거나 합의파기 의사를 다른 피심인들에게 밝히지 않았고 사실상 자신이 관리하는 협의회를 통해 다른 피심인들의 수주활동보고를 계속 받았으므로 피심인 태창이 마지막으로 수주활동보고를 한 날을 종기로 본다."고 판단하였다.

차. 3개 얼터네이터 제조·판매 사업자의 부당한 공동행위 건(2019.8.26. 공정위 의결)

(1) 공정위 의결

공정위는 종료일 관련하여 "피심인 덴소는 2012.5.7.부터 공정거래위원회의 조사에 협력하기 시작하였으므로, 피심인 덴소는 이 날부터 이 사건 기본합의에서 탈퇴한 것으로 볼 수 있으며, 따라서 종료일은 2012.5.7.로 본다. 한편 피심인 덴소가 이 사건 위반행위를 종료한 이후에 피심인 미쓰비시전기와 히타치가 2000년대 초부터 있었던 이 사건 기본합의에서 탈퇴의사를 명시적 내지 묵시적으로 표현한 사실이 없고, 또한 이 사건 기본합의를 파기하거나 중단한 것으로 볼 만한 객관적인 근거자료나 특별한 정황도 확인되지 않았는바, 피심인 미쓰비시전기와 히타치 사이에서는 이 사건 기본합의가 계속 유지되고 있었던 것으로 보아야 한다. 다만, 피심인 미쓰비시전기가 2014.12.26. 공정거래위원회의 조사에 협력하기 시작함으로써, 피심인들 사이에서 성립되었던 이 사건 기본합의가 더 이상 존속하지 않게 된 것으로 볼 수 있으므로, 피심인 미쓰비시전기와 히타치의 이 사건 위반행위 종료일은 2014.12.26.로 본다."고 판단하였다.

(2) 서울고등법원 2020.8.19. 선고 2019누58911 판결(원고: 미쓰비시전기 주식회사)

서울고등법원은 공동행위의 종료 시기 관련하여 "이 사건 기본합의에 참가한 원고 등이 이 사건 공동행위를 종료하기 위해서는 다른 사업자에 대하여 합의에서 탈퇴하였음을 알리는 명시적 내지 묵시적인 의사표시를 하거나 독자적인 판단에 따라 합의에 반하는 행위를 하여야 한다. 아래와 같은 사정들을 관련 법리에 비추어 보면, 이 사건 공동행위는 이 사건 기본합의의 당사자인 덴소에 이어 히타치가 유럽 경쟁당국에 자진신고를 한 2011.7.27.에 종료되었다고 봄이 타당하다. (1) 공정거래법 제22조의2(현행 제44조) 제1항은 부당한 공동행위의 사실을 자진신고하거나 증거제공 등의 방법으로 조사에 협조한 자에 대하여 시정조치 명령 또는 과징금 부과를 감경 또는 면제할 수 있도록 정하고 있다. 자진신고 감면의 취지와 목적이 부당한 공동행위에 참여한 사업자가 자발적으로 부당한 공동행위 사실을 신고하거나 조사에 협조하여 증거자료를 제공한 것에 대한 혜택을 부여함으로써 참여 사업자들 사이의 신뢰를 약화시켜 부당한 공동행위를 중지하거나 이를 예방하는 데에 있다는 점을 감안하여, 자진신고를 한 순간 공동행위에 가담한 사업자들 사이의 신뢰가 깨어져 위 규정의 목적이 달성되는 점과 공동행위 가담자들 사이에 공고하게 자리 잡은 담합의 의사를 깬 자진신고자의 경우 다시 부당한 공동행위를 계속하기 어려운 입장에 놓이게 되는 점 등을 고려한 것이다. (2) 이 사건 공동행위는 다국적기업인 원고 등이 전 세계의 자동차 얼터네이터 시장을 대상으로 상권을 분할하고 전 세계 자동차 완성업체의 각 입찰에 대한 투찰가격 등을 합의한 것이다. 원고 등이 해외 경쟁당국에 자진신고를 하더라도 해외 시장은 물론 국내 시장에서도 시장분할과 입찰담합은 어렵게 되고, 그 결과 원고 등 사이에서 이 사건 기본합의가 사실상 더는 유효하지 않아 이 사건 공동행위를 계속할 수 없게 되는 것은 피고(한국 공정위)에 대하여 자진신고를 한 경우와 다르지 않다. 공정거래법 제2조의2(현행 제3조)는 '이 법은 국외에서 이루어진 행위라도 국내시장에 영향을 미치는 경우에는 적용한다.'고 규정하고 있다. 원고 등이 국내 얼터네이터 시장만을 대상으로 별도의 합의를 하였다고 볼 증거가 없고, 해외에서 이루어진 이 사건 공동행위의 합의가 국내시장에 영향을 미치는 것과 마찬가지로, 원고 등이 해외 경쟁당국에 자진신고를 한 경우에도 국내시장에 영향을 미친다고 보는 것이 타당하므로, 원고 등이 해외 경쟁당국에 자진신고를 한 경우는 배제하고 피고에 대한 자진신고만을 이 사건 공동행위의 탈퇴 의사표시나 합의에 반하는 행위를 한 것으로 보아야 할 이유나 근거는 없다. (3) 유럽 경쟁당국에 대하여 덴소는 2011.2.23., 히타치는 2011.7.27., 원고는 2012.11.6. 각 자진신고를 하였다. 덴소는 2011.2.23. 자진신고를 하면서 구두 신술과 서면증거를 수차례 제출하였고, 유럽 경쟁당국은 덴소의 협력 행위는 자진신고 감면고지상의 요건을 충족한다고 보아 벌금에 관한 면제를 인정하였다. 히타치는 2011.7.27. 자진신고를 하였고, 유럽 경쟁당국은 히타치가 상당한 부가가치를 더해주는 위반 증거를 제공한 것을 인정하여 벌금 30%를 감액하였다. 원고는 2012.11.6. 자진신고를 하였고, 유럽 경쟁당국은 원고가 상당한 부가가치를 더해주는 위반 증거를 제공한 것을 인정하여 벌금 28%를 감액하였다. 이 사건 공동행위의 당사자들은 모두 이 사건 공동행위의 종료에 관한 의사를 표시하였다고 볼 수 있을 뿐만 아니라, 이 사건 공동행위의 당사자들 사이에 담합에 대한 신뢰가 깨어져 더 이상 이 사건 공동행위를 지속하는 것이 어렵게 되었다. (4) 히타치는 2009년경 자신의 주요 거래처 등에게 얼터네이터 사업 철수 의사 및 향후 관련 입찰에 관여하지 않겠다는 의사를 표시하였다. 원고 등의 이 사건 공동행위에 대하여 미국과 유럽의 경쟁당국이 2010.2.23.경, 일본 공정취인위원회는 2011.7.20. 각 현장조사를 개시하였다. 덴소는 2010.2.25. 보도자료를 통하여 미국 자회사가 미국 반독점법 관련하여 미 FBI 및 법무부로부터 현장조사를 받았음을 대외적으로 표시하였고, 2012.1.31. 다시 보도자료를 통하여 미국 독점금지법을 위반하여 Plea Agreement를 체결하였음을 밝히면서 위 현장조사 이후 독점금지법을 철저히 실시할 것을 도모하고 있다는 내용을 대외적으로 표시하였다. 원고도 2011.7.20. 보도자료를 통하여 일본 공정취인위원회의 현장조사를 받았음을 대외적으로 표시하였다. 나아가 유럽 경쟁당국에 덴소는 2011.2.23., 히타치는 2011.7.27., 원고는 2012.11.6.

각 자진신고를 하였다. 이와 같은 사정들에 비추어 보면, 원고 등의 이 사건 공동행위에 대한 해외 경쟁당국의 현장조사가 개시된 이후 또는 늦어도 원고 등이 유럽 경쟁당국에 자진신고를 한 이후에는 원고 등이 이 사건 공동행위를 지속하는 것이 사실상 어렵게 되었다. 그 결과 원고 등이 유럽 경쟁당국에 자진신고를 한 이후 견적가격 등 경쟁요소에 관한 정보를 교환하거나 이를 통하여 각자의 견적가격을 결정하는 등 이 사건 공동행위의 합의가 존속되었다고 볼 만한 사정은 찾을 수 없다. 이와 같은 사정들을 고려하면, 원고 등이 유럽 경쟁당국에 자진신고를 함으로써 이 사건 공동행위에서 탈퇴하는 의사표시와 함께 합의에 반하는 행위를 한 것으로 평가할 수 있다. 원고 등이 이 사건 공동행위가 없었더라면 존재하였을 가격 수준으로 인하하는 등 합의에 반하는 행위를 별도로 하여야 이 사건 공동행위가 종료된 것이라고 볼 것은 아니다. (5) 이 사건 공동행위는 원고, 덴소, 히타치가 전 세계의 자동차 얼터네이터 시장을 대상으로 상권을 분할하고 전 세계 자동차 완성업체의 각 입찰에 대한 투찰가격 등을 합의한 것이다. 이와 같은 경우 2개 회사가 담합에서 탈퇴한 것으로 인정되는 경우에는 담합의 성립요건 중 '2인 이상 사업자들 사이의 의사의 합치'라는 요건을 충족하지 못하게 되므로 그 담합은 종료되었다고 보아야 한다. 덴소는 2011.2.23., 히타치는 2011.7.27. 유럽 경쟁당국에 각 자진신고를 하고 이 사건 공동행위에 관한 증거를 제출하는 등의 행위를 하였고, 앞서 본 바와 같이 그 이후에는 이 사건 공동행위를 계속하였다고 볼 수 없는 이상, 덴소와 히타치는 유럽 경쟁당국에 자진신고를 함으로써 이 사건 공동행위에서 탈퇴한 것으로 볼 수 있다. 결국 이 사건 공동행위는 덴소에 이어 히타치가 유럽 경쟁당국에 자진신고를 한 2011.7.27. 종료되었다고 봄이 타당하다."고 판결하였다.

그리고 공정거래위원회의 조사는 2012.5.7. 덴소의 자진신고 무렵 개시되었으로 처분시효를 연장한 개정법 규정의 시행일인 2012.6.22. 이전에 조사를 개시한 사건이므로 개정규정 부칙에 따라 종전 법이 적용되게 되어, 이 사건 처분은 위반행위의 종료일인 2011.7.27.로부터 5년이 경과된 시점에 이루어진 것으로서 위법하다고 시정명령 및 과징금납부명령을 모두 취소하였다.

한편 공정위는 2019.8.26. 의결에서 처분시효 관련, 덴소는 자진신고일인 2012.5.7.로부터 5년의 처분시한(2017.5.6.)이 도과되었으며, 나머지 피심인 히타치와 원고의 위반행위 종료일은 원고의 자진신고일인 2014.12.26.이므로 양 사의 이 사건 위반행위에 대한 처분시한은 2019.12.25.로 판단하였다.

(3) 대법원 2022.7.28. 선고 2020두48505 판결

국제카르텔 사건의 경우 부당한 공동행위에 가담한 사업자가 외국 경쟁당국과 우리나라

경쟁당국인 공정거래위원회에 대한 자진신고일이 다를 경우 종기 판단 관련 최초로 구체적 법리를 설시한 대법원 판결이라는 점에서 주목할 만하다.

대법원은 "대한민국에서의 부당한 공동행위에 가담한 사업자가 법 제22조의2가 정하는 자진신고자 등에 대한 감면조치를 받기 위하여 대한민국 공정거래위원회에 적법하게 자진신고를 하였다면, 신고 후에 정당한 사유 없이 공동행위를 중단하지 아니하거나 조사에 성실하게 협조하지 아니하는 등으로 인하여 자진신고자 지위확인이 취소되는 등의 특별한 사정이 없는 이상, 위 자진신고를 부당한 공동행위에서 탈퇴하는 의사표시와 함께 합의에 반하는 행위가 있었던 경우에 준하여 볼 수 있다. 따라서 위와 같은 적법한 자진신고를 한 사업자에 대하여는 감면대상 순위에 해당하는지 여부와 상관없이 자진신고일 시점이 공동행위의 종기가 된다고 보아야 한다(대법원 2015.2.12. 선고 2013두987 판결 등 참조). 반면 부당한 공동행위에 가담한 사업자가 외국 경쟁당국에 자진신고를 한 경우에는 위 자진신고를 부당한 공동행위에서 탈퇴하는 의사표시와 함께 합의에 반하는 행위가 있었던 경우에 준하는 것으로 보기 어렵고, 결국 외국 경쟁당국에 한 자진신고일 시점을 곧바로 공동행위의 종기로 볼 수는 없다. 그 이유는 다음과 같다. (1) 공정거래법이 정한 자진신고자 감면제도의 취지와 목적은 부당한 공동행위에 참여한 사업자가 자발적으로 부당한 공동행위 사실을 신고하거나 조사에 협조하여 증거자료를 제공한 것에 대한 혜택을 부여함으로써 참여사업자들 사이의 신뢰를 약화시켜 부당한 공동행위를 중지 내지 예방하고자 하는 것이다. 그런데 국가별 자진신고자에 대한 감면조치 요건 등이 상이한 데다, 외국 경쟁당국에 자진신고를 한 후에도 국내시장에서 합의에 터 잡은 실행행위가 계속될 여지가 있다. (2) 법 제49조 제4항에서 정한 처분시한은 공정거래위원회가 시정조치를 명하거나 과징금을 부과할 수 있는 기간을 의미한다. 그런데 공정거래위원회는 공동행위에 가담한 사업자들이 외국 경쟁당국에 자진신고를 한 사실을 알지 못하는 경우가 많고 설령 그러한 사실을 알게 되었다고 하더라도 그것만으로 부당한 공동행위의 전체적인 내용을 파악하고 시정조치나 과징금 부과 등의 제재처분을 하는 데 필요한 기본적인 요소들을 확정지을 수 있을 만큼의 사실관계가 갖추어져 조사의 대상에 포함되고 제재처분의 대상이 되었다고 보기 어렵다. 반면 외국 경쟁당국에 대한 자진신고일을 공동행위의 종기로 보지 않더라도 사업자는 공정거래위원회에 자진신고함으로써 공동행위의 종기를 조속히 확정하여 법률관계의 안정을 도모할 수 있는 법적 수단이 마련되어 있다. (3) 이와 같이 자진신고자 감면제도의 취지 및 목적, 처분시한 제도의 도입 취지 및 법적 성격, 사업자의 법적 안정성의 침해를 최소화하는지 등의 여러 사정을 종합하여 보면, 외국 경쟁당국에 한 자진신고일 시점을 곧바로 공동행위의 종기로 볼 수 없다."고 판시하였다.

이어서 대법원은 "이 사건 공동행위에 가담한 사업자 중 덴소는 2012.5.7. 피고에게 자진신고를 하였고, 이는 이 사건 공동행위에서 탈퇴하는 의사표시와 함께 합의에 반하는 행위를 한 것으로 평가할 수 있다. 따라서 달리 덴소에 대한 자진신고자 지위확인이 취소되는 등의 사정이 없는 이 사건에서, 덴소는 그 무렵 이 사건 공동행위에서 탈퇴하였다고 할 것이다. 반면 히타치는 2009년경 자신의 주요 거래처 등에 더 이상 얼터네이터 사업을 하지 않을 것과 향후 관련 입찰에 관여하지 않겠다는 의사를 표시하였고, 2011.7.27. 유럽 경쟁당국에 자진신고를 한 사실은 인정된다. 그러나 위 자진신고는, 유럽 경쟁당국에 한 것이어서 앞서 본 법리에 따라 대한민국 공정거래위원회에 자진신고를 한 경우와 달리 이 사건 공동행위에서 탈퇴하는 의사표시 및 이에 반하는 행위를 한 것에 준하여 볼 수 없다. 나아가 앞서 본 이 사건 공동행위의 내용 등에 비추어 볼 때, 여전히 국내시장에서는 이 사건 공동행위에서 정한 대로 원고가 상권을 유지하는 등 이 사건 공동행위가 지속되었을 가능성을 쉽게 배제하기 어렵다. 따라서 위 인정 사실만으로 히타치가 이 사건 공동행위에서 탈퇴하는 의사표시와 함께 합의에 반하는 행위를 하였다거나 이에 준하는 것으로 보아 이 사건 공동행위에서 탈퇴하였다고 단정할 수 없다. 그렇다면 덴소가 이 사건 공동행위에서 탈퇴한 이후에도 원고가 2014.12.26. 피고에게 자진신고를 하기 전까지 원고와 히타치 사이에 이 사건 공동행위가 계속되었을 가능성이 있다. 그런데도 원심은 덴소에 이어 히타치가 유럽 경쟁당국에 자진신고를 한 2011.7.27. 원고의 이 사건 공동행위가 종료되었다고 단정함으로써, 이 사건 처분은 처분시한이 지나 위법하다고 판단하였다. 이러한 원심의 판단에는 부당한 공동행위 사실을 외국 경쟁당국에 자진신고한 사업자의 공동행위 종료일에 관한 법리를 오해하여 필요한 심리를 다하지 않아 판결에 영향을 미친 잘못이 있다."고 하면서 나머지 상고이유에 대한 판단을 생략한 채 원심판결을 파기하고 사건을 다시 심리·판단하도록 원심법원에 환송하였다.

Ⅲ. 공동행위의 개수

1. 공정위 및 법원의 일관된 법리

공동행위의 개수에 관한 기본법리는 대법원 2009.1.30. 선고 2008두16179 판결(2개 합성고무 제조사업자의 부당한 공동행위 건, 2007.6.22. 공정위 의결)에서 확실하게 정리되어 그 이후 공정위 심결 및 법원 판결에서 일관되게 유지되고 있다.

당시 공동행위의 개수 관련된 2개의 대법원 판결이 있었다. 하나는 2006.3.24. 선고 2004

두11275 판결(6개 흑연전극봉 생산업체들의 부당한 공동행위 건, 2002.4.4. 공정위 의결)로서, 기본
적 원칙에 관한 합의를 하고 이에 따라 위 합의를 실행하는 과정에서 수회에 걸쳐 회합을
가지고 구체적인 가격의 결정 등을 위한 합의를 계속하여 온 경우, 그 회합 또는 합의의 구
체적 내용이나 구성원에 일부 변경이 있더라도, 그와 같은 일련의 합의는 전체적으로 하나
의 부당한 공동행위로 봄이 상당하다는 법리를 제시하였다. 한편 또 하나는 2008.9.25. 선고
2007두3756 판결(굴삭기 및 휠로다 제조 3개 사업자의 부당한 공동행위 건, 2005.6.24. 공정위 의결
)로서, "사업자들이 장기간에 걸쳐 수회의 합의를 한 경우 그 수회의 합의가 단일한 의사에
기하여 동일한 목적을 수행하기 위한 것으로서 그것이 단절됨이 없이 계속 실행되어 왔다
면, 그 합의의 구체적인 내용 등에 일부 변경이 있었다 하더라도, 그와 같은 일련의 합의는
특별한 사정이 없는 한 이를 전체적으로 1개의 부당한 공동행위로 봄이 상당하다."는 판결
이었다.

　공정위는 2007.6.22. 위 합성고무 제조사업자들의 공동행위 건에서 "장기간에 걸친 수회
의 합의가 단일한 의사에 기하여 동일한 목적을 수행하기 위한 것으로 그것이 단절됨이 없
이 계속 실행되어 왔다면 그 합의의 구체적인 내용이나 구성원에 일부 변화 또는 변경이 있
었다 하더라도 이를 전체적으로 하나의 부당한 공동행위가 성립한다고 보아야 할 것이다."
라고 판단한 반면에, 서울고등법원은 2008.8.28. 선고 2007누19081 판결에서 위 대법원
2006.3.24. 선고 2004두11275 판결(6개 흑연전극봉 생산업체들의 부당한 공동행위 건, 2002.4.4.
공정위 의결)을 참조판례로 하면서, "이 사건에 있어 원고가 '기본적 원칙에 관한 합의'를 하
였고 그에 따라 위 합의를 실행하는 과정에서 매년 구체적인 가격 결정 등을 위한 합의를
계속하였음을 인정할 아무런 증거가 없다. 따라서 이 사건 각 담합행위는 하나의 연속된 행
위가 아니라 각각 개별적인 행위로 봄이 상당하다."고 판결하였다.

　이에 대해 대법원은 2009.1.30. 선고 2008두16179 판결에서 최종적으로 "사업자들이 부
당한 공동행위의 기본적 원칙에 관한 합의를 하고 이를 실행하는 과정에서 수차례의 합의를
계속하여 온 경우는 물론, 그러한 기본적 원칙에 관한 합의 없이 장기간에 걸쳐 여러 차례의
합의를 해 온 경우에도 그 각 합의가 단일한 의사에 기하여 동일한 목적을 수행하기 위한
것으로서 단절됨이 없이 계속 실행되어 왔다면, 그 각 합의의 구체적인 내용이나 구성원 등
에 일부 변경이 있었다고 할지라도, 특별한 사정이 없는 한 그와 같은 일련의 합의는 전체적
으로 1개의 부당한 공동행위로 봄이 상당하다(대법원 2008.9.25. 선고 2007두3756 판결 등 참
조)."는 법리를 제시하면서, "위 법리에 비추어 살펴보면, 원심이 각 담합행위의 기본적 원칙
에 관한 합의가 있었음을 인정할 증거가 없다는 이유만으로 각각 개별적인 행위로 봄이 상

당하다고 판단한 것은 부당한 공동행위의 개수에 관한 법리를 오해한 위법이 있다."고 하면서 원심판결을 파기, 환송하였다.

한편 대법원은 위 판결 직후인 2009.6.25. 선고 2008두17035 판결(5개 세탁·주방세제 제조업체의 부당한 공동행위 건, 2006.12.26. 공정위 의결)에서도 동일한 법리를 확인하면서, 기본적 원칙에 관한 합의가 있었다고 인정할 만한 증거가 없다는 이유로 각각의 연속된 행위가 아니라 개별적인 담합행위로 보아야 한다고 판단한 원심판결(서울고등법원 2008.8.28. 선고 2007누15621 판결)을 파기, 환송하였다. 참고로 이 건에서도 서울고등법원은 위 2006.3.24. 흑연전극봉 대법원 판결의 법리를 참조판례로 인용한 반면에, 공정위는 원심결에서 "'흑연전극봉 사건'을 통해 판례는 수년간 여러 차례의 공동행위가 '기본적 합의'하에 이루어진 경우 하나의 공동행위로 볼 수 있다고 하였을 뿐, '기본적 합의'가 없는 경우에는 하나의 공동행위로 볼 수 없다고 판시한 것이 아니므로, 동 사건을 원용해 이 사건 전체의 공동행위를 1개의 공동행위로 볼 수 없다고 보기는 곤란하다."고 판단하였다.

필자는 2009.1.30. 대법원 판결은 기존에 있었던 2개의 판결과 배치되는 것이 아니라 종합하여 공동행위의 개수에 관한 기본법리를 분명하게 밝혔다는 점에서 큰 의미가 있다고 본다. 공정위도 공동행위 심사기준(공정위 예규)에서 부당한 공동행위의 수 관련하여 "그 개별적인 합의들의 기본원칙을 담거나 토대가 되는 기본합의가 있었는지의 여부 또는 그 개별합의들이 사실상 동일한 목적을 위해 단절됨이 없이 계속 실행되어 왔는지의 여부 등을 종합적으로 살펴서 판단하여야 한다."고 규정하고 있다(동 심사기준 Ⅲ. 1. 참조). 공정위는 심결을 통해 '단일한 의사에 기한 동일한 목적 수행' 관련하여 합의의 의도나 목적의 동일성, 합의의 참여주체, 합의 및 실행방식, 이행점검의 방식, 정보교환의 행태 등을 종합적인 고려요소로 제시하고 있다(2011.6.9. 3개 두유제품 제조·판매사업자의 부당한 공동행위 건 등).

2. '단일한 의사에 기한 동일한 목적 수행'으로 본 사례

장기간에 걸친 공동행위로서 기본적 원칙에 관한 합의가 없는 케이스들에 있어서 공정위 및 법원에서 하나의 공동행위인 여부가 다투어지는 경우에 위 확립된 법리에 따라 '단일한 의사에 기한 동일한 목적 수행'으로 인정되는 경우가 훨씬 더 많은 것으로 보인다.

아래에서는 단일한 의사에 기하여 동일한 목적을 수행하기 위한 것으로 본 사례를 공정위 심결 및 법원 판례에서 각 1개씩 소개하고, 이어서 단일한 의사에 기한 동일한 목적 수행으로 보지 않은 사례들을 살펴본다.

가. 11개 시 · 도 교육청 발주 교육기관용 소프트웨어 라이선스 구매 입찰 관련 12개 사업자의 부당한 공동행위 건(2020.8.12. 공정위 의결)

공정위는 하나의 공동행위 관련 법리 부분에서 대법원 판례(대법원 2010.3.11. 선고 2008두15169 판결)를 참조로 하여 동일한 법리를 제시하면서, 구체적 판단에 있어서 이 사건 16건 입찰에서의 합의는 발주 교육청이 소재한 지역에 있는 대리점의 주도하에 이루어진 합의를 기준으로 총 8개의 공동행위로 인정하였다. 그 판단 논거로는 ① 이 사건 16건 입찰에서의 합의는 발주 교육청이 소재한 지역에 있는 대리점이 낙찰예정자가 되어 경쟁이나 유찰 없이 해당 지역 교육청이 발주하는 입찰에서 낙찰을 받고, 이를 통해 대리점 간 타 지역 입찰 참가를 자제하는 분위기를 유지하기 위한 단일한 의사에 기한 동일한 목적을 수행하기 위하여 이루어진 점, ② 각 공동행위는 발주처 및 발주품목을 기준으로 볼 때 2016년 3월부터 2017년 12월까지 대체로 단절 없이 지속적으로 유지된 점, ③ 각 공동행위는 발주처 소재에 위치한 대리점을 낙찰자로 하고 특정 일부 피심인을 들러리로 하는 등 참여사업가가 큰 변동 없이 유지된 점을 들고 있다.

나. 2021.4.8. 서울고등법원 2019누33226 판결(2021.7.8. 대법원 2021두36011 판결로 심리불속행 기각 판결)

서울고등법원은 동 판결(7개 제강사의 부당한 공동행위 건, 2018.12.20. 공정위 의결)에서 하나의 공동행위임을 전제로 한 관련매출액 산정이 위법한지 여부 관련하여, 앞에서 살펴 보았던 공동행위 개수 및 종기에 관한 기본법리를 정립한 대법원 판례들을 참조판례로 하여 일관되게 유지되어 온 법리를 그대로 제시한 다음에 증거들과 변론 전체의 취지를 종합하여 인정되는 사정들을 위 법리에 비추어 보고 이 사건 공동행위는 전체적으로 하나의 공동행위로 인정된다고 판결하였다.

구체적 판단을 한 사정들은 ① 각 가격결정 합의는 건자회와 기준가격을 협상하는 데 유리한 입지를 선점하고 직판가격과 유통가격의 결정 과정에서 건설사와 유통사의 협상력을 통제하고자 이루어진 것으로 개별 구매자와의 교섭을 통해 결정되어야 할 할인폭 경쟁을 회피하려는 단일한 의사와 동일한 목적에서 이루어졌다. 위 합의의 주체는 원고 등 6개사로 모두 동일하고, 합의의 대상도 철근가격으로 같다. 위 합의는 영업팀장 모임에서 기본 할인폭을 결정한 다음 필요에 따라 이를 유통사에 통보하거나 내부 마감가격의 산정 과정에서 적용하는 방식으로 실행되었는데, 비록 일부 제강사가 영업팀장 모임에 불참하는 경우도 있었으나 그러한 경우에는 유선연락 등을 통해 합의 내용을 전해주는 등 합의의 결정과 실행 역시 동일한 방법에 따라 반복적으로 이루어졌다. ② 이 사건 공동행위 기간 동안 합의에 참가한 구성원들 중 합의에서 탈퇴한다는 의사를 명시적 또는 묵시적으로 표시하고 독자적인 판단에 따라 가격을 인하하는 등의 행위를 한 제강사는 없었고, 원고 등 6개사가 명시적으로 합의를 파기하기로 한 적도 없다. 오히려 이 사건 공동행위 기간 동안 원고 등 6개사의 철근가격 추이는 대부분 비슷하였고, 일부 기간의 경우 기본 할인폭이 제강사별로 상이하기는 하나 이는 개별 제강사가 철근 재고가 상승하고 원자재 가격이 하락하는 국면에서 건설사와 유통사의 가격 인하 요구를 방어하지 못한 결과로 보일 뿐 철근가격이 상승하는 시기에는 합의 내용이 대부분 그대로 준수되었다. ③ 이 사건 공동행위 기간 동안 철근의 원자재 가격과 재고량이 등락을 반복하였고, 원고 등 6개사는 합의 과정에서 이러한 사정을 매번 반영하여 직판가격 또는 유통가격을 결정하기는 하였으나, 이는 합의를 파기하고 반복적으로 가격 경쟁을 하였다기보다는 철근가격을 결정하는 외부 요인이 변동된 결과로 보인다. 원고 등 6개사의 가격 합의 과정에서 건자회와의 기준가격 협상 및 하락하는 철근가격의 방어 필요성 등의 요소를 고려한다는 원칙은 유지되었고, 이에 따라 원고 등 6개사는 대부분의 기간에서 추가 할인폭을 달리 정하였을 뿐 합의에서 정한 기본 할인폭을 적용하여 철근가격을 산정하였다 등이었다.

3. '단일한 의사에 기한 동일한 목적 수행'으로 보지 않은 사례

가. 대법원 2015.2.12. 선고 2013두6169 판결(한국전력공사 발주 전력선 구매입찰 참가 35개 전선제조사 등의 부당한 공동행위 건, 2012.5.4. 공정위 의결)

공정위는 이 사건 공동행위가 각각 별개의 입찰담합행위에 해당하는지 여부와 관련하여 "이 사건 공동행위는 한전이 구매하는 전력선 시장을 각 피심인별로 분할하는 시장분할 합의로 보는 것이 피심인들간 합의의 실체와 성격에 부합한다. 또한 이 사건 공동행위에서 각각의 합의는 ① 매년 합의내용 또는 합의기준이 된 기본배분비율 및 전선조합 지분비율이 거의 변동 없이 동일하였다는 점, ② 실행배분비율 합의, 수주예정사 선정, 재분배 등으로 이어지는 매년의 합의 또는 실행 과정이 동일한 구조를 가지고 있는 점, ③ 전년도 수주여부를 고려하여 당해연도 수주예정자를 선정하는 등 합의실행의 연속성을 가진 점 등을 고려할 때 전체적으로 단일한 의사에 기한 하나의 공동행위를 구성하고 있다고 판단된다. 피심인들은 1999년에는 합의가 실패하여 합의 자체가 성립한 바 없고 피심인들간에 가격경쟁을 하였음이 명백하므로 1999년도에 공동행위가 단절되어 2000년 이후의 피심인들의 행위만을 이 사건 공동행위로 보아야 한다고 주장하나, 피심인들의 주장과 같이 이 사건 공동행위가 1999년에 단절되었다고 하려면 1999년에 합의의 종료 내지는 파기가 있어야 할 것인데, 피심인들이 경쟁입찰을 하게 된 것은 합의가 이루어지지 않은 나머지 품목에 대한 합의시간을 확보하기 위한 유찰을 시도하다 한전이 이를 부당한 공동행위로 제재하려고 해서 불가피하게 추가 합의를 하지 못하고 기존 합의품목에 대한 합의실행도 하지 못한 것에 불과하고, 피심인들의 합의의 파기 내지는 종료의사에 기한 것이 아니라는 점, 2000년도에는 1998년도에 합의한 기본배분비율 등이 유효함을 전제로 다시 1998년도의 합의 및 실행방식으로 되돌아 간 점 등을 고려하면 1999년도에 합의의 파기 또는 종료에 이르렀다고 볼 수 없다."고 판단하였다.

서울고등법원도 2013.2.7. 선고 2012누16529 판결에서 "1999년에 합의가 이루어지지 않았다고 하더라도, 1998년과 2000년 이후의 각 합의가 경쟁으로 인한 가격 하락을 막기 위한 목적에서 이루어진 점, 대기업과 중소기업 간의 물량배분비율, 수주예정사, 투찰가격 등에 관한 합의를 내용으로 할 뿐만 아니라 2000년의 합의도 1998년의 합의에 바탕을 두고 있는 점 등에 비추어 볼 때, 1998년과 2000년 이후의 합의는 단일한 의사에 기하여 동일한 목적으로 수행하기 위한 것으로서 1999년 합의 불성립에 의하여 단절됨이 없이 계속된 것으로 볼 수 있다."고 판단하였다.

이에 대하여 대법원은 2015.2.12. 선고 2013두6169 판결에서 "일반적으로 가격담합의 경우, 수회의 합의 중에 일시적으로 사업자들의 가격인하 등의 조치가 있더라도 사업자들의 명시적인 담합파기 의사표시가 있었음이 인정되지 않는 이상 합의가 파기되거나 종료되어 합의가 단절되었다고 보기 어렵다. 그러나 이 사건에서는 수회의 입찰담합 중에 1999.10.5. 입찰에서 합의에 이르지 못하여 바로 경쟁입찰이 이루어졌고, 그 이후 한 달간 있었던 일련의 입찰에서도 계속적으로 경쟁입찰이 이루어졌으므로, 이를 일시적인 가격인하의 경우와 같이 볼 수는 없다. 나아가, 2000년 합의는 1998년 합의와 비교하여 그 내용상 상당한 변화가 있었고, 이처럼 합의 내용이 변한 이유는 1999년처럼 합의가 불성립하여 경쟁입찰로 나아가는 상황을 방지하기 위한 새로운 장치들을 만들어 두기 위한 것이었으므로, 종전의 취약했던 합의의 구조를 개선하여 새로운 담합을 시작하려는 취지의 것으로 볼 수 있다. 또한 합의가 불성립하여 경쟁입찰로 나아간 후 다음 해 입찰에서 다시 새로운 합의를 시도하기 위해서는 합의에 관한 새로운 결의가 필요한 바, 1998년 합의 당시에 향후 합의가 불성립하여 경쟁입찰로 나아갈 경우까지 대비한 합의가 이미 있었다고 볼 자료도 없다. 이러한 제반 사정 등에 비추어 보면, 이 사건에서 1998년의 합의와 2000년 이후의 합의가 단일한 의사에 기하여 동일한 목적을 수행하기 위한 것이었다고 보기 어렵다."고 판결하였다.

나. 대법원 2016.12.27. 선고 2016두43282 판결(오존주입설비 구매·설치공사 입찰 관련 2개 사업자의 부당한 공동행위 건, 2014.12.12. 공정위 의결)

공정위는 하나의 공동행위에 해당하는지 여부에 있어서 "피심인들의 행위는 첫째, 수회의 합의 및 실행이 오존주입설비 시장에서의 가격경쟁을 회피함으로써 각 담합참여자의 이익을 극대화하기 위한 목적 하에서 이루어졌다는 점, 둘째, 이 사건의 합의의 특성을 보면 피심인들이 합의 시점에 발주가 예상되는 입찰을 계속해서 추가, 변경하는 방식으로 지속적으로 합의를 이어가고 있다는 측면에서 합의 및 실행이 연속성을 가진다는 점, 셋째, 합의의 참여자 및 합의, 실행 방법이 동일하다는 점에 비추어 볼 때 하나의 공동행위로 인정된다. 한편, 이 사건 공동행위 기간 중 피심인들이 이 사건 합의와 별도로 개별적으로 입찰에 참여한 사실이 존재하나, 이 경우에는 피심인들 이외 제3의 업체도 입찰에 참여할 수가 있어서 피심인들끼리 입찰담합하더라도 그 실효성이 적었기 때문이며, 이 사건 공동행위가 발주처의 입찰참가 제한으로 인해 피심인들만 참가할 수 있는 입찰을 중심으로 합의가 이루어진 사실을 고려할 때 피심인들이 이 사건 합의와 별도로 개별적으로 입찰에 참여한 사실이 있었다는 이유만으로는 이 사건 공동행위의 합의의 중단이 있었다고 볼 수는 없다."고 판단하였다.

이에 대하여 서울고등법원은 2016.5.18. 선고 2015누32140 판결에서 "전체 공동행위에 관한 기본적 합의가 존재하지 않으며, 의결서 기재에 의하면 피고(공정위)도 처분 당시 기본적 합의가 체결되었음을 전제로 하여 하나의 공동행위로 판단한 것이 아님을 알 수 있다. 이 사건 공동행위는 두 회사의 대표이사가 합의 시마다 각자 회사의 이익에 도움이 되는 적절한 대상 입찰을 선정하여 협약서를 작성하는 방식으로 이루어졌고, 각 대표이사 및 실무자가 한 진술 등에 따르면 전체 공동행위에 관하여 담합의 원칙이나 방식을 정한 것이 없으며 합의 시마다 대상 입찰의 선정 및 낙찰자 결정, 이해관계의 조정 방법 등에 관하여 개별적인 검토와 논의를 거쳐 담합을 한 사실이 인정되며, 각 협약서의 구체적 내용을 보면 합의 시마다 두 회사의 이익을 조정하는 방식이 달랐음이 확인된다. 이 사건 공동행위 기간 중 실시된 29건의 오존주입설비 관련 입찰 가운데 14건의 입찰에 관해서만 담합이 이루어졌고 나머지 15건의 입찰 또는 수의계약에서는 각 회사의 영업력 등을 바탕으로 치열한 경쟁이 이루어졌던 것으로 보인다. 피고는 이 사건 공동행위의 대상인 14건의 입찰 외에는 두 회사가 담합할 실효성이 적거나 성격이 맞지 않은 입찰이었다는 취지로 주장하나, 피고가 준비서면에서

'공동행위가 이루어지지 않은 15건의 경우 피고가 별도로 조사를 진행하지 않은 관계로 원고가 이 사건 소송 중에 제출한 갑 제11호증의 자료 외에는 자료를 갖고 있지 않다.'라고 진술하고 있는 사정 등에 비추어 보면 피고가 내세우는 사정만으로 위 15건의 입찰 또는 계약 내역의 존재에도 불구하고 두 회사 사이에 공동행위가 단절 없이 지속되었다는 점이 증명되었다고 보기는 어렵다."고 판결하였다.

　대법원은 2016.12.27. 선고 2016두43282 판결에서 "전체 공동행위에 관한 기본적 합의가 존재하지 않는 점, 이 사건 공동행위 기간 중 실시된 29건의 입찰 가운데 14건의 입찰에 관하여만 공동행위가 이루어졌고 나머지 15건의 입찰 또는 수의계약에서는 각 회사의 영업력 등을 바탕으로 치열한 경쟁이 이루어졌던 것으로 보이는 점, 합의시마다 발주 예정 상황과 각자 회사의 이해관계 등을 기초로 새로운 합의를 한 것으로 보이는 점 등 제출된 자료만으로 이 사건 공동행위가 단일한 의사에 기하여 동일한 목적을 수행하기 위한 것으로서 전체적으로 하나의 부당한 공동행위에 해당한다고 보기는 어렵다는 원심의 판단은 정당하다."고 판결하였다.

입찰담합에서의 경쟁제한성 및 관련매출액 개념

I. 개요

공정거래법 제40조(부당한 공동행위의 금지) 제1항 제8호에서 공동행위의 한 유형으로 "입찰 또는 경매를 할 때 낙찰자, 경락자, 입찰가격, 낙찰가격 또는 경락가격, 그 밖에 대통령령으로 정하는 사항을 결정하는 행위"를 규정하고 있으며, 시행령 제44조(공동행위의 기준)에서 낙찰 또는 경락의 비율, 설계 또는 시공의 방법, 그 밖에 입찰 또는 경매의 경쟁 요소가 되는 사항을 "대통령령으로 정하는 사항"으로 규정하고 있다.

그리고 소위 입찰담합의 경우에는 법 제40조 제6항에 의거 모든 공동행위에 공통적으로 적용되는 '공동행위 심사기준' 외에 '입찰에 있어서의 부당한 공동행위 심사지침'을 두고 있다. 심사지침에서는 입찰담합의 유형으로서 입찰가격담합, 낙찰예정자의 사전결정, 경쟁입찰계약을 수의계약으로 유도, 수주물량 등의 결정, 경영간섭 등을 제시하고 있으며, 법위반행위에 대한 조치로 시정조치, 입찰참가자격제한 조치 요청, 과징금, 고발, 자진신고자등에 대한 감면 등을 규정하고 있다. 입찰참가자격제한 조치 요청은 위반사업자의 법위반행위의 정도, 횟수 등을 고려하여 발주기관에 요청하는 것으로서, 심사지침에서는 시정조치 유형별 점수를 부여하고 일정기간 벌점 누계가 일정 점수를 초과한 사업자에 대해서는 원칙적으로 요청을 의무화하고 있다.

입찰담합 관련 사례들을 분석해 보면 다른 공동행위 유형들과는 차별적인 이슈가 제기되고 있는데 여기서는 입찰담합에서의 경쟁제한성 요건, 과징금 부과시 관련매출액의 개념 등 두 가지 이슈를 다루고자 한다.

II. 입찰담합에서의 경쟁제한성

1. 부당한 경쟁제한

법 제40조(부당한 공동행위의 금지) 제1항의 규정에 따라 부당한 공동행위가 성립하기 위한 요건은 ① 합의의 존재, ② 부당한 경쟁제한 등 2가지로서, 사업자간에 제1항 각 호의 하나에 해당하는 합의가 존재할 뿐만 아니라 그 합의가 '부당하게 경쟁을 제한'하여야 한다. 즉 입찰담합의 경우도 법조문상으로는 다른 공동행위 유형들과 마찬가지이고 경쟁제한성 요건은 동일하다.

현행법상 공동행위 유형으로는 법 제40조 제1항에 입찰담합 등 총 9개의 유형이 열거되어 있고 법 제124조(벌칙) 제1항 제9호의 규정에 따라 형사적 제재 수준도 모두 동일하다. 다만 가격담합(제1호), 공급제한담합(제3호), 시장분할담합(제4호), 입찰담합(제8호) 등 4개 유형의 공동행위는 경쟁제한의 폐해가 큰 중대·명백한 공동행위로 보고 있다. 참고로 공정위는 지난 2020년 8월 이 4개의 경성담합행위에 대하여는 전속고발제를 폐지하여 검사가 직접 공소를 제기할 수 있도록 하고, 공정위와 검찰청 간에 사건 관련자료 등을 공유할 수 있도록 하는 법 개정안을 마련하여 국회에 제출한 바 있으나 통과되지는 못하였다.

실제 공정위의 의결서를 보면 공동행위에 대해서는 법원과 마찬가지로 경쟁제한성 요건 및 그 전제가 되는 관련시장의 획정이 필요하다는 법리를 일관되게 유지하면서도 입찰담합에 대해서는 통상 구체적으로 따지지 않고 있으며 법원에서도 큰 쟁점은 되지 않고 있다. 경쟁제한성의 판단에 있어서 관련시장 개념이 들어가 있는 일부 의결서 내용을 살펴보면, 2021.10.22. 지에스건설(주) 발주 소방전기공사 입찰 관련 6개 사업자의 부당한 공동행위 건에서 "피심인들이 이 사건 각 입찰(전체 21건의 입찰)에 참여하면서 낙찰예정자 등을 사전에 합의한 행위는 관련시장인 각 입찰 시장에서의 경쟁을 직접적으로 제한하였다.", 2019.9.19. 대한적십자사 발주 혈액백 공동구매 단가 입찰 관련 2개 사업자의 부당한 공동행위 건에서 "이 사건 공동행위는 아래와 같은 사항에 비추어 볼 때 이 사건 혈액백 공동구매 단가 입찰시장에서의 경쟁을 부당하게 제한하는 것으로 판단된다.", 2018.4.26. ㈜케이티 발주 F/S케이블 구매입찰 관련 6개 사업자의 부당한 공동행위 건에서 "이 사건 공동행위는 다음과 같은 점에서 관련시장인 케이티 발주 F/S케이블 입찰시장에서의 경쟁제한성이 인정된다." 등으로 되어 있다. 다만 드문 케이스로서, 2022.4.11. 한국-동남아 항로 컨테이너 해상화물운송 서비스 운임 관련 23개 사업자의 부당한 공동행위 건의 경우 경쟁제한성 판단에서 관련시장의 획정 및 시장점유율 산정 등 매우 구체적으로 기재하고 있다(공정위 전원회의 의결 제2022-090호, 2022.4.11., 571~576면 참조). 한편 2022.10.11. 공정위는 ① 6개 금융회사 발주 금융기관용 고속스캐너 및 문서 자동분류 솔루션 구매입찰 관련 2개 사업자의 부당한 공동행위 건 ② (주)우리은행 발주 금융기관용 고속스캐너 및 문서 자동분류 솔루션 구매입찰 관련 2개 사업자의 부당한 공동행위 건의 경우 입찰담합 사건의 경쟁제한성 판단에 있어서

공정거래 주요 쟁점 및 이슈 36선

관련 시장의 획정 관련하여 "입찰시장은 각 개별 입찰 건을 각각 하나의 시장으로 보는 것이 타당하다."는 법리를 명시적으로 제시하였다(공정위 의결 제2022-246호, 2022.10.11., 57면 참조).

특히 법원은 입찰담합의 경쟁제한성 관련하여 다른 공동행위 유형과는 다른 법리도 추가로 제시하고 있다. 즉 대법원은 2015.7.9. 선고 2013두26804 판결에서 "입찰담합에 관한 법 제19조(현행 제40조) 제1항 제8호는 입찰 자체의 경쟁뿐 아니라 입찰에 이르는 과정에서의 경쟁도 함께 보호하려는데 그 취지가 있다. 따라서 사업자들 사이의 합의에 의하여 낙찰예정자를 사전에 결정한 결과 낙찰예정자가 아닌 사업자들이 입찰참가 자체를 포기하게 되었다면, 경쟁이 기능할 가능성을 사전에 전면적으로 없앤 것이 되어 입찰과정에서의 경쟁의 주요한 부분이 제한된 것으로 보아야 되므로, 특별한 사정이 없는 한 부당하다고 볼 수밖에 없다."고 판시하였다.

이러한 입찰담합에서의 경쟁제한성에 대한 법리는 법원 및 공정위의 법집행 과정에서 경쟁제한성의 구체적 판단시 일관된 법리로 제시되고 있다.

2. 법원 판결례 및 공정위 심결사례

가. 서울고등법원 2018.10.12. 선고 2017누62695 판결(원주-강릉 철도건설 노반 신설 기타공사 4개 공구 입찰 관련 4개 사업자의 부당한 공동행위 건, 2017.6.22. 공정위 의결)

원고는 "이 사건 4개 공구 입찰에 참가한 26개 사업자 중 4개 사업자만이 합의에 참여하였고 실질적으로 운에 따라 낙찰자가 결정되는 이 사건 공사 입찰의 특성상 유효한 경쟁이 이루어졌다고 보기 어려웠으며, 원고 등 사업자들 이외에 나머지 22개사가 원고의 예상과 다른 입찰전략을 실행하거나 금액을 일부만 변경하여 투찰하였다면 낙찰자와 낙찰가격이 바뀔 수 있는 구조였으므로 이 사건 공동행위로 인해 낙찰자와 낙찰가격이 결정되었다고 볼 수도 없다. 따라서 이 사건 공동행위에 경쟁제한성이 존재한다고 보기 어렵다."고 주장하였다.

이에 대해 서울고등법원은 "이 사건 공동행위는 다른 입찰참가자들의 실제 투찰행태에 따라 그 결과가 달라질 수도 있어 성공확률이 100%라고 보기는 어렵다. 그러나 입찰담합에 관한 공정거래법의 규정은 입찰 자체의 경쟁뿐만 아니라 입찰에 이르는 과정에서의 경쟁도 함께 보호하려는 데 그 취지가 있으므로(대법원 2015.7.9. 선고 2013두26804 판결 참조), 낙찰자 또는 투찰률을 사전에 결정하는 합의 자체가 경쟁을 제한하는 행위로서 특별한 사정이 없는 한 부당한 공동행위에 해당한다. 따라서 이 사건 공동행위에 참여하지 않은 다른 입찰참가자들이 예상과 다르게 경쟁가격으로 투찰하여 원고 등 사업자들이 결과적으로 합의한 공구에서 낙찰을 받지 못하게 된다고 하더라도 이는 부당한 공동행위가 성립한 이후에 발생한 사정에 불과하다. 또한, 원고 등 사업자들은 이 사건 공동행위를 통해 이 사건 4개 공구에서 가격경쟁을 감소시킴으로써 그들의 의사에 따라 어느 정도 자유로이 가격결정에 영향을 미치거나 미칠 우려가 있는 상태를 초래하였다. 투찰가격 등 가격에 관한 공동행위를 금지하는 이유는 합의된 가격의 고저 및 이로 인한 소비자들의 일시적인 이익의 유무를 불문하고 사업자가 자의적으로 가격을 지배하는 힘을 발휘하는 것을 허용하지 아니한다는 것인데, 이 사건 공동행위는 사업자들이 자의적으로 낙찰가격을 지배하는 힘을 발휘하는 것으로서 위법하다."고 판결하였다.

대법원은 2019.2.28. 선고 2018두63579 판결에서 심리불속행 사유에 해당한다는 이유로 상고를 기각하였다.

나. 서울고등법원 2020.12.10. 선고 2019누61368 판결(대한적십자사 발주 혈액백 공동구매 단가 입찰 관련 2개 사업자의 부당한 공동행위 건, 2019.9.19. 공정위 의결)

원고는 "C는 생산능력이 부족하여 이 사건 각 입찰 물량 중 일부만을 공급할 수 있었으므로, 원고는 이 사건 공동행위를 하지 않았더라도 C가 생산할 능력이 없는 부분을 낙찰 받을 수 있었다. 이처럼 C가 애초부터 생산능력이 부족하여 낙찰 받을 수 없었던 부분에 관해서는 경쟁제한 효과가 존재하지 않는다. 또한 원고는 이 사건 공동행위가 없었더라도 독자적인 판단에 따라 고가로 투찰하는 전략을 선택하였을 것이고, 대한적십자사가 예정가격을 통제하는 상황에서 수익을 창출할 수도 없었다. 따라서 위 공동행위로 인하여 경쟁을 제한하는 효과가 발생하였다고 볼 수 없다."고 주장하였다.

이에 대해 서울고등법원은 관련 법리로 "공동행위가 공정거래법 제19조 제1항이 정하고 있는 '경쟁제한성'을 갖는지는 당해 상품이나 용역의 특성, 소비자의 제품선택 기준, 시장 및 사업자들의 경쟁에 미치는 영향 등 여러 사정을 고려하여, 당해 공동행위로 인하여 일정한 거래분야에서의 경쟁이 감소하여 가격·수량·품질 기타 거래조건 등의 결정에 영향을 미치거나 미칠 우려가 있는지를 살펴 개별적으로 판단하여야 한다. 한편 입찰담합에 관한 공정거래법 제19조 제1항 제8호는 입찰 자체의 경쟁뿐 아니라 입찰에 이르는 과정에서의 경쟁도 함께 보호하려는 데 그 취지가 있다(대법원 2015.7.9. 선고 2013두20493 판결, 대법원 2016. 4. 12. 선고 2015두50061 판결 등 참조)."고 제시하면서, "이 법원의 대한적십자사에 대한 사실조회

결과 및 변론 전체의 취지를 종합하여 인정되는 사정들을 위 법리에 비추어 보면, 이 사건 공동행위로 인하여 이 사건 입찰로 발주된 전체 물량에 대한 입찰에서의 경쟁이 감소함으로써 가격, 수량, 품질 기타 거래조건 등의 결정에 영향을 미치거나 영향을 미칠 우려가 발생하였고, 나아가 입찰에 이르는 과정에서의 경쟁 자체도 제한되었다고 볼 수 있다."고 판시하였다.

다. 제5378부대 발주 액화석유가스(LPG) 구매입찰 관련 8개 사업자의 부당한 공동행위 건(2018.3.15. 공정위 의결)

공정위는 위 대법원 2015.7.9. 선고 2013두26804 판결을 참조로 하면서, "입찰담합에 관한 법 제19조 제1항 제8호는 입찰 자체의 경쟁뿐만 아니라 입찰에 이르는 과정에서의 경쟁도 함께 보호하려는 데 취지가 있으므로 사업자들사이의 합의에 의하여 낙찰사를 사전에 결정한 결과 낙찰사가 아닌 사업자들이 입찰 참가 자체를 포기하게 되었다면, 경쟁이 기능할 가능성을 사전에 전면적으로 없앤 것이 되어 입찰과정에서의 경쟁의 주요한 부분이 제한된 것으로 보아야 하므로 특별한 사정이 없는 한 부당하다."는 법리를 제시하였다.

라. ① 6개 금융회사 발주 금융기관용 고속스캐너 및 문서 자동분류 솔루션 구매입찰 관련 2개 사업자의 부당한 공동행위 건 ② (주)우리은행 발주 금융기관용 고속스캐너 및 문서 자동분류 솔루션 구매입찰 관련 2개 사업자의 부당한 공동행위 건(2022.10.11. 공정위 의결)

공정위는 경쟁제한성 판단 관련하여 "당해 공동행위가 경쟁제한성을 가지는지 여부는 당해 상품의 특성, 소비자의 제품 선택기준, 당해 행위가 시장 및 사업자의 경쟁에 미치는 영향 등 여러 사정을 고려하여, 당해 공동행위로 인하여 일정한 거래분야에서 경쟁이 감소하여 가격·수량·품질 기타 거래조건 등의 결정에 영향을 미치거나 미칠 우려가 있는지를 살펴, 개별적으로 판단하여야 한다(대법원 2013.11.14. 선고 2012두19298 판결 및 대법원 2014.2.27. 선고 2012두24498 판결). 한편, 법 제19조 제1항 제8호는 입찰 자체의 경쟁뿐 아니라 입찰에 이르는 과정에서의 경쟁도 함께 보호하려는 데 그 취지가 있다. 따라서 사업자들 사이의 합의에 의하여 낙찰예정자를 사전에 결정하였다면, 경쟁이 기능할 가능성을 사전에 전면적으로 없앤 것이 되어 입찰과정에서의 경쟁의 주요한 부분이 제한된 것으로 보아야 하므로, 그와 같은 사업자들의 공동행위는 특별한 사정이 없는 한 부당하다고 볼 수밖에 없다(대법원 2016.4.12. 선고 2015두50061 판결)."는 일관된 법리를 제시하였다.

그리고 구체적인 위법성 판단에서 관련 시장의 획정 관련하여 "입찰시장은 개별 입찰 건별로 다른 입찰 건이나 다른 시장과는 완전히 분리되어 존재하는 것이며, 관련시장은 각 개별 입찰 건을 각각 하나의 시장으로 보는 것이 타당하므로(대법원 2015.8.9. 선고 2013두1683 판결 참조), 이 사건의 경우 ○○○ 등 6개사가 2016년 6월부터 발주한 9건의 고속스캐너 또는 솔루션이 탑재된 고속스캐너 구매 입찰들과 2019년 6월 ○○○가 발주한 솔루션이 탑재된 고속스캐너 구매 입찰 건을 각각 하나의 시장으로 본다.”고 판단하였다.

마. 대법원 2015.8.19. 선고 2013두1683 판결(울산대학교병원 의약품 구매입찰 참가 7개 의약품도매상의 부당한 공동행위 건, 2012.3.26. 공정위 의결)

대법원은 관련시장 획정 관련하여 “공정거래법 제19조 제1항 각 호에 규정된 부당한 공동행위에 해당하는지 여부를 판단하기 위해서는, 먼저 경쟁관계가 문제될 수 있는 일정한 거래분야에 관하여 거래의 객체인 관련시장을 구체적으로 정하여야 하는데, 부당한 공동행위의 다양성과 그 규제의 효율성 및 합리성 등을 고려하면 피고가 어느 공동행위의 관련시장을 획정할 때 반드시 실증적인 경제분석을 거쳐야만 한다고 요구할 수는 없고, 피고가 이를 거치지 아니한 채 관련시장을 획정하였더라도 문제가 된 공동행위의 유형과 구체적 내용, 그 내용 자체에서 추론할 수 있는 경제적 효과, 공동행위의 대상인 상품이나 용역의 일반적인 거래현실 등에 근거하여 그 시장 획정의 타당성을 인정할 수 있다고 보아야 한다(대법원 2014.11.27. 선고 2013두24471 판결 참조). 원심은, ① 이 사건 입찰과 관련한 구매자가 ‘울산대학교병원’으로 특정되어 있고 거래대상은 울산대학교병원이 그룹으로 묶어 지정한 의약품군에 한정되는 점, ② 낙찰자는 울산대학교병원이 지정한 상품을 그룹 단위로 공급하여야 하고 낙찰자가 그 중 일부만 공급하는 것을 선택할 수 없으므로 개별 의약품이나 다른 의약품군과 대체할 수 없는 점, ③ 입찰절차 내에서 울산대학교병원이 제시한 입찰참가자격, 예정인하율 등 일정한 조건 하에 경쟁이 이루어지게 되어, 통상적인 의약품 거래와는 경쟁의 조건에서 본질적인 차이가 있는 점 등을 들어 이 사건 합의의 관련시장을 위 병원이 실시하는 의약품 구매입찰절차로 보았다. 원심의 이러한 판단은 앞서 본 법리에 따른 것으로서 정당하고, 거기에 상고이유의 주장과 같이 관련시장 획정 등에 관한 법리를 오해한 잘못이 없다.”고 판결하였다.

또 대법원은 이 사건 입찰시장에서의 경쟁제한성 유무에 관하여 “공정거래법 제19조 제1항은 다른 사업자와 공동으로 부당하게 경쟁을 제한하는 행위를 할 것을 합의하는 ‘부당한 공동행위’를 금지하면서, 그 합의대상인 행위로 제9호에서 ‘제1호부터 제8호까지 외의 행위로서 다른 사업자(그 행위를 한 사업자를 포함한다)의 사업활동 또는 사업내용을 방해하거나 제한함으로써 일정한 거래분야에서 경쟁을 실질적으로 제한하는 행위’를 들고 있다. 나아가 어떤 공동행위가 경쟁제한성을 가지는지는 당해 상품의 특성, 소비자의 제품선택 기준, 당해

행위가 시장 및 사업자들의 경쟁에 미치는 영향 등 여러 사정을 고려하고, 당해 공동행위로 인하여 일정한 거래분야에서의 경쟁이 감소하여 가격·수량·품질 기타 거래조건 등의 결정에 영향을 미치거나 미칠 우려가 있는지를 살펴서 개별적으로 판단하여야 한다(대법원 2013.11.14. 선고 2012두19298 판결, 대법원 2014.2.27. 선고 2012두24498 판결 등 참조). 한편 당해 공동행위가 경쟁제한적 효과 외에 경쟁촉진적 효과도 함께 가져오는 경우에는 양자를 비교·형량하여 경쟁제한성 여부를 판단하여야 한다. 여기에서 경쟁제한적 효과는 공동행위의 내용, 공동행위에 가담한 사업자들의 시장점유율, 공동행위 가담사업자들 사이의 경쟁제한의 정도 등을 고려하고, 경쟁촉진적 효과는 당해 공동행위로 인한 제반 비용감소 등 효율성 증대 효과 및 소비자 후생 증가 등을 포괄적으로 감안하되 합리적인 관점에서 그러한 경쟁 촉진적 효과를 발생시키는 데 당해 공동행위가 필요한지 여부 등을 종합적으로 고려하여야 한다(대법원 2013.11.14. 선고 2012두19298 판결 참조). 원심은, 이 사건 합의로 인하여 낙찰 받지 못한 도매상도 낙찰도매상과 낙찰가대로 도도매 거래를 함으로써 의약품을 납품할 수 있게 되므로, 이 사건 합의에 가담한 사업자들은 모두 사실상 낙찰자로서의 지위를 가지고 입찰에 참가한다고 볼 수 있어 가격경쟁으로 결정되는 낙찰자 선정의 의미를 무색하게 할 우려가 있다는 점 등을 들어 이 사건 입찰시장에서의 경쟁제한적 효과를 인정하는 한편, 원고 등이 마진 없는 도도매 거래를 할 수 밖에 없었던 불가피성을 인정하기 어려운 점, 이 사건 합의가 없었더라면 위 입찰의 예정인하율보다 더 높은 낙찰인하율이 성립할 수 있었을 것으로 보이는 점, 원고가 주장하는 낙찰가 인하 등의 사정이 이 사건 합의로 인하여 발생한 것으로 보기는 어려운 점 등의 사정을 들어, 이 사건 합의로 인한 경쟁제한적 효과보다 경쟁촉진적 효과가 더 크다고 볼 수 없으므로 이 사건 합의가 이 사건 입찰시장에서의 경쟁을 부당하게 제한하였다고 판단하였다. 앞서 본 법리에 비추어 기록을 살펴보면, 원심의 이와 같은 판단은 정당하다."고 판시하였다.

Ⅲ. 입찰담합에서의 관련매출액: 계약금액

1. 법령 및 과징금고시 규정 내용

부당한 공동행위에 대한 과징금은 공정거래법 제43조(과징금), 그리고 시행령 제50조(과징금) 및 제13조 제1항, 제84조(과징금의 부과기준) [별표 6]의 규정에 따라 각각의 위반사업자가 위반기간동안 일정한 거래분야에서 판매한 관련 상품이나 용역의 매출액(관련매출액)의 20% 범위에서 부과될 수 있다. 한편 시행령 제50조는 부당한 공동행위에 대한 과징금 부과의 경우 위반행위가 입찰담합 및 이와 유사한 행위인 경우에는 계약금액을 매출액으로 본다고 규정하고 있다.

그리고 과징금고시에서는 관련매출액에 위반행위 중대성의 정도별 부과기준율을 곱하여 산정기준을 정한다고 규정하고 있으며, 입찰담합행위에서의 관련매출액 및 기본 산정기준에 대해 그동안의 공정위 및 법원의 법집행 사례 등을 반영하여 구체적으로 규정하고 있다(고시 Ⅳ. 1. 라. 1) 다) 참조). 즉 낙찰이 되어 계약이 체결된 경우에는 계약금액을, 낙찰은 되었으나 계약이 체결되지 아니한 경우에는 낙찰금액을, 낙찰이 되지 아니한 경우에는 예정가격(예정가격이 없는 경우에는 낙찰예정자의 응찰금액)을, 예상물량만 규정된 납품단가 입찰에 대해서는 낙찰이 되어 계약이 체결된 경우에는 심의일 현재 실제 발생한 매출액을, 낙찰은 되었으나 계약이 체결되지 아니한 경우에는 낙찰단가에 예상물량을 곱한 금액을, 낙찰이 되지 아니한 경우에는 예정단가(예정단가가 없는 경우에는 낙찰예정자의 응찰단가)에 예상물량을 곱한 금액을 해당 입찰담합에 참여한 각 사업자의 관련매출액으로 규정하고 있다. 다만, 공동수급체의 구성원에 대해서는 2분의 1 범위 내(지분율 70% 이상인 사업자에 대해서는 10분의 1 이내, 지분율 30% 이상 70% 미만 사업자에 대해서는 10분의 3 이내, 지분율 30% 미만인 사업자에 대해서는 2분의 1 이내)에서 산정기준을 감액할 수 있다고 규정하고 있다(고시 Ⅳ. 1. 라. 1) 다) (1) 단서). 이는 건설공사 입찰의 경우 사업자들이 컨소시엄을 이루어 참여하는 경우가 많은 바, 컨소시엄의 일부인 각 사업자에게 관련매출액으로 계약금액 전체를 적용하는 것은 과도하므로 2016.12.30. 과징금고시를 개정하여, 사업자의 지분율 정도를 감안하되 감액 규모에 일정 정도의 재량 한계를 명시적으로 두는 방식으로 개선하였던 것이다. 당시 공정위는 "컨소시엄 비율을 제대로 고려하지 않은 것은 과징금 부과의 재량권 일탈·남용에 해당된다는 법원의 판결"(서울고법 2008.7.10. 선고 2007누24344 판결, 대법원 2008.11.27. 선고 2008두13767 판결(심리불속행 기각))에 따라 컨소시엄 해당 사업자의 부당이득 대비 기본 산정기준 금액이 지나치게 과대해져, 판례에 따를 경우 부과과징금 단계에서 감경해 줄 수밖에 없다는 문제점을 지적했다(2016. 11.29., 공정거래법 과징금고시 개정안 행정예고 보도자료 참조). 또 들러리 사업자(탈락하였거나 응찰하지 아니한 자)에 대하여는 들러리 사업자의 수가 4 이하인 경우에는 2분의 1 범위 내에서, 들러리 사업자의 수가 5 이상인 경우에는 N분의 (N−2)(N은 들러리 사업자의 수를 말하며, 공동수급체로 참여한 경우에는 공동수급체의 수를 말한다) 범위 내에서 산정기준을 감액할 수 있다고 규정하고 있다(고시 Ⅳ. 1. 라. 1) 다) (2)). 종전에는 들러리 사업자들에 대해서는 들러리 사업자의 수에 무관하게 일률적으로 2분의 1을 감액했었는데, 입찰담합 사건의 과징금 산정과 관련하여 들러리 회사 수가 늘어날수록 과징금 산정 기준(관련매출액 × 부과기준율)이 지나치게 확대되는 문제점을 개선하기 위하여 2015.10.7. 고시를 개정하였다.

한편 사업자단체가 입찰담합행위에 참여하는 경우 법 제51조(사업자단체의 금지행위) 제1항 제1호에 따라 제40조(부당한 공동행위의 금지) 제1항 제8호의 입찰담합행위의 적용을 받게 된다. 이 경우 법 제53조(과징금) 제1항은 해당 사업자단체에 10억원의 범위에서 과징금을 부과할 수 있으며, 시행령 제84조 관련 [별표 6]에 따라 10억원의 범위에서 사업자단체의 연간예산액(위반행위의 종료일이 속한 연도)에 중대성의 정도별로 정하는 부과기준율을 곱하여 과징금이 산정된다. 그리고 과징금고시에서는 사업자단체 연간예산액에 위반행위 중대성의 정도별 부과기준율을 곱하여 산정기준을 정한다고 규정하고 있다. 즉 사업자단체의 입찰담합행위의 경우에는 참가하는 구성사업자와는 달리 연간예산액이 기준이 되며 연간예산액을 산정하기 곤란한 경우에는 10억원의 범위에서 중대성의 정도를 고려하여 산정한다.

2. 법원의 입장 및 법리

법원도 공정위가 공정거래법 시행령 제50조 및 이에 따른 과징금고시를 통하여 부당한 공동행위에 대한 과징금 부과의 경우 위반행위가 입찰담합 및 이와 유사한 행위인 경우에 계약금액을 매출액으로 운영하고 있는 입장을 일관되게 인정하고 있다.

대법원은 2004.10.27. 선고 2002두6842 판결(1998년도, 1999년도 및 2000년도 군납유류 구매 입찰 참가 5개 정유사들의 부당한 공동행위 건, 2000.10.17. 공정위 의결)에서 "관계 법령의 전반적인 체계와 취지·목적, 연혁 등을 종합해 보면, 법 시행령 위 [별표 2] 제6호 단서는 법 제22조 및 제55조의3 제1항, 제3항의 위임에 따라 법 제22조의 과징금 부과한도액을 초과하지 않음을 전제로 하여 입찰담합에 대하여 '계약금액'이라는 별도의 과징금 부과기준을 둔 것으로서 입찰담합의 특수성에 비추어 볼 때 참여자에 대해서도 이러한 기준이 적용된다고 하더라도 모법의 위임 없이 법이 예정하고 있지 아니한 과징금 부과기준을 국민에게 불리하게 변경하는 규정이라고 할 수 없다. 그리고 이 사건 지침의 과징금 부과기준 중 입찰담합에 관한 부분은 법 제22조에서 정한 금액의 범위 내에서 과징금 산정기준을 정한 피고의 내부 사무처리준칙에 불과하므로 구체적인 사안에서 위 과징금 부과기준을 적용한 결과가 비례의 원칙이나 형평의 원칙에 반하지 아니하는 이상 일반적인 부당한 공동행위와는 다른 새로운 기준을 규정하고 있다는 것만으로는 무효라고 할 수 없다."고 판시하였다.

또 대법원은 2014.12.24. 선고 2014두1871 판결에서 "부당한 공동행위의 유형과 이에 대한 과징금 부과 근거에 관한 위와 같은 규정의 형식, 내용과 체계 등과 아울러, ① 입찰 방식의 거래에서 가격을 결정·유지 또는 변경하는 행위를 할 것을 합의(이하 '가격담합'이라고 한다)하거나 상품의 거래 등이나 용역의 거래를 제한하는 행위를 할 것을 합의(이하 '거래제한 합의'라고 한다)한 경우 공정거래법 제19조 제1항 제1호나 제3호에서 정하는 공동행위가 성립하는 외에 같은 항 제8호에서 정하는 공동행위 역시 함께 성립하는 점, ② 공정거래법 시행령 제9조 제1항 단서는 위반행위의 유형을 구분하지 아니한 채 위반행위가 '입찰담합 및 이와 유사한 행위'에 해당하면 계약금액을 관련매출액으로 산정할 수 있다고 규정하고 있는 점, ③ 공정거래법 시행령 제9조 제1항 단서의 규정은 입찰담합의 위법성이 중한 것을 감안하여 그에 대한 제재의 실효성을 확보하기 위하여 정책적으로 도입된 규정이므로 공정거래법 제19조 제1항 제8호의 입찰담합은 물론, 같은 항 제1호나 제3호가 적용되는 입찰 방식의 거래에서의 가격담합이나 거래제한 합의에 대하여 적용할 필요성이 다르지 아니한 점 등을 종합하여 보면, 피고가 입찰 방식의 거래에서의 가격담합이나 거래제한 합의에 대하여 공정거래법 제19조 제1항 제8호를 적용하지 아니하고 같은 항 제1호 또는 제3호를 적용한 경우라도 그 실질이 입찰담합인 이상, 관련매출액의 산정에서 공정거래법 시행령 제9조 제1항 단서를 적용할 수 있다고 봄이 타당하다."고 판시하였다.

특히 대법원은 2017.4.27. 선고 2016두33360 판결(호남고속철도 제2-1공구 노반신설 기타공사 등 13개 공구 최저가낙찰제 공사 입찰참가 28개 사업자의 부당한 공동행위 건, 2014.9.17. 공정위 의결)에서 입찰담합에 있어서의 관련매출액 개념과 관련하여 관련 공정거래법령을 기준으로 동일한 입장하에 매우 구체적인 법리를 제시하였다. 대법원은 동 판결에서 "공정거래법령의 내용 및 문언에 의하면 '입찰담합 및 이와 유사한 행위'에 있어서는 '계약금액'에 100분의 10을 곱한 금액이 과징금의 상한이 될 뿐만 아니라, 위 '계약금액'은 과징금의 기본 산정기준이 된다고 보아야 하고, 이는 입찰담합에 의하여 낙찰을 받고 계약을 체결한 사업자뿐만 아니라 낙찰자 또는 낙찰예정자를 미리 정하는 내용의 담합에 참여하였으나 낙찰을 받지 못한 사업자(이하 '참여자'라 한다)에 대하여도 마찬가지로 적용된다."고 확인하면서, "나아가 관계 법령의 전반적인 체계와 내용, 취지 및 목적, 연혁 등에 의하여 인정되는 다음과 같은 사정, ① 공정거래법 제22조 등의 수범자는 포괄적인 공정거래법 준수의무가 있는 경제주체인 '사업자'이므로 법률에서 요구되는 예측가능성의 정도도 완화될 필요가 있고, 해당 사업자로서는 '입찰담합 행위와 관련이 있는 이익'의 범위 내에서 공정거래법 제22조에서 정한 과징금 상한의 지표인 매출액의 범위가 정해질 것으로 예측할 수 있는 점[헌법재판소 2016.4.28. 선고 2014헌바60, 2015헌바36·217(병합) 전원재판부 결정 등 참조], ② 과징금의 상한과 부과기준은 위법행위의 효과적인 억제라는 과징금 제도의 목적상 일정한 내적 연관성을 가질 수밖에 없을 뿐만 아니라 공정거래법 제55조의3 제1항은 과징금을 부과함에 있어 위반행위의 내용 및 정도 등을 참작하여 부과기준을 정하도록 정하고 있으므로, 해당 사업자로서는 '입찰담합 행위와 관련이 있는 이익'에 해당하는 계약금액을 과징금의 기본 산정기준의 기초로 삼는 것도 예측할 수 있는 점, ③ 입찰담합 등의 구조적 특수성에 비추어 참여자가 해당 공구를 낙찰 받는 이익을 얻는 것은 아니지만, 담합으로 인한 경제적인 이익이 없다고 할 수 없고, 참여자에 대하여 계약금액을 과징금의 기본 산정기준의 기초로 삼을 경우 참여자가 실제 취득한 경제적인 이익과 과징금의 기본 산정기준인 계약금액 사이에 차이가 발생할 가능성이 있다 하더라도, 이로 인하여 발생할 수 있는 실제 취득한 이득과 부과된 과징금 액수 사이의 불균형의 문제는 과징금 부과처분의 재량권 일탈·남용 여부에 대한 사법심사를 통하여 통제될 수 있는 점 등을 종합하여 보면, 공정거래법 시행령의 위 각 규정이 참여자에 대한 과징금의 기본 산정기준을 위반행위의 대상이 된 입찰의 규모를 반영하는 '계약금액'에 기초하여 산정하도록 정했다 하더라도, 모법의 위임 범위를 벗어나 그 수범자에게 불리하게 과징금의 기본 산정기준을 변경하는 것으로 볼 수는 없다."고 판시하였다.

또 대법원은 2020.10.20. 선고 2019두37233 판결(제5378부대 발주 액화석유가스(LPG) 구매 입찰 관련 8개 사업자의 부당한 공동행위 건, 2018.3.15. 공정위 의결)에서도 위 2017.4.27. 선고 2016두33360 판결 등을 참조로 하면서, "'계약금액'은 과징금의 기본 산정기준이 되며, 이는 입찰담합에 의하여 낙찰을 받고 계약을 체결한 사업자뿐만 아니라 낙찰자 또는 낙찰예정자를 미리 정하는 내용의 담합에 참여하였으나 낙찰을 받지 못한 사업자에 대하여도 마찬가지로 적용된다."는 법리를 확인하면서, "공정위는 공정거래법령상 과징금 상한의 범위 내에서 과징금 부과 여부 및 과징금 액수를 정할 재량을 가지고 있다. 그러나 공정거래법 제22조는 피고가 부당한 공동행위를 행한 사업자에 대하여 '대통령령이 정하는 매출액'에 100분의 10을 곱한 금액을 초과하지 아니하는 한도 내에서 과징금을 부과할 수 있도록 정하고 있고, 그 위임에 따라 공정거래법 시행령 제9조 제1항은 본문에서 "공정거래법 제22조에서 '대통령령이 정하는 매출액'이란 위반사업자가 위반기간 동안 일정한 거래분야에서 판매한 관련 상품이나 용역의 매출액 또는 이에 준하는 금액(이하 '관련매출액'이라고 한다)을 말한다."라고 정하면서, 그 단서에서 "다만 입찰담합 및 이와 유사한 행위인 경우에는 계약금액을 말한다."라고 정하고 있다. 따라서 입찰담합에 관한 과징금의 기본 산정기준이 되는 '계약금액'은 위와 같은 법령의 해석을 통하여 산정되는 것이지 공정위가 재량에 따라 결정할 수 있는 것이 아니다."라고 판시하였다.

그리고 대법원은 2022.5.26. 선고 2019두57398 판결(한국도로공사 발주 콘크리트계 도로유지보수공사 입찰 관련 9개 사업자의 부당한 공동행위 건, 2018.1.29. 공정위 의결)에서 입찰담합의 경우 '계약금액'이 과징금의 기본산정기준이 되는 것은 입찰담합을 하였으나 그 담합에 참여하지 않은 제3자가 낙찰받은 때에도 마찬가지라고 판결하면서 그 구체적인 이유를 다음과 같이 설시하였다.

1) 일반적인 부당공동행위금지 위반에서 위반행위 관련 실제 매출액을 과징금의 기본산정기준으로 삼고 있는 것과는 달리, 공정거래법 시행령 제9조 제1항 단서(현행 제50조 후문) 규정은 입찰담합 및 이와 유사한 행위의 경우 계약금액을 과징금의 기본 산정기준으로 삼고 있다. 이는 입찰담합의 위법성이 중한 것을 감안하여 그에 대한 제재의 실효성을 확보하기 위하여 정책적으로 도입된 규정으로서, 문언이나 입법 목적에 비추어 볼 때 그 적용에 있어 입찰담합 참여자 중에서 낙찰자가 선정되었을 것을 요건으로 한다고 보기는 어렵다.

2) 공정거래법상 과징금은 위반행위에 의하여 얻은 불법적인 경제적 이익을 박탈한다는 부당이득 환수뿐만 아니라, 위반행위의 억지라는 행정목적을 실현하기 위하여 부과된다는 성격을 모두 가지고 있다. 입찰담합을 하였으나 입찰담합이 무위로 돌아가 참여자들 가운데 낙찰자가 선정되지 않은 경우, 참여자들이 입찰담합으로 인한 경제적 이익을 누리지 못한다고 볼 여지가 있으므로 계약금액을 과징금 기본 산정기준으로 삼는 것은 과징금의 부당이득 환수적 성격에는 어울리지 않는 측면이 있다. 그러나 그러한 사정만으로 계약금액을 과징금 기본 산정기준에서 제외하는 것은 입찰담합 행위 그 자체의 위법성에 걸맞게 제재 수위가 결정되어야 한다는 행정제재 목적 달성의 측면을 도외시한 것이 된다. 입찰담합 참여자가 그 위반행위로 인하여 얻은 이익이 적거나 없다는 사정은 부과기준율 적용단계 등 과징금을 결정하는 재량 행사과정에서 반영될 수 있다. 따라서 입찰담합이 성공하였는지 실패하였는지를 가리지 않고 그 입찰의 계약금액을 과징금 기본 산정기준으로 삼는다고 하더라도, 그것이 반드시 과잉환수 내지 과잉제재의 결과로 이어진다고 할 수 없다.

3. 입찰담합의 관련매출액(계약금액)을 둘러싼 몇 가지 쟁점

가. 들러리 사업자에 대한 과징금액의 적정성

앞에서 살펴본 바와 같이 입찰담합에 들러리로 참가한 들러리 사업자에 대한 관련매출액을 시행령 및 과징금고시에 따라 계약금액으로 보는 것은 모법의 위임입법의 한계를 벗어나는 것이 아니며 입찰담합의 위법성이 중대하다는 특성을 반영한 것이라는 것이 일관된 법리로 확립되어 있다.

다만 이러한 법리 인정에 있어서 들러리 사업자가 바로 낙찰 받은 이익을 얻는 것은 아니지만 담합으로 인한 경제적인 이익이 없다고 할 수 없고, 들러리 사업자가 실제 취득한 이득과 부과된 과징금 액수 사이의 불균형 문제는 과징금 부과처분의 재량권 일탈·남용 여부에 대한 사법심사를 통하여 통제될 수 있다는 점도 고려요소의 하나였다(대법원 2017.4.27. 선고 2016두33360 판결 참조).

아래에서는 관련하여 같은 들러리 사업자임에도 과징금액의 적정성이 달리 최종 판단되었던 사례인 호남고속철도 제2-1공구 노반시설 기타공사 등 13개 공구 최저가낙찰제 공사 입찰참가 28개 사업자의 부당한 공동행위 건(2014.9.17. 공정위 의결)을 살펴보기로 한다.

(1) 공정위 원심결(2014.9.17.)

(가) 피심인들의 관련매출액: 13개 공구에서의 계약금액(부가가치세 제외)

(나) 부과기준율: 위반행위의 중대성 정도가 '매우 중대한 위반행위'에 해당되므로 과징금고시 규정에 따라 7.0%~10.0%의 부과기준율을 적용하기로 하되, 이 사건 공동행위는 '1사1공구 낙찰제'가 적용된 점, 참가자격요건이 엄격하여 PQ통과 가능업체가 30개사 미만으로 제한적이었던 점, 입찰금액 적정성 심사로 인한 가격경쟁 저해 요소가 있었던 점 등 경쟁이 어느 정도 제한될 소지가 있었던 점을 종합적으로 고려하여 7%의 부과기준율을 적용, 다만 이 사건 공동행위에 참여하였으나 낙찰받지 못한 피심인들에 대하여는 3.5%의 부과기준율을 적용(과징금고시 해당규정은 입찰담합에 있어 응찰하지 아니하였거나 탈락한 자인 들러리 사업자에 대하여는 산정기준을 2분의 1의 범위 내에서 감액하도록 되어 있는 바, 산정기준을 2분의 1로 감액하는 것은 동일한 관련매출액에 부과기준율의 2분의 1을 적용하는 것과 그 결과가 동일하므로 편의상 부과기준율의 2분의 1을 적용한다)

(다) 부과과징금의 결정: 관련매출액 중 낙찰금액보다 들러리로 인한 탈락금액의 비중이 큰 점(비례의 원칙)을 감안하여 13개 공구 낙찰사의 경우 들러리 부분에 대하여 2차 조정 산정기준의 10%를 감경/낙찰받지 못한 15개 순수 들러리사(포스코건설, 현대건설 등)의 경우 2차 조정 산정기준의 30%를 각각 감경, 건설시장 위축 상황을 감안하여 28개 모든 피심인들에 대하여 2차 조정 산정기준의 10%를 감경, 13개 낙찰사의 경우 모두 공동수급체를 구성하여 입찰에 참여하여 부당이득의 규모도 단독으로 계약을 체결하였을 때보다 적을 수밖에 없는 점을 감안하여 낙찰된 부분에 대한 2차 조정 산정기준의 10%를 추가로 감경

(2) 서울고등법원

(가) 2016.1.13. 선고 2014누65969 판결(원고: 주식회사 포스코건설)

나아가 입찰담합의 억지라는 행정목적을 실현하기 위해서, 위반사업자가 낙찰을 받은 경우와 마찬가지로, 위반사업자가 들러리 응찰만을 한 경우에 대해서 위반행위의 대상이 된 당해 입찰의 규모를 반영하는 것으로 볼 수 있는 도급계약상 '계약금액'을 관련매출액으로 보는 것이 불합리하다거나 부당하다고 보이지도 않는다. 더욱이 피고는 원고의 관련매출액을 산정함에 있어서 이 사건 13개 공구 전부의 계약금액을 합산하는 방법을 선택할 수 있었는데도 원고의 실행행위를 기준으로 하여 원고가 들러리로 응찰한 7개 공구의 계약금액만을 합산함으로써 원고의 불이익을 줄였다. 이러한 사정들을 종합할 때, 피고가 공정거래법 제19조 제1항 제8호에서 금지하는 입찰담합을 한 원고에게 과징금을 부과하기 위해서 이 사건 13개 공구 중 원고가 들러리로 응찰한 7개 공구의 도급계약상 부가가치세를 제외한 계약금액을 합하는 방법으로 관련매출액으로 산정한 것은 관련 법령에 따른 조치로서 적법하고, 비례의 원칙이나 과잉금지의 원칙 등에 위반된다고 볼 수 없다.

원고는 원고 등 28개 건설사의 분배 물량을 기준으로 산정한 매출액과 최종 부과된 과징금을 단순 비교하여 이 사건 과징금납부명령의 하자를 주장하기도 한다. 그러나 앞서 본 것처럼 이 사건 공동행위에 따른 관련매출액은 각 사업자가 실제로 분배받은 물량을 기준으로 산정하여야 하는 것이 아니라 이 사건 공동행위의 영향을 받은 공사의 계약금액을 합산하여 산정할 수 있다. 나아가 위반사업자가 공동행위를 통하여 실제로 취득한 경제적 이익의 규모는 과징금을 산정함에 있어서 고려할 하나의 요소에 불과할 뿐이고 반드시 이에 비례하여 과징금이 산정되어야만 적법하게 되는 것도 아니다. 더욱이 원고는 이 사건 13개 공구 중 과반이 넘는 7개 공구에 들러리 응찰을 하였고, 그 대가로 금△산업이 주간사로서 구성한 공동수급체의 일원이 되어(원고의 지분비율은 10%였다) 부가가치세를 제외한 계약금액이 157,547,000,000원인 제5-1 공구를 낙찰 받았을 뿐 아니라 다른 주요 건설사와 비교하여 상대적으로 공사 실적이 부족하였던 터널 공사의 실적을 쌓을 수 있는 기회를 제공받는 등 적지 않은 경제적 이익을 얻은 것으로 판단된다.

이 사건 13개 공구 공사는 대규모 국책사업으로서 국가 재정에 미치는 영향이 매우 크다. 또 이 사건 공동행위는 공구를 분할하고 낙찰예정사와 들러리 응찰사 및 투찰 가격을 미리 정한 이른바 경성 공동행위로서 입찰에 참여한 원고 등 28개 사업자 전부가 이 사건 공동행위에 참여하였다는 점에서 경쟁제한적 효과가 매우 크다. 그럼에도 피고는 이 사건 13개 공구 공사의 경우 어느 정도 경쟁제한적 소지가 있었던 점 등을 고려하여 부과기준율을 구 '과징금부과 세부기준 등에 관한 고시'(2010. 10. 20. 공정거래위원회 고시 제2010-9호로 개정되기 전의 것) Ⅳ. 1. 다의 (1)항에 규정된 부과기준율(7~10%)의 하한인 7%로 정하였고, 원고와 같이 들러리 응찰을 한 사업자에 대해서는 그 절반인 3.5%의 부과기준율을 적용하는 방법으로 기본과징금의 50%를 감경하였다. 나아가 피고는 원고가 조사에 협력한 사정을 감안하여 의무적 조정과징금의 20%를 감경한 후 이와 같이 산정된 임의적 조정과징금에 대하여 다시 이 사건 공동행위의 관련매출액 중 들러리 응찰로 인한 부분의 비중이 큰 사정을 감안하여 30%를, 시장 상황을 감안하여 10%를 감경하였고, 그 결과 원고에게 부과된 과징금은 관련매출액의 1.68%에 불과하였다. 여기에다가 과징금은 부당한 공동행위의 억지라는 행정 목적을 실현하기 위해서 그 위반행위에 대하여 제재를 가하는 행정상의 제재금으로서의 기본적 성격에 부당이득 환수적 요소가 부가되어 있는 점(대법원 2004.10.28. 선고 2002두7456 판결 등 참조)을 더하여 볼 때, 제출된 증거만으로는 이 사건 과징금납부명령에 재량권 일탈·남용의 위법이 있다고 보기 어렵다.

(나) 2016.4.20. 선고 2015누34306 판결(원고: 현대건설 주식회사)

들러리 응찰자의 경우에도 당해 담합으로 직접적인 이익을 얻는 것은 아니라 하더라도 그로 인한 경제적 이익이 없다고 할 수 없다. 특히 이 사건의 경우 7개 대형건설사는 공구를 배정받지 못한 원고와 대우건설에 차후에 발주되는 최저가낙찰제 철도공사에 대한 수주우선권을 주기로 합의하였다. 그 밖에 입찰 담합의 본질상 낙찰자가 아닌 들러리 응찰자도 낙찰자로 하여금 이익을 얻게 한 법 위반행위의 공동주체인 점, 앞서 본 바와 같이 들러리 응찰자로서 취득한 이득이 없다는 사정은 최종 과징금 부과에 이르기까지 여러 단계에서 반영될 수 있는 점 등을 고려하면 들러리 응찰자의 경우에도 낙찰자와 동일하게 관련매출액을 산정한다고 하여 그 자체가 비례 원칙이나 평등 원칙에 위배된다고 볼 수는 없다.

앞서 인정한 사실에 의하면, 이 사건 공동행위는 '① 이 사건 7개 대형건설사의 공구분할에 관한 기본 합의 → ② 이 사건 14개 건설사의 공구분할 합의 가담 → ③ 이 사건 7개 대형건설사와 14개 건설사의 공구별 낙찰예정자 합의 → ④ 이 사건 7개 중소 건설사의 추가 가담 → ⑤ 원고 등 28개 건설사의 들러리 응찰 및 투찰가격 합의 → ⑥ 합의 실행'의 순으로 진행되었음을 알 수 있다. 그런데 이 사건 공동행위의 경우 비록 그 진행 과정에서 합의에 가담한 구성원이 점진적으로 늘어나면서 구성원의 일부 변경이 있었으나, 이 사건 13개 공구의 입찰 시장이라는 동일한 시장에서 상호간의 가격 경쟁을 피하여 각 사업자의 이익을 최대한 추구한다는 단일한 의사와 목적을 수행하기 위해서 단절됨이 없이 계속 실행되었을 뿐 아니라 합의의 태양 역시 본질적으로 달라지지 않았다. 따라서 이 사건 공동행위는 전체적으로 하나의 부당한 공동행위에 해당한다고 봄이 옳다. 그러나 공동행위의 개수는 공동행위의 시기 및 종기, 공동행위의 경쟁제한성 여부, 관련매출액의 범위 등을 판단하기 위한 전제가 되는 사항일 뿐이고, 원고 주장과 같이 이 사건 공동행위가 하나의 부당한 공동행위에 해당한다는 이유만으로 이 사건 공동행위를 구성하는 일련의 합의 중 공구분할 합의 이후 이루어진 합의들이 불가벌적 사후행위에 해당한다고 볼 근거를 찾을 수 없다. 이 사건 공동행위의 경우 앞서 본 것처럼 단일한 의사와 목적에 기한 '공구분할 합의', '낙찰예정자 합의', '들러리 응찰 및 투찰가격 합의'라는 일련의 합의로 구성되어 있고, 각각의 합의는 이 사건 공동행위의 개수와 무관하게 고유의 위법성을 갖고 있다. 비록 원고는 각 공구별 낙찰 예정자 추첨에서 탈락하여 투찰가격 합의에는 참여하지 않았지만, 7개 대형건설사 중 하나로서 이 사건 13개 공구 분할 합의를 주도하였고 각 공구별 낙찰예정자들이 알려 준 투찰가격으로 들러리 응찰을 함으로써 이 사건 공동행위에 가담하였다. 원고의 이러한 행위는 공정거래법 제19조 제1항 제3호에서 금지하는 '상품의 생산·출고·수송 또는 거래의 제한이나 용역의 거래를 제한하는 행위' 및 같은 항 제8호에서 금지하는 '입찰 또는 경매에 있어 낙찰자, 경락자, 투찰가격, 낙찰가격 또는 경락가격, 그 밖에 대통령령으로 정하는 사항을 결정하는 행위'에 해당한다. 따라서 원고가 이 사건 공동행위에 있어 투찰가격 합의 등에 참여하지 않은 점을 고려하더라도 피고로서는 위와 같은 원고의 행위를 공정거래법 위반행위로 보고, 이에 직접 또는 간접적으로 영향을 받은 상품이나 용역의 매출액을 기준으로 과징금을 산정할 수 있다. 결국 이와 다른 전제에 선 원고의 주장은 받아들일 수 없다.

부과과징금 결정 관련하여서, 피고는 원고에 대한 과징금을 산정하면서 원고가 들러리로 이 사건 13개 공구의 입찰에 응찰한 점을 고려하여 부과기준율을 낙찰자의 절반인 3.5%로 적용하는 방법으로 기본과징금의 50%를 감경하여 주었을 뿐 아니라, 순수 들러리사임을 감안하여 2차 조정과징금의 30%를 추가로 감경하였다. 원고가 실제로 공구를 낙찰받은 사업자에 비하여 더 많은 과징금을 부과받게 된 경우가 있다고 하더라도 이는 비교 대상사업자의 개별적 부담능력 등이 참작되어 과징금 조정 단계에서 추가로 감경을 더 받은 결과이거나 원고가 일부 사업자들에 비하여 낙찰금액이 큰 공구에 더 많이 들러리 응찰을 한 결과일 뿐이므로, 그러한 사정만으로 피고의 처분이 위법하다고 볼 수는 없다.

대법원도 2018.4.24. 선고 2016두40207 판결을 통해서 원심판결 이유를 법리와 기록에 비추어 살펴보면 부과기준율 결정, 과징금의 기본 산정기준, 부과과징금 조정 등 과징금 산정에 관한 법리 등을 오해한 잘못이 없다고 하면서 원고의 상고를 기각하였다.

(3) 원고 포스코건설에 대한 대법원의 상고심 판결(2017.4.27. 선고 2016두33360 판결)

대법원은 원고 포스코건설에 대한 원심의 판단에 대해서는 재량권을 일탈·남용한 처분으로서 위법하다고 판단하여 원고 승소 취지로 파기환송하였고, 서울고등법원은 2017.7.20. 선고 2017누46796 판결에서 대법원의 파기환송 취지와 동일하게 판시하고 과징금 납부명령 전체를 취소한다고 판결하였다.

공정위는 원심결에 대한 법원의 과징금 납부명령 취소판결이 확정됨에 따라 원심결 과징금액 전부를 2017.8.18. 환급한 다음, 2018.6.28. 법원의 판결 취지에 따라 과징금을 재산정, 부과처분하였는바, ① 부과기준율은 당초 매우 중대한 위반행위에 해당하는 7%에서 중대한 위반행위에 해당하는 5%로, ② 부과과징금 결정 단계에서 당초 비례 원칙 30% 감경, 건설시장 위축 10% 등 40% 감경은 동일하게 적용하면서, 낙찰받은 공구가 없어 순수 들러리사로서 제재받는 점, 법원 판결의 취지를 종합적으로 고려할 때 원심결 과징금액이 부당이득의 환수, 법 위반의 방지 또는 제재목적을 달성하기에 필요한 범위에 비하여 현저히 과중하여 추가적인 감경의 필요성이 존재한다고 하면서 40%를 추가로 감경하였다.

참고로 포스코건설에 대한 대법원의 판결취지에 대한 이해를 위하여 다음과 같이 2017.4.27. 선고 2016두33360 판결내용을 정리하여 소개한다.

원심은, 피고가 위와 같이 기본 과징금을 산정한 후 조사 협력을 이유로 20%, 관련매출액 중 들러리 입찰로 인한 부분의 비중이 큰 점을 고려하여 30%, 건설시장이 크게 위축된 사정을 감안하여 10%를 각각 감경하는 등의 과정을 거쳐 원고에 대하여 19,998,000,000원의 과징금 납부명령(이하 '이 사건 과징금 납부명령'이라 한다)을 한 것에 관하여, ① 피고가 위와 같이 여러 차례 감경을 함으로써 이 사건 과징금은 위 계약금액 합계액의 1.68%에 불과한 점, ② 원고는 형식적으로 입찰에 참여한 대가로 금호산업이 주간사인 공동수급체의 일원이 되어 총 계약금액이 약 1,575억 원인 제5-1공구를 함께 낙찰받았고 상대적으로 공사 실적이 부족하였던 터널공사 실적을 쌓을 수 있는 기회를 제공받은 점, ③ 이 사건 공동행위가 국가재정에 미치는 악영향이 크고 그에 대해 제재를 할 필요성이 큰 점 등의 이유를 들어, 이 사건 과징금 납부명령에 재량권 일탈·남용의 위법이 없다고 판단하였다.

그러나 원심의 위와 같은 판단은 아래와 같은 이유로 그대로 수긍하기 어렵다. 기록에 의하면, ① 원고는 이 사건 21개 건설사의 공구별 낙찰예정사 합의가 끝난 후 단독으로 저가 입찰을 하더라도 낙찰받기 어렵다고 보아 형식적으로 입찰에 참가해 달라는 낙찰예정사들의 요청을 뒤늦게 수락한 사실, ② 원고가 이 사건 공동행위를 통하여 총 계약금액이 약 1,575억 원인 제5-1공구의 공동수급체 지분 10%를 부여받음으로써 약 157억 원 상당의 공사물량만을 배분받은 사실, ③ 삼성중공업의 경우 원고와 달리 이 사건 21개사의 낙찰예정사 결정 합의 단계에서부터 가담하여 계약금액이 약 1,940억 원인 제3-1공구의 지분 15%, 계약금액이 약 1,654억 원인 제5-2공구의 지분 30% 합계 약 787억 원 상당의 공사물량을 배분받았으나, 1개 공구에만 형식적으로 입찰에 참여한 관계로 2,531,000,000원의 과징금만 부과된 사실, ④ 원고 외에 다른 대부분의 사업자들에 대하여는 그 낙찰 또는 배분받은 공사물량 상당액에 비하여 상당히 낮은 금액의 과징금이 부과된 사실 등을 알 수 있다. 이러한 사실관계를 앞서 본 법리에 비추어 알 수 있는 다음과 같은 사정, 즉 ① 피고가 원고에게 부과한 과징금 약 199억 원은 원고가 이 사건 공동행위 가담을 통하여 취득한 배분물량 약 173억 원 상당을 상회하므로, 과징금 부과로써 기록상 나타난 원고의 유형적 이득액의 합계를 넘어서 배분된 공사금액 전액을 박탈하게 되는 점, ② 비록 원고가 7개 공구에 형식적으로 입찰에 참가하였으나, 다른 한편 이 사건 21개 건설사와는 달리 이 사건 공동행위를 주도하거나 낙찰예정사 결정 합의에는 참여하지 않았으므로, 그 위법성의 정도가 상대적으로 중하다고 보기 어려운 점, ③ 이 사건 공동행위 초기 단계에서부터 합의에 가담하여 상당한 공사물량을 배분받게 된 삼성중공업과 비교하면, 원고의 형식적 입찰 참여 횟수가 많다 하더라도, 그러한 사정만으로 약 8배에 이르는 과징금의 차이를 정당화할 정도로 원고의 부당이득 취득의 정도와 위반행위의 가벌성 등 원고에 대한 제재의 필요성이 삼성중공업에 비하여 현저히 높다고 보기 어려운 점, ④ 원고가 이 사건 공동행위에 가담함으로써 위 실제 배분물량 외에 다른 사업 우선권 등 별도의 이익을 취득하였다고 볼 만한 사정도 보이지 않는 점 등을 종합하면, 이 사건 과징금액이 공정거래법 제22조, 공정거래법 시행령 제9조 제1항, 제61조 제1항 [별표 2]에서 정한 방식에 의하여 그 상한을 초과하지 않는 범위 내에서 산정되었고, 원고가 형식적으로 입찰에 참여한 공구의 규모가 상대적으로 크며, 원고가 공사실적 등의 무형적 이익을 얻은 사정 등을 모두 감안한다 하더라도, 이 사건 과징금액은 과징금의 부당이득환수적인 면보다는 제재적 성격이 지나치게 강조되어 위반행위의 위법성의 정도 및 공동행위로 취득한 이득액의 규모 사이에서 지나치게 균형을 잃은 과중한 액수에 해당한다고 볼 수 있다. 나아가 이 사건 공동행위에 참여한 사업자들 사이에서도 실제 낙찰 또는 배분받은 물량의 차이로 인하여 실제로 취득하는 이익의 규모에 상당한 차이가 있음에도, 피고가 과징금 산정에서 이를 고려하지 않음으로써 다른 사업자에 대한 과징금액과도 균형을 잃게 되었다고 봄이 타당하다. 따라서 이 사건 과징금 납부명령은 그 액수의 면에서 비례의 원칙 등에 위배되어 재량권을 일탈·남용한 처분에 해당한다고 볼 수 있다.

나. 공동수급체방식의 입찰담합에 있어서 계약금액의 산정

컨소시엄, 공동이행방식이나 주계약자관리방식의 공동수급체로 진행되는 건설공사에 있어서 공동수급체의 구성원으로 참가한 사업자에 대한 입찰담합 계약금액 산정시, 당해 공동수급체가 낙찰자가 된 경우, 들러리로만 참여한 경우, '주계약자 관리방식'의 공동수급체의 경우 부계약자의 계약금액 포함 여부 등 쟁점이 된 사례들이 있었다.

쟁점 관련하여 앞에서 살펴본 것처럼 2015.10.7. 과징금고시를 개정하여, 들러리 사업자(탈락하였거나 응찰하지 아니한 자)에 대하여는 들러리 사업자의 수가 4 이하인 경우에는 2분의1 범위 내에서, 들러리 사업자의 수가 5 이상인 경우에는 N분의 (N−2)(N은 들러리 사업자의 수를 말하며, 공동수급체로 참여한 경우에는 공동수급체의 수를 말한다) 범위 내에서 산정기준을 감액할 수 있다고 규정하고 있다(고시 Ⅳ. 1. 라. 1) 다) (2)). 또 2016.12.30. 고시 개정을 통하여 공동수급체(컨소시엄)의 구성원에 대해서는 2분의 1 범위 내(지분율 70% 이상인 사업자에 대해서는 10분의 1 이내, 지분율 30% 이상 70% 미만 사업자에 대해서는 10분의 3 이내, 지분율 30% 미만인 사업자에 대해서는 2분의 1 이내)에서 산정기준을 감액할 수 있다고 규정하고 있다(고시 Ⅳ. 1. 라. 1) 다) (1)단서). 2016.12.30.과 2017.11.30. 과징금고시 개정시 부칙 제2항에 "이 고시는 시행일 이전의 행위에 대해서도 적용한다."는 소급효 조항을 두었고 법원에서도 이를 인정[1]함에 따라 위 들러리 감경 규정과 공동수급체 감경 규정의 내용은 기본적으로 현

---

1) 행정소송에서 행정처분의 위법 여부는 행정처분이 행하여졌을 때의 법령과 사실 상태를 기준으로 판단함이 원칙이고, 이는 공정거래법에 따른 공정위의 과징금납부명령에서도 마찬가지이다(대법원 2017.4.26. 선고 2016두32688 판결 참조). 행정처분은 그 근거 법령이 개정된 경우에도 경과 규정에서 달리 정함이 없는 한 처분 당시 시행되는 개정 법령과 그에서 정한 기준에 의하는 것이 원칙이고, 그 개정 법령이 기존의 사실 또는 법률관계를 적용대상으로 하면서 종전보다 불리한 법률효과를 규정하고 있는 경우에도 그러한 사실 또는 법률관계가 개정 법률이 시행되기 이전에 이미 종결된 것이 아니라면 이를 헌법상 금지되는 소급입법이라고 할 수는 없으며, 그러한 개정 법률의 적용과 관련하여서는 개정 전 법령의 존속에 대한 국민의 신뢰가 개정 법령의 적용에 관한 공익상의 요구보다 더 보호가치가 있다고 인정되는 경우에 그러한 국민의 신뢰보호를 보호하기 위하여 그 적용이 제한될 수 있는 여지가 있을 따름이다(대법원 2001.10.12. 선고 2001두274 판결, 대법원 2010.3.11. 선고 2008두15169 판결 등 참조). 공정위가 2017.11.30. 개정·시행한 과징금고시 부칙 제1항은 '이 고시는 고시한 날부터 시행한다', 제2항은 '이 고시는 시행일 이전의 행위에 대해서도 적용한다'고 규정하고 있는데 소급효를 규정하였다고 하더라도 이미 처분시효가 경과하여 처벌할 수 없는 행위를 다시 처벌 대상으로 삼은 것도 아니므로 이를 헌법상 금지되는 진정소급입법 금지원칙을 위반한 것이라고 볼 수 없다. 서울고등법원 2019.2.13. 선고 2018누42476 판결(대법원 2020.10.29. 선고 2019두37233 판결), 서울고등법원 2019.10.17. 선고 2018누39296 판결 참조.

재 모든 법위반행위 케이스들의 과징금 산정시 적용되고 있다.

(1) 공동수급체 내 지분율이 제대로 반영되지 않았다는 쟁점(공동수급체 구성원으로서 낙찰 받은 경우)

서울고등법원은 2021.7.8. 선고 2020누56201 판결에서 "관계 법령의 전반적인 체계와 내용 및 취지·목적, 연혁 등을 종합해 보면, 입찰담합 등에 해당하는 행위 유형에 대하여 '계약금액'이라는 별도의 과징금 산정기준을 둔 것으로 볼 수 있다. 입찰담합 등의 구조적인 특수성과 그에 대한 제재의 필요성 등에 비추어 볼 때, 공동수급체를 구성하여 입찰에 참여하여 낙찰받은 자에 대해 이러한 과징금고시의 기준이 적용된다고 하더라도 모법의 위임 범위를 벗어나 그 수범자에게 불리하게 과징금 산정기준을 변경한 것으로 볼 수는 없다(대법원 2014.12.24. 선고 2014두8193 판결 참조)."는 일관된 관련 기본법리를 제시하면서, "원고들이 공동수급체의 구성원으로 참여하여 낙찰받은 입찰건에 관하여, 피고가 과징금고시의 기준에 따라 계약금액에 공동수급체 감경을 한 결과가 원고들의 공동수급체 내 지분비율에 따라 계산한 금액보다 높게 산정되었다 하더라도 ① 관련매출액의 산정 과정에서 공동수급체 전체의 계약금액을 기준으로 한 것은 위와 같은 근거 법령 및 법리에 따른 것이다. ② 과징금은 행정상 제재금으로서의 성격과 부당이득 환수의 성격을 모두 가지고 있으므로, 과징금 부과의 기준이 되는 관련매출액이 반드시 부당한 공동행위로 실제 취득한 수입의 범위 내로 제한된다고 볼 수 없다. ③ 공동수급체는 기본적으로 민법상 조합의 성질을 가지는 것으로서 그 구성원은 계약상 의무이행에 대하여 연대하여 책임을 지는 등 계약금액 전부에 대하여 이해관계가 있기도 하다는 이유에서 재량권을 일탈·남용한 위법이 없다."고 판시하였다.

그리고 상고심에서 대법원은 심리불속행 사유에 해당한다는 이유로 상고를 기각하였다(대법원 2021.11.25. 선고 2021두48311 판결).

(2) 들러리로 참여한 경우에 적어도 들러리 감경 외에 공동수급체 감경도 같이 하여야 하는지 여부

서울고등법원은 위 판결에서 "과징금고시 Ⅳ. 1. 다. (1) (마) 1)항 단서는 입찰담합에서 공동수급체를 구성하여 응찰한 경우 일정기준에 따라 산정기준을 감액할 수 있다고 규정(공동수급체 감경)하고, Ⅳ. 1. 다. (1) (마) 2)항은 들러리 사업자에 대하여 산정기준을 감액할 수 있다고 규정(들러리 감경)하면서, '들러리로 참가한 공동수급체 구성원'의 경우 들러리 감경 규정과 공동수급체 감경 규정을 동시에 적용해야 하는지에 관하여 구체적으로 정하고 있지 않다. 그러나 다음과 같은 사정을 고려하면 위와 같이 과징금고시에서 구체적인 규정이 없는 상태에서 피고가 과징금의 기본 산정기준에 관한 재량권을 행사함에 있어 들러리 감경과 공동수급체 감경을 중복하지 않은 것이 불합리하거나 자의적이라고 볼 수 없고, 사실을 오인하였거나 비례·평등의 원칙에 위배된다고도 보이지 않는다."고 판시하였다.

서울고등법원이 고려한 판단요소는 다음과 같다. ① 공동수급체 감경 규정의 취지는 공동수급체를 구성하여 응찰하였을 경우 개별 구성원이 담합에 따라 취득하였거나 취득할 예정이었던 실제 이익의 규모를 과징금 산정 과정에서 고려하고자 하는데 있는 것인데, 공동수급체를 구성하여 단지 들러리로 참여하기로 하고 응찰한 경우, 공동수급체는 당초부터 낙찰받을 의사 없이 형식적으로만 참여하기 때문에 담합의 내용에 따른 직접적인 유형의 이익이 발생할 여지는 없으며, 따라서 공동수급체를 구성하여 들러리로 참여한 경우 들러리 감경 규정 외에 공동수급체 감경을 하는 것은 공동수급체 감경 규정의 본래 취지와 부합하지 않은 측면이 있다. ② 피고가 다른 사건에서 들러리로 참여한 공동수급체의 구성원에 대하여 공동수급체 감경 규정과 들러리 감경 규정을 모두 적용하는 등 이 사건 과징금부과명령과 다른 행정 관행이 성립되어 있다고 볼 만한 증거가 없다. ③ 들러리 감경 규정을 보면 들러리 사업자의 수에 따라 감경률을 달리 정하면서도, 공동수급체가 들러리로 참여한 경우에는 공동수급체를 하나의 사업자와 동일하게 취급하여 공동수급체에 참여한 사업자의 수가 많더라도 그 구성원 전체를 하나의 사업자로 보아 감경률을 산정하도록 하고 있다. ④ 원고들이 실제 취득한 경제적인 이익과 과징금의 기본 산정기준인 계약금액 사이에 차이가 발생할 가능성이 있다 하더라도, 이로 인하여 발생할 수 있는 실제 취득한 이익과 부과된 과징금 액수 사이의 불균형의 문제는 부과기준율의 적용 및 최종 부과과징금의 결정 단계에서 재량권 일탈·남용 여부에 대한 사법심사를 통하여 통제될 수 있다.

(3) '주계약자 관리방식'의 공동수급체의 경우 부계약자의 계약금액 포함 여부

아래에서는 '주계약자 관리방식'의 공동수급체에 있어서 입찰담합 계약금액 산정시 부계약자의 계약금액 포함 여부가 쟁점이 되었던 한국가스공사 발주 천연가스 주배관 및 관리소 건설공사 입찰 관련 23개 사업자의 부당한 공동행위 건(2015.7.20. 공정위 의결)을 살펴본다.

(가) 공정위 의결(2015.7.20.)

• 피심인들의 관련매출액: 23개 공구별 낙찰자가 한국가스공사와 계약한 계약금액(부가가치세 제외), 컨소시엄을 구성하여 들러리로 입찰에 참여한 경우 들러리 컨소시엄의 서브사로서 입찰에 형식적으로 참여한 경우는 제외

• 부과기준율: 위반행위의 내용 및 파급효과 등을 고려할 때 '매우 중대한 위반행위'에 해당되므로 과징금고시 Ⅳ. 1. 다. (1) (가) 규정에 따라 7.0%~10.0%의 부과기준율을 적용하기로 하되, 이 사건 공동행위는 입찰담합으로서 성격상 경쟁제한효과만 발생시키는 것이 명

백한 경성 공동행위인 점, 이 사건 공사는 대형 공공발주공사로서 국가 재정에 미치는 영향이 크다는 점 등으로 종합적으로 고려하여 10%의 부과기준율을 적용, 다만 입찰에 참여하여 낙찰 받지 못한 경우(들러리 사업자)에 대하여는 과징금고시 Ⅳ. 1. 다. (1) (마) 2)에 따라 2분의 1로 감액

• 부과과징금의 결정: 들러리 참여 부분에 대하여는 2차 조정 산정기준의 30%를, 컨소시엄 대표사로 낙찰받는 부분에 대하여는 10%를, 컨소시엄 서브사로 낙찰받은 부분에 대하여는 지분율이 30% 이상인 경우 20%/지분율이 20% 미만인 경우 30%를, 그리고 '주계약자 관리방식'(낙찰자가 발주자와 도급계약을 체결하여 공사를 수주한 후 공사를 직접 시공하지 않고 일종의 수수료를 차감하고 전문건설업자 등에게 하도급을 주는 거래행태로 인하여 나타나는 부실공사 등의 문제점을 방지하기 위하여 도입된 제도로서, 발주자가 낙찰자를 주계약자로 하여 도급계약을 체결하면서 주계약자가 전문건설업자 등에게 하도급을 주게 될 공종과 공사금액 등을 미리 정하여 당해 전문건설업자 등을 부계약자로 하여 발주자가 직접 계약을 체결하고 시공 후 공사금액도 직접 지급하는 제도이다)을 채용한 입찰에 대하여는 낙찰자와 들러리 참여자 모두 2차 조정 산정기준의 5%를 각 감경(주계약자 관리방식을 따르게 되면 낙찰자가 수급사업자와 거래하는 과정에서 얻을 수 있는 이익을 얻을 수 없는 점 등을 감안하여 감경하되, 주계약자 관리방식이 도입된 7개 공구 중 부계약 비율이 10% 미만인 '장림 – 진해 주배관' 공사 관련 부분은 감경하지 아니한다), 건설시장 위축 상황을 감안하여 23개 모든 피심인들에 대하여 2차 조정 산정기준의 10%를 감경

(나) 서울고등법원 2016.8.25. 선고 2015누55310 판결(원고: 주식회사 대한송유관공사)

이 사건 입찰과 같이 발주처와 사업자 간에 주계약자 계약방식으로 계약이 체결된 경우, 이 사건 공동행위에서의 과징금의 부과기준이 되는 '계약금액'의 의미는 위 법령의 규정에 따른 매출액 내지 관련매출액의 정의를 참작하여 입법취지에 부합하게 합리적으로 해석함이 상당하다.

위 인정사실을 앞서 본 법리에 비추어 보면, 다음과 같은 이유로 이 사건 공구 입찰에서 발주자와 부계약자 사이에 체결된 계약금액은 관련매출액에서 제외된다고 봄이 타당하다. 이와 달리 이 사건 공구의 총 계약금액을 관련매출액으로 하여 과징금을 산정한 이 사건 처분은 과징금 부과의 기초가 되는 매출액에 관한 사실을 오인한 것이므로 위법하고 이를 지적하는 원고의 주장은 이유 있다.

① 공정거래법에서 정하고 있는 과징금제도는 부당한 공동행위 등의 적발에 따르는 불이익을 증대시켜 그 경제적 유인을 줄이고 부당한 공동행위 등의 예방효과를 강화하는 것을 목적으로 하는 행정상의 제재이다. 이 사건 공동행위는 공정거래법 제19조 제1항의 부당한

공동행위로서 공정거래법 시행령 제9조 제1항에 정해진 용역의 대가에 관한 것이므로 위와 같은 과징금제도의 취지에 비추어 볼 때 과징금의 대상이 되는 위 조항의 '관련 용역'이란 원칙적으로 부당한 공동행위의 대상이 된 계약 전체를 의미하나, 이 사건 공동행위와 같은 입찰담합에서 부당한 공동행위에 해당하는 의사 연락에 의한 합의에 대상이 된 전체 공사 중 상호구속적인 위 합의가 직접 또는 간접적으로 영향을 미치지 않는 부분이 포함되어 있을 경우에는 이를 제외하고 합의의 성립에 따른 구체적인 경쟁제한효과가 발생하게 된 것만을 의미한다고 해석함이 상당하다.

② 이 사건 공구의 총 계약금액 79,374,210,000원(부가가치세 제외) 중에는 원고를 포함한 공동수급체(대표사: 삼환기업, 서브사: 원고, 태영건설)가 주계약자로서 발주자인 한국가스공사에 제공하는 용역에 해당하는 45,676,280,000원(= 삼환기업 22,838,140,000원 + 원고 15,986,698,182원 + 태영건설 6,851,441,818원) 부분과 부계약자인 다림건설과 대성글로벌네트웍스와 발주사인 한국가스공사 사이에 체결한 계약금액 33,697,930,000원(= 다림건설 11,795,050,000원 + 대성글로벌네트웍스 21,902,880,000원) 부분이 포함되어 있다. 그런데 이 사건 공구의 총 계약금액 79,374,210,000원은 입찰공고 시 발주자인 한국가스공사가 추정한 전체 공사금액 96,325,147,000원의 82.40%에 해당하는데, 이 중 주계약자의 계약금액 45,676,280,000원은 전체 추정 공사금액 중 부계약자의 추정 공사금액 44,394,677,800원(= 15,731,090,100원 + 14,906,069,200원 + 13,757,518,500원)을 제외한 나머지 주계약자의 추정 공사금액 51,930,462,200원의 87.95%이고, 부계약자의 계약금액 33,697,930,000원은 부계약자의 추정 공사금액 44,394,677,800원의 75.91%로서 주계약자와 부계약자의 낙찰율이 크게 차이가 난다.

③ 한국가스공사는 이 사건 공구의 부계약자인 다림건설, 대성글로벌네트웍스와 사이에 별도의 계약금액을 명시하여 계약을 체결하고 계약금액을 직접 지급하였고, 부계약자의 낙찰율이 주계약자의 낙찰율보다 현저히 떨어지므로, 부계약자의 위 계약금액은 이 사건 공동행위로 인한 영향을 받았다고 보이지도 않는다. 따라서 원고가 이 사건 공동행위에 의해 이 사건 공구의 서브사로서 낙찰예정자로 결정되어 구체적인 경쟁제한효과가 발생하게 된 부분은 원고를 포함한 위 공동수급체의 계약금액에 한정되고, 부계약자의 계약금액 부분에는 입찰담합에 관한 합의의 성립에 따른 구체적인 경쟁제한효과가 발생하거나 그럴 우려가 있다고 보이지 아니한다.

④ 또한 부계약자의 계약금액에 관하여는 원고를 포함한 주계약자들이 이를 취득한 사실이 없고, 어떠한 형태로든 그 이익을 전혀 취하지 않았으므로 이에 관하여 원고가 매출을 한 것으로 볼 수 없다.

⑤ 이 사건 공구의 공사도급계약서 상에는 주계약자 및 그의 공동도급사와 분담이행사(부계약자)의 계약금액이 별도로 표기되어 있으므로 피고로서도 주계약자의 계약금액을 매출액으로 정함에 아무런 계산상 어려움이 없었다.

⑥ 입찰담합 등을 포함한 부당한 공동행위에 부과하는 과징금이 그 위반행위에 제재를 가하는 행정상의 제재금의 성격을 가지고 있다고 하더라도 원칙적으로 공정거래법상 과징금의 부과는 위반행위로 인하여 얻은 불법적인 경제적 이익을 박탈하기 위한 것이다.

⑦ 한편, 피고는 ⓐ 부계약자에 대한 계약금액을 관련매출액에서 공제하는 것은 '계약금액'을 관련매출액으로 한다는 과징금고시 Ⅳ. 1. 다. (마) 1)의 규정에 반하는 것이고, ⓑ 원고는 이 사건 공구 입찰의 전체 계약금액을 알고 있던 상황에서 이 사건 공동행위를 통해 낙찰자와 투찰률 등을 합의하였으며, ⓒ 이 사건 공구의 공사도급계약이 주계약자 관리방식으로 체결됨에 따라 이를 부과과징금 결정 단계에서 감경사유로 반영하여 조정기준의 5%를 감액하였으므로, 이 사건 공구의 계약금액 전체를 관련매출액으로 산정하는 것이 타당하다고 주장한다. 그러나 ⓐ 앞서 본 바와 같이 과징금고시에서 관련매출액으로 보는 '계약금액'을 해석함에 있어서 전체 계약 중 부당한 공동행위가 직접 또는 간접적으로 영향을 미치지 않는 부분이 포함되어 있을 경우에는 이를 제외하고 사업자들 사이의 합의에 기초하여 해당 사업자가 낙찰예정자로 결정되어 공사계약을 체결하는 등 합의의 성립에 따른 구체적인 경쟁제한효과가 발생하게 된 부분에 해당하는 계약금액을 의미한다고 해석하는 것이 상당한 점, ⓑ 주계약자가 입찰참가 시 부계약자를 미리 선정하여 공동수급체를 구성하기는 하지만, 발주자가 미리 부계약자의 시공 공종과 공사금액 등을 구분하여 정하고 있는 점, ⓒ 이 사건 공동행위의 합의 대상에 부계약자의 계약금액이 포함되었다고 볼 증거가 없을 뿐만 아니라 실제 부계약자의 낙찰율은 75.91%로서 주계약자의 낙찰율 87.95%에 비해 현저히 낮아서 이 사건 공동행위가 부계약자의 계약금액에는 영향을 미치지 않은 것으로 보이는 점, ⓓ 앞서 본 바와 같이 원고를 포함한 주계약자는 발주자와 사이에 부계약자에 대한 계약금액을 제외하고 계약을 체결하였으므로 부계약자의 계약금액은 주계약자인 원고의 계약금액으로 볼 수는 없는 점, ⓔ 이 사건 공구에 대한 공사도급계약의 총 계약금액 중 부계약자의 계약금액이 차지하는 비율은 약 42.45%에 달하는 반면 피고가 이를 고려하여 과징금을 감경한 비율은 2차조정 산정기준의 5%에 그치는 점 등에 비추어 보면 부계약자의 계약금액은 주계약자의 관련매출액에 포함되어서는 안 되는 것이므로 단지 부과과징금의 결정 단계에서 감경사유로 고려하였다는 것만으로 위법한 관련매출액의 산정이 적법하게 될 수 없으므로 피고의 위 주장은 이유 없다.

(다) 대법원 2019.1.31. 선고 2016두51658 판결

이러한 사정들을 앞서 본 법리에 비추어 살펴보면, 아래와 같은 이유에서 부계약자 계약금액 부분이 포함된 공동수급체의 계약금액 전체를 원고에 대한 과징금 기본산정기준으로 삼은 피고의 조치가 위법하다고 보기 어렵다.

① 이 사건 공동행위는 부계약자에게 지급될 부분을 포함한 전체 입찰금액을 대상으로 하여 이루어진 것으로 볼 수 있다. 한국가스공사 역시 위 전체 입찰금액을 기준으로 낙찰 여부를 결정하였고, 주계약자와 부계약자가 공동수급체를 이루어 입찰절차에 참여하여 그 공동수급체를 대상으로 하나의 계약이 체결되었다. 이러한 점에 비추어 이 사건 공동행위로 인한 전체 입찰금액에 포함된 부계약자의 계약금액 부분에도 이 사건 공동행위가 영향을 미쳤다고 봄이 타당하다.

② 공동이행방식 공동수급체는 기본적으로 민법상 조합의 성질을 가지고, 그 구성원은 계약상 의무이행에 대하여 연대하여 책임을 지는 등 공사계약금액 전부에 대하여 이해관계를 가진다. 마찬가지로 '주계약자 관리방식'의 주계약자 역시 전체 계약의 이행에 대하여 연대책임을 지는 등 공사계약금액 전부에 대하여 이해관계가 있다. 주계약자 관리방식은, 하도급과 관련된 폐해를 방지하기 위한 목적에서 종합건설업체와 전문건설업체가 공동수급체를 구성하여 수주하도록 함으로써 부계약자인 전문건설업체 역시 계약당사자의 지위를 가지도록 한 것일 뿐이다. 따라서 입찰담합에 따른 법적 책임을 규율할 때 주계약자 관리방식의 공동수급체를 공동이행방식의 공동수급체와 달리 볼 이유가 없고, 이는 과징금 산정의 기초인 '계약금액'의 산정에 있어서도 마찬가지이다.

③ 이 사건 과징금에는 부당한 공동행위로 인한 부당이득의 박탈뿐 아니라 위법행위에 대한 제재의 목적도 있으므로, 부계약자의 계약금액 부분이 원고 자신의 매출에 해당하지 않는다는 이유만으로 이를 과징금 산정의 기초인 '계약금액'에 포함시킬 수 없는 것은 아니다. 나아가 이후의 과징금 산정 단계에서 취득한 실질적 이익의 규모와 제재수준 사이의 균형을 고려한 구체적 과징금액 산정이 가능하고, 이러한 균형을 맞추지 못한 재량권 행사는 법원의 재량통제 대상이 된다.

그런데도 원심은 이와 달리, 부계약자의 계약금액이 포함된 계약금액 전체를 원고에 대한 과징금 기본산정기준으로 삼은 피고의 조치가 위법하다고 판단하였다. 이러한 원심판결에는 입찰담합에서의 과징금 기본산정기준에 관한 법리를 오해하여 판결에 영향을 미친 잘못이 있다.

(라) 서울고등법원 2019.8.28. 선고 2019누34687 판결(환송 후 판결)

서울고등법원은 환송 후 판결에서 대법원의 판결 취지대로 판단하면서, 부계약자 계약금액 부분이 포함된 공동수급체의 계약금액 전체를 관련매출액으로 보고 과징금 기본산정기준으로 삼은 피고의 조치를 정당하다고 판결하였다.

다. 발주자가 공동수급체 방식은 아니지만 1회의 입찰을 통하여 전체 예정물량을 3개의 낙찰자에게 차등할당한 경우 관련매출액 및 기본 과징금 산정 이슈

(1) ㈜케이티발주 F/S 케이블 구매입찰 관련 6개 사업자의 부당한 공동행위 건(2018.4.26. 공정위 의결)

공정위는 과징금고시에 따라 1~3순위 낙찰자가 체결한 계약금액을 합산한 금액을 각 피심인에 대한 관련매출액으로 산정하고 5.0%의 부과기준율을 적용, 이를 곱한 금액을 산정기준으로 정하였다. 그리고 들러리 사업자에 대한 감액기준을 적용하여 피심인별 산정기준을 정하고 1차 조정과 2차 조정을 한 다음에 부과과징금 결정에 있어서 이 사건 입찰이 낙찰사들에 대한 차등물량 할당 방식으로서 1개 낙찰사가 단독으로 낙찰받은 물량을 모두 공급하는 일반적인 입찰과 비교하여 부당이득의 규모가 적은 측면이 있는 점 등을 고려하여 원고 포함 일부 피심인들에 대해 2차 조정 산정기준에서 10%를 감경하였다.

(2) 서울고등법원 2019.5.30. 선고 2018누48689 판결

원고는 ① 관련매출액 산정의 위법 관련하여, "과징금 산정의 기준이 되는 관련매출액을 정함에 있어 공정거래법 시행령 제9조 제1항 단서(현행 제50조) 후문은 '계약금액'을 기준으로 하도록 정하고 있고, 이때 계약금액이란, '실제체결된 계약에서 정한 금액'으로 보아야 하므로, 원고의 관련매출액은 원고 자신의 계약금액인 78억 원으로 한정되어야 한다. 피고는 다른 2, 3순위 낙찰자의 계약금액까지 합산한 127억 원을 원고의 관련매출액으로 보았는데, 이는 시행령 제9조 제1항 단서 후문의 '계약금액'을 '복수 계약의 합산금액'으로 확장해석한 것이어서 제재처분 근거규정의 엄격해석 원칙에 위반된다. 또한 이와 같은 관련 매출액 산정방식은 사업자 각자의 관련매출액이 중복 계상되는 문제가 있고, 이로써 원고 등 사업자들에게 부과된 과징금 총액(19억 3,200만 원)이 담합으로 인하여 발생한 매출액(127억 원)의 10%를 초과하여 공정거래법 제22조(현행 제43조)에 반하는 결과를 초래하였다. 이와 같은 관련매출액 산정방식은 위법하다."고 주장하였으며, 또 ② 과징금고시상 공동수급체에 대한 산정기준의 감액 관련하여, "피고의 과징금 산정방식은 원고 등 사업자들을 공동수급체(컨소시엄)와 동일하게 보아 제1, 2, 3순위 낙찰금액을 합산한 127억 원을 원고의 관련매출액으로 산정한 것이므로, 공동수급체 구성원에 대하여 지분비율에 따라 과징금을 감액할 수 있도록 규정하고 있는 과징금고시 Ⅳ. 1. 다. (1) (마) 1)항(현행 Ⅳ. 1. 라. 1) 다) (1)항)의 규정을 유추적용할 필요가 있다. 또한 원고 자신이 아닌 다른 사업자가 낙찰 받은 부분에 대해서는 원고가 '들러리로 참가하였다가 탈락한 것'과 마찬가지이므로, Ⅳ. 1. 다. (1) (마) 2)항(현행 Ⅳ. 1. 라. 1) 다) (2)항)이 규정하고 있는 들러리 감경규정을 유추적용할 필요성도 있다. 그럼에도 위 규정들에 따른 감경을 적용하지 않고 과징금액을 산정한 이 사건 과징금 납부명령은 '위반행위로 인해 취득한 이익의 규모'를 고려하도록 한 공정거래법 제55조의3(현행 제102조)을 위반하는 것으로 재량권을 일탈·남용한 위법이 있다."고 주장하였다.

이에 대하여 서울고등법원은 아래 사정들을 공정거래법, 시행령, 과징금고시에 따른 법리에 비추어 살펴보면, 피고가 원고에 대한 과징금 산정의 기초인 관련매출액을 산정하면서 나머지 2, 3순위 낙찰자의 계약금액 부분을 포함시킨 것에 위법이 없다고 판결하였다.

① 이 사건 입찰은 발주처가 F/S 케이블이라는 품목을 대상으로 1회의 입찰을 통해 전체 예정물량을 3개의 낙찰자에게 차등 할당하는 방식으로, 낙찰 후의 계약은 발주처와 1, 2, 3순위 낙찰자가 각각 직접 계약을 체결하는 방식으로 이루어졌으나, 그와 같은 계약에 이르게 된 이 사건 입찰 과정을 살펴보면, 원고 등 사업자들은 1, 2, 3순위 낙찰자의 계약부분을 모두 포함한 전체 입찰금액 및 전체 예정물량을 대상으로 낙찰예정사, 들러리 참여사, 투찰가격 및 수주물량 배분 등을 정하는 내용의 이 사건 공동행위를 하였다. 그렇다면 이 사건 입찰의 계약금액은 1개의 입찰에서 그 전체 금액이 이 사건 공동행위로 인하여 경쟁이 제한된 상태에서 결정되었다고 보아야 하므로, 이 사건의 경우 공정거래법 시행령 제9조 제1항 단서의 '계약금액'은 당해 입찰의 계약금액 전체를 의미하는 것으로 해석하는 것이 타당하다.

② 과징금은 부당한 공동행위의 억지라는 행정목적을 실현하기 위하여 그 위반행위에 제재를 가하려는 행정상 제재금으로서의 성격과 부당이득 환수의 성격을 모두 가지고 있다. 따라서 과징금 부과의 기준이 되는 관련매출액이 반드시 부당한 공동행위로 실제 얻은 이익의 범위에 한정된다고 볼 수 없고, 나머지 낙찰자의 계약금액 부분이 원고의 직접적인 매출에 해당하지 않는다는 이유만으로 이를 관련매출액에서 제외하여야 하는 것은 아니다. 오히려 이 사건 입찰의 전체 계약금액을 관련매출액으로 산정함으로써 위반행위의 대상이 된 이 사건 입찰의 규모를 반영할 수 있고, 그와 같은 산정방식이 불합리하거나 부당하다고 볼 수 없다.

③ 원고 등 사업자들의 관련시장 점유율은 75% 이상이고, 이 사건 입찰의 전체 계약금액은 127억 원에 이르며, 이 사건 공동행위 과정에서 원고 등 사업자들은 단가가 5~8% 인상

될 때까지 투찰가를 높게 하여 투찰함에 따라 2013.3.25.자 입찰이 3차 투찰 끝에 최종적으로 유찰되기도 하였다. 이후 1순위 낙찰사인 원고는 수주한 물량 전부를 2순위 낙찰사인 E는 수주한 물량 일부를 탈락한 나머지 사업자들에게 OEM 방식으로 위탁함으로써 원고 등 사업자들 모두 사전에 합의한 단가 및 물량에 따라 안정적으로 F/S 케이블을 판매할 수 있었다. 이러한 점을 고려하면 원고가 나머지 낙찰자들의 계약금액 부분에 대하여 아무런 이익을 얻지 않았다고 단정할 수도 없다.

④ 공정거래법 제22조는 '당해 사업자에 대하여 대통령령이 정하는 매출액에 100분의 10을 곱한 금액을 초과하지 아니하는 범위 안에서 과징금을 부과할 수 있다'라고 규정하고 있다. 위 규정의 문언은 '위반행위를 한 각 사업자에 대한 과징금'이 관련매출액의 100분의 10을 곱한 금액을 초과할 수 없다는 것이지, 위반행위에 가담한 전체 사업자의 과징금을 합한 금액에 대하여 과징금 총액의 상한을 규정한 것이라고 해석할 수 없다.

또 서울고등법원은 원고의 들러리 감액 규정 적용 주장 관련하여 "이 사건 입찰은 1개의 입찰에서 최저가로 제시된 낙찰금액의 순위에 따라 3명의 낙찰자를 선정하는 것이어서, 1순위 낙찰행위가 2, 3순위 낙찰자를 위해 탈락함으로써 들러리를 선 행위로 평가할 수 없다. 원고의 위 주장 또한 받아들일 수 없다."고 판결하였다.

(3) 대법원 2020.7.29. 선고 2019두43924 판결

대법원은 먼저 과징금의 기본 산정기준 관련하여 "원심은, 이 사건 입찰은 발주처가 1회의 입찰을 통하여 전체 예정물량을 3개의 낙찰자에게 차등 할당하는 것으로서, 낙찰 후 발주처와 1, 2, 3순위 낙찰자가 각각 계약을 체결하는 방식이기는 하나, 원고 등 7개사들은 1, 2, 3순위 낙찰자의 계약 부분을 모두 포함한 전체 입찰금액 및 전체 예정물량을 대상으로 낙찰자, 투찰가격, 물량배분 등을 정하는 내용의 공동행위를 하였고, 이 사건 입찰의 계약금액은 그 전체가 이 사건 공동행위로 인하여 경쟁이 제한된 상태에서 결정되었으므로, 피고가 원고에 대한 과징금 산정의 기초인 관련매출액을 산정하면서 원고의 1순위 낙찰에 따른 계약금액뿐만 아니라 2, 3순위 낙찰자의 계약금액을 함께 포함시킨 것은 적법하다고 판단하였다. 이러한 원심 판단은 수긍할 수 있고, 거기에 과징금의 기본 산정기준에 관한 법리를 오해하여 판결에 영향을 미친 잘못이 없다."고 판결하였다.

그러나 대법원은 과징금 납부명령의 재량권 일탈·남용 관련하여 "원심은, ① 이 사건 공동행위는 경쟁제한적 효과 외에 효율성 증대효과는 거의 없는 행위인 점, ② 원고 등 7개사는 이 사건 입찰에 참여하면서 낙찰예정자, 투찰가격 등을 사전에 합의하여 실질적으로는 1개의 사업자가 입찰에 참여하는 것과 같은 효과를 발생시킨 점, ③ 이 사건 공동행위로 인한 사업자들의 부당이득이나 발주처의 피해 규모가 경미하다고 볼 수 없는 점, ④ 원고가 당초 발주처와 체결한 계약의 규모를 초과하는 물량을 납품한 점, ⑤ 피고는 이 사건 입찰의 특성 등을 고려하여 5.0%의 부과기준율만을 적용하고 나아가 부과과징금 결정 단계에서 10%를 추가로 감경한 점 등의 이유를 들어, 이 사건 과징금 납부명령에 재량권 일탈·남용의 위법이 없다고 판단하였다. 그러나 원심의 판단은 아래와 같은 이유로 그대로 수긍하기 어렵다.

1) 앞서 본 바와 같이 원고에 대한 관련매출액을 1, 2, 3순위 낙찰자의 전체 계약금액 합계액으로 산정한 것 자체는 타당하다. 그러나 이 사건 입찰은 1회의 입찰을 통하여 전체 예정물량을 3개의 낙찰자에게 차등 할당하는 방식으로서, 비록 낙찰 후 발주자와 1, 2, 3순위 낙찰자 사이에 개별적인 계약이 체결되는 것이기는 하나, 그 실질은 1, 2, 3순위 낙찰자들이 공동수급체로서 낙찰을 받아 1개의 계약을 체결한 경우와 별다른 차이가 없다. 이러한 공동수급체에 관하여 공정거래법 시행령 제9조 제3항의 위임에 따른 피고의 과징금고시 Ⅳ. 1. 다. (1) (마) 1)항은 '공동수급체(컨소시엄, 이하 같다)의 구성원에 대해서는 2분의 1 범위 내 (지분율 70% 이상인 사업자에 대해서는 10분의 1 이내, 지분율 30% 이상 70% 미만인 사업자에 대해서는 10분의 3 이내, 지분율 30% 미만인 사업자에 대해서는 2분의 1 이내)에서 산정기준을 감액할 수 있다'라고 규정함으로써, 공동수급체 구성원 각자의 지분율에 따라 과징금의 기본 산정기준을 감액할 수 있도록 정하고 있다. 그렇다면 특별한 사정이 없는 한 피고는 공동수급체의 실질을 가지고 있는 이 사건 낙찰자들에 대한 기본 과징금을 산정할 때에도 위와 같은 공동수급체 감경규정의 취지를 고려하였어야 한다. 그런데 피고의 이 사건 과징금 산정과정을 살펴보면 이러한 측면을 고려하지 않은 것으로 보인다. 2) 이 사건 입찰에서 원고는 전체 예정물량을 단독으로 낙찰받아 계약을 체결한 것이 아니라, 전체 예정물량 중 61.1%만을 낙찰받아 그 부분에 한하여 계약을 체결하였다. 그런데 원고에 대한 과징금은 위와 같이 이 사건 입찰의 전체 계약금액 합계액을 기준으로 산정되었고, 그 이후 조정 과정에서도 원고가 이 사건 입찰담합을 통하여 실제로 취득한 이득액이 제대로 반영되지 않았다. 피고가 부과기준율의 적용 단계 및 최종 부과과징금의 결정 단계에서 원고가 취득한 부당이득의 규모를 일부 참작하기는 하였으나, 그 과정에서도 이 사건 입찰의 전반적 특성만이 일반적·추상적으로 고려되었을 뿐 원고의 개별적·구체적 사정 및 그에 따른 실제 이익의 규모는 고려되지 않았다. 이러한 과징금액 산정은 공동행위의 대상이 된 입찰의 전체 규모를 반영할 필요성 및 과징금의 제재적 성격 등을 감안하더라도 원고가 이 사건 입찰담합으로 인하여 실제로 취득한 이익의 규모와 균형을 갖추지 못한 것으로 보인다. 3) 결국 이 사건 과징금 납부명령은 공동수급체와 유사한 입찰의 특성이 제대로 반영되지 않았고, 원고가 실제로 취득한 이

익의 규모와 균형을 갖추지 못한 것으로서 비례의 원칙에 반하여 재량권을 일탈·남용한 것으로 볼 수 있다."고 하면서 원심판결을 파기, 사건을 서울고등법원에 환송하였다.

즉 대법원은 과징금 산정에 있어 관련매출액을 1·2·3순위 낙찰자의 계약금액 합계액으로 하는 것은 타당하나, 낙찰자의 순번에 따라 차등적으로 예정물량을 계약한 경우 그 실질은 하나의 공동수급체로서 낙찰 받아 1개의 계약을 체결한 경우와 차이가 없으므로 낙찰자들에게 계약금액지분율에 따라 공정위 과징금고시의 공동수급체 감경규정을 적용해야 된다는 취지로 판결하였던 것이다.

(4) ㈜케이티 발주 F/S케이블 구매입찰 관련 6개 사업자의 부당한 공동행위 건 관련 2개 사업자에 대한 과징금 일부 직권취소 건(2020.10.16. 공정위 의결)[2]

공정위는 위 대법원 판결의 취지를 반영하여 원고에 대한 관련매출액 산정에 있어 공동수급체 감경규정을 적용하여 1~3순위 낙찰자가 체결한 계약금액을 합산한 금액(12,745,468,327원) 중 원고의 실제 계약금액 비율을 지분율로 보고, 나머지 부과기준율(5%) 및 2차 조정 단계에서의 조사협력 감경률(20%)은 그대로 적용하되 종전에 부당이득 규모 등을 감안하여 적용한 감경률(10%)은 적용하지 않기로 하여 과징금을 다시 산정하였다.

(5) 서울고등법원 2021.5.26. 선고 2020누49746 판결

서울고등법원은 환송 후 판결에서 감액 후 과징금납부명령의 적법 여부 관련하여, 원고는 "이 사건 공동행위는 사실상 수요독점자의 지위에 있는 발주자의 원가절감행위에 대항하기 위하여 행하여진 것으로 비난가능성이 낮고, 원고 등 사업자들이 이 사건 공동행위로 인하여 취득한 부당이득이 거의 없으므로 피고가 시정명령에 더하여 감액 후 과징금납부명령을 부과한 것은 비례의 원칙에 반하여 재량권을 일탈·남용한 위법이 있다."고 주장하였으나, "이 사건 공동행위의 규모, 조직적으로 가담한 형태, 이 사건 입찰시장의 경쟁자체가 제한된 효과 등을 고려하면 입찰담합의 억지를 위한 최소한의 행정제재로서 과징금을 부과할 필요성이 인정되고, 과징금 부과를 통한 공정한 경쟁의 확보라는 공익이 감액 후 과징금납부명령으로 원고가 입게 될 경제적 불이익보다 작다고 보기도 어렵다. 이에 더하여 감액 후 과징금납부명령은 관련매출액 산정에 관하여 원고의 실제 계약금액비율을 고려하여 이루어진 점까지 종합하여 보면, 감액 후 과징금납부명령이 사회통념에 비추어 현저하게 타당성을 잃었

---

2) 공정위 의결서에 직권취소 이유 관련하여, 법원의 판결이 확정되는 경우 위원회는 당초 부과한 과징금 전액과 환급 이자를 환급하고 다시 과징금부과 처분을 하여야 하는바 원심결에서 피심인들에게 부과한 과징금 중 공동수급체 감경을 적용하지 않아 부과된 만큼의 과징금을 법원의 판결이 확정되기 전에 직권취소하여 환급가산금의 증가 등 국고손실과 불필요한 행정절차의 반복을 방지하고자 한다고 되어 있다.

다고 보기 어렵다."고 판결하였다.

라. 적용법조를 제19조(현행 제40조) 제1항 제8호를 적용하지 아니하고 제19조 제1항 제1호, 제3호, 제4호 등을 적용하거나 함께 적용한 경우 관련매출액 이슈

(1) 13개 비료 제조·판매사업자의 부당한 공동행위 건(2012.4.30. 공정위 의결)

공정위는 13개 피심인들의 이 사건 공동행위는 형식적으로는 농협중앙회 및 연초조합이 실시한 화학비료 입찰에서 투찰가격과 물량을 합의한 것이긴 하나, 농협중앙회와 연초조합이 국내화학비료 유통을 독점하고 있는 점을 고려할 때 이 사건 공동행위로 인해 결정된 낙찰가격은 사실상 국내 화학비료 공급시장에서의 공급가격을 의미하고, 피심인별로 배분된 낙찰수량은 당해연도의 비료업체별 화학비료 생산·출고량 내지는 시장점유율을 의미한다. 따라서 이 사건 공동행위는 법 제19조 제1항 제1호에서 규정하고 있는 '가격의 결정·유지 또는 변경하는 행위'와 법 제19조 제1항 제3호에서 규정하고 있는 '상품의 생산·출고·수송 또는 거래의 제한이나 용역의 거래를 제한하는 행위'를 합의한 것으로 인정하고 법 제19조 제1항 제1호, 제3호의 규정에 위반한다고 결정하였다.

서울고등법원은 2013.10.18. 선고 2012누15632 판결에서 "입찰담합은 그 구체적인 합의 내용에 따라 가격협정, 공급제한협정, 시장분할협정으로서의 성격이 있을 수 있고 이에 따라 공정거래법 제19조 제1항 제8호뿐 아니라 같은 법 제19조 제1항 제1, 3, 4호도 선택적으로 적용될 수 있다. 다만 과징금산정에 있어서는 처분의 근거법령에 관계없이 그 공동행위의 내용이 위 관계규정상 위반행위가 '입찰담합 및 이와 유사한 행위' 내지 '위반행위가 입찰 또는 특정계약에 직접 관련되거나 한정된 경우'에 해당하는 이상 계약금액을 관련매출액으로 산정할 수 있다. 따라서 이 사건에서 피고가 이 사건 처분의 근거법령으로 공정거래법 제19조 제1항 제8호가 아닌 제1, 3호를 적시하였지만 이 사건 공동행위의 내용이 농협중앙회 및 연초조합이 발주한 화학비료 입찰시장에서 입찰가격과 물량배분에 관하여 합의하였다는 것인이상 계약금액을 관련매출액으로 산정할 수 있다."고 판시하였다

(2) 한국가스공사 발주 천연가스 주배관 및 관리소 건설공사 입찰 관련 23개 사업자의 부당한 공동행위 건(2015.7.20. 공정위 의결)

공정위는 피심인들의 이 사건 공동행위는 법 제19조 제1항 제8호와 제3호에 해당하고, 피심인들이 각 공구별로 미리 합의하여 정한 낙찰자가 낙찰을 받아 계약을 체결하였으므로 26개 각 공구별 낙찰자가 한국가스공사와 계약한 계약금액(부가가치세 제외)을 관련매출액으로 하되 각 공구 입찰에 참여하여 낙찰을 받거나 들러리로 참여한 공구의 계약금액을 합한 금

액을 각 피심인에 대한 관련매출액으로 하였다(다만 들러리 참여분의 경우에는 과징금고시 Ⅳ. 1. 다. (1) (마) 2)에 따라 2분의 1로 감액).

피심인들은 이 사건 공동행위가 기존 실적 12개사가 제안한 공구분할 또는 물량배분 계획에 따라 낙찰자를 미리 결정하였으며, 낙찰자 결정 후에 나머지 피심인들이 입찰에 들러리로 참여한 행위는 공구분할 합의를 실행하기 위한 부수적이고 사후적인 행위로서, 그 실질이 법 제19조 제1항 제3호에 규정된 "상품의 생산·출고·수송 또는 거래의 제한이나 용역의 거래를 제한하는 행위", 즉 공구분할 행위에 해당하므로 법 제19조 제1항 제8호에 규정된 입찰담합에 해당하지 않으므로 피심인들이 실제로 수주한 공사금액만을 관련매출액으로 보아야 한다고 주장하였다.

이에 대해 공정위는 피심인들의 행위는 공구별 낙찰자를 미리 정하고 그 정해진 낙찰자가 실제로 낙찰되도록 하기 위해 입찰 참여사들 투찰가격을 미리 결정한 행위로서, 이는 입찰에 참가하는 사업자들이 낙찰자나 투찰가격 등을 미리 결정하는 것을 주된 내용으로 하는 법 제19조 제1항 제8호의 입찰담합에 해당하며, 다만 그 구체적인 합의 내용 중 회사의 규모 등을 감안하여 공구를 분배하거나 지분을 분배하는 내용의 합의를 포함하고 있는 점에서 법 제19조 제1항 제3호에 규정된 "상품의 생산·출고·수송 또는 거래의 제한이나 용역의 거래를 제한하는 행위"의 성격도 아울러 갖고 있다고 판단하면서, 결국 입찰담합은 그 구체적인 합의 내용에 따라 가격협정, 공급제한협정, 시장분할 협정으로서의 성격을 함께 포함하고 있을 수 있으므로 법 제19조 제1항 제8호를 적용하는 이외에 법 제19조 제1항 제1호, 제3호, 제4호도 함께 적용될 수 있는 것이므로, 그럼에도 이러한 점만을 들어 이 사건의 경우에 법 제19조 제1항 제8호의 적용을 배제해야 한다거나 법 제19조 제1항 제8호에 따라 과징금을 부과하는 것이 위법하다고 할 수는 없다고 결정하였다.

마. 수개의 합의가 하나의 공동행위를 구성하는 경우 일부는 정률방식으로 산정하고, 일부는 정액방식으로 산정하는 것이 허용되는지 여부

공정위는 2020.4.7. ㈜포스코 발주 광양제철소 생산 철강제품 운송용역 입찰 관련 8개 사업자의 부당한 공동행위 건에서 2001년부터 2018년까지의 위반기간 중 보존 기한 도과 등으로 입찰자료가 존재하지 않아 관련매출액 산정이 곤란한 2009년과 2012년도의 경우 정액 과징금을 부과하였다.

원고는 법 제22조(현행 제43조)의 문언에 의하면 그 본문에 따른 '관련매출액에 부과기준율을 곱하는 방식'(정률 방식)과 그 단서에 따른 '정액 산정 방식'(정액 방식)은 둘 중 하나를

택해야 하지 병과할 수 없다고 해석해야 하며, 설사 병과가 허용된다고 하더라도 피고가 정한 정액과징금 기본 산정기준(2009년, 2012년 각 8억원)은 그 전후 연도의 기본 산정기준보다 과도하게 높아 재량권의 일탈·남용에 해당한다고 주장하였다.

이에 대하여 서울고등법원 2022.10.27. 선고 2020누52629 판결은 "2009년부터 2018년까지 수개의 합의가 하나의 공동행위를 구성하는 이 사건에서 피고가 과징금 기본 산정기준을 정하면서, 객관적인 매출액 산정이 곤란한 2009년과 2012년을 제외한 기간에 대하여는 법 제22조 본문에 따라 '그 기간에 발생한 관련매출액'에 '위반행위 중대성의 정도를 고려하여 정하는 부과기준율'을 곱하는 방식(정률방식)을 적용하고, 2009년과 2012년에 대하여는 같은 조 단서에 따라 위반행위 중대성의 정도를 고려하여 일정 금액으로 정하는 방식(정액방식)으로 산정한 뒤, 이를 합산하는 방법을 택한 것 자체는 위법하다고 할 수 없다."고 판시하였다. 구체적인 이유로 다음과 같은 논거를 설시하였다.

① 법 제22조는 과징금 산정 방법을 규정한 조항으로, 그 본문에 따른 정률방식과 그 단서에 따른 정액방식은 별개의 성질의 제재가 아니라 관련매출액의 산정이 가능한지 여부에 따라 과징금의 세부적인 산정방식을 달리 정한 것에 불과하다.

② 이 사건과 같이 여러 개의 개별 합의가 규범적으로 하나의 공동행위를 구성하는 경우에 위반행위 '전부'에 대한 관련매출액 산정이 불가능할 때에만 정액방식을 적용하도록 명시적으로 제한하는 규정이 없고, 하나의 공동행위를 이루는 개별 합의들 중 일부에 대해서 관련매출액 산정이 불가능한 경우에 그 일부에 대해서 정액방식으로 과징금을 산정하는 것을 금지해야 할 필요성이나 실익이 존재하지 않는다.

③ 법 제22조 본문이 매출액을 기준으로 과징금을 부과하도록 한 것은 위반행위의 규모와 이로 인해 취득한 이익의 규모를 고려하여 적정한 과징금을 부과하기 위함이다. 그리고 같은 조 단서가 매출액이 없거나 매출액의 산정이 곤란한 경우에 정액방식으로 과징금을 부과할 수 있게 한 것은 위반행위를 한 것은 분명하나 매출액 산정이 불가능하다는 이유로 과징금이 면제되는 결과를 방지하여 공정거래법의 규범력을 확보하기 위함이다. 그런데 오로지 위반행위 전체에 대한 관련매출액 산정이 불가능할 경우에만 정액방식으로 과징금을 부과할 수 있고, 일부에 대한 관련매출액 산정이 불가능할 경우에는 그 부분에 대하여 정액방식을 적용할 수 없다고 해석하는 것은 그 부분 위법행위에 대한 제재를 면제하고 위반행위 규모 등에 부합하는 과징금 산정을 포기하는 것으로서 법 제22조 본문과 단서의 입법취지 모두에 반한다.

다만 서울고등법원은 여러 개의 합의가 하나의 공동행위를 구성하는 경우에 과징금 산정 관련하여 정률방식과 정액방식의 병과가 허용된다고 판결하였으나, 공정위가 2009년과 2012년의 정액과징금 기본 산정기준을 각 8억원으로 정한 것은 여러 개의 합의가 하나의 공동행위를 이루는 이 사건 공동행위의 성격을 전혀 고려하지 않은 것일 뿐만 아니라 하나의 공동행위에 대한 정액과징금의 상한을 20억원으로 제한한 법 제22조 단서의 취지에도 반하는 것이라고 판시하였다.

공동행위 자진신고자 감면제도 중 순위 인정을 둘러싼 쟁점

I. 개요

우리나라는 1996.12.30. 공정거래법의 개정(1997.4.1. 시행)을 통하여 부당한 공동행위에 대한 자진신고자 감면제도(leniency program)를 도입하였다. 이후 자진신고자 감면제도는 세부 내용에 있어 여러 차례의 개선이 있었으며, 자진신고자 감면제도의 운영 과정에서 발생하는 다양한 쟁점들은 공정위와 법원의 판단을 통하여 구체화되어 왔다.

자진신고자 감면제도는 현재 법 제44조(자진신고자 등에 대한 감면 등), 법 제44조 제5항의 위임에 따라 동법 시행령 제51조(자진신고자등에 대한 감면 기준 등), 그리고 시행령 제51조 제6항의 위임에 따라 "부당한 공동행위 자진신고자 등에 대한 시정조치 등 감면제도 운영고시"(이하 "감면고시"라 한다)에서 시정조치 또는 과징금이 감경 또는 면제되는 자의 범위와 감경 또는 면제의 기준·정도 등과 그 방법 및 절차 등 관련 사항을 규정하고 있다. 대법원은 2017.1.12. 선고 2016두35199 판결에서 "공정거래법 제22조의2 제3항(현행 제44조 제5항)에서 규정한 '감경 또는 면제되는 자의 범위와 감경 또는 면제의 기준·정도 등에 관한 세부사항'에는 감면 혜택을 받을 수 있는 적극적 자격뿐만 아니라 그 혜택을 받을 수 없는 소극적 자격도 포함된다. 부당한 공동행위의 유형은 현실적으로 매우 다양할 뿐만 아니라 변화하는 경제상황에 따라 규율을 달리해야 할 필요도 있으므로, 감면 혜택을 받을 수 있는 자진신고자 등의 범위에 관한 세부 내용을 어떻게 정할지는 경제규제에 전문성이 있는 행정부가 이를 탄력적이고 신속하게 규정할 필요가 있다. 또한 그 제도의 수범자가 포괄적인 공정거래법 준수의무가 있는 경제주체인 사업자이므로 법률에서 요구되는 예측가능성의 정도도 완화할 필요가 있다(헌법재판소 2016.4.28. 선고 2014헌바60, 2015헌바36, 217 전원재판부 결정 등 참조)."는 법리를 제시하면서, "공정거래법 제22조의2 규정의 입법 취지, 규정 형식과 내용 등을 유기적·체계적으로 종합해 보면, '과징금 등 감면을 받을 수 있는 자진신고자 등의 범위'는 자진신고자 등에 대하여 단순히 과징금 등을 부과하기보다 감면 혜택을 부여하는 것이 부당한 공동행위에 대한 중지 또는 예방효과가 큰 경우를 중심으로 시행령에 정해질 것이라고 그 실질적 기준의 대강을 예측할 수 있고, 시행령으로 정하는 사항에는 부당한 공동행위의 유형과 개별 사정에 따라 감면 혜택을 받을 수 있는 자진신고자 등의 범위를 제한하는 내용이 마련될 수 있다는 것도 예상할 수 있다고 보아야 한다. 따라서 공정거래법 제22조의2 제3항이 과징금 등의 감면 혜택을 받는 자진신고자 등의 범위를 직접 정하지 않은 채 이를 대통령령에 위임한 것이 포괄위임금지의 원칙에 위반된다고 볼 수 없다. 이 사건 시행령은 '2개 사업자만이 담합에 참여한 경우'와 '1순위 자진신고자 등이 자진신고 등을 한 날부터 2년 이상이 지난 경우'에는 2순위 자진신고자 등에 대한 감경을 배제하고 있는바, 이는 감면 혜택을 받을 수 없는 소극적 자격에 관한 것으로서 공정거래법 제22조의2 제3항에서 명시적으로 대통령령에 위임한 '감경 또는 면제되는 자의 범위와 감경 또는 면제의 기준·정도에 관한 세부사항'에 해당한다."고 판시하였다.

자진신고자 감면제도와 관련하여 대법원은 2020.10.29. 주목받을 만한 판결을 선고하였다 (대법원 2020.10.29. 선고 2017두54746 판결). 특히 2순위 조사협조자 지위의 판단 관련하여, 공정위가 담합 비참여자의 제보 등을 통하여 부당한 공동행위임을 입증하는 데 필요한 증거를 충분히 확보한 상황에서, 최초로 감면 신청을 한 사업자에 대하여 2순위 조사협조자 해당 여부를 검토하고 그 지위를 인정할 수 있는 지에 대한 판단 기준을 제시하였다는 측면에서 특히 중요한 의미를 갖는다.

한편 자진신고자 순위 인정과 관련하여 다양한 쟁점이 문제될 수 있는데, 감면신청인 지위 인정에 대한 판단은 비공개를 원칙으로 하기에 법원 판결 및 공정위 의결을 망라적으로 검토하기가 쉽지 않은 실정이다.

이하에서는 자진신고자 감면제도에 관한 법원 판결 및 공정위 의결의 내용을 이해하기 위하여 공정거래법상 자진신고자 감면제도의 취지와 목적, 지위 인정 요건에 대하여 간단히 살펴본 후, 위 대법원 2017두54746 판결의 주요 내용 및 쟁점을 별도로 살펴본다. 그리고 그 밖에 감면신청인 순위 인정과 관련하여 실무적으로 제기되고 있는 몇 가지 쟁점에 대해서도 선례를 통하여 검토해보고자 한다.

II. 자진신고자 감면제도의 취지와 목적

자진신고자 감면제도의 운용 및 관련 규정의 해석에 있어 동 제도의 취지와 목적을 이해하는 것은 중요하다. 감면제도의 목적을 담합 참여자들간 신뢰 약화에 방점을 둘 경우에는 후순위 감면신청인에게 보다 폭넓은 혜택의 부여가 가능할 수 있는 반면, 담합 사실의 적발 및 필요한 증거의 수집이라는 행정절차적 측면을 강조할 경우에는 후순위 감면신청인에 대한 혜택의 부여가 제한될 수 있기 때문이다.

대법원은 기본적으로 자진신고자 감면제도의 목적을 "부당한 공동행위에 참여한 사업자가 자발적으로 조사에 협조하여 입증 자료를 제공한 데에 대하여 혜택을 부여함으로써 참여사업자들 간의 신뢰를 약화시켜 부당한 공동행위를 중지 내지 예방하기 위한 것"으로 이해하고 있다.

대법원은 자진신고자 감면제도의 운영을 통하여 공정위의 입증 자료 확보가 용이해질 수 있다는 점도 인정하고 있으나, 과거 판결에서는 이러한 공정위 집행 측면에서의 효과를 부수적인 파생효과에 지나지 않는다고 하면서, 자진신고자 감면제도는 공동행위에의 참여사업자들간 신뢰를 약화시킴으로써 공동행위를 중지 내지 예방하는 것이 주된 목적이라고 보았다. 그렇기에 법원은 자진신고자나 조사협조자의 협력이 반드시 집행기관의 조사를 용이하게 하는 데에 적극적으로 기여한 경우로 제한된다고 볼 수 없다고 보기도 하였다.

다만, 이후 대법원은 위 두 가지 목적 내지 효과를 대등하게 언급해오고 있다. 구체적으로, 대법원은 "공정거래법령이 자진신고자 감면제도를 둔 취지와 목적은 부당한 공동행위에 참여한 사업자가 자발적으로 부당한 공동행위 사실을 신고하거나 조사에 협조하여 증거 자료를 제공한 것에 대한 혜택을 부여함으로써 참여사업자들 사이에 신뢰를 약화시켜 부당한 공동행위를 중지·예방함과 동시에, 실제 집행 단계에서는 공정거래위원회로 하여금 부당공동행위를 보다 쉽게 적발하고 증거를 수집할 수 있도록 하여 은밀하게 이루어지는 부당공동행위에 대한 제재의 실효성을 확보하려는 데에 있다."고 설시하면서, 제도의 두 가지 주요 목적간 균형을 꾀하고 있다.

나아가, 2020.10.29. 선고된 대법원 2017두54746 판결은 2순위 감면신청인에게도 그 지위를 인정해주고 혜택을 제공하는 우리나라 자진신고자 감면제도의 목적을 명확히 밝히고 있다. 대법원은 2순위 조사협조자에게 1순위 조사협조자와는 달리 "공정위가 부당한 공동행위에 대한 정보를 입수하지 못하였거나 부당한 공동행위임을 증명하는 데 필요한 증거를 충분히 확보하지 못한 상태에서 조사에 협조하였을 것"이라는 요건을 요구하고 있지 않은 것은, 공정위가 '1순위 조사협조자의 증거 제공'으로 필요한 증거를 충분히 확보한 경우에는 예외를 인정하여 1순위 조사협조자가 성립하는 외에 2순위 조사협조자도 성립할 수 있도록 함으로써, 보다 신속한 담합의 와해를 유도하고 추가적인 증거의 확보를 용이하게 하기 위한 것이라고 하면서 그 취지를 확인하였다.

Ⅲ. 현행 감면신청인 지위 인정 요건

'자진신고자'라 함은 공동행위에 참여한 사업자로서 당해 공동행위에 대한 공정위의 조사 개시 이전에 당해 공동행위를 입증하는 데 필요한 증거를 공정위에 제공하는 사업자를 말하며, '조사협조자'라 함은 공동행위에 참여한 사업자로서 당해 공동행위에 대한 공정위의 조사 개시 이후에 당해 공동행위를 입증하는 데 필요한 증거를 공정위에 제공하는 사업자를 말한다. 공정위 감면고시에서는 자진신고자와 조사협조자를 통틀어서 '자진신고자 등'이라고 표현하고 있다(감면고시 제1조, 제2조).

공정거래법상 감면신청인에 대해서는 감면신청서 제출 순위와 이에 따라 결정되는 자진신고자 지위, 그리고 자진신고자인지 조사협조자인지 여부에 따라 차등적으로 시정조치 및 과징금의 감경 또는 면제, 고발 면제가 가능하다.[1] 다만, 해당 순위의 지위 인정 요건에 있어서는 자진신고자와 조사협조자 간에 유의미한 차이가 없다. 1순위 및 2순위 감면신청인의 지위를 인정받기 위한 요건은 다음과 같다(시행령 제51조 제1항 제1호 내지 제3호, 제2항, 감면고시 제6조의3 등 참조).

[1순위 감면신청인 지위 인정을 위한 적극적 요건]

① 부당한 공동행위임을 입증하는 증거를 단독으로 제공한 최초의 자일 것

② 공정위가 부당한 공동행위에 대한 정보를 입수하지 못했거나 부당한 공동행위임을 입증하는 증거를 충분히 확보하지 못한 상태에서 자진신고하거나 조사등에 협조했을 것

③ 부당한 공동행위와 관련된 사실을 모두 진술하고, 관련 자료를 제출하는 등 조사 및 심의·의결이 끝날 때까지 성실하게 협조했을 것

④ 부당한 공동행위를 중단했을 것

[1순위 감면신청인 지위 인정을 위한 소극적 요건]

⑤ 다른 사업자에게 그 의사에 반하여 해당 공동행위에 참여하도록 강요하거나 이를 중단하지 못하도록 강요한 사실이 없을 것

⑥ 시정조치 또는 과징금납부명령을 받은 날로부터 5년 이내에 다시 당해 시정조치에 위반되는 부당한 공동행위를 하지 않을 것

---

1) 공정거래법 제44조 제1항, 동법 시행령 제51조 제1항 등에 따라 감면신청인에게 인정되는 효과는 다음과 같다. 1순위 자진신고자: 과징금 및 시정조치 면제, 고발 면제. 2순위 자진신고자 및 조사협조자: 과징금 50% 감경, 시정조치 감경 가능, 고발 면제.

[2순위 감면신청인 지위 인정을 위한 적극적 요건]

① 부당한 공동행위임을 입증하는 증거를 단독으로 제공한 두 번째 자일 것

② 부당한 공동행위와 관련된 사실을 모두 진술하고, 관련 자료를 제출하는 등 조사 및 심의의결이 끝날 때까지 성실하게 협조했을 것

③ 부당한 공동행위를 중단했을 것

[2순위 감면신청인 지위 인정을 위한 소극적 요건]

④ 다른 사업자에게 그 의사에 반하여 해당 공동행위에 참여하도록 강요하거나 이를 중단하지 못하도록 강요한 사실이 없을 것

⑤ 시정조치 또는 과징금납부명령을 받은 날로부터 5년 이내에 다시 당해 시정조치에 위반되는 부당한 공동행위를 하지 않을 것

⑥ 2개 사업자가 참여한 부당한 공동행위가 아닐 것

⑦ 첫 번째 감면신청일로부터 2년 이내에 감면 신청하였을 것

Ⅳ. 대법원 2020.10.29. 선고 2017두54746 판결 관련 주요 쟁점

1. 사실관계

기계설비공사업을 영위하는 23개 사업자는 2008년 10월 6일부터 2014년 5월 12일까지의 기간(이하 "1차 공동행위"라 한다) 동안 연도 및 건식에어덕트 공사 입찰에 참여하면서 낙찰예정사 및 투찰가격을 합의하고 이를 실행하였다. 그러나 2014년 5월 13일 공정위의 현장조사가 시작되자, 한국스택 주식회사(이하 "원고"라 한다)를 포함한 일부 사업자들은 공동행위를 파기하고 공정거래법을 준수할 것을 명시한 공문을 그동안 합의에 참여하였던 업체들에 발송하고 공동행위를 통한 입찰을 중단하였다.

그러던 중 정상적인 경쟁입찰로 인한 공사이익이 감소되고 국세청의 세금 추징으로 재정적 부담이 발생되자, 원고를 포함한 사업자들은 2014년 10월 2일부터 2015년 11월 13일까지의 기간(이하 "2차 공동행위"라 한다) 동안 공동행위를 재개하여 총 797건의 연도 및 건식에어덕트 공사 입찰에 참여하면서 낙찰예정사와 투찰가격을 합의하고 시행하였다.

2. 민간건설사 발주 연도 및 건식에어덕트 공사 입찰 관련 23개 사업자의 부당한 공동행위 건(2016.12.6. 공정위 의결)

공정위는 원고 등의 1차 공동행위 및 2차 공동행위(통칭하여 "이 사건 공동행위"라 한다)가 공정거래법 제19조 제1항 제8호의 입찰담합에 해당한다는 이유로 원고에게 시정명령 및 과징금납부명령을 하였다.

한편, 원고는 공정위가 1차 공동행위와 관련한 현장조사를 시작한 2014년 5월 13일 1차 공동행위에 대한 감면 신청을 하였는데, 공정위는 "피고가 원고의 감면 신청 전에 이 사건 공동행위를 증명하는 데 필요한 증거를 충분히 확보"하였다는 이유로 감면 신청을 기각하였다.

3. 서울고등법원 2017.7.6. 선고 2017누31431 판결

가. 1순위 조사협조자 지위 불인정에 관한 판단: 적법

서울고등법원은 원고가 이 사건 공동행위 조사가 시작된 후인 2014년 5월 13일 최초로 감면 신청을 하면서 담합금을 지급받은 통장 거래 내역과 원고의 확인서 등을 제출한 사실이 인정되나, 공정위는 원고의 감면 신청 당시 이미 신고인의 제보와 다른 담합참여자에 대한 현장조사 등을 통하여 이 사건 공동행위를 입증할 수 있는 충분한 자료를 확보하고 있었던 사실이 인정되므로, '부당한 공동행위임을 입증하는 데 필요한 증거를 충분히 확보하지 못한 상태에서 필요한 증거를 제공한 최초의 자'에 해당한다고 보기 어렵다고 판단하였다.

나. 2순위 조사협조자 지위 불인정에 관한 판단: 위법

원고는 설령 1순위 조사협조자에 해당하지 않더라도, 신고인 다음으로 부당한 공동행위를 입증할 증거를 단독으로 제공한 자로서 1차 공동행위에 대한 2순위 조사협조자에 해당한다고 주장하였다. 이에 대하여, 서울고등법원은 2순위 조사협조자 지위를 살펴보지 않고 원고의 감면 신청을 기각한 공정위 처분은 위법하다고 판단하였다.

구체적으로, ① 원고의 감면신청에는 1순위 조사협조자 지위만을 구하는 것이 아니라 2순위 조사협조자 지위를 구하는 취지도 포함되어 있다는 점, ② 2순위 조사협조자로서 '부당한 공동행위임을 입증하는 데 필요한 증거를 단독으로 제공한 두 번째의 자'에 해당하기 위하여 '부당한 공동행위임을 입증하는 데 필요한 증거를 단독으로 제공한 첫 번째의 자'가 반드시 감면신청자에 한정된다고 해석되지 않는다는 점, ③ 1순위 조사협조자와 달리 2순위 조사협조자에는 '공정위가 부당한 공동행위를 입증하는 데 필요한 증거를 충분히 확보하지 못한 상태에서 조사에 협조할 것'이 요구되지 않는다는 점을 근거로, 공정위는 원고가 1순위 조사협조자의 요건을 충족하지 못하였더라도 2순위 조사협조자에 해당하는지를 판단했어야 한다고 판시하였다.

4. 대법원 2020.10.29. 선고 2017두54746 판결

그러나 대법원은 서울고등법원 판결을 파기하였다. 대법원은 자진신고자 감면제도의 취지와 목적에 비추어 보면, "공정위가 이미 부당한 공동행위에 대한 정보를 입수하고 이를 증명하는 데 필요한 증거를 충분히 확보한 이후에는 '조사협조자'가 성립할 수 없고, 1순위 조사협조자가 없는데도 2순위 조사협조자가 성립할 수 있게 되는 것은 아니"라고 판시하였다. 즉, 대법원은 서울고등법원의 판단과 달리, 시행령 제35조 제1항 제3호에서 2순위 조사협조자의 요건인 '부당한 공동행위임을 증명하는 데 필요한 증거를 단독으로 제공한 두 번째 자일 것'에서 전제하는 '최초의 증거제공자'는 공동행위 참여사업자로서 1순위 감면신청인을 의미한다는 법리를 밝혔다.

그리고 이러한 법리에 따라서, 피고가 원고의 증거제공 이전에 이미 공동행위 외부자의 제보 등에 의하여 필요한 증거를 충분히 확보하고 있었다면, 피고가 원고의 1순위 조사협조자 지위를 부정하면서 그와 별도로 2순위 조사협조자 해당 여부를 살피지 아니한 채 감면신청을 기각하였다고 하여 거기에 어떤 위법도 있다고 할 수 없다고 판단하였다.

또한, 대법원은 1순위 조사협조자와는 달리 2순위 조사협조자에게 '공정위가 부당한 공동행위에 대한 정보를 입수하지 못하였거나 부당한 공동행위임을 증명하는 데 필요한 증거를 충분히 확보하지 못한 상태에서 조사에 협조하였을 것'이라는 요건을 요구하지 않는 것은, 공정위가 '1순위 조사협조자의 증거 제공'으로 필요한 증거를 충분히 확보한 경우 예외적으로 1순위 외에 2순위 조사협조자도 성립할 수 있도록 함으로써, 보다 신속한 담합의 와해를 유도하고 추가적인 증거의 확보를 용이하게 하기 위한 것이라는 점을 명시적으로 설시하였다. 이번 판결은 2순위 조사협조자 인정 취지 내지 2순위 조사협조자의 법적 지위에 대하여 법원이 명시적으로 인정한 판결로, 이러한 측면에서 더욱 선례적 가치가 있는 것으로 보인다.

Ⅴ. 감면신청인 순위 인정 관련 판결 또는 심결을 통해 확인·정리된 쟁점

본 목차에서는 앞에서 대법원 판결을 통하여 살펴본 쟁점을 포함하여 감면신청인 순위 인정과 관련하여 지금까지 법원 판결 또는 공정위 의결을 통하여 확인된 주요 쟁점에 대하여 간단히 살펴본다.

1. 공정위가 공동행위 외부자의 제보를 통하여 부당한 공동행위 증명에 필요한 증거를 충분히 확보한 후 최초로 신고하거나 조사에 협조한 자에게 2순위 감면신청인 지위를 인정할 수 있는지

공정위가 담합참여자가 아닌 발주처, 감사원 기타 외부자의 제보를 통하여 부당한 공동행위의 증명에 필요한 증거를 충분히 확보한 상태에서 참여사업자가 감면신청서를 제출한 경우, 1순위 감면신청인의 지위 인정 요건 중 '공정위가 부당한 공동행위에 대한 정보를 입수하지 못했거나 부당한 공동행위임을 입증하는 증거를 충분히 확보하지 못한 상태에서 자진신고하거나 조사등에 협조했을 것' 요건이 충족되기 어려워 참여사업자에게 1순위 감면신청인의 지위는 인정되기 어렵다. 이 경우 외부 신고자를 1순위 감면신청인과 유사한 지위로 취급하여, 감면신청서를 제출한 참여사업자에게 2순위 감면신청인의 지위를 인정할 수 있는지 문제된다.

이 쟁점에 대해서는 앞 Ⅳ.에서 설명한 바와 같이, 대법원 2020.10.29. 선고 2017두54746 판결이 명확히 그 입장을 밝혔다. 대법원은 1순위 감면신청인의 지위를 누릴 수 있는 자는 담합참여자에 한정된다고 보고, 최초로 조사에 협조한 사업자에 대해서는 1순위 감면신청인의 지위 인정 여부만이 문제될 뿐 2순위 감면신청인 지위는 처음부터 검토 대상이 아니라고 판단하였다.

2. 하나의 공동행위에서 일부 기간만 가담한 1순위 감면신청인이 전체 기간에 대한 증거자료를 제출한 경우, 그 후 다른 사업자의 자신이 가담한 기간에 대한 감면신청에 대하여 1순위 지위를 인정할 수 있는지

실무상 다수의 입찰 또는 거래에 대한 합의가 하나의 공동행위로 판단되는 경우가 적지 않다. 예를 들어, ① 사업자들이 부당한 공동행위에 대하여 기본적 원칙에 관한 합의를 하고, 이에 따라 위 합의를 실행하는 과정에서 수회에 걸쳐 세부 합의를 계속하여 온 경우 또는 ② 기본적 원칙에 관한 합의가 없더라도, 단일한 의사에 터잡아 동일한 목적을 수행하기 위하여 장기간에 걸쳐 여러 차례의 합의를 끊임없이 계속 실행한 경우, 여러 차례 진행된 합의를 하나의 공동행위로 판단할 수 있다. 이러한 일련의 합의가 지속되는 동안 각 사업자가 공동행위에 참여한 시기는 상이할 수 있는데, 이때 사업자들간 감면 신청 순위가 문제된다.

대법원은 앞서 살펴본 자진신고자 감면제도의 목적, 즉 참여사업자들간 신뢰를 약화시켜 부당한 공동행위를 중지 내지 예방하려는 목적에 비추어 볼 때, 부당한 공동행위의 참여사업자들 가운데 부당한 공동행위임을 입증하는 데 필요한 증거를 최초로 제공한 참여사업자만이 그 참여 시기와 관계없이 1개의 부당한 공동행위 전체에 대한 1순위 지위에 해당한다고 판단하여 왔다. 그러면서 대법원은 최초 감면신청인이 참여하지 않은 일부 기간에 대하여 다른 참여사업자가 감면 신청을 하였다고 하더라도, 최초의 감면 신청 이후 두 번째로 감면 신청한 이상 1순위의 지위를 인정할 수는 없다는 점을 명확히 하였다(대법원 2011.9.8. 선고 2009두15005 판결, 대법원 2015.2.12. 선고 2013두987 판결 등 참조). 물론 이 경우에도 2순위 감면신청인 지위 인정을 받을 수는 있다.

3. 사업자가 자신이 참여한 공동행위 중 일부에 대해서만 감면신청서를 제출한 경우, 감면신청인의 지위를 인정할 수 있는지

사업자가 자신이 참여한 기간 중 일부에 대해서만 감면 신청을 하였을 때 해당 사업자에게 감면신청인의 지위를 인정할 수 있는지 여부가 문제된다. 이는 자진신고자 또는 조사협조자로 인정되기 위한 요건 중 '부당한 공동행위와 관련된 사실을 모두 진술'해야 한다는 요건의 충족여부와 관련된다.

공정위는 2009.11.9. 5개 음료 제조·판매사업자의 부당한 공동행위 건에서, 해당 요건을 지나치게 엄격하게 해석할 경우 해당 공동행위를 주도한 자가 감면 신청에서 가장 유리해지는 결과에 이르게 될 수도 있는 점이 감안되어야 한다고 하면서, "가사 동아의 진술 및 확인 내용이 이 사건 공동행위의 전체에 대한 것이 아니라고 하더라도 그것만으로 동아가 이 사건 공동행위 조사에 성실하게 협조하지 않았다고 보기 어려운 점, 또한 동아가 제공 가능한 증거를 제공하지 않았다거나 알고 있는 사실을 숨기고 있다고 볼 만한 증거도 없는 점 등을 종합적으로 고려할 때, 동아는 공동행위를 입증하는 데 필요한 증거를 제출하였고, 또한 부당한 공동행위와 관련된 사실을 모두 진술하고 관련 자료를 제출하는 등 조사가 끝날 때까지 협조한 점이 인정된다."고 판단하였다. 즉, 사업자가 의도적으로 감면 신청 범위를 축소한 것이 아닌 점 등을 고려하여, 자신이 참여한 공동행위의 일부에 대해서만 감면 신청한 경우에도 그 지위를 유효하게 인정해주었다.

또한, 공정위는 2010.11.26. 시스템에어컨 정부조달계약 관련 3개 사업자의 부당한 공동행위에 대한 건에서도, 2순위로 자진신고를 한 삼성전자가 2007년부터 2009년까지의 합의 사실 중 2008년 합의를 인정하지 않았기 때문에 감면 요건을 충족하지 않는다는 3순위 감면 신청인의 주장에 대하여, "해당 공동행위는 전체적으로 하나의 위반 행위를 구성하므로 감면 지위 역시 전체적으로 판단되어야 하고, 삼성전자가 감면신청 당시 2008년 합의를 명백히 인정하지는 않았으나 2008년 합의는 가격을 인상하는 합의가 아니라 가격을 전년도와 동일하게 유지하자는 합의로 독자적 합의인지 여부에 대하여 판단이 다를 수 있어 삼성전자에 2008년 합의 사실을 숨기려는 의도가 있었다고 보기는 어려운 점, 2008년을 제외한 나머지 합의를 감면 신청 당시부터 명백히 인정하고 진술 및 관련 증거 자료를 성실히 제출한 점, 2008년 합의에 대해서 감면신청 보정단계 및 지위 확인 이후 조사 과정에서 합의 사실을 명백하게 인정하고 조사에 협조하였다는 점 등을 고려"하여 삼성전자에게 2008년 부분을 포함한 공동행위 전체에 대하여 2순위 지위를 인정한 바 있다.

법원 역시 가온전선이 전체 전선 담합 행위 총 11개 품목 중 일부 6개 품목에 대해서 감면신청서를 제출하고 이후 조사 진행 과정에서 그 범위를 확대한 사안에서, 업체들간 또는 회사 내부적으로 담합의 범위를 축소하기 위하여 논의가 진행된 사실이 없는 등 가온전선이 자신이 알고 있는 부분을 모두 진술하였다고 볼 수 있으므로 자진신고자로서의 지위가 취소되지 않고 인정된다는 취지로 판시하였다.

요컨대, 최종 감면신청인의 지위 인정은 공동행위의 내용 중 최초 감면신청서 제출 당시 누락된 합의의 내용 및 비중, 누락된 경위 등 구체적인 사실관계에 따라 달리 판단될 것이나, 공정위와 법원은 단순히 감면 신청 당시 일부 합의 내지 행위 사실이 누락되었다는 사실만으로 곧바로 자진신고자 또는 조사협조자 지위를 불인정하는 것은 아닌 것으로 보인다.

4. 공정위가 담합참여자의 감면 신청을 통하여 부당한 공동행위 증명에 필요한 증거를 충분히 확보한 상황에서 해당 참여자가 1순위 자진신고자 지위를 인정받지 못하는 경우, 후순위 감면신청인이 1순위 지위를 승계할 수 있는지

공정위에 최초로 감면신청서를 제출한 사업자(사업자 A)를 통하여 공정위가 공동행위의 증명에 필요한 증거를 충분히 확보한 경우, 해당 사업자 A는 1순위 감면신청인의 지위를 인정받을 수 있고, 그 다음 후순위 감면신청인(사업자 B)도 2순위 감면신청인의 지위를 인정받을 수 있다. 그런데 만약 사업자 A가 감면신청서 제출 후 계속 공동행위에 참여하거나 감면신청 사실을 누설하는 등의 사유로 최종적으로 1순위 자진신고자로서의 지위를 인정받지 못하는 경우가 실무에서 종종 발생한다. 이 경우, 후순위 감면신청인 사업자 B는 감면고시 제12조 제4항에 의하여 사업자 A의 감면신청서 접수 순서를 승계하게 된다. 그러나 사업자 A가 그간 공정위 조사에 협조하는 과정에서 이미 상당한 증거를 제출하였기 때문에 사업자 B는 순위 상승시 1순위 감면신청인의 지위 인정 요건 중 '공정위가 부당한 공동행위에 대한 정보를 입수하지 못했거나 부당한 공동행위임을 입증하는 증거를 충분히 확보하지 못한 상태에서 자진신고하거나 조사등에 협조했을 것'이라는 요건을 충족하지 못하는 것이 아닌지가 문제된다.

이에 대해서는 현재 공정위와 법원의 입장은 분명한 듯하다. 즉, 최초 감면신청인(사업자 A)의 지위가 불인정되더라도, 후순위 감면신청인(사업자 B)에 대한 1순위 요건 충족 여부 판단시 최초 감면신청인(사업자 A)이 제출하였던 증거도 공정위가 확보한 증거로서 고려한다는 것이다. 현행 감면고시 제12조 제3항은 "위원회가 지위를 인정하지 않는 경우라도 접수된 증거 서류를 반환하지 않으며, 공동행위 입증에 필요한 자료로 활용할 수 있다"는 점을 명확히 규정하고 있다.

이 쟁점이 문제된 사례를 소개하면, 공정위는 2014.9.11. 고양삼송 수질복원센터 시설공사 입찰 참여 2개 사업자의 부당한 공동행위 건에서, 두 번째로 감면신청서를 접수한 건설사 B의 최초 감면신청서 접수자인 건설사 A에 대한 감면신청인 지위 인정이 위법하므로 자신이 1순위 감면신청인으로 인정되어야 한다는 주장을 기각하였고, 서울고등법원은 2016.1.28. 선고 2014누65891 판결에서 "피고는 이미 건설사 A의 제출 증거 등을 통하여 이 사건 공동행위를 입증하는 데 필요한 증거를 충분히 확보하고 있었고, 설령 건설사 A가 감면신청을 하면서 이 사건 공동행위에 관한 사실을 모두 진술하지 않았다는 이유로 피고가 건설사 A의 1순위 지위확인을 직권으로 취소한다고 하더라도 피고가 이 사건 공동행위를 입증하는 데 필요한 증거를 이미 충분히 확보하였다는 사실상태가 소멸된다고 볼 수는 없다."고 판결하였으며, 대법원도 2017.1.12. 선고 2016두35199판결을 통해서 원심의 이와 같은 판단은 공정거래법 시행령에 따른 것으로 정당하고, 1순위 조사협조자의 요건에 관한 법리등을 오해한 잘못이 없다고 원고의 상고를 기각하였다.

5. 공정위가 최초 감면신청인으로부터 부당한 공동행위의 증명에 필요한 증거를 충분히 확보한 상태에서, 후순위 감면신청인이 선순위 신청인의 접수 순서 승계시 1순위 지위를 인정받을 수 없는 경우에 2순위 지위는 유지할 수 있는지

공정위가 최초 감면신청인으로부터 부당한 공동행위의 증명에 필요한 증거를 충분히 확보한 상태여서 후순위 감면신청인이 1순위 지위를 인정받지 못하게 되더라도, 기존 감면 신청 순위인 2순위 지위는 그대로 유지하여 혜택을 받을 수 있는지가 그동안 쟁점사항이었다. 그런데, 1순위 감면요건 중 '자진신고 시점에 공정위가 공동행위 입증에 필요한 증거를 충분히 확보하지 못했을 것'이 있는바, 2순위 자진신고 시점에서는 1순위 자진신고자의 증거 제출에 따라 공정위가 이미 충분한 증거를 확보한 상태인 경우가 대부분이므로, 2순위 자진신고자가 동 요건을 충족시키기는 어려워 1순위 감면 역시 받기가 곤란하다. 이에 따라 2순위 자진신고자는 조사에 기여하였음에도 불구하고 최초 감면신청인의 귀책사유로 인하여 당초의 2순위 지위도 인정받지 못하게 되는 불확실한 상황에 놓이게 되며, 이는 자기책임의 원칙이나 신뢰보호에 반하여 부당하다고 볼 여지가 있다.

이에 따라 공정위는 2021.6.10. 감면고시를 개정하여 이러한 경우에는 2순위 자진신고자가 1순위 자진신고자 지위를 자동승계하지 않고 2순위를 유지하여 감면을 받을 수 있도록 개선하였다(감면고시 제12조 제5항 참조).[2]

6. 2순위 감면신청인 지위 인정을 위한 소극적 요건의 하나인 '첫 번째 감면신청일로부터 2년 이내에 감면 신청하였을 것' 요건 관련, '첫 번째 감면신청일'을 어떻게 해석해야 하는지: 법원 또는 공정위의 판단이 없거나 확인되지 않은 쟁점

최초로 감면신청서를 제출한 사업자를 "사업자 A", 두 번째로 감면신청서를 제출한 사업자를 "사업자 B", 세 번째로 감면신청서를 제출한 사업자를 "사업자 C"라 칭하고, 사업자 C

---

2) 법제처 국가법령정보센터가 제공하는 당시 감면고시 개정의 주요 내용은 "2순위 감면 혜택의 안정적 보장: 현행 규정에 따르면 1순위 감면신청이 공동행위 미중단, 불성실 협조, 공동행위 강요, 반복적 공동행위등 귀책사유로 인해 기각되는 경우 2순위 신청인은 1순위 요건의 충족여부와 무관하게 1순위를 '자동승계'하게 되는바 그런데, 2순위 신청인의 1순위 요건 충족이 어려워(1순위자가 이미 증거자료를 제출한 상황에서 2순위자가 1순위 요건인 '감면신청 당시 공정위가 충분한 증거를 확보하지 못했을 것'을 충족하기 곤란) 결국 1·2순위 감면을 모두 받지 못하는 사례가 발생하게 되므로 위와 같은 경우, 2순위 신청인이 1순위 승계없이 2순위 혜택을 받을 수 있도록 개선"으로 되어 있다.

가 사업자 A가 감면신청서를 제출한 후 2년이 도과하였지만 사업자 B가 감면신청서를 제출한 날부터는 2년 이내에 감면신청서를 제출하였다고 가정해보자.

만일, 최초의 신청인인 사업자 A가 최종적으로 감면신청인 지위를 인정받지 못하게 되고 사업자 B가 1순위 접수 순서를 승계할 경우, 사업자 C는 사업자 B의 2순위 접수 순서를 승계하게 될 것이다. 이때 현행 규정상 2순위 감면신청인 지위 인정을 위한 소극적 요건에 해당하는 2년 도과 규정과 관련하여, '첫 번째 감면신청일'을 사업자 A의 감면신청일로 볼 것인지, 최종적으로 1순위 감면신청인의 지위를 인정받는 사업자 B의 감면신청일로 볼 것인지가 문제된다. 만약, 공정위에 최초로 감면신청서가 접수된 날짜(사업자 A의 감면신청일)를 기준으로 2년 도과 규정을 적용한다면 사업자 C는 2순위 감면신청인으로 인정받을 수 없는 반면, 최종적으로 1순위 감면신청인으로 인정받는 사업자 B의 감면신청일을 기준으로 2년 도과 규정을 적용한다면 사업자 C는 2순위 감면신청인으로 인정받을 수 있을 것이다.

공정위 의결에서 본 쟁점이 실제 다루어진 바 있는 것으로 알려지고 있으나, 감면 신청에 대한 의결을 현재 공개하지 않고 있기에 이에 대한 상세한 내용은 분석하기 어렵다. 다만, 공정거래법 시행령 제51조 제1항 제3호 다목의 "제1호 또는 제2호에 해당하는 자진신고자 등이 자진신고하거나 조사등에 협조한 날부터 2년 이내에"라는 문언을 보면, 제1호 또는 제2호의 규정이 정한 감면 요건(즉, 1순위 감면신청인으로 인정되기 위한 적극적 요건)을 모두 충족한 자로 해석하는 것이 타당한 측면이 있다.

따라서 필자는 최종적으로 1순위로 인정받는 사업자의 감면신청일을 기준으로 2년 도과 규정을 적용하는 것으로 해석하는 것이 맞다고 생각한다. 2년 도과 규정 신설의 취지가 공정위 조사 진행 상황을 오랫동안 관망하다가 늑장 신고하는 2순위자에 대한 감면 혜택 불허이기는 하나, 공동행위가 실무자 선에서 수년간 은밀하게 진행되는 경우가 적지 않고, 이 경우 실제 감면 신청 여부를 결정하고 진행할 법무팀이나 준법감시팀 등이 공동행위 사실을 인지하고 감면 신청에 이르기까지 상당한 시간이 소요될 수 있다는 현실적인 문제도 고려되어야 할 것이다.

7. 1순위 요건의 하나인 '부당한 공동행위를 중단했을 것' 관련하여 '먼저 적극적으로 공동행위를 중단할 것'을 요구하는 것인지

대법원은 2016.12.27. 선고 2016두43282 판결에서 "원심은, ① 공정거래법 시행령 규정은 공동행위의 중단에 관하여 '그 부당한 공동행위를 중단하였을 것'이라고만 규정하고 있을 뿐 공동행위를 먼저 적극적으로 중단하였을 것을 요건으로 정하고 있지 않은 점, ② 원고 주장과 같이 공동행위를 먼저 적극적으로 중단한 사업자의 경우에만 자진신고자 등 요건을 충족한다고 해석하면, 공동행위를 먼저 중단하기만 하고 오랜 기간 자진신고를 미루는 사업자가 있다고 하더라도 나머지 사업자는 더 이상 자진신고를 해도 자진신고 혜택을 부여받을 수 없게 되므로 자진신고 감면제도의 취지와 목적에 부합하지 않게 되는 점 등의 근거를 들어, 다른 참가사업자가 원고보다 먼저 자진신고를 하고 적법한 1순위 자진신고자로 인정받은 이상, 원고가 먼저 공동행위를 중단하였다는 사정만으로 원고가 1순위 자진신고자 또는 조사협조자로서의 요건을 갖추었다고 볼 수는 없다고 판단하였다. 관련 법령 및 법리에 비추어 살펴보면, 원심의 위와 같은 판단은 정당하고, 거기에 자진신고 요건에 관한 법리 등을 오해한 위법이 없다."고 명확한 입장을 밝혔다.

Ⅵ. 마무리

부당한 공동행위는 전 세계 경쟁당국들의 핵심적인 법 집행 분야에 해당하며, 자진신고자 감면제도는 그 운영에 큰 영향을 미치는 한 축을 차지하고 있다. 본 이슈에서는 자진신고자 감면제도와 관련하여 그 간의 법 집행이나 제도 운영 과정에서 제기되어 온 순위 인정을 둘러싼 주요 쟁점들을 정리해 보았다.

최근 전 세계적으로 자진신고 건수가 감소하는 추세에 있는 것이 아니냐는 논의가 비록 있지만, 우리나라에서 여전히 국제카르텔 사건 및 장기간에 걸친 공동행위나 규모가 큰 사건은 대부분 자진신고에 의하여 적발되고 있다. 또한 2021.12.30. 개정 공정거래법 시행으로 정보교환 행위가 부당한 공동행위의 한 유형으로 신설되고, 과징금 상한이 관련 매출액의 10%에서 20%로 2배 상향됨에 따라 향후 공정위의 부당한 공동행위에 대한 법 집행 강화와 자진신고의 증가도 예상된다.

자진신고자 감면제도의 성공적이고 효율적인 정착을 위해서는 제도의 투명한 운영과 예측가능성 제고가 필수적 요건 중 하나이다. 감면제도 관련 주요 쟁점을 확인할 수 있는 감면심사보고서 등은 감면신청인이 동의하지 않는 한 공개되지 않고 있으나, 공정위 조사 단계에서부터 제기되는 다양한 쟁점 및 이에 대한 결정 내용이 적절한 방식으로 공유될 필요가 있다. 이를 통하여 아직 그 판단 기준 내지 해석이 명확하지 않은 쟁점과 관련 법리에 대하여 학계 및 실무계에서의 적극적인 논의와 연구가 계속 이루어졌으면 한다.

사업자단체 금지행위 중 '구성사업자의 사업내용 또는 활동을 부당하게 제한하는 행위'

I. 개요

공정거래법은 제51조(사업자단체의 금지행위) 제1항에서 사업자단체의 금지행위의 유형을 규정하고 있다. 그리고 법 제51조 제3항에 의거, 사업자단체의 금지행위에 대한 구체적인 내용과 법에 저촉되지 않는 사업자단체의 활동범위에 대해서는 '사업자단체 활동지침'(공정위 고시)에서 규정하고 있다.

사업자단체가 그 구성원인 구성사업자의 사업내용 또는 활동을 부당하게 제한하는 행위는 금지된다(법 제51조 제1항 제3호). 사업자단체 활동지침은 '구성사업자의 사업내용 또는 활동을 부당하게 제한하는 행위'와 관련하여 원칙적으로 금지되는 행위 유형으로, ① 각종 증명서의 교부나 추천을 거부하거나 지연함으로써 구성사업장의 사업활동을 부당하게 제한하는 행위, ② 영업장소의 수 또는 위치를 제한하거나 일정한 기간 동안 조업을 단축하도록 하거나 영업을 하지 못하도록 함으로써 구성사업자의 활동을 부당하게 제한하는 행위, ③ 구성사업자에게 공동사업의 이용을 강제하거나 부당하게 구성사업자를 차별적으로 취급하는 행위, ④ 구성사업자에게 특정한 원료의 사용비율을 정하여 강제하거나 직원의 채용 또는 자유로운 기술 개발·이용을 부당하게 제한하는 행위, ⑤ 구성사업자의 광고내용, 광고회수, 광고매체 등을 부당하게 제한하거나 공동으로 결정하게 하는 행위, ⑥ 단체로부터 탈퇴를 강요하거나 거부함으로써 구성사업자의 사업활동을 부당하게 제한하는 행위를 들고 있다.

당초 이 규정은 사업자단체에 의한 행위는 단체의 조직성에 비추어 실효성이 높다는 점이 감안되어 법 제51조 제1항 제1호와 별개의 행위로 규정된 것이며, 사업자단체에 의한 구성사업자의 활동제한이 일정한 거래분야에 있어서 경쟁을 실질적으로 제한하는 정도까지는 되지 않더라도 시장에서의 경쟁에 무시할 수 없는 정도의 영향을 주고 실효성을 갖고 실행되고 있는 경우에는 여기에 해당된다. 예를 들면 당해 단체의 구성사업자의 시장점유율의 합계가 작아 시장전체에서 경쟁의 실질적 제한에는 이르지 않지만 구성원간의 경쟁에 일정한 제한적 효과를 미치는 경우에는 동 규정이 적용되는 것이다(이동규, 독점규제 및 공정거래에 관한 법률 개론(개정판), 행정경영자료사, 1997, 341~342면 참조).

다만 현재는 1999.4.1. 법 개정·시행으로 제51조 제1항 제1호의 위법성 요건은 '제40조 제1항 각 호의 행위로 일정한 거래분야에서의 경쟁의 실질적 제한'에서 '부당한 경쟁 제한'으로 완화, 그러면서도 행위유형의 하나인 제40조 제1항 제9호, '그 밖의 행위로서 다른 사업자의 사업활동 또는 사업내용을 방해·제한하는 행위'의 경우에는 여전히 일정한 거래분야에서의 경쟁의 실질적 제한을 요구하고 있다. 위반시 벌칙 적용에 있어서 법 제51조 제1항 제1호 위반의 경우에는 공정거래법상 가장 중죄인 3년 이하의 징역 또는 2억원 이하의 벌금(법 제124조 제1항 제12호)에 처해지나, 법 제51조 제1항 제3호 위반의 경우에는 2년 이하의 징역 또는 1억 5천만원 이하의 벌금(법 제125조 제5호)에 처해진다는 점에서 차이가 있다.

법 제51조 제1항 제3호의 사업자단체의 '부당한 제한행위' 관련하여 법문상으로는 명시되어 있지 않지만 그 행위의 '경쟁제한성'이 입증되어야 하는지 여부가 대법원 판결(2003.2.20. 선고 2001두5347 전원합의체 판결)을 통해서 다투어진 바 있다. 아래에서 법 제51조 제1항 제3호의 위법성 성립요건으로서 제1호와 마찬가지로 경쟁제한성을 요구하는 것인지 여부, 그리고 경쟁제한성을 요구한다면 제1호와의 차이는 어디에 있는 것인지 등을 공정위의 사업자단체 활동지침 및 심결사례, 그리고 법원 판결례 등을 통해서 살펴본다.

Ⅱ. 공정위 및 법원의 집행사례

1. 공정위의 '사업자단체 활동지침' 및 심결사례

공정위 내부지침인 '사업자단체 활동지침(공정위 고시)'에서는 구성사업자의 사업내용 또는 사업활동 제한의 위법성 요건 관련하여 경쟁제한성이 요구되는지에 대한 직접적인 판단내용은 없으며, 사업자단체의 금지행위에 대한 구체적인 내용과 법에 저촉되지 않는 사업자단체의 활동범위를 규정하면서 간접적으로 입장을 제시하고 있다. 즉 "사업자단체가 구성사업자의 사업활동을 제한하거나 부당하게 구속하는 행위는 사업자간의 공정한 경쟁을 저해하는 행위로써 원칙적으로 법 제51조 제1항의 규정에 위반된다. 사업자단체는 합리적이고 필요한 범위를 벗어나 사업자간의 경쟁을 실질적으로 제한하거나 공정한 거래질서를 저해하는 행위를 하지 않도록 유의하여야 한다."고 규정하고 있다.

사업자단체의 금지행위의 하나인 구성사업자의 사업내용 또는 활동을 부당하게 제한하는 행위에 대한 공정위의 심결사례는 상당히 많이 제시되고 있으며 이에 대한 불복 소송은 상대적으로 적은 편이다. 공정위의 심결사례들을 살펴보면 부당성 관련하여 사업자단체 활동지침 및 법원 판례의 입장에 맞추어 구성사업자 사이의 경쟁저해 여부에 대한 판단을 제시하고 있다. 예로써 미아삼거리중개업자친목회의 사업자단체금지행위 건(2011.4.28., 공정위 의결)에서 "사업자단체는 그 목적 달성을 위하여 단체의 의사로써 구성사업자의 사업활동에 대하여 일정한 범위의 제한을 하는 것이 어느 정도 예정되어 있다고 하더라도 그 결의의 내용이 구성사업자의 사업내용이나 활동을 과도하게 제한하여 구성사업자 사이의 공정하고 자유로운 경쟁을 저해할 정도에 이른 경우에는 위법하다고 할 것이다(대법원 2002.9.24. 선고 2002두5672 판결 참조). 피심인이 회칙에 비구성사업자와의 공동중개 금지 등의 규정을 두거나 구성사업자의 일요일 영업 금지, 거래상대방, 영업일, 직원채용 결정의 자유를 제한한 행위는 구성사업자 사이의 공정하고 자유로운 경쟁을 저해하는 결과를 가져온다는 점에서 구성사업자의 사업내용 또는 활동을 부당하게 제한하는 행위에 해당한다."고 의결하였다. 대구건축공사감리운영협의회의 사업자단체금지행위 건(2015.12.3. 공정위 의결)에서 "독립사업자인 구성사업자가 자신의 경영사정, 경영전략 및 시장상황 등을 감안하여 자유롭게 감리용역 수행 여부를 결정하고 대금을 지급받는 방식을 결정할 수 있어야 함에도 불구하고, 피심인이 구성사업자의 감리용역 수주 실적에 따라 구성사업자가 수행하는 감리용역을 제한하거나 구성사업자가 감리자로부터 대금을 지급받는 방식을 제한한 행위는 구성사업자의 사업활동의 자유를 침해하고 구성사업자로 하여금 건축감리시장에서 경쟁을 회피하도록 한 점 등을 감안할 때, 피심인의 위 행위는 구성사업자의 사업내용 또는 활동을 부당하게 제한한 행위로 인정된다."고 의결하였다. 경산시 건축사회의 사업자단체금지행위 건(2016.10.6. 공정위 의결)에서는 "독립사업자인 구성사업자가 자신의 경영사정, 경영전략 및 시장상황 등을 감안하여 자유롭게 감리용역 수행 여부를 결정하고 대금을 지급받는 방식을 결정할 수 있어야 함에도 불구하고 피심인이 구성사업자의 감리용역 수주 실적에 따라 구성사업자의 신규 감리용역 수행을 제한한 행위는 구성사업자의 사업활동의 자유를 침해하고 구성사업자로 하여금 경북 지역 건축공사 감리용역시장에서 경쟁을 회피하도록 한 것이므로, 피심인의 위 행위는 구성사업자의 사업내용 또는 활동을 부당하게 제한하는 행위로 인정된다."고 의결하였다. 대한소아청소년과개원의사회의 사업자단체금지행위 건(2017.5.30. 공정위 의결)에서 "사업자단체가 구성사업자의 사업내용이나 활동을 부당하게 제한하였는지 여부는 사업자단체 결의 등의 내용이 구성사업자의 사업내용이나 활동을 과도하게 제한하여 구성사업자 사이의 공정하고 자유로운 경쟁을 저해할 정도에 이르는지 등을 고려하여 판단하여야 한다(대법원 2010.10. 28. 선고 2010두14084 판결 참조). 소비자가 구성사업들이 공급하는 재화 또는 서비스를 이용함에 있어 큰 지장을 초래한 경우에는 구성사업자들 사이의 공정하고 자유로운 경쟁을 저해하는 경우에 해당한다(대법원 2003.2.20. 선고 2001두5347 판결 참조)."고 의결하였다. 또 충청북도개인택시운송사업조합의 사업자단체금지행위 건(2022.1.26. 공정위 의결)에서도 "사업자단체는 그 목적 달성을 위해 단체의 의사결정으로 구성사업자의 사업활동에 대하여 일정한 범위의 제한을 하는 것은 예정되어 있다고 할 것이나, 그 결의가 구성사업자의 사업활동에 있어서 공정하고 자유로운 경쟁을 저해하는 경우에는 공정거래법 제26조(현행 제51조) 제1항 제3호에 규정된 '구성사업자의 사업내용 또는 활동을 부당하게 제한하는 행위'에 해당한다 (대법원 2003.2.20. 선고 2001두5347 판결)."고 의결하였다.

2. 대법원의 판결례(2003.2.20. 대법원 전원합의체 판결 이전)

대법원 1995.5.12. 선고 94누13794 판결(사단법인 대한약사회 및 서울특별시지부의 경쟁제한행위 및 구성사업자에 대한 사업활동제한행위 건, 1993.9.25. 공정위 의결)은 "법 제26조(현행 제51조) 제1항 제3호의 취지는 사업자단체의 구성사업자도 그 개개인은 모두 개별사업자이므로 그들의 폐문(휴업)여부 결정 등의 사업활동은 그들의 경영방침에 따라 자유롭게 보장되어야 한다는 데에 있는 것이고, 따라서 이 사건의 경우 원고 약사회가 집단폐문 결의내용을 그 구성사업자들에게 통보하여 그들의 자유의사에 불문하고 폐문을 실행하도록 한 행위는 이른바 단체적 구속으로서 개별 구성사업자의 사업내용 또는 활동을 부당하게 제한하는 행위에 해당한다."고 판결하였다. 이 사건의 경우 법 제26조 제1항 제1호(제19조(부당한 공동행위의 금지) 제1항 각호의 행위에 의하여 일정한 거래분야의 경쟁을 실질적으로 제한하는 행위)도 같이 문제가 되었는데 대법원은 이에 대해서는 "원고 약사회가 그 구성사업자(약국)들로 하여금 폐문실행에 들어가도록 하고 구성사업자들에게 집단폐문기간 중 의약품을 판매할 수 없도록 제한한 이상, 이러한 행위는 법 제19조 제1항 제3호 소정의 '판매를 제한하는 행위'에 해당되고, 한편 이와 같은 집단폐문결의가 당초 정부의 약사법 개정안에 반대하여 그 항의의 표시로써 나온 행위라고 하더라도 모든 약사들이 원고 약사회의 구성사업자이어서 위 결의에 반대하는 사업자들에 대하여까지 약국의 폐문을 강제하여 의약품의 판매를 제한한 결과 의약품판매시장인 약국업 분야에서 사업자단체인 원고 약사회가 그 의사대로 시장지배력을 행사한 것으로 보이므로 이와 같은 행위는 약국업 분야에서의 경쟁을 실질적으로 제한하는 행위에 해당한다고 할 것이다."라고 판시하였다. 즉 법 제26조 제1항 제1호 관련해서는 조문규정대로 '경쟁의 실질적 제한'여부를 판단했지만 법 제26조 제1항 제3호에 대해서는 '경쟁제한성' 여부에 대한 명시적인 언급이 없었다.

위 판결 이후 대법원 1997.5.16. 선고 96누150 판결(대한법무사협회의 구성사업자에 대한 사업활동제한행위 건, 1994.8.17. 공정위 의결)은 앞의 1995.5.12. 선고 94누13794 판결을 참조판례로 하면서 "원래 사업자단체는 구성사업자의 공동의 이익을 증진하는 것을 목적으로 하는 단체로서, 그 목적 달성을 위하여 단체의 의사결정에 의하여 구성사업자의 사업활동에 대하여 일정한 범위의 제한을 하는 것은 예정되어 있다고 할 것이나, 그 결의가 구성사업자의 사업활동에 있어서 공정하고 자유로운 경쟁을 저해하는 경우에는 '구성사업자의 사업내용 또는 활동을 부당하게 제한하는 행위'에 해당한다고 할 것이다."라고 하면서, "원고 협회가 단체의 의사결정으로 집단등기사건수임업무처리규정을 제정하고 소속 지방법무사회로 하여금 그 운영세칙을 제정하여 시행하도록 한 것은 소속 법무사들의 집단등기사건의 자유로운 수임을 제한함으로써 공정하고 자유로운 경쟁을 저해하는 결과를 가져오는 것으로서 공정거래법 제26조 제1항 제3호에 규정된 '구성사업자의 사업내용 또는 활동을 부당하게 제한하는 행위'에 해당한다."라고 판결하였다.

또 대법원 2001.6.16. 선고 2001두175 판결(한국관세사회의 구성사업자에 대한 사업활동제한행위 건, 1999.9.22. 공정위 의결), 대법원 2002.9.24. 선고 2002두5672 판결 등에서 위와 같은 법 제26조 제1항 제3호의 규정 취지에 대한 대법원의 기본법리를 다시 확인하였다.

Ⅲ. 대법원 2003.2.20. 선고 2001두5347 전원합의체 판결(대한의사협회의 구성사업자에 대한 사업활동제한행위 건, 2000.2.24. 공정위 의결)

1. 원심 판결(서울고등법원 2001.5.17. 선고 2000누3278 판결)

피고(공정위)는 2000.2.24. 전원회의 의결로 원고(사단법인 대한의사협회)의 행위가 구성사업자인 의료인들의 자유의사에 반하여 휴업·휴진하게 하는 방법으로 구성사업자의 사업내용 또는 활동을 부당하게 제한하여 공정거래법 제26조(현행 제51조) 제1항 제3호에 해당된다는 이유로 시정명령 등 처분을 하였고, 이에 대하여 원고는 2000.7.1부터 시행되는 의약분업의 모순점을 지적하고 그 대책을 논의하려는 집회로서 헌법에 보장된 집회·결사의 자유, 국민의 자유와 권리의 일방적 보장에 따른 정당한 집회로서 부당한 것이 아니고, 원고는 그 구성사업자인 의사들에게 강제로 휴업·휴진을 강요한 것이 아니고 자유로운 의사에 따라 대회에 참여할 것을 권유한 것에 불과하며, 대회에 불참하는 회원에게 어떠한 불이익을 주겠다고 한 바도 없고 그러한 불이익을 줄 권한도 없으며, 실제로 불이익을 준 바도 없으므로, 원고의 이 사건 행위가 구성사업자의 사업내용 또는 활동을 부당하게 제한한 것도 아니라고 주장하였다.

이에 대해 서울고등법원은 2001.5.17. 선고 2000누3278 판결에서 대법원 1997.5.16. 선고 96누150 판결(대한법무사협회의 구성사업자에 대한 사업활동제한행위 건, 1994.8.17. 공정위 의결)을 참조판례로 하여 사업자단체는 구성사업자의 공동의 이익을 증진하는 것을 목적으로 하는 단체로서, 그 목적 달성을 위하여 단체의 의사결정에 의하여 구성사업자의 사업활동에 대하여 일정한 범위의 제한을 하는 것은 예정되어 있다고 할 것이나, 사업자단체의 구성사업자들은 비록 그 단체의 구성사업자라 하더라도 그 개개인은 모두 개별사업자이므로 휴업 여부 결정 등의 사업활동은 그들의 경영방침에 따라 자유롭게 보장되어야 할 것이므로, 사업자단체의 결의나 이에 따른 구성사업자들에 대한 행위제한이 구성사업자의 사업활동에 있어서 공정하고 자유로운 경쟁을 저해하는 경우에는 구성사업자의 사업내용 또는 사업활동을 부당하게 제한하는 행위에 해당한다고 할 것이라고 판결하였다. 그리고 이 사건 의사대회가 헌법이나 관련 법률에서 정한 적법하고 정당한 집회인지 여부나 원고가 실제로 구성사업자인 의사들에게 어떠한 불이익한 처분을 하였는지 여부는 사업자단체로서 구성사업자인 의사들의 사업내용 또는 활동을 부당하게 제한하여 공정거래법을 위반하였는지의 문제와는 별개의 문제로 보아야 한다고 판시하였다.

2. 대법원 2003.2.20. 선고 2001두5347 전원합의체 판결

대법원 전원합의체는 다수의견(대법관 6인), 별개의견(대법관 3인), 반대의견(대법관 5인), 그리고 다수의견에 대한 보충의견(대법관 1인) 등 다양한 판시가 있었다.

다수의견과 반대의견은 구성사업자의 사업내용 또는 활동을 부당하게 제한하는 행위에 해당하려면 구성사업자들 사이의 공정하고 자유로운 경쟁 저해가 요구된다는 점에서는 같은 입장이었다. 다만 다수의견은 의료 업무는 그 공익적 성격으로 여러 가지 공법적 제한이 따르고 있으나 그 제한 외의 영역에서 개업, 휴업, 폐업, 의료기관의 운영방법 등은 의료인의 자유에 맡겨져 있는 것이고 그와 같은 자유를 바탕으로 한 경쟁을 통하여 창의적인 의료활동이 조장되고 소비자인 일반 국민의 이익도 보호될 수 있다고 하면서, 이 사건에서 원고가 비록 구성사업자인 의사들 모두의 이익 증진 목적에서라고 하더라도 구성사업자들 본인의 의사 여하를 불문하고 일제히 휴업하도록 요구하였고 그 요구에 어느 정도 강제성이 있었다고 한다면, 이는 구성사업자인 의사들의 자유의 영역에 속하는 휴업 여부 판단에 사업자단체가 간섭한 것이고, 그 결과 사업자 각자의 판단에 의하지 아니한 사유로 집단휴업 사태를 발생시키고 소비자 입장에 있는 일반 국민들의 의료기관 이용에 큰 지장을 초래하였으니, 그와 같은 집단휴업 조치는 의사들 사이의 공정하고 자유로운 경쟁을 저해하는 것이라고 보지 않을 수 없다고 하면서, 원심 판단은 정당하고 거기에 법 제26조(현행 제51조) 제1항 제3호에 대한 해석을 그르친 위법이 없다고 판시하였다. 이에 대하여 반대의견은 원고 행위의 목적은 정부의 의료정책에 대한 항의에 있는 것이지 구성사업자인 의사들 사이의 경쟁을 제한하여 이윤을 더 얻겠다는 데 있는 것이 아님이 분명하므로, 위 '부당성'의 판단 기준에 비추어 볼 때 원고가 정부의 정책에 대하여 항의의사를 표시하는 과정에서 구성사업자 상당수로 하여금 영업의 기회를 포기하게 하였다는 점을 들어 바로 원고의 행위를 구성사업자 사이의 공정하고 자유로운 경쟁을 저해하는 행위로서 허용될 수 없는 행위라고 단정하기는 어렵다 할 것이고, 나아가 이는 사업자단체에 의하여 행해지는 가격, 고객, 설비, 개업, 영업방법 등에 대한 제한 등에도 해당하지 아니한다 할 것이어서, 원고의 행위는 법 제26조 제1항 제3호에 의하여 금지되는 사업자단체의 행위에 해당한다고 할 수 없다는 것이었다.

한편 별개의견은 사업자단체의 구성사업자나 단체의 대 소비자 관계의 규율에서 직접 경쟁저해행위를 방지할 근거와 필요가 있는 것과는 달리, 제3호와 같이 소비자와 직접 관련됨이 없는 사업자단체의 구성사업자들만에 대한 행위의 규율에서는 반드시 경쟁저해방지를 요건으로 삼아야 할 근거도 필요가 없는 것이라고 하면서, 제3호가 시정명령의 요건으로서 구성사업자의 사업내용 또는 활동을 부당하게 제한하는 행위로 한정명시할 뿐 같은 조항 제1호의 법문언과 달리 '부당하게 경쟁을 제한하는'이란 요건을 덧붙이지 아니한 까닭은 여기에 있다고 하였다. 또 법문에 명정되지 아니한 경쟁제한금지를 위한 요건을 해석상 부가한다고 하면 심리의 실체에 있어서 혼란이 생길 수 있다고 하면서 제3호의 요건으로서 경쟁저해방지에 관련된 요건은 부가할 것은 아니라고 하였다. 결국 이 사건 시정명령의 당부 판단에서는 법문 그대로 구성사업자의 사업내용 또는 활동을 부당하게 제한하는 행위임을 입증하면 충분하다는 것이다.

다수의견에 대한 보충의견은 공정거래법의 목적이 '사업자의 시장지배적 지위의 남용과 과도한 경제력의 집중을 방지하고, 부당한 공동행위 및 불공정거래행위를 규제하여 공정하고 자유로운 경쟁을 촉진함'에 있음에 비추어(제1조), 동법 제26조 제1항이 사업자단체에 대하여 일정한 행위를 금지하는 것은 그와 같은 행위가 사업자 사이의 공정하고 자유로운 경쟁을 저해하거나 저해할 우려가 있기 때문인 것으로 이해하여야 할 것이고, 따라서 제3호의

'구성사업자의 사업내용 또는 활동을 부당하게 제한하는 행위'도 공정하고 자유로운 경쟁의 저해와 관련된 사항에 관한 것임을 당연한 전제로 하는 것으로 보아야 할 것이라고 하면서, 공정거래법의 목적과는 아무런 관련이 없는 사항에 관한 제한, 예컨대 경쟁제한적 요소가 전혀 없는 회비징수, 회의참석, 영업내부의 경영방식(회계방법, 노무관리 등) 등에 관한 제한은 다른 법에 의한 규제는 별론으로 하고 그 본질상 공정거래법의 규제대상이 될 수 없다고 하였다. 또 다수의견의 설시는 사업자단체의 구성사업자에 대한 제한이 부당하다고 하더라도 그 내용이 사업자 사이의 경쟁제한과 아무런 관련이 없는 것이라면 공정거래법이 발동할 필요도 없고 발동될 수도 없다는 자명한 이치를 표현하는 것일 뿐, 별개의견이 이해하는 것처럼 법이 정하는 요건에 경쟁저해방지라는 별도의 요건을 부가하는 것이 아니라고 하였다. 그리고 제3호의 취지에 관하여 대체로 견해를 같이 하고 있는 반대의견에 대해서, 반대의견은 비록 제한행위의 내용이 경쟁제한과 관련된 것이라고 하더라도 제한행위의 구체적인 목적이나 효과, 구속력의 정도 등에 비추어 '공정하고 자유로운 경쟁을 저해하는 정도에 이르지 않은 경우'에는 법 제26조 제1항 제3호의 제한행위에 해당하지 않는 것으로 볼 여지를 남겨두고 있으나, 다수의견은 제한행위의 내용이 경쟁제한과 관련된 것이라면, 즉 반대의견의 표현을 빌린다면 '경쟁정책상 문제가 있는 행위'라면, 그 제한의 정도 여하를 불문하고 일단 위 법규정의 규제대상이 되는 것으로 보고, 다만 그 제한행위의 '부당' 여부를 판단함에 있어서 제한행위의 구체적인 목적이나 효과, 공정하고 자유로운 경쟁을 저해하거나 저해할 우려를 발생시킨 정도 등을 고려하되, 이 경우에도 경쟁의 저해 여부를 유일의 판단요소로 하는 것이 아니고 공정거래법의 목적은 물론 사회통념상 요청되는 여러 판단요소들과 더불어 하나의 판단요소로서 경쟁저해의 정도를 고려하게 된다는 점에서, 위의 견해(반대의견)와는 약간 취지를 달리한다는 법리를 제시하였다.

3. 2003.2.20. 대법원 전원합의체 판결의 의미

2003년 전원합의체 판결에 있어서 다수의견과 반대의견은 법 제51조 제1항 제3호의 구성사업자의 사업내용 또는 활동을 부당하게 제한하는 행위에 해당하려면 구성사업자들 사이의 공정하고 자유로운 경쟁 저해가 요구된다는 점에서는 같은 입장이었다. 다만 반대의견은 제3호에 규정된 '부당성'의 의미를 '공정하고 자유로운 경쟁을 저해하는 것'으로 이해하는 한, 경쟁저해라는 개념을 전혀 상정하지 아니한 채 사업자단체의 구성사업자 개개인은 모두 개별사업자이므로 그들의 휴업 여부 결정 등 사업활동은 각자의 경영방침에 따라 자유롭게 보장되어야 한다는 데에 있음을 전제로, '사업자단체가 집단휴업 결의내용을 그 구성사업자에게 통보하여 그들의 자유의사에 불문하고 휴업을 실행하도록 한 행위는 이른바 단체적 구속으로서 개별 구성사업자의 사업내용 또는 활동을 부당하게 제한하는 행위에 해당한다'고 본 대법원 1995.5.12. 선고 94누13794 판결의 견해는 위 반대의견에 배치되는 범위 내에서 변경되어야 한다는 입장이었다. 이에 대해 다수의견에 대한 보충의견은 다수의견의 입장에서는, 대법원 1995.5.12. 선고 94누13794 판결 관련하여 공정하고 자유로운 경쟁을 제한하는 것과 관련된 것에 한한다는 당연한 법리를 생략하였을 뿐 대법원 1997.5.16. 선고 96누150 판결의 법리 내용과 다를 바 없는 것으로 이해하고(위 96누150 판결도 위와 같은 법리를 판시함에 있어서 판례(94누13794 판결)변경의 절차를 밟지 아니하였다), 그 판결에서의 사안 또한 이 사건에서와 유사한 집단휴업 조치에 관한 것으로서 경쟁제한과 관련된 것으로 보이므로, 이 판결에서 구태여 위 94누13794 판결을 변경할 필요는 없다는 입장을 제시했다.

2003년 전원합의체 판결의 다수 법리는 법 규정에는 '공정하고 자유로운 경쟁 저해'라는 명시적인 규정이 없다고 하더라도 공정거래법의 입법목적(제1조)에 비추어 위법성 성립에 있어서 '경쟁제한성 여부'를 판단해야 된다는 것이다. 그리고 이러한 대법원의 기본적인 법리는 그 이후 사업자단체의 구성사업자에 대한 사업활동제한행위 건들에 공통적으로 적용되어 왔으며, 최저재판매가격유지행위의 위법성, 시장지배적지위 남용행위, 부당지원행위 등 불공정거래행위 등 공정거래법상 다른 유형의 위반행위의 부당성 판단에 관한 법리에도 영향을 미쳤다고 본다.

아래에서는 그 이후인 2021년에 나온 사업자단체의 구성사업자에 대한 사업활동제한행위 관련 2건의 대법원 판결을 살펴 본다. 그리고 이어서 위 2003년 대법원 전원합의체 판결의 법리가 공정거래법상 다른 유형의 위반행위의 부당성 판단에 영향을 미쳤다고 필자가 생각하는 판결례에 대해서도 논한다.

4. 사업자단체의 구성사업자에 대한 사업활동제한행위 건 관련 2021년 대법원 판결

가. 사단법인 대한의사협회의 사업자단체금지행위 건(2014.7.7. 공정위 의결)

사단법인 대한의사협회는 2014.2.19.에 이사회를 개최하여 휴업에 대한 구성사업자 투표(2014.2.21.~2.28.)를 거쳐 2014.3.10.에 휴업을 실행하기로 결의하고 이를 구성사업자에게 문서 송부, 내부전산망 게재 등을 통해 통지하였으며, 이에 따라 구성사업자는 2014.3.10.에 실제로 휴업을 실행하였으며 같은 날 대한의사협회는 실행상황을 점검하였다.

공정위는 2014.7.7. 위 대한의사협회의 행위에 대하여 법 제26조 제1항 제1호(제19조(부당한 공동행위의 금지) 제1항 각호의 행위에 의하여 부당하게 경쟁을 제한하는 행위) 및 제3호(구성사업자의 사업내용 또는 활동을 부당하게 제한하는 행위)에 위반되는 행위로 판단하고 시정조치 및 과징금 부과등 처분을 하였다. 2003년 대법원 전원합의체 판결 등을 참조로 하여, 사업자단체는 그 목적 달성을 위하여 단체의 의사결정에 의하여 구성사업자의 사업내용 또는 활동에 대하여 일정한 범위의 제한을 하는 것이 어느 정도는 예정되어 있다 할 것이지만, 그 결의의 내용이 구성사업자의 사업내용 또는 활동에 있어서 공정하고 자유로운 경쟁을 저해하는 경우에는 법 제26조 제1항 제3호에 규정된 '구성사업자의 사업내용 또는 활동을 부당하게 제한하는 행위'에 해당한다는 기본법리를 제시하였다. 그리고 "의료서비스는 그 공익적 성격으로 인하여 여러 가지 법적 제한이 따르고 있으나 그 제한 외의 영역인 의료기관 운영방법, 휴업 등에 대해서는 의료인의 자율적 선택에 맡겨져 있는 것이므로 독립사업자인 구성사업자의 입장에서는 사장상황이나 자기의 영업전략, 경영상황 등을 감안하여 자신이 운영하는 병·의원의 휴업 여부 등을 자유롭게 결정할 수 있어야 할 것이며, 이를 통해 구성사업자의 사업 활동 여건이 개선되어 의료서비스 시장에서의 경쟁이 촉진되고 소비자의 이익도 보호될 수 있다."고 하면서, 피심인의 행위는 구성사업자인 의사들로 하여금 휴업을 하도록 강요함으로써 사업활동의 본질적 내용인 영업활동의 자유를 부당하게 제한하는 행위로 인정된다고 판단하였다.[1] 한편 법 제26조 제1항 제1호 위반 판단에 있어서는 "국내 의료서비스 시장에서 차지하는 피심인의 점유율은 100%에 달하는 것으로 볼 수 있는 바, 피심인이 구성사업자에 대하여 상당한 영향력을 행사할 수 있는 지위를 바탕으로 휴업 결의를 하고 이를 통해 구성사업자인 의사들의 의료서비스거래를 제한함으로써 의료서비스의 수량 감소 및 품질 저하, 소비자(환자)의 후생 감소 등을 초해하였다 할 것이므로, 피심인의 행위은 의료서비스 시장에서 부당하게 경쟁을 제한하는 행위로 인정된다고 법조문대로 경쟁제한성 여부를 판단하였다.

서울고등법원은 2016.3.17. 선고 2014누58824 판결에서 대법원 1997.5.16. 선고 96누150 판결, 대법원 2003.2.20. 선고 2001두5347 전원합의체 판결을 참조판례로 하여 일관된 기본법리를 확인하면서, 원고가 구성사업자들의 투표를 거쳐 이 사건 휴업을 결의하기는 하였지만 그 구체적 실행은 구성사업자인 의사들의 자율적 판단에 맡긴 것이라고 할 것이어서 휴

---

1) 대법원 전원합의체 판결처럼 의료 업무도 개업, 휴업, 폐업, 의료기관의 운영방법 등 제한된 범위에서 의료인의 자유를 바탕으로 한 경쟁을 통하여 창의적인 의료활동이 조장되고 소비자인 일반 국민의 이익도 보호될 수 있는데 그와 같은 집단휴업 조치는 의사들 사이의 공정하고 자유로운 경쟁을 저해하는 것이라고 직접적으로 명시하지는 않았다.

업의 실행에 있어 사업자단체인 원고가 구성사업자인 의사들의 휴업 여부 판단에 간섭하였다고 볼 수 없는 점, 게다가 의사들의 이 사건 휴업이 의사들의 공정하고 자유로운 경쟁을 저해하는 결과를 초래하였다고 볼 수 없는 점 등을 근거로 공정위의 처분을 위법하다고 취소하였다. 이 중에서 경쟁제한성 관련하여서는 동행위에 대해 같이 적용된 법 제26조 제1항 제1호에서 금지하는 행위의 해당여부에서 구체적으로 제시한 경쟁제한성 판단을 같은 논거로 한다는 점을 판결에서 명시했다.

대법원은 2021.9.9. 선고 2016두36345 판결에서 위 대법원 전원합의체 판결 등을 참조판례로 인용하면서 공정위 의결, 서울고등법원 판결과 같이 법 제26조 제1항 제3호에 규정된 '구성사업자의 사업내용 또는 활동을 부당하게 제한하는 행위'에 대한 일관된 기본법리는 그대로 적용하였다. 그리고 대법원은 "원심은, 원고의 구성사업자들인 의사들이 이 사건 휴업에 참여할지 여부에 관하여는 자율적으로 결정하도록 하였고, 원고가 구성사업자들에게 직·간접적으로 휴업 참여를 강요하거나 그 휴업 불참에 따른 불이익이나 징계를 사전에 고지한 바 없고, 사후에도 휴업 불참에 따른 불이익이나 징계를 가하였다고 보이지 않으며, 휴업 찬성률보다 더 낮은 휴업 참여율을 기록한 점 등을 종합하면, 원고가 구성사업자들의 투표를 거쳐 이 사건 휴업을 결의하기는 하였지만 그 구체적인 실행은 구성사업자인 의사들의 자율적 판단에 맡긴 것이라고 할 것이어서 이 사건 휴업의 실행에 있어 사업자단체인 원고가 구성사업자들인 의사들의 휴업 여부 판단에 간섭하였다고 볼 수 없는 등 그 판시와 같은 사정을 이유로 원고의 이 사건 행위가 법 제26조 제1항 제3호에서 정한 '부당한 제한행위'에 해당한다고 볼 수 없다고 판단하였다. 원심의 위와 같은 판단에 법 제26조 제1항 제3호의 법리를 오해한 잘못이 없다."고 판결하였다. 다만 경쟁제한성 여부 관련하여 법 제 26조 제1항 제1호 해당여부에서는 매우 구체적으로 판단한 것과 달리 별도의 언급이나 판단내용은 들어가 있지 않다.

나. 대한소아청소년과개원의사회의 사업자단체금지행위 건(2017.5.30. 공정위 의결)

서울고등법원은 2018.4.5. 선고 2017누58580 판결에서 2003.2.20. 대법원 전원합의체 판결을 참조판례로 하여 일관된 기본법리를 제시하고 이 법리에 따라 이 사건 제한행위의 강제성, 행위 목적, 경쟁제한성 등 부당성 판단의 3가지 쟁점으로 나누어 살펴보았다. 그리고 경쟁제한성(가격·수량·품질 기타 거래조건) 판단 관련하여 "달빛병원사업 시행으로 단기적으로 소아청소년과 환자에 대한 야간진료시간이 확대될 수 있으나 소아청소년과 환자가 중대형 병원으로 이동하면 다수의 소규모 소아청소년과 병원 수가 줄어들어 오히려 장기적으로는 1차 의료기관을 통한 의료서비스의 제한, 품질 저하 등이 발생하여 구성사업자들 상호 경쟁의 토대가 약화될 우려가 있다. 피고(공정위)는 달빛병원사업 시행으로 인한 야간진료시간의 표면적 증가만을 고려하였을 뿐 의료시장의 경쟁구조에 미치는 영향을 살펴보지 아니하고 이 사건 처분을 하였다. 앞서 살펴본 바와 같이 원고(대한소아청소년과개원의사회)의 주된 목적은 다수의 소규모 병원을 보호하기 위해 달빛병원사업의 확대정책을 저지하는 것이므로, 이 사건 제한행위가 결과적으로 의료비 수가 인상에 일부 영향을 미쳤다고 하더라도 이는 달빛병원사업을 확대하려는 정부의 정책 결정에 따라 이루어진 것일 뿐 공정거래법이 금지하는 가격 인상이나 공급제한 등을 위한 담합의 결과와 같다고 볼 수 없다. 이 사건 제한행위로 야간 의료서비스의 공급량이 감소되었다고 하려면 달빛병원사업이 야간 의료서비스 공급량을 새롭게 창출하거나 기존의 공급량을 증가시키는 효과가 있음이 전제되어야 하는데 달빛병원으로 지정된 병원들 중 상당수는 사업 시행 전부터 야간진료를 하던 병원들이 전환한 것이어서 달빛병원사업으로 인한 야간·휴일진료 확대 효과가 크지 않고, 설령 그러한 효과가 인정된다고 하더라도 달빛병원 숫자의 증감으로 형식적으로 비교한 것에 그친다. 달빛병원사업 지정신청병원 4개 중 원고의 요구에 따라 2개 병원이 취소 신청을 하였으나, 이 사건 제한행위 후에도 달빛병원 수가 증가하여 2017.5. 기준 19개의 달빛병원이 운영되고 있고, 달빛병원사업 지정 후 종전 야간진료시간을 단축한 병원(N병원, 24시에서 23시로)도 있고, 종전 진료시간은 유지하면서 사업참여로 인한 보조금만 받은 경우(M병원)도 있어 전체적으로 원고의 이 사건 제한행위로 달빛병원의 야간 의료서비스의 공급량이 감소되었다고 단정하기 어렵다. 공정거래법은 정부 정책에 대한 사업자단체의 반대 행위를 구성사업자에 대한 강제 여부만으로 평가하여 규율하는 법이 아니다. 이 사건 제한행위의 목적, 경쟁제한 효과, 소비자 보호, 국민경제의 균형 있는 발전이라는 공정거래법의 목적을 함께 고려하며, 이 사건 제한행위로 인한 달빛병원사업 참여자 수 감소와 신규신청제한 및 소비자에게 예상되는 구체적 불이익만을 근거로 바로 소아청소년과 전체 의료서비스 시장에서 의료서비스 공급량 감소, 가격 인상, 품질 저하 등을 낳아 소비자인 일반 국민들의 의료서비스 이용에 상당한 지장을 초래하여 구성사업자 간의 공정하고 자유로운 경쟁을 저해할 정도에 이르렀다고 쉽게 단정할 수 없다. 앞서 살펴 본 이 사건 제한행위의 강제성 정도, 행위의 주된 목적, 경쟁제한성 등을 종합하면, 이 사건 제한행위로 구성사업자의 사업내용 또는 활동을 과도하게 제한하여 구성사업자 사이의 공정하고 자유로운 경쟁을 저해할 정도에 이르러 '구성사업자의 사업내용 또는 활동을 부당하게 제한'하였다고 볼 수 없다."고 판결하였다.

이에 대하여 대법원은 2021.9.15. 선고 2018두41822 판결에서 법 제26조 제1항 제3호에 규정된 '구성사업자의 사업내용 또는 활동을 부당하게 제한하는 행위'에 대한 일관된 기본 법리는 역시 그대로 적용하였다. 그리고 이 법리에 따라 사실관계 및 사정들을 살펴본 후에 이 사건 제한행위는 법 제26조 제1항 제3호의 '사업자단체가 구성사업자의 사업내용 또는 활동을 부당하게 제한하는 행위'에 해당한다고 볼 수 있다면서 원심판결을 파기하고 환송하였다.[2]

대법원은 구성사업자들 사이의 공정하고 자유로운 경쟁 저해 여부, 즉 경쟁제한성 판단 관련하여 2003년 전원합의체 판결, 위 대법원 2021.9.9. 선고 2016두36345 판결을 참조판례로 "우리나라의 의료서비스 시장에는 의료 업무의 공익적 성격으로 인하여 여러 가지 공법상 제한이 존재하지만, 그 제한이 없는 영역에서 개업, 휴업, 폐업, 의료기관의 운영방법 등은 의료인의 자유에 맡겨져 있다. 의료인의 영업의 자유나 직업수행의 자유를 바탕으로 하는 의료인들의 경쟁을 통하여 창의적인 의료활동이 조장되고 소비자인 일반 국민의 이익도 보호될 수 있다. 의료서비스 시장에는 국민건강보험법령에 따라 시장경제체제의 가장 기본적인 경쟁 수단이자 본질적 요소인 가격에 관한 경쟁이 대부분 제도적으로 제한되어 있으므로 의료서비스 자체의 전문성, 소비자의 의료기관 선택에 있어서의 기회나 대체가능성, 품질 및 공급량 등 다른 요소들이 상대적으로 중요한 경쟁요소가 될 수 있다."는 의료서비스 시장에서의 경쟁 개념을 먼저 제시하였다. 그러고 난 다음에 이 사건 제한행위는 사업자단체인 원고가 단순히 달빛병원사업에 반대하는 단체의 방침이나 의사를 관철하기 위해서 구성사업자들에게 권유하거나 권고하는 것을 벗어나 이 사건 직접 취소신청 요구행위를 통하여 구성사업자들로 하여금 달빛병원사업 신청을 직접 철회하도록 요구하거나, 이 사건 징계방침 결정·통지행위 등을 통하여 구성사업자들의 자유의 영역에 속하는 달빛병원사업 참여 여부에 관한 의사형성 과정에 영향을 미쳐 위 사업에 참여하지 않을 것을 사실상 강요함으로써 그 사업활동을 과도하게 제한하는 행위로 볼 수 있으므로, 구성사업자들의 공정하고 자유로운 경쟁을 저해하는 결과를 가져올 우려가 있다는 점, 달빛병원사업은 기본적으로 소아청소년과 야간·휴일 진료서비스의 공급기회나 공급량을 늘리기 위해서 도입된 것으로, 원고의 이 사건 제한행위로 인하여 참여할 의사가 있었던 구성사업자들의 신규 신청이 위축되고 그로 인하여 달빛병원사업의 참여 구성사업자나 참여하고자 하는 병원들이 전문의 수급에 어려움을 겪어 사업활동에 지장을 받을 수 있고, 이로써 소아청소년과 야간·휴일 진료

---

2) 환송 후 서울고등법원 2022.9.15. 선고 2021누59405 판결은 대법원 판결이 제시한 2003.2.20. 전원합의체 판결 등에 따른 기본법리 및 구체적 판단을 그대로 활용하여 이 사건 제한행위가 구성사업자들 사이의 공정하고 자유로운 경쟁을 저해할 우려가 있는 행위에 해당된다고 판결하였다.

서비스에 대한 공급에 관한 경쟁이 저해되고 소비자인 일반 국민들의 소아청소년과 야간·휴일 진료서비스에 대한 선택의 기회가 제한될 우려가 있는 점, 이 사건 제한행위는 정부의 보건의료정책에 대한 반대를 목적으로 하는 활동의 일환으로 이루어진 것이기는 하지만, 앞서 본 이 사건 제한행위의 내용이나 태양, 방법 등에 비추어 볼 때 그 주된 목적이나 의도는 오히려 사업자단체인 원고가 상호 경쟁 관계에 있는 원고의 구성사업자로 하여금 위 사업에 참여하지 않도록 직접적으로 방해함으로써 야간·휴일 진료서비스의 공급에 관한 경쟁의 확대를 제한하기 위한 것으로 보는 것이 타당하다는 점, 한편 원심판결 이유에 의하면 이 사건 제한행위에도 불구하고 달빛병원의 수가 전국적으로 증가한 사정을 알 수 있으나, 이 사건 제한행위의 내용에 비추어 달빛병원사업으로 인한 야간·휴일 진료 확대가 제한될 우려가 크고 구성사업자들 상호 간의 경쟁을 저해할 우려가 있음이 분명한 이상, 위와 같은 사정만으로 이 사건 제한행위가 구성사업자들 사이의 공정하고 자유로운 경쟁을 저해할 우려가 없다고 볼 수 없다는 점 등을 판시사유로 들고 있다.

Ⅳ. 2003년 대법원 전원합의체 판결이 영향을 미쳤다고 보는 공정거래법상 다른 유형의 위반행위의 부당성 판단 관련 판결례

1. 대법원 2010.11.25. 선고 2009두9543 판결(한미약품(주)의 부당한 고객유인행위 등 건, 2007.12.20. 공정위 의결)

2021.12.30. 개정·시행되기 이전 법 제29조(재판매가격유지행위의 제한) 제1항은 '사업자는 재판매가격유지행위를 하여서는 아니된다.'고 규정하고 있었다(2021.12.30. 예외사유로 '효율성 증대로 인한 소비자후생 증대효과가 경쟁제한으로 인한 폐해보다 큰 경우 등 재판매가격유지행위에 정당한 이유가 있는 경우'를 단서로 신설하였다).

대법원은 "공정거래법의 입법목적과 재판매가격유지행위를 금지하는 취지에 비추어 볼 때, 최저재판매가격유지행위가 해당 상표 내의 경쟁을 제한하는 것으로 보이는 경우라 할지라도, 시장의 구체적 상황에 따라 그 행위가 관련 상품시장에서의 상표 간 경쟁을 촉진하여 결과적으로 소비자후생을 증대하는 등 정당한 이유가 있는 경우에는 이를 예외적으로 허용하여야 할 필요가 있다. 그리고 그와 같은 정당한 이유가 있는지 여부는 관련 시장에서 상표 간 경쟁이 활성화되어 있는지 여부, 그 행위로 인하여 유통업자들의 소비자에 대한 가격 이외의 서비스 경쟁이 촉진되는지 여부, 소비자의 상품 선택이 다양화되는지 여부, 신규사업자로 하여금 유통망을 원활히 확보함으로써 관련 상품시장에 쉽게 진입할 수 있도록 하는지 여부 등을 종합적으로 고려하여야 할 것이며, 이에 관한 증명책임은 관련 규정의 취지상 사업자에게 있다고 보아야 한다."는 법리를 처음으로 제시하였다.

2. 대법원 2007.11.22. 선고 2002두8626 전원합의체 판결(포항종합제철(주)의 시장지배적지위 남용행위 건, 2001.4.12. 공정위 의결)

대법원은 "공정거래법은 헌법 제119조 제2항의 원리를 반영하여 그 제1조에서 이 법은 공정하고 자유로운 경쟁을 촉진함으로써 창의적인 기업활동을 조장하고 소비자를 보호함과 아울러 국민경제의 균형있는 발전을 도모함을 목적으로 하고 있다고 그 입법목적을 천명하고 있고, 위와 같은 법의 입법목적을 달성하기 위한 규제의 하나로서 공정거래법 제3조의2 (현행 제5조)는 시장지배적사업자의 지위남용행위를 규제하고 있다. 오늘날 기업들이 사업활동 과정에서 경쟁을 해치는 거래거절에 대하여는 이를 위법한 것으로 보아 시정조치함으로써 경쟁을 회복시켜야 하겠지만, 경쟁제한적인 의도나 목적이 전혀 없거나 불분명한 전략적 사업활동에 관하여도 다른 사업자를 다소 불리하게 한다는 이유만으로 경쟁 제한을 규제대상으로 삼는 법률에 위반된 것으로 처분한다면 이는 그 규제를 경쟁의 보호가 아닌 경쟁자의 보호를 위한 규제로 만들 우려가 있을 뿐 아니라, 기업의 사업활동을 부당하게 위축시켜 결과적으로는 경쟁력 있는 사업자 위주로 시장이 재편되는 시장경제의 본래적 효율성을 저해하게 될 위험성이 있다. 그리고 공정거래법은 그 제3조의2(현행 제5조) 제1항 제3호에서 시장지배적사업자의 지위남용행위로서의 거래거절행위를 규제하면서 이와는 별도로 그 제23조(현행 제45조) 제1항 제1호에서 개별 사업자가 부당하게 거래를 거절하여 공정한 거래를 저해할 우려가 있는 행위를 한 경우, 그 거래거절을 한 사업자의 시장지배적 지위 유무와 상관없이 이를 불공정거래행위로 보아 규제하고 있는바, 법 제3조의2 제1항 제3호의 시장지배적사업자의 거래거절행위와 법 제23조 제1항 제1호의 불공정거래행위로서의 거래거절행위는 그 규제목적 및 범위를 달리하고 있으므로 법 제3조의2 제1항 제3호가 규제하는 시장지배적사업자의 거래거절행위의 부당성의 의미는 제23조 제1항 제1호의 불공정거래행위로서의 거래거절행위의 부당성과는 별도로 독자적으로 평가·해석하여야 한다. 따라서 법 제3조의2 제1항 제3호의 시장지배적사업자의 지위남용행위로서의 거래거절의 부당성은 '독과점적 시장에서의 경쟁촉진'이라는 입법목적에 맞추어 해석하여야 할 것이므로, 시장지배적사업자가 개별 거래의 상대방인 특정 사업자에 대한 부당한 의도나 목적을 가지고 거래거절을 한 모든 경우 또는 그 거래거절로 인하여 특정 사업자가 사업활동에 곤란을 겪게 되었다거나 곤란을 겪게 될 우려가 발생하였다는 것과 같이 특정 사업자가 불이익을 입게 되었다는 사정만으로는 그 부당성을 인정하기에 부족하고, 그 중에서도 특히 시장에서의 독점을 유지·강화할 의도나 목적, 즉 시장에서의 자유로운 경쟁을 제한함으로써 인위적으로 시장질서에 영향을 가하려는 의도나 목적을 갖고, 객관적으로도 그러한 경쟁제한의 효과가 생길 만한 우려가 있는 행위로 평가될 수 있는 행위로서의 성질을 갖는 거래거절행위를 하였을 때에 그 부당성이 인정될 수 있다 할 것이다."라는 법리를 설시하였다.

3. 대법원 2004.3.12. 선고 2001두7220 판결(SK 기업집단 계열분리회사 등의 부당지원행위 건, 2000.2.25. 공정위 의결)

법 제23조 제1항 제7호(현행 제45조 제1항 제9호) 소정의 부당지원행위가 성립하기 위하여는 지원주체의 지원객체에 대한 지원행위가 부당하게 이루어져야 하는바, 지원주체의 지원객체에 대한 지원행위가 부당성을 갖는지 유무를 판단함에 있어서는 지원주체와 지원객체와의 관계, 지원행위의 목적과 의도, 지원객체가 속한 시장의 구조와 특성, 지원성 거래규모와 지원행위로 인한 경제상 이익 및 지원기간, 지원행위로 인하여 지원객체가 속한 시장에서의 경쟁제한이나 경제력 집중의 효과 등은 물론 중소기업 및 여타 경쟁사업자의 경쟁능력과 경쟁여건의 변화 정도, 지원행위 전후의 지원객체의 시장점유율의 추이, 시장개방의 정도 등을 종합적으로 고려하여 당해 지원행위로 인하여 지원객체의 관련 시장에서 경쟁이 저해되거나 경제력 집중이 야기되는 등으로 공정한 거래가 저해될 우려가 있는지 여부에 따라 판단하여야 할 것이다.

판례색인

공정위 의결

저자 소개

이 동 규

▌학 력

University of Washington Law School(Visiting Scholar, 2002)

서울대학교 법과대학 전문분야법학연구과정(1996)

국방대학교(안전보장학 석사, 1993)

서울대학교 행정대학원 수학(1984)

서울대학교 경제학과(경제학사, 1978)

▌경 력

한국경쟁법학회 명예회장(2015.11. ~ 현재)

한국경쟁법학회 회장(2013.11. ~ 2015.11.)

건설하도급분쟁조정협의회 위원장(2011.5. ~ 2017.5.)

중앙대학교 객원교수(2008.3. ~ 2012.12.)

김·장 법률사무소 상임고문(2008.5. ~ 현재)

공정거래위원회 사무처장(2006.8. ~ 2008.4.)

공정거래위원회 경쟁정책본부장(2005.12. ~ 2006.8.)

공정거래위원회 정책국장(2004.5. ~ 2005.12.)

공정거래위원회 독점국장(2002.12. ~ 2004.5.)

공정거래위원회 공보관(2002.3. ~ 2002.12.)

공정거래위원회 심판행정과장, 약관심사과장, 경쟁촉진과장, 유통거래과장, 제도개선과장, 규제개혁작업단,
　하도급기획과장, 독점정책과장, 송무기획단(1994 ~ 2001)

경제기획원 예산실, 심사평가국, 사무관(1983 ~ 1992)

관세청 마산세관 총무과장, 기획관리관실, 목포세관 세무과장(1979 ~ 1983)

제21회 행정고시 합격(1977)

▌저 서

경제법 제2개정판(공저, 박영사, 2000.1.)

경제법 개정판(공저, 박영사, 1997.11.)

경제법(공저, 박영사, 1996.11.)

독점규제 및 공정거래에 관한 법률 개론 개정판(행정경영자료사, 1997.10.)

독점규제 및 공정거래에 관한 법률 개론(행정경영자료사, 1995.9.)

공정거래 주요 쟁점 및 이슈 36선

초판발행   2023년 11월 15일
중판발행   2024년 2월 15일

지은이   이동규
펴낸이   안종만·안상준

편 집   장유나
기획/마케팅   조성호
표지디자인   이영경
제 작   고철민·조영환

펴낸곳   (주) **박영사**
               서울특별시 금천구 가산디지털2로 53, 210호(가산동, 한라시그마밸리)
               등록 1959. 3. 11. 제300-1959-1호(倫)

전 화   02)733-6771
f a x   02)736-4818
e-mail   pys@pybook.co.kr
homepage   www.pybook.co.kr
ISBN   979-11-303-4484-3 93360

정 가   52,000원